빙하 이후

빙하 이후

— 수렵채집에서 농경으로, 20,000-5000 BC

스티븐 마이든 지음 / 성춘택 옮김

사회평론아카데미

빙하 이후
— 수렵채집에서 농경으로, 20,000-5000 BC

2019년 4월 9일 초판 1쇄 발행
2024년 4월 15일 초판 2쇄 발행

지은이 스티븐 마이든
옮긴이 성춘택
펴낸이 윤철호
펴낸곳 (주)사회평론아카데미
책임편집 고인욱
표지·본문디자인 김진운
본문조판 민들레
마케팅 김현주
등록번호 2013-000247(2013년 8월 23일)
전화 02-326-1545
팩스 02-326-1626
주소 03978 서울특별시 마포구 월드컵북로6길 56

ISBN 979-11-89946-02-9 93900

머리말

이 책은 서기전 20,000년부터 5000년까지 세계의 역사를 다루고 있다. 과거에 대해서 생각하기를 좋아하고 농경과 마을, 문명의 기원에 관해 더 많은 것을 알고 싶어하는 사람을 위해 쓴 책이다. 또한 우리의 미래를 생각하는 사람들을 위한 책이기도 하다. 이 책에서 살펴본 시기는 새로운 식물과 동물, 곧 농업혁명의 근간이 되었던 재배 및 사육종이 등장한 지구온난화(글로벌워밍)의 시기이다. 야생종의 새로운 유전적 변이로서 순화종은 오늘날 만들어지고 있는 유전자변형생물체(GMO)와 견주어 흥미로운 반향을 일으키고 있으며, 지구온난화도 또다시 시작되었다. 유전자변형생물체와 기후변동이 앞으로 우리가 사는 세상에 어떤 영향을 미칠지에 관심이 있는 사람들은 과거 지구온난화와 새로운 순화 생물종이 인간에게 어떤 영향을 미쳤는지를 알고 싶어할 것이다.

현재에 주는 교훈과는 상관없이도 과거는 그 자체로 연구할 만한 것이다. 이 책은 인류역사에 대해 "어떤 일이, 언제, 어디서, 왜 일어났는지?" 하는 단순한 질문을 한다. 그리곤 역사적 서술과 인과적 주장을 엮어 대답한다. 이는 고고학 증거가 희소한 상황에서 "그것을 어떻게 알지?"라는 질문을 던질 독자를 위한 것이기도 하다. 그리고 『빙하 이후』는 "선사시대의 삶은 어떠했는지?", "지구온난화의 시기에 살았던 사람들의 일상생활과 농업혁명, 그리고 문명의 기원은 어떠했는가?" 하는 또 다른 질문을 던진다.

나는 학문적으로 가장 높은 수준을 유지하면서도 폭넓은 대중이 읽을 수 있는 책을 쓰고자 했다. 최근 TV와 많은 대중서에서 유행하는 고고학은 흔히 시청자와 독자에게 거들먹거리는 태도를 취하면서 과거에 대해 피상적이고 부정확한 설명을 주고 있다. 이와 대조로 선사시대의 수많은 놀라운 사건들은 여전히 알아들을 수 없는 전문용어로 치장되어 소수의 연구자와 전문가만을 위한 학문 영역인 듯 유리되어 있다. 나는 고고학 지식에 더 쉽게 다가서도록 하면서도 나의 주장을 비판적으로 평가하고 스스로 더 깊은 연구의 필요성을 느끼는 사람들의 요구에도 부응하고자 했다. 이를 위해 많은 주를 달아 인용문헌을 밝혔고, 기술적 문제를 논의하고 대안 의견도 제시하였다. 물론 이는 선택 사항일 뿐이며, 나의 주목적은 이 놀라운 인류역사의 시기에 대해 "좋은 읽을거리"를 주는 것이다.

쓰기 쉬운 책은 아니었다. 몇 년 전부터 작업을 시작하면서 학교와 가정생활 속에서 쓰다 말다를 되풀이했다. 고고학 사상의 역사, 다른 문화를 이해한다는 것, 독서와 발굴의 메타포로서 여행 등 새로운 주제도 계속 떠올랐다. 『빙하 이후』를 완성할 수 있었던 것은 가족과 친구, 동료들의 도움 때문이었다.

책은 지난 십여 년 연구와 강의에 힘입었으며, 이 과정에서 서로를 자극하고 지원하는 환경을 만들어 준 레딩대학 고고학과의 동료들에게 고마움을 전한다. 이 가운데 특히 마틴 벨, 리처드 브래들리, 밥 채프맨, 페트라 다크, 로버타 길크라이스트, 스텃 매닝, 웬디 매튜스는 질문에 대답과 적절한 조언을 주었다. 마가렛 매튜스는 원판 사진을 준비하는 데 조언과 도움을 주었으며, 테레사 혹킹은 원고를 세심히 읽었다. 대학 도서관의 상호대차부서도 나의 수많은 요구를 들어주느라 고생이 많았다.

또한 전 세계 고고학자들의 친절에 힘입은 바 크다. 조언과 함께 출간되지 않은 글을 주었고, 덕분에 발굴 현장과 유적에 찾아갈 수 있었다. 위와 아래에 언급한 사람들 외에도 다음 연구자들에게 감사를 보낸다. 쇠렌 안데르센, 오페르 바르요셉, 비시 누프리야 바삭, 아나 벨퍼코헨, 피터 롤리콘위, 리처드 코스그로브, 빌 핀레이슨, 도리언 풀러, 앤디 개러드, 애비 고퍼, 니이절 고링모리스, 데이비드 해리스, 고든 힐먼, 이안 카윗, 라스 라르손, 폴 마틴, 로저 매튜스, 에드거 펠텐버그, 클라우스 슈미트, 앨런

6

시먼스, 밴스 헤인스, 트레버 와킨스.

발굴한 유적에 대한 세부 질문에도 친절히 답하고, 컬러 이미지를 준 사람들도 있다. 모두 싣지는 못했지만, 아래에 언급하여 고마움을 전한다. 더글러스 앤더슨, 프랑수아 오두즈, 그래미 바커, 게르하르트 보신스키, 제임스 브라운, 차탈회위크프로젝트, 자크 셍마르, 안젤라 클로즈, 크레스웰크랙스 유적보존회, 존 커티스, 릭 데이비스, 탐 딜러헤이, 마틴 에밀리, 필 가입, 테드 괴벨, 잭 골슨, 헤럴드 홉트먼, 이안 호더, 이마무라 케이지, 시벨 쿠심바, 브래들리 레퍼, 커티스 머린, 폴 멜러스, 데이비드 멜처, 앤드루 무어, J. N. 팔, 존 파킹턴, 블라디미르 피툴코, 존 릭, 로렌스 로빈스, 게리 롤프슨, 마이클 로젠버그, 대니얼 샌드위스, 마이크 스미스, 로렌스 스트로스, 폴 다손, 케이티 텁, 프랑수아 발라, 린 웨이들리, 조아오 질아오.

나의 형제 리처드 마이든도 농사짓는 방법과 식물 유전학, 곡물 성장에 대해 조언했다. 안젤라 클로즈, 수 컬리지, 톰 딜러헤이, 켄트 플래너리, 앨런 제임스, 조이스 마커스, 마쓰모토 나오코, 데이비드 멜처, 제임스 오코널, 앤 파이리, 린 웨이들리도 이 책의 하나 또는 몇 장을 읽고 논평했다. 특히 이 가운데 앤과 수는 많은 분량을 읽고 책의 내용과 스타일에 대해 조언했다. 또한 웨이덴펠드&니콜슨출판사(W&N) 재직 중 이 책을 의뢰했던 토비 먼디에게도 감사하며, 톰 와튼은 원고 전체에 대해 상세한 편집 조언을 해 주었으며, 큰 도움이 되었다.

고고학자 로버트 브레이드우드와 자크 코뱅, 리스 존스, 리처드 맥니시 역시 특별히 언급하고 싶다. 모두 대단한 고고학자였으며, 이 책이 마무리되어 가는 과정에서 별세한 분들이다. 이 고고학자들의 발굴과 생각은 이 책에 쓰여 있다. 우리가 과거를 이해하는 데 기여했던 공로에 감사를 표하고 싶다.

2002년이 끝나기 전 이 책이 마무리된 것은 2001년 10월 영국학술원에서 연구기금을 받아 강의 부담을 덜었던 덕분이었다. 하지만 책의 대부분은 그 이전 도중에 짬을 내서 쓴 것이다. 학생들의 에세이를 봐 주고 강의를 준비했어야 할 시간과 학과회의에 좀 더 정기적으로 참석했어야 할 시간, 그리고 와디 파이난 발굴현장에서 조사단과 함께 발굴했어야 할 시간을 할애하여 쓴 것이다. 가족에게 충실해야 할 시간도 뺏었다.

이 사람들에게 미안함과 고마움을 전한다. 벌써 여덟 살이 된 헤더가 학교에서 문학시간을 마치고 집에 돌아와 책에 "형용사만이 아니라 동사와 명사도 쓰라"고 말했는데, 참으로 고맙다. 열두 살인 니콜라스도 나를 따라 고고학 유적에 가 본 경험을 바탕으로 "흙 위를 터벅터벅 걸으며"라는 제목을 제안하기도 했다. 열다섯인 해나는 "아빠의 책은 실상 가족 프로젝트"임을 처음으로 알았다. 실제 그러했으며, 이 프로젝트는 가족의 지원 없이는 마무리될 수 없는 것이었다. 아내 수는 사실 내가 가장 큰 빚을 지고 있는 사람이다. 내가 아는 세상의 중심에는 수가 있기 때문이다. 그리고 커다란 사랑과 감사의 마음을 담아 이 책을 어머니와 아버지에게 바친다.

옮긴이의 말

이 책은 스티븐 마이든의 *After the Ice: A Global Human History, 20,000-5000 BC*를 우리말로 옮긴 것이다. 마이든은 1990년 *Thoughtful Foragers: A Study of Prehistoric Decision Making*을 시작으로 *The Prehistory of the Mind* (1996), *The Singing Neanderthals* (2005), *Thirst: Water and Power in the Ancient World* (2012) 같은 책으로 연구자와 일반인을 가릴 것 없이 두터운 독자층을 가진 고고학자이다. 이 가운데 몇 책은 이미 우리말로 번역 출간된 바도 있다.[1]

마이든은 현재 런던 인근에 있는 레딩대학의 선사고고학 교수이며, 영국학술원의 회원이기도 하다. 유럽과 서아시아에서 구석기시대에서 신석기시대에 이르는 여러 유적을 조사한 바 있다. 특히 선사시대 인류의 인지능력의 진화를 연구하면서 인류의 진화와 수렵채집 사회, 농경 마을의 형성, 문명의 성장에 이르기까지 선사시대의 중요한 문화적 진전을 누구나 읽기 쉬운 글로 풀어내고 있다. 스스로 야외조사를 왕성히 하는 전문 고고학자로서 학문의 수준을 엄격히 유지하면서도 대중에게 쉽게 다가가는 노력을 하고 있다.

2003년 간행된 『빙하 이후(*After the Ice: A Global Human History, 20,000-5000*

---

1   『마음의 역사』, 『노래하는 네안데르탈인』이라는 책이 번역되어 있다. 그동안 번역서에는 '미슨'이란 이름이 쓰였지만, '마이든'이 맞기에 바로잡는다.

BC)』는 빙하의 성장이 정점에 이르렀던 서기전 20,000년 후기 구석기시대에서 플라이스토세가 끝나고 세계의 많은 지역에서 신석기 농경문화가 진화한 서기전 5000년까지를 다루고 있다. 지은이와 마찬가지로 옮긴이 역시 이 시기야말로 지구상 70억 인류의 운명을 결정했던 때였다고 믿는다. 해부학적으로 우리와 똑같은 모습을 한 사람들이 아프리카와 유라시아는 물론 오스트레일리아와 아메리카까지 확산했던 시기였다. 이로써 전 세계 도처에 단일한 생물종으로서 현생인류가 자리를 잡았다. 이런 문화적 진전을 산업혁명 이후 과학기술의 발전 덕분이라 생각하는 사람들이 있을지 모른다. 그러나 건조지대와 극지, 고산지대 같은 극한의 조건에 사람이 들어간 것은 지금보다 훨씬 춥고 혹심했던 플라이스토세, 곧 빙하시대가 끝나 갈 무렵이었다. 그런 의미에서 빙하시대의 수렵채집 사회는 우리 인간이 공유하고 있는 정체성의 토대를 마련했다고 하겠다.

20-50명 정도가 무리 지어 이동하며 주변 집단과 정보와 물품, 인적 교류를 하면서 혹독한 환경을 살았던 사람들은 결코 원시적이거나 야만적이지 않았다. 빙하시대 말 수렵채집민은 어느 모로 보나 지금 우리와 똑같다. 매머드 상아를 깎고 갈아 조각품을 만들고, 붉은 돌을 빻아 물감을 만들어 동굴 벽에 그림을 그리고, 얼굴에 칠을 하고, 목걸이와 팔찌로 치장하고, 먼 곳에서 어떤 일이 벌어지는지 늘 궁금해하고, 주변 집단과 교류하면서 현재 인류의 토대를 놓았다. 농자천하지대본이라 하지만, 사실 지구상에 농사를 짓지 않고 사는 사람들도 많다. 그렇게 보면 이 책이 다루고 있는 시기의 수렵채집이야말로 천하지대본일지도 모른다.

그런데 전 세계 다양한 환경에 들어간 인류는 "빙하 이후" 이제 다른 길을 걷는다. 서아시아와 동아시아, 아프리카, 아메리카에서는 밀과 보리, 쌀과 콩, 옥수수를 가꾸고 재배하는 집단이 등장한다. 개는 물론, 양과 염소, 그리고 소와 돼지를 기르기도 한다. 그런데 농경으로 가는 과정은 아주 길었으며, 애초 결과를 의도한 것도 아니었다. 인류 문화가 단일한 선을 따라 진화한 것도 아니고, 수렵채집에 머무르기도, 재배를 하다가 다시 수렵채집으로 돌아간 집단도 있었다. 그렇기에 신석기혁명이란 사실 순간의 변화가 아니라 기나긴 과정이었다. 그럴지라도 변화는 너무도 근본적인 것이었다. 농경이 시작되고 자리 잡으면서 노동, 그리고 곡물의 저장과 분배를 통제하는 사람이 등장하여 부를 누리고 권력을 잡았다. 각 대륙에서는 환경 조건과 역사적 우연이 변화의 연쇄를 거치며 농경 마을과 소도시, 그리고 장인과 교역자가 중요한 역할을 하는 세상이 되었다. 마이든의 말마따나 서기전 5000년이면 근대 세계의 토대가 갖춰지고, 그로부터 역사의 수레바퀴는 이제 구르기 시작했던 것이다.

이렇게 중요한 시기를 다루는 것은 고고학의 몫이다. 그러나 대부분 고고학자는 딱딱한 유물만을 만질 뿐, 이야기에 약하다. 그 자체로 아무런 말도 하지 않는 물질 자료를 다루면서 분류하고, 분석하는 일을 전문으로 하는 고고학자가 만 년 전 사람들이 어떻게 살았는지를 이야기해 주는 일에 서툰 것은 어찌 생각하면 당연하다. 고고학은 딱딱한 과거의 물질 자료에 의지하고 있기 때문에 사실 많은 사람들이 알고 싶어하는 "어떻게 살았는지"에 대해서는 그리 시원한 답을 주지 않는다. 유적 발굴에서는 그저 석기나 토기 같은 물건이 조각 난 채 흩어져 있을 뿐, 동식물 유체도, 발자국도 별로 없다. 바구니, 끈, 작대기 같은 수없이 많았을 유기물 도구도 잘 남지 않는다. 사람들의 모습을 알려 줄 옷도, 모자도, 신도 없다. 식량으로, 옷감으로, 집 만들기에 이용된 열매와 식물뿌리도 흙 속에 남아 있지 않다.

그러니 고고학은 주로 석기의 제작기법을 연구하고, 토기의 양식을 분석하여 편년하는 일에 매달리면서 사람들이 알고자 하는 주제를 쉽게 이야기해 주지 않는다. 이렇게 고고학은 점점 일반인의 관심과 멀어진다. 사실 옮긴이를 비롯한 많은 고고학자는 유물과 유적을 분석하는 일에 치중한 나머지 과거 사람들이 어떤 모습이었는지, 어떤 생각을 했는지, 일상은 어떠했는지 잘 모르고 있기도 하다. 이런 면에서 마이든은 뛰어난 사람이다. 그리고 이 책은 고고학적인 근거 위에서 그렇게 알고 싶어하는 과거가 어떠했는지를 생생하게 묘사하고 있다.

이 작업을 위해 지은이는 '존 러복'이라는 가상의 현대인을 선사시대 삶의 현장에 보낸다. 러복은 초원을 걷고, 바위산을 오르고, 통나무배를 저어 사람들을 찾아간다. 과거 사람의 모습과 유물을 보고, 손으로 만지고, 코로 냄새 맡고, 혀로 맛을 본다. 그렇게 자신이 경험하고 느낀 것을 우리에게 전해 준다. 존 러복은 1865년 『선사시대』라는 책을 발간하면서 석기시대를 처음으로 구석기시대와 신석기시대로 나눈 초창기 고고학자이자 생물학자, 정치인이었다. 러복의 책은 당시 고고학을 주제로 베스트셀러가 되어 수십 년 동안 판을 거듭하면서 선사시대 연구의 표준이 되었다. 하지만 출간된 지 150년도 넘은 책에 잘못이 없을 수 없다. 특히 19세기는 새로운 세계와 원주민의 삶이 알려지면서 인종주의적 해석이 횡행하던 때였다. 지은이는 러복이라는 학사적 인물을 세계의 유명한 선사 유적에 보내 사람들의 삶을 보고 경험하면서, 책에 썼던 내용을 확인하고 되돌아보게 한다. 이런 식으로 고고학의 학문 지식이 성장했음과 함께 유적에서 이루어진 생생한 삶을 보여준다.

이 책은 선사시대의 환경 복원에서 식량 자원의 획득, 도구 제작과 사용, 사회생활, 예술에 이르기까지 많은 주제를 소설 같은 필치로 묘사하고 있다. 고고학 전문 지식을 충분히 이용하면서도 난해한 용어와 논지 전개를 피해 독자가 관심을 가지는 질문에 답을 준다.

구대륙과 신대륙을 넘나드는 방대한 책이 다루고 있는 내용을 여기에서 요약하기는 버거운 일이다. 책은 빙하시대 환경의 혹독함을 생동감 있게 그리는 데서 시작하여 최후빙하극성기 이후 기후변동, 빙하가 물러나며 벌어지는 환경변화와 수렵채집민의 성공과 실패, 그리고 이런 도전을 맞는 이동 수렵채집 무리의 다양한 생계경제 활동, 한 곳에 정주하는 수렵채집민, 주변의 야생 식물 자원을 집중적으로 이용하는 세계 도처의 사람들, 씨를 뿌리고 김을 매고 밭을 가꾸고, 동물을 기르고 가축화하는 과정, 정주 농경 마을에서 벌어지는 인구증가와 질병, 장례와 종교 활동 등이 이 책을 수놓고 있는 중심 주제이다.

물새가 날고, 갈대밭에 숨어 조심스럽게 지나가는 사슴을 겨냥하고, 덫을 놓거나 토끼를 쫓는 모습, 돌과 식물을 빻고 피와 소변을 섞어 물감을 적시고 등잔을 밝히며 휘젓는 날렵한 손놀림, 모닥불 뒤로 동굴 벽에 흔들리는 그림자, 오랫동안 숲길 뒤에 숨죽이며 매복하다가 날리는 화살, 늘어뜨린 가죽을 밀어젖히고 움막에 들어가는 모습, 어두침침한 방안에서 퀴퀴한 냄새가 풍기고, 불가에서 나는 아로마 향이 퍼지는 광경, 식물을 태운 연기에 취하고, 북소리, 갈대 피리를 부는 소리, 서로 어깨동무하며 함께 노래 부르고 춤을 추는 모습을 그리는 일은 참으로 멋지다.

그런데 동물 뼈가 있지만, 사냥을 어떻게 했는지, 식물 유체가 있어도 어떻게 심고, 가꾸고, 수확했는지를 알기란 쉽지 않다. 상상만으로 마음대로 쓸 수도 없는 노릇이다. 분명 고고학적으로 엄밀한 자료에 근거해야 한다. 지은이는 발굴로 드러난 유물과 유구뿐 아니라 주변 환경과 동식물자원을 세밀히 복원하고, 현존하는 수렵채집민과 원예농경(원경)민의 민족지 자료까지 검토함으로써 학문적 신뢰도를 높인다. 자료에 충실하면서도 상상력을 동원할 때는 가장 그럴듯한 시나리오를 과감하게 제시한다. 이로써 스스로 의도했듯이 선사시대 인류의 삶을 고고학이라는 수단으로 생생하게 그릴 수 있었던 것이다.

그러면서도 지구온난화라는 당면한 문제에 대해서도 교훈을 잊지 않는다. 서기전 9600년, 엄청난 규모로 시작된 지구온난화는 생태계에 큰 충격을 주고, 수많은 동물을 절멸로 몰았다. 새로운 환경은 이동하는 수렵채집 사회에는 도전이자 기회였다. 더 혹독한 조건 속에서 수렵과 채집을 지속하는 집단이 있었으며, 반대로 식물자원과 몇몇 동물을 더 집중적으로 이용하고, 가꾸면서 결국 재배와 사육으로 나아가는 사회도 있었다. 그러나 오늘날 지구온난화는 오롯이 인간의 몫이다. 남아 있는 빙하도 사라지고 있으며, 수많은 생물 종이 오늘도 절멸에 이르고 있다. 이 같은 현실에서 고고학은 그저 흥미로운 이야깃거리가 아니라 우리를 되돌아보게 하면서 교훈을 준다. 옮긴이의 생각에 1만 년 전 인류는 환경 조건에 따라 수렵과 채집을 지속하기도, 곡물을 재배하고 가축을 기르기도 하면서 다양한 문화를 진전시켜 위기를 헤쳐 나갔다. 하지만 오늘날 세계화의 물결에서 다양성을 잃어 가고 있는 우리는 대안을 찾을 수 있을까?

이 책의 아쉬움이라면 아마도 손에 쥐기 어려울 만큼 방대한 분량이 아닐까. 그래서 옮긴이는 지은이의 뜻을 살리면서도 될 수 있는 한 간결한 글을 쓰고자 애썼다. 또 한 가지 지적하고 싶은 것은 쉰 개가 넘는 주제를 망라하고 있지만, 한국을 다루고 있는 것은 없다는 점이다. 주변 동아시아의 선사시대도 상대적으로 소략하고 있다. 그래서 주를 이용해 옮긴이의 견해를 밝히기도 했다.

중국과 일본, 연해주 등지에서는 후기 구석기시대 말로 올라가는, 세계에서 가장 이른 토기가 널리 확인되지만, 그 중간에 놓인 한반도에서는 아직 이 시기 토기 자료가 나오지 않고 있다. 사실 우리나라에는 세석기를 만들고 사용한 후기 구석기시대의 유적은 상당히 많이 알려져 있지만, 그 이후, 곧 후빙기에 해당하는 자료는, 제주도 몇 개 유적을 빼면, 거의 없다. 따라서 후빙기에 대해 깊이 있는 이야기를 하기 힘들지만, 뒤집어 생각하면 왜 이렇게 이 시기의 자료가 희소한지 역시 흥미로운 주제이다. 분명한 것은 이 책이 다루고 있는 시기 한반도를 포함한 지역에서도 다양한 수렵채집 무리가 이동하면서 서로 교류하고, 소통하면서 역동적인 삶을 누렸으리란 점이다.

평균 바다 깊이가 40-50m 정도인 서해는 최후빙하극성기는 물론 후기 구석기시대 전 기간 육지로 노출되어 있었다. 그러나 후빙기 급격한 지구온난화와 해수면 상승으로 수렵채집민의 생활터전이었을 고황해분지는 빠르게 바다에 잠기고, 반도 환경이 찾아온다. 따라서 많은 연구자는 이 시기 유적이 이미 바다에 수장되어 있다고 생각한다. 그런데 한편으로 급격한 환경변화에 따른 인구 변동에 주목하는, 옮긴이 같은 연구자도 있다. 해방 이후, 그리고 1990년대 이후 대규모 조사에도 불구하고, 후빙기 유적의 희소성은 더욱 두드러지고 있다. 따라서 앞으로 새로운 자료가 나오리라 기대하는 것보다는 희소한 이유를 이론과 방법론적 견지에서 설명하려는 노력이 필요하다.[2]

후빙기 환경변화는 현재 한반도와 주변에 살던 수렵채집민에게는 커다란 위기이자 도전이었음이 분명하다. 후기 구석기시대부터 높은 이동성을 가지고 있던 수렵채집 무리는 계절에 따라 갈라서다가도 다시 모이면서 환경변화를 맞았을 것이다. 이동성이 강한 수렵채집 무리는 서로 긴밀한 네트워크를 만들어 상시적으로 정보와 물자, 인적 교류를 하는데, 환경변화에 따라 네트워크는 확장되면서 먼 거리의 사회와도 더 빈번하게 교류했을 것이다. 그러면서 인구는 연안과 같은 생산성 높은 환경에서 증가하고, 상대적으로 한반도 남부에서는 크게 줄었을 수 있다. 그리고 이곳은 소규모 수렵채집 무리가 계절에 따라 이동하는 동물을 사냥하고 식물성 식량을 얻기

2   옮긴이가 2009년 발표한 「수렵채집민의 이동성과 한반도 남부의 플라이스토세 말-홀로세 초 문화변동의 이해」
     (『한국고고학보』 72: 4-35) 참조.

위해 방문함으로써 고고학적으로 가시성 있는 자료는 희소해지지 않았을까.

그러다가 해수면 상승이 마무리되고 환경이 안정되면서 해양 자원이 풍부한 한반도의 해안을 따라 인구가 확산하고 오래 머물면서 신석기 문화가 성장한다. 이 책에서 다루는 서기전 5000년 즈음 동해안과 남해안에서 유적의 수가 급격히 늘어난다. 서해안과 중서부지방에서는 이보다 조금 늦게 빗살무늬토기를 특징으로 하는 신석기 문화가 자리 잡는다.

쉽지 않은 번역이었다. 적지 않은 분량이고, 유럽과 아메리카, 아시아, 아프리카 등 전 세계를 망라하는지라 지명과 인명 등 신경 써야 할 일이 많았다. 많은 도움을 받았다. 먼저 흔쾌히 번역을 허락하고, 격려해 준 지은이 스티븐 마이든 교수에게 고마움을 전한다. 경희대학교 대학원과 학부에서 고고학을 전공하는 김태경, 권소진, 정동희 학생은 번역문 전체를 꼼꼼히 읽고, 잘못을 바로잡고, 지명과 인명의 표기 등을 확인해 주었다. 사회평론아카데미와는 번역과 저술을 포함해 벌써 다섯 권째 작업이다. 윤철호 대표이사와 고인욱 연구위원께도 감사한다. 그리고 이 책은 한강문화재연구원과 신숙정 원장의 도움을 받아 출간할 수 있었음을 밝힌다. 마지막으로 지은이와 마찬가지로 옮긴이 역시 가족의 보살핌 속에서 일을 마무리지을 수 있었다.

2019년 2월
성춘택

차례

머리말 5

옮긴이의 말 9

시작

1 역사의 탄생 22
   지구온난화와 고고학 증거, 그리고 인류역사

2 서기전 20,000년의 세계 28
   인류의 진화, 기후변동, 방사성탄소연대

서아시아

3 불과 꽃 42
   오할로의 수렵채집민과 삼림스텝

4 나투피안 54
   참나무 숲의 수렵채집 공동체

5 아부후레이라 67
   수렵채집민의 정주 마을

6 천년의 가뭄 74
   영거드라이어스 동안의 경제와 사회

7 예리코 건설 85
   요르단밸리의 신석기 건축과 무덤

8 괴베클리테페 92
   신석기시대 이데올로기와 상징, 교역

9 까마귀의 계곡 104
   베이다와 건축, 동물 사육

10 귀신들의 마을 114
   아인가잘과 의례, 종교, 그리고 경제의 붕괴

11 차탈회위크의 천당과 지옥 124
　　터키의 신석기시대 문화의 개화
12 키프로스에서 보낸 사흘 135
　　인간 점유와 문화 정체

유럽

13 고위도지방의 개척자들 150
　　유럽 서북부의 재점유
14 순록 사냥꾼 163
　　경제와 기술, 사회
15 스타카 176
　　후빙기 초 북부 유럽
16 마지막 동굴벽화 186
　　남부 유럽의 경제, 사회, 문화 변화
17 연안의 대재앙 203
　　해수면 상승의 결과
18 유럽 동남부의 두 마을 212
　　정주 수렵채집민과 이주 농경민
19 죽은 자들의 섬 224
　　북유럽의 중석기시대 무덤과 사회
20 경계에서 236
　　중부 유럽의 농경 확산
21 중석기시대의 유산 247
　　남유럽의 신석기시대
22 스코틀랜드 헤브리디스 제도 257
　　중석기시대에서 신석기시대로의 이행

아메리카

23 아메리카의 첫 주민을 찾아서 272
　　빙하시대 유적 발견의 역사
24 현재의 증거로 보는 첫 아메리카인 285
　　치아, 언어, 유전자, 골격 분석의 결과
25 친치우아피 강둑에서 294
　　몬테베르데 발굴과 해석

26 새로운 경관의 탐험가들 302

　　북아메리카의 동물상과 인간의 점유

27 재판정에 선 클로비스 사냥꾼들 314

　　대형동물의 절멸과 클로비스 생활방식

28 순결한 숲 327

　　티에라 델 푸에고와 아마존의 수렵채집민

29 아기예수와 목자들 336

　　안데스지방의 동식물 순화와 해안 수렵채집민

30 와하카밸리 344

　　옥수수, 호박, 콩의 재배

31 코스터 유적 357

　　북아메리카 수렵채집민의 생활방식

32 연어잡이와 역사의 선물 368

　　미국 서북부의 복합 수렵채집 사회

오스트레일리아와 동아시아

33 잃어버린 세계를 찾아서 378

　　태즈메이니아 수렵채집민

34 코우 스왐프의 조각상 395

　　오스트레일리아 동남부의 사회, 대형동물의 절멸

35 사막을 가로지르며 403

　　오스트레일리아 중부 수렵채집민의 적응

36 싸우는 사람과 무지개 뱀 412

　　북부 오스트레일리아 선사시대의 예술과 사회, 이데올로기

37 고지대의 돼지와 정원 423

　　열대 원예농경의 발달

38 순다랜드 434

　　동남아시아 열대우림의 수렵채집민

39 양쯔강 남안에서 447

　　벼농사의 기원

40 조몬시대 일본 460

　　복합 수렵채집민과 토기의 등장

41 북극의 여름 473

　　매머드 스텝과 고위도지방의 점유

남아시아

42 인도를 가로지르는 길 490
    바위그림과 갠지스 평원의 마을들
43 힌두쿠시 산맥을 따라서 502
    남아시아와 중앙아시아의 초기 농경, 목화 재배
44 자그로스 산맥의 독수리 517
    메소포타미아 문명의 뿌리
45 메소포타미아 문명으로 다가가기 529
    소도시와 교역의 발달

아프리카

46 나일 강 고기잡이 545
    북아프리카와 나일 강 유역의 수렵채집민
47 루케냐힐에서 556
    동아프리카 경관의 발달과 동물상
48 개구리 다리와 타조알 567
    칼라하리 사막의 수렵채집민
49 남아프리카 여행 583
    환경과 식생활, 사회생활의 변화
50 열대지방의 벼락도끼 598
    중부와 서부 아프리카의 수렵채집민, 동아프리카의 환경변화
51 사하라의 양과 소 606
    북아프리카 유목의 발달
52 나일 강 유역의 농경민들 616
    북아프리카에서 곡물 농경의 등장

에필로그: '문명의 축복' 622
    지구온난화가 과거, 현재, 미래의 인류역사에 미치는 영향

주 631
참고문헌 683
찾아보기 725

시작

1

역사의 탄생

지구온난화와 고고학 증거, 그리고 인류역사

현생인류의 역사는 서기전 50,000년에 시작한다. 그쯤이다. 서기전 100,000년까지 올라간다고 할 수도 있다. 인류의 진화는 그보다 훨씬 긴 내력을 가지고 있다. 첫 생명체의 탄생 이후 적어도 30억 년이 흘렀으며, 침팬지와 인간의 계보가 분지한 지도 600만 년이 흘렀다. 사건과 지식이 발달하는 역사는 최근의 일이며 놀랄 만큼 짧은 시간에 이루어졌다. 그런데도 서기전 20,000년 이전에는 커다란 진전이 없어 사람들은 수백만 년 동안 해 왔듯이 여전히 수렵채집 생활을 계속했다. 작은 공동체를 이루고 살면서 결코 한 곳에 오래 머물지 않았다. 동굴벽화를 남기고, 좋은 사냥 무기를 만들기도 했지만, 지금의 세계를 만들어 낸 역사의 과정을 바꿀 만큼 큰 사건은 없었다.

　그러다가 15,000년 전 농경이 처음 나타나고, 마을과 문명이 성장한다.[1] 서기전 5000년이 되면 현 세계의 토대가 갖추어진다. 이후에 일어난 그 어떤 역사의 진전—고전 그리스시대와 산업혁명, 원자시대, 인터넷 등—도 이전 역사의 중요성에 미치지 못한다. 서기전 5000년을 역사의 탄생이라고 한다면, 서기전 20,000-5000년은 거

기에 다가서는 시기다.[2]

역사를 시작하기 위해서는 사람들이 지금 우리와 같은 현생인류의 마음을 지녀야 한다. 그 이전 인류 조상이나 오늘날 그 어떤 동물종과는 다른, 무한한 상상력과 호기심, 발명으로 이루어진 마음 말이다. 현생 마음의 기원에 대해서는 이미 다른 책—1996년 출간한 『마음의 역사(*The Prehistory of the Mind*)』[3]—에서 논한 바 있다. 내가 제안한 학설—복수의 전문 지성 영역이 통합되어 '인지적으로 유동적인' 마음을 만들어 냈다는 설—이 옳은지, 아니면 잘못되었는지 하는 것은 지금 살피고자 하는 역사의 문제와는 직결되지 않는다. 어쨌든 50,000년 전이면 독특한 창의적 마음이 진화했다. 이 책은 "그 다음에 벌어진 일은 무엇인가?" 하는 단순한 문제를 논하고 있다.

빙하시대는 서기전 20,000년 최고조에 이르렀고, 이때를 최후빙하극성기(Last Glacial Maximum, LGM)[4]라 부른다. 그 이전 사람들은 수도 적었고 혹심한 환경에 살아야 했다. 지구 공전궤도의 미묘한 변화로 말미암아 북아메리카 북부와 북유럽, 아시아를 가로질러 거대한 빙하가 발달했다.[5] 지구는 감당하기 힘든 가뭄을 겪어야 했고, 해수면이 낮아지면서 드넓고 황량한 해안평야가 드러났다. 인간 공동체는 땔감과 식량을 찾을 수 있는 '피난처'에 들어가 가장 혹심한 조건을 견디며 생존했다.

서기전 20,000년 이후에는 지구온난화가 시작되었다. 처음에는 느리고도 변덕스러워 기온과 강우량은 등락을 거듭했다. 서기전 15,000년 즈음 커다란 빙하덩어리가 녹기 시작했고, 서기전 12,000년, 기후는 등락하면서 따뜻해지고 비가 내리다가도 급작스럽게 추워지고 가뭄이 들기도 했다. 서기전 10,000년 이후 극적인 지구온난화가 일어나 드디어 빙하시대가 끝나고 오늘날 우리가 사는 홀로세(Holocene)가 시작된다. 인류역사의 과정이 바뀐 것은 바로 이 10,000년이라는 지구온난화와 그 뒤를 잇는 몇 천 년 동안이었다.

서기전 5000년이면 세계의 많은 사람들은 농사를 짓고 산다. 순화된 새로운 동물종과 식물종이 나타나고, 이제 농경민은 정주 마을과 소도시에 살면서 전문 장인과 신관, 수장을 떠받친다. 참으로 오늘날 우리와 별로 다를 바 없는 사람들이다. 역사의 루비콘 강을 건넌 것, 곧 수렵과 채집 생활에서 농경 생활로 변모한 것이다. 여전히 수렵채집민으로 남은 사람들은 최후빙하극성기의 조상과는 사뭇 다른 방식으로 살아가고 있다. 이 책은 바로 그런 발달이 어떻게, 왜 이루어졌는지—농경을 이끌었는지, 아니면 새로운 형식의 수렵채집으로 진전되었는지—를 살핀다. 이는 서기전 20,000년에서 5000년 사이에 살았던 모든 사람들의 이야기, 곧 글로벌 역사이다.

지구가 온난화를 겪었던 것은 이때가 처음은 아니다. 호모 에렉투스와 하이델베르겐시스, 네안데르탈렌시스 같은 우리의 조상이나 친척뻘 되는 종은 지구가 약 100,000년을 주기로 빙하기와 간빙기를 되풀이하는 동안 비슷한 기후변동의 시기를 겪었다.[6] 이런 변동에 인류는 인구가 늘었다가 줄기를 반복했고, 변화한 환경에 적응하고 도구를 발전시켰다. 새로운 역사를 만들어 내기보다는 변화하는 세계에 끝없는 적응과 재적응을 되풀이했던 것이다.

　그 어느 것도 끝이 아니었다. 20세기 초 지구온난화는 다시 시작했고 지금도 계속되고 있다. 이제는 의도적 유전공학으로 새로운 식물종과 동물종이 만들어지고 있다. 새로운 생물종, 그리고 현재의 지구온난화는 인간의 행동—화석연료와 산림파괴—만의 소산이다.[7] 이로써 대기 중 온실가스의 비중이 늘어나 자연의 범위를 넘어서는 전 지구적 기후상승을 일으켰던 것이다.[8] 새로운 지구온난화와 유전자변형 생물종이 앞으로 우리 환경과 사회에 미칠 영향은 잘 알려져 있지 않다. 언젠가는 사변과 예보를 넘어 우리가 힘들게 겪고 있는 변화에 대한 역사가 쓰일 것이다. 그러나 그 이전에 과거의 역사를 보아야만 한다.

서기전 20,000년에서 5000년 사이에 살았던 사람들은 보았던 사건과 일상생활을 기록한 일기도, 편지도 남기지 않았다. 문자가 등장하기 전 소도시와 교역, 장인이 먼저 나타났다. 그리하여 이 역사를 알려면 문헌기록이 아니라 이름도 정체도 알려지지 않은 사람들이 남긴 쓰레기를 고찰해야 한다. 석기나 토기, 화덕자리, 식량의 흔적, 폐기된 집터와 기념물, 무덤, 바위그림 등 다른 많은 고고학 자료에 의지해야 하는 것이다. 또한 과거 흙속에 남아 있는 꽃가루와 딱정벌레 날개 같은 환경변화와 관련된 증거를 주목해야 한다. 그리고 가끔은 우리의 유전자와 언어와 같은 현재의 자료로부터 도움을 받기도 한다.

그런 증거에 의지해 역사를 쓸 경우 그저 유물 목록, 곧 고고학 유적의 개요나 "문화들"의 나열에 머물고 말 염려가 있다.⁹ 이보다 더 접근하기 쉽고 흥미로운 역사는 과거 사람들의 삶에 대한 이야기, 곧 과거 생활에 대해 말해 주고 사회 및 경제 변화의 원인으로서 인간의 행동을 인지하는 것이다.¹⁰ 책에서는 이 목적을 이루기 위해 근대 세계의 어떤 사람을 선사시대에 보내 실제 석기 제작과 타오르는 모닥불, 사람들이 드나드는 집을 보게 하고 빙하시대의 경관을 방문하는 방식을 취했다.

나는 이 일을 할 사람으로 존 러복(John Lubbock)이라는 젊은이를 골랐다. 러복은 서아시아부터 시작하여 각 대륙을 돌아가며 방문할 것이며, 유럽과 아메리카대륙, 오스트레일리아, 동아시아, 남아시아, 아프리카로 세계를 일주할 것이다. 러복은 마치 고고학자가 땅을 발굴하여 내려가는 것처럼 사람들의 삶을 가까이서 상세하게 살펴볼 것이지만, 다른 사람들에게 보이지도 않고 어떤 질문도 던질 수 없는 존재로 그려질 것이다. 나는 고고학 유적이 어떻게 발견되고 발굴되며 연구되는지, 그리고 그것이 농경과 소도시, 문명의 등장을 이해하는 데 어떻게 이용되는지에 대한 설명도 제시할 것이다.

존 러복이 누구인가? 나의 상상 속에서는 과거에 대해 관심을 가지면서 미래(그 자신의 미래가 아니라 지구의 앞날)에 대해 의구심을 지닌 젊은이로 그릴 것이다. 물론 러복은 1865년 『선사시대(*Prehistoric Times*)』라는 책을 출간한 바 있는 빅토리아시대의 박학다식한 고고학자였다.

19세기의 존 러복(John Lubbock, 1834-1913)은 찰스 다윈의 이웃이자 친구, 그리고 추종자였다.¹¹ 주요한 재정개혁을 착수한 은행가이자 고대기념물 보호와 은행 휴일에 대한 법안을 만든 자유당 국회의원이었으며, 많은 과학 저술을 발표한 식물학자이자 곤충학자였다. 『선사시대』는 표준 교과서가 되었고 베스트셀러로서 1913년 일곱 번째이자 마지막 판이 나왔다. 이 책은 세상이 약 6000년 전에 창조되었다는 성서의 편년을 거부한 최초의 선구적 연구서 가운데 하나였다. 또한 구석기시대와 신석기시대라는 개념을 처음으로 도입함으로써 선사시대 연구의 근간이 되었다.

러복은 훌륭한 통찰을 남기기도 했지만, 지금의 기준으로는 놀랄 만큼 무지했다. 특히 석기시대의 실제 연대에 대해서는 거의 알지 못했고, 과거 생활양식과 환경에 대한 증거도, 역사의 획기적 사건이라 할 라스코 동굴이나 예리코 유적 같은 많은 유적도 알지 못했다. 나는 이 책을 계획하면서 19세기의 존 러복을 『선사시대』 집필에 대한 감사의 표시로 그런 유적에 보낼 생각을 하였다. 그러나 러복의 시대는 갔다. 러복이 설사 라스코와 예리코를 알았다 하더라도 모든 수렵채집민은 어린아이의 마음을 가진 야만상태에 있었다는 19세기 당시 일반적이었던 태도를 바꿀 것 같지는 않다.

이보다 더 유익한 선사시대로의 여행은 아직 세상에 족적을 남기지 않은 사람의 여행일 것이다. 그래서 나는 현재의 존 러복을 같은 이름의 저자가 쓴 책을 들고 선사시대로 보낼 생각이다. 세계의 구석에서 그 책을 읽음으로써 19세기 러복이 이룬 성취와 150년 전 첫 간행 이후 고고학이 이루어 낸 놀라운 진전을 깨닫게 될 것이다.

나는 역사가 단순히 고고학자가 찾는 물건이 아니라 사람들의 삶에 대한 것임을 확실히 하고자 한다. 나의 눈은 현재로부터 완전히 벗어날 수 없다. 버려진 석기와 음식 잔존물, 텅 빈 집과 식어 버린 화덕자리 너머까지 볼 수는 없다. 비록 발굴이 다른 문화로 들어가는 문이라고는 하지만, 그 문은 조금만 열어 볼 수 있을 뿐이고 결코 통과할 수 없다. 하지만 상상력을 이용해 러복으로 하여금 그 간격을 넘어 내 눈으로는 보이지 않는 것을 볼 수 있도록 하여, 마치 여행 작가 폴 서루(Paul Theroux)가 말하는 "낯선 곳의 낯선 사람"이 되게 하였다.

서루는 "극도의 낯섦"을 경험하면서 낯선 사람과 경험을 통해 자신이 누구인지, 무슨 의미가 있는지를 느낄 수 있다고 했다. 이것이야말로 고고학이 오늘날 우리 모두에게 해 줄 수 있는 것이다.[12] 우리는 현재 세계화의 확산으로 단조로운 문화적 동질성이 전 세계로 확산되는 시대에 살고 있다. 이런 상황에서 선사시대로의 상상 여행은 극도로 색다른 감각을 느끼는 방편일 것이다. 그리고 이것이야말로 고고학 증거를 내가 쓰고자 하는 인류역사로 투영시킬 단 하나의 길이다.

발굴로 드러난 집터를 유심히 들여다보면서 가끔 윌프레드 세시저(Wilfred Thesiger)라는 또 다른 여행 작가의 생각을 떠올린다. 1951년 세시저는 이라크 남부 습지대 아랍인(Marsh Arabs)과 살고 있었다. 다음해 다시 이곳에 돌아와 새벽에 도착해서 거대한 갈대밭이 해돋이에 검게 물드는 광경을 지켜보았다. 세시저는 첫 번째 방문을 떠올렸다. 물길 위의 카누(통나무배), 거위떼의 울음소리, 물위에 선 갈대로 만든 집, 물속의 버팔로, 어둠 속에서 노래하는 아이들, 개구리 소리. 그러며 나중에 "다시 한 번 그 삶을 같이하고 그저 지켜보는 사람 이상이 되기를 열망하고 있음을 경험했다"고 썼다.[13]

고고학의 기법을 근간으로 우리는 선사시대 생활을 지켜보는(물론 흐릿한 렌즈를 통해야 하지만) 사람이 될 수 있다. 세시저와 같이 나도 거기서 더 나아가 선사시대 생활 그 자체를 경험하고 그 경험을 바탕으로 인류역사를 쓰고자 열망한다. 세시저는 카누를 타고 떠날 수 있었지만, 나는 그저 고고학 증거를 세심하고도 철저하게 연구한 정보를 토대로 상상만을 할 수 있을 뿐이다. 그래서 이 책 안에서 존 러복은 그저 지켜보는 사람을 넘어서고자 하는 나의 욕망을 채워 줄 것이다. 나는 러복을 통해 서루와 세시저 같은 이가 되어 선사시대라는 낯선 곳을 여행하는 낯선 사람이 되고자 한다.

2

서기전 20,000년의 세계

인류의 진화, 기후변동, 방사성탄소연대

서기전 20,000년 세계는 춥고, 건조하고, 폭풍우가 몰아치고 대기 중엔 먼지가 많은 살기 힘든 땅이었다. 해수면은 낮아져 광활한 해안 평야가 드러나 육지로 연결된 곳도 많았다. 태즈메이니아, 오스트레일리아, 뉴기니가 하나로 연결되어 있었고, 보르네오와 자바, 태국이 지구상에서 가장 넓은 우림지대 안에서 산맥을 이루며 붙어 있었다. 사하라, 고비 등 사막은 가장 넓게 뻗어 있었다. 영국은 유럽의 한 반도로서 북부는 얼음에 뒤덮였고, 남부는 극지 사막을 이루고 있었다. 북아메리카 캐나다는 거대한 얼음덩어리에 갇혀 있었다.

인류 공동체들은 최후빙하극성기 이전에 살았던 많은 지역을 버릴 수밖에 없었다. 살 만한 땅인데도 들어갈 수 있는 길이 사막이나 얼음덩이에 막힌 곳도 있었다. 어디든지 살 수 있는 곳이라면 혹한의 날씨와 이어지는 가뭄과 싸우며 생존했다. 현재의 우크라이나에 살았던 푸시카리(Pushkari) 사람들의 사례를 살펴보자.

이 툰드라 푸시카리에는 다섯 움막이 대략 원형을 이루고, 살을 에는 차가운 바람을 피해 반쯤 얼어붙은 채 굽이쳐 흐르는 강 가까이 남쪽을 향해 자리를 잡고 있다.[1] 움막은 이글루같이 생겼는데, 다만 얼음이 아니라 매머드 뼈와 가죽으로 만들고, 상아 두 개를 세워 아치형 출입문이 있다. 커다란 다리뼈를 세워 벽의 뼈대를 세우고 사이에 아래턱뼈를 층층이 쌓아 두꺼운 벽을 만들어 추위와 바람을 막았다. 상아 몇 개는 지붕에서부터 매달아 가죽과 잔디 뗏장을 뼈와 가지에 입혀 단단히 고정했다. 집에서 연기가 천천히 피어오르고, 두꺼운 벽 사이로 갓난아이 울음소리도 들린다.

마을 너머에서는 커다란 뼈를 실은 썰매가 언 강 위를 미끄러진다. 일하는 사람들은 연신 입김을 내뿜고 덥수룩한 수염과 긴 머리에 얼굴은 잘 보이지 않지만, 털가죽을 댄 코트를 입고 있다. 그냥 걸친 정도가 아니라 제대로 바느질한 옷을 입었다. 한겨울이고 마을은 빙하의 남한계에서 고작 250km 떨어져 있을 뿐이다. 기온은 영하 30°C까지 떨어지고 이런 겨울을 아홉 달이나 견뎌야 한다. 북쪽에서 죽은 동물의 살은 씻겨 나가고 떠내려 온 뼈를 강에서 건져서 나중에 건축 자재로 쓴다.

삶은 혹독했다. 뼈를 끌고 집을 짓고 고치며, 장인이 도구와 무기, 장식품을 만들 수 있도록 상아를 자르고 조각낸다. 낮은 짧다. 긴 시간 동안 어둠에 묻혀 불가에서 이야기를 나눈다. 움막 사이에는 옹이가 난 통나무 한 개로 작은 불을 지핀다. 여기에 남녀 대여섯 명이 둘러앉아 무릎을 맞대고 팔짱을 낀 채 바람을 피한다.

동물을 도살하자 살과 피 냄새가 퍼진다. 무리에서 떨어져 고립된 순록을 잡은 것인데, 근처 채석장에 석기를 만들 돌감을 찾으러 갔다가 예기치 않게 사냥한 반가운 고기다. 피를 뺀 뒤 사체의 어느 부분도 버리지 않는다. 올겨울 푸시카리에 사는 다섯 가족들이 모두 고기를 나누어 먹는다. 뿔로는 칼 손잡이와 작살을 만들고 가죽으로 옷과 주머니를, 인대와 힘줄로는 실과 줄을 만든다. 심장과 허파, 간이나 다른 기관은 맛있게 먹어 치우며, 이빨에 구멍을 뚫어 장식물을 만들고, 뼈는 땔감으로 쓴다.

한 움막 안에는 동물의 지방을 태워 작은 등불을 밝혀 놓았다. 안은 따뜻하고 꽉 차 있고 거무죽죽하다. 가운데 재로 덮인 불가 바닥에는 부드러운 가죽과 털을 깔았다. 매머드 머리뼈와 다리뼈는 가구가 되고, 다양한 가죽 주머니와 뼈, 나무 그릇, 뿔과 돌로 만든 도구가 벽에 흩어져 있고 서까래에 매달려 석기시대의 가내 잡동사니의 모습을 잘 보여준다. 등불에 남자 얼굴이 스친다. 늙어 보이는데, 빙하시대의 세계에서 피부와 뼈는 그렇게 빨리 나이가 들어간다. 머리를 땋아 기르고 상아로 만든 장식물과 동물 이빨에 구멍을 뚫어 만든 목걸이를 걸치고 있다. 바늘과 힘줄로 만든 실을 다루는 손놀림이 빠르다.

집 밖에선 한 남자와 여자들, 어린이들이 돌덩어리를 무릎에 올려놓고 깨고 있다. 격지조각이 떨어지는데, 큰 것들을 나란히 놓고선 다른 조각은 떨어진 데 그대로 버리거나 주변에 던져 버린다. 수다를 떨면서 가끔씩 웃기도 하고, 돌이 아니라 엄지손가락을 때리고 만 사람은 욕도 내뱉는다.

다른 집 안에서는 가내 생활의 흔적이 전혀 없다. 바닥은 두꺼운 모피로 덮여 있고 특히 방안을 위압하는 큰 매머드 머리뼈에는 빨간 줄무늬가 그려져 있다. 그 옆에는 북채와 새 뼈로 만든 피리가 있다. 상아로 만든 몇 cm 크기의 작은 조각품 두 개가 돌판 위에 놓여 있다. 이런 것들을 빼고 집안은 텅 비어 있다. 이곳이 바로 특별한 모임이 벌어지는 장소다. 거의 모든 사람들이 만나 소식을 전하고 선물을 교환한다. 덥고 퀴퀴한 냄새가 난다. 함께 노래를 부르자 요란하다.

최후빙하극성기를 살았던 사람들의 일상의 소리가 들린다. 돌로 돌을 깨는 소리, 조용히 한담을 나누는 소리, 거친 노동에 숨을 헐떡거리는 소리. 이런 소리가 밤이 다가오면서 늑대의 울음소리와 함께 얼음 위에서 가혹한 바람을 타고 툰드라를 가로지른다. 푸시카리 사람들은 불가에 모인다. 고기를 구워 먹으며 이야기한다. 기온은 더욱 떨어져 한계에 이르고 사람들은 모피를 찾아 집 안으로 흩어진다.

푸시카리에서 살았던 사람들은 호모 사피엔스였다. 바로 해부학적으로 정신적으로 당신이나 나와 똑같은 현생인류이다. 서기전 20,000년, 다른 모든 인류 종은 이미 절멸에 이르렀으며, 존 러복이 여행을 통해 마주할 수 있는 사람들은 모두 현생인류다.[2] 따라서 새로운 역사를 말하기 위해서는 먼저 왜 현생인류만이 남게 되었는지를 설명하는 것이 좋겠다.

인류진화의 화석자료는 2002년 중북부 아프리카 차드에서 발견된 약 700만 년 전의 화석부터 시작된다. 역사상 가장 중요한 발견 가운데 하나라고 할 수 있으며, 화석은 사헬란트로푸스 차덴시스(*Sahelanthropus tchadensis*)라 부른다.[3] 아프리카에서는 약 450만 년 전 두 발로 걸었던 초기 인류 화석자료가 있으며, 약 250만 년 전이면 사람과 유사한 종이 등장하여 호모 하빌리스(*Homo babilis*)라 부른다. 이후 호모 에르가스터(*Homo ergaster*)가 진화하는데, 아프리카를 벗어난 최초의 인류이다.[4]

진화적으로 호모 에르가스터의 자손으로는 적어도 두 종이 있는데, 동아시아에서는 호모 에렉투스(*Homo erectus*), 아프리카에서는 호모 하이델베르겐시스(*H. bei-delbergensis*)라 부른다. 하이델베르겐시스는 유럽으로 들어가 대략 30만 년 전이면 네안데르탈, 곧 호모 네안데르탈렌시스(*H. neanderthalensis*)로 진화한다. 네안데르탈, 그리고 아시아의 에렉투스는 모두 아주 성공적으로 적응한 종이어서 아주 다양한 기후에서 오랫동안 존속했다. 그럼에도 결국 진화적으로 막다른 길에 이르고 만다.

아프리카에서 호모 사피엔스는 200,000-150,000년 전의 혹심한 환경 조건 아래에서 진화하였다. 가장 오래된 자료는 에티오피아의 오모 키비시(Omo Kibish)에서 나왔다.[5] 이 새로운 종은 이전 인류와는 상당히 다른 행동양식을 가졌다. 고고학 자료에 따르면 현생인류는 예술과 의례 행위를 하였고, 새로운 범주의 높은 기술을 지녀 창조적 능력을 보여준다. 사피엔스는 각지로 확산하면서 기존 집단을 대체하였고, 네안데르탈과 에렉투스를 절멸로 몰았다.

곧이어 서기전 30,000년, 호모 사피엔스는 지구상에 단 하나의 인류종이 되었다. 아프리카는 물론, 유럽과 거대한 아시아 대륙에까지 확산했던 것이다. 놀랍게도 이 가운데는 더 남쪽으로 확산하여 오스트레일리아, 그리고 태즈메이니아에 이른 집단도 있었다. 하지만 이때의 기후는 빙하기의 깊은 수렁에 빠져 기온이 급격히 떨어지고, 가뭄이 이어졌으며, 빙하와 사막이 팽창하고, 해수면이 떨어졌다. 식물과 동물, 사람들은 기존 서식지에서 살았던 방식대로 적응하든지, 아니면 멸종에 이르기도 하였다.

최후빙하극성기 동안 얼마나 많은 사람들이 살고 있었을까? 130,000년 전에는 겨우 만 명 정도의 사피엔스가 살았다는 현대 유전학적 연구를 참고하고, 사람이 살 수 없는 드넓은 지역, 그리고 혹심한 기후조건에 따른 조기 사망률을 생각하면, 20,000년 전에는 아마 백만 명 정도의 숫자를 추산할 수 있을지 모르겠다. 이는 어디까지나 추산에 불과하다. 과거 인구규모를 추정하는 일은 고고학에서도 정말 어려운 일이다.

푸시카리 수렵민은 집을 만들고 돌을 떼어 내 도구를 만들었지만, 지구의 다른 쪽 북아메리카의 훗날 사우스다코다 주 핫스프링스(Hot Springs) 주변에서는 매머드떼가 풀을 뜯고 있었다. 겨울 낮이었으며, 해는 점점 기울어 이 거대한 짐승들은 상아로 눈을 휘날리며 풀을 찾고 있었다. 매머드떼는 더 긴 풀과 관목 숲을 찾아 온천 주변으로 몰려들었다.[6] 서기전 20,000년 아메리카 대륙에 아직 사람이 들어온 흔적은 없었다. 대륙에는 수많은 동물이 흩어져 살고 있었지만, 사람 사냥꾼을 두려워할 이유가 없었던 것이다.

이후 불어닥친 지구온난화는 이 대륙에서 인류뿐 아니라 다른 모든 동물종이 겪어야 할 역사의 조건이었다. 매머드 같은 몇몇 종은 결국 사라지고 만다. 오늘날 우리가 직면한 지구온난화와는 달리 서기전 20,000년 이후의 기온상승은 전적으로 자연의 변화였다. 지구의 역사에서 가장 최근에 벌어진 "춥고 건조한" 시기에서 "따뜻하고 습윤한" 시기, 곧 "빙하기"에서 "간빙기"로의 변동이었다. 이런 기후변동의 궁극적 원인은 태양의 주변을 도는 지구의 공전궤도와 자전축이 정기적으로 변화하기 때문이다.[7]

1920년대 시베리아의 과학자 밀루틴 밀란코비치(Milutin Milankovitch)는 처음으로 이 궤도 변화의 중요성을 인지하였다. 과학자들은 밀란코비치의 이론을 토대로 지구 공전궤도의 변화가 95,800년마다 원형에서 타원형으로 바뀜을 알게 되었다. 이런 변화로 북반구에는 계절의 차이가 더 뚜렷해지고, 고위도 지방에 빙하가 크게 성장했던 것이다. 그리고 원형 궤도로 돌아가면서 계절성은 줄지만, 지구온난화라는 기후변화가 일어난다.

공전궤도를 도는 지구의 자전축 역시 기후변동의 원인이다. 41,000년을 주기로 자전축은 21.39도에서 24.36도까지 변한다. 각도가 증가하면 계절의 차는 더 뚜렷해져 여름은 뜨겁고, 겨울은 추워진다. 덧붙여 지구는 자전축을 따라 진동하는데, 주기는 대략 21,700년이다. 이 역시 태양 주위의 공전궤도에 영향을 미친다. 지구가 태양과 비교적 가까워져 있을 때 겨울은 짧고 따뜻할 것이며, 멀리 떨어져 기울어져 있을 때 겨울은 더 길고 추울 것이다.

이런 공전궤도의 변화와 기울어진 자전축의 진동은 지구 기후를 바꾸어 놓는다.

그러나 과학자들은 그것만으로는 과거 엄청난 규모의 기후변동과 속도를 설명하기에 충분하지 않다고 생각한다. 지구 자체에서 일어나는 과정들 역시 작은 변화를 증폭시키는 역할을 했음에 틀림없다. 이 가운데 해양 및 대기 흐름의 변화, 온실가스(주로 이산화탄소)의 축적, 빙상 자체의 성장(빙상의 규모가 커지면서 태양복사열의 양 역시 증가했다) 같은 몇 가지는 이미 알려져 있다. 궤도의 변화와 다른 요인들이 증폭되어 빙하기에서 간빙기로 대략 10만 년마다 톱니와 같은 변화가 일어났다. 특히 급격하게 한 상태에서 다른 상태로 변동하는 양상을 띠었다.[8] 이 가운데 가장 극적이었던 것으로는 빙하시대를 종말로 몬 약 서기전 9600년에 일어난 지구온난화를 들 수 있다. 최후빙하극성기라는 극한 기후 이후 10,000년 동안 강우량과 기온은 등락을 되풀이하면서 대체로 상승하였다.

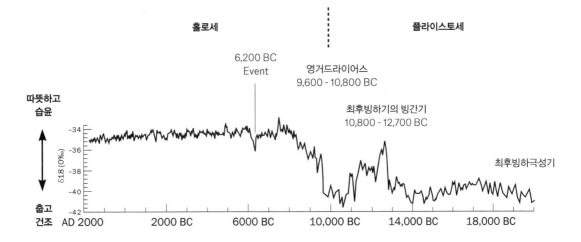

위 그림에서 볼 수 있는 톱니 같은 선은 서기전 20,000년에서 현재까지 일어난 기온 변화를 표현한 것이다. 변화는 그린란드에서 채집한 코어 시료 얼음의 화학적 구성을 바탕으로 한 것인데, 이것은 지구적인 기온을 측정하는 간접적 대용지표의 역할을 한다.[9] 더 구체적으로 말하면 산소 ^{16}O과 ^{18}O이라는 두 동위원소의 비율을 실험실에서 표준화($\delta18\ O‰$)하여 기록한 것이다. 이 값이 높으면 지구는 대체로 덥고 습윤했으며, 낮으면 춥고 건조했음을 가리킨다. 위 그래프의 수에서 볼 수 있듯이 이 값을 측정하는 선은 서기전 20,000년 최저값에서 서기전 12,700년까지 점진적이면서도 불규칙적으로 상승한다. 수치가 솟은 때는 비교적 온난습윤한 아빙하기가 찾아온 것을 말한다. 이 시기에도 몇 개 봉우리가 있는데, 첫 번째 것은 뵐링(Bølling), 두 번째 것은 알러뢰드(Allerød)라 부른다. 그러나 이런 봉우리는 유럽에서만 볼 수 있다. 가장 중요한 것은 바로 서기전 12,700년에서 10,800년까지는 비교적 따뜻했던 시기였다는 사실이다.

서기전 10,800년에 시작된 기온이 큰 폭으로 떨어진 시기는 영거드라이어스(Younger Dryas)라 부른다. 영거드라이어스는 북반구에서 인류사에 커다란 역할을 하였지만, 남반구에서는 별반 흔적을 찾기 어려울 수도 있다. 영거드라이어스는 아주 춥고 건조한 시기였으며, 서기전 9600년 갑자기 끝난다. 이때 기온은 다시 극적으로 상승하여 진정한 의미에서 빙하시대는 종말을 고한다. 지구의 역사에서 플라이스토세(Pleistocene)와 홀로세(Holocene)라는 두 가지 커다란 시기를 나누는 기준이 되기도 한다. 갑작스런 상승과 함께 톱니 같은 선은 등락을 거듭하며 점점 서기전 7000년의 봉우리로 향하다가 서기전 6200년 추락하기도 한다. 그 다음 지구의 홀로세 기후는 놀랄 만큼 안정적이었다. 물론 이러한 안정성은 최근에 인간이 만들어 놓은 지구 온난화라는 새로운 시기의 도래로 종말을 맞이하고 있지만 말이다.

최후빙하기 지구 위에 살았던 인간이 매머드 뼈로 집을 짓고, 바늘로 꿰매어 옷을 만들고, 돌을 떼어 내 석기를 제작하고 식량을 얻는 일만을 했던 것은 아니다. 예술가들은 유럽의 서남부 동굴 벽에 그림을 그렸다. 프랑스의 페슈 메를(Pech Merle)이라는 동굴에 예술가들이 불을 밝힌 동물 기름 램프가 놓여 있다. 어린 소년이 예술가의 빠른 손놀림을 밝혀 줄 또 다른 램프를 들고 있다. 화가는 나이가 들었지만 정정한 남자로 긴 회색 머리를 가졌으며 벗은 몸이지만 문신을 새겼다. 프랑스 남부 툰드라에서 순록을 사냥하는 공동체의 일원이다. 램프 사이에 물감이 놓여 있다. 붉은 오커 덩어리를 빻고 나무 통 안에 넣어 동굴 바닥에 고여 있는 물을 넣어 섞는다. 다른 통 안에는 검은 물감이 들어 있고, 그 사이에 숯 막대기들이 가죽과 모피 조각, 그리고 닳은 숯과 붓과 함께 흩어져 있다. 달콤한 냄새가 나고, 불에 올려놓은 풀이 연기에 그을린다. 화가는 무릎을 꿇고 순간순간 깊은 숨을 몰아쉬며 마음속에 이미지를 떠올린다.[10]

벽에는 말 두 마리의 옆모습이 뒷부분이 겹쳐지듯이 그려져 있다. 화가는 윤곽선

안에 큰 점을 만들고, 물감을 한 입 머금고 가죽으로 만든 스텐실에 물감을 뱉어 내어 벽에 동그라미를 그린다. 이렇게 화가는 자기 숨을 불어넣어 살아 있는 말을 만들어 낸다. 그런 다음 풀이 있는 곳으로 돌아가 물감을 바꾸고, 벽에 손을 댄 뒤 다시 물감을 뱉어 내 자신의 실루엣을 남긴다.

화가는 안료나 스텐실, 브러시나 스펀지를 바꾸고, 램프 안에 기름을 채우거나 마음을 다시 흥분시키기 위해서 잠깐 쉬어 가면서 몇 시간을 작업한다. 화가는 말에게 말을 걸고 노래를 부르고 네발짐승처럼 몸을 숙이고 종마 같은 자세를 취하기도 한다. 더 많은 점과 손도장을 남긴다. 말의 머리와 목은 검게 칠한다. 마무리를 지은 뒤 화가는 체력이 고갈되어 넋이 나간 듯하다.[11]

고고학자들은 방사성탄소연대측정이라는 과학적 방법으로 푸시카리 유적의 매머드 뼈로 만든 집이 언제 만들어졌는지, 페슈 메를의 벽화가 언제 그려졌는지를 알 수 있다. 이런 분석법이 없다면 발굴된 유적을 시간 순으로 배열할 수 없을 것이기 때문에 선사시대의 인류 역사를 쓰는 일은 거의 불가능하다. 그렇기에 뒤에 서술할 인류역사에 대한 서설의 말미에 이 놀라운 고고과학의 기법을 요약할 필요가 있다.

기본 원칙은 상당히 분명하다. 대기 안에는 ^{12}C, ^{13}C, ^{14}C라는 세 탄소 동위원소가 있다. 서로 중성자의 수가 다르다(각각 여섯 개, 일곱 개, 여덟 개이다). 살아 있는 모든 생명체는 대기 중에 있는 것과 똑같은 비율로 몸 안에 탄소 동위원소를 가지고 있다. 죽으면 몸 안의 다른 동위원소는 안정되어 있는데 반해 ^{14}C는 붕괴하여 질소로 돌아가기 시작한다. ^{14}C의 붕괴 속도(반감기)를 알고 ^{12}C와 ^{14}C의 비율을 측정하면 생물이 언제 죽었는지를 알 수 있는 것이다.[12]

연대측정을 하려면 물체에는 탄소가 있어야 한다. 이는 언젠가는 살아 있던 생물체여야 함을 뜻한다. 석기는 선사시대에서 가장 흔한 유물이지만, 그 자체로 직접 연대측정을 할 수 없으며, 성벽이나 토기도 마찬가지다. 대신 고고학자는 유물과 가까이서 공반된 동물 뼈나 식물 유체, 특히 숯 같은 측정 가능한 물체에 의존한다. 또한 표본 시료에는 충분한 ^{14}C가 남아 있어야만 한다. 불행히도 서기전 40,000년을 넘어서는 표본의 경우는 해당되지 않는데, 이 연대가 방사성탄소연대측정법의 한계이다.

그런데 다음 두 가지 복잡한 사항이 있긴 하다. 먼저 방사성탄소연대는 결코 정확한 값이 아니다. 예컨대 7500±100 BP와 같이 단지 평균이나 표준편차로 표현되는 추정치일 뿐이다. 여기서 BP란 고고학자들이 '현재로부터 −년 전'의 의미로 사용하지만, 여기서 '현재'란 측정법이 개발되었던 1950년이 기준이다. 7500±100 BP의 사례에서 평균과 100년이라는 표준편차는 실제 연대가 속할 분포 범위를 나타낸다. 다시 말해 참 연대가 100년이라는 표준편차 안, 다시 말해 7400 BP에서 7600 BP 사이에 속할 확률이 68%임을 뜻한다. 그리고 95% 확률이라는 두 배의 표준편차로서 7300 BP에서 7700 BP 사이에 속할 확률을 말한다. 물론 편차는 작을수록 좋다. 하지만 50년 아래로 떨어질 가능성은 아주 낮아서 과거의 시점을 측정하는 일은 언제나 근사치일 뿐이다.

둘째, 방사성탄소연대가 달력의 연대(역연대)와 똑같지는 않다. 7500 BP 값을 가진 유물이란 7400 BP 값을 지닌 유물보다 역년대로 정확히 100년 빠르다는 뜻이 아니다. 대기 중 ^{14}C의 농도는 선사시대 내내 지금과 완전히 똑같았던 것이 아니라 시간이 흐르면서 아주 조금씩 감소했다. 그래서 방사성탄소연대는 실연대보다 조금 더 최근 것으로 나온다. 다행히 이 문제는 방사성탄소연대를 나이테연대 같은 방법을 통해 '보정'하여 해결할 수 있다.

다시 말해 나무 나이테 자료로 과거 역연대를 정확히 계산할 수 있다. 상이한 시기의 나무 나이테를 조합하면 무려 11,000년까지의 시퀀스가 수립되어 있다.[13] 이 시퀀스에 있는 어떤 나무라도 방사성탄소연대를 측정할 수 있기 때문에 그 결과가 실연대와 얼마나 차이가 나는지를 알 수 있다. 고고 유적에서 방사성탄소연대를 얻어 실연대와의 차이를 보정할 수 있는 것이다. 또한 방사성탄소연대를 보정할 때 BP(여기서 현재는 1950년이다)로 표현되는 연대를 BC(또는 BCE [Before Common Era])로 전환시킨다. 이렇게 7500±100 BP라는 원래 방사성탄소연대를 보정하면 실연대가 서기전 6434년에서 서기전 6329년 사이에 속할 확률이 68%가 되는 연대(6434-6329 cal BC)를 얻는다. 나이테연대법은 서기전 11,000년 이전으로 올라가지는 않지만, 고고학자들은 다른 방법을 동원하여 방사성탄소연대를 보정한다. 보정곡선에 따르면 시간이 올라갈수록 방사성탄소연대와 실연대의 차이는 점점 (물론 불규칙적이긴 하만) 커진다. 13,000년 전이면 방사성탄소연대측정으로 얻은 값은 실연대보다 2000년 정도 더 최근 것으로 나온다. 이 책에서 인용한 연대는 모두 실연대로서 서기전(BC)으로 표현한다. 다만 주에서는 실제 방사성탄소연대를 보정된 역연대(68% 신뢰구간)와 함께 제시한다.

푸시카리의 사람들은 바느질로 옷을 만들었고, 페슈 메를의 화가는 그림을 그렸지만, 태즈메이니아의 초원에서는 왈라비를 추적하고, 동아프리카 사바나에서는 매복하여 영양을 사냥하고, 지중해와 나일 강 유역에서는 물고기를 잡는 사람도 있었다. 이 책은 이러한 수렵채집민을 따라 지구온난화가 사람들의 삶을 바꾸어 놓은 역사를 살필 것이다. 먼저 비옥한 초승달지대, 곧 오늘날 요르단, 이스라엘, 팔레스타인, 시리아, 터키 동남부와 이라크를 포괄하는 구릉지대와 강 유역, 호수분지에서 시작해 보자. 최초의 농경민과 소도시, 문명이 바로 이곳에서 발생했다.

디베랴(티베리아스) 호, 또는 갈릴리 해의 서안에는 수렵채집 야영지들이 많았다. 고고학자가 발굴하면서 유적은 오할로(Ohalo)라고 불리고 최후빙하극성기에 가장 잘 보존된 주거유적 가운데 하나로 알려진다.[14] 유적은 빙하나 툰드라 경관에서 멀리 떨어져 있었지만, 참나무 숲에서 멀지 않았다. 집은 잔가지로 만들었으며, 사람들은 가죽이나 식물 섬유질로 만든 옷을 입었다. 이제 새로운 집을 짓는다. 어린 나무를 잘라 땅 위에 놓고 둥그렇게 쌓아 올려 둥근 천장을 만든다. 그 위를 잎이 달린 가지와 동물 가죽으로 덮어 지붕을 만든다. 이런 집은 푸시카리의 것보다 훨씬 적은 노동으로 만들 수 있었으며, 이렇게 오할로에서의 삶은 모든 면에서 매력적이었다.

호숫가를 따라 많은 사람들이 흩어져 살고 있다. 몇몇은 모여 이야기를 나누고, 어린이는 놀이를 하고, 나이 든 남자는 햇살 아래 졸고 있다. 한 여자가 호수에서 방금 잡은 물고기를 바구니에 들고 집으로 오고 있으며, 다른 사람들은 작은 배 사이에 그물을 걸어서 말린다. 아이들에게 집에 들어오라고 하면서 물고기를 실에 꿰어 매달아 말린다.

여자 둘이 새로 잡은 여우와 토끼를 늘어뜨리고 숲에서 나온다. 그 뒤를 남자 몇이 막대기에 사냥한 가젤을 묶어 따른다. 더 많은 여자와 어린아이들이 온갖 방법으로 (머리에 이거나 땅에 끌기도 하고, 어깨에 메거나 허리춤에 차기도 하면서) 주머니를 메고 혹은 바구니를 들고 등장한다. 사냥한 동물을 화덕 가까이 놓고 그늘에 주머니와 바구니 안에 담긴 것을 풀어 놓는다. 열매와 씨앗, 잎, 뿌리, 껍질, 줄기를 쌓아 놓는다. 이제 오늘 밤 축제가 벌어질 것이다. 젊은 남자 하나가 바쁜 마을 풍경 한가운데 선다. 일하고 노는 사람들은 전혀 주시하지 않는다. 존 러복이다. 이렇게 서기전 20,000년 오할로에서 러복의 인류역사 여행이 시작된다.

서아시아

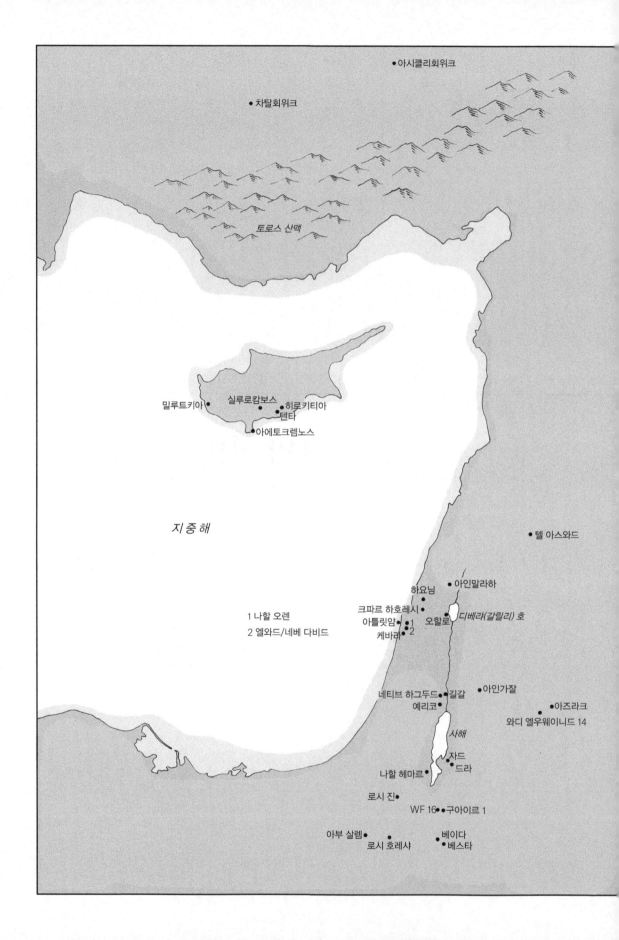

● 아시클리회위크

● 차탈회위크

토로스 산맥

밀루트키아 ●

실루로캄보스

● 히로키티아
● 텐타

● 아에토크렘노스

지 중 해

● 텔 아스와드

하요님 ●

● 아인말라하

크파르 하호레시 ●

아틀릿얌 ●

● 오할로

디베라(갈릴리) 호

케바라 ●

1 나할 오렌
2 엘와드/네베 다비드

1
2

네티브 하그두드 ●

● 길갈

● 아인가잘

예리코 ●

● 아즈라크

와디 엘우웨이니드 14

사해

자드
● 드라

나할 헤마르 ●

로시 진 ●

WF 16 ● ● 구아이르 1

아부 살렘 ●

● 베이다

로시 호레샤 ●

● 베스타

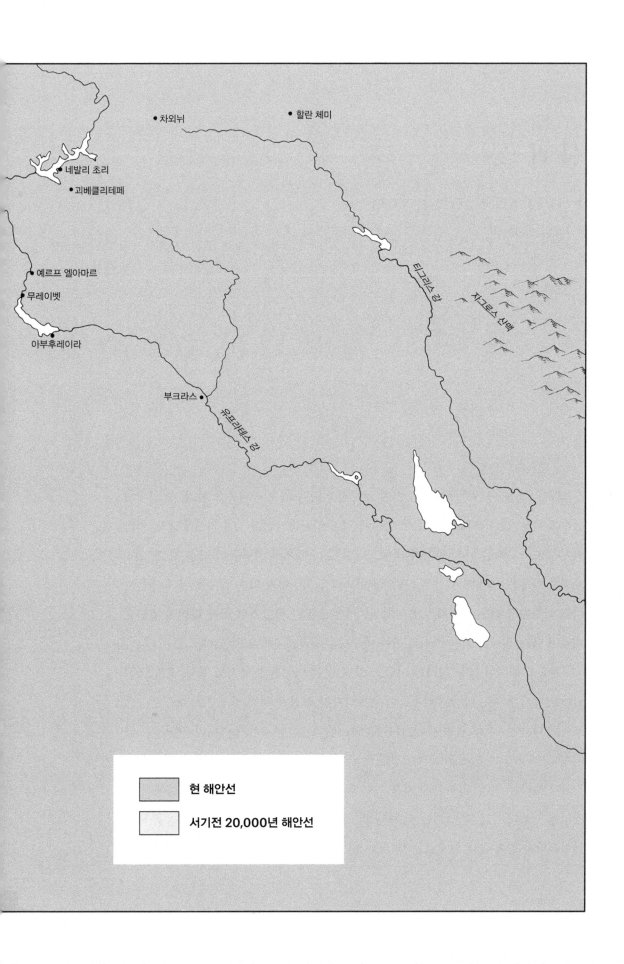

차외뉘

할란 체미

네발리 초리

괴베클리테페

티그리스 강

자그로스 산맥

예르프 엘아마르

무레이벳

아부후레이라

부크라스

유프라테스 강

현 해안선

서기전 20,000년 해안선

3

불과 꽃

오할로의 수렵채집민과 삼림스텝

20,000-12,300 BC

존 러복은 잠을 이루지 못해 호숫가에 앉아 밤바람을 쐬며 박쥐들을 본다. 숲 끝에서 호수를 가로지르는 사슴의 모습이 달빛에 얼비쳐 어른거린다. 호숫가로부터 몇 미터 떨어진 모닥불에선 아직 연기가 피어오르고 그 주변에서 사람들이 잠을 자고 있다. 오할로 마을은 텅 비어 있는 듯하다. 집안 바닥은 치워지지 않은 채 플린트 격지들과 이전 식사에서 나온 찌꺼기가 흩어져 있다. 꿰어 말린 물고기와 식물 다발이 집안에 매달려 있고, 벽에는 작은 가지로 만든 바구니와 나무그릇이 놓여 있다.

한숨을 내쉬며 등을 돌리는 사람도 있고, 우는 아이를 달래기도 한다. 오할로 집 사이로 매섭게 부는 바람에 나무들이 바스락거리고, 불은 쩍쩍 타오르고 재가 공중으로 날린다. 재는 휘어 돌며 올라가다가 다시 내려오는데, 불가가 아니라 잔가지를 얹어 만든 지붕의 마른 풀 위에 떨어진다.

나무 타는 연기. 러복은 연기를 깊이 들어 마시며, 이것이 꺼져 가는 불에서 온 것임을 느낀다. 그런데 연기는 계속 나고, 점점 불은 눈에 띄게 커진다. 기침을 하며 돌아서다가 집이 불에 타오르는 장면을 본다. 사람들은 모두 깨서 흩어지며 발로 불을 끄고 몇몇은 물을 찾아 뛰어간다. 그러나 바람이 불자 이런 노력도 쓸모없다. 불에 탄 기둥과 잎, 가지들이 날리고 여기저기 흩어진다. 이제 두 번째 집, 그리고 세 번째 집에도 불이 옮겨 붙는다. 사람들은 뒤로 물러선다. 얼굴을 가리고 아이들을 단단히 붙잡으면서 호숫가로 모여 타는 불을 지켜본다.

오할로에서 일어난 불은 불과 몇 분 만에 잔가지로 만든 집을 태워 잿더미로 만들었을 것이다. 위에서 이야기한 대로 일어났는지, 아니면 다른 식으로 불이 났는지는 잘 모른다. 벼룩이나 이 같은 것으로 가득 찬 집을 의도적으로 태웠을 수도 있다. 그러나 화재가 오할로 사람들에게는 비극이었겠지만, 오늘날 고고학자에게는 축복이기도 하다. 몇 년 뒤 호수 수위가 상승하면서 유적이 물에 잠겨 부식되지 않고 잘 보존되었던 것이다. 오할로는 시야에서, 그리고 사람의 기억 속에서도 사라졌지만, 1989년 가뭄으로 호수 수위가 9m 정도 낮아지면서 잔가지로 만든 집에서 나온 숯덩이들이 드러났다.

　　하이파대학의 나델(Dani Nadel)은 이 놀라운 유적을 세밀하게 발굴했다. 이 발굴에서 고고학자들은 최후빙하극성기 오할로 사람들이 이용했던 식물과 동물 자원의 다양성에 놀라움을 금치 못했다.[1] 1989년 첫 번째 발굴이 주었던 흥분 뒤 다시 10년 만에 호수 수위가 충분히 내려가고서야 발굴을 계속할 수 있었다. 나 역시 1999년 발굴 당시 유적에 가 볼 행운을 가졌다. 이 발굴은 내가 그동안 본 것 가운데 가장 목가적인 것이었다. 뜨거운 햇살과 푸른 호수, 그리고 그림자가 진 발굴 도랑에서 옛 사람이 남긴 흔적이 나왔다.

아침이 되자 오할로 사람들은 아직도 연기가 피어오르는 집의 부스러기와 재를 긁어모은다. 몇 개 귀중한 물건을 챙긴다. 뼈로 만든 자루에 플린트 돌날을 박아 만든 칼과 불길에도 살아남은 돗자리, 수리할 수 있을 만큼만 불에 탄 활 같은 것을 집어 든다. 사람들은 챙길 것을 들고 야영할 다른 곳을 찾아 서쪽으로 길을 잡아 참나무 숲 안으로 떠난다.

　　수렵채집민이 아니라 농경민이었다면, 화재는 훨씬 큰 피해를 일으켰을 것이다.

집은 통나무로 만들었을 것이고, 축사나 울타리, 저장된 곡물이 타고, 가축도 도망치거나 불에 타 죽었을 것이다. 농경민이라면 주변 땅에 투자한 것(가령 나무를 베고 울타리를 만들고 밭에 곡물을 심었을 것이다) 때문에라도 마을을 버리기보다 그 자리에 남아서 다시 일으켜 세울 것이다. 그러나 오할로 사람들은 그저 삼림으로 들어가 지중해 해안평야로 떠날 수 있었다.[2] 러복은 호수를 한 바퀴 돌아서 동쪽에 펼쳐진 초원과 낮은 언덕에 자란 나무 사이로 걸어간다.

삼림스텝, 흩어져 자라는 나무 아래에서 풀과 관목, 꽃들이 어우러져 있는 경관은 인류 역사의 과정에서 아주 중요한 역할을 했다. 왜냐면 수렵채집민은 삼림스텝에서 아주 다양한 식물성 식량자원을 얻었다. 여기엔 처음으로 재배된 곡물, 곧 밀이나 보리, 콩, 녹두(렌즈콩), 아마(亞麻) 같은 것도 포함되어 있었다. 이와 비교할 만한 식물상은 오늘날 거의 찾을 수 없으며, 확실히 디베랴 호 동안에 있는 구릉지대를 일컫는 골란 고원 안에서는 더 이상 볼 수 없다.

과거를 이해하기 위해선 선사시대 경관을 덮고 있는 식물상을 복원해야 하는데, 화분(꽃가루)분석이 이런 역할을 한다. 화분은 종자식물의 생식체로서 멀리 있는 꽃을 찾아 수정한다. 대부분은 실제로 생식에 쓰이지 않고 그대로 땅에 떨어지고 만다. 과학자들은 꽃이 죽은 뒤 수천, 수만 년이 지나서 이 화분을 찾아 빙하시대 세계의 변화하는 경관에서 어떤 식물이 번성했는지를 아는 데 이용한다.[3]

서로 다른 식물에서 나오는 화분은 생김새가 다르다. 아주 작아 맨눈으로는 잘 보이지 않지만, 현미경으로 보면 독특한 생김새가 드러난다. 예컨대 소나무 화분은 양쪽에 주머니(낭)를 가지고 있지만, 참나무 화분은 주변에 틈이 세 개 있는 알갱이 모양이다. 전자현미경으로 확대해 보면 주위를 돌아가며 끝이 뾰족하게 솟은 아름다운 입체적 생김새를 볼 수 있다. 화분은 풀과 관목, 나무 등의 꽃에서 떨어지고 연못이나 호수의 진흙 속에 잘 보존되어 있다. 주변 식물상에서 기원하는 다양한 화분이 진흙 속에 쌓이는 식으로 호수가 완전히 흙으로 묻힐 때까지 수천, 수만 년의 자료를 담고 있다.

이런 퇴적층에 '코어'를 박아 시료를 채집한다. 화분학자는 이 시료를 마치 살라미처럼 얇게 잘라 분석한다. 각 슬라이스에서 화분을 추출하여 그 슬라이스에 해당하는 특정 시점에 주변 환경에서 어떤 식물이 자라고 있었는지를 연구한다. 화분학자는 계기적으로 이어진 얇은 조각의 화분 시료를 비교함으로써 식물상이 시간 흐름에 따라 어떻게 변화하였는지를 재구성한다. 코어에 포함되어 있는 줄기와 잎, 씨앗을 방사성탄소연대측정하여 시기를 파악함으로써 식물상 변화의 역사를 복원하는 것이다.[4]

러복은 유럽을 여행하면서 많은 화분 시료를 마주할 것이다. 우리는 화분분석으로 어떻게 툰드라가 삼림 환경으로, 그리고 다시 거꾸로 변화하였는지를 알 수 있다. 그러나 서아시아에서는 그런 화분 시료가 별로 없고, 호소퇴적층이 그리 깊지도 않으며 화분이 잘 보존되어 있지도 않다. 하지만 갈릴리 호의 20km 북쪽에 있는 훌라(Hula) 분지의 퇴적층에서 시추하여 뽑아낸 코어 하나는 아주 큰 가치가 있다.[5] 코어의 길이는 16.5m로서 오할로 사람들이 호숫가에 야영하고 살았던 최후빙하극성기 퇴적층까지 포괄되어 있어 당시 공기 중에 어떤 화분이 떠다녔는지를 알 수 있다.

화분분석에 따르면, 오할로에 살던 수렵민이 지중해 해안에서 동쪽으로 이동하던 시기에는 삼림이 사라지고 목초지와 관목, 초본이 자라는 지대에 나무들이 흩어져 있는 환경, 곧 삼림스텝이었음을 확인할 수 있었다. 요르단밸리를 지나자마자 나무들은 더 적어져 산록에 모여 있는 정도였다. 이보다 더 동쪽으로 가면 초원과 관목 자체는 더 적어져 결국 오늘날 그러하듯이 사막에 이르렀다. 사막에도 오아시스가 있었고, 특히 아즈라크(Azraq)의 내륙 호수에는 수많은 새와 동물뿐 아니라 수렵채집민도 모여들었다. 러복은 잠깐 쉬다가 이제 붉은 양귀비가 펼쳐져 있는 스텝으로 들어가 아즈라크로 향한다.[6]

화분 증거는 그 자체로 빙하시대 스텝에 대한 정확한 그림을 주지는 못한다. 야생 곡물을 포함한 상이한 풀 종류를 화분의 형태로 가려내기는 쉽지 않으며, 곤충에 의해 수분하는 식물의 경우 생산하는 화분이 적기 때문에 자료에는 잘 드러나지 않을 수 있다. 그리하여 고고학자들은 서아시아에서 특히 염소와 양이 집중적으로 뜯어먹어 사라진 곳을 제외하고, 주로 자연보호구역이나 군사 훈련지 등 지금까지 남아 있는 몇몇 스텝지역을 고찰하였다. 이를 바탕으로 고고학 증거만으로는 얻을 수 없는 선사시대 식물상에 대한 귀중한 정보를 얻을 수 있었다.[7]

유명한 '고고식물학자'인 런던 고고학연구소의 고든 힐먼(Gordon Hillman)은 30여 년 동안 현대의 스텝 공동체를 연구해 왔으며, 한 세대의 많은 학생들에게 큰 영향을 미쳤다. 힐먼은 선사시대 스텝이 어떻게 작은 잎이 달린 무릎 높이의 관목, 생물학적으로는 쑥속과 명아주과의 식물과 다양한 종류의 풀로 덮여 있었는지 보여주었다. 덤불 같은 데서도 풀이 자라고 키가 큰 풀에서 솜깃털 같은 것이 바람에 날렸을 것이다. 봄마다 스텝은 엉겅퀴와 수레국화, 회향풀이 피고 수없이 많은 식물의 다채로운 색상과 향기로 가득했을 것이다.

고고식물학자들은 현재 남아 있는 스텝의 식물상뿐 아니라 아메리카와 오스트레일리아 원주민 같은 전통 사회의 사람들이 어떻게 식물을 자원으로 이용하는지도 연구하였다. 스텝환경에서 무엇을 먹어야 하는지를 아는 사람에게는 먹거리와 별미 식물들이 넘쳐났을 것이다. 쥐손이풀이나 제라늄 종류, 서양방풍나물로부터 두껍고 볼록한 뿌리를 얻고, 명아주속에서는 풍부한 씨앗을, 야생풀에서도 낟알을 얻었을 것이다.

이런 식물이 지닌 영양가를 이해하는 일은 선사시대 스텝에서의 생활을 재구성하는 데 아주 중요하다. 불행히도 선사시대 사람들이 구체적으로 어떤 식물을 채집했는지에 대해서는 제한된 자료만이 있을 뿐이다. 석기와는 달리 식물체는 폐기된 순간부터 부패하기 시작한다. 아주 건조한 조건이나 저습지, 또는 오할로의 사례처럼 불에 탄 상태가 아니고서는 보존되기 어려운 것이다. 그러나 심지어 오할로 유적의 불에 탄 식물 유체에서도 다육질의 식물이나 잎(분명 이것도 채집되었을 것이지만)의 흔적은 찾을 수 없다.

역사를 되돌리면, 삼림스텝에서 야생 곡물이야말로 가장 중요한 식량 자원이었을 것이다. 야생 곡물과 재배 곡물 사이의 가장 큰 차이는 이삭에 있다. 야생에서 이삭은 부서지기 쉬운 형태여서, 다 자란 뒤에는 바로 부서져 땅 위에 흩어지게 되어 있다. 재배 곡물의 경우 이삭은 그대로 붙어 있어 나중에 탈곡의 과정을 거쳐야 한다. 따라서 재배종이라면 사람의 힘이 없이는 씨를 뿌리내릴 수 없기 때문에 존속할 수 없다.

콩이나 녹두, 들완두콩, 병아리콩이나 다른 초기의 재배곡물도 마찬가지이다. 예루살렘 히브리대학의 야생 및 재배 곡물의 유전학 전문가 조하리(Daniel Zohary)가 설명한 바와 같이, 재배된 곡물이나 콩류 식물은 "수확자를 기다린다."[8] 그런데 조하리에 따르면, 어떤 한 형태에서 다른 형태로 변화하는 것은 그저 유전자 하나의 돌연변이에서 기인한다. 또 하나 중요한 결과는 발아 과정에서 일어난 변화이다. 야생 식물 서식지에서 자라는 여러 개체는 서로 조금씩 때를 달리하며 발아하고 생장하는데, 그래야지만 강우량을 예측할 수 없는 조건에서 그 가운데 적어도 몇몇이라도 성장하여 다음 해 씨앗을 뿌릴 수 있다. 하지만 재배되는 변이들은 모두 동일한 시기에 발아하고 생장한다. 재배종은 수확자를 기다릴 뿐 아니라 훨씬 더 쉬운 삶을 사는 것이다.

농경의 기원은 곡물과 콩, 그리고 아마 등 재배되는 변종의 등장과 밀접하게 연관되어 있다. 앞으로 살펴보겠지만, 이는 식물의 생애 주기에 사람이 간섭하는 일이며, 이렇게 사람은 아주 오랫동안 식량을 유전적으로 변형시켜 왔다고 할 수 있다.

그러나 오할로 사람들이 살던 시기에는 해당되지 않는 이야기다. 이 사람들은 야생 곡물을 거둘 때 바구니를 밑에 받친 다음 막대기로 쳐서 떨어지는 낟알을 받았다. 북아메리카 인디언 같은 많은 근래의 원주민들도 이런 식으로 야생풀에서 씨앗을 수확했다. 효율적인 수확을 위해서는 반드시 채집할 시기를 정확히 맞춰야 하며, 수확물이 제대로 익지 않았을 경우 바구니에 낟알을 별로 받지 못할 것이다. 거꾸로 이미 익어 버려 때가 지났다면 알곡은 대부분 땅에 흩어졌을 것이다. 떨어진 곡물은 새나 설치류의 먹이가 되겠지만, 몇 개는 틈새에 박혀 보존되다가 다음 봄에 비가 오면 싹을 틔운다.

식물은 오할로 사람들, 그리고 삼림과 스텝에 살고 있던 동물들에게도 중요한 자원이었다. 사람들이 가장 선호했던 사냥감은 가젤이었다. 삼림스텝 환경에서 한 종이 아니라 상이한 서식지에 적응한 몇 종이 있었다. 지중해 지역에는 산가젤이, 바위가 많은 지역에는 도커스가젤이, 그리고 스텝의 동쪽에는 페르시아가젤이 번성하고 있었다. 다마사슴 역시 레바논 지역의 산림지대에 살고 있었고, 야생 당나귀도 스텝에서 풀을 뜯고, 산양은 바위 많은 고지대에 살고 있었다. 또한 삼림지대에서는 과거 번성한 들소의 일종인 오록스와 큰 영양, 곰 같은 동물도 수많은 새와 파충류와 함께 살고 있었다.

오할로 유적에서는 이런 동물들의 뼈가 발굴되어 사냥되었음을 알 수 있다. 갈릴리 호에서 물고기도 잡았으며, 아마도 지중해에서도 고기잡이가 있었을 것이다. 해안에서는 게와 함께 해초와 조개류 같은 많은 종류의 자원을 얻을 수 있었다. 그러나 이런 것이 채집되었는지는 단지 추정할 수 있을 뿐이다. 고고학자가 들어가기 훨씬 전 해안은 후일 고위도지방의 빙하가 녹으면서 해수면이 올라 물에 잠기고 주거 흔적도 모두 사라지고 말았다.

러복이 현무암 자갈밭을 가로지르며 언덕으로 올라가자 T. E. 로렌스가 오아시스의 여왕이라고 불렀던 아즈라크가 눈에 들어온다.[9] 러복은 이미 갈릴리 해로부터 사막과 황무지를 지나 영하로 떨어지는 차가운 밤공기를 헤치며 100km를 여행했다. 아침 해에 반짝이는 호수를 바라본다. 가젤은 주위의 습지를 조심스럽게 가로지른다. 흐린 보랏빛 나무들이 형체를 갖추면서 초록과 노랑, 갈색의 풍부한 잎으로 바뀌고 있다. 사랑스럽게 지저귀는 새 소리에 아침을 맞고, 호숫가에 있는 여러 야영지에서 연기가 피어오른다.

수렵채집민은 여름에는 스텝과 사막 곳곳에서 흩어져 있다가 겨울을 보내기 위해 아즈라크 주변에 모여든다. 서로 만나 그동안 있었던 소식을 나누고 우정을 돈독히 하며, 아마도 혼인을 축하하기도 했을 것이다. 그리곤 홍해와 지중해 연안으로부터 여러 조개류, 그리고 나무 그릇과 모피 등 교역을 위한 물품도 가져온다.

러복은 습지를 둘러보며 주변에서 노니는 새들을 본다. 쉬면서 자신이 썼던 양장본이지만 조금은 촌스러운 『선사시대』를 가볍게 튕기며 펼쳐 본다. 그리곤 책에 잘 그려진 유물과 무덤 그림이 많음을 실감한다. 사실 그 책의 전체 제목 자체가 많은 것을 말해 준다:『고대의 유존물과 근대 야만인의 생활태도와 관습으로 도해한 선사시대(*Prehistoric Times as Illustrated by Ancient Remains and the Manners and Customs of Modern Savages*)』. 책의 상당 부분은 오스트레일리아 원주민이나 에스키모

(이누이트) 같은 사람들이 과거 석기시대를 대표하는 것처럼 묘사하였다. 러복은 아무 데나 책을 펼친 뒤 읽어 본다. 19세기의 저술가로서 선사시대 사람들이 어린이 같은 마음을 지녔다고 생각하긴 했지만, 도구 제작, 특히 플린트를 다루는 재능이 좋았음을 잘 알고 있었다.

　　오후 늦게 러복은 현무암 노두 바로 아래 연못가에 자리 잡은 작은 야영지에 다다른다. 그냥 단순한 움막 같은 것이었는데, 가젤의 가죽이 힘줄과 함께 마룻대와 돌로 받쳐 세운 작대기에 매달려 있다. 그런데 후일 고고학자는 이 움막의 흔적을 찾지 못할 것이다. 반면 밖에서는 남자 한 명과 여자 둘이서 수많은 플린트 격지를 떼어 내고 있다. 모뿔조개로 만든 목걸이를 하고 다리를 꼬고 앉아 석기를 만든다. 곁에는 한 아이가 앉아서 돌덩어리를 가지고 놀다가 뗀석기를 만드는 원리를 부지불식간에 배운다. 아주 어린아이는 움막이 떨어뜨린 그늘에서 자고 있으며, 나이 든 여자가 현무암 갈판에 식물 씨앗을 갈고 있다. 작대기에는 토끼 한 마리가 걸려 있다.

　　한 사람이 선사시대 내내 인간의 생존에 중요한 역할을 했던 작업, 곧 불을 지피고 있다. 젊은 여자가 땅 위에 쪼그리고 앉아 발가락 아래에 부드러운 나무 조각을 모아 놓는다. 손에는 얇고 딱딱한 나무 조각을 들고 작은 새김눈에 대고 빠르게 회전시킨다. 그러면서 모래알을 몇 번 집어넣어 마찰력을 높인다. 마른 풀 한 움큼을 올려놓으니 곧 연기가 나고 불이 피어난다. 러복은 이런 식으로 불을 지피는 법을 세계 곳곳에서 볼 것이다. 잘 깨지는 돌을 서로 맞부딪쳐 불꽃을 일으키는 다른 방법도 있다. 그러나 지금으로선 석기를 만드는 것을 예의주시하면서 19세기에 어느 정도의 기술이 필요한지에 대해 자신이 쓴 것이 옳았는지를 확인하고자 한다.

　　떼어 내려는 돌덩어리―몸돌―는 아즈라크에서 가까운 석회암 지대에서 얻은 플린트다. 현무암 망칫돌을 이용하여 두꺼운 격지를 떼어 내어 몸돌을 준비한다. 몸돌을 준비한 뒤에는 주위를 돌아가며 가늘고 긴 돌조각을 조심스럽게 떼어 낸다. 이 격지는 돌날이라 불리는데, 길이가 보통 5-10cm 정도이다. 돌날 역시 다른 버리는 석기와 더불어 폐기되기도 하지만, 상당수는 간직하여 사용한다.

　　석기를 만드는 사람들은 일하면서 서로 이야기를 나누고, 때로 좋은 돌날이 부러질 때 짜증 섞인 말투를 내뱉기도 하고, 돌덩어리가 반으로 깨지면서 조개화석이 드러날 때 무슨 말을 하기도 한다. 러복은 몸돌과 망칫돌을 주워 들고 돌날을 만들어 보고자 한다. 그러나 실제로 할 수 있는 것이라곤 두꺼운 격지 몇 점을 떼어 내는 일이었고, 손가락에 피까지 났다. 자신이 『선사시대』에서 "그런 격지들이 쉽게 만들어질 것 같아도 시도해 본 사람이라면 알겠지만, 어느 정도 재주가 필요한 일이다. 플린트돌 역시 주의 깊게 선택해야만 하는 일이다"라고 쓴 구절을 떠올린다.[10]

플린트돌을 떼어 내는 사람들은 대단한 재주를 갖고 있다. 뾰족한 돌을 사용해 돌날을 잔손질하여 찌르개, 그리고 등이 휜 날이나 끝에 끌 같은 부위를 가진 작은 도구를 만들어 낸다.[11] 더 정확하게 말하자면 이것은 도구의 일부일 뿐이다. 고고학자들은 이것을 세석기라고 부르는데, 나무에 박아 넣어 화살이 되기도 하며, 뼈로 만든 자루를 달아 칼이 되기도 한다. 부러지거나 무뎌진 돌날은 빼내어 버린 뒤 새로운 돌날로 갈아 끼운다. 잘 맞지 않는 크기의 세석기들도 버린다. 장인의 입장에선 훨씬 더 귀중한 자루를 손상하느니 돌날을 몇 개 더 만드는 것이 나은 것이다.

오할로 사람들은 이와 비슷한 세석기를 만들었다. 이런 유물은 최후빙하극성기 이후 서아시아 전역에서 만들어졌으며, 그 뒤로도 수천 년 동안 이어졌다. 다양한 생김새와 크기를 가진 세석기와 그것을 만들 때 나오는 부스러기와 돌조각이야말로 이 시기 서아시아의 고고 자료를 압도하고 있으며, 케바란 문화(Kebaran culture)라는 이름으로 불린다.[12]

러복이 보았던 세석기와 격지들은 결국 런던대학의 앤디 개러드(Andy Garrard)가 발굴한다. 1980년대 요르단 암만에 있는 영국연구소(British Institute)의 소장으로서 개러드는 아즈라크 분지에서 큰 발굴조사를 벌여 수렵채집민과 선사시대 농경민 관련 유적을 찾아냈다. 아즈라크 호에서 10km 정도 떨어진 와디 엘우웨이니드(Wadi el-Uwaynid)에서는 플린트 격지와 세석기들이 집중되어 있는 장소 두 곳과 현무암 갈판과 모뿔조개 장식품, 가젤, 거북, 토끼 뼈를 찾았다.[13]

개러드의 작업으로 수많은 유적이 드러났고, 이 가운데는 수천 년 동안 반복적으로 점유되어 엄청난 유물이 흩어져 있는 유적도 있었다.[14] 아즈라크 호는 많은 동물에게 매력 있는 장소였으며, 특히 가젤은 물을 먹으러 찾아와 호숫가의 식물을 뜯어

먹었을 것이다. 가젤이 떼를 이루고, 연중 예측 가능한 시기에 맞추어 이곳에 왔을 것이다. 수렵채집민은 그때를 잘 알고, 호수에 찾아와 가젤을 사냥하고, 지난해에 사용한 야영지를 다시 찾았을 것이다. 무뎌진 도구와 버리는 석재는 다시 쓰레기더미에 버렸을 것이다. 이런 행위가 발굴에서 드러났다.

개러드가 조사를 시작하기 약 20,000년 전 러복은 와디 엘우웨이니드의 야영지에 두 남자가 도착하는 것을 본다. 사냥에 실패한 모양이다. 해질녘이 되자 토끼를 꼬치에 구워 거북이 등껍질에 걸쭉하게 쑨 죽과 같이 먹는다.[15] 다른 사람들이 옆 야영지에 도착하자 더 많은 음식이 준비되고 불에 더 많은 나무를 집어넣는다. 곧 적어도 스무 명이 모이고 이야기는 부지불식간에 조용한 노래로 이어진다. 러복은 주위의 현무암 바위에 올라 허술한 움막, 그리고 불가에 돌려 앉은 사람들을 내려다본다. 별빛이 나타나고 달이 뜬다. 이런 정경은 아즈라크 분지뿐 아니라 서아시아 전역에서 되풀이되었다. 수렵채집민의 세계는 그저 흩어져 있는 석기로 고고학자들에게 알려질 뿐이다.

이후 4500년 동안 이 지역에 사는 식물과 사람들은 더욱 많아졌다. 아즈라크 서쪽의 사막 황무지 역시 서기전 14,500년이면 풀과 관목, 꽃으로 덮인다. 개활 스텝이었던 곳에 이제 나무들이 자란다.

서아시아가 점점 따뜻하고 습윤해지면서 동물과 식물도 더 풍부해졌다. 그런 환경변화를 말해 주는 직접 증거는 훌라 코어에서 찾을 수 있는데, 서기전 15,000년쯤부터 참나무와 피스타치오, 아몬드, 배나무로 이루어진 산림이 두터워지는 증거가 보인다. 온난습윤한 기후변화는 서기전 12,500년, 최후빙하기의 빙간기에 절정에 이른다.

식물상의 변화로 스텝에서 이용할 수 있는 식물성 식량도 크게 증가한다.[16] 예전엔 드물었던 야생 순무나 크로커스, 무스카리 같은 식용 구근류가 풍부해졌다. 들풀이 번성하여 더 넉넉한 조건이 되었을 뿐 아니라 계절성도 커져 겨울에는 춥고 더 많은 눈이 내렸고, 여름엔 더 덥고 건조해졌다. 스텝을 가로지르며 흩어져 있는 나무들 사이로 야생 밀과 보리, 호밀이 풍성하게 자라는 환경을 그릴 수 있다. 요컨대 비옥한 초승달지대 전역에서 수렵채집민이 이용할 수 있는 야생 식물성 식량이 크게 증가했던 것이다.

온난습윤한 환경에서 인구는 증가하였다. 더 좋은 영양 상태의 여성들은 더 많은 아이를 가질 수 있었고, 더 많은 아이들이 유아기에 생존하여 결국 더 많은 생명을 생산하는 것이다. 새로운 산림지대와 스텝에 확산하여 살면서 예전엔 너무 춥고 건조했던 고지대에서도 사냥을 할 수 있었다.

인구는 늘었지만, 최후빙하기 오할로와 아즈라크에서 야영하던 사람들의 삶의 방식은 별반 변하지 않았다. 그럼에도 고고학자들은 인류 문화에서 새로운 동일성 하나를 찾아낸다.[17] 서기전 14,500년 이후 유프라테스 강에서 시나이사막, 그리고 지중해에서 사우디아라비아에 이르는 지역의 사람들은 비슷하게 생긴 세석기와 석기제작 방법을 가지고 있었다. 인구가 증가하고 사람들이 더 멀리 여행하고 빈번하게 모임에 따라 예전의 다양한 석기제작 전통이 퇴색되었던 것이다. 이 넓은 지역의 사람들은 긴 네모꼴과 사다리꼴을 한 세석기를 만들고 사용한다. 앞으로 2000년 정도를 이런 식의 문화가 주도한다.

아즈라크 분지와 지중해 연안 구릉의 산림지대에서는 대규모 유적이 발견되고 있다. 이스라엘의 가르멜 산 서사면 끝자락에 있는 네베 다비드(Neve David) 같은 새로운 주거유적도 나타난다.[18] 하이파대학의 코프먼(Daniel Kaufman)의 발굴에서는 돌을 둥그렇게 돌려 만든 작은 집과 담과 함께 수많은 석기와 현무암제 갈돌과 갈판, 석회암 그릇, 조개로 만든 염주들, 사람 무덤이 나왔다. 인골은 오른쪽으로 뉘어 무릎을 몸 아래로 구부리게 안치했다. 다리 사이에는 편평한 갈린 돌이, 머리에는 부서진 갈판, 그리고 목과 어깨 뒤로는 부서진 그릇을 놓았다. 이처럼 무덤에 식물을 가는 데 쓴 도구를 놓았다는 것은 이런 행위와 음식원이 중요했음을 가리킨다. 코프먼은 갈판이 부서져 있는 것도 중요한 의미가 있다고 했는데, 이는 '죽음'을 뜻하여 무덤 속 주인공이 죽었음을 가리킨다고 한다.

존 러복은 와디 엘우웨이니드에서 150km를 여행하고 6000년 이상이 흘러 지중해 연안의 두터운 산림지대에 이른다. 시간은 이제 서기전 12,300년이며, 가을 낮 훌라호의 서안에 서서 서쪽으로 참나무와 아몬드, 피스타치오 나무들로 덮인 언덕을 바라본다. 동쪽을 바라본 언덕에 아늑하게 자리 잡은 붉거나 황갈색, 또는 갈색 가죽과 털로 덮인 집들이 주변 산림과 함께 끊임없이 이어지고 있다. 지금까지 보았던 그 어느 주거유적보다 훨씬 큰 규모였으며, 마을이라고 불릴 수 있을 정도였다.

4

나투피안

참나무 숲의 수렵채집 공동체
12,300-10,800 BC

나뭇잎 사이로 존 러복의 눈에 산림의 경사면을 따라 줄지어선 집 대여섯 채가 보인다. 땅을 파서 움집 바닥을 만들고 지붕에 잔가지와 가죽을 덮어 돌로 고정시킨 모습이다. 이렇듯 잘 만들어지고 정돈된 집들은 오할로(Ohalo)나 아즈라크(Azraq)에서 본 허술한 집과는 달랐다. 사람들은 마을에 연중 내내 살 수 있도록 계획을 하고 지었다. 바로 지중해 구릉지대에 자라난 참나무 숲에 등장한 새로운 삶을 담은 마을 아인말라하('Ain Mallaha)다.[1] 단지 새로운 생활양식이 아니라 완전히 새로운 문화로 고고학자들은 이를 나투피안(Natufian)이라 부른다.[2] 하버드대학의 서아시아 고고학 권위자인 오페르 바르요셉(Ofer Bar-Yosef)은 이 문화가 농경으로 가는 길에서 전환점이라고 말한다.

마을 입구에 선 러복의 눈에 일하는 사람들이 들어온다. 키 크고 건장하며 가죽옷을 말쑥하게 차려 입고, 몇몇은 조개나 뼈로 만든 장신구를 차고 있다. 오할로에서와 마찬가지로 주로 숲에서 채집한 야생 식물을 식량으로 가공하는 일을 한다. 그러나 작업은 상당히 달라서 규모가 크고 더 많은 노동이 들어간다. 사용하고 있는 갈판은 바윗돌로 만든 것이다. 갈고, 부수고, 벗기고, 자르는 일을 하는 사람들이 많다. 옆에 빻아야 할 도토리나 아몬드가 담긴 바구니가 놓여 있다.

러복은 일하는 사람들 사이에 들어가 아몬드 과육을 한 줌 집어 본다. 풍부하게 빻은 식물과 나무 타는 연기 향내가 갈판에 리듬을 타는 소리, 어른들의 부드러운 잡담과 아이들의 웃음소리와 뒤섞인다. 모두 일만 하고 있지는 않다. 몇몇은 한낮 햇볕에서 쉬고 있고, 그 가운데 여자 둘은 임신하여 배가 불러 있다. 집에 기대앉은 이의 무릎에는 개가 한가로이 잠을 자고 있다. 구덩이 안에는 나중에 사용할 견과류들이 분말처럼 저장되어 있음을 보면서 집으로 들어간다. 1954년 프랑스 고고학자 장 페로(Jean Perrot)가 발굴하며, 무미건조한 이름이지만 131호로 이름 붙였다.[3]

131호 집터는 다른 것보다 조금 커서 폭이 9m 정도로 대여섯 명이 같이 앉거나 잘 수 있는 크기였다. 들어와 보니 어두침침한 곳도 있지만, 다른 부분에는 한낮의 볕이 잔가지로 덮은 지붕을 뚫고 들어와 있다. 지붕은 안에 쐐기를 박은 기둥으로 받치고 돌로 얹어 놓았다. 벽은 가죽을 늘어뜨려 돌로 받쳤고, 바닥엔 자리를 깔아 놓았다.

출입구 바로 안에는 밤새 곤충이 들어오지 못하도록 불을 피워 놓은 흔적이 있다. 바닥 가운데에는 화덕이 있고, 한 남자가 앉아서 들꿩 한 쌍의 털을 뽑고 있다. 그리곤 새의 마디를 잘라 요리하기 위해 뜨거운 돌판 위에 올려놓는다. 이 사람 뒤에는 불이 타고 있는데, 주위에서 젊은 사람들이 활과 화살을 손질하고 있다. 나란한 홈이 있는 판판한 돌을 사용해 얇은 가지를 곧게 펴 화살대를 만들고, 날카로운 플린트 격지를 송진으로 붙여 화살촉과 미늘로 사용한다.

벽에는 갈판과 갈돌, 바구니와 나무 그릇들이 놓여 있다. 서까래에는 생소한 도구, 돌낫이 매달려 있다. 돌낫의 뼈로 된 자루는 기하학 무늬로 장식되어 있거나 어린 가젤의 모습이 새겨져 있고,[4] 날은 대여섯 개 플린트 돌날을 홈에 끼워 송진으로 부착돼 있었다. 수천 번 식물에 사용된 도구가 대롱대롱 매달리면서 햇빛을 받아 돌날이 빛나고 있었다.

아인말라하 131호 집터에서 돌낫이 나왔다. 지붕을 받치는 곳에서 구멍과 돌무더기가 있었고, 새 뼈가 화덕 안의 돌판 위에 흩어져 있었으며, 플린트 몸돌과 격지, 홈이 파인 돌, 현무암 갈판과 돌날이 출토되었다. 많은 돌날의 표면에는 닳은 흔적이 있었는데, 야생 밀이나 보리와 같은 식물 줄기를 자르는 데 썼을 것으로 보인다. 물론 페로의 발굴에서 바닥에 깐 자리나 가죽, 바구니, 나무 그릇 같은 물건이 나온 것은 아니다. 우리는 그저 숲에서 얻은 많은 유기물로 그런 것을 만들었으리라 짐작할 뿐이다.

131호 가까이에는 지붕과 벽이 무너져 내린 헐어 있는 집이 있다. 심지어 돌 기초를 빼다 다른 곳에 쓰기도 했다. 살아 있는 자가 없기에 폐허는 묘지가 되었다. 표시도 없는 무덤엔 잘 치장된 시신이 놓여 있다. 장 페로의 발굴에서는 아마도 한 가족이었을 남자와 여자, 어린이 열한 명이 각각의 무덤에 묻혀 있었다. 이 가운데 네 구는 가젤의 발뼈와 바닷조개, 특히 이미 아자라크 유적에서 보았던 길고 얇고 구멍이 나 있는 모뿔조개로 만든 목걸이와 팔찌를 차고 있었다. 한 여성은 그런 조개를 이용해 겹겹이 만든 보닛을 머리에 두르고 있었다.[5]

몇 년 뒤 131호 집터도 그렇게 폐허가 될 것이고, 또 다른 아인말라하 가족의 시신을 거둘 것이다. 가족 열두 명이 묻히고, 그 가운데 다섯은 위와 비슷하게 치장된다. 한 사람은 나이 많은 여성이고, 잠자는 것처럼 몸을 움츠린 개와 함께 눕는다. 여성의 손은 살았을 적과 마찬가지로 개의 작은 몸 위에 놓인다.[6]

마을 중심에는 기반암을 깎아 만든 커다란 돌확[7]이 놓여 있다. 러복은 여기에 앉아 경치를 감상한다. 1999년 프랑스 고고학자 프랑수아 발라(François Valla)가 아인말라하 유적을 다시 발굴했다. 그때 나는 돌확 위에 앉아 보기도 했다. 숲에서 우는 새 소리를 빼곤 적막한 곳이다. 그러나 러복은 현무암 덩어리가 갈판과 갈돌로 만들어지고, 표면에 복잡한 기하학 무늬가 장식되는 것을 본다.[8] 돌을 깎는 소리와 재잘거리는 수다, 그리고 개 짓는 소리가 들린다.[9] 사람들이 모뿔조개를 잘라 실에 꿰는 모습도 보인다. 나무그릇에는 나일 강에서 온 쌍각조개가 담겨 있다. 아마도 사람과 사람, 마을과 마을을 거쳐 교환되어 북으로 500km 넘게 왔을 것이다. 그렇지 않다면 아인말라하 마을 사람들이 아주 멀고 긴 여행으로 얻은 물품이 되어야 하는데 그렇진 않을 것이다.[10]

오할로와 아즈라크에서와 마찬가지로 사람들은 돌덩어리를 깬다. 아인말라하에서는 새로운 형태의 세석기가 만들어지고 있다. 아주 얇고 길쭉한 플린트 돌날을 초승달 모양으로 쪼갠다. 뼈에 홈을 파고 박아 돌낫으로 쓰기도 하고, 화살의 미늘로도 쓴다. 왜 이런 세석기 디자인이 그토록 유행했는지는 불분명하다. 현재로선 사람들이 그저 강박증처럼 유행에 따랐다는 것 말고는 이유를 찾을 수 없다.

해가 기울자 러복은 마을을 떠나 숲으로 들어간다. 돌 깨는 소리가 점점 느려지다가 끊어진다. 사람들은 자기 집에 들어가거나 불가에 모인다. 다정한 수다는 이제 조용한 노래로 바뀐다. 쥐들이 기어 나와 떨어진 열매나 씨앗을 먹고, 개가 짖으며 쫓는다. 러복은 마지막 빛 아래에서 19세기 자신이 쓴 『선사시대』를 펼친다. 서아시아에 대해 아무런 내용도 없음에 실망하였지만, 이 가운데 두 개 문단 정도가 아인말라하 유적에 해당하는 듯하다. 한 지문에는 개가 가장 먼저 순화된 종이라는 증거를 찾는다.[11] 그러나 다른 지문에서는 완전히 잘못된 말도 한다.

진정한 야만인은 자유롭지도 고귀하지도 않다. 그저 자신이 원하는 것과 감정의 노예이며, 날씨로부터 제대로 보호받지도 못하고, 밤에는 추위에, 낮에는 태양열에 고생하며, 농사도 모르고, 무엇인가를 쫓으며 살며, 성공을 알 수 없는 상태에서 늘 배고픔이 엄습하고, 경우에 따라서는 식인풍습이나 죽음이라는 공포에 내몰리기도 한다.[12]

이제 존 러복은 마을 사람들이 그럴듯한 집과 옷, 그리고 먹을거리를 가지고 있음을 본다. 여전히 농사를 알지 못하면서도 고귀하고 자유로운 듯하다. 나투피안 사람들의 노래가 올빼미 소리와 벌레 소리에 묻히면서 러복은 잠든다.

아인말라하는 서기전 12,500년을 즈음하여 지중해 구릉지대에 세워진 몇몇 나투피안 마을 가운데 하나일 뿐이다. 다른 사례로는 서남부 20km에 있는 하요님 동굴(Hayonim Cave)을 들 수 있다.[13] 오페르 바르요셉을 비롯한 연구자들은 1964년부터 이 동굴을 발굴하여 열한 차례나 조사를 벌였다. 동굴 안에는 원형구조물이 여섯 개 발견되었는데, 대략 지름 2m 정도였으며, 돌벽이 70cm 높이로 쌓여 있었고 바닥에도 깔려 있었다. 이 가운데 한 유구는 집이라기보다는 작업장으로서, 처음에는 석회가마로, 다음엔 뼈를 가공하는 구조로 사용되었다. 동굴 벽 가까이에서는 들소의 갈비뼈가 무더기로 놓여 있었는데, 몇몇에는 낫으로 가공된 흔적이 있었다. 여우 이빨과 들꿩의 다리뼈로 만들어진 염주도 나왔는데, 아인말라하에서는 이런 유물은 전혀 확인된 바 없었다. 오히려 아인말라하에서 장식품 제작에 많이 쓰였던 가젤의 뼈는 하요님에서는 아주 드물었다.

장식품에서 나타나는 차이로 볼 때 각 마을의 나투피안 사람들이 자신들의 정체성을 강조했음을 알 수 있다. 아인말라하와 하요님 사람들 사이의 혼인은 드물었을 것이고, 두 집단은 생물학적으로도 달랐다.[14] 인골 자료로 보건대 하요님 사람들이 더 작았고 대부분이 사랑니 발육부진을 겪었다. 아인말라하 사람들과는 달리 하요님 사람들의 사랑니는 제대로 자라지 않은 상태였던 것이다. 만약 두 지역 사람들이 일상적으로 혼인을 했다면 그런 생물학적 조건이 동등하게 나타나야 한다. 그렇지만 그 어떤 마을도 자체적으로 지속 가능한 재생산 공동체를 이룰 만큼 충분한 주민이 살았다고 하기는 어렵다. 하요님 사람들은 오늘날 케바라(Kebara)라 불리는 다른 나투피안 마을과 연결되어 있었다. 하요님과 케바라 마을은 거의 동일한 뼈 장식품과 복잡한 기하학 디자인을 공유하고 있었다.[15]

각 마을은 나름의 묘지를 가지고 있었으며, 흔히 잘 치장된 시신이 나오기도 한다. 이 가운데 가장 극적 사례는 이스라엘 가르멜 산에 있는 엘와드(El-Wad) 무덤이다. 유적에는 거의 백 명에 이르는 나투피안 사람들이 개별적으로(복수의 시신 매장 무덤도 있지만) 묻혀 있었다.

엘와드는 케임브리지대학의 도로시 개러드(Dorothy Garrod)가 1930년대에 발굴하여 처음 알려진 나투피안 유적 가운데 하나이다. 개러드는 대단한 인물이었다. 케임브리지의 첫 여성 교수였으며, 서아시아의 몇몇 주요 발굴의 단장이었다. 개러드는 슉바(Shukbah) 동굴을 발굴하면서 나투피안 문화를 알게 되었고, 나투피안 사람들이 농사를 지었다고 생각하였다. 물론 이 생각은 옳지 않음이 밝혀졌다. 엘와드 묘지에서는 화려하게 치장된 인골들이 발굴되었다. 이 가운데 성인 남성은 잘 만들어진 머리장식을 하고 있었고, 목걸이와 다리 하나에는 모뿔조개로 만든 띠를 두르고 있었다.

그런 장식품을 죽어서 뿐 아니라 살아서도 착용했는지는 잘 모른다. 가장 공을 들여 만든 장식품은 젊은 성인 남녀에서 보인다. 다만, 남성의 무덤이 더 많지만 말이다. 장식은 사회정체성, 아마도 부와 권력을 가리킬 가능성도 있다. 장식품의 상당수는 모뿔조개로 만들어졌는데, 나투피안 사람들이 직접 지중해 해안에서 채집할 수도 있었을 것이다. 그러나 요르단 남부에서 광범위한 연구를 한 바 있는 미국 털사대학의 도널드 헨리(Donald Henry)는 다른 가능성, 다시 말해 당시 스텝 개활지—오늘날은 네게브(Negev) 사막—에 살던 수렵채집민이 곡물이나 견과류, 고기를 조개와 교환했으리라 본다.

나투피안 사람들 가운데 이 교환체계를 통제했던 개인은 부와 권력을 얻었을 것이다. 여기에서 중요한 것은 나투피안 마을 안에 제한된 양의 모뿔조개만을 공급하는 일이었다. 죽은 자와 함께 많은 모뿔조개 장식품을 묻는 일이야말로 효과적 방법이었다. 그런 무덤은 마치 오늘날 금을 가득 채운 은행금고와 같을 것이다. 그런 뒤 남아 있는 적은 양만을 공급함으로써 가치를 유지하여 몇몇 소수의 가진 자의 지위나 위신을 보증했을 것이다.

나뭇잎 사이로 아침 햇살이 내려와 마치 땅에 얼룩이 진 듯하다. 잠에서 깬 러복의 귀에 숲에서 다가오는 발자국 소리와 사람 소리가 들린다. 남자 넷과 소년 둘이 이른 새벽 사냥에서 돌아오는 참이다. 가젤 세 마리를 잡아왔는데, 이미 내장을 제거하고 부분적으로 해체한 상태이다. 사체에서 여전히 핏방울이 떨어진다.

마을에서 동물 고기는 햇볕과 파리떼를 피해 집 안에 매달아 놓는다. 고기를 구워 가족과 친구들과 나누어 먹는다. 사냥꾼은 환영을 받는다. 소년들은 자신들이 어떻게 가젤을 몰아 숲에서 숨어 기다리던 사냥꾼의 화살을 받게 했는지 떠들어 댄다. 많은 동물이 다니던 길에 대해서도 얘기한다. 채집할 만한 식물 식량이 어디에 있는지 얘기를 듣는다. 봐 두었다는 버섯을 사슴보다 먼저 따러 젊은 여성 둘이 잔가지로 만든 바구니를 들고 떠난다. 러복은 뒤따라가 보기로 한다.

나투피안 마을들은 아인말라하와 같은 경제적 토대를 가졌다. 마을유적은 모두 비슷한 지리 배경에서 발견되었다. 두터운 산림과 삼림스텝이 만나는, 가젤을 사냥하고 이 두 서식 환경의 식물을 채집할 수 있는, 수원지 가까운 곳에 자리 잡은 것이다. 가젤 뼈는 나투피안 유적 발굴에서 많이 나온다. 물론 사슴과 더 작은 여우, 도마뱀,

물고기, 새와 같은 다른 동물도 잡았다. 그런데 가젤 뼈는 그저 나투피안의 식생활만이 아니라, 사람들이 아마도 연중 내내 마을에 거주했음을 보여준다.

연중 거주했다는 사실은 가젤의 이빨에서 알 수 있다. 다른 모든 포유동물과 마찬가지로 가젤 이빨의 시멘트질은 생애 동안 아주 느리게 층층이 쌓이며 성장한다. 성장이 가장 빠른 봄과 여름에는 밴드가 불투명하다. 성장이 제한적인 겨울에는 검은 빛이다. 따라서 이빨의 시멘트질 단면을 조사하면 동물이 언제 사냥되었는지를 알 수 있는 것이다.

미국 뉴저지 럿거스대학의 대니얼 리버먼(Daniel Lieberman)[16]은 이 기법을 이용해 서아시아 전역의 나투피안 유적에서 나온 가젤 이빨을 연구하였다.[17] 연구한 모든 곳에서 가젤은 봄/여름에 사냥된 것도, 가을/겨울에 죽은 것도 있었다. 리버먼은 이를 한 곳에 영구 정착, 곧 정주를 의미하는 것으로 보았다. 이전 시기 유적에서 나온 가젤 이빨에서는 겨울이거나 아니면 여름 가운데 하나였는데, 이는 수렵채집민의 이동 생활을 보여준다는 것이다.

다른 증거도 나투피안 사람들의 정주생활을 말해 주고 있다. 물론 초기 나투피안 사람들은 여전히 이동성 수렵채집민이라고 믿는 고고학자도 있긴 하다.[18] 하지만, 연중 몇 주나 몇 달만을 거처하기 위해 많은 노력을 들여 돌을 쌓아 구조물을 만들었을 것 같지는 않다. 마을의 폐기장에서 나온 수많은 들쥐와 참새 뼈 역시 정주를 말해 준다. 인간의 정주 마을을 새로운 서식지로 삼아 머무는 변종이 처음으로 나투피안 마을에 나타난 것이다.[19]

개의 경우도 마찬가지다. 아인말라하 유적에서 나온 개 무덤은 나투피안 시기에 늑대가 이미 개로 순화되었음을 보여주는 강력한 증거이다.[20] 하요님 동굴에서도 사람 세 구와 개 두 마리가 묻혀 있었다.[21] 묻힌 동물은 단순히 길들여진 늑대가 아니라 늑대 조상보다 훨씬 작은, 완전히 순화된 개였다. 나중에 양이나 염소, 소에서 보겠지만 모든 순화종에서는 크기가 작아지는 경향이 있다.

사람이 사는 마을은 늑대에게 매력적인 곳이다. 음식폐기물을 약취할 수 있고, 들쥐를 쉽게 잡을 수도 있다. 그렇게 나투피안 사람들에게 해충을 잡아 주는 역할을 했다. 이 가운데 일부는 길들여져 사냥에 쓰이기도, 늙은이와 아픈 사람의 동무가 되기도 했을 것이다. 낯선 사람에게 경고를 주기 위해 개를 이용하기도 했을 것이다. 이렇게 길들여진 개체들은 야생 개체군과 격리되고 나투피안 사람들이 몇몇을 골라 번식시킴에 따라 급격하게 유전적으로 독특해진다. 그 결과 세계에 새로운 종, 바로 개가 나타난다.

모든 나투피안 사람들이 연중 한 곳에 거주했다는 것은 아니다. 아마도 그렇게 한 곳에만 머물렀던 사람은 없었을지도 모른다. 탑카(Tabqa)나 베이다(Beidha) 같은 요르단밸리 동쪽에 있는 몇몇 유적은 짧은 시기에만 이용되었던 것으로 보인다. 유적은 마을도 아니고 무덤도 아닌 임시 사냥캠프로서 아즈라크에서 보았던 것과 별로 다르지 않다. 베이다 사람들은 염소나 산양, 가젤을 사냥하고 홍해로부터 온 모뿔 조개를 가지고 있었다.[22] 다른 마을에서 연중 일부를 보냈는지, 아니면 이전의 케바란(Kebaran) 사람들처럼 완전한 이동생활을 했는지는 불투명하다.

개가 두 젊은 여성을 따라간다. 마치 늑대처럼 생긴 개가 러복을 앞지른다. 그런데 여자들이 참나무와 아몬드나무 사이 산사나무 덤불 옆 구부러진 작은 오솔길로 빠르게 걷자 더 이상 따라가지 않는다. 러복도 길을 잃고, 홀라(Hula) 평지의 습지 옆 숲에 머문다. 오솔길이 이어지고 참나무 아래 사람들이 돌보는 식물이 보인다. 완두콩과 야생 밀이 낟알의 무게에 고개를 숙이고 있다. 러복은 잠시 그 곁에 앉아 쉰다. 멀리 개 짖는 소리가 들린다.

애완용이든 아니면 다른 용도이든 개를 길들이는 일은 어린이를 기르는 것과 비슷하다. 돌보아야 하며 그래서 서로 밀접한 관계를 맺는다. 개는 오늘날과 마찬가지로 나투피안 사람들의 좋은 친구였다. 이런 식으로 동물을 돌보는 태도는 식물에게도 옮아갔을 것이다. 그러나 곡물 낟알과 과실, 견과류를 그저 최소한의 노력으로 즉각적인 수익을 최대화하는 것에만 치중하는, 무미건조한 경제적 측면에서만 채집했을 것이라 생각하면 안 된다. 인류학자가 기록한 그 어떤 수렵채집 집단도 그렇지는 않았으며, 선사시대에 그러했으리라 추측할 이유는 없는 것이다.

흔히 부시먼이라 불리는 남아프리카의 주호안시(Ju/'hoansi)족이나 호주 원주민, 아마존 원주민은 모두 주변의 식물에 대해 경제적 가치가 없는 것까지도 방대하고도 세밀한 지식을 가지고 있다. 또한 뿌리와 씨앗의 일부 역시 흔히 그대로 두어 다음 해 또 채집할 수 있게 한다. 불을 놓아 예전 줄기를 태움으로써 새로운 싹이 자라게 하기도 한다.

캘리포니아대학 버클리캠퍼스의 크리스틴 해스토프(Christine Hastorf)는 식물 순화의 초기 단계를 이해하는 데 '식물 돌보기(plant nurturing)'의 중요성을 강조한다.[23] 조금의 예외는 있지만 대부분의 경우 여성이 집에서 아이를 돌보듯이 식물을 채집하고 가꾸었다는 것이다. 나투피안 여성은 콜롬비아 서북부의 바라사나(Barasa-na)족처럼 집 근처에 '부엌 정원'을 관리했을 수 있다. 정원의 대부분 식물은 야생종이지만, 식량이나 약용, 피임 등으로 쓰기 위해 가꾸는 것이다. 바라사나족은 흔히 식물을 꺾어 친구와 친척과 교환하여 자기 정원에 들여옴으로써 사회적 관계를 유지하기도 한다. 더구나 많은 식물은 바라사나족의 기원신화와 연관된 상징 의미를 지니고 있기도 하다. 해스토프의 말에 따르면 "바라사나 여성의 정원을 걷는 일은 여성의 일상생활과 함께 조상의 계보, 가족의 사회적 관계의 역사를 보는 것"이다.[24]

오늘날 그 어느 정원사라도 이를 이해할 것이다. 나 역시 교외의 애완동물이 묻힌 정원에서 아내가 선물로 받은 식물을 가꾸면서 지난 20여 년 동안 뿌리를 뽑아 다른 정원으로 옮겨다 주기도 하였다. 오래전 아내의 할머니는 살아생전 채집하고 해마다 씨를 뿌려 심은 천수국 씨앗을 아내에게 주기도 했다.

나투피안 사람들이 주변 식물에 대해 어떤 생각을 했었는지 알 길은 없다. 그러나 먹여야 할 많은 사람들이 살았던 정주 마을이라는 점과 갈판과 갈돌이 풍부했음을 생각하면, 야생 식물은 우리가 '재배'라는 말을 쓸 수 있을 만큼 관리되었을 것으로 보인다. 나는 야생 곡물의 줄기, 견과류 나무숲, 완두콩, 녹두 같은 콩과 식물이 자라는 곳은 야생 식물의 정원과도 같이 다루었을 것으로 생각한다. 그리하여 바라사나족의 부엌 정원과 마찬가지로 식물들은 관리되고 사회적 관계에 이용되며, 상징 의미를 가지기도 하지 않았을까 생각한다. 개러드는 나투피안 사람들이 농경민이라고 잘못 생각하였을지 모르지만, 아마도 특수한 정원을 꾸리는 사람들이었을 것임이 아주 확실하다.

나투피안 유적에서 나오는 유물 가운데는 그 자체로 정원의 이미지를 가지고 있을 법한 것들이 있다. 하요님 동굴에서는 석회암으로 만든 세로 10cm, 가로 20cm 정도의 직사각형 판석에는 선을 새겨 여러 영역을 나눈 것이 있다. 바르요셉과 히브리 대학에서 나투피안 미술을 전공하는 아나 벨퍼코헨(Anna Belfer-Cohen)은 선으로 새겨진 영역을 작은 길로 나누어진 어떤 종류의 "밭(fields)"을 가리키는 것일 수 있다고 해석한다.[25] 이런 판석은 하나만이 아니며, 비슷한 디자인을 가진 것들이 더 있다. 물론 밭이나 정원의 정확한 지도는 아니었겠지만, 어떤 추상적 형태로 그것을 표현한 것일 수 있다.

존 러복은 훌라 평원의 나투피안 세계에서 자신의 『선사시대』를 읽고 새들을 보면서 아침을 보낸다. 해가 떠올라 조각구름을 비출 때 독수리 한 쌍이 푸른 하늘에서 맴돈다. 호수에는 기러기떼가 날아오고, 명금류 새들이 야생 밀밭에 내려앉아 낟알을 먹는다. 러복이 다시 아인말라하로 돌아가려는 순간 여자들이 다가와 밀을 눈여겨본다. 생각했던 것보다 밀이 더 빠르게 익어가고 있어 결국 상당량을 잃을 것임을 알고선 좋지 않다고 말한다. 여자들은 바로 일을 시작하여 플린트 돌날로 만든 낫으로 줄기를 벤다. 밑동 부분을 베 곡물 낟알뿐 아니라 줄기까지 수확한다. 낟알은 손에 닿으면서 흩어져 바닥에 떨어지기 일쑤다. 작업을 서둘러 벤 밀대를 묶는다.

　　마을로 돌아와 이삭은 나무통에 내리쳐 낟알을 떼어 내고 달군 돌을 집어넣어 돌린다. 이삭을 볶고 부스러뜨린다. 그리곤 나무통에 부어 낟알을 고르고, 다시 나무껍질 판 위에서 흔들어 겨를 버리고 낟알을 추려 낸다.[26] 낟알을 다시 돌확에 넣은 뒤 빻는다. 그 다음 물을 섞어 반죽을 만들고 뜨거운 돌 위에서 구워 빵 같은 것으로 요리한다. 이처럼 밀은 아인말라하의 정원에서 자란 지 몇 시간이 채 되지 않아 음식이 된다.

나투피안 사람들이 돌낫으로 야생 곡물을 베었음은 잘 알려져 있다. 자루 장식으로 보아 수확은 상징 의미를 가졌을 수도 있다. 돌낫으로 베어 수확하는 것은 바구니에 직접 따서 담는 것보다 바닥에 흘리는 양이 적기 때문에 훨씬 효과적이었다.[27] 그러나 나투피안 사람들에게 이 수확법이 지닌 또 다른 영향, 곧 돌낫을 사용하여 베는 일이 야생종에서 재배종으로의 변화에 어떤 토대가 되었는지는 아직 잘 알려져 있지 않다.

가장 큰 차이는 이삭이 지닌 잘 부서지는 성질이다. 야생종은 성장하면 부스러져 낟알이 바닥에 흩어진다. 재배종은 강한 이삭에 붙어 있어 '수확자를 기다린다.' 야생 곡물 가운데 부스러지지 않는 변이는 아주 적었을 것이다. 이 드문 유전 변이는, 힐먼에 따르면, 200-400만 개체 가운데 한두 개에 불과했을 것이라고 한다.

바구니를 밑에 받쳐 놓고 이삭을 치면서 곡물을 채집하면 그런 유전 돌연변이를 찾을 수 없으며, 돌낫으로 베었을 때만 그런 변이를 채집할 수 있을 것이다. 나투피안 사람 몇 명이 야생 곡물의 줄기를 베기 시작한 상황을 상상해 보자. 밀이나 보리가 이미 익었다면, 상당량의 곡물은 부스러져 이미 흩어졌을 것이다. 그러나 아주 드물게 흩어지지 않는 식물이 나타나는데, 이것은 여전히 그대로 서 있을 것이다. 줄기를 벴을 때 비교적 더 많은 양의 곡물을 수확할 수 있는 것이다.

이제 나투피안 사람들이 지난 번 수확하고 남은 씨앗을 막대기로 땅을 갈거나 파서 흩뿌렸을 때 벌어질 일을 상상해 보자. 이 씨앗에는 부스러지지 않는 변이의 수가 더 많았을 것이다. 새로운 줄기를 돌낫으로 베었을 때 부스러지지 않는 변이가 역시나 더 선호되었고, 수확된 곡물에서 지난해보다 더 많은 부분을 차지할 것이다. 이런 과정이 누대에 걸쳐 되풀이되었다고 할 때 부스러지지 않는 변이는 점차 재배종이 된다. 결국 재배종이 우위를 차지할 것이다. 만약 재배종이 버려졌을 때는 스스로 씨앗을 뿌리기 힘들기 때문에 사라지고, 사람이 떠난 곳에서는 원래의 잘 부서져 씨를 흩뿌리는 야생종이 지속적으로 재생산에 성공하여 우위를 점할 것이다.

힐먼과 웨일즈대학 생물학자 데이비스(Stuart Davies)는 식물유전학 지식과 실험으로 얻은 고대의 채집 방법을 연구하여 야생종에서 재배종이 되는 데 시간이 얼마나 걸리는지를 추산한 바 있다.[28] 컴퓨터 시뮬레이션을 동원하여 이상적인 상황에서는 20개 정도의 사이클만으로도 야생종에서 부서지지 않는 재배종으로 변화할 수 있음을 보여주었다. 그러나 이것은 그저 이상적인 상황의 일이고, 현실 세계에서는 아마도 200-250년 정도가 더 그럴 듯한 전이의 시간인 듯하다.

고고학 증거에 따르면, 이런 전이는 나투피안 시기 동안에는 일어나지 않았음이 분명하다. 재배종과 야생종 곡물 사이에는 아주 작은 차이만이 있다. 나투피안 고고 자료에서는 곡물 낟알 자료가 별로 없지만, 알려진 것은 모두 분명하게 야생 곡물뿐이다. 또 다른 천 년을 기다려 시리아의 아부후레이라(Abu Hyreyra)와 텔 아스와드(Tell Aswad)에서 팔레스타인의 예리코(Jericho) 유적에 이르러서야 재배된 곡물 자료를 만날 수 있다. 따라서 나투피안 사람들은 길게는 3000년 정도 부서지는 야생종에서 부서지지 않는 재배종으로 진화적 도약을 보지 못하고 잔돌날을 박은 낫으로 야생 밀을 수확했던 것이다.

여기에는 아주 단순한 설명이 있다. 엉거해밀턴(Romana Unger-Hamilton)은 1980년대 런던 고고학연구소에서 놀라운 연구를 수행한 바 있다.[29] 엉거해밀턴은 힐먼의 지도 아래 나투피안의 야생 곡물 수확법을 재현하느라 몇 달을 보냈다. 유물과 동일하게 뼈로 만든 자루와 잔돌날을 끼운 낫을 사용하여 가르멜 산 경사면에서 자라는 야생 밀과 보리를 실험적으로 베어 보았다. 그리곤 잔돌날을 현미경으로 관찰한 결과 윤기의 구조와 지점, 집중도 등이 야생 곡물의 형식, 그리고 얼마나 익었는지에 따라 다름을 알게 되었다.

엉거해밀턴은 실제 나투피안 잔돌날에 남아 있는 광택이 아직 익지 않은 곡물을 수확할 때 남은 광택과 가장 유사하다고 하였다. 이삭이 부스러지는 야생종은 그 상태에서는 단지 조금의 낟알만을 흩뿌릴 뿐이어서 탈립(脫粒)이 잘 되지 않는 변이와 거의 비슷한 양을 얻을 수 있었다. 따라서 나투피안 사람들이 씨앗을 뿌려 새로운 야생종 변이를 심었다고 하더라도 잘 부서지지 않는 변이가 주도적 위치를 점할 수는 없었다. 아직 익지 않은 이삭을 수확하는 일이야말로 야생종이 익어 낟알이 바닥에 흩어지기 전 얻을 수 있는 최대한을 수확하는 방법인 것이다.

나투피안 시기 재배종의 출현을 막은 또 다른 요인도 있다. 바로 정주생활 때문이었다. 앤더슨(Patricia Anderson)은 엉거해밀턴과 비슷한 연구를 하면서 유사한 결과를 얻었다.[30] 다만 앤더슨은 야생 줄기를 돌낫으로 벨 때 아직 익지 않은 상태라도 땅에 떨어진 낟알이 다음 해 다시 자라기에 충분함을 알게 되었다. 따라서 나투피안 사람들은 그저 씨만 뿌리면 되었던 것이다. 나투피안 사람들이 수확한 곡물에는 상당량의 잘 부스러지지 않는 변이가 포함되어 있었지만, 이 새로운 곡물 변이가 새로운 장소에 뿌려지지 않는다면, 결코 지배적 형태가 될 수 없는 것이다. 나투피안 사람들이 정주했기 때문에 새로운 터는 만들어지지 않았다. 나투피안 사람들은 그저 지중해의 산림지대의 야생정원에서 야생 곡물의 재배자로 남았던 것이다.

나투피안 사람들과 야생정원, 식물 채집 행위에 대한 이런 식의 이야기는 물론 약점을 지니고 있다. 실제 취락 유적에는 식물 유체가 별로 남아 있지 않은 것이다. 이는 부분적으로 식물체가 보존되지 않기 때문이기도 하며, 많은 발굴이 식물 유체를 찾아내는 기법이 등장하기 전에 이루어진 탓이기도 하다. 이제 존 러복은 서기전 12,000년 지중해 산림지대와 나투피안 문화를 떠나 식물 채집의 성격에 관한 직접 증거를 얻고자 한다. 동북쪽으로 500km를 여행하여 유프라테스 강 범람원에 자리 잡은 아부후레이라라는 놀라운 수렵채집 마을을 찾는다.

5

아부후레이라

수렵채집민의 정주 마을

12,300–10,800 BC

존 러복이 아부후레이라(Abu Hureyra) 마을에 다가갈 때 초원의 풀과 꽃은 이슬을 머금고 있었다. 서기전 11,500년 어느 여름날 새벽, 아인말라하에서 아부후레이라에 오기까지 지중해 언덕의 참나무 밀림을 지나 개활 산림지대를 거쳐 마침내 오늘날 시리아 서북부의 나무 없는 초원에 이르렀다. 강이나 호수 가까이에 자리 잡은 여러 마을을 지나쳤는데, 모두 지금은 알려져 있지 않다. 잠깐 멈추고 전경을 본다. 멀리 평야가 있고, 그 너머 나무들이 자라는 선이 유프라테스 강의 경계이다.

여기서 몇 분 더 걸어가자 마을이 눈에 들어온다. 마을은 아인말라하가 나무로 둘러싸인 것처럼 사암지대 하안단구로 둘러싸여 있어 사람이 만든 것이 아니라 자연이 형태를 만들어 준 듯하다. 다가서자 낮고 편평하게 갈대로 덮은 지붕이 강의 범람원 가장자리에 모여 있는 모습이 점점 또렷해진다. 그럼에도 자연과 문화 사이의 경계는 모호하다.[1]

아부후레이라 사람들은 아직 자고 있다. 개들이 킁킁거리고, 긁거나 뼈를 물고 있는 개도 있다. 지붕은 허리춤 높이이고, 작은 나무로 받쳐져 있다.[2] 러복은 안으로 들어가 너비 3m 정도의 작고 좁으며 둥그런 방을 본다. 남자와 여자가 가죽과 건조한 풀로 만든 자리 위에서 자고 있으며, 어린 딸도 가죽 묶음 위에서 누워 있다.

바닥은 물건과 쓰레기로 어지럽다. 그런데 아인말라하에서 보았던 길쭉한 갈봉과 넓은 갈판은 없고, 편평하고 오목한 갈돌만이 있다. 뗀석기들이 바닥에 널려 있고 옆엔 잔가지로 만든 바구니와 돌그릇이 놓여 있고, 동물 뼈 위에 파리들이 앉아 있기도 하다. 작은 그릇엔 아인말라하에서 본 것 같은 플린트로 만든 초승달 모양의 세석기가 담겨 있다. 집의 한쪽에는 흙더미가 있는데, 벽이 무너져 밖에서 흙이 들어찬 것이다. 고기 썩는 냄새와 퀴퀴한 공기가 가득하다.

대부분 마을 생활은 벽 밖에서 이루어진다. 오늘날 우리처럼 문을 닫고 살지 않는다. 바깥 공간에는 요리하는 곳이 있고 막대기들과 갈대 묶음, 나무껍질, 갈린 석기들이 놓여 있다. 많은 사람이 같이 일하면서 목초지, 강변의 습지, 숲의 야생정원에서 가져온 식물을 가공한다. 러복은 허리를 굽혀 돌 주변의 여러 껍질과 줄기, 잔가지와 잎을 손가락으로 훑려 본다. 갈돌에서 떨어져 그 자리에 남겨졌거나 식물이나 꽃을 채집하면서 떨어뜨린 것이다. 곁에는 견과류와 씨앗으로 가득 찬 바구니와 돌그릇이 놓여 있다.

마을의 다른 곳에는 갈린 석기가 더 있다. 이곳에는 씨앗 껍질이나 식물 줄기 대신 붉은 돌과 가구 같은 물품이 있다. 사람의 몸을 치장하는 데 쓰인 안료를 만들 때 사용하는 붉은 돌이다. 그 옆에 내장을 제거했지만 아직 해체하지 않은 가젤 세 마리가 개가 닿지 않는 곳에 매달려 있다. 아부후레이라 사람들은 식물 채집에 의존하는 만큼 가젤 사냥도 중요하게 여긴다. 그러나 사냥은 마을 가까이 가젤 무리가 이동하는 여름 몇 주 동안만 할 수 있을 뿐이다.[3]

아부후레이라에서 일상이 시작된다. 가젤은 보이지 않고, 사냥꾼은 멧돼지와 야생 당나귀를 찾아 강가로 나간다. 이제 마을 가까이 짐승이 별로 살지 않기에 사냥꾼은 실망할 것이다. 야생정원에서 햇볕 아래 여자와 어린이들은 잡초를 뽑고 벌레를 죽이고 익은 열매를 따면서 일한다. 며칠이 지나 가젤떼가 다시 나타나고 연례행사처럼 사냥이 시작된다. 마을을 방문하는 사람도 환영받는다. 방문자는 터키 남부에서 온 빛이 나는 흑요석을 선물로 가져와 모뿔조개를 답례품으로 가져간다. 조개는 원래 지중해 연안에서 온 것으로, 이전에 아부후레이라를 찾았던 사람들이 가져왔던 것이다.

앞으로 1000년이 넘도록 아부후레이라 수렵채집민은 가젤을 사냥한다. 그처럼 많은 개체를 한꺼번에 사냥해도 가젤의 수는 충분히 많다. 여성과 어린이는 여전히 야생정원을 돌보고 풍부히 수확할 것이다. 진흙과 모래, 부서진 유물 같은 부스러기 조각들이 집 안에 널려 있어 더 이상 견딜 수 없게 된다. 사람들은 이번엔 완전히 지표면 위에 새로운 집을 짓는다. 그러나 결국 어려운 시기가 닥친다. 영거드라이어스라는 건조기에 가젤의 수가 급감하고 초원의 생산성은 뚝 떨어진다. 사람들은 마을을 버리고 다시 이동생활로 돌아간다.

그러나 서기전 9000년쯤이면 이 사람들은 다시 농경민으로 돌아온다. 그리하여 흙벽돌집을 짓고 범람원 평지에 밀과 보리를 재배한다. 가젤 무리 역시 연중 이동을 다시 하고 또 다시 수천 년 동안, 아부후레이라의 사람들은 갑자기 염소와 양을 기르게 될 때까지 사냥을 한다. 집은 원래의 자리 위에 반복해서 다시 지어 마운드가 생기게 되고, 약 500m 크기에 8m 깊이로 백만 m³의 흙을 가진 커다란 텔(tell)이라 불리는 언덕의 형태를 갖춘다. 아부후레이라의 맨 처음 땅을 파고 들어간 수혈주거지의 흔적은 깊이 묻히고 사람들은 더 이상 기억하지 못한다.

1972년 고고학자 무어(Andrew Moore)는 이 텔의 일부를 발굴하였다. 댐이 건설되는 지역에서 이루어진 구제발굴이었기에 기껏 두 차례 조사를 할 수 있었다. 오늘날 이 텔은 아사드 호(Lake Assad)의 물에 잠겨 있다. 무어는 발굴 면적이 작았지만 아부후레이라의 최초 주민의 집터 몇 기와 폐기물을 찾았다. 그런데 공동묘지, 아니 그 어떤 무덤의 흔적도 찾을 수 없었고, 의문에 휩싸였다. 죽은 사람을 어떻게 했을까? 그리고 아인말라하에서 분명히 드러나는 것과 마찬가지로 사람들 사이에 부의 차이가 있었을까?

발굴은 겨우 두 차례 이루어졌지만, 마을에 대해 많은 정보를 얻을 수 있었다. 미세하고 부서지기 쉬운 식물 유체까지 찾아낼 수 있는 방법을 처음으로 조사에 적용했다. 물채질하면 흙은 가라앉고 식물 유체는 떠오른다. 이것을 건져내 연구 자료를 사용하는 부유법을 적용하였다. 힐먼은 마을에서 157종의 식물이 확인된 것으로 보아 그보다 100종이 넘는 식물이 채집되었을 것으로 판단한다.

힐먼은 식물 채집에서 적어도 봄에서 초여름, 그리고 가을이라는 두 계절을 확인할 수 있었다. 그러나 힐먼은 사람들이 마을에 연중 내내 거주했다고 보았다. 그렇다면 초원지대와 이를 둘러싼 산록이 황량한 조건이었을 겨울에 사람들은 어디로 갔을까? 여름이 한창일 때 가장 중요한 자원은 아마도 물이다. 사람들은 아부후레이라에 머물면서 덩이줄기와 향부자(nut-grass) 같은 풍성한 여름 식량을 먹었을 것이지만, 이런 것들은 고고 자료에서 확인되지 않는다.

권위 있는 동물고고학자 피터 롤리콘위(Peter Rowley-Conwy)와 토니 레그(Tony Legge)는 가젤 몰살을 연구한 바 있다.[4] 뼈 조각 2톤을 분석하여 성체와 새끼만을 사냥했음을 밝혔다. 사냥은 초여름에 연중행사처럼 벌어졌던 것이다.

무어, 힐먼, 롤리콘위, 레그, 그리고 다른 많은 고고학자의 연구로 아부후레이라의 수렵채집민은 좋았던 환경 조건에 살았음을 알 수 있었다. 그 어느 시기에도 동식물이 그처럼 풍부하고 다양하며, 예측 가능했던 적은 없었다. 이는 지중해 산림지대에 살았던 나투피안 사람들도 마찬가지다. 이런 좋은 조건은 아프리카 사바나에서 시작하여 지난 350만 년 동안 인류가 해 온 이동생활을 포기할 기회였다. 그러나 왜 이동생활을 멈춘 것일까?

왜 마을 안에서 영구히 이웃으로 살면서 겪을 수밖에 없는 사회적 긴장을 만들었을까? 왜 스스로를 정주생활과 동반되는 폐기물과 쓰레기더미, 건강의 위험에 노출시켰을까? 왜 마을 가까운 지역의 동물과 식물의 고갈이란 위험부담을 안고 정주했을까?

그저 인구가 늘어나 정주생활을 하게 된 것이 아님은 분명하다. 나투피안 유적의 수는 이전 시기의 유적의 수와 별반 다르지 않다. 만약 인구압의 시기가 있었다고 한다면, 아마도 그것은 케바란 유적의 수가 극적으로 증가하고 세석기의 형태가 표준화했던 서기전 14,500년쯤이었을 것이다. 이보다 2000년 뒤 나투피안 마을이 출현할 때 인구증가의 증거는 없다. 더구나 동물 뼈 자료로 보아 나투피안 사람들은 상당히 건강했다. 식량이 부족하여 원하지 않는 생활을 해야 했던 사람들이 아니었던 것이다.[5]

히브리대학의 벨퍼코헨은 인골자료를 분석해 상처와 영양 결핍이나 전염병 같은 증거가 별로 없음을 알았다. 그런 스트레스를 겪으면 발육부전의 일종으로 치아 에나멜에 얇은 선이 만들어지는데, 이는 주로 이유기에 식량부족을 겪었음을 말해 준다. 농경민에서 관찰되는 것보다 오히려 나투피안 치아에서 선이 더 없었던 것이다. 다만 나투피안 사람들과 초기 농경민의 치아는 모두 심하게 닳아 있다. 이는 식생활에서 식물이 중요했음을 말해 준다. 씨앗과 견과류는 돌판에 빻고 갈아서 가루로 만들 때 티끌 같은 것이 생긴다. 음식을 먹었을 때 이것이 치아를 닳게 해 에나멜이 거의 보이지 않게 된다.

나투피안 사람들은 건강할 뿐 아니라 상당히 평화로웠던 것으로 보인다.[6] 가령, 앞으로 유럽이나 호주, 아프리카에서 확인하겠지만, 사람 뼈에 화살촉이 박혀 있어 집단 사이 충돌을 말해 주는 증거도 없다. 야생정원과 동물 자원이 많은 넓은 땅에 살았던 나투피안 수렵채집 집단들은 서로 좋은 이웃이었다.

나투피안과 아부후레이라 사람들이 사회적 긴장과 폐기물, 자원의 고갈 같은 마을생활의 역기능을 받아들일 준비가 되어 있었을 수도 있다. 아인말라하를 발굴한 프랑수아 발라는 나투피안 마을 사람들이 그저 케바란 사람들의 계절적 집합에서 기인했다고 생각한다.[7] 발라는 20세기로 접어드는 시점에 북극의 수렵채집민과 생활했던 사회인류학자 마르셀 모스(Marcel Mauss)의 연구를 떠올린다. 모스는 주기적 모임이 공동생활의 긴장, 축제와 종교 의례, 지적인 논의, 잦은 성관계로 특징지어진다고 하였다. 이와 비교하여 사람들이 멀리 떨어져 작은 집단을 이루며 살 때는 훨씬 단조로웠다.

발라는 나투피안 시기 이전의 이동 수렵채집민의 집합 역시 비슷했을 것이라고 본다. 나투피안 사람들은 그저 그런 집합의 시기를 늘려 한 해 내내 지속하였을 수 있다. 실제 나투피안 마을에서 보이는 모든 중요한 요소, 곧 돌로 만든 집과 갈판, 모뿔조개 장식품, 무덤과 가젤 뼈는 이미 네베 다비드(Neve David)에서도 나타났다. 기후가 더 따뜻해지고 습해지면서, 동물과 식물은 더 다양하고 풍부해졌고, 사람들은 겨울을 보낸 지점에서 더 빨리 돌아와 한 곳에 더 오래 머무르고 결국 한 해 내내 거주하게 되었던 것이다.

서기전 12,500년에서 11,000년 사이 아인말라하, 아부후레이라, 그리고 서아시아 전역의 정주 수렵채집 사회는 좋은 생활을 유지하였다. 고고 자료도 많고, 연구도 많이 이루어져 상당히 생생한 이미지를 그릴 수 있게 되었다. 바구니에 도토리를 담아 아인말라하로 운반하고, 빻고 갈아 분말로 만들었다. 아부후레이라 사냥꾼은 이동하는 가젤 무리를 사냥했다. 엘 와드에서는 죽은 자에게 모뿔조개로 만든 것을 머리에 씌우고 목걸이와 다리 밴드 장식품을 채워 주었다.

그러나 기억하는 이미지는 산림초원 안에서 사는 몇 가족의 일상일 뿐이다. 개 짖는 소리도 들리고 쓰레기더미에서 냄새가 풍기고 마을 뒤에는 찌꺼기가 쌓여 있다. 당장은 짐승을 사냥하지도 식물을 채집하지 않아도 된다. 휴식 날 사람들은 수많은 여름 꽃들로 둘러싸인 곳에 앉아 있다. 아이들은 화환을 만들고 젊은이들이 사랑을 나누려 풀숲으로 숨는다. 얘기를 나누기도 잠을 자기도 한다. 모두 햇볕을 즐긴다. 배도 부르고 걱정도 없다.

19세기의 존 러복도 커다란 기후변동이 일어났음을 알고 있었다. 이미 안에 순록의 뼈들로 가득했던 동굴을 프랑스 남부에서 보았으며, 늪지대에 참나무가 있고, 예전 강이 깎아 만든 계곡도 본 바 있다. 그러나 1865년 『선사시대』를 쓸 때 복잡한 기후변동을 이해하지는 못했다. 예컨대 영거드라이어스 같은 중요한 변화 시기는 최근에야 알려졌다. 이제야 기후변동이 태양복사열에서의 변화와 지구 자전축의 변동, 패류의 변화 같은 것에서 기인한다는 것을 알게 된다.[8]

잠시나마 러복은 자신이 어느 시점의 역사에 머물러 있는지 잊는다. 나비와 꽃, 해, 선선한 바람은 사실 시간을 초월한다. 그러나 이제 서기전 11,000년이 되었고, 기후에서 극적인 변동이 일어날 시점이다. 초원지대에 앉아 있는 가족들은 환경의 재앙 앞에 서 있는 줄 모르고 있다. 이제 막 영거드라이어스라는 시련의 시기가 찾아올 때이다.

서아시아 사람들의 삶은 최후빙하극성기 이후 누대에 걸쳐 지속적으로 좋아져 왔다. 물론 좋았다 나빴다 반복하긴 했다. 비교적 춥고 건조했던 시기에는 식물성 식량과 동물을 찾기 힘들었고, 그렇지 않은 시기에는 풍부했다. 그러나 기후는 전반적으로 더 따뜻해지고 습윤해지는 과정에 있었다. 식물은 더 다양해지고, 씨앗과 과실,

견과류와 덩이줄기의 수확은 더 늘었으며, 대형 동물 무리의 이동이 예측 가능했고, 문화적으로도 지성적으로도 더 넉넉한 생활을 하였다. 아부후레이라에서 초원지대의 여름 햇볕을 즐기던 가족들에게는 확실히 행운이 따랐으며, 이 사람들도 그것을 어느 정도 느끼고 있었을 것이다. 그러나 정말 얼마나 행운이었는지는 제대로 깨닫지 못했다. 불과 수세대 안에 기후변동의 파랑이 치고 생활은 점점 궁핍해진다.

6

천년의 가뭄

영거드라이어스 동안의 경제와 사회

10,800-9600 BC

존 러복은 다시 한 번 훌라 호(Lake Hula)의 서안에 서서 아인말라하 마을 주변을 본다. 참나무와 아몬드, 피스타치오 숲 안에 있는 마을의 생활을 본 지 벌써 50세대 1500년이 흘렀다. 세월도 변했다. 이제 숲은 성겨졌다. 나무숲과 덤불에는 예전 사람들에게 풍부한 식량을 주었던 정도의 성장이 보이지 않는다. 마을 안 지붕과 벽은 이미 무너져 내렸고 그저 무더기가 쌓인 정도인 집들도 있다. 둥그런 구조도 새로이 보이지만, 작고 금방이라도 무너져 내릴 것만 같다.

50km 서남쪽의 하요님 마을 역시 버려졌다. 사람들은 동굴에 200여 년 동안 머물다 하안단구 위로 떠났고 이전 살던 집을 죽은 자를 위한 무덤으로 사용했다. 이제 그곳마저도 버렸다. 산딸기와 잡풀, 뱀과 도마뱀, 이끼류가 찾아와 석회암 벽과 현무암 갈판을 덮고 플린트 돌날 조각도 땅에 묻어 버렸다. 아부후레이라도 똑같다. 사람들은 떠나고 빈 집은 허물어지고, 유물은 버려지고 잊힌다.

이제 서기전 10,800년. 정주 마을생활은 이야기로만 남아 세대를 거쳐 전해진다. 사람들은 힘겹게 유지되고 있는 산림과 사막과 비슷해진 초원의 임시 야영지에 흩어져 살고 있다. 나투피안 사람들의 문화적 성취는 고고학자들이 후기 나투피안이라 부르는 시기의 유물에 희미하게 남아 있을 뿐이다. 아인말라하와 엘 와드, 하요님에서는 많은 사람들이 주기적으로 모여 죽은 자의 뼈를 가져와 조상 옆에 다시 묻었다. 이곳은 지하 세계에 있는 역사와 신화 사이의 신성한 지점이 되었다.

정주 마을생활의 실험은 2000년 가까이 지속되었으나 결국은 실패했고 사람들은 이곳저곳을 소요하는 과거 생활양식으로 돌아갔다. 그전 나투피안 문화는, 오페르 바르요셉이 말하듯이 고향이라 할, 지중해 산림지대를 넘어서까지 확산되었다. 이 문화의 특징인 초승달 모양의 아주 작은 세석기는 서아시아 전역으로 널리 퍼져 아라비아반도의 남부 사막에서 유프라테스 강 유역에까지 나투피안 후기 유적이 보인다.

　나투피안 문화의 정주 마을생활의 성공에는 희생도 따랐다. 주민의 수는 크게 불어났다. 수렵채집민은 이동할 때 소유물뿐 아니라 어린아이까지도 운반해야 했다. 이는 인구증가를 억제하는 요인이었다. 한 번에 두 명 이상을 업긴 힘들기 때문에 아이를 3년에서 4년 터울로 조절해야 했다. 그런데 아인말라하, 하요님 같은 마을에 살았던 나투피안 주민은 더 자유롭게 출산할 수 있었다.

　나투피안 문화는 부분적으로 기존 마을을 떠나 새로운 주거지를 만들어 확산했을 것이다. 이는 야심 있는 젊은이가 스스로 권위를 얻는 길이었을 수도 있다. 그러나 확산에는 또 다른 요인이 있었다. 바로 주변에 더 이상 충분한 식량이 없었던 것이다. 후기 나투피안 사람들은 네게브 사막에 들어가 로시호레샤(Rosh Horesha)나 로시진(Rosh Zin) 같은 마을을 이루기도 했으며,[1] 지중해 해안 가까이에 있는 나할오렌(Nahal Oren),[2] 유프라테스 강가의 무레이벳(Mureybet)[3] 같은 유적이 이런 경제적 이주민이 만든 주거유적이었을 가능성이 있다.

　마을사람들은 식량으로 삼았던 동식물 자원을 과도하게 이용하기 시작하였다. 폐기장에서 나온 가젤 뼈는 동물의 무리를 관리하고자 하는 시도가 있었음을 보여준다. 그러나 결국 균형은 깨지고 식량 부족으로 이어졌다. 히브리대학의 코프(Carol Cope)는 하요님과 아인말라하에서 나온 가젤 뼈를 상세히 연구한 바 있다.[4] 두 유적에서 사냥된 마운틴가젤은 아부후레이라의 가젤과는 사뭇 다른 행동양상을 가지고 있었다. 마을 주변에서 연중 내내 머물렀지만, 대규모 무리를 이루지는 않아 한꺼번에 매복 사냥되지는 않았다. 가젤은 발뼈의 크기에서 수컷과 암컷을 쉽게 구분할 수 있는데, 코프는 나투피안 사람들은 수컷 사냥을 선호했다고 보았다. 큰 발뼈가 4대 1 정도로 작은 발뼈의 것보다 많았던 것이다. 큰 발은 몸집도 큼을 뜻하는데, 바로 수컷 가젤을 말한다.

케바란 사람들이 나투피안 문화가 확립되기 5000년 전에 하요님 동굴을 이용할 때는 수컷과 암컷을 같은 비율로 사냥했다.[5] 나투피안 사람들은 수컷을 선호하면서도 가젤 개체군을 보호하려는 시도를 했던 것 같다. 암수는 태어날 때 같은 비율이지만, 실제 소수의 수컷만으로도 무리가 유지될 수 있다. 암컷이 많을수록 새끼를 많이 낳을 것이라 생각하여 수컷을 더 빈번하게 사냥했다는 것이다.

그런데 이것이 사실이라면, 잘못된 판단이었다. 나투피안 사람들은 수컷을 사냥하는 실수만이 아니라 찾을 수 있는 가장 큰 개체를 사냥하는 잘못을 저질렀다. 큰 수컷이 없는 상태에서 이제 암컷은 더 작은 수컷과 어울려 번식할 수밖에 없었다. 작은 개체는 작은 새끼를 낳고, 나투피안은 다시 큰 새끼를 사냥하는 일이 반복되면서 가젤의 크기는 세대가 흐르면서 더 작아졌다. 따라서 하요님 동굴의 폐기장에서 나온 가젤 뼈는 500년 정도 늦은 하얀단구 유적의 뼈보다 훨씬 컸다.

가젤이 작다는 것은 불어나는 인구에 비해 먹을 고기의 양이 적음을 뜻한다. 그리하여 '야생정원'을 과도하게 이용하게 되어 너무 많은 야생 곡물을 베어야 했고, 자연적으로 재생할 수 있는 양을 넘는 정도로 도토리와 아몬드를 채집하였다. 이제 나투피안 사람들, 특히 어린이의 건강도 나빠지기 시작하는데, 이는 치아 자료에서 분명하게 확인된다.[6] 하요님에 묻힌 후기 나투피안 사람들의 인골에서는 이전 전기 나투피안 선조보다 더 많은 치아 발육부진이 보인다. 또한 죽었을 때 가지고 있던 이빨의 수도 적고, 남아 있는 이빨도 충치인 경우가 많았는데, 모두 건강상태가 좋지 않음을 말해 주는 신호이다.

식량부족은 오늘날 굶어 죽는 사람들에게서 알 수 있듯이 신체 성장에도 영향을 미친다. 나할 오렌 유적 같은 데에 묻힌 후기 나투피안 사람들이 아인말라하에서 살던 사람들보다 더 키가 작은 이유는 아마도 식량부족 때문이었을 것이다. 지금과 마찬가지로 식량부족은 여성보다는 남성에게 더 큰 영향을 미치는데, 후기 나투피안 사람들의 남녀 차이는 이전 시기보다 더 줄어들었다.[7]

그리하여 마을에서는 다른 곳으로 이주하는 사람들도 있었고 결국 마을은 버려졌다. 식량부족을 전적으로 나투피안 사람들이 스스로 인구성장을 통제하지 못한 탓으로만 돌릴 수는 없다. 그런데 인구증가의 문제보다 사람들이 전혀 통제할 수 없는 변수가 있었다. 바로 기후변동이었다.

천 년 이상 추위와 건조기가 이어진 영거드라이어스는 북아메리카의 빙상이 무너져 내리면서 녹은 물이 북대서양에 엄청나게 유입되면서 촉발되었다. 서아시아에서 영거드라이어스의 영향은 훌라 코어에서 나온 꽃가루 분석으로 잘 알 수 있다.[8] 서기전 10,800년 이후 훌라 호의 바닥에 퇴적된 흙에는 나무 화분의 양이 급감하고 있는데, 이는 추위와 가뭄 때문에 산림지대 대부분이 사라졌음을 뜻한다. 500년이 안 되어 최후빙하극성기 같은 환경이 도래했다. 인구는 최대로 증가했는데 식량 공급은 뚝 떨어졌던 것이다.

인구압과 기후 악화라는 두 가지 재앙이 겹치면서 전기 나투피안 마을생활은 쇠락을 겪을 수밖에 없었다. 그러나 사람들은 예전 케바란 선조의 삶으로 돌아갈 수는 없었다. 후기 나투피안 시기에는 이미 인구가 크게 불어난 상태였을 뿐 아니라 정주생활의 유산, 새로운 기술과 새로운 사회관계, 동식물을 대하는 새로운 태도, 토지와 집, 그리고 아마도 심지어 소유와 재산에 대해서도 새로운 개념을 가지고 있었기 때문이다.

요르단밸리의 후기 나투피안 사람들의 이야기를 하기 전 먼저 러복의 여행으로 돌아가 동쪽으로 1000km 지점을 잠깐이나마 둘러보자. 이미 버려진 아부후레이라 마을을 넘어 유프라테스 강도 지나고 타우루스와 자그로스 산맥 가장자리로 들어가 보자. 이곳에는 버려진 마을이 아니라 영거드라이어스에 처음으로 만들어진 주거유적이 있다.

자그로스 지방은 지형학적으로 아주 다채로운 곳이어서 경계를 정하기 어렵다. 메소포타미아 평야의 북쪽도 포함되며, 구릉지대가 굽이굽이 펼쳐지고 깊은 계곡과 바위, 산봉우리들이 있다. 지형과 고도의 변화에서 강우량과 온도에 커다란 차이가 생겨 기후가 대체로 춥고 건조했다 하더라도 우거진 식생이 군데군데 펼쳐진 곳이다. 전 지역에 걸쳐 기온과 강수량이 떨어져 지중해 해안까지 뻗어 있던 나무숲은 거의 사라졌다. 그럼에도 저지대 곡부(계곡부)에는 참나무와 피스타치오, 버들가지 잡목림이 자리 잡았고, 고지대 경사면의 혹독한 추위에서 떠밀려 온 동물의 피난처가 되었다.

이제 수렵채집민은 과거 구릉지대를 폭넓게 돌아다니던 시절보다 훨씬 인구밀도가 높아 저지대 곡부의 동식물 자원을 찾으며 살아야 했다. 수렵채집민은 이런 곳에서 당시까지 세계 역사상 가장 공들여 지은 건축을 남기기도 하였다. 타우루스 산맥 산기슭의 작은 하천 둑에 자리 잡은 할란 체미 테페시(Hallan Çemi Tepesi)는 아주 흥미롭고 새로운 마을이다.[9] 1991년 이 유적은 댐 건설로 수장될 위기에 놓였다. 미국과 터키 공동발굴단은 돌로 만들어진 집의 기초와 초벽집의 흔적을 찾았다. 방사성탄소연대가 2000년 넘게 퍼져 있어 정확히 언제 어떻게 건축되었는지는 알 수 없지만, 주 점유 시기는 서기전 10,000년 즈음이다. 할란 체미 테페시의 사람들은 아몬드와 피스타치오, 자두와 콩과 식물의 열매를 포함하여 다양한 식물을 채집하고, 산양과 사슴, 곰을 사냥했다.

집 안에는 화덕과 갈돌 같은 유물이 있었다. 이 밖에도 조각품과 장식된 돌그릇, 그리고 북쪽으로 100km 떨어진 곳에서 온 흑요석이 있었다. 이런 구조 안에서 집안 생활이 있었을 것이고 사회 및 의례 활동도 벌어졌을 것이다. 장식된 돌그릇은 고운 사암으로 만들어졌다. 편평한 바닥도 있고, 둥근 바닥을 가진 것도 있고, 옆이 뚫려 있어 불 위에 매단 것으로 보인다. 그릇에는 지그재그나 구불구불한 선이 새겨져 있다. 동물 이미지를 표현한 것도 있는데, 그릇의 표면에 개 세 마리가 줄을 지어 걷고 있다. 많은 갈봉이 수습되었는데, 아주 잘 갈려 있었다. 이 가운데 하나의 손잡이 부분은 산양의 머리처럼 깎여 있었다. 염주도 많이 나왔는데, 다양한 생김새와 크기로 색깔 있는 돌로 만들었다. 조각품은 그릇과 같이 흰색 돌로 만들었다.

할란 체미 테페시는 수렵채집민의 계절 야영지라 하기엔 규모가 너무 크다. 건축에 많은 노동이 들어갔고, 큰 돌로 만든 그릇들도 분명 설비로 만들어진 것이다. 물질문화가 이처럼 발달했고 흑요석 교역까지 생각할 때 사회는 아인말라하에서 번성했던 것만큼 복합적이었을 것이며, 오히려 상징과 의례의 세계에 더 치중했던 것 같다. 존 러복은 여행의 후반부, 거의 전 세계를 여행한 뒤 서기전 11,000년 메소포타미아에 이르러서야 이런 발달이 가져온 결과를 보게 된다.

고고학자들은 아직도 요르단 강과 유프라테스 강 유역에서 영거드라이어스 동안 나타난 새로운 생활양식을 완전히 파악하지 못하고 있다. 증거 자료의 하나는 매장관습인데, 어떻게 마을생활을 했던 선조의 관습에서 변화했는지가 이슈이다.[10] 가장 큰 변화는 아마도 더 이상 동물의 뼈나 조개로 만든 머리 장식, 목걸이, 팔다리 장식품과 치레걸이를 하지 않았다는 점이다. 전기 나투피안 사람들의 1/4 정도가 이런 장식품을 두른 채 묻혔는데, 다른 사람보다 훨씬 부유하고 권위 있는 사람들이었을 것으로 생각되는 것이다.

정주 마을생활에는 분명 부와 권력이 있었다. 엘리트는 교역을 통제하여 조개와 같은 진귀한 것을 마을로 들여올 기회를 얻는다. 이동생활로 돌아가는 것은 엘리트의 권력기반을 무너뜨리는 것이며 사회는 다시 케바란 기처럼 평등해졌다. 조개 장식품이 무덤에 부장되지 않았다고 해서 그런 조개를 더 이상 얻을 수 없었다는 것은 아니다. 실제 후기 나투피안 취락에서는 조개가 풍부히 나오고 있다. 따라서 부장품으로 쓰이기보다는 뼈로 만든 염주와 치레걸이와 마찬가지로 가내의 폐기물로 그냥 버려지고 말았다. 분배를 더 이상 사회적으로 통제할 수 없었기 때문에 조개는 그 가치를 잃어버렸다. 다시 말해 이동하는 수렵채집민이 스스로 조개를 채취하여 원하는 사람과 직접 교역했다.

더 평등한 사회로 복귀했다는 또 다른 신호는 바로 집단 매장에서 개별 매장으로 변했다는 것이다. 분명 어떤 가족의 구성원이었다는 것이 더 이상 의미가 없어져 사람들은 혈연관계가 아니라 성취와 개인성에 더 가치를 두었던 것 같다.

그러나 매장관습에서 보이는 또 다른 변화야말로 나투피안 사회의 변화를 가장 잘 보여준다. 후기 나투피안 시기 상당수 무덤은 뼈와 흔히 머리 부위가 빠져 있는 인골자료로 구성되어 있다. 이런 무덤을 고고학자들은 이차장이라 부른다. 장례란 그저 죽은 자의 시신을 땅에 묻는 단순한 일이다. 장례에는 두 개, 아마도 몇 개의 단계가 있었을 것이고, 죽은 자를 마지막으로 보내는 의식에 많은 집단들이 모였을 것이다.

서기전 10,000년 어느 가을날이다. 훌라 호에 오리가 날아오고 기러기떼도 춤을 춘다. 존 러복은 작은 불가에 자리를 잡는다. 어둠이 깔리고 곧 잠자리에 들기를 기대한다. 그러나 아인말라하로 가느라 지친 사람들의 소리에 놀란다. 늙어 지팡이를 짚는 사람도 있고 어리고 부모에 업혀 가는 애들도 있다. 황폐한 마을에서 개 짖는 소리가 크게 들리고 이동하는 무리와 같이 가는 개들도 따라서 짖는다. 개들에게 아인말라하는 그저 연중 방문하는 경로에 있는 여러 마을 가운데 하나일 뿐이다. 그러나 사람들에게 그곳은 조상의 고향이고 이제 몇 년 만에 찾는 곳이다.

여행을 하며 몇 개 임시 야영지에 머물기도 했다. 야영지는 그곳의 동물과 식물이 거의 고갈되면서 버려졌던 유적이다. 사람들이 죽고 묻힌 곳을 방문하였던 것이다. 무덤에서 뼈를 파내어 바구니에 담아 아인말라하에 가져가고 있다. 몇 개는 피부가 마르고 힘줄까지 있는 거의 완전한 인골이고 그냥 두개골만 있는 것도 있다. 머무는 곳마다 늙은이는 예전 할아버지와 아버지와 함께 아인말라하를 찾으며 죽은 이의 뼈를 가져와 되묻었던 날을 회고한다. 젊은이는 그 이야기를 열중해서 듣는다. 어떻게 선조가 아인말라하에서 한 해 내내 머물며 살았는지, 얼마나 식량이 많았는지, 어떻게 장식품과 잘 만든 옷으로 몸을 치장했는지, 어떻게 늑대를 길들여 개로 만들었는지 하는 이야기를 가슴에 새긴다.

러복도 무리에 합류하여 아인말라하 마을로 들어간다. 금방이라도 무너져 내릴 것 같은 집에 살면서 유적을 지키는 몇 안 되는 사람들과 존중을 담아 예를 갖춰 인사를 나눈다. 가져온 바구니와 짐을 내려놓는다. 불을 지피고 잠자기 전 간단한 음식도 나눈다. 앞으로 수일 동안 아인말라하에 세 무리가 더 찾아온다. 모두 죽은 자의 뼈를 바구니에 담아 온다. 이제 거의 100명이나 되는 사람들이 모여 선조의 삶을 다시 살 준비를 한다. 놀이와 축제를 위해 나무를 문지르고 음식을 준비하며 이틀이 더 지난다.

무너진 집에서 돌덩어리와 잔가지들, 썩은 통나무와 흙을 치운다. 아인말라하의 공동묘지가 다시 열린다. 노래를 부르는 가운데 새로 들여온 뼈들을 바구니에서 꺼내 땅에 내려놓는다. 그러면서 과거와 현재는 하나로 합쳐진다. 되묻는 의례와 수일 이어지는 축제, 공동체 생활, 이야기를 나누며 과거 선조의 삶을 다시 구성한다. 영거 드라이어스라는 건조기 동안 겪고 있는 생존의 어려움은 순간일지라도 잊는다. 사람들은 식량이 허락하는 한 아인말라하에 열흘, 아마도 최대 두 주까지 머문다. 예전엔 어땠는지, 무엇을 보았는지, 앞으로는 어떨 것인지 끊임없이 얘기가 오간다. 돌과 조개, 그리고 가장 흥미롭게도 완두콩과 녹두 같은 곡물을 담을 가죽주머니를 선물로 교환한다.

마침내 무리는 다시 헤어지고 서로 다른 길로 떠난다. 각 무리에는 새로 들어온 사람들도 끼어 있고 다른 데로 간 사람도 있다. 이제 다시 요르단밸리 너머 지중해 구릉지대의 건조한 환경에서 이동하는 생활양식으로 돌아간다는 데 감사한다. 이것이 실제 사람들이 좋아하는 생활방식이기도 하다. 러복 역시 그 모든 언덕과 계곡, 그리고 웅덩이와 나무 숲 하나에도 모두 이야기를 가지고 있는 사람들 속에 살면서 이런 삶을 좋아하게 되었다. 동남쪽으로 향해 걷는 무리에 합류하여 요르단밸리 쪽으로 간다. 허리춤에는 씨앗을 담은 주머니가 앞뒤로 흔들려 시간의 흐름을 말해 주는 듯하다. 이제 사냥할 것도 채집할 것도 얼마 남아 있지 않음을 안다.

후기 나투피안 사람들이 곡물 주머니를 가지고 있었다는 증거는 없다. 그러나 그랬다면, 그리고 가을 야영지에 도착하면서 씨앗을 뿌리고 다른 곳으로 떠나기 전 여름철 수확을 했다면, 이는 어떻게 재배된 밀과 보리가 진화했는지 설명해 줄 수도 있을 것이다.

앤더슨의 실험 연구에 따르면, 기존의 줄기를 다시 심는 방식(마치 전기 나투피안 사람들이 했을 것 같은)은 이미 땅바닥에 흘린 것 때문에 탈립되지 않는 변이의 비율 차이에 별반 차이를 가져오지 못했을 것이라 한다.[11] 재배가 일어나기 위해서는 새로운 곡물 밭에서 정기적으로 씨를 뿌리고 수확하는 일이 필요하다. 아마도 후기 나투피안 사람들이 그렇게 했을 것이다. 그러나 무엇이 그렇게 하도록 만들었을까?

사람들은 영거드라이어스 기 동안 건조한 환경 속에서 혹독한 시절을 보냈을 것이다. 얼마나 혹독했는지는 잘 알 수 없지만, 가뭄으로 많은 연못과 강이 말라 없어지고, 큰 호수도 크기가 작아졌다. 오늘날 네게브와 시나이 사막에 살았던 남쪽의 사람들이 가장 혹심한 환경에 처했을 것이다. 이곳 사람들은 케바란 사람들과 똑같이 완전히 이동 수렵채집 생활로 돌아갔다. 생존하기 위해 사냥 무기를 개발할 필요도 있었다. 사냥감은 갈수록 만나기 힘들어졌기에 가능한 경우 사냥에 꼭 성공해야 했다. 마름모꼴의 화살촉인 하리프(Harif) 찌르개는 이런 조건에서 개발된 것이다.[12]

멀리 북쪽지방에서는 영거드라이어스의 영향이 그리 혹심하지 않았다. 그럼에도 생존을 위해서는 과거 이동 수렵채집 생활양식으로 돌아가야 했다. 특히 나투피안 정주 이전의 케바란 기의 경우보다 식량을 필요로 하는 인구가 불어났기에 사정이 좋지는 않았다. 대안 하나는 이전보다 더 폭넓은 동물 자원을 이용하는 것이다. 그리하여 후기 나투피안 취락에서는 가젤뿐만 아니라 작은 동물의 뼈도 많다.[13]

또 다른 대안으로는 식물 재배를 지속하고, 나아가 더욱 늘리는 것이다. 특히 영거드라이어스 동안 대기 중 이산화탄소의 농도가 감소했기 때문에 야생에서 곡물을 얻기가 더욱 어려워졌다.[14] 이런 대기 변화는 남극 빙하 속에 남아 있는 공기방울 연구로 추정할 수 있다. 이산화탄소 농도 감소는 식물의 광합성활동을 방해하여 곡물생산을 감소시킨다. 결과적으로 잡초 제거와 옮겨심기, 물대기, 해충 제거 같이 전기 나투피안 기 동안에 했음직한 재배와 관련된 행위가 이제 충분한 식량을 확보하기 위해서는 훨씬 더 중요해졌다. 그리고 이런 행위를 통해 첫 재배종이 만들어졌을 가능성이 있다.

이런 과정이 아부후레이라에서 벌어졌던 것으로 보인다. 고든 힐먼은 유적에서 나온 곡물 낟알을 분석하면서 재배되는 형태로 전이하는 과정의 호밀 낟알 몇 개를 찾을 수 있었다. 이것은 서기전 11,000년에서 10,500년 사이로 연대측정되었는데, 이는 세계에서 가장 오래된 재배 곡물 낟알자료이기도 하다. 힐먼은 이런 낟알과 함께 흔히 경작토에서 자라나는 잡초 씨앗도 찾았다. 또한 영거드라이어스의 시작으로 야생 식물성 식량이 감소하면서 아부후레이라 사람들은 야생 호밀을 돌보는 데 많은 시간과 노력을 들였고, 이런 과정에서 무의식적으로 호밀을 재배 곡물로 변모시켰던 것이다.[15] 그렇다고 해서 마을 사람들을 모두 먹여 살릴 수는 없었다. 아부후레이라 마을은 버려지고 사람들은 아마도 곡물 낟알을 담은 주머니를 차고 이동생활로 돌아갔을 것이다. 재배된 호밀 역시 다시 야생 상태로 돌아갔다.

식물 재배에 더 많은 노력을 들였던 후기 나투피안 사람들은 선조들이 번영을 누렸던 산림지대의 자원이 고갈되면서 뿔뿔이 흩어졌다. 그리하여 저지대의 충적토로 들어가 요르단 강뿐 아니라 메소포타미아 평원의 큰 강과 서아시아의 호수와 강 근처에 자리 잡았다. 이런 생산성 높은 토양은 영거드라이어스 기 동안 강과 호수의 크기가 작아지면서 넓게 펼쳐져 있었다. 재배되었지만 야생종이었던 곡물은 그런 토양에서 잘 자랐으며, 특히 건조한 조건에도 살아남은 연못과 작은 하천 근처에서 그러했다.

아부후레이라에서 나온 호밀 몇 알은 후기 나투피안 기에 그런 재배된 형태의 곡물, 곧 '수확자를 기다리는' 탈립이 잘 안 되는 변이가 있었음을 보여준다. 밀과 보리, 콩과 아마(亞麻)는 영거드라이어스의 건조 시기 동안 비슷하게 심고 수확하는 방법으로 변화하였을 가능성이 있다. 다만 현재로서는 정확히 언제 재배 변종이 출현했는지는 모른다. 과연 종마다 한 번에 진화했는지, 따로 진화했는지, 아니면 한꺼번에 진화했는지도 알 수 없다. 비옥한 초승달지대에 있는 야생종과 현재의 재배종 밀을 비교한 1997년의 선구적 연구에서는 아부후레이라에서 북쪽으로 200km 떨어진 카라자다으(Karacadağ)라 불리는 터키 동남부 구릉지대를 가장 그럴듯한 재배지로 추정하기도 했다.[16] 물론 이것을 입증하기 위해서는 앞으로 더 많은 연구가 있어야 한다. 그리고 앞으로 이 지역에 근접한 구릉지대에서 놀랄 만한 고고학 유적이 나타나길 기대한다.

재배종의 밀과 보리, 콩이 출현하는 데는 이로부터도 1000년 이상이 걸렸다. 아마도 새로운 마을이나 더 큰 규모의 취락이 세워질 때까지도 재배종이 출현하지 않았을 수 있다. 그러나 내 생각으로는 비옥한 초승달지대의 어떤 곳에서, 그리고 영거드라이어스 동안의 어떤 시점에 이동하는 수렵채집 집단의 수확자들은 새로운 형태의 씨앗을 가지고 이동했으리라 보인다. 그러면서 얼마나 많은 수확량이 나오는지도 알고 있었을 수 있지만, 그것이 후일 문화적으로 다이너마이트 같은 역할을 할 것임은 전혀 모르고 있었다. 그리고 영거드라이어스가 극적으로 끝나면서 그 뇌관에는 이제 불이 붙었다.

서기전 9600년쯤 10년도 안 되는 시간 안에 기온은 7°C까지 오른다. 이것은 정말 당황스럽기까지 한 엄청난 기후변동이다. 훌라 코어의 퇴적물에는 이 시점에 나무화분이 급격히 증가한다. 다만, 산림이 서기전 12,500년 전기 나투피안 사람들이 영위했던 만큼의 밀도와 풍부함으로 회복된 것은 아니다.

기후변동이 후기 나투피안 사람들에게 미친 영향은 한 세대 안에서도 나타날 정도였다. 예전 계절적 야영 정도만을 할 수 있었던 지점에서는 이제 정주할 수 있는 가능성이 열렸다. 다시 한 번 야생 식물성 식량이 풍부해졌으며, 동물도 개체수가 늘었다. 강과 내에 물이 흐르고, 호수에 물이 차면서 활력이 넘쳤다. 대기 중 이산화탄소의 농도가 증가하여 야생 곡물도 생산성이 높아졌다.

가물었던 영거드라이어스 동안엔 야생 식량을 보완하는 수준이었던 재배 곡물의 수확도 이제 풍부한 양을 생산할 수 있게 되었다. 그리하여 전기 나투피안 사람들의 마을생활—아마도 누대에 걸쳐 이야기로만 전해져 왔을 것이고, 실제로 구현하기에는 너무도 신화적이었을 생활—을 이제 또 다시 할 수 있는 기회를 얻었다. 기회를 손에 넣었고, 이번엔 다시 돌이키지 않았다.

전기 나투피안 사람들에게 마을생활의 가장 중요한 요소는 가젤과 참나무, 아몬드, 피스타치오 숲에서 얻는 수확물, 그리고 잡목 산림지대와 삼림스텝에서 채집하는 식량이었다. 서기전 9600년쯤 영거드라이어스가 끝나면서 상당히 다른 환경이 중요한 요소가 되었다. 인류역사에서 충적지 생활이 새로운 단계에 접어들었던 것이다. 고고학자들은 이를 새로운 석기시대, 곧 신석기시대라 부른다.

7

예리코 건설

요르단밸리의 신석기시대 건축과 무덤

9600-8500 BC

존 러복은 저녁놀이 진 팔레스타인 구릉지대에 서서 저지대에 모여 있는 둥근 집들을 굽어본다. 편평한 초가지붕과 잔가지로 만든 움막이 섞여 있다. 움막은 서기전 20,000년 오할로에서 보았던 것과 그리 다르지 않지만, 집은 새로 지은 것이다. 버드나무와 포플러, 무화과나무가 마을을 둘러싸고 있으며, 그곳의 샘에서 목을 축이며 새로 도래한 홀로세(Holocene)의 따뜻하고 습윤한 기후에서 풍요를 누리고 있다. 마을 너머에는 오늘날 사해로 불리는 리산 호(Lake Lissan) 끝자락에 습지대가 펼쳐져 있다.

수많은 나무를 베어 건축 자재로 쓰고 보리와 밀밭을 일구었다. 보리와 밀이 생물학적으로 재배종인지 야생종인지는 그리 중요하지 않다. 이제 새로운 농경세계가 확실히 도래했기 때문이다. 시간은 서기전 9600년. 존 러복의 눈에 예리코(Jericho)라는, 서아시아 역사, 아마도 세계사의 전환점이 되는 마을이 들어온다.

내가 텔 에스술탄(Tell es-Sultan), 곧 옛 예리코를 처음 보았을 때, 놀랍기는 했지만, 그림 같은 유적은 아니었다. 나는 500m 정도 떨어져 팔레스타인 언덕의 그림자가 드리워진 곳에 서서 동쪽으로 수천 년 동안 무너진 건축물과 폐기물로 만들어지고 햇볕과 바람, 빗물로 침식되고 부식된 거대한 마운드(언덕)를 보았다. 동쪽 멀리 요르단 밸리가 노랗고 하얗게 태양 빛에 타고 있었고, 내가 서 있는 곳 바로 아래에는 단조로운 잿빛의 바람막이 건물로 이루어진 팔레스타인 도시가 옛 유적을 둘러싸고 있었다. 그곳에서 내 눈 안에 텔 에스술탄, '세계에서 가장 오랜 소도시'라 불리는 유적이 들어왔다. 생김새는 고대의 채석장 같기도, 심지어 폭탄을 맞은 듯하기도 했다.

물론 이것은 내 직업 탓이기도 하다. 고고학자가 이 마운드를 발굴하기 시작한 것은 1867년이었다. 몇 년 뒤 발굴을 이끌었던 찰스 워런(Charles Warren)은 텔 에스술탄이 성서에 나오는 예리코(제리코)라고 믿고 여호수아와 이스라엘 백성들에 의해 파괴된 벽을 찾기 시작하였다. 1908년에서 1911년까지 독일 조사단이, 그리고 1930년대에는 리버풀대학의 존 가스탱(John Garstang)이 조사하였다. 그러나 옛 예리코 유적이 세계엔 알려진 것은 1952-58년 캐슬린 케넌(Kathleen Kenyon)의 발굴 덕분이다.[1]

케넌은 어떻게 "예리코의 오아시스가 에덴동산의 이미지가 되었"는지에 대해 쓴 바 있다.[2] 내가 지금 내려다보고 있는 예리코를 둘러싼 푸른 나무들과 경작지가 케넌이 보았을 멋진 오아시스를 넘어 몇 km나 불규칙하게 퍼져 있다. 현대의 관개시설로 멀리까지도 물을 댈 수 있다. 그래서 나는 상상을 동원하여 멀리 있는 나무를 베어 마운드 주변에 더 많은 종려나무를 심고, 콘크리트 건물과 바람을 막는 벽돌집을 허물고 대신 옥수수 밭을 만들었다. 그리곤 상상이지만, 케넌이 사용했을 법한 흰색 텐트 몇 개를 마운드 옆에 들여놓았다. 텐트를 세운 다음 하루 작업이 끝나고 사람들이 마운드를 내려온 뒤 고고학자와 학생들이 유물을 정리하기 전 차를 마시는 장면을 떠올린다.

그날은 처음으로 마운드 안에서 가장 오래된 건축물의 실마리가 드러난 날이었다. 청동기시대 도시와 후기 신석기시대의 직사각형 건축물은 당시 이미 잘 알려져 있었다. 그러나 케넌이 나중에 썼듯이, 1956년의 어느 날 마운드를 파 내려가자 "이전 시기의 진흙 바닥, 그리고 벽이 굽어 있고 둥그런 집 모양이 드러났다."[3]

초승달 모양의 도구가 흩어져서 발견되는 것으로 보아 나투피안 무리가 수원지 근처에 자리를 잡았음을 알 수 있다. 아마도 밀과 보리, 콩 같은 것을 심고 곡부나 언덕의 다른 곳에 살기 위해 떠나기 전 기껏 한 번 정도의 수확을 했을 것으로 보인다.

서기전 9600년 정도면 여름의 긴 가뭄은 끝이 난다. 강수가 늘어나면서 팔레스타인 구릉지대 사이를 가로지르는 내에 물이 세차게 흐르고 요르단 강이 부풀어 오른다. 강은 해마다 범람하며 기름진 흙이 쌓인다. 재배 곡물도 번성하여 아마도 돌보지 않은 야생 식물을 대체하여 주식량원이 되었을 것이다. 이제 후기 나투피안 사람들은 한 곳에 머무는 시간을 늘리고 결국 전기 나투피안 사람들이 선호했던 지중해 산림지대로부터 아주 먼 곳에서 정주생활이 다시 도래하였다.

사람들은 여전히 예리코에서 살고 있다. 첫 마을은 그 다음 구약성서에 나오는 사람들로 이어진 누대에 걸쳐 건축된 집과 창고, 제단 아래 묻힌다. 그리하여 아인 에스술탄('Ain es-Sultan) 수원지 옆에 길이 250m, 높이 10m가 넘는 거대한 마운드가 만들어졌다. 마운드는 무너진 흙벽돌 벽과 층층이 쌓인 집 바닥과 폐기물 구덩이로 이루어졌다. 그러나 사람이 남긴 폐기물도 있으며, 만 년의 인류 역사에서 잃어버린 물건들과 무덤도 감추어져 있다.

케년(1906-1978)은 예리코에서 당시로서는 현대적 발굴기법을 적용하고자 하였다. 나투피안을 발견한 도로시 개러드와 마찬가지로 케년 역시 20세기 유명한 고고학자 가운데 한 명이다. 둘 모두 남자들이 중심이었던 고고학의 세계에서 성공하였다. 케년은 1920년대 옥스퍼드에서 공부했으며, 영국과 아프리카에서 발굴을 이끌기도 하였다. 전쟁 동안에는 런던 고고학연구소의 소장을 역임했고, 옥스퍼드 휴스칼리지의 학장이 되었다. 1973년 대영제국 명예훈장을 받기도 했다.[4]

1952년 케년의 목표는 고대 도시의 마지막 단계, 곧 성서의 이야기와 관련된 것을 탐구하고 최초의 유지를 확인하는 것이었는데, 후자를 철저한 탐구에서 더 중요하고 가치 있는 것이라 여겼다. 케년이 옳았고, 1957년 많은 사람이 읽었던 『예리코 발굴(Digging Up Jericho)』이라는 책이 나올 때 이는 분명해졌다. 그러나 1980년대 초에 이르러서야 텔(언덕) 안에서 건축물과 토기, 그리고 여러 층의 연쇄를 기록한 방대한 책이 간행되었다.[5] 슬프게도 케년은 책이 나오기 몇 해 전 세상을 떠났다.

존 러복은 마을 안에 들어간다. 흙벽돌집을 짓는 공사가 한창인데, 잔가지로 만든 움막을 더 영구적인 건축물로 서서히 바꿔 나가는 중이다. 겨울에도 충분한 비가 내리고 풍부한 수확물과 사냥감이 있어 예리코 사람들은 이곳을 떠날 이유가 없다. 친지를 방문하거나 장기간 사냥이나 교역을 위해 몇 주나 몇 달을 다른 곳에서 보낼 때라도 예리코에 다시 돌아올 것이다. 그리하여 이제 벽돌집을 짓고 들판을 청소하는 데 더 많은 시간과 노동을 들일 작정이다. 집 몇 채를 지은 뒤 수렵채집 무리를 떠나 이곳에 들어와 곡물 재배라는 예리코의 생활방식에 합류하려는 새로운 주민도 생긴다.

러복은 오전 저지대 바닥에서 진흙을 파 나무썰매로 마을까지 운반하는 일에 힘을 보탠다. 풀을 섞고 직사각형으로 잘라 벽돌 모양을 만든 뒤 햇볕에 말린다. 그런 다음 진흙판 위에 올려 지름 5m 정도의 바닥이 아래로 들어간 형태의 둥근 집의 벽을 만드는 데 쓸 것이다. 벽의 윗부분은 막대기와 나뭇가지로 만들고, 지붕은 갈대와 진흙을 섞어 준비한다.

러복은 그날 저녁 물에 몸을 씻은 뒤 마을을 둘러보고 50채 정도의 집을 센다. 몇 채는 대가족으로 마당을 중심으로 배치되어 있고 홀로, 또는 고립되어 모여 있기도 하다. 안팎으로 화덕이 있고 통로 안에는 나무 태우는 연기가 장막처럼 드리워진다. 사람들은 마당에 앉아서 돗자리나 바구니를 짜기도 하고, 소식을 나누거나 다음날 일을 이야기한다. 서기전 9600년 예리코에는 500명이 넘는 사람들이 살았던 것 같다. 이는 아마도 인류역사에서 처음으로 완전히 생육 가능한 인구가 같은 곳에서 살게 된 일이었을 것이다.

몇 백 년 안에 예리코는 더 커져 건물은 70채 정도로 불어나고 인구는 1000명에 이르렀다. 마을을 둘러싼 숲의 상당 부분은 잘려 나가고 커다란 들판이 만들어졌다. 처음 건축된 집의 상당수는 이미 무너졌거나 무너뜨린 뒤 그 위에 다시 집을 지었다. 그러나 마을의 모습 가운데 가장 크게 달라진 것은 바로 팔레스타인 구릉지대를 바라보는 서쪽인데, 거대한 돌벽으로 둘러싸고 그 안에 커다란 둥근 탑을 세웠다.

케년은 1956년 유적 발굴에서 이 건축물을 찾았다. 벽은 높이 3.6m에 기단부 너비 1.8m였으며, 동쪽에서는 그런 흔적이 나오지 않아 마을 전체를 감싼 것 같지는 않다. 벽 안에서는 탑의 흔적도 찾았는데, 높이 8m, 기단 지름 9m에 대략 1000톤 정도의 무게로 추정되었다. 내부에는 스물두 계단이 있어 정상으로 올라갈 수 있었다. 이런 건축은 인류역사에서 유례가 없었던 것이다. 벽과 탑을 세우기 위해서는 적어도 100명이 100일 정도 일해야 했던 것이다. 케넌 스스로 말했듯이 "이 탑은 개념과 건축에서 모두 웅장한 중세 성과도 견줄 수 있을" 정도이다.[6] 돌벽과 탑은 이처럼 이 시기의 독특한 건축물이었다.

케넌은 도시를 공격으로부터 방어할 시설이라고 생각했다. 성서와 관련된 예리코 유적을 생각하면 그럴 법한 생각이다. 그러나 1986년이 되어서야 오페르 바르요셉은 "누가 예리코의 적이었을까? 돌벽이 200년 정도 지난 뒤 집 폐기물더미로 묻힌 뒤 다시 건축되지 않았을까? 왜 서아시아에는 같은 시기에 이처럼 성벽으로 둘러싸인 유적이 없을까?"라는 질문을 던졌다.

바르요셉은 벽이 방어를 위한 시설임은 맞지만 상대는 침입해 오는 적이 아니라 홍수와 쓸려 오는 산사태[泥流]였다고 결론을 내린다.[7] 강우량의 증가와 경작을 위한 벌목으로 팔레스타인 구릉지대의 퇴적층이 불안정해져 홍수가 날 경우 가까운 계곡을 거쳐 마을 가장자리까지 쓸려 올 위험이 있었다. 그런데 마을 폐기물이 돌벽을 덮을 즈음이 되면 마을은 무너진 집과 폐기물이 쌓인 위에 놓여 높아진다. 이로써 홍수와 이류로부터의 위험이 없어졌다. 벽은 더 이상 필요하지 않게 되었다.

바르요셉은 탑을 요새로 해석하는 것을 비판한다. 물론 잘 보존되었다는 점이 눈에 띄지만, 돌 건축의 맨 위에 흙벽돌 기단의 존재가 큰 역할을 했다고 생각한다. 케넌이 곡물 저장 창고로 이용되었을 것이라고 생각한 북변 쪽에서도 건물 흔적을 찾았다. 바르요셉은 탑은 공공재로서 아마도 중요한 의례의 중심으로서 공동체의 행사에 쓰였을 것이라고 본다. 물론 탑 주변에 대한 발굴이 있어야 하겠지만, 앞으로도 방어와 관련된 증거가 발견될 가능성은 별로 없다. 분명한 것은 돌벽과 탑 건설로 사람들은 전혀 새로운 규모의 건축물을 세우고 공동체 활동을 했다는 점이다. 인류역사의 새로운 단계가 열린 것이다.

1950년대 말이 되면 유럽에서도 이와 비슷한 규모(물론 훨씬 나중의 신석기시대의 것이지만)의 취락이 나타난다. 제2차 세계대전 이전 지도적 고고학자였던 고든 차일드(Gordon Childe)는 "신석기혁명(Neolithic Revolution)"이라는 용어를 고안하여 인류 생활의 엄청난 변화를 가져온 마을의 급격한 등장을 설명하였다. 신석기혁명에는 농경뿐 아니라 건축, 토기, 그리고 부드럽게 갈린 돌도끼 같은 것이 포괄되어 있다. 차일드는 이런 것을 "신석기시대 일괄목록"이라 하여 분리할 수 없이 한꺼번에 등장했다고 보았다.[8]

케년은 차일드가 틀렸음을 알게 되었다. 집과 무덤, 일반적인 생활양식이 신석기시대라는 틀에 잘 들어맞지만, 예리코 마을의 첫 주민은 신석기 일괄목록의 중요한 요소를 갖지 못했다. 남아 있는 그 어떤 그릇과 접시도 모두 돌로 만들어진 것이고, 아마도 많은 그릇은 나무나 식물로 만들어졌을 것이다. 그리하여 케년은 초기 예리코 문화를 가리켜 선토기신석기시대(Pre-Pottery Neolithic, PPN), 정확히는 예리코 초기 마을을 "선토기신석기시대 A"라 명명하였다. 이 시기는 홀로세의 시작과 함께 무려 1000년 이상 지속되는 것으로 알려져 있다.

예리코의 선토기신석기시대 마을에 살았던 사람들은 말 그대로 죽은 자와 같이 살았다. 케년은 취락의 10%만을 발굴했지만 적어도 176개 무덤을 찾았다. 무덤은 바닥 아래에 있든지, 집 구조물 아래에, 벽 사이에, 그리고 탑 안 등 어떻게든 건물과 연결되어 있었다. 후기 나투피안 무덤 전통은 이어져, 사람들은 집합이 아니라 개별적으로 묻히는 경향이 있었고, 부장 유물도 거의 없었다.

매장이 끝나고 살이 썩은 뒤 다시 무덤을 파내 두개골을 꺼내 마을 안 어디엔가 다시 묻는다. 케년이 제단으로 생각했던 구조물 아래에는 구덩이 안에 유아 두개골 다섯 개가 있었다. 그러나 무덤의 약 40%를 차지하는 어린이와 유아의 대부분은 교란되지 않은 채 발견되었고, 진열하고 다시 묻기 위한 두개골은 거의 어른의 것이었다.

왜 그토록 두개골에 관심을 가졌을까? 이런 관심은 예리코 마을이 도시로 발달하며 아주 공들인 관습이 되어 두개골에 회를 발라 가면을 만들기도 했다. 케년은 이를 조상에 대한 의식이 있었다고 보면서 뉴기니의 세픽 강 원주민이 의례에서 존경하는 선조의 두개골을 사용한 것과 비교했다. 그러나 예리코 사람들, 그리고 서아시아와 그 밖의 사람들이 왜 무덤을 파내어 사람 두개골을 진열한 뒤 다시 묻었는지 우

리는 정확히 알지 못한다.[9]

　장례관습과 함께 예리코 마을사람들이 사용했던 도구는 후기 나투피안 유물과 아주 비슷하다. 물론 기술적으로 큰 혁신도 있었다. 특히 흙벽돌을 건물에 사용하였다. 이는 노동력이 집중된 작업이 이루어졌음을 말해 준다. 그럼에도 대부분의 석기에서는 별다른 변화를 볼 수 없다. 여전히 세석기를 만들었고, 다양한 돌날과 긁개, 낫을 만들었다. 다만 돌도끼와 자귀가 이전 시기보다 훨씬 많다. 도끼와 자귀는 나무를 베고 곡식을 가꿀 들을 조성할 때 사용하였다. 벌목은 흙의 침식을 가져오고, 결국 방어벽이 필요했을 것이다. 눈길을 끄는 유물이 하나 있는데, 고고학자들이 "엘키암(el-Khiam)" 찌르개라 부르는 새로운 형식의 화살촉이다. 삼각형으로 양쪽에 화살대에 끼우기 위한 홈이 파인 화살촉으로 엘키암이란 작은 유적에서 처음으로 출토되어 그런 이름이 붙었다.[10]

　많은 기하학적이고 초승달 모양의 세석기들이 등장하고 사라졌는데, 엘키암 찌르개 역시 마찬가지다. 서기전 9000년쯤에 유행의 정점에 이르러 비옥한 초승달지대의 서부와 중부지방 전역에서 나타난다. 그러나 그런 디자인이 어디에서 기원하였는지, 왜 넓은 지역에서 그토록 널리 유행했는지는 불분명하다. 많은 유물은 유선형으로 디자인되어 사냥의 효율성에서 상당히 진전된 형태이기는 하다. 그러나 현미경 관찰 연구에 따르면 엘키암 찌르개의 대부분은 그저 전통적인 생각대로 화살촉으로 쓰인 것이 아니라 뚜르개와 화살-송곳의 용도로 사용되었다고 한다.[11]

　주된 사냥감은 여전히 가젤이었던 것으로 보인다. 그러나 산림지대의 확산으로 더 다양한 동물을 사냥할 수 있게 되었고, 예리코의 폐기물 더미에서는 가젤과 산양 뼈와 함께 사슴과 멧돼지 뼈가 나왔다. 여우와 새 뼈 역시 두드러지지만, 식량으로서 사냥되었다기보다는 모피와 발톱이나 아름다운 날개와 꼬리털이 장식품에 사용되었기 때문으로 보인다. 또한 이런 물건은 요르단밸리 내외에서 급격히 발달하고 있었던 교역망의 중요한 부분이었을 것이다. 이 새로운 신석기시대 세계에 예리코만 있었던 것은 아니었다.

8

괴베클리테페

신석기시대 이데올로기와 상징, 교역

9600-8500 BC

예리코는 맨 처음 발견된 선토기신석기시대 초기(PPNA)의 마을이었으며 여전히 가장 널리 알려진 유적이기도 하다. 신석기시대와 농경 생활의 기원으로서 오랫동안 많은 주목을 받긴 했지만, 최근에 요르단밸리와 비옥한 초승달지대의 북쪽에서 새로운 자료가 연이어 등장하는 바람에 그 유명세가 꺾였다. 이 지역에서는 신석기시대 종교에 대해 새롭고도 놀라운 사실이 알려졌던 것이다.

1980년대 요르단밸리 서안에서 몇몇 선토기신석기시대 마을이 알려졌는데, 가장 주목할 유적으로는 네티브 하그두드(Netiv Hagdud)와 길갈(Gilgal)을 들 수 있다.[1] 예리코에서 20km밖에 떨어져 있지 않으며, 크기는 더 작아서, 아마도 번성하고 있던 마을(예리코)을 둘러싼 작은 마을 정도로 쉽게 상상할지도 모른다. 이 작은 마을에서는 예리코처럼 선사시대 벽돌건축이 무너지고 쌓여 언덕(tell)이 되는 과정이 없었기에 발굴을 통해 초기 신석기시대 주거유적을 예리코에서보다 훨씬 더 넓은 범위로 노출시킬 수 있었다. 또한 과거 케넌이 찾았던 건축물과 무덤, 경제 행위의 형태를 더욱 뚜렷하고 세밀하게 알 수 있었다. 그리하여 예리코 마을 자체가 아니라 이 요르단밸리

서안이 신석기시대 세계의 기원지나 중심으로 떠오르게 되었던 것이다.

1990년대 말부터 요르단밸리 동쪽과 요르단에 있는 사해의 남쪽에서도 선토기신석기시대 초의 유적들이 발견되고 발굴되기 시작하였다. 이로써 이전에 생각했던 것보다 초기 신석기시대는 훨씬 더 넓은 지역에서 번성했음을 알게 되었다. 멜버른의 라트로브대학의 필립 에드워즈(Phillip Edwards)가 발굴한 자드(Zad) 유적에서는 놀라운 건축물이 확인되었는데, 돌을 이용해 말발굽 모양 구조로 세운 벽이었다.[2] 이 유적에서 불과 2km 정도 떨어진 드라(Dhra)에서는 레반트 지역 영국연구위원회의 빌 핀레이슨(Bill Finlayson)과 노틀담대학의 이안 카윗(Ian Kuijt)이 조사한 바 있다.[3] 발굴조사에서는 내부 기둥—아마 나무 바닥을 지지하고 있었을 것이다—을 가진 둥근 벽돌벽 구조의 건축물이 확인되었다.

남쪽으로 75km를 더 내려오면 핀레이슨과 내가 공동으로 발굴하고 있는 WF16 유적(요르단 남부 와디 파이난[Wadi Faynan] 지표조사에서 16번째로 발견된 유적)이 나온다.[4] 1996년 이 유적을 찾았을 때 유명한 고고학자 한 분은 내게 WF16은 예리코에서 멀리 있어 별로 중요한 자료가 나오지 않을 것이라고 말한 바 있다. 그러나 발굴에서 아주 잘 보존된 바닥과 선토기신석기시대의 폐기장, 건축물과 수많은 무덤, 유물, 예술품이 나왔다. 이처럼 신석기시대 초기는 저 멀리 남쪽과 요르단밸리 동쪽에서도 번성했던 것이다.[5]

네티브 하그두드에서 WF16에 이르기까지 이 모든 발굴은 케년이 예리코에서 처음으로 찾아냈던 선토기신석기시대 문화의 특징을 다시 확인해 주었다. 다시 말해 작고 둥근 집들과 바닥 아래에 놓인 무덤, 두개골과 관련된 의례, 다른 다양한 식물자원과 함께 야생 동물 사냥과 야생 또는 아마도 재배된 곡물이 확인된 것이다. 예리코가 선토기신석기시대의 가장 큰 마을임에는 의문의 여지가 없으며, 유사한 탑과 벽 같은 것도 다른 유적에서는 확인된 바 없다. 그러나 예리코 유적을 신석기시대의 기원을 직접 알려 주는 유적이라 말할 수는 없을 것임이 분명하다. 이는 비옥한 초승달 지대의 북쪽에서 벌어진 발굴에서도 더욱 분명해졌다. 발굴 결과만 보면, 사실 요르단밸리 전체가 신석기시대 세계를 만들어 냈던 사회, 경제, 이데올로기적 발달에서 상당히 주변부였을 수도 있다.

예리코로부터 동북쪽으로 500km 정도 가면 무레이벳(Mureybet) 유적이 나온다. 사실 이 유적은 아부후레이라와 마찬가지로 타브카 댐 건설로 만들어진 아사드 호에 잠겨 있다.[6] 두 유적은 유프라테스 강을 마주보고 양쪽에서 50km도 떨어져 있지 않다. 아부후레이라를 버렸던 사람들이 강을 건너 무레이벳에서 새로운 마을 생활을 시작했을 수도 있다. 나투피안 후기 동안 이런 재점유가 있었으며, 새로운 마을은 수천 년의 점유로 생긴 폐기된 집들과 인간의 쓰레기로 만들어진 언덕(마치 예리코와 같이)으로 발달한다.

1971년 자크 코뱅(Jaques Cauvin)의 발굴에서 예리코의 첫 마을과 동시기의 전기 신석기시대 층이 확인되었다. 무레이벳 건축물은 방 몇 개를 가진 집들이 복잡하게 연결되어 있었다. 코뱅은 반지하식으로 중심부 내부 기둥이 지붕을 받치고 주위의 벽을 방사상으로 돌아 지탱하는 구조로 해석했다. 집에는 도드라진 부분이 있는데, 아마도 여기에서 잠을 자든지, 돌을 갈거나 곡물을 저장하는 공간으로 썼을 것이다.

코뱅에 따르면, 무레이벳에서 나온 석기는 요르단밸리의 유물과 비슷하지만, 다른 곳에서 알려진 것보다 구워진 진흙을 더 많이 사용했다고 한다. 이 가운데는 작은 그릇으로 쓰인 것도 있었다. 가마에 구웠을 때 터지는 것을 방지하기 위해 뼈나 조개, 돌을 부순 가루를 비짐(tempering material)으로 사용하지 않았기 때문에 기술적으로 토기라고 부르기는 힘들지만, 이런 그릇은 불에 단단하게 구웠으며, 서아시아에서 이루어진 토기 생산의 첫 걸음이라고 말할 수 있다.

진흙으로 여성의 모습을 빚은 것도 있었고, 돌로 조각한 유물도 있다. 도식적이어서 팔이 짧고 얼굴도 자세히 표현되지 않았지만, 네티브 하그두드에서 나온, 완전히 축약시킨 인물상보다는 사실적이다. 코뱅은 이런 인물상을 토대로 무레이벳뿐 아니라 신석기시대 세계 전체적으로 '모신(母神)' 숭배가 있었다고 보았다. 코뱅에 따르면 모신성과 함께 소 역시 숭배 대상이었다고 한다. 비록 무레이벳에서는 소 조각상이나 소를 묘사한 것이 나오지 않았지만, 바닥 밑이나 벽 안에 매장된 들소의 머리뼈와 뿔이 발굴된 바 있다.[7]

유적에서 나온 동식물 유체는 모두 야생종이었다. 때문에 코뱅은 신석기시대에 그런 신성을 숭배하는, 현재 잘 알려지지 않은 어떤 과정에서 농경의 발달로 이어졌으리라 주장했다. 현재 신석기시대 모신 숭배 주장에 동의하는 고고학자는 별로 없지만, 경제 변화 이전에 이미 이데올로기의 변화가 있었을 것이라는 시각은 예르프 엘아마르(Jerf el Ahmar)와 괴베클리테페(Göbekli Tepe) 같은 두 신석기 유적의 사례로 뒷받침되고 있다.

예르프 엘아마르는 무레이벳에서 북쪽으로 120km 정도 떨어져 있으며, 유적은 현재 인공 호수 아래 잠겨 있다.[8] 프랑스 리옹대학의 다니엘르 스토르되(Danielle Stordeur)가 호수에 잠기기 전 1995년에서 1999년까지 이곳에서 구제발굴을 하였다. 유적의 가장 이른 시기는 역시 예리코 마을과 동시기다. 예르프 엘아마르에서 나온 구조물과 무레이벳이나 다른 요르단밸리 유물 사이의 건축적 유사성은 분명하다. 그러나 복잡한 건축물에서도 두 가지 구조가 특히 놀랍다.

건물 하나는 마을 중심부에 있었고 야생종이지만 재배 곡물을 공동으로 저장하는 공간으로 사용된 듯하다. 건물은 벤치가 두 개 놓여 있는 중심구역을 돌아가며 여섯 개 작은 방으로 나뉘어 있었고 벽이 1m 이상 잔존하는 등 아주 잘 보존되어 있었다. 건물은 고도로 협동적이고도 공동체적인 삶이 있었음을 보여준다. 그러나 이보다는 냉정하게 중심부 곡물 저장고로 인해 특정한 개인이나 가족이 공동체에서 식량 분배를 통해 권력을 얻을 수도 있지 않을까 생각하는 사람도 있다. 이 건물의 마지막 용도는 의례 활동이었던 것으로 보인다. 지붕이 무너져 내린 더미 아래에서 거의 온전한 사람 뼈대가 바닥에 펼쳐진 상태로 발견되었다. 머리만이 없었는데, 이는 죽은 자의 목이 잘렸음을 뜻한다.

이런 의례와 이데올로기가 예르프 엘아마르에 살던 사람들의 생활에 큰 역할을 했음은 또 다른 건물로도 확인할 수 있다. 작고 둥근 건물이 의도적으로 불에 타서 무너져 있었다. 스토르되는 바닥에서 언젠가 벽에 매달려 있었을 커다란 들소 머리뼈 네 개를 찾았는데, 이는 들소가 종교적 중요성을 지닌 동물이었음을 말해 주는 증거이다. 이 예르프 엘아마르의 방은 영거드라이어스 동안의 취락으로 300km 서북쪽 자그로스 산맥에 있는 할란 체미 테페시를 떠올리게 한다.[9] 이 유적에서도 들소 머리뼈가 벽에 걸려 있었던 것이다.[10]

예르프 엘아마르의 건축물은 유적이 지닌 의의의 일부일 뿐이다. 유적에서는 땅을 파고 사람 머리뼈를 놓고 불을 피우고 자갈을 쌓은 것 같은 흥미로운 의례 유구가 확인되었다. 또한 기하무늬가 복잡하게 새겨진 돌 화분이나 맹금 모양 돌조각 등 예르프 엘아마르에서 나온 예술품 역시 놀랍다. 그러나 이 가운데에서도 가장 중요한 것은 아마도 작은 돌 장식판 네 개일 것이다. 유물은 각각 6cm 정도 길이에 뱀, 맹금류, 네 발 달린 짐승, 곤충과 추상적인 상징 무늬 같은 그림들이 새겨져 있었다.

만약 이런 유물이 문자가 발명되기 무려 6000년 전 신석기시대 초 유적에서 발견되지 않았다면 주저 없이 상징 부호와 같은 신호라고 할 것이다. 다시 말해 신석기시대의 상형문자 같은 것이다. 스토르되는 이 유물들이 어떤 "메시지를 담고 있"는 일종의 기록이라고 말한다.[11] 그 메시지가 무엇이었는지는 이 신석기시대 코드를 해독하기 전까지는 알 수 없다. 그러기 위해서는 더 많은 그림(문자) 자료가 나와야 하지만, 예르프 엘아마르는 현재 호수 아래에 있기 때문에 다른 유적에서 그런 자료를 찾을 수밖에 없다.

내가 본 것 가운데 예르프 엘아마르에서 나온 그림(문자)과 가장 유사한 사례는 북쪽으로 100km 더 올라가서 오늘날 괴베클리테페(Göbekli Tepe)라 알려진 유적에서 나온 돌기둥에 새겨진 것이다. 유적은 터키 동남부 석회암지대의 정상부에 있기 때문에 다른 유적처럼 물에 잠길 염려는 없다. 1994년 이후 이루어진 발굴에서 고고학계를 놀라게 한 발견이 있었으며, 이 역시 예리코와 요르단밸리가 실제로 신석기시대의 기원에서 주변부가 아닐까 생각하는 사람들에게는 좋은 자료였다.[12]

괴베클리테페는 1960년대 이스탄불대학과 시카고대학이 이곳을 지표조사하면서 황량한 석회암 언덕 정상부에 복잡하게 붉은 토루처럼 둥글게 올라간 둔덕을 찾음으로써 알려졌다. 수많은 플린트 유물이 흩어져 있었고 주변에 석회암 조각도 있었다. 당시 지표조사에서는 중세 토기 조각이 수습되었기 때문에 석회암판도 비잔틴 시기 묘지의 유물로 생각되었다. 그러나 플린트 유물이 왜 그처럼 밀도 있게 분포하고 있었는지는 설명하지 못했다. 1960년대에는 구릉 정상부에 신석기시대 초의 유적이 자리 잡고 있을 것이라는 생각은 전혀 할 수 없었다.

그 뒤 1994년 독일이스탄불고고학연구소의 클라우스 슈미트(Klaus Schmidt)가 언덕에 오를 때까지 30년 동안 유적의 존재는 잊힌다. 슈미트는 플린트 유물이 신석기시대의 것임을 직감했으며, 석회암판도 동시기 건축물의 잔해일 수 있다고 생각했다. 그 뒤 발굴이 해마다 이어지면서 정말 놀랍고도 독특한 신석기 유적이 드러났다. 나는 2002년 슈미트의 발굴이 끝날 즈음 시월 어느 오후에 유적을 찾았고, 발굴에서 드러난 유구와 경관에 완전히 압도당했다.

영거드라이어스가 끝나는 서기전 9600년이 조금 지난 뒤 예리코에서는 처음으로 둥그런 집이 지어졌다. 사람들은 괴베클리에 와서 석회암 노두를 깎아 커다란 T자 모양의 기둥을 만든다. 다수가 8피트(약 240cm) 높이에 무게는 7톤 정도였다. 기둥은 다시 마치 땅속의 지하실처럼 보이도록 언덕 아래에 잠겨 있는 둥그런 건축물 안에 세웠다. 기둥 두 개는 각 건물의 중심부에 놓고, 여덟 개를 주변에 배치했으며, 그 사이에 긴 의자를 만들어 놓았다. 돌기둥 겉면을 깎아 뱀과 여우, 곰, 들소, 가젤, 두루미 같은 야생 동물과 예르프 엘아마르에서 보았던 그림(문자) 또는 수수께끼 상징을 새겼다. 기둥 하나에는 사람의 팔이 묘사되어 있어 기둥 전체가 마치 사람의 토르소처럼 보이기도 한다.[13]

내가 유적을 찾을 때 이런 건물 네 개가 노출되어 있었는데, 숨쉬기도 힘들 만큼 놀라웠다. 슈미트는 건물 몇 채가 언덕 밑에 깊이 묻혀 있을 것이라 추정하였다. 유적이 폐기된 뒤 신석기시대 초의 사람들은 의례 건축물과 기둥을 흙 수 톤으로 덮었던 것이다.

플린트 도구 같은 것을 이용하여 이런 돌기둥을 깎고 운반하여 세우는 데 들었던 시간과 노력에 놀라지 않을 수 없다. 7톤이나 되는 돌기둥으로도 사람들은 온전히 만족하지 않은 모양이다. 슈미트는 내게 건축물로부터 100m 정도 떨어져 있는 채석장을 보여주면서 여전히 기반암에 연결되어 있는 T자 모양의 돌기둥 미완성품을 가리켰다. 만약 완성되었다면 20피트(약 6m) 크기에 무게 50톤에 이를 것이다. 우리가 내딛는 발에 돌을 쪼아 내는 데 쓰인 플린트 도구에서 떨어져 나온 조각들이 밟히는 것도 놀라운 일이 아니었다. 도구는 몇 km 떨어진 산지에서 가져온 플린트 덩어리 수천 개로 만들었다.

전적으로 식량을 야생 동물과 식물에 전적으로 의존했던 사람들이 이런 일을 했다. 비록 발굴에서는 많은 동물 뼈와 식물 유체가 출토되었지만, 이 가운데 어떤 것도 순화된 종이 아니었다. 괴베클리의 사람들은 가젤과 들소, 멧돼지를 사냥했으며, 아몬드와 피스타치오, 야생곡물을 채집했다. 아마도 괴베클리 주변의 "야생정원"에서는 여기서 200km 남쪽에 있는 아부후레이라에서 확인된 많은 식물성 식량을 얻을 수 있었을 것이다. 이런 음식물쓰레기를 마운드에 버렸을 테지만, 집도, 화덕도, 구덩이의 흔적도 없었다.

슈미트는 괴베클리가 신성한 산으로 묘사되는 의례 중심지였으며, 서아시아에서 알려진 신석기시대 유적 가운데 독특한 양상을 띠고 있다고 주장한다. 그에 따르면 주변 100km 이내, 아니면 더 넓은 지역에 사는 많은 집단들의 회합 장소였다. 사람들은 한 해 한두 번 종교적 취지로 괴베클리에 모였을 것이다. 이 회합에 예르프 엘아마르 사람들도 참여했을 가능성이 높다. 추상적 신호나 묘사된 동물의 범주 등에서 두 유적의 건축물, 특히 둥그런 건축과 벤치를 사용했다는 데서 같은 특징을 보여준다.

동물과 상징 이미지가 무슨 의미를 지니고 있는지, 괴베클리에서 정확히 어떤 의례 행위가 있었는지를 알아낼 수는 없다. 이미지는 혈족의 토템이거나 신석기시대의 신을 묘사한 것일 수도 있지만, 괴베클리에는 "여신" 관련 유물은 없었다. 동물은 모두 수컷이었고, 유적에서는 발기한 성기를 가진 남자가 새겨진 석회암 조각품이 나오기도 했다. 예르프 엘아마르와 괴베클리의 종교적 주제는 건강한 다산성과 재생산 관념보다는 야생에 대한 두려움과 위험에 대한 것이었다. 그럼에도 이데올로기 변화가 농업공동체를 만들었던 경제적 발전에 앞섰다는 코뱅의 생각은 많은 지지를 얻었다. 불행히도 코뱅은 2001년 오랜 질병으로 세상을 뜨는 바람에 괴베클리테페의 돌기둥을 볼 기회를 갖지 못했다.

슈미트가 괴베클리 아래 평원을 가로질러 적어도 30km를 뻗어 있는 구릉지대를 가리킬 때 나에게는 돌기둥에 잠재된 이데올로기가 농경의 발전에 어떤 역할을 하였을 것이라는 생각이 떠올랐다. 슈미트는 태연하게 이곳이 카라자다으라고 말했다. 1997년 카라자다으에 여전히 자라고 있는 야생 밀은 현대의 재배 밀과 유전적으로 가장 가까운 것임이 밝혀졌다.[14] 괴베클리에서 일했던 사람이나 거기에 모인 사람들—아마도 몇 백 명은 되었을 것이다—에게 충분한 식량을 공급할 필요에 따라 야생 곡물을 집중 재배하게 되었고 결국 최초의 순화 변종이 나타나지 않았을까? 이렇게 보면 밀의 순화는 사실 영거드라이어스라는 혹독한 조건에 맞서는 사람들과는 별반 관계가 없는 일이 된다. 순화는 그저 수렵채집민이 터키 남부의 산지 정상부에서 커다란 기둥을 깎고 세우게 만들었던 이데올로기의 우연한 부산물이었던 셈이다.

나는 2002년 10월 어느 늦은 오후에 정상에 서 있으면서 세계사를 바꾼 것은 예리코가 아니라 괴베클리였음을 진정으로 느꼈다. 쿠르드 인부들이 마을로, 그리고 고고학자들이 캠프로 돌아가는 것을 보면서 신석기시대 사람들이 의례가 끝난 뒤 괴베클리를 떠나는 것을 상상했다. 괴베클리테페의 밀 생산량이 높았음을 생각할 때 어떤 이들은 주머니에 곡물을 담아 자신들의 야생정원에 뿌리기도 했을 것이다. 그런 식으로 씨앗을 뿌렸을 뿐 아니라 예르프 엘아마르, 무레이벳, 그리고 심지어 예리코 자체에서도 수렵채집-재배자 마을의 생활방식은 변모했을 것이다.

씨앗곡물은 터키에서 요르단밸리 남쪽 멀리까지 뻗어 있었던 교역망에 포함되어 있었을 것이다. 교역망의 존재는 터키 남부의 구릉지대라는 단 하나의 산지에서 나오는 아주 정질의 새까맣고 빛이 나는 흑요석이 다른 신석기시대 초 유적에서 출토되고 있다는 증거로도 알 수 있다. 요르단밸리에서 상대적으로 무딘 플린트를 사용하였던 사람들에게 흑요석은 아주 높은 가치를 지닌 물품이었음이 틀림없다. 오스트레일리아 원주민과 같이 현대의 많은 수렵채집민도 빛나는 돌에 초자연력이 있다고 믿는데, 신석기시대의 흑요석에도 동일한 관념이 있었을 것이 확실하다. 아주 얇은 흑요석 조각은 거의 투명에 가깝고, 두꺼운 격지는 거울로도 쓸 수 있다. 떼어 내면 날카로운 날을 얻을 수 있으며, 아주 세밀하게 잔손질할 수도 있다. 정말 마법과도 같은 물품이었던 것이다.

흑요석은 모피나 깃털, 곡물, 고기, 견과류와 같이 지금은 볼 수 없는 다른 물품과 함께 마을에서 마을로 교역되었다. 예리코에서 출토된 흑요석의 양은 마을 규모와 어울리지 않기에 아마도 교역망의 중심지였을 가능성이 높다. 이런 교역망 안에서 이 새로운 곡물씨앗은 점차 서아시아 전역에 확산되었을 것이다. 바로 조하리(Daniel Zohary)의 말마따나 "수확자를 기다리던" 씨앗곡물은 마침내 신석기시대 재배자를 온전한 농부로 변모시키고 말았다. 이런 변화로 신석기시대의 다음 시기, 다시 말해 케년이 선토기신석기시대 B(PPNB)라 불렀던 시기의 마을이 등장한다. 예리코와 같은 최초의 신석기시대 마을과 얼마나 극적으로 차이가 있는지를 이해하기 위해서는 비옥한 초승달지대 북쪽에서 남쪽 끝으로 가서 내가 발굴한 와디 파이난 유적을 살펴보자.

와디 파이난은 건조하지만 굉장히 아름다운 경관을 지니고 있다. 운전을 해서 사해의 남쪽 끝을 지나 아카바(Aqaba)로 향한 다음, 쿠라이키라(Qurayqira) 마을—경량 콘크리트 집들이 널려 있으며, 이곳에 사는 베두인 다수는 여전히 텐트 안에 살고 있다—을 지나 서쪽으로 가는 길은 아름답다. 쿠라이키라를 지나면 길은 끊어지고, (있다면) 건조한 골짜기 아래 흙길로 들어서 요르단 평원으로 올라가는 급경사면 끝자락으로 향한다. 밤에 도착하는 것이 가장 좋은데, 자동차 전조등으로 호저와 날쥐를 볼 수 있으며, 이 길로 가야할지 저 길로 들어서야 할지 서로 논쟁한 뒤 드디어 발굴장에 이르러서는 달빛 아래 차가운 맥주를 들이켤 수 있다.

우리는 와디 파이난의 별 아래에서 잠들고 대학과 가정생활의 스트레스를 뒤로한 채 아이 적 가졌던 고고학의 설렘—우리 손에 흙을 묻히며 유물을 파내어 과거를 드러낸다—을 다시 느꼈다. 나는 핀레이슨과 함께 일하면서 이 골짜기 최초의 선사시대 주거에서 농경 공동체에 이르기까지 역사를 복원하고자 하였다. 많은 유적을 찾았고, 구석기시대 네안데르탈인이 남긴 유물도, 그 이전의 유적도 있었다. 그러나 이곳에서 찾은 가장 중요한 유적은 선토기신석기시대 초기(PPNA) 마을이었으며, 그리 낭만적이지 않지만 WF16이란 이름을 붙였다.

둘이서 처음으로 예비 조사를 왔을 때부터 WF16 마을의 잔재를 찾았다. 뜨거운 햇살 아래 며칠을 기진맥진 걸으며 유물이 거의 없다는 데 실망하던 참이었다. 나는 골짜기 바닥 바로 위에 있던 작은 둔덕 두 개를 조사함으로써 그 날을 마무리하기로 했었다. 그러면서 설레기 시작했는데, 그곳 땅 위에는 석기, 플린트 조각, 간석기가 흩어져 있었다. 이와 함께 희미하게 작은 둥근 구조물도 보였다. 둥그렇게 돌이 돌려진 구조가 드러났는데, 주위의 언덕과 바위에서 흘러내린 흙에 아마도, 내 희망이지만,

한 마을이 덮여 있었다.

몇 년이 지나고 WF16은 참으로 250km 북쪽에 있는 예리코의 초창기와 비슷한 시기 신석기시대 초의 작은 마을이었음을 알게 되었다. 아마도 열에서 열두 개 정도 둥그런 집이 있었을 것이며, 각각은 지름 4m 정도 크기로 서로 몇 미터 떨어져 있어 그 사이로 수월하게 돌아다닐 수 있었으리라. WF16에 살았던 사람들은 산양을 사냥하고 덫을 놓아 공작새를 잡고, 땅을 파 굴에서 여우를 꺼냈을 것이다. 또한 무화과와 콩, 야생 보리를 채집하였다. 집 안에 죽은 사람을 묻기도 했으며, 시신을 그대로 두기도 하고, 아니면 뼈를 모아 두기도 했다. 사람들은 지중해와 홍해에서 조개를 얻고, 뼈와 돌에 기하무늬를 새기고, 주위의 바위에서 구리광석을 얻어 녹색 염주를 만들기도 했다. 터키가 산지인 흑요석도 들어왔다—다만 발굴에서 나온 수천 플린트 유물 가운데 흑요석 격지는 아직 단 하나뿐이다.

우리 발굴은 아직 마무리되려면 멀었다. 사람들이 WF16에 한 해 내내 살았는지, 아니면 그곳이 계절 거주지였는지 불확실하다. 얼마나 많은 집들이 있었는지도 불확실하며, 현재 찾은 집들이 한꺼번에 만들어졌는지, 아니면 마을 점유의 시기인 서기 전 10,000년에서 8500년까지 순차적으로 건설되었는지도 알지 못하고 있다. 마을사람들이 수렵채집민이었을까, 야생종 재배자였을까, 아니면 순화종을 재배한 농경민이었을까?

나의 해석도 다른 지역에서 새로운 발견이 이루어지면서 바뀌고 있다. 나는 애초 여우는 그저 가죽을 위해 잡는다고 보았지만, 괴베클리테페의 돌기둥에 새겨진 것을 볼 때 여우 사냥에 이데올로기적 모티브가 있을지를 생각해 보고 있다. 많이 출토된 맹금류 뼈 역시 단지 깃털 장식을 위한 이유뿐 아니라 예르프 엘아마르의 사례에서와 같은 맥락에서 고려해 보고 있다. 괴베클리와 마찬가지로 남성의 이미지가 중요했다. 우리는 음경이 조각된 유물을 찾았으며, 몇몇 길쭉한 갈돌도 음경처럼 생기도 해서 식물성 음식물을 가는 일이 실제로 성적 상징을 지녔을 가능성도 있는 것 같다.

서기전 9000년 존 러복은 예리코에서 남쪽으로 여행을 떠나 WF16 둔덕 위에 선다. 러복은 건조한 협곡의 장관에 둘러싸여 있다. 오늘날처럼 바짝 마른 누렇고 갈색 빛이 아니라 생생한 초록빛이다. 오늘날 완전히 메마르고 나무 하나 없는 황량한 사막 골짜기를 따라 강이 흐르고 있으며, 그 곁에 참나무와 피스타치오, 무화과, 버드나무, 포플러 나무들이 자라고 있다. 사람들이 수군거리는 소리, 돌과 돌이 마주치며 삐걱 거리는 소리, 개 짖는 소리가 들린다. 막 베어 낸 향나무에서 나는 신선한 내음이 공기 중에 퍼진다. 신석기 사람들은 집 밖에서 나중에 발굴로 드러날 다양한 유물을 만들고 쓴다. 조개로 만든 목걸이를 걸치고 공작(후일 공작새의 뼈가 유적에서 출토된다) 깃털을 쓰고 있다. 엘키암 찌르개를 화살대에 장착하고, 갈돌과 갈판으로 작업을 하며, 향나무를 이용하여 벽을 만든다.

방문자들이 흑요석을 가지고 와서 녹색 염주와 양털 한 다발과 교환한다. 러복은 사냥이 잘 되었을 때 벌어지는 축제를 보고, 그렇지 않을 때는 아주 작고 마른 씨앗들이 갈리는 소리를 듣는다. 늙은 남자의 무덤이 집 안에 있고, 그 머리는 돌로 만든 받침대 위에 놓여 있는 것도 본다. 흙바닥을 편평하게 다져 두개골을 드러나게 하여 사람들은 그 주변에서 일하고 잠을 자면서 죽은 사람과 여전히 함께 생활하고 있다고 여긴다.

서기전 8500년, WF16에서는 아무 소리도 들리지 않는다. 마을사람들은 이제 사라지고 집들은 버려져 이제 누군가 나중에 찾아 발굴할 때를 기다린다. 러복은 건조한 골짜기에서 높이 솟은 바위와 벼랑을 돌아 바람을 타고 오는 목소리를 듣는다. 강둑을 따라 갈대숲을 헤치며 놀라 소리 지르며 날아가는 기러기와 오리를 보며 걷는다. 빠르게 흐르는 강을 따라 500m를 채 못 가 일하는 사람들을 본다. WF16에서 온 사람도 있고, 요르단밸리 어느 곳이든지, 아니면 이보다 훨씬 먼 곳이든지 멀리서 온 사람들도 있다. 사람들은 함께 새로운 마을, 그리고 더 나아가 새로운 "형식"의 마을을 건설한다.

사람들은 물가에서 10-20m 떨어진 둔치 경사면에서 일한다. 이제 직사각형의 단단한 돌벽과 회반죽 바닥을 지닌 집을 짓고 있다. 테라스도 만들고 길이 10m, 너비 5m의 돌벽을 바닥에 세웠다. 집 몇 채는 이미 반 정도 완성되었고, 벽은 가슴 높이로 큰 강자갈돌을 이용해 축조하였다. 큰 자갈돌을 평행으로 놓고 그 사이에 작은 돌과 회반죽을 채워 두께 50cm의 단단한 벽을 만든다. 집 안 벽 바로 안에는 통나무 기둥을 세워 지붕의 무게를 견디게 하였다.

건물 가까이에서는 불을 피워 회반죽 바닥을 만들기 위한 석회를 준비한다. 와디 구와이르(Wadi Ghuwayr) 상부지구에서는 석회암 덩어리 수백 개를 채석하여 구덩이 안에서 태운다. 충분한 열을 받으면 돌은 분해되어 석회가루가 된다. 다른 곳에서는 석회를 물에 섞은 다음 거의 완성되어 가는 집의 바닥 돌 기초 위에 붓는다. 회반죽은 구석구석, 틈에 스며들고 중심부의 작은 구덩이는 화덕자리가 된다. 회반죽이 마르고 단단해지면, 붉은색으로 칠하고 윤기 나게 닦는다. 더 많은 회를 벽의 안팎에 바른다. 그러면 아주 빛나는 흰색을 띨 것이다.

나는 이 새로운 마을을 알지만, 건물이나 생활공간은 잘 알지 못한다. 그저 발굴에서 드러난 잔해만을 알 뿐이다. 요르단 문화재청의 모하메드 나자르(Mohammed Najjar)와 네바다대학의 시몬스(Alan Simmons)[15]는 마을유적을 찾아 발굴한 바 있다. 해마다 와디 구와이르에 와서 건축물을 노출시키고 있다. 건축은 WF16의 건물과는 아주 다르지만, WF16이 폐기된 뒤 바로 지어진 것이다.

직사각형의 이층집으로 이루어진 마을은 비옥한 초승달지대 전역에 서기전 9000년 이후 등장한다. 예르프 엘아마르와 무레이벳에서는 원형에서 직사각형으로 전이하는 형식의 유구가 발견된 바 있다. 이 새로운 건축물은 급속히 확산되었다. 이는 순화 곡물을 재배하는 농경이 진정으로 시작되었으며, 인구도 급증하였던 사회경제적인 전환이었다. 이 새로운 건물은 케년이 선토기신석기시대 B(PPNB)라 부르는 시기의 특징이었다. 이제 존 러복이 이 새로운 신석기시대 세계를 탐험할 차례이다.

9

까마귀의 계곡

베이다와 건축, 동물 사육

8500~7500 BC

서기전 8000년 어느 봄 먼지가 날리는 날 존 러복은 와디 구와이르를 굽어보며 험준한 바위를 떠나 남쪽으로 걷는다. 요르단 평원 아래 뻗어 있는 멋진 사암지대의 경관에 다다른다. 산양의 길을 따라 두터운 산림을 가로질러 걷는다. 러복은 지금까지 지중해에서 유프라테스 강까지, 그리고 다시 반복하여 서아시아를 가로지르면서 이제 나무들에 대해 잘 알게 되었고, 참나무와 피스타치오, 산사나무 잎이 완전히 자라기 전에도 쉽게 구별할 수 있다. 걸으면서 바위 위의 산양뿐 아니라 야행성인 자칼과 하루를 마감하는 토끼도 본다. 지나치면서 곰이 지나간 길과 표범이 사냥한 흔적도 본다. 이런 짐승이 주위에 있으니 태양이 지나며 요르단밸리를 비추면서 색조가 변하는 사암 절벽의 은신처에서 마음 놓고 잠을 이룰 수 없다.

다음 날도 여전히 숲속을 걷는다. 가끔 험준한 바위 벼랑에서 균형을 잡기도 하면서, 후일 네게브 사막으로 가는 나무가 자라지 않는 거대한 만을 가로질러 서쪽을 응시한다. 이제 와디 구와이르에서 약 30km를 여행하여 두터운 숲과 함께 높은 사암 절벽으로 이루어진 넓게 트인 계곡 입구에 이른다. 마침 시끄럽게 짖어대는 검은 새한 쌍을 본다. 와디 가랍(Wadi Gharab), 곧 까마귀의 계곡이다. 여기에 러복이 처음으로 방문할 소도시[1]가 있다. 베이다(Beidha)[2]는 세계에서 처음으로 나타나는 소도시이기도 하다.

산양이 다니던 산길은 이제 많은 나무가 베이고 잘 다져진 길이 된다. 길을 따라가면 곧 새로 싹이 자라고 있는 곡물과 콩, 아마라는 낯선 식물이 싹을 틔우고 작은 밭을 만난다. 그리곤 소도시를 보고, 듣고, 느낀다. 커다란 직사각형 석조 건물이 있고 사람 소리, 개 짖는 소리, 양 울음소리를 듣고, 연기 냄새도 맡는다. 아인말라하와 아부후레이라에서 그랬던 것처럼 자연의 영역과 인간 문화 사이의 흐릿함은 찾을 수 없다. 베이다라는 소도시는 자연세계와는 전혀 다른 인간의 문화 영역이다. 날카로운 각도로 규격화한 건축물이 있고, 우리를 만들어 양을 키우고, 농사를 위해 나무를 베고 들을 만들었다.

베이다를 방문할 수 있었던 것은 또 다른 훌륭한 여성 고고학자 덕분으로, 이제 다이애나 커크브라이드(Diana Kirkbride)의 업적을 말할 차례이다. 커크브라이드는 1930년대 런던대학에서 이집트학을 공부한 뒤 케넌과 함께 예리코에서 발굴한 바 있으며, 1956년 요르단 문화재청의 페트라(Petra) 발굴에 7개월 동안 참여하였다. 이때 베이다라는 신석기시대 소도시를 찾았다.[3]

커크브라이드는 페트라에서 바위를 깎아 만든 2000년 전의 신전과 무덤에 머무르지 않고, 쉬는 날을 이용하여 "플린트 유물"을 찾아 나섰다. 베두인 가이드의 도움을 받아 유적 몇 개를 찾았으며, 그 가운데는 아주 오래된 것도 있었다. 그리고 페트라 북쪽으로 사암 구릉지대를 한 시간 정도 걸어 베이다에서 작은 텔(언덕)을 찾았다.

커크브라이드는 1958년부터 유적을 발굴하기 시작했으며, 1983년 여덟 번에 걸친 발굴을 완료하면서 65개 건물을 찾았다. 이는 선토기신석기시대로는 가장 넓은 마을이었는데, 이로써 초창기 소도시의 구조를 알게 되었다. 발굴로 어떻게 서로 연결된 원형 집의 작은 마을에서 직사각형 이층집으로 이루어진 소도시로 변모했는지가 드러난 것이다.

러복은 소도시에 들어가기 위해 건물을 둘러싸고 있는 낮은 담을 넘는다. 담은 모래가 뜰을 덮지 못하도록 막아 놓은 것이었으며, 베어 낸 나무 탓에 줄도 매어 있지 않았다. 건물 사이의 길을 따라 벽으로 둘러싸인 대략 지름 8m의 뜰로 들어갈 수 있다. 여기가 소도시의 중심부이다. 반대편에는 돌로 만든 방 넷이 있는데, 바닥에는 수확의 잔재로 곡물이 흩어져 있다. 왼쪽과 오른쪽에 아주 큰 건물의 정면이 보인다. 러복은 문을 열고 어슴푸레 하얗게 빛나는 방 안으로 들어간다. 바닥과 벽, 그리고 천장까지도 두껍게 회반죽되어 있다. 가운데에는 허리 높이의 깎이지 않은 돌기둥이 서 있다. 그 뒤에는 두 번째, 더 큰 방으로 들어가는 입구가 있다. 이것 역시 똑같이 하얀 회칠과 바닥 중심에 있는 화덕을 둥그렇게 돌리고 입구 가까이 있는 돌바닥에 붉은 줄무늬가 있는 눈부신 방이다. 먼 구석에는 돌을 돌려 만든 구덩이가 있다. 그것이 전부다. 가구도 없고 작업장을 시사하는 뗀석기나 뼈 조각도 없고, 의례나 숭배의 장소를 뜻하는 조각품도 없고, (참으로 실망스럽게도) 일하거나 노는 사람도 전혀 없다.

발굴은 커크브라이드가 했지만, 캘리포니아대학의 브라이언 버드(Brian Byrd)가 베이다의 건축물에 대해 아주 중요한 해석을 했다.[4] 버드는 특히 건물의 크기에 주목하여 사용된 회반죽만으로도 생석회 2000kg 이상과 화덕에 쓸 나무 9000kg 이상이 필요했으리라 추정한다. 그래서 소도시 안의 집을 개별 가족이 각자 짓는다 해도, 어쨌든 공동 노동이 들어가는 일이었을 것이다. 그래서 베이다뿐 아니라 그런 건물을 가진 모든 소도시에서 노동이 자발적이었는지, 아니면 소도시의 지도자가 강제 동원했는지 하는 문제는 아주 중요하다. 500명 정도의 사람이 살았을 베이다 크기의 공동체에 지도자가 없었으리라 여기기는 어렵다. 아마도 존경받는 연장자가 공동체 전체에 영향을 미칠 결정을 내리는 역할을 했을 것이다. 그렇지 않고 힘으로 무력을 행사하는 사람이 있었을지도 모른다.

버드는 이 건물이 그런 결정을 내리는 데 사용되었으리라 본다. 이 공간에 여러 가구의 사람들이 모였을 것이다. 입구 반대쪽에 있는 뜰에는 곡물을 저장하는 시설이 있었을 것이다. 이것을 둘러싸고 있는 벽은 나중에 추가한 것으로 그 이전 사람들은 뜰을 자유롭게 가로질러 다닐 수 있었다. 뜰에 새로이 만들어진 벽은 다른 건축물과 함께 소도시에서 사람들의 움직임을 통제하고 사람들이 볼 수 있는 것에도 영향을 미쳤음이 분명하다. 이는 권위를 가진 사람들이 지녔던 이점이기도 했을 것이다. 곡물을 저장한 공간―그리고 얼마나 많은 곡물이 있는지를 안다는 것―은 곡물을 분배하는 일을 하는 사람들이 지녔던 권력의 원천이었을 것이다.[5]

러복은 큰 건물을 떠나 집들 사이를 걸어 또 다른 뜰로 향한다. 더 작고 비포장이며 주변 집들로 통하는 공간이다. 집은 세 개에서 네 계단을 오르면 위층으로 갈 수 있으며, 비슷한 계단을 밟아 내려가면 그 아래 지하 공간으로 내려갈 수 있다. 러복은 목소리가 들리는 집을 골라 계단을 올라 어떤 방에 들어선다. 방에는 여덟에서 아홉 명 정도가 가운데 화덕 주위에 골풀로 만든 자리 위에 앉아 있다. 어른도 있고, 어린이, 여자, 남자들이 있으며, 빵이나 고기를 나누어 먹는 사람도 있고, 잎이 타면서 나는 연기를 들이마시는 사람도 있다. 방 전체에 연기가 가득 차 있다. 연기는 갈대로 만든 지붕으로 느리게 빠져나간다. 눈에서 눈물이 흐를 정도이다.[6]

사람들은 서로 비집고 앉아 있는데, 한 가족이 다른 가족을 접대하는 모양이다. 옷이 놀랍다. 이는 지난 천 년 동안, 고고학자들은 알아차리지 못했지만, 작은 혁명이 일어났음을 보여준다. 이전 사람들은 모두 가죽이나 모피로 만든 옷을 입었고 섬유질을 이용한 사람은 별로 없었다. 그런데 베이다의 사람들은 실을 꼬아 아름다운 옷을 입고 있다. 아마 섬유를 녹색으로 물들여 만든 웃옷과 치마, 곧 최초의 옷을 입고 있는 것이다.

실을 뽑고 베를 짜는 방법이 아직 발달하지 못했을 때 그런 옷은 몇 세대를 못 가 헤지거나 썩었을 것이다. 그러니 수천 년을 버틸 수는 없었다. 그럼에도 이런 소도시의 잔해가 아니라 베이다와 예리코 중간쯤, 사람의 주거가 전혀 없는 네게브 사막의 북쪽 경계에 있는 나할 헤마르(Nahal Hemar)라는 작은 동굴에서 흔적이 나왔다. 1960년대 여전히 사해 두루마리를 찾고 있던 베두인이 동굴을 교란하기도 했다. 그 뒤 1983년 이스라엘 고고학자 알론(David Alon)과 바르요셉이 남아 있는 퇴적층을 발굴하면서 다시 알려졌다.[7] 발굴에서는 많은 섬유질과 줄, 바구니 조각이 나왔다. 모두 서아시아의 소도시 초기의 것이었다.

섬유는 메마른 땅에서 살아남았다. 습기가 없는 상태에서는 박테리아가 유기물을 완전하게 분해하지 못한다.[8] 갈대와 골풀, 풀을 재료로 다양한 방적과 매듭, 그리고 바느질과 함께 손으로 짜서 만든 것이다. 섬유질 끈을 엮어 바구니도 만들었는데, 그릇 모양으로 감고 사해 주변 자연 퇴적층에서 아스팔트 성분으로 코팅을 하면 방수까지 할 수 있었다. 동굴에서 나온 뼈로 만든 주걱은 아마도 바구니를 만든 도구였을 것이다.

어떤 것은 아마라는 식물의 단단한 줄기에서 나오는 섬유를 실로 삼아 만든다. 회전시켜 실을 뽑은 다음 매듭이나 손을 이용해 짜는 방식을 사용하는데, 나무 판 위에서 작업을 했을 것이다. 가장 단순한 방법이지만, 세계 전역의 원주민 사회에서 최근까지도 사용되었다. 뼈로 만든 방추차가 나오기도 했다.

불행히도 나할 헤마르에서 나온 직물 조각은 신석기시대 옷을 복원하기에는 너무 작다. 하지만 깔때기 머리 수건은 예외이다. 수건으로 이마를 둘러싸고 녹옥 하나로 장식한 다음 다이아몬드 모양으로 깔때기를 만들고 상투를 틀듯이 올리고 술을 달아 마무리했다. 독특한 발견물이기 때문에 신석기 사람들의 일상품이었는지, 아니면 특수한 때에 특수한 사람만이 쓰는 예복의 일종인지는 알 수 없다. 동굴이 고립된 곳에 있고 그 안에서 나온 다른 유물을 생각하면 아무래도 후자의 가능성이 더 높다.

밀, 보리와 마찬가지로 아마 역시 서아시아의 삼림스텝 안에서 야생종으로 자라고 있었으며, 나중에 곡물인 콩 등과 함께 재배되었다. 예리코와 텔 아스와드(Tell As-wad), 아부후레이라 유적에서도 아마의 조각이 발견된 바 있지만, 야생종인지 재배종인지를 확인할 수 없었다. 내 생각으론 베이다에서도 아마를 재배했을 테지만, 유적에서 식물 유체의 보존 상태가 좋지 않아 아무것도 찾을 수는 없었다.

나할 헤마르에 남겨진 옷과 바구니는 의례행사 때나 사용되었을 것이지만, 신석기시대 동안 일상생활에서 벌어졌던 일에 대해서도 시사하는 바가 있다. 갈대를 베고 아마를 재배하고, 방적구를 돌려 실을 뽑아 짜고 바느질하고 매듭을 짓는 일이야말로 생활의 큰 부분을 차지했다. 일상에서 직물을 접하고 대했을 것이며, 살갗에 거친 질감을 느꼈을 것이다. 아스팔트 냄새와 잔가지 수공, 아마포로 만든 옷 같은 것이 일상에 있었다. 그럼에도 고고학자들이 옷에 대해 아는 것이라고는 나할 헤마르 동굴에서 나온 조각밖에는 없다.[9]

베이다의 집 안 바닥에는 물을 담는 바구니와 뜨개질 꾸러미가 놓여 있다. 가끔 화덕에서 뜨거운 돌을 꺼내 바구니에 담아 안에 있는 액체(민트 향의 차)를 데운다. 방을 가로질러 쌓아 둔 모피와 가죽, 직물 더미로 보아 자는 공간이었다. 창백하고 병약한 어린아이가 그 위에 누워 있다. 그동안 다른 곳에서 많이 보았듯이 베이다에서도 유아사망률이 높았다. 그래서인지 커크브라이드는 집 바닥 아래에 묻혀 있는 작은 인골을 발굴하기도 했다.

보통 작업은 지하에서 이루어졌다. 지하에는 땅 바닥 위에 두꺼운 벽이 있고, 짧은 복도 양쪽에 세 개씩 작은 방 여섯 개가 있다.[10] 바닥에는 돌판이 있어 단단한 작업대 역할을 했으며, 그 위에 돌 조각이 있는 것도 있고, 뼈와 뿔을 깎다 나온 부스러기도 흩어져 있다. 방 가운데는 돌을 갈아 염주로 만든 것도, 가죽을 다뤘던 곳도 있다. 입구 가까이 있는 방 둘에는 밀과 보리를 가는 데 쓰는 커다란 갈판이 있다.

또 하나 나투피안 유적뿐 아니라 예리코와 네티브 하그두드의 농경 마을과는 확연히 다른 특징이 있다. 많은 활동이 집안에서 이루어지면서 한 건물 안의 방들은 이제 정해진 기능을 가지고 있다. 먹고, 자고, 노는 곳이 있으며, 공방이나 저장 공간도 따로 있다. 건축과 소도시의 계획뿐만 아니라 사람들의 생활에서도 새로운 질서가 생긴 것이다.

예리코와 네티브 하그두드, WF16 등 선토기신석기시대 전반(PPNA)의 마을에서 전형적이었던 둥그런 집에서 베이다를 비롯한 여러 선토기신석기시대 후반(PPNB)의 마을에서 나타나는 장방형(직사각형)의 이층집으로의 변화는 커다란 사회 전환이 있었음을 보여준다.[11] 미시간대학의 켄트 플래너리(Kent Flannery)는 이를 토대로 집단지향의 사회—모든 잉여 식량은 거두어 공동으로 이용한다—에서 가족이 주요한 사회단위로 변화했음을 주장한다. 가족들은 몇 개 작고 둥근 막집에 흩어져 살기보다 한 건물 안 여러 방에 나뉘어 살면서 통합했다는 것이다. 가족은 생산되는 잉여 식량을, 아마도 전부, 소유하고 일부를 저장했으며, 흔히 집 안에 특수한 저장 공간을 만들었다.[12]

러복은 베이다의 골목과 뜰을 가로질러 걸으며 새로운 경험을 한다. 수렵채집 마을을 찾았을 때는 그리 놀라운 일이 없었다. 마을의 한쪽에서 다른 쪽까지 거의 언제

나 작업은 야외에서 이루어졌으며, 모두가 서로의 일을 잘 알고 있는 듯했다. 그런데 베이다에서는 모퉁이를 돌 때마다 놀라운 일이 벌어졌다. 예기치 않게 사람들이 몰려 있고, 매어 놓은 염소가 있다. 사람들은 소도시의 불과 몇 미터 떨어진 다른 곳에서 일어나는 일을 알 수 없다. 두꺼운 벽 뒤에서 무슨 일이 벌어지는지 알지 못한다. 서로의 일과 관계를 인지하기에는 인구가 너무 많아졌다. 그래서 러복은 이제 불신과 근심의 분위기를 느낀다. 이는 작은 공동체에 살면서 진화한 심리에 소도시의 생활이 가져온 영향이라 할 것이다.[13]

양과 염소는 (후기 구석기시대의) 개를 제외하면 가장 먼저 순화(사육)되는 동물이었다. 이로써 사냥과 채집에서 농경 생활로 전이가 완성되었다고 할 수 있다. 정확히 어디서, 언제, 그리고 왜 그런 순화가 일어났는지는 여전히 고고학자들의 논쟁거리이다.[14] 나투피안 및 초기 신석기시대 마을유적에서는 염소 뼈가 별로 나오지 않고, 주로 최후빙하극성기(LGM) 이후 주된 사냥감이었던 가젤 뼈만 나온다. 그래서 베이다 유적에서 염소 뼈가 많다는 것—동물 뼈의 80%를 차지한다—은 사냥이 아니라 기른 것임을 시사한다.

　베이다에서 나온 염소 뼈는 산양에 비해 크기가 작다. 사육되면 동물의 몸집이 작아지는 경향이 나타난다. 집돼지도 멧돼지에 비해 작으며, 소도 들소에 비해 작다. 이는 아마도 어미의 영양상태가 좋지 않았고 큰 수컷을 골라 잡아먹었기 때문일 것이다. 베이다에서 나온 뼈로 보아 대부분이 두 살 정도였기 때문에 거의 다 성장하기 전에 도살하였음이 분명하다. 어린 염소가 거의 없다는 점은 아직 젖을 생산하는 데 쓰이지 않았다는 증거이기도 하다. 젖을 사람이 이용하는 경우 갓 태어난 새끼를 죽이곤 한다.

　염소와 양이 초기에 사육되었다는 것은 야생에서도 인간의 통제에 쉽게 따르는 특성이 있기에 그리 놀라운 일은 아니다. 염소와 양은 영역적 특성이 있고, 무리에서 떨어져 나오려 하지 않으며, 아주 위계적인 집단을 이루고 산다. 그리하여 가장 큰 숫양이나 암양을 따르는데, 이 때문에 사람을 지도자로 각인시키는 데 유리할 수 있는 것이다. 돌로 만든 집은 산양이 자연스럽게 은신처로 삼는 바위 동굴 같은 공간을 주기도 한다.

정확히 언제, 어디서 가축화가 시작되었는지는 불분명하다. 크기와 풍부도를 감안하면, 염소와 양은 서기전 8000년, 또는 그보다 더 일찍 비옥한 초승달지대의 중부(시리아, 터키 동남부)나 동부(이라크, 이란)에서 처음 가축화되었을 가능성이 크다. 유프라테스 강가의 아부후레이라에 살던 주민은 서기전 7500년 전에 이미 염소와 양을 가축으로 거느리고 있었다. 이 시기가 되면 수렵채집 마을을 덮고 흙벽돌로 집을 만든다. 새로이 등장한 소도시의 사람들은 처음에는 후기 나투피안 사람들이 그러했듯이 가젤의 이동 경로를 따라 가젤 사냥을 지속하였다. 하지만 서기전 7500년, 이제 염소와 양으로 관심을 옮겨 무리를 돌보게 된다.[15] 그러나 염소 가축화에서는 더 동쪽, 곧 오늘날 이란의 중부에서 발견되는 신석기시대 초기 마을을 주목해야 한다.

이 가운데 간즈 다르흐(Ganj Dareh)라 불리는 마을유적에서는 아주 설득력 있는 증거가 나오기도 했다.[16] 유적은 케르만샤(Kermanshah)밸리의 남쪽 끝에 있는 지름 40m, 높이 8m 정도의 작은 마운드이다. 유적은 대부분 서기전 10,000년에서 8000년까지 건축된 흙벽돌 건물의 폐기물로 구성되어 있다.[17] 간즈 다르흐에 살던 사람들은 많은 염소를 잡았는데, 연구할 뼈의 숫자만 거의 5000개가 된다. 앨라배마대학의 브라이언 헤세(Brian Hesse)와 스미스소니안연구소의 제더(Melinda Zeder)가 뼈를 분석하면서 도살된 어린 수컷에서 사육되었음을 알려주는 증거를 찾았다.[18]

양치기 무리, 아니면 단순히 그 아이디어가 농업이 동쪽으로 퍼졌듯이 서쪽으로, 그 다음 남쪽으로 확산되었을 수 있다. 그리하여 양치기가 서기전 8000년 즈음이면 요르단밸리에서 정점에 이르렀을 것이다. 그러나 다른 곳, 심지어 베이다에서 가까운 어떤 곳에서 독자적으로 사육되기 시작했을 수도 있다. 현재로선 정확히 알 수 없다.

염소/양의 가축화가 어떻게 실천에 옮겨졌는지 하는 문제 역시 논쟁이 된다. 예일대학의 프랭크 홀(Frank Hole)은 수렵민이 야생 동물의 수가 갈수록 줄어드는 것을 인식하고 의도적으로 관리하기 시작했다고 본다. 여기에는 겨울 사냥을 대비하고, 무리의 이동 경로를 통제하기 위해 가로막을 만들고 외떨어진 동물을 돌보는 일 같은 것이 포함된다.[19]

호주 원주민 같이 기록이 남아 있는 수렵채집민은 동물을 길들여 애완동물로 삼기도 하는데, 나투피안과 선토기신석기시대 전반의 사람들도 이런 일을 했으리라 가정할 수 있다. 그런 동물의 자식이 영구 취락 안에 살면서 애완동물로 자라고 어른이 되어 마을 안에서 애를 낳을 수도 있다. 야생으로부터 고립된 이런 동물은 사육 가축의 토대가 되었을 것이다. 이런 과정에서 선택적 교배가 이루어져 특수한 형질, 곧 유순함이나 빠른 성장, 많은 젖 생산, 두꺼운 털과 같은 특성이 발달했을 것이다. 수렵채집 집단 안에서 동물을 기르는 일은 아마도 남성 사냥꾼이 아니라 흔히 여성과 어린이의 일이었을 수도 있고, 이런 식으로 동물 사육에서 중요한 역할을 했을 가능성이 높다.

염소와 양이 사육된 뒤 소와 돼지도 수백 년 안에 같은 길을 따른다. 그러나 말과 당나귀는 신석기 소도시가 번성하고 수천 년이 지나서야 가축이 된다. 아마도 청동기시대에 야금술이 시작되면서 광석이나 연료를 제련을 하는 곳에 운반하기 위해 사육하였을 것이다.

이제 베이다를 떠날 때가 되었다. 새로운 건물은 여전히 공사 중이지만, 이 소도시는 몇 세대 안 가 버려질 것이다. 베이다는 유리한 지리 환경에 자리 잡지 못했다. 요르단밸리 남쪽은 농사를 짓기에 겨우 필요할 만큼만 비가 오며, 5km 떨어진 가장 가까운 곳에서 물을 구하려면 400m를 올라가야 한다. 이런 환경에서 와디 가랍(Wadi Gharab)의 토양은 집약적이고도 반복적인 작물재배를 할 수 없었고, 나무가 없어서 안정적이지도 않았다. 해마다 염소를 치기 위해 마을에서 더 멀리 나가야 했으며, 곡물 생산량은 줄어들면서 마을이 무너지기에 이른다.[20] 서기전 7500년 즈음이면 생활이 극도로 어려워지면서 베이다의 마지막 주민마저 떠나 버리고 만다.

주민의 상당수는 남쪽 12km 정도에 있는 오늘날 바스타(Basta)라 불리는 새로이 번성하는 소도시로 향한다. 이 유적은 1986년에야 발견되었으며, 2m 높이의 석축 벽과 창과 문을 지닌 인상 깊은 신석기시대 건축을 지니고 있다. 바스타는 12헥타르 범위까지 성장하면서 신석기시대의 가장 큰 소도시 가운데 하나가 되었다. 분명 베이다보다 훨씬 큰 규모의 비옥한 환경을 찾았을 것이다. 그러나 이 소도시 역시 서기전 6000년을 넘어서까지 존속하지는 못했다.

러복은 바스타로 향하지 않고, 북쪽으로 길을 잡아 예리코에 다시 들른 다음 아인가잘('Ain Ghazal)이라는 소도시로 간다. 베이다에 머무르는 동안 신석기시대의 소도시 주민들의 주로 마을 내 생활과 관련된 일부의 생활 방식만을 보았을 뿐이다. 이제 신성한 세계와 관련된 삶을 보기 위해 새로운 유적으로 떠난다.

10

귀신들의 마을

아인가잘과 의례, 종교, 그리고 경제의 붕괴

7500-6300 BC

존 러복은 베이다에서 서쪽으로 길을 잡아 나무가 무성한 강을 따라 저지대로 가서 결국 요르단 강에 이른다. 우거진 산림지대 강 양안에 갈대와 파피루스가 자라고 있지만, 또 다른 경관은 건조하고 황폐하다. 요르단 강 너머 오르막을 올라 오늘날 네게브 사막에 이른다. 해가 뜬다. 강 건너 모닥불에서 연기가 천천히 솟아오른다.

예리코에서 바구니에 잉여 곡물을 들고 남쪽으로 가는 길에 축제를 벌이며 피운 불이다. 여남은 남자들이 무거운 짐을 옮기며 네게브 안에 살고 있는 수렵채집민과 만남을 위해 떠나는 길이다. 곡물을 조개류와 야생 동물 고기와 교환할 참이다.[1]

영거드라이어스 기가 끝나면서 네게브와 시나이 사막에는 다시 사람이 살기 시작했다. 네게브 사막 중앙부의 나투피안 후기의 아부 살렘(Abu Salem) 같은 곳에서 새로운 주거 흔적이 알려지고 있다.[2] 새로 들어온 사람들은 사막 안에 연중 내내 거주하는 수렵채집민일 수도 있으며, 아니면 베이다 같은 소도시에서 겨울을 보내다 여름에만 들어왔을 수도 있다. 어쨌든 이 사람들이 소도시 주민에게 고기를 제공했을 가능성이 높다.

사육된 동물이 주된 고기 자원이 되어 가면서, 야생 동물은 소도시 사람들에게는 차별화한 식량 자원이 되었을 것이다. 베이다 같은 소도시에 살던 사람들은 아주 잘 만들어진 다양한 화살촉과 찌르개를 사용하였는데, 이는 야생 동물 사냥이 사회적 지위와 관련되어 있음을 시사한다.[3] 오늘날의 암만 교외에 자리한 아인가잘('Ain Ghazal) 소도시유적에는 가젤을 비롯해 들소, 멧돼지, 작은 식육동물 등 적어도 45개 야생종의 동물 뼈가 나왔다.[4] 이런 다양한 동물이 소도시 가까이에서 사냥되었을 것 같지는 않다. 따라서 일부는 사막에 자리한 수렵채집민으로부터 교환하여 얻은 것으로 보인다.

홍해에서 온 조가비 역시 어떤 수단으로든 소도시에 들어왔을 것이다. 해안에 직접 가서 채취하든, 아니면 교환하여 획득하든, 조가비에 대한 관심은 최후빙하극성기까지 거슬러 올라가며 나투피안 초기에 정점에 이른다. 그러나 조개의 종류에는 변화가 있어 관 모양의 모뿔조개보다 이제 별보배고둥을 더 선호하였다.[5]

사람들은 거래를 위해 남쪽으로 향하고, 러복은 북쪽으로 가서 예리코에 다시 들른다. 사해의 서안을 따라 이스라엘 산악지대 하단부를 걷는다. 계곡(와디)이 구릉지대를 나누고, 그 안에 작은 냇물이 흐르지만, 곧 뜨거운 여름 햇살 아래 말라 버린다. 소년이 목초지로 염소떼를 몰고, 아스팔트와 소금을 채집하는 사람들도 있다.

이제 서기전 7000년이다. 러복이 처음 밀 씨앗을 뿌리던 때 보았던 마을은 변했다. 작고 둥그런 집은 없어지고 장방형 건물이 어지러이 솟았으며 주변에는 농경지와 염소떼가 있고, 햇볕 아래 흙벽돌이 마르고 있다. 예리코는 수렵채집-농경민의 마을에서 농경, 장인, 교역자들의 소도시로 변했다.[6]

러복은 떠들썩한 신석기 생활에 매료되어 뜰과 집 사이를 돌아다닌다. 음식을 준비하고, 석기 작업과 바구니와 직물, 가죽 상품을 만드는 많은 일이 집 밖에서 벌어진다. 돌아다니며 음식 찌꺼기를 찾는 개들도 많다. 고기를 걸어서 말리는 냄새가 진동하며, 나무 타는 연기와 식물이 타면서 내는 냄새를 맡으며, 비슷했던 베이다 유적을 떠올린다. 한 여자가 갈판으로 작업을 하고 있다. 갈판이 아주 커서 한쪽 끝에 앉아

갈돌을 손에 들고 허리를 구부리고 펴기를 반복하며 작업한다. 이런 일은 앞으로 수 세대에 걸쳐 벌어질 것이다.

집은 돌이 아니라 햇볕에 말린 흙벽돌로 만들어졌다. 단층이면서 베이다의 집보다 디자인도 단순하고 통로의 흔적도 없다.[7] 러복은 안으로 들어가 본다. 나무문을 열자 장방형 방 세 개가 이어져 있으며, 각각은 회반죽을 불에 태워 만든 붉은 바닥에 골풀로 만든 자리를 깔았다. 집 안에는 사람도 없었고 가구 말고 놓인 것도 별로 없었다. 자리를 깔아 놓거나 가죽이 쌓인 곳은 자는 공간일 것이며, 바구니와 돌로 만든 그릇은 가치 있는 소장품이다.

세 번째 방 안에는 진흙으로 여성을 빚은 조각이 있어 각각 5cm 정도 높이로 벽에 기대어 놓았다. 그 가운데 하나는 놀라운 조각품으로서 흐르듯이 늘어진 옷을 입고, 팔은 구부려서 손 하나가 가슴 아래에 닿아 있다. 조각품 옆에는 사람의 머리 같이 생긴 것이 놓여 있다. 조심히 들어 보는데, 사람의 머리, 아니면 적어도 석고로 얼굴을 세심하게 묘사한 두개골이다.

러복은 소도시를 돌아다니며 다른 집에서도 두개골과 함께 그런 석고 사람머리가 방구석이나 벽감 같은 곳에 놓인 것을 본다. 그러다 어떤 집 안에서 한 남자가 작업하는 광경을 목격한다. 집을 만들었던 자기 아버지의 두개골에 작업을 하고 있다. 남자의 손은 바닥에 회반죽을 다지고 그 밑에는 뼈가 잠들어 있다. 시신을 여러 해 동안 묻은 다음, 무덤을 열어 두개골을 꺼낸 뒤 회반죽으로 바닥을 다시 메꾸는 것이다.[8] 이런 식으로 아들은 아버지를 기린다.

남자는 하얀 석고와 붉은 안료, 조가비를 담은 그릇 사이에 쭈그려 앉아 작업한다. 코와 눈구멍은 메운 뒤 말리고 있으며, 두개골 밑 부분을 세울 수 있게 편평하게 한다. 마지막으로 하얗고 고운 회를 입힌 다음 붉게 칠한다. 별보배고둥으로 눈을 장식한 다음, 두개골을 집 안에 놓는다. 남자가 석고를 뜨고, 깎고, 부드럽게 회를 입히는 동안 아내는 어린 아들을 등에 업고 들에서 녹두를 수확한다. 언젠가 아들은 아버지가 죽으면 바닥 밑에 묻은 뒤, 다시 두개골을 파내 머리를 석고로 장식함으로써 집 안에서 계속 머무르게 할 것이다.

예리코에서 나온 석고 두개골은 아마도 캐슬린 케년의 가장 놀라운 발견일 것이다. 케년은 한 구덩이에서 일곱 개를 찾았으며, 집 바닥 아래에서 몇 개가 나오기도 했다. 대부분은 아래턱뼈가 없는 상태의 두개골 위에 전체 얼굴을 표현했기 때문에 땅딸막한 모습이다. 그러나 두개골 하나는 완전한 상태였고, 석고 조각 역시 조상의 모습을 잘 간직하고 있었다. 두개골이 방 안에 전시되었는지, 집을 만든 사람으로서 초상화의 역할을 했는지는 우리 상상의 문제다. 우리가 아는 것이라곤 마지막 기억의 행위로서, 아니면 사후세계에 다가서는 마지막 걸음으로서 땅에 묻혔다는 점이다.

케년의 예리코 발굴 이후 수많은 신석기 유적에서 석고 두개골이 나왔다. 유적에 따라 나름대로 미묘하게 다른 방식이었지만, 기본적으로 같은 디자인을 따르고 있었다.[9] 직물 조각이 출토된 바 있는 나할 헤마르 동굴에서는 다른 형식의 두개골 장식품이 발견되었다. 이곳에서는 두개골 유물이 여섯 개 나왔는데, 모두 머리뼈에 긴 아스팔트 조각이 그물무늬처럼 표현되어 있었다. 아마도 머리에 붙인 채로 얼굴뼈에는 석고가 없이 사용되었던 흔적으로 보인다.

동굴에서는 직물 조각이나 이런 두개골 유물과 함께 다른 놀라운 의례용 유물이 많이 나왔다.[10] 돌로 만든 가면도 있었는데, 빨간색과 초록색 줄을 번갈아 칠해 놓았다. 아마도 머리와 수염까지 붙였을 것이다. 사람의 얼굴을 새긴 유물도 네 점이 있는데, 각각은 긴 뼈 조각으로 만들었으며, 석고와 붉은 오커와 아스팔트로 장식하여 눈과 머리, 수염을 표현하였다. 이런 것들은 몇 번에 걸쳐 사용되었는데, 이런 식으로 조각품이 의도적으로 오래된 것을 표현했으리라 보인다. 석고 조각들이 풀 뭉치 위에서 발견되기도 했는데, 앞으로 살펴볼 발견에 비추어 볼 때 인물상에서 떨어져 나온 조각일 것이다. 동굴에서는 지중해와 홍해의 조가비와 돌이나 석고, 나무 등으로 만들어진 염주 수백 점이 나왔다.

나할 헤마르 동굴을 발굴한 알론과 바르요셉은 알려진 주거유적과 수 km나 떨어진 이 작은 동굴 안에서 이처럼 귀한 유물이 나온 이유를 쉽게 설명할 수 없다고 말한다. 아마도 동굴이 두 사회적 영역 사이의 경계에 있다는 점 때문에 숭배했을 수도 있다. 사실 동굴은 네게브 사막과 유대 사막이라는 두 독특한 지리 경관 사이에 있어 의례 용품을 갖다 놓았을 수 있다. 현재로선 더 자세한 사정을 알 수는 없다. 다만 신석기시대의 신성한 세계에 대해 우리가 얼마나 무지한지를 한탄할 뿐이다.

이제 러복은 예리코에서 서북쪽으로 100km를 더 가서 나사렛 구릉지대로 들어가 크파르 하호레시(Kfar HaHoresh)라는 묘지를 찾는다. 지역의 소도시와 마을에서 망자를 묻는, 또는 뼈만을 파내 이장하는 곳이다. 묘지에서는 장례식이 벌어지고 석고로 얼굴을 만들고, 야생 동물을 잡아서 묻고, 주위를 낮은 벽으로 두르고 공동 의식을 치른다. 히브리대학의 고링모리스(Nigel Goring-Morris)는 1991년부터 유적 발굴을 계속하여 광범위하고도 독특한 장례행위를 규명했다.[11]

크파르 하호레시에서 30km를 더 가면 가르멜 산 아래 지중해 연안에 닿는다. 이제 500년이 더 흘렀고, 러복은 해안의 아틀릿얌(Atlit-Yam)이라는 공동체를 찾는다. 사람들은 곡물을 재배하고 소와 양, 돼지를 키우지만, 주로 어로 작업을 한다. 늘 배를 띄워 모래와 바위가 많은 바다에 사는 쥐치떼를 그물로 잡는다.[12] 그러나 해수면이 상승하면서 결국 이 어촌은 몰락하고, 유적은 물에 잠긴다.

러복이 서아시아의 신석기시대에서 보낸 시간은 곧 끝난다. 그래서 크파르 하호레시와 아틀릿얌 유적을 거르고 50km를 여행하여 다시 요르단밸리의 동쪽으로 가서 오늘날 아인가잘('Ain Ghazal)이라 알려진 신석기시대 가장 큰 소도시를 찾는다. 요르단밸리의 두터운 숲을 가로지르고 가파른 동쪽 경사면을 올라 나무가 흩어져 있는 초원으로 들어선다.

양들이 지나는 길은 소도시가 곁에 있음을 알리는 첫 신호다. 녹두나 콩, 또는 밀이나 보리가 심어진 작은 밭 사이에 다져진 길에 접어들면서 알아차린다. 여성과 어린아이들이 일하고 있는데, 녹두를 수확하면서 두 명 또는 세 명이 한 조를 이루어 소도시로 무거운 짐을 나른다. 손길을 기다리는 바구니가 많아 러복도 하나를 어깨에 짊어지고 한 여성과 지쳐 있는 두 어린아이를 뒤따른다. 오늘날 와디 자르카(Wadi Zarqa)라 불리는 골짜기를 지나 양떼가 있는 내의 징검다리를 건넌다. 그런 다음 길은 바로 소도시로 향한다.

걸으면서 사람들이 쓸 만한 흙에는 모두 식물을 재배하고 있음을 본다. 이유는 곧 분명해진다. 소도시는 예리코보다 세 배, 아니 거의 네 배 크기였다. 하지만 주변의 와디 자르카 곡부 사면은 상당히 황량하여, 반복된 경작으로 생산성이 극히 낮은 데다 땔감으로 베어 내고 남은 식생마저 겨울비에 씻겨 내려가는 상태다. 산사면을 계단식으로 깎아 가족이 임시 텐트나 덤불 움막에 거주하는 동안 집을 짓기도 한다. 아인가잘은 인구 급증을 겪고 있다. 부분적으로 주민의 수 자체가 늘어났기 때문이기도 하고, 땅의 침식과 황폐화 때문에 주변에 있던 마을을 버리고 들어온 사람들 때문이기도 하다.

서기전 6500년, 이 소도시 건물들은 미로처럼 얽혀 있다. 새로이 지은 것도 있고, 고쳐 지은 것도 있으며, 헐린 것도 버려진 것도 섞여 있다. 집은 자연석이나 통나무, 갈대, 흙판이나 석고를 이용하여 만든다.[13] 먼지는 가라앉고 사람들은 집으로 돌아온다. 음식을 준비하는 사람도, 잠을 자려는 사람도 있다. 러복은 한 여성을 따라 바구니를 집 밖에 둔다. 이 여성은 아이에게 짐을 나르느라 고생했다고 말하는 듯하다. 이제 러복은 소도시를 돌아다니며 창문이나 어깨 너머로 일상을 구경한다. 베이다와 예리코와 비슷하고, 석고를 바른 머리와 작은 토제 인물상이 두드러져 보인다. 어떤 집에서는 마음에 드는 여우 견본을 보았는데, 이처럼 동물의 모델, 특히 소 ─ 들소인지, 집소인지는 불분명하지만 ─ 견본은 이곳에 사는 사람들에게 특히 중요했던 것으로 보인다.[14]

다른 집에서는 사람들이 화덕 주변에 모여 앉아 흑요석 돌날, 산호색의 밝은 돌 조각을 손에 손으로 전달하고 있다. 돌은 독특한 복장과 머리장식을 한 남자가 북쪽에서 교역으로 얻어 온 것이다. 문 주변에는 가죽 주머니 안에 흙으로 만든 작고 둥근 판이나 피라미드가 놓여 있다.[15] 그런 유물은 처음 보았지만, 이제 너무 피곤한 나머지 호기심을 멈추고 버려진 집 한 채를 찾아 잠을 청한다.

다음 날 깨어나면서 러복은 이 적막한 소도시에서 사람들이 떠났음을 깨닫는다. 뜰에서 요리하는 사람도 없고, 들에 나가는 여자도 없으며, 통나무를 세우고 바닥에 석고를 바르는 남자도 없다. 집 사이 통로를 돌아다니면서 낮게 중얼거리는 소리가 조용해짐을 느낀다. 구석을 돌아보니 수백 명이 운집해 있다. 어린아이들은 부모의 등에 올라앉고, 좀 더 큰 아이들은 벽에 오르거나 창문틀에 오른다. 모두가 무슨 일이 벌어지고 있는지 보고자 한다. 러복이 도착하면서 건물의 나무문이 열리고 행렬이 등장한다. 침묵과 고요가 내려앉는다.

　　나할 헤마르에서 나온 것과 비슷한 옷과 두건을 쓰고 가면을 한 남자 여섯이 행렬을 인도한다. 이들은 갈대에 석고를 입혀 토르소에 팔, 다리를 붙인 인물상 몇 개를 세운 나무로 만든 단을 운반한다.[16] 석고상은 대략 열두 개 정도인데, 높이 1m 정도인 것도, 훨씬 낮은 것도 있다. 몸은 편평하고, 목은 길며, 크고 둥근 얼굴에 크게 뜬 눈은 깊고 검다. 코는 토막 같은 것으로 만들고 입술은 거의 드러나지 않는다. 순백의 석고상엔 어떤 것은 고운 직물로 스커트를 입혔다. 가슴 아래에 손을 대고 있는 여성 인물상도 있는데, 가슴을 보는 사람 쪽으로 내밀어 시선을 사로잡기도 한다.

　　군중은 인물상을 꼭 보고자 한다. 이제 무덤으로 들어가기 전에 마지막으로 볼 수 있는 기회임을 잘 알기 때문이다. 그러나 사람들은 몇 년 뒤 다시 새로운 인물상을 만들어 돌아올 것이고, 그런 뒤 또 다시 새 인물상을 들고 들어올 것임도 안다. 곡식이 영글면 수확으로 이어지듯이 죽음 뒤에는 늘 새로운 삶이 따르기 마련이다.

　　러복은 행렬에 끼어들어 매장 의례를 보고 기도와 합창 소리도 듣는다. 인물상을 하늘로 들어올린 뒤 조심스럽게 무덤 바닥에 놓는다. 기도가 이어지고 무덤을 덮는다. '신관'은 갔던 곳에서 건물로 돌아오고, 문은 닫힌다. 군중은 흩어진다. 충격을 받은 사람도 있는 것 같고, 슬픔에 젖은 사람, 혼란스러워 하는 사람도 있다.

아인가잘이란 소도시유적은 1970년대 말 도로 공사에서 벽과 사람 뼈가 나오면서 알려졌다. 석고상은 1983년 당시 샌디에이고대학에 재직하던 롤프슨(Gary Rollefson)의 3차 발굴에서 알려졌다. 발굴에서는 석고 두개골과 수많은 무덤과 함께 터키에서 들어온 흑요석, 홍해에서 온 산호 등 교역품도 나왔다. 이와 함께 수많은 작은 진흙 '토큰'도 수습되었는데, 아마도 밭을 특정 가족에게 할당하는 일과 같은 셈을 하는 도구로 사용되었을 가능성이 있다. 동물 뼈 역시 엄청나게 나왔는데, 대다수가 큰 무리로 기른 것이 분명한 양의 뼈였다.

　　롤프슨은 이 농경 소도시가 성쇠했던 증거를 찾을 수 있었다. 석고상이 없다 해도 아인가잘 유적에서는 신석기시대 초 농경민의 경제, 사회 및 종교 생활에 대해 많은 자료가 나왔다. 그러나 아인가잘을 다른 신석기시대 소도시유적과 구분해 주는 것은 바로 이 인물상이다. 몰론 갈대 자국을 가진 석고 조각은 나할 헤마르와 예리코에서도 발견되었지만, 석고 인물상이 온전하게 나온 것은 아인가잘 유적뿐이다.

인물상을 넣어 둔 유구는 두 개 확인되었다. 하나는 인물상 12개와 흉상 13개가 있었는데, 모두 한 구덩이에 묻혀 있었고, 큰 인물상들은 동서축으로 정렬되어 있었다. 2년 뒤 이보다 작은 유구가 확인되었는데, 첫 번째 유구보다 아마도 200년 정도 늦은 시기에 만들어진 것으로 보인다. 인물상은 디자인에서 아주 흡사하지만, 조금 크고, 더 표준화하였다. 두 번째 유구에서는 머리가 두 개 달린 흉상이 세 개가 나왔다.

텍사스대학의 슈만트베세라트(Denise Shmandt-Besserat)는 훨씬 후대 바빌론문명의 종교의례를 토대로 이 인물상이 무엇을 표현하고 있는지에 대한 실마리를 얻고자 했다. 물론 바빌론의 신앙이 기본적으로 서아시아의 최초의 농경공동체에서 기원했다고 전제한다.[17] 우선 석고 인물상은 귀신을 묘사했을 가능성이 있다. 바빌론 문자에는 살고 있는 건물 멀리에 인형을 묻어 집에서 귀신을 쫓는 방법이 기록되어 있다. 슈만트베세라트는 아인가잘 사람들이 인물상을 두려워했을 것이며, 응시하는 커다란 눈과 비대칭의 머리, 그리고 한 사례에서는 발가락 여섯 개 등 무시무시한 모습이 귀신을 형상화한 것이라고 본다. 그렇다면 아인가잘은 귀신으로 가득했던 소도시였으며, 집과 뜰에서, 양 울타리와 들에서, 땅속에 묻음으로써 귀신을 몰아냈을지도 모른다. 그러나 슈만트베세라트는 인물상이 신석기시대 신과 여신을 형상화하였을 다른 가능성에 더 주목한다.

바빌론의 문헌에서 마르둑(Marduck)이라는 위대한 신은 머리가 두 개였는데, 이는 석고 인물상 몇 개에서도 그러하고, 후일의 서아시아 선사 및 역사시대 공동체에서 보이는 미술에서도 머리 두 개인 인물이 나타난다. 가슴을 드러낸 석고 인물상은 비슷한 형상을 한 바빌론의 여신을 떠올리게 한다. 그리하여 바빌론의 종교는 서기전 6500년 요르단밸리의 신석기시대 문화에 뿌리를 두고 있을 가능성이 있다.

그러나 왜 조각상을 땅에 묻었을까? 좁은 범위에서 이루어진 발굴에서 드러난 조각상을 보면 많은 유물이 만들어졌음을 알 수 있다. 조각상을 묻은 것은 그저 오래되어 낡았기 때문일 수도 있다. 사실 석고는 오래 지나지 않아 금이 가고 깨지며, 이것을 묻는 것은 새로운 인물상을 만드는 방식일 수도 있다. 그렇지 않다면, 후일의 종교에서와 같이 비옥한 봄을 맞이하기 위해서는 신이 죽어야 하며, 그 다음 다시 태어나야 했는지도 모른다.

석고 인물상의 존재로 이 시기에 와서 신석기시대 초보다 더 공적이면서도 집중된 종교 활동이 있었음을 알 수 있다. '신전'의 역할을 하였을 것으로 보이는 건물의 출현도 이런 해석을 뒷받침한다. 이런 건물은 예리코와 베이다에서도 보이지만, 가장 설득력 있는 증거는 아인가잘에서 나왔다. 아인가잘의 마지막 단계에 이르면 세 가지 새로운 건물 형식이 등장하는데, 장방형의 가옥에서 보았던 통일성이 점점 다양해짐을 알 수 있다.

게리 롤프슨은 끝에 장축단(apse)이 달린 건물이 출현하면서 가옥의 주변에 흩어짐을 기록하고 있다. 작고 둥그런 건물도 만들어진다. 이런 건물의 바닥에는 반복적으로 시공된 흔적이 있다. 이 때문에 롤프슨은 몇 가족이나 계보와 관련된 성소(聖所)라고 해석한다. 아인가잘의 마지막 단계에서는 두 가지 '특수한' 건물도 확인된다. 가장 인상적인 것은 전체 취락을 조망할 수 있는 경사면 높은 곳에 자리한 건축물이다. 회 바닥이 없고, 남아 있는 가구와 부속물의 성격에서 독특한 양상을 지니고 있다. 붉은 칠을 한 방형 화덕이 방 중앙에 자리 잡고, 그 주위를 석회암 석판 일곱 매와 사람 형상을 한 돌기둥이 둘러싸고 있다. 롤프슨은 이 건물이 전체 공동체의 신전 역할을 했을 가능성이 있다고 본다.[18]

소도시로서 아인가잘은 30에이커(약 36,000평) 넓이로 놀랄 만큼 성장하여 와디 자르카의 동쪽 자락에까지 이르며, 2000명 이상의 사람이 살았다. 하지만 서기전 6300년이 되면 쇠락의 마지막 단계에 이른다. 버려진 집들도 많고, 그 사이에는 신석기시대 쓰레기들이 넘쳐난다. 사람들이 사는 적은 수의 집에서 과거 번성했던 소도시의 희미한 울림만이 남아 있으며, 뜰에서는 여전히 남자와 여자들이 일하고 있다. 과거 소도시의 집에 비해 새로이 건축된 집은 크기도 작고 허름하다.[19]

와디 자르카 안에 있는 강은 여전히 흐르고 있지만, 곡부 사면은 마을 주변뿐 아니라 보이는 곳 멀리까지 황량하다. 지력이 소진되었고 침식이 진행되면서 아인가잘의 농업 경제는 황폐해졌다. 소도시에서 걸어서 닿을 수 있는 곳에는 나무 한 그루 자라지 않는다. 이제 주민은 해마다 더 먼 곳까지 나가야지만 곡물을 심고 양들에게 먹이를 먹일 수 있게 되었다. 생산량은 떨어지고, 땔감은 더 귀해졌으며, 강물은 사람이 남긴 쓰레기로 오염되었다. 늘 높았던 유아사망률은 재앙처럼 올라 인구가 감소하였고, 흩어진 작은 마을 생활로 돌아가는 사람이 많아 인구 감소는 더 극심해졌다.[20] 이것이 요르단밸리의 선토기신석기시대 후반의 이야기다. 경제적으로 완전히 몰락한 셈이다.

이제 러복은 자르카 밸리 위에 올라서서 농경으로 야기된 충격적인 환경 악화를 지켜본다.[21] 러복과 현대의 고고학자들은 과연 농경만이 원인이었을지 의문을 품는다. 빙하 코어 자료에 따르면 서기전 6400년에서 6000년까지는 특히 기온이 낮았고, 가뭄은 아닐지라도 강우량도 적었던 시기였다. 그러나 농경과 기후변화가 아인가잘 주변의 황량한 경관에 미친 영향을 푸는 것은 힘든 문제인 듯하다.

멀리서 양떼가 언덕으로 올라오고 있다. 러복은 양들이 바위를 오르고 끝내 사라지는 모습을 본다. 양떼는 아인가잘로 돌아갈 것이지만, 수개월이 지나지 않아 새로운 경제생활이 등장한다. 요르단밸리에서 더 이상 소도시 생활은 유지될 수 없으며 이제 이동 목축생활이 자리를 대신한다. 수년 안에 아인가잘은 이동하는 유목민들이 계절적으로 모이는 장소 이상은 되지 못할 것이다. 유목민은 소도시의 잔해에 조악한 움막을 지을 것이며, 양들은 버려진 건물과 신을 묻었던 곳에 자란 엉겅퀴를 뜯어먹을 것이다.[22]

11

차탈회위크의 천당과 지옥

터키의 신석기시대 문화의 개화

9000-7000 BC

존 러복은 서아시아에서 오할로의 수렵채집민을 농경민과 장인, 교역상, 그리고 아인가잘('Ain Ghazal)의 신관으로 바꾸어 놓은 신석기혁명을 짚어 보는 여행의 마지막을 향하고 있다. 아인가잘에서 서북쪽 500km를 유목민과 교역상과 함께 이 오아시스에서 다른 오아시스로 시리아 사막을 가로질렀다. 유프라테스 강 유역에 와서 하부르 강(River Khabur)과 합류하는, 평야를 바라보는 곳에서 부크라스(Bouqras)라는 소도시를 방문한다.[1] 건물 벽에는 커다란 물새와 황새, 두루미가 그려져 있다. 서아시아 여행의 마지막 단계에서 마주할 많은 예술품 가운데 첫 번째다.

그러나 부크라스는 아인가잘과 마찬가지로 이미 전성기가 지나 많은 흙벽돌집이 무너져 황폐해진 상태였다. 사냥감과 재배곡물이 평야에 풍부했던 것은 과거의 일이 되었다. 어려운 시기가 왔고 1000명 정도였던 인구는 이제 기껏 200여 명 정도로 줄었다. 전문장인 몇은 아직 남아서 대리석과 석고로 좋은 그릇을 만들고 있다.

러복은 동북쪽으로 유프라테스 강을 따라 타우루스 산맥 동쪽을 지난 다음 아나톨리아 평원의 구릉지대로 들어선다. 그리곤 방향을 바꿔 서쪽으로 향하기 위해 나무가 많은 평원이 산재한 석회암 황무지 구릉지대를 지난다. 작은 냇가에 자리 잡은 네발리 초리(Nevali Çori) 마을이 보인다.[2] 마을은 버려진 집 25채 정도로 이루어져 있는데, 모두 1층이고 직사각형으로 석회암 돌덩어리를 잘라 석회로 연결시킨 것이다. 아무도 없다. 마을은 버려지고 쥐만이 뛰어다닌다.

집 몇 채가 좁은 통로를 사이에 두고 줄을 지어 있다. 몇 채는 아주 커서 길이가 20m에 이르고, 방들이 붙어 있다. 바닥에는 대부분 두꺼운 석회가 발라져 있었고, 이것이 부식되면서 물길이 만들어지고 무덤이 드러나기도 한다. 바닥에서 동물 뼈, 부서진 맷돌, 플린트 석기와 헤진 바구니 같은 쓰레기가 흩어져 있다. 마을의 폐기는 서서히 진행되었고, 위생과 질서도 천천히 무너졌다. 나무 선반에서 진흙과 돌로 만들어진 조각품이 쓰레기더미에 떨어져 있다. 낯익은 사람 얼굴 모양도 있는데, 아인가잘의 신관이 썼던 가면—나할 헤마르에서 나온 가면과도 비슷한—을 연상시킨다.

집 바깥 역시 어지럽기는 마찬가지다. 몇 개 큰 화덕은 이미 구덩이에 흙이 차 있고, 여전히 자갈을 깔아 놓은 상태인 것도 있다. 동물을 기르던 우리도 무너졌고, 껍질과 간석기가 재와 함께 뒹굴고 있다. 네발리 초리에 살았던 사람들이 베이다, 예리코, 아인가잘 주민과 마찬가지로 농경민이었음은 분명하다. 다만 의례용 건물에 들어서 보면 상당히 다른 종교적 믿음을 가지고 있었음을 알 수 있다.

단구의 서북쪽 끝에 사각형 건물이 경사면을 등지고 서 있다. 갈대를 올린 지붕은 이제 완전히 무너졌고 벽도 쓰러지고 있다. 러복은 쓰러진 통나무들을 피해 몇 걸음 안으로 들어간다. 그러자 많은 뱀들이 바닥의 쓰레기더미 안으로 사라진다. 돌로 만든 긴 의자가 벽을 둘러싸고 있고 내부는 기둥 열 개로 구분되어 있다. 방 가운데에는 판석 같은 돌기둥이 더 있다. 이것들은 T자형의 주두(柱頭)로서 사람의 어깨처럼 보인다. 가까이 다가가 보니 각 면에 얕은 부조로 사람의 팔을 새겨 놓았다. 반대쪽 벽에는 벽감이 보인다. 그 안에는 사람 머리 위에 뱀이 쉬고 있는 형상을 조각한 것이 보인다. 둘러싸고 있는 벽은 두껍게 회칠이 되어 있었고 그 위를 빨갛고 검은 색으로 칠했다. 그러나 석회는 이미 대부분 바닥으로 떨어져 나갔고 벽화는 조각나 깨져 떨어졌다.

더 많은 조각품이 홀로 서 있기도, 벽과 기둥으로 세워져 있기도 하다. 커다란 독수리 같은 새도 있다. 또 다른 큰 새의 발톱에 여자의 머리가 잡혀 있고, 두 여인의 머리를 새긴 조각에도 새가 위에 새겨져 있다. 그리곤 새가 더 많이 보이고, 몸의 일부는 동물이면서 일부는 사람이기도 한 얼굴, 그리고 또 다른 뱀도 표현되어 있다.

네발리 초리 발굴은 유적이 아타튀르크(Atatürk) 댐 건설로 수몰되기 전 1983년부터 1991년까지 하이델베르크대학의 하웁트만(Harald Hauptmann)이 주도하여 이루어졌다. 취락은 서기전 8500년에서 8000년까지 요르단밸리의 선토기신석기 후반(PPNB) 시기에 번성했다. 주민은 수렵채집도 했지만, 밀을 재배하고 양과 염소를 기르던 농경민이었다. 네발리 초리 조각품은 발견 당시 신석기시대의 것으로는 처음 알려진 것이었다. 물론 그 이후 30km 멀리 초기 신석기시대 의례 중심지 괴베클리테페에서 기원했음이 분명해졌지만 말이다. 클라우스 슈미트가 괴베클리테페의 석회암 판석이 신석기시대의 조각임을 금방 알 수 있었던 것은 네발리 초리 발굴 경험 때문이었다.

네발리 초리의 의례 건물에서 기둥과 긴 의자 같은 디자인은 선토기신석기 전반 괴베클리테페의 건물과 (원형이 아니라) 장방형이라는 것을 빼고는 아주 유사하다. 하지만 서기전 8500년이 되면 그 석회암 언덕 위에서 볼 수 있는 것이라곤 모두 장방형이 된다. 커다랗게 깎은 기둥을 가진 둥근 구조물은 엄청난 양의 흙을 사용해 의도적으로 덮어 버리고 그 자리는 돌벽을 쳐 경계를 삼았다. 장방형 건물은 이 벽 너머에 들어섰으며, 이제 묻어 버린 과거 건물이 있는 자리는 빈 공간으로 남았다. 새로 지은 건물 안에는 기둥에 야생 동물 모습을 깎아 세운 기둥이 들어섰다. 땅에 묻은 구조물과 모양은 같지만 크기는 그렇지 않았다. 슈미트는 여전히 이 새 건물과 관련된 행위적 증거를 찾고 있는데, 아마도 괴베클리가 서기전 7500년쯤 폐기되기까지 의례 중심지로서 역할을 계속했으리라 본다.

그러나 네발리 초리의 의례 건물은 주거용 건물이 압도하고 있는 취락의 일부일 뿐이다. 이는 동쪽으로 200km 정도 떨어진 서기전 10,000년의 수렵채집 마을 할란 체미 테페시에 특수 건물이 있는 것과 마찬가지이다. 의례 건물은 두 유적 중간에 있는 차외뉘(Çayönü) 유적에도 있다. 이처럼 터키 동남부에서 신석기시대 삶은 번영하

고 있었다.[3]

차외뉘는 네발리 초리나 할란 체미 테페시보다 훨씬 긴 발굴 역사를 가지고 있어, 1962년 시작되어 1991년까지 계속되었다.[4] 유적은 메소포타미아 저지대의 가장 북쪽 유프라테스 강과 티그리스 강이 자르고 흐르는 에르가니(Ergani) 평야에 있다. 상당히 건조한 경관인 타우루스 산맥 자락에 있는데, 계절에 따라 강이 유적 옆까지 범람하기도 한다. 사람들이 유적에 살면서 가까운 습지에서 덫을 놓아 비버와 수달을 잡기도 했을 것이다. 유적에 가기 위해서는 오늘날 터키 동부의 도로에 설치된 군사 장벽 몇 개를 넘어야 한다. 안도의 한숨을 쉬는 순간 주위가 아주 조용해져 먼 과거 선사시대를 강력하게 느낄 수 있는 유적에 다다른다.

차외뉘에 사람이 살기 시작한 것은 서기전 9500년쯤부터다. 예리코의 초기 점유시기와 괴베클리테페의 의례 건축과 같은 시기다. 애초 유적에 살던 사람들은 둥근 집을 짓고 밀을 재배하고 여전히 야생 동물, 특히 돼지와 소, 사슴에 의존했다. 하지만 서기전 8000년 이제 사람들은 아주 다른 형식의 건축물을 짓는다. 큰 장방형 돌건물을 세웠는데, 일련의 낮고 평행한 돌벽을 세워 기초를 만든 다음 그 위에 나무와 회반죽으로 한 바닥을 까는 방식이었다. 이는 아마도 땅에 습기가 많고 주기적으로 일어나는 홍수에 대비하는 형태였을 것이다. 적어도 이런 기초를 가진 건물 마흔 개를 세웠는데, 가장 큰 건물은 방 몇 개와 작업장으로 구획되었다. 최근 유적을 발굴한 이스탄불대학의 외즈도안(Asli Özdoğan)은 적어도 여섯 개 건축 분기가 있어 조금씩 새로운 양식과 형태가 점점 채택되었다고 본다.

혼합 농업경제가 확실히 자리 잡으면서 마을은 크게 확장된다. 마을 중심부에 광장을 만들어 대중의 회합과 의례 공간으로 사용했으며, 의례 건물에는 복수의 매장이 일어나고 사람의 머리뼈도 보관했는데, 방 하나에서만 적어도 70개가 넘었다. 차외뉘에서는 네발리 초리와 괴베클리테페와 비교할 만한 기념비적 예술품이 나오진 않았지만, 폐기장에서 주로 사람과 동물을 표현한 점토상이 400점 넘게 수습되었다. 그러나 이처럼 진흙을 사용하고 돌그릇을 깎는 것을 포함하여 다양한 범주의 수공업행위가 있었음에도 마을 안에서는 토기가 만들어진 흔적을 찾을 수 없었다. 그럼에도 차외뉘의 사람들은 분명 한 단계 높은 기술을 발전시켰는데, 20km 떨어진 곳에서 구리를 캐서 두드려 염주와 갈고리바늘, 금속판을 만들었던 것이다.

러복은 네발리 초리에서 서쪽으로 향하여 타우루스 산맥을 넘고 아나톨리아 평원으로 들어가는 먼 여행길에 나선다. 도중에 작은 마을과 이보다 더 큰 소도시 몇 개를 지난다. 유목민과 여행하기도 하며, 멀리 있는 마을의 친척을 찾는 사람들이나 '빛나는 검은 언덕'으로 향하는 사람들과 같이 걷기도 한다. 흑요석으로 덮여 있는 이 언덕은 오늘날 카파도키아 지방에 있다. 서기전 7500년에도 사람들은 당시 서아시아 전역에서 교환의 대상이었던 이 화산유리를 얻기 위해 언덕을 찾았다.[5] 아부후레이라와 예리코, 아인가잘에서 보았던 흑요석은 바로 카파도키아에서 수많은 사람들의 손과 마을을 거쳐 들어온 것이다.

버려진 수많은 격지조각과 몸돌이 흑요석 석기 제작장 주변에 널려 있는 것도 놀랍지 않다. 이 가운데 가장 좋은 조각만을 가지고 갔을 것이다. 이곳에는 조개와 모피, 구리광석 같은 것과 교환할 흑요석 덩어리가 풍부했다. 그러나 흑요석은 너무 많은 지역에 널려 있어 획득하는 길을 통제할 수도 없었다. 러복은 땅에서 커다란 덩어리를 캐거나 큰 덩어리를 깨서 이 신석기시대 사람들이 아주 선호했던 빛나는 검은 돌을 얻기 위해 길을 떠나는 사람들을 지나친다.

사람들은 오늘날 우리가 아시클리회위크(Aşklı Höyük)라는 소도시로 향한다. 유적은 카파도키아의 서쪽 변경에 있으며, 흙벽돌로 만들어진 농경 마을이 불규칙하게 널려 있는 곳이다.[6] 그러나 러복은 다른 길을 택해 아나톨리아 평원을 가로질러 평야 남쪽 끝으로 달려가 차탈회위크라는 신석기시대 소도시로 향한다.

네발리 초리로부터 시작한 먼 여행길은 스텝초원에서 산림으로, 그리고 다시 초원으로 깊은 협곡과 둥그런 언덕, 강들이 흐르며 나누어 놓은 평야 등 지형 조건에 따라 다양한 식생으로 덮여 있다. 이 가운데는 이제 커다란 참나무로 이루어진 숲도 있다. 나무들 사이로 사슴과 들소떼가 지나간다. 먹이를 노리는 큰 새들이 끊임없이 하늘을 돌고 있다.

서기전 7000년 차탈회위크는 절정에 이른다.[7] 러복은 이 소도시에 다가가 넓은 들에 들어선다. 나무를 베어 낸 흔적이 역력하다. 나무는 갈수록 귀중한 자원이 되고 있다. 가장 최근에 베어 낸 나무는 가장 작은 것이다. 작은 들에서는 여자와 어린이들이 하루 일을 마무리 짓고 있고, 소년들이 낮에 풀어 놓았던 양과 염소를 소도시의 우리로 데려간다. 점점 소도시가 먼지 사이로 희미하게 모습을 드러낸다.

차탈회위크는 러복이 보았던 다른 어떤 곳과도 다르다. 소도시 주위는 벽으로 연결되어 있는데, 출입구가 없어 초대하지 않은 사람은 환영받지 못하는 것 같다. 더 가까이 다가서자 벽이 하나도 아니고, 서로 단단히 붙어 있는 건물들에 인접해 있음을 안다. 한쪽에는 쓰레기로 오염된 냇물이 흐르지 않고 괴어 있어 소도시 뒤편의 악취 나는 습지대로 연결되어 있다. 다른 쪽에는 진흙 연못이 있어 주위에서 염소들이 밤을 보낸다.

밭에서 일하던 사람들이 집에 돌아오면서 나무 사다리를 이용해 지붕으로 오른다. 집들이 촘촘히 연결된 지붕 위에서 계단과 사다리를 이용하여 복잡한 미로 같은 통로 아래로 사라진다. 좁은 통로 사이에는 편평한 진흙 지붕이 있는데, 도구를 만들거나 바구니를 짜는 작업장으로 이용하기도 한다. 지붕 가운데는 무너진 것도 있어 구멍 사이로 아래 방을 내려다볼 수 있다. 때로 뜰 주위의 통로 가장자리는 흙벽으로 막혀 있고, 거기에서 사람들의 쓰레기 냄새가 난다.

각 집의 남쪽에는 치켜 올려 여는 문이 있고 옆 지붕 위로 작은 창이 있다. 연기가 나가도록 열어 놓은 문도 있고 호롱불은 차가운 밤공기에 흔들린다. 때로 화덕에서 강한 불꽃이 일기도 한다. 러복은 열려 있는 문을 골라 나무 사다리를 이용해 작은 직사각형 방의 부엌으로 내려간다.[8] 앞에는 그 어떤 재도 새 나가지 않도록 단 위에 단단히 고정시켜 놓은 부뚜막이 있다. 동물 배설물을 연료로 태운 부뚜막 깊은 곳에서 불꽃이 나온다. 바로 옆 단아한 흙벽돌로 만든 벽에는 화덕이 있고, 그 곁 바닥에 구멍이 뚫린 진흙 통 안에서 녹두가 흘러나오고 있다. 여기저기 도구가 흩어져 있고, 식물뿌리로 만든 바구니, 그리고 어린 양이 벽에 매어 있다. 예리코나 아인가잘에서도 이런 집안 풍경은 낯익었을 것이다. 그러나 이때 러복은 고개를 돌려 벽 쪽에서 별안간 나타난 커다란 소를 본다.

허리 높이의 소 세 마리는 검고 붉은 줄무늬가 있는 하얀 머리에 방 안 사람의 생활을 위협할 만큼 뾰족하고 커다란 뿔을 지니고 있다. 소 옆에 돋은 단 위에 여자와 남자가 앉아 고개를 숙이고 조용히 빵을 먹고 있다. 그 사이로 여자 아이가 나무판 위에 있는 빵에 아직 손을 대지 않고 있다. 소 주위의 벽은 힘 있는 기하무늬 장식, 가령 최후빙하극성기 프랑스의 페슈 메를(Pech Merle)에서 보았던 붉고 검은 손도장 같은 날카롭고 무거운 이미지로 칠해져 있다. 그러나 빙하시대 수렵채집민의 손은 동굴 안을 찾은 사람들에게 손을 뻗어 환영하는 것이었다면, 차탈회위크에 있는 농경민의 손은 경고 또는 도움을 청하는 표시에 가까웠다. 사람들은 벗어날 수 없는 동물우화집 안에 갇힌 듯하다.

그렇게 차탈회위크의 밤은 시작된다. 농경이 가져다준 악몽 같은 일이 시작되는 것이다. 러복은 작은 출입구를 기어 방을 나오지만, 이내 길을 잃고, 바구니와 가죽을 쌓아 놓은 저장고에 들어간다. 거기서 다시 지붕으로 올라가 다른 집, 그리고 또 다른 집을 들여다본다. 집 안에는 거의 같은 크기와 생김새의 방이 있고, 똑같이 부뚜막과 화덕, 곡물 통, 돋아 있는 단이 있다. 진흙으로 만든 인물상이 벽 틈이나 아니면 바닥 위에 놓여 있다. 분명히 여자를 표현한 것도 있고, 남자를 나타낸 것도 있지만, 여자도 남자도 아닌 것이 많다. 놀라운 것은 곡물 통 옆에 놓인 옥좌 위에 앉아 있는 여성이다. 각 모서리에는 표범이 있어 여성은 두 손을 표범 머리에 올리고 있으며, 표범의 꼬리는 여성을 감싸고 있다.[9]

소는 방마다 조금씩 다르지만, 언제나 놀랍다. 특히 작은 창문으로 강한 달빛이 내려올 때, 그리고 불꽃이 마치 살아 있는 짐승을 불러낼 때 그러하다.[10] 소머리의 긴 뿔은 휘어 있고 머리는 이국적 디자인으로 덮여 있으며, 바닥에서 천장에 이르기까지 소머리가 차곡차곡 쌓여 있다. 돌기둥에 뿔들이 가득 쌓여 있기도 하며, 긴 의자에 뿔을 놓아 거기에 감히 앉을 엄두가 나지 않도록 장식하기도 했다.

기하무늬 장식과 함께 큰 검은 독수리가 머리 없는 사람을 덥석 공격하는 그림, 작고 열광적인 사람들이 커다란 사슴과 소를 에워싸고 있는 그림도 있다. 방안의 실제 사람들은 돋아 있는 단 위에 잠들어 있다. 비틀어진 자세로 누워 있으면서 지나가는 러복을 쳐다보기도 한다. 마치 실제 삶에서 침입자를 경계하는 듯이 말이다.

러복은 사다리를 오르내리며, 여러 방을 둘러보면서 겁에 질린다. 이제 조각품이 있는 벽 앞에서 지쳐 쓰러져 눕는다. 그리곤 조심히 무릎을 꿇고 일어나 흙벽돌과 회반죽으로 드러난 여성의 가슴을 마주한다. 두 젖꼭지는 서로 떨어져 독수리, 여우, 족제비 머리를 응시하고 있다. 이런 식으로 모성은 격렬하게 거부된다. 러복은 더 이상참지 못하고 바닥을 기어 나와 깊은 어둠에 싸인 저장고로 들어간다. 그리고 거기서몸을 숨기고 날이 밝아 이 신석기시대 지옥에서 벗어나기를 기대한다.

앙카라의 영국고고학연구소 연구원이었던 멜라트(James Mellaart)가 차탈회위크 언덕에 도착한 것은 1958년 11월 어느 차가운 날이었다. 멜라트는 1951년 이후 아나톨리아 평원 코냐 평야에서 고고 유적을 찾고 있었다. 이미 두 번째 해 조사에서 멀리서마운드를 본 적도 있었다. 다가갔을 때 마운드는 잡초로 덮여 있었고, 서남풍의 영향으로 지표가 드러나 있었다. 그리하여 흙벽돌 벽 흔적이 드러나고 흑요석 화살촉이나토기조각 같은 유물도 드러났다. 멜라트는 노련한 경험을 바탕으로 유물은 이 지역에서는 알려지지 않았던 신석기시대의 것임을 알았다. 마운드는 크기도 해서 길이가450m, 32에이커에 이르렀다. 그러나 멜라트는 나중에 이 유적이 얼마나 중요한 자료가 될 것인지 알지 못했다. 쉽게 말하자면, 차탈회위크는 지금까지 발견된 가장 놀라운 신석기시대 마을유적이다. 물론 이제는 괴베클리테페에 그 자리를 내어 주어야 할지도 모르지만 말이다.

멜라트는 1961년에서 1966년까지 유적을 발굴했다. 다만, 유적의 서남쪽 아주일부분만을 노출하는 데 그쳤다. 채색된 벽과 소머리뼈, 사람 무덤과 조각상의 발견은 곧 전 세계에 알려졌다. 이와 함께 흑요석으로 만든 거울과 정교하게 깎아 만든 뼈손잡이 칼 같은 일련의 인상적인 유물도 수습되었다. 그러나 멜라트가 발견한 것은정확히 무엇이었을까? 방들이 이어져 있었고, 더 크고 잘 만들어진 것은 성소로 생각되며, 작은 것은 일상의 공간으로 보인다. 그리고 조각과 그림, 전문 장인, 복합 건축물의 존재에도 불구하고, 종교적 지배층이나 정치 지도자, 공동 건물의 증거는 발견되지 않았다.

멜라트는 런던고고학연구소에 들어왔고, 1970년대 차탈회위크에 대해 강의하면서 많은 사람을 매혹시켰다. 그 가운데는 이안 호더(Ian Hodder)라는 대학생도 있었다. 1993년, 호더는 케임브리지대학의 고고학 교수가 되었고, 우리 세대의 가장 혁신적 고고학자로 평가받기도 한다.[11] 호더는 선사시대 상징 연구를 개척했으며, 이로써 다시 차탈회위크에 관심을 가졌다. 과거 사람들의 상징 세계에 들어가고 싶은 궁극적 도전에 이끌렸던 것이다.

호더는 1991년 차탈회위크 조사를 계획하면서 새로운 발굴뿐 아니라 터키의 문화유산으로서 유적을 적절하게 복원, 보존 및 관리하고자 하였다. 이로써 최근의 고고 과학기술, 이론과 방법을 적용한 오늘날 세계에서 가장 규모가 큰 고고학 프로젝트 가운데 하나가 시작되었다. 레딩대학의 동료 교수 웬디 매튜스가 담당했던 바닥 퇴적층과 회벽에 대한 세밀한 조사에서도 아주 귀중한 정보를 얻을 수 있었다.[12] 어떤 벽은 무려 40번에 걸쳐 채색과 회칠을 한 흔적도 드러냈는데, 아마도 해마다, 또는 벽 아래에 새로운 무덤을 조성할 때마다 칠을 더했음을 알 수 있다.

호더는 차탈회위크에 공공 건축물이나 신관, 정치지도자는 없었을 것으로 보고 있다. 멜라트가 성소와 일상주거지를 구분한 것에도 문제가 있다고 생각한다.[13] 성소라 불리는 곳에서 이루어진 퇴적물에 대한 세밀한 분석에 따르면, 그곳에서도 다른 방과 마찬가지로 도구제작 같은 일상적 행위가 있었다는 것이다. 호더는 의례와 일상 활동이 서로 긴밀하게 얽혀 있어 사람들 스스로가 그 둘을 구분하지 못했을 것이라 믿고 있다.

차탈회위크가 가진 경제적 토대 역시 궁금한 문제이다. 멜라트는 이 정도의 취락은 곡물이나 가축 같은 효율적인 농업경제에 의존하였으리라는 데 아무런 의심도 가지지 않았다. 탄화곡물도 수습되었지만, 갈판이나 갈돌은 요르단밸리의 다른 마을유적에서 풍부하게 발견되는 데 비해 별로 없었다. 덩이줄기와 사슴 같은 식물이나 동물은 멜라트가 생각했던 것보다 훨씬 중요한 식량이었던 것으로 보인다. 새로이 발굴된 자료에 따르면 양과 염소, 곡물과 콩 등에 기반한 당시의 다른 유적들과 경제 면에서 별다른 차이가 없다.[14]

하지만 호더의 새로운 연구에서 멜라트가 가졌던 원래의 시각이 확인된 것도 있다. 멜라트는 취락 안에서 질서를 강조하였다. 각 방은 똑같은 공간적인 배치를 가지고 있으며, 취락이 지속되는 동안 꾸준히 유물의 장식에서 놀랄 정도의 통일성이 있다는 것이다. 호더는 이런 질서를 뒷받침하는 또 다른 증거를 찾는다. 집을 개축할 필요가 있을 때도 똑같은 곳에서 똑같은 디자인으로 건축되어 각각의 활동이 동일한 장소에서 일어나도록 질서를 유지했다는 것이다. 호더는 장년층과 청년층, 남성과 여성, 전문 도구제작자와 그런 기술을 가지지 않은 사람들 등 여러 유형의 사람들이 각 방의 어디에 앉아서 어떤 일을 해야 하는지 공간 제약이 있었다고 본다. 내 생각에 차탈회위크 사람들의 삶은 모든 양상에서 의례적이었으며, 소와 가슴, 머리뼈, 독수리 같은 것에 표현된 압제적인 이데올로기가 그 어떤 사고와 행동의 독립성을 눌러 없애고 있었다고 본다.

　　나는 지금 마치 차탈회위크 사람들이 신석기시대의 지옥에 살고 있는 듯이 이야기하고 있다. 그런데 2002년 어느 가을 낮 마운드를 찾았을 때 유적은 고고학 천국으로 보였다는 사실과 배치되는 듯하다. 관리인 말고는 아무도 없었으며, 코냐 평원 가운데 있는 유적은 멋진 광경이었다. 호더가 최근 발굴한 지점은 덮여 보존되어 있었다. 나는 회칠과 부뚜막, 사다리가 놓였던 벽의 홈, 저장고로 들어가는 출입구, 곡물통과 그 아래 무덤이 있는 단 등 건축 전체를 볼 수 있었다. 방문자들에게 공개되어 있는 유적 내의 고고학 실험실과 작업실, 시설, 복원된 집 등도 인상적이었다. 나는 호더가 자신의 꿈같은 프로젝트를 설명하는 인터뷰를 떠올렸다. 당연히 호더는 이미 꿈을 찾았으며, 앞으로 오랫동안 차탈회위크 발굴을 하고 싶다고 말했다.[15]

서기전 7500년 차탈회위크에 새벽이 온다. 러복은 괴로운 밤을 보내고 다시 지붕에 올라 평원이 잘 보이는 곳에 자리를 잡는다. 새는 아직 떠오르지 않았고, 공기도 선선하다. 염소를 치는 목동은 이미 가축을 이끌고 초지를 찾아 마을을 떠났다. 주변 밭에선 한 여인이 잡초를 뽑고 있다. 차탈회위크를 미리 내다보았던 예술품이 나온 네발리 초리와 괴베클리테페 쪽을 향해 동쪽으로 눈을 돌린다. 그러면서 부크라스의 채색 새나 아인가잘의 소 조각상과 회로 만든 인물상도 마찬가지였으리라 생각한다.

　　동남쪽으로 눈을 돌려 자신의 여행이 시작된 현재의 이스라엘과 요르단 쪽을 본다. 예리코와 네티브 하그두드, WF16 같은 곳에서 맹금류가 존숭되고 사람의 몸에서 머리가 분리된 것도 생각해 본다. 그렇게 보면 차탈회위크에서 본 그림이나 조각도 그렇게 두렵지는 않은 것 같다. 단지 서아시아에서 농경이 시작되고 발달하였던 시기 밀밭과 함께 성장했던 신화를 표현한 것이리라.

러복은 더 먼 과거를 반추하여 불에 타기 전 오할로 유적을, 그리고 스텝과 사막을 걸었던 여행, 아인말라하의 야생정원에서 밀을 딸 때를 생각한다. 케바란과 나투피안 수렵채집민이 차탈회위크를 어떻게 생각할까? 자연세계를 믿고 자신도 그 일부라고 생각했던 사람들이었기에 차탈회위크를 본다면 혼란스러워하고 공포를 느낄 것이다. 반면 차탈회위크의 사람들은 야생을 두려워하고 경멸했던 것 같다.

러복은 다시 몸을 돌려 서쪽, 이제 유럽으로 향한다. 유럽대륙을 가로지르는 여행은 자신의 전 세계 역사 기행의 다음 단계가 될 것이다. 여행은 시간을 거슬러 빙하시대 순록을 사냥하고 모피 옷을 입은 서북쪽 사람들로부터 시작한다. 그러나 먼저 유럽과 서아시아 문화의 중간에 자리 잡은 지중해 키프로스 섬을 찾아가 보자.

12

키프로스에서 보낸 사흘

인간 점유와 문화 정체
20,000~6000 BC

앨런 시몬스(Alan Simmons)는 푸른빛으로 물든 지중해에 솟아오른 절벽 위에 위태롭게 앉았다. 나는 시몬스의 아크로티리(Akrotiri)에 있는 아에토크렘모스(Aetokrem-nos) 동굴[1]—수천 년 전 동굴이 무너져 내려 이제는 그저 절벽의 단 정도에 불과하지만—발굴 이야기를 골똘히 들었다. 동굴바닥에 웅크리고, 앨런은 몇 미터 떨어져 등은 바다를, 얼굴은 나를 보고 앉았는데, 가끔 강한 바람에 앨런의 흰머리가 물결처럼 휘날리기도 했다. 그 위로 맹금류가 상승기류를 타고 하늘을 맴돌고 있었다. 앨런은 아에토그렘노스라는 말이 독수리절벽을 뜻함을 알고 있었다.[2]

앨런은 동굴바닥 위에 두 층이 어떻게 쌓였는지를 설명하였다. 위층에서는 석기와 많은 조개, 그리고 새 뼈가 나왔고, 아래층은 하마 뼈로 채워져 있었다. 오늘날 아프리카에서 볼 수 있는 하마와는 달라 돼지 크기의 작은 하마였는데, 이 작은 동굴에서 500개체가 넘는 뼈가 나왔다. 앨런에 따르면, 서기전 10,000년 처음 키프로스에 온 사람들은 이 하마를 사냥했다.[3] 하마 사체를 아에토크렘모스 동굴에 가져와 고기를 불에 구워 먹었다는 것이다. 앨런은 어떻게 풀을 뜯고 있는 하마떼를 벼랑으로 몰아 떨어뜨려 사냥했는지 팔을 흔들며 신이 나서 얘기했다. 나는 한 걸음 뒤에서 앨런이 파도가 부서지는 벼랑 밑의 사냥꾼 속에 들어가 있다고 느꼈다.

서기전 20,000년에서 10,000년까지 키프로스에는 사람이 살지 않았다. 산양도, 멧돼지도, 사슴도 없었다. 이곳은 다른 지중해 섬들처럼 깊은 바다에 둘러싸여 있어 수백만 년 동안 다른 대지로부터 고립되어 있었기에 그런 동물이 살지 못했던 것이다.[4]

그럴지라도 섬은 두터운 산림과 스텝이 혼합되어 있어 먹을 것이 많았다. 다만 그 비율은 홀로세로 다가서면서 기후의 변동에 따라 등락하였다. 서기전 10,000년이 되면 섬은 참나무 숲으로 덮인다. 고지대에는 소나무가 엄청난 가지를 펼치며 강한 향을 내뿜는 큰 삼나무와 함께 자라고 있었다.

쥐, 그리고 이 쥐를 잡는 사향고양이를 제외하면, 섬에 번성했던 동물이라곤 작은 하마와 코끼리밖에 없었다. 보통 크기의 하마와 코끼리는 해수면 상승으로 사라진 서아시아의 해안 습지대에서 살았었다. 아주 오래전 보통 크기의 코끼리와 하마는 키프로스 해안까지 헤엄쳐 왔을 것이다. 포식자가 없는 상태에서 진화의 과정으로 동물은 난쟁이가 되었다. 충분한 먹을거리와 유전자 생존을 위한 짝짓기만이 필요하다면 커다란 덩치도 필요 없었을 것이다.[5]

코끼리와 하마는 수도 많아졌지만, 점점 멧돼지 크기로 작아졌고, 실제 돼지처럼 행동했을 것이다. 헤엄을 잘 쳤지만, 덤불 사이로 총총거리며 잎과 어린 싹을 먹었을 것이다. 하마는 샘물을 찾아 벼랑 끝까지 가기도 했다. 추운 날씨에는 해안가 동굴에 숨어 지내며 가파른 경사면을 오르내렸다. 새끼를 낳고 젖을 먹일 때도, 그리고 삶을 마감하여 죽을 때도 동굴을 찾았다.

서기전 10,000년 존 러복은 백사장에 다섯 사람—남자 셋과 여자 둘—이 앉아 있는 것을 본다. 이들은 아에토크렘모스 동굴 아래에 있는 해안에 타고 온 카누를 정박해 놓고, 서아시아 해안에서 시작하여 60km에 이르는 바다를 건너는 항해를 끝내고 긴장을 풀고 있던 참이다. 무척 배가 고팠기에 재빨리 잘 알고 있는 바위틈과 얕은 물가에서 조개를 줍는다. 그리곤 자갈을 집어 들어 물오리를 제대로 맞추어 쓰러뜨린다.

오리로선 이곳에서 이런 위협을 만나리라 상상하지 못했으리라.

카누를 탄 사람들은 키프로스의 남쪽 해안을 지나면서 동굴이 있는 곳을 봐 두었다. 동굴 안에 들어가 보니 비좁고 굴곡이 심하여 천장에 머리를 스치기도 한다. 괭이와 삽으로 바닥 모래를 걷어 내고 불을 지필 자리를 만든다. 모래를 걷어 내면서 나온 뼈들은 내다 버리기도 하고, 손질해서 더 좋은 도구로 만들기도 한다. 러복은 뒤에 무릎을 가슴에 대고 웅크려 앉는데 머리엔 동굴 천장에 부딪혀 멍든 자국이 보인다.

사람들은 얕은 구덩이를 파서 해안에서 주워 온 나무와 꺾어 온 마른 관목 가지에 불을 지핀다.[6] 물오리들이 거칠게 덤벼들기도 하는 광경에 사람들은 동굴 안에서 나온 뼈를 다시 확인한다. 그리곤 머리뼈 하나를 주워 들고 돌려가며 이빨을 들여다보고 어떤 동물인지 몰라 어깨를 으쓱댄다. 경험 많은 사냥꾼이었지만, 그런 뼈는 처음 본 것이다. 뼈 몇 개를 모아 땔감으로 쓰기 위해 모래를 털어 낸 다음 불에 집어넣는다.

나는 앨런이 아에토크렘모스 동굴을 안내하기 전날 키프로스에 도착했다. 나로서는 키프로스의 초기 선사시대에 대한 학술대회에 참석하는 동안 사흘밖에 시간이 없었다. 학술대회에 참석한 스무 명 남짓한 사람들은 아에토크렘모스 동굴이 있었던 절벽에 웅크리고 앉아 앨런의 유적 설명을 들었다. 2001년 9월 열린 학술대회에서 이 동굴 유적은 가장 논란이 되었다. 유적에서 나온 불에 탄 뼈들이 사람들이 하마를 잡아먹은 증거라는 앨런의 주장은 논란에 논란을 낳았다.[7] 어떻게 그렇게 많은 작은 하마 뼈가 가파른 벼랑 중간에 자리 잡은 이 작은 동굴 안에 있었을까?

서기전 10,000년 동굴 안에서 사람들은 불을 피웠고 석기와 함께 조개로 만든 치레걸이를 남겼다는 데는 논란의 여지가 없다. 유적에서 나온 달팽이 수천 개와 물오리 등 새 뼈는 사람이 남긴 것이라는 데도 이의가 없다.[8] 그런데 하마 뼈 가운데도 확실히 불에 탄 것도 있었지만, 정말 사람이 동굴 안에 가져왔다는 데는 논란이 있다.

앨런을 비판하는 사람들은 하마 뼈와 함께 나온 석기의 수가 너무 적다는 점을 지적하면서 아래층 유물은 동굴 틈새로 떨어졌거나 설치류가 동굴 안에 물어다 놓은 것일 수 있다고 하였다. 발굴된 하마 뼈가 218,000점이나 되지만, 그 어떤 것에도 석기로 자른 자국이 남아 있지 않다는 점도 문제였다. 그런 자른 자국이 있어야지만 하마를 사냥하고 도살하였다는 증거가 되는 것이다. 없다면 뼈는 그저 키프로스 해안의 많은 동굴에서 발견되고 있듯이 사람이 들어오기 전 수천, 수만 년 전에 만들어진 자연 퇴적의 산물이 된다.

앨런은 발굴보고서를 쓰면서 도살 흔적을 규명하기 위해 전문지식을 가진 피츠버그의 카네기자연사박물관의 샌디 올슨(Sandi Olsen)을 초빙하여 뼈를 검토하게 했다. 불행히도 올슨은 앨런의 주장을 가장 혹독하게 비판하는 사람이 되고 말았다.[9] 아에토크렘모스 동굴의 사람들은 그저 모래를 파서 공간을 넓히고자 했을 뿐이라고 주장했던 것이다. 그렇게 하마 뼈가 파헤쳐지고, 몇몇은 불에 타면서, 또는 사람들이 땔감으로 뼈를 썼을 수도 있다고 했다. 그렇다면 하마 뼈는 사람이 들어오기 수천 년 전의 것이 된다. 그리고 불에 타서 화학적 변화를 겪었기 때문에 하마 뼈를 방사성탄소연대 측정한다고 해서 믿을 만한 연대가 나오지도 않는다고 한다.[10]

앨런은 하마 사냥꾼의 존재를 설득력 있게 옹호하였지만, 뼈에 남은 석기로 자른 자국이나 신뢰할 만한 연대측정값도 없는 상태에서 이 주장을 받아들일 수는 없다. 서기전 20,000년에서 10,000년 사이 기후와 생태가 많은 변화를 겪으면서 하마의 생식 패턴도 크게 달라졌으며, 더구나 서기전 12,500년 마지막 빙간기에 두터운 산림이 퍼지면서 혹독한 대가를 치러야 했을 것이다. 그리하여 키프로스에 카누를 탄 사람이 처음으로 들어오는 서기전 10,000년이 되면 절벽 위 샘물을 먹고 살던 작은 하마와 코끼리는 이미 사라졌고 그저 맹금류만이 창공을 맴돌고 있었으리라 생각한다. 하마는 이미 멸종했을 것이다.[11]

하마 사냥꾼이었는지 아닌지 하는 문제와는 별개로 아에토크렘모스 동굴에서 나온 숯에서 얻은 서기전 10,000년이라는 방사성탄소연대는 키프로스 섬에서 나온 가장 이른 인간 점유의 증거이다. 그렇다면 왜 이 섬에 왔을까? 이때는 서아시아에서 인간의 생활을 바꾸어 놓았던 영거드라이어스 시기였다. 이스라엘의 아인말라하나 하요님 동굴, 또는 유프라테스 강 유역의 아부후레이라에 살았던 사람들은 야생정원의 생산량이 떨어지면서 다시 임시 야영 생활방식으로 돌아갔다. 키프로스에 들어온 것은 이런 경제적 압박을 맞은 결과였는지도 모른다. 산꼭대기에 오르면 눈으로 볼 수 있고, 멀리서 보이는 구름이나, 섬 주위의 물결, 해안가에 떠밀려 온 것들로 섬의 존재는 분명히 알고 있었을 것이다.

막상 섬에 다다른 사냥꾼에게는 실망스러웠을 것이다. 사냥할 동물도 없었고, 수확할 야생 곡물도 별로 없었다. 아에토크렘모스 동굴은 섬에서 이 시기에 해당하는 유일한 유적이다. 사람들은 얼마 지나지 않아 떠났던 것이다. 사람들이 키프로스에 다시 돌아온 것은 거의 2000년이 지나서이다. 이번엔 더 많은 준비를 해서 배에 씨앗뿐 아니라 산양과 돼지까지 싣고 왔다.

유적 방문 둘째 날 나는 키프로스 섬에 거주하는 고고학자 폴 크로프트(Paul Croft)와 함께 신석기시대 샘을 내려다보았다. 폴은 유구와 발굴에 대해 말해 주었다. 100m도 떨어지지 않은 곳에선 휴가를 나온 사람들이 해안 후미의 백사장에서 햇살을 맞거나 바닷가에 밀짚 모양의 우산 아래에서 칵테일을 즐기고 있었다.

1989년 폴은 섬의 서남부에서 밀루트키아라는 해안 휴양지가 개발되면서 에딘버러대학의 조사단과 함께 유적을 '감시'하는 역할을 맡았다. 공사 도중 노출된 곳을 조심히 살펴보면서 고고학적으로 중요한 것이 발견되면 공사 중단을 요구하는 일이었다.[12]

밀루트키아는 이미 서기전 2500년 시작되는 청동기시대의 유적이 풍부한 것으로 잘 알려져 있었다. 그렇지만 그렇게 오래된 선사시대 우물이 발견되리라고는 생각지 못했다. 키프로스에서 가까운 신석기 유적이라곤 이스라엘 해안의 아틀릿얌이라는 지금은 물에 잠긴 마을유적뿐이었다. 그런데 발견된 우물은 이보다 훨씬 이른 시기의 것이었다. 사실 세계에서 가장 오래된 우물이기도 하다.

애초 우물은 청동기시대의 것이며, 아주 얕은 구덩이 정도로 생각되었다. 그러나 발굴에서 유구는 부드러운 기반암을 뚫고 적어도 10m를 들어간 것으로 드러났다. 안에 채워진 수많은 조각들에는 신석기 유물도 있었지만, 토기는 전혀 없었다. 불에 탄 재배 밀과 보리도 나왔다. 방사성탄소연대로도 신석기시대 초 유구임을 알 수 있으며, 이로써 키프로스에서 농경의 역사가 적어도 2000년은 올라갔다.

우물은 지하수가 말라 더 이상 쓰지 않게 되면서 고의로 메웠다. 여섯 우물 가운데 하나에서는 많은 돌그릇 조각이 돌망치와 플린트 조각과 함께 나왔다. 의례 활동의 쓰레기가 나온 우물도 있다. 스물세 개체나 되는 염소 뼈, 사람 머리뼈를 배치한 흔적과 분홍빛 돌을 갈아 만든 곤봉머리도 나왔다.

서기전 8000년, 러복은 우물을 들여다보고 있다. 쪽문을 거쳐 기어올라 겨우 우물 입구에 닿는다. 옆에는 어른 서너 명과 소년들이 허름한 움막 밑에서 돌그릇을 깎고 있다. 돌망치를 이용해서 돌을 깬 다음 돌을 쪼아 대충 만들고, 그릇과 접시 모양으로 깎고 간다. 이 작업을 위해 계속하여 물을 붓는다. 그래서 우물 옆에서 작업을 하고 있을 것이다.

우물 주위에는 건물도 없고 해안 200여 미터까지 뻗은 관목 숲에 마을은 고사하고 움집 한 채도 보이지 않는다. 러복은 작업장에 앉아서 남자 한 사람이 빛이 나는 검은 돌날을 가진 칼을 벨트 안에 차고 있음을 본다. 작업에 열중하는 사이 칼을 조심스럽게 꺼내어 들여다본다. 아주 날카로운 날을 가지고 있으며, 차탈회위크에 여행할 때 카파도키아에서 많이 봤던 그 흑요석으로 만들어져 있었다. 그렇다면 이 키프로스 장인 역시 터키 남부에서 왔든지, 아니면 어떻게든 교역으로 그 지역과 연결되어 있을 것이다.

보트가 나타나자 작업을 갑자기 멈춘다.[13] 아에토크렘모스에 약 1500년 전에 왔던 카누와는 생김새가 다르다. 배는 널빤지로 만들어졌으며, 깃과 돛대도 달려 있다.[14] 곧 보트를 정박한 뒤 여남은 사람들이 해안으로 뛰어나오고 장인들도 달려가 서로를 맞이한다. 사람들은 보트에 가서 밀과 보리 포대, 그리고 다리를 꽁꽁 묶은 불쌍하게 보이는 염소 몇 마리와 어린 연한 회갈색 사슴 한 마리를 배에서 내린다. 두 가족 역시 편치 않아 보인다. 특히 어린이가 멀미를 심하게 한 모양이다.

새로 도착한 사람들이 목이 말라 우물에서 물을 먹는 동안 러복은 서기전 8000년 섬의 다른 곳에서 어떤 것을 마주칠지 생각해 본다. 이 시기 서아시아에서는 장방형 이층집과 공동 회합을 위한 건물, 창고, 뜰을 가진 베이다 유적이 있었다. 이런 마을과 작은 소도시는 비옥한 초승달지대 곳곳에 있었다. 러복은 예리코에서 아버지의 머리뼈에 회칠을 하는 남자와 아인가잘에서 조각상의 무덤을 바라보고 있던 사람을 생각한다. 키프로스는 이런 신석기 마을 또는 소도시와 비슷할까? 섬의 농경민은 서아시아에서 온 것임이 분명하다. 이제 러복은 우물과 장인, 새로이 도착한 사람들을 떠나 마을 생활을 찾아 떠난다.

밀루트키아에는 우물과 동시기의 신석기 마을이 적어도 두 개 있다. 이 가운데 실루로캄보스(Shillourokambos) 유적은 최근 발견되었다.[15] 유적은 섬의 남쪽 해안에서 몇 km 떨어진 작은 올리브나무 숲에 자리 잡고 있는데, 1992년부터 프랑스 고고학자 장 길레인(Jean Guilaine)이 발굴하고 있다.

길레인은 매력 있는 프랑스인으로 끈을 발목에 묶은 샌들을 신고서 어깨를 으쓱대면서 발굴 진행과정을 설명해 주었다. 길레인도 우물을 찾았다. 유적에서는 소 뼈도 나왔는데, 역시 서아시아에서 배에 싣고 들어왔을 것임이 분명하다. 실루로캄보스의 점유 역사는 길다. 하지만 건물 잔해의 보존이 좋지 않고, 사실 거의 찾기 힘들며, 남은 돌도 다른 건물을 짓는 데 사용되었을 것으로 보인다. 길레인이 찾은 기둥구멍과 구덩이 흔적으로 보아 둥근 건물이었을 것으로 보인다. 이런 생김새는 같은 시기또 다른 신석기 주거유적인 텐타(Tenta)의 집터와도 비슷하다. 나아가 서기전 5000년, 그리고 그 이후까지 이어진 섬의 신석기시대 마을의 집터와 같은 생김새다.

원형 주거지가 이토록 오래 지속되는 현상은 이미 1930년대 이후 키프로스에서 가장 큰 신석기 유적인 히로키티아(코이로코이티아, Khirokitia) 발굴에서부터 알려졌던 사실이다. 히로키티아는 텐타에서 몇 킬로미터 떨어진 언덕 한 부분을 덮고 있는 마을이었다. 서아시아의 선토기신석기시대 후반(PPNB) 소도시만큼이나 컸다. 물론 마을이 정점에 이르렀을 때는 서아시아의 소도시들은 버려진 뒤였고, 히로키티아에는 작은 원형 단층 건물들이 들어서 있었지만 말이다. 오히려 서기전 9500년 정도로 추정되는 요르단밸리의 네티브 하그두드나 유프라테스 강 유역의 예르프 엘아마르 같은 서아시아에서 등장한 첫 마을과 비교할 만하다.

다른 곳에서는 이미 사라진 건축 양식이 수천 년 동안 유지되었다는 증거가 텐타에서도 나왔다. 키프로스의 고대유물부서에서 일하는 이안 토드(Ian Todd)는 1970

년대 텐타 마을을 발굴한 바 있다. 발굴에서는 언덕 정상부 주변에서 돌이나 흙벽돌로 만들어진 작은 원형 집터가 모여 있음이 드러났다. 정상부에 더 큰 원형 건물이 있었는데, 주변에서 삼중 벽과 작은 방들이 드러났다.[16] 구조물은 동쪽으로 500km 이상 떨어져 있고 아마도 1000년 이상 앞선 예르프 엘아마르(Jerf el Ahmar)의 건물과 크기, 생김새, 디자인에서 거의 똑같다. 에르프 엘 아마르의 동심원 벽과 방사상 방은 마을의 중심 창고였으며 공동 노동으로 건설되었을 것이라고 한다.

에딘버러대학의 에디 펠텐버그(Eddie Peltenburg)는 학술대회에서 텐타와 예르프 엘아마르의 구조물이 이처럼 놀랍도록 닮았다는 사실을 밝혔다. 키프로스의 신석기시대 건축과 이라크, 시리아, 터키에서 조사된 선토기신석기시대 초(PPNA) 건축 사이에 연결 관계가 있다는 것이다.[17] 예를 들어 모두 집 안에 두꺼운 기둥을 사용하였는데, 이라크의 케르메즈 데레(Qermez Dere)와 넴릭(Nemrik), 그리고 터키의 네발리 초리와 괴베클리테페에서 발견된 바 있다. 더구나 텐타에서 나온 기둥 가운데 하나에는 네발리 초리와 괴베클리테페를 연상시키는 춤추는 인물상이 그려져 있었다. 키프로스의 건물은 두꺼운 벽을 가지고 있기 때문에 펠텐버그는 기둥이 지붕을 지지하는 역할을 했다고 생각하지 않았다. 기능적 필요가 아닌 상징 의미를 지녔다는 것이다.

펠텐버그는 건축물과 석기의 기법에서 보이는 공통점에 주목하여 키프로스에 들어온 첫 농경민은 서부 시리아에서 왔다고 보았다. 내륙의 예르프 엘아마르나 네발리 초리가 아니라 해안에 가까운 동시대 취락에서 왔다는 것이다. 그런 주거유적은 현재 알려져 있지 않으며, 있었다면 현재 바닷물에 잠겨 있을 것이다. 펠텐버그는 시리아의 긴 해안가는 아무도 조사하지 않았기에 아직 발견되지 않았을 뿐 여전히 그런 유적이 있을 것이라고 주장한다. 펠텐버그에 따르면 이주의 원인은 영거드라이어스의 기온강하로 생긴 경제적 압박이었다고 한다. 농업경제를 바탕으로 새로운 점유지를 찾고자 했다는 것이다. 그리고 농경민은 씨앗이나 돼지, 소, 양과 염소뿐 아니라 예르프 엘아마르와 괴베클리테페에서 널리 퍼져 있던 건축 문화의 전통까지 들여왔다.

그런데 서기전 9000년 농경민은 키프로스에 들어와 자리를 잡은 뒤 신석기시대 내내 문화 전통을 유지하였다. 이 전통은 서아시아의 다른 주요 지역에서는 장방형 이층집이라는 새로운 건축 양식이 발달된 뒤에도 유지되었다. 서기전 6000년까지도 텐타와 히로키티아에서는 여전히 원형의 흙벽돌집을 짓고 있었지만, 이때 이미 유프라테스 강 유역에서는 상당한 규모의 소도시들이 발달하였다.

키프로스에서 사흘째 나는 텐타와 히로키티아를 찾았다. 두 유적 모두 어느 정도 매력적이기도 실망스럽기도 했다. 학문적 내용 자체는 좋았다. 텐타의 흙벽돌집은 허리 높이의 벽을 가지고 있으면서 언덕 정상에 있는 돌로 만들어지고 몇 겹 벽을 두른 원형 구조물 주변에 가까이 모여 있다. 예르프 엘아마르에서 보았던 구조와 같은 것으로 보였다. 많은 집에는 두꺼운 사각 기둥의 흔적이 있고 사람이 살 공간은 별로 없었다. 현재 나무로 만든 통로가 설치되어 있어 유적을 위에서 내려다볼 수 있다. 태양과 바람, 시야를 가리는 거대한 깔때기 모양의 텐트 아래에 있다.[18] 이는 부서지기 쉬운 흙벽돌 건물을 보호하기 위한 조치다. 그러나 벽 옆에 쭈그리고 앉아 그 안에 살았던 사람들을 상상하기는 어려웠다.

　히로키티아에서는 신석기시대의 과거를 떠올리기가 더 어려웠다.[19] 세계문화유산으로서 유적은 통로를 이용하여 잘 관리되고 있었고 패널도 설치되어 있고, 가이드북과 복원된 집도 있다. 1930년대와 1970년대에 이루어진 발굴로 수많은 원형 돌집이 드러났다. 언덕을 가로지르며 집들은 서로 따닥따닥 붙어 있어 선사시대 마을의 잔해라기보다는 돌더미 사면처럼 보였다. 가까이 다가서자 수많은 원형 집 벽이 무릎 높이로 남아 있었고, 내부에 기둥이나 화덕, 갈린 돌이 있는 것도 있었다.

　나는 오래 머무르지 않았다. 그저 더 들어가지 못하도록 만든 통로를 따라 걸으며 자동차 소리를 들어야 했고, 그런 다음 그곳 술집을 찾아 맥주를 마셨다. "신석기시대 샐러드"라고 홍보하고 있었는데, 결국 섬 내의 다른 샐러드와 다를 바 없었다. 키프로스는 선사시대의 과거를 현재 안에서 공고히 지키려는 듯했다. 아에토크렘모스 동굴 방문 때는 근처 아크로티리 공군기지에서 들려오는 군용기 소리에 시달렸으며, 밀루트키아의 신석기 우물은 관광지 개발에 둘러싸여 있었다. 실루로캄보스 주변의 올리브나무 숲은 아름다웠지만, 집중적으로 나무를 심은 탓에 선사시대의 전경은 사라지고 말았다. 텐타와 히로키티아는 모두 보존, 전시되고 있었지만, 그 과정에서 선사시대의 영혼을 잃어버리고 있었다.

서기전 6000년, 러복은 마을에 들어선다. 마을은 사람들로 가득 차 있어 종일 들에서 일한 뒤 집으로 돌아가거나 다른 사람의 집을 찾을 때 서로 부딪치며 지나쳐야 한다. 편평한 지붕을 가진 집들이 작은 뜰 주변에 모여 있었고, 돌그릇과 갈돌, 플린트 돌날 같은 가내 생활의 흔적이 널려 있다. 집들은 확대가족이 살면서 서로 인접했기 때문에 사람들은 지나가기도 힘들었으며 쓰레기도 너무 가까이 버렸다. 여기저기서 개 짖는 소리와 우는 아이 탓에 신석기시대의 불협화음을 느낀다. 마을 전체는 사람과 동물 쓰레기로 냄새가 진동한다. 여러 뜰에서는 불을 지펴 음식을 하느라 매캐한 연기가 두텁게 쌓인다.

러복에게 히로키티아의 삶은 불쾌해 보인다. 차탈회위크에서처럼 위협적이지는 않았지만, 지저분하고 폐소공포증을 일으킬 정도이다. 원래 집의 생김새와 뜰은 50명 정도의 공동체를 위해 만들어진 것이었다. 이제 화덕 주위에 쪼그려 앉은 사람만 해도 그보다 열 배는 된다. 이렇게 인구가 증가하자 서아시아에 살던 사람들은 건축 양식을 바꾸었던 데 반해, 히로키티아의 사람들은 똑같은 건물을 덧붙임으로써 불규칙하게 퍼진 기이한 마을을 만들고 말았다.

서아시아의 건축은 같이 살기 위해 새로운 규칙과 규율을 만들어 갔다. 이는 아인가잘에서 보았던 신관의 모습이나 베이다에서 본 공동 회합을 위한 건물에서 볼 수 있다. 그러나 히로키티아에서는 공동의 선을 위해 그런 권위나 결정권의 등장은 없었다. 확대가족은 각각 알아서 움직이면서 식량을 조달하고 저장하였고, 죽은 사람을 묻었으며, 심지어 각자의 종교적 믿음을 가졌다.

러복은 공동체가 회합을 갖고 의례 행위를 했을 공동 건물을 찾았지만 허사였다. 규율을 잡고 분쟁을 해결할 권위 있는 인물이 있었다는 흔적도 없다. 마실 물이나 땅, 땔감 같은 것을 잘 조달할 수 있을 때는 그런 독립된 확대가족이 잘 유지되었겠지만, 이제 그런 자원은 고갈되고 있는 상태이다. 그 결과 이처럼 너무 많은 사람이 사는 소도시에는 늘 긴장과 충돌이 끊이지 않는다.

다음날 아침 라르나카(Larnaka) 공항을 떠나야 했다. 이제 내겐 키프로스의 과거를 볼 마지막 기회가 남았다. 서둘러 히로키티아 바를 떠나 트로도스(Trodos) 산맥으로 차를 몰아 예전 섬을 덮고 있던 소나무와 참나무 숲이 자라는 곳으로 갔다.

해질녘 산에 이르렀다. 목적지는 숲의 한가운데 있는, 과거 섬을 가로지르며 번성했을 삼나무 자연서식지인 시더밸리(Cedar Valley)였다. 타맥으로 포장된 길은 울퉁불퉁한 숲길이 된 지 오래여서 빌린 차가 삐걱거린다. 나무로 덮인 사면 아래로 해가 지면서 어두워진다. 끝없는 급회전 길에서 핸들을 틀자 산양 하나가 길 위에 나타날 즈음 포기할까 생각도 했다. 멈춘 다음 서로를 바라보았다. 희고 아름다운 뿔, 강한 앞다리와 짙은 갈색 가죽을 가진 짐승은 신석기시대 염소를 만난 듯한 모습이었다. 짐승은 갑자기 몸을 돌리더니 도망친다. 짐승이 사면 아래로 사라지면서 건드린 돌덩이가 구르는 소리에 나만 홀로 남았다.

용기를 내어 산림학자에게 시더밸리로 가는 길을 물었다. 점점 더 험해지는 숲길을 따라 적어도 한 시간 넘도록 운전하여 20km는 더 가야 한다는 말을 듣는다. 그 사람은 도착하면 새까맣게 어두울 것이며 내일 다시 오라고 말한다. 그럴 수는 없었다. 다만 그 사람 말은 맞았다. 마침내 차에서 내려 불을 껐을 때 아무것도 보이지 않았다. 난 조심스럽게 숲으로 걸어 들어갔다. 어둠에 눈이 적응하면서 두꺼운 나무들이 보였다. 우산처럼 가지를 뻗은 삼나무를 생각하며 위를 쳐다보았지만, 생김새나 형태를 찾을 수 없었고, 소나무, 삼나무, 참나무 가지들이 달빛이 드리워진 하늘에 불규칙하게 그림자를 드리우고 있었다.

나는 나무껍질을 만지면서 삼나무가 거친지, 부드러운지를 생각해 보았다. 잘 보이지 않았기에 소리로 들었다. 매미가 울고, 작은 물방울도 큰 소리를 내며 땅 위에 떨어지며 산양, 사슴, 심지어 곰 소리처럼 들린다. 갑자기 아에토크렘모스, 밀루트키아, 텐타, 히로키티아에서 느꼈던 것보다 훨씬 더 선사시대 세상에 다가간 기분이다. 삼나무와 소나무, 썩는 잎과 나무껍질 냄새, 달빛, 거미줄과 숲 냇물에 흠뻑 취한다. 아마도 섬에 처음 왔던 사람들도 이런 느낌을 갖지 않았을까.

유럽

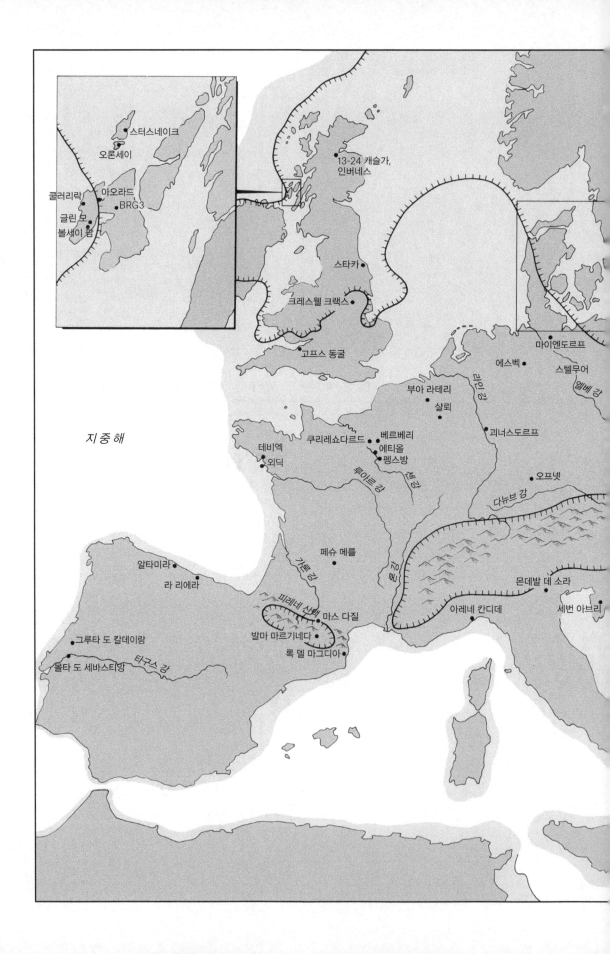

스터스네이크

오론세이

쿨러리락 아오라드
글린 모 BRG3
볼셰이 팜

13-24 캐슬가,
인버네스

스타카

크레스웰 크랙스

고프스 동굴

마이엔도르프

에스벡
스텔무어
엘베 강

부아 라테리
라인 강
샬뢰

베르베리
괴너스도르프
테비엑 쿠리레쇼다르드 에티올
외딕 펭스방
셀 강
오프넷
루아르 강
다뉴브 강

지 중 해

페슈 메를
몬데발 데 소라

알타미라
손 강
라 리에라
아레네 칸디데
세번 아브리
가론 강
피레네 산맥 마스 다질
그루타 도 칼데이랑 발마 마르기네다
록 델 마그디아
몰타 도 세바스티앙 타구스 강

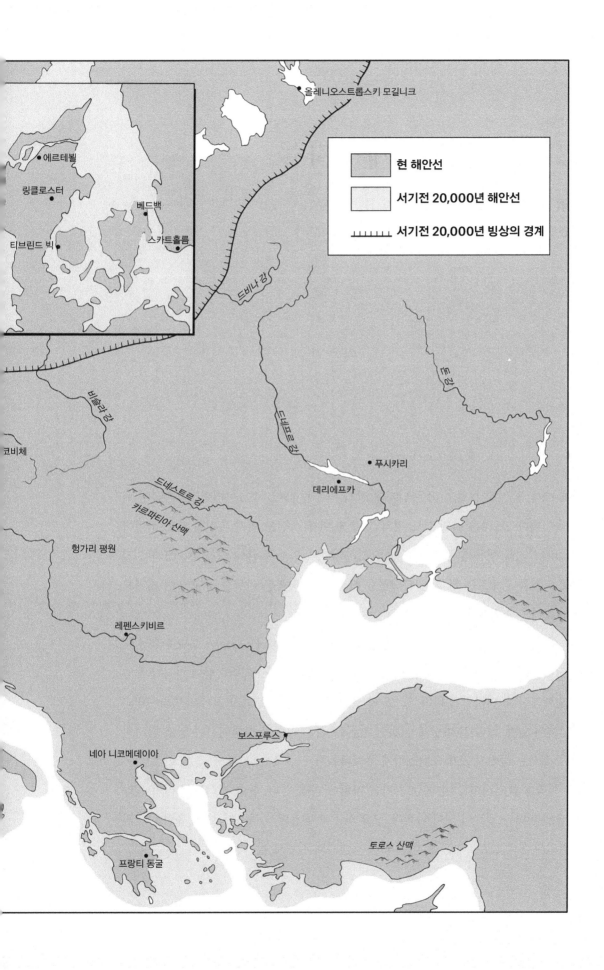

올레니오스트롭스키 모길니크

에르테뷜
링클로스터
베드백
티브린드 빅
스카트홀름

드비나 강

현 해안선
서기전 20,000년 해안선
서기전 20,000년 빙상의 경계

비슬라 강

코비체

드네프르 강

푸시카리
데리에프카

드네스트르 강
카르파티아 산맥
헝가리 평원

돈 강

레펜스키비르

보스포루스

네아 니코메데이아

토로스 산맥

프랑티 동굴

13

고위도지방의 개척자들

유럽 서북부의 재점유
20,000-12,700 BC

인체 도축. 플린트 돌날이 젊은 남자의 살과 힘줄을 베어 내고 아래턱, 그 다음엔 혀를 들어낸다. 또 다른 이의 살도 벗겨진다. 세 번째 시신도 피가 흥건한 바닥에 엎어 놓는다. 석기를 이용해 등을 열고 살을 도려낸다. 달빛이 동굴에 내려앉아 모피를 걸치고 석기를 휘두르는 피 묻은 사냥꾼을 비춘다. 존 러복은 어둑한 곳에 숨어 지켜보면서 두려움에 떨다 떠나고자 한다.

서기전 12,700년 어느 가을 밤 영국 남부의 고프스 동굴(Gough's Cave). 후일 체다 고지(Cheddar Gorge)라 불릴 석회암 절벽에는 서릿발 서린 밤바람에 자작나무 잎이 반짝거린다. 마지막 빙하기의 추위가 끝나면서 유럽 북부까지 찾아온 빙하시대의 사냥꾼이 앞에 있다. 비바람에 시달린 얼굴은 긴 머리털과 헝클어진 수염에 가려져 있다. 러복은 들키지 않게 조심스럽게 빠져나온다.

협곡에 들어서며 살을 에는 차가운 바람에 몸을 떤다. 풀이 밟히는 소리가 들리고 숨쉴 때마다 입김이 새어 나온다. 고요하고 솔 내음이 가득하다. 이제 유럽은 숲과 농경민의 대륙으로 바뀌는 또 다른 커다란 변화의 시기로 들어간다.

나는 2000년 봄 고프스 동굴을 찾았다. 가로등 아래 콘크리트길을 따라 플라스틱 매머드와 공룡을 파는 선물가게가 있었다. 밖에는 사람들이 표를 사서 동굴로 들어가는 회전문을 통과하고 있었다. 사람들은 종유석과 동굴 아래를 흐르는 물을 보고자 했고, 박쥐를 찾는 사람도 있었다. 동굴 안에서 오래전 벌어졌던 살육을 아는 이는 거의 없었다.

나로선 고프스 동굴이 학사적 관심사이기도 했다. 동굴은 19세기 고고학자들이 빙하시대 과거의 흔적을 찾은 몇 안 되는 지점이었다. 오늘날의 기준으로 첫 발굴은 상당히 엉성해서 아마도 찾은 증거보다 잃어버린 증거가 더 많았을 것이다. 과학적 기법을 가지고 있는 오늘날 고고학자에게 이 첫 발굴은 그저 퇴적층을 조금 건드렸을 뿐이다. 1986년 영국의 빙하시대 인간 점유 연구의 전문가인 로저 제이코비(Roger Jacobi)는 다시 조금 파 들어갔다.[1] 동굴 입구 가까운 곳의 작은 퇴적층에서 버려진 석기와 동물 뼈, 그리고 사람 뼈 120조각이 나왔다.

영국박물관의 질 쿡(Jill Cook)의 조사결과 출토된 뼈들에 새긴 흔적이 많이 확인되었고, 고배율 현미경 조사에서 석기로 자른 자국임이 드러났다. 자국의 위치와 방향으로 보아 어떤 근육을 잘랐으며, 어른 넷과 소년 한 명이 체계적으로 해체되었음을 알게 되었다.[2]

가장 그럴 듯한 설명은 식인풍습일 것이다. 날카로운 석기로 자른 자국이 있는 뼈는 불에 타기도 했는데, 사람의 살을 구워 먹었을지도 모른다. 그런 뒤 뼈는 동물 뼈와 부러진 석기 같은 다른 점유 폐기물과 함께 바닥에 버려졌다. 살해되었는지 아니면 자연사했는지에 대해서는 추측만을 할 수 있을 뿐이다. 동굴에서 나온 동물 뼈에서는 또 다른 행위도 추측할 수 있다. 말뼈에서 힘줄을 빼내 신발이나 옷을 꿰매는 실로 사용했을 것이다. 살인풍습과 함께 일상적 가사와 관련된 행위도 있었다.[3]

고프스 동굴은 빙하기가 끝나가던 때 고위도지방을 다시 점유한 증거를 보여주는 많은 유럽의 유적 가운데 하나일 뿐이다. 빙하가 극에 이르렀던 시기(LGM, 27,000-20,000년 전) 동안 이곳은 극지 사막 환경이어서 사람은 떠났고, 극한을 견디는 동물과 식물만이 남았다. 재점유가 시작되어 농경민의 이주 물결에 이르기까지 15,000년의 역사가 이어진다. 그러나 최후빙하극성기에는 지구상 어디에도 농경은 알려져 있지 않았고, 고위도의 유럽은 빙하더미와 극지 사막, 툰드라 환경이 지배했었다.

이곳에 어떻게 사람이 다시 들어와 살게 되었는지를 말하기 위해 빙하시대의 극한 환경에 살았던 더 남쪽 사람들로부터 이야기를 시작해 보자. 사람들은 프랑스 남부와 스페인에서 순록과 말, 들소를 사냥하며 살았다. 이곳의 겨울도 혹심하여 기온은 영하 20℃ 아래로 떨어졌다. 페슈 메를(Pech Merle)의 그림 같은 놀라운 예술작품도 남겼지만, 사람들은 먹을 것을 찾아 순록의 아주 작은 뼈까지도 깨서 골수를 빼내야 했다.[4]

존 러복은 프랑스 남부의 동굴유적 몇 개를 방문한 뒤 『선사시대』에 유적에 대해 쓰기도 했다. 프랑스 고고학자이자 친구였던 에두아르 라르테(Edouard Lartet)와 라르테의 조사를 후원했던 영국 은행가 헨리 크리스티(Henry Christy)와 함께 여행했다.[5] 책을 쓰던 1865년까지만 해도 인간의 기원에 대해 많은 사람들이 의문을 가졌으며, 유럽 사람들이 '야만'의 시대에 살았다는 사실을 믿으려 하지 않았다. 러복은 라르테가 발굴한 순록 뼈가 중요한 증거라고 생각했다. 순록 뼈는 유물과 같이 나왔을 뿐 아니라 플린트돌을 떼어 만든 칼로 자른 자국이 남아 있었던 것이다.

러복은 프랑스의 경관, 특히 동굴유적이 알려진 베제르(Vézère) 계곡의 아름다움에 매료되었다. 빙하시대 툰드라 환경을 살았던 사람들에게 겨울은 혹독했겠지만, 들소와 말, 사슴떼, 그리고 매머드와 털코뿔소, 가끔 곰과 사슴, 기러기와 백조 무리로 가득한 경관은 아름다웠을 것이다. 라르테의 선구적 연구를 이어받아 1950년대와 1960년대 프랑스 고고학의 또 다른 핵심 인물인 프랑수아 보르드(François Bordes)는 이 툰드라 지역을 빙하시대의 세렝게티라 부르기도 했다. 어려운 겨울을 보내면 해마다 놀라운 봄이 찾아왔다

봄소식은 예술에서도 드러난다. 서기전 15,000년 어느 날, 누군가 부화하는 연어, 바다사자 한 쌍, 동면에서 깨는 장어, 꽃 새싹을 뼈에 새긴다. 봄을 알리는 예술품은 후일 프랑스 몽고디에르(Montgaudier)에 버려진다.[6]

1865년까지 이런 빙하시대 예술품이 발견된 바는 없었지만, 존 러복은 『선사시대』에서 몇몇 빙하시대 조각품을 기록하기도 했다. 빙하시대 예술품은 사실 러복처

럼 선사시대 사람들이 어린아이와 같은 마음을 가진 야만인이었다고 믿었던 사람에게는 받아들이기 힘든 일이었을지도 모른다. 그러나 러복은 대부분 사람들보다 관대했다. "이런 예술품을 발견할 때 놀라움을 느끼는 것이 얼마나 자연스러운" 일인지, 그리고 마지못해 "이 사람들이 예술을 사랑했다는 점을 인정해야 한다"고 썼다.[7] 그럼에도 이런 진술 뒤에 곧바로 동굴에 살던 사람들은 농경을 알지 못했고, 가축이나 야금술에도 무지했다고 썼다. 이런 모순된 언급, 곧 야만인이 정교한 예술적 재능을 지녔다는 사실은 시간이 흐르며 전환점을 맞이한다. 1879년 작은 소녀가 아버지에게 소리치며 달려왔던 것이다. 이렇게 알타미라 동굴벽화가 발견되었다.

서기전 18,000년이 지나면서 빙하시대 예술가의 세계는 변모한다. 지구의 온도는 올라가고 고위도의 빙하는 녹기 시작한다. 서기전 14,000년이 되면 빙하는 독일 북부에서 자취를 감추고 스칸디나비아와 영국 정도로 후퇴한다. 남쪽 지방의 예술가와 수렵민은 지구온난화의 효과를 보고 느끼면서도 변화를 알아채지는 못했다. 초원지대가 더 무성하게 성장하고, 새들은 더 빨리 둥지를 틀고, 눈이 덜 온다는 사실을 보면서도 새로운 기후와 사람, 역사의 시대가 오고 있다는 조짐을 알아채지는 못했던 것이다

우리는 이어진 10,000년 동안 극적인 기후변동을 알고 있다. 대체로 따뜻해지는 추세였지만, 그 안에서는 급격한 기온 상승과 하강이 되풀이되었다. 그러나 그린란드와 남극의 빙하 코어 자료에 기록된 기후변동의 사이클은 사실 지리경관의 변화, 그리고 인간의 삶에 대해서는 별다른 정보를 주지 못한다. 그 정보를 얻기 위해 유럽, 특히 동굴과 호수 밑바닥 퇴적층 자료를 주목한다.

우리는 이미 서아시아 환경변화의 역사를 구성하는 데 훌라 코어에서 나온 화분(꽃가루) 증거의 가치를 살펴본 바 있다. 유럽에서는 이 작은 꽃가루에 식물의 이주 역사와 과거 빙하 가까이에 놓인 황무지 툰드라였던 곳이 산림지대로 발달하는 과정이 기록되어 있다. 바람에 날리는 씨앗과 포자, 새의 깃털이나 동물 털, 발, 대소변에 북쪽으로 이동한 기록이 드러나는 것이다. 식물 가운데는 춥고 건조한 조건에서 존속하는 것도 있는데, 결국 오래지 않아 얼거나 땅 위에서 쓸모가 없어졌을 것이다.

이런 식으로 새로운 지역에 들어가는 식물과 동물이 있었고, 시간이 흐르면서 북쪽으로 이동하는 새와 동물도 늘었다. 이런 동물 덕택에 토양이 발달하고, 기온과 강우량 상승을 맞아 새로운 토양에 맞는 식물이 찾아온다. 식물은 햇빛과 영양분을 놓고 경쟁하면서, 원래 이곳에 있던 식물을 더 북쪽 지역으로 밀어낸다.

서기전 15,000년, 이제 끝이 뾰족한 무릎 높이의 관목과 난쟁이 버들, 쑥 종류 같은 식물이 중부 유럽의 굽이치는 구릉지대에 자리를 잡는다. 이런 식물들이 북쪽으로 퍼진 것은 지구온난화 과정에서 뵐링(Bølling)이라 불리는 따뜻한 시기였다. 빙하 코어에 따르면 따뜻한 시기는 서기전 12,500년 정도에 정점에 이르는데, 이 시기는 서아시아에서 초기 나투피안 수렵채집민이 따뜻하고 숲이 우거진 지역에서 정주하는 생활에 접어들었던 때였다. 유럽에서 뵐링 기는 북부 툰드라지대를 가로지르며 자작나무들이 흩어져 자라고 남쪽 지방과 계곡부에서도 소나무와 자작나무가 발달하는 때였다.

화분분석에 따르면, 그 이후 시기는 산림지대의 확산이 중단되거나 심지어 과거로 돌아가는 흐름도 보인다. 하지만 서기전 11,500년 정도가 되면 자작나무와 포플러, 소나무가 독일 북부와 영국, 스칸디나비아 남부까지 확장된다. 몇몇 지역에서 이때는 알러뢰드(Allerød)라 불리는 두 번째 따뜻한 시기였다. 그러나 서기전 10,800년 기후변동의 마지막 정점이었던 영거드라이어스라 불리는 기온하강의 시기를 맞는다.

화분 증거에 따르면, 1000년 동안 다시 극지 환경으로 돌아가 초원과 관목이 압도하고, 가장 추위에 강한 나무만이 살아남는다. 고위도지방의 경관은 다시 한 번 개활 툰드라 환경, 그리고 혹심한 환경에 살아남은 자작나무와 소나무 잡목림으로 이루어지는 것이다. 초원지대에는 하얀 산 뱀무 꽃이 드문드문 있었다. 그런데 서기전 9600년 갑자기 영거드라이어스가 끝나면서 나무 꽃가루가 다시 나타난다. 이렇게 극적인 지구온난화로 이제 북유럽은 두터운 산림지대로 덮인다.

화분은 우리에게 경관이 어떻게 바뀌었는지, 어떤 식물과 나무가 자라고 있었는지, 북쪽으로 진출한 사람들이 무엇을 땔감으로 썼는지 등 많은 것을 이야기해 준다. 그런데 이 빙하시대의 수렵채집민이 얼마나 추위를 느꼈는지를 알기 위해 고고학자는 딱정벌레라는 또 다른 개척자에 주목한다.

딱정벌레는 백만 년 이상 진화를 멈춘 듯하다. 오래된 퇴적층에서 나오는 딱정벌레의 다리와 날개, 촉수는 오늘날과 똑같다. 기온에 민감한 동물은 특정 기후에만 산다. 학명이 *Boreaphilus henningianus*인 딱정벌레는 혹심한 추위에 살 수 있는 동물로 오늘날 노르웨이 북부와 핀란드에서만 보인다. 이 딱정벌레 유체는 영국 전역의 빙하시대 퇴적층에서도 나타난다. 이곳이 오늘날 북극 같은 환경이었음을 가리키는 것이다.

영국에서 나온 딱정벌레 유체에 대해서는 아주 세밀한 연구가 이루어졌다.[8] 350개 이상의 종이 알려져 있어 과거 기온을 평가하는 자료로 쓰인다. 이에 따르면 영국 남부의 최후빙하극성기 기온은 겨울에 영하 16℃까지 떨어지고, 여름에는 10℃에 이르렀다고 한다. 그리고 서기전 12,500년 뷜링 온난기에 접어들면서 겨울과 여름의 기온도 각각 0 - 1℃, 17℃ 정도로 오늘날과 비슷해졌다. 그 뒤 다시 추운 종이 압도하는데, 이로써 서기전 12,000년 겨울에는 영하 5℃ 정도, 서기전 10,500년(영거드라이어스 기)에는 영하 17℃까지 크게 떨어졌음을 알 수 있다.

딱정벌레는 이처럼 귀중한 정보를 주지만, 그렇다고 우리가 유럽의 플라이스토세 경관을 그리는 데 큰 도움이 되지는 못한다. 여전히 동물 뼈 자료가 훨씬 더 유용한 것이다. 매머드와 순록, 멧돼지 같은 동물을 생각하면 더 생생하게 빙하시대 경관을 떠올릴 수 있다. 동물 뼈는 키프로스의 아에토크렘노스 동굴에서 하마 뼈가 나오듯이 동굴 퇴적층에서 많이 나온다. 하이에나와 곰처럼 동굴에서 살고 죽는 동물의 뼈도 있고, 포식자에 잡혀서 동굴 안에서 먹힌 사냥감의 뼈도 있다. 올빼미가 쌓아 놓은 작은 동물 뼈도 있다. 사람이 들어와 은신처로 삼으면 동굴에는 사냥하거나 약취한 동물의 뼈가 버려진다.

동물 뼈가 동굴에 유입된 사정이 어떠하든, 환경변화에 대해 많은 정보를 담고 있다. 딱정벌레와 마찬가지로 포유동물도 다양한 서식지에서 사는데, 순록은 툰드라 환경을, 붉은사슴은 온난한 산림지대를 좋아한다. 그렇기에 동물 뼈를 시간 순으로 배열하면 동물 공동체의 변화, 곧 유럽의 환경을 복원할 수 있는 것이다.

하지만, 동굴에 그렇게 긴 시간 연쇄를 가진 퇴적층은 드물다. 이 때문에 여러 동굴에서 나온 자료를 시간 순으로 조합해서 수천 년의 기후변동을 재구성한다. 리에지 대학의 장마리 코르디(Jean-Marie Cordy)는 벨기에의 뫼스(Meuse) 석회암지대의 동굴에서 지난 백년 이상 발굴조사에서 나온 뼈를 고찰하여 서기전 15,000년에서 9000년까지 변화의 연쇄를 재구성했다.[9] 이에 따르면, 서기전 14,500년 이전에는 순록과 사향소, 곧 툰드라의 동물 뼈가 압도했고, 그 이후에는 붉은사슴, 멧돼지 같은 초원과 산림지대 동물 종이 추가되는 양상이었다. 서기전 12,500년 뵐링 온난기에는 이런 동물이 주도한다. 이때 순록은 좋아하는 이끼식물을 찾아 북쪽 툰드라로 이동했을 것이다. 그 이후의 동물 뼈 자료에서는 순록이 다시 풍부하게 확인되면서 기온이 떨어지고 툰드라 환경이 도래했음을 알 수 있다. 이렇게 알러뢰드, 영거드라이어스, 그리고 마지막 지구온난화로 빙하시대가 끝을 맺는 서기전 9600년까지 온난한 기후와 추운 환경을 선호하는 동물상이 등락한다.

그런데 대형동물의 분포로 유럽의 환경변화를 구성하는 것은 때로 문제가 있다. 자료도 적을 뿐 아니라 붉은사슴 같은 종은 아주 적응력이 좋아 개활 초원지대와 두터운 산림지대에도 서식한다. 더구나 포식자와 사람은 아주 넓은 사냥 영역을 가져 원래 동물이 서식하는 환경이 아닌 아주 먼 거리까지 운반하여 다른 동굴에 버리기도 한다. 결과적으로 동굴 퇴적층에서 나오는 작은 동물의 뼈가 기후변동을 더 잘 말해 준다고 할 수 있다. 작은 동물은 수도 많고, 환경 조건에 민감하면서 짧은 생명 동안 그리 먼 거리를 이동하지도 않기 때문이다.

이 가운데 유용한 동물은 북극의 레밍으로서, 기온의 변화를 나타내는 지표가 된다. 벨기에 샬뢰(Chaleux) 동굴을 예로 들어 보자.[10] 서기전 13,000년 이전 동굴의 퇴적층에서 나온 작은 동물 뼈의 거의 전부가 북극 레밍의 것이었고, 이는 아주 추운 툰드라 환경이었음을 가리켜 준다. 그 뒤 들쥐나 햄스터 같은 설치류 뼈가 주종을 이루어 기온이 따뜻해지고 습도도 높아진 산림지대였음을 알 수 있다. 이런 동물의 뼈는 따뜻한 뵐링 기가 시작되는 때부터 풍부하게 나온다. 그 뒤 수천 년 동안 레밍의 뼈와 따뜻한 환경에 사는 설치류 뼈가 등락을 되풀이한다. 이처럼 기후변동을 잘 나타내면서 결국 산림지대에 사는 설치류는 영거드라이어스에 이르러 사라진다.

화분과 딱정벌레, 동물 뼈 모두 고위도지방의 환경사 복원에 쓰이는 자료이다. 이런 증거를 결합하여 어떤 동물과 식물, 곤충이 살았는지를 추정한다. 그렇다고 이런 자료에서 솔잎의 향기나 별빛 아래에서 사슴고기를 구워 먹는 냄새를 맡을 수는 없다. 곤충 자료에서 기생하는 말파리의 윙윙거리는 소리를 들을 수도 없다. 겨울 기온을 추정하면서 눈과 얼음을 가로지르며 털과 살갗을 파고들었던 추위를 느낄 수도 없다. 그런데 좋은 선사학자가 되기 위해서는 고고 과학에서 나오는 기술적 보고서를 읽기만 해서는 안 되며, 자연세계에 몸담으면서 수렵채집민에 더 가까이 다가가야 한다.

러복은 고프스 동굴을 떠나며 수렵채집민의 생활을 느끼고자 한다. 북쪽을 떠나 굽이치는 구릉과 평야를 가로질러 150km를 여행한다. 빙하더미에 가까이 이르자 나무는 드물어지고 바람은 거세졌다. 툰드라를 가로지르면서 마주칠 사람도 별로 없다. 멀리 안개 속으로 순록떼가 사라진다. 몇 가족이 고프스 동굴을 찾아 남쪽으로 떠난다.

러복은 바람을 피할 곳을 찾아 『선사시대』를 펼치며 1865년 동물 뼈와 식물 유체로 과거 환경에 대해 어떻게 썼는지 읽는다. 동물 뼈 자료는 과거 기후 조건을 가리킴을 잘 알고 있었으며, 순록 뼈는 추운 기후에 대한 분명한 증거이고, 동굴이나 하상 퇴적층에서 나오는 레밍 뼈에도 주목하였다.[11] 꽃가루에 대해서는 아무런 언급도 남기지 않았다.[12] 그러나 덴마크의 습지 퇴적층의 바닥에는 소나무 층이 있고, 그 위에 참나무와 자작나무, 그 다음 너도밤나무 층이 있다고 쓰기도 했다. 이런 나무가 습지 가장자리에 자라다가 쓰러져 쌓였다고 생각했던 것이다. "어떤 나무 종이 다른 종으로 바뀌고, 또 다른 종이 그 자리를 차지하는 데는 아주 긴 시간이 필요했겠지만, 우리는 아직 그것을 측정할 수 있는 방법을 가지고 있지 않다"고 썼다.[13]

책에서는 과거 기온을 추정하는 데 아주 조심스럽기도 했다. 기온이 현재보다 29°C 정도 낮았을 것이라는 프레스트위치(Prestwich)의 제안[14]을 평하면서 "실제 어느 정도의 변화를 겪었는지 어떤 확률로 추정할 상황이 아니라"고 쓰기도 했다.[15] 한 식물상에서 다른 식물상으로 변화하는 시간의 깊이를 알 수 있는 방사성탄소연대측정법이 없던 시절이었고, 퇴적층에서 딱정벌레 같은 곤충 유체를 연구하는 고곤충학 역시 발달하지 못했다.

책을 덮고 주위 사람들을 쳐다본다. 툰드라에 사는 동물들도 돌아본다. 얼어붙은 땅을 소리를 내며 가로지르며 풀숲 가지 위에 올빼미가 앉아 있는 것을 빤히 응시한다. 그때 북극 토끼도 올라와 역시 주변을 살핀다. 갑자기 긴장이 깨진다. 올빼미가 조용히 일어나 풀밭을 낮게 나르고, 토끼는 다시 들어가 시야에서 사라진다. 다시 걷는다.

하루도 걷지 않아 크레스웰 크랙스(Creswell Crags)라는 석회암 계곡에 닿는다. 서기전 12,700년 겨울 어느 날 동틀 녘 남쪽 벼랑 끝에서 계곡에서 자라는 소나무와 자작나무를 내려다본다. 그 옆에는 바위틈과 동굴이 있다. 나무 사이로 연기 한 움큼이 뻗어 나와 바람에 날린다. 연기가 어디에서 나오는지를 찾아보니 동굴 입구에서 흘러나오고 있다.

소리가 들리는 곳을 보니 한 남자와 소년이 돌아오는 모습이 보인다. 털옷을 입고 둘 모두 어깨에 하얀 토끼 한 쌍을 들어 멨다. 걸음걸이를 보니 사냥에 흡족한 듯하다. 바위 경사면을 올라 동굴로 향하고 마침내 잡아 온 토끼를 불가에 내려놓는다. 동굴 안에 있던 여자와 애들은 좋아하며 토끼털을 만지고 다리를 들어 올리며 고기를 느낀다. 한 사람이 돌날을 들고 가장 큰 토끼의 앞다리를 자르고 배를 가른다. 가죽을 벗겨 뒤에 놓은 뒤 앞다리를 머리 위에 돌려놓는다. 몇 분 뒤 토끼를 꿰어 불에 걸쳐 놓고 가죽은 동굴 안에 걸어 놓는다. 불에 구운 고기를 사람들 모두가 나눠 먹는다. 다 발라먹은 상당히 깨끗한 뼈는 모아서 동굴 입구에 있는 작은 구덩이에 넣어 묻는다. 그렇지 않으면 하이에나나 여우를 불러올 수도 있다.

러복은 이곳에서 며칠을 머무르며 순록이나 말, 심지어 이미 북쪽 여행 때 보았던 매머드 같은 큰 동물을 사냥할 기회를 기다린다. 그러나 그런 사냥은 일어나지 않았고, 토끼가 사냥감의 전부였다. 그리하여 힘센 짐승을 잡는 방법보다는, 남자답지 못할지 모르지만, 훨씬 더 중요한 생존 기술을 배운다. 바로 어떻게 토끼를 해체하여 힘줄을 뽑아 실로 쓰는지, 어떻게 다리뼈를 다듬어 송곳과 바늘을 만드는지, 어떻게 모피로 장화와 장갑, 코트의 안감을 만드는지를 배운다.

어느 날 저녁 한 남자와 소년은 산토끼가 살고 있는 버드나무 덤불숲으로 들어간다. 남자는 조심스럽게 토끼가 어떤 잎을 먹었고 어떤 줄기가 부러지고 구부러져 있는지를 살핀다. 그 다음 가지를 잘라 껍질을 벗기고 땅속에 박는다. 토끼가 다음에 찾을 것이라 생각되는 곳에 줄로 고리를 만들어 가지에 매단다.[16] 동틀 무렵 다시 돌아와 올가미에 걸려 벗어나려 안간힘 쓰다가 지친 하얀 토끼를 본다. 남자는 토끼를 들고 툭툭 치면서 귀에 대고 부드러운 말로 속삭인다. 그리곤 목을 비튼다.

이제 러복은 크레스웰 크랙스의 로빈후드 동굴유적을 떠나 동쪽으로 향한다. 툰드라 환경이 지배하고 있는 저지대를 가로지르는 여행이다. 이제는 북해 아래에 있어 더 이상 볼 수 없는 도거랜드(Doggerland)다. 부드럽게 굽이치는 야산과 계곡을 가로지른다.[17] 이곳 너머 북부 독일에 이르러 더 큰 동물을 사냥하는 빙하시대 사냥꾼을 보고자 한다.

크레스웰은 오늘날 쇠락하는 산업 도시 안에 있어 빙하시대 툰드라의 아름다운 경관과는 너무도 다르다. 계곡은 이제 기껏 길이 100m, 너비 20m에 불과하다. 동굴은 로빈후드 동굴, 마더그런디 거실(Mother Grundy's Parlour), 핀홀 동굴(Pin Hole Cave)이라는 기막힌 이름으로 불린다. 과거 동굴에는 툰드라 환경에서 살고 죽은 수많은 동물의 뼈를 지닌 퇴적층이 가득했다. 늑대와 하이에나, 여우, 곰이 동굴에서 살면서 순록과 말, 붉은사슴, 레밍, 수많은 새를 사냥감으로 가져왔다. 더 작은 동물, 박쥐, 올빼미도 동굴과 바위틈에 살고 죽었다. 이처럼 동굴은 선사 세계의 동물상을 복원하고자 하는 데 귀중한 자료이다.

고프스 동굴에서와 마찬가지로 크레스웰에서는 이미 19세기 말 마전스 멜로(Rev. J. Magens Mello)가 첫 발굴을 했으며, 오늘날까지 조사가 주기적으로 이어지고 있다. 1977년 존 캠벨(John Campbell)은 당시까지 축적된 자료를 종합하여 동굴에서 나온 동물 뼈는 모두 인간 활동의 결과, 특히 빙하시대 마지막 몇 천 년 동안에 쌓인 것이라고 하였다. 이 고위도지방의 개척자들은 순록과 말을 사냥했을 뿐 아니라 매머드와 털코끼리도 잡았다고 생각했다.[18] 하지만, 최근 세밀하게 석기로 자른 자국이 있는 뼈와 포식자의 이빨 자국이 있는 뼈를 구분한 연구에서는, 인간 행위의 결과물로 쌓인 유물의 양은 훨씬 적었고, 주로 북극지방의 토끼를 올가미 사냥했음이 드러났다.[19] 석기로 자른 자국이 있는 뼈는 모두 서기전 12,700년 전후의 짧은 시간대의 것이었다. 이는 고프스 동굴의 방사성탄소연대값과 아주 비슷해서 정말 같은 북극지방

의 개척자 집단을 떠올리게 한다.[20]

석기로 자른 자국이 있는 뼈는 빙하시대 유럽에 어떤 동물이 살았는지, 어떤 동물을 잡아먹었는지 하는 것뿐 아니라 언제 사람들이 남쪽의 도피처를 떠나 북쪽으로 확산하였는지를 알려 준다. 석기 자체는 별 도움이 되지 않는다. 돌에는 방사성탄소연대측정을 할 숯이 묻어 있지 않다. 그리하여 고고학자들은 유물과 같이 나오는 동물 뼈를 측정하여 편년한다. 동물 뼈와 유적 점유가 같은 때일 것이라고 생각하는데, 다만 늘 그런 것은 아니다.

크레스웰 크랙스에서 나온 동물 뼈는 다양한 원인에서 동굴 퇴적층에 들어와 서로 섞인다. 석기도 그런 뼈와 같이 들어와 섞인다. 찌르개 옆에서 발굴된 순록 다리뼈의 방사성탄소연대를 측정한다고 해서 찌르개가 만들어진 때를 말해 준다고 할 수는 없다. 사람이 들어오기 수백 년, 또는 수천 년 전 하이에나가 물어다 놓은 것일 수도 있다.[21]

1860년대 책을 썼던 러복은 이런 문제에 대해 알지 못했다. 실제 『선사시대』에서는 자른 자국을 근거로 절멸된 동물의 뼈가 사람이 등장하기 수천 년 전 동굴에 들어왔고, 이후 뒤섞였을 것이라는 주장을 반박하기도 했다. 사람들은 석기와 매머드, 동굴곰, 털코뿔소 뼈가 같이 나오자 인류의 기원이 성서의 기록보다 훨씬 더 올라간다는 주장을 믿기 시작했다. 그런데 당시 존 러복은 지금의 고고학자들처럼 동굴사자, 털코뿔소와 순록의 뼈에 남은 자른 자국을 찾고자 했다.[22] 그리고 동물 뼈에 있을 개의 이빨 자국과[23] 부위별로 상이한 파쇄율,[24] 현대 동물의 행동 관련 지식을 근거로 사냥이 벌어졌던 계절을 추정하기도 했다.[25]

오늘날 인류의 기원과 역사의 깊이는 더 이상 의문의 여지가 없으며, 동물 뼈에 있는 자른 자국은 여전히 중요한 자료이다. "질량가속기"(AMS)이라는 새로운 기법으로 예전의 기법이 요구하는 것보다 1/1000의 크기의 시료도 연대측정할 수 있다.[26] 1997년 하우슬리(Rupert Housley)를 비롯한 연구자들은 북유럽, 독일 동부, 영국 등지의 45개 유적에서 나온 AMS 방사성탄소연대값 100개 이상을 발표하였다.[27] 하우슬리는 연대측정의 권위자이며 인간 점유와 확실히 관련된 증거를 제시한다.[28] 이제 처음으로 고고학자들은 언제, 그리고 어떻게 사람들이 유럽 서남부의 빙하시대 도피처에서 북쪽 지방으로 확산하였는지 정확히 알 수 있게 되었다.

도피처의 북쪽 한계선은 루아르 강 유역이었다. 서기전 15,000년이면 처음에는 라인 강 상류로 확산하고, 서기전 14,500년이면 라인 강 중류, 벨기에, 독일 남부까지 들어간다. 이는 초원과 관목지대가 북으로 확장한 뒤의 일이며, 순록과 말의 서식지 확대와 더불어 일어난 것이다. 빙하시대 수렵민이 해마다 1km만 북으로 확산한다면, 400년 정도면 프랑스 북부와 독일 북부, 덴마크까지 들어가는 셈이다. 영국에는 서기전 12,700년 거의 10,000년이라는 공백을 뒤이어 처음으로 사람이 들어온다. 따뜻한 뵐링 기 동안 영국은 여전히 유럽의 가장 서북쪽 구석이었으며, 대륙에서 떨어져 섬이 되는 데는 앞으로도 몇 천 년 세월이 더 걸린다.

어떤 지역이든 재점유에는 두 단계 과정이 필요하다. 첫째, 개척자들이 들어온다. 이 단계에서 고고학 유적의 수는 아주 적어 아마 석기 몇 점만이 흩어져 있을 것이다. 유적은 아무도 살지 않던 땅을 탐험하는 수렵민이 그저 하룻밤 정도 묵어가는 곳이었을 가능성이 높다. 개척자들은 여름에 북쪽을 여행하고 남쪽의 본거지에 돌아와 무엇을 보았는지 말했을 것이다. 이들은 지형과 동식물의 분포, 주변에서 얻을 수 있는 자원에 대한 지식을 쌓아 가면서 새로운 영역을 머릿속에 그렸을 것이다. 다만, 기후와 온도는 여전히 변동이 심했기에 한 세대가 축적한 지식을 다음 세대에 물려주는 일은 생각처럼 쉽지 않았을 것이다.

개척의 단계는 대략 500년, 곧 20세대 정도의 시기를 가질 것으로 보인다. 이 정도의 시기가 지나서야 실제 사람의 점유, 곧 하우슬리를 비롯한 연구자들이 말하는 거주 단계가 나타날 것이다. 이 단계에서는 가족과 다른 집단이 본거지를 북쪽으로 옮겨 살면서 툰드라 환경에 적응하는 순록이나 말을 사냥하게 된다.

사람은 왜 북쪽 지방을 탐험하여 그곳에 살게 되었을까? 식물의 포자와 씨앗은 바람에 날려 가고, 곤충과 동물도 그 전철을 밟아 기회만 생기면 새로운 적소를 찾아 번식한다. 그렇다면 빙하시대 수렵민도 딱정벌레나 설치류, 사슴처럼 어쩔 수 없는 요인에 따른 것인가? 해빙의 시기가 오면서 강이 불어나는 것처럼 인구도 증가하여 새로운 식량원을 찾아 나설 수밖에 없었는가?

인구가 늘었다는 데는 의문의 여지가 없다. 빙하시대의 아름다운 동굴벽화는 최후빙하극성기 동안의 삶이 아주 가혹했음을 숨기고 있다. 겨울 추위에 땅이 얼어붙고, 눈보라가 치면서 식량이 부족해진다. 이는 사람의 건강을 위협하고, 태어난 아기나 어린이, 허약한 사람에게 치명적이었을 것이다. 다만, 무덤 자료가 극소하여 이런 혹심한 환경이 인체에 어떤 영향을 미쳤는지를 파악하기는 어렵다.

평균기온이 조금만 올라도 인구는 증가하고, 그 속도는 빠를 것이다. 유아기에 춥고 배고픔에 죽지 않고 살아남은 아이들과 셋째와 넷째를 낳는 여성, 그리고 새로운 세대에게 빙하시대 수렵민이 어떻게 추운 겨울을 이겨냈는지 말해 주는 나이 많은 사람을 생각해 보라.

그러나 북쪽 지방으로 확산하는 데는 인구증가가 아닌 다른 요인도 있었다. 야심찬 젊은 남녀가 새로운 자원, 특히 먹고 마실 것이 아니라 교환에 쓰기 위한 귀한 자원이나 물품을 찾아 떠났을 수 있다. 빙하가 물러나면서 그런 사람들이 매머드의 상아나 사치스런 가죽, 조개, 귀한 돌 같은 것을 찾았을 것이다. 사회적 긴장도 북쪽으로 확산하게 된 동인이었을 수 있다. 새로운 땅이 펼쳐졌을 때 젊은 남녀는 권위 있는 나이 많은 어른 밑에 머무르면서 원하지 않는 전통을 따르느니 스스로 공동체를 만들고자 떠났을 수도 있다.

위에 적시한 그 어떤 요인으로도 빙하가 물러난 뒤 북으로의 여행을 완벽하게 설명할 수 있다고 생각하지 않는다. 우리가 떠올려야 할 또 다른 요인이 있다. 바로 아메리카, 오스트레일리아, 아시아, 아프리카를 가로지르며 전 세계로 인간의 확산을 이끌었던 것이다. 이것은 바로 인간의 호기심이라는 정신이다. 탐험 자체를 위해 새로운 세계를 탐험하는 것이다.

14

순록 사냥꾼

경제와 기술, 사회

12,700-9600 BC

적막하다. 초조한 사냥꾼의 깊은 숨소리와 아드레날린이 솟구치는 심장의 떨림만이 있을 뿐이다. 사냥꾼은 바위 뒤에 웅크리기도, 다가오는 동물을 피해 덤불숲에 숨기도 한다. 존 러복도 땅바닥에 엎드리고 슐레스비히-홀스타인(Schleswig-Holstein)의 아렌스부르크(Ahrensburg) 계곡에서 해마다 벌어지는 순록 도축 현장을 지켜본다.

계곡 바닥에 있는 작은 호수 사이 풀밭에 구부러진 길이 보인다. 순록은 가을이면 이 길을 따라 새로운 초지를 찾아 북쪽으로 이동한다. 얼어붙은 바람에 사냥꾼의 냄새가 날아가고 발굽 소리에 땅이 울린다. 매복은 준비됐다.

순록 무리는 바윗덩어리 사이 좁은 길을 지난다. 누군가 신호를 보내자 창을 던지고 뒤에서 순록을 공격한다. 계곡을 따라 더 많은 창을 던진다. 순록은 덫에 걸리고 만다. 놀라서 도망치며 물로 뛰어들며 살고자 헤엄친다. 불과 몇 분이 지나지 않아 여덟에서 아홉 마리가 땅에 드러눕는다. 사냥꾼은 몸을 떠는 짐승의 머리를 내리친다. 호수에는 몇 마리 순록 사체가 떠다니지만, 땅 위에서 잡은 것만으로도 충분한 식량이 되기에 내버려둔다. 다시 조심스럽게 창을 거둔다. 나무가 별로 없는 이 북유럽의 경관에서 나무 자루는 귀중하다.

1930년대 알프레드 러스트(Alfred Rust)는 아렌스부르크 계곡에서 마이엔도르프(Meiendorf) 유적을 발굴했다.[1] 계곡 바닥의 진흙층에서 순록 뼈 수천 개가 나왔고 찌르개도 엄청나게 수습되었다. 아마도 더 강하게 창을 발사하도록 아틀라틀(atlatl)을 매달아 치명적 사냥무기로 썼을 것이다.

때는 서기전 12,600년 즈음. 19세기 에두아르 라르테(Edouard Lartet)는 이때를 순록의 시대라 불렀다. 러복이 높이 평가했던 고고학자 라르테는 프랑스 남부 동굴에서 순록 뼈가 아주 많이 나온다는 사실을 중요시했다. 실제 연대에 대해선 알지 못하는 상태에서 동굴곰의 시대와 털코뿔소의 시대를 뒤이어 순록의 시대를, 그런 다음 들소의 시대를 설정했던 것이다. 현재 연대측정에 따르면 동굴에 순록 뼈가 쌓이기 시작한 시기는 적어도 서기전 30,000년이 넘는다.[2]

러복이 구석기시대라 이름 붙인 시대를 라르테가 네 시기로 나눈 것은 당시로선 획기적인 생각이었다. 그럼에도 여러 동물종이 서로 편년상 중복되었기 때문에 『선사시대』에서도 비판을 받긴 했다.[3] 네 시기 가운데 순록의 시대에는 많은 공동체가 순록에 의지했었다.

빙하가 물러난 다음 순록은 아렌스부르크 계곡을 따라 해마다 나무 없는 툰드라 환경에서 스웨덴 남부의 겨울 초지로 이동했다. 툰드라 경관은 우리가 알고 있는 것보다 훨씬 살 만했었다. 여름 기온은 13°C에 이르렀고 겨울에도 고작 영하 5°C 정도까지 떨어질 뿐이었다. 수렵민이 처음 이곳에 이르렀을 때 순록이 좁은 길을 통과하고 있다는 사실에 놀라워했을 것이다. 이렇게 좋은 사냥 기회는 쉽게 오지 않는다.

러스트가 찾은 유적 가운데는 온난했던 뵐링 기의 것도 있고, 2000년이나 늦어 추웠던 영거드라이어스 기의 것도 있었다. 이때가 되면 독일 북부는 다시 아북극 기온으로 돌아갔지만, 툰드라 환경에서 소나무와 자작나무 숲이 여기저기 흩어져 있는 경관이었다. 러스트가 찾은 가장 유명한 영거드라이어스 유적은 스텔무어(Stellmoor)인데, 계곡의 동쪽 가장자리에 있다. 유적에서는 순록 뼈와 뿔이 18,000점 넘게 나왔고 플린트 석기도 많이 수습되었으며, 100점 넘는 소나무로 만든 화살대도 보존되어 있었다.

이것은 분명 대량 도살 유적이다. 호수는 피로 물들었을 것이다. 독일 고고학자 보딜 브라틀룬트(Bodil Bratlund)는 러스트의 수집품 가운데 플린트 화살촉이 박혀 있는 것을 중심으로 세밀하게 고찰하여 사냥 장면을 복원한 바 있다. 순록의 어느 부위를 가격하고 화살이 어느 방향에서 왔는지를 알아냈다.

사냥꾼은 첫 화살로 즉사시킬 생각으로 순록의 심장을 겨냥해 수평으로 쐈다. 순록은 놀라서 호수로 도망치고 물속에 뛰어들었다. 순록의 뒤와 위에서 다른 화살도 날아왔다. 순록의 어깨뼈와 목뼈 뒤에서 플린트 화살촉이 발견되었던 것이다. 그러나 수많은 화살이 표적을 빗겨나 흙바닥에 박혔다. 사체를 물가로 끌어낸 뒤 도살한 다음 이 연례행사에 모인 집단은 축제를 벌였을 것이다.

스텔무어 사냥꾼들은 마이엔도르프에서보다 훨씬 큰 규모로 순록을 잡았다. 기술도 더 효과적이었다. 창을 대신해 활과 화살을 썼고, 화살에는 독특한 삼각형에 슴베가 달린 촉을 꽂았다. 이것을 고고학자는 아렌스부르크 찌르개(Ahrensburgian points)라 부르는데, 영거드라이어스 시기 북유럽 전역에서 나온다. 이 유물은 혹심해진 기후변동에 창의적으로 맞선 기술적 도약을 비추어 준다.

지금까지 마이엔도르프와 스텔무어에서 사냥꾼들이 썼던 아틀라틀과 소나무 화살, 매복사냥 계획을 세웠던 야영지는 발견되지 않았다. 하지만 1000km 서남쪽 파리 분지에서는 정반대 현상이 보인다. 분지는 동북쪽의 아르덴 산맥과 동쪽의 보주, 서남쪽에는 모반, 남쪽에는 마시프 중앙고지로 둘러싸여 있다.

50개 넘는 유적이 알려졌는데, 뼈나 나무 화살대 같은 유기물은 부식되어 사라진 지 오래고 대부분 플린트 석기가 흩어져 있다. 다만 펭스방(Pincevent), 베르베리(Ververie), 에티올(Etiolles) 세 유적만은 아주 잘 보존되어 있는데, 각각 온난했던 뵐링 기와 그 이후 시기의 유적이다.[4] 유적은 센 강 지류 가까이 있어 고운 실트로 (아마도 봄 홍수가 날 때마다) 퇴적되어 있다. 석기와 동물 뼈, 불땐자리는 실트로 덮여 잘 보존되어 있다. 프랑수아즈 오두즈(Françoise Audouze)와 니콜 피지오(Nicole Pigeot)가 유적을 아주 정밀하게 발굴하고 세밀하게 분석하여 유럽 서북부에서 개척자의 삶을 마치 스냅사진처럼 생생하게 보여주었다.

존 러복은 마이엔도르프를 떠나 프랑스 파리 분지 우아즈밸리에 있는 베르베리 유적에 이른다. 오늘날 유적은 농경지 한가운데 있지만, 러복은 툰드라 환경을 가로질러야 했다. 계곡 바닥에 흩어져 자라는 소나무와 자작나무는 살을 에는 바람을 막아 주는 고마운 존재다. 어느 가을 낮 이미 해가 기울고 있다. 야영지 가장자리에 서서 불가에 모여 있는 사람들을 본다. 베르베리에 사는 사람들이 아니다. 그저 해마다 이곳을 찾아 하루나 이틀을 지내며 순록이 강가를 따라 지나갈 때 매복하여 잡는 곳으로 이용했을 뿐이다.

사냥꾼들은 순록 세 마리 사체를 가져와 몇 미터 간격으로 떼어 놓는다. 그리곤 불가에 모여 일을 시작하기 전 잠깐 쉰다. 러복도 빙하시대의 사람에게서 새롭고도 중요한 배움을 놓치지 않으려 잘 보이는 곳에 자리 잡고 앉는다. 어떻게 순록 사체를 해체하여 고기를 발라내는지 보려 한다.

남녀 서너 명이 석기를 이용해 사체를 빠르고도 능숙하게 자른다. 가끔 쓰던 석기를 버리고 사냥할 때 만들어 놓은 플린트 격지를 쌓아 놓은 곳에서 새 도구를 집어 든다.[5] 맨 처음 순록 머리를 잘라 낸 뒤 가죽을 벗긴다. 발굽 부위를 잘라 내고 다리 안쪽을 따라 자른 다음 가죽을 잡아당기고 힘줄을 자르면서 벗겨 낸다. 가죽은 땅에 펼쳐 놓는다. 가슴에서 가랑이까지 배를 가르고 내장이 땅바닥에 쏟아지자 한쪽으로 밀어낸다. 사체는 다리와 골반, 갈비뼈 부위별로 자르고, 간과 콩팥을 떼어 내어 가죽 위에 놓는다. 심장과 폐, 기관지를 한꺼번에 떼어 낸 심장은 고기더미에, 나머지는 내장 쪽에 놓는다. 마무리하기 전 머리에서 뺨 부위를 잘라 혀끝을 드러낸다. 자르고 잡아당겨 혀를 떼어 낸다. 마지막으로 뿔을 잘라 고기와 내장 위에 놓는다.

바닥에 놓인 사체를 돌려 다음 부위를 자르고 가죽을 벗기고, 다리를 잘라낸다. 커다란 관절 부위는 몇 미터 떨어져 있는 두 여인에게 건네고 여인은 살을 발라낸다. 도살이 진행되는 동안 뼈를 어깨 너머로 던지자 바닥엔 척추뼈와 하지뼈, 발뼈, 흉곽의 조각들로 어지러이 널려 있다. 작업이 마무리될 즈음 살과 콩팥, 간을 불에 구워 먹으며 잠시 휴식을 맞는다. 땅거미가 질 무렵 순록 고기를 가득 싣고, 비틀어진 가죽을 들썩이며 썰매가 떠난다. 몇 분이 채 안 돼 늑대가 찾아와 쓰레기를 가져간다. 뼈를 물고 피를 핥고 내장을 먹으며 잔치를 벌인다.

후일 고고학자들이 이 도살 유적을 찾는다. 불을 피워 재가 있고, 플린트 격지들이 집중된 곳과 도구를 만든 곳에는 깨진 돌덩어리들이 놓여 있고, 짐승이 깨문 뼈 조각과 버려진 석기가 흩어져 있다. 빈 공간은 사체가 놓여 있던 곳이고 그 주변에서 민첩한 도살자들이 작업을 했었다. 버려진 뼈에 남은 고기나 가죽, 힘줄, 골수는 얼마 지나지 않아 새나 딱정벌레, 벌레들의 먹이로 사라진다. 봄이 되어 강이 불어나 둑 위로 넘치면서 아주 작은 플린트와 뼈 조각을 제외한 많은 것이 그 자리에서 고운 퇴적물에 덮인다.

러복은 펭스방이라 불릴 또 다른 유적을 찾는다. 125km 남쪽에 있는 유적을 찾아 우아즈 강과 센 강을 따라 욘 강과 합류하는 곳까지 돌아간다. 나무 기둥을 세우고 순록의 가죽을 늘어뜨려 만든 텐트 주변에서 사람들이 불을 피우고 가죽을 다듬는 모습이 보인다. 가죽 가장자리에 말뚝을 박아 무두질하여 지방과 힘줄을 제거한다. 덮개를 들어 올려 텐트 안을 들여다보니 가죽으로 만든 작은 카누처럼 생긴 요람에 아기가 누워 있고 그 곁에 작은 불이 피워져 있다. 레깅스 정도만을 입은 네다섯 살 먹은 소년이 바닥에서 놀고 있다.

밖에서 나이 든 남자와 여자가 모여 펭스방을 떠나 남쪽의 겨울 야영지로 돌아갈 것인지를 의논하고 있다. 늦가을 순록 몇 마리만이 뒤처져 있을 뿐, 거대한 무리는 이미 북쪽으로 떠난 지 오래다. 펭스방에서 다섯 가족은 따로 땅을 파서 불을 피우고 있다. 베르베리에서 보았던 것처럼 남자 몇이 순록 고기와 뿔을 싣고 썰매를 끌며 도착한다. 모두 둥글게 모여 고기를 나눈다. 이제 내년을 기약하며 이 야영지를 떠나기 전 마지막 저녁 축제를 벌인다.

유명한 프랑스 고고학자 앙드레 르루아구랑(André Leroi-Gourhan)은 1960년대 펭스방을 발굴했다. 수많은 순록 뼈 조각이 고기를 구워 먹었을 화덕 주변에 흩어져 있었다.[6] 20년 뒤 미국 고고학자 제임스 엔로(James Enloe)는 여러 불땐자리에서 나온 조각이 서로 접합됨을 알았다. 어떤 동물의 왼쪽 앞다리가 한 화덕에서 나오고, 같은 동물의 오른쪽 앞다리는 다른 불땐자리에서 나왔던 것이다. 이를 근거로 어떻게 고기를 나누었는지를 논하였다.[7] 음식 공유는 펭스방 사람들의 사회생활의 근간을 차지하고 있었으며, 이는 인류역사 동안 모든 수렵채집민에게 공통된 양상이었을 것이다.

러복은 다시 북쪽으로 40km를 돌아와 센 강을 따라 에티올에 닿는다.[8] 이곳에서는 상당히 다른 도구 제작 행위가 벌어지고 있다. 순록 무리의 이동 경로를 예상할 수 있다는 점 때문에 프랑스 북부는 빙하시대를 사는 수렵민에게 아주 매력적인 곳이었다. 또 다른 요인으로는 백색의 연토질 석회암 노두가 있는 계곡에서 큼직한 정질의 플린트 돌덩어리를 얻을 수 있다는 점이다. 플린트는 석기시대 내내 중요한 원재료였다. 덩어리를 돌망치로 깨면 격지와 면도날처럼 날카롭고 긴 돌날을 만들어 낼 수 있기 때문이다. 다시 돌날에 정교한 잔손질을 베풀어 창에 장착하는 찌르개, 가죽을 무두질하는 긁개와 밀개, 뼈와 상아를 깎고 새기는 새기개, 가죽에 구멍을 뚫는 뚜르개 같은 여러 도구를 만든다. 고위도지방으로 들어갔던 개척자들은 마치 빙하시대의 철물점과 같은 플린트 산지를 눈여겨봤을 것이다. 프랑스 북부의 산지야말로 수렵민이 살기 좋은 곳이었다.

수백 미터 떨어진 백악질 퇴적물이 있는 산지에서 채석한 플린트 덩어리가 사슴 가죽으로 만든 가방에 실려 유적으로 운반된다. 무게가 50kg, 길이가 80cm에 이르는 아주 큰 것도 있다. 이에 비하면 러복이 서아시아의 아즈라크(Azraq) 유적에서 봤던 돌감(석재)은 아주 작은 것이었다. 내부에 화석이나 절리면이 있으면 원하는 방향으로 깨지지 않는데, 이 큼직한 돌덩어리에는 그런 흠집도 없어 아주 정질이다.

작업에는 정해진 형식이 없는 것 같다. 간식을 먹으며 수다를 떨기도 한다. 그럴지라도 진지하다. 조심스럽게 계획대로 돌덩어리를 내리친다. 경험 많은 장인은 재능을 뽐내고, 플린트 원석이 풍부하기 때문에 초심자도 전문가가 버린 것이 아니라 신선한 돌감으로 작업할 수 있다. 고고학자가 몸돌이라 부르는 돌덩어리를 무릎 사이에 움켜쥐고 돌망치나 뿔망치로 내리친다. 체계적으로 몸돌을 준비하고 가장자리를 돌며 조심스럽게 떼어 내자 얇은 격지와 돌날이 떨어져 나온다. 대부분 땅바닥에 떨어진 채 그대로 두고 몇 개만을 골라 따로 한쪽에 둔다. 선택된 격지나 돌날은 정교한 잔손질을 가해 특수한 생김새나 각도를 지닌 도구가 되기도 하며, 그 자체로 날카로운 날을 가지고 있어 그대로 쓰기도 한다. 러복도 돌망치를 들고 몸돌을 내리쳐 본다. 엄지손가락에 멍이 들고 격지 하나도 제대로 떼어 내지 못하고서야 다시 한 번 플린트 석기를 만드는 사람들의 기술을 높이 평가한다. 적어도 아즈라크에서 머물던 때에 비하면 손가락에 피를 내지는 않았기에 어느 정도 진전이 있었다고 해야겠다.

떨어져 나온 격지의 생김새와 크기는 어떤 망치를 썼는지, 어디를 내리쳤는지, 내리치는 속도와 각도에 따라 달라진다. 몸돌을 떼어 내기 전 타격의 힘이 제대로 전달되도록 타면을 조정하기 위해 가장자리를 다듬거나 문지를 때도 아주 작은 조각이 떨어져 나온다. 제작자는 길고 얇은 플린트 돌날을 떼어 내고자 한다.[9]

돌날 생산은 기계적인 작업처럼 보일 수도 있다.[10] 고고학자는 흔히 이런 식으로 석기제작을 이야기하곤 한다. 그러나 실제 작업을 지켜보면서 러복이 받은 인상은 이와 다르다. 돌이 지닌 질감을 느끼기 위해 손가락으로 몸돌을 어루만지고, 내리칠 때마다 돌이 깨지는 소리와 격지가 떨어져 바닥에 부딪치며 나는 소리도 주의하여 듣고, 마치 새로운 땅에 발을 디뎌 사냥을 시작하듯이 계속 몸돌을 돌려 가며 세심하게 점검한다. 이런 작업을 "플린트 깨기," 또는 "도구 생산"이라 부르는 것은 지나치게 단조로운 표현일지도 모른다.

물론 언제나 계획대로 떼어 낼 수 있는 것은 아니다. 겉으로는 완벽해 보이는 돌도 안에 흠집을 가지고 있을 수 있다. 그런 것은 그냥 버린다. 흠집 있는 돌은 둔탁한 소리를 내고, 좋은 돌은 맑은 소리가 난다. 몸돌의 생김새를 만들 때 잘못 치거나 판단을 잘못했을 때 문제는 커진다. 두 개로 깨져 버리거나 계획대로 격지가 떨어지지 않고 몸돌에 계단 같은 둔덕이 생길 때는 욕설을 내뱉기도 한다. 그런 몸돌은 바닥에 쌓인 격지 위로 던져 버리고 만다.

에티올 유적에서는 그런 석기 폐기장이 25개나 확인되었다. 펜스방의 동물 뼈를 제임스 엔로가 분석했듯이 프랑스 고고학자 니콜 피지오는 각 폐기장에서 나온 격지와 몸돌을 분석했다. 그렇게 서기전 12,500년 에티올에서 석기를 만들었던 빙하시대 수렵민의 결정과 행위를 복원했다. 이에 따르면 불가에 앉은 사람이 가장 재주가 좋았다. 몸돌에서 보이는 실수가 가장 적었던 것이다. 불가에서 멀어질수록 기술이 떨어졌으며, 먼 곳에는 돌날의 수가 적고 서툰 솜씨로 떨어진 것이 많았다.[11]

벨기에 남부의 뫼즈 강이나 레세 강 유역 같은 유럽의 다른 지역에서 플린트는 훨씬 더 귀한 물품이어서 비경험자가 낭비할 수 있는 원석이 아니었다. 이곳은 아마도 파리 분지의 수렵민이 서기전 16,000년 즈음부터 아르덴 산맥을 지나 탐사에 나섰을 것이다.[12] 수렵민이 야영할 동굴이 많았고 오리나무, 개암나무, 호두나무 잡목 숲에서 땔감도 구할 수 있었다. 프랑스, 독일에서와 마찬가지로 순록이 강을 따라 좁은 길을 통과할 때 매복하여 잡을 수 있었다. 이보다 계획적이진 않지만, 야생말이나 산양, 영양, 붉은사슴 같은 동물을 쫓아 사냥하기도 했다.

뫼즈와 레세 강 유역은 서기전 13,000년 이후 수렵채집민이 연중 내내 머무른 것으로 보아 생산적인 지리환경이었음이 분명하다. 이 사실은 사냥된 동물의 이빨에 기록된 계절 성장선을 세밀히 고찰하여 알 수 있다. 대니얼 리버먼이 초기 나투피안 유적인 하요님 동굴에서 나온 가젤을 연구했듯이, 고고학자들은 빙하시대의 벨기에에서 도살된 순록의 치아를 분석해 마지막 성장선이 여름 또는 겨울이었음을 확인했다.

여름과 겨울 성장선 자료가 동등한 비율이었기 때문에 벨기에 남부에서 사냥꾼은 순록을 연중 내내 잡았음이 분명해졌다. 계곡 사이로 이동하였고, 툰드라로 덮인 평원에서 사냥했을 것이다. 그러나 가까운 곳에 플린트 산지는 없었다. 원석을 얻으려면 북쪽으로 35km, 또는 서쪽으로 65km를 가야 하는데, 며칠은 걸어야 하는 거리다.[13]

빙하시대 야영지 가운데는 부아 레테리(Bois Laiterie) 유적도 있다.[14] 유적은 높은 벼랑 위에서 북쪽을 바라보는 작은 동굴로서, 찬바람이 부는 춥고 어두운 곳이다. 수렵민은 이곳을 여름 캠프로 쓰면서 사냥하거나 연어와 강꼬치를 잡으며 며칠만 머물렀을 것이다. 동물 사체를 도살하여 가져왔으며, 새 뼈로 만든 피리도 나왔고, 뼈바늘로는 옷을 지어 입었을 것이다. 수렵민이 떠난 뒤 동굴에는 여우가 찾아와 찌꺼기를 먹었다.

뫼즈 강과 레세 강이 합류하는 지역에는 샬뢰(Chaleux) 같은 다른 동굴유적도 있다. 동굴이 더 크고 남쪽을 바라보고 있으며, 돌판과 함께 불땐자리도 상당수 확인되었다. 따라서 이곳의 동굴은 주요 본거지로서 무리를 지어 사냥이나 플린트 채석, 땔감 획득, 고기잡이 같은 일을 위해 떠났다 돌아오는 장소였을 것이다.

물론 어느 유적에도 한 해 내내 머무르지는 않았지만, 뫼즈 강과 레세 강 유역은 수렵민으로서는 더 이상 과거 세대처럼 남쪽 멀리까지 돌아가지 않아도 될 만큼 풍부한 환경이었다. 이 지역에 얼마나 많은 사람들이 살았는지를 구체적으로 알 수는 없지만, 인구가 존속하기 위해서는 적어도 500명 정도가 필요하다는 점을 상기할 필요가 있다. 이 숫자는 수렵채집민 무리가 나뉘어 이동하면서 주기적으로 만나 물품과 구성원을 교류한다는 가정에 근거한 수학적 모델에서 나온 것이며, 실제 북아메리카와 캐나다의 수렵채집 집단에 대한 민족지 기록과도 일치한다.[15] 그렇게 이동하는 무리가 서로 만나는 것은 한 해에 한두 번 정도였을 것이다. 실제 이동하는 수렵채집민은 대체로 25명에서 50명 정도, 곧 넷 또는 다섯 가족이 한 무리를 이루며 살았을 것이다.

서기전 12,500년이면 북극에 가까운 곳을 제외하고 유럽의 대부분 지역에 사람이 살 수 있었지만, 많은 지역은 여전히 사람이 살지 않은 채로 남아 있었다. 빙하시대의 환경은 여전히 인구성장률을 제한하는 요인이었으며 특히 겨울은 아주 혹심하였다. 예컨대 식량을 순록에 의존하는 사람들에게도 문제가 있다. 현대의 자료로도 잘 알려져 있듯이 순록 무리의 수는 변동한다.[16] 순록떼가 적었을 때 수렵민은 식량을 찾아 고생스런 날을 보내야 했을 것이며, 이로써 인구성장은 억제될 것이다. 그런 어려운 조건에서 집단은 한 지역뿐 아니라 수백에서 수천 km 떨어진 집단과도 직간접 교류를 해야 한다. 생존의 열쇠는 정보이다. 식량 조달이나 환경 조건, 혼인 상태, 스텔무어 유적에서 보았듯이 활이나 화살 같은 새로운 발명에 대한 정보가 긴요한 것이다.

사람들은 친구와 친척을 만나고 새로운 관계를 만들고, 수다를 떨고, 미래 계획과 어떤 동물과 식물을 먹었는지, 철새가 언제 이동했는지, 다른 집단에게 무엇을 들었는지를 의논하기 위해 멀리까지 나간다. 고고학자들은 멀리 운반된 물품을 근거로 그런 여행의 흔적을 추적한다. 가장 좋은 사례는 벨기에 남부의 동굴에서 상당수 발견되고 있는 바다조개 화석이다. 이 유물은 기능적 가치는 전혀 없고 다만 치장을 위한 물품이었다. 조개 산지는 파리와 가까운 곳과 루아르밸리의 지질층까지 추적할 수 있는데, 각각 유적에서 150km와 350km 거리에 있다. 비슷한 먼 여행의 흔적은 북으로 엘베 강과 라인 강, 그리고 남으로 알프스 산맥과 다뉴브 강 사이의 지역에서도 확인된다. 조개뿐 아니라 플린트와 석영, 호박, 흑옥도 산지에서 100km 넘는 거리의 유적에서 발견되고 있다.

현재의 독일은 빙하극성기 동안에는 북극 사막이었던 땅이 영구 거주할 수 있는 곳이 된 좋은 사례이다.[17] 굽이치는 구릉지대와 강 유역 안에 있는 빙하시대 유적의 다수는 뵐링 기에 해당한다. 이 시기 경관은 여전히 개활지였고 순록이나 말을 사냥할 수 있었다. 라인 강 중류에서는 몇몇 수렵민 집단이 해마다 가을과 겨울이면 서로 모여 저지대에서 말을 사냥하고, 여름이면 흩어져 주변의 고지대에서 순록을 사냥했을 것이다.

괴너스도르프(Gönnersdorf)와 안더마흐(Andermach) 유적에서 가을과 겨울 공동사냥의 증거가 나왔다. 두 유적은 라인 강 중류의 강변 양쪽에서 마주하고 있으며, 서기전 13,000년에서 11,000년 사이로 추정된다.

러복은 에티올에서 순록 사냥과 도살, 플린트 석기 제작을 경험하고 하안단구에 있는 괴너스도르프에 들어간다.[18] 겨울 하늘은 어둡고 눈이 쌓여 있다. 부아 레테리 같은 축축하고 어두운 동굴도 없고, 펭스방의 엉성한 움막도 보이지 않는다. 대신 단단한 나무 기둥으로 세우고 뗏장과 두꺼운 가죽을 덮은 지름 6-8m의 둥그런 집이 몇 채 있다. 툰드라에 얼음처럼 차가운 바람이 불고 지붕마다 연기가 피어오른다. 멀리 있는 집 한 채에서 노랫소리가 들리고 가까운 곳에서는 수다소리가 들린다.

러복은 허리를 구부려 가죽을 밀어젖히고 안으로 들어간다. 열에서 열두 명이 돌판 위에 깔아 놓은 두꺼운 모피 위에 앉아 있다. 안은 따뜻하고 남자든 여자든 웃옷을 입고 있지 않다. 불을 피워 연기가 자욱하고 아로마 향에 취한다. 가운데 화덕 위에는 매머드 뼈로 만든 그릴에 말고기를 굽고 사람들이 둘러싸고 있다.

조개 껍질 몇 개를 둘러앉은 사람들에게 돌린다. 속이 빈 하얀 관 모양이고, 몇 cm 길이의 작은 조개다. 겉이 부드러운 것도 있고, 깊은 골이 패어 있기도 하다. 사람들은 이런 조개를 본 적이 없다. 지중해 연안에서 온 뿔조개로서 겨울에 이곳을 찾았던 사람이 가져온 것이다. 러복은 이런 조개를 아인말라하 사람들의 목걸이에서 본 적이 있다. 이즈음 비옥한 초승달지대의 참나무 숲에서는 아인말라하 마을이 번성하고 있었다.

어둠이 내리고, 고기를 먹고 등을 밝힌다. 가장 나이 들어 보이는 사람이 여우 이빨로 만든 목걸이를 차고 있다. 이 사람은 저녁 내내 고개를 처박고 연기를 들이마시고 있었다. 이제 점판암의 편평한 판의 표면을 뾰족한 플린트로 새겨 그림을 그린다. 그러는 동안 다른 사람들은 조용히 합창을 한다. 몇 분 안에 일을 완성하고, 새긴 점판암을 사람들에게 돌린다. 말을 그렸다. 조심스럽게 묘사하고 비율도 상당히 정확하게 맞췄다. 점판암 판을 한쪽으로 놓는다. 늙은 샤먼은 다시 시작한다. 중독성 있는 연기를 깊이 들이마신다. 합창 소리에 몇 분 동안 집중하면서 또 다른 점판암 판이 돈다. 역시 말을 그린 것이다. 이렇게 몇 시간이 이어진다. 결국 늙은이는 바닥에 쓰러지고 만다.[19]

1954년 이후 게르하르트 보신스키(Gerhard Bosinski)의 괴너스도르프 발굴에서는 중부 유럽에서 가장 훌륭한 예술품이 많이 나왔다. 동물과 여성을 새긴 돌판이 150점 넘게 발견되었다. 말을 그린 것이 가장 흔한데, 도르도뉴 지방의 동굴벽화에 보이는 자연주의 경향과 비슷하다. 이처럼 말에 관심이 많았던 것은 주민의 주 식량자원이었기 때문이었을 것이다. 그러나 식량 경제에 치중한 이런 주장은 왜 매머드를 비슷한 자연주의의 수준으로 그렇게 흔하게 그렸는지를 설명해 주지는 못한다.[20] 매머드는 이 시기 라인 강 중류에서 아주 드물었거나 아니면 이미 멸종한 상태였던 것이다. 그런데도 눈이나 몸통, 꼬리 부위를 세밀하게 묘사한 것으로 보아 상당한 정도의 해부학 지식이 있었음을 보여준다. 이 밖에 새와 바다사자, 털코뿔소, 사자도 묘사되어 있다.

러복은 괴너스토르프에 머무는 며칠 새 매일처럼 남자 사냥꾼들이 말을 찾아 계곡으로 나서는 것을 본다. 이로써 지난 세기 고고학자들이 완전히 무시했던 빙하시대 사회에 대한 중요한 사실을 알게 된다. 바로 여성이 담당한 중요한 역할이다. 주로 남자들이 담당했던 사냥과 도살을 지나치게 강조함으로써 여성의 역할과 작업은 간과하기 일쑤였던 것이다. 러복은 여성이 어떻게 땔감을 찾아오고, 집을 만들고 유지하며, 불을 피우고, 옷을 준비하고, 돌과 나무, 뿔 도구를 만들며, 음식을 조리하고 아이들과 늙은이, 병약자를 돌보는지를 본다. 밤에 공동의 모닥불을 돌며 노래하고 춤을 추는 것도 여성이다. 새로 태어난 아이를 돌보는 것도 여성이며, 심지어 가끔 사냥에 나서기도 한다.

어느 날 저녁, 러복은 『선사시대』를 넘기다 예전 그가 "미개사회"에서 여성의 역할에 대해 무어라 썼는지를 읽는다. 사실 거의 언급한 것이 없다. "미개사회에서 여성의 순결은 그리 일반적이지 않다"라는 글귀도 있는데, 다만 "이 점을 너무 가혹하게 비난하면 안 된다"고 썼다.[21] 책의 다른 곳에서는 어떻게 인육을 먹는 사람들이 남성의 살보다 여성의 살을 선호했는지를 말하기도 했고,[22] 먹을 것이 부족한 시기에 개들이 여성을 먹기도 했을 것이라고 하였다.[23] 이처럼 책에 실린 여성의 역할이란 그저 남성의 배고픔과 미식 같은 것을 채워 주는 정도로 기술되어 있다.

러복은 이제 자신이 쓴 글이 잘못임을 깨닫는다. 빙하시대에 여성이 모든 양상에서 중요한 역할을 맡았음은 여성이 괴너스도르프 예술품에 주요한 주제로 묘사되어 있다는 사실에서도 드러난다. 물론 동물에 대한 자연주의적 묘사만큼은 아니지만, 머리와 몸, 팔, 가슴을 거의 완전하게 그린 것에서 뒷모습과 엉덩이를 선 하나로 거의 추상에 가깝게 묘사한 것에 이르기까지 다양한 이미지가 있다. 여성 개인이 묘사되어 있기도 하고, 서너 명을 한꺼번에, 열 명 이상이 마치 춤을 추는 모습을 그리기도 했다. 줄을 지어 함께 걷는 듯 보이는 것도 있고, 등에 아이를 업고 있는 것, 젖을 담고 있어 가슴이 부풀어 있는 모습도 있다. 비슷한 양식의 여성 묘사는 서유럽 전역에서 나타난다. 때로 돌판에, 또는 뿔에 새겨져 있기도 하는데, 괴너스도르프에서처럼 많이 나오지는 않는다.[24]

고고학자들—주로 남성이지만—은 전통적으로 빙하시대의 여성 이미지를 다산의 상징으로 해석하며 "비너스 조각상"이라 부른다. 그러나 괴너스도르프 이미지에서는 전혀 성적인 것을 느낄 수 없다. 성적 욕망과 관련된 물건이 아님은 물론 어린아이를 데리고 있는 사람이라기보다는 오히려 빙하시대 사회에서 엄마로서, 또는 누구를 돌보고 무엇을 제공하는 이로서 여성의 역할을 축하하는 듯하다.

사람들은 겨우내 괴너스도르프에 머문다. 다른 곳에서 새로이 들어오는 사람들 덕에 주민의 수는 100명을 넘는다. 사람들은 이야기를 하고 봄 계획—각 무리가 어디로 가서 사냥할지, 어떤 무리가 마을에 머물지—을 논의한다. 이런 일이 중부와 북부 유럽의 많은 겨울 수렵민 야영지에서 벌어졌을 것이다. 그렇지만 계속되지는 않을 것이다. 러복은 예전 아부후레이라에 가까운 스텝지역에서 그랬듯이 집의 따뜻한 쪽에 앉는다. 그때와 마찬가지로 사람들은 혹심한 시기가 닥칠지를 모르고 있다. 라인 강변에서 노래 부르고 춤추는 일은 영거드라이어스 기 동안 적어도 천년 정도는 멈추었다.

서기전 10,800년 영거드라이어스가 찾아오며 유럽의 기후는 혹독했던 빙하시대의 조건으로 곤두박질쳤다. 중부 유럽의 강가와 골짜기에서 겨울을 보내던 말떼와 이를 식량으로 삼았던 수렵채집 무리는 흩어졌다. 사람들은 여름에 돌아오기 위해 잠시 떠난 것이 아니라 괴너스도르프를 영원히 버리고 말았던 것이다.

　유럽 전역에서 동식물의 식생이 변하여 산림지대는 버려진 툰드라가 되었다. 서아시아의 초기 나투피안 사람들과 마찬가지로 빙하시대 북부 유럽의 수렵민은 새로운 환경에 적응해야 했고 인구도 절멸 직전에 이르기까지 줄어들었다. 재배할 야생 곡물 자원이 없는 상황에서 다시 해마다 아렌스부르크 계곡을 따라 이동하는 순록 무리를 사냥해야 했다. 다만 이번엔 활과 화살을 이용한다.[25]

　시간이 흐른 뒤 나중에야 우리는 더 나은 시간이 다시 도래함을 안다. 서기전 9600년 극적인 지구온난화가 혹심한 겨울 추위를 몰아내자 유럽은 다시 지난 10만 년 동안 겪었듯이 다시 두터운 산림지대로 덮인다. 이제 영거드라이어스 시기를 뛰어넘고 이 산림지대 안으로 들어가 보자. 러복은 남부 유럽으로 여행을 떠나도록 두고 우리는 오늘날 영국제도가 될 서북부로 떠나 보자.

15

스타카

후빙기 초 북부 유럽

9600-8500 BC

요크셔 지방의 스타카(Star Carr)는 유럽에서 가장 중요한 고고학 유적 가운데 하나이다. 유적은 라스코의 동굴벽화나 투탕카멘 무덤과 맞먹는 중요성을 지니고 있다. 그럼에도 시끄럽게 돈을 요구하는 여행 가이드도 없다. 문화유산 안내소나 선물가게도 없고, 표지판과 기념물, 기념판도 없는 그저 영국 시골구석이다.

내가 유적을 마지막으로 찾은 것은 1998년 조용한 여름 낮이었다. 농경지를 가로질러, 가끔 제비와 흰털발제비가 날아다니는 광경을 보면서 시골길을 갔다. 소들이 풀을 뜯고, 보랏빛 엉겅퀴 사이를 스치는 나비와 잠자리를 친구 삼아 울타리를 따라 걷는다. 길을 걸어 백조떼가 한가로이 노니는 허트포드 강을 만날 즈음 농사꾼에게 물어 유적에 왔음을 안다.

유적 앞에 왔지만, 이제 과거를 보여주는 무너져 내린 벽이나 둑 같은 고고학의 흔적은 보이지 않는다. 그저 다른 곳과 구분할 수 없는 풀밭이며, 뒤편의 꽃이 흩뿌려진 강변에는 벌들이 분주히 검은딸기나무와 미나리아재비, 들장미를 오가고 있다. 동쪽과 서쪽을 보니 군데군데 도랑과 농장이 있을 뿐 피커링 계곡(Vale of Pickering)의 초원이 끝없이 펼쳐진다. 북쪽으로 요크셔 황야지대로, 남쪽으론 월즈(Worlds)의 구릉지대로 이어진다. 조팝나무 향이 가득하다. 나는 처음엔 물에 뛰어들고 싶었고, 그 뒤 낮잠을 자고 싶었다.

이처럼 한적한 요크셔 시골구석을 어떻게 라스코나 투탕카멘과 비교할 수 있을까? 이것은 바로 케임브리지대학의 디즈니고고학 (석좌)교수이자 피터하우스칼리지 학장, 영국학술원 회원인 그레이엄 클라크(Sir Grahame Clark)라는 인물 덕분이다.[1]

투탕카멘의 무덤과 라스코 동굴벽화가 잃어버린 과거 세계의 상징이듯이 스타카도 고고학자가 중석기시대라 부르는 시기 유럽의 산림지대 수렵채집민이 살던 세계이다. 유럽 문화의 새로운 세계였다. 갑작스럽게 영거드라이어스가 끝나고 빙하가 완전히 사라지면서 스텔무어의 순록 사냥꾼과 괴너스도르프의 춤꾼의 후예가 들어와 살았던 곳이다.

유럽에는 수백, 아마도 수천 개 중석기시대 유적이 있다. 유적은 이전 빙하시대 사람들이 남긴 단기 임시거주의 잔적과는 사뭇 다르다. 색다른 무덤도 있고, 놀랄 만한 예술품도 있다. 그러나 스타카에는 그런 것이 없다. 그런데도 왜 이 유적이 그토록 특별한가?

대답은 간단하다. 중석기시대는 스타카에서 시작되었다고 해도 과언이 아니다. 스타카는 유럽 전역에서 알려진 가장 이른 중석기 유적이다. 이처럼 중석기시대는 사실상 스타카에서 시작했다고 해도 과언이 아니다. 나로서도 스타카는 들어 본 첫 중석기 유적이며, 고고학자가 되고자 했던 결정에서 핵심이기도 했다. 1949년부터 1951년까지 클라크의 발굴이 있기 전까지 중석기시대는 이전 구석기시대와 그 뒤 신석기시대에 비해 거의 잊힌 상태였다.[2] 유럽에서 모든 시기를 통틀어 방사성탄소 연대측정이 이루어진 첫 유적이기도 하다.

1865년 존 러복은 중석기시대에 대해 어렴풋한 지식조차 가지고 있지 못했다. 『선사시대』에서는 "우리에게 남겨진 잔적을 주의 깊게 연구함으로써 선사고고학은 네 시대로 나눌 수 있을 것 같다"고 썼다.[3] 나아가 구석기시대를 "매머드와 동굴곰, 털코뿔소 같은 절멸 동물과 함께 살았던 때"였으며,[4] 신석기시대를 "플린트 같은 돌로 만든 아름다운 무기와 도구가 특징인 시대"로,[5] 뒤이어 청동기시대와 철기시대[6]를 기록하고 있다. 중석기시대에 대해서는 아무런 언급도 없다. 당시 중석기시대는 존재하지 않았던 것이다.

책의 후반부에서는 덴마크 고고학 교수 옌스 보르소에(Jens Worsaae)가 어떻게 구석기시대를 두 시기로 나누고 싶었는지를 기록하고 있다. 첫 번째는 절멸한 동물과 공반하는 석기의 시기이고, 두 번째는 덴마크 해안에서 발견되는 유적, 특히 생선 뼈와 동물 뼈, 유물이 나오는 대규모 조개더미(곧, 쓰레기더미)의 시기이다. 또 다른 덴마크 고고학자 스틴스트럽 교수는 그 쓰레기더미가 러복의 신석기시대에 속한다고 보았다. 러복은 스틴스트럽의 견해에 동조하였다. 조개더미가 덴마크 역사에서 어떤 한 시기를 대표한다고 생각했지만, 신석기시대의 일부였으리라 보았던 것이다.[7]

우리는 이제 보르소에가 옳았고, 스틴스트럽은 완전히 틀렸음을 잘 알고 있다. 유럽의 중석기시대는 구석기시대나 신석기시대와 매우 다르다. 홀로세(Holocene) 농경민이 들어오기 전 두터운 숲에 살았던 수렵채집민의 시대인 것이다. 1930년대 클라크는 석기의 목록을 작성하고 분류함으로써 영국 중석기시대 연구를 선도하였다.[8] 그리곤 스타카를 발굴한 뒤 중석기 생활양식과 환경으로 관심을 돌렸다. 당시로서는 덴마크 고고학을 따라가는 것이었다. 덴마크에서는 이미 1850년대 조개더미(패총)를 발굴하면서 환경과 경제 이슈를 논하고 있었다. 물론 보르소에와 스틴스트럽은 다른 의견을 갖고 있었지만 말이다.[9]

평온했던 여름 낮, 케임브리지대학의 젊은 교수와 발굴단이 스타카 유적에 도착해, 캠프를 세우고, 발굴을 시작하는 장면을 상상한다. 클라크는 배수구에서 석기가 발견된 뒤 스타카 유적을 발굴지로 선택했다. 곧, 선택은 옳았음이 드러났다. 이 요크셔지방의 저습지에서 동물 뼈뿐 아니라 뿔과 나무도구 등 잘 보존된 수렵채집민의 야영 유적을 발굴하게 된 것이다. 영국에서는 아직도 이렇게 잘 보존된 중석기시대 유적은 나오지 않고 있다.

중석기시대 주민도 내가 그 한낮에 앉았던 곳에 앉아 있었을 것이다. 그 시절 요크셔에는 자작나무 숲과 두터운 고사리류 덤불로 덮여 있었다. 앞에는 지금처럼 목초지가 아니라 커다란 호수가 있었고, 그 가장자리가 내가 잠깐 선잠을 잤던 오늘날의 얕은 경사면이다.

이곳은 자작나무 숲과 호수를 따라 사냥 본거지의 역할을 했다. 선호했던 사냥감은 붉은사슴이었지만, 멧돼지와 노루, 엘크, 오록스(들소)도 잡았다. 식물 자원을 모으고, 오리와 논병아리 등 온갖 새를 잡고, 또 카누를 타고 물고기 낚시를 했다. 여름마다 스타카에 와서 호숫가에 빽빽이 자라는 갈대밭을 태우는 것도 중요한 일이었다. 야영지에서는 새로운 돌화살촉과 미늘을 화살대에 달고 가죽을 손질하여 옷을 꿰고, 뿔로 작살을 만들었다.

해마다 가을과 겨울에 뿔을 수집하여 유적에 은닉해 놓았다. 뿔을 깎아 작살을 만드는 일은 능숙한 솜씨와 섬세한 공예가 필요한 일이었다. 뿔은 석기를 이용해 끌 같은 모양으로 다듬는다. 길쭉한 방향으로 나란하게 홈을 판 다음, 편평한 부분을 잘라 냈다. 자르고 다듬고 부드럽게 갈았다. 작은 미늘이 달린 뿔촉을 만들기도 하고, 거칠게 깎은 것도 있다. 아마도 사냥감의 종류에 따라 디자인을 다르게 한 것으로 보인다. 사실 어떤 디자인이 사냥에 가장 효율적인지를 아무도 모르는 상황에서 이것은 실험이었는지도 모른다.

나는 요크셔 들판에 앉아 중석기시대의 장면을 떠올려 보았다. 마른 갈대를 가로지르는 불꽃, 타는 연기에 흐르는 눈물, 물오리떼와 토끼, 들쥐를 쫓는 아이들을 상상한다. 갈대밭이 활활 타오르고, 불꽃이 바람에 날려 호수 위에 머문 다음 가라앉는다. 갈대가 타는 모습은 호수 건너에서 카누를 타고 들어오는 사람들에게도 보인다. 불을 질러 새싹의 성장을 돕고, 사슴이 돌아와 싹을 먹고, 사람들은 다시 호숫가에서 사냥할 수 있다. 서기전 9000년 선사시대 세계의 다른 곳, 예리코의 들판에서도 밀과 보리 새싹이 자라고 있다.

그날 밤 사람들은 춤을 추고 노래를 부르며 사슴 고기를 마음껏 먹고 식물을 태운 연기를 마시며 도취하였을 것이다. 동물 가죽으로 옷을 입고, 사슴 뿔 가면을 쓰고, 감각적으로 사슴처럼 합창하고, 북 소리와 갈대로 만든 피리 소리에 몸을 움직이는 모습을 그려 본다. 춤을 추다가 갑자기 멈추고 냄새를 맡으며, 미친 듯 노려본다. 그런 다음 사냥꾼의 화살을 맞고 죽는다. 생명을 포기한 것에 대해 감사하고 축복한다.

나는 사람들이 반짝이는 별 아래에서 잠을 잔 뒤 다음날 떠났으리라 상상한다.

언덕 위로 올라간 사람도 있고, 해안을 향해 카누를 타고 동쪽으로 떠나는 사람도 있다. 도살된 동물 뼈, 작살과 석기를 만들며 나온 쓰레기와 함께 사슴 가면도 버려진다. 그리고 잊힌 다음 죽은 갈대 아래 저습지에 묻힌다. 훗날 고고학자가 찾아 유럽의 과거를 이해하는 데 중요한 자료가 된다.

이런 나의 상상은 클라크의 발굴에서 나온 많은 증거 덕분이다.[10] 발굴에서는 사슴 가면이 나왔지만, 춤추는 데 쓰인 가면이 아닌 사냥을 위한 위장용이었을 수도 있다. 수많은 여러 생김새와 크기의 미늘 달린 뿔촉과 식물성 식량의 잔존물이 나왔다. 물론 중독성 있는 것은 알려지지 않았다. 노는 나왔지만, 카누는 발견되지 않았다.

　클라크의 발굴은 1951년 마무리되었다. 그러나 이후 지속적으로 스타카의 증거를 재분석, 재평가하였고, 이는 오늘날도 계속되고 있다.[11] 클라크는 (특정 시기에만 자라는) 뿔이 많았음을 근거로 유적을 겨울철 본거지였다고 보았다. 그러나 1985년 동물고고학자 피터 롤리콘위(Peter Rowley-Conwy)와 토니 레그(Tony Legge)가 동물 뼈를 재분석했지만, 겨울 점유의 증거를 찾지 못했다.[12] 오히려 초여름을 가리키는 증거가 많았다. 레그와 롤리콘위는 사슴의 치아 성장 패턴, 곧 이빨이 빠진 시기를 분석하여 대부분 동물이 오월과 유월 사이에 사냥되었음을 밝혔다.

　갈대를 태우는 일은 1990년대 중반까지도 알려지지 않았다. 이는 환경 복원을 전문으로 하는 레딩대학 페트라 다크(Petra Dark) 덕분이다.[13] 다크는 과거 호수의 가장자리와 중심부에서 흙 시료를 떠 아주 세밀한 현미경 분석으로 화분과 숯 입자, 식물 조각이 연이어 있음을 밝혔다. 사람들이 들어오기 이전의 시료는 풀과 난장이버들, 소나무, 자작나무 등 상당히 전형적인 빙하시대 식물상을 보여준다.

　영거드라이어스가 끝난 서기전 9600년 이후 이탄층의 시료에는 포플러와 향나무가 포함되어 있고, 그 다음은 다시 자작나무가 압도한다. 서기전 9000년 이후의 시료에는 숯 입자가 포함되어 있는데, 호숫가에서 피운 불에서 날아온 것으로 보인다. 숯과 함께 불에 탄 갈대 조각과 화수(花穗)의 양이 갑자기 증가한 것은 어떤 집중적 활동이 이루어졌음을 비추어 준다. 이런 식으로 호숫가 식물을 태우는 일은 80년 동안 계속되었다. 그 뒤 사람들은 한두 세대 동안 호수를 찾지 않다가 서기전 8750년 즈음 다시 돌아와 적어도 한 세기 동안 같은 일을 되풀이한다. 그 즈음 버드나무와 사시나무가 호수를 잠식하여 나무들이 빽빽이 들어찬다. 서기전 8500년이 되면 개암나무가 자리를 잡고 마지막 불태우기가 끝난 뒤 사람들은 스타카를 떠나 수렵채집을 위해 다른 곳으로 떠난다. 호수도 거의 사라진다.

개암나무와 자작나무, 버드나무, 소나무, 사시나무는 영거드라이어스가 끝나기 무섭게 나타나 빠르게 퍼지고 더 북쪽으로 확장하였다.[14]

　새로운 숲은 자리를 잡은 다음에도 평화롭지 않았다. 새로운 환경을 개척하는 종이 들어오면 지구온난화가 지속되면서 더 따뜻하고 습윤한 조건을 좋아하는 나무들이 뒤따랐다. 이런 종에는 영거드라이어스 동안 남부 유럽에서 북쪽으로 나가지 못하고 곡부에 존속하고 있던 참나무와 느릅나무, 라임나무, 오리나무 같은 것이 있었다.

　이런 종이 남쪽의 빙하시대 피난처에서 북쪽으로 확장한 경로에 대한 기록은 화분 시료에 남아 있다. 예를 들어 참나무는 서기전 9600년 영거드라이어스 기가 갑자기 끝나면서 포르투갈, 스페인, 이탈리아, 그리스에서 보인다. 서기전 8000년이면 프랑스 서해안을 따라 영국의 서남부까지 닿는다. 2000년 뒤 유럽 대륙 전체를 가로질러 스칸디나비아의 남쪽까지, 그리고 다시 2000년이 흘러 서기전 4000년에는 스코틀랜드 북단과 노르웨이 서해안에 이른다. 하지만 그때가 되면 남쪽에서는 이미 곡물을 재배할 농경지를 확보하기 위해 참나무를 벤다. 라임나무는 다른 경로를 따른다. 동남부에서 시작하여 북부 이탈리아와 발칸 반도에서 빙하기를 견디며 동부와 중부 유럽의 가장자리에 자리를 잡은 뒤 서기전 6000년이면 영국 동남부까지 들어온다. 개암나무와 느릅나무, 오리나무는 비슷한 경로를 따라 대륙을 가로질러 영국에 이른다. 그리하여 여러 종이 풍부하게 섞인 혼합림이 되고 다양한 관목과 식물, 균류, 이끼류까지 자리 잡는다. 숲은 유럽 전체로 확산한다.

　동물은 새로운 환경에 살아남기 위해 적응하든지 다른 곳으로 이동해야 한다. 실패한 동물도 있다. 매머드와 털코뿔소, 거대한 큰뿔사슴은 절멸하고 마는데, 아마도 찌르개를 꽂은 창의 위협에 벼랑 끝에 몰렸을 수도 있다. 순록이나 엘크 같은 다른 종은 두터운 숲이 없는 훨씬 북쪽 땅이나 고산지대로 이동하여 생존하였다. 지구온난화의 영향으로 붉은사슴, 노루, 멧돼지는 중석기시대 수렵민이 좋아하는 사냥감이 되었다. 붉은사슴은 큰 무리를 이루고 툰드라와 남부 유럽의 산림에 사는 반면, 노루와 멧돼지는 최후빙하극성기와 영거드라이어스 기를 곡부의 피난처에 드문드문 자라고 있던 참나무와 느릅나무 숲에서 견뎠다.

이처럼 지리경관과 동물상이 진화하면서 사람들의 생활도 변했다. 수렵민에게 동물 행동의 변화는 동물 종의 변화만큼이나 중요하다. 에티올에 살고 마이엔도르프에서 사냥했던 사람들은 이동하는 순록 무리에 의존했다. 순록이 예상 경로를 따라 이동할 것을 기대하고 좁은 계곡에서 숨어 있다가, 아니면 강을 건널 때 대량으로 도륙하였다. 그러나 이제 새로이 등장한 숲에서 사슴은 작은 무리로 가족끼리 혹은 한두 마리가 흩어져 살고 있다. 이제 대량으로 몰살하는 사냥은 불가능하고, 잠행하여 떨어져 있는 동물을 따라가 덤불 속에서 화살을 쏘는 식으로, 그리고 사냥감이 피를 흘리며 도망치면 더 쫓으며 사냥했다.[15]

환경과 사냥 행위의 변화는 새로운 기술의 발달과 동반되어 있다. 큰 찌르개는 작은 화살촉과 세석기에 자리를 내어 주고, 플린트로 만들어진 아주 작은 돌날이 유럽 전역에서 석기기술의 가장 중요한 요소가 된다. 이 점에서 유럽 사람들은 적어도 10,000년 이전의 서아시아 케바란 사람들이 갔던 길을 걸었다. 다시 말해 아주 작은 돌날을 만들어 일련의 독특한 생김새로 떼어 내는 일야야말로 석기를 가장 효율적으로 사용하는 방식이다. 파괴력과 관통력은 떨어질지 몰라도 다양성과 융통성으로 그것을 충분히 상쇄하였다.

세석기는 화살대에 박혀 촉이나 미늘의 역할도 하고, 가죽이나 나무 껍질, 나무를 뚫는 송곳으로도 쓰였다. 나무에 일렬로 박아 칼로 쓸 수도, 작살로도, 그리고 나무 판에 박아 음식물을 가공하고 조리하는 도구로도 쓸 수 있다. 마치 최신 음식 조리용구처럼 수없이 많은 부위와 쓰임새를 가지고도 아주 간편하여, 중석기 사람들로서는 이보다 더 편리한 도구는 없었을 것이다. 사냥 여행에서 기대하지 않았던 사냥감을 만났을 때, 생각보다 빨리 익은 열매를 마주칠 때, 밤을 새며 야영할 때, 낚시할 때, 언제나 어떤 필요가 생길 때마다 여러 용도로 쓸 수 있는 것이다.[16]

세석기는 흔히 주거지의 가내 쓰레기와 함께 흩어져서 발견된다. 화살대에 송진 같은 것을 발라 붙인 상태로 발견되는 사례도, 그리고 아주 드물게 사냥된 동물의 뼈에 그대로 박힌 채 나오기도 한다. 스타카와 대략 같은 시기의 덴마크 유적인 빅(Vig), 프레일러룹(Prejlerup)에서는 거의 완전한 들소 뼈가 발굴된 바 있다.[17] 공격을 받았으나 도망친 것이다. 빅 유적의 동물은 갈비뼈에 화살촉 두 개가 박혀 있었고 다른 뼈에도 상처 두 개가 확인되었다. 상처 가운데 하나는 아물어 뼈가 상처 부위에 다시 자라난 것이 보인다. 들소가 맨 처음 공격을 받고 도망쳤음을 보여주는 것이다. 두 번째 상처는 아물지 않았는데, 분명 동물을 죽음에 이르게 한 치명적인 것이었다. 프레일러룹의 들소도 비슷하여 화살촉 끝 한 조각이 뒤쪽에서 발견되었을 뿐이지만, 더 부드러운 조직에 맞아서 피 흘리며 죽었을 것이다. 두 사례 모두 사냥꾼이 덤불 사이로 조심스럽게 기어들어 가 들소에 화살을 쏜 다음 상처를 입은 동물을 추적하는 방식—성공적이지 못했지만—으로 사냥했을 것이다.

세석기는 이처럼 아주 중요한 행위에 쓰였지만, 그 자체로 쓰인 것이 아니라 복합도구의 일부였다.[18] 중석기시대 기술의 첨단을 찾기 위해선 그저 석기뿐 아니라 나무와 식물 섬유질로 만든 도구에 주목해야 한다. 세석기는 유럽의 역사에서 처음으로 고고 자료에 풍부하게 나타난다.

중석기시대 유적에선 나무나 식물 섬유로 만든 여러 도구가 나왔다. 물론 사람들이 호숫가 숲에 살아서 유기물이 저습지에 잘 남아 있기 때문일 수도 있다. 식물상이 확장하고 호수가 저습지로 바뀌면서 유기물은 부식되지 않고 저습지에 그대로 보존되었다. 나는 보존 상태뿐 아니라 다른 중요한 요인이 있지 않을까 생각한다. 잘라내고, 묶고, 비틀고, 깎고, 매듭을 묶는 예술에 투여하는 창의적 에너지의 흐름을 본다. 예전 그림이나 조각에 그런 에너지를 쏟았듯이 말이다.

도구는 자연 그 자체에서 온 것이다. 그렇기에 과거 사람들이 오늘날 우리들과는 달리 자연세계와 긴밀했음을 말해 준다. 예컨대 고고학자들은 장어를 잡는 데 썼던 작은 가지로 만든 우리(또는 바구니)의 잔재를 찾은 바 있다. 벚나무나 오리나무 가지로 틀을 만들고 소나무 뿌리로 짠 것으로, 과학과 실생활의 필요가 하나로 어우러진 예술품이다.[19] 버드나무 껍질을 땋아 묶어 고기 그물을 만들고 소나무 껍질로 띄우고 돌 그물추를 달아 가라앉힌다.[20] 라임나무 통나무를 깎아 만든 카누에서 이 그물을 던진다.[21] 개암나무 노를 이용해 벽을 만들어 물고기를 그물로 몬다. 자작나무 껍질을 짜 바구니를 만들고 그 안에 플린트 돌날을 가지고 다닌다.[22]

도구 제작이 늘 성공적이었던 것은 아니다. 중석기시대 내내 활을 만들 줄 아는 장인은 많았을 것이지만, 이는 많은 배움을 필요로 하는 기술이었다. 느릅나무를 잘라 줄기를 활로 만든다. 나무를 한 철 그대로 둔 다음, 생김새를 바로잡는다. 그러나 경험이 적어서인지, 아니면 나무의 혹 때문인지, 활은 사용 중 갈라져 사냥꾼은 화가 나서 무릎에 대고 부러뜨리기도 한다.[23]

지금까지 이야기로 중석기시대 사람들이 늘 쇠고기와 사슴고기, 장어, 생선구이만을 먹고 살았다는 인상을 줄까 두렵다. 우리는 역동적인 숲에서의 삶을 이야기하고 있음을 기억하자. 몸을 숨긴 채 사냥감을 추적하고, 우거진 숲에서 나무와 식물을 자르고, 깎고, 비틀고, 묶어 도구를 만드는 삶 말이다. 숲에는 다양한 열매와 씨앗, 과일, 잎, 구근, 싹 같은 식물성 식량도 많다. 경우에 따라서는 엄청난 식량을 채집하였다.[24] 스타카로부터 멀리 유럽 저 건너편에 있는 프랑티(Franchthi) 동굴에서 그런 증거가 많이 나왔다.

중석기시대 유럽 서북부에서 이처럼 사슴을 추적하여 사냥하고 갈대를 태우는 동안 4000km 떨어진 그리스 남부에서는 야생 렌틸콩과 귀리, 보리를 채집하고, 배를 따고 피스타치오와 아몬드, 호두를 채집하였다. 1967년에서 1979년까지 인디애나대학의 토머스 제이콥슨(Thomas W. Jacobsen)이 발굴한 프랑티 동굴에서는 중석기시대, 특히 서기전 9500년에서 9000년까지 시간대에 속하는 층에서 엄청나게 많은 씨앗이 나왔다.[25] 유적에서는 27개 종의 무려 28,000개 씨앗이 나왔던 것이다. 프랑티 동굴의 중석기 사람들은 몇 천 년 전 서아시아의 아인말라하와 하요님 동굴에서 살던 사람들과 비슷한 종류의 식물 자원을 채집했다. 아마도 그리스의 해안 지방은 수렵채집민이 이용할 야생정원이었을 것이다.

다시 북부 유럽으로 돌아가서, 이 지역의 중요한 식물 자원은 개암과 밤이었으며, 많은 양이 채집되었다. 1994년 나는 스코틀랜드 해안에서 40km 떨어져 있는 콜른세이(Colonsay)라는 작은 섬의 스터스네이그(Staosnaig)의 중석기시대 폐기장에 버려진 많은 양의 식물 유체를 찾은 바 있다. 섬에서 채집되고 볶은 개암이 10만 개가 넘게 남아 있었다.[26]

스타카를 떠나면서 다시 한 번 그레이엄 클라크가 발굴 구덩이를 파고, 피터 롤리콘위와 토니 레그가 실험실에서 동물 치아를 측정하고, 페트라 다크가 현미경을 들여다보며 수없이 많은 시간을 보냈음을 상상한다. 목초지를 걷자 마도요 한 마리가 중석기시대에 그랬듯이 비명을 지른다. 농장에 다가서면서 버드나무와 사시나무, 자작나무가 물기가 많은 도랑 근처에서 갈대와 함께 흩어져 자라는 것을 본다. 그 사이에 잠깐 머물며 몸을 수그린다. 이탄질 향과 물기를 머금은 축축한 땅을 느낀다. 갈대를 손으로 만지자 내 상상 속에서 그 사슴 가면을 쓴 사냥꾼은 다시 한 번 춤을 추고 노래한다.

마지막 동굴벽화

남부 유럽의 경제, 사회, 문화 변화

9600-8500 BC

서기전 9500년 남부 유럽 어딘가에서 빙하시대의 마지막 동굴벽화 예술가가 작업을 하고 있다. 물감을 섞어 벽에 그리고 있는데, 아마도 말이나 들소일 수도, 아니면 점 선이거나 그저 아주 오래전에 그려진 그림을 손으로 만지고 있는지도 모른다. 그럴 것이다. 20,000년 넘게 지속된, 아마도 인류가 알고 있는 가장 위대한 예술 전통일, 동굴벽화의 역사가 끝을 맺는다.[1]

존 러복은 서기전 11,000년 괴너스도르프를 떠나 라인 강을 따라 남쪽으로 간 다음 프랑스 동부의 구릉지대를 가로질러 도르도뉴의 석회암지대에 이른다. 1000년을 이 어진 영거드라이어스 동안 땅은 얼어붙어 산림지대가 후퇴했고 중부와 남부 유럽의 계곡부에 순록이 돌아왔다. 이런 환경은 오래가지 못한다. 프랑스 중남부의 마시프 상트랄(Massif Central) 고원지대에는 다시 지구온난화의 복수가 시작된다. 이젠 털옷 을 입고 덤불 속에 숨어서 하는 사냥이 아니라, 조심스럽게 멧돼지를 추적하고, 도토 리와 산딸기류 열매를 따서 바구니에 담고, 창을 들고 냇가에 가서 알을 낳기 위해 강

을 거슬러 올라오는 연어를 잡는다.[2]

최후빙하극성기 동안 얼룩무늬 말을 그려 놓았던 페슈 메를(Pech Merle) 동굴은 이제 더 이상 예술을 하는 공간이 아닐 뿐 아니라 사람이 살지도 않았다. 어린이 몇이 검은 산딸기나무 사이로 지나가다가 바위틈에 끼어 질퍽한 바닥으로 떨어져 무릎에 피를 흘린다. 소년들은 불쏘시개 같은 나무에 횃불을 들고 왔다. 플린트 돌을 쳐서 잔가지에 불을 붙이자 동굴 벽에서는 잠깐 동안이나마 들소와 말, 매머드가 살아 움직인다. 아이들은 놀라서 횃불을 바닥에 던지고 도망친다. 페슈 메를의 얼룩무늬 말이 다시 빛을 보는 데는 10,000년이란 세월이 더 필요하다.[3]

러복은 남쪽으로 더 내려가 피레네 산맥 자락에 이른다. 여기서 지금 우리가 마스 다질(Mas d'Azil)이라 부르는 석회암 벼랑으로 이루어진 빙하시대의 훌륭한 회합 장소를 찾는다.[4] 석회암 아래로 강이 흐르고 사람들은 왼쪽 둑 위에서 야영을 하고 있다. 오른쪽 동굴로 들어가는 입구는 그림과 조각으로 장식되어 있다. 빙하시대가 정점에 이르렀을 때 사람들은 오른쪽 둑 위에서 야영을 하면서 훌륭한 예술을 남겼다. 울부짖는 말, 활발히 노니는 산양, 새끼와 함께 있는 물새들이 묘사되어 있었다. 사람들은 겨울에 마스 다질에 모였는데, 멀리서 바닷조개와 생선, 정질의 돌감, 그리고 교환 물품을 가지고 왔다. 몸에는 칠을 하고, 목걸이를 매달고, 문신도 했다.[5] 성인식과 혼인, 의례가 벌어진 곳도 마스 다질이었다. 고고학자들은 이곳을 빙하시대의 "수퍼-유적"이라 부른다.[6]

서기전 9000년 러복이 왔을 때 마스 다질의 좋았던 시절은 이미 지난 뒤였다. 몇 가족으로 이루어진 집단이 넓은 입구 가까이 강둑에 앉아 있는데, 벽에 그려진 그림에는 별 관심이 없다. 러복은 사람들이 동물 모습을 새기고 있을 것이라 기대하며 어깨 너머로 내다보지만, 사람들은 그저 아주 편평하고 작은 뿔 작살로 잡은 생선 내장을 손질하는 일에만 열중이다.[7] 다만 한 남자가 어떤 예술품을 만들고 있긴 하지만, 그저 자갈돌에 색칠을 하는 정도이다. 물감 한 방울만 떨어뜨린 것도 있고, 어떤 것은 두어 방울, 그 이상을 떨어뜨리기도 한다. 빨갛기도 하고, 어떤 것은 검은색이고, 둥그런 것도 있고, 줄무늬도 있다.

아리즈(Arize) 강은 여전히 마스 다질의 터널을 관통하며 흐르지만, 이제는 파미에르(Pamiers)에서 생기롱(Saint-Girons)에 이르는 D119 도로가 있다. 도로를 만들면서 오른쪽 둑에서 상당한 유적이 파괴되기도 했다. 스타카와 마찬가지로 마스 다질은 고고학을 하고자 하는 사람이라면 누구나 찾아봐야 할 유적이다. 빙하시대의 놀라운 예술뿐 아니라 고고학사에서도 중요하기 때문이다. 나도 대학 학부 과정을 시작할 때 찾았던 곳이다. 동굴 안에서 보았던 것보다 터널 밖에서 여자 친구와 곁에 와인 한 병을 놓고서 프랑스의 화려한 햇볕에 누웠던 기억이 더 또렷하다. 더구나 당시 나는 마스 다질이 가진 학사적 중요성도 알지 못했다. 1887년 유명한 프랑스 고고학자 에두아르 피에트(Edouard Piette)가 구석기시대와 신석기시대를 이어 줄 유물을 발굴했던 곳이 바로 여기였던 것이다.

피에트의 조사와 후속 발굴에서는 놀라운 구석기시대 예술품과 석기, 작살과 순록, 말, 들소, 붉은사슴의 뼈가 나왔다. 유물 대부분은 빙하시대의 마지막 몇 천 년의 시기로 추정된다. 그러나 이런 유물보다 위의 층에서는 칠이 되어 있는 자갈돌과 짧고 편평한 작살, 그리고 피에트가 "아질리안(Azilian) 문화"라고 불렀던 새로운 형식의 석기들이 나왔다. 아질리안 문화는 이제 고고학에서 남부 유럽을 대표하는 중석기시대 문화로 알려져 있다.

1887년 학계에서 자갈돌의 신뢰성 여부가 문제가 되었다. 당시로서 그 정도 시간으로 올라가는 선사시대 예술로는 1879년 발견된 알타미라 동굴벽화가 유일했다. 대부분 프랑스 고고학자는 미개한 빙하시대 수렵채집민이 자갈돌에 그림을 그렸다는 의견에 반대했지만, 피에트는 전혀 의심을 품지 않았다. 19세기가 끝나 가며 다른 증거도 나오면서 알타미라 동굴벽화와 마스 다질 자갈돌 그림을 받아들이지 않을 수 없게 된다.

피에트의 발굴, 그리고 후속 조사에서는 1500개 자갈돌이 발견되었고, 프랑스와 스페인, 이탈리아의 유적에서도 적어도 500개가 넘는 유물이 알려졌다. 물론 빙하시대 예술로서 그렇게 아름다운 것은 아니지만, 모든 점에서 수수께끼 같은 유물이기도 하다. 다른 모든 중석기시대 예술품과 마찬가지로 아질리안 문화의 예술도 미묘하고 복잡하여 그 비밀이 풀리지 않고 있다. 프랑스 고고학자 클로드 쿠로(Claude

Couraud)는 자갈돌에 있는 페인트 방울은 무작위적이지 않고, 어떤 상징 부호로서 특정한 크기와 생김새의 자갈을 골랐으며 여러 모티프가 쓰였으며, 16개 상이한 기호가 있다고 하였다.[8] 방울이 하나에서 네 개까지 있는 것이 전체의 85%를 차지하며, 쌍으로 있는 것이 44%인데, 246개 가능한 이원 결합 가운데 41개만이 쓰였을 뿐이다. 높은 수로는 21과 29라는 수를 선호하는 듯하다. 쿠로는 21과 29가 음력 같은 것을 나타낼 것이라 하였지만, 쿠로, 그리고 어떤 고고학자도 마스 다질의 자갈에 그려져 있는 그림의 메시지를 읽어 낼 수는 없었다.

러복은 마스 다질을 떠나 서쪽으로 향하여 굽이치는 산림지대를 지나 피레네 산맥을 넘어 사라진 빙산에서 녹아내린 물이 굽이쳐 흐르는 강을 건넌다. 스페인 북부에서 해안 평야를 나누고 있는 드넓은 연안을 따라 야영하고 있는 사람들을 찾는다.

중석기시대 유럽, 그리고 세계의 다른 지역과 마찬가지로 수렵채집민은 풍부하고도 다양한 식량자원을 얻을 수 있다는 점에 끌려 연안에 자리를 잡았다. 한편으로 강에서 내려오고, 다른 한편으론 바다에서 올라오는 썩은 유기물이야말로 식량의 궁극적 원천이다. 유기물은 새우나 달팽이 같은 작은 생명체의 먹이가 되고, 그것을 다시 게나 물고기, 새, 그리고 수달과 바다사자 같은 동물이 먹는다. 철새도 연안을 좋아해 부화할 때는 식량 풍년이 든다. 수렵채집민은 연안에 와 물고기를 잡고 조개와 게를 채집하고, 새를 사냥하고 알을 거둬들인다.

이렇듯 연안이 풍부함에도, 서기전 9000년 스페인 북부에 살던 사람들은 해안에서 10km 정도 떨어진 산기슭에서 붉은사슴과 멧돼지를 사냥하기도 했다.[9] 때론 더 들어가 벼랑을 오르고 정상까지 올라가 산양을 잡기도 했다. 러복도 내륙으로 들어갔다. 그런데 이번엔 사냥이 아니라 알타미라 동굴벽화를 보기 위해서다.

엉켜 있는 나뭇가지를 뚫고 숨어 있는 입구를 찾는다. 거미줄을 헤치고 서기전 15,000년 빙하시대 예술가가 그린 들소의 방에 들어선다. 어두운 동굴이지만, 러복은 파노라마처럼 들소의 무리를 본다. 그러나 알타미라의 전성기도 이미 지나, 이젠 박쥐와 올빼미만이 오가고, 거미와 딱정벌레, 쥐들만이 산다.[10] 러복은 주변 산림지대에 사는 사람들이 동굴의 존재를 아는지 궁금할 정도다. 그런 생각을 하면서 서쪽으로 25km를 더 가서 다른 동굴을 찾는다. 훨씬 작은 동굴이지만, 여전히 쓰이고 있다. 바닥엔 온갖 쓰레기가 널려 있고, 조개더미에선 악취가 난다. 잘 안 보이는 곳에 자리를 잡고 사람들이 돌아오길 기다린다.

이 유적은 라 리에라(La Riera) 동굴이다. 놀랄 만한 예술품은 없지만, 발굴조사로 유럽 남부에서 빙하시대가 끝나면서 사람의 생활양식이 어떻게 변했는지 많은 정보를 얻었다. 우리가 왜 동굴벽화와 상아와 뼈에 새긴 예술품의 전통이 갑자기 사라졌는지를 이해하는 데 중요한 유적이다.

라 리에라는 1916년 드 에스트라다(Ricardo Duque de Estrada) 백작이 발견했다.[11] 스페인 고고학의 개척자로서 직감에 의존해서 산탄데르(Santander)와 오비에도(Oviedo) 마을 사이의 두터운 숲속에 들어가 동굴의 입구를 찾았던 것이다. 백작은 거의 수직으로 뚫려 있는 바위틈을 찾아 좁은 통로로 들어갔다. 몸을 수그리고 작고 어두운 곳에 들어가 커다란 삿갓조개더미와 고둥더미가 실제 동굴 입구를 가로막고 있음을 알게 되었다. 중석기시대 쓰레기더미였던 것이다.

그리곤 발굴조사하여 조개더미에는 많은 점유층이 있고, 빙하시대까지 거슬러 올라감을 확인하였다. 발굴이 끝난 뒤 동굴은 수많은 고고학 유적이 겪었던 운명을 따른다. 도굴되었을 뿐 아니라 농부들은 거름으로 쓰고자 조개를 파갔다. 스페인 내전 때는 군인들이 동굴에 숨기도 했다. 1968년 한쪽 벽에서 그림이 발견되면서 다시 관심을 모았고, 1969년 애리조나주립대 제프리 클라크(Geoffrey Clark)가 작은 트렌치를 팠다. 가혹한 역사 속에서도 동굴 안의 퇴적층은 그대로 보존되어 있었다.

1976년에서 1982년까지 클라크는 뉴멕시코대학의 로렌스 스트로스(Lawrence Straus)와 함께 아주 정밀하고도 중요한 발굴조사를 한다.[12] 발굴에서는 폐기물층이 적어도 30개가 드러났는데, 20,000년 이상의 시간대를 포괄하고 있었다. 최하층에서는 약 30,000년 전의 현생인류가 남긴 석기와 동물 뼈가 나왔다. 그 위에 최후빙하극성기의 수렵민이 남긴 층이 있었고, 다시 지구온난화의 시기를 살았던 사람들의 폐기물이 쌓여 있었다. 결국 서기전 5500년까지 사람의 폐기물이 동굴의 입구를 완전히 가로막게 된다.

라 리에라는 며칠에서 몇 주에 걸친 단기 방문을 위한 일시적 야영지로 쓰였다. 봄에 쓰이기도 하고, 여름이나 가을, 겨울에 찾은 경우도 있다. 스트로스와 제프리 클라크의 세밀한 작업과 관련 전문가들이 출토 유물을 면밀히 분석하여 극적인 환경변화에 적응하여 인간의 삶이 어떻게 변화했는지, 그리고 지속적인 인구 성장이 어떻게 새로운 변화를 일으켰는지 잘 보여주었다.[13]

서기전 20,000년 라 리에라 동굴을 이용했던 사람들은 대체로 나무가 없는 경관에서 살았다. 이 사람들은 찌르개를 장착한 창으로 산양(ibex)과 붉은사슴을 사냥하고 두껍게 눈이 쌓인 곳이나 덤불 속에서 숨어 동물 무리를 좁은 계곡으로 몰아 도륙했다.[14] 서기전 15,000년 사람들은 해안까지 나와 삿갓조개와 고둥, 성게를 채집하고 바위 많은 바닷가에서 창으로 감성돔을 잡았다. 동굴로 돌아오는 길에 소나무와 자작나무 숲을 가로지르며 개암나무 덤불을 찾아 견과류를 채집하고, 멧돼지 따위가 사는 곳을 잘 봐 두기도 했을 것이다. 이후 7000년 동안 해수면이 급격히 상승하면서 해안은 라 리에라 동굴 가까이 접근해 현재는 동굴에서 불과 2km밖에 떨어져 있지 않다. 이제 사람들은 해안에서 나오는 식량을 더 많이 이용했고, 조개가 동굴 안에 쌓이기 시작한다. 조개더미가 커지고 더 많은 양을 채집하자 삿갓조개류 자체의 크기는 작아진다.

라 리에라 사람들은 여전히 붉은사슴을 사냥했지만, 이제 큰 찌르개를 박은 창이 아니라 작은 세석기를 꽂은 화살을 이용해 동물을 추적하는 식으로 잡았다. 멧돼지와 노루도 사냥했고, 물오리 같은 새도 올가미로 잡았다. 동굴에는 식물 유체가 별로 없었지만, 각지고 뾰족한 석기 조각이 있는 것으로 보아 식물 뿌리를 캐고, 구멍이 파인 돌로 보아 견과류를 깼으리라 추정된다.

동굴 안에 조개와 생선 뼈, 동물 뼈를 마지막으로 쌓은 뒤 라 리에라 동굴은 버려진다. 입구는 나무와 검은 딸기나무 덤불에 가려져 사람의 기억 속에서 잊힌다. 클라크와 스트로스는 폐기물더미에서 보이는 식단의 변화를 해수면 상승과 산림의 확장만으로 설명할 수 없다고 본다. 식량의 다양성이 점점 커지고 더 집중적으로 동물을 사냥하거나 식물성 식량, 조개류를 채집하는 것으로 보아 이용하는 인구가 더욱 늘어났음을 알 수 있다.

라 리에라 동굴, 그리고 유럽 남부 전역에서 발굴된 동물 뼈를 보면 사람들의 생활에는 점진적 진화가 있었음을 짐작할 수 있다. 붉은사슴은 최후빙하극성기 툰드라 환경에서 큰 무리를 지어 살았던, 아니면 홀로세 산림지대에서 흩어져 살았던지 언제나 주된 사냥감이었다. 유럽 남부의 툰드라는 현재 북극지방처럼 나무도 없이 바람만 부는 그런 환경은 아니었고, 계곡 안에서 혹심한 빙하시대 겨울을 견디고 살아남은 나무가 기온이 올라가고 강우량이 증가하면 밖으로 확장하기도 하였다. 숲이 커지면 멧돼지와 노루도 늘어나 붉은사슴과 경쟁하면서 산림지대에 사는 수렵채집민에게는 새로운 기회가 되었을 것이다.[15]

서기전 10,000년 이후 이곳 사람들은 사슴 사냥이라는 예전의 전통을 따르긴 했지만, 사회와 신앙생활은 원형을 전혀 알아볼 수 없을 정도로 변했다. 최후빙하극성기와 서기전 15,000년 즈음 사람들은 멀리 벽화가 그려진 동굴까지 여행하여 노래부르고, 춤추고, 빙하시대 신을 섬겼다.[16] 그러나 멧돼지를 사냥하고 동굴에 조개껍데기를 쌓아 놓은 사람들은 그런 책무를 지니고 있지 않았던 것이다.

추상 기호와 인물과 함께 말과 들소를 그리고 조각하는 예술전통은 20,000년 이상 지속되었다. 우랄 산맥에서 스페인 남부까지 확산되었고, 알타미라의 들소와 쇼베의 사자, 라스코의 말, 마스 다질의 산양 조각품 같은 수많은 위대한 작품을 남겼다.[17] 800세대가 넘도록 예술가들은 똑같은 기법을 전승했다. 이는 인류가 아는 한 가장 오래 존속했던 예술전통이었다. 그럼에도 거의 하룻밤 사이 지구온난화와 함께 사라지고 말았다.

산림지대의 폐쇄성이 예술 표현을 위한 사람의 마음까지 닫게 만들었을까? 중석기시대는 선사시대 지식을 잃어버린, 하나의 암흑시대였을까? 전혀 그렇지 않다. 동굴벽화의 전통은 단지 그런 예술을 만들 필요가 더 이상 없었기 때문에 끝났을 뿐이다. 그림과 조각품은 그저 장식품이었던 적도, 인간의 내재적 창의성의 불가피한 표현이었던 적도 없었다. 그것 이상이었다. 석기와 털옷, 동굴 안에서 피웠던 불만큼이나 중요한 생존의 도구였다.[18]

빙하시대는 하나의 정보화시대이기도 했다. 조각과 벽화는 오늘날 컴퓨터 저장장치와도 같다.[19] 매복 사냥과 도살은 사람들이 적절한 곳에서, 적절한 시간에 한다면 아주 쉽고도 엄청난 식량을 얻을 수 있는 행위였다. 충돌 없이 음식을 분배하기 위한 규칙도 필요했다. 한 지역에서 식량이 풍부하다는 것은 다른 곳에서는 부족함을 뜻했다. 집단들은 합치다가도 나뉘기도 했다. 그러기 위해선 어떤 집단이 어디에 있는지 알아야 했고, 필요할 때 의지할 친구와 친척이 있어야 했다. 동물 무리는 예기치 못하게 절멸할 수도 있기 때문에 사냥꾼은 언제나 실행할 수 있는 대안 사냥 계획도 가지고 있어야 했다.

그런 문제를 풀기 위해서 정보는 필수적이다. 장소와 동물 이동에 대한 정보, 어디에 누가 살고 있고 사냥을 어디에서 하는지, 미래의 계획, 위기의 시기에 무엇을 해야 할지 등에 대한 지식이 필요하다. 예술, 신화, 종교 의례는 그런 정보의 일관된 습득과 소통을 유지하는 역할을 한다.

페슈 메를, 마스 다질, 알타미라에서 집단들이 해마다 한두 번씩 의례와 그림, 의식을 위해 모일 때 동물의 이동에 대한 중요한 정보를 교환한다. 지난해 떨어져 때론 고지대에서, 또는 해안 평야에서 살다가, 멀리 친척을 찾기 위해, 혹은 철새의 도래를 보기 위해 먼 길을 오기도 한다. 말할 것도 많고, 알아야 할 것은 더 많다. 수렵채집민의 신앙은 필요할 때 식량을 공유하는 일련의 규칙의 근간이 된다. 동굴벽화에는 동물의 이동경로를 묘사하고 있을 뿐 아니라 배변하는 행위를 그리기도, 뿔이나 지방이 있는 부위가 과장되어 그려지기도 한다.[20] 그림은 그동안 본 것을 설명하고 아이들을 가르치고, 사냥꾼이 동물이 있는 곳을 찾고 사냥감을 고를 때 반드시 보아야 할 기호를 담고 있기도 하다. 신화적 이야기에는 피할 수 없으며 예상할 수 없는 혹심한 시기가 찾아올 때 생존 전략도 담겨 있다.[21]

그래서 연례행사와 의례를 수행하는 동안 사람들은 수다를 떨고 생각과 경험을 나누고 사냥꾼의 이야기를 들려준다. 이로써 사회 유대를 확인하고 주변 동물에 대해 더 많은 것을 배울 기회를 갖는다. 빙하시대 기후 조건 속에서 이렇게 정보를 소통하고 사회는 번성한다.

서기전 9600년 빙하시대가 끝나면서 두터운 숲 안의 삶은 더 이상 그런 필요를 느끼지 않았다. 이제 동물은 한 마리, 한 마리 대면하여 사냥해야 했고 더 이상 대량 살육으로 잉여 식량을 얻을 수는 없었다. 좁은 계곡이나 강을 건너는 동물을 사냥하는 것도 더 이상 중요한 일이 아니었으며, 그렇기에 사람들이 적절한 때에, 반드시 적절한 곳에 있어야 할 필요도 없었다. 먼 곳에서, 자연세계든, 아니면 인간사회든, 어떤 일이 일어나고 있는지 알아야 할 필요도 누그러졌다. 어디서든, 어느 때든, 누구든 사냥을 효과적으로 할 수 있게 된 것이다. 동물을 찾을 수 없는 경우에도 식물성 식량과 조개를 충분히 채집할 수 있었다. 붉은사슴과 마찬가지로 사람들도 작은 무리로 흩어져 더 자급자족의 삶을 살게 되었다.

물론 주기적 회합은 여전했지만, 이는 사회 유대를 유지하고, 혼인을 하고, 물자와 식량을 교환하고, 바구니와 옷 만드는 새로운 기법을 가르치고 배우기 위함이다. 예전처럼 짐승 그림을 응시하며 집단행동을 해야 할 필요가 사라진 것이다.

동굴벽화 전통이 끝난 것을 문화적 분열이나 사회 몰락, 또는 예술적 심성이 닫힌 암흑의 시대라는 식으로 설명하면 안 된다. 동굴 예술의 종말은 필요가 생겼을 때 사회의 규칙을 다시 확인하는 능력을 사람들이 가졌음을 잘 말해 주는 증거이기도 하다. 이것이야말로 지구온난화가 환경을 위협하는 오늘날 우리가 되새겨야 할 교훈이다.

1999년 갈릴리 호수변의 오할로 유적(서기전 20,000년 즈음) 발굴 전경.

1972년 시리아의 텔 아부후레이라 전경, 서기전 11,500년으로 추정되는 수렵채집민의 주거지.

1999년 9월 텔 에스술탄(서기전 9600년 초창기 신석기시대 주거유적)이 오늘날 제리코 마을에 둘러싸인 광경.

2000년 9월 요르단의 와디 파이난으로, 차가 있는 곳이 신석기시대 전기(서기전 9500-8500년) WF16 유적이 있는 곳이다.

2000년 9월 WF16의 수렵채집-재배민의 주거지를 발굴하는 광경.

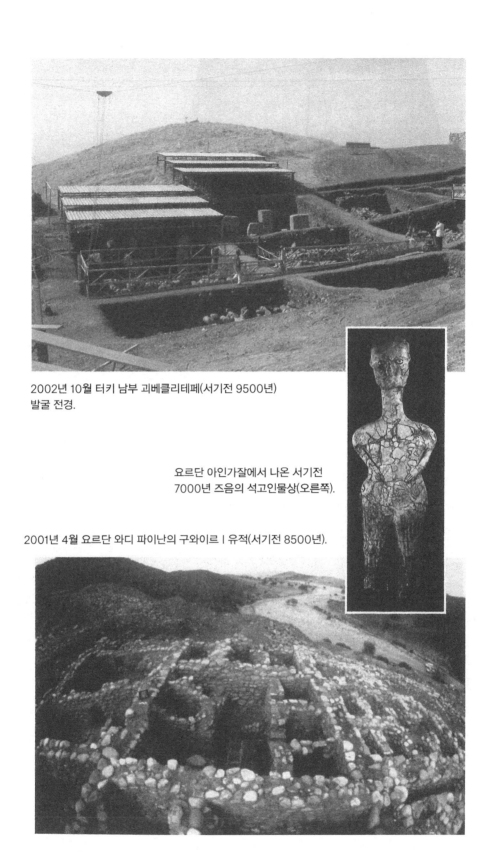

2002년 10월 터키 남부 괴베클리테페(서기전 9500년)
발굴 전경.

요르단 아인가잘에서 나온 서기전
7000년 즈음의 석고인물상(오른쪽).

2001년 4월 요르단 와디 파이난의 구와이르 I 유적(서기전 8500년).

2001년 9월 키프로스 아에토크렘노스 유적에 선 앨런 시몬스와 발굴에서 수습된 서기전 10,000년 즈음으로 추정되는 작은 하마 뼈.

프랑스 우아즈 강 연안의 베르베리(서기전 12,500년 즈음) 유적과 발굴된 불땐자리.

스페인의 라 리에라 동굴 입구(오른쪽)와
서기전 20,000년에서 7000년에 이르는
점유 층위 단면(아래).

세르비아의 다뉴브 강가의 레펜스키비르에서
나온 서기전 6400년 즈음의
사람/물고기 형상 조각품(오른쪽).

덴마크 베드백(서기전 4800년) 무덤에서 확인된
젊은 여성과 갓난아이가 백조 날개 옆에 놓인 모습
(8호 무덤)(왼쪽).

1983년 덴마크 에르테뵐
조개더미(서기전 4400년) 발굴 전경.

덴마크 티브린드 빅에서 이루어진 수중발굴 전경(오른쪽).

1992년 스코틀랜드 아일레이 섬 볼세이 팜
(서기전 6300년) 발굴 전경.

1983년 알래스카 블루피쉬 동굴
(서기전 11,500년, 서기전 15,000년
이전이라는 주장도 있음) 발굴 전경.

펜실베이니아 메도크로프트 바위그늘
유적. 1973년 이후 발굴되었으며, 서기
전 15,000년 이전 점유되었다는 주장
도 있다.

칠레 친치우아피 천 근처의 몬테베르데(서기전 12,500년) 유적.

1983년 발굴 중 수렵채집민 집터에서 통나무가 드러나고 있다(아래).

17

연안의 대재앙

해수면 상승의 결과

10,500-6400 BC

40mm. 아마도 33mm, 심지어 23mm밖에 안 될지도 모른다. 해변에 있는 작은 자갈의 두께, 또는 해안 바위틈 얕은 곳의 깊이가 그 정도이다. 만약 중석기시대 사람들이 서기전 7500년 이후 백 년 동안 연간 해수면이 그 정도로 상승했음을 알았다 하더라도 아마도 별 걱정을 하지 않았을 것이다.[1] 이 수치는 21세기 동안 해수면 상승의 추정값과 일치하는데, 정부는 전혀 개의치 않는 것 같다.

위 추정값은 부정확한 방사성탄소연대와 해수면 변동의 복잡함에도 불구하고 북유럽에서 과학자들이 제시한 것이다. 아주 작은 수치임에도, 중석기시대에 끼친 영향은 대단했다. 이것은 해안의 재앙이었다. 궁극 원인은 빙하 덩어리, 특히 북아메리카에 있던 빙상이 녹았기 때문이었다. 엄청나게 많은 물이 바다로 쏟아졌고 재앙이란 말 그대로 수천 생명을 위협했다.[2]

서기전 7500년 북유럽의 해안은 영국에서 덴마크까지 바로 연결돼 있었다. 연안은 깊이 파여 구릉 사이로 굽이쳐 흐르는 좁은 협곡으로 이어져 있었다. 지금은 북해 아래에 가라앉아 있는 도거랜드(Doggerland)는 사구와 습지, 갯벌과 해변으로 이루어진 해안이었다. 아마도 유럽에서 가장 풍족하게 동물을 사냥하고 물새와 고기를 잡을 수 있는 곳이었다.[3] 스타카 유적을 발굴한 그레이엄 클라크는 도거랜드야말로 중석기시대 문화의 심장부였다고 하였다.[4]

이 잃어버린 세계에 대한 관심은 1931년으로 올라간다. 저인망 어선 콜린다 호가 노포크 해안 동쪽으로 40여 km 떨어진 곳에서 밤낚시를 하고 있었다. 선장은 개펄더미를 쓸어 올려 삽으로 갈라 봤다. 삽이 뭔가 딱딱한 것에 부딪혔는데, 녹슨 금속이 아니라 뿔로 만들어진 미늘 달린 찌르개였다.[5]

같은 해 케임브리지대학 식물학자이자 클라크의 동료였던 해리 고드윈(Harry Godwin)은 이탄층의 화분분석을 위해 배에서 그물을 내린 곳 가까운 북해 이탄층에서 시료를 추출하였다. 이 분석으로 이곳이 과거 산림지대로서 빙하시대가 끝날 무렵 요크셔 동부나 덴마크, 발트 해 나라들에서와 똑같은 나무들이 자라고 있었음이 밝혀졌다. 사실상 고드윈은 이곳이 육지의 일부로 사람들이 참나무 혼합림에서 사슴을 사냥하고 식물성 식량을 채집했음―그러다 가끔 미늘달린 뿔 찌르개를 잃어버렸음―을 밝힌 것이다.

60여 년 동안 콜린다 호가 찾은 작살은 해수면 상승으로 물에 잠긴 중석기시대 세계의 상징이었다. 그러나 고고학자들은 1989년 유물의 극히 일부를 떼어 내어 방사성탄소연대측정을 하면서 충격을 받았다. 놀랍게도 스타카에서 발굴된 거의 똑같이 생긴 작살보다 2000년이 더 오래된 것이었다.[6] 작살은 도거랜드가 북극의 툰드라였을 때 순록 사냥꾼이 사용한 것이었다.

도거랜드 해안에 살던 중석기시대 주민은 지리 환경이 변모하는 것을 실감하였다. 때론 하루만에, 때론 생애 내내, 또는 부모와 조부모에게서 사구와 습지가 바다에 잠겼다는 말을 들었을 것이다. 변화의 첫 신호는 땅이 습해지고, 물웅덩이, 그리고 호수가 생겨나고 수면이 상승하는 것이다. 나무는 바다가 멀리 있을 때도 물에 질식해 죽기 시작한다. 대개 참나무와 라임나무가 맨 처음 사라지고, 오리나무는 가장 늦게까지 바닷물이 뿌리까지 들어오고 잎을 칠 때까지도 살아남는다.[7]

조수가 더 높아지고 물러나지 않는다. 해변 모래도 씻겨 나간다. 해안의 초원과 숲도 바닷물이 들어와 소금기가 가득한 습지가 되어 버린다. 이 환경에서는 벼룩이나 벌레, 깔따구의 서식지가 되는 샘파이어(미나리의 일종)와 연안 초본류 같은 것들만 살 수 있다. 산림지대의 새들이 번성했던 곳에는 얼마 지나지 않아 왜가리와 물떼새, 저어새가 노닌다.

북해가 도거랜드를 삼킨다. 바닷물이 계곡과 언덕 주변까지 들어차 새로이 반도가 생겨나 섬이 된 다음 영원히 사라지고 만다. 그런 식으로 지중해 지역에서도 이제 그리스 프랑티 동굴 근처까지 바다가 들어온다.[8] 이 동굴에 살던 수렵채집민은 수많은 식물성 식량을 채집했었다. 과거 온종일을 걸어야 갈 수 있던 해안은 서기전 7900년이 되면 이제 오후에 산책 나가듯 다녀올 거리까지 가까워진다. 동굴 안 퇴적층에서 나온 식량찌꺼기를 보면 프랑티 사람들은 처음엔 삿갓조개와 고둥을 채집하다가, 그 다음엔 어부가 되었음을 알 수 있다. 120km 떨어진 멜로스 섬까지 나가 흑요석을 찾아 동굴로 가져오기도 했다. 이런 새로운 생활방식으로 그동안 사람이 살지 않았던 코르시카, 사르데냐, 발레아레스 제도에 처음으로 사람이 들어가 살게 된다.[9]

유럽의 해안선을 따라 살았던 사람들의 경험은 시간과 공간에 따라 다양했다. 환경변화가 점진적이어서 알아챌 수 없었던 곳도 있었고, 해마다 식단이나 기술, 지식에서 아주 조금씩 변하는 식으로 생활양식은 부지불식간에 바뀌기도 했다. 반면 바다가 들어와 조약돌 밭이나 사구가 사라지는 광경을 놀라움에 응시하는 사람들도 있었다. 스코틀랜드 동부의 인버니스에 살았던 주민은 재앙을 맞는다.

1980년대 스코틀랜드 고고학자 조나단 워즈워스(Jonathan Wordsworth)는 캐슬 가(Castle St.) 주변의 근대 건물을 허물다가 중세 소도시의 일부를 발굴했다.[10] 근대 건축물 아래 네스 강 연안을 굽어보는 곳에 13세기 중세 건물과 별채가 있었다. 그 밑 중세 석공의 작업층 사이에서 돌이 낀 흰색 바다 모래층이 나왔는데, 플린트 석기가 거의 5000점, 그리고 뼈 조각과 화덕자리가 확인되었다. 중석기시대 수렵민의 흔적이었다.

서기전 7000년 즈음 중석기시대의 작은 무리가 연안 가까운, 바다 전경이 눈에 들어왔을 사구의 움푹 꺼진 곳에 자리를 잡았다. 황혼이 내리길 기다려 바다사자 사냥에 나설 준비를 하는지도, 아니면 한나절을 갈매기 알과 샘파이어를 채집하고 잠자리에 들 준비를 하면서 한두 명은 바닷가 자갈밭에서 돌을 깨서 수달 가죽으로 만든 바구니에 세석기와 긁개를 보충했는지도 모른다. 이런 장면은 북유럽의 해안 전역에서 일상이었을 것이다. 평범한 중석기시대의 어느 날, 평범한 수렵채집민의 생활이었다.

그러나 평범한 삶은 오래지 않아 끝났다. 몇 시간 전 1000km 북쪽 노르웨이와 아이슬란드 해안 사이 북극해에서는 스토레가 사태(Storega Slide)라 불리는 엄청난 규모의 해일이 일어났었다.[11] 미래의 인버니스 캐슬 가 주변에 있던 사람들은 갑자기 들려오는 갈매기 소리에 놀랐을 것이며, 멀리서 으르렁거리는 소리가 들려오는 것을 느꼈을 것이다. 처음엔 믿지 않았지만, 나중엔 혼란에 빠진다. 8m 높이의 파도가 연안에 들이닥치자 모두들 기겁해서 도망쳤으리라.

안전한 곳으로 피신했는지도 모른다. 그랬다면, 물이 가라앉은 다음 돌아왔을 때 머물렀던 자리뿐 아니라 눈으로 볼 수 있는 모든 곳을 흰색 모래가 덮고 있음을 보았을 것이다. 17,000km³의 모래가 스코틀랜드 동해안에 쏟아졌고 지금도 농경지와 사구, 마을 건물 아래에 중석기시대의 재앙을 말해 주는 기록으로 남아 있다.

이 해일이 도거랜드의 낮은 해안에 미친 영향은 엄청났다. 불과 몇 시간, 아마도 몇 분 만에 수 km의 해안이 파괴되고 많은 생명을 앗아갔다. 카누에서 그물을 끌어올리고 해초와 조개를 채집하던 사람도, 해변에서 뛰어놀던 아이들, 나무 껍질로 만든 침대에 잠을 자고 있던 아기도 있었을 것이다. 게, 물고기, 새, 동물도 쓸려 나갔고, 해안의 주거지, 카누와 장어 올가미, 견과류 바구니와 생선 건조대는 모두 박살나고 쓸려 나갔다.

3500km 떨어진 유럽의 다른 곳에서도 또 다른 재앙이 있었다. 지금은 흑해가 되어 버린 민물 호수 주변 저지대에 살던 사람들이 희생자였다.[12] 이곳은 참나무 숲으로 덮인 편평하면서도 비옥한 땅으로 사람들은 수천 년 동안 사냥하고 채집하며 살아 왔다. 하지만 사건이 일어날 즈음 터키 쪽으로부터 새로운 주민, 신석기시대 농경민이 들어왔다. 풍족한 충적평야에서 나무를 베고 밀과 보리를 심고 나무로 집을 짓고, 울타리를 만들어 소와 염소를 길렀다. 이 사람들의 긴 여행과 기존의 중석기시대 수렵민의 반응에 대해서는 다음 장에서 다룬다. 여기에서는 다만 비극적 종말만을 살

펴보자.

빙하시대 동안 흑해는 민물 호수였다. 지중해의 수면은 (흑해와 지중해를 연결하는) 보스포루스 해협 바닥까지 떨어져 있었다. 그 길을 따라 바닷물이 흐른 적도 있었지만, 당시엔 흙으로 막혀 있었다. 지구온난화로 얼음이 녹자 지중해 수위가 다시 높아진다. 이 과정에서 흑해는 정반대로 증발과 들어오는 강물의 유량 감소로 수위가 낮아진다. 해수면이 해협 바닥보다 높아지면서 해협 아래 흙은 마개처럼 바닷물을 막고 있었다. 바닷물이 차올라 엄청난 압력을 줄 때까지 버티고 있었다. 그런 다음 물이 스미고, 결국 터지고 말았다.

서기전 6400년 어느 운명의 날, 소금기 가득한 물이 나이아가라 폭포 200개의 힘으로 잔잔한 호수에 밀어닥친다. 이 사건은 몇 달 간 계속된다. 물소리는 100km 밖 터키의 구릉지대에서 사냥하고 있던 사람들과 지중해 연안에서 고기 잡던 사람들에게까지 들렸을 것이다. 매일 50km³의 물이 호수에 들이치기를 지중해와 흑해가 하나가 될 때까지 이어졌다. 불과 몇 달 만에 100,000km²의 호숫가 숲과 저습지, 경작할 땅이 물에 잠겼다. 오스트리아 면적의 땅이 사라졌다.

존 러복은 해수면 변동의 역사에 대해 별로 알지 못했다. 『선사시대』에는 간단한 언급만이 있을 뿐이다. 덴마크 해안에서는 "육지가 바다까지 들어갔으리라 여길 만한 이유가 충분하다"고 하면서도 조개더미가 없는 이유를 "어느 정도 파도가 해안을 깎아먹었음에 의심의 여지가 없다"고 하였다.[13]

이런 러복의 생각은 찰스 라이엘(Charles Lyell)의 관점에 영향을 받은 것이다. 라이엘은 1830년과 1833년 『지질학원론(*Principles of Geology*)』을 발간하고, 1863년에는 『사람의 기원에 대한 지질 증거(*Geological Evidences of the Antiquity of Man*)』라는 책을 출간했다.[14] 『선사시대』는 새로운 정보와 관점이 나오기 전에 쓰였다. 만약 19세기 말이라도 되었다면 조셉 프레스트위치(Joseph Prestwich)의 과거 기온 추정에 대해서도 언급했을 것이다. 1893년 프레스트위치는 빙하시대가 끝나고 신석기시대가 시작되기 전 유럽 전역에서 거대한 범람이 있었다고 했다.[15] 비엔나대학의 지질학 교수였던 에두아르 쥐스(Edourd Suess)도 1885년 전 세계적 규모로 단일한 동시기 해수면 상승을 주장했다. 그리고 나서 1930년대가 되면 빙하시대의 종말과 해수면 변동이 제대로 확인된다.[16]

도거랜드 북쪽, 지금 우리가 스코틀랜드, 노르웨이, 스웨덴이라 부르는 곳에 살고 있던 사람들 역시 부모와 조부모, 그리고 이전 세대의 터전을 잃는다. 그러나 이곳은 바다의 바닥이 되지 않고, 해안의 땅이 마르고, 문자 그대로 세계의 무대에 올라선다.[17]

　이곳에는 과거 빙하가 무겁게 땅을 누르고 자리 잡고 있었다. 그리하여 빙하 남쪽의 땅은 사람이 앉지 않은 소파 끝처럼 위로 튀어 올라왔다. 그리고 빙하가 떠나면서 튀어나온 부위는 가라앉고 꺼진 곳은 올라와 땅은 다시 편평해졌다. 도거랜드의 대부분은 튀어나온 부위에 해당했고, 따라서 해수면 변동의 영향을 더 심각하게 받았다. 튀어 올라온 부위가 사라지고 얼음이 녹으면서 엄청난 민물이 바다에 쏟아졌다.

　이보다 더 북쪽 빙하가 무겁게 짓누르고 있던 곳에서는 바다가 먼저 올라올지, 아니면 땅이 더 먼저 융기할지 마치 경쟁이 벌어지듯 한다. 바다가 먼저라면 사람들이 살던 해안은 범람할 것이고, 땅이 먼저라면 융기 해안이 될 것이다. 융기 해안은 오늘날 북부 유럽 해안 주변에서 보이는 바다가 닿지 않는 높은 지대의 모래와 자갈밭을 일컫는 용어이다.

　이보다 더 북쪽에서는 육지가 쉽게 이겼다. 스톡홀름 북쪽과 스웨덴 동해안 빙하 더미가 있던 곳에서 땅은 빙하시대 이후 800m 이상 융기하였고, 지금도 융기가 끝나지 않았다고 한다. 해마다 몇 밀리미터가 올라오고 있는데, 이제 다시 찾아온 지구온난화와 해수면 상승으로 몇 세기 안에 바뀔 것이다.

　남쪽의 스웨덴 남부와 발트 해 나라들, 폴란드, 독일 해안에서 바다와 육지는 막상막하의 경기를 벌이고 승자가 바뀌곤 했다. 그리하여 식물과 동물, 사람, 땅과 물 모두에게 큰 혼란이 일어났다. 안정될 만하면 승자가 바뀌었던 것이다. 이런 과정은 부분적으로 덴마크지질연구소의 스반테 비외르크(Svante Björck)가 발트 해 바닥에 묻혀 있던 조개와 퇴적물, 그리고 융기 해안과 물에 잠긴 숲을 분석한 연구로 알려졌다. 분석에서는 극적인 지리환경의 변화가 드러났는데, 이 가운데 가장 흥미로운 부분은 다음과 같다.

서기전 10,500년 영거드라이어스가 절정에 이르렀을 때 발트 해는 바다도 아니었고, 그저 호수, 얼음호수였다. 물은 거의 얼 정도로 차가웠고, 호숫가는 바위와 북극 툰드라 환경이었다. 그곳을 찾는 사람이 있었다면, 순록이나 레밍(나그네쥐)을 잡을 수도 있었겠지만, 오래 머무를 환경은 아니었다. 북쪽의 빙하와 남쪽의 단단한 육지 탓에 발트 호의 물이 북해로 빠지는 길이 막혀 있었다. 오늘날 스웨덴 중부 저지대를 가로지르며 놓인 빙하가 댐 역할을 했고, 현재의 북해와 발트 해가 만나며 흐르는 경로는 높게 이어진 땅덩어리였다. 이곳은 그저 도거랜드의 동쪽 끝에 불과했다.

서기전 9600년이 되면 발트의 얼음호수는 25m 정도 얼음벽에 막혀 있었다. 이는 3000년 전 흑해에서 호수 쪽으로 들어가려는 물이 막힌 상황과 정반대이다. 그러나 이 경우에 지구온난화로 녹은 얼음 탓에 벽이 약해져 댐이 터진다. 발트의 얼음호수에서 쏟아진 물은 스웨덴 중부를 가로질러 북해까지 흐르면서 돌덩어리와 자갈, 모래, 진흙을 퇴적시켰다. 기껏해야 몇 년, 아마도 몇 달이 걸리지 않아 수면이 25m 떨어지면서 오늘날 독일과 폴란드, 발트 연안국의 북부 해안 주변의 넓게 트인 지형이 만들어졌다.

바닷물이 동쪽으로 흐르면서 호수는 내륙의 바다가 되었다. 연체동물 욜디아(Yoldia)의 이름을 따서 부르게 되었는데, 이 조개는 퇴적층 깊은 곳에서도 나오는 것으로 보아 미래의 발트 해 국가의 해안지대에 바닷물이 드나들었음을 말해 준다. 자작나무와 소나무가 뿌리를 내려 욜디아 해 주변 땅이 안정되자 사람들이 들어왔을 것이다. 새로운 연안 주변에 풍족한 석호와 습지가 발달한다. 중석기시대 사람들이 안심하고 들어와 살 곳을 찾는다.

세상이 또 변하기 전에 곧 공동체를 구성한다. 해수면 상승으로 남쪽 해안에 살던 사람들은 범람을, 북쪽 해안에 살던 사람들은 바다가 물러나고 섬이 융기하는 것을 본다. 해퇴는 100년마다 10m 정도로 이루어졌는데, 사람이 사는 동안 인지할 만한 정도였다. 범람한 남쪽과 융기한 북쪽 중간 지역에서는 분명 육지와 바다 사이의 들쭉날쭉 변화의 지렛대처럼 안정된 지역도 있었을 것이다.

이런 변화가 25세대 동안 이어졌고, 각 세대는 이 변하는 세상에 적응하기 위해 생활방식을 아주 조금씩이라도 바꾸어야 했다. 서기전 9300년 즈음 남쪽에서 일어난 범람은 아주 혹심했다. 사람들이 다른 곳으로 옮기기도 전에 살던 곳이 물에 잠기고 아마도 사람들은 귀중한 것을 구하느라 힘겹게 물살을 헤쳐야 했을 것이다. 이 즈음 이면 평균적으로 한 세대에 3m의 속도로 물이 내륙으로 들어왔을 텐데, 이런 속도면 사람들의 생활에 주기적 재앙이 벌어졌을 것이다. 반대로 북쪽에서 사람들은 수십 년 동안 바다가 물러나고 육지가 드러나는 것을 지켜봤을 것이다. 이곳 사람들도 저습지 환경과 범람에 어떻게 대응해야 할 것인지 알아 나가야 했다.

물이 넘치는 이유는 육지가 융기하기 때문이었다. 스웨덴 중부의 땅은 너무 많이 융기하여 욜디아 해와 북해 사이의 흐름을 막는다. 다시 한 번 발트는 호수가 되고 물은 흐를 길을 잃는다. 유입되는 강 탓에 호수의 물이 증가하면서 염분이 희석되어 민물이 된다. 호수는 욜디아 층 위의 퇴적층에서 나온 조개의 이름을 따서 안킬루스 호(Acylus Lake)라 불리게 되었다. 다시 살아 있는 모든 것은 적응하거나 떠나거나 죽어야 했다. 사람도 마찬가지여서 이제 배를 타고 대구 낚시를 하기보다 갈대숲에서 새를 잡는다.

이곳 사람들은 300년, 대략 10세대 정도 변화에 적응한 뒤 또 다른 전환을 맞는다. 서기전 9000년 즈음 저습지와 석호가 마르고, 호숫가 낚시터에서 해안은 더 멀어진다. 새로이 흙과 모래밭이 드러나고 새로운 식물과 곤충이 번식할 기회가 온다.

안킬루스 호는 결국 북해로 흘러가는 길을 찾는다. 호수는 바다보다 수면이 10m 정도 높아졌기 때문에 분명 물이 새어 나갈 곳이 필요했다. 물길을 찾았다기보다는 다나 강(River Dana)이라는 모습으로 강요된 것이었다. 다나 강은 스토레벨트(Store-baelt)의 낮은 저지대를 관통하여 흐르면서 깊이가 70m에 이르는 부드러운 퇴적층을 나누는 진정한 협곡을 만들기도 한다. 강 옆의 숲과 이탄, 사람의 주거지는 급류로 침식되어 나가거나 쓸려 온 모래와 자갈층에 묻혔을 것이다. 200년 동안 안킬루스 호의 수위가 해수면과 같아질 때까지 물은 계속 새어 나갔다. 그 뒤에 곡류가 시작되고 작은 강과 내가 숲을 가로지르며 스토레벨트의 곳을 휘돌아 흐른다.

이 놀라운 역사의 마지막 사건은 스토레벨트의 범람이다. 범람은 서기전 7200년에 시작되고 해수면이 지금의 수위에 이른 마지막 단계—이로써 우리에게 낯익은 스칸디나비아와 발트 해 연안의 지형이 완성되었다—에서 일어났다. 이로써 만들어진 내륙은 안킬루스 플루비아틀리(*Ancylus fluviatli*) 퇴적층 위뿐 아니라 오늘날 발트 해안을 수놓는 리토리나(Littorina)라는 조개의 이름을 따서 부르고 있다. 습지와 범람이 되돌아오면서 또 다시 적응을 해야 했으나 새로운 범람은 거의 알아채지 못할 만큼 점진적이고 자연스러웠다. 사람의 생활양식은 다시 한 번 바다 곁에 사는 사람들의 방식으로 천천히 변모한다.

18

유럽 동남부의 두 마을

정주 수렵채집민과 이주 농경민

6500-6200 BC

낚시 여행, 바비큐, 비온 뒤 소나무 숲, 나무 타는 연기 냄새가 가시지 않고 기억도 혼란스럽다. 존 러복은 텐트 같은 집 안의 회를 칠한 단단한 바닥에서 일어난다. 밖을 보니 석회암 벼랑 아래로 가파른 경사면에 숲이 있고 그 아래 넓은 강이 흐른다. 해가 뜬다. 발자국 소리와 목소리가 들린다.

작은 가지로 만든 집의 벽은 긴 들보를 향해 기울어 있고, 들보에는 잔가지로 만든 바구니와 뼈 작살이 매달려 있다. 바닥 구덩이 주변에 석회암 조각이 돌려져 있고 소나무 장작이 탄 재가 아직도 따뜻하다. 지난 밤 생선을 한 꾸러미 구웠다. 나무통에 물이 담겨 있고, 풀 다발이 입구 쪽 돌판 위에 놓여 있다. 고개를 돌려 보니 튀어나온 눈에 부풀어 있는 입술, 비늘 같은 몸을 조각한 둥그런 강돌이 자신을 응시하고 있는 듯하다.

밖으로 나가니 집은 하안단구 위에 자리 잡은 스무 채 움막 가운데 하나일 뿐이다. 유럽을 여행하며 처음 마주한 수렵채집민 마을이다. 서기전 12,500년 서아시아에서 보았던 아인말라하와 아부후레이라 마을이 떠오른다. 그러나 다시 찬찬히 살펴보니 꽤 다르다. 배가 정박되어 있고, 그물을 말리고 있다. 여기는 서아시아에서 소도시 아인가잘이 경제적으로 쇠락의 길을 걷고 있을 때 번성한 어부의 마을이다.

일하는 사람도 있고, 몇몇은 그냥 모여 서 있거나 앉아서 아침 햇살을 즐기고 있다. 사람들은 날씨에 대해, 그리고 고기잡이 계획과 어린아이들에 대해 얘기한다. 마을 뒤에는 작은 개암나무를 가로질러 참나무와 느릅나무, 라임나무 숲으로 들어가는 가파르고 조그만 길이 있다. 길은 멀리 소나무 숲과 높은 절벽으로 이어진다. 엷고 푸른 하늘 위로 독수리 한 마리가 날아오르고 가마우지가 강을 가로지르며 낮게 난다. 서기전 6400년 레펜스키비르(Lepenski Vir)의 날이 밝았다.[1]

러복은 강가에 앉아 북부 스페인의 라 리에라를 여행했던 기억을 떠올린다. 남부 유럽을 가로지르는 중요한 여정이었다. 중석기시대 주민과 함께 했던 야영지 몇 개는 고고학 유적이 되었다. 그렇지만 훨씬 많은 것이 후행하는 주거에 파괴되었거나 론 강 삼각주와 포 강 유역의 깊은 충적층에 묻혀 있다. 많은 유적은 아직 발견되지 않았다.

러복은 피레네 산맥을 오르면서 둥그렇고 빛이 나던 정상부에 깨진 돌이 널려 있고, 동쪽으로 갈수록 하늘은 더 높고 하늘과 맞닿은 산의 모습도 더 균열이 많음을 느낀다. 산맥 중부에서는 1000m 높이, 오늘날 발마 마르기네다(Balma Margineda)라 알려진 거대한 자연 원형극장 주변 산에서 산양 사냥꾼을 본다.[2] 송어를 잡고 블랙베리를 따는 여성도 본다. 200km를 더 산행하여 록 델미그디아(Roc del Migdia) 동굴에 이른다. 오늘날 카탈루냐라 부르는 두터운 삼나무 숲 안 벼랑 밑에 있는 동굴이다.[3] 거기 사는 사람들이 바구니에 도토리와 개암 열매, 자두를 담는 것을 보다가 이내 독수리들이 상승기류를 타고 창공을 맴도는 장면을 응시한다.[4]

프랑스 남부를 가로지르기 위해 러복은 모래사장을 걷고, 론 강 삼각주에서 카누를 얻어 타기도 하고, 파도가 흰색 석회암과 붉은 반암 절벽 아래를 내리칠 때는 내륙을 돌아서 먼 여행을 한다. 다양한 나무와 식물체가 살고 있지만, 오늘날 방문자들이 찾는 레몬이나 오렌지, 올리브, 야자, 은엽아카시아 나무는 없다. 지중해 연안에 이런 나무는 나중에서야 들어왔다. 러복은 오히려 야생 라일락과 덩굴나무가 석회암 산골짜기에 자라고 그 아래에서 천둥처럼 흐르는 물소리와 폭포소리를 들을 수 있어 더

반갑다.[5]

이탈리아 북부의 저습지를 가로지르며 사람들이 고기잡이 통발을 놓고 물새를 잡는 광경을 본다. 러복은 다시 한 번 정상이 소나무로 덮인 이탈리아 돌로마이트로 여름 목초지를 찾아 올라온 붉은사슴을 사냥하는 무리를 따라 올라간다. 2000m 높이에서 이미 사라져 버린 빙상 탓에 이상한 모습으로 튀어나와 있는 커다란 바위 아래에서 야영하는 무리 틈에 들어간다. 이 유적은 몬데발 데소라(Mondeval de Sora)라 불린다. 1986년 발굴되었을 때 한 남자의 무덤이 발견되었다. 사냥꾼이 일련의 석기와 멧돼지 송곳니와 사슴 이빨로 만든 장식물을 하고 누워 있었다.[6] 돌로마이트에서 동남쪽으로 향하며 크로아티아의 굽이치는 산과 깊은 계곡을 가로지른다. 그곳의 작은 동굴에 들어가 계곡 아래를 내려다보니 사냥감을 찾고 돌을 깨 찌르개를 만들고 있는 사냥꾼 무리가 보인다.[7]

러복은 산악지대를 뒤로 하며 헝가리의 남쪽 평야를 가로지르고, 그 뒤에는 카누라는 새로운 교통 수단으로 갈아타 피곤한 다리를 쉰다. 밧줄이 풀려 떠다니는 배 한 척을 찾은 것이다. 유럽 동남부의 강을 따라 800km를 여행하며 주변의 숲에서 멧돼지를 잡는 사냥꾼들과 잠시 머물기도 하고 그물을 끌어당기는 어부를 돕기도 한다.

배를 타고 다뉴브 강으로 들어간다. 강은 나무가 덮인 언덕 사이로 천천히 흐르면서 버드나무와 백양나무 사이로 1km 이상 휘감아 돌아간다. 그리곤 가파른 벼랑 사이를 흘러 오늘날 아이언 게이츠(Iron Gates)라 불리는 협곡을 흐른다. 강가에 집들이 모여 있는 것이 보인다. 중석기시대 유럽의 다른 곳에서는 볼 수 없었던 모습이다. 러복은 늦은 저녁 배를 정박하고 둔치 위로 올라선다. 흐리고 달도 없는 밤, 기하학적 모습으로 만들어진 집은 그늘처럼 나타난다. 화덕에는 타다 남은 재가 따뜻했고, 갑자기 나타난 쥐 때문에 놀라기도 한다. 마을 전체가 고요한 잠에 빠져 있다.

레펜스키비르에서 자고 있는 사람들은 정주 수렵채집민이었다. 다뉴브 강 유역에서는 최후빙하극성기 동안에도 숲이 살아남았다. 주로 노간주나무와 버드나무였지만, 참나무와 느릅나무, 라임나무도 있어 나중에 유럽 전역으로 씨를 뿌린다. 빙하시대 수렵민은 이곳을 주기적으로 찾아 산양을 사냥하거나 연어를 잡았지만, 그리 오래 머물지는 않았다. 기후가 온난해지고 비가 더 자주 내리면서 넓은 잎을 가진 나무가 번성하였다. 이런 나무들이 산 사면을 타고 올라가 두터운 숲을 이룬다. 숲은 사냥감과 먹을거리를 풍족하게 담고 있다. 붉은사슴과 멧돼지, 수달과 비버, 오리와 기러기가 빙하시대의 식단에 오른다. 이렇게 하여 사람들은 아이언 게이츠에 더 자주 들어오고 더 오래 머문다. 본래 초가을에 들어와 겨울 캠프를 차리고 늦봄에 떠났었다. 그러다가 여름 물고기를 잡기 위해 짧은 기간 동안 차려진 주거지와 합쳐지기 시작한다. 서기전 6500년이 되면 사람들은 이곳을 떠날 필요를 느끼지 못하게 된다. 임시 야영지였지만, 이제 다뉴브 강 유역에서 첫 정주 마을이 된 것이다.

존 러복은 레펜스키비르 주변을 돌아다니며 집 안에도 들어가 본다. 집 크기는 다르지만, 생김새와 구조는 똑같다. 집마다 돌을 깎아 만든, 물고기 같기도 하고 사람 같기도 한 조각이 놓여 있다. 기하학 무늬를 새긴 자갈돌에 받혀 주로 제단처럼 보이는 돌 구조물 옆에 놓여 있다. 마을 중앙에 자리 잡은 큰 집 안에는 뼈로 만든 부적 같은 것 몇 개와 피리가 돌판 위에 놓여 있다.[8] 이 집 옆에는 열린 공간이 있고, 바닥은 사람들이 춤을 추며 밟아 다져 놓았다. 의례와 종교, 공연은 늘 수렵채집민 생활에서 중요했지만, 이곳에서는 지금까지 러복이 보았던 다른 어떤 유럽의 주거에서보다 더 생활 깊이 스며든 듯하다. 어디를 가든 화살과 뿔로 만든 작살, 그물추, 바구니, 갈판과 갈돌이 있다.

　　이런 다양한 장비는 레펜스키비르의 사람들이 주변에서 그저 고기와 물고기뿐 아니라 견과류와 버섯, 베리와 씨앗까지 다양하고도 풍부한 식량을 얻었음을 비추어 준다. 그럼에도 얕은 강에서 놀고 있는 어린아이들은 영양이 부족한 듯하다. 마을에는 구루병이 만연하여 아이 가운데 영양실조로 에나멜이 자라지 못해 생긴 치아의 수평 돋음부가 보인다. 레펜스키비르의 건축과 예술적 창의성은 주기적인 식량 부족과 맥을 같이하는 듯하다.[9]

　　여자 셋이 집을 반쯤 만들어 가고 있다. 중심 화덕에는 석회암을 으깨 모래와 자갈을 섞어 사다리꼴의 단을 만들고 주변에 돌덩어리를 돌린다. 잠시 쉬면서 가죽 꾸러미를 풀어 이미 부패한 아기의 시신을 꺼낸다. 뼈는 느슨하게 힘줄과 마른 살갗에 매달려 있다. 아기 시신을 바닥에 묻는다. 다른 꾸러미에서 어른 아래턱뼈도 꺼내 화덕의 두 돌 사이에 놓는다.[10] 잠깐 쉬다가 건축이 다시 시작된다. 구멍에 기둥을 세우고 들보를 놓고 곧 들어올린다. 러복에게 여성은 현실 세계에서 신앙의 세계로, 다시 현실로 돌아온 듯 보인다. 그러나 이 여인에게 그런 구분은 아무런 의미도 없다. 그저 삶을 살고 행동 하나, 유물 하나, 그리고 자연세계의 하나하나는 모두 성스럽고도 현실적인 것일 뿐이다.

레펜스키비르의 삶은 강 주변에서 이루어진다. 강은 식량의 원천이면서 중석기 시대의 주요 도로일 뿐 아니라 그 흐름은 탄생과 죽음의 통로를 상징하기도 한다. 적어도 고고학자 라도바노비치(Ivana Radovanović)는 레펜스키비르에서 이처럼 일상생활이 어떻게 의례 무덤과 계절 축제에 연결되어 있는지 상징부호를 읽고 있다.[11]

라도바노비치는 레펜스키비르를 발견하고 1966년에서 1971년까지 발굴한 유고슬라비아의 고고학자 드라고슬라브 스레요비치(Dragoslav Srejović)의 학생이었다.[12] 스레요비치는 댐 건설 전 다뉴브 강가를 지표조사하던 중 유적을 찾는다. 레펜스키비르는 비슷한 예술과 건축을 가진 하두츠카(Hajdučka), 보덴니카(Vodenica), 파디나(Padina), 블라삭(Vlasac) 같은 여러 유적 가운데 하나로서, 의례중심지였을 가능성도 있다.[13]

스레요비치는 레펜스키비르에서 무덤을 많이 팠다. 아이의 무덤은 흔히 집 안 바닥이나 화덕, 제단 안에 만든다. 어른, 보통 남자는 집 사이에 묻는다. 들소와 사슴, 또는 사람의 머리뼈와 아래턱뼈는 도구나 달팽이껍데기로 만든 목걸이와 같이 매장되기도 한다. 어른의 무덤에서 죽은 자의 머리는 하류를 향하게 두어 영혼도 강을 따라 흐르게 한다—적어도 라도바노비치는 이렇게 믿는다. 라도바노비치에 따르면 마치 봄마다 철갑상어가 부화를 위해 상류로 올라오듯이 강은 다시 태어남을 상징한다고 한다. 길이 9m까지 자라는 강 괴물이 행렬을 이루고 돌아오는 일은 놀라웠을 것이다. 라도바노비치에 따르면, 물고기와 사람이 혼합된 조각에서 망자의 영혼이 다시 태어나는 것이 드러난다고 한다.

여름 낮 러복은 사람들이 그물을 끌어올리고 바닥에 기둥을 박으며 대화하는 소리를 들으며 레펜스키비르를 떠난다. 발칸 반도 구릉지대의 우거진 숲을 가로질러 남쪽으로 향한다. 잎과 솔방울, 도토리와 너도밤나무 열매, 밤이 깔린 숲을 걸어간다. 햇볕이 드는 곳에서 암컷 사슴이 풀을 뜯다가 사람 냄새를 맡고는 흰 엉덩이를 보이며 관목 숲으로 사라진다. 뿔 달린 수사슴도 총총거리며 뒤따른다.

러복은 크레스웰 크랙스를 향해 툰드라를 가로지르며 유럽 여행을 시작할 때 짐승의 발자국과 똥이 담고 있는 정보를 전혀 몰랐지만, 이제 동물이 보내는 신호를 읽을 줄 안다. 스스로 사슴이 걸었던 길을 찾아가 보기도 하고, 멧돼지가 나타나 먹이를 먹을 만한 곳을 짐작해 보기도 한다. 둥지를 찾아 새알을 얻으려면 어디에 가야 하는지도, 어떤 버섯을 먹을 수 있고, 그렇지 않은지도 안다. 숲에서 사냥과 채집을 하며 살아갈 수 있다는 데 이제 꽤 확신을 가지고 있으면서 왜 그렇게 사는 사람이 없는지 의문을 가질 정도이다. 아무도 없다. 사람이 있다는 신호도 전혀 없다. 유럽을 여행하면서 야영지나 사람들이 사는 동굴을 이토록 오랫동안 마주치지 않은 적이 없었다.[14]

다뉴브에서 지중해에 이르기까지 유럽 동남부에 중석기 유적이 희소한 것은 고고학자로서는 걱정거리이기도 하다. 정말 사람이 살지 않았을까? 아니면 유적이 이미 파괴되었거나 아직 찾지 못한 것일까? 예컨대 그리스에서는 중석기 유적이 십여 개 있을 뿐인데, 신석기 유적은 수백 개, 그리고 그 뒤 시기 유적은 수천 개이며, 인류 진화와 관련된 초기 유적도 아주 많다. 그리스의 선사고고학자 페를레스(Catherine Perlès)는 최근 중석기시대에 인구가 극히 적었으며, 거의 전적으로 해안에 거주했기 때문이라고 하였다.[15]

러복은 레펜스키비르에서 400km의 길을 가로질러 그리스 북부의 마케도니아 평야에 닿는다. 서기전 6300년. 러복은 참나무 가지에 걸터앉아 마을에 드나드는 사람들을 본다. 집들은 작은 언덕의 빈터에 모여 있다. 한쪽에는 습지가 있고, 다른 쪽에는 구불구불한 길을 따라 담을 쳐 놓은 작은 밭에는 이제 막 싹이 트고 있다. 집 십여 채는 직사각형으로 처마 위에 지붕을 얹었다.

집 한 채가 올라가고 있다. 어린 나무를 잘라 똑바로 세워 둔 갈대 다발을 단단히 묶는다. 이곳의 집은 레펜스키비르의 집보다 훨씬 크고 많은 재료로 짓지만, 눈길을 사로잡는 것은 외벽에 접해서 단순하게 나무막대기를 세워 만든 우리—아니 정확히 그 안에 있는 것—이다. 이제 공터로 향하는 길을 따라 마을에 들어간다. 허리를 굽혀 밭에서 트는 싹을 들여다본다. 밀이나 보리 같은 것은 이제 막 줄기 주위에 뾰족한 잎이 나기 시작하고, 콩은 성긴 줄기에서 둥글게 말린 잎이 나오고 있다. 여성과 어린 이들도 허리를 구부리고 싹 주변에서 풀을 뽑는다. 러복도 양에게 먹이기 위해 풀을 좀 뜯는다. 나무 우리 안의 양은 염소랑 더 닮았다.

러복은 유럽 최초의 농경 마을 가운데 하나로 들어간다. 고고학에서 이 마을은 네아 니코메데이아(Nea Nikomedeia)라 부른다.[16] 마을에서는 이미 수 세대 동안 농민이 살았다. 마을을 만든 사람들은 그리스, 또는 터키나 키프로스의 다른 농경 마을에서 왔을 수도 있고, 아마도 멀리 서아시아에서 왔을 수도 있다.

유럽에 들어온 첫 농경민이 배를 타고 떠난 출발지는 바로 서아시아였다. 작은 배들에 씨앗을 담은 바구니와 양과 염소를 실었다.[17] 에게 해를 가로질러 그리스 동부의 저지대로 들어온 사람들도 있었고, 크레타와 이탈리아 남부로 향한 사람들도 있었다.[18] 그리곤 숲을 개간하고 양과 염소에게 풀을 뜯게 하고 집을 지으며 유럽 선사 시대의 새 장을 열었다.[19]

서기전 7500년 즈음 그리스에 처음 도착한 농경민은 사람이 거의 살지 않은 곳에 자리 잡았다.[20] 아르골리드 남부의 프랑티 동굴 가까운 곳에서만 중석기시대의 점유 흔적이 있을 뿐이다. 이 동굴에서는 제이콥슨(Thomas Jacobsen)이 풍부한 식물성 및 해양 식량자원을 이용한—특히 해수면이 상승하여 해안선이 동굴 입구에 이르고 난 뒤— 증거를 찾았다. 프랑티 동굴 퇴적층에서 농경민의 주거와 동시기인 상부층 에서는 재배 밀과 보리, 렌틸콩 몇 점이 나왔으나, 야생 식물이 훨씬 많았다. 다만 양 과 염소, 돼지 뼈가 많은 것으로 보아 중석기 사람들이 아마도 농경민 마을에서 약탈 했거나 스스로 가축을 길렀을 수도 있다. 어쨌든 가축은 중석기 사람들의 생활방식을 별달리 변화시키진 못했다. 프랑티 동굴에서는 석기와 무덤 관습, 수렵과 채집 활동 이 거의 변화 없이 이어졌던 것이다.[21]

농경민과 수렵채집민은 적어도 천 년 동안이나 공존했다. 서로 별다른 영향을 미치지도 않았다. 농경민에게는 평야가 비옥한 토양이 되었으며, 수렵채집민은 숲과 해안 환경에 의존하면서 그런 데는 관심이 없었다.[22] 그럼에도 그리스 남부에서 이런 공존은 지속되지 못했다. 서기전 7000년 즈음 새로운 농경 마을이 등장하는데, 이 가운데 하나가 바로 네아 니코메데이아이다. 이 마을이 지역 인구가 증가하여 새로이 만들어졌는지, 아니면 새로이 들어온 이주민의 것인지는 분명하지 않다. 다만, 당시까지 그리스에서는 보이지 않던 잘 만들어진 토기가 등장하는 것으로 보아 이주민일 가능성이 더 크다.

프랑티 동굴의 최상층에서는 농경민 마을에서와 비슷한 토기와 석기가 나왔다. 동굴 밖에도 집을 짓고 곡물 재배를 위해 터를 닦기도 했다. 드디어 농경문화가 중석기 수렵채집문화를 압도하게 되는 것이다. 수렵채집민은 새로이 들어온 농경민에게 밀려 동굴을 버리고 인구가 점점 줄어 결국 사라졌을 수 있다. 아마도 동굴에 살던 수렵채집민 스스로가 농경민이 되었을 수도 있다. 또는 농경민과 수렵채집민이 긴밀하게 혼인으로 연결되어 서로를 분간할 수 없을 정도로 교류했을 수도 있다. 프랑티 동굴의 중석기 사람들에게 일어난 이 같은 혼란을 바탕으로 유럽 대륙 전체 역사의 일단을 볼 수 있는 것이다.

네아 니코메데이아 마을의 집 내부는 어둡고 조용하다. 공기는 퀴퀴하고 연기가 자욱하다—레펜스키비르의 가볍고 신선함과는 사뭇 다르다. 러복은 마을을 가로지르며 한 가족이 갈대다발과 어린 참나무 가지 위에 진흙을 발라 집의 벽을 만드는 것을 지켜본다. 이제 이런 벽이 얼마나 효과적으로 바깥세상으로부터 고립된 공간을 만드는지를 안다.

벽에 토기와 고리버들 바구니들을 놓고, 골풀로 만든 자리와 가죽이 바닥에 깔려 있다. 바닥 위에 10에서 20cm 높이로 올린 단에는 얕은 구덩이에서 연기가 피어오른다. 연기는 지붕으로 스며 나가며 페스트균도 죽이고 갈대지붕에 물이 새지 않게 하는 역할도 한다. 불가에 앉은 여인은 섬유질을 꼬면서 실타래를 만든다. 부지깽이를 재에 집어넣어 젓기도 한다. 허리띠를 졸라매고 있는 뼈로 만든 것은 어디선가 본 적이 있다. 러복은 차탈회위크에서 비슷한 디자인을 봤음을 기억한다.[23]

토기를 본 것도 유럽 여행 중 처음 있는 일이다. 지금까지 본 그릇이란 모두 나무나 돌, 고리버들 같은 것으로 만든 것이었다. 네아 니코메데이아의 토기는 사발에서 좁은 입을 가진 커다란 저장 항아리에 이르기까지 생김새와 크기가 다양하다. 어떤 것은 무늬가 없지만, 기하학적인 디자인을 붉게 칠한 것도 있다. 손가락으로 누른 것도, 사람의 얼굴을 한 것도 있는데, 코는 꼬집어서 만들고 눈은 작고 타원형이다. 크고 잘 만들어진 것이 많다. 러복은 유희의 용도로 만들어졌으리라 생각한다.

마을 중앙에는 10m²가 넘는 큰 집이 있다. 내부는 어두침침하고 집안 생활의 증거가 없이 텅 비어 있다. 나무 탁자에 진흙으로 만든 조각상이 놓여 있다. 조각상은 대부분 여자를 묘사한 것이다. 얇은 원통형 머리와 뾰족한 코, 찢어진 눈을 가졌다. 팔짱을 끼고 손은 아주 작은 진흙꼭지 같은 가슴을 쥐고 있다. 팔은 작지만 둥그렇고 아주 큰 다리를 가지고 있다. 거칠게 만든 양과 염소가 조각상과 나란히 놓여 있고, 이와 대조를 이루며 청록의 사문석을 아름답게 조각하고 갈아 만든 개구리 인형 세 개가 있다.

러복은 마을을 떠나 다시 숲의 높은 곳에 올라가 멀리서 마을을 내려다본다. 며칠 동안 마을 생활이 어떻게 돌아가는지 이해해 볼 참이다. 각 가구는 자족의 삶을 산다. 가족이 별도로 밭을 가꾸고 가축을 기르고 쓸 토기와 도구를 만든다. 이렇듯 가구는 따로 생활하면서도 바깥에 화덕을 피워 공동으로 식사를 하면서 서로에게 호의적인 문화를 유지한다.

시간은 빠르게 흐른다. 참나무 잎이 넓어질 때쯤 곡식이 영근다. 잎이 갈색으로 물들 때쯤 수확한다. 겨울 동안 비가 내리고 습지가 호수가 되어 밭에 물을 주고 고운 실트가 쌓이면서 다음 해 곡식의 비료가 된다. 참나무 싹이 나올 때 네아 니코메데이아 사람들은 삽과 팽이를 들고 다시 돌아와 밭을 일구고 씨를 뿌린다.

마을에는 교역을 위해 돌과 조개, 잘 만들어진 토기를 갖고 들어오는 사람도 있다. 죽은 자는 얕게 파고 아무런 시설 없이 묻거나 버려진 집 안에 안치한다. 무덤 의례나 부장품 같은 것도 없이 가능한 최소한의 의례로 시신을 처리하는 실용적 행위이다. 그러나 사람들은 진흙 조각상이 있는 성소로 생각되는 중앙 건물에 정기적으로 드나든다. 새로운 조각상을 들여놓기도, 예전 것을 치우고 부수기도 한다. 러복은 멀

리서만 바라보고 있기 때문에 네아 니코메데이아의 신앙생활에 대해서는 그리 자세히 관찰할 수 없다.[24]

도토리가 떨어지고 어린 싹이 돋아나지만 이내 사슴의 먹이가 되고 만다. 살아남은 어린 나무도 결국 사람들이 잘라 마을로 들여온다. 시간이 흐르고 겨우내 가물고 늦게까지 땅이 얼어붙은 탓에 온전한 수확이 이루어지지 못한다. 사람들은 어쩔 수 없이 양과 염소를 잡아 근근이 살아간다. 가구 사이에 호의적 관계가 있어 어려울 때 서로 돕는다. 한 가구가 식량이 부족할 때 다른 가구에 의지하여 도움을 받는다.[25]

숲에서 바라보는 네아 니코메데이아 마을의 삶은 고되다. 분주히 밭을 갈고 풀을 뽑고, 물을 대고, 곡물을 갈고, 땅을 파고, 숲을 헤친다. 늘 일손이 부족하여 어린이까지 김을 매고 거름을 준다. 러복은 그동안 레펜스키비르, 라 리에라, 괴너스도르프와 크레스웰 크랙스의 수렵채집민을 보았지만, 그 어떤 집단도 하루에 몇 시간 이상을 일하는 것 같지 않았다. 수렵채집민의 배를 채우는 것은 지식이었지, 노동이 아니었다. 어디서 사냥감을 찾을 수 있는지, 언제, 어디서 익은 열매를 얻을 수 있는지, 멧돼지를 어떻게 사냥하는지, 물고기떼를 어떻게 잡는지와 같은 지식 말이다.

시간이 흐르고 마을에서 새로운 집이 늘어나고, 밭도 넓어진다. 마케도니아 평원을 가로질러 마을이 늘어나고 얼마 안 가 인구가 한계에 이른다. 네아 니코메데이아 주변에서 경작할 수 있는 땅으로는 불어난 인구를 감당할 수 없어 몇 가족은 새로운 땅을 찾아 떠난다. 염소떼와 새끼 돼지 무리를 데리고 적당한 충적지를 찾아 정착할 수 있기를 바라며 북쪽으로 향한다.

이런 식으로 농경민은 비옥한 땅을 찾아 떠나면서 발칸 반도를 넘어 헝가리 평야에 이르러 새로운 농경문화를 발달시킨다.[26] 레펜스키비르에서 불과 50km도 떨어지지 않은 곳에 농경민 마을이 들어서고 이곳에서 중석기시대 수렵채집문화가 번성하였다가 이제 쇠락을 맞이한다. 레펜스키비르 사람들 가운데 나이 든 사람들은 전통 예술품을 더 정교하게 만드는데, 이는 새로이 들어온 농경민과 새로운 생활방식에 저항하는 뜻을 지니고 있다. 돌로 조각품을 만들고, 이전보다 더 크고 더 두드러지게 만든다. 조각상을 이제 안에 숨겨 놓기보다는 문 가까이 놓는다.

특히 젊은이들에게 농경 마을은 새로운 생각과 교역의 기회이다.[27] 이제 레펜스키비르의 운명은 피할 수 없다. 사냥도구, 그물과 함께 점점 토기의 수도 늘어나고, 사람들은 농경 생활에 매력을 느낀다. 이런 데는 이유가 있다. 어린이들을 영양실조에 빠뜨렸던 주기적 식량부족에서 오는 식단의 공백을 양과 소, 밀이 채워 주는 것이다. 오래지 않아 식단은 뒤바뀐다. 이제 야생 식량이 곡물과 콩으로 이루어진 식단을 보완하는 역할을 한다.

러복은 네아 니코메데이아를 떠난다. 보스포루스가 열리며 물이 들어찬 흑해의 해안을 둘러본다. 드넓은 숲이 물에 잠기고, 진흙으로 덮이고, 돌덩어리와 뿌리째 뽑힌 나무들이 뒹굴고 있다. 더 북쪽으로 가 드네스트르(Dniester) 강과 드네프르(Dnieper) 강에 이른다. 이곳에 아직 농경은 들어오지 않았다. 두터운 숲 안에는 수렵채집 마을과 유럽 여행 중에 만난 첫 공동묘지—앞으로 무엇이 다가올지 알려 주는 신호이다—가 있다.[28] 강가의 퇴적토에는 주변 경관이 툰드라 황무지였을 때 지었던 매머드 뼈로 만든 움막의 잔재가 보인다.

더 북쪽으로 가면 경관은 또 변한다. 관목이 우거진 활엽수림은 사라지고 어두운 침엽수림에 나무 아래는 상당히 황무지에 가깝다. 붉은사슴의 자리엔 엘크가 보이고, 멧돼지를 대신하여 곰이 자리를 잡았다. 수렵채집민의 정주 마을은 보이지 않고 임시 야영지가 많으며, 사람들은 어떤 특정한 지역만이 아니라 숲 전체, 산맥, 일련의 호수들, 또는 이런 환경 모두를 이용하며 산다. 러복은 걷거나 보트를 타고 끝없는 습지대를 가로질러 레펜스키비르에서 북쪽 2000km 멀리까지 간 뒤 조그만 섬에 이른다.

네아 니코메데이아는 서기전 5000년 완전히 버려진다. 아마도 지력이 소진했던지, 아니면 쓰레기가 넘쳐 전염병이 창궐했는지도 모른다. 마지막 집도 무너진다. 나무기둥은 썩고 진흙은 씻겨 나가거나 바닥에 탄탄하게 박혀 있다. 구덩이는 흙에 묻히고, 바람에 날려 온 모래에 화덕과 기둥구멍, 쓰레기 구덩이가 덮인다.

네아 네코메데이아는 다시 자연으로 돌아가 작은 언덕이 된다. 관목으로 덮이고 햇볕과 바람을 맞으면서 마케도니아 평원의 다른 많은 자연 언덕과는 다른 모습을 띤다. 20세기가 되어 네아 니코메데이아 마운드는 과수원과 목화와 사탕수수밭으로 둘러싸인다. 1953년 길을 내기 위해 불도저가 작업을 하던 중 토기 조각이 드러나 그리스 고고학조사국이 공사를 중단시켰다. 1961년 로버트 로든(Robert Rodden)이 이끄는 케임브리지대학과 합동조사가 시작되었다. 이 조사에 그레이엄 클라크도 참여하였다. 지중해 뜨거운 태양 아래 발굴하는 동안 클라크의 마음속에는 늘 스타카의 중석기시대 사냥꾼이 있었으리라.

19

죽은 자들의 섬

북유럽의 중석기시대 무덤과 사회

6200–5000 BC

잔잔한 물 위로 카누가 미끄러진다. 물살에 가문비나무, 낙엽송과 검푸른 하늘을 비추고 있던 이미지가 흐트러진다. 해가 가장 높은 곳에 이르렀지만, 노에 흩뿌려지는 물은 얼음처럼 차갑다. 배가 숲을 뒤로하고 섬에 다가선다. 그곳에서 배에 실린 시신을 묻을 작정이다. 살아 있을 적처럼 가죽털옷을 입고, 엘크 이빨로 만든 목걸이와 곰 엄니를 걸치고, 허리에는 점판암제 칼을 차고 있는 남자다. 북유럽의 산림지대를 가로질러 물길을 따라 이동했던 수많은 여행의 마지막이다. 이 남자는 이제 죽은 자의 섬에 자리 잡은 조상 곁으로 들어가야 한다.

러복은 오늘날 러시아 서북쪽 오네가 호(Lake Onega) 중간에 있는 올레니오스트롭스키 모길니크(Oleneostrovski Mogilnik), 곧 사슴섬 공동묘지에 들어선다. 때는 서기전 6200년.[1] 많은 배가 섬으로 향하며, 시신을 실은 배는 죽은 자의 아들이 노를 젓는다. 무덤은 북쪽의 숲에서 고된 겨울을 지내고 사람들이 모이는 구실이 되기도 한다. 여러 곳에서 들어온 사람들은 무슨 일이 있었는지 서로 말하고, 플린트 돌덩어리와 모피를 교환하고, 여름에 누가, 누구와 함께 어디에, 얼마 동안 가야 할지를 의 논한다. 또한 망자가 영혼과 조상의 세계로 안전하게 갈 수 있도록 빈다.

1939년 스탈린 시기 러시아의 국가역사물질문화연구소의 소장이었던 라브도니카스(Vladislav Iosifovich Ravdonikas)[2]는 부하직원 구리나(I. I. Gurina)에게 올레니오스트롭스키 모길니크에서 이루어진 발굴 결과를 전해 받는다. 구리나는 1936년 6월부터 작업을 시작했고, 섬이 가문비나무와 낙엽수림으로 덮여 있었음을 알았다. 나무 사이에는 근래 사람들이 모래와 자갈—과거 빙하로 쌓인 퇴적물—을 파서 생긴 커다란 구덩이가 있었다. 토사를 얻는 작업 도중에 사람의 뼈가 발견되면서 '죽은 자의 섬'을 알게 된 것이다. 호기심에서, 또는 보물을 취하기 위해 많은 무덤이 파헤쳐졌다. 그러나 금과 은을 얻고자 하는 희망은 곧 꺾였다. 구리나는 이와는 아주 성격이 다른 고고학의 보물을 찾는다. 사람의 무덤에서는 동물 이빨과 뼈로 만든 보석류와 엘크와 뱀 형상의 조각상, 점판암제 칼, 뼈로 만든 찌르개와 플린트제 도구가 나왔다.[3]

3차에 걸친 발굴에서 170개 무덤을 조사하였다. 잘 보존된 뼈가 나온 무덤도 있었으며, 사람 뼈 조각만이 나온 것도 있었다. 수많은 장식품과 도구가 수습된 유구도 있었고, 별로 나오지 않은 것도 있었다. 섬에는 남자와 여자, 어린이 등 많은 사람이 묻혔다. 18개 무덤에서는 두 사람이 묻혔으며, 세 사람이 묻힌 무덤도 몇 개 있었다. 구리나는 모두 500개 무덤이 있다고 추산하였다. 만약 1938년 소련이 핀란드를 침공하려는 계획—오네가 호가 그 경로에 있었다—으로 국가의 감사를 받게 되어 발굴이 중단되지 않았다면, 무덤의 수는 더 늘었을 수도 있다.

구리나의 발굴 결과는 라브도니카스에겐 딜레마였다. 올레니오스트롭스키 모길니크 공동묘지의 크기와 풍부한 유물을 보면 사람들은 농경민이었음을 알 수 있다. 적어도 마르크스주의 사회진화론과 물질문화 이론을 따른다면 그럴 것이다. 스탈린 시기 러시아의 고고학자들은 프리드리히 엥겔스가 제시한 사회진화의 유형을 확인하여야 했고, 라브도니카스도 그러했다. 원시공산주의는 두 단계를 거치게 되어 있었다. 초기 혈연단계는 완전한 이동 수렵채집민이며, 후기 혈연단계는 정주 농경민이자 가축 사육을 하면서 대규모 공동체에 살면서 물적 소유를 획득한다. 올레니오스트롭스키 모길니크 유적이 속하는 단계는 어디인가? 유적의 사회복합도를 보면 라브도니카스가 서기전 2000년으로 추정한 후기 혈연단계에 속할 것이다. 그렇다면 반드시 있어야 할 토기와 가축은 어디에 있단 말인가?

라브도니카스의 해답은 '의례'였다. 지금도 많은 고고학자들이 설명할 수 없는 현상을 마주할 때 의례를 생각한다. 다시 말해 올레니오스트롭스키 모길니크 사람들의 의례에서는 망자의 무덤에 토기와 가축의 뼈를 집어넣는 것을 금지했으리라는 것이다. 이런 식으로 문제를 해결했고, 엥겔스의 역사관을 유지하였다.

그런데 라브도니카스는 사실 틀렸다. 카누를 타고 섬에 갔던 사람들은 토기를 들어 보지도 못했으며, 가축을 생각하지도 않았다. 라브도니카스의 편년보다도 4000년이나 빨라 서기전 6700년에서 6000년까지 섬을 공동묘지로 이용했다.

카누가 섬에 닿는다. 겨우 2.5km 길이에 너비는 1km도 안 되는 작은 섬이다. 사람들은 시신을 들것에 싣고 아무 말도 하지 않은 채 가문비나무와 활엽수림 사이 길을 따라간다. 행렬은 대략 50명 정도가 모여 있는 곳에 이르러 멈춘다. 공동묘지이다. 낮은 모래 둔덕은 이전의 무덤들이다. 만든 지 얼마 안 된 것도 있고, 오래되어 어린 나무와 풀이 난 것도 있다. 새로운 무덤을 판다. 다른 것과 마찬가지로 얕게 동서 방향으로 판다. 장례식이 시작되고 러복도 무리에 끼어 샤먼이 하는 일을 지켜본다.

무덤 안에 시신을 놓고, 머리는 동쪽으로 향하게 하고, 죽은 남성이 지녔던 점판암 칼, 뼈 찌르개, 플린트 도구도 시신 옆에 놓는다.[4] 사람들은 흩어져 공동묘지 가장자리에 불을 피우고 담소를 나눈다. 그리고 8000년이 흐른 뒤 입고 있던 옷과 살도 부패하여 사라지고 나서 구리나가 무덤을 발굴한다. 세심히 뼈와 유물을 드러내면서 어떤 사람이었을까 생각한다.

라브도니카스의 해석이 나오고 50년이 흐른 뒤 마르크스이론의 규범에 얽매이지 않은 고고학자들이 새로운 시도에 나선다. 고분 분석 전문가인 미시건대학의 존 오셰이(John O'Shea), 북유럽 중석기 수렵채집 사회 연구를 주도하는 전문가인 셰필드대학의 마렉 즈벨레빌(Marek Zvelebil)이다.[5] 오셰이와 즈벨레빌은 구리나의 발굴조사를 검토하고 세련된 통계분석으로 무덤을 일련의 모둠으로 나눈 뒤 모둠은 올레니오스트롭스키 모길니크 사람들이 살았던 과거 사회 안에서 사회적 구별을 나타낸다고 주장했다. 사회는 각각 엘크 조상(彫像)과 뱀 조상으로 대표되는 두 계통으로 나뉘어 있었다고 하였다.[6] 조상은 특정 무덤에서만 나오는데, 아마도 각 계통의 상속 지도자의 것이라고 보았다.

오셰이와 즈벨레빌은 뼈 찌르개와 작살, 점판암제 칼, 단검이 남자의 무덤에만 부장되는 것으로 보아 성에 따른 노동 분할이 강한 사회였다고 주장한다. 여성과 직접 연관되는 도구는 없으며, 비버 이빨로 만든 염주가 부장되기도 한다. 고고학자들은 엘크, 비버, 곰 이빨로 만든 치레걸이를 부의 지표라고 생각하는데, 이런 유물과 칼과 찌르개 같은 유물이 특히 많은 무덤이 있었다. 곰 엄니가 부장된 무덤이 가장 부유한 것인데, 대다수가 어른 남자의 무덤이다. 이런 점은 부를 얻는 일이 신체적 건강과 사냥에서 용맹함—나이가 들어 용맹함을 잃으면 권위와 힘도 잃음을 뜻한다—에 달려 있음을 시사한다. 여성으로서 부를 얻는 길은 혼인이나 혈연이었을 것이다.

무덤 네 기는 다른 것들과 달리 독특했다. 부장품도 많았고 시신도 거의 수직으로 안치하여 마치 죽은 자가 아직도 땅 위에 서 있는 듯이 보이게 했다. 오셰이와 즈벨레빌은 구리나의 생각을 따라 이것을 샤먼의 무덤이라고 본다. 마지막으로 나이 많은 사람을 묻은 무덤 열한 기에는 뼈로 만든 찌르개만을 부장했는데, 이는 아마도 개인 소유와 부를 축적할 수 없었던 특정한 사냥꾼 집단으로 보인다.

오셰이와 즈벨레빌은 올레니오스트롭스키 모길니크에 망자를 묻은 사람들은 알려진 많은 수렵채집민보다 복합적인 사회생활을 했다고 본다. 그리하여 당시 사람들은 아직 발견되지 않은, 죽은 자의 섬에서 떨어진 어떤 곳에 마을을 짓고 연중 내내 정주했을 것이다. 그리고 이곳 사람들은 러시아 북부와 핀란드 동부의 플린트와 점판암 교역망에서 중간자 역할을 하면서 부를 얻었을 것이다.

라프도니카스의 올레니오스트롭스키 모길니크에 대한 해석은 반세기가 흘러 큰 도전을 받았고, 오셰이와 즈벨레빌의 해석은 불과 10년도 지나지 않아 비판을 받는다. 1995년 몬트리올대학의 켄 제이콥스(Ken Jacobs)는 오셰이와 즈벨레빌의 결론에 문제를 제기한다.[7]

제이콥스는 무덤 사이의 유사성이 차이점보다 두드러진다고 본다. 나아가 오네가 호의 해안과 주변 숲을 따라 넓게 흩어져 살던 작은 수렵채집 집단이 섬을 '의례중심지'로 삼았다고 주장한다. 수렵채집 사회는 기본적으로 평등사회였으며, 염주와 치레걸이, 유물 수에서 보이는 차이는 부와 지위가 아닌 보존상의 차이 때문이라고 생각한다. 제이콥스가 보기에 올레니오스트롭스키 모길니크는 19세기까지 이곳에 살던 사미(Saami) 족의 성소(聖所)와 닮았다. 사미 족도 호수 안의 섬에 죽은 자를 묻는다. 영혼이 마을에 돌아오지 못하도록, 친척과 소유물을 사후세계로 데려가리라는 믿음으로 섬에 무덤을 쓰는 것이다. 섬에만 무덤을 써서 선호하는 사냥과 고기잡이 터를 헤치지 않는다. 아마도 올레니오스트롭스키 모길니크에 망자를 묻은 사람들도 그랬을 것이다. 이 사람들이 사미 족의 직접 조상일지도 모른다.

어둠이 내려앉고 러복은 달빛 아래 춤을 추는 그림자를 본다. 알아들을 수 없는 노랫소리도 듣는다. 그러면서 라브도니카스, 오셰이, 즈벨레빌, 제이콥스 같은 오늘날 고고학자들에게 동정심을 느낀다. 고고학자들도 과거 생활의 그림자를 찾고 있지만, 읽고자 하는 언어—곰 엄니, 엘크 이, 뼈 찌르개—의 번역사전을 갖고 있지 못하다. 달이 떠오르고 별이 반짝이고 러복은 카누와 노를 얻어 밤 여행을 떠난다.

러복은 오네가 호의 서쪽 해안에서 발트 해안까지 여행한다. 때로 카누를 이 강에서 저 강으로 끌어 올리고, 산림지대의 홍수에 길을 바꾸기도 한다. 홍수는 모두 비버댐으로 인해 생긴 것이다. 비버는 북부 산림지대에서 자연의 모습을 사람보다 더 크게 바꾸어 놓는 동물인 것 같다.[8] 엘크의 모습도 보고, 고기를 잡고 베리를 따 먹고 별 아래에서 잠을 자면서 긴 여행을 떠난다. 가끔 올빼미와 늑대 울음소리에 잠을 깨기도 한다. 발이 물에 젖지만 않아도, 몸이 쑤시고 벌레들이 끝없이 성가시게 하지만 않는다면, 이렇게 유랑하는 생활도 목가적일 수 있을 것이다.

노를 저어 커다란 라도가 호(Lake Ladoga)를 가로지른 뒤 후일 상트페테르부르크가 번성할 네바(Neva) 강 연안 쪽의 핀란드만으로 들어선다. 여기서 남쪽으로 여행을 시작한다.[9] 강어귀를 건너 작은 섬 사이를 돌아 넓은 곳으로 향한다. 때로 돌고래가 따라오기도, 앞장서기도 한다. 바다사자는 늘 경계를 풀지 않으며, 갈매기는 낮게 날며 이상한 카누를 쫓는다. 러복은 수없이 많은 해안 야영지를 통과한다. 임시 천막 같은 것도 있고, 통나무로 만든 집도 보인다. 사람들은 카누 옆에 앉아 있기도, 불을 피우기도 한다. 그물과 작살을 손질하고, 음식을 준비하며, 이야기를 나누는 사람도 있다.[10] 이렇게 발트 해 남쪽에서 1500km를 넘게 여행한다. 때는 서기전 5000년, 겨울이 다가오고 있다. 해안에는 찌르레기떼가 보이고 잎은 물들고 밤은 길어지고 있다. 스웨덴 남쪽 끝 석호 주변에 흩어져 있는 주거지에서 휘돌아 오르는 연기를 보아 따뜻한 불이 있고 고기가 익어 가고 있다.

이곳은 북유럽 전체에서 가장 큰 중석기시대 유적 가운데 하나인 스카트홀름(Skate-holm)이다. 오늘날 조용한 경작지는 선사시대의 생생한 삶에 대해 아무런 실마리도 주지 않는다. 당시보다 해수면은 이제 수 미터 아래로 떨어져 있어 석호 안의 작은 섬이었던 곳은 낮은 언덕이 되고 편평한 평야가 되었다. 흙을 파내면 선사시대 백사장이 드러날 것이다. 밭을 갈면 중석기시대 생활의 잔재도 지표에 흩어질 것이다.

　1970년대 말 경작 중 중석기시대 석기가 처음 드러났다.[11] 룬트대학의 고고학 교수인 라르스 라르손(Lars Larsson)은 1980년 시굴트렌치에서 많은 유물과 작은 생선 뼈를 포함한 동물 뼈를 수습하였다. 유적은 아주 잘 보존되어 있었다. 생활 영역 가장자리의 깨끗한 노란 모래층 중간에서 어두운 퇴적층이 나타났다. 위의 몇 센티미터 두께 흙을 걷어 내니 사람의 머리뼈가 드러났다. 무덤이었다. 라르손이 발굴할 65개 무덤 가운데 첫 번째 것이 이렇게 확인되었다. 몇 년 뒤 라르손은 유적을 3000m² 정도 노출시켰다. 공동묘지도 세 개를 확인했으며, 놀랄 만한 도구와 동물 뼈 유물을 수습했다.

서기전 5000년 석호의 입구는 폭이 500m 정도였으며, 그 안에 작은 섬이 두 개 있었고, 이 가운데 하나는 물 위로 조금 드러난 상태였다. 물에 잠기기 전에는 묘지로 이용되었던 곳이다. 이후 더 큰 섬을 묘지로 썼으며, 입구에서 무덤 53개가 확인된다. 석호 뒤에는 두터운 갈대밭이 있고, 한겨울 차가운 날씨에 갈색으로 물들고 강물이 굽이쳐 흐른다. 그 너머엔 북부의 낙엽수, 소나무가 아니라 참나무와 느릅나무, 라임나무, 오리나무, 버드나무로 이루어진 두터운 숲이 있다.[12] 멀리서 불가에 모여 있는 사람들과 나뭇가지로 만든 움막이 보인다. 카누가 갈대밭에 정박되어 있고 그물을 말리고 있다.

스카트홀름 사람들은 엄청나게 다양한 동식물 환경에 이끌려 석호 주변에 산다. 겨울엔 주변 산림에서 멧돼지와 사슴을 사냥하고 강꼬치와 농어를 잡기 위해 통발을 놓고 강에 풍부한 큰가시고기떼를 잡기 ―이것을 잡아 기름을 짠다― 위해, 그리고 바다오리, 큰부리바다오리, 솜털오리 같은 바닷새를 잡기 위해 바위에 그물을 쳐 놓는다. 바다가 고요할 때 청어를 낚시하거나 작살로 돌고래를 잡으러 나간다. 어떤 날 저녁엔 해안가에 모여 있는 바다사자를 사냥하기도 한다.

이러한 생계활동은 라르스 라르손이 수습한 87개 종에 이르는 동물 뼈로 잘 알 수 있다. 스카트홀름의 사람들은 연중 그런 폭넓은 식량자원을 이용하며 살았다. 피터 롤리콘위는 동물해부학, 생식, 행동 관련 전문 지식을 바탕으로 동물 뼈를 분석하였다.[13] 이에 따르면 멧돼지 뼈는 라스손이 그렸던 선사시대 생활과는 사뭇 다른 이야기를 준다. 멧돼지는 아주 작은 새끼에서 큰 성체에 이르기까지 성장이 빠르기 때문에 고고동물학자에게는 아주 좋은 자료이다. 결과적으로 동물의 크기는 나이 ―몇 년이 아니라 몇 개월―를 가리키는 지표이다. 중석기시대 새끼 멧돼지는 오늘날 돼지처럼 주로 봄에 태어난다. 죽었을 때 나이를 추정함으로써 어느 계절에 사냥이 이루어졌는지를 알 수 있는 것이다. 물론 뼈만으로 실제 새끼 돼지를 측정할 수는 없지만, 발가락뼈나 발뼈 같은 것으로 온전한 돼지를 아주 정확하게 복원할 수 있다. 이렇게 롤리콘위는 유적에서 나온 뼈를 측정하여 멧돼지가 모두 겨울철에 사냥되었다고 했다.

사슴 아래턱뼈와 바다사자 뼈 연구로도 겨울철 사냥을 알 수 있다. 새는 거의 모두 겨울에만 오는 철새이며, 두 개만이 여름에 스웨덴 해안을 찾는 달라시안 펠리컨과 넓적부리새의 뼈일 가능성이 있다. 또 한 가지 주목할 것은 유적에서 여름에 잡을 수 있는 동물 종이 없다는 점이다. 예컨대 대구, 고등어, 동갈치는 부화하기 위해 해안 가까이 찾아올 때 대량으로 잡았을 것이다. 그런데 2425개 동정된 생선 뼈 가운데 15개만이 이런 생선의 것이었다. 그렇다면 사람들은 대구나 고등어, 동갈치 같은 고기가 발트 해 멀리 나가 있는 겨울에만 낚시를 했을 것이다.

스카트홀름 해안을 따라 군데군데 움막이 모여 있다. 어떤 것은 가죽을 덮은 천막 같은 모습이다. 돔 모양으로 나뭇가지를 세웠거나 통나무로 틀을 만든 것이다. 가까이 가 보면 각 움막 군집 안의 사람들은 서로 다른 옷을 입고 있다. 어떤 이는 숄을 걸치고 있고, 모피를 입은 이도 있다. 얼굴은 그대로이기도 하고 칠을 하기도 했으며, 목과 허리엔 염주를 매달거나 아무 것도 없기도 하다. 각 군집 사이에는 별로 접촉이 없는 것 같다. 아마도 석호 주변에서 살 수 있는 권한을 어쩔 수 없이 서로 인정한 듯하다.[14] 러복이 노를 저어 해안에 이르자 개 한 마리가 짖는다. 또 다른 개가 다가오고, 석호 서쪽 지역에서 한 무리가 나타난다. 오늘날 독일 셰퍼드같이 큰 개들이다. 사납다. 러복은 그냥 멀리서 바라보는 것으로 만족한다.

스카트홀름 묘지를 발굴한 라르손은 장례에서 보이는 다양성을 근거로 가족들이 하나의 공동체 아래 느슨한 관계를 맺고 있었다고 하였다. 이는 올레니오스트롭스키 모길니크에서 보이는 균일성과는 상반된다. 라르손은 발굴을 마무리할 즈음 무덤이 묘지에서 무작위적으로 배치되어 있고 일관된 유형도 없음을 알게 되었다.[15] 시신은 눕거나 엎드리거나 웅크리거나 기대어 있기도 하고, 팔다리가 굽거나 펴져 있기도 했다. 대다수 무덤엔 한 사람만 묻었고, 남녀의 비율도 거의 같았다. 화장된 경우도 있고, 장례의 일환으로 무덤 위에서 나무 구조물을 태운 것도 있었다. 뼈를 추려 다시 묻은 것도 있고 나중에 빼낸 것도 있었다.

무덤 안에서 발견된 유물과 동물 뼈의 범위 역시 장례에서 보이는 다양성과 일치한다. 가능한 모든 조합의 도구와 치레걸이, 뿔 도구가 무덤에서 나오고 있는 것이다. 대형 육상동물(붉은사슴, 노루, 멧돼지)의 뼈와 이, 엄니, 뿔을 가장 많이 부장했다. 그러나 여자 무덤 하나에는 다리 쪽에 생선 그릇이 놓여 있었고, 수달의 머리뼈를 묻은 것도 있었다. 이렇게 보면 가족마다 죽은 사람 곁에 넣은 물건이 서로 달랐다. 공동체 전체의 관행과 장례풍습은 이처럼 느슨했던 것으로 보인다.

무덤의 형식과 피장자의 나이와 성별 사이에도 분명한 패턴을 찾을 수 없었다.[16] 올레니오스트롭스키 모길니크에서와 같이 부장품이 풍부한 무덤의 사람이 생활에서 가장 풍요로웠으리라 보인다. 그리하여 권력과 권위라는 것은 상속이 아니라 개인이 성취하는 것으로 보인다. 남자와 여자 사이에는 어느 정도 차이가 드러난다. 남자 무덤에는 흔히 플린트 돌날과 도끼가 부장되어 있는 반면, 엘크와 오록스(들소) 이빨로 만든 치레걸이는 여자 무덤에서만 나타난다. 지나치게 많은 부장품을 가진 무덤, 그리고 샤먼이나 족장으로 생각되는 사람의 무덤도 없었다.[17]

스카트홀름에 사육된 개가 있다는 점은 라르손의 가장 중요한 발견 가운데 하나다. 뼈들은 주거 쓰레기와 함께 흩어져 있었으며, 개 무덤이 발견되면서 사육의 증거가 확인되었다. 초기 무덤에서 개는 주인이 죽으면 희생되어 사후세계까지 따라가도록 같이 묻힌다. 그러나 후기 묘지—러복이 방문한 시기—에서는 개도 스스로 무덤을 가지고 있으며, 사람과 똑같이 장례를 치렀음을 알 수 있다. 개 무덤 하나에는 등쪽에 뿔이 놓여 있고, 엉덩이 쪽에는 플린트 돌날 세 개와 장식된 뿔망치, 붉은 돌안료가 흩뿌려져 있었다.[18]

돌을 던지니 개가 짖으며 사라진다. 다시 한 번 러복은 노를 집어 들고 해안 가까이 다가간다. 그러나 불가에 앉거나 서 있는 사람들이 더 확실히 보이자 카누를 멈춘다. 한 남자가 다리를 절며 목발을 짚고 있고, 두 사람의 얼굴엔 깊은 상처가 있고, 한 사람은 눈을 잃었다. 러복은 사회적 긴장과 폭력이 만연한 이 마을에 들어가기를 포기한다. 이제 카누를 다시 타고 동쪽으로 저어 덴마크 해안으로 향한다.

라르손은 스카트홀름 사람들이 자기들끼리든 다른 사람들에게든 공격적이었다는 증거를 찾았다. 사실 묘지 내와 다른 외딴 무덤에서 나온 증거를 종합해 보면 북유럽 전역의 중석기시대 공동체에서 폭력이 만연해 있음을 알 수 있다.[19] 스카트홀름에서는 함몰된 머리뼈 개체가 네 구 확인되었다. 둔기에 머리를 맞아 함몰되어 회복하지 못한 것이다. 전혀 의식하지 않은 채 맞았을 수도 있지만, 치명적 상처였을 것으로 보인다. 라르손의 발굴에서는 플린트 화살촉이 뼈 사이에서 나온 것도 두 차례가 있었다. 하나는 복부를 맞았고, 다른 하나는 가슴 부위에 박혀 있었다.

물론 사냥 도중에 발생한 의도하지 않은 사건이었을 수도 있다. 그러나 그것으로 두개골 골절을 설명할 수는 없다. 아마 그런 폭력은 의례의 일부였는지도 모른다. 스카트홀름에서는 관자놀이 부분을 가격하여 죽은 젊은 여성의 뼈가 나이 든 남자 곁에 안치된 무덤이 확인되었다. 아마도 남편의 길을 따르기 위한 희생이었거나 알려지지 않은 범죄의 결과였을 것이다. 그러나 이런 중석기시대 공동체에서 보이는 폭력은 아마도 땅을 지키기 위한 싸움이라는 것이 가장 그럴듯한 설명이다.

숲과 습지, 강, 석호, 바다에서 풍부한 식량을 얻을 수 있는 스카트홀름은 분명 수렵채집민에게는 아주 좋은 환경이었을 것이다. 흩어져 사는 여름이면 석호를 찾는 반갑지 않은 사람들, 주변의 생산력이 떨어지는 곳에 사는 사람들을 그냥 두지 않았을 수도 있다. 머리뼈 상처의 다수는 앞이나 왼쪽에서 둔기에 맞은 흔적으로 오른손잡이끼리 대면한 결투의 결과일 수 있다. 남자의 뼈에서 그런 머리뼈 골절은 여자보다 세 배가 많고, 화살로 입은 상처는 네 배가 많다. 집단이 여름이 지나 석호에 돌아왔을 때 예상치 않은 사람들이 그 자리에 자리를 잡고 있을 경우 땅을 두고 싸움을 벌였을 가능성을 생각할 수 있다.

스카트홀름을 비롯한 중석기시대 유럽에서 보이는 폭력의 흔적을 설명할 때 아마존 숲에 사는 야노마모(Yanomamö) 사람들의 사례를 생각할 필요가 있다. 나폴레옹 샤뇽(Napoleon Chagnon)의 자세한 연구에 따르면, 야노마모 족은 마을에 살면서도 숲에서 상당한 식량을 얻는다.[20] 중석기시대처럼 폭력은 사회에, 마을 안과 밖에 만연해 있다. 의례에서 서로의 가슴을 치는 경쟁에서, 몽둥이 싸움, 마을 간 침입과 노골적인 전쟁에 이르기까지 다양하다. 폭력은 주로 남자의 행동이지만, 다수는 여자와 성(性)을 두고 벌어진다.

어떤 남자가 아내가 바람피우는 현장을 찾으면서 싸움이 시작된다. 샤뇽에 따르면 "격분한 남편은 상대자에게 몽둥이로 자신의 머리를 내리치라고 소리친다. 자신의 몽둥이를 수직으로 잡고 거기에 기댄 채 상대에게 내리치라고 머리를 내민다. 한 대 얻어맞은 것을 참고선, 이제 바람을 피운 자의 머리를 내리칠 수 있다. 그러나 피가 흐르면 마을의 거의 모든 사람들이 작대기를 들고 나와 어느 한 편을 들며 싸움에 끼어든다."[21] 그렇게 대부분 남자의 머리엔 흉측한 상처가 남는데, 이 사람들은 이것을 아주 자랑스러워한다. 어떤 남자들은 상처를 잘 드러내 보이려고 머리를 깎고 붉은색으로 칠하기도 한다.

마을 간 침입은 대개 여자를 납치하기 위해 벌어진다. 말로는 다른 마을 사람들의 마법을 끝내기 위한 것이라곤 하지만 말이다. 샤뇽에 따르면 노모호리(nomo-hori), 곧 배신과 관련된 극단적 폭력이 있다. 사람들은 다른 마을에 거짓 핑계를 대고 들어가 반기는 사람들을 잔인하게 죽이고 여자를 취한 뒤 도망친다. 공격한 마을의 모든 남자들이 잡혀 온 여성을 강간하고, 원하는 사람이면 누구든 강간한다. 그리곤 그 가운데 한 사람이 아내로 삼는다.

야노마모의 전쟁 같은 일이 북유럽의 중석기시대 사회에서도 벌어졌을 수 있다. 하지만 민족지 기록을 과거 사회에 그대로 이입하는 것은 고고학에서 언제나 위험한 일이다. 특히나 남아메리카의 열대지방과 스칸디나비아의 중석기시대는 전혀 다른 환경임을 생각해야 한다. 중석기시대 사회보다 야노마모 사람들은 훨씬 더 큰 공동체를 이루고 산다. 그럼에도 몽둥이 싸움과 침입은 중석기시대 묘지에서 보이는 두개골 골절과 화살 상처를 설명하는 데 아주 매력적임이 사실이다. 여자를 두고 남자들이 벌이는 싸움은 인간사회에서 가장 오래되고도 널리 나타나는 특징이기도 하다.

침입이야말로 두개골 '안식처'로 알려진 독일 오프넷(Ofnet) 동굴 같은 중석기시대 유럽에서 보이는 극단적 폭력의 징후를 잘 설명해 주는지도 모른다. 서기전 6400년 즈음 오프넷에서는 낮게 파인 구덩이 안에 사람의 머리뼈가 정돈되어 놓여 있었는데, 죽은 자의 시신에서 자른 것이다. 구덩이 하나에서는 27개체, 다른 것에서는 6개체가 확인되었는데, 대다수가 여성과 어린이의 것이었다.[22] 몇 개체는 머리에 상처가 있었는데, 주로 남자의 것에서 나타난다. 그 가운데 하나에서는 여섯에서 일곱 번에 걸쳐 잔인하게 도끼로 난자당한 흔적이 나왔다. 거의 모든 머리뼈에는 조개 장식품이 달려 있었으며, 붉은사슴 이빨과 붉은 안료로 장식되어 있었다. 조개에는 유럽 중동부와 슈바벤 고원지대, 심지어 멀리 지중해에서 온 것도 있었다.

두개골 '안식처'는 중석기시대 침입의 증거일지도 모른다. 죽은 자의 몸에서 머리를 자른 것인지, 아니면 '범죄자'를 참수한 것인지에 대해 생각하는 것은 특히 여성과 어린이가 많이 포함되어 있다는 점에서 소름 끼치는 일이다. 나아가 살아남은 사람들이 슬퍼하고 기억하기 위해 무덤을 만들었는지, 아니면 영혼을 달래기 위해 상대방이 만든 것인지도 궁금하다. 어떤 경우이든지, 중석기시대 유럽은 잔인한 폭력과 피로 물든 살육의 순간이 있었음이 분명하다.

많은 고고학자들은 서기전 5500년 이후 북유럽의 중석기시대 사회에서 폭력의 증가를 줄어드는 자원에 따른 인구압에 초점을 맞추어 설명한다.[23] 빙하시대, 정확히는 영 거드라이어스가 끝나는 서기전 9600년 이후 북유럽의 산림과 석호, 강, 연안, 해안은 풍부한 야생 식량자원을 주었다. 빙하시대 이후 이곳에 들어온 주민과 홀로세 초의 인구는 급속히 불어났을 것이다. 그러나 서기전 7000년이 되면 오늘날 스웨덴과 덴마크는 해수면 상승으로 상당한 땅이 물에 잠긴다. 사람들이 지속적으로 더 작은 영역으로 몰려들고 좋은 사냥 및 식물 채집, 특히 어로 구역에 대한 경쟁은 치열해졌을 것이다.

환경변화로 일어난 경제, 그리고 사회 문제는 더욱 악화되었을 것이다. 그것은 멀리 서아시아에서 기인하여 이미 프랑티 동굴과 레펜스키비르의 사람들에게 영향을 미치고 있었다. 서기전 5500년 농경민은 중부 유럽까지 들어와 개인적으로든, 아니면 교역을 위해서든 선주민과 접촉하기에 이른다. 농경민이 필요로 했던 땅과 여자, 모피, 야생 동물은 수렵채집민이 원한 세련된 돌도끼 같은 새로운 위세품과 교환되었다. 이런 위세품은 수렵채집민 사회의 내부 경쟁에 필요했던 것이다.[24] 농경민은 남쪽으로 오늘날 폴란드와 독일에, 수렵채집민은 북쪽으로 덴마크와 스웨덴 부근에서 경계를 짓고 서로 물품을 교환했다. 그런 접촉으로 농경 마을은 번성했던 반면, 수렵채집민 사회는 분열과 경제 문제가 더 심화되었다. 결국 완전한 문화적 몰락으로 이어지고 만다.

경계에서

중부 유럽의 농경 확산

6000-4400 BC

서기전 6000년 북유럽의 중석기시대 수렵채집민은 동쪽에서 들어와 커다란 나무집에 살면서 동물을 기르는 사람들에 대한 이야기를 듣는다. 곧이어 이웃 수렵채집민이 간돌도끼를 사용하고, 진흙으로 그릇을 만들며, 소를 기르고 있다는 것도 알게 된다. 사냥터로 삼고 있는 땅에 농경 마을이 들어오자 통나무로 만든 긴 집과 매어 놓은 가축, 돋아나는 곡식의 싹을 두려움과 놀라움, 절망과 혐오가 섞인 감정으로 눈여겨본다.

　나이 든 세대는 분명 이런 새로운 광경을 이해할 수 없었을 것이다. 이들도 나무를 자르고 집을 지었지만, 새로이 들어선 농가는 도저히 이해할 수 없는 것이었다.[1] 농경민은 자연을 길들이고 압도하고 바꾸려 하는 듯이 보였다. 중석기시대 수렵채집 문화는 자연세계의 확장에 지나지 않았다. 떼어 내어 만든 돌도끼는 자연을 정교하게 가공한 것으로, 강과 얼음을 이용하여 돌덩어리를 깨고 날카로운 날을 얻었을 뿐이다. 고리버들로 만든 바구니나 돗자리란 거미줄과 새의 둥지가 사람의 손을 빌려 더 화려하게 치장된 것이었다.

　농경민이 진흙과 모래를 섞고 무늬를 새기고 칠을 하고 불을 피워 만든 토기는 자연세계에서 선례가 없는 것이었다.[2] 돌도끼를 정교하게 갈아 만든다는 것은 자연세계의 돌이 지니는 울퉁불퉁함을 물리치는 것으로도 보인다. 수렵채집민의 움막이란 주변에 산재하는 개암나무와 버드나무를 구부리고 서로 끼워 자작나무 껍질을 덮은 것이었지만, 통나무로 틀을 짠 긴 집은 자연을 분해하고 새로운 세상을 만든 것처럼 보였다.

중부 유럽의 나이 든 수렵채집민은 마지못해 사냥터였던 곳을 버리고 숲으로 더 들어가 더욱 많은 시간을 들여 자연 자원을 얻었을 것이다. 그러나 이는 역사의 물결을 거스르는 일이었다. 젊은 세대는 다른 생각을 가졌을 것이다. 많은 젊은이들은 이미 멧돼지를 사냥하고 견과류와 베리를 채집하는 일만큼이나 농경민과 토기, 가축, 밀의 존재가 자연스러운 세상에서 태어났다. 그러면서 새로이 들어온 사람들과도 접촉한다. 노동자로서, 또는 사냥꾼으로서 농경민을 위해 일하기도 한다. 교역에 종사하며, 토기를 만들고 밭을 가는 법을 배운다. 딸은 농경민과 혼인하고, 아들도 곧 스스로 농사를 짓게 된다.

북부 산림지대에서 여전히 수렵채집 생활을 이어 나갔던 사람들도 전통적인 식량 획득 패턴을 바꾸어야 했다. 이제 모피와 사냥감, 벌꿀 같은 숲에서 얻는 생산품을 교역에 쓴다. 야생 자원은 더 얻기 힘들어지고 고갈되어 갔다. 많은 여자들이 농경 마을에 들어가면서 농경을 스스로, 그리고 어린아이를 위해 더 안정된 경제생활로 여긴다. 수렵채집을 유지하는 사람의 수는 적어진다. 땅과 여자는 무덤에 생생히 드러난 폭력이 잘 비추어 주듯이 긴장의 원인이 된다.

서기전 5500년 즈음 새로운 형식의 농경문화는 헝가리 평원 가장자리까지 들어오는데, 이를 선대문토기문화(Linearbandkeramik), 흔히 고고학자들은 줄여서 LBK라 부른다.[3] 이 문화는 동쪽과 서쪽, 우크라이나와 중부 유럽으로 놀라운 속도로 퍼졌다. 러복이 스카트홀름에 카누를 타고 들어갈 즈음 LBK 농경민은 폴란드, 독일, 유럽 북해 연안의 저지대와 동부 프랑스의 낙엽수림지대로 확산하고 있었다.

이 문화는 그리스에서 등장하여 북쪽으로 발칸 반도를 가로질러 헝가리 평원에 이르렀던 신석기 문화와는 사뭇 달랐다. LBK 농경민은 토기를 좁은 띠무늬로 장식했으며, 통나무로 긴 집을 만들고 소를 길렀다. 많은 고고학자들은 LBK 농경민이 서아시아에서 온 이주민의 직계 후손이라 생각하여, 이로써 유럽을 가로질러 새로운 이주의 단계가 열렸다고 본다.

그런데 이 사람들의 정체는 최근 논란이 되고 있다. 즈벨레빌은 헝가리 평원의 가장자리에 살던 중석기시대 수렵채집민이 새로이 들어오는 이주민을 보고 배우고 가축과 곡물을 교환함으로써 스스로 농경이라는 생활을 습득했다고 본다.[4] 인구 집단이 아마도 혼인으로, 또는 야노마모의 사례처럼 여자를 훔치는 행위로 서로 섞였을 것이다. 그러나 수렵채집민은 단순히 이주민을 흉내 내는 것에 머물지 않았다. 중부 유럽의 흙과 기후, 산림에 맞게 농경 생활방식을 조정하여 스스로 LBK 문화를 만들어 냈다는 것이다. 이렇게 새로운 농경 집단이 확장하고, 동과 서로 퍼지기 시작하면서도 건축 양식과 마을의 입지와 배치, 사회 구조와 경제 등 문화의 모든 양상에서 놀라울 만큼 일관성을 유지하였다. 즈벨레빌에 따르면, 이 맥락에서 유럽의 LBK 신석기 농경민은, 그리스에서 기원하여 들어온 이주민이 아니라, 그곳에 살던 원주민인 중석기 수렵채집민의 직계 후손이라고 한다.

조상이 누구였던지, 이 새로운 농경민은 한 세대에 25km라는 놀라운 속도로 서쪽으로 확산한다. 유럽 동남부의 이주 농경민과 마찬가지로 비옥한 토양을 농경지와 마을로 채운 다음 생산성이 떨어지는 곳으로 들어가 새로운 경계를 만들어 냈다. 이런 속도는 단순히 농경민의 생활방식이 성공적이었다는 것 이상을 비추어 준다. 새로운 지역 개척의 이데올로기, 프론티어 생활에 대한 매력을 암시하는지도 모른다.

'프론티어' 정신은 LBK 농경문화에서 나타나는 통일성을 설명해 주는지도 모른다. 파리 분지의 퀴리 레쇼다르드(Cuiry-les-Chaudardes) 마을의 집은 1000km 떨어져 있고, 수백 년이나 앞선 체코공화국의 미스코비체(Miskovice)의 집과 거의 똑같이 생겼다. 경계에 있던 사람들은 이미 고향이 변화하고 있던 시기에도 예전에 자신들이 '이상적'이라 생각했던 주거 형태를 재현하려 했다. 이는 마치 키프로스에 들어온 농경민이 서아시아에서 직사각형 건축이 도처에 자리 잡을 때에도 작은 원형을 고집하였던 것과 비슷하다.

중부 유럽의 새로운 농경민은 산림을 헤치고 긴 직사각형 집을 짓는다. 집은 대개 길이 12m에 이르고 이보다 서너 배 큰 것도 있다. 작은 밭에 밀과 보리를 심고, 때론 콩과 렌틸도 재배한다. 우거진 숲에서 소가 풀을 뜯게 하고 나무 아래엔 돼지를 기른다. 네아 니코메데이아의 사례와 같이 가구가 핵심 사회단위로서 스스로 어떤 결정을 내리고 독자성을 유지하고자 한다. 물론 필요한 때 궁극적으로 다른 사람의 도움을 받기도 한다.

직사각형 집을 짓기 위해 내부를 통나무 세 칸으로 만들고 기둥을 세워 나뭇가지에 진흙을 발라 벽을 만든다. 진흙은 벽 바로 주변에서 파고, 이로써 생기는 도랑은 가내의 쓰레기를 버리는 곳이 된다. 직사각형 집 내부는 세 칸으로 나뉘는데, 아마도 저장 공간, 요리와 식사, 그리고 잠자는 곳으로 이루어졌을 가능성이 있다. '가능성'이라는 것은 오늘날을 포함해 후세의 모든 농경민도 LBK 농경민이 선호했던 것과 똑같은 비옥한 토양에 이끌렸을 것이기 때문이다. 현대의 경작으로 신석기시대 직사각형 유구는 파괴되었고, 고고학자들에게는 지붕과 벽을 지지했던 통나무 기둥구멍 흔적만이 남아 있을 뿐이다.

숲에서 홀로 자리 잡은 집도 있었지만, 20에서 30채가 열을 지어 출입구가 동쪽을 향하도록 배치된 사례도 있다. 마을에서는 집을 늘 정비해야 했다. 가구의 마지막 구성원이 죽으면 장방형 집은 아직 쓸 만할지라도 버려진다. 마을에서 그냥 버려져 쓰러지고 결국 작은 언덕이 되어 '죽은' 가족의 '죽은' 집이 된다.[5]

사람들은 마을 주변의 묘지에 묻혔다. 뼈는 잘 보존되지 않았고 치아 정도만 잔존해 있을 뿐이다. 뼈가 있는 사례를 보면, 남자와 여자, 어른과 어린이, 곧 공동체의 모든 성원이 함께 묻혔음을 말해 준다. 도끼와 자귀, 화살촉과 조개 장식품은 흔히 남자에게 부장되고 간석기와 뚜르개는 여자 무덤에서 보인다. 아주 부유하거나 강력한 개인의 존재를 보여주는 흔적은 없으며, 종교와 장례 관습에 관한 증거도 거의 없다.[6]

존 러복은 덴마크의 중석기시대 수렵채집 사회가 천천히 해체되는 과정을 보면서 이런 농경민을 만난 적은 없었다. 그러나 여행을 계속하면서 새로운 사람들을 마주한다.

스카트홀름이 있는 만에서 시작하여 덴마크 해안을 지나 북쪽으로 여행하여 코펜하겐 북쪽 20km 정도에 있는 베드백(Vedbaek) 마을 뒤 습지에 닿는다. 서기전

4800년 이 작은 만은 스카트홀름 석호와 비슷하다. 사냥과 어로, 야생 조류 사냥에 적합해서 사람들이 이곳을 두고 싸우고 죽고, 죽어서도 오랫동안 머물고 싶어하는 땅이다. 해안을 따라 작은 집들이 흩어져 있다. 러복은 이 가운데 하나를 골라 들어가 본다. 사람들이 떠난 지 얼마 안 된 집으로, 아직 연기가 피어오르고 매어 놓은 개도 이제 막 밥을 먹었다.

사람들은 마을 뒤 언덕에 있는 묘지에 모여 있다. 젊은 엄마가 누워 있는 무덤 옆에 작은 아이를 놓는다.[7] 불과 열여덟 살 정도나 될까. 아마도 첫 아이이자 마지막 아이였을 것이다. 누워 있는 모습이 참 아름답다. 옷에는 달팽이 껍데기로 만든 치레걸이가 매달려 있고, 장식품도 드리우고 있다. 비슷하게 장식된 옷도 가지런히 접혀 그 위에 금발 머리를 펼쳐 놓는다. 붉은 안료를 뿌리자 뺨이 밝게 탄다. 골반도 붉다. 아마도 피가 흘러나온 흔적일 것이다. 아주 작은 갓난아이도 엄마 곁에 넌다. 땅바닥이 아니라 부드러운 백조의 날개 품 안에 놓는다. 큰 플린트 돌날도 곁에 놓는다. 마치 아들이 다 자라서 어른이 되어 죽은 듯이. 나무 그릇에서 잘 갈아 놓은 붉은 안료를 떠 아이의 몸에 천천히 날린다.

이 무덤은 1975년 주차장 건설 도중 발굴되었으며, 뵈게바켄(Bøgebakken) 묘지 8호 무덤으로 불렸다. 열여섯 기 무덤이 단정하게 줄을 지어 있었다. 스카트홀름에서 보았던 갖가지 방향으로 흩어진 모습과는 사뭇 다르다. 거의 모두 뼈가 보존되어 있었는데, 발을 모으고 손을 옆에 두고 누워 있었다.

8호 무덤 안의 백조의 날개는 아마도 어린아이가 안식을 누릴 자리 이상의 것이었을지도 모른다. 19세기 북유럽 사미 족의 자료를 보면 백조와 야생 조류는 신의 메시지를 전달한다고 한다.[8] 이 새는 땅 위를 걷고 물 위를 헤엄치고 하늘을 날 수 있기에 여러 세상으로 이동할 수 있다고 믿는다. 아마도 중석기시대 사람들은 백조를 숭배하여 불쌍한 어린아이가 이승에서 못한 삶을 사후세계에 날아가서라도 누릴 수 있도록 빌었는지 모른다.

러복은 이제 베드백에서 남쪽으로 떠난다. 산림지대 가장자리의 오리나무 숲 아래 빽빽하게 들어선 갈대숲을 지나 해안 가까이 여행한다. 썩어 가는 나뭇잎 향기가 가득하지만, 주변에선 생명의 활기가 넘친다. 물고기가 뛰어오르고, 개구리도 뛰고,

잠자리와 오리가 보인다. 해안을 따라 마을과 물고기를 잡기 위한 야영지가 끊이지 않고 이어진다.

러복이 만난 사람들은 숲에 사는 붉은사슴과 멧돼지를 존중하여 육상 동물을 사냥하는 일은 흔하지 않다. 물고기와 조개, 새, 장어, 게, 가끔은 바다사자와 돌고래까지 바다와 민물에서 식량자원이 풍부하기 때문이다. 고고학자에게 다행인 점은 이런 중석기시대 식단이 뼈 안에 남아 화학 분석을 할 수 있다는 것이다.[9] 그렇지 않다면, 그리고 뼈 화학 분석이라는 과학 기법이 없었다면, 사슴 이빨과 멧돼지 엄니로 만든 장식품을 선호했음을 근거로 자칫 사냥에 더 치중했으리라 생각할 수도 있었을 것이다.[10]

러복은 여행 도중 배가 부르고, 안색은 창백하고, 설사와 질병에 시달리는 사람을 많이 보았다. 아마도 해양 자원에 크게 의존하는 식단이 원인으로 보인다. 생선을 지나치게 많이 섭취하면 기생충에 감염되기 쉽고, 그 결과 간과 장의 기능이 손상된다. 감염이 혹심했던 사람은 두개골 뼈가 두꺼워지는 식으로 고고학 흔적을 남긴다. 덴마크의 중석기시대 유적에서 이런 표본이 발굴되었던 것이다.[11]

질란드의 서해안에 있는 티브린드 빅(Tybrind Vig) 주거유적에서 러복은 카누를 밀어 타고 바닥에 진흙이 깔린 얕은 물 위에서 밤낚시를 떠난다.[12] 어둠이 깔리고 카누 안의 모래층에 불을 피우자 배 주위엔 불에 이끌린 장어가 실타래처럼 몰려든다. 어부는 갈래가 달린 작살로 장어를 찌른다. 러복은 불에 몰려든 나방을 보면서 라임나무 통나무를 깎아 만든 카누와 특히 심장처럼 생긴 노를 경탄에 겨워 바라본다.[13] 물푸레나무로 노를 깎고 표면을 기하학 무늬로 섬세하게 장식하고 어두운 갈색 안료를 칠했다.

러복은 해안을 거닐 때 비슷하게 생긴 노를 본 적이 있다. 중석기시대 수렵채집민은 장식을 보고선 금방 카누가 어디서 왔는지, 그리고 어디로 가는지를 알아차렸다. 수렵채집민은 물고기떼와 동물뿐 아니라 서로의 행방을 잘 관찰하고 있었다.

섬에서 러복은 모래 위 숲으로 들어간다. 유틀란트의 북쪽 끝은 피오르 해안으로 톱니처럼 들쑥날쑥인데, 사람들이 거기에 커다란 조개껍데기와 생선 뼈, 다른 가내 쓰레기를 쌓아 더미를 만들어 놓았다. 1860년대의 러복은 사실 이 조개더미 유적을 두 번 찾은 바 있다. 첫 방문에서는 조개더미에서 간단한 발굴도 하여 플린트 석기를 수습한 바도 있다.

이제 러복은 오늘날 에르테뵐(Ertebølle) 조개무지(패총)라 부르는 곳에 닿는다. 조개무지가 너비 20m, 두께 수 m, 그리고 해안을 따라 100m 넘게 이어져 있다.[14] 한쪽 끝은 습지에 닿아 있고 샘과도 가깝다. 근처에 굴과 홍합, 새조개, 페리윙클을 얻을 수 있는 것도 매력적이다. 러복은 조개와 생선 뼈더미 위에 앉아 사람들이 일하는 것을 본다. 쓰레기더미에서 나는 악취는 대단했지만, 이곳 사람들은 느끼지 못하는 것 같다. 돌을 다루는 사람도 있고, 불가에 모여 생선을 다듬기도 한다. 지금까지 마주쳤던 수렵채집 사회에서는 본 적이 없는 장면에 주목한다. 한 여자가 진흙더미를 빚어 그릇으로 만든다.

서기전 4400년 조개더미에서 일했던 사람들은 에르테뵐 패총에 흔적을 남긴다. 1983년 오르후스대학(Aarhus University)의 쇠렌 안데르센(Søren Andersen)이 숲이 가득 찬 구덩이에서 플린트 격지와 동물 뼈, 생선 뼈를 발굴한다. 안데르센이 유적을 처음 발굴한 사람은 아니다. 이보다 거의 100년 전 국립박물관이 패총을 조사하고 덴마크 중석기시대 사람들을 가리키는 에르테뵐 문화라는 말을 썼다. 러복도 『선사시대』에 나오듯이 박물관의 조사보고서를 읽었다. 생물학자(스틴스트룹), 지질학자(포크하머), 고고학자(보르소에)로 구성된 위원회가 유적을 조사하였는데, 이런 다학문적 조사는 과거를 연구하는 데 언제나 필요한 일이다. 19세기 존 러복은 "이 세 거장에게 기대하는 바가 많을 수밖에 없으며, 그 희망은 결실을 맺었다"고 썼다.

안데르센도 다학문적 조사단을 만들어 조개더미와 주변 삶터와 무덤을 찾는 발굴을 이어 갔다. 19세기 존 러복은 야영지 주변에 조개더미가 쌓였을 것이라고 보았다. 그러나 안데르센은 그런 주거 흔적을 찾을 수 없었다. 조개더미 주변엔 아주 엉성한 움막만을 세웠으니 그 흔적은 거의 남지 않았던 것이다. 기둥구멍을 포함해 흔적은 새로이 쌓이는 조개더미에 묻힌다. 무덤이 어디에 있는지는 아직도 알지 못한다. 안데르센도 죽은 사람을 어떻게 했는지 알 수 없었다.

다른 모든 수렵채집민과 마찬가지로 에르테뵐 사람들은 계절이 바뀌면서 어디에서, 언제, 그리고 어떻게 동물과 식물 자원을 다양하게 얻을지 잘 알고 있었다. 겨울엔 유틀란트 북쪽 끝으로 가서 덴마크 해안을 찾아와 시끄러이 노니는 백조를 잡는다. 도살한 백조의 뼈와 유물은 아게르순트(Aggersund) 유적에 남아 있다.[15] 동쪽 해안을 따라 얕은 만 가까이에 있는 작은 섬 벤고 쇠(Vaengo Sø)까지 나간 사람들도 있었다. 오도 가도 못하는 고래를 잡기에 아주 좋은 곳이었다. 가을에는 작은 섬 디르홀름(Dyrhomlm)을 정기적으로 찾아 얕은 물에서 사는 장어를 잡아 뼈에 돌날을 끼운 칼로 껍질을 벗긴다.[16]

이처럼 해안을 따라 철마다 이동하는 행위는 1980년대 피터 롤리콘위의 동물 뼈에서 확인되었다. 롤리콘위는 고고동물학 분석으로 에르테뵐 패총에서 영구 거주했던 사람들도 있었음을 지적했다. 하지만 사실 이는 패총에서 나온 백조의 뼈와 뿔과 어린 동물의 뼈를 근거로 "조개더미를 만든 사람들은 덴마크 해안에서 연중 내내 거주했을 것"이라는 19세기 러복의 통찰을 확인한 것이었다. 백조의 뼈는 백조가 추운 계절에 오는 철새이기 때문에 겨울 거주를 가리키는 것이며, 사슴의 뿔은 이것이 떨어지는 가을을 나타내며, 어린 동물의 뼈는 새끼가 태어나는 봄을 시사한다는 것이다.

또한 패총에서 곡물 자료가 없는 것은 농경 지식이 결여되어 있었기 때문이라고 말했다. 존 러복은 조개에도 흥미를 가져 패총에서 나온 조개는 오늘날 덴마크 해안에서 보이는 것보다 훨씬 크며, 굴은 완전히 사라졌다고 하였다. 나아가 이것을 물의 염도가 변했기 때문이라고 부연했다. 이는 염도가 낮아져 더 이상 패총이 지속되지 못했으며 농업경제로 전환하였다는 100년 뒤 롤리콘위의 주장과도 같은 것이다.[17]

에르테뵐 수렵채집민의 토기는 네아 니코메데이아에서 보았던 것과는 사뭇 다르다. 경험이 많지 않은 사람의 손길로 만들어져 무늬도 없고 두꺼우며, 표면도 거칠다. 19세기 존 러복은 1863년 유적을 찾았을 때 "작고 아주 거친 토기 조각"을 찾았다고 써 놓았다. 이제 러복은 그릇의 온전한 모습을 본다. 바닥이 뾰족한 그릇과 편평한 접시가 있다. 주로 음식을 조리할 때 쓰는데, 나무나 바구니로 하는 것보다 훨씬 이점이 많다.

수렵채집민이 토기를 만드는 장면은 덴마크의 중석기시대 여행에서 마주칠 여러 변화의 신호 가운데 하나일 뿐이다. 또 다른 신호는 간돌도끼로서, 젊은이가 허리춤에 자랑스럽게 차고 있다.[18] 키 크고 잘 생긴 외모는 19세기 러복이 중석기시대 덴마크에 살았으리라 가정했던 키 작고 눈두덩이가 튀어나온 사람들과는 아주 다른 모습이다.

돌도끼의 산지는 러복이 방문하는 마지막 덴마크 중석기시대 유적 링크로스터 (Ringkloster)에서 분명하게 알 수 있다.[19] 놀랍게도 이곳은 유틀란트 동북쪽 내륙의 호숫가에 자리 잡고 있다. 19세기 러복은 해양 조개류에 의존했던 사람들은 결코 내륙에서 살지 않았을 것이라고 말한 바 있다. 이 점은 러복이 틀렸다. 그러나 지난 150년의 조사에도 불구하고 지금까지 덴마크 중석기시대 내륙 유적은 이것뿐이다. 숲이 우거진 가파른 언덕과 넓은 계곡, 습지, 호수로 이루어진 아름다운 경관에서 사람이 살고 있다. 참나무와 느릅나무, 라임나무, 개암나무로 이루어진 숲을 담쟁이나무가 두텁게 덮고, 호수 곁에는 오리나무가 번성하고 있다.

러복은 한겨울 땅거미가 질 무렵 링크로스터에 이르러 나뭇가지로 만든 움막에 눈이 쌓인 것을 본다. 숲은 카누와 활을 만들기 위해 라임나무와 느릅나무를 베어 낸 상태였다. 잘 만든 옷을 입고 치레걸이를 매단 사람들이 집 주위를 바쁘게 오간다. 남자와 여자 모두 머리를 땋고, 얼굴에 칠을 했다. 움막 안에는 활과 화살, 돌도끼와 바구니 등 친숙한 중석기시대 수렵채집민의 도구가 있다. 하지만 집 한 채에는 지금까지 보지 못한 새로운 것들이 있다. 두꺼운 모피 다발이 다른 곳으로 운반되기 위해 끈으로 동여매여 있고, 개는 기둥에 매여 있다. 한 사람이 쓰레기를 바구니에 담아 호수에 버린다. 마을 한가운데서는 멧돼지를 꼬챙이에 꿰어 굽고 있다. 주변 바닥의 눈은 깨끗이 치워져 있고, 나무 껍질로 만든 자리를 깔아 놓았다. 이곳을 찾는 사람을 기다리고 있는 것이다.

한 시간이 지나지 않아 링크로스터는 큰 축제의 마당이 된다. 해안에서 이곳을 찾은 사람들이 교환을 위해 많은 물건을 가지고 왔다. 바구니에 굴과 소금에 절인 돌고래 고기, 황금빛 호박으로 만든 염주가 가득 들어 있다. 이것을 링크로스터의 특산품이라 할 화려한 겨울 모피와 바꾼다. 두 달 동안 사람들은 덫을 놓아 소나무 담비와 들소, 오소리와 수달을 잡았다. 겨울과 봄 내내 이렇게 교역을 위해 모피를 한 가득 쌓아 두었던 것이다.

구운 돼지고기를 먹고 놀랄 만큼 잘 장식된 토기―러복이 다른 지역에서 보았던 무늬 없고 단조로운 토기와는 다르다―에 고기 국물도 끓여 먹는다. 체크무늬도 있고, 점으로 물결무늬를 마르지 않은 진흙에 눌러 표현한 것도 있다. 평행선을 표현한 더 양질의 것도 있는데, 부드럽고 매끄러운 표면에 두께도 얇고 모양도 아름답다.

축제는 밤늦도록 계속되고 이야기와 노래, 춤이 이어진다. 다음 날 아침 교역자들은 모피를 한가득 들고 떠난다. 링크로스터 사람들은 여전히 덫을 놓고 사냥을 계속한다. 이 생활은 덴마크에 초기 농경이 시작되고서도 지속된다. 안데르센은 1970년대에 주거유적을 발굴하였고, 롤리콘위는 동물 뼈를 분석하여 멧돼지를 사냥하고 털이 많은 동물을 집중 사냥했다는 증거를 찾으며, 링크로스터를 훌륭한 유적이라고 말한 바 있다.[20]

소나무 담비 가죽은 유틀란트 반도 동해안의 집단에서 다른 집단으로 교역되고, 질란드와 에뢰(Aerø)를 가로질러 독일 북부에까지 이른다. 러복은 남쪽으로 여행하면서 수렵채집민이 옷과 머리 스타일에서, 그리고 도구를 만드는 방식에서 갈수록 독특한 정체성을 강조하고 있음을 본다. 작살을 곧게 만드는 집단이 있는 반면, 구부러지게 만드는 곳도 있고, 돌도끼의 양변이 나란한 곳도 있지만, 다른 데에서는 날이 벌어진 모양으로 만들기도 한다.[21] 중석기시대가 시작되었을 무렵 스타카 시기엔 북유럽 전역을 가로질러 거의 동일한 문화가 확산되어 있었다. 예전의 중석기 문화의 질서는 이제 물러날 때가 되었다.

모피 다발은 점점 줄어들고 값은 치솟는다. 결국 담비 가죽을 담은 작은 바구니 하나만 남는다. 서기전 4400년 이 바구니를 들고 북부 독일 어디론가 숲속의 빈터를 찾아 떠난다. 사냥꾼은 두 아들과 어린 딸과 함께 모피 다발을 땅바닥에 놓는다. 한 남자가 숲에서 나와 간돌도끼 하나를 모피 옆에 놓는다. 수렵채집민과 LBK 신석기인 사이에 말이 통하지 않으면 고개를 흔들거나 눈을 가늘게 뜨고 눈살을 찌푸리는 식으로 서로의 생각을 전한다. 교환이 성사되고선 길을 돌아서며 손을 들어 인사한다. 사냥꾼이 딸과 아들과 함께 떠나는데, 농경민이 부르는 소리가 들린다. 돌아서자 농경민은 딸아이를 가리킨다. 수렵채집민은 머뭇거리더니 이내 고개를 끄덕인다. 다음에 만날 때 딸은 농경민의 아내가 될 수 있다. 사냥꾼은 여전히 딸을 고향으로 데리고

가면서 결합이 가져올 도끼와 곡물을 머릿속에 그린다.[22]

러복은 LBK 농경민과 숲에 머물고 있는 원주 수렵채집민 사이의 경계에 서 있다. 빈터는 만남의 공간이었지만, 사람이 만든 구조물은 없었다. 그러나 수 세대가 지나면서 농경민은 집을 짓고 그 주변에 도랑을 판다. 고고학자들은 후일 이 주거유적을 에스벡(Esbeck)이라 부른다. 어떤 이는 도랑을 중석기시대 수렵채집문화가 거의 사라질 즈음 적대적으로 변모한 수렵채집민을 방어하기 위해 판 것이라 주장하기도 한다.[23]

21

중석기시대의 유산

남유럽의 신석기시대
6000-4000 BC

존 러복은 배를 타고 북해 연안의 저지대 나라들과 영국 남부 사이의 거인처럼 서 있는 바위섬을 지난다. 이 섬들과 요크셔해안 너머의 큰 섬은 모두 도거랜드(Doggerland)의 일부였다. 지금은 바다에 가라앉아 있지만, 서기전 12,700년에는 걸어서 건넜던 길이다. 영국은 이제 또 다시 (100,000년 만에 처음으로) 섬이 되었다.[1]

러복은 고프스 동굴에 다시 들를 겨를도 없이 숲을 걷는다. 이곳은 과거 북극 토끼와 흰올빼미가 살았던 툰드라였지만 지금은 참나무로 덮인 두터운 숲이다. 유럽 여행은 막바지로 가고 있다. 서기전 4500년 캄캄한 밤에 프랑스 북부 해안의 테비엑(Téviec)이라는 주거유적에 도착한다.[2] 불빛이 피어오르고 노랫소리가 들린다. 장례가 벌어지고 있는데, 100여 명 정도 되는 사람들의 모습이 불꽃에 흔들린다.

춤과 노래가 갑자기 멈춘다. 탁탁 소리를 내며 불이 타고, 멀리서 대서양 파도가 부서지고 늑대 우는 소리가 들린다. 불가엔 시신이 누워 있다. 수염이 덥수룩하고 검은 머리에 옷을 입고 치레걸이를 찬 시신에 붉은 안료를 뿌려 놓았다.

가면을 쓴 사람—아래는 사람이고, 위는 뿔 달린 사슴 모습—이 타오르는 불 주변에서 북을 치며 뛰어오른다. 죽은 사람에게 말을 걸고 돌판을 땅에 올리라고 지시한다. 여성 둘이 앞으로 나와 돌판 몇 장을 들자 무덤 안의 다른 시신이 드러난다. 팽팽한 누런 살갗 속으로 뼈의 모습이 선명히 보인다. 샤먼은 무덤 곁에 무릎을 꿇고 앉아 탈수된 시신을 옆으로 옮긴다. 시신이 부서져 뼈들이 서로 섞이고 이미 안쪽에 쌓인 뼈도 보인다.[3] 이제 새로운 시신을 안치한다. 죽은 사람이 가지고 있던 물건도 조심스럽게 옆에 놓고, 잘 만들어진 플린트 돌날도 가슴 위에 놓는다. 무덤 위에 작은 불을 피우고 조심스럽게 사슴과 멧돼지 아래턱뼈를 올려 놓는다. 불이 꺼지면서 다시 노래와 춤과 축제가 시작된다.[4]

중석기시대 주거와 매장 유적인 테비엑은 이미 1920년대와 1930년대 프랑스 고고학자 페카르(M. and S.-J. Péquart)가 주변의 외딕(Hoëdic) 매장유적과 함께 발굴한 바 있다. 유적은 모두 과거 넓은 해안 평원의 낮은 언덕 위에 있었지만, 해수면 상승으로 이제 브르타뉴 해안에서 가까운 작은 섬에 있다.

무덤과 뼈, 유물 연구에 따르면 해안에 살던 중석기 수렵채집민은 스칸디나비아의 사람들과 많은 특징을 공유함을 알 수 있다. 대형동물과 야생 조류, 조개, 과실과 견과류 등 다양한 자원을 식량으로 삼았고, 영역과 여성을 지키기 위해 싸웠다. 또한 나름의 옷을 입어 정체성을 드러냈다. 테비엑에 묻힌 사람은 멧돼지 뼈로 만든 망토에 핀을 달고 있었고, 외딕 사람들은 사슴 뼈로 만든 핀을 썼다. 오늘날 이 둘을 구분할 사람은 별로 없겠지만, 중석기시대 사람들의 눈으로는 그 차이가 확연했을 것이다.

테비엑 사람들이 귀중하게 여겨 무덤 안에 넣은 플린트 돌날과 사슴 이빨, 멧돼지 엄니, 뼈로 만든 단검은 다른 지역의 유물과 비슷하다. 가장 풍부한 유물은 역시 젊은 성인에게 보이는데, 이는 신체적 강건함과 정신적 명민함 때문이다. 나이 든 사람에게는 많지 않다. 올레니오스트롭스키 모길니크에서 남자 무덤에는 실용 유물이 많고, 별보배고둥은 남자 무덤에서, 페리윙클 염주는 여자 무덤에서 나온다.

테비엑과 외딕 유적에서 가장 놀라운 특징은 바로 중복 매장이다. 페카르와 후일 고고학자들은 각 돌널무덤에 놓인 사람들이 가족의 일원이었으며, 혈연유대가 중요한 사회였다고 본다. 그러나 모든 무덤이 그런 것은 아니다. 가족이 없는 개인도 많고 사슴 뿔로 만들어진 텐트 같은 구조물로 덮기도 했다. 테비엑과 외딕에서 나온 풍부한 의례 및 축제 관련 증거도 그리 놀랍지 않다. 사람들은 신에게 의지하여 불안감을 달랬던 것 같다. 동쪽으로는 50km도 떨어지지 않은 곳에 LBK 농경민이 살고 있었고 남쪽에서도 비슷한 분열 요인에 직면하고 있었던 것이다.

LBK 농경문화는 중부 유럽 전역으로 퍼지고 있었고, 신석기 유적은 지중해 해안에서도 나타난다. 고고학자 가운데는 이를 이주민의 문화로 보기도 한다. 이주민은 서아시아 농경민의 직접 후손으로서 그리스와 이탈리아 남부에서 네아 니코메데이아 같은 곳의 주민이었다는 것이다. 이런 생각을 거부하는 학자도 있어 중부와 서부 지중해 연안의 수렵채집민이 동쪽에서 들어온 농경민과 접촉한 뒤 스스로 신석기 문화를 받아들였다고 보기도 한다.

서기전 6000년에서 4500년 사이 지중해 지방의 신석기 문화는 중부 유럽의 문화와는 상당히 달랐다. 중부 유럽에서는 한편으로 완전한 신석기 문화의 "일괄 요소"—통나무로 만든 LBK 집과 소, 양, 곡물, 토기, 간돌도끼—를 가진 유적과 다른 한편으로 세석기, 사슴, 멧돼지 뼈 같은 중석기 수렵채집 유적으로 뚜렷이 나뉜다. 반면, 지중해 지방에서는 신석기 문화와 중석기 문화의 요소가 한 유적에서 뒤섞여 나오는데, 한 시기에 동일한 사람들이 사용한 것으로 보인다. 동굴유적이 압도하고 있어 브래드포드대학의 루스웨이트(James Lewthwaite)와 롤리콘위 같은 고고학자는 원주 수렵채집민이 신석기 문화의 요소를 선택적으로 채택했다고 본다.

루스웨이트는 코르시카와 사르데냐에 살던 중석기 수렵채집민은 사냥감이 없었기 때문에—붉은사슴이 섬에 들어오지 않았다— 양과 염소를 취했다고 주장했다. 그러면서도 전통 수렵채집의 생활방식을 계속하기 위해서 곡물을 삼가고 통나무집도 짓지 않았다. 수렵채집 생활은 가축을 기른 탓에 더 안정되었다고 할 수 있다.[5]

신석기 문화의 일괄 요소에서 토기를 취한 수렵채집민도 있었다. 토기는 음식 조리와 사회적 표현에 효과적이다. 틀에 부드러운 진흙을 눌러 유럽의 다른 곳의 것과는 다른 독특한 디자인을 가진 그릇을 만든다.[6] 야생에서 얻을 수 있는 자원에는 계절적 공백이 있기에 이를 메우기 위해 씨앗을 뿌린 뒤 서로 흩어져 사냥과 채집을 하고,

몇 달 뒤에 다시 돌아와 마치 야생과 같은 밀과 보리를 수확하는 사람들도 있었다. 이렇게 신석기 문화의 요소를 부분적으로 채택한 결과 이런 지중해 지방의 사람들은 엄격히 말하면 수렵채집민도 아니고 농경민도 아니라 할 수 있다.

이런 혼합된 생활방식이 잘 드러나는 유적은 이탈리아 서북부의 깎아지르는 절벽과 좁은 협곡에 자리 잡은 아레네 칸디데(Arene Candide) 동굴이다. 1946년 이후 10여 년의 발굴조사에서는 수렵채집에서 시작하여 완전한 농경민으로 마무리되는 긴 점유의 층위가 드러났다. 이 두 극단적 생계 방식 사이에는 중석기 문화 방식의 멧돼지 사냥과 신석기 문화 방식의 양을 기른 흔적이 섞여 있었다.[7]

이것이 유적에서 나온 동물 뼈를 분석한 롤리콘위의 결론이다. 뼈를 분석하여 야생의 멧돼지가 사냥되었음을 알 수 있었다. 마찬가지로 아주 작은 새끼 양들이 죽은 것으로 보아 젖을 짜기 위해 양을 길렀다고 보았다. 젖을 새끼 양이 아니라 사람이 이용했다는 것이다. 코르시카의 사람들과 마찬가지로 아레네 칸디데의 사람들은 전통적인 중석기 생활방식과 신석기 문화의 요소를 섞었던 것이다.

1980년대에는 이런 식으로 신석기 문화를 부분적으로 취사선택함으로써 지중해 지방 중부와 서부에서, 그리고 포르투갈과 프랑스의 대서양 연안, 그리고 론 강과 가론 강의 주요 유역에서 농경이 점진적으로 확산했다고 여겼다. 그러나 리스본대학의 조앙 질랑(Joãn Zilhão)은 이런 생각을 비판하면서[8] 오히려 지중해 연안에 이주 농경민이 신석기 문화요소를 온전히 일괄하여 가져왔다는 1930년대 고든 차일드의 생각으로 돌아갔다.

질랑은 동굴유적에서 토기와 양이 사냥감, 그리고 중석기 도구와 같이 나왔다는 해석을 잘못이라고 본다. 공반이 아니라 동굴 안의 층위를 들쥐 같은 동물이 교란시켰다는 것이다. 산양의 뼈를 사육된 양 뼈로 잘못 동정하기도 했으며, 방사성탄소연대는 그 자체로 오염되었거나 해석이 잘못되었다고 한다. 실제 공반되지 않은 토기의 연대를 추정하기 위해 이용되었다는 것이다.

질랑은 해수면 상승으로 이곳에 처음 점유한 신석기 농경민의 흔적이 물에 잠겨 사라졌다고 주장한다. 그렇다면, 동굴유적이란 아마도 농경민이 사냥 여행이나 가축을 목초지에 데리고 올 때 임시로 이용한 야영지였을 것이다. 질랑에 따르면 포르투갈의 그루타 도 칼데이랑(Gruta do Caldeirão)에서는 서기전 5700년 즈음 배를 탄 농경민이 이곳에 와서 농경 마을을 세운 자료가 나왔다고 한다. 서기전 6200년 정도 포르투갈 중부 타구스 강과 사도 강 연안에는 대규모 수렵채집 집단이 번성하였다. 수렵채집민은 덴마크의 에르테뵐 같은 조개무지를 남겨 놓기도 했다.[9] 포르투갈의 다른 지역에 대한 지표조사에서는 서기전 6200년 이후 중석기 수렵채집민의 존재를 확인할 수 있는 흔적이 보이지 않는다. 수렵채집민은 모두 이 연안에 들어와 살았던 것으로 보인다.

포르투갈의 패총은 브리타뉴지방의 유적과 마찬가지로 쓰레기터일 뿐 아니라 무덤으로도 쓰였다. 무덤은 조개더미 층 아래에서 나오는데, 군데군데 모여 있어 아마도 가족 집단의 유구로 보인다. 테비엑과 외딕의 무덤과 비슷한 커다란 돌널무덤도 보인다. 이런 유사성은 그리 놀랄 일이 아니다. 유럽의 대서양 연안에서 직접 증거를 찾을 순 없지만, 중석기 공동체는 큰 카누를 타고 해안을 따라 먼 거리까지 이동하면서 포르투갈 남부에서 프랑스 북부까지 접촉했을 것이다.

질랑은 1979년에서 1988년까지 그루타 도 칼데이랑 유적을 발굴했다. 유적은 중석기 유적이 알려져 있지 않은 조개더미 북쪽 지역에 있다.[10] 토기와 석기 같은 신석기 문화의 유물은 사육된 양과 멧돼지 뼈와 함께 빙하시대 수렵민 층 바로 위에서 나온다. 가끔 사냥도 했던 양치기가 동굴을 이용했음이 분명히 드러난 것이다. 동굴은 묘지로도 쓰였다. 서기전 5200년 즈음 세 남자와 여자, 어린이가 동굴 바닥에 누워 있었으며, 머리는 동굴 벽 쪽에 있었는데, 이는 약취 동물이 찾아왔거나 뼈들이 흩어지고 부식되었기 때문이다. 200에서 300년 뒤 적어도 시신 열네 구가 동굴 안에 놓였다.

질랑에 따르면 사람들의 선조는 포르투갈 해안에 배를 타고 들어온 농경민이라고 한다. 농경민은 평야에 살았고, 그 흔적은 아마도 강 충적층 깊이 묻혔을 것이라고 추정한다. 수백 년 동안 이 사람들은 농사를 짓고, 북쪽 스페인에서 그러했던 것처럼 남쪽의 강 연안에서 중석기 사람들은 수렵과 채집을 계속했다는 것이다. 질랑은 이주 농경민 공동체가 원주 수렵채집민과는 별도의 집단 거주지를 형성하여 남유럽 해안 전역으로 확산했다고 본다. 그루타 도 칼데이랑 동굴에서 사람들이 살고 있는 동안,

서기전 5000년이 되면 사도 강과 타구스 강 연안의 중석기 조개더미는 더 이상 쌓이지 않는다. 여기 살았던 사람들에게 어떤 일이 벌어졌는지는 잘 알려져 있지 않다. 그냥 사라졌을 수도 있고, 아니면 수렵과 채집의 생활방식을 포기하고 농경민이 되었을 수도 있다.

질랑 같은 새로운 농경민의 이주를 중시하는 연구자와 원주 중석기 수렵채집민이 신석기 농경문화를 채택했다고 보는 루스웨이트와 롤리콘위 사이의 논쟁은 고고학이 아닌 다른 분석으로 풀 수 있을지 모른다. 역사유전학이라 불리는 이 새로운 분야가 과거 연구에 끼치는 영향은 점점 광범위하고도 심대해지고 있다. 앞으로 아메리카대륙으로의 이주 문제에 대해서 살펴볼 때도 역사유전학에 대해 얘기할 것이다. 따라서 역사유전학 증거로 유럽 신석기 문화의 확산을 논하기 전에 이 분야에 대해 좀 더 알아보자.

우리는 모두 단일 호모 사피엔스라는 생물 종의 일원으로서 인간의 유전적 유사성이 아주 높지만 세부 사항에서는 집단마다 다르다. 때문에 유전자를 분석하여 인구사의 궤적을 추적할 수 있다. 오늘날 세상에 사는 모든 인간이 갖고 있는 유사성은 불과 200,000-130,000년 전 아프리카에 살았던 작은 인구집단에서 말미암은 것이다.[11] 빙하기의 혹심한 환경 조건으로 그 인구는 겨우 10,000명도 되지 않는 수로 줄었다고 생각된다. 이로써 유전변이의 폭이 줄어들어 인구(개체군) 병목현상이 일어났다. 약 125,000년 전 지구온난화가 시작되면서 인구는 다시 팽창한다. 그 뒤 호모 사피엔스는 아프리카를 벗어나 유럽, 아시아, 결국엔 아메리카까지 들어간다. 유럽의 네안데르탈인 같은 선주 인구집단은 사라지고 현생의 유전자장에서 별다른 기여도 하지 못했다.[12]

이런 진화사의 결과 오늘날 지구의 반대편에 사는 사람들도 유전 구성에서는 아주 비슷하다. 물론 동일하지는 않다. 무작위 돌연변이가 지속적으로 일어난다. 다만 대다수 돌연변이는 우리의 행위나 생리에 아무런 영향을 미치지 않는다. 정확히 똑같은 돌연변이가 상이한 집단에서 독자적으로 일어날 가능성은 거의 없다. 그리하여 두 집단이 동일한 돌연변이를 가지고 있다면, 이는 공통 조상에서 기인하였을 것이다. 그렇다면 지구의 다른 지역에서 살고 있는 집단도 유전학 증거를 바탕으로 확산과정을 추적할 수 있는 것이다. 이보다 더 복잡한 내용이 있지만, 연구에서 유전 돌연변이의 속도는 일정하다고 가정한다(물론 정말 그런지는 확실하지 않다). 두 인구집단 사이의 유전 변이의 정도를 측정하고, 돌연변이가 일어나는 속도를 추정함으로써 서로 고립된 뒤 흐른 시간을 계산할 수 있는 것이다.

이로써 역사책을 볼 필요도, 고고학 발굴을 할 필요도 없는 완전히 새로운 방법으로 인간의 과거를 연구할 수 있는 방법이 생겼다. 그저 현재 전 세계에 살고 있는 사람들의 유전 변이 자료를 기록하고, 해석한다면, 과거 인류의 확산과 이주의 패턴과 연대를 알 수 있는 것이다. 그러나 수많은 복잡한 요인을 배제해야 하며, 다른 모든 과학 분야에서와 같이 이론적 원칙을 실행시키는 일은 예상보다 훨씬 어려운 일이다.[13]

역사유전학자 루카 카발리스포르차(Luca Cavalli-Sforza)가 1994년 두 사람과 공저로 발간한 『인간 유전자의 역사와 지리』는 인류역사 연구에 이정표이다. 책에서 카발리스포르차는 오늘날 유럽의 유전자 지도는 동남쪽에서 서북쪽으로 점진적 유전자 빈도 변화가 보인다고 주장하였다.[14] 그에 따르면 이것은 오로지 그리스에서 동부, 중부, 남부 유럽을 거쳐 서북부 끝에 이르기까지 확산된 신석기시대 이주민이 남긴 유산이다. 이것을 "전진의 물결(wave of advance)" 모델이라고 부르는데, 원주 중석기 사람들은 유럽의 신석기시대 발달에서 아무런 역할도 없다. 이 관점에 따르면, LBK 사람들은 원주 중석기 사람들이 아니라 서아시아 이주민의 후손이 된다. 지중해 지방에서 신석기 문화의 확산에 대해서는 루스웨이트와 롤리콘위의 주장보다는 질아오의 해석이 이 모델과 어울린다.

"전진의 물결" 모델은 1987년 또 다른 비고고학 증거, 곧 언어 연구에서 지원을 받는다. 인도유럽어족에는 오늘날 유럽에서 쓰이는 거의 모든 언어가 포괄되어 있으며, 언어학자들은 오랫동안 언제, 어디에서, 언어가 기원했는지에 대해 논쟁해 왔다.[15] 케임브리지대학의 콜린 렌프루에 따르면, 원인도유럽어는 원래 서기전 7500년 아나톨리아(오늘날 터키), 또는/그리고 서아시아의 신석기시대 사람들의 언어였다고 한다. 그 뒤 유럽 전역, 그리고 중앙아시아와 남아시아 일부까지 신석기시대 이주 농경민이 들어가면서 퍼졌다고 한다. 오늘날 바스크어와 핀란드어 같은 비인도유럽어는 중석기시대 인구집단이 살아남은 것이며, 이로써 오늘날까지 문화 및 언어적 다양성에 영향을 미쳤음을 비추어 준다고 한다. 그러나 그렇게 존속한다는 것은 아주 드문 일이다. 렌프루의 주장은 유럽을 가로지르는 신석기 농경민의 "전진의 물결"이라는 카발리스포르차의 유전자 자료와 잘 들어맞는다.[16]

그러나 렌프루의 주장은 바로 언어학자와 고고학자로부터 비판을 받는다.[17] 가장 큰 문제는 언어가 사람의 이동과 독자적으로 확산할 수 있다는 점이다. 1996년 유전자 증거의 신뢰성에도 문제제기가 있었다. 사이크스(Bryan Sykes)를 비롯한 옥스퍼드대학의 연구자들이 카발리스포르차의 주장을 비판했다. 이들은 카발리스포르차가 의지했던 핵DNA가 아닌 다른 종류의 DNA―미토콘드리아DNA(mtDNA)―를 분석하여 다른 결론에 이르렀다.[18]

우리의 세포핵에 있는 DNA의 대부분은 '재조합'이라는 과정으로 어머니와 아버지로부터 반반씩 물려받은 것이다. 유전자 재조합으로 부모의 유전자는 예상할 수 없이 혼합되고, 이것이 세대를 거치면서 반복된다면 진화의 역사를 추적할 가능성은 그만큼 희박해질 것이다. 미토콘드리아DNA는 핵이 아니라 세포체 안에 있고 모계만으로 유전된다. 다시 말해 나의 mtDNA는 전적으로 어머니로부터 물려받은 것이며, 남자인 나는 이것을 내 아이에게 물려줄 수 없다. 이로써 유전자 재조합이란 복잡한 과정을 생각하지 않아도 사람들 사이의 유전적 관련을 더 쉽고도 정확하게 세울 수 있다.

핵DNA보다 mtDNA는 훨씬 더 높은 돌연변이율을 가지고 있으며, 돌연변이 가운데 중립적인 것―곧, 개인의 건강에 혜택이 있지도, 해를 끼치지도 않는 것―의 비율도 훨씬 높다. 이런 mtDNA의 성질은 핵DNA보다 인류역사의 궤적을 더 섬세하게 그릴 수 있다는 가치를 지닌다. 왜냐하면, 시간이 흐름에 따라 더 많은 증거가 무작위 돌연변이로 쌓일 것이기 때문이다. 다시 말해 공통 선조 여성―사실상 동일한 mtDNA 분자―에서 내려온 계통 집단을 가려낼 수 있는 것이다.

사이크스 등은 유럽 전역에서 821명의 mtDNA를 조사하여 뚜렷이 나뉘는 계통 집단 여섯 개를 찾았다. 그리고 유럽인이 "전진의 물결" 모델이 시사하는 것보다 유전적으로 더 다양했다고 하였다. 사이크스 등은 mtDNA 돌연변이율에 대한 최선의 추정값을 근거로 유럽의 각 계통 집단이 발생한 연대를 계산했다. 이 가운데 하나는 서아시아에서 농경민이 이주해 들어왔다는 생각과 일치할 만큼 늦은 시기에 기원했다는 결론에 이르렀다. 나아가 서아시아 기원을 가리키는 유전자 증거도 분명히 있었다. 지리 분포 역시 고고학적으로 복원한 중부 유럽과 지중해 해안을 경유한 이주의 경로와 잘 들어맞았다. 그러나 이는 한 집단일 뿐이고, 전체 여섯 개 집단 안에서는 그저 15%에 해당할 뿐이다. 이것을 제외한 다른 계통은 모두 23,000년 전에서 50,000년 전 사이에 등장한 것이었다. 이는 85%에 이르는 mtDNA 계통이 선행하는 빙하시대에 기원하여 이미 중석기시대 수렵채집민에게도 있었음을 뜻한다.[19] 그렇다면 '전진의 물결'이란 그저 작은 물결에 지나지 않았던 것이다.

이는 놀랄 만한 결론으로서 사이크스와 카발리스포르차 사이에 서로의 방법이 지닌 신뢰성을 문제 삼는 학문 논쟁으로 이어진다.[20] mtDNA 증거가 가진 가장 큰 문제는 모계만을 추적할 수 있을 뿐이라는 점이다. 만약 서아시아에서 온 이주민이 원주 수렵채집 여성만을 아내로 취했다면 —충분히 가능한 생각이다— mtDNA 자료는 이주민의 존재를 전혀 알아내지 못할 것이다.[21] 그럼에도 사이크스의 결론은 즈벨레빌, 롤리콘위, 루스웨이트 같은 고고학자의 손을 들어 주는 것이다. 만약 질랑이 서기전 5700년 포르투갈에 이주 농경민이 모여 사는 지역을 알아낸다 해도, 이베리아 전역의 신석기 농경문화의 발달에 별다른 기여를 하진 못했을 것이다. 이 점에서 우리는 중석기 사람들에게 고마워해야 한다. 중석기 수렵채집민의 선조가 사도 강과 타구스 강 연안에 조개더미를 남겼던 것이다.

사이크스와 카발리스포르차의 논쟁은 지금도 끝나지 않았다. 그러나 최근 서로 수렴하는 연구 결과도 나오고 있으며, 콜린 렌프루 같은 고고학자는 이 두 시각이 양립할 수 있다고 보기도 한다. 카발리스포르차는 이주 농경민이 현재의 유럽인 유전자장에 미친 영향을 28%로 하향 조정하였으며, 사이크스는 20%가 조금 넘는 수준으로 상향 조정했다. 이 수치만을 보면 논쟁의 여지가 없어 보인다. 우리는 유럽의 신석기 문화의 발달 과정에서 중석기시대 원주 수렵채집민이 적어도 이주 농경민만큼 큰 역할을 했다고 결론을 내릴 수밖에 없다.[22]

중석기 수렵채집민의 유전자는 오늘날 유럽 사람들에게 보편적으로 남아 있는지도 모른다. 하지만 수렵채집 생활방식은 서기전 4000년 이후에는 살아남지 못한다. 수렵채집 생활은 극지에 가까운 유럽 북부에서만 적어도 서기전 1000년까지 이어지고, 그 뒤엔 유목생활이 자리 잡는다.[23] 온대지방에서 테비엑과 외딕 유적에서 축제를 벌이고 춤을 추고 돌널무덤에 죽은 사람을 묻었던 사람들은 유럽의 마지막 중석기 수렵채집민이라 할 수 있다.

스카트홀름, 베드백, 티브린드 빅, 에르테뵐 유적을 남겼던 스웨덴과 덴마크의 중석기 수렵채집민 공동체는 LBK 문화가 확산하면서 들어온 새로운 경쟁에 밀려 결국 무너지고 만다. 젊은 여성이 아내로, 젊은 남성이 노동자로 조금씩 빠져 나가면서 공동체는 공동화한다. 남아 있는 사람들은 붉은사슴과 멧돼지 사냥만으로 혈연을 유지할 수 없었을 것이다. 스스로 농경민이 되고자 했을 수도 있고, 서기전 3900년 즈음이면 실제로 그렇게 되었다.

이 사람들은 농경민으로서도 LBK 농경민과는 사뭇 달랐을 것이다. 소를 기르고, 중석기적인 임시 움막에서 살면서 중석기 선조들이 남긴 조개더미에 살았다. 가내 건축물은 없었지만, 장형분(長形墳)이라는 커다란 매장 기념물을 만들었다. 산 사람이 아니라 죽은 사람을 위하여 집을 세운 것이다. 이는 LBK 농경민의 직사각형으로 긴 건축물에서 영감을 얻었는지도 모른다. 장형분은 새로운 농경민이 중석기시대의 과거를 부인하고 동쪽에서 들어온 농경민과 나란하게 스스로를 배치했던 방식이었을 것이다.[24]

대서양 연안에서 테비엑과 외딕의 수렵채집민이 새로이 들어온 농경 생활에 포위되었을 때도 똑같은 일이 벌어졌다.[25] 그런데 돌덩어리와 돌판자로 무덤을 만드는 또 다른 형식의 신석기 문화가 등장한다. 동쪽의 농경민 조상을 암시로 표현하기보다 포르투갈의 조개더미와 테비엑의 가족묘에서 보이는 돌널무덤 같은 중석기시대의 과거를 생각나게 한다.[26] 유럽의 서북부 멀리, 특히 영국에서는 장형분과 거석묘가 새로운 신석기 문화의 요소가 된다. 서기전 4000년이 되면, 유럽에는 전반적으로 다양한 농경민이 자리 잡는다. 역사의 새로운 장이 시작되었다. 중석기 세계의 남아 있던 자취마저 사라진다. 적어도 우리의 유전자 속에 예기치 않은 중석기시대의 유산이 발견될 때까지는 그렇게 생각했다.

22

스코틀랜드 헤브리디스 제도

중석기시대에서 신석기시대로의 이행
20,000-4300 BC

페슈 메를에서 시작하여 거석묘의 등장에 이르기까지 유럽의 역사를 훑었지만, 이탈리아 남쪽에서 노르웨이 북쪽, 그리고 스위스 알프스 산맥에서 스페인 메세타 고원에 이르기까지 수많은 지역을 그냥 지나치고 말았다. 지금까지 살펴본 지역만큼 극적인 문화변화를 겪진 않았지만, 이런 지역의 고고학 자료를 들여다보면 사람들이 지구온난화와 농경의 확산을 맞아 어떻게 반응했는지 더 깊이 있게 이해할 수 있다.

그러나 이야기는 대서양을 넘어 아메리카 역사의 시작으로 넘어가야 하기 때문에 남은 지역 가운데 한 곳만을 살펴보자. 바로 나 스스로 중석기시대의 과거를 찾기 위해 많은 시간을 보냈던 스코틀랜드이다. 스코틀랜드 전역도 아니고, 서해안 건너 헤브리디스 제도의 섬 두 개다. 아일레이(Islay)와 콜론세이(Colonsay) 섬으로서 이웃하는 쥐라(Jura)와 오론세이(Oronsay)와 함께 남부 헤브리디스 제도를 구성하고 있다. 지리적으로 유럽의 변방이며, 레펜스키비르나 스카트홀름 같은 놀랄 만한 유적은 없지만, 나름의 역사를 가지고 있어 유럽 전체를 이해하는 데 중요하다. 유럽을 위한 마지막 행으로서 짧막하게나마 빙하시대에서 신석기시대까지 역사를 나 자신의 발굴 이야기를 바탕으로 개괄하고자 한다.

헤브리디스 제도의 남쪽 섬 넷은 모두 스코틀랜드 서부의 특징을 잘 간직하고 있으면서도 각기 다르기도 하다. 모두 대체로 나무가 없고 험준한 해안선이 들쭉날쭉하면서 모래 만을 이루고 있다. 아일레이는 넓이가 600km²가 넘어 이 가운데 가장 크고 다양하여, 히스속 식물 황무지와 사구, 소도시, 몇 개 마을, 밀집된 위스키 공장들이 있다. 콜론세이는 훨씬 작은 섬으로 길이 13km, 폭 5km를 넘지 않는다. 조수가 낮을 때는 콜론세이와 연결되기도 하는 오론세이는 최대 5km²도 안 되는 점 같은 섬이다. 또 다른 큰 섬 쥐라는 아일레이보다 더 험하며, 경관은 깔때기 모양의 봉우리 세 개가 압도한다.

서기전 20,000년 섬들은 거의 모두 멀리 남쪽 영국 중부까지 뻗어 있었던 빙상에 눌려 있었다. 빙상이 없던 곳이 딱 하나 있었다. 아일레이의 서쪽 끝에 있는 오늘날 베인 타르 아밀(Beinn Tart a'Mhill)이라 불리는 언덕과 지금의 '린스(Rhinns)'를 구성하는 주변 저지대이다. 이곳이 빙하를 피했다는 사실은 후일 인류 점유의 역사에서 중요하다. 플린트가 다량 포함된 퇴적층이 그대로 남아서 아일레이의 첫 주민이 원석을 얻는 산지가 되었으며, 주민이 어디에 살 것인지를 선택하는 데도 영향을 미쳤던 것이다.

5000년 동안 베인 타르 아밀의 경사면은 눈과 얼음으로 덮였다가 점점 모습을 드러냈다. 쥐라의 황무지에서 50km 떨어진 곳에서 얼음을 찌르는 듯, 구름에 둘러싸일 때는 서서히 타는 화산처럼 보인다. 해류가 아일레이의 린스를 깎아 아주 작은 섬으로 만들었다.

서기전 15,000년이면 얼음이 녹기 시작하고, 빙상의 앞부분은 동쪽으로 후퇴한다. 서기전 12,000년 즈음 헤브리디스 남부에서 얼음은 완전히 사라진다. 린스의 저지대는 이제 커다란 모래와 자갈밭이 되었다. 동쪽으로는 바위와 맨땅이 드러난, 과거 빙상이 있던 모레인 지형이다. 더 동쪽으로 가면 습지와, 바위덩어리, 모래, 실트, 자갈이 톱니 같은 지형을 이루면서 바다로 이어진다. 이 바다는 여전히 아일레이 섬과 스코틀랜드 본토를 떼어 놓는다. 그리고 천 년이 흐른 뒤 흙이 덮이고 풀과 작은 관목이 섞여 자라면서 마치 북극 툰드라 같은 환경이 된다. 얼음이 녹으면서 육지는 융기한다. 아일레이의 린스 사이를 흐르던 계곡과 빙하의 앞자리는 이제 얕은 파도가

치는 낮은 개활지가 되었다.

서기전 1100년 즈음 고프스 동굴에서 죽은 사람을 잡고 크레스웰 크랙스에서 북극 토끼를 사냥하던 개척자의 뒤를 이은 사람들이 영국을 다시 점유한다. 하지만 스코틀랜드는 서기전 8500년까지 사람의 손길이 닿지 않은 채 그대로 머물러 있었다.[1] 그러나 남쪽에서 탐험적 성격을 지닌 방문이 이루어지고, 빙하시대의 사냥꾼이 아일레이에 들어와 아렌스버지언(Ahrensburgian) 화살촉—서기전 10,800년 스텔무어에서 순록을 사냥할 때 사용된 것과 똑같은 방식으로 만들어진 플린트 돌화살촉—을 남겼다.

1993년 8월 학생이 이 돌(화)살촉을 찾았다. 당시 우리는 아일레이 섬의 브리전드(Bridgend) 마을 근처의 경작지에서 플린트 유물을 수습하던 중이었다.[2] 유물은 연대를 잘 알 수 없는 신석기 또는 청동기시대의 여러 유물과 함께 봉지에 담겼다. 나는 며칠이 지나 유물 세척을 하고 마른 뒤에서야 이 유물을 알게 되었다. 에딘버러대학의 핀레이슨, 핀레이(Nyree Finlay)와 석기 전문가들은 아렌스버지언 화살촉일 수 있다는 데 동의한다. 우리 가운데 확신을 가진 사람은 없었다. 그렇다면, 당시까지 스코틀랜드에서 알려진 어떤 유적보다 2000년이나 빠른 것이었다.

브리전드의 돌살촉과 함께 스코틀랜드에서는 아렌스버지언 돌살촉과 유사한 유물이 5점이 발견된 바 있었다. 오크니에서 두 점, 쥐라에서 두 점, 타이리(Tiree)에서 한 점 나왔다.[3] 그러나 부러져 있거나 형태가 의문스럽고, 오래전에 발견되어 정확한 출토 위치를 모르는 것들이었다. 브리전드에서 찾은 유물은 온전하고, 아렌스버지언 찌르개와 생김새가 같았으며, 출토지도 정확했다. 그래서 우리는 그곳에서 더 집중적으로 조사하여 스코틀랜드에서 빙하시대 인간 점유의 첫 흔적을 찾고자 했다.

나는 1987년에서 1995년까지 아일레이와 콜론세이에서 선사 유적 지표조사를 하면서 브리전드 지역을 조사했다.[4] 비록 대다수가 신석기시대 이후의 유적이었지만, 나의 관심은 중석기시대 이전의 유적을 찾는 데 있었다. 우리는 중석기시대 유물 산포지—석기 도구와 조각들—를 20개 넘게 찾았다.

아일레이에서 나는 스코틀랜드의 해수면 변동 연구의 전문가인 엘리스터 도슨

(Alistair Dawson)과 자주 얘기했다. 도슨과 아일레이 이탄층에서 나온 화분을 분석한[5] 애버딘대학의 에드워즈(Kevin Edwards)는 중석기시대 주민이 살았을 때 이 섬이 어떤 모습이었는지 궁금해했다. 퇴적 단면의 아래로 내려갈수록 바닷물로 쌓인 현대의 이탄층과 진흙층에서 다시 이탄층, 건조층, 다시 해양퇴적층으로 연결되어 있었다. 화분이 식생사 정보를 알려 주듯이, 상이한 규조류의 연쇄는 건조 지대에서 염분이 있는 물, 그리고 해수, 그리고 또 다시 과거로 돌아가는 변화를 말해 준다. 앨리스테어는 잔가지와 다른 식물 유체를 추려 낸 뒤 이것을 방사성탄소연대 측정하여 언제 바다가 들어왔는지를 복원했다.[6]

이로써 서기전 13,000년 헤브리디스 제도 주변에서 빙상이 물러나면서 해수면이 떨어지고, 서기전 8500년이 되어 오늘날과 비슷한 높이에 이르렀음을 알게 되었다. 그 뒤 2000년이 지나며 해수면은 다시 올라가 그루이나트 해협에 물이 들어와 아일레이와 린스를 떼어 놓는다. 스코틀랜드 서부는 빙상의 무게에서 벗어나 융기하여 결국 해수면 상승을 따라잡는다. 약 2000년 전 해협은 다시 땅이 되어 지금까지 유지되고 있다.

앨리스테어는 현대의 지형을 읽으며 빙하시대의 과거를 그린다. 예컨대 헤더로 덮인 바위 구릉지대와 자갈이 빙하의 서쪽까지 뻗어 있었다. 근처에는 에스커(esker)라 부르는 모래와 자갈 언덕이 있었다. 이곳이 빙상 밑으로 흐르는 물길이었고, 자갈이 들어찼을 것이다. 물길은 얼음이 녹으며 길쭉하고 둥그런 자갈 언덕을 남겼다. 해안에는 현재 바다보다 몇 미터 위에 있는 자갈 언덕이 있는데, 오늘날보다 해수면이 더 높았음을 알 수 있다.

앨리스테어는 린스의 고지대에서 나에게 헤더 아래에 있는 두꺼운 오렌지색 진흙을 보여주었다. 이 진흙층은 빙상이 아일레이 전체를 덮었을 때 씻겨 나온 것으로, 섬 전체가 빙상에 눌려 있던 최후빙하극성기 이전 수천 년 동안 쌓인 것이다. 진흙층 안에 있던 커다란 플린트 덩어리에 눈길이 갔다. 아일랜드해 바다 밑에 있는 백악층에서 아주 오래전 빙하가 운반해 온 돌이다. 수천 년 동안 오렌지색 진흙층은 침식되어 바다로 들어갔고, 각진 플린트 돌덩어리는 닳아 부드러운 자갈이 되어 린스의 해안에 쌓였을 것이다.[7]

스코틀랜드의 다른 곳에서는 그렇게 좋은 재질의 플린트 자갈을 찾을 수 없다. 플린트는 선사시대 수렵채집민에게 아주 중요한 원석이었기 때문에 빙하시대 이곳에 사람들이 들어왔다면 린스 주변에서 사냥했을 것이다. 그렇지만 아일레이에서 거의 십년 동안이나 조사를 했지만, 브리전드에서 수습한 플린트 찌르개 하나를 빼곤 그 증거를 찾을 수 없었다.

스코틀랜드에 들어온 주민은 서기전 8500년 잉글랜드 북부에서 들어와 에딘버러 인근 크래먼드(Cramond) 유적을 남겼다. 헤브리디스 남부에서는 서기전 7000년 이전의 유적은 알려지지 않고 있다. 사람들은 아마도 플린트 자갈돌이 풍부한 린스 지형에 끌렸을 것이다. 플린트 돌이 많은 해안에서 수백 미터 떨어지지 않은 곳에서 생활유적이 나왔다. 중석기시대 플린트 자갈돌을 깼던 석기 제작장이었다.

유적은 아일레이의 서해안에서 작은 농장을 일구던 수 캠벨(Sue Campbell)이 찾았다. 수년 동안 캠벨은 도랑에서 플린트 돌날과 격지, 자갈 조각을 수습하여 섬의 박물관에 전달하였다. 1993년 나는 유물을 실견하고선 중석기 유적임을 알았다. 우리는 농장의 목초지에 작은 시굴구덩이 몇 개를 파서 위치를 파악한 다음 긴 트렌치를 설치하여 발굴에 들어가 2m 두께의 이탄층을 판 뒤 중석기 층에 이르렀다. 석기가 흩어져 있었으며, 가장자리는 방금 떼어 낸 것처럼 신선한 상태였다.[8]

플린트를 떼어 본 경험을 가진 사람이라면 선택하지 않았을 만큼 석영 알갱이가 많이 포함된 자갈도 있었다. 핀레이는 쿨러리락(Coulererach) 유적이 어린이가 석기 제작을 배우는 곳이라는 생각을 말한 바 있다. 그렇다면 프랑스 에티올(Etiolles) 유적의 스코틀랜드 버전인 셈이다.

그러나 에티올을 발굴했던 연구자와는 달리 우리는 퇴적층이 물을 너무 많이 담고 있어 중석기 층을 넓게 드러낼 수 없었다. 숯 조각이 나오긴 했지만, 화덕을 찾지도 못했고, 움막을 지었는지도 알아내지 못했다. 모두 석기뿐이었으며, 석기 제작 말고 다른 행위가 있었는지는 상상으로 남겨야 했다. 유적은 아일레이에 있는 가장 큰 내륙 호수인 라크 곰(Loch Gorm)에서 가까운 곳에 있기에 다른 행위도 있었을 것이다. 호수 주변에 자주 나타나는 수달을 서기전 6500년 쿨러리락 사람들이 사냥했을 것이다.

동시에 아일레이의 경관은 오늘날 헤더로 덮인 이탄층의 모습과는 사뭇 달랐다. 이탄층 아래에 있는 화분분석에 따르면 중석기시대에는 버드나무와 오리나무가 자작나무와 참나무와 함께 지금보다 더 높으며, 마른 땅에서 자라고 있었다. 이탄층에서는 숯 조각도 나왔다. 화덕에서 날아왔을 수도 있지만, 그 양으로 추론할 때 호수 주변의 나무와 갈대를 의도적으로 태웠을 가능성도 있다. 서기전 9500년 스타카에서 그랬듯이 말이다.[9]

쿨러리락은 아일레이에서 우리가 조사한 여러 중석기 유적 가운데 하나일 뿐이다. 여러 유적에서 수많은 플린트 석기가 수습되었지만, 불행히도 뼈는 섬의 산성토양에 부식되어 발견되지 않았다. 뼈가 있었다면 어떤 계절에 유적을 찾았는지 알 수 있을 것이다.

이와 대조로 해안에서 수 km 떨어진 고지대에 있는 글린 모(Glean Mor) 유적에서는 많은 플린트 몸돌을 찾았다.[10] 유적은 린스 안에서 사슴을 사냥하기 위해 한두 번 찾아온 사냥꾼의 야영지로 보인다. 도구는 아주 작은 격지로 만들어진 것도 있어 마지막 단계의 유물을 들고 온 것으로 보인다. 수렵채집민은 글린 모 유적에서 도구를 모두 사용한 뒤 다시 연장 바구니를 채우기 위해 쿨러리락 같은 유적을 찾았음이 분명하다.

우리는 그루이나트 연안의 동쪽 가장자리에서 유적을 찾아 근처 농장의 이름을 따 에어라드(Aoradh)라 불렀다. 유적은 철새를 관찰하는 곳 가까이 있는데, 중석기시대 사람들도 오늘날 방문자들과 마찬가지로 새를 보았으리라.[11] 그루이나트 연안은 오늘날 북극에서 여름을 보낸 기러기떼가 겨울을 보내는 곳으로 유명하다. 철새 이동은 홀로세가 시작되었을 때까지 거슬러 올라갈 것이다. 연안의 모래 언덕에는 바다사자가 모여 있고, 얕은 물가엔 수달이 노닐고, 진흙 밭에는 새들이 거닐고, 황조롱이와 공작새가 사구에서 설치류를 잡기 위해 창공을 맴돌고, 흩어진 나무 사이에서 붉은사슴도 나타났을 것이다.

에어라드에서 수습된 유물의 양을 볼 때 유적은 불과 몇 차례만 이용된 것으로 보인다. 비슷한 유물 산포지가 연안의 둑을 따라 더 많이 있을 것이다. 그러나 볼세이 (Bolsay)라는 또 다른 유적은 몇 천 년 동안 이용된 것으로 보인다. 오늘날 이 유적은 트여 있는 목초지에 있으며 라크 아보게이드(Loch a'Bhogaidh)라 불리는 습지 가까 이 있다. 중석기시대에는 물에서 가까운 숲이었고, 습지는 민물 호수였다. 볼세이 발 굴은 내가 조사한 것 가운데 가장 큰 유적으로 플린트 유물이 250,000개 넘게 나왔 는데, 이는 땅에 묻힌 유물의 극히 일부에 지나지 않을 것이다.

처음엔 볼세이를 중석기시대 수렵민의 본거지로 생각했다. 하지만 도구를 분 석하면서 세석기가 압도하고 있고 그중 다수는 화살촉임을 알게 되었다.[12] 일상생활, 곧 가죽을 다루거나 집의 기둥자리 같은 흔적은 거의 없었다. 세석기를 보면 본거지 가 아니라 짧은 기간 찾은 수렵민이 남긴 것임이 분명했다. 수렵민은 섬에서 가장 살 만한 지역인 이곳 호수 주변에 앉아 사냥도구를 정비했을 것이다.[13]

쿨러리락, 글린 모, 에어라드, 볼세이 발굴로 중석기시대 동안 여러 지점에서 다양한 행위가 이루어졌음을 알 수 있다. 그러나 사람들의 활동은 섬 하나에 국한되지 않았 다. 1960년대와 1970년대 아마추어 고고학자 존 머서(John Mercer)가 쥐라에서 석기 산포지 몇 개를 찾았다.[14] 하지만, 예기치 않게 중석기 생활에 대해 많이 알게 된 것은 훨씬 작은 콜론세이 섬에서였다.

콜론세이 섬에서 중석기 유적을 찾는 일은 건초더미에서 바늘을 찾는 것과 같 다. 이탄층 습지와 사구에서 석기를 찾아야 하기 때문이다. 1960년대 이후 스코틀랜 드 고지대와 섬에서 농경지는 목초지가 되었다. 우리는 유적이 있을 만한 곳을 찾아 수 주 동안 잔디와 이탄층, 모래를 뚫고 중석기 층에 들어가야 했다. 플린트 유물 산 포지 몇 개를 찾았지만, 세석기는 없었고 모두 신석기, 또는 청동기시대 유물이었다. 콜론세이는 중석기시대에는 그저 버려진 땅으로 생각되었다.[15] 포유동물은 본토에서 멀기 때문에 이 섬에 들어오지 못했고, 붉은사슴과 노루, 여우 같은 털을 가진 사냥할 동물이 없는 상태에서 중석기 사람들이 아일레이나 쥐라에서 20km나 배를 타고 건 너올 동기는 없었으리라 생각되었다.

하지만 우리의 생각은 틀렸다. 이 섬에 들어올 이유 하나가 있었다. 그것은 콜론세이 섬 동쪽의 작은 만 스터스네이그에서 이루어진 발굴에서 찾을 수 있었다.

　나는 모래 해안을 가진 이 좁은 만을 처음 스코틀랜드 본토에서 3시간 페리를 타고 바다를 건너오면서 보았다. 이틀 동안 학생들에게 호텔 정원에서 시굴갱을 파게 하고, 섬에서 경작하고 있는 땅을 찾았다. 갈린 땅이라는 것도 그저 풀 씨앗을 심기 위해 긁힌 정도였다. 모래는 중석기시대 해변일 텐데, 현재의 해변보다 몇 미터 높은 곳에 있다. 스터스네이그는 중석기시대 카누가 닿기에 안성맞춤이었고, 해변에 야영지가 있는 모습을 그렸다. 그래서 플린트 유물을 찾을 것이라 확신하며 밭을 몇 시간 뒤졌다. 그런데 없었다.[16]

　그때가 1988년이었다. 나는 3주 동안 섬에서 학생들과 갈린 경작지를 지표조사하고 주거유적이 있을 법한 곳에 시굴구덩이를 팠다. 마지막 날 스트스네이그에 돌아와 다시 경작지를 찾았다. 이번엔 돌망치에 맞은 흔적이 분명한 플린트 덩어리 하나를 찾았다. 이 발견에 힘입어 1989년, 1991년, 1992년 스터스네이그를 찾아 경작지를 가로질러 시굴하면서 반드시 있으리라 믿는, 주거 흔적을 찾고자 하였다. 두 번은 쓸려 나간 화덕자리와 희미한 바람막이 흔적만이 나왔다. 그러나 참을성은 끝내 열매를 맺었다.

　1994년 우리는 4m 너비의 시굴갱을 파서 개암껍데기와 석기가 가득 찬 둥그런 구덩이를 찾았다. 이것은 그동안 스코틀랜드에서 나온 바 없는 대단한 발견이었다. 구덩이 주변에는 더 작고 깊은 구덩이들이 있었는데, 모두 이전 우리의 시굴갱에서 조금씩 벗어나 있었다―그땐 그저 운이 없었다고 하겠다. 새로이 이루어진 발굴은 여름 내내 이어졌다. 휴식시간엔 수영을 하고 해변 바비큐 뒤에는 달빛을 즐겼다.

　발굴한 유물을 분석하는 데는 5년이 더 걸렸다. 다양한 전문가가 퇴적물과 식물 유체, 석기를 분석했다. 큰 구덩이에서는 불에 탄 개암 껍질뿐 아니라 사과씨앗과 미나리아재비속 같은 식물 유체도 나왔다. 미나리아재비과 식물의 뿌리와 줄기는 많은 전통사회의 사람들이 식량으로 사용해 왔다. 어떤 종족은 이 식물에 약효가 있다고 믿기도 한다.[17] 큰 구덩이는 본래 집의 바닥이었던 것―기둥구멍을 찾진 못했지만―을 쓰레기장으로 쓴 것 같다. 주위의 작은 구덩이들은 개암을 구웠던 자리였을 것이다. 개암 열매를 구덩이에 넣고 흙으로 덮은 다음 위에 불을 지폈으리라. 껍질과 열매가 불에 타고 만 것들이 다른 식물 유체와 도구 제작에서 나온 쓰레기들과 함께 구덩이 속에 버려진 것이다.[18]

우리는 서기전 6700년 즈음 몇 해에 걸쳐 사람들이 이곳에 들어와 10만 개가 넘는 열매의 껍질을 쓰레기 구덩이에 버렸으리라 추산한다. 유럽의 다른 중석기 유적들에서도 불에 탄 개암 껍질이 알려진 바 있지만, 스터스네이그만큼 많이 나오진 않았다. 개암을 수확하고 굽는 일은 하나의 산업과도 같은 규모로 이루어져[19] 열매와 땔감을 위해 개암나무 숲을 무자비하게 베어 냈다. 스터스네이그에서 가까운 호수에서 나온 화분 자료에 따르면 집중적 개암 수확이 일어난 뒤 숲이 거의 사라졌음을 알 수 있다.[20] 따라서 이 수렵채집민은 그저 자연과 조화를 이루며 산 것은 아니었다. 수렵민이 시작한 콜론세이 숲 파괴는 최초의 농경민이 도착하면서 마무리되었다.

오늘날 콜론세이에서 개암나무는 자라지 않는다. 다만 섬의 이름에서 과거를 회상할 수는 있다. 콜론세이 섬의 콜(Coll)은 게일어로 개암을 뜻하는데, 아마도 중석기 사람들은 콜론세이를 개암나무 섬으로 여겼을 것이다.

아일레이, 쥐라, 콜론세이 섬을 돌아다녔던 헤브리디스 제도 남부의 중석기시대 수렵채집민의 이동생활은 천년이 넘도록 계속되었다. 크기는 작지만 오론세이에는 중석기시대 패총이 다섯 개 넘게 있다. 이미 19세기가 끝날 무렵부터 알려졌지만, 케임브리지대학의 폴 멜러스(Paul Mellars)는 1970년대 유적을 가장 광범위하게 조사했다. 멜러스는 패총에 서기전 5300년에서 최초의 농경민이 도착하는 서기전 4300년까지 조개가 쌓였다고 보았다.

중석기 수렵채집민은 오론세이에 와서 여러 조개류를 채집하고 낚시를 했다. 카누를 타고 대구를 낚고, 아주 다양한 물새류를 잡았다. 바다사자를 사냥했는데, 오늘날과 마찬가지로 중석기시대에도 섬이 새끼를 낳는 곳이었다면 쉽게 잡을 수 있었을 것이다. 총알고둥을 목걸이로 쓰고, 가죽에 구멍 뚫기 좋은 뼈 뚜르개로 옷을 해 입었을 것이다. 패총에서 나온 동물 뼈와 조개 껍질, 화덕자리와 깨진 유물이 사람 뼈 조각과 뒤섞여 있었다. 의례에서 묻힌 사람의 뼈인지, 아니면 다른 종류의 쓰레기의 일종인지는 잘 알 수 없다.

대구의 이석, 곧 귀뼈도 매우 중요하다. 이석의 크기는 물고기의 크기와 직결되고 다시 연중 언제 낚시하였는지를 알려 준다. 이런 증거에 근거하여 멜러스는 섬의 여러 패총이 여러 계절에 걸쳐 서로 다른 시기에 남겨졌음을 밝혔다. 멜러스는 섬에서 사람들이 연중 내내 살았다―다시 말해 정주 수렵채집민이었다―고 하였다.[21]

멜러스는 1987년 발굴 결과를 발간한다. 그때 대학원생이었던 나는 이 주장에 아주 회의적이었다. 나는 그저 오론세이는 헤브리디스 제도의 다른 더 큰 섬에 비해 자원이 풍족하지 않아서 짧은 기간 동안 주기적으로 찾았을 뿐이라 여겼다. 천년 동안 한 해 한두 차례 이곳을 찾는 일로도 여러 패총이 만들어질 수 있으며, 패총은 사실 덴마크의 에르테뵐 같은 것보다 작았다. 그래서 나는 아일레이와 콜론세이에서 조사할 때 오론세이의 패총과 동시기 유적을 찾을 것이고 멜러스가 잘못임을 입증할 것이라 굳게 믿었다.

하지만 내가 조사한 유적의 방사성탄소연대값은 그 어느 것도 오론세이 패총 연대의 시간대에 들어가지 않았다. 쥐라 섬의 중석기 유적의 연대도 마찬가지였다. 1995년이 되면서 연대값은 30개 이상이 되었지만, 그 가운데 절반은 서기전 5300년 이전이고 나머지 반은 서기전 4300년 이후의 것이었다. 그 사이는 텅 비어 있었고, 바로 이때 오론세이의 패총이 쌓였을 것이다. 나는 멜러스가 옳았음을 인정할 수밖에 없었다.[22] 아일레이와 콜론세이, 쥐라 섬은 거의 2000년 동안 생산적 활동의 공간이었지만, 수렵채집민은 이곳을 버리고 더 초라한 오론세이에 들어갔던 것이다. 물론 더 큰 섬을 찾기는 했겠지만, 너무 짧고 간단한 방문에 그쳐 고고학 흔적을 남기지 못했다. 1998년 멜러스는 오론세이에서 영구 주거했다는 증거를 추가로 발표하였다. 사람 뼈에 대한 화학 분석에서 사람들은 어류와 바다사자, 게, 새, 조개류 등 전적으로 해양 식량자원에 의존했다고 한다.[23]

수렵채집민에게 아일레이를 버리고 오론세이에 들어오는 것은 생태학적 논리와 맞지 않는 일이었다. 왜 그랬을까? 나는 그 해답을 찾기 위해 고고학자가 의지할 수 있는 마지막 방법을 찾았다. 바로 오론세이는 우리가 알 수 없는 어떤 이데올로기적 이유를 지니지 않았을까.

물론 바위에 그리거나 새긴 그림 자료도 없지만, 스코틀랜드의 중석기시대 사람들은 다른 어떤 인간사회만큼 복잡한 신화를 가지고 있었을 것이다. 나는 쥐라 섬과 베인 타르 아밀의 구릉지대를 오르고 라크 곰과 그루나트 연안을 찾고, 콜론세이에 남아 있는 참나무 숲에 앉고, 해안을 걸을 때마다 중석기시대 영혼과 귀신이 나타나는 것 같은 생각을 했다. 이 경관이 기원 신화와 창조 이야기를 담고 있으며, 어디에 살지, 이런 영감이 무엇을 먹을지에 대해 비이성적 결정을 이끌 수도 있지 않을까.

서기전 4300년 이후 사람들은 다시 큰 섬에 들어와 산다. 볼세이의 사냥캠프를 다시 사용하고 세석기를 만들고 버린다. 그러나 볼세이에 들어온 새로운 주민은 토기 조각과 간돌도끼도 남겼다. 마치 오론세이의 패총을 대체하려는 듯이 아일레이에는 새로운 형식의 마운드, 곧 거석무덤도 나타난다. 서기전 4500년 즈음 스코틀랜드 동부에 농경민이 들어온다. 돌로 집을 짓고, 이는 후일 오크니(Orkney) 섬에 스카라 브레이(Skara Brae)라는 유명한 마을과 대륙의 LBK 장방형 집처럼 생긴 통나무집으로 이어진다.[24] 소와 양을 기르고, 밀과 보리를 재배한다.

스코틀랜드 서부에서는, 지중해 지방에서와 같이, 새로운 농경 생활과 예전의 수렵채집 생활은 서로 혼합되기도 한다. 아일레이에 독특한 신석기시대 무덤을 만들면서도, 볼세이 같은 중석기시대 수렵채집 유적도 예전과 마찬가지로 여전히 사용되었다.[25] 농사는 아주 작은 규모로만 이루어졌을 것이며, 스코틀랜드 동부와 비교할 만한 신석기시대 집이나 마을을 찾을 순 없다. 신석기시대 뗀석기 산포지도 드물어서 수백 점이 넘는 경우도 거의 없다. 이는 중석기시대 유적에서는 수천 점이 나온 것과 아주 대조되는 현상이다.

헤브리디스 제도 남부와 그밖의 스코틀랜드 서부의 신석기 주민은 양과 소를 기르면서 야생 동물을 사냥하고 식물 자원을 채집했다. 그러나 마치 수렵채집민과 스스로를 구분하려는 것처럼 해양 식량자원을 먹지 않았다. 적어도 이것이 무덤에서 나온 신석기시대 뼈를 화학 분석해서 얻은 결론이다.[26] 오론세이 사람들이 의지했던 조개와 바다 포유동물, 물고기는 이용하지 않았던 것이다. 중석기 수렵채집민이 오론세이 섬에 들어가 살기로 결정한 것처럼, 이 같은 신석기 주민의 선택도 경제적 논리로는 설명되지 않는다.

오론세이 섬에 살았던 중석기시대 사람들은 어떻게 되었을까? 이곳의 인구는 그저 소멸하고 말았을까? 아니면 헤브리디스 제도에 들어온 새로운 주민과 교역하고 노동력을 팔고, 혼인도 하면서 섞였을까? 둘 모두 가능성이 열려 있지만, 나는 세 번째 가능성이 더 그럴듯하다고 본다. 오론세이 사람들이 스스로 신석기시대 농경민이 되었을 가능성 말이다. 동쪽에서 새로운 생각과 새로운 도구, 새로운 동물을 받아들이고 더 큰 섬으로 돌아가지 않았을까. 선조들이 했던 것처럼 볼세이의 물가에 앉아 세석기를 만들었을 것인데, 이번에는 주변에 소가 풀을 뜯고 있지 않았을까.

아메리카

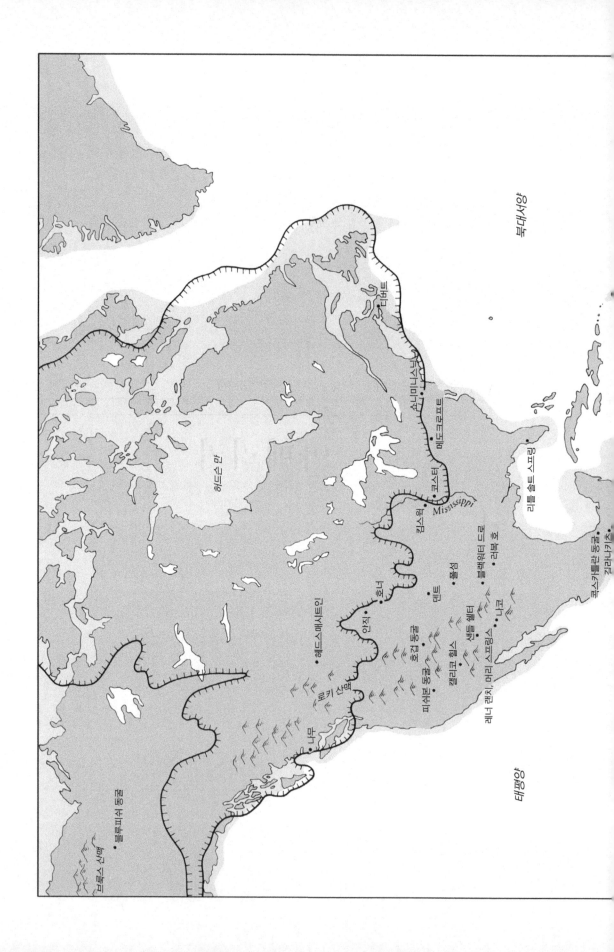

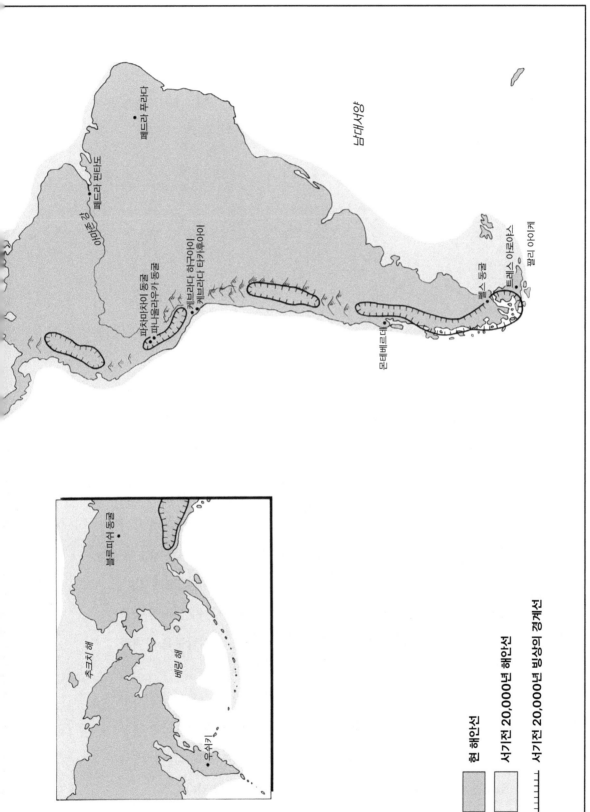

페드라 푸라다

페드라 핀타도

이미촌 강

파차마자이 동굴
파나울라우카 동굴

케브라다 하구아이
케브라다 타키후아이

몬테베르데

펠스 동굴

트레스 아로요스

팔리 아이케

남대서양

블루피쉬 동굴

축크치 해

베링 해

우샤키

현 해안선

서기전 20,000년 해안선

서기전 20,000년 빙상의 경계선

23

아메리카의 첫 주민을 찾아서

빙하시대 유적 발견의 역사

AD 1927-1994

사람들이 들소 뼈를 내려다보며 생각에 잠겨 있다. 발굴 구덩이를 돌아보며 허리를
숙여 흙을 파기도 하고, 이야기를 나누다 고개를 끄덕이며 서로에게 알겠다는 표정으
로 미소를 짓는다. 데님 작업복을 입고 있는 사람도, 흰색 셔츠와 검은 나비넥타이를
한 사람도 있다. 눈동자는 한 곳으로 향한다. 돌로 만든 찌르개가 갈비뼈 두 개 사이
에 뚜렷이 놓여 있다. 한 사람은 결심이 선 듯 다른 사람에게 다가가 악수를 하고 등
을 토닥거린다. 또 다른 사람은 파이프를 깊이 빨아들이고, 자신의 뺨을 가볍게 친다.
이 사람도 곧이어 확신에 찬다. 유물의 출토 맥락은 이렇게 증명된다. 지난 40년 동안
벌어졌던 격렬한 논쟁이 해결되는 순간이다. 빙하시대가 끝나기 전 사람들은 아메리
카대륙에 들어왔던 것이다.

　이 장면은 1927년 뉴멕시코 주 폴섬(Folsom)에서 벌어졌는데, 당시 미국 사회
의 분위기를 비추어 주고 있다. 온 나라가 찰스 린드버그의 파리까지 단독비행 성공
을 축하하고 있었고, 경기도 좋았던 시절이다. 발굴 구덩이는 1km 서쪽의 존슨 메사
(Johnson Mesa)라는 편평한 대지에서 흘러오는 작은 개울과 인접해 있다.

칭찬을 받는 인물은 덴버박물관장 제시 피긴스(Jesse Figgins)다.[1] 크게 안도하면서도 자신의 운명이 이토록 극적으로 바뀐 것에 여전히 놀라고 있다. 한 해 전만 하더라도 지역 박물관의 새로운 전시를 위해 빙하시대 들소 뼈 수집을 시작해야겠다는 마음뿐이었다. 이제 아메리카 역사를 새로 써야 한다.

폴섬의 들소 뼈는 1908년 와일드호스밸리(Wild Horse Valley)라는, 지금은 조금 부적절해 보이는 이름으로 불린, 퇴적층에서 폭우로 노출된 바 있다. 조사를 시작하고 얼마 지나지 않아 피긴스는 찌르개 두 점을 찾는다. 유물의 중요성을 예감한 뒤 바로 워싱턴의 스미스소니언연구소의 유명한 인류학자 알레스 허들리츠카(Aleš Hrdlička)에게 가져간다. 허들리츠카는 체코에서 태어나 이주해 온 사람으로 빗어 넘긴 머리와 골진 주름살, 덥수룩한 눈썹과 빳빳한 흰색 칼라를 세운 외모만큼이나 명성도 무서운 사람이었다. 허들리츠카는 피긴스에게 찌르개가 더 나오면, 그 자리에 그대로 두라는 아주 중요한 충고를 한다. 그 뒤 피긴스는 학술 기관에 유물의 출토를 실견할 전문가를 파견할 수 있도록 전보를 친다.

그리하여 1927년 늦은 여름날 학계의 전문가들이 폴섬에 모였다. 당대 가장 존경받는 고고학자 중 하나인 알프레드 키더(A. V. Kidder), 그리고 후일 뛰어난 업적을 남긴 당시 대학원생 로버츠(Frank Roberts)와 미국자연사박물관의 고생물학자 브라운(Barnum Brown)도 참여했다. 브라운은 찌르개를 손에 들고 자신의 빳빳한 흰 셔츠에 닦은 뒤 "신대륙 인류의 기원에 대한 대답이 내 손안에 있다"고 말한다.[2]

물론 이 말은 경솔했지만, 당시로선 이해할 만하다. 이런 감정을 지난 150년 동안 많은 아메리카대륙의 고고학자들이 가졌던 것이다. 폴섬 유적의 발견은 아메리카대륙에 빙하시대가 끝나기 전 사람이 들어왔음을 증명하는 것이었다. 다만, 정확히 언제 들어왔는지, 서기전 12,000년, 20,000년, 30,000년, 또는 50,000년인지, 그 이전인지는 불명확하다. 정확히 언제 어떻게 들어왔는지를 분명히 얘기할 수는 없다. 하지만 나는 서기전 20,000년 이후였으리라 생각한다. 아메리카대륙으로 사람이 들어간 것은 인류역사에서 지구온난화가 가져온 중요한 결과물이라고 본다.

존 러복은 이 이야기를 구성하기 위해서 알래스카 북부에서 칠레 남부에 이르기까지 빙하시대의 고고학 유적을 찾아 나선다. 여행하면서 아메리카대륙에서 선사학의 역사에 대한 놀라운 이야기를 전해 줄 것이다. 오리건 주의 초기아메리카인연구소 소장인 보닉슨(Robson Bonnichsen)은 이 발걸음을 "멋진 신세계에서, 용감하고 새로운 사람들이 … 개척한 사건"이라고 말한 바 있다.[3] 텅 빈 대륙에서 세계에서 가장 강한 나라로, 바로 궁극의 아메리칸 드림이었던 것이다.

유명한 미국 선사학자인 서던메소디스트대학(Southern Methodist University)의 데이비드 멜처(David Meltzer)에 따르면, 초기 아메리카인에 대한 논쟁은 근대 아메리카 대륙의 태동으로까지 거슬러 올라간다. 유럽의 탐험가와 아메리카 원주민 사이의 첫 접촉은 15세기 말에 이루어졌다. 이로써 "원주민은 누구"이며, "어디에서 기원했는가"라는 의문이 생겼다.

심지어 이스라엘의 잃어버린 열 부족 가운데 하나라는 생각도 있었다. 1590년 드 아코스타(Fray Joseph de Acosta)는 이 부족이 육로로 여기저기 떠돌아다니면서 결국 대륙의 북부, 구대륙과 신대륙이 만나는 공간까지 왔다고 생각했다. 그런 공상이 폴섬 유적 발견 때까지 이어졌던 것이다.[4] 뉴저지 주 트렌튼 출신의 의사이자 아마추어 고고학자였던 찰스 애벗(Charles Abbott) 같은 19세기 학자들은 석기시대의 사람이 원시 도구를 사용하며 아메리카대륙에 살았다고 단언했다. 이런 생각에 강하게 반대하는 사람도 있었는데, 특히 미국민족학국의 윌리엄 헨리 홈즈(William Henry Homes)가 그러했다. 홈즈는 당시 유력한 고고학자였으며, 어느 정도 인간의 과거에 대해 애벗 같은 아마추어의 대담함을 싫어했다.

유럽에서 절멸된 동물의 뼈와 석기가 공반되어 인류의 기원이 아주 오래되었음이 밝혀지자 이 논쟁은 더 가열되었다. 『선사시대』에는 빙하시대 유럽에 사람이 살았음이 기록되어 있다. 물론 아무도 얼마나 오래전까지 올라가는지를 몰랐다. 러복은 책에 "북아메리카 고고학"이라는 장을 넣어 기념물과 무덤, 유물에 관심을 보였지만,[5] 북아메리카에서 절멸 동물과 사람이 남긴 유물이 공반한다는 주장에 회의적이었으며, 이곳에서 사람의 존재가 3000년 이상 올라간다고 믿을 필요는 없다고 했다. 다만, 가능성까지 배제한 것은 아니며, 당시로선 증거가 없음을 지적했을 뿐이다.

『선사시대』에서 보여준 신중한 어조는 대서양을 건넌 적이 없는 영국신사의 전형적인 저술 방식이었다. 애벗과 홈즈같이 논쟁의 중심에 섰던 미국 사람들은 러복보다 더 거친 언어를 사용하고 독단적인 관점을 가졌다. 폴섬 발견 이전의 몇십 년을 "위대한 구석기시대 전쟁"의 시기라 부를 정도였다. 신랄함의 수위와 부적격자라는 공격, 주역들 사이에 벌어진 모욕을 생각하면 인류의 기원에 대한 현재 우리의 논쟁은 훨씬 온화한 듯하다.

그러므로 1927년 9월 30일 논쟁의 주역 몇 명이 발굴현장을 검토하기 위해 모인 자리에서 제시 피긴스가 긴장했음은 놀랄 일이 아니다. 찌르개가 들소 뼈 사이에서 발견된 것은 빙하시대 아메리카인의 존재를 지지했던 사람들조차도 예상 못했던 일이었다. 사실 거칠게 만들어진 찍개와 유럽의 네안데르탈과도 비슷한 '원시적' 특징을 간직한 인류의 유체가 발견되기를 기대했다. 그러나 폴섬에서 나온 아주 잘 만들어진 찌르개는 세련된 사냥이 있었음을 알려 주었다.

찌르개는 길이 6cm 정도로 양면에서 정교하게 떼어 내어 만들었으며, 기부에서부터 길게 홈조정(flute)이 있었다. 찌르개는 폴섬찌르개(Folsom point)라 불렸고, 고인디언(Paleo-indian)이라는 용어도 쓰이기 시작했다. 오늘날 우리는 폴섬찌르개는 서기전 11,000년에서 9000년까지 만들어지고 쓰인 것으로 알고 있다.[6] 폴섬 발견이 이루어지고 10년이 지나지 않아 비슷한 유적들이 알려진다. 이제 어떤 것을 눈여겨봐야 하는지를 알게 되었고, 사람들은 하안단구나 호수 퇴적층에서 절멸 동물의 뼈를 조사하고 그것과 사람이 남긴 유물이 있는지를 찾고자 했다.

1993년 콜로라도 주 덴트(Dent) 인근에서 한 유적이 발견되었다.[7] 사냥된 것은 들소가 아니라 매머드였고, 출토된 찌르개는 폴섬에서 나온 것보다 더 컸다. 이 찌르개로 곧 "클로비스(Clovis)"라는 새로운 문화가 설정된다. 이 이름은 뉴멕시코의 작은 마을에서 따온 것으로, 가까운 곳에 1930년대 찌르개와 매머드 뼈가 발견된 블랙워터 드로(Blackwater Draw)라는 유적이 있다.[8] 클로비스찌르개는 더 크면서도 홈조정이 기부에서 유물의 중간 정도까지만 뻗어 있으며, 기부에는 자루에 장착을 수월하기 위해 거친 돌로 간 흔적이 있다. 폴섬에서 나온 들소보다 더 일찍 절멸된 매머드와 공반됨을 보면 그 어떤 유적보다 앞선다. 이 점은 블랙워터 드로 유적 발굴에서도 폴섬찌

르개와 들소 뼈가 클로비스찌르개와 매머드 뼈 위의 층에서 나왔다는 사실에서도 확인된다.[9]

애리조나 남부 산페드로(San Pedro) 강 유역에서는 1950년대 동안 클로비스 유적 몇 개가 발굴되었다. 1953년 나코(Naco) 유적에서는 매머드 한 개체의 거의 완전한 뼈대와 함께 클로비스찌르개 8점이 공반되었다.[10] 다른 고고학 유물은 없었으며, 이 녀석은 곧 "도망친 녀석"이라 불리기 시작했다. 다시 말해 매머드가 공격을 받아 상처를 입은 채 도망쳤지만, 회복하지 못하고 나코에서 죽었다는 것이다. 2년 뒤 나코에서 불과 몇 km 떨어진 레너 랜치(Lehner Ranch) 유적에서 매머드 8개체의 뼈와 찌르개 12점이 발견되었다.[11]

1970년이 되면 클로비스 유적에 대해 많은 방사성탄소연대가 쌓이는데, 그 어느 것도 서기전 11,500년을 넘지 못했다.[12] 이전 시기 점유의 흔적이 없는 채 클로비스 문화는 최초의 아메리카대륙 사람들의 문화로 생각되었다. 이 사람들은 동북아시아에서 기원한 개척자로서, 드 아코스타가 처음 제안했듯이 베링지아의 육로—지금은 바다에 가라앉아 있지만, 빙하가 발달하여 해수면이 떨어져 있던 시기 시베리아와 알래스카에 연결되어 있었다—를 따라, 그리고 캐나다 전체를 덮고 있던 얼음이 녹기 시작할 무렵 남쪽으로 영웅적인 여행을 한 사람들이었다. 동쪽에 로렌타이드(Laurentide), 서쪽에 코딜러란(Cordillerran)이라 불리는 거대한 빙산이 있었다. 이것이 녹으면서 얼음덩어리 사이에 통로가 만들어지고, 그 길로 클로비스 사냥꾼이 북아메리카에 들어왔다는 것이다.

나코와 레너 랜치 같은 유적 발견으로 클로비스 사람들은 단순히 개척자의 이미지를 넘어선다. 이 사람들은 분명 돌로 만든 찌르개를 장착한 창 정도의 무기로 매머드를 쓰러뜨렸다. 심지어 매머드를 절멸에 빠뜨렸다—이른바 남획(overkill)가설이다—고 생각하는 사람도 많다. 이런 남획가설을 주장하는 사람으로는 애리조나대학의 폴 마틴(Paul Martin)을 들 수 있다. 마틴에 따르면, 클로비스 사냥꾼은 서기전 11,500년 즈음 얼음 없는 통로의 남쪽 끝에 도착한 뒤 불과 몇 백 년 만에 산림지대를 지나 북아메리카와 남아메리카의 평원과 숲에 확산하면서 매머드뿐 아니라 여러 대형동물 종을 절멸에 이르게 했다고 한다.[13]

이런 생각은 그저 미국 영웅의 이미지를 과거 클로비스에까지 투영시킨다는 탈근대적 비판을 면하기 어렵다. 그러나 이런 비판이 공평한지는 잘 모르겠지만, 1970년대까지는 클로비스가 첫 아메리카인이었다는 시나리오는 가장 합리적인 해석이었다. 하지만 아메리카대륙에서 클로비스 이전의 유적을 찾았다는 주장이 이어진다. 아프리카에서 인류의 기원을 연구한 저명한 학자 루이스 리키(Louis Leakey)는 캘리포니아의 모하비 사막의 캘리코 힐스(Calico Hills)에서 '원시' 유물을 찾았다고 주장했다. 그런데 이는 잘못이었다. 유물이란 것은 그저 깨진 자갈돌이었던 것이다.[14] 그러나 1970년대 말이 되면서 클로비스 이전 점유의 흔적에 대해 더 실질적인 주장이 나온다.

1978년 존 러복은 북극권 안의 유콘(Yukon)밸리로 떠난다. 목적지는 더 서북쪽, 최후빙하극성기(LGM)에도 빙상이 없던 오늘날 알래스카라 부르는 베링지아 동부이다. 만약 사람들이 서기전 11,500년 애리조나 남부의 레너 랜치에서 매머드를 사냥했다면 아마도 이곳에서 그 선조―지금은 물에 잠긴 아시아와 연결된 육로를 건넜던 사람들―의 흔적을 찾을 수 있어야 한다.

한여름 하늘은 종일 밝다. 북쪽의 브룩스(Brooks) 산맥과 남쪽의 알래스카 산맥, 동쪽의 맥켄지 산맥이 경관을 보호하면서 여름날 따뜻함을 준다. 알래스카는 브리튼제도보다 거의 다섯 배에 이르는 아주 넓은 땅이지만, 인구는 런던의 1/20에도 미치지 못한다. 러복은 굽이치는 구릉과 낮은 산을 넘고 강을 건너 끝없이 펼쳐진 황새풀 관목지대를 가로지른다. 머리 위에 수많은 기러기떼가 날고 늑대와 곰도 있다. 그러나 신경 쓰이는 생물체란 그저 윙윙거리는 모기와 기생파리뿐이다. 유콘의 서북부에 있는 블루피쉬 동굴(Bluefish Caves)에 가기 위해선 이런 것들을 참아 내야 한다. 1978년 이 동굴에서 클로비스 장벽을 무너뜨렸다는 주장이 있었다.[15]

러복은 블루피쉬 강을 따라 걸어 올드크로우(Old Crow) 마을 서남쪽 50km 정도에서 동굴을 찾는다. 가문비나무로 덮인 계곡이 들쭉날쭉한 석회암 절벽으로 이어진다. 나무 사이를 간신히 기어올라 동굴에 닿는다. 험한 바위 틈 아래 작은 동굴이 두 개 있다. 입구 주변에는 양동이와 삽, 꽃삽이 놓여 있다.

자크 생마르(Jaques Cinq-Mars)를 비롯한 캐나다고고학조사국의 사람들이 발굴하고 있다. 생마르는 1975년 주변을 헬리콥터로 정찰하여 동굴을 찾았다. 동굴 밖에는 뢰스, 곧 바람에 실려 온 실트가 쌓여 있고 작은 동굴에서 언젠가 떨어졌을 돌들이 놓여 있다. 나무 그늘 아래에는 탁자와 의자, 상자와 채, 야장과 발굴 장비가 놓여 있다. 누군가 앉아서 조심스럽게 야장에 쓰인 부호를 발굴된 뼈에 쓴다. 뼈는 상자 안에 담아 실험실까지 옮길 준비를 한다. 동굴 어디에서 어느 층에서 발견된 것인지 기록하고 상자 몇 개에 담는다. 뼈는 매머드와 들소, 말, 양, 카리부, 곰, 퓨마, 그리고 많은 작은 동물들, 새와 물고기까지 아주 다양한 종의 것이다. 빙하시대 동굴에 은닉했었던 늑대와 곰이 남긴 이빨자국이 있는 뼈도 있다.

석기도 있는데, 작은 격지와 몸돌이 보인다. 비슷한 형식의 석기는 이미 알래스카 다른 곳에서 발견된 바 있는데, 서기전 11,000년보다 이른 시기의 드날리(Denali) 문화라 일컬어지고 있다. 또 다른 수습품, 생마르가 사람의 손으로 벗겨 내고 깎았다고 믿는 동물 뼈도 분류하고 부호를 매긴다. 후일 방사성탄소연대에 따르면 석기 바로 옆에서 발견된 이 뼈는 서기전 20,000년 이전의 것이라고 한다.

발굴 당시 생마르는 이 연대를 알지 못했다. 다만, 발굴이 아메리카대륙에서 클로비스 이전의 증거를 밝혀 줄 것이라는 생각을 가졌다. 동굴 안 발굴장은 비좁고 어둡고 답답한 조건이었다. 퇴적층의 층위는 수평으로 잘 정돈되어 있지 않고, 내려가다가도 올라가고, 갑자기 시작하다가도 멈추는 식이었다. 러복은 동굴 안에서 늑대가 굴을 파고 층위를 교란시켰으며, 부드러운 퇴적층은 설치류가 파고 들어간 것이라 생각했다. 아주 작은 석기들도 그런 교란의 행위에 움직이고 사람이 돌덩어리를 깨기 수천 년 전에 늑대가 가져온 뼈와 뒤섞였을 수 있다.

뼈가 발견된 뒤 고고학자들은 뼈의 가장자리에 사람의 손이 닿았는지 논쟁을 이어 갔다. 굶주림에 빠진 동물이 씹어 생긴 자국일 수도 있으며, 심지어 동굴에 들어와 약취되기 전 바람이나 물에 의해 닳았을 수도 있다. 생마르는 거의 30년이 흐른 뒤에도 이것이 진정 사람이 남긴 유물이며, 알래스카에 최후빙하극성기 이전에 사람이 살았다는 증거라고 본다. 나는 그 뼈를 보지 못했지만, 기록만으로는 회의적이다. 자연적으로도 그런 형태가 나타날 수 있는 것이다.

블루피쉬 동굴은 알래스카 전역에서 서기전 11,500년 이전의 유적이라고 주장하는 단 하나의 유적이다. 만약 그렇게 오래된 유적이 알래스카―또는 베링지아 동부―에 없다면, 그보다 더 남쪽에 있을 가능성은 더 작아진다. 알래스카에 증거가 없는 이유는 조사가 부족해서가 아니다. 이런 어려운 환경에서는 흔히 조사 부족을 말하지만, 여기는 그렇지 않다. 집중적인 고고학 조사로 스무 개 넘는 빙하시대 야영 유적을 찾았다. 이 가운데 몇 개는 뢰스 퇴적층에 깊이 묻혀 있어 전혀 교란되지 않고, 유물이 흩어져 있으며, 화덕자리와 도살된 동물 뼈도 나왔다. 그렇지만 그 어느 것도 서기전 11,500년을 넘어서진 못했다.[16]

사실 알래스카에 클로비스 이전의 증거가 없다는 것보다 더 심각한 문제가 있다. 베링지아 서쪽의 시베리아에는 서기전 15,000년을 넘어서는 유적도 없다. 그 시기 시베리아의 수렵채집 공동체는 알래스카로 확산했을 것이다. 하지만 그 시기 사람들은 알래스카와 북아메리카의 풍요로운 툰드라와 두터운 산림지대를 갈라놓은 거대한 빙상 탓에 남쪽으로 갈 수 없었다. 얼음 없는 통로는 서기전 12,700년까지는 통과할 수 없는 상태였다. 얼음 없는 공간이 그 이전에도 있었지만, 땔감이나 식량으로 쓸 자원이 전혀 없어 여행할 수 있는 조건이 아니었던 것이다.[17]

1973년 피츠버그대학 제임스 애더베시오(James Adovasio)는 오하이오 강의 지류인 크로스크릭(Cross Creek)에서 작은 동굴을 발굴했다.[18] 이때부터 30여 년 동안 메도크로프트 바위그늘 유적과 아메리카대륙으로 인간의 이주 관련 논쟁이 벌어졌다. 발굴에서는 5m 두께로 정연하게 퇴적된 층들이 확인되었고 많은 방사성탄소연대가 나왔다. 가장 아래층은 서기전 30,000년으로 측정되었으나 그 어떤 사람의 흔적도 나오지 않았다. 그 위에 놓인 서기전 21,000년 층에서는 바구니 조각일 수도 있는 땋은 섬유질 매듭이 발견되었다. 그 위의 층에서는 서기전 16,000년의 연대와 함께 사람이 만든 석기가 나왔다.

동굴에서는 수많은 동물과 새 뼈도 나왔다. 동굴에 자리 잡은 올빼미나 포식동물, 설치류의 뼈도 있지만, 의심의 여지 없는 사냥감 유체도 있었다. 그렇다면 메도크로프트는 서기전 16,000년에는 아메리카대륙에 사람이 살았음을 말해 주는 유적이 된다. 클로비스찌르개의 연대보다 5000년이나 빠른 것이다. 그러나 "클로비스가 처음"이라는 학설을 포기하기 위해서는 몇 가지 문제를 짚고 넘어가야 한다.

메도크로프트 주변의 지질은 석탄층으로 얽혀 있다. 만약 석탄 가루가 동굴에 날아 들어왔거나 지하수를 타고 퇴적층에 스며들었다면, 연대측정에 쓰인 숯은 이미 오염되어 실제 나이보다 몇 천 년 오래된 결과가 나올 수 있다. 애더베시오는 주변에 숯이 많은 퇴적층이 모두 물에 용해되지는 않는다고 말한다. 오염이 있었다 해도 그 어느 연대측정기관도 그런 실수를 하지 않을 것이라면서 이 주장을 거부했다.

동물 뼈도 문제가 된다. 서기전 16,000년 즈음 동굴은 로렌타이드 빙상더미의 남쪽 가장자리에서 불과 80km도 떨어져 있지 않았을 때여서 툰드라 황무지로 덮여 있었다고 보아야 한다. 그러나 메도크로프트에서는 두터운 숲으로 이루어진 경관에 사는 사슴과 다람쥐, 청설모의 뼈도 나왔다. 방사성탄소연대가 옳다면 매머드나 북극토끼, 레밍 같은 동물이어야 하지 않을까?

애더베시오도 서기전 16,000년으로 측정된 층에서 나온 뼈가 산림지대에 사는 동물이고, 동굴 주변에 참나무와 히코리, 호두나무가 자라고 있었다는 사실을 받아들인다. 그러면서도 동굴이 환경의 보호를 받는 곳에 자리하고 있음을 지적한다. 오늘날 크로스크릭밸리는 주변 지역에 비해 거의 50일 정도나 얼음이 얼지 않는 날을 가지고 있다고 한다. 빙하가 맹위를 떨치고 있었을 때에도 나무와 산림지대 동물이 이 은신처 주변에 살아남아 초기 아메리카인에게 수렵과 채집 자원이 되었다는 것이다.

1993년 애더베시오는 메도크로프트야말로 아메리카대륙에서 클로비스 이전 시기 자료 후보 가운데 가장 집중적으로 연구되고 가장 철저하게 연대측정되었으며 광범위한 글이 발표된 유적이라고 주장했다.[19] 나아가 숯 시료를 검증하고 재검증하고 퇴적층을 미세현미경 분석했지만, 하부 층에서 그 어떤 목탄시료 오염의 흔적도 확인하지 못했다고 한다.[20]

그러나 심각한 문제는 여전하다. 서기전 16,000년 메도크로프트에 사람이 있었다면, 도대체 어떻게 들어왔단 말인가?

이 문제에 대한 해답은 사실 1970년대 플래드마크(Knut Fladmark)가 제시한 바 있다. 수렵채집민이 시베리아에서 북아메리카의 빙하더미를 우회하여 해안으로 들어왔다는 것이다.[21] 이 생각에 앨버타대학의 고고학자 루스 그룬(Ruth Gruhn)과 앨런 브라이언(Alan Bryan)이 가세했다. 첫 아메리카인이 빙하 없는 통로를 따라 들어오기보다 서해안을 걷거나 항해하여, 심지어 캄차카에서 캘리포니아에까지 배를 타고 들어왔을 것이라 주장하였다.[22] 결과적으로 어떻게 서기전 16,000년 메도크로프트에 사람이 이르렀는지를 알려 주는 중요 유적은 빙하시대가 끝나면서 해수면이 올라와 바다에 잠기고 말았다는 것이다.

서기전 30,000년에서 16,000년 사이에는 빙하가 크게 확장하던 때라서 그 어떤 해안 또는 바다 경로도 불가능했을 것이다. 브라이언과 그룬은 이 점을 의식해 이미 50,000년 전에 들어왔으리라는 주장을 편다. 이 주장을 뒷받침하기 위해 북아메리카 원주민 언어의 다양성이 다른 곳보다 서북해안에서 더 높다는 점을 지적하고, 이는 이 지역의 인류 점유의 역사가 다른 곳보다 더 오래되었기 때문이라 본다. 1891년 미국 원주민 언어를 처음 분류할 때 알려진 58개 어족에서 캘리포니아에서만 22개가 확인되었을 정도이다.[23]

그러나 만약 첫 아메리카 사람들이 무려 50,000년 전에 해안 경로를 따라 들어왔다면, 그리고 예전의 해안 점유의 흔적이 해수면 상승으로 바다에 잠겼다면, 왜 가장 이른 흔적이 단지 서기전 16,000년 메도크로프트 바위그늘에만 남아 있단 말인가? 이 사람들은 30,000년 동안이나 내륙으로 들어가지 않고 해안에 머물렀을까? 브라이언과 그룬도 그럴 가능성은 별로 없다고 본다. 그리하여 클로비스 이전의 유적이 없다는 점—메도크로프트를 지지하는 사람이라면 유적이 아주 희소한 점—을 설명할 두 번째 가설을 제시한다. 최초의 아메리카 사람들은 고도로 이동성이 강한 작은 집단으로 낮은 인구밀도로 대륙 곳곳에 흩어져 살았으리라는 것이다. 이들이 남긴 고고 유적은 아주 임시적인 것이어서 세월의 흐름을 견디고도 살아남았다고 하더라도 발견되고 정확히 연대측정될 가능성은 아주 낮다고 한다. 브라이언과 그룬에 따르면, 서기전 11,500년 즈음 고고학 유적이 급격히 늘어나는 것은 인구 수준의 한계점을 넘어서 충분히 큰 점유의 흔적이 많아져 고고학 자료로 인지할 수 있는 흔적을 남겼기 때문이라는 것이다.[24]

이런 주장은 언뜻 설득력이 있는 듯이 보이기도 한다. 그러나 서기전 20,000년 이전의 초기 유적이 더 나오지 않는다면, 설득력이 없다. 그럼에도 애더베시오가 메도크포프트에서 조사를 마칠 즈음, 최초의 아메리카 유적이 적어도 40,000년 전으로 올라간다는 주장이 나왔다. 페드라 푸라다(Pedra Furada)라 불리는 이 유적은 북쪽의 빙하더미에서 멀리, 메도크로프트뿐 아니라 남쪽의 클로비스 유적들보다 훨씬 아래에 있다.

이제 1984년 존 러복은 브라질 동북부의 마르고 가시가 돋은 독특한 카팅가 숲과 사암 절벽으로 유명한 피아우이(Piauí) 주의 외진 곳으로 간다. 많은 동굴에선 이 지역의 사슴과 이르마딜로, 카피바라 같은 동물을 그린 벽화가 있다. 머리는 원으로 몸과 사지는 선으로 표현한 사냥 장면도, 섹스와 폭력을 묘사한 것도 있다. 러복은 굶주림에 지배당하고 건조하고 뜨거우며, 벌레가 득실거리는 위험하고 불쾌한 땅이라 생각한다.

러복이 마주할 고고학자는 파리고등사회과학원의 니에드 기돈(Nièd Guidon)이다. 니에드는 브라질 동북부에서 20년 이상을 조사하면서 주로 바위그늘 유적과 예술을 연구했다. 그리고 그림이 언제 그려졌는지를 알기 위해 페드라 푸라다라는 가장 크고 그림도 많은 유적을 발굴하기 시작했다.[25] 이때가 1978년이고, 6년이 흘러 발굴은 중대한 시점에 이른다. 이곳에 40,000년 전 이전에 사람이 살았던 증거를 찾았다고 주장하면서 관심은 벽화—서기전 10,000년 즈음—에서 언제 인간의 점유가 시작되었는지 하는 것으로 옮겨간다.

러복은 멀리서 가시 돋은 나무와 선인장 관목지대 위로 솟은 사암절벽을 본다. 가까이 가 보니 바위그늘은 아주 커서 아래로 까마득하게 급경사면이 100m 이상 이어진 커다란 암벽이다. 너비 70m, 깊이 18m에 이르는 곳을 고고학자들이 조사하고 있다. 브라질의 악명 높은 살인 벌의 벌침 공격을 버텨 낸 강한 여성 고고학자 기돈이 유적 실측도를 검토하고 있다. 기돈은 이곳에 도착한 날부터 조사를 시작할 만큼 발굴에 열정을 가졌다.[26]

기돈의 작업은 바위그늘의 크기만큼이나 대규모로 진행되고 있었다. 5m 이상의 퇴적토를 걷어 내자 바닥에서부터 퇴적층이 쌓여 있어 고고학자 스스로, 그리고 유적을 찾는 사람들에게 층위를 확인하는 기준이 된다. 유물이 나오는 층의 연쇄를 정확히 기록하기 위해 실측도면과 사진도 남긴다. 동굴의 튀어나온 부분에서 언젠가 떨어졌을 커다란 바윗덩어리가 바위그늘 유적의 범위가 되고, 양쪽에는 절벽 위에서 침식되어 온 자갈과 작은 돌덩어리들이 쌓여 있다. 벽에 있는 흔적을 보면 언젠가 이곳에 물이 흘렀고, 경우에 따라서는 아래 바닥에 폭포가 오랫동안 있었던 흔적이 보인다.

비록 1990년대 초부터 40,000년 전의 인간 점유의 증거가 나왔다는 주장이 있지만, 정확히 어디에서 석기가 발견되었는지, 연대측정된 숯과 어떤 맥락이 있는지, 그리고 불땐자리라 생각되는 곳의 실측도를 기록한 상세한 보고서는 나오지 않았다. 기돈은 비판적 의견을 의식하여 전문가들을 유적에 초대하여 유물을 검토할 것을 제안한다. 1927년 폴섬에 모인 저명한 학문권위자들과는 달리 1993년 12월 데이비드 멜처, 제임스 애더베시오, 탐 딜러헤이 등 전문가가 도착했을 때 페드라 푸라다 발굴은 이미 완료된 상태였다.

유적에 온 멜처와 애더베시오, 딜러헤이가 퇴적단면을 면밀히 검토하고 두껍게 쌓인 숯층을 조사하고 퇴적층이 사람이 만든 유물이 아니라 자연적으로 깨진 자갈들로 가득함을 알고선 눈살을 찌푸린다. 나무 사이에 쌓아 놓은 흙에 버려진 돌을 수습하면서 기돈이 석기라 주장하는 유물과 별다른 차이가 없음을 안다. 동굴벽에 남은 물의 흔적을 검토하면서 어떻게 홍수가 돌덩어리와 유물의 분포에 영향을 미쳤을지를 고민한다.

멜처 등은 열린 마음으로 페드라 푸라다를 찾았지만, 결국 회의적이 되고 말았다. 유물이란 것은 최초의 아메리카 사람들이 돌망치로 깨뜨린 것이 아니라 자연력으로 깨진 규암 자갈돌과 구분하기 어렵다고 했다.[27] 멜처는 자갈돌이 동굴의 100m 위의 벼랑에서 떨어져 땅바닥에 부딪혀 깨졌다고 보았다.

다만 메도크로프트의 사례와 같은 숯 시료 오염의 증거를 찾지는 못했다. 그리하여 많은 숯이 40,000년 정도 되었다는 데 동의했지만, 문제는 숯이 사람의 활동과 아무런 관계도 없다는 것이다. 페드라 푸라다 주변에 적어도 50,000년 이상 존재했던 건조한 관목지대는 번갯불로 숲에서 자연스럽게 불이 나는 경향이 있다. 그런 불이 동굴 가까이에서 일어났다면 숯은 바람을 타고, 또는 물의 흐름으로 퇴적층에 들어올 수도 있다. 멜처의 눈에는 동굴에서 보았던 두텁고 흩어진 숯층과 다른 유적(그리고 10,000년 전의 페드라 푸라다)에서 보이는 진정한 의미의 화덕자리의 렌즈 모양의 숯이 집중된 층과는 달랐다.[28]

멜처 등은 1994년 나온 보고서에서 페드라 푸라다에 플라이스토세 인간의 점유가 있다는 주장은 믿을 수 없다는 결론을 내렸다.[29] 그러면서 기돈에게도 자연적으로 깨진 자갈돌과 유물을 구분해야 한다는 조언을 주었다. 불행히도 기돈은 이 보고서에 공세적으로 반응하면서 멜처 등이 부분적이고 잘못된 지식에 바탕을 둔 가치 없는 논평을 했다고 되받았다.[30] 19세기의 "위대한 구석기시대 전쟁"에 대해 쓰면서 멜처는 의도하지 않게 현대 논쟁의 주인공이 되고 말았다.

24

현재의 증거로 보는 첫 아메리카인

치아, 언어, 유전자, 골격 분석의 결과

최초의 아메리카 사람들을 찾기 위한 다른 분야 연구를 알아보자. 1970년대 말 연구 경향에서 큰 변화가 생긴다. 더 이상 고고학 증거에만 매달리지 않았던 것이다. 현존 아메리카 원주민을 연구하는 언어학자와 유전학자는 선사학처럼 아메리카대륙에 사람이 언제 들어왔는지, 어디에서 기원하였는지 하는 질문을 던졌다. 치과의사들 역시 마찬가지였다.

"치아선사학"이라는 개념은 아주 이상하게 들릴지도 모르지만, 우리에게 많은 정보를 준다. 사람의 치아는 크기와 생김새에서 변이가 있다. 앞니에는 특정한 조합의 능과 홈이 있고, 어금니 치근의 수도 다르고, 결절의 수도 다르다. 이런 특질은 주로 유전자에 따라 결정되며 아주 느리게 진화하기에 만약 두 사람의 치아유형이 비슷하다면 유전적으로도 가까운 관계일 가능성이 높다.

애리조나주립대학의 인류학자 크리스티 터너(Christy G. Turner II)는 20여 년 동안 아메리카 원주민의 치아 관련 정보를 수집하여 구대륙 전역의 치아와 비교하였다.[1] 1994년까지 15,000개 이상의 자료를 확보하여 치근 길이와 치관 형태 같은 29개의 여러 특징을 기록했다. 자료는 대부분 유럽인과 접촉 이전의 아메리카 원주민이나 선사시대 무덤에서 얻었다. 유럽인이 들어오고, 나중에는 흑인과도 혼혈이 이루어져 아메리카 원주민의 유전자장에 새로운 변이가 생겨 치아유형에 영향을 미칠 수 있음을 생각할 때 이는 중요한 작업이었다.

터너의 질문은 간단했다. 구대륙 어느 곳의 인류가 아메리카 원주민의 치아와 유사한 패턴을 갖고 있는가? 비록 복잡한 통계기법을 쓰고 있지만, 대답은 분명하다. 북아시아, 특히 북중국, 몽골초원, 시베리아 동부였다. 이 지역 사람들은 아메리카 원주민과 함께 독특한 치아유형을 가지고 있어 터너는 이를 시노돈트(sinodonts)라 불렀다. 아시아의 다른 지역이나 아프리카, 유럽의 치아유형은 모두 순다돈트(sundadonts)라 불렀다. 이를 근거로 터너는 북아시아가 아메리카 원주민의 고향임을 확신하게 되었다.

북아메리카 원주민의 시노돈트 자체에서도 다양성이 있다. 터너는 세 가지 독특한 집단을 구분하면서 이것이 서기전 12,000년 즈음부터 시작된 상이한 이주 사건들 때문—북아메리카 원주민 언어 증거와 결합하여 나온 생각이다—이라고 보았다.

200여 년 동안 언어학자들은 인간공동체 사이 접촉의 역사와 이주유형을 복원하고자 애썼다. 마치 생물학자들이 동물 종을 계통분류하여 진화적 관계를 찾는 것과 마찬가지로 언어 간 유사성과 차이를 조사하여 어족으로 묶어 계통의 관계를 세우려 한다. 이 작업은 고고학 연구와 결합하는 것이 이상적인데, 콜린 렌프루는 인도유럽어의 확산을 유럽을 가로지르는 신석기시대 농경민의 확산과 결부지은 바 있다.

신대륙의 선사시대 연구에 언어학 방법은 언어의 수가 많다는 점 때문에 잠재력이 크다. 유럽인과의 접촉 시기부터 무려 1000개가 넘는 언어가 기록되었고, 오늘날에도 600여 개가 여전히 쓰이고 있다. 어족으로 분류하고 기원을 추적하는 일은 이미 300여 년 전부터 시작되었다. 1794년 토머스 제퍼슨은 "나는 아메리카 인디언의 모든 낱말을 수집한다. 정말로 아시아 언어와 공통의 선조를 가지고 있다면 언어에서 드러날 것이다"고 쓴 바 있다.[2]

1960년대 이후 스탠포드대학의 언어학자 그린버그(Joseph Greenberg)가 제시한 주장을 중심으로 다시 이런 시도가 시작된다. 그린버그는 원래 아프리카 언어 분류에 관심을 가졌지만, 1950년대 말 아메리카 원주민 언어로 관심사를 바꿔 명성을 얻는다. 1980년대 중반이 되자 원주민 언어를 에스키모-알류트 어족(10개 언어로 구성되어 있으며 북아메리카의 북극지방에 한정되어 있다), 나데니(Na-Dene) 어족(틀링잇과 아이다 족 같은 북아메리카 부족을 포함하여 주로 아메리카 서북부에서 보이는 38개 언어로 구성된다), 아메린드(Amerind) 어족(위에 속하지 않는 모든 북, 중앙, 남아메리카의 언어들로 구성된다)으로 나누었다.[3]

그린버그의 분류는 각 언어에서 몸의 부위와 같은 기본 낱말들의 소리와 뜻에서 유사성을 바탕으로 한 것이다. 나아가 아메리카대륙에 서로 다른 민족이 들어와 각 어족을 형성했다고 보았다. 첫 번째는 원아메린드어(proto-Amerind)—원(原)이라는 접두어는 지금은 존재하지 않지만 현존 언어가 분지하는 원천이 되었던 언어를 가리킨다—를 쓰는 사람들의 이주였다고 한다. 그린버그는 이 첫 이주가 서기전 11,500년 즈음에 일어났으며, 고고학적으로는 클로비스 문화로 알려져 있다고 주장했다. 기원은 불분명하지만, 원아메린드어는 유럽과 아시아에 넓게 확산되어 있는 많은 언어들(언어학자들은 "유라시아컴플렉스(Eurasiatic Complex)"라는 말을 쓴다)과 유사성이 있으며, 따라서 현존하는 어족이 확립되기 전 발생했다고 한다.

그 다음 서기전 10,000년 즈음 원나데니어를 사용하는 사람들이 들어왔다고 본다. 고고학적으로는 드날리 문화(Denali culture)라는—생마르가 1978년 블루피쉬 동굴에서 발굴한— 새로운 형식의 석기로 나타난다고 하며, 그린버그는 인도차이나를 기원지로 봤다. 그리곤 500년 정도 뒤에 원에스키모알류트어를 말하는 사람들의 이주가 일어나는데, 북아시아에서 기원했다고 하였다.

1980년 그린버그가 세 번에 걸친 이주 가설을 발표하자 이를 지지하는 사람과 반대하는 사람이 함께 생겼다. 1986년 *Current Anthropology*[4]에 그린버그는 터너, 그리고 아메리카 원주민의 유전자 분포를 연구했던 제구라(Stephen Zegura)와 함께 강력한 주장을 펼쳤다. 각 어족에 속하는 아메리카 원주민은 유전자와 치아해부학에서도 특정한 패턴을 공유하고 있다고 주장하였다. 다시 말해 세 개(언어, 치아, 유전자)의 독자적 증거가 모두 아메리카대륙에 별도의 이주 물결이 있었음을 말해 주며, 그 첫 번째가 클로비스 문화의 등장이라는 것이다. 그러나 이런 이주 가설을 믿지 않는 사람들도 많았다.

스미스소니언연구소의 고더드(Ives Goddard)와 루이지애나대학의 캠벨(Lyle Campbell)은 해부학-유전학-언어학적 상응이라는 것은 존재하지 않으며, 자료를 꼼꼼히 살펴보면 분포에서 서로 일치하지도 않는다고 하며 강력히 비판했다.[5] 나아가 그린버그의 아메리카 원주민 언어 분류도 잘못이라고 하였다. 그저 유사한 낱말과 문법의 일부를 표피적으로 비교한 것에 불과하며, 전체 언어를 연구하고 언어가 시간의 흐름에 따라 어떻게 변모했는지—이를 연구하는 분야를 역사언어학이라 부른다—에는 관심이 없었다고 한다. 언어는 유전자나 치아의 생김새와는 독자적으로 확산하고 변화하며 사라질 수도 있다. 아메리카 원주민 역사—유럽인과 접촉 이전은 차치하고라도—에서 수없이 많았던 족외혼과 노예무역, 내적 이주, 전쟁을 고려하지 않고 상응을 찾는 일은 헛된 것이다.

고더드와 캠벨의 비판 이전에도 아메린드 어족이란 개념이 타당한지를 검토하는 역사언어학자들이 있었다. 그린버그의 방법을 따르면 핀란드어도 아메린드 어족에 속해야 했다. 이처럼 어족 구분은 문제가 있음이 드러났다. 그린버그는 그저 언어적 우연들을 수집한 다음 그것을 선사시대로부터 기인한 것이라고 잘못 해석했던 것이다.

아메리카 원주민의 기원에 대한 언어학 연구에서 벌어진 논쟁은 이것만이 아니다. 1990년 캘리포니아대학(버클리)의 언어학자 니컬스(Johanna Nichols)는 신대륙에 수많은 언어가 존재한다는 점에 근거하여 수만 년, 적어도 35,000년 전부터 사람이 들어왔다고 주장하였다. 니컬스는 어떤 주어진 지역에서 언어의 수는 상당히 일정한 속도로 증가한다고 가정한다. 현존 어족이 기원한 원래 언어를 '비축물(stock)'이라 할 때, 예컨대 유라시아에서 인도유럽어는 독일어, 켈트어, 발트슬라브어 같은 어족이 기원한 비축물이었다. 그런 다음 어족은 새로운 어족을 위한 비축물로 기능할 수도 있다. 니컬스는 5000-8000년에 평균 1.6개 자손 비축물/어족을 낳는다고 주장한다. 니컬스는 아메린드 어족 안의 140개 주요 언어는 아메리카대륙에 처음 들어온 원 언어에서 약 50,000년 정도가 흘러야 발생할 수 있는 것이라고 해석했다. 그런 다음 점유의 사건이 한 번보다 많을 수 있기 때문에(따라서 비축물이 한 번이 아닐 수 있다) 35,000년 전으로 조정하였다.

그런데 옥스퍼드대학의 언어학자 네틀(Daniel Nettle)은 니컬스와 같은 자료를 조사하면서 상당히 다른 결론에 이르렀다. 네틀의 생각에 원주민 언어의 수가 많은 것은 비교적 최근의 점유를 나타내며, 아마도 서기전 11,500년 이전으로 올라가기 힘들다고 보았다.[6] 네틀은 니컬스가 주장한 새로운 언어의 등장 속도는 전혀 근거가 없다고 주장한다. 나아가 언어가 그런 방식으로 증식한다는 전제 자체에도 문제를 제기한다. 이에 따르면, 새로운 언어는 궁극적으로 어떤 집단이 새로운 지역으로 들어가는 사건(특히 새로운 환경자원에 생활방식을 적응해야 하는 이주)의 결과로 발생한다.

네틀에 따르면, 인간이 새로운 대륙을 점유하면 공동체가 확산하고 새로운 생태적소―특정한 자원의 분포―에 나뉘어 적응함에 따라 언어가 급격히 증식한다. 각 생태적소에 들어간 사람들은 수렵민과 어로민, 농경민, 유목민 등 독특한 생활방식을 시작하면서 나름의 어휘, 궁극적으로 언어를 발달시킨다. 이용 가능한 생태적소는 모두 사람들로 가득 차면서 변화는 느려지고, 궁극적으로 새로운 언어가 자리 잡는다. 네틀은 그런 다음 언어의 수가 다시 줄어든다고 주장한다. 다른 집단을 억누르는 더 강한 집단이 생기고, 교역이 발달하여 어떤 낱말을 공유하고 어느 정도 언어적 수렴을 이끌기도 한다는 것이다.

인구가 늘어나면서 언어의 수는 더 줄어들 수도 있다. 이 과정은 오늘날 세계에서도 쉽게 관찰할 수 있다. 현존하는 언어의 수는 대략 6500개인데, 앞으로 100년 정도 지나면 반으로 줄어들 것이다. 그리하여 네틀은 신대륙의 높은 언어적 다양성은 오히려 인간의 점유가 최근의 일, 곧 클로비스가 처음이라는 시나리오에 부합한다고 결론을 내린다.[7] 니컬스가 도달한 결론과는 정확히 반대되는 주장인 것이다.

그렇다면 어떻게 니컬스와 네틀은 이토록 다른 견해를 가지게 되었을까? 한 가지 이유는 두 사람이 상당히 다른 시각에서 언어 연구에 접근하고 있다는 점이다. 니컬스와 달리 네틀은 원래 인류학자로서, 사람들이 언어를 수단으로 사회관계를 만들고 유지하는 방식, 그리고 경제 및 생태적 요인이 특정 대륙 안에서 언어의 분포와 수에 어떤 영향을 미치는지에 관심을 가졌다. 니컬스 같은 언어학자들은 그런 이슈에는 별다른 관심이 없으며, 언어를 사회, 경제, 환경의 맥락과는 독립적 역학에 따라 진화하는 존재물이라 생각한다.

아메리카대륙의 점유에 대해 이렇듯 상충되는 주장을 볼 때, 언어학자도 고고학자와 같은 배를 타고 있는 듯하다. 가장 기본적인 사실조차 서로 동의할 수 없는 사례가 많은 것이다. 우리와 같이 언어학 전문지식을 갖지 못한 사람들은 누구를 믿어야 할지 곤란한 지경에 빠진다. 나는 네틀의 인류학적 접근과 고더드와 켐벨의 비판적인 결론에 더 설득력이 있다고 느낀다. 아메리카 인디언의 언어학적 역사에 대한 우리의 지식은 아직 불완전하여 그것 자체로 여러 가설에 이용될 수 있다. 언어학에 대해서는 이만하자. 그렇다면 유전학자들은 이보다 더 나을까?

우리는 이미 유럽에서 농경의 확산이 서아시아에서 이주해 온 사람들 탓인지, 아니면 선주민이 신석기 문화를 채택한 것인지를 논하면서 현재 사람들의 유전학 자료가 고고학에 어떻게 쓰이는지를 살펴본 바 있다. 특히 미토콘드리아DNA(mtDNA)에서 유전 돌연변이의 유형을 찾는 데 쓰이는 같은 기법이 언제 아메리카대륙에 사람이 들어왔는지, 어디에서 기원하였는지를 밝히는 데 이용된다.

현재의 아메리카 원주민, 아메리카대륙의 자료와 비교를 위해 북아시아와 동아시아의 현재 사람들, 그리고 아메리카 원주민의 유골 자료 등 세 가지 mtDNA 자료가 분석에 이용되었다.[8] 어떤 자료를 분석했는지, 그리고 어떤 결론에 이르렀는지는 아주 다양하다. 그러나 아메리카 원주민의 mtDNA 연쇄는 네 가지 주요 군집—각각 A, B, C, D라 불린다—으로 나눌 수 있다는 사실이 중요하다.[9]

나데니 어족과 에스키모-알류트 어족의 아메리카 원주민은 주로 A 집단에 속하며, 아메린드 어족은 (사실 놀라운 일도 아니지만) 네 집단 모두로 표현된다. 이런 유전적 다양성—몇 개의 이주민 집단에서 왔음을 시사하는—은 아메린드 어족의 실체에 의문을 갖고 있는 언어학자들의 시각과 일치한다. 그러나 고고학자나 언어학자와 마찬가지로 유전학자들도 점유가 언제, 어떻게 일어났는지에 대해 같은 결론에 이를 수는 없다.

1993년 일본 국립유전학연구소의 호라이 사토시(洞井聰)를 비롯한 유전학자들은 이 네 집단이 아메리카대륙에 21,000년 전에서 14,000년 전까지 독자적으로 이주했다고 하였다.[10] 일 년 뒤 에머리대학의 토로니(Antonio Torroni)가 이끄는 팀은 자료를 조금 다른 방식으로 분석하여 첫 번째는 A, C, D 집단을 가진 사람들이 29,000-22,000년 전에, 두 번째는 B 집단을 가진 사람들이 이보다 훨씬 늦게 들어왔다고 결론을 내렸다.[11] 1997년 브라질의 리오그란데연방대학의 보나토(Sandro Bonatto)와 살자노(Francisco Salzano)는 이 네 집단 모두 동일 기원으로 25,000년 전 이전의 하나의 이주로 들어온 것이라 보았다.[12]

그렇다면 유전학자들은 왜 이토록 통일된 견해를 가지지 못하는 것일까? 한 가지 이유는 언어학자와 마찬가지로 몇 개의 문제에 직면하고 있기 때문이다.[13] 언어가 서로 분지하는 속도를 분명히 알지 못하는 것과 마찬가지로 유전 돌연변이의 속도에 대해서도 잘 알지 못한다. 유전학자들은 돌연변이의 빈도에 대해 가장 그럴듯한 추측을 동원하여 계산하지만, 그 추측은 잘못된 것일 수 있다. 상이한 유전자는 상이한 속도로 변이할 수도 있으며, 이전에 발생한 변이를 가리는 돌연변이도 있다.[14]

또 한 가지 이유는 아메리카대륙의 역사와 선사에 대해 제한된 지식만을 갖고 있기 때문이다. 서로 다른 시점에 대륙에 들어온 사람들 사이에도 유전자 교류가 있었을 것임이 분명하다. 그런 식으로 혼혈이 있었다면 현 아메리카 원주민의 유전자를 분석하여 이주의 시점과 수를 파악하는 것은 거의 불가능한 일일 것이다.

현재의 치아, 언어, 유전자를 분석해 아메리카의 선사시대를 복원하려는 시도는 최초의, 그리고 초기 아메리카인의 유골 자료가 희소하다는 또 다른 문제에 직면한다. 서기 2000년 현재 서기전 9000년 이전으로 연대추정되는 인골은 모두 37개에 불과하다. 그리고 이 자료마저도 뼈의 일부 조각에 지나지 않는다.[15]

텍사스A&M대학의 스틸(Gentry Steele)과 파월(Joseph Powell)은 인골 자료를 분석하여 최초의 아메리카 원주민이 선사시대 늦은 시기나 역사시대에 알려진 원주민과는 상당히 다른 모습이었다는 놀랄 만한 주장을 했다.[16] 늦은 시기 사람들은 비교적 넓고 편평한 안면과 광대뼈가 높은 몽골로이드의 생김새를 가지고 있는데, 이는 분명 북아시아에서 온 특징이다. 그러나 서기전 9000년 이전의 골격 자료는 짧고 좁은 안면과 터너가 제시한 아메리카 원주민의 특징과는 상당히 다른 치아유형을 가지고 있다고 한다. 사실상 최근의 아메리카 원주민과 북아시아 사람들과는 달리 초기 아메리카 사람들은 약 60,000년 전으로 추정되는 초기 오스트레일리아인이나 현대의 아프리카인과 더 닮았다는 것이다.

1996년 워싱턴 주 컬럼비아 강 근처에서 머리뼈와 인골이 발견되었다.[17] 지역 고고학자 제임스 채터스(James Chatters)는 법의학 조사를 거친 뒤 코카서스인의 특징—좁고 높은 코와 같은 유럽과 북아시아, 서아시아인의 특징—을 가지고 있어 근래의 유럽인이라는 결론을 내렸다. 그런데 연대측정 결과 이 사람은 서기전 7400년 정도에 죽은 것으로 나타났다. 이 연대는 허벅지뼈에서 나온 찌르개의 양식과도 상통한다.

케너윅맨(Kennewick Man)은 곧 논란의 쟁점이 된다. 적어도 다섯 원주민 부족이 이 사람을 직접 조상이라 주장하였다. 우마틸라(Umatilla) 족은 1990년 발효된 NAGPRA(북아메리카매장유적보호환수법)에 의거하여 유골을 반환해야 하며 비밀스런 장소에 다시 묻어야 한다고 하였다. 많은 과학자들이 기겁했다. 그 어떤 현존 부족과 관계도 밝혀진 바 없으며, 아메리카대륙의 점유와 관련한 귀중한 증거를 잃는 일로서, 이것이야말로 법을 남용하는 것이다. 뼈는 봉인되어 법정 다툼에 들어갔으며, 결국 DNA 분석이 허용되었다. 우마틸라 인디언이 격노할 만한 일이었다.

채터스는 서기전 7400년이란 연대를 알게 된 뒤 자신의 견해를 수정하여, 케너윅맨은 단지 코카서스인과 닮았을 뿐이라고 했다. 세밀한 통계 분석에 따르면 머리뼈의 생김새는 특히 태평양의 폴리네시아인과 일본 아이누족과 가장 유사하다고 한다. 아이누족은 사실 코카서스와 비슷한 생김새를 가지고 있으며 초기 호모 사피엔스에서 진화하여 10만 년 전 이후 동아시아에 확산한 집단이다. 이 가운데 일부는 60,000년 전 오스트레일리아로 들어갔으며, 신대륙에 들어온 집단도 있었을 것이다.

신체 생김새의 차이에 있어서 서기전 9000년 이전의 초기 아메리카인의 인골 자료는 늦은 선사시대나 역사시대의 자료, 그리고 현대의 자료와 상당히 다를 수 있다. 더 최근의 아메리카 원주민의 자료는 분명 북아시아에서 분명한 몽골로이드의 특징이 진화한 다음에 이주—아마도 확산이란 말이 더 정확할 것이다—한 것임이 명확하다. 이미 아메리카대륙에 들어와 있던 사람들은 새로이 들어온 인구에 흡수되어 치아와 유전자, 언어적 특질이 새로운 이주에 묻혀 버렸을 수도 있다. 그렇지 않다면 최초의 아메리카인은 사라져 후일의 인구에 언어 및 유전적 흔적이 남아 있지 않을 수도 있다. 가능성은 별로 없지만, 세 번째 가설로 최초의 아메리카인이 이후 새로 들어온 이주민에 의해 일소되었을 수도―케너윅맨의 허벅지에 박힌 찌르개를 생각해 보라― 있다. 그 어떤 시나리오가 옳든지, 치아와 언어, 유전자 자료로 최초의 아메리카인의 선사시대를 복원할 수는 없다. 결국 고고학 자료에 의존할 수밖에 없는 것이다. 이제 마지막, 그리고 아마도 아메리카대륙에서 가장 중요한 고고학 유적인 몬테베르데로 떠나 보자.

친치우아피 강둑에서

몬테베르데 발굴과 해석

12,500 BC, AD 1977-1997

존 러복은 칠레 남부 마울린 강(Maulín River)의 지류로 얕게 굽이쳐 흐르는 친치우아피(Chinchihuapi) 냇가의 이탄층 위를 걷는다. 숲과 습지, 목초지를 가로지르는 여정이다. 동쪽 나무 끝 위로 안데스 정상이 눈에 덮여 있고, 서쪽 태평양 해안의 산맥에선 경사면이 숲을 이루고 있다. 태평양은 불과 30km 정도 떨어져 있을 뿐이다.

　러복의 목적지 칠레의 몬테베르데(Monte Verde)에선 켄터키대학의 탐 딜러헤이(Tom Dillehay)가 1985년 발굴을 마무리하고 있다. 딜러헤이는 그보다 8년 전 발굴을 시작할 때 스스로 당황하고 혼란스러웠다고 했다.[1] 습지 식물 유체가 탄탄하게 쌓인 이탄층이 빠르게 과거 집터와 작업장, 요리 공간과 쓰레기더미를 덮어 부식 과정을 방해하여 유적이 아주 잘 보존되었다. 그리하여 석기와 동물 뼈뿐만 아니라 식물 유체와 통나무집, 나무 유물과 가죽 조각, 심지어 동물의 살 일부까지도 발굴된 것이다.

　딜러헤이는 동료 고고학자뿐 아니라 지질학자, 식물학자, 곤충학자, 고생물학자를 포함한 조사단을 구성하여 고고학 유물을 분석하고 몬테베르데의 주민이 살았던 경관을 복원했다. 나아가 유적의 연대를 파악하는 중요한 작업도 했다.

러복은 시내를 따라 걷는다. 냇물은 깊어지고 흐름은 빨라진다. 기온은 내려가고 습도는 높아진다. 발걸음은 푹신한 이탄층을 벗어나 부드러운 모래에 조금 잠긴다. 목소리가 들린다. 굽이치는 냇물을 돌자 발굴 광경이 한눈에 들어온다. 시간은 거꾸로 흘러 이제 서기전 12,500년, 유적에선 수렵채집민이 살고 있다.

사람들은 짙은 검은색 머리에 올리브빛 살갗을 가지고 여윈 몸에 판초의 같은 동물가죽 망토를 걸치고 있다.[2] 몇몇이 아마도 몇 개 구역(아마도 가족의 집)으로 나뉜 긴 타원형 텐트 끝에서 작업을 하고 있다. 집은 강둑에서 조금 떨어져 있고 집 끝에 또 하나의 구역을 늘리는 작업으로 보인다. 통나무를 놓아 벽과 바닥의 기초로 삼는다. 빠르고 효율적으로 기둥 끝을 석기로 날카롭게 다듬은 다음 모래땅에 박는다. 여자들이 모여 있는 곳에는 식물로 만든 끈이 준비되어 있어 틀에 가죽을 늘어뜨려 단단히 죌 것이다.

어른들이 작업하는 동안, 아이들은 냇물에서 물장구를 치고 한 늙은이는 또 다른 집 밖에서 모닥불을 지핀다. 늙은이는 장작에 탄 자갈을 가지런히 하고, 두 젊은 남자는 큰 녹색 잎에 감자같이 생긴 야채를 싸서 나무껍질 위에 올려놓고 찔 준비를 한다. 견과류를 나무판에 으깨 달콤한 향기가 나는 잎을 담은 고리버들바구니에 담는다.

마을 뒤 습지 너머 숲에서 소리가 들린다. 사람들이 집안에서 가죽 틈으로 내다본다. 숲에서 무거운 바구니를 들고 웃으며 사람들이 나타나 마을에 들어오자 잠시 일도 잊는다. 서로 큰 소리로 인사하자 마을사람들 모두—적어도 30명은 돼 보인다—가 뛰어나와 맞이한다.

새로 들어온 사람들이 불가에 앉는다. 반쯤 준비된 음식을 한쪽으로 옮긴다. 모두가 모여 앉아 해안에서 어떤 물건을 가져왔는지 궁금해한다. 바구니가 열린다. 내용물을 하나하나 꺼내 물건을 높이 든 다음 이야기와 함께 내민다. 사람들은 귀 기울여 듣고 눈여겨본다. 이야기 하나하나가 모두의 웃음소리와 함께 끝나고 물건을 서로 돌려본 다음 조심스럽게 바닥에 놓는다. 방광주머니는 소금으로 가득하고, 돌아가며 유쾌하게 맛을 본다. 박 껍데기에는 나무자루에 석기를 장착할 때 쓰이는 끈적끈적한 역청이 들어 있다. 돌망치로 더 선호하는 둥근 자갈돌도 냇가에서 가져왔다.

여행을 다녀온 사람들은 가져온 물건을 내려놓고선 이야기를 계속하며 무엇을 보았는지, 누구를 만났는지 이야기하고 물음에 답한다. 열흘 정도 마을을 떠나 다른 마을을 방문하고, 해안을 따라 해조류와 조개, 새조개, 성게 등과 함께 쓸모 있을 모든 것을 채집해서 돌아온 것이다.

사람들이 흩어지고 황혼이 깃든 후 다시 돌아온다. 불가에 앉아 별이 빛나는 하늘 아래 노래한다. 풀을 태우자 공기는 매캐한 향으로 가득하다. 한 남자가 먼저 노래를 부르자 다른 사람들은 조용히 듣는다. 젊은 여자가 노래를 이어받고, 다시 남자로 옮겨 가고 다른 사람들은 박수를 치기 시작한다. 함께 춤을 추면서 불가에 발자국을 남긴다. 커다란 나뭇잎 접시에 야생 감자와 구운 고기, 잎과 줄기, 뿌리 그리고 견과류를 으깬 샐러드를 나누어 먹는다. 노래와 춤이 밤늦게까지 이어진다. 때는 서기전 12,500년, 러복은 인류역사에서 이 시기 다른 곳에서 벌어질 일을 떠올리며 잠이 든다. 크레스웰 크랙스에서는 덫으로 북극 토끼를 잡고, 아렌스부르크밸리에서는 덤불 속에서 순록을 사냥하고, 아인말라하에선 사람들이 아몬드를 갈고 빵을 굽는다.

굽이치는 강은 늘 흐르는 길을 바꾸며 흙을 쌓고 새로운 모래톱과 수로를 만든다. 1976년 친치우아피는 이렇게 굽이쳐 흐르며 이탄층 밑에 오랫동안 묻혀 있던 이전의 수로를 깎아 냈다. 냇물의 예전 둑이 드러나고 통나무를 끄는 소달구지 길을 만들고자 그 지방 업자가 퇴적층을 더 노출시켰다.

지방의 헤라르도 바리아(Gerardo Barria) 가문의 사람들은 둑에서 드러난 뼈를 찾아 소 뼈인 줄 알고 농업을 공부하는 학생에게 주었다. 학생은 다시 뼈를 발디비아 대학(Univ. of Valdivia)의 인류학자 트론코소(Carlos Troncoso)와 박물관장 반데마엘레(Mauricio van de Maele)에게 보여주었다. 그 뒤 유적을 찾아 더 많은 뼈와 석기를 수습한다. 이때 마침 그 대학에 있던 딜러헤이가 뼈에 있는 석기 자른 자국과 특히 갈비뼈가 많다는 데 흥미를 느낀다. 딜러헤이는 1976년 유적을 지표조사한 뒤 발굴을 시작한다. 얼마 지나지 않아 아메리카대륙의 전체 선사시대는 클로비스 장벽을 넘어선다.

딜러헤이는 발굴조사에서 나온 증거를, 1997년, 그러니까 조사가 시작되고 20년이 흐른 뒤 두 권의 방대한 분량으로 출판하고 해석했다.[3] 딜러헤이는 발굴에서 나온 증거를 바탕으로 몬테베르데에서 사람들이 연중 내내 거주했으며, 해안 거주민과 교역하였거나 정기적으로 연안이나 바위 사이 웅덩이, 해변을 찾아 식량자원이나 원석을 채집했다고 보았다. 그럼에도 몬테베르데가 다른 모든 아메리카대륙의 유적보다 앞줄에 선 것은 역시 연대 덕이었다.

딜러헤이는 두 가지 독특한 수습품을 확인할 수 있었다. 대다수 도구와 통나무 집 유허와 식량 찌꺼기를 포함하여 가장 많은 유물은 MV-II라 불리며, 방사성탄소연대로 서기전 12,500년 즈음으로 측정되었다.[4] MV-I라 불리는 두 번째 유물 수습품은 일시적인 것들로 주로 과거의 강안 퇴적층에서 나온 것이다. 화덕자리에서 나온 것일지도 모르는 숯덩이가 돌과 나무 유물 주변에 흩어져 있었는데, 서기전 33,000년 즈음으로 측정되었다.[5] 딜러헤이조차도 MV-I에 대해서는 확신하지 못하고 있어 그 어떤 결론을 내리기 전에 더 큰 면적을 발굴해야 한다고 보았다. 그러나 1985년 정도에는 MV-II 점유 시기가 서기전 12,500년이 확실하다는 데 더 이상 의문을 품지 않았다. 50여 년 동안 그대로 있었던 클로비스 장벽이 친치우아피 냇물에 쓸려 나갔던 것이다.

다시 과거로 돌아간다. 러복이 다음날 아침 깨어나 보니 새 집을 짓는 공사가 다시 시작되었다. 나무 틀에 가죽을 단단히 묶고 지붕에 관목을 올린다. 새로이 들어온 역청을 이용하여 도구를 만들거나 수선하는 사람들도 보인다. 자루에 장착되는 돌조각엔 별다른 손질도 보이지 않는다. 그래서 자연적으로 깨진 돌과 혼동할 수도 있을 것 같다. 강변에서 채집한 날카로운 돌은 그대로 쓰인다.

대부분의 활동은 집에서 30m 정도 떨어진 작업장에서 벌어진다. 러복은 남자들과 여자들이 모여 일을 하면서 무엇인가를 씹고 물어뜯는 것을 본다. 세 남자가 다리를 꼬고 앉아 사냥돌을 만든다. 단단한 해변의 돌을 이용하여 더 부드러운 돌덩어리를 쪼고 갈아 거의 완전한 공 모양으로 만든 다음 홈을 파서 줄을 매단다. 또 다른 무리는 돌덩어리를 양쪽에서 떼어 내 만든—사실 클로비스찌르개를 만들 때도 양쪽에서 떼어 내는 기법이 필요하다— 커다란 돌도끼를 이용하여 나무를 깎는다.

이곳에서 볼 수 있는 구조물은 하나뿐이다. 몬테베르데의 다른 곳의 구조와는 사뭇 다르다. 어린 나무를 굽혀 마치 돔과도 같은 모습으로 만든 다음 가죽을 덮었다. 안을 들여다보니 바닥에는 모래와 자갈을 다져 삼각형 단을 만들었고, 양쪽으로 휘어져 입구와 연결되어 있다. 안에는 사람이 없었으나 바닥엔 나무 그릇과 갈판과 갈돌이 놓여 있다. 지붕에는 잎과 풀과 꽃으로 다발을 걸어 놓았다.

가까운 곳에서 동물 가죽을 손질한다. 팽팽하게 펴서 바닥에 고정하여 지방과 힘줄을 제거하는 무두질을 한다. 옷을 만들기 위해 가죽을 늘리고 쳐서 더 부드럽고 유연하게 한다. 사용되는 뼈도구도, 블루피쉬 동굴에서 도구라 주장되는 유물을 연상케 하듯이, 거의 손질되지 않았다. 세심한 고고학자가 아니라면 끝이 조금 무뎌졌고 옆에 아주 작은 홈이 있다는 사실을 알아차리지 못할 정도이다.

도구를 만들고 가죽을 무두질하는 사람들 주변엔 예전의 화덕자리들이 흩어져 있다. 그 가운데 하나에 불을 지핀다. 재 안에 자갈을 넣고 마른 나무와 잎을 올린다. 갑자기 불이 타오르더니 얼마 안 가 사그라진다. 불이 타자 구조물 안에서 가져온 마른 잎을 나무로 만든 물그릇에 바스러뜨려 넣는다. 30분 정도 지나 타는 숯에서 달구어진 돌을 꺼내 넣고 우린 물을 만든다. 작업을 멈추고 나무 그릇을 돌려가면서 차를 나누어 마신다. 마시기 전 입안에 넣고 씹고 있던 것을 바닥에 뱉는다.

러복도 차를 마셔 본다. 카누가 도착하고 젊은 남자 둘이 소리를 치며 도움을 청한다. 배에는 마스토돈—빙하시대가 끝나기 전까지 아메리카대륙 전역에 살았던 거대한 코끼리와 같은 생김새의 동물—의 갈비뼈와 허벅지뼈가 실려 있다. 며칠 전 몬테베르데 주민이 사체를 발견했으며, 털과 상아, 가죽을 이미 이용한 바 있다. 동물의 두꺼운 발바닥 가죽은 훌륭한 바구니 역할을 하며, 몇몇 내장 부위를 꺼내 깨끗이 씻은 다음 바느질하면 물이 스미지 않는 자루를 만들 수 있다.[6]

19세기의 러복도 『선사시대』에서 1857년 미주리 주에서 발견된 마스토돈에 대해 "인디언이 돌을 던져 죽인 다음, 불을 이용해 부분적으로 식량으로 사용했"음이 분명하다고 썼다. 예전 코흐(Dr. Koch)가 인디언이 이 거대한 동물이 깊은 수렁에 빠져 허우적댈 때 가까운 강변에서 가져온 돌을 던져 잡았다고 했던 기록을 참고한 것이다. 코흐는 화살촉 몇 점과 창끝 찌르개, 돌도끼도 재와 뼈, 자갈돌과 함께 발견되었다고 주장한 바 있다. 당시 러복은 코호의 설명을 길게 인용했지만, 그런 관점이 옳다고 증명된 바 없다고 했는데, 회의적이었던 것 같다.[7]

블루피쉬 동굴과 메도크로프트, 페드라 푸라다를 두고 벌어진 논란을 생각하면, 아마도 딜러헤이가 클로비스 장벽을 허물었다는 데 모든 고고학자가 동의하지는 않을 것이다. 텍사스 주 브래져스카운티박물관의 고고학자 린치(Thomas Lynch)는 훨씬 후대 인간 점유층(아무도 어디에 있었는지 모르지만)에서 유물이 침식되어 그 자리에 이동되었을 가능성을 말했고, 매사추세츠대학의 고고학자 딘코즈(Dena Dincauze)는 딜러헤이가 방사성탄소연대를 잘못 해석하였다고 보았다.

1927년 폴섬에서 그랬듯이 학계의 전통을 이어받아 1997년 권위 있는 전문가들이 몬테베르데를 찾아 딜러헤이의 주장을 검토하였다. 몬테베르데를 찾은 전문가 중에는 지난 30년 동안 아메리카대륙의 인간 점유에 대해 비판적이었던 학자들이 포함되어 있었다. 고고학 연구의 역사에 대해 많은 지식을 가지고 있는 데이비드 멜처와 1960년대 이후 "클로비스가 처음"이라는 가설의 주창자였던 밴스 헤인스(Vance Haynes), 메도크로프트 바위그늘의 자료로 논란의 중심에 서 있었던 제임스 애더베시오(James Adovasio), 딜러헤이의 해석에 문제를 제기했던 디나 딘코즈, 그리고 대형동물이 남획으로 멸종하였다는 가설을 비판한 도널드 그레이슨이 있었다.[8]

학자들의 방문은 아주 중요한 학문적 작업 가운데 하나였다. 출간 무렵 딜러헤이의 몬테베르데 발굴 보고서를 검토하고, 발굴품을 조사하는 것으로 이어졌다. 그런 다음 몬테베르데의 과거와 현재 환경에 대한 발표를 듣고 마지막으로 유적을 정밀하게 검토하였다. 그날을 마감하며 전문가들은 모여 앉아 같이 의견을 주고받으며, 탐 딜러헤이가 루이스 리키나 자크 생마르, 제임스 애더베시오, 니에드 기돈과는 다르게 아메리카대륙에서 클로비스 이전의 점유에 대한 논란의 여지 없는 증거를 발굴했는지를 판단했다.

만장일치였다. 전문가 가운데 어느 누구도 딜러헤이가 클로비스 장벽을 무너뜨렸다는 데 의문을 품지 않았다. 다수의 유물, 특히 석기와 사냥돌, 그리고 매듭이 지어진 섬유가 사람의 손으로 만든 것이라는 데도 이론이 없었다. 마찬가지로 이런 유물이 모두 버려진 자리에서 그대로 발견되었다는 데도 의문의 여지가 없었다. 오염되지 않은 연대인 것도 확인했다. 인간의 점유가 서기전 12,500년에 있었음이 분명하다는 확인이었다. 사실 이보다 이를 수도 있다. 비록 MV-I 유물은 산포되어 있고, 주목을 덜 받았지만, 몬테베르데에 33,000년 전의 점유의 자료에 인상을 받았던 전문가도 있었다.

그러나 이전 단계의 점유를 확인하는 일은 딜러헤이가 더 큰 면적을 발굴할 때까지 기다려야 할 일이다. 이 시점에서 서기전 12,500년의 점유 증거만으로도 가치가 충분하다. 이제 "클로비스가 처음"이라는 시나리오가 끝났음을 뜻하는 것이다.

1927년까지 아메리카대륙에서 가장 오래된 유적에서 찌르개와 들소 뼈가 나오리라 생각한 사람은 없었다. 폴섬 유적 발견으로 아메리카대륙 첫 주민이 대평원을 떠돌던 대형동물 사냥꾼이었으리라는 새로운 시각이 나왔다. 이제 몬테베르데 발굴로 이와는 전혀 달리 정주 공동체를 이루고 숲에 살면서 식물성 식량을 채집하던 사람들이 먼저라는 기대하지 않은 관점이 생겨났던 것이다.

이 두 유적의 극단적 차이는 더 있다. 폴섬은 뉴멕시코 주에 있어 북아메리카에 처음으로 들어온 사람들의 유적이라 여기기에 적절한 위치에서 나왔지만, 몬테베르데는 빙하 없는 통로의 남쪽 끝에서 무려 12,000km 떨어진 곳에 있다. 몬테베르데가 알래스카, 아니면 북아메리카에 있다면 아메리카대륙의 선사시대 이야기를 푸는 일은 더 쉬워질 것이다. 도대체 북에서 남으로 이동하던 사람들이 남긴 유적은 어디에 있단 말인가? 얼마나 많은 유적이 있어야 하는가? 사람들이 몬테베르데까지 오는 데 얼마나 걸렸는지, 육로로 들어왔는지 바닷길을 이용했는지 의문은 많다.

데이비드 멜처는 그 어떤 경로를 이용했던지 수천 년이란 세월이 필요했으리라 본다. 물론 역사시대에 모피 사냥꾼들은 200년 만에 대륙을 가로질렀지만, 멜처는 새로운 땅에 들어가는 작은 무리(어린아이들도 있었을 것이다)는 변화무쌍하고 다양하며 낯선 환경에서 생태적 경계를 넘어 가끔은 얼음더미, 물이 가득 찬 호수와 강 같은 위압적인 물리, 생태, 지형 장애물을 넘으면서, 그리고 혈연과 인구 규모를 유지하면서 그렇게 빨리 이동하기란 불가능했을 것이라고 주장한다.[9]

멜처의 생각에 따르면, 최초의 아메리카인이 베링지아에서 몬테베르데까지 2000년 안에 이동한 용감한 탐험가였다고 생각하기는 어렵다. 그렇다면 사람들은 서기전 20,000년 최후빙하극성기 이전에 아메리카대륙에 들어와야 한다. 그러나 아메리카대륙에 몬테베르데 이전 시기의 확실한 유적은 없는 것이다.

내 생각에 알래스카에서 칠레 남부까지 100세대 안에 이동했던 최초의 아메리카인은 지구상에 살았던 집단 가운데 가장 대단했던 탐험가 집단이었던 것으로 보인다. 아메리카대륙의 점유와 관련된 미스터리는 극지와 심해, 달을 탐험했던 사람들이 가진 호기심과 모험에 대한 갈증으로 풀 수 있지 않을까? 아메리카대륙 첫 주민은 이런 호기심과 탐험으로 아마도 배를 타고 고향을 떠나 서북부의 해안으로 들어와 수 세대에 걸쳐 남쪽으로 이동한 것은 아닐까? 그런 다음 호수와 산맥, 불어난 강을 가로지르며 숲과 초원, 우림지대에서 사는 방법을 깨닫고, 결국은 몬테베르데에 도착했으리라.

북아메리카의 경관을 가로지르는 여행은 지구온난화가 진행 중이었기 때문에 혼란스러웠을 것이다. 이는 인류역사에서 중요한 사건 가운데 하나였다. 빙하가 녹으면서 벌어진 아메리카대륙 역사의 다음 장을 복원하기 위해서는 대형 동물의 멸종이라는 주제를 살펴봐야 한다.

26

새로운 경관의 탐험가들

북아메리카의 동물상과 인간의 점유

20,000-11,500 BC

서기전 12,000년, 여름날 해가 지는 낯선 숲에 서 있다고 상상해 보라. 향나무와 물푸레나무, 서어나무, 마호가니나무에 둘러싸인 빈터에 있다. 강은 빠르게 흐르며 윙윙거리는 벌레와 가끔 처음 보는 새가 우는 소리가 들린다. 나무 위엔 강과 숲 위로 거대한 벼랑이 길게 뻗어 숨을 수 있는 그늘을 드리우고 있다.

새로운 소리, 아마도 새로운 냄새를 상상해 보자. 어떤 동물이 빠르게 다가와 멧돼지처럼 덤불을 헤치고 선인장을 피해 먹을 뿌리와 줄기를 찾는다. 잠시 멈춘 다음 뒤로 돌아서서 공기 중의 낯선 냄새를 맡는다. 바닥으로부터 1.8m, 눈높이에서 당신을 쳐다본다. 갈색의 털이 많고 머리는 작고 반짝거리는 눈과 벌어진 코를 가지고 있다. 앞다리를 들고 움직이지 않는데, 삽같이 생긴 발에서 갈고리 같은 세 발톱이 뻗어 있다. 끙끙거리더니 다시 네 발을 땅에 대고 벼랑에 있는 동굴을 찾아 떠난다. 거기서 배변을 하고 잠을 잘 것이다.

이제 사이프러스나무들이 자라는 작은 언덕 위를 상상해 보라. 타르 냄새에 공기는 끈적인다. 언덕 너머엔 개울이 있다. 푸른빛 신선한 물이 아니라 검은 기름이 뽀글

거리며 솟고 있다. 기름 구덩이 가까이 낙타가 옆으로 누워 있다. 덫에 걸린 듯 바닥에서 움직이지 못한다. 머리를 쳐들고 마지막 소리를 지르다 이내 기진맥진하여 포기하고 만다. 타르에 목숨을 잃는 것은 아니다. 사자만한 크기의 20cm에 이르는 송곳니를 가진 야생 고양잇과 동물이 덮친다. 커다랗게 입을 벌리고 낙타를 물어 살을 뜯는다.

멀지 않은 곳에 독수리 한 마리가 타르에 갇혀 사납게 날개를 퍼덕인다. 날개를 펼 때마다 더 검은 찌꺼기가 묻어 무거워진다. 벗어나려 하지만 헛수고로 끝난다.

오늘날 로스앤젤레스 중심가에 있는 타르구덩이 주변에서 스밀로돈이 낙타를 해치우거나 거대한 땅늘보가 그랜드캐니언의 동굴로 돌아가는 모습을 상상하는 것은 쉽지 않은 일이다. 만약 이런 장면을 보았다면, 당신은 아메리카대륙 첫 주민 가운데 한 사람일 것이다.[1]

오늘날 아메리카대륙의 동물상은 이곳에 처음 들어와 살던 사람들이 보았던 것에 비하면 빈곤하기 짝이 없다. 땅늘보나 스밀로돈도, 거대한 아르마딜로라 할 글립토돈이나 길이가 6m, 무게가 3톤이나 되는 거대한 땅늘보인 에레모테리움도 없다. 비버 크기의 검은색 곰인 캐스토로이드와 크기에서 콘도르를 앞지르는 육식성 새 테라톤도 더 이상 보이지 않는다. 매머드도 없고, 먼 친척뻘인 곧게 뻗은 상아와 편평한 머리뼈를 가진 코끼리처럼 생긴 마스토돈도 없다. 절멸된 모든 동물이 우리 눈에 이상하게 보이지는 않을 것이다. 미국의 다이어울프와 치타는 지금의 동물과 비슷하게 생겼다. 말도 다섯 종이나 있었지만 멸종했다. 말은 후일 유럽인이 다시 들여온 것이다.

아메리카대륙 첫 주민이 보았을 북아메리카 동물상의 놀라운 다양성은 최후빙하극성기가 도래하기 오래전 수백만 년 동안의 생물학 및 지리적 진화의 결과물이다. 북아메리카는 5000만 년 동안 그린란드를 통해 유럽과 육로로 연결되어 있었다. 유럽과 아메리카대륙에는 동일한 동물종도 있는데, 새벽말이라 불리며 30cm 높이의 숲속에 사는 동물 히라코테리움은 북아메리카에서 말로 진화한다. 그럼에도 두 대륙이 갈라지면서 육로는 없어지고, 유럽과 북아메리카의 동물은 서로 다른 방향으로 진화한다. 4000만 년 전이 되면 새로운 육로가 생겨 아시아에서 많은 동물종이 들어간다. 마스토돈은 몬테베르데 주변의 습지대에서든 아니면 북아메리카의 가문비나무 숲에서든 최초의 아메리카인과 클로비스 사람들이 마주친 동물이다.

6000만 년 전에서 200만 년 전까지 남아메리카와 북아메리카는 떨어져 있었다. 남아메리카에서는 땅늘보와 글립토돈 등 여러 동물이 번성한다. 200만 년 전 파나마 육로가 연결되고 이 가운데 몇 개 종은 북아메리카에 들어온다. 한편 말이나 스밀로돈, 곰은 북에서 남으로 확산하는데, 고생물학자들은 이를 "위대한 교류"라고 말하기도 한다. 약 150만 년 전 아시아-아메리카 육로를 타고 콜롬비안 매머드(*Mammuthus columbi*)가 들어오고, 사촌격인 털매머드(*M. primigenius*)는 10만 년 전 북아메리카에 들어와 북쪽 지방에 머문다. 이렇게 두 종은 효과적으로 대륙을 나눠 갖고 있었다.

이렇게 서로 다른 시기에 격리 진화하고 종간 교류의 결과 (아마도 서기전 12,500년보다 조금 전) 아메리카대륙 첫 주민이 들어왔을 무렵 낯익은 짐승을 마주하기도 했으며, 자신이나 조상들도 한 번도 보지 못한 동물과 직면하기도 했다. 고향인 아시아에서는 땅늘보나 거대 아르마딜로 같은 동물은 없었다. 물론 많은 이전 세대의 선조들이 매머드를 보았고, 사냥도 했을 것이지만 말이다.

우리는 란초 라브레이(Rancho La Brea) 타르구덩이에서 나온 백만 점 넘는 뼈에서 절멸 동물이 있었음을 안다.[2] 적어도 33,000년 전부터 오늘날 로스앤젤레스 다운타운의 지표 위로 기름이 새어 나왔다. 노출되었을 때 타르는 공기와 반응하여 끈적거리고 질컥이다가 아스팔트가 되어 굳는다. 동물도 이 타르구덩이에 빠졌고, 이로써 독특한 빙하시대의 동물상 자료를 얻게 되었다. 멜처는 이것을 "거대한 화석 타임캡슐"이라고 부른다. 20세기 내내 발굴이 이루어졌고 놀랄 만큼 많은 동물 뼈가 완벽하게 보존되어 있었다. 과학자들이 뼈에서 석유를 제거한 뒤 방사성탄소연대측정이 이루어졌고, 서기전 33,000년에서 10,000년까지 천천히 쌓였음이 드러났다.

또 하나 멸종 동물의 증거로는 애리조나의 램파트(Rampart)를 비롯한 여러 동굴에서 나온 배설물이다.[3] 동굴 안은 빙하시대가 끝난 이후 아주 건조한 상태로 남아서 박테리아의 부식작용을 거의 받지 않았다. 결과적으로 지름 1cm에 이르는 둥그런 똥에는 먹이로 이용한 잔가지들이 그대로 보존되어 있으며, 심지어 처음 상태와 같은 냄새와 느낌을 간직한 경우도 있다. 멜처는 워싱턴의 스미스소니언연구소의 땅늘보 똥을 보관하고 있는 서랍을 열었을 때 헛간 같은 냄새가 났다고 말한다. 털이나 심지어 가죽의 일부까지도 같이 발견되는 경우도 있다.

그랜드캐니언에 있는 램파트 동굴은 그런 퇴적물이 보관된 보물창고 같은 곳이다. 1976년 7월에서 이듬해 3월까지 화재로 타기 전까지는 그랬다.[4] 화재 전 폴 마틴(Paul Martin)은 들쥐나 박쥐의 똥을 치운 뒤에야 땅늘보의 똥을 찾을 수 있었다. 동굴은 8m 수직 절벽 위에 있어 쉽게 들어갈 수가 없다. 땅늘보는 바위틈을 타고 오르고 동굴 안에 들어가 먹이를 찾아 돌아다니는 늑대와 스밀로돈을 피해 몸을 숨겨야 했을 것이다. 절멸 동물의 뼈는 과거 강변에서 침식되어 발견되기도 하는데, 가끔 클로비스 시기의 고고학 유적이 알려진다. 모든 증거를 종합해 보면 아메리카대륙에서 수백 만 년 동안 다양한 동물이 진화하였지만, 거의 하루밤새 플라이스토세의 비극적 종말을 맞이하게 된 셈이다.[5]

북아메리카에서는 대형 포유동물―흔히 거대동물상(mega-fauna)이라 불린다―의 최소 70%, 36개 종이 절멸에 이른다.[6] 이런 곳은 북아메리카만이 아니다. 같은 시기 남아메리카에서는 46개 대형동물(거대동물상의 80%)이 절멸되었다. 오스트레일리아에서 60,000년 전 살고 있었던 큰웜뱃과 큰캥거루, 유대류(주머니)사자를 포함한 16개 대형동물 가운데 지금까지 생존한 것은 180cm 크기의 붉은캥거루 한 종뿐이다. 유럽에서도 털코뿔소와 커다란 엘크를 포함한 동물이 멸종되었다. 아프리카만이 거대동물상 44개 종 가운데 두 개만을 잃고 플라이스토세의 종말을 별 탈 없이 지나갔다.[7] 우리는 다행히도 하마와 코뿔소, 기린 같은 대단한 짐승을 아직도 볼 수 있는 곳이 있다는 데 만족해야 할 것이다.

다른 많은 빙하시대 거대동물상에게 도대체 무슨 일이 있었던 것일까? 이들의 절멸은 우리 역사의 중요한 부분이고, 아메리카대륙에서 벌어진 절멸은 특히 또 다른 이야기, 곧 클로비스 사람들과 밀접히 연결되어 있다. 최초의 아메리카인이라 불리기도 했지만, 오랫동안 이 사람들이 가진 찌르개창이야말로 짐승들을 멸종에 이르게 했다고 생각되었다. 사실 아메리카대륙에 사람의 점유와 거대동물상의 절멸은 서로 떼려야 뗄 수 없을 만큼 밀접히 연관되어 있다. 그러나 이 주제를 말하기 전에 최후빙

하극성기라는 혹심한 시기가 끝나고 북아메리카의 지형경관이 어떻게 진화했는지를 먼저 이야기해야 한다.[8]

사람들이 아메리카에 첫발을 디뎠을 때 이곳은 변화의 격랑에 휩싸여 있었다. 서기전 14,500년, 해빙이 시작된다. 처음엔 그저 두께가 얇아졌다. 극에 이르렀을 때 빙상의 높이는 무려 3km 정도였다. 빙상이 움직이면서 크기와 생김새가 이상하게 변하면서 어떤 곳에서는 작아지기도, 다른 곳에서는 커지기도 했다. 빙상의 가장자리는 살아 있는 아메바 같아서 부정기적으로 진동하고 굽이치면서 흔들리기도 한다.[9] 서기전 14,000년에서 10,000년까지, 경우에 따라 얼어붙은 땅 위를 흐르고 해동된 땅 위에 미끄러지면서, 적어도 네 번 확장하여 아이오와와 사우스다코타 주까지 내려온다.

　　이제 더 이상 빙하가 해안의 바다 위에 걸쳐 있으면서 바닷물을 차갑게 하지 않는다. 이처럼 빙하더미가 바다와 떨어지면서 따뜻한 공기가 내륙으로 불어오는 효과가 나타나고, 이는 다시 빙상의 축소를 가속시킨다. 이런 과정에서 서기전 11,000년 즈음 영거드라이어스는 지구온난화를 방해한다. 유럽과 서아시아에서보단 훨씬 덜 했지만, 이전 7000년 동안 따뜻해지고 있던 기후에 적응한 동식물 공동체에 해를 끼친다.[10] 이 같은 생태적 혼란은 서기전 9600년 플라이스토세가 끝나고 다시 지구온난화가 급속히 재개되면서 더 혹심해진다. 그런 다음 아메리카대륙은 세계의 다른 곳과 마찬가지로 홀로세의 비교적 안정된 기후 조건을 맞이한다. 물론 이제 사람이 만들어낸 새로운 지구온난화가 다시 시작되어 위협에 처했지만 말이다.

　　지구온난화가 가속되고 빙하더미가 사라지면서 북아메리카의 지형에는 커다란 빙하시대의 유산이 남았다. 특히 얼음이 녹아 엄청난 양의 바닷물이 해안에 밀려들어 세계의 해안 공동체는 커다란 손상을 입었다. 아메리카대륙의 최북단에 살던 사람들은 고향이라 할 베링지아에 물이 차고 넓은 스텝을 가로질러 바닷물이 들어오면서 땅이 해가 갈수록 줄어들고 있음을 보았을 것이다. 아마도 사람들은 언덕 꼭대기에 서서 늙은이가 어린아이에게 주변에 있는 자작나무숲이 얼마나 최근에 들어온 것인지 이야기했을지도 모른다. 아마도 지금 카리부 무리가 자리 잡고 있는 곳엔 늙은이가 어릴 적에는 매머드와 사향소 떼가 초원에서 풀을 뜯고 있었다고 말했을지도 모른다. 사람들은 풍성한 바다코끼리와 물개를 사냥하기 위해 살던 곳을 버리고 해안으로 옮기기도 했을 것이다. 그러면서 얼음처럼 맑고 푸르렀던 하늘이 점점 안개와 부슬비로 가득 찬 듯이 느꼈을 것이다.

베링지아에서 남쪽으로 이동했던 아메리카의 첫 주민은 로키 산맥에서 코딜러란 빙상이 녹고 있을 때 보트를 타거나 해안평원을 걸었을 가능성이 높다.[11] 산에 올라 서쪽으론 평지를 보고 동쪽으로는 높은 산정과 깊은 골짜기가 미로처럼 얽혀 있는 경관을 보았을 것이다. 이 사람들뿐이 아니었다. 로키 산맥에는 고산 식물과 나무들이 자라고, 산양과 작은 포유동물도 있었다. 사람들은 산맥 너머에서 컬럼비아 강과 프레이저 강 분지도 보았을 것이다. 빙하가 녹은 뒤에 이 분지에는 침엽수림이 자리 잡고, 강물은 물고기로 가득 찼다. 그리하여 처음 이곳에 들어온 사람들은 무릎 높이까지 오는 차가운 물에 들어가 부화하기 위해 찾아오는 연어를 작살로 잡으면서 이곳이 살기에 좋은 곳이라고 생각했으리라. 더 남쪽, 이제 우리가 캘리포니아라 부르는 곳으로 향하면서 물이 부족한 지형을 만난다. 나무는 드물게 흩어져 있고 제대로 크지 못하고 있다. 선인장과 유카 같은 새로운 식물이 있다. 아마도 이곳에서 처음으로 뿌리와 덩이줄기를 찾아 나선 거대 땅늘보를 마주쳤을 것이다.

사람들은 식물성 식량과 동물을 가장 풍부하게 사냥할 수 있는 곳을 본거지로 삼고 식량을 얻기 위한 여행에 나섰을 것이다. 아직 아무런 유적도 발견하지 못한 것은 적은 수의 사람들, 아마도 기껏해야 100명 정도가 흩어져서 살았기 때문일 것이다. 작은 공동체는 생물학적으로 존속 가능한 인구규모를 위해 서로 긴밀한 관계를 유지해야 한다. 근친교배를 피하고 집단이 사냥에 실패할 가능성과 혹심한 겨울까지 대비하기 위해 더 넓은 사회관계가 필요하다.[12] 식량과 물, 땔감이 충분할 때는 인구증가율이 높고, 기존 집단을 떠나 새로운 땅을 개척하기 위해 나서는 사람들도 있다. 그런 땅은 바로 인접한 곳이 아닐 수도 있다. 유럽의 첫 농경민과 마찬가지로 아메리카대륙 첫 주민은 식량자원이 풍족한 새로운 분지와 초원, 연안, 산림을 찾아 생산적이지 않은 곳은 건너뛰면서 확산했을 것이다. 낯선 세계에 들어온 사람들로서는 풍부한 동식물 자원을 이용하는 것이 효율적이었을 것이다.[13]

우린 흔히 한 집단이 기존의 터전을 버리고 남쪽으로 이동하면서 더욱더 낯선 땅을 마주했으리라 생각한다. 어느 시점에는 란초 라브레이 타르구덩이를 만나고 살기 위해 몸부림치다가 죽음에 이르는 장면을 목격했을 것이다. 용감한 무리는 로키 산맥을 넘어 동쪽으로 향해 바람과 물이 압도하는 세상을 가로질러 로렌타이드 빙상 가장자리 근처까지 갔을 것이다. 남자들로 이루어진 무리가 털가죽 옷을 입고 몸을 움츠린 채 있다가 갑자기 일어난 먼지 폭풍에 등을 돌리는 장면을 상상해 보라. 이들은 오늘날 남극에서 부는 것과 비슷하게 시속 150km로 불다가 갑자기 잦아드는 바람을 맞았을 것이다.

수 세대 뒤 바람이 잦아들고 먼지도 잠잠해지면서 단단한 관목과 나무 씨앗이 북쪽으로 확장했다. 그러면서 폭풍을 맞았던 개척자의 후손들이 포플러와 버드나무, 향나무 숲에 야영을 한다. 따뜻한 날씨에 늘 빨리 반응하는 곤충도 자리를 잡고 새도 그 뒤를 따른다. 이렇듯 상상 속의 개척자들이 여행을 이어 가면서 가죽신에 씨앗과 곤충도 함께 운반하여 새로운 땅에서 번성하도록 함으로써 환경의 변화를 가속한다.

아메리카대륙 최초의 사람들은 베링지아와 로키 산맥, 빙하더미 가장자리를 따라 남쪽으로 이동하면서 신대륙의 지도를 만들어 낸다. 머릿속의 지도에선 이야기와 노래가 만들어진다. 처음으로 로키 산맥과 시에라네바다 산맥, 애팔레치아 산맥이 이름을 얻고, 아마도 정상과 계곡, 동굴마다 이름을 붙였을 것이다. 그러면서 호수와 강, 폭포와 연안, 숲, 평원도 사람이 부르는 이름을 얻는다.

그러나 환경변화는 너무도 심하여 각 세대의 수렵채집민은 불가에 모여 앉아 들었던 이야기와는 사뭇 다른 지형경관을 마주했을 것이다. 두꺼운 얼음을 예상했던 곳에서는 툰드라가 자리 잡고 있고, 반대로 툰드라지대일 것이라 여겼던 곳은 빙상이 성장하고 있다. 포플러와 버드나무를 예상한 곳에서는 가문비나무와 소나무 숲이 있다. 예기치 않았던 곤충과 새도 보면서 마스토돈이 새로이 만들어진 가문비나무 숲에서 풀을 뜯고 있는 것도 본다. 황폐한 곳도 있다. 부모 세대가 사슴을 사냥하고 식량을 채집했었던 숲이었지만, 이제 남쪽으로 확장한 빙하에 나무들이 부러진 곳도 있다.

그러나 가장 위압적인 풍광은 빙상의 가장자리를 따라 자리 잡은 거대한 호수였다.[14] 북아메리카, 아니 세계의 그 어느 것보다도 큰 거대한 호수를 만난다. 호수는 얼음이 녹은 물이 북쪽으론 얼음벽, 남쪽으론 융기한 땅에 가로막히면서 만들어졌다. 최초의 호수는 서기전 15,000년 즈음에 나타난다. 오늘날 온타리오 호와 크기가 비슷한 미줄라 호(Lake Missoula)가 코딜러란 빙상 남쪽 가장자리에 생긴다. 서기전 12,000년 즈음 서쪽에 아가시즈 호(Lake Agassiz)가 생겨 4000년 정도 지속된다. 가장 확장했을 때 호수는 넓이가 무려 350,000km²에 이르렀다. 이는 오늘날 아일랜드나 헝가리 같은 나라들과 크기가 비슷하면서 세계에서 민물 호수로는 가장 넓은 슈피리어 호보다 4배가 크다.

이 호수의 물이 흘러 나가는 수로는 일정하지 않았다. 가장 극적인 사례로 아가시즈 호는 서기전 11,000년까지 남쪽으로 흘러 멕시코만으로 들어갔었다. 그 즈음 호수 동쪽에 있던 얼음장벽이 무너지자 엄청난 양의 물이 남쪽으로 흐르지 않고 동쪽으로 향해 세인트로렌스 강과 북대서양으로 흘러갔다. 이로써 아마도 해수의 순환에 격변이 일어나 결국 기후에도 영향을 미쳤을 것이다. 이를테면 영거드라이어스 같은 변동이 생겼을 수 있다.[15]

북아메리카의 호수 가운데는 완전히 사라져 엄청난 홍수로 이어진 것도 있었지만, 미줄라 호 같은 호수는 '어찌할 바를 몰랐다.' 얼음댐으로 만들어진 호수 서쪽 지역은 얼음이 녹아 수위가 높아지면서 점점 불안정해졌다. 얼음댐이 결국 물에 뜨자 갑자기 엄청난 물이 주변에 차고, 그런 다음 컬럼비아 강 유역에까지 물이 들어와 주변 숲까지 잠겼다. 단 2주 만에 호수바닥이 드러나고 주변의 나무와 식물이 물과 퇴적토에 씻기고 잠긴다. 하지만 빙하가 다시 성장하며 얼음댐이 만들어지고, 그런 다음 미줄라 호에 물이 또다시 차게 된다. 결국 댐은 다시 한 번 무너진다. 호수가 있었던 1500년의 시간 동안 이런 식으로 댐이 만들어지고 무너지기를 적어도 40번 되풀이했으며, 그럴 때마다 이전의 격변에서 회복 중인 수생의 생태계는 다시 교란되었다.

이런 파괴적인 범람이 미줄라 호에서만 있었던 것은 아니다. 후퇴하는 빙하의 주변에 있던 생태계에서는 흔한 일이었다. 그리하여 아메리카대륙 첫 주민은 호수의 범람으로부터 얼마 떨어지지 않은 곳에서 거대한 진흙층과 산쑥, 돼지풀이 자라고 있는 경관에서 삶을 찾았을 것이다. 신대륙 탐험을 계속하고 새로운 환경에 대해 알아가면서 물이 마른 호수나 강이 흘렀던 삼각주도 보았다. 이보다 더 극적으로 북아메리카 동쪽 해안까지 왔던 사람들은 대서양이 더욱 높아지고 있음을 알아차렸을 수도 있다. 얼음이 녹은 물이 바다에 쏟아지면서 해안은 더욱 내륙으로, 경우에 따라서는 1년에 300m 속도로 들어왔다. 코드 곶(Cape Cod) 북쪽에 있던 섬은 잠기고 남쪽으로 툰드라와 가문비나무 산림지대가 혼합되어 있던 넓은 해안 평지는 범람하여 물에 잠긴다. 오늘날 트롤리어선에서 매머드와 마스토돈의 뼈가 그물에 걸리기도 한다. 이곳이 빙하시대의 잃어버린 땅임을 말해 주는 것이다.

세인트로렌스 강을 막고 있던 얼음이 서기전 12,000년 즈음 사라지면서 바다가 내륙까지 들어왔다. 2000년 동안 오타와, 몬트리올, 퀘벡은 챔플레인 해(Champlain Sea)에 잠긴다. 아메리카의 첫 주민은 고래와 알락돌고래, 바다사자를 보면서 아마도 이곳에 다시 돌아와 카약을 타고 사냥을 할 계획을 세웠을지도 모른다. 바다는 아직 불안정한 상태였고, 거대한 민물 호수에서 물이 흘러나와 따뜻해지고 묽어지기도 하다가, 얼음 녹은 물에 차가워지다가도 대서양에서 새로 들어오는 물에 염도가 높아지기도 했다. 오늘날 호수의 흔적은 거의 없어 바닷물에 사는 조개류를 찾기가 쉽지 않고 바다 식물의 유체는 오타와 강 유역의 높은 곳에 있는 퇴적층에서 나오고 있다. 빙하의 무게에 눌려 가라앉은 육지가 서서히 융기하면서 바다는 사라지고 말았던 것이다.

빙하더미의 가장자리를 터전으로 하는 삶에서 즐거움은 오래 지속될 수 없었다. 남쪽의 산림지대와 평원은 그나마 살기 좋은 곳이었지만, 늘 변화하고 있었다. 사람들은 나무들이 기울어져 골짜기에 쓰러져 있거나 물 위에 둥둥 떠 있는 모습을 보았을 것이다. 오늘날 생태학자들이 (기울어 있는 나무들을 가리켜) "술 취한 산림"이라고 부르는 곳에서 땅이 물에 잠기는 광경을 보았을지도 모른다.

이런 숲은 정체된 얼음층 위에 발달한 산림에서 볼 수 있다. 서스캐처원과 노스다코타, 미네소타를 가로지르는 넓은 땅에는 풍성층과 수성의 실트와 자갈, 팽창하는 얼음덩어리에 의해 이동된 흙과 돌들이 얼음층을 덮거나 감싸고 있는 현상을 볼 수 있다. 이렇게 생긴 토양에는 곤충과 씨앗이 자라고 사람의 한 세대가 지나기 전에 산림이 형성된다. 그러나 기온이 오르고 묻힌 얼음이 녹으면서 그 위의 토양은 너무 얇아서 물웅덩이가 지표에서 새어 나온다. 이 물웅덩이 안의 얼음물은 이후 빗물과 결합하여 생물체가 살 수 있을 만큼 충분히 따뜻해진다.

사람이 이런 물웅덩이를 처음 찾았을 때는 이미 오리와 기러기 떼가 와 있었다. 새의 발에는 이미 식물 씨앗과 달팽이 알 같은 것이 묻어 있었다. 물웅덩이는 강으로 흐르고 결국 미주리 강의 지류와 합류한다. 큰가시고기와 피라미 같은 물고기가 산림지대의 호수에 들어와 살고, 물고기를 따라 기생충도 이동한다. 아메리카대륙 첫 주민이 서 있던 곳의 생태계는 이렇게 숨을 쉬고 있었다.

사람들은 침엽수림을 뒤로한 채 더 남쪽으로 옮겨 가며 개활 산림지대와 오늘날 찾아보기 힘든 나무와 식물이 모자이크와 같이 혼합된 지대를 찾는다. 마스토돈이나 콜롬비안매머드 같은 많은 대형동물이 풀을 뜯고 살기에 좋은 경관이었다. 콜롬비안매머드는 북쪽에 살았던 털매머드보다 털이 적지만 덩치는 커서 보통 어깨 높이가 무려 4m에 이르고 매일 225kg을 먹어 치웠다. 아메리카에 처음 들어온 사람들은 유타 남부 콜로라도 평원의 동굴 주변에 은신하고 있던 콜롬비안매머드 무리를 보았는지도 모른다. 동굴엔 지름 20cm에 이르는 매머드 똥으로 이루어진 두꺼운 층이 있다. 이로부터 매머드가 풀과 사초과 식물, 자작나무와 가문비나무를 먹었음을 알 수 있다. 양에 놀랄 필요는 없다. 현대의 코끼리도 날마다 90에서 125kg을 배설한다. 오늘날 베컨 동굴(Bechan Cave)이라 부르는 곳인데, 나바호인디언의 이름으로 "커다란 똥의 동굴"이란 뜻이라고 한다.[16]

서기전 13,000년, 미국 중서부는 물웅덩이와 습지대, 가문비나무 숲이 퍼즐처럼 얽힌 물기에 젖은 땅이 된다. 지구온난화가 가속되면서 새로운 유로가 형성되고 이곳의 물기도 점점 말라 간다. 서기전 11,500년 주기적 가뭄이 찾아왔으며, 몇 백 년 뒤 영거드라이어스의 시작으로 더 심해진다. 건조한 환경에서 나무는 더 이상 자라지 못하고, 초원과 돼지풀, 수많은 꽃식물이 들어온다. 매머드와 낙타, 말, 들소 같은 동물은 새로이 형성된 대초원에서 풀을 뜯는 것이 마치 북아메리카의 세렝게티 초원 같다. 처음 들어온 사람들은 경외에 차서 동물들을 바라보았을 것이다. 마치 오늘날 우리가 아프리카의 평원에서 누와 영양, 얼룩말이 뛰어노는 것을 바라보듯이 말이다.

사람들은 지치지 않고 남쪽으로 향한다. 결국 중앙아메리카까지 건너고 열대지방으로 변모하고 있던 환경까지 들어간다. 이는 새롭고도 너무도 이색적인 세상, 지금까지 보았던 경관이나 자원에 대한 지식으로는 감당하기 어려운 환경이었다. 우림지대는 서기전 20,000년 전 최후빙하극성기에도 그대로 살아남았다. 사람들은 이곳에 들어가면서 사슴과 원숭이가 무얼 먹고 사는지를 보면서 어떤 잎과 산딸기류를 먹을 수 있고, 먹으면 안 되는 것인지를 파악해야 했다. 이곳에서 사람들은 강둑을 따라 살고 있던 거대한 아르마딜로같이 생긴 동물인 글립토돈과 마주쳤을 것이다.

아메리카대륙에 첫 발을 내디딘 사람들은 베링지아에서 남아메리카까지 가는 길에서 수많은 어려움을 겪었다. 갑자기 불어난 물이나 토사에 빠지기도 하고, 포식동물에게 죽기도 하였으며, 새로운 질병에도 희생되었다.[17] 고립된 공동체도 있었을 것이다. 생물학적으로 존속하였다면 스스로 언어와 문화, 유전 형질도 진화하였을지 모른다. 그렇게 "잊힌" 사람들은 또다시 북아시아에서 확산하여 아메리카대륙에 들어온 새로운 세대의 사람들에게는 놀라운 대면이었다. 고립된 공동체 가운데는 존속하기엔 너무 작은 집단도 있었다. 그런 무리에게 미래는 암울하여 인구는 줄고 결국 사라지고 말았을 것이다.

서기전 11,500년이 되면 사람들은 남으로는 티에라 델 푸에고에서 북으로 베링지아에 이르기까지 아메리카대륙 전역에 흩어진다. 이것은 아마도 많은 이주의 산물일 것이며, 이미 수많은 언어와 유전 돌연변이, 문화 전통을 습득했을 것이다. 사람의 수는 늘어나고 새로운 이주의 물결로 인구는 불어났다. 인구성장은 멜처가 말하는 "이주의 드리블(migratory dribbles)"과 같이 더 강해졌을 것이다.[18]

이제 클로비스찌르개가 등장한다. 왜, 어디에서 처음 기원했는지는 알 수 없다. 아마도 이 창끝 찌르개가 가장 많이 발견된 북아메리카 동부의 숲 지대에서 처음 등장했을 수도 있다. 왜 사람들이 가장 좋은 돌을 이용하여 커다란 찌르개를 만들었는지는 여전히 불분명하다.[19] 사냥을 위한 도구라고 생각하는 것이 수월하고, 또 확실히 그렇게 쓰였다. 그러나 클로비스찌르개는 칼처럼 식물체를 베는 데 쓰이기도 했고, 사회적 과시를 위해 만들어진 유물이기도 했다. 전 대륙으로 놀랄 만큼 빠른 속도로 확산되었다는 사실에서 빙하시대가 끝나는 환경에서 공동체 간 밀접한 유대가 생존에 필수적이었음을 알 수 있다. 나는 클로비스찌르개의 수와 형태, 분포는 지형경관에서 식량을 획득하기 위한 도구만큼이나 집단 간 사회적 유대를 세우는 데 쓰였으리라고 생각한다.

각 집단은 나름의 생각을 가지고 특정한 디자인을 구현한다. 그래서 찌르개의 크기와 생김새, 양식에는 미묘한 변이가 있다. 고고학자들은 각 형식을 다른 이름으로 부르는데, 예컨대 온타리오의 게이니(Gainey)째르개,[20] 플로리다의 수와니(Su-wanee)찌르개,[21] 몬태나의 고션(Goshen)찌르개[22]와 같이 대륙 전역에는 많은 형식이 있다.[23] 이 기술의 확산 이유가 무엇이든 이제 유물로 구현된 이상 더 이상 모호한 최초의 아메리카인이라는 말이 아니라 클로비스 사람들이라고 부를 수 있다.

이제 북아메리카의 동물들은 새로운 잠재적 포식자를 만난다. 이 포식자는 돌로 만든 찌르개를 단 창을 무기로 집단을 이루고 사냥을 하고 매복을 하고 덫을 놓는다. 매머드, 마스토돈과 다른 거대한 초식동물은 늑대나 사자, 스밀로돈처럼 어린 생명체를 노리는 포식자에 익숙했다. 초식동물은 육식동물과 함께 수백만 년 동안 진화하면서 방어 수단도 갖췄다. 더 많은 무리를 이루며 살고, 거대한 몸집을 가졌고, 치명적인 상아도 지니고, 유약한 동물을 집단을 이루어 보호하고, 포식자가 다니는 길에서 벗어나는 이동패턴도 진화했다. 그렇지만 새로운 포식자를 만났을 때 이런 모든 것들이 얼마나 쓸모가 있을까? 이들은 스밀로돈(검치호)의 이빨보다 더 치명적인 찌르개와 늑대보다 더 세련된 집단 사냥전략을 가지고 있으며, 심지어 땅늘보나 마스토돈, 스밀로돈조차 지니지 못한 '무기'도 가지고 있다. 바로 사냥감보다 한 수 위인 큰 두뇌를 가지고 있는 것이다.

27

재판정에 선 클로비스 사냥꾼들

대형동물의 절멸과 클로비스 생활방식

11,500-10,000 BC

클로비스 사냥꾼들이 북아메리카의 거대한 짐승을 사냥하여 절멸에 이르게 했다는 주장은 폴 마틴(Paul Martin)이 1960년대 처음 제시했다. 그런데 당시로서는 실제 절멸이 언제 있었는지 정확히 알지 못했다. 그 뒤 증거가 쌓이면서 클로비스 문화와 몇몇 거대 동물상의 절멸 시기가 일치하는 듯했다.

그런데 1985년 멜처와 노던애리조나대학의 지질학자 미드(Jim Mead)는 란초 라브레이 타르구덩이와 미국 서남부의 동굴 등 163개 화석 지점에서 나온 절멸 동물 관련 363개 방사성탄소연대를 종합하면서 예전의 의심스러운 일부를 배제하여 연대를 307개로 줄였다.[1] 몇 년 뒤 방사성탄소연대측정 및 동물고고학 전문가인 워싱턴대학의 도널드 그레이슨(Donald Grayson)이 신뢰하기 힘든 연대를 더 배제하면서 마지막으로 남은 방사성탄소연대는 125개로 줄어들었다.[2] 이렇게 해서 나온 36개 절멸 종에서 29개 종의 절멸 연대는 지난 50,000년 동안 흩어져 분포한다. 그레이슨은 이렇게 클로비스 사냥꾼과 같이 살던 1500년 동안 대형동물이 절멸에 이르렀다는 생각에 경종을 울렸다.

그럼에도 이른바 "빙하시대의 일곱 종"—곧 매머드, 마스토돈, 낙타, 말, 테이퍼(맥), 샤스타 땅늘보, 스밀로돈—이 남는다. 믿을 만한 연대측정에 따르면, 북아메리카에서 이 일곱 종은 모두 서기전 11,000년에서 10,000년 사이,[3] 대체로 클로비스 사람들이 살았던 시간대에 절멸했다.

폴 마틴은 산페드로(San Pedro) 강 유역에서 나온 증거를 생각할 때 클로비스 사람들이 동물을 절멸에 이르게 했다고 주장한다.[4] 레너(Lehner)에서 나온 매머드 13개체의 뼈와 찌르개, 도살 도구와 화덕자리를 마주 대한다면 누구라도 클로비스 사냥꾼이 매복하고 있다가 매머드 무리가 다가올 때 개울을 피로 물들이는 장면을 떠올릴 것이다. 불을 피우며 도살을 시작하고, 고기 타는 냄새가 나고, 그리고 독수리가 하늘을 맴돌고, 테라토니스가 버려진 고기와 내장을 먹기 위해 주변 바위에 앉아 있는 광경을 그린다. 일리노이대학의 손더스(Jeffrey Saunders)도 매머드 뼈를 분석하여 이런 장면을 복원한 바 있다.[5]

이런 광경은 북아메리카 전역에서 반복되었을지도 모른다. 매머드뿐 아니라 땅늘보나 낙타, 글립토돈과 큰비버까지도 포함하여 클로비스 사냥꾼은 사냥감에 비하면 너무도 강력하고 교활했다. 남획의 죄가 있고 빙하시대의 일곱 종을 절멸로 몰았던 것이다.

그런데 이것이 세련된 시나리오이긴 하지만, 과연 옳을까? 우리는 적어도 클로비스 사냥꾼이 올바른 "재판"을 받도록 해야 한다. 마틴도 클로비스 사냥꾼을 "기소"하면서 스스로 심각한 허점이 있음을 인정했다. 매머드를 사냥한 유적은 있지만, 다른 30종이 넘는 절멸 동물과 관련한 (아주 드물고, 논란의 여지가 있는 것을 제외하고) 사냥 유적이 없는 것이다. 그런데도 마틴은 이 문제를 간교하게 피해 나간다. 종말이 온 듯한 도살은, 포식관계에 취약한 동물에게, 너무도 빠르게 벌어진 일이어서 사냥 유적이 별로 남지 않았다고 하였다. 마틴은 군사용어를 빌려 이것을 "급습"이라고 표현한다.

더구나 마틴은 고고학자가 마지막 빙하시대의 유적을 찾는 일은 희박한 가능성만이 있는 일이어서 우리는 땅늘보나 낙타, 글립토돈 사냥 유적이 없음을 한탄하기보다는 왜 클로비스/매머드 유적이 그렇게 많은지에 먼저 주목해야 한다고 주장한다.

이런 동물은 초원이나 언덕에서 사냥되고 도살되었을 것인데, 그런 곳에선 퇴적보다 침식이 더 흔하다고 한다. 이 상황에서 석기로 자른 자국이 있는 뼈와 불을 피우던 흔적은 오래전에 흩어져 오늘날 대륙에서 흩날리고 씻기는 먼지와 흙이 되었으리라는 것이다.

1970년대에는 클로비스 사냥꾼들이 아무도 발을 딛지 않은 땅에 들어가 남쪽으로 휩쓸고 내려가면서 아무것도 모르고 있던 동물을 급습했다는 생각은 입증되거나 논박될 수는 없었지만, 고고학 증거와 부합되기는 했었다. 그런데 오늘날, 이 생각은 몬테베르데 유적 때문에 잘못이 되고 말았다. 몬테베르데는 북아메리카에 클로비스 기술이 등장하기 수천 년 전, 아니 더 중요하게는 대량 멸종이 있기 전에 사람이 들어왔음을 말해 주고 있는 것이다. 아메리카대륙에 처음 들어온 사람들이 대형동물을 사냥하지 않았다면, 마틴이 말한 것처럼 그렇게 쉬운 사냥감이 아니었을 수도 있다. 반대로 대형동물 사냥꾼이었다고 한다면, 급습이 아니라 땅늘보나 낙타, 글립토돈을 사냥한 유적도 있어야 한다. 마틴은 어찌되었든지 이 논쟁에서 질 수밖에 없다.

클로비스 사람들이 '무죄'임을 변호하는 것은 몬테베르데의 정황 증거만이 아니다. 사실 대륙 전체를 가로질러 수많은 알리바이가 있다. 바로 클로비스 고고학 유적들이다. 서남부에 있는 유적에서는 매머드 뼈가 많이 나왔지만, 다른 곳의 유적에서는 작은 동물을 사냥하고, 거북이를 잡고 식물 자원을 채집한 생활방식을 시사하고 있는 것이다.[6] 펜실베이니아의 쇼니미니스닉(Shawnee-Minisnik)에서는 산사나무 열매와 블랙베리를 땄고, 노바스코시아의 데버트(Debert)에서는 카리부를 사냥했으며, 텍사스의 러복 호(Lubbock Lake)에서는 토끼와 기러기, 야생 칠면조를 잡았다. 네바다의 올드홈볼트(Old Humboldt) 같은 곳에서는 송어와 새알, 조개를 먹은 증거가 나왔다.[7] 대형동물도 가끔 사냥하긴 했지만, 산페드로 강 유역의 머리 스프링스(Murray Springs)에서는 분명 매복하고 있다가 들소떼를 급습하여 습지에서 도살한 증거가 있다. 그러나 레너 랜치 같은 매머드 뼈가 주로 나온 유적에서조차 작은 동물의 뼈도 나온다. 작은 동물이 아마도 클로비스 사람들의 식단에 더 일상적이었을 것이다.

클로비스 사냥꾼들은 대형동물 사냥에만 특화한 것이 아니라 기회주의적으로 그 어떤 식물성 식량이든 채집하고, 할 수 있다면 어떠한 동물이라도 사냥했던 것으로 보인다. 그리하여 그런 기회를 맞아 플로리다의 리틀 솔트 스프링(Little Salt Spring)에서는 육지 거북을, 그리고 미주리의 킴스윅(Kimmswick)에서 마스토돈을 사냥했다.[8] 만약 특히 대형동물을 찾는 데 집중했다면, 켄터키의 빅본릭(Big Bone Lick)과 버지니아의 솔트빌(Saltville)에서 나온 클로비스찌르개 같은 것이 증거가 될 것이다. 이곳은 자연 소금 산지여서 빙하시대의 대형동물들이 모였을 것이고 어렵지 않게 사냥할 기회를 얻었을 것이다. 그런데 지난 200년 동안 이런 유적을 찾았고 수많은 동물 뼈가 나왔지만, 클로비스찌르개는 단 한 점도 발견되지 않았다.[9]

결과적으로 매머드 사냥 유적은 사실 클로비스 유적에서 일반적이라기보다는 오히려 예외적이다. 심지어 그런 유적에서조차 처음 생각한 것보다 사냥과 직결되는 자료는 적다. 가장 큰 문제는 북아메리카에 클로비스 유적과 유사하게 자연사한 매머드 뼈들이 있다는 점이다. 예컨대 얼어붙은 호수를 건너다 빠졌거나 예기치 않았던 수렁에 빠져 죽은 자연 재난 유적이다. 이 경우 동물은 사람의 손을 거치지 않고도 한꺼번에 죽음에 이른다.

이런 해석은 네바다대학의 인류학자 게리 헤인스(Gary Haynes)가 1980년대 가뭄의 시기 동안 아프리카 코끼리가 자연사한 유적을 연구하여 제시하였다. 말라 버린 물웅덩이 주위에서 죽은 코끼리 사체와 부식 과정을 조사하면서 머리 스프링스와 레너 랜치 같은 매머드 뼈 유적과 놀랍게도 닮았음을 알게 되었던 것이다.[10]

헤인스는 클로비스 사람들이 가뭄에 휩쓸린 매머드가 자연사한 것을 구경하다가 가끔 죽는 과정에서 한 방을 날렸을 뿐이라고 하였다. 사체에는 먹을 고기가 별로 남지 않았기에 대체로 공격을 받은 흔적이 없었다. 굶어 죽은 동물이기에 골수를 얻기 위해 뼈를 부술 가치도 없었다. 매머드는 실제 영거드라이어스, 또는 바로 이전 시기 동안 가뭄의 시기에 살았던 것이다. 물론 이런 해석의 증거도 불충분하며, 이 시기 가뭄이 얼마나 혹심했는지, 정말 가뭄이 있었던 것인지에 대해서는 논란의 여지가 있다.[11]

이런 해석은 마틴이나 손더스의 시각과는 아주 상반된다. 클로비스찌르개 자체도 단순히 사냥이 아니라 다른 역할에 쓰였는지도 모른다. 예컨대 석기를 존중의 표시나 종교 의식의 일환으로 죽은 동물 곁이나 위에 놓았을 수도 있지 않을까.

이런 상상은 클로비스 생활방식이 단순히 다른 식사거리를 찾는 것보다 훨씬 더 다양했으리라는 점에 근거한 것이다. 불행히도 신앙이나 사회 구조 증거는 아주 제한적이다. 죽은 사람을 어떻게 했는지 모르지만, 일상적으로 묻지는 않았음이 분명하다. 적어도 자신들이 사는 곳이나 고고학자들이 알 수 있는 곳 주변에 묻지는 않았다.[12] 다만 두 예외 사례가 있다. 네바다의 피쉬본 동굴(Fishbone Cave)에서는 백향목 껍질로 만든 수의에 싸인 유해가 나왔으며,[13] 몬태나의 안직(Anzick)에서는 두 젊은 이의 뼈 조각이 확인되었다.[14]

안직 유적은 1968년 이미 무너진 작은 바위그늘에서 발견되었다. 마른 흙에서 잘 만들어진 찌르개를 포함해 100점 넘는 석기가 나왔다. 석기를 무의식적으로 버리지는 않았고 의도적으로 은닉한 뒤 붉은 황토 가루로 덮은 상태였다.[15] 비슷한 석기 은닉처는 대륙의 다른 곳에서도 확인된 바 있다.[16] 만약 이런 유구가 사냥꾼들이 다시 돌아와 쓰기 위해 유물을 은닉해 놓은 것이라고 한다면, 붉은 황토 가루와 특히 공들여 잘 만든 찌르개, 그리고 이런 것들이 무덤과 공반되었다는 점은 설명하기 힘든 현상이다.

나아가 많은 클로비스찌르개는 알록달록한 색깔로 만들어져 단순히 실용의 물건이었는지 의문이다. 붉은색과 갈색이 교대로 띠를 이루는 처트와 여러 색을 가진 옥수(玉髓), 붉은 벽옥(碧玉), 화산유리(흑요석), 규화목으로 만들었던 것이다. 왜 이런 이색적인 원석으로 만들었을까? 오스트레일리아 원주민은 짙은 빨간색 처트는 조상의 피로 만들어진 돌이라 믿으며, 석영은 빛이 나고 무지개(원주민은 삶의 정수라 여긴다) 같은 성격과 연관되어 있기에 귀하게 여긴다.[17]

클로비스 사람들도 비슷한 이유에서 색깔 있는 돌을 고르지 않았을까. 그렇다 하더라도 신앙 행위의 증거로 볼 수 있는 바위그림은 남기지 않았다. 추측할 수 있는 것이라곤, 사람들이 찌르개가 어떤 의미를 지닌 물품의 역할을 했던 사회 및 상징 세계에 살았으리라는 정도이다. 유럽의 빙하시대 수렵채집민에게 조각품이나 오스트레일리아 원주민에게 석영으로 만든 찌르개가 그러하듯이 말이다.

찌르개에 분명 피가 묻어 있는 것이 사실이지만, 고고학 증거에 따르면 클로비스 사람들이 대량 멸종에 단독의, 또는 그 어떤 역할을 하였는지에 대해선 의문의 여지가 많다. 그러나 이 사람들이 무죄라고 한다면 도대체 누구에 의해, 무엇 때문에 그런 일이 일어났을까?

대안은 두 개다. 첫째는 흥미롭지만 순전히 사변적인 생각, 바로 치명적 전염병이다.

미국자연사박물관의 고생물지리학자 맥피(Ross MacPhee)와 툴레인대학의 열대 의학자 마르크스(Preston Marx)는 서기전 11,000년 즈음 북아메리카에 새로이 들어온 사람들로부터 대형동물에게 바이러스가 전이되었을 것이라고 하였다.[18] 이 가설적인 "초질병"은 역사에 기록된 그 어떤 것보다 치명적이었다는 것이다. 아직까지 아무런 증거도 없지만, 전염병은, 예컨대 절멸의 속도나 대형동물에 편중된 것 같은, 그동안 설명하지 못했던 몇 가지 이상한 점을 설명할 수는 있다. 대형동물은 번식 속도가 느리기 때문에 전염병에 더 민감하다. 이론상 증거도 나올 수 있다. 바이러스 감염에 대한 단편적인 DNA 증거가 멸종된 대형동물의 뼈에 보존되어 있을 수도 있다. 그렇지만 가능성은 아주 낮으며, 화석화한 동물 뼈에서 DNA를 추출하는 일은 과학자들의 예상보다 훨씬 어려운 일이다.[19]

두 번째 대안 설명은 기후변동이다. 덴버박물관의 그레이엄(Russell Graham), 텍사스대학의 지질학 교수 런들리우스(Ernest Lundelius), 알래스카대학의 고생물학자 거스리(Dale Guthrie)가 주창자인데, 기후변동이야말로 동물 서식지에 큰 영향을 미치고 결국 대멸종의 가해자라고 믿는다. 그렇다고 뜨겁고, 차고, 습하고, 건조한 기후가 직접 희생자를 죽음에 이르게 한 것은 아니다. 다만, 기후변동으로 서식지가 파괴된다.[20] 우리는 이 점이야말로 현재 동물 멸종의 가장 큰 원인임을 잘 알고 있다. 그레이엄과 런들리우스는 여름은 더 더워지고 겨울은 더 추워졌기 때문에 빙하시대가 끝나면서 서식지가 심각하게 훼손되었다고 주장한다. 계절 차가 크지 않았던 환경에서 오랫동안 진화한 동식물 공동체는 계절성이 커져 결국 무너졌다는 것이다.

지금은 수천 마일이나 떨어진 아주 다른 환경에서 살고 있는 종들이 과거 빙하시대에는 서로 부대끼며 살았다. 아메리카에 처음 들어온 사람들은 새로운 세상을 경험하면서 오늘날 북쪽 너머에만 사는 카리부나 사향소, 레밍 같은 툰드라 동물 종이 엘크나 들소처럼 산림이나 초원에만 사는 남쪽의 종과 같이 살고 있는 모습을 보았을 것이다. 이런 동물상의 모자이크는 빙하시대에는 오늘날처럼 계절 차이가 심하지 않았기 때문에 가능했던 것이다.

겨울이 더 추워지면서, 남쪽으로 내몰리는 종이 생기고, 반대로 여름이 더 더워지면서 북쪽으로 밀리는 종도 나타났다. 이제 이 둘은 과거처럼 중립적 환경—더 이상 존재하지 않았다—에서 만날 수 없게 되었다. 새로운 서식지를 찾은 동물이라면 행운이 있었다고 하겠지만, 적응하지 못했던 많은 종은 그저 절멸하고 말았을 것이다.

거스리는 기후변동이 식물상의 분포에 미치는 영향을 분석하여 동물 종의 생존과 절멸을 설명한다. 오늘날 세계에는 독특한 환경이 있다. 북쪽 멀리에는 툰드라 대가 자리하고, 그 아래에는 침엽수림, 그 남쪽에는 낙엽수림, 그리곤 초원지대가 있다. 아메리카에 처음 들어온 사람들이 보았던 빙하시대의 세계는 그렇지 않았다. 위도에 따라 지대가 정렬되어 있지 않고, 식물상은 격자 모양이나 모자이크 같은 분포를 하고 있었다. 오늘날 툰드라 같은 곳과 침엽수림, 낙엽수림, 초원이 서로 섞여 있었던 것이다. 그러던 것이 여름이 더 더워지고, 겨울이 더 추워지면서 지대가 나뉘게 되었다.

그 과정에서 혼합된 식물상에 의존했던 매머드나 마스토돈, 땅늘보같이 몸집이 큰 짐승이 타격을 받았다. 성장 계절이 짧아지고 먹을거리가 줄어들면서 큰 몸집을 유지하는 데 한계가 있었다. 다양한 식물을 먹어야 충분한 에너지와 영양분을 섭취할 수 있었는데 식물상의 다양성이 줄어든 것도 타격이었다. 계절성이 뚜렷해지고, 다양성이 감소하면서 특정한 식물에 의존하는 동물이 우위를 점하게 된다. 북쪽 멀리에서는 이끼만으로도 살 수 있는 카리부가, 산림지대에서는 재주 좋게 싹을 먹는 사슴이, 남쪽에선 긴 줄기를 가진 풀과 허브를 대체한 짧은 줄기 풀을 뜯는 들소가 자리를 잡았다. 새로운 식물은 화학적 방어기제도 가지고 있었는데, 들소는 이것을 견딜 수 있었지만, 다른 동물에겐 독이 되었다. 사실상 매머드와 마스토돈, 땅늘보에게 좋지 않은 식물들만 자리를 잡았다. 거스리는 이런 환경변화에서 절멸은 피할 수 없는 것이었다고 주장한다.

모든 동물은 생물 공동체의 일부로서 경쟁은 피할 수 없으며, 어떤 한 요소가 교란된다면 먹이사슬에서 연쇄하강효과가 생길 수 있다. 아메리카사자나 치타, 스밀로돈 같은 육식동물의 멸종은 그저 선호하던 사냥감이 사라진 때문일 수 있다. 독수리나 콘도르 같은 거대한 새의 멸종 역시 마찬가지로 설명할 수 있다. 이 새들은 모두 고기를 먹는데, 테라토르니스도 마찬가지였다. 어린 낙타나 말, 심지어 매머드를 사냥하거나 약취하여 살았을 것이지만, 이제 사냥감이 없어진 것이다.[21]

생태학자 필루(E. C. Pielou)는 이렇게 대멸종을 환경과 생태학적으로 설명하는 것은 문제가 있다고 말한다.[22] 오늘날 작은 비버는 왜 거대한 캐스터로이드[23]와 경쟁에서 희생되지 않았는가? 아메리카사자와 스밀로돈은 왜 들소나 무스, 사슴 같이 생존했을 뿐 아니라 숫자도 많아졌던 동물들을 잡아먹을 수 없었을까? 그리고 테라토르니스와 독수리는 사냥되어 부패하는 사체를 먹이로 삼을 수 있지 않았을까? 우리는 이런 새들이 편식을 일삼는다고 생각하지는 않는다.[24]

설득력 있는 주장이다. 사실 이 시기의 지구온난화는 특별한 사건이 아니라 적어도 지난 백만 년 동안 우리의 행성이 달려온 롤러코스터 같은 기후변동에서 단지 가장 최근의 것이었을 뿐이다. 극적 지구온난화는 대개 10만 년 주기로 일어났는데, 그때마다 빙하시대의 환경으로 돌아가곤 했다. 기후변동의 시점에 일어난 계절성과 식물 분포의 변화는 지금 우리가 살펴보고 있는 서기전 20,000년 최후빙하극성기 이후의 시기와 큰 차이가 없었다.

그럼에도 이전 기후 전환과 서식지 파괴, 생태적 혼란기에도 대형동물들은 살아남았다. 물론 수는 줄어들었겠지만, 적응하면서 아마도 이전 시기 빙하시대의 조건과 충분히 비슷한 환경이었던 북쪽 먼 곳에서 피난처를 찾았을 것이다. 그리고 기후가 다시 예전 상태로 돌아왔을 때 피난처에 흩어져 있던 동물은 재차 주된 동물상으로 자리를 잡았을 것이다. 그렇다면 마스토돈은 빙하시대 최말기에 그냥 북쪽으로, 가문비나무와 소나무 숲이 존속했던 곳으로 서식지를 옮긴 뒤 거기서 따뜻하고 습한 후빙기가 끝나길 기다리지 않았을까? 과거 낙타와 거대 땅늘보, 큰비버와 심지어 말조차도 북아메리카의 드넓고도 다양한 환경에서 생존할 자리를 찾지 못했을까? 이상적인 곳이 없었거나, 들어갈 수 없었다면, 새 서식지에 적응할 수는 없었을까? 자연선택은 생리나 행동에서 미묘한 변화로 동물을 돕지 않았을까? 사실 이전의 수백만 년 동안 동물들은 이런 식으로 생존해 왔을 것이 분명하다. 그렇다면 왜 똑같은 전술이 가장 최근에 나타난 빙하기의 종말에는 통하지 않았을까?

1993년 과학자들을 충격에 빠뜨린, 생존을 위한 시도로 보이는 아주 놀라운 발견이 있었다. 매머드는 모두 서기전 10,000년경—또는 적어도 이 시점 이후 곧바로— 사라졌다고 생각했지만, 그해 시베리아 북쪽 200km 정도 북극해지방의 황량하고 외딴 섬 브랑겔(Wrangel)에서 이보다 훨씬 늦은 시기의 매머드 뼈가 나왔다.[25] 여기에서 매머드는 이집트에서 피라미드가 세워질 때까지 무려 6000년 정도를 버텼다.

    12,000년 전 브랑겔 섬은 베링지아의 일부였으며, 어깨 높이가 3-4m에 이르는 매머드가 언덕을 거닐고 있었다. 해수면이 상승하면서 매머드는 고립되고 생존에 따른 대가를 치렀다. 500세대 동안 매머드의 크기는 작아져 마지막으로 존속한 개체는 180cm 높이에 불과했다. 크기가 작아지는 현상은 여기에서만 보이는 것은 아니다. 키프로스나 몰타, 캘리포니아 해안의 섬 같은 곳에서도 훨씬 이전 시기에 미니 매머드와 미니 코끼리가 살았었다. 매머드 가운데는 염소만한 크기의 것도 있었다.

    브랑겔 섬의 매머드를 클로비스 사람들이 레너 랜치에서 사냥한 매머드와 비교하면 난쟁이에 불과하다. 난쟁이가 되는 것은 작고 고립된 섬에서의 생존 전략이기도 하다. 식량이 제한적일 때 몸집 크기를 줄이는 것이 재생산에 유리하여 더 빨리 성장하여 빠르게 다음 세대에 유전자를 물려줄 수 있는 것이다. 몸집이 커지는 가장 큰 이유가 포식자를 방어하기 위한 것이라면, 늑대나 사자, 검치호가 없다면 몸집도 클 필요가 없는 것이다.

    비록 이 같은 발견이 놀라운 일이긴 하지만, 서기전 10,000년 세계의 다른 모든 지역에서 있었던 대멸종의 미스터리는 풀리지 않는다. 매머드는 특수한 기후와 지질을 가진 섬이 풀과 허브, 관목으로 이루어진 생물다양성을 유지하였기 때문에 생존했다. 따라서 습기 먹은 툰드라와 산림이 다른 지역에 확산하는 상황에서 섬은 매머드에게는 피난처였다. 브랑겔의 미니 매머드가 절멸의 구덩이에 빠지기 전에 그 다음 빙하시대가 도래하여 해수면이 낮아지고 광범위한 스텝이 확장되었다면 매머드는 다시 숫자를 늘렸을지도 모른다.

    벼랑에 스스로 떨어졌을까, 아니면 누군가에게 밀렸을까? 아마도 후자일 텐데,

브랑겔 섬에도 혹심한 섬 환경에서 생존을 위해 벼랑 끝에 몰린 사람들이 남겼음이 분명한 석기들이 산포한 유적이 몇 개 있다. 사실 아직 분명한 사정은 알려지지 않았다. 포식자를 만난 적도 없고, 어디에도 갈 수 없는 미니 매머드는 쉬운 사냥감이었을 것이다.

브랑겔 섬에서 미니 매머드 화석이 발견된 사실을 토대로 클로비스 사냥꾼을 다시 '피고인석'에 불러 보자. 매머드는 빙하시대 최말기 피난처를 찾을 수 있었으나 사람이 끼어들면서 절멸이 빠르게 뒤따랐을 수도 있다. 그래서 아마도 클로비스 사람들이 나코나 머리 스프링스, 레너 랜치 같은 유적에서 해마다 몇 마리를 잡았을 뿐인데, 매머드를 절멸의 깊은 구렁으로 밀어넣지 않았을까? 동물로서는 개체군이 흩어지고 수가 줄어드는 와중에 건강도 좋지 않은 상태에서 피난처를 찾고 있었을 수 있다.

마지막으로 다시 한 번 북아메리카로 돌아가 절멸에 대해 가능한 한 가지 해답을 검토해 보자. 클로비스 사냥꾼도, 기후변동도 하나만으로는 충분한 영향을 미치지 않았을 수 있다. 그런데 그것들이 합쳐졌을 때 매머드나 땅늘보, 마스토돈 등의 희생자에게 사형을 선고할 수도 있었을 것이다.

마지막으로 클로비스 사냥꾼과 기후변동을 '공모자'로 하는 재판을 열면서 1990년대 초 나 자신의 연구를 언급하고자 한다. 이 연구는 엄밀한 야외조사와는 거리가 먼 컴퓨터 작업이었다. 경제학자가 컴퓨터를 이용하여 이자율의 증가가 인플레이션의 수준에 미치는 영향 같은 것을 예측하듯이 고고학자도 모델을 세워 과거를 "예측"할 수 있다. 내 연구의 목적은 북아메리카에서 포식 속도의 조그만 증가가 가뭄 빈도의 증가와 결합할 때 매머드 개체군에 얼마나 영향을 미치는지를 알아보는 것이었다.[26]

나는 학생 시절에 동물 개체군의 수에 관한 수학 모델을 세워 선사시대 사냥 방법을 시뮬레이션하는 방법을 배운 적이 있다.[27] 생태학자와 함께 컴퓨터 프로그램을 만들어 아프리카 코끼리 개체군의 인구역학을 모델화한 다음 시뮬레이션한 개체군 수를 넣고 건조기와 밀렵꾼을 변수로 코끼리가 다음 세기까지 생존할 가능성을 조사했었다.

그래서인지 매머드와 클로비스 관련 문제는 늘 내 마음 속에 있었다. 아프리카 코끼리와 플라이스토세 북아메리카 매머드는 몸집의 크기만큼이나 인구역학도 비슷했을 것이다. 그래서 나는 이전 모델을 조금 수정하여 클로비스 사람들의 매머드 사냥 모델을 고안했다. 그 다음 이 시뮬레이션을 이용하여 상이한 수준의 매머드 사냥과 상이한 전략(예컨대 무리 전체를 죽일 수도 있고, 아니면 특정한 나이와 성의 동물을 사냥할 수도 있다), 상이한 정도의 환경 압력을 변수로 넣고 시뮬레이션을 하였다.[28]

결과는 놀라웠다. 환경변화 하나만으로도 매머드를 절멸에 내몰 수 있었다. 가뭄의 정도가 더 심해지고 빈번해지면 매머드 개체군은 결국 사라지고 만다. 유아사망률은 너무 높고 재생산에 이르는 성장은 너무 늦어서 개체군은 커지지 않고 줄어드는 것이다. 똑같이 기후변동이 없더라도 매머드 개체군은 사람의 포식에 아주 취약했다. 사냥꾼이 해마다 불과 4-5%의 비율로 매머드를 사냥한다고 해도 개체군은 심각하게 감소하고 결국 절멸에 이르게 된다.

그 이유는 재생산율이 너무 낮기 때문이다. 아이를 가질 수 있는 암컷을 몇 마리 사냥하면 그 효과는 아주 커질 수 있다. 그리하여 나는 작은 정도의 사냥과 가뭄이라는 변수를 결합하였다. 결합의 효과는 강했다. 나는 컴퓨터에서 수천 마리의 매머드 개체군이 몇 십 년 만에 절멸에 빠지는 것을 보았다. 대학원생 리드(Melissa Reed)는 더 세련된 모델을 세워 똑같은 결과를 얻었다.

급습 같은 것도 필요 없었다. 고고학 자료와 일치하는 낮은 수준의 기회주의적 사냥만으로도 충분했다. 환경적 압력과 사냥은 반드시 동시에 일어나야만 하는 것은 아니다. 매머드, 특히 어린 암컷 몇 마리를 사냥한 것이 개체군에 미치는 영향을 십 년이 지나기 전까지는 느끼지 못할 수도 있다. 만약 그 와중에 환경 압력까지 있다면, 개체군에 커다란 손상을 줄 수 있다.

똑같은 설명이 땅늘보나 마스토돈, 아메리카 말, 테이퍼(맥)의 멸종에도 충분히 통한다. 하지만 이런 동물에 대한 고고학 증거도, 영거드라이어스 동안 가뭄의 증거도 전혀 없음을 기억해야 한다. 더구나 우리는 왜 어떤 대형동물—예컨대 아주 많은 양의 물이 있어야 생존할 수 있는 들소 같은—은 절멸을 피할 수 있었는지도 알 필요가 있다.[29]

1997년 봄 나는 폴 마틴과 밴스 헤인스와 함께 애리조나주립대학에서 우리의 연구에 대해 세미나를 열고 나와 리드의 시뮬레이션 결과를 소개했다. 모니터에 그림을 보여주며 밴스와 폴에게 우리가 복원한 선사시대를 설명했다. 사람들이 알래스카에 들어오고, 빙하더미가 줄어들고, 얼음 없는 통로로 사람이 들어와서 북아메리카 전역에 확산하고, 클로비스 문화가 등장하고, 남쪽에서 건조한 조건이 시작되고, 그 다음 매머드 개체군이 절멸로 빠진다.

우리는 어느 정도 두려움을 갖고 세미나에 임했다. 밴스와 폴은 매머드 절멸 이슈에 대해 30년 이상 매달려 온 학자였다. 유적을 발굴하고 현장을 조사했으며, 책과 논문을 출간하고 나의 학생 시절 이미 주요 학회에서 남획을 주장하거나 반대해 왔다. 그래서 발표를 하면서도 밴스와 폴의 눈을 쳐다보았으며, 서로 귓속말을 나눌 때 걱정도 했으며, 어떻게 생각하는지 궁금하고, 무슨 커다란 잘못을 범하지 않았을까 두려워했다.

걱정할 필요는 없었다. 밴스와 폴은 건설적 비평과 칭찬도 해 주었다. 그리곤 머리 스프링스와 레너 랜치, 나코 같은 유적에 같이 가자고 제안했다. 그 전에 폴은 우리를 투산과 애리조나 사막을 굽어보고 있는 자신의 실험실에 데리고 갔다. 흔히들 동전이나 메달, 핀으로 고정시킨 나비를 놓는 훌륭한 진열장에 선사시대 둥근 똥 수집품을 보관하고 있었다.

밴스는 머리 스프링스 발굴을 다시 하고 싶어하는 듯했다. 유적에 가기 위해 우리는 차에서 내려 덤불이 많은 사막을 걸어야 했다. 밴스는 층위를 설명하면서 빙하시대가 끝나고 홀로세로 전이하는 시기 동안의 긴 가뭄과 연관될지도 모르는 퇴적 단면을 가리켰다. 그리곤 정확히 암컷 매머드가 발굴된 지점을 보여주었다. 사냥된 흔적은 없었으며, 자연사한 것으로 클로비스 사람들은 죽은 암컷 매머드에서 고기를 얻었으리라 추측하였다. 매머드의 발자국이 발견된 곳을 보면서 아마도 마지막 걸음이었다는 생각을 했으며, 다른 동물의 발자국도 보면서 궁금해하였거나 아니면 죽어가는 짐승에게 도움을 주고자 했을 수도 있다는 생각을 했다. 폴은 호주머니에서 수수께끼 같은 유물 복제품을 꺼냈다. 길이 25cm 정도의 매머드 뼈 조각으로 깎이고 구멍을 낸 것으로 자루를 곧게 펴는 도구로 생각되는 물건이다. 밴스는 이것을 나온 지점에 정확히 놓으라고 부탁했다. 마치 의례 행위인 듯이 말이다. 매머드가 발견된 지점에서 몇 미터 떨어진 곳에 들소가 사냥된 지점이 있었다. 이곳에서 아마도 습지에 몬 다음 도살한 흔적으로 보인다.

북아메리카에서 마지막 매머드는 서기전 10,000년 즈음 죽었다. 클로비스 사냥꾼에 의한 폭력적이고 피를 흘리는 죽음이었는지, 아니면 날아드는 독수리떼 말고는 아무도 지켜보지 않은 조용한 죽음이었는지는 잘 알 수 없다. 비슷한 시기 땅늘보와 마스토돈, 글립토돈, 과거의 낙타, 아메리카말의 마지막 죽음도 있었다. 이런 동물이 없는 세상은 훨씬 빈곤하고 흥미가 떨어지는 곳이다. 들소는 대초원을 압도하고 카리부는 매머드 스텝을 대체한 물기 많은 툰드라의 지배자가 되었다. 매머드 스텝은 과거 빙하시대 포유동물들이 섞여 삶의 터전으로 삼았던 곳이었다.

북아메리카는 이제 오늘날과 비슷한 모습을 띠게 되었다. 서남부는 사막이 되고 대평원은 대륙의 중심부까지 확장하였다. 동부에는 낙엽수림이, 북쪽에는 침엽수림이 자리 잡는다. 빙하더미는 거의 사라지고 오늘날 우리가 알고 있는 모습의 호수가 자리를 잡는다. 몇 천 년 동안 크게 등락한 뒤 기후는 안정된다.

다른 일도 일어난다. 마지막 클로비스찌르개가 만들어지고 사용된 뒤 버려진다. 빙하시대의 이야기가 세대를 거쳐 전달되고 더 안정된 환경이 도래하면서, 클로비스 생활방식은 사라진다. 그러면서 인류문화는 자연과는 정반대의 길을 걷는다. 문화는 다양해져 북아메리카대륙을 더욱 풍부하고 흥미로운 곳으로 만든다. 이곳에 사는 사람들은 모두 여전히 수렵채집 생활을 이어 갔지만, 클로비스 시기에 보였던 북아메리카 전역의 통일성은 다시 오지 않는다.

28

순결한 숲

티에라 델 푸에고와 아마존의 수렵채집민

11,500-6000 BC

서기전 11,000년. 친치우아피 시내의 차가운 물이 존 러복의 엄지발가락에 부딪친다. 러복은 물가에 앉아 서기전 5000년이 될 때까지 아메리카 역사 여행에 대해 골똘히 생각하고 있다. 햇살이 나뭇가지를 뚫고 물 위에 반짝거린다. 돌출된 가지 위에 물총새가 앉아 있다. 몬테베르데 유적은 이미 버려졌다. 그러나 남아메리카의 사람들은 이제 수많은 생태적 틈새와 구석에까지 발길을 내디며 상상할 수 있는 거의 모든 양태의 수렵채집 생활을 한다. 대형동물을 사냥하거나, 고기잡이를 하거나, 식물 채집에 집중하는 집단도 있다. 문화도 다양하다. 여전히 거친 석기를 사용하는 집단도 있고, 세련된 찌르개를 만드는 무리도 있다. 이 시점의 남아메리카는 참으로 클로비스찌르개와 그 변이가 주도하고 있던 북아메리카 사람들보다 문화적으로 훨씬 다양하다.

러복은 몬테베르데에서 친치우아피 천을 따라 몰린(Maullín) 강으로, 그 다음 안데스 산맥을 오른다. 처음 온대림이었던 곳이 너도밤나무 숲으로, 그 다음 바위에 흩어져 있는 소나무들로 바뀐다. 마지막으로 풀과 꽃식물로 이루어진 목초지를 걸어 빙상 사이로 난 고갯길을 걸으며 푸르른 호수를 본다. 위로는 눈에 덮인 화강암 봉우리가 빛나는 태양에 회색에서 분홍빛으로 바뀐다. 빙상은 아래 서쪽 산록까지 뻗어 기다랗게 골짜기와 그 너머까지 덮고 있다.

남쪽으로 향하며 버려진 야영지에서 불에 탄 동물 뼈들이 흩어져 있는 것을 본다. 초지는 넓은 평원을 깊은 골짜기까지 수놓고 있다. 지형은 대서양을 향해 부드럽게 기울어 있다. 빙하시대 해수면이 아직 낮은 상태라 해안은 오늘날보다 훨씬 먼 곳에 있다. 앞으로 만 년 동안 초원지대는 건조해져 찰스 다윈이 19세기 초 파타고니아를 여행하면서 저주받은 불모의 땅이라고 여길 만큼 황무지처럼 변한다.

러복은 대서양 해안 가까이 얕고 편평한 바닥을 가진 골짜기와 낮은 구릉이 있는 곳에 도착한다. 안데스를 떠난 뒤 줄곧 러복을 지치게 했던 바람을 피할 골짜기로 들어간다. 쉼터를 찾는 사람들이 보인다. 계곡의 벼랑 같은 벽에 있는 동굴로 돌아오는 사냥꾼들이다. 네 명이 모피와 가죽 옷을 입고 말고기를 들고 동굴 안으로 들어간다.

똥을 태운 불에 동굴 안은 연기가 자욱하다. 여자와 어린이, 늙은이를 포함하여 여섯 명이 더 있다. 뒤쪽으로 어둠 속에 더 많은 사람들이 이리저리 움직인다. 귀한 나무를 불 위에 올려 말고기 구울 준비를 한다. 러복도 사냥꾼들처럼 따뜻함에 감사하면서 사냥 얘기를 듣는다. 사냥꾼들은 골짜기에 덫을 놓고 매복하여 위에서 찌르개를 매단 창으로 사냥했다. 말을 도살한 다음 가장 큰 고깃덩이를 가져왔다. 돌아오면서 남자들은 죽은 지 얼마 안 된 땅늘보를 만났다. 말을 사냥하지 않았다면 땅늘보 사체에서 고기를 발랐을 것이다. 대신 곧 찾아올 독수리에게 맡겼다.

수렵채집 집단은 몇 개 동굴을 사용하면서 한 곳에서 다른 곳으로 얼마 안 되는 물건과 딸린 식구들을 옮긴다. 선호했던 동굴은 서쪽으로 30km 떨어진 예전의 화산 분화구에 있다. 말과 땅늘보뿐 아니라 초원에서 작은 무리를 이루고 사는 라마같이 생긴 과나코도 사냥한다. 이들도 효과적인 수렵민이어서, 찌르개를 무기로 사용한다. 다만 북쪽의 클로비스 사냥꾼이 쓰는 찌르개와는 생김새가 다르다. 클로비스처럼 얇게 만든 홈조정은 없지만, 아주 길고 잘 만들어진 슴베가 달려 있다.

한번은 러복이 사냥꾼 무리를 따라 오늘날 티에라 델 푸에고(Tierra del Fuego)라고 불리는 남쪽 먼 곳까지 갔다. 트로스 아로요스(Tros Arroyos)[1]라 알려진 어떤 한 비좁은 쉼터에 앉아 있을 때 거친 바람소리에 귀가 멀 정도였다. 불을 피우고 사람들은 나지막이 얘기를 나누며 다음 날 말을 찾아 떠날지, 아니면 여우 덫을 놓을지를 결정한다.

러복은 불가에서 『선사시대』를 펴고 19세기 이 불모지에 살던 사람들에 대해 어떻게 썼는지를 살핀다. 당시 존 러복은 푸에고 사람들의 삶을 경험하지는 못했다. 그래서 절친한 친구이자 조언자였던 찰스 다윈의 설명을 인용한다. 다윈은 1834년 비글호 항해 중 티에라 델 푸에고에 도착했다.[2] 다윈이 만난 사람들은 수렵채집민이었기에 이 기록은 트로스 아로요스 같은 동굴에 남은 선사 유물을 해석하는 데 중요하다. 19세기 당시 사람들은 티에라 델 푸에고에 처음 들어온 사람들, 곧 서기전 11,000년 트로스 아로요스 같은 동굴에 살던 사람들의 직접 후손인 듯도 하다. 그러나 19세기 기록에는 인종주의적 편견도 있기에 조심해야 한다.

다윈은 "해안에 들어서면서 푸에가 사람 여섯과 함께 카누를 올렸다. 이 사람들은 내가 어디에서 보았던 사람보다 비참하고 불쌍한 존재였다. … 제대로 성장하지도 못했고, 흉측한 얼굴을 하얀색으로 칠하고, 살갗은 더럽고 기름범벅이었으며, 머리는 꼬여 있고, 목소리는 귀에 거슬렸으며, 몸짓은 체신머리 없이 폭력적이었다"고 썼다. 이어서 이 사람들이 어떻게 "물기가 스미는 바닥에 동물처럼 쭈그리고 잠을 자는지," 그리고 굶주림을 모면하기 위한 살인풍습과 존속살인 같은 풍습을 묘사하고 있다. 비글호 선장 피츠로이(Robert Fitzroy)는 "여자들은 암컷 정도로 부를 수 있는데, 예의 없는 남자에게는 잘 맞겠지만, 문명화한 사람들에게는 외모가 구역질이 난다"[3]는 말도 했다.

19세기 존 러복도 불쌍하고 예절도 없는 사람들에게 기대하기 어려웠던 전문장인 기술과 세련된 수렵채집 방법에 대한 다윈의 문구를 인용한 바 있다. 푸에가 사람들은 움막 같은 곳에 살면서도 "곧게 잘 다듬은 화살, 그리고 다양한 찌르개를 꽂은 활과 화살은 우리가 쓰는 것과도 비슷하다"고 했다. 또한 아주 잘 훈련된 사냥개도 있고, 수영도 잘하며, 과나코 매복 사냥도 훌륭하다면서 "거친 무기와 도구를 사용하는 데 놀라운 재주를 가지고 있다고 하지 않을 수 없다"고도 썼다.[4] 찰스 다윈 같은 19세기 야만인의 관념을 받아들이면서도 한편으로 수렵채집 도구를 만들고 사용하는 재능에 찬사를 보내고 있는 것이다.

이제 21세기의 러복은 몬테베르데에서 파타고니아 남부의 동굴까지 여행하면서 남아메리카에서 최근에 발굴된 유적(몬테베르데)에서 가장 일찍 조사된 두 곳에 도착한다. 펠스 동굴(Fell's Cave)과 화산 분화구에 있는 동굴 팔리 아이케(Palli Aike)이다. 둘 다 1934년 미국자연사박물관의 버드(Junius Bird)가 개척했던 고고학 조사에서 알려졌다.[5] 발굴에서는 화덕자리와 후일 '피쉬테일'찌르개[6]라 불리는 독특한 석기와 말, 늘보, 과나코 뼈[7]가 나왔다.

　버드는 이 퇴적층이 아주 오래된 것임을 알았다. 절멸된 동물의 뼈를 인지했으며, 펠스 동굴에서 나온 유물은 동굴 천장이 무너진 퇴적층에 묻혀 있었고, 나중에 사람들이 들어와 그 위에서 야영을 했다고 하였다. 버드는 다만 피쉬테일찌르개가 얼마나 오래된 유물인지에 대해서는 잘 알지 못했다. 방사성탄소연대측정이 아직 개발되기 이전이었던 것이다. 그리고 1969년이 되어서야 탄소연대측정으로 동굴이 무려 서기전 11,000년까지 연대가 올라간다는 것이 알려졌다.[8] 몬테베르데가 발견되기 훨씬 전이지만, 여전히 아메리카대륙 전체에서 가장 오랜 인류 유적 가운데 하나이다.[9]

서기전 10,800년. 러복은 티에라 델 푸에고에서 북쪽으로 5000km 이상 떨어진 아마존 유역에 있다.[10] 노를 저어 후일 타파조스(Tapajós)라 불릴 강으로 간다. 물론 만 년 동안 강의 흐름은 수없이 바뀌었지만 말이다. 유럽과 서아시아에서는 영거드라이어스가 막 시작되었던 참이다. 아렌스부르크밸리의 스텔무어에서는 사냥꾼이 활을 만들고, 아인말라하 유적은 버려졌다. 그러나 아마존에서 영거드라이어스 기후변화를 느끼긴 어렵다. 러복은 모래톱 위에서 일광욕을 하는 악어를 지나치며 물 위를 흐른다. 돌고래가 카누를 뒤따른다.

　아마존 유역은 살아 있는 위대한 박물관이다. 영국박물관이나 루브르박물관, 뉴욕메트로폴리탄박물관이 소장하고 있는 보물을 합한 것보다 내용물이 많다. 식물상은 빙하시대를 거치면서도 별로 변한 게 없다. 오늘날 사람은 갖은 노력으로 숲을 파괴하고 있지만, 이 박물관은 여전히 21세기의 선사시대 세계를 간직하고 있다.

과거 아마존 유역이 플라이스토세 동안 건조했었다는 가설도 있었다. 건조한 조건에서 넓게 뻗은 숲이 군데군데 숲과 사바나, 초원지대로 조각났다고 생각했었다. 그러나 플라이스토세 퇴적층에서 채집한 화분을 분석한 것에 따르면 숲은 거의 손상되지 않은 채 보존되었다고 한다.[11] 실제 최후빙하극성기라는 기온하강기로부터 오늘날에 이르는 기온상승기 내내 같은 범위에서 식물과 나무들이 동일 비율로 유지되었다고 한다. 다만 변화도 있어서 서기전 20,000년 아마존 저지대에는 추운 기후에서 자라며 오늘날 안데스산맥의 동쪽 산록에 분포하고 있는 몇몇 나무 종이 있었다고 한다. 그러나 기온이 오르며 그런 나무가 사라진 것은 사소한 일에 불과하며, 우림은 거의 변하지 않은 상태로 머물러 있었다.

러복은 남아메리카 동부의 초원지대와 가시 있는 나무숲을 지나 후일 기돈이 발굴조사할 페드라 푸라다 옆을 지나 아마존 유역에 들어선다. 그 과정에서 수많은 수렵채집 사회를 마주하고 지나친다. 숲은 점점 두터워지면서 기온은 올라가고 이제 물길을 타고 여행한다. 열대 동물과 식물이 작은 지류에서 나타나기를 반복하면서 우림의 핵심으로 향한다.

이제 훨씬 크고 더 빠르게 흐르면서 맑은 물이 아니라 어두운 갈색 빛을 띠는 아마존 본류에 들어간다. 나무 그늘 아래에서 원숭이 무리가 소리를 지르고, 왜가리떼도 놀라 하늘로 날아간다. 멀리 강둑에 정박되어 있는 카누 한 척이 보이고, 두 사람이 물가에서 소란한 소리에 귀를 기울인다. 나무 뒤로 사람들이 사라진다. 이제 강을 건너 배를 댄 뒤 길을 따라 걷는다. 습지대는 이내 두터운 숲으로, 그리곤 사람들의 발에 닳은 길이 된다.

나무 아래는 나뭇가지와 잎이 해를 가리는 그늘이 되어 어둡지만 시원하다. 잎이 두껍게 쌓여 썩은 바닥은 푹신하다. 이 썩은 냄새에 공기는 텁텁하고 매캐하다. 엄청나게 다양한 나무들이 있고, 그 가운데는 거대한 줄기가 꼬불꼬불한 식물들에 감싸여 있기도 하다. 몇몇은 버팀목이 너무도 커서 숲 안의 나무 벽인 듯싶다.

가끔 두 남자의 모습이 눈에 들어온다. 한 사람은 물고기를 등에 짊어지고 있는데, 그 꼬리가 땅에 끌릴 만큼 크다. 한 번도 쉬지 않고 빠르게 걷는다. 거의 10km를 가자 붉은 바위 봉우리가 나무 위로 위용을 드러낸다. 곧이어 사암 언덕에 있는 동굴들이 보인다. 물고기를 가져온 사람들이 동굴 안으로 들어가며 돌아왔음을 알린다. 반기는 소리가 들리고, 서로 농담을 주고받으며 진심어린 웃음이 뒤따른다.

동굴에 다가서자 사암 벽에 그린 그림이 나타난다. 둥그런 모양을 빨간색과 노란색으로 그리고, 손가락을 찍고 거꾸로 그린 사람의 머리에서 태양 같은 빛이 나온다. 페드라 푸라다에서 본 것이 생각난다.

러복은 몬테알레그레(Monte Alegre)—포르투갈어로 행복한 산이란 뜻—에 도착하여 페드라 핀타다(Pedra Pintada) 동굴의 주민과 함께한다. 아마존 유역, 그리고 남아메리카 전역에서 가장 중요한 고고학 유적 가운데 하나다. 1991년 시카고의 필드박물관의 루스벨트(Anna Roosevelt)가 아마존 하류를 조사하면서 찾은 유적이다. 이어진 발굴에서 서기전 10,800년의 인간 점유의 증거가 나왔다.[12] 많은 인류학자들은 아마존의 우림지대에서 수렵채집민이 살아갈 수 있다는 데 놀라워했다. 인류학자들은 그동안 화전농경 없이 사람들은 숲에서 충분한 식량을 얻을 수 없기에 아마존 유역은 서기전 5000년 정도까지 사람이 들어와 살지 못했으리라 생각했었다. 그러나 이제 페드라 핀타다의 사람들이 사냥과 채집만으로 살고 있음을 알게 되었다.

바람이 잘 통하는 동굴 내부에는 적어도 열 사람이 둥그렇게 서서 잡아 온 물고기를 내려다본다. 사람들은 오늘날 아마존 유역의 원주민처럼 옷을 거의 입지 않았다. 구릿빛 몸, 검고 곧은 머리에 얼굴엔 색칠을 했다. 바닥엔 커다란 잎으로 만든 자리를 깔고, 바구니와 주머니는 벽에 걸고, 창과 낚싯대, 작살을 구석에 세워 두었다. 동굴 안쪽에 놓인 나무 그릇엔 물에 혼합되어 사용된 붉은 물감이 있다. 다른 벽에는 부드러운 풀 다발이 섬유질에 묶여 있다. 가운데 연기가 피어오르는 화덕자리 옆에 커다란 물고기가 놓여 있다.

한 여자가 등을 구부리고 돌로 만든 칼로 물고기 머리를 자른다. 물고기 잡은 젊은이에게 머리를 주자 웃으며 받는다. 젊은이가 물고기의 눈구멍을 파자 피와 액이 떨어져 가슴을 타고 흐른다. 예비 행위가 끝나자 물고기를 밖으로 가지고 나와 배를 딴다.[13]

러복은 며칠을 페드라 핀타다 사람들과 보내며 민물조개를 잡고 과일과 견과류,

뿌리, 잎을 채집하는 일을 본다. 브라질너트와 캐슈 같은 것은 잘 알고 있었지만, 처음 보는 것들도 많다. 새로운 도구 제작 기법도 본다. 돌망치로 직접 때리지 않고 날카로운 뼈를 격지 끝에 대고 눌러 작은 조각을 떼어 내어 찌르개로 만든다. 이것을 고고학자들은 눌러떼기라 부르는데, 이렇게 만드는 삼각형 찌르개나 클로비스찌르개 등이 전 세계 선사시대에 널리 쓰였다. 엄청나게 다양한 식물을 이용하여 옷을 만들고 도구를 만든다. 커다란 물고기를 배에서 찌르개로 잡기도 하고, 더 작은 고기는 그물로 잡는다. 최근의 아마존 사람들은 독을 이용해 물고기를 잡기도 하는데, 페드라핀타다에 서기전 10,800년 살았던 사람들도 그러했으리라 생각한다.

남자와 여자, 어린이로 이루어진 여남은 무리가 숲으로 길을 떠난다. 사람들은 동굴에서 1km쯤 떨어진 나무에 간다. 러복이 그동안 본 적도 없는 엄청난 크기의 나무다. 밑동에서 몇 미터 정도 숲의 땅은 분명 수차에 걸쳐 훼손되었던 것이 분명하다. 몇 사람이 모여 작은 구덩이를 파서 공간을 넓히자 얽혀 있는 나무뿌리가 드러난다. 그 다음 사람들은 돌톱과 칼로 뿌리를 팔뚝 크기로 잘라 바구니에 넣는다. 바구니가 가득 차자 젊은 여성이 머리에 짐을 이고 떠난다.

작은 길이 얕은 개울가에 있는 공터로 이어지고, 거기서 바구니를 비운다. 남자와 여자가 순간 숲으로 다시 사라진다. 어린이들은 흐리고 얕은 개울에 막대기를 던진다. 남자들이 튼튼한 나무막대기를 가지고 돌아와 뿌리를 두드려 즙을 빼낸다. 하얀 수액이 공중으로 튀자 입을 꾹 다물고 두드린다. 여자들은 커다랗고 편평한 밀랍질 잎을 들고 돌아온다. 잎을 접고 매어 간단한 바구니를 만든다. 뿌리 즙을 안에 넣고 남자들이 즙이 흐르는 곤죽에 닿지 않도록 조심하면서 가져간다. 남아 있는 여성과 어린이는 함께 가지와 잎을 운반하며 개울을 가로지르는 작은 댐을 만든다. 남자들은 개울 500m 위로 올라가 무릎까지 차는 물을 헤치며 바구니를 흔들어 하얀 구름 같은 것을 만든다.

댐 근처에서 여자들은 산딸기류 열매를 먹으며 쉰다. 그리곤 잎을 씹고 있는 남자들과 합세한다. 어린이들은 개울에 들어가 소리를 지르며 물고기가 나타나기를 기다린다. 물고기는 독을 피해 아래쪽으로 목숨을 걸고 헤엄친다. 댐에 이르자 갈 곳이 없다. 일부는 다시 헤엄쳐 돌아가면서 바로 죽고, 막아서는 막대기와 잎에 몸서리를 친다. 몇 분이 지나지 않아 개울 표면은 죽은 물고기로 가득하다. 여자들은 물고기를 거둔 다음 뼈바늘로 아가미를 꿴다. 곧 무리 전체가 은빛 물고기를 걸치고 페드라 핀타다에 돌아온다. 배를 가르고, 씻고 구우면 독은 없어질 것이다.

루스벨트의 발굴에서는 오늘날 여전히 아마존 사람들이 이용하는 많은 동식물의 유체가 나왔다. 지금도 낚시 미끼로 쓰이는 타루마나무의 열매도 있었다. 동물 뼈의 보존 상태는 좋지 못하지만, 뱀과 양서류, 새, 거북, 그리고 길이 몇 cm에서 1.5m에 이르는 여러 종류의 물고기를 비롯한 수많은 종을 판별할 수 있었다.

발굴에서는 식물 유체와 동물 뼈, 화덕자리와 함께 30,000점이 넘는 석기가 수습되었다. 그렇지만 완성된 도구는 불과 24점뿐이었고 붉은 안료 덩어리도 수백 점이 확인되었다. 루스벨트는 동굴벽에 그린 그림에 쓰인 것과 똑같은 안료인지 알기 위해 아주 조심스럽게 미세 화학 분석을 했다. 벽화에 쓰인 것과 동일하다는 결론이 나왔다. 아메리카대륙의 플라이스토세 바위그림 가운데 가장 철저히 연구된 사례라 할 수 있다.

페드라 핀타다는 서기전 10,000년이 지나면서 버려진다. 몬테베르데에서와 마찬가지로 우리는 사람들이 어디로 떠났는지 알지 못한다. 2000년 이상 동굴은 비어 있었고 바람에 날려 온 흙이 바닥을 덮었다. 그리곤 새로운 사람들이 찾아와 더 임시적으로 동굴을 이용했고 벽에 그림을 그리는 데는 전혀 관심을 두지 않았다. 이 사람들은 식물과 동물, 물고기 유체와 함께 남아메리카 전역에서 새로운 것, 곧 토기를 남겼다. 서기전 6000년이 되면 아마존 유역 사람들은 토기를 사용한다. 토기엔 단순 기하문이 새겨져 있기도 하다.[14] 새로운 기술이 등장하면서 예전의 기술은 쇠락하여 잘 만들어진 삼각형의 찌르개는 사라지고 석기는 그저 단순한 격지나 갈린 돌이 전부다. 중앙아메리카 북부에서 토기가 나타나려면 앞으로도 1500년은 더 걸리며, 중앙 안데스지방에서는, 이미 식물 재배가 시작되었는데도, 4000년이 더 흘러야 한다.

비슷한 토기는 서기전 6000년 이후 강가의 패총에서도 보인다. 이로써 조개와 물고기 같은 강의 동물 자원을 전문적으로 이용하기 시작한 아마존 유역의 주민도 있었음을 알 수 있다. 시간이 흐르자 강가의 마을도 발달하여 카사바와 옥수수 재배로 이어진다.[15] 이런 사람들을 다윈과 지성적으로 연관되어 있는 알프레드 월리스 (Alfred Russel Wallace) 같은 빅토리아시대의 여행가가 마주쳤던 것이다. 이때는 이미 페드라 핀타다 동굴과 아마존 유역의 다른 곳의 수렵채집민은 사람의 기억 속에서 잊힌 지 오래지만 말이다.

삼각형 찌르개는 본래 최근의 아마존 원주민과 비슷한 방식으로 살았던 선사시대 원경민(園耕民)의 것이었다고 생각되었다. 찌르개의 생김새와 제작 기법은 남아메리카의 다른 곳에서 발견되었고, 이미 플라이스토세 최말기의 것이라 알려진 찌르개와 상당히 유사하다.[16] 따라서 루스벨트의 페드라 핀타다 발굴은 아주 특별한 의미가 있다. 아마존의 우림에서 인간 점유의 시기를 올렸을 뿐 아니라 빙하시대가 끝나는 시기에 살았던 사람들의 생활방식을 이해하는 데도 기여했다.

그러나 루스벨트의 조사가 가져온 가장 흥미로운 결과는 숲의 "순결성"에 대해 의문을 가지게 되었다는 점이다. 순결성이란 용어는 1889년 월리스가 아마존을 여행하며 썼던 용어이다. 다른 모든 19세기 여행가와 마찬가지로 월리스도 숲 전체가 전혀 사람의 손을 타지 않았다고 여겼다. 그러나 이제 5000년이라는 인간 점유의 역사가 더해지면서, 순결성이란 생각에 의문이 생겼던 것이다.[17] 위대한 아마존박물관의 전시품은 선사시대 수렵채집민부터 세대를 거치며 조금씩 미묘하게 변모해 왔는지도 모른다.

29

아기예수와 목자들

안데스지방의 동식물 순화와 해안 수렵채집민
10,500-5000 BC

존 러복은 강한 바람에 현기증을 느끼고 지친 다리를 쉬어 갈 겸 쉼터를 찾는다.[1] 바위 너머에 초원이 펼쳐지고 멀리 호수는 하늘빛과 닿아 있다. 열대를 떠나 숲과 흩어져 조그맣게 자라는 나무들을 가로질러 가파른 절벽을 올라 페루의 안데스 고원 푸나 초원에 왔다. 공기는 가볍고, 마음도 몸도 피곤에 지쳐 메스껍다.

푸나는 해발 4000m 높이에서 굽이치는 산지에 바위 절벽, 그리고 작은 개울과 군데군데 호수가 자리 잡고 있는 지형경관이다.[2] 앞에 후닌(Junin) 호가 있다. 더 크고 유명한 티티카카(Titicaca) 호에서 동북으로 800km 떨어진 곳이다.

몇 천 년 뒤 이곳에 거대한 도시와 도로, 신전이 들어설 것이다. 바로 잉카 문명이다. 그러나 지금은 평원일 뿐이다. 긴 목을 하고 뾰족한 귀를 가진 사슴 크기의 동물이 하나가 아니라 무리를 이루고 있다. 비쿠뇨라 불리는 이 동물은 후일 사육되어 고기와 털의 원천이 된다. 알파카의 야생 선조인 셈이다.

러복은 열대 밖 남아메리카 전역 여행길에 비슷하게 생긴 더 큰 낙타과 동물, 과나코를 만난 적이 있다. 과나코도 무리를 이루지만, 이보다 고도가 낮은 곳에 살면서 개울이나 호수와 덜 연관되어 있다. 여기엔 또 하나 중요한 사육종이 추가된다. 바로 등이 더 넓은 라마로, 안데스 고원을 가로지르는 운반 수단이다.

러복이 본 모든 동물은 아직 야생이고 사육되려면 몇 천 년을 더 기다려야 한다. 때는 서기전 10,500년. 이미 수세대 전에 푸나 초원에 들어온 사람들이 사냥을 하고 있었다. 러복의 곁에 사냥꾼 무리가 숨소리를 죽이며 다가온다. 여덟 명이 두꺼운 가죽 옷을 입고 돌로 만든 찌르개를 매단 창을 들고 있다. 몇 분 뒤 네 명이 호수 반대 방향으로 떠난다. 다른 사람들은 앉아서 날카로운 찌르개가 제대로 장착되어 있는지 무기를 점검한다. 한 사람이 주머니에서 뼈로 만든 뚜르개를 꺼내 창끝에 단단히 대고 눌러 작은 돌조각을 떼어 낸다. 이로써 찌르개가 더 균형을 갖추어 뚫는 힘이 세진다.

한 시간 정도 쉰 다음 비쿠뇨 무리에 접근한다. 절벽을 올라 호수 쪽으로 다가선다. 천천히 아무 소리 내지 않고 걸으며 무릎 높이의 풀에 쭈그리고 앉는다. 그리곤 곧 배를 땅에 대고 엎드려 조금씩 물에 젖은 풀을 헤치고 풀을 뜯는 짐승에 다가간다. 자신이 거느린 암컷 주변을 움직이지 않고 영역을 지키려는 우두머리 수컷을 겨눈다. 순간적으로 뭔가 이상한지 비쿠뇨들이 머리를 쳐들고 냄새를 맡으며 주변을 두리번거린다. 아무것도 보이지 않고 들리지 않는다. 더 가까이 가자 비쿠뇨가 풀줄기를 뜯어 먹는 소리가 들린다. 고개를 끄덕이자 일어나 일제히 창을 던진다. 빗나갔지만, 완전히 실패한 것은 아니다. 암컷들이 흩어지고 수컷이 호수 갈대밭에 숨어 창을 들고 기다리는 사냥꾼 쪽으로 달린다.

그날 밤 사냥꾼과 가족은 호수 남쪽 석회암 절벽 가운데 커다란 동굴 입구에 둘러앉는다. 동굴에 사는 여름 동안 바람을 막기 위해 입구에 작은 벽을 쌓았다. 북쪽으론 물과 멀리 봉우리가 장관을 이루고 있다. 봉우리는 눈에 싸여 있다가 이제 해가 저물어 윤곽만이 보인다.

1974년과 1975년 스탠퍼드대학의 존 릭(John Rick)이 파차마차이(Pachamachay) 동굴을 발굴하고 많은 비쿠뇨 뼈와 창끝 찌르개를 찾는다.[3] 동굴은 9000년 동안이나 지속적으로 점유되었기 때문에 서기전 10,500년에 나온 유물은 누대에 걸친 점유 흔적 밑에서 확인되었다. 처음 들어온 사람들은 비쿠뇨와 과나코를 사냥했지만, 나중 사람들은 알파카와 라마를 길렀다. 이런 변화는 갑자기 생활방식을 바꾼 것이 아니라 사냥에서 유목으로 점진적으로 변모한 것이다. 사실 이 네 짐승의 뼈는 비슷하기 때문에 정확히 언제 이런 변화가 일어났는지를 알 수는 없지만,[4] 서기전 5000년 정도로 추측할 수 있다. 이 시점이 되면 파차마차이뿐 아니라 페루의 푸나에서 발굴된 동굴 모두에서 낙타과 동물들이 사냥감의 대종을 차지한다. 그 전에는 사슴과 새를 포함하여 다양한 동물을 잡았다.

서기전 5000년 즈음 새끼와 어린 동물은 전체 수습품의 1/4에서 절반까지 증가한다.[5] 아메리카대륙 식량생산의 기원 연구 전문가인 스미스소니언연구소의 브루스 스미스(Bruce Smith)는 이런 변화를 동물이 붐비는 울타리 안에 살면서 유아사망률이 높아지고 전염병이 더 만연했음을 비추어 주는 것으로 평가한다. 이렇게 어린 동물이 질병으로 죽는 비율이 높은 것은 오늘날 라마 사육에서도 흔히 볼 수 있다.[6]

존 릭은 푸나 초원의 수렵민이 서기전 10,500년 즈음 가장 큰 동굴에서 영구 거주하였으리라고 본다. 몇 집단이 호수 주변에서 영역을 가지면서 동굴을 주된 거주지로 삼았다는 것이다. 파차마차이에서 나온 유물의 다양성과 범위, 지속적인 청소의 증거 등은 늘 이동하는 수렵채집민의 일시적이고 단기 거주를 위한 장소가 아니었음을 시사한다. 따라서 서아시아의 나투피안 사람들과 마찬가지로 정주라는 농경으로 가는 중요한 첫걸음이 보이는 것이다. 그러나 이곳에선 식물 재배가 아니라 동물 사육의 전조였다.

수렵민은 동굴 주변의 개체들을 보면서 어떤 수컷이 암컷들을 통제하고 있는지를 알았을 것이다. 이런 동물이 주된 사냥감이 되었을 텐데, 수컷을 사냥한다 해도 개체군 전체의 생존과 재생산에 아무런 위협도 되지 않는다. 이렇게 선택적으로 사냥하다가 혹심한 겨울 동안 먹이를 주기도 하면서 무리의 이동을 통제하기 시작했을 것이다. 부상을 당했거나 홀로 떨어져 있는 동물을 돌보기도 하면서, 결국 사육의 토대가 갖추어졌으리라 보인다. 이렇게 한 번 길들이기 시작하면 야생의 다른 종도 길들이는 데 중요한 역할을 한다. 이번엔 동물이 아니라 퀴노아 이야기다.

퀴노아는 감자와 함께 안데스 고원에서 선사시대 식량생산 경제를 압도하고 있는 두 가지 식물 가운데 하나이다.[7] 명아주의 일종으로서 잉카의 주 곡물이며, 높은 단백질 함량을 가지고 있다. 다색의 이삭은 허리 높이에 이르며, 수확하여 비스킷과 빵, 죽으로 만든다. 야생과 재배 변종의 가장 큰 차이는 서아시아의 야생 및 재배 밀의 차이와 같다. 다시 말해 재배 변종은 수확하길 기다리면서 발아하지 않고, 모든 식물이 동시에 익는다.

가장 오래된 퀴노아 자료는 후닌 평원 파차마차이에서 30km도 떨어지지 않은 파나울라우카(Panaulauca) 동굴에서 나왔다. 이 동굴에서도 파차마차이와 비슷한 유물과 동물 뼈가 수습되었으며, 아마도 푸나에 살았던 또 다른 수렵채집민의 본거지였던 것으로 보인다. 파나울라우카에서 나온 명아주 씨앗은 서기전 5000년 정도로 추정된다. 재배된 퀴노아와 비교할 만큼 얇은 껍질〔種皮〕을 가지고 있다. 이때가 되면 퀴노아는 동굴 주변, 아마도 라마와 알파카를 키우는 울타리 가까이에서 자라고 있었을 것이다.

낙타과 동물은 야생 퀴노아를 즐겨 먹으면서도 씨앗을 소화시키지는 못한다. 씨앗은 손상되지 않은 채 동물의 내장을 거쳐 나와 자연 비료의 역할을 하며, 식물이 원래 있던 곳으로부터 멀리 자리를 잡기도 한다. 스미스는 만약 초기 동물을 사육했던 주민이 밤에 동물을 울타리에 넣었다면, 명아주 줄기는 이곳에서도 잘 자랄 것이라고 한다. 따라서 울타리를 다른 곳으로 옮겨 새로 자라는 풀을 보호함으로써 사는 곳 가까이에 많은 양의 식량 자원을 얻을 수도 있다. 이는 물을 주고 김을 매는 재배로 가는 작은 걸음이었을 것이다. 이로써 야생 명아주가 재배 퀴노아가 되는 의도하지 않은 작은 유전 변이가 식물에 생기기 시작할 것이다.

안데스지방에서 또 다른 식물이, 아마도 티티카카 호 근처에서 재배된다. 그러나 퀴노아와는 달리 16세기 남아메리카에서 유럽으로 옮겨지면서 인류 역사에 커다란 역할을 한다. 바로 감자이다. 오늘날 남아메리카에는 몇 가지 야생 및 재배 감자 변종이 자라고 있다. 티티카카 호 평원은 유전 변이의 중심지이다. 이는 최초의 재배 변종이 이곳에서 등장할 신호인 것이다.

지금까지 분지나 강 유역에서 초기 곡물의 재배 흔적이 발견된 적은 없었다. 그동안 제한적으로 야외 유적을 조사했기 때문일 것이다. 거의 모든 고고학 발굴은 고원의 동굴에서 이루어졌다. 페루 중부에서 이루어진 선사시대 생활의 완전한 모습은 동굴에서만 있진 않을 것이다. 스미스는 야외 유적이 발견된다면 감자의 재배는 라마와 알파카, 퀴노아와 패키지로 이루어진 일로 밝혀질 수 있을 것이라 본다.

기니피그도 있다. 기니피그의 뼈는 파차마차이 동굴에서 존 릭이 발굴한 바 있으며, 안데스 전역에서 가축 사육 이전 널리 사냥되어 온 동물이기도 하다. 정확히 언제인지는 잘 모른다. 서아시아의 경우에 쥐와 마찬가지로 야생종이 초기의 인류 정착지에 사람의 쓰레기나 곡물 같은 식량을 얻으려 찾아왔을 것이다. 기니피그는 아주 높은 생식률과 한정된 지역 안에서 기를 수 있다는 점 때문에 순화될 가능성이 높은 것이다. 이것이 오늘날 어린이들이 애완동물로 좋아하는 점이기도 하다.

파차마차이 동굴에 날이 밝는다. 사람들은 아직 부드러운 것을 깔아 놓아 편안하고 따뜻한 동굴 안쪽에서 잔다. 젊은 여성이 동굴 입구에 앉아 아이에게 젖을 먹인다. 옆에서 아이 몇이 막대기 장난을 친다. 한 남자가 일어나 밤새 연기가 피어오르던 불을 다시 손본다. 다른 사람들도 몸을 움직인다. 바구니에서 성근 둥그런 물체를 꺼내 재 위에 올려놓는다. 푸나 전역에서 자라는 가시 많은 선인장이다. 몇 분이 흐르지 않아 톡톡 튀면서 탄다. 이 즙이 많은 열매를 돌아가며 깨끗이 닦아 먹는다.

파차마차이 동굴에 살던 사람들의 식물성 식량은 모두 야생종이다. 미주리대학의 피어설(Deborah Pearsall)이 불에 탄 것만을 분석했는데, 아주 다양한 종이 확인되었다.[8] 선인장이나 명아주 같은 식물 유체는 식량으로 채집된 열매나 씨앗이겠지만, 치료용도 있었을 것이다. 예컨대 등대풀과에 속하는 식물 씨앗만 90개가 있었는데, 이 식물은 오늘날 안데스에서 치료제로 널리 쓰이고 있다. 하얀 수액은 완화제로 쓰이며, 덩이줄기를 으깬 것은 배 아픔을 누그러뜨리고, 피부가 붓는 데 연고제로 쓰이기도 한다.

러복은 건조된 비쿠뇨 고기와 선인장 맛을 본 뒤 후닌 분지를 떠나 산맥을 넘어 미로 같은 골짜기를 지나 오늘날 페루의 해안에 이른다. 서기전 10,000년, 이곳은 좁고 나무가 길게 늘어선 골짜기와 언덕으로 이루어진 황무지에 리본 같이 구불구불한 오아시스가 있는 지형이었다. 고산지대보다 따뜻했지만, 열대치고는 놀랄 만큼 추운 지방이었으며, 특히 해안이 두터운 회색 안개에 싸여 있을 때 그러하다.

러복이 이곳에 오자 북쪽 언덕 위에 집들이 둥그렇게 모여 있는 곳에서 물고기 냄새가 반긴다. 케브라다 하구아이(Quebrada Jaguay)로 알려진 유적이다. 북쪽으로 8km 정도 떨어진 연안으로 고기잡이에 나섰던 카누가 돌아온다. 황혼이 내리는 가운데 무거운 그물을 뭍으로 끌어 올린다. 물고기를 바구니에 담고 그물 틈에 낀 것을 빼낸다.

반지하식 움집은 두꺼운 나무 기둥에 관목을 세우고 진흙을 발라 만들었다. 지붕 위로 연기가 스민다. 움집 사이엔 수렵채집민 생활에서 늘 보이는 도구 제작과정에서 나온 쓰레기가 흩어져 있고 섬유질을 만들기 위해 모아 놓은 뿌리가 쌓여 있으며, 바구니를 만들기 위한 골풀도 놓여 있다. 강안을 따라 야외 화덕자리의 흔적이 보인다.

이 해안 마을은 변화의 소용돌이에 있다. 사람들은 1000년 가까운 세월 동안 물고기를 잡고 조개를 채집해 왔다. 이곳은 예전에 사람들이 해안에서 고산지대로 이동하다가 해마다 한 번씩 찾아 야영하던 곳이었다. 고산지대를 찾을 땐 과나코를 사냥하고 석기시대 전 세계에서 귀하게 여겼던 화산 유리, 곧 흑요석을 충분히 가지고 돌아오곤 했다.

그러나 더 이상 고산지대에 머무르지 않으며 흑요석도 보이지 않는다. 사람들은 이제 해마다 서너 곳을 옮기지만, 연중 내내 해안에 머문다. 케브라다 하구아이에 와서 강 하구에 많은 민어과 물고기를 잡고 풍부한 조개들을 줍는다. 그러면서 움집을 보수하고 골짜기 밑에서 박을 따기도 한다. 물고기떼가 사라지면 연간 계획에 따라 다른 곳으로 이동하여 가마우지 덫을 놓든지, 멸치를 잡을 것이다.[9]

케브라다 하구아이 유적은 1970년에 발견되었지만, 1996년에 와서야 메인대학의 샌드위스(Daniel Sandweiss)가 발굴한다.[10] 티에라 델 푸에고의 피쉬테일찌르개나 아마존 유역의 삼각형 찌르개 같은 어떤 독특한 형태의 석기가 나오지 않았기 때문에 물고기 뼈와 조개, 불에 탄 돌, 기둥구멍의 연대를 잘 알 수 없었다. 그러나 방사성연대측정으로 이곳에 서기전 11,000년부터 사람들이 살았음이 알려지면서 유적은 주목을 끌었다. 페루에서 아주 초기의 사람들이 어떻게 해양 자원을 이용했는지, 배 이용과 낚시기술을 시사하는 자료가 나왔다. 덧붙여 초기 아메리카 사람들의 다양한 생활방식을 알 수 있었다.

이곳의 지형경관은 두꺼운 퇴적물—고운 실트일 수도, 거친 자갈일 때도 있다—로 덮여 있다. 어떤 골짜기엔 나무줄기까지 퇴적물이 차 있기도 하고, 퇴적물이 나무를 쓸어버린 골짜기도 있다. 마치 고고학 발굴에서처럼 깊이 파여 수직으로 드러난 구덩이도 있다. 강물이 가파른 골짜기를 자르고 엄청난 퇴적물이 강물 속으로 떨어지면서 수직 벽이 만들어진다. 그곳에서 움집의 무너진 벽과 통나무, 화덕자리도 보인다.

미국지질조사국의 키퍼(David Keefer)는 케브라다 하구아이에서 남으로 50km 떨어진 케브라다 타카후아이에서 퇴적물을 조사했다.[11] 거친 자갈로 이루어진 두꺼운 층 사이엔 서기전 10,800년으로 측정된 화덕과 유물이 나왔다.[12] 폭우에 쓸려 온 엄청난 퇴적물로 갑자기 묻혀 버린 유적의 흔적이었다. 키퍼는 더 많은 연대측정을 한 뒤 남부 페루의 해안은 서기전 10,800년에서 8000년까지 네 번의 커다란 산사태를 겪었다고 주장했다. 이런 반복된 경관 파괴에는 한 가지 이유가 있을 수 있다. 키퍼는 지금까지 알려진 최초의 엘니뇨 현상의 증거를 찾은 것이다.

엘니뇨는 열대 태평양의 해수면 온도와 기압의 변화로 일어난다. 중앙아메리카와 남아메리카 해안에서 2년에서 10년 주기로 따뜻한 해수가 만들어져 태평양의 해류를 교란하고 깊고 추운 곳의 영양분이 수면으로 올라오는 것을 방해하여 일어나는 현상이다. 결과적으로 물고기 개체군은 더 춥고 영양분이 많은 물을 찾아 원래 있던 곳을 떠난다. 이로써 어업에도 엄청난 손실이 나는데, 서기전 10,000년엔 수백 명도 되지 않았겠지만, 이제 수백만 사람들의 삶을 위협한다.

전 세계의 지역 날씨에 영향을 미치는 기압이 변화하면서 생기는 대혼란은 더 극적이다. 엘니뇨 폭풍으로 아메리카의 태평양 연안은 잠기고 동남아시아는 가뭄으로 고통을 받는다. 컴퓨터 모델에 따르면 엘니뇨의 빈도와 강도는 지구온난화와 더불어 더 커진다고 한다. 키퍼의 조사에서는 그런 사건이 빙하시대가 끝나갈 무렵 700년에서 800년에 한 번 일어났지만 지난 150년 동안엔 10년 주기로 일어나고 있는 것이다. 이렇게 심각해진 것은 서기전 7000년에 정점에 이른 지구온난화로 말미암은 탓이다. 그래서 앞으로 계속될 지구온난화가 엘니뇨에 미치는 영향—환경 및 경제적인 영향—이 어느 정도일지 놀랄 일만 남았다.

우리는 서기전 10,800년 케브라다 타카후아이가 겪었을 혼란을 짐작만 할 수 있을 뿐이지만, 1997-8년 페루 해안을 덮친 재앙은 엘니뇨의 힘을 생생히 보여주는 현장이다.[13] 400m 깊이, 그리고 캐나다 크기의 더운 물이 태평양에서 발달한다. 이로써 폭풍이 생겨 1997년 12월 태평양 해안을 덮치고 결과는 거의 종말론적 재앙이었다. 6개월 안에 강은 홍수로 범람하고 산사태가 일어나 다리 300개가 파괴되었고, 마을들이 송두리째 쓸려 나갔으며, 이재민이 50만 명에 이르렀다. 어업은 황폐화했고, 항구는 파괴되었고, 질병 확산의 이상적인 조건이 만들어졌다. 바다는 내륙 15km까지 범람하였다. 사막의 도시 트로히요(Trujillo)를 덮친 홍수는 도시의 가장 오래된 공동묘지를 침식하여 관과 사체가 길 위에 떠다녔다. 이런 끔찍한 장면을 마주하면서 도시를 이끌던 사람들은 1998년 3월 폭풍이 일어났던 일요일을 실의에 빠진 시민들이 신에게 도움을 청하는 날로 삼았다. 아마도 서기전 10,800년에도 사람들이 살던 곳이 파괴되었을 때 그렇게 하지 않았을까? 강력한 엘니뇨에 직면한 사람들이 그것 말고 무얼 할 수 있을까?

가마우지 한 쌍이 달빛에 나타나 날개 끝이 거의 바닷물에 닿도록 물 위를 낮게 난다. 구름이 달빛을 가리자 새도 어둠에 사라지고 파도는 부서지면서 해변의 모래를 친다. 러복은 한밤중 곶 위에 앉아 떨고 있다. 태평양이 주는 위압감에 얼어붙은 것이다.

남아메리카를 떠날 때다. 어둠에 발을 내딛자 몬테베르데에서 뜨거운 차를 마시던 생각이 난다. 그리곤 티에라 델 푸에고에서 먹은 말고기, 아마존 강의 낚시, 안데스에서 비쿠뇨를 쫓고, 케브라다 하구아이에서 조개를 채집하던 기억을 떠올린다. 몬테베르데 사람들이 정말 아메리카대륙 첫 주민이었는지, 바위그림의 의미는 무엇인지, 왜 사람들은 수렵민이 아니라 유목민이 되었는지에 대해 궁금해한다. 빙하가 녹으며 남아메리카는 놀라운 사람들과 대답 없는 질문의 대륙이 되었다. 그러나 이제 러복은 멕시코로, 그리곤 북아메리카로 들어가 매머드와 클로비스 이후에 어떤 일이 벌어졌는지 알아보려 한다.

30

와하카밸리

옥수수, 호박, 콩의 재배
10,500~5000 BC

서기 2000년 9월 어느 낮 나는 동굴벽에 기대 다리를 꼬고 앉았다 일어나기 운동을 하면서 어린애 같은 흥분을 느꼈음을 고백한다. 가시덤불을 헤치고 들어간 다음 선인장 가시를 피해 멕시코 중부의 조그만 동굴 길라나키츠(Guilá Naquitz)에 도착하자마자 그런 장난을 치고 싶은 욕망을 억누를 수 없었다.

사실 이제 동굴이라 할 수도 없다. 그저 와하카밸리의 튀어나온 바위 밑에 움푹 들어간 부위일 뿐이다. 가까이에는 입을 크게 벌리고 바위 깊이까지 터널을 가진 진정한 동굴들이 있다. 계곡의 멀리에는 멋진 고고학 유적이 있다. 그 가운데서도 2500년 전 사포텍 문명이 수도로 삼은 몬테알반(Monte Alban)이라는 고대 도시가 유명하다.

몬테알반의 건축은 아주 인상적이었지만, 내게는 그리 중요하지 않았다. 나는 길라나키츠를 보기 위해 와하카에 왔다. 신대륙에서 가장 오래된 재배 식물이 발견된 유적 말이다.[1] 물론 이렇게 말하는 것이 고고학적으로 한계가 있는 일일지라도, 튀어나온 바위 밑에 구부리고 앉으면서 정말 한낮의 태양 빛 아래 오랫동안 걸으며 선인장과 가시에 긁힐 만한 가치가 있는 일이라 생각했다.

순간 나는 서기전 8000년 길라나키츠에 야영했던 수렵채집민의 하나라고 생각했다. 그리곤 1966년 1월 26일—내가 이 동굴을 찾기 34년 243일 전— 동굴을 (재)발견한 순간의 미시건대학 고고학자 켄트 플래너리(Kent Flannery)라고 상상했다. 플래너리는 후일 어떻게 석기와 식물 유체를 지표에서 찾았는지 쓴 바 있다. 식물 유체는 토양이 극도로 건조했기 때문에 보존되었다. 내가 찾았을 땐 가장 최근에 이곳에 살았던 사람들이 키운 염소 똥을 제외하곤 아무 것도 없었다. 플래너리는 1966년 봄 첫 발굴을 하고, 15년 동안 발굴한 자료를 분석하고 결과를 출간하였다.

　　내가 이토록 길라나키츠에 매료된 이유는 세계사에서 일상과 특이한 사건이 잘 대조되기 때문이다. 서기전 8500년에서 6000년 사이 동굴은 몇 번에 걸쳐 네댓 명, 아마도 한 가족 정도가 살았던 곳이었다. 이곳을 쉼터로 삼아 석기를 만들고 수리하고, 토끼와 작은 거북을 요리하고, 동굴 주변에서 채집한 다양한 식물 자원의 껍질을 벗기고 갈고 구웠다. 그리곤 길라나키츠에서 참나무 잎과 풀 위에서 잠을 잤다. 많은 시간 이야기하고 농담하고, 아마도 노래도 부르고 춤도 추면서 보냈을 것이다. 늘 가을이면 이곳을 찾아 기껏 며칠에서 몇 달 정도 머물렀다. 길라나키츠는 와하카밸리의 많은 야영지 가운데 하나였다. 특별히 의미 있는 곳은 아니었으며 이곳을 찾는 사람들은 그저 중앙아메리카의 초기 홀로세 동안 날마다의 삶을 꾸려 갔을 뿐이다.

　　플래너리에 따르면 사람들은 이 과정에서 역사를 만든다. 동굴을 처음 찾았을 때 모든 식물 자원은 야생종이었다. 하지만 마지막으로 동굴을 찾았을 때 식량에는 사람이 씨를 뿌리고 가꾼 재배종이 포함되어 있었다. 길라나키츠 사람들은 자신들이 만들어 낸 새로운 식물들이 결국 올멕과 사포텍, 아즈텍이라는 위대한 메소아메리카 문명의 토대가 될 것이라는 점은 알지 못했다.

　　길라나키츠로 가는 길에 와하카밸리의 작은 지류의 말라 버린 물길을 사륜구동차로 용감하게 운전하면서 나는 마음속으로 이런 생각을 했었다. 그런 다음 잡초가 무성한 길을 따라 길이 있는지 확신하지 못한 채 덤불숲을 가로지르며 플래너리의 책에서 봤던 독특한 절벽을 찾았다. 선인장은 고사하고 수많은 나무와 관목은 나로선 낯선 것들이었다. 아주 유별난 착생(着生)식물—다른 식물에 붙어 지지하여 촉수를 뻗어 올라가는 식물—도 있었다. 나비와 벌이 아주 많았다.

노랗고 하얀 꽃과 가끔 톡 쏘는 아로마향이 나는 식물, 이제 막 형태를 갖춘 작은 베리들, 부풀어 오르려 하는 꼬투리가 좋았다. 그러나 내 눈에 보이는 식물이 무엇인지 거의 알지 못했다. 이 지점의 식물상은 서기전 8000년 길라나키츠 주변과 비슷했을 것이라는 생각에 미리 공부하고 오지 않은 것에 짜증이 났다. 과거 수렵채집민도 내가 보았던 꽃과 꼬투리를 보았을 것이며, 같은 아로마향을 맡고, 같은 가시에 찔렸을 것이다. 물론 어떤 식물인지 정확히 알았을 것이다. 식량으로 좋은 것, 섬유질로 쓰일 것, 그리고 치료를 위해 쓸 것과 흥분제가 어떤 것인지도 잘 알고 있었을 것이다.

동굴에 이르렀을 때, 종 모양으로 생긴 벌집 하나가 천장에서 축 늘어져 있었다. 이전의 벌집 딱지들이, 마치 사람의 점유층이 바닥에서부터 차곡차곡 쌓여 있듯이, 겹쳐 있었다. 나는 장난스러운 행동을 한 뒤 가시 돋친 나무를 헤치고 벼랑 아래 돌덩어리가 흩뿌려진 곳으로 가서 잡초가 무성한 길을 찾았다. 그제야 플래너리와 조사단이 나보다 훨씬 길라나키츠 가까이에 차를 댔음을 알게 되었다.

나는 잠시 개미떼가 열을 지어 가는 모습을 보다가 바퀴자국과 움푹 팬 곳을 지나 들어오는 엔진소리가 들리는 상상을 했다. 플래너리의 조사단이 30년도 전에 하루 일과를 끝내고 비틀거리며 포드 픽업트럭에 탄다. 그곳을 거닐며 경관과 별로 어울리지 않는 두 번째 차, 메르세데스벤츠가 말라 버린 개울 바닥을 따라 조심스럽게 다가오고 있다는 생각도 했다. 플래너리가 처음 와하카를 찾았을 때, 사업하는 사람이 빌려준 차를 탔었다고 한다. 나는 다시 선인장과 가시 돋친 나무를 헤치고 내 차를 찾아오면서 길라나키츠 동굴을 찾았다는 생각에 기분 좋았다.

서기전 8000년 존 러복은 동굴에 앉아 『선사시대』를 읽는다. 주변엔 수렵채집민이 야영하다 남긴 잡동사니와 쓰레기가 널려 있다. 사람들은 식물을 채집하러 나갔다. 바닥엔 자리가 깔려 있고, 잠자리를 위해 풀더미를 정돈해 두었고, 아직도 따뜻한 재가 남아 있다. 그릇과 바구니, 주머니가 자리 위에 놓여 있기도, 벽에 걸려 있기도 하다. 19세기의 존 러복이 아메리카대륙의 농경, 그리고 농사의 시작을 어떻게 이해하고 있었는지 읽어 본다. 당시에도 옥수수(maize)를 근간으로 하는 농경이었음을 알고 있었고, 이로부터 "아메리카의 반(半)문명이 점차적으로 발달할 수 있었다"고 평가했다.[2] 오늘날 재배 곡물은 길라나키츠에서 보았던 것보다 더 복합적인 사회에서 발달했다.

오늘날 우리는 초기의 곡물 재배가 중부 멕시코에서 일어났음을 알고 있다. 이곳에 세 가지 주요 재배 식물, 곧 옥수수와 테파리콩, 호박의 선조가 되는 야생종이 있기 때문이다.[3] 옥수수와 콩의 경우 상당히 정확한 위치를 알 수 있다. 가능한 야생 개체군 가운데 어떤 것이 재배 변종의 유전적 특징을 가지고 있는지를 판단하면 된다.

옥수수는 지금도 여전히 멕시코의 오지에서 자라고 있는 테오신테라 불리는 야생종에서 진화하였다. 쉽게 수확할 수 있는 대에 씨앗이 차 있는 테오신테는 줄기가 하나가 아니고 여럿으로 나뉘어 각각 뾰족한 대를 가지고 있다. 중부 멕시코의 발사스 강 주변 골짜기에서 자라고 있는 것이 특히 — 생화학적 견지에서 — 현재의 옥수수와 흡사하다. 그래서 이곳에서 선사시대 식물 채집민이 테오신테를 집중적으로 재배하면서 식량과 파종을 위한 씨앗으로 가장 큰 낟알을 가진 식물을 반복적으로 선택했을 것으로 생각된다.

한편 야생 콩은 중앙아메리카 전역에서 자라고 있다. 오늘날 과달라하라(Guadalajara) 주변의 야생종이 평범한 재배종(*Phaseolus vulgaris*)의 선조로 생각된다. 서아시아에서 살펴본 보리와 밀, 렌틸과 마찬가지로 재배 콩 역시 "수확자를 기다리는" 특성이 있다. 수확자가 오지 않는다면, 콩은 씨앗을 뿌릴 수 없는 것이다. 서아시아의 식물과 마찬가지로 재배종으로의 전이는 사람들이 반복적으로, 의도적이든 우연히든, 흩뿌리지 않는 개체를 선택했기 때문에 일어난 것이다.

세 번째 주요 곡물, 호박의 야생종은 아직 잘 모른다. 물론 수많은 야생종 호박이 멕시코 전역에서 알려져 있긴 하지만, 모두 작은 녹색 열매일 뿐이다. 그래서 그 가운데 하나가 커다란 오렌지색 열매를 가진 (그리고 길라나키츠 바위그늘에 살았던 사람들이 재배한) 재배종의 선조가 될 수도 있다.

1940년대 리처드 맥니시(Richard MacNeish)는 시카고대학 대학원생 시절부터 이런 식물이 언제부터 재배되었는지를 연구하였다. 멕시코에서 연구를 시작하며 2001년 1월 여든두 살에도 여전히 야외조사에 나섰다가 예기치 않은 사고로 삶을

마감하고 만다.[4]

맥니시는 동북쪽의 타마울리파스(Tamaulipas) 산맥에 있는 아주 건조한 퇴적층을 가진 동굴을 발굴했다. 1960년대 초가 되면서 더 남쪽 중부 멕시코의 테우아칸 밸리로 조사지역을 옮긴다. 그곳 콕스카틀란(Coxcatlán) 동굴 발굴에서는 야생종 식물유체와 함께 옥수수와 콩, 호박이 풍부히 나왔다. 옥수수 속대의 크기는 불과 2cm 정도였지만, 재배종임이 확실했다. 처음엔 가까이에서 나온 숯을 방사성탄소연대측정하여 서기전 6000년에서 4500년 사이로 추정했었다. 그러나 속대 자체를 연대측정한 결과 이보다 훨씬 늦은 서기전 3500년 이후였다고 한다. 맥니시의 발굴에서 나온 재배 콩 유체도 마찬가지였다.

이로써 길라나키츠에서 나온 서기전 4200년으로 측정되는[5] 옥수수 속대가 현재까지 알려진 가장 오래된 자료가 된다. 만약 이때 재배가 시작된 것이라면 멕시코에서 재배 옥수수의 출현은 빙하시대가 끝나고 한참 뒤에서야 이루어진 것이다. 이는 서아시아 재배 곡물의 등장과는 사뭇 다르다. 그러나 이런 방사성탄소연대가 아니라 현대의 옥수수를 유전학적으로 분석한 것에 따르면 서기전 7000년 정도에는 순화되었을 것이라고 한다.[6]

플래너리는 길라나키츠에서 지금까지 알려진 가장 오래된 순화 호박의 사례도 찾았다. 비록 껍질과 대, 씨앗의 일부에 불과하지만, 야생종과 재배종을 구분하는 데는 충분했다. 가장 큰 차이는 크기였다. 재배된 호박이 훨씬 컸던 것이다. 하지만 길라나키츠에서 나온 자료를 처음 분석했을 때 재배되었다고 볼 만큼 충분히 큰 씨앗은 하나뿐이었다. 씨앗은 서기전 8000년으로 연대측정되었다.

1995년 스미스는 자료를 다시 분석하면서 그 시기 길라나키츠의 사람들이 이미 호박을 재배했다는 더 많은 증거를 찾았다.[7] 가장 아래층에서 나온 호박 자료는 의심의 여지 없이 야생종이었지만(그 씨앗 하나만 빼고), 서기전 7500년에서 6000년 사이의 층에서 나온 자료는 모두 재배 작물의 것이었다. 씨앗과 줄기 유체는 야생종의 것보다 훨씬 컸으며, 껍질은 야생종처럼 얇고 녹색이 아니라 두껍고 밝은 오렌지색이었다.

스미스는 길라나키츠 사람들이 서기전 8000년 즈음 호박을 재배했다고 본다. 야생 식물 주변을 가꾸면서 가장 큰 호박열매에서 씨앗을 취하여 다음 해에 다시 심었다는 것이다. 길라나키츠, 테우아칸밸리와 발사스밸리의 사람들, 그리고 과달라하라 주변의 구릉지대에 살았던 사람들은 모두 콩과 테오신테/옥수수를 재배했으리라. 그렇다면 왜 사람들은 무의식적으로 식물을 재배하며 미래의 중앙아메리카 문명의 토대를 닦았을까?

멕시코 중부에서 재배 작물의 기원에 대한 근본적으로 다른 두 학설이 있다. 하나는 플래너리 자신이 길라나키츠 발굴을 바탕으로 제안한 것이고, 다른 하나는 사이먼프레이저대학의 브라이언 헤이든(Brian Hayden)이 민족지 자료를 토대로 구성한 것이다. 단순히 유적 하나에서 나온 자료에 대한 문제가 아니라 와하카밸리를 비롯한 주변 지역에 정주 수렵채집 마을이 있었는지에 대해 이견이 있다.[8]

물론 플래너리가 이곳에서 야외조사 경험을 갖고 있다는 이점이 있지만, 어느 하나가 옳다고 판단하기 전에 두 학설을 모두 검토해 볼 필요가 있다. 그런 노력의 일환으로 존 러복으로 하여금 서기전 8000년 와하카밸리에 다시 들어가게 해 보자. 플래너리가 상상한 세계에서 10년을 살고, 그 다음 헤이든이 상상한 세계에서도 10년을 사는 것으로 하자.

러복은 와하카밸리에서 10년 동안 길라나키츠 사람들의 모든 식물 채집과 사냥, 노래를 부르고, 이야기하는 일상을 지켜본다. 어린이들이 자라고, 사냥과 채집으로 사는 법, 사냥 도구와 채집을 위한 바구니, 물통을 만드는 법을 보고 배운다. 식물 섬유질, 껍질, 가죽, 깃털로 신발과 옷을 만들기도 한다. 의료용 식물에 대해서도, 어떻게 어린아이와 병약한 사람, 늙은이를 치료해야 하는지도 배운다. 이런 것들이 교육으로 이루어지지는 않는다. 어린이는 어른들이 하는 활동에 참여하여 보고, 듣고, 시험 삼아 해 보고, 실수도 하면서 재능과 지식을 갖게 된다. 부모와 조부모 세대도 그러했다.

이곳에서 보내는 10년이 끝나갈 즈음 한 소녀가 집단을 떠나 테우아칸밸리에 사는 가족에게 간다. 곧 집단의 다른 구성원의 동의를 얻어 한 소년이 (공식적인 것은 아니지만) 지도자가 된다. 이제 언제 야영지를 옮길지, 어디로 갈지 같은 집단 전체에게 영향을 미칠 논의를 할 때 처음과 마지막 말을 한다. 지도자의 생각에 귀를 기울이지만, 나름의 목소리도 낸다. 나이 많은 남자와 여자의 의견도 듣는다. 집단의 논의 끝에 결정에 이르게 되는데, 지도자의 역할이란 선택을 요약하고 의견을 표명하는, 마치 회의를 주재하는 것이다.[9]

여름철엔 오늘날 게오시(Gheo-Shih)라 불리는 저지대에서 야영한다. 충적토에 호박을 재배하고 하크베리와 메스키트나무를 수확한다. 검고 큰 이구아나를 사냥한 뒤 구워 먹는다. 몇 년 안에 게오시의 집단은, 특히 식량이 충분할 때, 다른 집단과 합친다. 밖에서도 사람들이 자주 와서 며칠을 머무르고 새로운 소식을 나누고, 혼인이 있을 때는 공동으로 축제를 준비한다. 부부는 새로운 집단의 구성원이 되고 아이를 낳는다.

가을이면 길라나키츠에 머문다. 러복은 곧 왜 이곳이 사람들을 끌어들였는지를 알게 된다. 주변엔 식물성 식량이 풍부하며, 작은 풀줄기만 보고서도 어떤 덩이줄기가 묻혔는지를 가려낼 줄 안다. 어떤 베리를 먹을 수 있고, 먹어서는 안 되는지, 어디에서 야생 멜론과 깍지콩, 양파를 찾을 수 있는지, 또 어떤 식물은 흙으로 만든 화덕에 몇 시간 구우면 먹을 수 있게 되는지를 안다. 사냥할 동물도 있는데, 흰꼬리사슴과 멧돼지, 토끼, 그리고 메추리와 비둘기 같은 새도 잡을 수 있다.

마실 물도 아주 중요한 자원이다. 폭포에서 떨어져 벼랑 아래 흐르는 강과 드문드문 흩어져 있는 샘에서 물을 길어 온다. 이것들은 대체로 작은 웅덩이 정도에 불과하지만 동굴을 다른 곳보다 훨씬 더 매력적인 곳으로 만든다. 물웅덩이와 진흙 바닥에서 거북이도 잡아 통째로 구워 먹을 수도 있다. 물웅덩이와 견과류 나무 사이로, 선인장과 호박 군집 사이로 아주 작은 길들이 복잡하게 얽혀 있다. 이곳과는 아주 다른 식물들로 가득했던 아인말라하와도 비슷했다.

가을이 끝나갈 무렵 건기가 찾아온다. 몇 달 뒤 강은 그저 작은 도랑이 되고 웅덩이만이 눈에 띨 정도로 줄어든다. 길라나키츠 사람들은 겨울을 보내기 위해 더 높고 습기가 많은 곳으로 옮긴다. 가재도구의 상당수는 그냥 동굴에 둔다. 동굴은 아주 건조하여 눅눅해지거나 썩을 염려가 별로 없다. 대신 가을 동안 채집한 씨앗과 도토리, 덩이줄기, 특히 호박은 충분하다. 이것을 잘 저장해 두고 나중에 돌아올 때 식량으로 삼는다. 가을마다 사람들은 자신들이 사는 세상의 중심인 길라나키츠에 돌아와 안도한다. 이동생활에서 공유와 협동, 동의가 가치를 지닌다. 사냥은 그리 성공적이지 않고, 덩이줄기가 너무 작고, 씨앗도 별로 없을 때도 있지만, 사람들은 굶주리지는 않는다.

러복은 길라나키츠에 더 오래 머무를수록 어떤 해는 비가 많이 와서 식량이 풍부하지만 다른 때는 아주 건조하기도 하다는 점을 실감한다. 비가 많이 올지, 아니면 가뭄이 길지는 예측할 수 없으며, 길라나키츠 사람들은 환경조건의 변화에 점점 반응한다. 봄과 여름에 비가 충분히 왔을 때 멀리 나가 다양한 식물성 식량을 찾고 보기 힘든 동물을 사냥할 준비를 한다. 이런 활동이 실패한다 해도 주변에서 해 오던 대로 얻을 수 있는 식량이 풍족하기에 모험에 나설 수 있다. 비록 빈손으로 돌아올지라도 이런 수렵채집 활동은 주변 지형경관에 대한 지식을 유지하는 데 아주 중요하다. 이 점에서 길라나키츠의 사람들은 몬테베르데 사람들, 그리고 러복이 여행 중에 만난 다른 모든 수렵채집민과도 비슷하다. 자연에 대해 채워지지 않는 갈증이 있으며, 기회만 닿는다면 갈증을 채우려 한다.

비가 충분히 온 해엔 또 다른 활동도 이루어진다. 사람들은 길라나키츠 주변에서 호박이 자라는 몇 개 지점을 잘 알고 있으며, 상당히 풍부한 열매를 얻을 것임을 예상한다. 호박이 자라는 곳을 찾아 꽃과 과실을 유심히 관찰한다. 그러면서 호박 주변에서 자라는 다른 식물을 뽑아낸다. 병충해를 입은 잎을 가진 식물도 뽑아낸다. 호박을 한두 개만 얻는다 해도 비가 많이 와 식량을 충분히 얻을 수 있을 것이기에 그런 "낭비"를 할 수 있다.

러복은 호박이 특히 밀집되어 있는 곳으로 가 본다. 여자들은 작대기로 강해 보이는 식물 몇 개를 캐서 바구니에 담는다. 그리곤 다른 식물을 솎아 내 남은 식물의 수분작용이 원활하도록 돕는다. 돌아오는 길에 잠시 멈춘 다음 호박을 다시 심고 커다란 박에 가져온 물을 뿌린다. 러복으로서는 다른 경관과 다를 것이 없어 다시 온다면 찾기 힘들 것이라 생각한다. 이렇게 새로 심은 호박을 찾는 사람은 완전한 야생 식물과 구분하지 못할 것이다.

길라나키츠 사람들은 결코 식물 재배에 대해 말하지 않는다. 그저 일상적인 사냥이나 채집, 여행의 일환일 뿐이다. 가뭄이 닥친 해가 되어서야 그것이 가져다준 혜택을 깨달을 뿐이다. 가뭄이 닥친 해에 경관은 힘을 잃고 처져 있다. 노랗고 하얀 꽃은 드물고, 선인장은 윤기가 없고, 붉은 열매가 맺혀도 빛이 좋지 않고 쪼글쪼글하다. 사냥감은 찾기 힘들다. 그러나 이런 건조한 경관에서도 사람들은 호박에 의존한다. 시들한 것은 뽑아내고 병충해에도 걸리지 않은 호박이라 싱싱한 씨앗을 얻을 수 있다. 식량의 양은 많지 않을지라도 동굴에 가지고 돌아가기에는 충분한 양이다.

러복이 길라나키츠에 머무는 10년 동안 과실 자체에 어떤 변화가 있는지는 알아차리지 못한다. 그러나 만약 10년이 아니라 100년, 아니 1000년을 머물렀다면, 과실이 커지고 색깔도 녹색에서 주황색으로 변하는 것을 보았을 것이다. 씨앗이 붙어 있었던 얇은 층이 두꺼워져 과육도 발달할 것이다. 이 식물은 길라나키츠 사람들의 돌봄에 기대어 자란다. 재배란 비가 적게 내리는 해의 식량 결핍을 이기기 위해 수렵채집민이 시도한 행위인 것이다.

호박을 재배하는 과정을 옥수수와 콩에도 적용할 수 있다. 이동하는 평등주의적 식물 채집민들이 비가 적게 내린 해의 식량 결핍을 보완하기 위해 호박을 재배했다는 것이다. 이 세계에서 길라나키츠는 아주 중요한 장소 가운데 하나였으며, 가을마다 돌아와 동굴을 사냥과 채집의 본거지로 삼았다. 플래너리에게 재배 작물의 기원은 불규칙적인 강수와 야생 식량 공급에 맞선 수렵채집민의 시도에 있다. 그러나 플래너리의 생각이 틀렸는지도 모른다. 그리하여 러복은 사뭇 다른 세계에서 또 다른 10년을 산다. 이제 브라이언 헤이든이 재배 작물의 기원을 설명하는 세계로 들어가 보자.

러복은 서기전 8000년 와하카밸리에서 또 다른 10년을 시작하며 길라나키츠의 바닥에 여자 셋과 같이 앉아 있다. 한 명은 등에 애를 업고 있다. 식량 채집에 나섰던 무리로서 와하카에 있는 거주지로 돌아가기 전 한낮에 앉아서 쉬고 있다. 다양한 씨앗과 견과류, 잎을 채집하여 바구니에 담았다. 그 가운데는 작고 둥그런 녹색 열매—야생 호박—도 있다. 해질 무렵 무리는 길을 나서 동굴 아래 강을 향해 가파른 경사면을 내려간 다음 덤불숲을 가로지른다. 야생정원도 없고 길도 나 있지 않지만, 길을 찾는데 아무런 어려움도 없다.

세 시간 뒤 일행은 어두운 밤길에 불빛이 있는 마을을 찾는다. 움막 열 채 정도가 가운데 잉걸이 타고 있는 불가에 원을 그리며 배치되어 있다. 집은 둥그런 모양이고, 통나무 틀에 진흙을 바르고 관목으로 지붕을 얹었다. 많은 사람들이 화덕 주위에 앉아 있다. 몇 명이 일어나 일행을 맞이하고 바구니를 풀고 물을 가져다준다.

채집해서 바구니에 담아 온 식량은 저장한다. 여자들은 다른 마을 사람들에게 본 것을 얘기하고, 동굴의 상태와 물웅덩이, 동물의 흔적에 대한 물음에 답한다. 러복은 통나무 건물과 마당을 본다. 플래너리의 야외조사로 구성된 길라나키츠의 세계에 그런 마을은 없었다. 그저 동굴 안의 주거와 별 차이가 없는 작은 야영지만이 있었을 뿐이다. 그러나 이제 러복은 헤이든이 상상했던 세계에 들어와서 이 반(半)문명화한 마을에서 농경이 시작되지 않았을까 생각한다. 러복은 바닥을 살피고 잠이 든다.

러복은 축제 준비가 시작되고 한참 뒤에서야 깬다. 채집해 온 씨앗과 견과류는 이미 껍질을 벗기고 나무 갈판에 갈고 있다. 작은 흙으로 만든 부뚜막에 덩이줄기를 굽고, 커다란 구덩이에 멧돼지를 구울 준비를 한다. 주변에 식량을 담은 바구니도 많이 있다. 그 가운데 하나에는 커다란 주황색 호박이 담겨 있다. 길라나키츠 주변에서 채집한 것과는 사뭇 다르다. 모닥불 주변에 통나무와 갈대로 만든 자리와 풀 다발을 깐다.

러복은 마을을 배회하면서 가장 큰 집 안에 잘 만들어진 예복이 준비되고 있음을 본다. 식물 섬유로 꼬아 만든 옷을 나무껍질로 만든 상자 안에서 꺼내 밝은 색 깃털과 꽃, 조개로 장식한다. 이 집 바로 뒤에는 잘 가꾼 호박 밭이 있다. 가장 큰 호박은 이미 땄지만, 아직도 많은 호박이 익고 있다. 밭 주위에는 관목으로 담을 쳐 둔 것으로 보아 이것이 사유재산을 의미하는 듯하다.

축제는 늦은 오후에야 시작한다. 화덕 한쪽에 앉아 있는 테우아칸에서 방문 온 집단을 위한 것이다. 그 집단의 지도자도 다채색 예복을 입고 나무로 만든 의자에 다른 사람들보다 높이 앉아 있다. 와하카의 사람들도 다른 쪽에 예복을 입은 지도자와 함께 앉아 있다. 모두 지위에 따라 자리가 정해져 있다.

앞으로 다섯 시간 동안 이런 일이 벌어진다. 한쪽이 먼저 이야기를 하고, 다른 쪽이 이것을 받는다. 처음엔 짧고 형식적이지만, 저녁이 되면서 더 길어지고 열정적으로 말한다. 그러다가 갑자기 노래와 춤, 그리고 조상의 행위를 전설처럼 표현하며 이야기한다. 와하카밸리의 여자들은 주기적으로 화덕과 구덩이에서 음식을 가져와 손님에게 접대한다. 지도자가 지도자에게 건네주는 선물—보석이나 조개, 이색적인 깃털—에 대해서도 말한다.

와하카 지도자의 이야기가 절정에 이르렀을 때 주황색 호박을 담은 접시가 들어온다. 화덕의 재 위에 놓고 굽는다. 손님들은 호박의 크기와 수, 색깔을 보며 말을 제대로 하지 못한다.[10] 호박을 구운 다음 잘라 씨앗을 돌리고, 테우아칸 지도자에겐 그릇 한 가득 대접한다. 이전에 이렇게 크고 많은 씨앗을 가진 과실을 본 적이 없다. 테우아칸 사람들은 음식을 먹으면서 패배를 시인하고 와하카와 그 사람들을 칭찬하는 마지막 말을 한다.

축제는 달이 뜰 때까지 이어진다. 테우아칸 사람들은 임시 거처로 떠난다. 와하카 사람들도 손님을 하나, 둘 데리고, 아마도 음식을 먹을 만큼 먹었으니 아마도 섹스를 즐기러 집으로 들어간다. 다음 날 테우아칸 사람들은 의무를 다하고 지도자의 지위도 유지한 채 살던 곳으로 떠난다. 마을에 도착한 다음 와하카에서 선물로 받은, 테우아칸에서는 찾아볼 수 없는 것을 보여준다. 그리곤 그를 따를 사람들에게 내년 와하카 사람들을 접대할 차례에 맞추어 주변 구릉지대에서 옥수수를 잘 길러 지금까지 한 번도 보지 못한 가장 큰 (엄지손가락만큼이나 큰) 옥수숫대로 키우라고 한다. 그런 식물을 재배하는 일은 칼로리 공급이 아니라 사회적 지위와 관련된 중요한 일인 것이다.

경쟁 축제는 해마다 두 집단 사이, 또는 세, 네, 다섯 집단 사이에 반복된다. 이때 다양하고 이색적인 식량이 축제에 쓰인다. 호박과 옥수수와 함께, 고추(칠리페퍼), 아보카도, 콩—모두 현재의 것보다 훨씬 작지만, 재배종이 되어 가는 과정에 있는 식물—도 여기에 들어간다. 진미로 즐기면서 지도자는 손님뿐 아니라 자신을 따르는 사람들에게 깊은 인상을 준다. 만약 실패한다면, 자리를 잃을 것이다. 젊은이는 모두 집 주변에 자기 밭을 가지고 있어 식물을 재배한다. 이로써 부지불식간에 후일 와하카밸리를 굽어보는 언덕을 깎고 몬테알반 도시를 건설하여 사포텍 문명의 씨앗을 뿌린다.

헤이든이 상상한 길라나키츠 사람들의 세계와 작물 재배의 이유는 플래너리의 생각과 너무도 다르다. 길라나키츠는 와하카 사람들에게는 주변부에 불과하다. 정주 마을에서 사냥과 식물 채집을 위한 여행에 나설 때 일시적인 쉼터로 찾았을 뿐이다. 헤이든의 세계에서 '빅맨'—권위와 권력을 가진 개인—은 아내를 취하고 공동 축제를 벌이고 이색적인 조개와 깃털, 돌을 획득하여 권력을 과시한다. 이 세계에서 재배 곡물은 수렵채집민이 더 이색적인 식량으로 이웃과 경쟁하려는 시도로부터 기원한 것이다.

이 두 가지 학설 가운데 어떤 것이 옳은 것인지를 판단하기 위해서는 경쟁 축제가 벌어진 영구 정착 수렵채집 마을이 있었다는 헤이든의 주장을 검증할 필요가 있다. 아직 그런 유적이 발견된 적은 없다. 헤이든은 고고학 유적이 수천 년의 강 퇴적토에 묻혀 있기 때문이라고 주장한다.

플래너리는 헤이든의 시각을 강하게 비판한다. 유수에 의한 퇴적층이 있었을 수 있지만, 서기전 8000년보다 훨씬 이전이라고 주장한다. 결과적으로 만약 그런 마을이 있었다고 하면 그 고고학적 흔적은 오늘날 지표 위에 남아 있을 것이다. 유역의 저지대에 대해 광범위하고도 상세한 지표조사가 이루어졌고, 수많은 고고학 유적이 발견되었지만, 헤이든이 그렸던 서기전 8000년 즈음 경쟁 축제가 벌어졌을 법한 마을의 증거는 전혀 없었다. 길라나키츠에서 몇 km 떨어져 있어 작은 여름 야영지의 역할을 하였을 게오시 유적은 1967년 발굴되었고, 수많은 유물이 나왔지만, 그 어떤 유구의 흔적도 없었다. 유적에서 있었던 행위는 동굴에서 벌어졌던 활동과는 사뭇 달랐던 것으로 보인다.[11] 집을 만드는 데 쓰였던 통나무가 침식되어 물에 쓸렸다 해도 기껏해야 서기전 1500년 정도로 연대측정되었을 뿐이다. 이때가 되어서야 와하카밸리에 첫 마을이 등장하는 것이다.

나는 길라나키츠 답사를 마치고 와하카 도시로 운전해서 돌아가는 길에 길 양쪽에 펼쳐진 농경지를 보면서 헤이든과 플래너리의 주장을 곱씹어 보았다. 먼지가 날렸지만, 이곳에선 이색적인 작물—칠리페퍼나 아보카도, 콩, 옥수수 같은—과 당근이나 상추 같은 익숙한 작물을 재배하는 집약농경이 이루어지고 있었다. 나는 서기전 8000년 마을이 존재했을 가능성은 크지 않으며, 플래너리의 재배 작물 기원 시나리오가 더 설득력이 있다고 생각했다.

경쟁 축제는 분명 문헌에 기록되어 있는 아메리카 원주민 공동체에서 중요한 역할을 했다. 그러나 이는 상당한 양의 잉여 식량이 있을 때의 일이다. 북아메리카 서북부에서는 태평양에서 올라오는 연어 자원이 풍부하여 축제—포틀래치—를 벌여 경쟁자인 추장을 압도하고자 한다. 이를 서기전 8000년 와하카밸리에 살았던 사람들의 생활방식으로 삼기에는 부적절해 보인다. 아마도 경쟁보다는 공유를 중심으로 사회생활을 했을 뿐 아니라 호박 씨앗이 아무리 컸다 해도 그것으로 경쟁자가 압도되어 패배를 수긍했을 것 같지는 않다.[12]

코스터 유적

북아메리카 수렵채집민의 생활방식

7000-5000 BC

존 러복의 멕시코 여행은 매머드 뼈와 클로비스찌르개가 땅속에 묻혀 있던 레너 랜치(Lehner Ranch)와 머리 스프링스(Murray Springs)를 지나 애리조나의 산페드로 강으로 향한다. 후일 제시 피긴스가 폴섬 유적에서 찾을 찌르개를 이용해 만든 도구로 들소와 사슴을 사냥하는 사람들도 만난다. 새로운 양식의 찌르개도 있는데, 모두 이전 시기의 특징적인 홈조정[1]이 보이지 않는다. 클로비스 시기보다 식물 자원에 더 크게 의존하고 있다. 후일 고고학자들은 홀로세 초 유적들에서 많은 간석기를 찾을 것이다.[2]

식생활에서 일어난 변화는 따뜻해진 기온과 강수량 증가에 따라 산림지대가 성장했음을 비추어 준다. 강을 따라 버드나무와 미루나무, 물푸레나무가 상당히 밀집되어 있고, 참나무와 향나무 숲이 보인다. 나무 아래에는 덤불과 풀이 무성하여 충분한 지식을 가진 사람이라면 식량이나 의료용으로 취할 것이 많다.

고고학에서는 플라이스토세 말의 고인디언(Paleo-Indian)시대와는 구분하여 홀로세 초의 아메리카 사람들을 아케익(Archaic)시대 수렵채집민이라 부른다.[3] 크게 보아 유럽의 중석기시대와 유사하여, 아케익 수렵채집민의 생활방식도 다양했다. 빠르게 정주 생활을 받아들인 집단도 있어 농경민이 되고 족장과 성직자, 노예를 포함한 위계사회가 발달하기도 했다. 반면 1492년 처음 유럽인이 들어와 아메리카 원주민 사회가 쇠락의 길로 갈 때까지 홀로세 전 기간 수렵채집민으로 살았던 사람들도 있다.

서기전 7500년, 러복은 애리조나를 거쳐 콜로라도 평원 남쪽 가장자리의 거친 계곡으로 들어가서 오늘날 셰블런캐니언(Chevelon Canyon)에 있는 동굴에서 쉬어 간다. 고고학자들이 샌들 쉘터(Sandal Shelter)라 부르는 유적이다.[4] 원래 아래의 사암과 위에 있는 석회암이 만나 틈이 생긴 것이지만, 침식되어 넓어져 동굴이 되었고, 홍수가 나면 동굴 위까지 잠긴다. 동굴 안쪽에는 화덕자리와 불에 탄 뼈, 석기, 나무 막대기들이 흩어져 있다. 동굴벽 옆에는 샌들 한 켤레가 놓여 있다. 샌들은 유카(용설란과의 여러해살이풀) 잎을 단단히 엮어 엄지발가락을 내놓고 복숭아뼈 주변을 묶어 만든 것이다.

콜로라도 평원의 동굴에서는 놀랍게도 아케익시대의 샌들 여러 켤레가 아주 건조한 환경에서, 그리고 강한 재료로 만들어졌기에 그대로 보존되어 있었다. 옷과 주머니, 바구니 조각 같은 유기물 유물도 나왔다. 우리는 쥐에게도 고마워해야 한다. 이 설치류가 가지와 잎으로 만든 커다란 둥지는 고고학에 큰 혜택을 준다. 둥지를 만들 때 설치류는 사람의 쓰레기를 이용하는데, 그렇지 않았으면 썩어 없어졌을 것이었다. 샌들 쉘터에서 버려지고 잊히고 정말 수수께끼 같은 샌들 열아홉 개가 설치류 둥지로 활용되어 남았던 것이다.

1997년 노던애리조나대학의 필립 가이브(Philip Geib)는 과거 동굴에서 설치류가 남긴 쓰레기를 수집했던 지역 박물관에서 사람의 샌들 유물을 발견한 뒤 동굴을 찾아 조사를 시작했다. 방사성탄소연대로 유적의 가장 이른 시기는 서기전 7500년이며, 거의 1500년의 시간폭을 가지고 있다. 샌들은 보존상태가 너무 좋아서 정확히 어떻게 만들어졌는지 알 수 있었고, 더 북쪽의 동굴에서 나온 다른 샌들과 비교연구도 했다. 가이브는 아케익시대의 신발이 지역, 그리고 시간의 흐름에 따라 어떻게 변모하는지를 재구성했다. 결과적으로 우리는 다른 어떤 생활방식보다도 콜로라도 평원의 아케익시대 사람들의 신발에 대해서 더 많이 알고 있다.

동이 트자 러복은 동굴을 떠나 셰블론캐니언을 따라 리틀캐니언(Little Canyon)으로 들어간다. 그런 다음 200km 서북쪽으로 그랜드캐니언까지 여행을 이어 간다. 오늘 날 이곳을 찾아 엄청난 절벽, 움직이는 그림자와 여울에 경탄하는 사람들처럼 수렵채 집민을 보고 놀란다. 계속 여행하면서 그레이트베이슨을 가로지른다. 이곳은 동쪽으 로 로키 산맥과 서쪽으로 시에라네바다 산맥 사이에 많은 작은 분지를 가진 곳이다. 오늘날 네바다 주의 대부분을 차지하면서 극도로 건조한 곳이다.

최후빙하극성기에 그레이트베이슨에는 맑고 푸른 호수가 많았다. 가장 유명한 것은 보너빌 호(Lake Bonneville)였다. 북아메리카의 빙하더미가 대기 순환에 미친 영향 때문에 사뭇 다른 강수 패턴이 나타난 결과 호수들이 생겼다.[5] 그러나 서기전 7500년 즈음에도 이미 호수는 사라져 러복은 그저 작은 웅덩이와 얕은 호수, 습지대, 개울 같은 것을 가로질렀을 뿐이다.[6] 완전히 마른 분지나 골짜기도 있었고, 흙은 소금 에 강한 식물들이 차지했다. 다른 곳에는 관목이 압도하면서 사막 같은 환경이 자리 잡았다. 잣나무 열매와 향나무가 낮은 산록에서 자라고, 소나무와 가문비나무 숲이 고지대에 번성하는 환경이었다.

그레이트베이슨의 수렵채집민은 작은 무리를 이루며 흩어져 살고 있었다. 사슴 과 영양, 토끼, 다람쥐, 땅다람쥐 같은 동물과 가끔 들소를 사냥한다. 낚시도 하고, 다 양한 범주의 식물을 채집한다. 한 곳에 머무르지 않고 몇 주, 또는 흔히 며칠 만에 이 동했기에 쉼터는 허술했으며, 동물 뼈와 식물 유체는 산성토양 탓에 곧 썩어 없어졌 다.[7] 그리하여 후일 고고학자에게 남겨진 흔적이란 부서진 찌르개나 간석기만이 흩 어져 있을 뿐이었다.

하지만 이처럼 고고학 증거가 희소하면서도 건조한 동굴에서 발견되는 자료는 풍부하다. 밧줄 조각이 육십 개가 나온 래스트서퍼(Last Supper) 동굴과 더티셰임 (Dirty Shame) 바위그늘, 시더나무 껍질로 만든 자리와 버드나무 바구니가 나온 피쉬 본(Fishbone) 동굴과, 데인저(Danger) 동굴, 그리고 유일한 아케익시대 무덤—그리 고 토끼가죽으로 만든 옷과 식물 섬유질 수의—이 확인된 스피릿 동굴 같은 유적 이 름을 들어도 짐작할 수 있다.

고고학적으로 풍부한 유물이 확인된 유적으로 유타의 호겁(Hogup) 동굴을 들 수 있다.[8] 이곳에서 나온 유물로는 간석기와 다양한 바구니, 주머니, 버드나무 껍질로 만든 쟁반 같은 것이 있다. 그러나 가장 중요한 유물은 바로 동굴에 퇴적되어 있던 사람의 똥화석(분석)일 것이다. 열한 개가 나왔는데, 데인저 동굴에서도 여섯 개가 확인되었다. 분석한 결과 다양한 종류의 식물 유체가 확인되었으며, 특히 꺼끌꺼끌한 배와 부들과 명아주 유체가 많았다. 뼈가 깨진 것도 있었고, 곤충과 동물 털도 나왔다. 아마 털은 가죽을 다룰 때 생겼을 것이며, 음식을 준비할 때 썼던 조그만 숯덩이와 자갈도 확인되었다. 자갈은 식물을 가는 데 쓰였을 것으로 보인다.

러복은 로키 산맥의 동쪽 사면을 내려와 평원으로 들어간다. 캐나다에서 멕시코에 이르기까지 대륙을 가로지르며 굽이치는 구릉지대와 초원이 펼쳐진 평원이다. 때는 서기전 7000년. 러복은 와이오밍 주 북부 빅혼(Bighorn) 분지의 후일 호너(Horner) 유적에 닿는다.[9] 먼지가 가라앉자 좁은 골짜기 바닥에서 막 잡은 들소 네 마리 곁에 여남은 사람이 쭈그리고 앉아 있는 모습이 눈에 들어온다. 사나운 사냥꾼이었다가 이제는 마치 자연을 사랑하는 사람들인 양 목숨을 맡긴 동물에게 경외심을 표한다.

용감한 사냥꾼들은 막다른 골짜기의 돌덩어리 뒤에 숨어 창을 단단히 들고 숨죽이고 있다. 우르르거리는 소리가 나면서 먼지가 일고, 발굽소리가 많아지고 헐떡거리는 소리가 들린다. 광란에 휩싸인 들소 네 마리가 돌진하고 사람들은 큰 소리를 지른다. 사냥꾼들은 더 완전한 때를 기다리다 마침내 창을 던진다. 한 마리, 두 마리, 세 마리가 땅바닥에 넘어진다. 다른 하나는 부상을 입었다. 고통스러워 온몸을 비틀고 허우적대면서 큰 울음소리를 낸다. 그런 다음 창이 심장과 폐를 찌르자 마지막 들소도 쓰러진다.

도살이 시작된다. 가죽 주머니에서 돌칼과 찍개를 꺼낸다. 러복은 이보다 5500년 전 파리 분지 베르베리(Verberie)에서 봤던 순록 도살 장면을 떠올린다. 파리가 이미 주위에 모여들고 있어 사냥꾼은 서둘러야 한다. 죽은 동물은 몇 마리 남지 않아 곧 멸종할 들소 종(*Bison antiquus*)이었다. 이 큰 들소가 멸종하면서 평원에는 더 작은 들소 종(*Bison bison*)만이 풀을 뜯는다.

파리가 알을 낳거나 고기가 상하기 전에 끝내려 모두 열심이다. 돌 격지로 꼬리에서 목까지 동물의 배를 가른다. 내장을 제거하면서 땅바닥에 커다란 창자가 쏟아져 나중에 찾을 약취자의 먹이가 된다. 좋아하는 내장기관은 잘 간수한다. 그러면서 주기적으로 석기에 묻은 기름과 피를 두꺼운 들소 가죽에 닦는다. 들소 뼈로 만든 도구로 작업하는 이도 있다. 다리뼈에서 가죽을 발라내고 뼈를 분리하는 데 석기만큼 효율적이다.

고기는 길고 얇은 조각으로 떼어 낸 뒤 바로 끝이 파인 나무에 걸쳐 놓는다. 몇 분이 지나지 않아 고기 표면에 단단한 층이 생겨 파리떼가 달려들어도 그 층을 파고들어 알을 낳을 수 없다. 곧 나무에 고기가 가득차고, 다른 가지와 바위를 건조대 삼아 고기를 걸쳐 놓는다. 이렇게 몇 시간 동안 호흡 기관과 혀까지 떼어 내고, 골반뼈도 부러뜨리고, 가죽도 어느 정도나마 깨끗이 한 뒤 접어놓는다. 들소의 한쪽을 해체한 뒤 뒤집어 다른 쪽을 마무리하고, 고기를 건조대로 나르고, 날아드는 까치와 까마귀에 돌을 던지기도 한다.

저녁에는 불을 밝혀 약취자를 물리치고 고기를 굽는다. 사람들은 골짜기에서 밤을 보낸 뒤 새벽에 큰 짐을 지고 살던 곳에 돌아갈 것이다. 어둠이 내리고 작업이 마무리되면서 사람들은 불가에 앉아 상상 속에서나마 다시 사냥을 그린다. 맛있는 간은 참석한 모든 이가 고루 나누어 날로 먹는다. 한 남자가 불가를 떠나 버려진 내장더미를 뒤지다 쓸개를 가지고 돌아온다. 남자는 간 위에 쓸개를 짠 뒤 씹어 먹는다.

아침이 되자 사냥꾼들은 늙은이와 어린이들이 학수고대하며 기다리는 북쪽의 여름 야영지로 돌아간다. 러복은 남쪽으로 길을 떠나 평원을 따라 콜로라도로 들어간다. 사람들은 초원의 들쥐나 땅다람쥐도 덫을 놓거나 굴을 파서 잡고, 식물성 식량도 채집한다. 아부후레이라, 몬테베르데나 다른 아마존 유역에서 보았던 것에 비하면 채집 식량이 볼품없다. 그러나 사슴을 쫓든 씨앗을 갈든, 수렵채집민의 마음이란 거기서 거기이다.

창은 가장 중요한 무기다. 창끝의 찌르개는 러복이 본 것 가운데 가장 잘 만들어진 것으로 길이 15cm에 이르며, 완전한 균형을 이루고 날카로워 치명적으로 보인다. 사냥의 성공은 창이 얼마나 사냥감에 잘 날아가는지에 달려 있기 때문에 자루도 소중하다. 창끝에 찌르개를 장착할 힘줄과 송진도 중요하다. 찌르개가 장착되기 위해서는 충분히 강해야 하며, 얇고도 유선형이어야 찌르개가 가죽을 관통할 것이다. 요령이라면 동물의 갈비뼈 사이를 공격하여 찌르개의 끝이 폐나 심장을 찌르게 하는 것이다. 사냥꾼은 조준하여 정확하고도 강하게 던져야 한다.

러복은 서기전 6500년 가을이 끝나기까지 평원에 머무른다. 머무는 동안 들소 사냥꾼들의 삶은 더 힘들어졌고 앞으로 2000년 동안 고난은 더 심해질 것이다. 해마다 강수량은 줄어들고 가뭄이 주기적으로 찾아오는데, 이런 현상은 계속된다.

　이 시기 아메리카의 기후를 홀로세 중기 고온기(Altithermal)[10]라 부른다. 가뭄은 혹심해서 미국 서남부 전체를 강타했다. 유량이 줄고 먼지 폭풍이 일어 침식과 함께 사구가 생겼다. 그레이트베이슨의 습지는 말라붙어 사막화가 가속된다. 평원을 가로지르며 초원지대가 살아남긴 했으나 식물상의 다양성은 떨어져 가장 강한 종만이 살아남았다. 들소는 좋지 않은 환경에서 더 작고 약한 새끼를 낳고 성장기까지 자라는 개체의 수도 줄어든다.

　서기전 6500년의 들소 사냥꾼은 지하수 수위가 낮아져 우물을 파야지만 물을 얻을 수 있었다. 식물성 식량이 점점 생존에 중요해지면서 간석기도 만들었다. 들소를 어디에서 찾을지 이야기하지만, 더 이상 보이지 않자 사냥할 가치가 있다고 생각하지 않는다. 강도 개울도 마르면서 사람들은 남아 있는 수원지에 의존하여 그 주변에서 살아간다. 사람들이 주변의 질 낮은 돌로 석기를 만들면서 찌르개의 질도 떨어진다.

　가뭄은 결국 끝나고, 들소 사냥도 다시 이루어져 역사시대까지 이어진다. 그러나 평원의 흙은 너무도 말라 있고 자주 얼어붙어 아메리카 원주민은 한곳에 정주하면서 옥수수와 호박, 콩을 재배한다. 식물 재배는 서기전 2000년 대륙 전체에 확산되었다.[11] 하지만, 사람들은 새로운 사냥법을 개발한다. 들소 무리를 벼랑으로 몰고, 벼랑이 없을 때는 담장과 울타리를 쳐 동물을 가둔 다음 창이 아니라 활과 화살을 쓴다. 엄청난 넓이의 초원을 태워 새로운 싹이 자라게 해서 들소가 돌아오게 한다. 그렇다고 들소의 생존을 위협하지는 않는다. 재앙은 후일 대륙에 유럽 사람들이 말을 가져오면서 벌어졌다. 원주민과 백인 모두 말을 이용해 들소떼에게 총을 쏴 수천 마리를 도살했던 것이다.

서기전 6000년 어느 가을날. 해가 뜨자 따뜻해지면서 건조하고 먼지가 자욱한 세상은 딴 곳인 듯하다. 러복은 석회암 절벽 위에 앉아 서쪽으로 습지대와 목초지 사이를 빠르게 흐르는 은빛 강을 내려다본다. 다시 비가 오면서 그 너머엔 두터운 낙엽성 숲이 부드럽게 단풍에 젖어 있다. 벼랑 아래엔 가파른 경사면이 드문드문 나무가 있는 움푹 꺼진 풀밭으로 이어진다. 가을의 잎과 풀과 어울리는 적갈색 지붕의 직사각형 집 다섯 채가 자리 잡고 있다. 불을 피우자 연기가 피어오르고, 개 한 마리가 짖고 아이의 울음소리가 들린다.

눈에 보이는 강은 일리노이 강이고 마을은 코스터(Koster)이다. 1968년 시어도어 코스터의 농장에서 유적이 확인되어 그런 이름을 붙인 것이다.[12]

발굴은 1969년 시작되어 대규모로 이루어졌다. 서기전 8000년 이곳에서 처음 사람들이 들어와 살았던 증거가 나왔다.[13] 퇴적층에서는 이 움푹 꺼진 곳에서 사람들이 어떻게 수천 년 동안 살았는지 그 흔적이 확인되었다. 낮은 곳이라 주변에서 흙이 흘러들어 와 10m² 면적에 열세 개 점유가 층을 이루고 있었다. 서기전 5000년이 되면 영구 정착 마을이 등장하고, 사람들은 사냥을 하거나 식물을 채집하고 물고기를 잡았다. 마치 미국 중서부의 에덴의 정원 같았다.

서기전 6000년 날이 밝았다. 마을 사람들은 가죽 천을 헤치고 집에서 나온다. 앉아서 이야기를 나누고 차를 끓이고 씨앗을 갈아 만들고 화덕에서 달구어진 돌로 데운 죽을 먹는다. 소매가 없이 헐렁한 웃옷을 걸치고 스커트를 입은 사람도 있고, 옷도 걸치지 않고 유연한 몸을 아침 햇살에 드러낸 사람도 있다. 관절염에 걸린 늙은이가 문가에 앉아 사람들이 해 달라는 특이한 일들을 하고, 아이들에게 옛날 얘기를 해 주고, 개한테 막대기를 집어던지며 하루 종일 그곳에 머무른다.

사람들은 흩어져 일상에 들어간다. 여자와 아이들은 견과류 나무를 찾아 떠난다. 어디에서 가장 많은 열매를 얻을 수 있는지 잘 안다. 히커리 열매는 가을 식량 가운데 가장 풍부한 것이다. 젊은 남자들은 창을 들고 사슴 사냥을 떠나기도 하고, 강으로 향하는 무리도 있다. 마을에서도 작업이 시작된다. 고리버들 바구니도 수리해야 하고, 허약한 아이를 위해 치료약도 준비해야 한다.

한 여자가 불가에 앉는다. 돌덩어리를 꺼내더니 뜨거운 잉걸에 놓는다. 돌이 뜨거워지는 동안 송진이 담긴 그릇을 휘저으면서 나무 막대기에 홈을 판다. 돌덩어리를 꺼낸다. 불을 먹어 잘 깨지는 돌에서 대여섯 개 격지를 떼어 낸다. 격지를 홈에 넣은 다음 송진을 발라 단단히 고정시킨다. 칼이 완성되었다. 불가에는 격지 몇 개가 버려져 있다. 수천 년이 흐른 뒤 조심스럽게 발굴되어 씻겨지고 번호가 붙을 것이다.

해는 서쪽 언덕 뒤로 기운다. 견과류를 따러 간 사람들이 무거운 바구니를 들고 돌아오고, 사냥꾼들은 아무 소득도 없이, 그리고 강으로 나간 사람들은 갈대 다발을 가지고 마을에 들어온다. 골풀자리와 부드러운 가죽을 불가에 놓은 다음 다 함께 저녁을 먹고선 이야기를 나눈다. 달이 떠오르고 밤이 찾아온다. 사람들은 각자 집으로 들어가 잠을 청한다. 타는 잉걸에 나방이 찾아오고 박쥐도 날아다닌다. 별이 반짝이고 추워진다. 풀밭을 총총 기어 다니는 쥐 소리가 들린다.

다음 날 일찍 일어난 사람이 불을 밝히면서 코스터에 또 다른 일상이 시작된다.[14] 사람들은 대부분 집에 머물러 있다. 히커리 열매의 껍질을 까고 갈고, 골풀자리를 만들고 지붕을 수리한다. 그렇게 또 다른 밤이 찾아오고, 다음 날엔 폭우가 쏟아진다. 날마다 마을 생활에서 고고학 이야기가 만들어진다. 풀밭에서 쓰던 도구를 잃어버리기도 하고, 쓰레기더미가 생기고, 빗물을 빼기 위해 땅을 파기도 한다. 그리곤 서리가 찾아온다. 밤엔 추워서 불가에 놓인 가죽과 자리 밑으로 들어간다.

어떤 추운 밤이 지난 뒤 러복은 늙은이가 밖으로 옮겨져 얼음처럼 푸른 하늘 아래 차가운 풀밭 위에 놓이는 걸 지켜본다. 종일 사람들이 찾아와 시신 옆에서 존중을 표하고 그가 사냥과 고기잡이에서 했던 일과 전해 줬던, 사람들이 한곳에 살지 않고 이동했을 적 이야기를 떠올린다. 그날 밤 집 뒤에 시신을 묻는다. 축제가 벌어지고 노래와 춤, 그리고 샤먼의 기도가 이어진다. 그늘진 곳에서 늙은 아내가 흐느낀다.

겨울이 다가오고, 러복은 여전히 불가에 앉아 있다. 이제 가족은 각자 짐을 싸고 마을을 떠난다. 같이 가기도 하고 홀로 가기도 한다. 어디로 가는지, 러복도, 미래의 고고학자도 말할 수 없다. 서기전 6000년 사람들은 겨울을 코스터에서 지내지 않는다.

봄이 되자 사람들은 돌아와 집을 수리하고 청소하면서 또 다른 해를 시작한다. 불가에 앉아 몇 시간 동안이나 섬유질에 매듭을 지어 고기 그물을 만드는 사람도 있다. 다른 날엔 같은 사람들이 강에서 그물망에 물고기를 한가득 담아 들고 돌아온다. 여름엔 흰꼬리사슴 사냥을 계획하고, 가을 내내 마을은 히커리뿐 아니라 호두와 도토리, 헤이즐넛, 피컨 등 견과류를 깨고 가는 소리로 가득하다. 그리고 다시 한 번 사람들은 마을을 떠난다. 이런 생활이 해마다 반복된 뒤 어느 봄에 사람들이 더 이상 돌아오지 않고 마을은 자연으로 돌아간다. 이렇게 고고학에서 코스터의 8기라 부르는 시기가 끝난다.[15]

해가 갈수록 집은 무너지고 통나무는 썩는다. 쓰레기더미에서 싹이 돋아 해바라기, 그리고 참나무와 히커리나무의 묘목이 자란다. 빗물이 계곡 사면을 따라 흘러내리며 풀밭에 흙이 쌓이고, 잃어버린 도구와 도랑, 죽은 자를 묻었던 낮은 봉분도 묻힌다. 한때 사람이 살던 마을은 다시 자연이 되고, 칼과 찌르개가 되었던 돌과 집을 짓는 데 쓰였던 나무와 갈대, 껍질, 사람이 이용했던 뼈와 가죽, 동물 내장도 모두 자연으로 돌아간다.

해가 갈수록 강수량이 늘어나 강물은 둑을 넘는다. 해마다 반복되는 홍수는 더 이상 강으로 빠져나가지 못하고 습지와 목초지였던 곳은 호수가 된다. 기러기와 오리, 백조 떼가 새로운 호수에서 살면서 이곳을 여름 보금자리로 삼는다. 물은 물고기로 가득하고 가장자리엔 조개가 자란다.

그런 다음 어느 해 봄 아침, 사람 목소리가 들린다. 1000년이 지난 뒤 사람들이 코스터에 돌아온 것이다. 지난 1000년 동안 주변엔 사람 무릎 높이까지 흙이 쌓였다. 남자 둘이 숲과 강, 호수 환경을 가진 이곳에 들어와 예전에 사람이 살았었는지 이야기를 나눈다.

한 주가 흐른 뒤 몇 가족이 찾아온다. 텐트를 세우고, 나뭇가지로 쉼터로 만들고, 나무를 자르고, 관목을 정리하여 집을 짓는다. 며칠이 지나지 않아 새로운 마을의 모습이 갖춰진다. 이것을 1970년대 고고학자들은 코스터의 6기와 7기라 부른다.[16]

사람들의 생활은 앞 시기와 별반 차이가 없어 수렵과 채집으로 생계를 꾸린다. 그해 여름 동안 경사면에 단을 만들고 도랑을 파고 기둥을 세워 더 많은 집을 짓는다. 통나무를 잘 지지한 뒤 돌을 채워 넣고 어린 나무로 벽을 세운다. 강가에선 여자들이 바구니를 들고 해바라기씨를 딴다. 어떤 날엔 청둥오리떼가 나는 호수에서 무릎 깊이까지 들어가 그물을 치기도 한다. 숲에선 사슴을 쫓고 마을에선 청소도 한다. 코스터 사람들은 얼굴에 칠을 하고 밤에 마을 가운데 불을 피우고 모여 노래를 부르고 춤을 춘다.

마을은 그 어느 때보다 크다. 적어도 집이 열두어 채는 되고 100명 정도가 산다. 사슴뿐 아니라 미국너구리와 칠면조도 사냥하고, 많은 물고기와 조개를 점토띠를 돌린 구덩이에 넣고 찐다. 카누를 타고—이제 강은 고기를 잡는 곳일 뿐 아니라 교통로가 된다—들어오는 방문자도 많아 마을은 분주하다. 강을 타고 오대호 쪽에서 구리가, 멕시코만에서는 조개가, 오하이오에서는 정질의 플린트가 들어온다. 이런 물품을 이용해 팔찌와 치레걸이를 만든다. 장식은 몇 사람만 하는 듯이 보인다.

이런 변화가 일어나면서 예전의 평등주의에 금이 가기 시작한다. 러복은 같은 시기 덴마크의 중석기시대를 여행하면서 어떻게 농경민의 도끼와 곡물이 예전의 수렵채집 생활방식을 무너뜨렸는지를 보았던 경험을 떠올린다. 더 이상 죽은 자를 모두 땅에 묻지 않는 코스터에서는 또 다른 사회변동의 신호를 본다. 신체에 병이 있는 사람들은 집 뒤 쓰레기더미 가까운 어두운 곳 얕은 무덤에 묻힌다. 좋은 상태에서 죽은 사람은 강과 호수를 굽어보고 맨 처음 해가 떠오르는 곳 위에 있는 공동묘지에 놓인다.[17]

마을은 번성한다. 번성을 이어 가다가 결국은 쇠락하고 버려진다. 서기전 1000년 즈음 마을은 농경민이 거주하면서 마쉬엘더(marsh elder)와 해바라기, 명아주를 재배했었다. 후일 일리노이 강 유역에 살았던 사람들은 멕시코 중부에서 호박과 옥수수, 콩이 재배되고서 아주 오랜 시간이 흐른 뒤 마침내 재배를 시작한 것이다. 물론 호박은 미국 동부에서 자체적으로 재배되기 시작했을 수도 있다. 단단히 엮어 만든 바구니는 토기를 대체하고 화살촉을 쓰면서 찌르개도 만들지 않고, 태어나면서부터 권력을 예약한 추장을 위해 커다란 봉분을 만든다. 그러나 유럽 사람들이 들어와서야 미국 중서부의 숲은 파괴되고 오늘날 거대한 옥수수 벨트로 변모하였다.[18]

중서부 개발의 역사는 여기서 다룰 수 있는 문제가 아니다. 러복은 서기전 5000년 코스터에서 마지막 날을 보낸다. 아침엔 사슴을 사냥하고 버섯을 채집하고, 낮에 처음 코스터를 찾았을 때 앉았던 석회암 절벽을 오른 뒤 마지막으로 마을을 굽어본다. 그리곤 교역자들을 따라 카누를 이용해 마을을 떠난다. 새로이 얻은 가죽과 모피를 카누에 싣고 북쪽으로 노를 저어 오늘날 미시간 호 연안의 마을로 들어간다.

연어잡이와 역사의 선물

미국 서북부의 복합 수렵채집 사회

6000~5000 BC

존 러복은 일리노이 강에서 카누를 얻어 타고 마지막 아메리카 역사 여행을 시작한다. 며칠 뒤 미시간 호 남쪽 끝에 있는 교역자의 마을에 닿는다. 이곳은 여기저기에서 사람들이 물건을 만들고 교환하는 곳인 듯하다. 인구는 곧 크게 불어나 수렵채집민의 평등성과 공유가 유지되기는 힘들어진다.

여름날 오후 호숫가에 앉았다. 고요한 호수 위에 구름 한 점 없는 하늘이다. 어린이들은 물에서 놀고, 호숫가를 따라 늘어서 있는 집에선 나무 타는 연기가 피어오르는 평온한 광경이다. 늘 그랬던 것은 아니고, 앞으로도 그렇진 않을 것이다.

최후빙하극성기 동안 이곳은 로렌타이드 빙상의 남쪽 가장자리에 있어 두꺼운 얼음에 덮여 있었다. 그 시기가 끝난 뒤엔 얼음이 녹은 엄청난 물에 잠기고, 강물이 넘쳤다. 툰드라 환경으로 폭풍이 불고, 소나무와 가문비나무 숲이 자리 잡고, 그런 다음 아메리카대륙 첫 주민이 들어왔다. 이곳은 오늘날 시카고다. 카누와 나뭇가지로 만든 오두막은 증기기관차와 고층빌딩의 전조가 되었다.[1]

하지만, 러복은 서해안, 태평양 연안으로 돌아가야 한다. 이제 긴 여행에 나선다.

먼저 걸어서 미시시피 강까지 간 뒤 강 양쪽의 마을 사이로 카누를 타고 북쪽으로 향하여 오늘날까지 변한 것이 별로 없는 캐나다 대자연으로 들어간다. 이 호수와 강, 두터운 숲의 땅에서 작은 무리를 이루고 이동하며, 이미 사라진 클로비스 사람들과 별반 다를 것 없는 삶을 사는 사람들을 본다. 카리부와 무스를 사냥하고, 덫을 놓아 비버와 사향쥐를 잡지만, 고고학자에게 별다른 흔적을 남기진 않는다.

이제 서쪽으로 길을 잡고, 산림지대를 떠나 그레이트베이슨 북쪽 끝을 통과한다. 여전히 들소 사냥이 벌어지고 벼랑으로 몰아 대량으로 사냥한 유적 근처도 지나친다. 평원을 지나 로키 산맥을 가로지른 다음 컬럼비아 산맥으로 들어간다. 프레이저 강을 건너고, 높은 산과 목초지를 지나며 산양 사냥도 목격한다. 가파른 골짜기와 꼭대기에 소나무 숲으로 덮인 산을 내려온다. 강은 느리게 흐르다가도 빠르게 굽이친다. 겨울비가 내리는 날은 높다란 상록수 아래에 두터운 양치식물 군락 사이로 난 길을 따라 바다로 향하는 강으로 간다. 물은 얕고 섬들이 떼를 이루고 있다. 태평양이다. 러복은 코스터에서 무려 3500km 거리를 여행한 탓에 지쳐 자리에 앉는다.

프레이저 강 너머의 땅을 고고학자들은 캐스케이디아(Cascadia)라 부른다. 오늘날 워싱턴 주와 브리티시컬럼비아를 포함하여 알래스카 남쪽에서 캘리포니아 북쪽까지의 땅이다. 태평양 해안선은 깊은 피오르여서 소용돌이도 치고 섬도 많다. 컬럼비아, 클라매스, 스키너, 스티카인, 프레이저 같은 강이 흐르고, 더 작은 강도 많다. 캐스케이디아는 러복의 아메리카 여행의 마지막을 장식하기에 적당한 곳이다. 여기엔 아메리카에서, 아니 아마도 전 세계 역사에서 가장 발달한 수렵채집 사회가 있었다.[2]

18세기 유럽 사람들이 처음 미국 서북부의 원주민을 마주했을 때 그 어떤 인디언과도 달랐다고 한다. 그저 통나무로 지은 집과 마을에 1000명이 넘는 주민이 살았기 때문만은 아니다. 귀족과 평민, 노예, 그리고 마치 르네상스 후원자처럼 예술가와 장인을 후원하여 집 앞에 그림을 그리고 토템기둥을 세운 추장이 있었기 때문만도 아니다. 그리고 땅을 소유하고, 부와 지위를 과시하는 수단으로 엄청난 양의 식량과 물품을 폐기하는 과장된 축제에 열중했기 때문만도 아니다.

그런 집과 마을, 예술, 관습은 만약 사람들이 옥수수를 재배하고 소를 키웠다면 그리 놀라운 일은 아니었을 것이다. 그런데 서북부 해안의 사람들은 수렵채집민이었다. 더 정확히는 고기잡이, 곧 어로가 생업이었고, 정확히 연어잡이에 바탕을 둔 문화였다. 북태평양의 해수면은 해빙의 영향으로 수천 년 동안 불안하게 상승했고, 빙하에 눌린 땅이 융기하다가 약 6000년 전 즈음 안정된다.[3] 엄청난 연어떼가 서북부 해안의 강으로 거슬러 올라와 알을 낳고 죽는다. 해마다 어부들이 준비가 되어 있다. 작살과 줄, 갈퀴와 그물, 몽둥이, 갈고리와 덫으로 마치 농사꾼이 옥수수를 수확하듯이 물고기를 수확했다.

그렇게 많은 연어를 수확한다는 것은 저장할 수 있을 때만 효과적이다. 사람들은 연어 살을 발라내고 거치대에 걸어 햇볕과 바람에 말린다. 집 천장에 매달고 연기를 피워 보존하기도 한다. 캐스케이디아는 자원이 풍부한 곳인데, 연어만이 식량이 아니었다. 사람들은 바다사자와 수달, 사슴, 엘크, 곰을 사냥하고, 베리와 도토리, 헤이즐넛을 채집한다. 아마도 연어에만 의존한 것이 아니라 식량 자원이 이처럼 다양했다는 사실이야말로 성공의 가장 중요한 요인이었을 것이다.

캐스케이디아의 아메리카 원주민은 이런 무제한의 야생 식량으로 영구 정착 마을에 살면서 수확이 없는 시기 동안 저장 식량에 의존했다. 그래서 전문 장인을 두고, 교역도 할 수 있었다. 주기적 식량 부족으로 이동하는 보통의 수렵채집민보다 인구는 증가했다. 이 때문에 지도자가 등장하여 주변 집단과 전쟁을 벌이는 것도 놀랍지 않다.

고고학자들은 이런 사회를 "복합 수렵채집 사회"라 부르는데 서기전 500년 즈음 등장한 것으로 보인다. 그러나 러복이 이곳을 찾은 것은 서기전 5000년이고, 그 토대만이 만들어지고 있을 뿐이다. 러복은 연안 이곳저곳을 살펴본다. 굴 껍질이 흩어져 있고 동물 뼈들이 모래와 풀에 반쯤 묻혀 있는 것이 보인다. 주변엔 깨진 자갈돌과 격지들도 보인다. 작은 찌르개를 만들 때 떨어져 나온 것이다. 옆엔 과거 오두막집의 흔적도 보이고, 기둥이 남아 있고, 가지들이 엮어 있기도 하고, 여전히 가죽 조각이 헝클어진 채 붙어 있다.

목소리가 들린다. 두 가족, 여남은 사람들이, 무너져 내린 오두막집을 살펴본다.

남아 있는 가죽을 떼어 내고 흔들거리는 기둥을 돌로 고정시키고 다시 세운다. 몇 명은 해안으로 가 한 시간도 안 되어 조개를 잡아 온다. 식사를 한 뒤 껍데기는 풀밭에 던져 버린다.

다음 날 더 많은 가족이 찾아온다. 사람들은 해안과 숲에서 흩어져 여름을 보낸 뒤 이곳에 와서 서로 인사를 한다. 곧이어 나뭇가지로 만든 오두막집에 적어도 백 명은 사는 마을이 들어선다. 쓰레기더미가 쌓이고 그 안에 굴과 홍합껍데기뿐 아니라 사슴과 돌고래 뼈까지도 있다. 고기로 끓인 죽 찌꺼기도 쓰레기더미에 버리고, 화장실로도 쓴다. 구더기를 죽이고 약취동물을 물리치기 위해 불을 놓기도 한다. 연기가 자욱하고, 썩은 음식과 쓰레기로 가득하다.

사람들은 올라오는 연어를 잡기 위해 분주하다. 러복은 마을을 떠나 숲으로 들어가 본다. 소나무와 솔송나무, 가문비나무 사이에서 사슴과 머스크랫(사향뒤쥐)을 찾는다. 그리곤 붉은 시더나무도 본다. 이 숲에 있는 나무는 후일 엄청나게 자라나 사람들이 집과 카누, 토템기둥을 세우는 통나무 재료가 될 것이다. 어부들 틈에 끼어 작살과 창을 다듬고, 돌칼을 만들고, 나뭇가지로 건조대를 준비한다. 사람들은 저녁때가 되면 주로 숲과 바다의 영혼에 관한 얘기를 나눈다.

마침내 연어가 보인다. 처음엔 한두 마리, 그리곤 엄청나게 많은 떼가 강을 거슬러 헤엄쳐 온다. 사람들은 준비되어 있다. 남자와 여자, 젊은이나 늙은이 모두 창과 작살을 들고 발목에서 무릎까지 차는 물에 들어간다. 며칠이 지나지 않아 연어는 더 이상 오지 않는다. 수백 마리를 잡았지만, 수천 마리가 빠져나갔다. 가을 햇살 아래 건조대에는 연어고기가 가득하다.

몫을 가지고 떠나는 가족도 있지만, 대부분은 그대로 머문다. 연안에는 청어도 풍부할 것이고, 거기서 기다리면 연어도 더 잡을 수 있을 것이다. 비오는 날이 많다. 늙은이와 어린아이들은 습기가 많은 날 눅눅한 곳에 자야 하는 일이 고생스럽다. 외부에서도 이곳을 찾아 흑요석과 마른 고기를 서로 바꾼다. 봄에는 가족들이 서로 흩어지고 가을에 돌아와 연어잡이를 계속한다. 흩어져 사는 동안 집은 무너져 내리고 날려 온 모래가 쓰레기더미에 쌓인다.

비가 많이 내리는 날 러복은 허술한 집 안에서 19세기 자신이 쓴 『선사시대』를 읽는다. 책 마지막에 근대 야만인의 사례로 북아메리카 인디언에 대해 쓴 바 있다.[4] 당시 러복은 주로 1853년 간행된 스쿨크래프트의 『인디언 부족의 역사, 조건, 전말』 이라는 책을 참고했다. 푸에고 섬 사람들에 대해 지속적으로 비하하는 표현과는 사뭇 다른 톤으로 썼다. 대부분은 대륙 전역 다양한 집단의 옷과 도구, 사냥, 어로, 농경 관습에 대해 별 감정이 실리지 않은 기술들로 이루어져 있다.

쓰레기더미는 브리티시컬럼비아 해안으로 흐르는 강 이름을 따서 나무(Namu)라 불리는 고고학 유적이 된다. 사이먼프레이저대학 로이 칼슨(Roy Carlson)의 1977-78년 발굴로 조개무지는 서기전 9500년부터 무려 8000년 동안 이어졌음을 알게 되었다.[5] 처음 유적은 연안을 일시적으로 찾는 사람들이 물고기와 새, 조개와 동물 뼈를 버린 것에서 시작되었다. 부러진 도구와 세석기를 비롯해 석기제작 과정에서 나온 부스러기도 버린다.

    서기전 6000년이 지나고 나서 조개무지(패총)의 내용물에 변화가 생긴다. 연어 뼈가 갑자기 증가하여 다른 것을 압도하는 것이다. 연어잡이의 시작이다. 버려진 도구도 변화한다. 더 이상 세석기가 나오지 않고 점판암 찌르개가 늘어난다. 흑요석 조각도 나타나는데, 외부 교역이 시작되었음을 의미한다. 그런데 기둥구멍 몇 개를 빼고는 주거지에 차이는 보이지 않는다. 아마도 집이 너무 허술해 흔적이 남지 않았을 수 있다. 나무 유적에서 연어잡이는 매우 생산적이었지만, 이곳에 정주할 만큼 충분하지는 않았던 것이다.

    나무 유적은 홀로세 초 북아메리카 서북부 해안에 있던 여러 조개무지 가운데 하나일 뿐이다. 유적에서는 어떻게 사람들이 주변의 매우 다양한 자원과 함께 연어잡이에 전문적으로 매달리기 시작했는지를 보여준다. 그 뒤 몇 천 년 동안 연어는 점점 커지고, 새로운 기술이 개발되면서 더 많은 연어를 "수확"할 수 있게 되었다. 인구증가로 식량에 대한 수요는 더 커진다. 이런 와중에 가장 좋은 지점을 차지하고 소유를 주장하는 집단도 나타나고, 여기에 동의하지 않으면서 싸움도 시작되었던 것이다.

러복은 연안을 굽어보는 곳에 앉아 후일 피츠휴 만(Fitzhugh Sound)이라 불릴 곳에 섬들이 이어진 광경을 응시한다. 하얀 백사장이 저녁놀에 반짝인다. 잔잔한 물 위로 육지에서 섬으로 향하는 카누가 지나간다. 수천 년 전 카누는 별로 필요하지 않았다. 이곳에 처음 들어온 사람들은 넓은 해안을 돌아다녔을 것이다. 아메리카대륙에 처음 내딛은 사람의 발자국도 이곳에 있었을 수 있다. 아시아 해안에서 북태평양의 얼음처럼 차가운 물을 가로질러 배를 타고 이곳에 발을 내딛지 않았을까.

이것이 아메리카 역사의 출발이었다. 그 어떤 사람도 로키 산맥을 오른 적도, 아마존 강에 배를 타고 들어간 적도, 티에라 델 푸에고까지 들어간 적도 없었던 시절이었다. 서기전 5000년 사람들은 대륙의 북쪽 끝에서 남쪽 끝까지 대부분 수렵과 채집으로, 몇 집단은 농경을 하며 살아간다. 클로비스 조상들은 매머드와 땅늘보를 물리치고 절멸에 빠지게 했을지도 모른다. 아케익시대의 조상들은 다양한 새로운 종의 호박과 옥수수를 만들어 냈다. 그러나 나무 유적의 사람들—대형동물 사냥꾼도 아니고 농경민도 아니다—은 더 많은 일을 했다. 자연 그 자체를 적절하게 이용했던 것이다. 이 사람들에게 곰과 까마귀는 더 이상 동물만이 아니었다. 산봉우리와 강은 그저 지질과정과 강수의 산물이 아니었다. 지구가 태양을 돈다는 이유만으로 계절이 바뀌는 것이 아니다. 지구가 자전한다는 이유만으로 낮이 가고 밤이 찾아오지는 않는다.

몇 미터 떨어져 모닥불이 타고 있고, 노랫소리가 들린다. 나무의 사람들은 산과 강을 만들어 내고 곰의 모습으로 세상에 찾아온 영혼에 감사한다. 어떻게 처음으로 까마귀가 춥고 아무도 살지 않고 사냥감이 많았던 이 땅에 찾아왔는지를 떠올린다.[6] 해가 뜰 것이고 봄이 찾아올 것이기에 노래를 부른다.[7] 러복은 일어서서 불가에 다가선다. 그리고 사람들과 같이 새로운 새벽이 찾아옴을 노래한다.

오스트레일리아와 동아시아

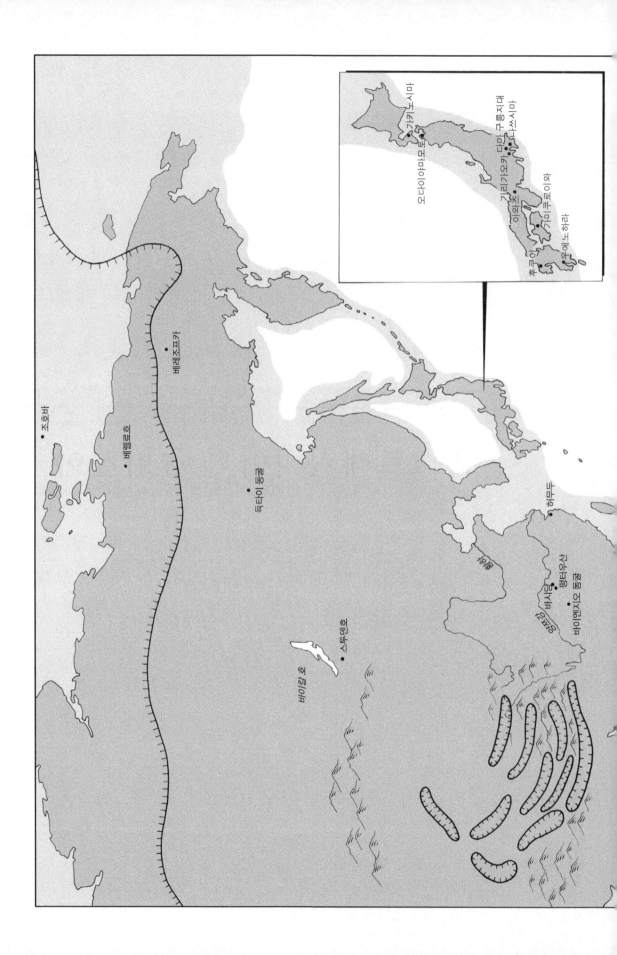

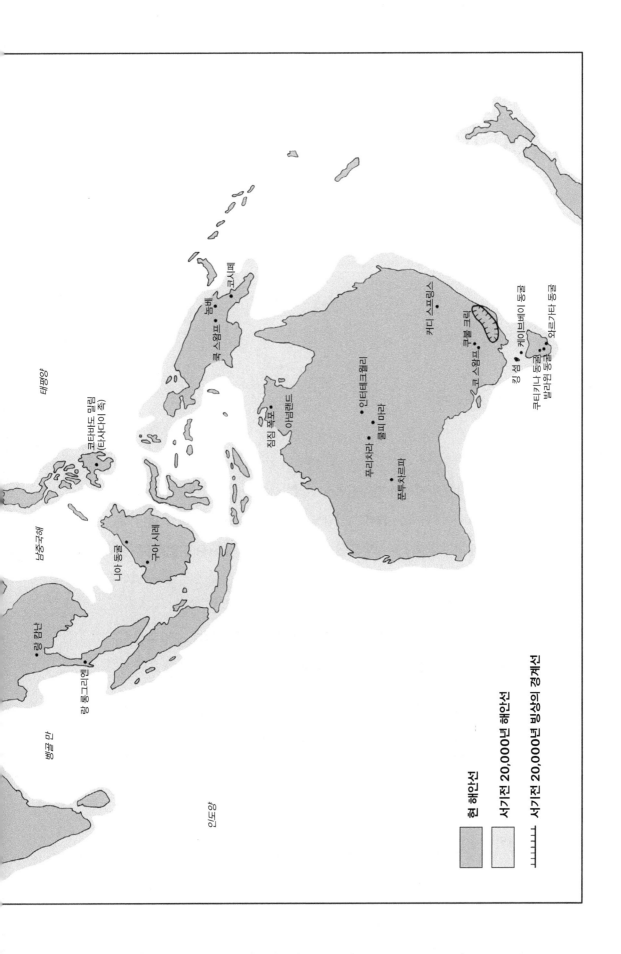

태평양

남중국해

벵골 만

인도양

코시페
돔베
쿡 스왐프
코타바도 밀림
(타스마이족)
나아동굴
구아 시레
랑 캄난
랑 롱그리엔

점점 폭포
아넘랜드

카디 스프링스
쿠날다
쿠 스왐프
인테레크윌리
물피 마라
푸리처라
푼투차르파
킹 섬
케이브베이 동굴
루티카나 동굴
람라원 동굴
와르가타 동굴

현 해안선

서기전 20,000년 해안선

서기전 20,000년 빙상의 경계선

33

잃어버린 세계를 찾아서

태즈메이니아 수렵채집민

20,000-6000 BC

햇빛이 갈색 얼굴을 비추고 자갈이 갈라지면서 석영알갱이가 반짝인다. 왈라비(유대목의 캥거루과 동물=옮긴이) 가죽을 둘러쓴 사람이 힘차게 돌을 내리친다. 그 너머 동굴 안으로 차가운 바람이 들어오고 사람들은 안에서 앉아 있거나 일하고 있다. 존 러복은 어둡고 눅눅한 동굴에서 밖으로 나온다. 추위에 떨면서도 이제 오스트레일리아의 선사시대 여행을 시작할 준비가 되어 있다.[1]

최후빙하극성기 동안 오스트레일리아는 수렵채집민의 대륙이었다. 수렵채집 사회는 1788년 처음 유럽 사람들이 들어올 때까지 지속되었다. 적어도 원주민 25만 명이 북쪽의 열대우림과 남쪽의 남극 바다 사이에 있는 대륙에 살고 있었다고 한다. 생활방식은 다양했다. 건조한 내륙에서 인구밀도는 낮았고, 소유물도 거의 없이 먼 거리에까지 나가 수렵채집 활동을 하였다. 비옥한 남쪽의 강 유역에서는 돌로 기초를 다지고 나무로 집을 짓고, 벽에 진흙을 바른 집들이 정주에 가까운 마을을 이루고 있었다.

오스트레일리아 원주민에 대한 초기 문헌에는 인종주의적 경멸의 글이 많다. 하지만 인류학자들은 원주민 사회의 복합성을 인지했다. 적어도 200개 언어가 기록되었으며, 광범위한 교역망이 있어 식량과 도끼, 갈판과 오커가 드나들었고, 몽환시대(Dreamtime)라는 신화적 세계에서 조상이 지형경관을 창조하고 지속적으로 사람의 일에 개입한다는 관념도 있다. 단순히 동물이나 사람, 기호를 묘사한 것도 조상의 행위와 관련된 복잡한 의미를 가지고 있다.

애초 근근이 먹고 살며 닥치는 대로 수단을 가리지 않는 존재일 것이라는 생각은 원주민의 수렵채집 활동이 세련되었음을 알면서 바뀌었다. 원주민은 식물의 분포와 동물 행동에 깊은 지식을 갖고 있었다. 변화하는 조건에도 잘 적응하여 건기와 우기에 아주 다른 생활방식을 가지고 가능한 자원을 이용했다. 모두 수렵채집민이었지만, 조심스럽게 불을 질러 자연경관과 식량 공급을 조절하는 집단도 많았다.

이처럼 원주민 사회의 복합성을 인지한 것이 인식 변화의 첫 번째라면, 두 번째는 원주민이 역사 없는 사람들로서 태초 인류 사회의 모습을 간직하고 있다는 생각도 잘못임이 드러난 것이다. 원주민 사회는 유럽 식민주의자들과 마찬가지로 역사의 산물이다. 오스트레일리아가 식민지가 되었을 때가 역사의 시작이라 생각했지만, 1980년대에는 35,000년, 그리고 오늘날에는 거의 60,000년까지 올려 보고 있다.[2]

존 러복은 오스트레일리아 여행을 하며 그 역사의 일부로서 서기전 20,000년에서 5000년까지, 곧 최후빙하극성기에서 홀로세의 가장 온난하고 습윤한 시기까지 원주민 사회의 발달을 체험한다. 유럽과 서아시아에서는 서기전 9600년 지구온난화의 시작이야말로 사람들의 생활에 가장 큰 영향을 미쳤지만, 오스트레일리아에서는 서기전 5000년에 가까워서야 원주민의 사회에 큰 변화가 일어났다. 서기전 5000년 다른 대륙의 사람들은 독자적이든, 아니면 전파와 이주에 의해서든, 이미 농경을 채택했지만, 오스트레일리아의 모든 원주민 사회는 수렵채집민이었다. 물론 플라이스토세의 선조와는 상당히 다른 생활방식을 가졌다지만, 어쨌든 수렵채집 사회였다.

러복이 이곳에 들어온 서기전 18,000년, 대륙은 여전히 남으로 태즈메이니아에서 북으로 뉴기니까지 육지가 이어져 있는 이른바 "그레이터 오스트레일리아(Greater Australia)"였다. 러복이 여행을 계속하는 동안 오늘날보다 100m 이상 낮았던 해수면은 점점 오르고, 기온과 강수량은 증가했으며, 계절에 따른 날씨 변화는 더욱 심해졌다.

러복이 어떤 선사시대 원주민을 만날지는 사실 희소한 고고 자료를 어떻게 해석하느냐에 달려 있다. 다른 대륙과 비교하여 플라이스토세 고고학 유적은 드물고, 있어야 석기 몇 점이 흩어져 있는 것이 전부다. 결과적으로 아무 말도 하지 않는 유물에서 인간의 삶을 복원하려 할 때 원주민에 대한 문헌기록에 의지하고 싶은 마음을 억누르기 힘들다. 자칫 현재 사회를 먼 과거에 투영시킴으로써 원주민 사회가 변모하여 왔다는 사실을 인지하지 못하는 잘못을 저지를 수 있다. 동굴 안 바닥에 앉아 어깨 너머로 빙하시대의 공예품을 보고 있는 러복도 이런 위험을 완전히 극복하지 못한다.

러복은 쿠티키나 동굴(Kutikina Cave)에 들어간다. 적합한 크기와 위치 탓에 이곳은 서기전 18,000년 태즈메이니아 원주민이 좋아하는 장소였다. 그럴지라도 그저 몇 주만을 머물렀을 뿐이며, 임시 야영지 주변 동식물 자원이 고갈되기 전 다른 곳으로 떠났다.

동굴 안에 있는 사람들은 사냥을 떠난 무리를 기다리고 있다. 러복은 동굴 안 다른 구석진 곳에 불을 지피는 것을 본다. 연기는 또 다른 아주 조그만 출입구로 빠져나간다. 사람들은 돌로 만든 자르개와 찍개를 들고 새로이 피운 불가에 모여 앉는다.

수렵채집민은 약 60,000년 전 동남아시아로부터 적어도 100km에 이르는 섬과 섬을 건너며, 수 세대에 걸쳐서, 남쪽으로 확산하기를 계속하여 결국 태즈메이니아에 왈라비 사냥을 중심으로 하는 새로운 생활방식을 갖추었다. 오늘날 태즈메이니아 서남부 강어귀엔 사람이 살지 않는다. 이곳은 빠른 물살 탓에 들어가기 힘들 정도이며, 온대성 우림이 밀림처럼 펼쳐져 있다. 1981년 오스트레일리아국립대학의 리스 존스(Rhys Jones)가 데니슨 강(Denison River) 둑 퇴적층에 박힌 석기를 보고 "아주 흥미로운 발견"이라고 말하면서도 상당히 절제된 표현을 했다.[3] 이 유물은 나중에 불과 몇 백 년밖에 안 된 것으로 밝혀졌지만, 이 발견은 아주 중요하다.

몇 주 뒤 존스와 동료 랜슨(Don Ranson)은 태즈메이니아대학의 지형학자 카이어넌(Kevin Kiernan)과 함께 쿠티키나 동굴을 찾는다.[4] 빠른 물살에 보트를 끌기도 하고 얼음처럼 차가운 물에 허리까지 잠겨 걷기도 하면서 강을 따라 열 시간을 간 뒤 밀림을 헤치고 나무 뒤에 숨은 동굴 입구에 다다랐다.

존스는 가스 램프에 불을 밝히자 스스로 커다란 동굴 안에서 쉬쉬 소리를 내며 타는 램프에 하얀 벽이 반짝거렸다고 했다.

강둑에서 70cm 높이의 동굴 바닥은 바삭거리는 주황색 흙이었다. … 조금 침식된 면에서 석기 수백 점과 불에 탄 동물 뼈 조각이 흩어져 있었다. 숯이 집중된 층이 과거 화덕자리를 말해 주는 불에 탄 붉은 흙과 교대로 층을 이루고 있었다. 한쪽 너머엔 물이 침식한 2m 단면이 드러났는데, 거기엔 왈라비 머리뼈와 아래턱뼈, 다리뼈가 쌓여 있었다. … 그날 밤 우리는 동굴 안에서 가져온 음식을 요리하고 동굴 안쪽에 움푹 들어간 건조한 곳을 찾아 석회암 바닥 위에 침낭을 깔았다. 나중에 알고 보니 우리가 무려 13,000년 만에 처음으로 거기서 잠을 잔 사람이었다.[5]

존스와 동료들은 1m²도 안 되는 조그만 면적을 발굴하였는데, 믿기 힘들지만 동물 뼈 25만 점과 석기 4만 점이 나왔다고 한다. 후일 유물은 서기전 15,500년으로, 그 아래 허물어진 돌무더기 층의 숯은 서기전 20,000년으로 측정되었다. 그리하여 오늘날 사람이 살지 않은 태즈메이니아 남부의 숲은 한때 플라이스토세 수렵채집민의 보금자리였음이 드러났다.[6]

쿠티키나 동굴의 발견은 태즈메이니아의 우림지대 고고학 조사의 출발이었다. 라트로브대학의 앨런(Jim Allen)과 코스그로브(Richard Cosgrove)가 주도하여 아주 힘든 야외조사를 이어 나갔는데, 놀랍게도 고고학 유적에서 플라이스토세 인간의 삶을 보여주는 자료가 나왔다.[7] 이로써 태즈메이니아에 처음 사람이 들어온 시점이 35,000년 전으로 소급되었고, 석기뿐만 아니라 왈라비 뼈로 잘 만들어진 창끝찌르개와 자연유리로 만든 자르개도 나왔다. 또한 오커 조각도 발견되었다. 1986년 1월 맥스웰 강 유역에 있는 볼라윈(Ballawinne) 동굴 깊은 곳에 횃불을 밝히자 손을 찍은 그림 열여섯 점이 드러났는데, 적어도 다섯 사람의 손이었다. 산화철을 갈아 물과 섞은 다음 동굴 벽에 손을 대고 그 위에 뿌린 것이다.

다음 해 동남쪽으로 85km 떨어진 와가타(Wargata) 동굴에서 더 많은 손 그림이 발견되었다. 어른과 어린이가 사람 피를 물감으로 섞어 손을 찍어 놓았다.[8] 1990년대가 되면서 리스 존스는 태즈메이니아 서남부의 플라이스토세 고고학을 프랑스 서남부와 비교할 수 있다는 생각을 하였다. 볼라윈과 아가타를 남반구의 라스코와 알타미라라 생각한 것이다.[9] 그러나 태즈메이니아의 고고학 유적에서는 유럽에서 보이는 순록 사냥꾼과 비슷한 유물이 전혀 보이지 않는다.[10] 어쨌든 각 지방의 고고 자료는 나름의 맥락에서 고찰해야 한다. 빙하시대의 유럽이 고고학에 어떤 표준이 된다는 생각은 진작 사라져야 했다.

앨런과 코스그로브 등이 태즈메이니아에서 나온 유물과 뼈를 분석한 것도 흥미롭다. 왈라비 사냥 연구는 특히나 관심을 끈다.[11] 꽃가루(화분) 증거와 현대의 왈라비 생태로 플라이스토세의 지형경관을 재구성하고 발굴된 동물 뼈 수천 점을 분석하였다. 사냥꾼은 겨울과 봄, 초여름에는 강어귀에 살았던 것으로 보인다. 초원지대의 어떤 곳을 선택하여 더 사냥하기 어려울 만큼 왈라비의 수가 줄어들 때까지 사냥한 뒤 다른 곳으로 이동하여 아마도 새로운 동굴을 근거지로 이용했을 것이다. 다른 동물을 사냥하기도 했지만, 창을 감추고 덤불 속에서 기다리며 왈라비를 주 목표물로 삼았을 것이다.

동굴에서는 발뼈가 거의 나오지 않기 때문에 코스그로브와 앨런은 사냥터에서 왈라비를 어느 정도 도살하여 고기가 많은 부위만을 옮겼다고 생각한다. 다리뼈가 부러진 패턴을 고찰한 결과 고기와 함께 골수도 먹었음을 알 수 있었다. 경우에 따라선 왈라비의 머리도 음식으로 쓰였다. 늦은 여름이면 고지대로 가서 식물을 더 많이 채집했다.

서기전 18,000년, 존 러복은 쿠티키나 동굴에서 사냥꾼들이 왈라비 고기를 들고 돌아오는 것을 본다. 태즈메이니아 남부에 사는 여러 무리 가운데 하나로서 대략 삼십 명 정도로 이루어져 있다. 왈라비 망토를 걸치고 한 해의 대부분 시간을 같이 보낸다.

가죽을 벗기고 고기를 바른 다음 구워서 채집한 구근과 함께 다 같이 나누어 먹는다. 왈라비의 정강이뼈는 나중에 찌르개로 만들기 위해 따로 둔다. 다른 뼈는 골수를 빼기 위해 깨고, 심지어 발가락뼈조차도 깨뜨린다. 동굴 구석에 쓰레기를 던져 놓고, 닳고 기름이 묻어 못 쓰는 도구도 버린다. 동굴에 흩어져 잠을 자기도, 화덕에서 재를 가져다 주변에 깔아 어린이를 따뜻하게 하기도, 뼈를 깎아 찌르개로 만들기도 한다.

러복은 동굴 입구의 불가에 앉아 『선사시대』를 펼치며 1865년 스스로 태즈메이니아 원주민에 대해 어떤 생각을 가졌는지 확인한다. 짧은 구절에 두 사람이 인용되어 있다. 1776년에서 1779년까지 세 번째 항해 동안 이곳을 찾은 쿡 선장(Captain Cook)에 따르면, 원주민은 "집도 없고, 옷도, 카누도 없이, 큰 물고기를 잡을 도구도, 그물도, 작살도 없으며, 홍합과 새조개, 고둥을 먹고 살면서 무기라곤 한쪽을 날카롭게 만든 길쭉한 막대기만이 있을 뿐이다."[12] 더 심한 표현도 있다. 19세기 러복은 *Tasmanian Journal of Natural Science*에 글을 쓰면서 태즈메이니아 사람들은 "그 어떤 도덕과 감명도 없고, 이성적 존재로서 우리의 기원과 운명에 대한 생각은 모두 이 짐승들로부터 사라지고 말았다"는 도브 목사의 글을 인용했다.[13]

러복은 다시 쿠티키나 동굴에 사는 태즈메이니아 사람들이 두꺼운 모피를 덮고 자는 모습과 왈라비 고기를 나누어 먹는 광경, 어린이를 돌보고 새로운 도구를 만드는 장면을 본다. 충분히 도덕적이다. 새조개나 고둥도 전혀 보이지 않는다.

무리는 쿠티키나 동굴에 며칠 더 머무른다. 저지대 초지와 산맥과 산맥 사이의 덤불숲에는 아직도 왈라비떼가 풀을 뜯고 있다. 다음 날 러복은 남자 셋과 함께 프랭클린 강과 지류를 따라 약 25km를 걸어 오늘날의 다윈크레이터(Darwin Crater)에 간다.

무릎 높이의 풀과 듬성듬성 나무가 자라는 잡목숲 사이로 길이 나 있다. 높은 경사지대는 덤불숲으로 덮여 있고 높은 곳엔 작은 빙상이 보인다. 이 사람들은 사냥을 하지는 않으면서도 동물이 지나간 길과 왈라비가 먹은 잎을 잘 관찰한다. 동물이 잠을 잔 곳과 무리의 규모까지도 파악한다.

다윈크레이터는 지름 1km, 깊이 200m 정도로 움푹 꺼진, 약 70만 년 전 운석이 떨어져 생긴 구덩이이다. 사람들은 모서리 쪽을 올라 유리 덩어리를 줍는다. 충돌로 녹아 생긴 규질의 암석 조각이다. 이 유리질 암석은 귀한 것으로 아주 날카로운 찌르개와 자르개를 만드는 데 쓰인다.[14] 훨씬 더 남쪽에 살고 있는 무리와 교역도 할 것이다. 그래서 고고학자는 원산지에서 100km 떨어진 곳에서도 이 유리질 암석으로 만들어진 찌르개를 찾는다.

러복은 무리를 떠나 바람이 몰아치는, 산발적으로 구릉과 산맥이 가로놓인 북부 태즈메이니아의 저지대에 들어간다. 서기전 15,000년, 러복은 바위산에 있는 동굴에서 잠시 쉰다. 주변엔 이빨 자국이 있는 뼈가 보인다. 아마도 태즈메이니아 데빌(유대목의 주머니고양이과 동물=옮긴이) 같은 포식자가 최근에 동굴에 다녀간 것 같다. 재와 불에 탄 돌도 주변에 흩어져 있는 것으로 보아 사람의 점유로 남겨진 뼈에 이빨 자국을 남겼는지도 모른다.

러복은 동굴 입구에서 드넓은 초원지대를 굽어본다. 북쪽과 동쪽, 서쪽으로 바다는 벌써 평원에까지 들어오고 있다. 결국 바위산은 바다에 둘러싸이고 오늘날 헌터 섬(Hunter Island)이 될 것이다. 러복이 쉬고 있는 동굴은 거센 파도와 바람을 맞을 것이다.

러복이 쉬었던 케이브베이(Cave Bay) 동굴은 이제 태즈메이니아 북쪽 해안에서 6km 정도 떨어진 섬에 있다. 사람이 최후빙하극성기보다 2000년 전에 가장 많이 살았지만, 여전히 이곳을 찾아 불을 밝히고, 흔적을 남겼다.[15] 그리고 주변 초지에서 왈라비와 웜뱃(오소리와 비슷한 유대목의 동물=옮긴이), 반디쿠트(코와 꼬리가 긴 오스트레일리아의 작은 동물=옮긴이)를 사냥했다. 최후빙하극성기가 오면서 동굴 주변에서 동식물 식량이 희소해져 사람이 살기 힘들어졌다. 동굴 틈에서 지속적으로 얼음이 얼고 녹으면서 천장도 무너지고 최후빙하극성기 이전의 인간 점유의 흔적은 묻혔다.

빙하시대의 극단적 조건이 수그러들었던 시기 동굴에는 그저 한 번의 점유 흔적만이 있을 뿐이다. 서기전 15,000년, 사냥꾼들은 불을 지피며 낯설어진 환경을 마주했을 것이다. 사냥꾼들은 더 북쪽으로 가서 죽은 사람을 동굴에 묻었다. 현재 오스트레일리아 남쪽 해안에서 100km 떨어진 킹 섬이었다.

고고학자들은 태즈메이니아 원주민 센터의 허가를 받아 동굴의 무덤과 뼈를 확인했다. 죽은 사람은 25세에서 35세 사이의 남자였고, 동굴 안에서 뼈는 다발처럼 묶여 각진 자갈로 덮은 뒤 작은 봉분을 만들었다. 뼈에서 오커 덩어리도 확인되었다. 아마도 몸을 장식하는 데 썼던 안료였을 것이다.[16] 키는 작았고, 강인한 뼈를 가져 오늘날 북극 근처 이누이트처럼 추운 지형경관에 사는 사람들과 비슷한 땅딸한 모습이다. 이런 체형은 표면적을 최소화함으로써 몸의 열을 유지하는 데 효과적이다. 약 35,000년 전 태즈메이니아에 처음 들어온 사람은 이와는 다른 생김새였다. 키가 크고 마른, 열대 환경에 적합한 모습이었으리라. 체형 변화는 남반구의 빙하 환경에서 생활한 결과였을 것이다.

러복은 케이브베이 동굴에서 서북쪽으로 바다를 만날 때까지 북부 태즈메이니아 평원을 가로지른다. 평원은 이미 상당 부분 물에 잠겼지만, 태즈메이니아가 오스트레일리아 대륙과 떨어지려면 앞으로도 3000년은 더 있어야 한다. 해안을 따라 동쪽으로, 그 다음엔 북쪽으로 후일 오스트레일리아의 남해안이 되는 언덕으로 향하는 100km 너비의 지협(地峽)을 통과한다.

해수면 상승은 빙하기 오스트레일리아의 해안에 살았던 많은 사람들의 삶을 바꾸어 놓았다. 태즈메이니아 서남쪽에서는 강수량 증가와 기온 상승이 삶의 방식을 위협하고, 궁극적으로 그들을 사라지게 하는 원인이 되었다. 쿠티키나 동굴에 살았던 수렵민은 세대가 흐를수록 이곳이 과거보다 살기에 적합하지 않음을 느꼈다. 나무가 들어차고 강물이 상승하면서 돌아다니기도 어렵고 사냥감을 찾기도 힘들어졌다. 해가 갈수록 너도밤나무과 소나무가 늘어나고, 나무도 더 커졌다. 나무 사이엔 양치식물이 두텁게 자란다. 왈라비떼는 더 작아지고, 남아 있는 초지에만 드문드문 살아갈 뿐이다. 우림이 넓어지면서 동물 수는 급격히 줄어든다. 새로이 숲에서 사는 동물이 번성한다. 긴꼬리쥐와 둥근꼬리주머니쥐 같은 낯익은 동물도 있다.[17]

서기전 15,000년이 지나자 사람들은 쿠티키나 동굴을 완전히 버린다. 가장 낮은 쪽에 있는 동굴로서 왈라비 사냥꾼의 계절 이동에서 맨 처음 사라진다.[18] 몇 세대 안에 우림은 더 높은 쪽까지 확산되고 서남부의 모든 동굴에 더 이상 사람이 오지 않는다. 태즈메이니아의 동남쪽 몇 동굴은 우림의 확산을 피했고, 몇 천 년 동안 지속적으로 이용되었다.[19]

태즈메이니아에는 서기전 10,000년에서 6000년 사이 고고학 유적이 거의 없다. 사람들은 어디로 갔을까? 출생률이 낮아져 인구가 감소했을 수도 있고, 북쪽으로 이주하여 오스트레일리아로 들어간 탓일 수도 있다. 아니면 고고학자들이 아직 유적을 찾지 못했을 수도 있다. 서기전 6000년 이후의 유적은 비교적 많으며, 아주 새로운 생활방식을 지녔음을 알 수 있다. 숲에 살았던 사람들과 왈라비 수렵민의 후손은 해안에서 조개잡이를 하는 주민이 되었던 것이다.

유럽 사람들이 이곳에 들어와서 인류학자와 고고학자들이 조사를 시작했을 때, 해안의 생활이야말로 전적으로 이 섬에서의 생활방식이었을 것이라 생각했다. 쿡 선장도 그렇게 믿었고, 그런 관점이『선사시대』에 충실히 드러나 있다. 리스 존스와 동료들이 우림지대에 들어가 쿠티키나 동굴의 바닥에서 왈라비 뼈와 석기, 화덕자리를 찾았을 때 비로소 빙하시대의 세계가 드러나기 시작했다. 그때에서야 이 지구의 남쪽 구석에서 있었던 인류역사의 깊이에 대해 이해하기 시작했던 것이다.

페루 안데스 고원(푸나, Puna)
전경(오른쪽).

페루 파차마차이 동굴
(서기전 10,500년)(아래).

페루 파나울라우카 동굴의
서기전 10,500년 층 발굴 전경(아래).

1966년 4월 멕시코 길라나키츠 바위
그늘(서기전 8000년 즈음) 발굴 전경.

미국 애리조나의 샌들 쉘
터 전경과 서기전 7000년
즈음으로 추정되는 유카
잎으로 만든 샌들.

1970년 미국 일리노이
의 코스터(서기전 8000-
5000년) 유적 발굴 전경
(왼쪽).

태즈메이니아의 쿠티키나 동굴 (서기전 18,000-13,000년) 내부(오른쪽).

1998년 오스트레일리아 중부 푸리티자라 바위그늘(서기전 13,000년) 발굴 전경.

오스트레일리아 카카두국립 공원에 있는 바위그림으로, 전투 장면은 아마도 서기전 6000년 즈음 그려진 것으로 추정된다(아래).

뉴기니의 쿡 스왐프. 발굴에서는 서기전 8000년 즈음의 회색 진흙층에서 섬 모양 유구가 드러났으며, 도랑이 둘러져 있었다.

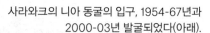

사라와크의 니아 동굴의 입구, 1954-67년과 2000-03년 발굴되었다(아래).

1990년 규슈의 우에노하라(서기전 9200년)에서 발굴하고 있는 모습으로 멀리 사쿠라지마 화산이 보인다.

1990년 시베리아 북극지방 조호바 섬에서 이루어진 발굴에서 유목(流木)으로 만든 수렵채집민 집터가 드러나고 있다(오른쪽).

1994년 투르크메니스탄의 제이툰에서 서기전 6000년 즈음 신석기시대 초 주거유적을 발굴하는 광경(왼쪽).

1973년 이라크의 움 다바기야 발굴 전경. 서기전 7500년 즈음의 농경, 그리고 전문적으로 야생 당나귀 사냥을 위한 유적이다(아래).

1970년대 초 발굴된 이라크 야림 테페의 흙벽돌집. 서기전 6300년 즈음으로 추정된다(왼쪽).

1980년 나일 강 유역의 와디 쿠바니아
(서기전 20,000년 즈음) 발굴 전경.

케냐 루케냐힐의 커다란 바위 아래에
있는 GvJm19 유적으로, 1993년 발굴되었으며,
서기전 20,000년 즈음 유적으로 추정된다.

보츠와나 칼라하리 사막의 드로츠키 동굴(서기전 12,500년 즈음)이 있는 곳의 전경.

남아프리카 로즈커티지 동굴(서기전 10,000년 즈음) 입구(위)와 1992년 발굴 전경(아래).

34

코우 스왐프의 조각상

오스트레일리아 동남부의 사회, 대형동물의 절멸

14,000-6000 BC

죽은 사람의 몸이 모래땅 무덤에 놓이자 그의 얼굴을 감싸고 있는 캥거루 이빨로 만든 머리띠가 달빛을 향한다. 왼쪽으로 눕히고 무릎을 턱까지 올린다. 안치가 끝나자 노래는 잠시 멈춘다. 죽은 사람은 이 사구에 묻혔지만 그 영혼은 이 밤 안에 다른 조상들과 하나가 된다. 정적이 흐른다. 달이 밤하늘 높이 떠오르자 외마디 비명에 다시 음악이 시작되고 어둠 속 불빛에 몸에 칠을 한 사람들이 일어나 광란의 춤을 춘다. 시신에 모래를 뿌리고 죽은 사람은 영원히 떠난다.

서기전 14,000년이다. 러복은 태즈메이니아에서 출발하여 초지로 이루어진 평원을 가로질러 오스트레일리아 동남부 머리(Murray) 강까지 들어왔다. 나무와 동물, 새들이 많아졌으며, 여행도 유쾌하다. 통나무와 갈대, 그리고 가죽으로 덮인 집들이 모여 있는 코우 스왐프(Kow Swamp)에 도착한다. 사람들은 장례를 준비하고 있다.

러복은 집을 드나들며 몇 시간을 보낸다. 사람들은 물감을 만들어 몸에 바르면서 장례를 준비한다. 늙은이들이 조용히 이야기를 나누고, 여자들은 아이들에게 집안에서 나오지 말라고 당부하며 요리를 한다. 가까운 사구 위에 이미 파 놓은 무덤 곁에서 불을 피운다. 어둠이 내리고 첫 번째 별이 뜨자 사람들이 모인다. 달이 밤하늘 높이 솟기를 기다리는 듯 조용한 노래를 부른다. 불을 지피고 시신을 묻고 춤을 추기 시작한다.

한 여성이 안고 있는 아이의 이마를 엄지손가락으로 누른다. 눈썹 바로 위에서 시작하여 이마와 머리 주변을 누른다. 춤의 리듬에 맞추어 누르기를 반복한다. 다음 날 아침에도 덩이줄기를 치는 소리에 맞추어 똑같은 일을 한다. 늘 리듬이 있다. 주변이 조용하다면 스스로 노래를 부르며 엄지손가락으로 아이의 부드러운 이마와 뼈를 누른다.

모닥불을 피우고 적어도 오십 명이 모였다. 죽음을 슬퍼하며 불꽃과 노래, 춤이 이어진다. 불빛에 언뜻 보이는 얼굴을 보니 죽은 자와 같이 머리띠를 하고 얼굴을 칠한 사람도 있고, 나이 든 사람도, 어린 사람도, 남자도 여자도 있다. 죽음을 애통해하는 사람도, 무서워하는 이도 있다. 노래를 부르고 손뼉을 치는 사람도, 조용히 서 있는 사람도, 넋을 잃은 사람도 있다.

러복은 전 세계 선사시대 여행을 하면서 이런 광경에 익숙해졌다. 장송의례와 가면, 노래와 춤은 늘 다르지만, 강렬한 감정과 귀속의식, 과거와 현재에 대한 관념이 하나로 합쳐지는 것은 똑같다. 그럼에도 어떤 새로운 것도 있다. 이 오스트레일리아의 밤 달과 별 아래에 있는 사람들에게만 보이는 특별한 것도 있다.

불꽃이 일어 나이 든 남자의 얼굴을 비춘다. 살갗은 마르고 팽팽하다. 작은 몸집과는 어울리지 않게 아주 큰 아래턱을 가지고 있다. 얼굴이 크고 넓다. 눈이 튀어나와 있고, 아래쪽은 뼈가 가파르게 굴곡져 각진 모습이고, 눈두덩이의 모습이 뚜렷하다. 그 위 이마는 아주 길고 경사져 있는 모습이다.

불꽃이 일어 어둠 속에 있는 어린 소년의 모습을 비춘다. 소년도 크고 각진 얼굴을 하고 있다. 이마가 경사져 있고, 아래턱도 두꺼워 보인다. 큰 소리로 노래를 부르자 이빨과 큰 아래턱이 드러난다. 이런 식으로 사람들의 얼굴 하나하나를 들여다보자 같은 특징이 보인다. 여자들과 아이들에게는 그런 특징이 잘 보이지 않는다. 러복은 무의식적으로 자신의 길쭉한 아래턱을 손가락으로 쓰다듬어 보며 상당히 편평한 눈두덩이, 그리고 수직으로 일어선 이마를 느낀다. 서기전 14,000년, 오스트레일리아의 코우 스왐프에서 노래를 부르고 춤을 추고 있는 사람들의 생김새는 상당히 다르다.

1967년 8월, 지금은 오스트레일리아국립대학에서 은퇴한 앨런 손(Alan Thorne)은 빅토리아박물관 깊은 곳에 방치되어 있던 유물 상자에서 등록되지 않고 잊힌 인골을 마주 대한다.[1] 전문가가 아니라면 뼈의 특징이 눈에 들어오지 않았겠지만, 손은 큰 흥미를 느끼고 1925년 코후나(Cohuna) 근처에서 발견된 오스트레일리아 원주민으로서는 아주 큰 두개골을 가진 사례를 떠올렸다. 상자에 있는 단 하나 인식표에는 그 지역 경찰서가 쓰여 있었고, 그것을 찾아 결국 코후나에서 10km도 떨어지지 않은 곳에서 나온 인골임을 알게 되었다.

1972년 손은 코우 스왐프의 초승달 모양 사구에서 40개체가 넘는 인골을 발굴하였다. 대부분 얕은 무덤에서 나왔으며, 서기전 9500년에서 8000년 사이의 수렵채집 사회의 공동묘지로는 세계에서 가장 큰 유적 가운데 하나였다.[2] 인골과 오커 덩어리와 조개, 석기, 동물 이빨이 같이 나왔다. 인골 하나는 머리에 캥거루 이빨로 만든 띠를 두르고 있었다. 시기가 이른 것도 있었는데, 대부분 서기전 14,000년까지 올라갔다.

이 인골을 1950년 쿠불크릭(Coobool Creek) 유적에서 나온 126개 인골과 비교 분석한다. 아마추어 고고학자 블랙(Murray Black)이 강 반대편에서 유적을 발굴했지만, 어떤 기록도 남기지 않았다.[3] 정확한 공동묘지의 위치도 잘 알 수 없었다. 어쨌든 쿠불크릭의 무덤은 코우 스왐프와 비슷한 시기의 것이라 생각된다. 손은 가장 이른 시기 인골을 복원한 결과 각진 얼굴뼈에 두꺼운 머리뼈, 낮고 사각형의 눈두덩이뼈, 경사진 이마뼈를 가졌음을 알게 되었다. 몸과 머리뼈를 일치시키고 "강건하다"라는 표현을 썼다.[4]

손은 두개골을 마주 대하면서 상당히 급진적인 주장을 한다. 머리 강에서 나온 사람들이 호모 사피엔스임에 이견이 없지만, 동남아시아에 100만 년 전 이전에 살았던 호모 에렉투스의 후손일 것이라고 했던 것이다. 자바의 상기란(Sangiran) 17 같은 사피엔스 이전의 화석 인골은 "강건하다"고 하며 공유하고 있는 특징을 길게 제시한다. 이로써 호모 사피엔스가 아프리카에서 단일한 기원을 가지고 확산했다는 정설에 도전한다. 호모 에렉투스는 사피엔스의 유전자장에 영향을 미치지 못하고 절멸했다는 것이 정설이지만, 손은 오스트레일리아 원주민의 조상으로 보았던 것이다.[5]

그러나 자바의 호모 에렉투스 표본과 코우 스왐프 인골이 유사하다는 손의 생각은 잘못이다.[6] 그리하여 오스트레일리아 원주민의 기원에 대해서는 결국 호모 사피엔스의 하나 또는 여러 집단이 대략 60,000년 전에 들어왔다는 시나리오만이 가능하다.

그렇다면 왜 머리 강에서 나온 머리뼈는 그렇게 강건하고 다른 대륙에서 나온 것과 다른가? 대답은 머리 강 지방의 플라이스토세 말 환경과 공동체의 특성에서 찾아야 한다.

코우 스왐프에서 나온 머리뼈가 유명 과학학술지 『네이처(*Nature*)』에 발표되었을 때 의도적인 변형의 가능성도 제기되었다. 특이한 머리뼈 생김새는 문화의 산물일까? 호주국립대학의 피터 브라운은 코우 스왐프와 쿠불의 두개골을 멜라네시아의 섬에 사는 의도적인 머리뼈 변형 관습이 있는 아라웨(Arawe) 사람들의 머리와 비교한 바 있다.[7]

아라웨 족 아이는 태어나자마자 3주 동안 머리를 단단히 감싼다. 하루만 지나도 머리뼈는 길쭉해 보인다. 갓난아이의 머리가 커지면서 머리가 충분히 변형되었다고 생각할 때까지 머리 붕대를 교체해 준다. 브라운은 아라웨 사람들과 머리 강 두개골에 강한 유사성이 있다고 하면서, 코우 스왐프와 쿠불크릭 사람들도 아이의 두개골을 변형시켰다고 주장한다. 그러나 아라웨 사람들보다 변형이 더 작아서 더 길게 하거나 너비를 줄이지는 않는다. 머리 강에 살았던 사람들은 머리를 단단히 감싸기보다 엄지손가락이나 손바닥을 이용하여 갓난아이의 이마를 눌렀을 것으로 보인다.

그런 행위로 경사진 이마를 설명할 수는 있지만, 큰 아래턱과 이빨 같은 코우 스왐프 인골의 강건한 특징을 모두 설명할 수는 없다. 오스트레일리아의 동시대 다른 사람들에게서는 그런 특징이 보이지 않기 때문에, 코우 스왐프 공동체는 유전적으로 고립되었던 듯하며, 집단 내에서 상당한 정도의 근친 번식이 있었을 것이다. 왜 그러했을까?

남호주박물관의 콜린 파도(Colin Pardoe)는 머리 강 지방의 풍부한 자원을 지키기 위한 엄격한 영역 행위의 맥락에서 설명한다. 이곳의 자원은 다른 곳보다 훨씬 풍부하였다.[8] 파도에 따르면, 서기전 14,000년, 머리 강은 현재의 모습에 가까워져 물고기와 물새, 무척추동물이 상상할 수 없을 만큼 풍부했다고 한다. 물이 충분한 강 바로 옆에서는 나무가 자라고 주머니쥐나 도마뱀 같은 작은 동물이 산다. 풀씨와 덩이줄기 같은 식물성 식량도 많다. 덤불과 숲에는 캥거루와 왈라비, 반디쿠트 같은 다양한 종류의 포유동물이 산다.

20세기 초 영국의 사회인류학자 알프레드 래드클리프브라운(Alfred Rad-cliffe-Brown)은 머리 강을 "백인이 들어오기 전 오스트레일리아에서 가장 사람이 많이 살았던 지역"이라 쓴 바 있다.[9] 원주민 부족은 강의 특정 지역을 배타적으로 소유하며 힘으로 경계를 지켰다고 한다. 이처럼 이곳 사람들은 러복이 서기전 5000년 유럽을 여행할 때 스카트홀름에서 보았던 사람들과 비슷했다.

더구나 야랄데(Yaralde) 족 같은 래드클리프브라운이 만났던 머리 강의 부족은 오스트레일리아의 건조한 사막에 사는 사람들과는 상당히 다른 사회생활 방식을 가지고 있었다. 머리 강 지방에서는 복잡한 사회유대 체계로 인접한 집단과 먼 집단 모두와 서로 연결되어 있는 체계가 아니라 외부와 훨씬 적은 유대를 가졌다. 사막의 원주민 부족처럼 가능한 많은 사람들을 포괄하는 것이 아니라 사람들을 사회 집단에서 제외할 수 있는 규칙과 관습이 발달했던 것이다.

콜린 파도는 래드클리프브라운이 말한 머리 강 유역 사회의 기원은 코우 스왐프와 쿠불크릭의 사람들의 사례에서와 같이 홀로세가 시작되기 몇 천 년 전까지 거슬러간다고 생각한다. 이때 사람들은 자원이 풍부한 환경에서 높은 인구밀도로 살았으며, 처음으로 경계를 세우고 포괄이 아닌 제외의 원칙에 입각한 사회 체계를 발달시켰다는 것이다. 이로써 "강건한" 인골과 두개골도 설명할 수 있으며, 근친 교배의 정도가 높고, 유전자 흐름도 제한적이었으며, 체형에서 지역적 차이도 나타난다고 한다. 또한 공동묘지를 만들어 조상의 뼈와 영혼으로 땅에 투자하고 소유권을 주장했다고 한다. 이로써 다른 집단과 신체적 차이를 더욱 강조하는 표현도 설명할 수 있다. 길쭉한 두개골을 가진 자는 코우 스왐프나 쿠불크릭에 속한다는 귀속의식은 사냥과 어로의 권리와도 관련되었을 것이다.

서기전 14,000년 코우 스왐프와 쿠불크릭 사람들의 생활방식은 몇 천 년 동안 머리 강 유역으로 확산된다. 청년에서 성년기로 가는 통과의례 동안 특정한 이빨을 뽑아 구성원임을 표현하기도 한다. 영역 방어를 위해 남자와 여자는 모두 큰 고생을 한다. 서기전 6000년이 되면 많은 공동묘지들이 강 주변에 들어선다. 래드클리프브라운 등 초기 인류학자들이 마주했던 오스트레일리아 원주민의 직접 선조일 수도 있다는 추측도 전혀 불가능한 것은 아니다. 코우 스왐프와 쿠불크릭에서 나온 인골자료는 서양의 학자가 운영하는 박물관과 실험실에서 현대의 원주민 공동체로 이관되는 것도 무리는 아니다.[10]

다시 서기전 14,000년으로 돌아간다. 얼굴에 파리가 날아들면서 러복이 잠에서 깨어난다. 해가 떠 있다. 코우 스왐프의 여자와 어린이들은 이미 식물과 조개를 채집하러 떠났고, 남자들도 사냥을 나갔다. 강에선 카누가 떠날 준비를 마치고 두 사람이 물고기를 잡기 위해 석호로 길을 잡는다. 러복도 카누를 얻어 탄다.

카누는 빠르게 움직인다. 가끔 넓은 곳이 펼쳐지기도 하고 나무가 열을 지어 있는 강둑 사이와 갈대밭을 지난다. 노를 젓는 두 남자는 길고도 경사진 이마를 가지고 있다. 어젯밤 보았던 모습과 비슷하여 『선사시대』에 썼던 북아메리카 인디언 부족의 두개골 변형에 대한 구절을 떠올린다. 요람 판에 아이를 묶기도 하고, 모래주머니를 이마에 대고 있기도 하며, 붕대를 단단히 감기도 하는 여러 방법이 쓰여 있다. 과거 러복은 "이런 부자연스런 과정이 고통받는 사람에게 아무런 해도 끼치지 못한다는 것이 매우 놀랍다"고 썼으며, 지금도 그렇게 생각한다.[11]

러복은 갑자기 강 옆 숲에서 아주 큰 동물이 움직이는 것을 본다. 휘어진 어깨와 엉덩이가 보이지만, 나무 뒤에 숨어 전체 모습이 잘 보이지 않는다. 카누가 지나가면서 고개를 돌려 다시 한 번 보고자 한다. 너무 늦었다. 아마도 캥거루일 수도, 또는 동물이 아니었는지도 모른다.

아메리카에서와 마찬가지로 오스트레일리아에는 대형동물이 많이 살았지만, 하나만을 빼고 모두 홀로세가 시작되기 전 절멸하고 만다.[12] 거의 50개 종이나 있었지만, 오로지 무게 90kg에 키는 2m에 이르는 붉은캥거루만이 살아남았다.[13] 과거 두 배, 세 배, 아니 네 배 크기의 캥거루도, 큰웜뱃과 다른 특이한 여러 동물도 살고 있었다. 오세아니아에서 가장 큰 식육 동물은 메갈라니아(*Megalania*)였는데, 길이가 7m에 이르는 도마뱀으로 날카로운 이빨과 발톱을 가지고 있었다. 날지 않는 에뮤 같이 생긴 게니오르니스(*Genyornis*)라는 새는 무게가 100kg, 부리의 길이가 30cm에 이르렀다. 웜뱃처럼 생긴 포유동물 디프로토돈(*Diprotodon*)은 코뿔소 크기였으며, 틸라콜레오(*Thylacoleo*)는 유대목의 사자였다.

아메리카대륙의 대형동물 멸종과 마찬가지로 이런 많은 동물이 어떻게 절멸에 이르게 되었는지, 기후변동 탓인지, 아니면 현생인류가 들어와 남획한 것인지에 대해서는 논란이 있다.[14] 그리고 역시 둘 중 어떤 것이 맞는지 분명한 증거는 없다. 절멸 동물의 뼈와 인간이 만든 유물이 공반된 유적은 뉴사우스웨일즈의 커디스프링스(Cuddie Springs) 하나뿐이다. 약 30,000년 전의 유적으로 추정되는 이 물웅덩이에서 디프로토돈과 게니오르니스의 뼈가 석기와 공반되어 나타났다. 현미경 분석에서는 동물의 혈흔과 털도 석기에서 확인되었다고 한다. 그러나 사냥 도구는 없었다. 발굴자는 원주민이 찾아와 목말라 죽었거나 물웅덩이의 진흙에 갇혀 죽은 동물 사체를 취했으리라 생각한다.[15]

오스트레일리아와 아메리카대륙에서 벌어진 절멸의 가장 큰 차이는 시간대이다. 매머드는 플라이스토세 끝까지 살아남았지만 오스트레일리아의 대형동물은 붉은캥거루를 빼고는 이미 서기전 20,000년이면, 아니 이보다 훨씬 전에 절멸한다. 그렇다면 기후변동으로 설명하는 것이 더 설득력 있을 것이다. 서기전 20,000년이면 사람들은 이미 오스트레일리아 대륙에 들어와 30,000년 이상 살았을 때이다. 절멸은 최후빙하극성기가 되면서 극도로 건조해진 환경과 일치할 가능성이 높다.

절멸에 이른 대형동물은 물웅덩이 같은 수원지가 사라진 것에 큰 영향을 받아 아마도 굶주림이나 목마름에 죽었을 것이다. 그러나 정확한 절멸 연대는 아직도 명확하지 않다. 태즈메이니아에서 나온 새로운 증거에 따르면, 대형동물은 이미 서기전 35,000년이면 사라진다고 한다. 이는 사람이 들어오기도 전이다. 이로써 기후변동 가설만이 남는다.

고고학자들 가운데는 오스트레일리아 전역에서 이보다 더 이른 시기, 서기전 50,000년에서 40,000년 사이에 절멸했다고 생각하는 사람도 많다. 그렇게 대륙에 사람이 들어온 것과 절멸을 연결시키려 한다.[16] 반대로 콜린 파도는 머리 강 근처에는 20,000년 전 이후에도 살아남은 대형동물이 있다고 주장한다.[17] 그리하여 카누를 탄 러복이 힐끗 본 동물은 디프로토돈이나 다른 짐승이었을 수도 있다.

석호에 이르자 카누를 저었던 두 사람은 식물 섬유질로 만들어진 그물을 꺼낸다. 오스트레일리아의 선사시대 여행에서 5000km의 거리를 여행하고, 9000년이라는 시간이 지나갔기에 러복은 이제 낚시할 시간이 없다. 카누에서 내려 석호 주변의 덤불숲으로 들어간 다음 개활지로 나가 서북쪽 오스트레일리아의 건조지대로 향한다.

35

사막을 가로지르며

오스트레일리아 중부 수렵채집민의 적응

30,000 BC – AD 1966

오스트레일리아 중부 사막에 땅거미가 진다.

서녘 하늘엔 놀이 퍼지고 그 아래 멀가나무[1] 가지가 날카롭고 가늘게 솟아 있다. 황금빛을 받아 관목과 풀이 보라색으로 물든다. 동쪽으로 가면 완전히 다른 경관이다. 별들이 차가운 강청색이었다가 연어 같은 분홍빛으로 녹아내리면서 깊은 군청색으로 밝게 빛나는 하늘 아래 하얗고 푸르스름한 덤불에 군데군데 회색빛 목초지와 여전히 밝은 풀 다발이 따뜻하고 그윽한 갈색 조약돌[2]밭이 지평선 너머까지 펼쳐져 있다. 점점 빛이 약해지면서 수평선도 분간하기 어려워진다. 가끔 애처롭게 우는 마도요 새를 빼고는 적막강산이다. 동쪽에서 하나둘 별이 뜨고 하늘 높이 솟는다. 완전한 자유와 완벽히 신선한 공기를 느끼며, 밤바람에 부드럽게 바스락거리는 오래된 유칼립투스 나무 잎 소리에 잠이 든다.[3]

1912년 볼드윈 스펜서(Baldwin Spencer)와 프랭크 길런(Frank Gillen)이 쓴 『오스트레일리아를 가로지르며(*Across Australia*)』에 나오는 구절이다. 스펜서는 멜버른대학의 생물학 교수였으며, 길런은 "특별치안판사 겸 남호주원주민보호관"이라는 긴 직명을 가지고 있었다. 이들은 사막을 묘사했을 뿐 아니라 중앙 오스트레일리아의 아렌테(Arrente) 원주민을 아룬타(Arunta) 부족이라 부르며, 종교 관습과 믿음에 대한 최초의 기록도 남겼다.[4]

지금 여행을 하거나, 1912년 또는 서기전 14,000년에 간다고 해도, 관목으로 덮여 끝없이 펼쳐진 평원, 400-500km 길이의 계곡, 완전히 말라 버렸거나 홍수에 넘치는 골짜기와 넓은 하도 등 중앙 오스트레일리아의 모든 것은 엄청난 규모이다. 도시 사람에게 스펜서와 길런의 묘사는 사막이 천국인 듯이 들린다. 모기와 파리떼에 대해 읽기 전까진 그렇다. 그 어떤 음식에도 엄청난 수가 달려들고, 어떤 때는 암컷 파리가 눈꺼풀의 부드러운 점액질 막에 알을 까기 위해 날아들어 눈알이 돌출될 정도로 가려워 잠이 깰 수도 있다. 해가 뜨자마자 모기가 찾아오기 시작하여 점점 더 많아지고 황혼이 질 때까지 더 심해진다.

스펜서와 길런은 이런 고생을 한 덕분에 중앙 사막의 원주민에 대한 초기 기록을 남겼다. 이것은 1899년의『중앙 오스트레일리아의 원주민 부족(The Native Tribes of Central Australia)』, 1904년의『중앙 오스트레일리아의 북쪽 원주민들(*The Northern Tribes of Central Australia*)』을 이은 책이고, 1927년에는『아룬타 사람들(*The Arunta*)』도 펴냈다. 스펜서가 글을 썼지만, 길런이 대부분의 현지조사를 하면서 많은 편지와 글을 동료에게 보내면서 더 많은 정보를 주고 수정을 했다. 이 책은 흑백 삽화를 많이 담고 있으며, 뒤르켕과 프로이트, 레비스트로스를 비롯해 인류학적 사고의 발달에 영향을 미쳤다.

『오스트레일리아를 가로지르며』는 몇 번의 탐험에서 "우리가 본 것 가운데 가장 흥미로운 것만 골라 이야기로 쓴 것"이다. 오스트레일리아 경관뿐 아니라 원주민에 대해서도 많은 내용이 실려 있다. 스펜서와 길런은 모두 의식을 치르고 아룬타 족의 일원이 되었으며, 서양인의 눈으로는 볼 수 없었던 수많은 의례에 참여할 수 있었다.

그러나 생애 내내 원주민을 연구했음에도 부족민에 대한 19세기 당시의 편견을 지울 수는 없었다.『오스트레일리아를 가로지르며』의 머리말에는 일반인은 복잡한 의례와 의식을 묘사한 것에 현혹될 수 있으니 주의하라는 말이 있다.

이 책에서는 어느 정도 원주민의 의례가 "세련된 의식"인 듯 묘사하고 있지만, 결국은 거칠고 야만적임을 유념해야 한다. 정주할 집이나 옷도 없고, 나무나 뼈, 돌로 만들어진 것 말고는 도구에 대한 지식도 없으며, 곡물 재배에 대한 생각도 전혀 갖지 않고, 어려운 시기를 견디기 위해 식량을 저장해 둘 생각도 하지 않으며, 3 또는 4를 넘는 수에 대한 낱말도 가지지 못한 사람들이 발가벗고 야만적으로 울부짖는다.[5]

높은 이동성과 제한된 소유, 격한 의례는 오늘날 인류학자들에게도 깊은 관심과 연구 대상이다. 스펜서와 길런이 기록한 중앙 오스트레일리아 사막에서 생존한 사람들은 인류의 가장 위대한 성취 가운데 하나를 이룩하였다. 그럼에도 19세기 말에서 20세기 초에 그곳에 살았던 사람들은 최후빙하극성기, 또는 그 얼마 뒤에 사막에 살던 조상들과 비교하여 비교적 쉬운 삶을 살았을 것이다.

중앙 오스트레일리아는 백만 년 이상 뜨겁고 건조한 곳이었다. 오늘날 오스트레일리아의 건조지대는 500만km², 대륙의 70%에 이른다.[6] 건조지대는 증발량이 강수량보다 많거나 같은 지역을 말하며, 여름 기온이 섭씨 35도를 넘고, 평균 강수량은 500mm 이하이며, 아주 건조한 곳에서는 겨우 125mm도 되지 않는다. 건조지대의 거의 80%가 개활 사막으로 이루어져 있어 돌이나 모래, 바위나 흙이 지표를 덮고 있다. 비가 온 바로 뒤에는 지표에 물이 풍부한 듯하지만, 곧 사라지고 만다. 넓게 뻗은 개활 사막 사이엔 고지대가 있고, 중앙에는 머스그레이브, 제임스, 맥도널 산맥이 있고, 서쪽엔 필바라, 서북쪽으론 킴벌리 산맥이 있다. 이 고지대 안은 물이 흘러 건조지대에서 가장 믿을 만한 수원지 역할을 하며, 비교적 풍부한 동물과 식물의 서식지가 된다. 대부분의 고지대 가장자리를 따라 강과 평야가 자리 잡고 있다. 연중 내내 지표수를 찾을 수 있어 이런 건조한 땅에서 물고기와 조개, 물새, 수생 식물 같은 놀라운 식량 자원을 얻을 수 있다.

서기전 30,000년 사람들이 처음 건조지대에 발을 들여놓았을 때, 기온은 오늘날과 별반 차이가 없었으며, 호수가 널려 있어 영구 수원지도 많았다. 최후빙하극성기를 맞아 전 세계의 기온이 떨어지면서 얼마 되지도 않았던 강수량이 반토막 나고, 바람의 속도는 더 빨라지고, 호수는 마르고, 사구가 넓게 형성되었다. 건조지대는 확장되어 국토의 80%를 차지하게 되었고, 북쪽 끝과 동쪽 가장자리만이 온대기후로 남았다.

서기전 20,000년 이후 기후가 변화할 때 환경은 나아진다. 강수량이 늘어나고 의지할 만한 수원지가 다시 돌아오고, 식물이 지표에 다시 자라고 바람이 줄어들면서 사구도 안정되었다. 사람이 살기 좋은 조건은 서기전 7000년까지 지속적으로 나아진다. 그 이후 기후는 다시 춥고 건조해져 오늘날 스펜서와 길런이 생생히 표현하는 사막 환경을 낳았다.

이곳의 선사시대 여행을 위해 러복은 서기전 13,500년 중앙 사막에 도착한다. 코우스왐프에서 오는 길에 가뭄으로 죽은 거대한 관목지대를 가로지르며, 말라 버린 여러 호수를 보았다. 호수가 말라 소금 빛이 반짝였으며, 황무지였으나 과거 물이 들어찼을 땐 산림과 함께 수많은 동물과 새들이 살았음을 말해 주고 있었다. 햇볕에 얇게 쪼개지며 반짝이거나 두껍게 육각형 모양으로 갈라지고 에뮤와 캥거루의 발자국이 찍혀 있으며, 주변엔 시들어 죽은 덤불과 달팽이와 홍합 껍데기가 있는 흙바닥을 걸었다.

평상시 말라붙은 개울은 비가 오면 곧 급류에 휩싸이고 말라붙은 진흙바닥엔 물이 넘치고, 달팽이와 게, 홍합, 가재로 가득하다. 땅속에 있던 수천 마리 개구리가 습기를 느끼고 밖으로 나온다. 개구리는 알을 낳고, 부화하여 올챙이가 되고, 다시 밝은 녹색과 주황색 개구리로 성장하여 가뭄이 찾아오면 땅속으로 들어간다. 땅에서 다시 살아난 풀과 식물에서 애벌레를 잡아먹는다. 검둥오리, 저어새와 펠리컨 같은 물새와 매와 독수리도 찾아와 먹이를 찾는다.

러복은 거대한 사암 바위그늘 밑에 앉아 있다. 제임스 산맥의 남쪽 능선에서 남쪽을 바라보고 있는 곳이다. 거의 끝이 보이지 않는 건조한 관목지대를 바라보며 황혼을 즐기면서도 파리떼가 귀찮다. 사막은 한낮 햇볕에 뜨거워진다. 더 올라서 북쪽을 보니 산들이 첩첩이 뻗어 있고, 뜨거운 열기에 어른거리며 선사시대든 현대든 여행가들을 한편으로 위협하는 듯도 하고 다른 한편으로 반기는 듯도 하다. 바위그늘 바닥에는 최근에 쉼터를 찾은 사람들이 남긴 재와 불에 탄 동물 뼈 조각, 맥석영 석기 조각 몇 개가 흩어져 있다.

러복이 이곳을 찾을 때 동굴 벽에는 아무 것도 없었다. 하지만 후일 사람들이 들어와 손가락 자국을 남겼고, 이 유적은 "손의 동굴"이라는 뜻의 쿨피마라(Kulpi Mara)라는 이름을 얻는다. 1995-96년 피터 솔리(Peter Thorley)가 이곳을 발굴하여 동굴 천장과 벽에서 떨어진 흙과 바람에 날려 온 모래에 겹겹이 쌓여 있는 화덕자리를 확인한다. 방사성탄소연대측정 결과 쿨피마라에서 서기전 30,000년 이전, 서기전 27,000년 즈음, 그리고 서기전 13,700년에서 11,500년 사이에 불을 피웠음을 알 수 있었다.

쿨피마라에서 서북쪽 200km 떨어진 곳에는 푸리차라(Puritjarra)라는 또 다른 큰 사암 바위그늘이 있는데, 비슷한 시기의 점유 흔적이 나왔다. 클리랜드힐스(Cleland Hills)에 있으며 "그늘진 곳"이란 이름을 가지고 있는데, 이름만큼이나 한낮의 뜨거운 햇살과 바람을 피하는 데 좋은 곳이다. 길이 45m, 높이 20m의 거대한 입구, 벽은 손바닥을 찍은 그림으로 도배되어 있다. 1930년대까지도 이곳에 살던 원주민에게 바람을 막을 수 있었던 좋은 쉼터였으며, 뉴잉글랜드대학의 스미스(Mike Smith)가 1986년에서 88년 사이 발굴했다. 바람에 날려 쌓인 층이 없었기에 퇴적은 아주 느려서 수천 년의 시차가 있는 층이 불과 몇 밀리미터의 퇴적층으로 나뉘어 있었다.[7]

스미스는 이곳에 사람이 대략 30,000년 전 즈음 처음 찾아왔다고 생각한다. 숯과 붉은 안료, 석기가 나온 층에서 얻은 이른 방사성탄소연대값은 서기전 25,000년 정도이다. 그 위 서기전 15,000년 층에 이르기까지 유물은 별로 없다. 상층은 최근 7000년을 포괄하고 있으며, 요리를 위한 화덕과 석기, 간석기가 나왔다.

푸리차라와 쿨피마라는 서기전 25,000년부터 15,000년까지 기후 조건이 가장 혹심했던 최후빙하극성기 내내 지속적으로 이용되었을까? 마이크 스미스는 그렇게 생각한다.[8] 클리랜드힐스에는 연중 내내 이용할 수 있는 수원지가 있어 사람들이 찾았으리라는 것이다. 그러나 푸리차라와 쿨피마라에서 나온 연대가 오스트레일리아 건조지대의 중심부에 일시적으로 탐험 성격의 방문을 뜻하는지, 아니면 지속적 점유를 가리키는지는 여전히 분명하지 않다.[9] 대답이 무엇이든, 원주민은 스펜서와 길런이 한 세기 전에 겪었던 것, 그리고 지금보다도 훨씬 더 건조했던 환경이었을 때 바위그늘을 이용했었던 것이다. 어떻게 그랬을까?

우리는 인류학자들의 상세한 연구 덕택에 근래의 오스트레일리아 사막에서 생존했던 원주민에 대해 많은 정보를 가지고 있다. 1960년대 말 리처드 굴드(Richard Gould)는 푸리차라 동굴 서쪽 지방의 원주민 사회를 연구했다.[10] 이곳은 수원지를 찾기 힘들어 전 세계에서 동물과 식물 공동체가 가장 생존하기 힘든 곳으로 알려져 있다. 원주민은 보통 스무 명 정도 무리를 이루며 산다. 남자는 날마다 몇 시간을 사냥하지만 도마뱀이나 쥐보다 큰 동물을 잡는 경우는 드물다. 여자는 서른 개가 넘는 종류의 씨앗과 덩이줄기를 채집하며, 그 가운데 일곱 종이 식량의 대부분을 차지한다. 곤충과 유충과 함께 작은 동물도 잡아 사실상 거의 50종의 다양한 고기 및 단백질과 지방질 식량을 취한다.

생존의 중요한 요소는 기회주의적 행위이다. 비가 오기를 기다려 어디에서 물을 얻을 수 있는지를 생각하고 이동한다. 그러기 위해선 소유물이 거의 없으며, 연중 내내 사는 집도 필요 없다. 80km 밖에서도 비가 오는 것을 볼 수 있으며, 아주 먼 곳까지 간다. 1966년엔 불과 석 달 만에 무리는 야영지 9개를 돌며 2600km² 넓이를 이동했다고 한다. 이는 "몽환시대(Dreamtime)"의 이야기가 스며 있는 상세하고도 광범위한 지리정보가 필요한 생활방식이다. 무리의 나이 어린 구성원은 신화를 배우고 신성한 지식을 접하면서 수원지를 중심으로 중요한 지형지물의 이름과 위치를 외워야 한다. 그런 입회의식은 사냥이 잘될 때는 별로 벌어지지 않아서 이때는 150명에 이르는 사람들이 지역의 사냥감이 고갈되기까지 모여서 산다. 이처럼 스토리텔링과 의례, 춤은 사람의 생존에 필수적이다.

사막 적응의 또 하나 중요한 요소는 공유 의식이다. 야영지에 들여오는 모든 식량은, 작은 도마뱀 하나일지라도, 무리의 모든 성원이 세심하게 나누어 먹는다. 집단 간 혈연관계도 있어 가뭄과 식량 부족에 시달리는 집단은 다른 집단의 영역 안에 들어오기도 한다. 혈연관계는 "통사촌" 혼인체제로 이루어지는데, 남자는 외할머니의 남자형제의 외손녀와 혼인을 맺는 식이다. 그런 관계의 사람을 찾기 어렵다면 흔히 수백 km 떨어진 무리에서 혼인 상대를 찾는다. 남자는 복수의 아내를 맞이할 수 있기에 사막에서 수천 km² 넓이에 사는 여러 가족과도 인척 관계를 맺는다. 결과적으로 필요할 때 밖으로 나가면 혈연관계에 있는 사람을 만나 수원지를 찾고, 수렵채집 기회를 얻을 가능성이 높은 것이다.

굴드는 사막에 사는 원주민에게 가장 유용한 도구는 바로 불이라고 한다. 지형경관의 대부분은 삐죽삐죽한 덤불로 전혀 먹을거리가 되지 못하는 볏과 다년초로 덮여 있다. 이 덤불이 불타면 몇 개의 생산성 있는 식물성 식량 자원이 자란 다음 다시 먹을 수 없는 풀이 점령하는 것이다. 원주민이 넓은 지역에 불을 놓으면서도 새로운 식물의 성장을 위해서 불을 지른다는 얘기는 하지 않는다고 한다. 불을 지르면 작은 동물이 뛰쳐나오는 효과도 있는데, 굴에 연기를 피워 도마뱀이나 작은 포유동물을 잡기도 한다.[11]

간석기도 아주 중요하다. 석기가 없으면 채집한 씨앗은 먹을 수 없을 것이다. 돌은 채석하거나 교역으로 얻고 나중에 돌아와 다시 쓰기 위해 야영지에 두고 이동한다. 대다수 도구는 아주 단순하다. 석기는 땅바닥에서 주워서 쓴 다음 그냥 버리고, 막대기로 식물을 채집하고, 나무로 만든 창이 있다. 예외는 창투사기로서, 길이 1m에 이르며 창을 던지기뿐만 다른 많은 일에도 쓰인다. 창은 흔히 납작하게 만들어 안료를 섞고 담배를 만드는 판으로 쓰기도 하고 불을 피우거나, 아니면 한쪽 끝에 격지를 장착하여 나무가공에 쓰기도 한다. 흔히 표면에는 기하학 무늬를 새기는데, 신성한 지형지물을 표시하는 지도 역할을 한다고 한다.

20세기의 원주민은 이 살기 어려운 사막에서 도구와 규범, 깊은 지리정보를 바탕으로 생존해 왔다. 그러나 쿨피마라와 푸리차라 동굴에 살았던 사람들도 그러했을까? 현대의 행위 패턴을 과거에까지 연장시키는 것은 굉장히 조심해야 할 일이다. 특히 고고학적으로 가시성이 없는 통사촌 혼인 같은 것을 다룰 때가 그렇다.[12]

리처드 굴드는 사막에서 푼투차르파(Puntutjarpa)와 인터테퀼리(Intirtekwerle)라는 바위그늘을 발굴한 바 있다. 두 유적 모두 서기전 10,000년까지 올라가는 긴 퇴적 연쇄를 가지고 있었다. 나아가 굴드가 1960년대에 머물렀던 원주민 무리가 사용했던 것과 별반 다를 것 없는 석기가 나왔다. 굴드는 1980년 발간한 『살아 있는 고고학(Living Archaeology)』에서 자신의 경험과 발굴을 논의하면서 씨앗을 가는 문화와 혼인 네트워크, 몽환시대 신화는 서기전 30,000년 건조지대에 처음 인간 점유의 시기까지 올라갈 수 있다고 보았다. 이는 아주 용감한 주장이었다.[13] 1997년에서야 커디스프링스(Cuddie Springs)에서 나온 간석기 파편을 근거로 굴드의 생각이 입증되었다. 뉴사우스웨일즈에 있는 이 유적에서는 사람들이 지금은 절멸한 동물을 사냥 또는 약취한 증거가 나왔다. 시드니대학의 풀라가(Richard Fullagar)와 필드(Judith Field)의 발굴에서는 서기전 30,000년보다 오랜 퇴적층부터 최근 시기 층에 이르기까지 1.5m 구덩이에서 33개 간석기가 확인되었다. 많은 석기 조각은 도살된 대형동물 뼈가 발견된 층에서 나왔다. 식물섬유질 유체와 간석기에 남아 있는 닳은 자국에 대한 현미경 분석과 씨앗을 가공하는 데 쓰였음이 드러났다.[14]

커디스프링스에서 나온 증거는 굴드가 1960년대에 관찰한 것과 비슷하게 최후 빙하극성기 이후에 씨앗을 갈아 식량으로 사용했음을 보여준다. 그러나 쿨피마라와 푸리차라 동굴에서 나온 오커 안료 조각은 사막의 원주민이 몽환시대 신화와 혼인규칙—씨앗을 가는 행위와 마찬가지로 근래 원주민의 생존에 필수적이었던—을 가졌다고 판단하기에 충분한 증거가 되지는 못한다.

러복은 사흘 동안 쿨피마라 동굴에 머무르면서 불을 피운 사람들이 돌아오기를 기다린다. 만나서 여행도 하면서 어떻게 살고 있는지 알고 싶다. 그러나 아무도 오지 않는다. 러복은 스스로 야생 무화과나 뿌리를 채집하고, 굴에서 도마뱀을 잡으며 식량을 해결한다. 기다리는 동안 『선사시대』를 펼쳐 과거 자신의 원주민에 대한 지식과 관점을 확인한다. 러복은 19세기 여행가들의 기록을 참고하여 오스트레일리아에 대해 몇 쪽에 걸쳐 썼다.[15] 그러나 스펜서와 길런의 기록은 한참 뒤 20세기 초에 출간되었을 뿐이다.

빅토리아시대의 존 러복에게 원주민은 불쌍한 야만인이었다. 그러나 티에라 델 푸에고 사람들과 북아메리카 인디언과 마찬가지로 오스트레일리아 원주민의 도구가 솜씨 좋게 만들어졌다는 인식도 있다. 『선사시대』에는 창투사기와 부메랑, 움직이는 미늘이 달린 찌르개를 어느 정도 상세히 기록하고 있다. 이제 러복은 태즈메이니아 사람들이 도덕관념을 전혀 가지지 못했다는 서술이 잘못임을 인정한다. 오스트레일리아 원주민은 이기심과 합당하지 못한 행위를 잘 판단하고 있다.

　　이른 아침 연기가 피어오른 것을 보고 사람의 신호를 느낀 뒤 러복은 쿨피마라 동굴을 떠나 벼랑을 내려온다. 북쪽으로 방향을 잡고 맥도널 산맥을 넘고 앨리스스프링스를 통과할 것이다. 거기서부터 1200km나 되는 사막을 가로질러서야 지구온난화로 변모할 아넘랜드(Arnhem Land)에 도착한다.

36

싸우는 사람과 무지개 뱀

북부 오스트레일리아 선사시대의 예술과 이데올로기

13,000-6000 BC

두 남자가 마주 보고 싸울 준비를 한다. 둘 다 머리 장식물이 달린 화려한 옷을 입고 있다. 손에는 부메랑을 쥐고 있다. 치명적 무기이다. 어느 누구도 망설임 없이 상대를 죽일 기세다.

존 러복은 지난 며칠 동안 여행하며 이런 장면을 몇 번 봤다. 대부분 수원지 가까이에서 벌어지는 일대일 부메랑이나 창 대련이었다. 싸우는 사람은 모두 남자였으며 깃털과 조개로 장식된 동물 가죽 웃옷과 바지를 입고 있었다. 얼굴엔 붉은 칠을 하고 더 커 보이도록 머리엔 깃털과 모피, 뼈와 나무껍질을 매달았다. 어떤 남자는 동물 가면을 써서 스스로 짐승 모습을 하기도 했다. 물론 두 다리로 일어서서 상대와 맞서 싸웠지만 말이다.

러복은 데프애더 고지(Deaf Adder Gorge)에서 한 남자가 상대를 향해 돌진하며 부메랑을 던지려 하는 모습을 보았다. 상대는 짐승 모습으로 옷을 입고, 손에 창을 잡고 서 있었다. 트윈 폭포(Twin Falls) 위의 바위 절벽에선 두 남자가 피를 흘리며 죽을 때까지 싸울 심산으로 마주 대했다. 한 명이 창을 높이 들고 내리치려 하자, 다른 사람이 부메랑을 잡고 상대의 팔을 부러뜨리려 한다. 이런 싸움의 결과도 지켜봤다. 진 사람은 바닥에 쓰러져 창에 맞아 죽는다.

이제 러복은 짐짐 폭포(Jim Jim Falls) 위의 유칼립투스 나무가 자라는 절벽에 오른다. 한낮의 해는 뜨겁고 아주 건조하다. 새 한 쌍, 아마도 독수리 한 쌍이 창공을 돌고 있다. 뜨거운 날이지만, 또 다른 싸움이 벌어질 참이다. 두 남자는 옷을 입고, 무기를 들고 결전을 다진다. 부메랑을 던진다. 러복은 이 모습을 예술가가 솜씨 있게 그린 그림으로 본다. 여기서 부메랑은 수천 년 동안 벽에 멈춰 있다. 러복은 예술가를 본다. 나이 든 원주민 남자로 움푹 파인 주름살에 회색 수염을 기르고 있다. 평화로워 보인다. 아마 평생 한 번도 분노에 차서 창이나 부메랑을 들어 본 적이 없어 보이지만, 폭력과 죽음의 장면을 잘 표현한다.[1]

러복은 노던테리토리의 끝 부분에 있는 아넘랜드에 왔다. 사암 급경사면과 사바나 산림지대와 깊은 계곡이 이어진 경관이다. 건조한 곳으로 강은 거의 흐르지 않는다. 연대가 불확실하여 싸우는 사람들을 그린 바위그림이 정확히 언제 그려졌는지 알 수 없다.

아넘랜드에 사는 원주민은 이런 그림 ─고고학자는 "역동적 인물"이라 하지만─을 미미(Mimi) 사람들의 작품이라고 말한다.[2] 원주민들은 아넘랜드를 개척했던 사람들이라 생각하며, 원주민에게 어떻게 그림을 그리는지를 가르쳐 주었다고도 말한다. 미미 사람들은 날아다니며 높은 바위그늘 천장에 그림을 그리고 오늘날까지 바위 틈 안에 그 영혼이 쉬고 있다고 한다.

"역동적"이라는 묘사도 적당한 묘사이다. 인물은 불과 몇 cm도 되지 않으며, 마치 전속력으로 달리는 것처럼 다리를 쭉 펴고 있다. 비슷한 표현도 입 주변에서 뿜어나오는데, 거친 호흡이나 전쟁의 비통함을 표현한 것으로 보인다. 그러나 역동적 인물 모두가 싸움을 하고 있지는 않다. 에뮤를 사냥하기도 하고, 그냥 서 있거나 앉아 있기도, 공중에서 굴러 떨어지기도 한다. 잎이 달린 가지를 손에 쥐고 있기도 하며, 성교하는 모습도 있다.[3] 원주민의 구비전승에서 말하는 미미 사람들이라는 신화의 세계를 넘어 이런 그림이 만들어졌던 것이다. 치핀데일(Christopher Chippindale)과 타손(Paul Taçon)은 정확히 얼마나 오래된 것인지를 파악하고자 하였다.

역동적 인물이 아넘랜드에서 처음 나타난 예술 양식은 아니었다. 인물 그림 아래에는 희미하게나마 이전에 새겨진 선들을 확인할 수 있다. 큰캥거루와 왈라비, 뱀, 악어, 물고기를 묘사한 것도 있다. 그런 새긴 그림은 오스트레일리아에 사람이 들어온 60,000년 전을 넘어설 수는 없다. 그러나 그것 말고는 분명한 연대를 알 수 없다.

부메랑을 무기로 사용하는 것도 중요하다. 왜냐하면 문헌에 기록된 아넘랜드의 모든 원주민은 부메랑을 악기─두드리는 판─로만 쓴다. 묘사된 동물 또한 편년에 중요하다. 이미 서기전 5000년이면 아넘랜드에서 사라진 태즈메이니아 호랑이인 틸라신(thylacine)의 측면 줄무늬가 그림에 있는 것이다. 큰윔뱃(Palorchestes)같이 이보다 훨씬 전, 플라이스토세가 끝나기 전 멸종한 동물 그림도 있다. 그림에 나오지 않는 동물도 도움을 준다. 물고기는 거의 그려지지 않았고, 있는 것이란 비교적 작은 민물고기 종류이다. 아넘랜드의 더 늦은 시기의 예술에는 물고기가 중요한 부분이 된다. 이는 빙하시대가 쇠락하면서 해수면 상승과 습지대의 발달, 그리고 원주민의 식생활 변화를 반영한다고 생각되고 있다.

치펀데일과 타손은 이런 몇 가지 증거를 짜 맞추어 역동적 인물은 서기전 9600년 플라이스토세가 끝나고 지구온난화가 본격 시작되기 전 아넘랜드의 건조한 환경에 살았던 사람들을 묘사한 것이라고 결론을 내린다. 또한 플라이스토세 오스트레일리아에 살았던 사람들이 남긴 석기가 나온 바위그늘의 퇴적층에서 출토된 붉은 안료 조각도 그림의 연대를 아는 데 도움이 된다.[4] 역동적 인물 그림도 똑같은 형식의 안료로 그려졌던 것이다. 물론 그 이후 자주색으로 변색됐지만 말이다. 서기전 12,000년 즈음 바위그늘 퇴적층에서 붉은 오커의 양이 갑자기 늘어난다. 이는 집중적 예술 활동을 시사한다. 타손은 이때야말로 역동적 인물이 처음으로 그려진 시기라 본다.[5]

그러므로 나는 러복이 아넘랜드에 간 시기를 대략 서기전 10,000년 즈음으로 보고자 한다. 그러나 러복이 벽화가 그려진 곳을 방문하고, 예술가의 작업을 보았다고는 하지만, 정말 싸움이 일어나는 것도 보았을까? 그림은 아넘랜드의 빙하시대 마지막 단계에서 실제 생활을 묘사하고 있는가? 그림은 귀중한 자원에 대한 접근권, 아마도 건조한 환경에서 몇 안 되는 수원지를 두고 벌이는 공개적 싸움에 대한 역사를 기록한 것일 수도 있다. 피 흘려 죽음에 이르는 싸움일 수도 있고, 의례적 성격을 띤 것일 수도 있다. 판타지 이상의 것으로서, 신화적 존재로서 실생활에서는 본 적이 없는 가면을 쓰고 상상 속의 싸움을 벌이는 장면을 그렸을 수도 있다. 아니면, 아넘랜드의 원주민 예술가들은 평화로운 사람들로서, 간단한 옷만을 걸치고, 모든 식량과 수원지를 공유했는지도 모른다.

러복은 이제 얕은 강둑에 자라는 유칼립투스 나무 그늘에서 쉰다. 급경사면의 깊은 계속에서 사람들이 맥석영을 채취하던 바위그늘을 지나 나무가 흩어져 자라는 평원에 이르기까지 강의 흐름을 따라 여행을 한다. 강은 끝없이 곡류하면서 적어도 500km를 더 흘러 바다로 간다. 강을 따라 연안으로 간 다음, 해안, 그리고 북쪽으로 1000km에 있는 눈 덮인 산맥까지 갈 작정이다.

그러나 지금은 너무 덥고 지쳐 있다. 나무 밑에서 쉬면서 19세기에 자신이 쓴 『선사시대』를 펼쳐 원주민 예술에 대한 글을 읽는다. "동북 해안의 동굴에서 커닝엄은 상어와 돌고래, 거북, 도마뱀, 해삼, 불가사리, 곤봉, 카누, 박, 그리고 캥거루나 개를 표현한 것 같은 네발 달린 짐승 그림을 보았다. 하지만 원주민이 그린 것인지는 불확실하다"고 썼다.[6] 이 글을 읽고 경사면에서 보았던 것에는 그런 동물, 식물이 그려져 있지 않다고 생각한다.

책을 덮고 얕은 개울가—아넘랜드의 이스트앨리게이터(East Alligator) 강—에서 잠을 잔다. 꿈속에서 이 시점의 인류역사에서 다른 곳을 여행했던 경험이 떠오른다. 서아시아 아인말라하에서는 영거드라이어스 가뭄으로 이동해야 했던 후기 나투피안 사람들이 과거에 죽은 사람들을 다시 매장하고, 프랑스 서남부에 도착해서는 동굴 벽화는 잊힌 지 오래고, 페루의 케브라다 하구아이(Quebrada Jaguay)의 사람들은 물고기를 잡는다.

깊은 잠에 빠진다. 그냥 하루만 자는 게 아니라 빙하시대가 끝나기까지 잠에 빠져든다. 새로운 꿈을 꾼다. 갑자기 크기가 커진 고드름에서 작은 물방울이 떨어지고, 빙하가 녹아 생긴 호수가 둑을 넘고, 강이 넘쳐흘러 커다란 돌덩어리와 나무를 실어

나르고, 얼음 조각이 바다에 떨어진다. 무언가 부딪치는 소리에 잠에서 깬다.

맑고 푸른 하늘 아래 유칼립투스 나무 그늘에서 잠에 들었지만, 깨어 보니 침침하고 휑뎅그렁한 습지로 둘러싸인 섬에 있다. 4000년이 훌쩍 흘러 이제 서기전 6000년이다. 울퉁불퉁하고 옹이가 많은 나무들이 습지에서 자란다. 위에는 두터운 가지와 잎으로 둘러싸여 있다. 공기는 답답하고 불쾌한 수증기가 자욱하다. 주위는 적막하다. 진흙 밭이나 맹그로브 뿌리나 가지에 붙어 있는 조개만이 숨 쉬고 있다.

러복이 잠들어 있는 동안 날마다 오는 조수가 아니라 후빙기 해수면 상승으로 플라이스토세의 그레이터 오스트레일리아의 해안이 물에 잠긴다.[7] 빙하가 쓰러지고 얼음이 녹고, 호수의 물이 빠지면서 남쪽 바다도 상승한다. 해수면은 끊이지 않고 상승하여 러복이 여행하려 했던 곳을 해마다 45m씩 덮친다. 서기전 6500년이면 북부 오스트레일리아와 뉴기니 사이의 저지대는 완전히 물에 잠긴다. 아넘랜드에 물이 차 들어오면서 내륙의 작은 개울은 넓은 연안이 된다. 습지가 발달하고, 맹그로브가 자란다.

습지 가장자리에서 거대한 뿌리에 올라서자 모래톱 위에서 쉬고 있는 거북이가 자리를 피한다. 끝없이 펼쳐진 습지 얕은 물속에 악어가 도사리고 있다. 나무와 잎으로 가려진 하늘이 조그만 틈으로 드러난다. 빈틈은 점점 넓어진다. 공기도 신선해지고, 어둠도 가신다. 갑자기 맹그로브 숲이 끝나고 햇볕에 나가 마르고 단단한 땅에 발을 내디딘다.

몇 사람이 눈에 들어온다. 불을 피우고 있다. 맹그로브 숲에서 조개를 줍던 사람들이다. 쉬는 동안 조개 몇 개를 먹은 뒤 숲이 끝나는 곳과 경사면이 시작하는 곳 사이 좁은 산림지대에 있는 야영지로 돌아갈 참이다. 러복도 따라나선다.

몇 주 동안 이 사람들과 살면서 물고기도 잡고 거북이 사냥을 나서고, 얌(참마)과 조개도 채집한다. 주변엔 다양한 식량 자원이 있다. 강 연안에는 조개더미가 쌓이고, 습지대가 확장하면서 맹그로브 진흙에 묻힌다.[8] 이틀 간 해안에 나가 조개를 채집하고 소금을 구해 온다. 가는 길에 폭풍을 만난다. 동굴에서 거친 바람과 비를 피한 다음 해안에서 기대하지 않은 새로운 것을 찾는다. 해조류가 무성한 곳에 해파리와 성게가 자라고 있으며, 작은 해마와 실고기도 모래사장에 흩어져 있다.

맹그로브 습지대와 해안에서 그런 채집 활동은 원주민 생활에서 새로운 일이지만, 만들고 사용한 석기는 구석기시대 조상의 도구와 별반 차이가 없이 맥석영으로 만든 단순한 격지에 불과하다. 물론 뼈로 만든 찌르개 같은 새로운 형식도 나타난다. 그리고 바구니와 나무 창 같은 유기물로 만든 다양한 유물도 가지고 있다. 그러나 단지 석기만이 오랜 세월 동안 살아남아 고고학자들의 손에 들어온다.[9]

러복은 과거 "역동적 인물"을 만났던 경사면과 평원, 절벽으로 돌아온다. 폭력은 계속되지만, 일대일 대응이 아니라 창던지기 형태를 띤다. 그런 싸움에서 두 집단—아마도 모두 50에서 60명 정도—은 미늘이 달린 창과 도끼를 들고 마주 대한다. 집단을 이끄는 머리에 장식을 한 사람을 제외하고는 옷을 입었다 해도 아주 단순한 것만을 걸치고 있다. 창을 던지자 지도자 중 한 명이 복부에 치명상을 입는다.[10]

비틀거리지만, 결코 땅바닥에 쓰러지진 않는다. 창이 날아다닌다. 이런 싸움은 아넘랜드의 또 다른 바위그림에 표현되어 있다. 치핀데일과 타손은 이런 전투 장면이 서기전 6000년 즈음에 그려졌다고 본다. 새로이 그려진 그림은 한 쌍의 "역동적 인물"보다 더 단순하다. 그저 몸은 막대기처럼, 머리는 동그라미로 그려져 있을 뿐이다.

새로이 나타난 그림에서는 집단 전체를 싸움에 표현했을 뿐 아니라 동물의 형태도 다르고, 새로운 예술 양식으로 표현하였다. 습지에 사는 물고기와 뱀, 거북이가 그림에 자주 보인다. 이 가운데는 마치 X선 사진처럼 내장까지 표현한 것도 있다. 또한 가지 새로이 나타난 것은 얌 인물이다. 사람과 동물은 마치 덩이줄기처럼 표현되었다.

이런 이미지가 "역동적 인물"을 대체하면서 홀로세의 습도가 높고 따뜻한 환경에서 채집한 동물과 식물성 식량을 표현하고 있다. 개인 간 충돌에서 전투 장면으로 바뀐 것도 사회 변화를 시사한다. 고고학자는 이런 전사들과 창, 죽음을 표현한 그림을 보면서 20세기 원주민 집단의 전쟁을 떠올린다.

그런 전쟁은 1920년대 아넘랜드 동북쪽 먼진(Murngin) 족을 연구했던 인류학자 로이드 워너(Lloyd Warner)가 기록한 바 있다.[11] 먼진 족은 서기전 6000년 전의 경관과 그리 다르지 않은 환경에서 사냥과 채집으로 살았다. 사회에 널리 퍼져 있는 폭력과 전쟁으로 해마다 젊은 남자 200명이 죽는다고 한다. 워너에 따르면, 거의 사망이 일어나지 않는 일대일 싸움(nirimaoi yolno)에서 희생자가 나오는 몇 개 혈연 간 창 싸움(milwerangel)에 이르기까지 몇 가지 형태가 있다고 한다.

싸움의 상당수는 여자 문제로 일어난다. 일대일 싸움은 흔히 한 캠프의 남자가 다른 사람의 아내를 취했다고 하면서 벌어진다. 두 사람은 실제 서로 욕하는 정도에 머무르며 친구들이 말리면 못 이기는 척 물러선다.[12] 잠자고 있는 동안 공격을 당하는 형태(narrup)도 있다. 공격자가 속한 전체 혈연이 책임을 지고, 이런 사건은 흔히 친척을 죽임으로써 복수(maringo)를 하거나 집단 간 전체의 싸움(milwerangel)으로 번지기도 한다.

워너는 먼진 족의 전쟁과 살인은 혼인체제 때문이라고 본다. 일부다처제로서 남자는 여러 아내를 둘 수 있는데, 중년 남자는 아내가 셋 정도는 된다. 남자와 여자의 수는 대략 같을 것이고, 여자는 사춘기 바로 전에 혼인하기 때문에, 젊은 남자로서는 혼인할 여자를 찾기가 힘들다. 워너의 말에 따르자면, 그렇기에 사춘기를 벗어난 젊은 남자의 첫 번째 아내를 찾기 위한 "살인의 계절"이 있다는 것이다.[13] 이런 젊은이의 선택은 짐작컨대 나이든 사람들이 젊은 남자들에게 싸우기를 부추기는 것에서도 기인한다.

아넘랜드의 서기전 6000년 전투 장면이 실생활을 표현했다는 직접 증거는 없다. 나아가 그렇다고 하더라도 먼진 족과 비슷한 이유 때문에 그런 싸움이 벌어졌다는 증거도 없다. 하지만 치편데일과 타손은 일대일 싸움에서 전투 장면으로의 변화는 문헌 기록으로도 뒷받침되며, 지구온난화에서 기인한 아넘랜드의 환경변화로 설명할 수 있다고 믿는다.

정확히 어떻게 환경 및 사회 변동, 그리고 그림의 변화가 서로 연결되어 있는지는 잘 모른다. 한 가지 시나리오는 습지의 등장으로 다양한 동물과 식물성 자원이 생김으로써 영양 상태가 좋아지고 인구가 증가한다는 것을 든다. 그러나 식량 자원은 고루 분포되어 있지는 않다. 강이나 지류, 수풀, 물웅덩이와 동물 자원은 늘 편중되어 있다. 그리하여 집단은 영역을 만들어 자원을 방어하려 한다. 그 수단으로서 부분적으로 의례 활동이나 전쟁이 발생한다는 것이다. 문헌에 기록된 아넘랜드의 원주민 집단의 영역적 패턴과 언어적 경계 — 자오인(Jawoyn), 군제이브미(Gundjeibmi), 쿤윈쿠(Kunwinjku), 먼진 — 도 이때 나타났을 것이다.[14] 덧붙여 오늘날 "몽환시대"이데올로기 역시 홀로세 세계에 적응하던 이 시기에 기원한 것으로 볼 수 있다.

전투 장면뿐 아니라 다양한 새로운 그림도 있다. 도마뱀과 거북, 박을 묘사한 것도 있다. 길쭉한 몸을 가지고, 머리는 캥거루, 아마도 악어일지도 모르는 모습이고, 꼬리는 뾰족하여 뱀처럼 보이는 그림도 있다. 몸에는 이상하게 생긴 것이 달려 있어 다른 동물의 것일 수도, 아니면 얌과 수련이 합쳐진 것처럼 보이기도 한다. 이 동물은 바위를 기어오르는 밝은 붉은색으로 그려진 것이다. 아마도 수천 년 전, 고고학자들은 원주민 몽환시대 신화의 무지개 뱀(Rainbow Serpent)을 묘사한 알려진 가장 이른 것으로 본다.

무지개 뱀은 대륙 전역의 원주민이 인지하는 중요한 선조의 모습이다. 오스트레일리아 지형경관을 만드는 데 없어서는 안 될 역할을 한다. 폴 타손은 세계에서 가장 중요한 신화적 존재 가운데 하나라고 말한다. 다른 선조의 모습과 마찬가지로 형태는 정해져 있지 않다. 뱀과 캥거루, 악어와 비슷하기도 하며, 이 셋이 결합된 모습을 띠기도 한다. 신화적 믿음에 따르면, 이 뱀 모양의 존재는 나라를 여기저기 다니며 물웅덩이와 개울을 만들고 동식물을 채워 놓고, 사람들도 주어진 곳에 각 혈연을 배치했다고 한다. 하늘의 무지개는 이 뱀의 영혼으로 생각된다. 무지개가 사라질 때 살기 원하는 곳을 찾아 영구적 수원지로 돌아간다고 한다.[15]

타손을 비롯한 연구자는 무지개 뱀 관념은 홀로세 초 해수면 상승으로 새로이 만들어진 해안에 쓸려 온 실고기에 영감을 받은 것이라 생각한다. 원주민은 물에 잠긴 곳에서 뱀이 기어 나가는 것과 폭풍우와 번개가 칠 때 무지개가 뜨는 것을 보았을 것이다. 이제 물웅덩이가 영구히 자리를 잡고 이전에 말라 있던 개울가에 넘쳐흘렀다. 그리하여 무지개 뱀과 그 이야기는 홀로세의 처음 몇 천 년 동안 변화하는 세계, 새로운 지형경관을 경험했던 사람들로서는 이해할 만한 것이다.

오스트레일리아 고고학자 플러드(Josephine Flood)는 다른 많은 원주민의 신화도 플라이스토세 말의 환경변화와 관련되어 있다고 믿는다. 거대한 홍수를 신화적으로 기록한 내용은 흔히 아주 상세하고 구체적이어서 수천 년 전에 일어난 실제 사건을 기억한 것임에 의심의 여지가 없다. 많은 신화에는 어떻게 언덕과 산들이 육지와 단절되어 섬이 되었는지가 담겨 있다. 오늘날 카펜타리아 만에 있는 모닝턴(Mornington) 섬은 가른구르(Garnguur)라는 갈매기 여성이 뗏목을 앞과 뒤로 끌며 반도였던 곳을 가로질러 바다로 가는 뱃길을 만듦으로써 창조되었다고 한다. 아넘랜드의 북쪽 해안에 있는 엘코(Elcho) 섬은 과거 선조가 이곳을 여행하다가 모래에 막대기를 밀어 넣어 바다가 들어와 생긴 것이라고 한다.[16]

남부 오스트레일리아에서도 캥거루 섬 — 원주민은 나룽오위(Nar-oong-owie)라 부른다 — 이 만들어진 신화가 널리 퍼져 있다. 신화는 위대한 조상 은구룬데리에 대해서 얘기한다. 은구룬데리는 아내들이 도망쳐 나룽오위와 육지를 나누는 얕은 해로를 건너는 모습을 보고, 화가 나서 물이 차오르게 해서 빠지게 했다고 한다. 커다란 물이 성나서 치고 들어와 여자들을 다시 육지로 옮겨 놓았다. 조수를 이기려 열심히 헤엄쳤지만, 지쳐 물에 빠져 죽고 말았다. 시신은 돌이 되었는데, 오늘날 케이프 저비스(Cape Jervis) 해안의 바위라고 한다.[17]

빙하시대(플라이스토세) 말에 벌어진 다른 사건들도 몽환시대 신화에서 기억되고 있다. 그런 이야기 가운데 하나는 이렇게 시작한다.

오래전 많은 사람들이 라클란(Lachlan)과 무룸비지(Murrumbidgee) 강의 합류지에 야영하며 살았다. 날은 아주 뜨거웠고 바람 한 점 없는 평원에 아지랑이가 피어 수평선이 춤을 추고 신기루가 떴다. 모든 사람이 뜨거운 열기 속에 움직이지 않고 누워 쉬고 있었다. 갑자기 큰캥거루(회색캥거루) 무리가 멀리서 보이자 우두머리가 벌떡 일어났다. 야영지에는 거친 흥분과 두려움이 자리했다. 재빨리 어린이들을 붙잡고 모두가 덤불숲으로 흩어졌다. 하지만 그들은 어떤 무기도 갖고 있지 않아 적을 방어하는 수단이 없었다. 캥거루떼가 덤불에 들이닥치고 강력한 앞발로 사람들을 잔인하게 짓밟았다. 잔인한 행동이 끝났을 때 살아남은 사람은 별로 없었다.[18]

이야기는 계속되어 우두머리가 무기와 위장술을 개발하고 불을 이용해 캥거루를 물리친다. 플러드는 이 큰캥거루 이야기가 두려움과 함께 사냥의 대상이었고 지금은 절멸된 큰캥거루에 대한 기억을 간직한 것인지 궁금해한다. 어떻게 생산성 높은 내륙의 호수가 말라 황무지 소금밭이 되었는지를 말해 주는 또 다른 이야기도 있다. 이것 역시 빙하시대가 끝나면서 일어난 일이다.[19]

만약 플러드의 생각이 옳다면, 원주민은 해수면 변동과 거대동물, 내륙 호수의 종말의 이야기를 만 년, 아마도 이 만 년이나 세대와 세대를 이어 전승했다는 것이 된다. 이야기는 처음엔 사실로 시작했다가 점점 몽환시대 신화에 스며든다. 아마도 실고기가 시사하듯이 빙하시대가 끝나며 무지개 뱀뿐 아니라 몽환시대 자체도 탄생했는지도 모른다.

서기전 6000년 그레이터 오스트레일리아는 더 이상 존재하지 않는다. 1/7에 이르는 땅, 250만 km²가 물에 잠긴다. 과거 남쪽의 반도였던 태즈메이니아는 섬이 되고 이곳의 원주민은 바스 해협의 거친 물살로 육지와 접촉이 끊어진다. 하지만 뉴기니 사람들은 더 온순한 토레스 해협에 섬들이 산재하기에 오스트레일리아와 접촉을 유지한다.

러복은 뉴기니에 들어가기 위해 카펜다리아 만 가장자리를 따라 케이프 요크 반도로 들어간다. 맹그로브 습지대와 석호, 연안과 얕은 물로 이루어진 해안을 따라 여행한다.[20] 건기가 시작되는 오월에 떠난다. 이때 강과 석호도 마르고 사람들은 작은 무리를 이루고 이동하며 산다. 가뭄이 닥치면 몇 안 되는 수원지에 모여 산다. 수련 씨앗과 덩이줄기 같은 다양한 식물성 식량을 채집하고, 불을 놓아 왈라비를 사냥한다. 시간이 흐르면서 기후는 더 뜨거워지고 숨이 막힌다. 나무는 잎을 잃고 원주민은 덤불을 태운다. 끝내 날씨가 변해 번개가 치고 폭풍이 몇 주간 계속된다.

이제 시월이다. 땅과 나뭇가지에서는 새순이 돋는다. 마른 하상은 물로 차고 둑을 넘어 저지대까지 홍수가 난다. 원주민은 높은 지대에 상당히 많은 야영지를 만든다. 비가 오기를 기다려 유칼립투스 나무껍질을 채취한다. 이것을 이용해 깔때기 모양의 집을 만든다. 또한 홍수가 난 곳의 이동 수단으로 카누도 만든다. 게와 조개, 새 알을 채집하면서 원주민의 식단도 바뀐다. 왈라비 몰이를 했던 집단은 이제 캥거루를 뒤쫓아 사냥한다. 늘 그러하듯이 사냥에 실패해도 야영지에는 다양한 식물성 식량과 작은 동물도 있다. 성공한다면 칭찬과 지위를 얻는다.

　다음 해 삼월이 되면 식물성 식량은 풍부해진다. 얌과 덩이줄기, 다양한 씨앗을 나무껍질 접시에 담고, 물이 빠지면 물고기 어살과 덫을 놓는다. 우기가 끝나자 야영지는 폐쇄되고 사람들은 카누를 타고 흩어진다. 몇 주 안에 비는 더 이상 오지 않음을 잘 안다. 다음 해 러복은 케이프 요크에 이르고, 토레스 해협을 건널 준비를 한다.

37

고지대의 돼지와 정원

열대 원예농경의 발달

20,000–5000 BC

존 러복 앞에 앉은 원주민 셋이 카누의 노를 저어 암초를 피한다. 물새떼가 푸른 하늘을 난다. 러복은 뒤에 기대 앉아 물 위에 손을 갖다 댄다.

러복은 오스트레일리아 북쪽 끝과 파푸아뉴기니 남쪽 해안 사이에 새로이 만들어진 해협을 건넌다. 300km 너비의 바다는 최후빙하극성기에는 초원지대로서 빙하시대 원주민들의 사냥터였다. 서기전 6000년인 지금 해수면 상승으로 아라푸라(Arafura) 평원이 잠기고 지협(地峽)만이 남았다. 구릉과 산간지대만이 화를 면하여 토레스 해협에는 100개가 넘는 섬들이 흩어져 있다. 구릉이 있는 섬도 있고, 맹그로브 습지대로 둘러싸인 바위 해안이 있기도 하며, 그냥 모래만 남은 섬도 있다.[1]

러복은 오늘날 무랄룩(Muralug), 모아(Moa), 바두(Badu)라 불리는 섬에 닿는다. 케이프 요크에서 보았던 수렵채집 생활을 하는 사람들이 살고 있다. 더 북쪽으로 올라가자 섬은 더 작아져 사람이 사는 흔적이 없다. 서기 1898년 케임브리지의 인류학자 해든(A. C. Haddon)이 토레스 해협에서 조사한 바 있으며, 전통 원주민의 생활방식을 연구한 여섯 권의 귀중한 기록을 남겼다.

해든의 연구는 1770년 쿡 선장의 인데버(Endeavour) 호에 승선한 동식물연구가 뱅크스(Joseph Banks)에 의해 이루어진 토레스 해협에 대한 첫 과학적 관찰에서 비롯된 것이다.[2] 이후 인류학자와 지리학자, 그리고 최근엔 유니버시티칼리지의 고고학자 해리스(David Harris)가 해든의 업적을 이어받았다. 1974년 이후 해리스는 섬이 만들어진 서기전 6000년 토레스 해협 섬사람들의 생활방식을 복원하였다.[3]

뱅크스와 해든이 남쪽의 좀 더 큰 섬에서 만났던 사람들은 수렵채집민이었지만, 북쪽 사람들은 농경민, 더 정확히는 원예농경(원경)민이었다. 해마다 산림을 태우고 오늘날까지 동남아시아 열대지방의 주요 음식인 얌과 고구마, 타로를 심었다. 바나나와 망고, 코코넛 나무도 돌보았다. 맹그로브 습지와 섬 가장자리에서 야생 식물도 채집했다. 고기와 기름을 얻기 위해 듀공도 사냥했다.[4]

해리스가 관찰했던 원경은 뉴기니에 처음 온 유럽 사람들이 보았던 것에 비하면 단순했다. 저지대와 고지대 모두에서 넓은 숲을 헤치고 밭을 만들어 뿌리 식물을 심었다. 북부 오스트레일리아 수렵채집민의 이동생활과는 반대로 이곳에 처음 온 유럽 사람들은 강력한 추장이 있는, 인구밀도가 높은 마을을 보았다. 추장의 부는 돼지의 수로 가늠할 수 있고 서로 정기적으로 전쟁을 벌이기도 했다. 따라서 좁은 토레스 해협의 남쪽 오스트레일리아는 수렵채집민, 북쪽 뉴기니는 농경민이라는 상당히 다른 세계가 있었던 것이다.

그렇다면 왜 오스트레일리아 원주민은 농경을 수용하지 않았을까? 제임스 쿡 선장은 1770년 케이프 요크의 퍼제션(Possession) 섬에 내려 이 질문을 던졌다. 그리곤 "원주민은 재배에 대해 전혀 알지 못했고, 이 나라가 코코넛과 수많은 과일이 나는 뉴기니와 가까운 점을 생각할 때 이미 오래전에 이곳에 옮겨 오지 않았다는 것이 이상하다"고 했다.[5] 쿡에게, 그리고 많은 후세의 인류학자에게, 오스트레일리아 원주민이 수렵채집민에 머물러 있다는 것은 문제였다.

원주민의 수렵채집 생활은 농경에 대한 지식이 없어서가 아니다. 이 사람들도 식물 재배를 인지하고 있다. 케이프 요크에 사는 사람들은 야생 얌을 채집할 때 덩이줄기의 일부를 그냥 두거나 다음 해 다시 채집할 수 있도록 다시 심기도 한다.[6] 더구나 오스트레일리아 원주민과 토레스 해협에 사는 사람들 사이의 교역으로 수렵채집민과 농경민은 직접 접촉하였다. 그렇다면, 왜 농경은, 서아시아에서 유럽에 확산한 것처럼, 뉴기니에서 오스트레일리아로 퍼지지 않았는가?

1971년 시드니대학의 피터 화이트가 대답을 내놓았다. 수렵채집민은 "성가시게 농사를 짓지 않아도 될 만큼 잘 산다"고 했다.[7] 이 시기가 되면 농경에 대한 관점은 제임스 쿡의 시각, 그리고 1960년대까지 학계에서 가졌던 시각과는 극적으로 변하였다. 농경은 문명으로 가기 위한 불가피한 단계로서 할 수만 있다면 언제, 어디서라도 채택되었다는 시각은 더 이상 통용되지 않는다. 이제 연구자들은 수렵채집민이 인류학자 마셜 살린스(Marshall Sahlins)가 말하는 "원풍요사회(original affluent society)"에 살고 있다고 했다.[8]

수렵채집민은 하루 몇 시간만을 일하면서 등이 휘어지도록 논밭을 갈고 수확하여 생기는 질병도 없고, 인구밀도가 높은 농경 공동체에서 보이는 사회적 긴장과 폭력도 없다는 것이다. 그리하여 1970년대가 되면 화이트를 비롯한 연구자들은 왜 수렵채집민이 농경을 채택하는 데 "실패"했는지가 아니라 농경이 생활의 질에 그토록 재앙과도 같은 결과를 초래하였는데도 왜 그렇게 할 수밖에 없었는지를 질문했던 것이다.

러복은 멀리서 뉴기니를 처음 만난다. 유령 같은 모습의 산에서 내려온 옅은 구름 아래 녹색 저지대가 펼쳐져 있다. 혼자 노를 저어 맹그로브가 자라는 해안으로 간다. 넓은 강어귀에서 뉴기니로 들어간다. 넓게 열려 있던 강은 맹그로브 나무로 덮인 둑 사이로 완만하게 곡선을 그린다. 한 시간 정도 노를 젓자 두 강이 만나는 곳에 이른다. 한 지류는 저지대 숲에서 흘러온 초콜릿 갈색이며, 다른 하나는 산에서 내려와 석회암지대를 흘러 우유처럼 하얀 빛이다. 사람이 사는 곳을 찾기 위해 두 번째 강을 따라 노를 저어 강을 거슬러 오른다. 서기전 6000년 뉴기니 저지대에 상당수 사람이 살았던 야영지가 있었을 것이지만, 고고학자들이 아직 찾지 못하고 있다.[9] 러복은 고지대를 찾아 나선다.

이곳에 유럽 사람들은 1930년대에서야 처음 들어온다. 당시 월러스턴(A. F. R. Wollaston)이 이끌던 영국조류학회는 1000m 이상 고지대에서 새로운 종을 찾아 나섰다. 그러나 새로운 것이 정확히 무엇인지 잘 알지 못했을 뿐 아니라 계곡 사이에 생산성이 높은 지대가 있다는 사실도 몰랐다. 단지 섬의 중심부를 가로질러 산맥 하나만이 있을 것이라 생각했었던 것이다.[10]

1919년 뉴기니 고지대 사람들은 독일 루터교 선교사들을 마주 대한다. 이것이 유럽인과의 첫 접촉이었다. 루터교 선교사들은 침례교, 성공회, 웨슬리교, 그리고 가장 두려웠던 프랑스 로마 카톨릭 같은 선교 경쟁자들이 알아챌까봐 이것을 비밀로 하였다. 뉴기니 고지대 사람들이 대중에게 알려진 것은 1930년대 오스트레일리아의 금광 탐사자들 때문이었다. 1935년 잭 하이즈(Jack Hides)는 짐 오말리(Jim O'Malley)와 함께 산간 곡부에 들어갔다가 후일 다음과 같이 썼다.

> 경사면마다 재배 밭이 있었고, 고요한 공기 중에 연기가 조금 피어오르자 이곳에 사람들이 사는 줄 알았다. 나는 이보다 더 아름다운 광경을 본 적이 없다. 이 모든 것 뒤로 저무는 햇빛에 반짝이는 웅장한 산맥이 솟아 있었다.[11]

러복의 여행도 고지대로 향한다. 그러나 그런 집약 재배가 이루어지기 한참 전이다. 강을 따라 올라가면서 맹그로브 숲은 과실이 열려 있는 나무로 바뀐다. 강이 반듯하게 흐르는 곳에 이르자 먼 산의 윤곽이 보인다. 그렇지만 강이 좁고 구불구불 흐르자 산의 모습은 사라지고 다시 커다란 나무들 사이를 곡류한다. 좁고 가느다란 하늘만이 보일 뿐이다.

여행은 단조로워진다. 강 양쪽의 식물은 관목으로 정렬되어 있고, 썩은 나무가 가파른 진흙 둑에서 삐져나와 있다.[12] 좋은 날엔 퀴퀴한 내가 나고, 대부분 날에는 유기물이 부패하여 썩은 내가 만연했다. 비가 자주 내리고, 거머리가 달려든다. 고생에 보답이라도 하는 양 가끔 거창한 깃털을 가진 아름다운 새가 보인다. 강의 물살이 세지면서 통나무에서 쉬고 있는 이구아나, 밝은 노란색 파리떼 사이로 벌잡이새와 제비, 양치식물과 덩굴식물 같은 처음 보는 동식물이 나타난다.

하지만 러복은 근처 숲에 보이는 사람의 흔적에 더 관심을 갖는다. 돌도끼로 쓰러뜨린 것이 분명한 나무도 있고, 불에 탄 나무도 보인다. 버려진 카누가 진흙 바닥에 처박혀 있다. 그리곤 길이 보인다. 숲에는 작은 길이 있다. 강을 건너기도 하고, 나란

히 가다가 방향을 틀어 숲으로 향하기도 한다. 동물이 다니기도 했고, 사람 발자국도 많다.[13]

러복은 카누를 정박해 놓고선 강을 떠나 길을 따라 와기(Wahgi) 계곡으로 들어 간다. 공기는 덥고 습하고, 퀴퀴하다. 아주 가끔 나뭇가지 사이로 햇빛이 숲 바닥에 들어올 뿐, 어둡고 녹색 빛이다. 인동(덩굴식물) 같은 것이거나 썩은 과실 같은 냄새도 난다. 새와 동물 소리도 들리지만, 이제 나무숲 사이로 소리가 죽는다. 아마도 사람의 목소리인 듯하다. 길은 이어진다. 숲을 가로지르고, 강둑을 따라 산등성이를 오른다. 거기서 엄청난 밀림이 무거운 구름 사이로 이어지는 광경이 보인다.

구름 아래로 밀림은 해발 4000m 높이에 이른다. 최후빙하극성기에는 낮은 온도 와 적은 강수량으로 나무는 2500m 아래에서만 자랐을 뿐이다. 당시엔 고지대 밀림 대신 개활 초원지대에 관목과 양치식물이 자라고 있었다. 산봉우리엔 빙하도 자리하 여 고지대의 계곡까지 얼음으로 메워져 있었다.[14]

초원은 사냥에 유리한 곳이었을지도 모른다. 나무가 자라는 한계선 가까이 두 개 유 적이 있다. 그러나 그 어느 것도 고지대의 사람들이 어떤 생활을 했는지 알려 주지 않 는다. 해발 2000m에 있는 코시페(Kosipe)에서는 돌도끼를 비롯한 유물이 흩어져 있 었고, 이 가운데는 서기전 27,000년 전까지 올라가는 것도 있다. 과실과 견과류 나 무가 가까운 곳에 많이 자라고 있어 이런 식량 자원을 채집하기 위해 계절적으로 머 문 곳이었으리라 보인다.[15] 이보다 조금 아래 해발 1720m에서는 놈베(Nombe) 바 위그늘 유적이 있는데, 서기전 27,000년에서 12,500년까지 간헐적으로 이용된 곳이 다. 석기와 함께 동물 뼈도 나왔다. 놈베의 인간 점유 층에는 태즈메이니아 늑대의 흔 적도 있다. 다양한 동물의 뼈도 나왔지만, 이것이 사람에 의한 것인지, 아니면 늑대가 가져온 것인지는 불분명하다.[16]

서기전 9600년 지구온난화가 닥치면서 나무는 이미 고지대까지 퍼져 있던 관목 을 따라 해발 3000m까지 확산한다. 전 지구적 경향과는 반대로 기후의 계절성은 더 약해졌다.[17] 2000년 정도가 더 흐른 뒤 기후는 러복의 여행 시기, 그리고 오늘날과도 비슷해졌다.

와기 계곡의 상류는 파푸아뉴기니 중심부의 하겐(Hagen) 산 서쪽으로 20km 떨어진 곳에 있다. 1933년 선교사들이 처음 찾아와 독재자 빅맨이 통치하는 작은 왕국들이 있음을 보았다. 통치자의 부와 권력은 돼지와 여자, 귀중한 조개의 수로 측정되었다. 조개는 인류학자들이 모카(Moka) 교환이라 부르는 복잡한 교역망을 거쳐 들어온다. 여자와 낮은 지위의 남자는 밭에서 일하고, 얌과 고구마, 타로를 수확한다. 마을 사이의 전쟁이 흔하였는데, 빅맨이 권력을 확장하고 공고히 하는 수단이었다.

선교사를 뒤이어 금광탐사자들과 정부관리가 뒤따라 들어오고, 원주민들은 이들을 영혼 세계에서 온 사람들로 여겼다. 사람들이 좋아하는 금속제 도끼와 바다 조개를 무제한으로 가지고 오는 듯했다. 이로써 빅맨이 부를 얻기 위해 가동시켰던 전통 의례 교환체계가 무너진다. 나아가 전쟁도 억제되어 유럽의 관료들이 전통적 통치자의 권위를 빼앗는다. 결과적으로 인류학자 앤드루 스트라던(Andrew Strathern)이 1960년대 초 와기밸리 상류의 카웰카(Kawelka) 족에 들어가 고전적인 빅맨 연구를 수행할 때, 서양과 접촉으로 전통 생활양식은 이미 상당 부분 바뀌어 있었다.[18]

그 즈음 카웰카 사람들은 쿡 스왐프(Kuk Swamp)라 불리는 와기밸리의 한 지역에 돌아왔다. 이들은 1900년 부족 간 싸움에 져서 이곳을 버렸었는데, 이전 시기의 식물을 재배하던 자리는 무성한 식물로 덮여 흔적도 찾을 수 없었다.[19]

쿡 스왐프는 해발 1500m 정도에 자리 잡고 있으며 오늘날 나무가 전혀 없는 드넓은 초원이다. 습지의 북쪽과 동쪽에는 에프(Ep)라 알려진 높고 좁은 산맥이 있고, 낮은 풀로 덮여 있으며, 이 지방에서 유일하게 나무가 자라는 곳이다. 하지만 이곳은 와기 계곡의 원래 밀림지대는 아니다. 농경을 위해 완전히 밀림을 깎고 난 뒤에 식물들이 다시 자란 모습이다. 남쪽에도 습지가 있으며, 서쪽으로는 개울 사이로 낮은 구릉이 있다.

카웰카 족은 다시 쿡 스왐프에 들어와 주변의 물이 없는 곳에 밭을 일군다. 3년 안에 이웃하는 부족으로부터 영역 권리는 확보하고, 인구도 성장하여, 배수로까지 파서 습지까지도 되찾는다. 그러나 1969년 정부는 농업조사연구소 같은 개발을 위해 쿡 스왐프의 넓은 지역을 회수함으로써 카웰카 족의 팽창을 방해했다. 1970년대 연구소를 세우기 위한 발굴에서 뉴기니 고지대의 농경의 역사가 드러났던 것이다.

존 러복은 서기전 5500년, 쿡 스왐프 주변 나무를 베어 낸 공터를 찾는다. 경관은 20세기 선교사와 인류학자들이 마주했던 개활 초원과는 사뭇 다르다. 수천 년, 아니 수백만 년 동안 이 정도 고도에서 성장하고 진화한 밀림이 최후빙하기에도 살아남아 그대로 보존되어 있다. 그러나 습지 주변 건조한 곳의 나무가 없는 곳에선 관목과 풀이 얽혀 있다. 러복 주변의 나무는 최근에서야 도끼와 불을 이용하여 베어 낸 흔적이 있다. 결과적으로 햇빛이 남아 있는 나무와 식물에 충분히 내리쬔다.

러복은 쭈그리고 앉아 식물을 관찰하다가 더 놀라운 것을 응시한다. 돼지다. 살찌고 갈색으로 털이 길고 하얀 송곳니를 가진 돼지가 움푹 꺼진 곳에서 잠을 자고 있다. 러복은 조심스럽게 다가간다. 몸을 움직이며 꿀꿀거리며 일어서자 처음엔 그 크기에 놀라고, 다음엔 겁에 질린다. 돼지는 앞으로 몇 발을 내디디며 훌쩍거리며 꿀꿀 소리를 낸다. 한걸음 더 내딛지만 말뚝에 넝쿨로 매여 있다. 돼지는 돌아서 다시 몸을 뒹군다.

나무를 베어 낸 곳 가장자리에서 습지대를 보니 사람들이 일하고 있다. 토레스 해협을 가로질러 카누를 타고 와서 처음 보는 사람의 모습이다. 0.5km² 정도 되는 곳에 여러 식물이 심어져 있다. 남자와 여자 10명에서 12명 정도가 나무 삽으로 땅을 파고 있다. 검은색 피부를 가지고, 잎이나 풀로 만든 짧은 치마 말고는 벌거숭이다. 회색 흙을 길고 낮게 쌓아 놓은 것이 그동안 했던 일을 말해 주며, 습지대를 가로질러 남쪽 끝의 습지에서 강이 흐르는 북쪽 가장자리까지 곧게 배수로를 팠다.

러복은 경사면을 내려와 식물 사이를 거닐며 고랑으로 둘러싸인 둥그런 섬 같은 데에 많은 식물이 있음을 본다. 고랑에도 잎이 무성한 식물이 자라고 있다. 섬에는 바나나 나무도, 숲에서 보았던 여러 녹색 잎을 가진 식물들도 심어져 있다. 숲에서 봤던 나무 같은 것으로 크지도 않고 건강한 모습도 아닌 식물도 있다. 두꺼운 몸통을 가지고 거기서 잎이 나고 나선 모양으로 떨어져 마치 코르크 마개를 뽑는 도구처럼 생겼다. 줄기에서 뿌리가 자라나 버팀목이 되는 것처럼 보인다. 더 큰 식물을 보니 줄기 밑동이 완전히 부식되어 있다.

도랑에 있는 식물은 더 습한 조건에서 자라는 것으로 커다란 심장 모양의 잎과 연한 녹색을 띠고 있다. 긴 줄기의 끝에는 잎이 많이 피어 있다. 러복은 작은 잎 하나를 따서 손가락으로 말아 수액이 나오도록 눌러 본다. 신 냄새가 나고, 코와 살갗이 따갑다.

　사람들이 도랑을 파고 있다. 고랑보다 큰 도랑으로 수백 미터 정도 곧게 뻗어 물을 실어 나르도록 만든다. 이미 허리 깊이에 이른 도랑을 파는 것은 힘든 일이다. 사용하는 도구를 삽이라 부르지만, 편평한 막대기 정도에 불과하다.[20] 파낸 흙을 운반하여 섬을 더 높이 만드는 사람들도 있다. 식물 주변에서 김을 매고, 시든 잎을 따고, 벌레가 보이면 죽이는 이도 있다. 한 여성이 식물이 무성한 고랑을 걸으며 싱싱한 잎을 딴다. 다른 식물이 상하지 않도록 아주 조심한다.

　몇 시간 뒤 하루 작업이 끝났다는 결정이 내려진다. 사람들은 냇가로 가서 몸을 씻고 갈증을 푼다. 그리곤 작은 길을 따라 숲으로 들어가 또 다른 빈터를 만날 때까지 걷는다. 적어도 집이 스무 채는 되어 보인다. 재배되는 식물 주변에는 담이 쳐져 있고, 울 안에는 돼지 한 마리가 있다. 불에서는 연기가 피어오르고, 애들이 돌아오는 어른들을 맞는다. 불가에 앉은 늙은 여인에게 쿡 스왐프에서 수확한 잎을 담은 바구니를 건네고, 흩어져 쉰다.

　그날 밤 불꽃이 타오르고 30명 정도가 모여 늙은이가 요리한 밭에서 꺾은 잎을 먹는다. 잎을 으깨고 과실에서 나온 즙을 섞은 다음 바나나 잎으로 싸서 뜨거운 돌로 요리한다.

1970년대 호주국립대학의 잭 골슨(Jack Golson)의 쿡 스왐프 발굴에서는 선사시대의 도랑과 웅덩이, 기둥구멍이 확인되었다. 이어지는 조사에서 더 많은 유구가 확인되었으며, 가장 이른 것은 서기전 8200년 정도로 추정되었고, 그 다음 층의 유구는 대략 3000년 이후 만들어졌다.[21] 후대 층의 도랑은 2m 깊이의 긴 관개시설로 이루어져 있으며, 이보다 훨씬 얕은 고랑이 이랑을 둘러싸고 있었다. 서기전 2000년 즈음 도랑은 더 많아지고 큰 넓이를 포괄하도록 체계적으로 계획되었다.[22]

　골슨은 고지대에서 이루어진 가장 이른 농경의 증거로 생각한다. 20세기에 알려진 빅맨사회의 초기 단계라는 것이다. 하지만 식물 유체나 유물, 주거의 흔적이 발견되지 않았기에 어떤 형태의 농경이 이루어졌는지는 아직도 불분명하다. 다만, 흙 자체는 많은 것을 말해 준다.

현대의 도랑을 깊이 파 보면 두꺼운 이탄층이 나오는데, 이 분지에서 수천 년 동안 식물이 부식되어 형성된 것이다. 이탄층을 파고 들어간 수혈과 기둥구멍에는 이곳 전체를 덮고 있는 회색 흙이 쌓여 있다. 서기전 8200년에서 5500년까지 천 년에 10cm씩 빠른 속도로 쌓였을 것이다. 골슨은 이 층이 습지대를 둘러싸고 있던 마른 땅에서 침식되어 흘러들어 온 것이라 본다.[23] 이 층 아래와 위에 있는 움푹 파인 것은 돼지가 땅바닥에 뒹굴어 생긴 것일 수 있다. 동물을 말뚝에 매어 놓았을 때 그 주변에 흔적이 생기듯이 말이다.

흙을 미세현미경으로 분석한 것에 따르면 바나나는 확인되지만, 다른 식물은 그저 추측만을 할 수 있을 뿐이다.[24] 뉴기니에서 현재 가장 중요한 작물인 고구마는 기껏 300년 전에야 이곳에 들어왔다.[25] 타로가 가장 가능성이 높다. 다만 골슨의 발굴에서는 타로 유체가 발견된 바 없는데, 아마도 보존이 잘 안 되었기 때문일 수 있다.[26] 타로는 과거 인도네시아에서 처음 재배되어 이곳에 들어온 식물로 생각되었었다. 그러나 이제 뉴기니가 원산지로서 독자적으로 재배되었다고 생각된다.[27] 오늘날 타로는 열대지방에서 가장 널리 보이는 작물 가운데 하나로서, 1930년대에도 뉴기니 고산지대의 주요 식물이었다. 잎과 땅속의 줄기는 모두 채소로 먹을 수 있다. 다만 생장을 위해서는 많은 물이 필요하기에 쿡 스왐프에서 재배된 식물로는 가장 그럴 듯한 후보이다.

또 다른 후보로는 얌과 사고야자, 판다누스를 들 수 있는데, 셋 모두 코르크 따개 모양을 띤 줄기를 가지고 있다.[28] 모두 북부 오스트레일리아의 수렵채집민이 식량으로 이용하며, 뉴기니 고산지대에서 재배되고 있다. 판다누스 숲에선 많은 양의 과실을 얻는다. 사탕수수 같은 다양한 녹색 잎 식물도 어렵지 않게 재배될 수 있다. 숲과 습지에서 채집한 뒤 주변에 쓸모없는 식물을 뽑아내거나 다른 곳에 다시 심을 수도 있다.[29]

서기전 12,500년 아인말라하 주변의 숲, 그리고 서기전 8000년 길라나키츠 주변 관목지대와 마찬가지로, "야생정원"이란 용어가 서기전 5500년 쿡 스왐프를 가장 잘 묘사하는 말일 것이다. 골슨의 발굴 유구를 그저 "농경"이란 말로 부르는 것은 잘못이다. 쿡 스왐프의 야생정원은 수렵채집 생활과 근본적 단절이 아니라 집약적 채집의 형태를 띠었다. 사실 식물의 생장에 관여하는 일은 뉴기니에 처음 사람이 들어온 때로 거슬러 올라갈 수도 있다.[30]

그럼에도, 왜 사람들이 단순한 채집이 아니라 습지 재배를 하게 되었는지 하는 문제가 남는다. 인구가 늘어나 건조한 숲에서 오는 식량으로는 감당하기 힘들었을 수도 있다.[31] 습지가 더 많은 생산물을 주었을 것이지만, 이는 물을 빼는 관개 공사를 한다는 조건에서만 맞는 말이다. 이미 멕시코 와하카밸리에서 호박재배의 기원에 대해 살펴보았듯이 인구압이 있었다는 증거는 어디에도 없다. 사실 1930년대 이전 뉴기니의 인구에 대해서 우리가 가진 정보는 없다.

이런 딜레마에 빠졌을 때 플래너리는 와하카의 길라나키츠 사람들이 식물성 식량을 더 확실하게 이용하려 했다고 보았다. 나무를 베고 불을 지르고, 쿡 스왐프, 그리고 아마도 뉴기니 고지대에서 도랑파기 노동을 한 것은 바로 이 때문이었을 것이다.[32] 뉴기니 섬에는 연중 특정한 시점에 식물성 식량을 다량 확보할 수 있는 몇몇 산포된 지점이 생기고, 그런 지점으로 흩어져 있던 집단이 만나 함께 시간을 보냈을 것이다. 그리하여 사람들은 사회적 이유에서든, 영양의 이유에서든 습지대에 배수구를 팔 필요를 느꼈을 것이다. 이는 서기전 9500년 괴베클리테페 주변에서 야생 밀을 재배하기 시작한 것과 같은 맥락이다.

식물을 재배하던 뉴기니 수렵채집민이 야생 식량도 채집하는 원경민으로 변모한 것은 돼지와 관련되어 있을 수도 있다. 돼지는 인도네시아에서 —여기서 사육되었든지, 아니면 중국 같은 곳에서 확산되어 들어왔든지— 뉴기니로 들어왔다.[33] 돼지는 헤엄을 잘 치지만, 뉴기니로 들어오려면 거의 100km 바다를 건너야기에 배에 실려 들어왔을 것이다.

서기전 6000년이면 뉴기니에 돼지가 들어온다고 보는 고고학자들도 있다. 바위 그늘 유적에서는 그 정도 시기의 퇴적층에서 돼지 뼈가 나왔다. 사실 하나에 불과하지만, 10,000년 전이라는 연대도 있다. 그러나 방사성탄소연대의 수는 얼마 되지 않고 가장 이른 시기의 돼지의 연대는 기껏 500년 정도에 불과하다.[34]

서기전 6000년이든, 이보다 더 늦은 시기이든 재배자들에게 돼지는, 해충만큼은 아닐지라도, 성가신 존재였을 것이다. 야생이든, 길들여졌든, 돼지도 숲 식물이든, 야생정원 식물이든 많은 식량을 먹어야 한다. 다만 타로는 독성물질 때문에 제외된다.[35] 그리하여 사람들은 야생정원에 울타리를 쳐 자연의 영역과 인간의 문화를 구분해야 했다. 그런 장벽은 수렵채집민과 원경민 사이의 정신적 장벽이 되었을 것이다.

러복은 쿡 스왐프에 며칠을 더 머무르며, 도랑을 파고, 타로와 바나나, 판다누스 주변의 풀을 뽑는다. 이제 떠날 시간이다. 서기전 5500년이 가면서 오스트레일리아 선사시대로의 여행도 막바지에 이른다. 마을 사람들도 곧 흩어져 사냥과 채집 활동으로 들어간다. 바나나가 익고 타로를 수확할 무렵 다시 쿡 스왐프에 돌아올 것이다.

구름 한 점 없는 날 러복은 하겐 산 경사면을 오르며 수목한계선을 넘어 고산 채초지에 들어간다. 바위절벽에서 동쪽으로 태평양이 눈에 들어온다. 가까이 아주 큰 섬들이 있어 후일 비스마르크 제도라 불리며, 멀리 수평선엔 솔로몬 제도의 섬도 보인다.

그런 섬에도 사람이 살고 있으며, 보트를 타고 섬과 섬을 왕래할 것이다. 솔로몬 제도까지 바다를 건너는 일은 이미 서기전 30,000년에 이루어진 일이다. 최후빙하극성기 동안 해수면이 하강하여 섬과 섬 사이를 드나드는 일은 더 쉬워졌다. 그 시기 주머니여우도 이곳에 들어와 산다. 주머니여우를 의도적으로 가지고 들어와 풀어놓았는지는 불분명하다. 고고학자들은 뉴아일랜드(New Ireland)의 바위그늘에서 빙하시대 수렵민의 석기와 함께 주머니여우의 뼈를 찾았다.[36]

러복은 더 올라가 남쪽을 굽어보는 바위에 오른다. 섬들, 그리고 토레스 해협과 오스트레일리아 북부가 눈에 들어온다. 태즈메이니아의 쿠티키나 동굴에서 12,000년 동안 6000km를 여행하여 이곳까지 왔다. 하늘은 푸르고, 왈라비 사냥과 달빛 무덤, 사막과 맹그로브 습지, 싸우는 사람, 무지개 뱀, 카누 여행의 기억이 모두 생생하다. 오스트레일리아 동부의 산맥에 올라 서부 사막을 가로질러 아넘랜드의 예술가들과 더 많은 시간을 보내며, 머리 강의 숲에서 정말 디프로토돈이 배회하고 있었는지 보았으면 했다. 한 시간을 더 걸은 뒤 산 정상에 이르러 북쪽과 동쪽을 전망한다. 그곳엔 인도네시아와 중국, 일본이 있고, 인류역사를 탐방하는 또 다른 여행의 시작이 기다리고 있다.

38

순다랜드

동남아시아 열대우림의 수렵채집민

20,000-5000 BC

1971년 7월 필리핀 마르코스 정부에서 소수민족을 담당하던 마누엘 엘리잘드(Man-uel Elizalde)는 놀라운 발표를 했다. 필리핀 남부 코타바토 밀림에서 현대 세계와 완전히 고립된 채 동굴에 살면서 석기를 사용하는 수렵채집민 "타사다이" 족이 발견되었다는 것이다. 『내셔널 지오그래픽(*National Geographic*)』에 "석기시대 부족에 대한 첫 번째 인상"이라는 제목으로 실린 보고문에는 난초 잎으로 만든 치마만을 걸치고 가슴을 드러낸 여성의 사진과 함께 이들의 생활방식을 소개하는 내용이 담겨 있었다.[1]

일 년 반 동안 타사다이 족은 미디어의 인기 연예인이었다. 모두 엘리잘드의 엄격한 감독 아래 기자와 사진가, 정치인, 과학자들이 공개적으로 타사다이 족이 사는 동굴에 방문했다. 신문에는 타사다이 족 이야기가 실리고, 책도 출간되고 영화도 찍었다. 자연 및 다른 사람과 완벽한 조화를 이루며 부드럽고 평화를 사랑하는 타사다이 족은 동남아시아 다른 곳의 생활과는 너무 대조되었기에 그 정도는 과찬이 아니었다. 남중국해를 가로질러 돌을 던지면 맞을 거리에서 미국이 베트남에 폭격을 퍼붓

고 있었다.[2]

필리핀 인류학자 제우스 살라사르(Zeus Salazar) 같은 사람은 과연 타사다이 족의 모습이 진정한 것인지 문제를 제기했다. 하지만 이런 도전은 곧바로 묻히고 살라사르는 타사다이 족 방문이 금지되었다. 1972년 마르코스가 타사다이 족 보호구역을 설정함으로써 방문이 전혀 허용되지 않았다. 그곳에 들어간다면 긴 법정선고문을 받을 각오를 해야 했다.

동남아시아의 밀림에 살아 있는 석기시대 사람들이 있다는 데 매료된 많은 기자와 고고학자만이 예외를 인정받을 수 있었다. 이 지방—말레이 반도와 인도네시아 섬—의 서기전 20,000년에서 5000년 사이의 고고학 자료는 거의 전적으로 뗀석기로만 이루어져 있었다. 현생인류가 만든 도구로서는 가장 단순한 것이었기에 고고학자들은 자료를 "비정형적"이라고 보았다. 그런 석기는 별다른 정보를 주지 못한다는 점 때문에 타사다이 족 발견은 어떻게 그런 석기가 아직도 쓰이는지, 나아가 석기시대 전반을 엿볼 수 있는 놓칠 수 없는 기회였던 것이다.[3]

흔히 고고학자들은 동굴 안에서 박쥐 배설물과 낙석, 흙으로 이루어진 층에서 석기를 찾는다. 석기의 대부분은 그저 격지 몇 개가 떨어져 나간 자갈돌로 어떤 형태를 만들려는 의도를 잘 볼 수 없는 것들이다. 하나 또는 몇 개 모서리가 닳아 있는 것도 있고, 자루에 장착하기 위한 손질도 있다. 말레이 반도에서는 대부분이 자갈돌석기이며, 반면 인도네시아의 섬에서는 격지의 비율이 더 높다. 그런 모든 도구는 흔히 호아빈(Hoabinhian) 문화라는 이름 아래 묶인다.[4]

가장 많은 자료가 나온 유적으로는 지금의 사라와크(Sarawak)에 있는 니아(Niah) 동굴을 들 수 있다. 이 동굴에서부터 존 러복의 동아시아 선사시대 여행이 시작된다. 여행은 적도의 열대에서 시작하여 북극해까지 이어질 것이다.

러복은 흡사 성당처럼 생긴 동굴 입구에 앉아 우림지대의 새벽을 본다.[5] 아래에 있는 협곡과 위에 있는 나무는 아침 안개 때문에 반쯤 가려져 있다. 칼새가 드나들며 동굴 천장이 새집으로 가득하다. 박쥐는 동굴 안쪽 경사면을 따라 사라진다. 벌레가 계속

기어오르고, 배설물 악취 때문에 밤새 쉴 틈이 없었다. 그러나 높은 습도와 뜨거움이 시작되기 전 새벽 공기는 신선하다. 암컷 긴팔원숭이가 소리친다.

시간은 서기전 18,000년. 동굴 입구는 밝고, 쌀쌀하며 건조하다. 수렵채집민에게는 매력적인 쉼터다. 그동안 여행한 전 세계 많은 동굴보다 낫다.

해는 빠르게 떠오르고, 러복은 동굴 안에서 사람의 흔적을 찾는다. 바닥 자체는 입구 쪽만 드러나 있을 뿐이다. 입구에는 벌레와 바람 탓에 배설물도 없다. 눈에 띄는 뼈라고는 동굴에 살던 새들의 것밖엔 없다. 수많은 돌 조각이 배설물과 뒤섞여 있지만, 그것만으로는 사람의 손에 깨진 것인지, 동굴 천장에서 떨어져 깨진 것인지 구분하기 힘들다. 며칠 전에 "만들어진" 것인지, 몇 세기, 몇 천 년 전의 것인지도 알 수 없다.

사라와크박물관의 학예사 해리슨(Tom Harrison)은 1954년에서 1967년 사이 니아 동굴의 서쪽 입구에서 발굴 작업을 했다.[6] 이 발굴 경험은 아마도 지옥이라는 트렌치 이름이 함축하듯이 힘들었다고 한다.

숨 막히는 열기와 거의 100퍼센트에 이르는 습도, 한낮의 뜨거운 햇빛이라는 조건에서도 "지옥" 구덩이에서 40,000년 전으로 생각되는 사람의 두개골이 나왔다. 동남아시아에서 가장 오래된 현생인류 화석 가운데 하나다. 동굴의 상층에서는 수많은 석기도 출토되었고, 사람의 무덤도 몇 기 확인되었다. 이처럼 니아 동굴의 유물은 아마도 동남아시아 선사시대의 전 기간을 포괄하고 있는 듯하다.[7]

그러나 확신할 순 없다. 해리슨은 수평으로 퇴적층을 제거하면서 발굴했지만, 동굴 바닥은 불규칙하여 조금만 주의하지 않아도 서로 다른 시기의 유물이 섞일 수 있다. 방사성탄소연대가 측정된 뼈는 사람의 손으로 도살된 것이 아니라 동굴 안에서 살다가 죽은 것으로 보인다. 해리슨은 복잡한 동굴 퇴적층의 성격을 잘 알고 있었을 수도 있다. 다행히 최근 새로운 고고학 조사단이 가장 최신의 발굴법으로 발굴이 이루어졌다. 바커(Graeme Barker)가 이끄는 발굴조사단이 서기 2000년 니아 동굴의 복잡한 퇴적과 인류활동의 역사를 풀기 위해 4년 발굴 프로젝트를 시작했던 것이다.

4년 동안 발굴한다면 실험실에서 유물을 분석하는 데도 적어도 같은 정도의 시간이 걸린다. 그리하여 니아 동굴에서 플라이스토세가 끝나는 시기의 인류역사를 복원하려면 앞으로도 몇 년이 더 필요하다. 바커는 이미 리비아와 요르단에 있는 사막의 악조건 속에서 조사한 경험이 있지만, 자신이 마주한 것 가운데 니아에서의 발굴이 가장 어려운 조건이라고 말한 바 있다. 다행히도 사라와크에는 이를 보완할 만한 자료가 많다.

> 한 시간을 걸어 우림을 올라가면 동굴에 이른다. … 강 옆에 있는 우리 야영지에서 날마다 필요한 모든 전문 장비를 동굴까지 옮겨야 했다. 우림지대의 엄청난 아름다움과 사람들의 환대와 함께 동굴 안에는 코브라도 있었고, 강에는 악어가, 그리고 그 사이엔 독 있는 양치식물과 노래기가 있다. 잊을 수 없고 아주 신나는 경험이다.

호아빈 문화에는 두 가지 놀라운 특징이 있다. 첫째는 단순함이다. 이는 아마도 빙하시대가 끝나면서 동남아시아 수렵채집민의 일상생활에 최소한의 역할만을 했음을 비추어 주는 것 같다. 예컨대 대나무처럼 주변에서 다양한 식물 자원을 이용할 수 있기 때문에 돌에 대한 필요가 크지 않았던 것이다.[8]

두 번째 특징은 시간의 흐름에 따른 일정함이다. 이는 세계 다른 지역의 최후빙하극성기 이후 기술변화와는 크게 대조된다. 이는 다른 곳은 기후변동이 등락하면서 지구온난화로 이어졌지만, 이 지역의 숲—그리고 숲에 사는 사람들까지—은 큰 변화를 겪지 않았기 때문이다.[9] 더 정확히 말하자면, 해수면 상승으로 저지대가 침수되었지만, 그렇지 않은 숲은 별다른 변화를 입지 않았던 것이다.

러복이 이곳에 왔을 때 보르네오와 사라와크, 자바, 수마트라, 그리고 말레이 반도는 서로 연결되어 우림지대와 맹그로브 습지였으며, 많은 지역이 현재 남중국해의 수면보다 아래에 있었다. 이것을 고고학자들은 순다랜드(Sundaland)라 부르는데, 이 땅이 오늘날 안다만 해의 해안을 넘어 서쪽으로 30km까지 뻗어 있었다. 그리하여 오늘날보다 두 배 이상, 200만 km²가 넘는, 빙하시대 세계에서 가장 넓은 지역에 밀림이 자리 잡고 있었다.

뒤집어 생각하면 해안선은 지금의 반도 안 되는 정도였다. 수렵채집민은 흔히 풍부하고 다양한 식량 자원을 찾아서 해안 서식지에 온다. 동남아시아에서 고고학 자료가 부족한 이유는 동굴 안에서 발견되는 석기는 해안에 살던 주민이 드물게 내륙을 찾아 남긴 것이기 때문일지도 모른다. 집의 흔적이나 조개더미, 무덤 같은 것도 남아 있을 수 있다. 그런 조개더미 유적은 서기전 6000년 현재의 해수면이 형성된 이후의 가까운 과거까지도 있었다. 조개더미는 시멘트를 만드는 데 쓰였기 때문에 채취된 뒤에는 거대한 물웅덩이 형태로 남아 있기도 하다.[10]

니아 동굴 주변의 숲은 뉴기니와는 미묘하게 다르다. 러복은 지금 "월러스 라인" — 오스트레일리아 계통의 동식물상과 아시아 계통의 동식물상의 경계 — 의 서쪽에 있다. 그런데 이 경계를 넘었는데도 숲은 굉장히 낯익다. 습도는 극도로 높고, 언제라도 거머리가 달라붙어 피를 빤다. 숲에는 거대한 나무들로 가득하다. 하늘에서부터 공중에 뿌리가 우산처럼 늘어진 나무도 있다. 야자나무와 덩굴식물, 양치식물, 착생식물이 큰 나무 사이를 채우고 있다. 꽃은 별로 보이지 않는다. 난초는 별로 눈에 띄지 않을 만큼 실망스런 모습으로 꽃이 피어 있지만, 그래서인지 가끔씩 보이는 풍경이 놀라울 뿐이다.

숲은 생명으로 가득하다. 러복이 멈출 때마다 땀을 찾아 나비가 날아들고, 긴 깃털을 가진 코뿔새가 퍼덕거리며 강을 미끄러져 난다. 나무 끝에선 오랑우탄이 따라오고, 땅바닥에선 개미가 공격한다. 그렇지만 이렇게 풍부한 동물상 속에서 혼자임을 느낀다. 나무 사이로 사람도 보이지 않고, 흔적도 찾을 수 없기 때문이다.

러복은 니아 동굴의 서남쪽을 여행한 뒤 이제 다른 동굴에 들어간다. 구아 시레 (Gua Sireh) 유적이다. 니아보다 훨씬 작은 동굴로서, 바다에서도 이제 500km 정도나 떨어져 있다. 하늘은 어느새 어두워졌고 정적이 흐른다. 커다란 물방울이 떨어지며 비가 온다. 빗방울은 동굴 입구에 튀고 나무 사이로 요란하게 번개가 친다. 순간 숲속 깊은 곳에 있는 나뭇잎, 덩굴손과 꽃 하나까지도 불빛이 환하게 비춘다. 어두침침한 밤이 다시 찾아오고 폭우가 내린다. 러복은 동굴 안으로 들어가 다시 한 번 사람의 흔적을 찾는다. 그러나 유물도 화덕자리도, 도살된 뼈와 식물 쓰레기도 없다. 최근 사람이 있었다고 볼 수 있는 흔적이라곤 강에서 보았던 것과 비슷한 생김새의 부서진 조개껍데기뿐이었다. 조개껍데기는 자연의 힘 — 새나 또는 홍수 등 — 만으로 동굴에 들어왔을까? 러복은 그렇게 생각하지 않는다. 그러나 니아 동굴에서 나온 석기와 마찬가지로 이 조개껍데기들이 동굴 안에 얼마 동안 놓여 있었는지를 알 길이 없다.

이제 서북쪽으로 간다. 습지는 낮은 숲으로 덮여 있으며 거기서 몇 개 구릉이 솟아 있다. 구아 시레에서 200km를 가서 오늘날 말레이 반도에 이른다. 화강암 절벽이 있는 산지의 깊은 계곡에 들어가 서쪽의 가파른 석회암 경사면까지 간다. 노출된 하얀 절벽이 햇살에 반짝이며 다른 곳을 덮고 있는 초록과 대조된다. 양치식물이 있는 물웅덩이와 하얀 물이 올라오는 골짜기 위에서 진달래속 식물이 자라난 장관을 마주한다. 사방에 밀림이 끝없이 펼쳐져 언덕과 계곡을 덮고 있다. 그 사이에서 리본처럼 굽이쳐 흐르는 강물이 반짝인다.

서기전 17,000년 러복은 또 다른 인류 점유 유적에 이른다. 튀어나와 있는 거대한 석회암 절벽 아래 오늘날 랑 롱그리엔(Lang Rongrien)이라 알려진 유적이다. 이곳에 가기 위해 가파른 사면을 오른 다음 좁은 모서리를 통과해야 했다. 사람들이 불가에 모여 앉았던 편평한 땅바닥과 쓰레기들이 있을 것이라 기대했지만, 완전히 비어 있고 거칠고 각진 돌덩어리와 돌무더기만이 흩어져 있다.

고개를 들어 보니 암벽이 튀어나온 부분은 상당히 부드럽고 깨끗하다. 수백 년 동안의 풍화와 이끼, 박쥐, 새집 같은 것에서 오는 색조 변화도 없었다. 최근에 무너져서 사람의 점유 흔적이 있다 해도 거기에 묻혔을 것이다. 돌무더기에는 조그만 흔적도 있다. 숯덩이와 함께 사람의 손으로 깨진 듯한 돌 다섯 개가 보인다. 러복은 최근에 이곳에 왔던 사람들이 불을 피우고 아마도 요리를 하면서 불가에 앉아 있었으리라 생각한다. 그런 다음 더 안락한 곳을 찾아 밤을 보내기 위해 떠났을 것이다. 러복도 그렇게 한다. 튀어나온 절벽으로 올라가 어둡고 습도 높은 숲으로 사라진다.

구아 시레와 랑 롱그리엔 모두 1980년대에 발굴되었다. 사라와크 서남부에 위치한 구아 시레는 이미 부분적으로 1950년대 톰 해리슨이 발굴을 한 바 있다. 사라와크박물관의 이포이 다탄(Ipoi Datan)은 1988년 중심 부위를 다시 발굴하여 누적되어 있으면서 많은 석기와 토기 조각, 조개, 동물 뼈 몇 점이 나온 재 층과 퇴적층을 확인했다.[11] 유물의 다수는 서기전 4000년 이후의 것으로, 북쪽에서 동남아시아에 들어온 벼농사 짓는 사람들이 남긴 것이다. 그러나 조개 가운데 하나는 서기전 20,000년 즈음으로 편년되었는데, 동굴 주변의 빠른 물살로 흐르는 강에 아직도 사는 민물조개였다. 다탄은 조개는 사람에 의해서만 동굴 안에 들어올 수 있었다고 생각한다. 사람이 가져왔고 연대도 정확하다면, 그렇다 해도 사람은 그저 동굴에 잠깐, 기껏 하룻밤 정도 머무르기 위해 찾았을 뿐이다.

미국 브라운대학의 앤더슨(Douglas Anderson)은 1987년 랑 롱그리엔을 발굴해 40,000년 전까지 올라가는 사람의 점유 흔적을 찾았다.[12] 서기전 25,000년과 서기전 7500년 즈음 동굴 천장이 크게 무너졌는데, 이는 돌무더기 바로 위와 아래의 층에서 나온 연대이다. 돌무더기에서 나온 숯은 서기전 42,000년 즈음으로 측정되었는데, 앤더슨은 천장이 무너지면서 완전히 사라진 석회암의 틈에 있던 퇴적층에서 기인한 것이라 본다.[13]

랑 롱그리엔에는 최후빙하극성기, 또는 그 즈음 몇 천 년 동안에 해당하는 층이 없다. 이는 이 지역의 다른 곳에서도 똑같은 현상이다. 구아 시레에서만 이 시기 사람의 흔적이 보인다. 민물조개가 서기전 20,000년 즈음으로 측정되었던 것이다. 그러므로 러복이 숲을 혼자 걸었던 것도 놀랄 일은 아니다. 숲에 사람이 없었던 것이다. 당시 동남아시아의 사람들은 해안에 살았으리라 생각된다.

서기전 17,000년 이후의 석기는 많은 동굴에서 확인된다. 사람들은 여전해 해안을 선호하면서도 정기적으로 내륙에 들어왔음을 시사한다. 랑 롱그리엔의 여러 층에서는 해안과 내륙 사이에 빈번한 왕래가 있었던 흔적이 보인다. 서기전 30,000년에서 25,000년 사이 동굴이 해안에서 100km 정도 떨어져 있을 때 석기와 함께 나온 조개는 없었다. 조개는 서기전 10,000년 이후 층에서 나타나 해수면이 상승하여 갈수록 해안이 동굴에 가까워지면서 빈도가 늘어난다. 해안은 동굴에서 18km 떨어진 곳에서 안정된다.

랑 롱그리엔을 찾은 사람들이 며칠 이상을 머물렀을 것 같지는 않다. 그러나 식물 유체나 동물 뼈가 없기 때문에 어느 계절에 동굴을 찾았는지를 알 수 없다. 랑 롱그리엔에서 북쪽으로 약 75km 떨어진 곳에 있는 랑 캄난(Lang Kamnan)에서는 더 좋은 증거가 나왔다. 이 동굴은 서기전 30,000년에서 5000년 사이에 주기적으로 점유되었다—다만, 다른 유적과 마찬가지로 최후빙하극성기 동안에 사람이 살았는지는 의심스럽다.[14] 방콕의 실파콘대학의 라스미 슈콩데(Rasmi Shoocongdej)는 이 동굴을 발굴하고 석기와 바다 조개와 함께 동물 뼈와 식물 유체를 해석한 바 있다. 동물 뼈는 다람쥐와 고슴도치, 거북이, 사슴의 것이고, 달팽이와 식물 유체에 따르면 점유는 우기에 있었던 것으로 보인다. 오늘날 동남아시아의 밀림에서는 수렵채집민과 원경민이 우기에 뿌리와 죽순 같은 다양한 식물성 식량을 채집한다. 랑 캄난에서 나온 것과 같은 종의 동물도 사냥한다.

랑 캄난에서 나온 증거를 보면 사람들이 서기전 17,000년 이후 동남아시아의 우림지대에서 최근 시기와 비슷한 방식으로 살고 있었던 것 같다. 물론 벼농사와 식물 재배, 동물 사육이 없었다. 하지만 사람들이 수렵과 채집만으로 살아가는 능력을 가지고 있다는 데 의문을 제기하는 인류학자들도 있다. 아마존 유역에서도 페드라 핀타다(Pedra Pintada) 발견 이전까지는 수렵채집민의 점유에 의문을 가졌던 것과 마찬가지이다.[15]

캘리포니아대학 인류학자 베일리(Robert Bailey)는 우림지대에서 식용 가능한 자원은 드물고 흩어져 있어서 수렵채집민이 살아가기 어렵다고 주장했다. 우림이 전 세계에서 가장 생산적 생태계인 것은 맞지만, 대부분의 에너지는 사람이 먹을 수 없는 나무 조직의 형태로 저장되어 있다. 나무는 충분한 빛을 얻기 위한 경쟁에서 살아남기 위해 커다란 몸통과 가지를 가진다. 먹을 수 있는 꽃이나 과실, 씨앗을 생산하는 데는 별로 에너지가 가지 않으며, 있다고 해도 나무 높은 곳에 있어 다가가기 어렵다. 정말 얻기 힘든 것은 탄수화물이다. 충분한 양을 얻기 위해서 수렵채집민은 원경을 하든지, 아니면 농경민과 교역해야 한다.

그런데 호아빈 문화를 보면 이런 관점이 잘못임을 알 수 있다. 벼농사의 형태로 농경은 중국에서 기원하여 동남아시아에 서기전 2500년 이전에는 확산하지 못했다.[16] 덧붙여 현존하는 우림지대의 공동체에서도 수렵과 채집으로 살아가는 집단이 있다. 이 중 대부분은 호아빈 문화를 남겼던 사람들의 직접 후손일 것이라 생각된다.

그런 공동체로 들 수 있는 사례가 말레이 반도의 바텍(Batek) 족이다. 다트머스대학의 커크와 캐런 엔디콧(Kirk and Karen Endicott)은 1975년에서 76년까지 9개월 동안 바텍 족을 조사했다.[17] 바텍 족은 입으로 부는 화살대로 원숭이와 새를 사냥하고, 거북이와 개구리, 물고기, 새우와 게를 잡으며, 숲에서 야생 덩이줄기를 캐고 다양한 양치식물과 새싹, 베리, 과실, 씨앗 등을 채집한다. 때로 숲을 베고 벼와 옥수수, 카사바를 심기도 하고, 농경민과 교역하여 밀가루와 설탕, 소금을 얻지만, 엔디콧 부부는 야생 식량만으로도 생존할 수 있다는 데 의심을 품지 않는다. 야생 덩이줄기에서 탄수화물을 얻기 때문이다.

보르네오의 페난(Penan) 족도 우림지대에서 자족하며 살아가는 수렵채집민이다. 조지아대학의 브로시우스(Peter Brosius)는 1984년과 1987년 사이 아파우(Apau) 평원에서 페난 족과 함께 살며 조사한 바 있다.[18] 이곳은 숲이 우거진 산지로서 곡부에 있는 벼농사하는 마을에서 며칠을 걸어야지만 닿을 수 있는 외딴 곳이다. 페난 족도 교역을 하지만, 식량을 농경민에 의존하지는 않는다. 바텍 족과 마찬가지로 페난 족도 다양한 식물을 채집하고 많은 동물(이 가운데 수염 달린 돼지를 선호한다)을 사냥한다. 탄수화물은 사고야자나무에서 얻는다. 나무의 줄기에는 녹말이 저장되어 있다. 나무는 무리를 이루며 자라는데, 대부분을 개인적으로 소유하고 있으며, 고갈되지 않도록 조심해서 관리한다. 이 책에서 마주친 많은 수렵채집민과 같이 페난 족도 주변 야생 식물을 관리하는 것이다.

브로시우스는 페난 족을 가리켜 숲속의 관리인이라 부른다. 그에 따르면 숲속의 하계망은 생태 지식과 기억의 원천이 된다. 많은 강이 그 강어귀나 주변에서 풍부히 나는 특정한 나무 이름이나 과실의 이름으로 불린다. 돌의 형태 같은 자연적인 특징에 따라 이름이 붙기도 하며, 코뿔소의 죽음이나 좋아하던 개를 잃은 사건, 또는 특히 과실이 풍부했던 계절의 이름을 딴 것도 있다. 많은 강은 사람의 이름을 붙이기도 한다. 이는 아마도 어떤 사람의 태어남과 죽음, 또는 강 주변에서 사냥하기를 좋아하는 것을 가리킨다. 페난 족은 죽은 사람의 이름을 말하지 않기 때문에, 대신 강의 이름을 사용하는 것 같다.

바텍과 페난 족은 모두 서기전 17,000년에서 5000년까지 호아빈 사람들의 삶의 방식을 시사하고 있다. 그러나 이로써 최후빙하극성기 동안 숲에서 사람이 살았던 흔적이 거의 없다는 또 다른 딜레마에 빠진다. 베일리를 비롯한 인류학자들이 농경 생산물 없이는 우림지대에서 생존할 수 없을 것이라 여기는 것은 잘못이다. 최후빙하극성기 동안 개활지 낙엽성 숲이었다면 오늘날의 숲보다는 수렵채집민에게 훨씬 더 생산적 경관이었을 것이다. 그렇다면 동물이 나무 위에서 흩어져 살지 않고 땅에서 무리를 이루고 살았을 것이어서[19] 더 풍부하고 사냥하기에도 더 쉬웠을 것이다. 왜 고고학 증거는 우림지대의 분포와 밀도, 습도가 정점에 이른 뒤에서야 등장하는가?

동남아시아의 선사시대에 대해 여러 글을 쓴 호주국립대학의 피터 벨우드(Peter Bellwood)에 따르면, 인구의 증가와 해수면 상승이 해안에서 사는 사람들로 하여금 숲으로 들어가게 했다고 한다.[20] 그러나 과거 해안선을 모르기 때문에 이에 대해서 알 수 있을 것 같지는 않다.

이제 서기전 16,000년이다. 숲으로 들어가는 길도 더 쉬워졌다. 러복은 처음 자신이 그저 나무 사이로 난 멧돼지의 길을 따라가고 있다고 생각했다. 그런데 더 이상 나뭇가지 밑으로 몸을 수그리거나 덩굴식물과 자그만 나무를 헤칠 필요도 없다. 그런 것들은 깨끗이 치워져 있다. 마침내 사람이 있다는 증거이다.

폭우 속에서 강과 강을 이어 주는 복잡한 숲길을 며칠을 걸어서야 겨우 사람을 볼 수 있다. 사람들은 숲속에 야영하고 있다. 야자나무 잎으로 덮은 움막 세 채가 있다. 작은 나무를 베어 야영지를 만들었는데, 야영지 중심에 막대기들과 마른 잎만으로 불을 피워 놓았다. 열두 명이다. 몇은 불가에 쭈그리고 앉아 있고, 움막 곁에 앉은 이도 있다. 작고 검은 곱슬머리에 어두운 갈색 피부를 한 사람들이다. 아이들은 아무 것도 입지 않았다. 어른들도 잎으로 만든 앞치마 정도만을 걸치고 있다. 얼굴에 붉은 칠을 하고 고슴도치 가시로 코를 뚫은 사람도 보인다.

전체 야영지를 둘러보는 데는 5분이면 족하다. 별달리 볼 것이 없다. 불가에는 나무 도막이 몇 개 있어 도마처럼 쓰이는 것이 분명하다. 움막 안에는 바구니가 걸려 있고, 바닥에는 돌을 낸 격지가 흩어져 있다. 나무 꼬챙이와 돌도끼가 나무 자루에 끼워져 있다. 대나무로 만든 칼이 허리띠에 매여 있다. 이것이 가족이 가진 도구의 전부이다.

러복은 야영지에서 하룻밤을 보낸 뒤 일찍 일어난다. 무리는 살림살이를 챙겨 한 줄로 서서 작은 길을 따라 떠난다. 러복도 마지막에 따라나선다. 러복은 야자나무 잎으로 허술하게 지은 움막이나 가내 쓰레기들이 몇 개 흩어진 것으로 보아 후일 고고학자가 이들의 흔적을 찾기 어려울 것이라 생각한다.

하루를 숲에서 사냥하고 채집하며 보낸다. 한 시간 정도 뒤에 여자와 어린이는 한쪽으로 남자들은 다른 쪽으로 떠난다. 러복은 머뭇거리며 남자들을 따르다가, 다시 돌아서 여자들을 따라간다. 잘 알 수 없는 지점에 멈추더니 덩이줄기를 판다. 땅은 부드럽고 돌도 없기에 막대기로도 쉽게 팔 수 있다. 막대기로 혹이 많이 달린 식물뿌리를 파내 바구니에 넣고 다른 식물을 찾는다. 숲의 바닥에 있는 다른 줄기와 별반 차이가 없는 그저 가늘고 약한 줄기만이 지표 위에 솟아 있을 뿐이다.

남은 하루 동안 무리는 덩이줄기가 나는 곳에서 베리와 죽순을 따는 곳으로 옮겨다닌다. 여성과 어린이는 일하면서 먹기도 한다. 특히 새로이 나온 죽순을 맛있어한다. 바구니 한가득 담을 만큼 충분하다. 낯익은 길을 따라온 것 같지만, 늘 버섯이나 양치식물, 개구리, 도마뱀 같은 새로운 것을 찾기도 한다. 이제 강둑에서 야영한다. 야자나무 잎을 이용한 쉼터를 만든다. 남자들은 꼬리가 긴 원숭이 한 마리를 가지고 온다.

다음 날 남자들은 물고기를 잡는다. 햇볕이 뜨겁게 내리쬔다. 다시 한 번 사람들은 새벽이 되자 야영지를 버리고 남자들은 여자들과 다른 방향으로 떠난다. 남자들은 처음에 돌 격지를 이용해 작은 나무를 베고 미늘을 만든 다음 깊은 물웅덩이로 들어가 작살로 고기를 잡는다. 고기는 쉽게 잡히고, 하루의 상당 시간은 물웅덩이 옆에서 쉬면서 연기를 피우고 뼈가 많은 고기를 먹는다.

러복은 사냥과 채집으로 며칠을 보낸 뒤 이 사람들이 참으로 다른 세계에 살고 있음을 느낀다. 이곳의 세상은 습도가 높고 어두침침한 숲으로 좋은 것도 있지만, 나쁜 점도 많은 곳이다. 특히 거머리와 진드기, 개미 같은 것이 귀찮게 한다. 숲에 살고 있지만, 이 사람들에게 세상은 영혼과 귀신, 신들로 가득 차 있다.

이는 애초 별달리 주의하지 않았던 아주 작은 행동에서 점점 분명해졌다.[21] 예를 들어 어떤 음식은 같은 불에서는 결코 요리를 하지 않는다. 러복의 생각으로는 상당히 쉽게 잡을 수 있는데도 사슴과 맥이 다니는 길은 무시한다. 어떤 금기가 있어 그런 동물을 잡지 않으며, 어떤 음식은 같이 먹지 않는 것 같다. 어떤 때 러복은 한 젊은 남자가 나이 든 어른에게 요리를 잘못했다며 꾸지람을 듣는 것을 보았다. 밤이 되자 범죄를 저지른 자는 스스로 자해하여 나온 피를 물에 섞고 하늘로 던졌다. 노한 신을 달래는 행동이다. 러복은 노래와 말하기는 상대방이 아니라 흔히 숲에 대고 하는 것임을 알게 되었다. 때로 나무로 만든 플랫폼 위에서 노래를 부르고, 나중에 다시 모일 과실나무 가까운 곳에 통나무를 남겨 놓기도 한다.

서기전 15,000년이 되면서 러복은 이곳을 떠난다. 숲에서 일상적인 사냥과 채집은 앞으로도 몇 천 년 동안 계속될 것이다. 이제 지구온난화가 벌써 시작되고 있는 온대지방으로 가 볼 차례이다. 그리하여 러복은 호아빈 수렵채집민과는 다른 길로 떠난다.

이 장을 시작하며 언급했던 타사다이 사람들은 거짓말쟁이였다.[22] 1986년 마르코스 정권이 무너지자 동굴을 찾는 사람들이 많아졌다. 이번엔 엘리잘드의 엄격한 감독이 없었다. 석기시대의 기술만으로 오랜 시간 동안 고립되어 생존했다는 생각은 곧 흐트러뜨려지기 시작했다. 살라사르의 의심이 옳았던 것이다. 타사다이의 언어는 필리핀 남부 전역에서 사용된 언어의 방언으로 드러났다. 살았던 동굴에는 수 세대의 점유로 생긴 흔적을 찾을 수 없었다. 야생 자원에 대한 지식은 진정한 수렵채집민이라 하기에는 부족하였다. 석기를 자루에 장착하지도 않았고, 석기를 만들어 달라는 요청에도 부적당한 원석을 쓰면서 별다른 재주를 보여주지 못했다. 난초 잎으로 만든 옷은 카메라를 위해 입은 것에 불과했다. 어떤 한 타사다이 사람은 다음과 같이 고백했다. "엘리잘드는 올 때마다 우리에게 옷을 벗고 동굴에 들어가라고 말했고, 우리는 사진을 다 찍을 때까지 거기서 기다려야 했다. 엘리잘드가 떠나면 다시 옷을 입고 살던 곳으로 돌아왔다."[23]

타사다이 사람들은 아무런 죄 없는 지역 원경민으로 엘리잘드가 꼬드겨서 석기시대 환상을 연기했다. 이 사건은 그저 필리핀 소수민족이 어떻게 마르코스 치하에서 희생되었는지를 보여주는 사례이면서 어떻게 석기시대 과거가 정치적으로 이용될 수 있는지를 보여주는 사례이기도 하다. 라브도니카스가 올레니오스트롭스키 모길니크를 마르크스주의 인류역사의 틀에 끼워 맞춘 사실과 북아메리카 원주민이 케니윅인의 뼈가 자신들의 조상의 것이라고 주장한 것을 생각해 보라. 빅토리아시대 존 러복의 저작도 유럽인이 정신적으로 우월하다고 하면서 당시의 제국주의적 사고를 옹호하고 있다.

오늘날 완전히 고립되어 사는 석기시대의 부족은 없다.[24] 페난과 바텍 족은 호아빈 사람들의 직접 후손일지도 모른다. 그리고 이들의 생활방식을 통해 석기시대의 채집과 어로, 종교의 시나리오를 펼칠 수도 있다. 사실 위에서 나도 그렇게 했다.[25] 그러나 우리는 언제나 그런 말을 할 때 조심해야 한다. 고고학자는 결코 현재의 사정에 현혹되어서는 안 된다. 고고학자라면 유물 분석과 유적 발굴로 돌아가야 한다. 선사시대 과거를 이해하는 데 지름길은 없다.

39

양쯔강 남안에서

벼농사의 기원

11,500-6500 BC

러복은 다시 카누 여행을 떠나 양쯔강(揚子江) 아래로 들어간다. 동남아시아의 우림
지대에서 긴 여정을 시작하여 평원과 넓은 평야, 그리고 남중국 우링(五嶺) 산맥의 가
파른 계곡을 거쳐 윈난(雲南) 평원을 가로지르는 계곡을 따라간다. 사슴과 멧돼지, 맥
과 판다가 출몰하는 활엽산림을 따라 여행한다. 산림이 끝나고 초원지대가 나타나자
하마와 가끔씩 스테고돈―북아메리카의 마스토돈과 비슷한 생김새로 곧게 뻗은 상
아를 가진 코끼리 같이 생긴 동물―같이 더 큰 동물도 보인다.[1]

수많은 수렵채집민도 만난다. 산림지대에서 동물 뒤를 몰래 추적하고, 다양한 열
매와 산딸기류, 구근류를 수집하고, 강과 호수에서 조개를 채집한다. 서기전 14,000
년 러복은 현재 남중국의 구이저우성(貴州省)에 있는 바이옌자오(白岩脚) 동굴에서 몇
가족과 지낸 적이 있다. 사람들은 불가에 앉아 돌덩어리를 깬 격지를 만들면서 격지
의 크기와 생김새에는 별로 신경 쓰지 않았다.

바이옌자오는 수렵채집민이 언덕과 계곡, 그리고 산림과 평원 사이를 오가며 계
절이동을 하며 이용한 몇 개 유적 가운데 하나로 추정할 뿐이다. 남중국에서는 플라

이스토세 말 고고학 유적이 아주 드물다. 그래서 당시 이 지역의 인류 생활에 대해 거의 아는 것이 없다고 해야 하겠다. 바이엔자오는 1979년 발굴되어 석회암과 처트, 사암, 맥석영으로 만든 귀중한 유물이 나왔다.[2] 발굴된 동물뼈 역시 귀중한 자료인데, 스테고돈, 맥, 사슴, 멧돼지 같은 많은 종과 함께 곰과 호랑이, 하이에나의 뼈도 있었다. 그래서 뼈에 석기로 자른 자국이나 짐승 이빨 자국에 대한 연구가 이루어지기 전까지는 사람의 활동에 의한 것인지, 육식동물이 살던 굴에서 나온 것인지를 확실하게 알 수는 없다.

바이엔자오에서 더 북쪽으로 가자 산림지대가 트이고 활엽수종에서 전나무와 가문비나무로 바뀌는 것을 본다. 기온이 떨어지고 황량한 언덕을 가로질러 추운 바람이 몰아치기 시작한다. 수렵채집민도 바뀐다. 식량 자원의 선택 폭은 좁아져 빙하시대 유럽에서 보았듯이 이동하는 말과 사슴을 사냥하는 사람들이 많아진다. 동물 가죽과 모피를 바느질해 만든 옷이 필수이고, 추운 겨울을 나기 위해 동굴을 찾는 것도 중요한 일이다.

쓰촨(四川) 분지에 이르렀을 무렵 넓게 트인 양쯔강을 만난다. 강어귀에서는 사냥꾼 무리가 긴 가을 산양 사냥을 마치고 동쪽 저지대로 돌아가기 위해 큰 카누에 짐을 싣고 있다. 러복도 배에 올라 산양 가죽 묶음 사이에 자리를 잡고 노를 찾아 젓는다.

오늘날 양쯔강에서 보트를 탈 수 있는 한계는 쓰촨 분지까지이다. 중국인에게는 장강이라고 더 잘 알려진 이 강은 5000m 높이의 눈과 빙하의 티베트 고원에서 시작하여 동쪽의 남중국해로 6300km의 여행을 한다. 서기전 20,000년에서 5000년 사이의 고고학 유적은 별로 없다. 물론 강은 오늘날 중국 사람들뿐 아니라 선사시대 사람들에게도 중요했을 것이다. 불행히도 산샤(三峽)댐이 건설되면서 앞으로도 더 좋은 자료가 나올 것 같지는 않다. 2009년 완공되면서 세계에서 가장 큰 수력발전소를 갖고, 길이 600km에 이르는 인공호수가 만들어진다. 알려진 수많은 유적이 물에 잠기고, 새로운 발견 가능성도 사라진다. 그러나 중국 사람들로서는 아부후레이라(Abu Hureyra), 예르프 엘아마르(Jerf el Ahmar), 네발리 초리(Nevali Çori) 같은 중요한 유적이 문제가 아니었다. 150개 마을과 도시가 물에 잠겨 200만 명의 이주민이 생긴다

고 한다.[3]

시간은 서기전 13,000년. 러복의 손가락과 발가락은 얼어붙었다. 관절이 뻣뻣해지고 근육에 힘이 빠져 양쯔강의 얼음바람을 가로질러 배를 저어 나가기 힘들었다. 다행히도 배를 젓는 사람들은 강인하고 이런 길에 익숙해 있었다. 배는 바위 절벽을 지나 수직 석회암절벽 사이의 어둡고 좁은 수로로 들어선다. 수 km 너비의 강이 기괴하게 깎이고 풍화된 높은 바위 탑으로 둘러싸인 채 폭은 이제 50m에 불과하다.

이곳은 양쯔강의 장관 가운데 하나인 이창(宜昌) 협곡으로, 강은 거친 산맥을 지나 후베이(湖北) 분지의 편평한 습지대에 이른다.[4] 이 수로 안에서 시간은 빠르게 흘러 노를 저을 때마다 십 년이 흐르고 백 년이 지나간다. 곧 서기전 12,000년에 이르고 깎아 지르는 바위 절벽 너머의 세상도 바뀌었다. 기온은 오르고 강우량도 많아지고, 황량한 언덕들과 협곡 너머 산기슭에 두터운 산림지대가 펼쳐졌다.[5]

마지막 빙하기의 간빙기에 이르렀다. 서아시아에서는 나투피안(Natufian) 문화가 번성하고, 칠레 남부 몬테베르데(Monte Verde)에서는 사람들이 집을 만들고 차를 마신다. 여기 중국에서는 참나무와 느릅나무, 버드나무가 산포되어 있던 소나무와 가문비나무를 대체하고, 나무들 사이에는 두텁게 양치식물이 발달한다. 산간 얼음이 녹아 흐르는 물로 강수면도 올라갔다. 절벽 아래로 내가 흘러내리고, 바위틈은 이제 고사리 양치식물들로 들어차고 좁은 바위절벽에는 야생화가 피었다. 러복의 동료들도 바뀌어 두꺼운 모피를 입던 사람들은 이제 가벼운 가죽으로 만든 헐렁한 옷을 걸치고 있다. 과거 얼굴이 성에와 수염으로 뒤덮여 가려져 있었지만, 이제는 햇빛에 어슴푸레하게 드러난다. 산양 비계로 만든 꾸러미는 이제 도토리와 산딸기류를 담은 대나무 바구니로 바뀌었다.

시간은 흘러 서기전 10,500년. 해가 구름 속으로 사라지고 다시 추위가 찾아오면서 협곡에는 차가운 바람이 분다.[6] 강 수면은 다시 내려가고 강둑이 높이 드러난다. 꼭대기엔 눈이 쌓여 있고 폭포는 얼어붙고 눈앞의 야생화는 시든다. 절벽 너머에는 전나무와 가문비나무가 다시 찾아오고 참나무와 양치식물은 가뭄과 추위를 맞아 시든다. 배 위에서도 털옷과 산양 비계가 다시 보인다.

서기전 10,000년이 지나면서 극적으로 시작된 지구온난화로 홀로세에 접어든다. 양쯔강 계곡을 따라 전나무와 가문비나무는 이제 활엽수림과 상록 산림으로 대체된다. 러복은 서기전 9500년 협곡을 떠나고 동료들은 다시 한 번 따뜻한 세상의 옷을 입는다. 바구니가 다시 보이고 새로운 토기도 보인다. 러복은 강을 따라 두터운 산림과 완만한 경사의 언덕, 무성한 갈대밭으로 이루어진 경관에 들어선다. 멀리 나무로 덮인 평원 중간에서 연기가 피어오른다. 바로 펑터우산(彭頭山) 마을이다. 마을 주민들은 오늘날 오리자 루피포겐(Oryza rufipogen)이라 불리는 야생풀을 심고 수확한다.[7]

양쯔강 유역의 다른 선사시대 주민들과 함께 이 야생풀은 변모한다. 이 식물은 강과 호수 주변의 움막에 흩어져 살던 수천 명의 음식이 된 뒤, 현재 지구상에 가장 중요한 먹거리로서 최소 20억 인구를 부양하고 있는 것이다.[8] 야생의 오리자 루피포겐은 오리자 사티바(Oryza sativa)가 되면서 재배종이 되었다. 존 러복은 세계 역사의 전환점이었던 최초의 쌀 재배를 보려 하고 있다.

쌀은 오늘날 세계에서 가장 중요한 곡물이다. 중국은 최대 생산국이자 소비국이다. 1949년 중화인민공화국이 출범할 즈음 해마다 쌀 1억7000만 톤이 수확됐다. 그 뒤 반세기 동안 소유체계와 새로운 종자 개량, 이모작, 기계농법, 비료와 농약 덕분에 생산물은 적어도 네 배 많아졌다. 중국은 쌀 덕분에 강대국이며, 쌀 순화의 이야기는 양쯔강 유역의 늪지대에서 자라난 야생식물을 재배한 사람들로부터 시작한다.[9]

야생 벼에는 적어도 스무 개 변종이 있으나, 모두 편의상 오리자 루피포겐[10]이라 부를 수 있다. 다년생으로 늪에서 자라는 것도 있고, 한해살이로 보통 늪과 도랑이 마르는 시기에 자라는 것도 있다. 재배된 변이는 밀과 퀴노아와 마찬가지로 야생 원종과 다르다. 곡물 머리가 자생적으로 부서져 떨어지지 않을 뿐 아니라 며칠 안에 싹을 틔워 전체 곡물이 같이 영근다. 야생 벼는 야생 밀과 마찬가지로 흔히 몇 주에서 몇 달 동안 조금씩 싹을 틔운다. 그런 식으로 적어도 몇몇은 성장에 좋은 조건을 찾아가는데, 재배종은 농민의 작업 탓에 그럴 필요가 없는 것이다. 크기에서도 재배된 쌀이 야생 것보다 크다.[11]

1988년 중국 고고학자 페이안핑(裵安平)이 펑터우산을 발굴할 때 적어도 서기전

7500년으로 올라가는 당시로서는 가장 오래된 재배 쌀의 흔적을 찾았다. 그 발견이 있기 전 대부분 고고학자들은 쌀 재배가 인도나 아마도 많은 야생 벼가 있는 동남아시아에서 더 빠를 것이라 생각했다. 고고학자들이 오늘날 밀의 기원을 찾아 비옥한 초승달지대로 갔던 것과 똑같은 논리로 벼 재배의 기원을 찾아 양쯔강 이남을 주목했던 것이다.

처음에는 어느 정도 성공을 거둔 듯했다. 태국 고지대의 반얀 동굴과 시암만 해안의 콕파놈디(Khok Phanom Di) 주거유적에서 서기전 6000년 즈음의 볍씨가 출토된 것이다. 그러나 방사성탄소연대측정 결과 콕파놈디의 볍씨는 서기전 1000년을 넘지 않고, 반얀 동굴의 것은 몇 백 년밖에 안 된 것이었다.[12]

1984년 양쯔강 유역에서 작은 야생 벼의 대가 발견되었다.[13] 그리고 곧 이 지방에서 야생 벼가 드문 이유는 집약 농경의 결과 자연적 서식지가 훼손되었기 때문임을 알게 되었다. 펑터우산 발굴 이후 양쯔강 중류는 재배 벼의 기원지일 가능성이 커졌다. 그리하여 야생 벼에서 재배 벼로의 전이를 알 수 있는 펑터우산보다 오래된 유적, 곧 네티브 하그두드나 길라나키츠와 유사한 중국의 유적을 찾으려는 노력이 이루어졌다.

멕시코 중부에서 연구한 리처드 맥니시(Richard MacNeish)와 북경대학의 옌원밍(燕文明)은 공동으로 오늘날 장시성(江西省) 양쯔강 남부에서 석회암 동굴을 조사했다.[14] 멕시코 중부의 건조한 동굴 유적 발굴과는 달리 중국 유적에서 식물 유체는 거의 완전히 부식되었음을 알게 되었다. 다행히도 규산체라는 중요한 미세현미경 자료가 동굴 퇴적물에 남아 있기는 했다.

규산체는 식물 세포 안에 형성되는 아주 작은 규소 퇴적물을 말한다. 규소는 지하수에서 기원하여 때로 세포를 완전하게 채우기도 하여 식물이 부식된 뒤에도 형태를 그대로 유지한다. 비유기물이기 때문에 흔히 다른 식물 유체가 사라진 뒤에도 땅속에서 오랫동안 남아 있다. 더구나 여러 식물 종, 그리고 한 식물에서도 상이한 부분에는 상이한 형태의 규산체가 형성된다. 그리하여 과거 땅에서 자란 식물이나 저장식량, 폐기물을 동정하는 데 쓰인다.

화분(꽃가루)과 마찬가지로 식물마다 생산하는 규산체 양이 다르다. 풀은 규산체가 많으면서도, 여러 종의 풀에서 나온 꽃가루는 거의 똑같지만, 규산체는 사뭇 다르다. 미주리대학의 피어설(Deborah Pearsall)은 벼 규산체 연구를 개척하면서 가장 독특한 것은 꽃겨(영포)라 불리는 곡물의 겉껍질 세포에서 나옴을 알게 되었다.[15] 그런 규산체가 토양에서 나온다는 것은 벼가 그곳에서 자랐다는 확실한 신호인 것이다.

피어설의 논점은 영포(穎苞) 규산체는 과거의 벼가 야생인지 재배된 것인지—늪에서 자란 것인지, 아니면 논에서 재배된 것인지—를 판단하는 데 쓰일 수 있다는 것이다. 재배 식물의 규산체는, 간단히 말하면, 야생종보다 더 크다.[16] 이를 토대로 맥니시와 옌원밍이 발굴한 동굴퇴적물은 벼 재배가 언제 어디에서 시작되었는지를 판단하는 데 실마리가 될 수 있다.

댜오퉁환(吊桶环) 동굴은 양쯔강 남쪽 늪지대가 많은 다위엔 분지의 작은 석회암지대에 있는데, 최근 발견된 야생 벼가 있는 곳에서 불과 50km 떨어져 있다.[17] 맥니시와 옌원밍은 동굴 중앙에 5m 깊이의 트렌치를 팠으며, 적어도 16개 점유 층이 잘 정돈되어 쌓여 있었다. 상부의 8개 층은 서기전 12,000년에서 2000년까지에 해당하지만, 그 아래층들의 연대는 확인되지 않았다. 발굴된 층 각각에서는 동물 뼈와 석기가 나왔으며, 서기전 10,000년으로 추정되는 토기 조각도 출토되었다.

식물 유체는 전혀 없었지만, 각 점유층에서 나온 규산체 분석으로 몇 가지 벼 종류를 알 수 있었다. 아래층에서는 벼 규산체가 아주 드물었고, 있다 해도 바람이 불어 건조한 잎이 날려 왔거나 동굴에 살았던 동물의 발굽 같은 데 묻어 들어왔을 가능성이 있다. 하지만 서기전 12,000년의 층에서는 벼 규산체의 수가 크게 증가한다. 동굴에 살던 사람들이 벼를 채집하고 먹었음을 분명 말해 주는 것이다. 규산체는 작은 야생 식물의 것이었고, 아마도 근처의 늪지대 주변에서 채집되었을 것이다. 이 시기는 마지막 빙하기의 간빙기에 속해 특히 따뜻하고 습했으며, 양쯔강 유역에서 야생 벼가 번성하기 시작했을 때이다. 서기전 12,000년 이후 층에서도 벼 규산체는 여전히 풍부하였으며, 다만 서기전 10,800년에서 9600년, 곧 영거드라이어스에 해당하는 층은 예외였다. 아열대 수생식물이었던 야생 벼는 춥고 건조했던 시기 아주 드물었다.

그 이후 따뜻하고 습한 기후가 도래하면서 벼는 다시 한 번 주된 식량 자원으로 이용된다. 댜오퉁환 동굴에서 나온 연속된 층에서는 규산체의 비율이 점점 증가함을 볼 수 있는데, 이는 재배 벼의 등장을 비추어 주고 있다. 서기전 7500년이 되면 야생 벼와 재배 벼를 거의 동등하게 이용하였으며, 그로부터 1000년 뒤 야생 벼는 완전히 사라진다.

이제 러복은 3000년의 세월을 거쳐 이창 협곡에서 펑터우산까지 왔다. 250km를 여행하여 서기전 6800년에 이르렀다. 굽이치는 양쯔강을 따라 천천히 노를 저으며 후베이 저지대를 지났다. 배를 타지 못하고 서기전 9600년에 머물러 여전히 나무에서 호두를 따는 사람들도 있다. 러복은 배를 타고 양쯔강 물결을 따라 홀로세의 세계로 들어온다.

우기와 건기가 분명해지면서 해마다 강은 조금씩 오르다가 내리기를 반복한다. 삼월 말에 건기가 시작되어 팔월에 정점에 이른다. 물은 10cm 이상 올라 과거 낮은 구릉지였던 저지대 대부분을 흙탕물로 덮는다.[18] 물이 내려가면서 진흙층이 저지대에 퇴적되어 오늘날 수백만을 먹여 살리는 비옥한 농경지를 만든다.

서기전 6800년 이런 수변 경관은 생기가 넘친다. 물고기와 물새, 물총새, 왜가리, 물 주변 덤불에는 사슴과 맥, 건조한 땅에는 말과 하마가 있다. 그리고 사람들이 있다. 배 위에서 땅 위에서, 마음껏 물고기와 야생조류를 사냥하고 채집한다. 양쯔강 지류를 따라 배를 저어 작은 내들이 연결되어 있는 곳을 지나 펑터우산으로 향한다. 몬순이 당도할 때여서 작은 내들은 하나의 흙탕물 호수를 이룬다.

러복은 6000년 만에 처음으로 마른 땅 위에 내린 뒤 걸어서 마을에 이른다. 양치식물 지대를 가로질러 사람들이 낸 길을 따라 전나무와 소나무로 둘러싸인 둔덕에 자리 잡은 펑터우산을 찾는다. 마을에 다가가면서 양치식물 위로 통나무 기둥을 만들고 초벽과 지붕을 가진 큰 사각형 집 두 채를 본다. 몇 걸음을 더 옮겨 갈대로 지붕을 올리고, 바닥은 땅을 파고 만든 더 작은 움집 대여섯 채를 본다.[19] 해가 나무 아래로 가라앉을 즈음 마을로 들어선다. 사람은 별로 없다. 나이 든 여자가 문간에서 아이들을 돌보다가 잠이 들었고, 남자 둘은 돌날로 나뭇가지를 깎고 있고, 젊은 여자가 진흙을 반죽하고 있다. 움집 사이로 화덕에서 연기가 나면서 소나무 내음이 퍼진다.

토기를 만드는 여자는 대나무자리 위에 책상다리를 하고 앉았다. 잘록한 허리에 작은 가죽 앞치마를 두르고, 목에는 조개 목걸이, 가슴 사이로는 뼈로 만든 찌르개가 매달려 있는 것 말고는 걸친 것이 없다. 머리는 검고 짧게 잘랐다. 오늘날 중국인처럼 높은 광대뼈와 낮은 코, 가는 눈을 가졌고, 저녁 햇빛에 피부가 드러난다. 나무 대 위에서 진흙을 비틀어 말고, 반죽하면서 부드럽게 노래하고, 가끔 진흙을 힘주어 빚으며 헉헉거리기도 한다.[20]

토기 만드는 사람 곁에는 건조되어 잘 바스러지는 진흙덩이가 놓여 있어 한참 전에 강둑에서 파 온 것임을 알 수 있다. 물기가 많은 진흙을 붙이면서 나무 그릇에서 물을 따른다. 그때마다 몸을 숙이고 손을 뻗어 바구니 속에서 무언가를 꺼내 진흙에 섞는다. 바구니 속을 들여다보니 식물 줄기나 껍질, 쌀 조각 같은 것이었다.

진흙을 빚는 동안 숲과 내에 나갔던 사람들이 마을로 돌아온다. 목에 물고기를 걸고 돌아온 엄마는 어린아이들이 양치식물 속에서 노는 것을 본다. 사슴 사냥을 나갔던 사람들은 물오리만 잡아 돌아온다. 불을 지피고 나뭇가지를 깎던 사람들이 일을 마치고 불가에 같이 앉는다.

토기 만드는 사람은 진흙 띠를 말아 올려 손가락으로 누르고 붙인다. 진흙은 이제 두꺼운 벽을 가진 높이 20cm의 입이 벌어지고 좁은 바닥을 가진 그릇이 된다. 뼈 찌르개를 이용해 젖은 진흙에 물결무늬를 새긴 다음, 허리춤에 손을 대고 자신의 작업을 자랑삼아 바라본다. 새로 만든 그릇을 움집으로 가지고 가서 다음 날 불에 구울 다른 것들 곁에 놓는다. 목이 긴 항아리와 얕은 접시와 사발도 있는데, 모두 똑같은 물결무늬가 새겨져 있다.

이제 황혼이 내려앉은 시간, 사람들은 소리를 내며 타는 불꽃 가까이로 옮겨 앉는다. 펑터우산의 많은 것들, 소리와 냄새, 움집의 배치와 공동 화덕, 그리고 저녁 공기가 차가워지면서 가죽과 모피를 어깨에 걸친 방식들이 낯익다. 주변을 돌아보니 반수혈식 움집은 서기전 11,500년 유프라테스 강가의 아부후레이라 유적에서 농경이 시작되는 시점의 사람들이 생각난다. 그러나 여기에서는 무언가 빠져 있다. 러복은 잠깐 생각에 잠기다가, 확실히 알게 된다. 비옥한 초승달지대의 마을에서 밀의 재배가 시작되기 이전과 이후에 그렇게 흔했던 갈판도 없고, 갈돌도 없다. 펑터우산에는 그런 것이 없었던 것이다.

토기 만드는 사람은 손을 씻고 숄을 걸치고 돌아와 식사를 위해 모인 가족과 함께 앉는다. 불꽃이 타버릴 즈음 쇠꼬챙이에 끼운 오리고기를 굽고, 불이 꺼진 뒤엔 물고기에 허브향을 가미하여 잎에 싸 불잉걸에 놓는다. 마지막으로 토기그릇을 달구어진 돌과 뜨거운 나무 그루터기 위에 올려놓는다. 오리고기와 물고기를 같이 먹으며 이야기를 나누는 사이 물이 끓는다. 이후 양쯔강 유역에 사는 수많은 사람들처럼 이제 토공과 가족은 펑터우산에서 쌀밥을 지어 먹을 것이다.

페이안핑은 펑터우산에서 출토된 토기 조각 안에서 불에 탄 벼 껍질과 줄기, 곡물을 찾음으로써 벼 재배를 확인할 수 있었다. 토기 안에 남은 식물 유체는 우연히 들어간 것이 아니라 비짐으로 진흙에 섞어 넣어 불에 구울 때 깨지지 않게 하기 위한 것이었다.[21] 전통시대 도공은 흔히 모래와 조개가루를 진흙에 섞는데, 식물을 사용하는 것은 예외적이고 아마도 비효율적이었을 것이다. 후일 양쯔강 유역에서는 모래를 비짐으로 사용한다. 따라서 러복은 펑터우산에서 사람들이 토기 기술의 예술과 기술을 알아가는 과정에서 겪어야 했던 시행착오를 보고 있는지도 모른다. 댜오퉁환 동굴에서도 굵은 돌가루가 토기 비짐으로 사용되었는데, 이것도 시행착오의 과정을 보여주는 것임이 분명하다.

펑터우산에서는 몇 가지 그릇 모양이 있었다. 대부분은 벼 비짐이 불에 타서 겉이 검게 된 토기였다. 장식된 것도 많아서, 날카로운 무늬새기개로 찌르거나 새기거나 꼰 줄로 누른 무늬였다. 토기 제작에 감아올리는 서리기나 테쌓기만이 쓰인 것은 아니었고, 토기 가운데는 판에 반죽하여 찍어 낸 것도 있었다. 이런 기법은 댜오퉁환에서 서기전 10,000년 전후에 사용되었다.[22]

토기와 벼농사는 연관되어 있어 그릇은 쌀을 찌고 곡물을 끓이는 데 쓰였다. 이보다 조금 늦은 양쯔강 삼각주의 허무두(河姆渡) 유적에서는 그릇 안에서 요리된 쌀이 발견된 직접 증거가 나왔다.[23] 따라서 벼를 채집하고자 하고, 그 뒤 재배까지 했던 것은 토기 제작과도 연결되어 있는 것 같으며, 그렇게 생산된 그릇으로 쌀을 저장하고 요리함으로써 더 많은 재배를 할 수 있었다. 비옥한 초승달지대의 밀과 보리 재배에 갈돌과 갈판이 그랬던 것처럼 토기는 쌀농사의 발달에 아주 중요한 요소였다. 펑터우산에서 페이안펑이 발굴한 쌀이 묻어 있는 토기만큼 이런 친연관계를 잘 보여주는 상징은 없을 것이다.

서기전 6800년 9월. 이제 홍수가 물러나기 시작한다. 러복은 펑터우산에서 여름을 보내면서 토기를 만들고 노천이든, 구덩이를 파든 어떻게 불에 구워 내는지를 배웠다. 이제 새로운 일을 할 차례다. 바로 사람들이 날마다 물이 내려가면서 강 진흙이 넓게 쌓이는 것을 보면서 기다리고 기다렸던 일이다. 마을사람들은 모두 합심해 쌀을 뿌린다. 저장고에서 쌀 바구니를 꺼내 새로이 드러난 흙 위에 뿌린다. 땅을 갈지는 않으며, 물을 대기 위해 도랑을 파거나 물을 가두기 위해 둑을 만들지도 않는다. 무릎까지 빠지는 진흙에서 팔을 둥글게 저으며 씨를 흩뿌린다.[24]

몇 주 안에 씨앗이 발아하면서 습지대는 녹색으로 변한다. 그 가운데 발아하지 못했거나 시기가 다른 곳엔 갈색 점들이 박혀 있을 것이다. 벼는 겨울에도 천천히 자라고, 물이 가장 빨리 빠지는 높은 지대의 것들이 가장 먼저 시든다. 그러나 낮은 늪지대의 벼는 다시 비가 오기 시작하는 봄까지도 무성하게 자란다.

5월이 되면서 잡초를 뽑고, 6월이면 알곡이 영근다. 8월초 다시 마을에 홍수가 들 때 러복은 무릎까지 물에 빠지면서 벼를 수확한다. 벼를 땅에서 뽑아내 수확하면서 진흙에 떨어져 사라지는 알곡도 있다. 탈곡할 벼가 많기 때문에 아무도 개의치 않는다. 허리를 굽혀 벼를 뽑아내는 일뿐 아니라 무거운 바구니를 언덕 위로 운반했다가 다시 돌아오기를 반복해야 하기에 아주 고된 일이다.

벼가 건조된 다음에는 털어서 탈곡하고 짚은 보관하여 지붕을 올리거나 자리를 만드는 데 쓰고, 진흙에 반죽하여 토기를 만들기도 한다. 러복은 탈곡을 도운 뒤 벼를 나무판에 문질러 거친 겉껍질을 벗기는 일을 돕는다. 그 다음 까부르기를 해 알곡만을 골라내 바로 먹기도 하고 겨울 식량으로 저장도 한다. 홍수가 다시 가라앉으면 쓸 벼도 준비한다.

펑터우산 사람들이 이런 식으로 씨를 뿌리고 수확했을지는 추측일 뿐이다. 자연적으로 땅에 씨를 흩뿌리고 해마다 홍수가 지면서 물을 공급하는 방식은 벼 재배에 가장 단순한 방법으로서 동남아시아에서 잘 알려져 있다.[25] 페이안핑의 발굴에서 관개 도랑의 증거나 논둑 같은 것이 나오지는 않았다. 땅을 파고 가는 삽과 따비 같은 것도 없었고 수확하는 칼도 출토되지 않았다. 그러나 그런 도구가 펑터우산에서 사용되었더라도 물에 쓸려 사라졌거나 부식되었거나, 아니면 땅속 깊이 묻혀 있어 발굴되지 않았을 수도 있다.[26]

위에 개괄한 홍수를 이용한 농법은 재배 벼 진화의 조건이 되었다. 서아시아에서 야생 밀의 변화와 마찬가지로 사람들은 드물지만 돌연변이로 나타나는 받침이 강한 (그리하여 떨어지지 않고 수확을 기다리는) 벼를 선택했을 것이다. 돌연변이 품종은 야생에서는 스스로 씨를 뿌리지 못하기 때문에 오래 존속하지 못한다. 그러나 초기 농민으로서는 수확하기 위해 손을 대는 순간 진흙에 떨어져 사라지지 않기 때문에 이상적인 벼였을 것이다.

탈립이 잘 되는 야생 벼는 그렇게 진흙에 떨어져 버린다. 이런 단순한 이유 때문에 탈립이 잘 안 되는 벼 변이가 바구니에 부서지지 않고 담길 것이다. 더 많이 수확하기 위해서는 탈립이 잘 안 되는 곡물을 씨앗으로 사용해야 한다. 뿐만 아니라 야생 벼가 자라지 않는 곳에 심기도 해야 한다.

야생 벼가 자라지 않는 곳에 새로운 씨앗을 심는다면 야생 벼와 경쟁이 덜하기에 비교적 높은 비율로 뿌리내릴 것이다. 궁극적으로 오랫동안 심고 수확하기를 반복한 뒤, 아마도 고든 힐먼이 밀 재배에서 추정한 200번 수확 정도의 시기[27] 이후 탈립이 잘 안 되고 동시에 익고 알갱이도 큰 쌀(*Oryza sativa*)이 퍼지게 되었을 것이다. 탈립이 잘 안 되는 벼는 스스로 씨앗을 뿌릴 수 없기에 그냥 그대로 두면 사라지고 말 것이다.

서기전 6800년 펑터우산 사람들은 농민이 되었다. 토기 안에 담긴 쌀 알갱이는 분명 완전히 재배된 식물이라 할 만큼 충분히 크다. 불행히도 토기에 박혀 있어 꺼냈을 때 손상되었기 때문에 알갱이에 대한 상세한 분석은 이루어지지 못했다. 그러나 1997년 페이안핑이 북쪽으로 불과 20km 떨어진 곳에서 또 다른 주거유적을 발굴하면서 서기전 6800년 재배 벼의 존재에 대한 의문은 사라지고 만다.

그 유적은 바시당(八十璫)인데, 서기전 7000년부터 5000년 사이에 번성했다. 페이안펑은 이 유적에서 여러 집터를 발굴하였다. 무덤도 100개 정도 확인되었고, 저습지에서 나무 따비와 삽, 갈대로 만든 자리, 대나무 바구니, 줄 같은 수많은 유물이 나왔다.[28] 가까운 물가에서는 풍부한 식물 유체를 찾았는데, 쌀 15,000 알갱이를 수습했다. 이로써 바시당 사람들은 완전한 재배 벼를 심었던 농민이었음에 의문의 여지가 없다.[29]

이제 100년이란 세월이 흘러 서기전 6700년 삼각주 해안 평야이다. 습지와 호수, 숲과 염분이 높은 습지가 흩어져 있고, 강과 내가 서로 만난다. 해수면이 오늘날 높이에 이르려면 아직 몇 미터는 더 높아져야 한다. 물이 넘쳐 연안은 더 커지고, 새로운 만을 만들고 해안 앞의 섬도 더 늘어날 것이다.

서기전 6700년 이런 물이 많은 환경은 수렵채집민의 천국이다. 몇몇은 사슴을 쫓고, 고기를 잡거나 조개를 줍는 이도 있다. 그러나 러복의 눈에 들어오는 가장 큰 주거지는 마른 땅 섬 위에 갈대로 만든 집들뿐이다. 펑터우산이나 바시당에서 본 집 크기에 가까운 것은 없다. 주민은 그저 재배되지 않은 야생 벼만을 수확할 뿐이다. 평야에 씨를 뿌리고 가꾸는 일은 아직 상류로부터 확산되지 않은 모양이다. 전파된다면 이 해안 습지대는 벼농사의 최적소이기에 농사는 뿌리를 내리고 번영할 것이다.

벼농사는 서기전 5000년이 되어서야 삼각주에 도달하며, 러복이 이때 이곳에 왔다면 전혀 다른 마을을 보았을 것이다. 그랬다면 항저우만 남안에서 1970년대 발굴된 허무두를 찾았으리라.[30] 그곳에서 길이가 20m가 넘고 기둥을 박아 얕은 물 위에 올린 집 안에 앉았을 것이다. 물소의 견갑골로 만들어 나무 손잡이를 장착한 삽으로 논을 만들고, 심지어 물소를 기르는 광경을 보았을 수도 있다.[31] 아니면 남은 음식을 돼지에게 던져 주었을 수도 있다. 허무두에서 발굴된 쌀의 양을 보건대 러복도 초여름에 모내기를 했을 수도 있다. 오늘날 중국 농민들이 고된 노동을 하듯이 말이다. 고기잡이나 물새잡이에 나서거나 양쯔강 삼각지의 습지와 숲에서 사냥이나 채집에 나섰을 수도, 아니면 토기 만드는 기술을 익혀 허무두에서 발굴된 화려한 그릇을 만들었을 수도 있다.

그러나 서기전 6700년 양쯔강 삼각주에서 바라보는 허무두는 그저 수렵채집민의 야영지일 뿐이다. 썰물에 개펄이 동쪽으로 멀리까지 뻗어 있다. 굽이쳐 흐르는 은빛 물이 개펄을 갈라놓는다. 흐르는 물 위에서 사천 분지에서 들어올 때 탔던 카누를 집어탄다. 이제 황해바다 2000km를 건너 오늘날 일본이라 부르는 땅으로 들어가야 한다.[32]

조몬시대 일본

복합 수렵채집민과 토기의 등장

14,500-6000 BC

모두가 하는 일을 멈추고 하늘을 보고는 서로를 응시한다. 잠깐이나마 존 러복은 스스로 관찰자의 입장에 있음을 잊는다. 우르르 소리를 내고 연기를 내뿜는 화산 탓이다. 감정적 반응이 문화적 차이를 덮는다. 그러나 이 순간도 지나간다. 우에노하라(上野原) 사람들은 문화적 관점에서 멀리서 터지는 화산을 보고 듣는다. 러복은 알 수 없는 그들만의 신화와 이데올로기가 있다. 다시 목소리와 일하는 소리가 들린다. 러복도 서기전 9200년 규슈의 선사시대 삶을 관찰하는 사람으로 돌아간다.[1]

우에노하라는 규슈의 남해안 오늘날 가고시마만의 맨 위쪽에 있는 마을이다.[2] 이곳 사람들은 수렵채집민이다. 펑터우산에서 양쯔강 유역 동쪽으로 확산되는 벼 재배는 서기전 5000년 일본에 들어오지 않는다.[3] 러복은 이 마을에 오기 위해서 서쪽 해안에 도착한 뒤에도 두터운 산림지대를 통과해야 했다. 참나무와 밤나무 사이로 복잡하게 얽힌 작은 길을 걷는다. 가을날 공기가 상쾌하다. 나뭇가지는 잎과 과실 탓에 늘어져 있다.[4] 몇 사람이 돌도끼로 숲의 나무를 베는 작업을 하고 있는 참이다. 나무를 베어 내자 바다 전경이 눈에 들어온다. 멀리 구름 위로 산봉우리가 보인다. 적어도 땅이 흔들리는 소리와 연기가 뿜어 나오기 전에는 그랬다.

주민 몇이 갈대 다발과 숲에서 얻은 것을 담은 주머니를 들고 온다. 갈대는 새로이 나무 기둥을 세워 만든 원형 구조물에 덧댄다.[5] 남자 몇이 돌도끼로 나무를 베자 공터가 넓어진다. 이제 바다가 눈에 들어오고 멀리 구름에 둘러싸인 산봉우리도 보인다. 러복도 우르릉거리는 소리가 들리고 화산재를 뿜어내는 연기가 나오기 전까지는 구름인 줄 알았다.

우에노하라 사람들은 건강하며 행복해 보인다. 옷은 많이 걸치고 있지 않다. 어린이와 어른 가운데는 알몸인 사람도 있다. 대부분은 그저 가죽으로 만든 앞치마 정도를 허리에 두르고 헐렁한 웃옷만을 걸치고 있을 뿐이다. 늙은 사람을 빼고는 선명한 누런 갈색 피부에 검은 머리를 땋거나 뒤로 넘겨 머리띠를 하고 있다. 사슴 이빨과 멧돼지 송곳니 목걸이를 한 사람도 있고, 가슴에 소용돌이처럼 붉은 칠을 한 남자도 있다.

러복은 펑터우산에서 그랬듯이 도공 옆에 앉는다. 이번엔 주름진 피부와 이빨이 빠진 나이든 여성이다. 전 세계 선사시대 여행에서 보았던 그 어떤 것보다 더 정교하게 토기를 만든다. 축구공 크기에 둥그런 모양으로 목은 좁고 입술은 밖으로 벌어진 생김새다. 앙상한 손가락을 새끼줄을 감은 얇은 나무에 회전시키자 토기 표면에 복잡한 기하학 무늬가 새겨진다. 그런 다음 무늬새기개〔施文具〕를 다른 쪽으로 옮겨 토기 전체에 무늬를 놓는다.

마지막 무늬를 새길 때쯤 화산이 터진다. 도공도 순간 리듬을 잃고 무늬새기개도 진흙에서 몇 mm 맴돈다. 그러나 이미 이런 화산폭발을 과거에도 보았고 들었기 때문에 주춤하는 것은 순간일 뿐이다. 자신의 긴 생애 동안 늘 있었던 일이다.

우에노하라는 일본 조몬 문화의 수많은 유적 가운데 하나이다. 조몬의 많은 유적에서 사람들은 연중 내내 살았던 것으로 보인다. 조몬(繩文)이라는 말은 토기를 장식하는 기법, 곧 새끼줄무늬를 가리킨다.[6]

미국의 생물학자이자 호고가였던 에드워드 모스(Edward S. Morse)는 존 러복이 『선사시대』를 출간하고 12년이 흐른 1877년 조몬 첫 유적을 발견한다. 모스는 오늘날 도쿄에서 가까운 곳에서 오모리(大森) 조개더미〔貝塚〕를 발굴하고 일본에서 고고학 학생 양성에도 힘썼다.[7] 이들은 곧 일본의 다른 지역에서 유적들과 후일 조몬이라 알려진 토기와 주거지, 유물을 찾는다. 다른 많은 토기 디자인도 알려져 시공간 변이의 편년이 만들어지고, 지난 세기 동안 새로운 발견과 방사성탄소연대로 지속적으로 수정되었다. 오늘날에는 처음 토기가 나오는 초창기에서, 조기, 전기, 중기, 후기, 그리고 만기까지 여섯 시기가 설정되어 있다. 대략 서기전 500년까지를 포괄하며, 그 이후 일본에서는 아마도 한국과 중국에서 들어온 이주민들에 의해 상당한 규모로 벼농사가 이루어진다.[8]

우에노하라는 초창기 조몬에 속한다. 이 시기 처음으로 정주 마을이 나타난다. 이전의 이동 수렵채집민의 생활방식에서 변화의 움직임은 서기전 9500년 정도에 나타난다. 이는 아마도 홀로세의 따뜻해진 기온과 강수량 증가—서아시아에서 예리코의 건설 사례와 마찬가지로— 때문으로 보인다. 그러나 조몬 사람들은 요르단밸리 사람들과는 달리 완전히 야생 식량에만 의존했다. 주변의 숲과 해안에서 풍부한 자원을 얻을 수 있었던 것이다.[9] 또한 토기도 많이 만들고 사용했다.

조몬 토기는 세계에서 가장 오래된 토기 가운데 하나이다. 일본에서 빙하시대가 끝나며 조몬 수렵채집민이 문화적으로 앞섰음을 보여주는 사례이기도 하다. 규슈 서부 후쿠이(福井) 동굴에서는 1960-62년 발굴에서 플라이스토세 말까지 올라가는 토기 조각이 나왔다.[10] 사암지대 끝에 있는 이 작은 동굴에는 해가 잘 들며 가까이 있는 강의 전경도 눈에 들어온다. 수렵채집민은 이 동굴을 자주 찾았다. 최후빙하극성기 이전부터 쌓인 5m가 넘는 층에서 많은 유물이 출토되었다. 토기 조각은 서기전 13,000년 층부터 나온다.

당시 토기는 많은 의구심을 불러왔다. 1962년 저명한 학자 야마노우치 스가오(山內靑男)와 사토 히로유키(左藤宏之)는 조몬 토기의 연대에 대한 글에서 후쿠이 동굴의 발굴법이나 거기서 나온 연대는 모두 잘못이어서 토기가 서기전 3000년을 넘을 수 없다고 주장했다.[11] 조몬 토기가 서아시아와 유럽보다 적어도 6000년 이상 빠르다는 것은 생각할 수 없는 일이었다. 오늘날 많은 고고학자들은 자신들이 전공하는 지역이 문화 혁신을 선도했다는 주장을 훨씬 더 빠르게 받아들이지만, 야마노우치와 사토는 그렇지 않았던 것이다. 더 많은 방사성탄소연대와 토기가 나오고, 연대측정법에 대한 신뢰도 높아지면서, 야마노우치와 사토는 견해를 철회하기에 이르고, 일본은 세계에서 가장 오래된 토기가 나온 지역이 되었다.[12]

토기뿐이 아니다. 일본의 후기 구석기시대 수렵채집민은 돌도끼의 한쪽을 갈아서 날을 세웠다.[13] 조몬 사람들은 옻나무의 수액으로 칠기도 만들었다. 공들여 칠하기 전에 나무에서 수액을 채집하고, 끓이고 정제하는 과정을 거쳐야 하는 지난한 일이다. 홋카이도의 가키노시마(垣ノ島)에서 이루어진 발굴에서는 세계에서 가장 이른 시기의 칠기 유물이 나왔다. 붉은 칠을 한 빗이 서기전 7000년 정도로 추정되는 무덤에서 나왔던 것이다.[14]

그렇다면 조몬 사람들은 왜 이토록 창의적이었을까? 왜 세계의 다른 지역보다 빨리 토기를 만들었을까? 현재로선 중국에서 나온 토기만이 일본의 자료와 비슷한 연대를 가지고 있다. 조몬 고고학의 권위자인 오리건대학의 멜빈 에이켄스(Melvin Aikens)는 일본의 토기는 서기전 13,000년 이미 규슈를 덮고 있던 활엽수림에서 생산되는 자원을 요리하고 저장하기 위한 것이라고 본다. 일본 북부, 특히 홋카이도에서는 서기전 7000년 활엽수림과 토기의 확산이 동시에 이루어지기 때문에 그 관계는 분명하다고 한다.[15]

하지만, 이 생각에는 두 가지 문제가 있다. 첫째, 산림 환경의 수렵채집민의 생활에 토기가 필수품은 아니다. 이미 서기전 12,500년 서아시아 아인말라하의 주민과 서기전 9500년 북부 유럽의 스타카에 살던 사람들은 덩굴로 만든 바구니와 나무껍질, 나무, 가죽, 돌로도 번영을 누렸다. 토기는 분명 규슈의 산림지대에서 요리에 도움을 주었을 것이다. 또한 잔존물 분석에 따르면 토기는 채소와 고기, 물고기를 끓이는 데 쓰였다. 그러나 사람들은 토기 없이도 생존할 수 있었다.

1999년 혼슈 북부 오다이야마모토(大平山元) 유적에서 토기가 출토되면서 두 번째 문제가 제기되었다. 토기 안쪽에 남아 있는 잔존물의 방사성탄소연대를 측정한 결과 서기전 14,500년이라는 연대를 얻었다. 이로써 토기의 기원은 적어도 1000년을 더 거슬러 올라가게 되었다.[16] 이 시기 혼슈는 그저 소나무와 자작나무가 드문드문 덮여 있었을 뿐이었다. 그래서 일본에서 토기가 활엽수림에서 나오는 도토리 같은 식량 자원을 저장하고 요리하기 위해 등장했다는 시각은 옳지 않다.

브라이언 헤이든은 이와 다른 설명을 제시한다. 멕시코에서 호박 재배의 기원을 언급할 때 살펴본 바 있듯이 사회적 경쟁이야말로 문화 변화를 이끄는 힘이라는 맥락이다. 토기는 소유하여 위세를 얻기에 좋은 물품이며 손님에게 음식을 대접하기에도 이상적이라고 한다. 처음 토기를 만드는 일은 다른 사람들이 얻기 힘든 기술(또는 예술)이었다. 적당한 흙을 골라야 하고, 비짐도 섞어야 하며, 성형하고 불을 때는 기법도 알고 익혀야 하는 일이다. 이웃이나 먼 곳에서 온 사람들은 토기를 만드는 데 필요한 노동력과 기술에 감동하고, 화려하게 장식된 물건을 보고 놀랄 것이다. 축제를 하는 동안 토기를 극적으로 때려 부숨으로써 부를 과시하는 일도 벌어졌을 것이다.[17]

후기 조몬시대에는 엄청난 규모로 토기편 더미가 나온 것을 보면 토기를 일부러 부수는 일이 있었을지도 모른다.[18] 그리고 후기 조몬의 많은 토기는 놀라울 정도로 정교하게 디자인되어 있기 때문에 분명 보여주기 위한 목적을 지녔음도 사실이다. 화분형 토기의 아가리(구연)를 돌아가며 타는 불꽃이나 뱀처럼 구불구불하게 튀어나온 조각을 수놓는다. 위쪽의 장식이 많아 그릇이 서 있기 힘들 때도 있다.[19] 오늘날도 그렇지만 칠을 한 유물도 놀랍기는 마찬가지이다. 그러나 이런 화려한 토기에 대한 해석을 후쿠이 등지에서 나온 초기의 단순한 토기에 적용하는 데는 주의가 필요하다. 토기를 만들었던 사람들에 대해 아는 것이 거의 없어 손님에게 깊은 인상을 주려 했는지, 아니면 음식을 끓이는 도구를 마련하고자 한 것인지를 판단하기는 어렵다. 하지만 서기전 9500년이 되면 많은 사람들은 우에노하라와 같은 곳에서 정주 생활을 한다. 토기가 이미 발명되었지만, 정주 생활방식이야말로 토기기술이 번성하는 데 중요한 역할을 하였을 것이 분명하다.

러복은 이곳을 돌아다니며 어깨 너머로 사람들을 보고 음식 맛도 본다. 서아시아의 아인말라하와 북아메리카의 코스터에서 수렵채집민의 주거지를 찾았을 때와 마찬가지로 영구 정착했다는 것을 느낌으로 알 수 있다. 상당한 양의 나무를 베고 오래 견디는 집을 만들었다. 간석기와 토기는 분명 이곳에서 저곳으로 야영지를 따라 옮겨갈 물건으로 만들지는 않았다. 요리 그릇에 있는 내용물과 쓰레기더미에 쌓인 것을 보니 우에노하라 사람들은 숲과 강, 해안과 바다에서 광범위한 식량 자원을 얻고 있다. 아인말라하와 코스터의 사람들과 마찬가지로 주변의 풍부한 자연환경에서 얻은 수확물을 바탕으로 예전의 이동하는 수렵채집 생활을 버리고 정주 마을생활을 즐기고 있는 것이다.

그러나 다른 많은 마을과 같이 우에노하라 역시 독특한 분위기와 문화적 특수성을 지니고 있다. 러복은 더 많은 도공의 작업을 지켜본다. 매듭을 지은 끈이 아니라 바다조개를 사용하여 무늬를 놓는 사람도 있다. 양쪽에 굴을 연결한 구덩이 위에 돼지 관절을 올려놓고 연기를 내뿜으며 요리도 한다. 고기를 나뭇가지 위에 매달아 놓고 한쪽에서 불을 때고 연기가 굴을 타고 퍼져 고기에 스미게 한다. 세계의 다른 지역과는 달리 돌화살촉은 옆을 톱니날로 잔손질한다. 몸 장식도 다르다. 색칠이 두드러지고, 많은 사람들은 흙을 구워 만들고 소용돌이무늬를 새긴 두꺼운 귀걸이를 하고 있다.[20]

잘 만들어지긴 했지만, 그런 장식물이 지위를 가리키는 것 같지는 않다. 우에노하라에는 마을 지도자가 있거나 부에서 차별이 있는 것은 아니다. 집은 모두 생김새와 건축 방식이 서로 같다. 불에서는 똑같은 음식을 조리하고, 어디에 앉아서 누구와 대화해야 하는지를 말해 주는 사회적 제약은 없는 것 같다.

우에노하라의 하루가 끝나갈 무렵 숲에서 가져온 바구니를 구덩이 옆에 내려놓고 들어 있던 것을 바닥에 쏟는다. 도토리다. 여성 둘이 각 구덩이에 돌 조각을 층층이 깔고 잘게 썬 갈대를 바닥에 놓는다. 약간 기울여 도토리를 단단한 층 위에 채운다. 그 다음 땅바닥이 편평해질 때까지 다시 잘게 썬 갈대와 돌조각을 넣기를 반복한다. 마지막으로 구덩이 위에 빈틈없이 흙을 덮는다. 이런 식으로 겨우내 어려운 시기를 위해 설치류가 건드리지 못하도록 도토리를 저장한다. 다시 꺼내 먹을 때 쓴맛도 없어진다.[21]

작업이 끝나고 해가 지자 러복도 피워 놓은 불가로 간다. 반쯤 만들어진 집 가까이에 사람들이 모여 있다. 아직 나무 기둥만이 들어섰을 뿐 갈대를 벽에 붙이지 못한 상태다. 급하게 할 일이 아니다. 뜨거운 돌 위에 올려놓고 나뭇잎으로 감아 놓은 것에서 기름이 흐르고 지글지글하는 소리가 난다. 식물을 엮어 만든 자리에 누워 자는 어른과 아이들도 있다. 다른 사람들은 나지막한 목소리로 이야기하거나 아이에게 부드럽게 노래를 불러 주기도 한다. 저녁놀이 타오르면서 붉은색과 주황색으로 변하다가 진한 보랏빛과 연한 보랏빛이 뒤덮는다. 그런 뒤 어렴풋하게 유황냄새가 나더니 깊어지는 어둠 속에 형광이 나고 마치 부드러운 눈보라처럼 화산재가 떨어진다.

1986년에서 1997년까지 가고시마고고학연구소의 우에노하라 발굴에서는 화산재 층 사이에서 유물이 나왔다. 러복이 이곳에 왔을 때 자욱하게 피어오른 것은 서기전 9100년에 폭발한 사쿠라지마(桜島) 화산재인데, 집터를 덮고 쌓였다.[22] 주민이 떠났는지, 공포에 떨어 탈출했는지, 아니면 사람과 동물을 포함해 모든 생명체가 산성 화산재에 묻히고 말았는지는 알 수 없다. 많은 선사시대의 집터와 조리 시설, 화덕자리가 발굴되었다. 이와 함께 토제 귀걸이와 조각품, 토기, 돌화살촉 같은 여러 유물이 나왔다. 많은 유물은 서기전 9100년 화산폭발 이후 몇 십 년, 아마도 몇 백 년 뒤에 묻힌 것이다.

우에노하라에서 마지막으로 물질문화를 덮고, 주민의 운명도 좌우했던 화산재는 서기전 5000년 즈음 규슈 남해안에서 100km 정도 떨어져 있는 키카이(鬼界) 화산의 폭발이었다.[23] 화산쇄설물이 규슈의 바다를 건너 남부와 중부의 숲과 생명을 파괴했다. 키카이 화산재는 멀리 홋카이도 북쪽에까지 퇴적되어 있다. 우에노하라—아마 이미 그 전에 폐기되었을 수도 있다—는 1m 두께의 화산재층에 묻혔다. 규슈 남부는 아마도 몇 세기 동안 살 수 없는 땅이어서 사람들이 이곳에 돌아와 마을을 세우지 못했다.[24]

오늘날, 우에노하라는 대중에 전시되어 있으며, 해마다 수천 명이 찾아와 조몬 수렵채집민이 살면서 돼지고기를 요리하던 곳을 본다. 이 우에노하라의 마지막은 다른 곳의 수렵채집민이 남긴 유적과는 사뭇 다른 모습이었다. 스타카와 아인말라하 같은 곳의 수렵채집민의 삶은 대중이 알 수도, 다가갈 수도 없는 곳에 있다.

서기전 9100년. 러복은 해가 내리쬘 때까지 잠을 잔 뒤 우에노하라를 떠나 일본 열도를 가로지르는 북쪽으로 여행을 나선다. 처음엔 사슴이 낸 길과 식물 채집을 위한 길을 따라 걸으며 규슈 북해안에 이른다. 거기서 시코쿠 너머 많은 섬들이 있는 50km의 분고해로 위에 솟은 절벽에 오른다. 절벽 아래에 부딪쳐 부서지는 파도에 생긴 연무가 멀리 해안의 모습을 가린다.

절벽 위에서 만으로 내려왔다 다시 오르기를 반복하다 규슈 북쪽 끝에 이른다. 조몬 유적은 작은 만 안쪽에 있고 카누가 정박되어 있다. 이제 러복은 카누 하나를 얻어 타고 좁은 해협을 건너 혼슈의 서남쪽 끝에 닿는다. 거기에서 내륙의 회색과 보랏빛 바위가 자리한 산봉우리의 그늘이 든 구불구불한 남쪽 해안을 따라간다. 겨울이 찾아오고 산봉우리와 경사면의 나무숲은 눈에 쌓인다. 폭우가 퍼붓고 태평양에서 바람이 불자 여름이 찾아오는 것을 느낀다. 여름은 덥고 습도가 높다. 이제 시간이 흘러 서기전 7000년이다.

해안이 남쪽으로 굽어질 즈음 러복은 내륙으로 향한다. 나무로 덮인 가파른 골짜기를 지나 고갯길을 넘는다. 고개에서 동쪽을 바라보니 에메랄드빛 태평양이 눈에 들어온다. 멀리 태평양 너머에는 북아메리카가 있을 것이다. 서기전 6500년 대평원에서는 가뭄의 영향으로 들소떼가 줄어들어 사냥꾼들에겐 힘든 시기였음을 떠올린다.

또 다른 짧은 내륙 여행으로 아주 큰 내륙 호수―오늘날 비와호(琵琶湖)― 가장자리 습지에 이른다. 숲에는 먹을거리가 풍부하고, 호수에는 조개와 수생식물이 많다. 조몬 야영지도 몇 개 눈에 들어온다. 사람들은 견과류 껍질이나 먹을 수 없는 껍질과 씨앗, 줄기 같은 식물 쓰레기를 습지대에 버린다. 식물 유체는 습지 퇴적층에서 보존된다. 이곳은 나중에 드물게 조몬 식물 유체가 많이 발굴된 아와즈(粟津) 유적이다.[25]

까마귀는 혼슈의 서남단을 날아다닌다. 러복은 850km 거리, 그리고 이보다 적어도 네 배, 다섯 배 거리의 구불구불한 해안과 골짜기를 돌아 이제 오늘날 도쿄 만의 다마구릉(多摩丘陵)의 부드러운 능선에서 쉬고 있다. 오는 길에 완벽한 균형미를 갖추고 정상엔 흰 눈이 덮인 후지산을 보면서 호수와 폭포, 벚꽃과 철쭉을 즐겼다. 그러나 지금 러복 앞에 펼쳐진 전경은 훨씬 단조롭다. 맞은편 얕은 골짜기에 펼쳐진 관목 숲에서 멧돼지떼가 꿀꿀거린다.

날카롭게 휘어 있는 송곳니를 지닌 커다란 수컷 한 마리가 무리를 이끌고 있다. 암컷 셋과 줄무늬가 있는 새끼들이 같이 있다. 한 녀석이 갑자기 높은 소리를 지르며 사라진다. 다른 녀석들은 도망친다. 새끼들도 필사적으로 숲으로 도망치는 어미를 따라간다. 나뭇가지가 꺾이고 덤불이 짓밟힌다. 꽥하는 비명소리와 필사적으로 꿀꿀대는 소리가 골짜기를 울린다. 이제 돼지는 보이지 않는다.

몇 분 뒤 울음소리는 거친 숨소리와 몸부림 소리로 바뀐다. 러복은 천천히, 조심히 다가서면서 멧돼지가 덤불로 덮인 구덩이 안에 견과류 먹이에 유혹되어 떨어졌음을 안다. 암컷 멧돼지는 갇혔다. 깊은 도랑에 빠져 다리를 허우적거리고 발버둥치다가 옆구리마저 끼여 옴짝달싹 못한다.

러복은 몇 시간 동안 이 함정 옆에서 기다린다. 멧돼지는 가끔 비명소리를 지르고 머리를 치켜들기도 한다. 조몬 사냥꾼이 숲에서 나와 함정을 확인한다. 멧돼지는 힘이 다 빠져 움직이지 못한다. 사냥꾼이 돌칼로 부풀어 오른 동맥을 끊자 그저 훌쩍거리는 소리만이 죽음을 가리킬 뿐이다.

사냥꾼은 작은 토기에 피를 담아 마신 다음 떨어지는 피를 다시 받는다. 사체를 도살하는 작업이 시작된다. 등에 올라타 돌도끼와 칼로 해체하여 떼어 낸 부위를 나무 막대기에 골고루 걸어 놓는다. 그런 다음 어깨에 엉덩이 살을 메고 막대기엔 돼지 머리를 걸치고 숲으로 돌아간다. 닳고 기름기가 묻은 석기와 피가 묻은 토기는 그냥 버리고 떠난다.

1970년 이마무라 게이지(今村啓爾)는 요코하마의 기리가오카(霧が丘)에서 주택 건설 이전에 유적 발굴을 한 바 있다. 7개 구역을 조사하여 조몬시대 타원형 구덩이를 많이 찾았는데, 대부분 1.5m 길이에 깊이 1m 정도였다. 집이라 하기엔 너무 작았고, 유물도 별로 없었다. 이마무라는 멧돼지 함정이 아닐까 생각했다.[26]

이마무라는 이 생각을 확인하기 위해 꽃삽과 치과 의료용구 같은 고고학자의 도구가 아니라 불도저를 이용했다. 중장비를 이용하여 구릉의 경사면과 능선, 작은 계곡의 바닥 등 유적의 넓은 범위의 겉흙을 벗겨 냈다. 전체 지역에는 타원형 구덩이가 널려 있었다. 상당수는 이마무라가 동물을 잡기 위한 함정이라 보았던 것과 비슷했다. 구덩이의 형태는 다양했다. 바닥에 막대기를 꽂아 놓은 것도 있었다. 멧돼지를 죽이는 창이나 땅바닥 위에서 매달아 놓는 역할을 했을 것이다. 길쭉한 타원형 구덩이는 내려갈수록 좁아져 돼지가 떨어져 끼일 수 있게 만들어진 것도 있었다.

구덩이 몇 개에서는 토기 조각이 나오기도 했다. 아마도 구덩이 주변에 있던 것이 흙이나 다른 조각들과 같이 쓸려 들어갔을 것으로 보인다. 토기 양식이나 무늬로보아 초창기 및 전기 조몬시대의 유구임을 알 수 있다. 더 최근, 역사시대의 함정도있었다. 일본의 전통문화에도 그런 것이 있다고 한다.

1970년대와 1980년대 일본의 경제성장기에 해마다 건설이 있기 전 수천 개 유적이 발굴되었고, 유사한 유적이 일본 전역에서 조사되었다. 조몬 전기로 추정되는함정이 상당수 확인되었다. 도쿄 남부의 다마 구릉지대에서는 주택을 건설하기 전 $30km^2$ 넓이를 조사했는데, 무려 10,000개의 구덩이가 나왔다. 조몬 후기의 것들은열을 지어 있었다. 아마도 벽을 치고 맷돼지나 사슴을 몰아 사냥했던 것 같다. 그러나그 이전 시기 사람들은 더 조악한 방법으로 사냥을 했던 것으로 보인다. 그저 미끼를남겨두고 맷돼지나 사슴이 다가와 걸려들기만을 기다렸던 것 같다.

러복은 다마 구릉에서 길을 걸어 도쿄만으로 간다. 와 보니 해안에는 이미 사람들이사라진 듯하다. 흔적이 여기저기 남아 있어, 예전의 화덕자리와 나뭇가지로 만든 집,그리고 카누도 모래톱에 걸쳐 있다. 러복은 앉아서 어디로 떠날지 고민하는데 만의작은 섬에 나무 위로 연기가 피어오르는 것이 보인다. 바닷물이 따뜻하고 얕아 보여서 그냥 헤치며 걸어가기로 한다. 그런데 실제론 차갑고도 깊었다. 힘들게 헤엄을 쳐건넌다.

섬에는 몇 가족이 살고 있다. 굴, 조개, 새조개 같은 것을 버린 조개더미 옆에는간단하게 나무로 엮은 집들이 있다. 여전히 가죽이나 힘줄이 붙어 있는 동물 뼈와 부서진 석기, 못 쓰는 토기도 악취를 내뿜는 쓰레기더미에 던졌다. 그 옆에는 불을 피워놓았다. 여성 몇이 견과류를 갈고 있고, 애들은 쓰레기더미에서 놀고 있다. 동물 뼈도던지고, 버려진 토기도 더 작은 조각으로 부순다. 개도 옆에 앉아 뼈를 물고 있다. 남자들은 바다를 바라보며 오늘 밀물에 어젯밤보다 더 높은 파도가 칠까 염려한다.[27]

러복은 나쓰시마(夏島) 유적에 와 있다. 헤엄쳐 오느라 온기가 필요하여 불가에앉는다. 쓰레기에서 나는 고약한 냄새로 에르테뷜과 나무 유적에서 보냈던 기억을 떠올린다. 그러나 조개더미에 이미 익숙해져 있음에도 그동안 해안에서 채집이 어떻게 이루어지는지에 대해 별다른 관심을 두지 않았었다. 이제 나쓰시마에 몇 주를 머무르며 조몬 사람들의 생활을 가까이에서 본다.

다음 날 아침 썰물 때 여자 몇을 따라 조개잡이에 나선다. 어린아이들도 따라와 무엇인가를 어깨에 메거나 물에서 논다. 바위에 붙은 해산물을 쉽게 찾지만, 떼어 내기는 어렵다. 어떻게 날카로운 돌을 이용해 떼어 내는지 유심히 본다.

모래땅 안에서도 조개를 찾는다. 조개가 묻혀 있는 조그만 구멍을 찾은 다음 시험 삼아 손가락이나 막대기를 집어넣는다. 있다는 느낌이 오면 그 자리에 앉아 바구니에 담는다. 그렇지 않다면 머리와 허리를 굽혀 다른 곳을 찾는다. 조개가 특히 많이 나는 곳에선 함께 둥그렇게 모여 앉아 많은 조개를 캔다.

캠프에 돌아와서 조개를 요리한다. 화덕 가까운 곳에 깨끗한 모래가 있고, 조개를 조심히 입술이 모래에 닿도록 놓는다. 작은 나뭇가지나 풀을 조개 위에 얹어 놓고선 불을 붙인다. 바람이 불어 조개가 놓인 곳 위로 순식간에 불꽃이 인다. 지글지글하는 소리와 톡 튀는 소리가 시작되자 조개는 입을 벌리고 물이 흘러나온다. 요리가 끝나면 불을 끄고 벌어진 조개를 잎사귀 위에 올려놓고 식힌다.[28]

바다에서 잡은 고기와 해산물이 나쓰시마 사람들의 먹을거리의 대부분을 차지한다. 하지만 러복은 정기적으로 숲으로 나서는 사냥꾼을 따라나선다. 함정을 확인하고 토끼 덫을 놓는다. 러복은 이런 기술을 이미 크레스웰 크랙스에서도 본 적이 있다. 사슴이 지나간 길도 추적해 보지만 찾지 못한다. 개가 새들을 쫓고 그물을 던져 물오리를 잡는다.

몇 주 동안 러복은 이 사람들이 어떻게 식량을 얻는지를 배운다. 그러나 사회생활이나 종교에 대해서는 별달리 알 수가 없다. 그저 개 한 마리만이 죽었을 뿐인데, 별다른 의식도 없이 그냥 쓰레기더미에 묻었다. 가족들이 서로 이야기를 나누고 밤에는 불가에서 노래도 부르지만, 특별한 의례나 가면, 춤은 없다.

나쓰시마 패총은 1955년 스기하라 소스케(杉原壯介)가 발굴했다.[29] 조사에서는 일본 선사시대 연구사상 처음으로 방사성탄소연대가 제시되어 조몬 문화의 연대와 성격을 밝히는 데 중요한 역할을 하였다. 가장 아래층에서는 작은 토기조각과 숯이 나왔는데, 서기전 9000년으로 추정되었다. 몇 년 뒤 발굴된 후쿠이 동굴과 마찬가지로 토기와 방사성탄소연대는 처음엔 잘 받아들여지지 않았다.

발굴에서는 해안 생활과 관련된 수많은 증거가 나왔다. 물고기 낚싯바늘, 바늘, 그물추, 돌도끼, 수많은 조개와 동물, 새, 물고기 뼈와 가시가 출토되었다. 덴마크의 에르테뵐 조개더미에서와 마찬가지로 집터는 확인되지 않았다. 아마도 발굴지 밖에 있었거나 너무 일시적이어서 그 흔적이 남지 않았는지도 모른다. 참치와 농어, 돌고래 뼈가 나온 것으로 보아 바다로 나가는 배가 있었음도 알 수 있다. 조몬시대의 배는 태평양 해안의 또 다른 조개더미인 가모(加茂) 같은 유적에서 발굴된 바 있다.[30]

러복은 서기전 6500년 나쓰시마에 살던 사람들의 장례 관습이나 의례에 대한 정보는 별로 얻지 못한다. 이유는 너무 짧은 방문 기간 때문이다. 여름에만 찾은 것이다. 이곳 사람들이 연중 내내 머무는지, 아니면 다른 곳으로 이동하는지, 겨울에 숲에서 다른 가족들과 합류하는지는 잘 모른다. 아마 그때 의례가 있을지도 모르겠다. 옷을 차려입고 춤을 추며 혼인을 하고 통과의례를 벌였을 수 있다. 그러나 러복은 대답을 얻지 못한 채 ─ 오늘날 고고학자들도 마찬가지이지만 ─ 나쓰시마를 떠나야 한다.[31]

러복의 여행이 끝난 뒤에도 조몬 문화는 번성했다. 서기전 3000년 절정에 이르렀을 때 조몬 토기는 장식품 역할을 하였고 돌 조각품과 여성 조각상도 만들어졌다. 유적의 수도 급격히 늘어나기에 당시 인구도 분명 크게 증가하였을 것이다. 숲의 자원을 집중 이용했고, 사람들은 야생정원을 가꾸고 숲을 재배하고 관리했다.[32] 나쓰시마에서와 같은 작은 쓰레기더미는 수백만 개 조개와 뼈가 담긴 말굽모양의 마운드로 커진다. 해마다 찾아오는 연어는 예측 가능한 식량 자원이었고, 아마도 북아메리카의 서북부 해안에서 그랬던 것처럼 상당한 문화적 복합성에도 기여하였을 것이다.[33]

서기전 500년 일본에 벼농사가 확산되었을 때 수렵과 채집, 관리의 조몬 생활방식은 금속기를 사용하는 농경문화로 변모한다. 중국대륙과 한반도에서 이주민이 새로운 경제를 가지고 일본열도에 들어왔다.[34] 현대 일본인은 바로 이 사람들의 후손이다. 혼슈 북부와 홋카이도에서는 벼농사를 할 수 없기에 조몬 문화는 일본 북부에서 더 오래 지속되었다. 오늘날 아이누 사람들은 여전히 수렵과 채집 생활방식을 유지한 채 이곳에서 살고 있다.[35] 많은 사람들은 아이누가 조몬 생활방식을 이어받았을 뿐 아니라 생물학적 후손이라고 믿고 있다.

41

북극의 여름

매머드 스텝과 고위도지방의 점유
19,000-6500 BC

러복은 빙하시대의 최남단 태즈메이니아 동굴에서 사람들과 보낸 적이 있다. 이제 정반대 최북단으로 간다. 북극해에 있는 조호바(Zhokhov) 반도가 목적지이다. 동아시아를 가로지르는 북쪽 여행의 종착지가 될 것이다. 사실 더 이상 올라갈 수도 없는 끝이다.

오늘날 조호바는 해수면 상승으로 시베리아에서 떨어진 아주 작은 섬으로 북에서 남까지 불과 11km, 동에서 서까지는 9km에 불과하다. 섬에는 낮은 언덕이 펼쳐져 있고, 완전히 평지인 저지대에는 군데군데 움푹 파인 습지가 있다. 북극 폭풍에 노출된 곳을 빼고는 툰드라의 습지와 이끼, 풀이 덮고 있다. 북쪽으로 강하게 부는 바람 탓에 북극의 긴 겨울은 정말 어둡고도 춥다. 그래서 조호바 섬이야말로 세계에서 가장 살기 힘든 곳 가운데 하나임이 틀림없다. 그런데 서기전 6400년에는 조금 달랐다. 석기시대 공동체의 보금자리였던 것이다. 북극지방에 처음으로 들어가 살았던 사람들이 있었다.

나쓰시마에서 조호바까지 가기 위해선 무려 3500km를 여행해야 한다. 처음엔 일본의 최북단에서 카누를 타고 떠난다. 러시아의 극동지방에 도착해선 곰과 여우, 멧돼지가 살기에 적당한 참나무와 느릅나무, 자작나무 숲으로 이루어진 경관을 가로지른다. 북쪽으로 갈수록 활엽수는 줄어들고 어두운 침엽수림으로 바뀐다. 가문비나무와 낙엽송, 전나무 숲에 아무도 없다. 그렇지 않다는 흔적도 있다.[1] 강둑에는 최근에 버려진 화덕자리가 있어 이곳에서 석기들을 만들고 새털을 뽑고 연어의 껍질을 벗긴 흔적이 있다. 멀리 나무 위에 연기가 피어오른다. 부자연스런 소리가 이곳에 사람이 살고 있음을 알린다. 그런 소리는 시베리아 숲에서는 드문 일이다. 바람에 나무가 삐걱거리며 흔들리는 소리와 무스, 또는 아마도 스라소니 같은 동물이 경계하면서 바스락거리는 소리가 더 흔한 곳이다. 그리고 위에선 기러기들이 끼루룩거리며 울고 날갯짓하는 소리가 들린다. 기러기떼도 북극에서 여름을 보내기 위해 떠나는 참이다.

북쪽 여행이 절반쯤에 이르렀을 때 동굴 하나가 보인다. 쉼터로 삼고, 혹시 사람들이 찾아오나 기다려 본다. 작은 석회암 절벽 안에 있는 동굴 가까이에 두 강이 합류하는 곳이 있다. 오늘날 알단 강이 러시아의 사하공화국을 가로질러 흐른다. 러복은 재빨리 가파른 둑을 올라 덤불을 헤치고 입구에 이른다. 동굴 안은 꽤 좁다. 끝까지 길이 12m 정도이며, 간신히 서서 걸을 수 있을 정도의 높이이다. 경관은 대단하다. 숲으로 덮인 언덕이 부드럽게 오르락내리락 넓게 펼쳐지다가 하늘에 닿아 있다.

동굴 안은 따뜻하고 건조하다. 주변에 사람이 있다면 분명 이곳을 찾을 것이다. 그래서 기다린다. 서기전 13,000년 오스트레일리아 사막에서도, 서기전 7500년 애리조나의 샌들 쉘터에서도 기다렸다. 그런데 이번엔 헛수고다.

이곳은 듁타이(Dyuktai) 동굴이다. 이 시점에 사람들은 없었다.[2] 사람들은 동굴을 서기전 17,000년에서 12,000년 사이에 이용했고, 역사시대가 될 때까지 아주 오랫동안 찾지 않았다. 서기전 6400년 이곳은 빙하시대 사람들의 석기와 다른 흔적은 이미 바람에 불려 온 흙이나 천장에서 떨어진 돌, 홍수가 났을 때 쓸려 온 흙에 묻힌 뒤였다. 석기는 1960년대 말 러시아 고고학자 유리 모차노프(Yuri Mochanov)가 발굴할 때까지 묻혀 있었다.

모차노프는 1964년 소련의 과학원에서 수행했던 프릴렌스크고고학조사의 일환으로 동굴을 발굴했다.[3] 시베리아의 동북부로 이주한 사람들, 그리고 아메리카대륙으로 들어간 사람들의 조상이 살던 주거 흔적을 찾으려는 희망에서 알단 강 유역을 조사했다. 몬테베르데가 발견되기 한참 전이었고, 클로비스 사람들이야말로 최초의 아메리카인이라는 믿음이 있었을 때였다.

동굴에는 몇 미터에 이르는 퇴적층이 있었고, 석기와 동물 뼈가 많이 나왔다. 순록이나 말, 들소 같은 대형동물에서 레밍이나 토끼, 여우 같은 소형동물에 이르기까지 많은 종이 확인되었다. 이는 러복이 여행했던 숲과는 사뭇 달랐던 경관이었던 것이다. 모차노프에 따르면, 사람들은 툰드라와 스텝 환경에서 들소와 순록뿐 아니라 매머드―털코끼리의 뼈도 동굴에서 나왔다―까지 사냥했다고 한다.[4]

석기는 당시까지 동북아시아에서 알려진 것과는 사뭇 다른 양상이 확인되었다. 돌날과 긴 격지의 양쪽을 미세하게 떼어 내어 만든 찌르개도 나왔다. 북아메리카의 클로비스 사람들이 찌르개를 만들 때 선호하였던 "양면가공"이다.[5] 이 밖에도 "쐐기형"몸돌에서 떼어 낸 얇고 작은 잔돌날과 함께 사슴뿔과 뼈를 가공하여 만든 뚜르개나 망치도 나왔다.

다른 유적에서도 비슷한 석기와 도구가 비슷한 동물상과 같이 나왔으며, 이제 듁타이 문화(Dyuktai Culture)라 불린다. 듁타이 문화는 플라이스토세 최말기 시베리아 전역―베링지아 서부라고 불러야 할지도 모르겠다―에서 확인된다.

듁타이 문화의 시작은 이제 최후빙하극성기의 가장 혹심한 조건이 끝난 이후까지 거슬러 올라간다. 1986년에서 1990년 사이 콘스탄티노프(Mikhail Konstantinov)는 동부 바이칼호 인근 치코이(Chikoi) 강의 과거 자연제방―듁타이 동굴에서 2000km 서남쪽―에서 놀라운 유적을 발굴한다. 스투덴호(Studenhoe)라 불리는 이 유적에서는 수렵채집민이 강의 범람원에 정기적으로 찾아와 야영하면서 석기를 남기고 그것이 물이 범람하며 고운 흙으로 덮이기를 되풀이했음이 드러났다.[6] 그 결과 화덕이나 주거의 흔적이 층을 이루며 쌓여 있었다. 예컨대 돌덩어리 70개로 이루어진 주거지에서는 화덕 다섯 개가 열을 지어 놓여 있었다. 화덕은 돌을 돌려 타원형으로 만들었고, 주거지에서는 듁타이 문화의 유물이 수천 점 나왔다.

1996년 미국 조사단이 러시아 연구자와 합동으로 화덕에서 나온 숯의 방사성탄소연대를 측정하였다. 그 결과 강안에서 수렵채집민이 야영을 시작한 것은 서기전 19,000년까지 거슬러 올라가며, 이때 이미 듁타이 형식의 도구가 쓰였음이 드러났다. 이곳의 사람들은 아주 추운 기후와 폭풍을 견디며 땔감과 쉼터를 찾아야 했지만, 이 북쪽의 동토에 들어온 이유가 있었을 것이다. 서기전 15,000년 즈음 듁타이 동굴에서 북쪽으로 1000km, 북극해에서 500km 떨어진 베렐료흐(Berelekh)에도 사람들이 들어간다. 알래스카의 블루피쉬(Blue Fish) 동굴 같은 유적에서 살펴보았듯이 듁타이 형식의 기술을 가진 사람들은 서기전 11,000년이면 베링 육로로 들어가 초기의 아메리카인이 된다. 그리고 서기전 6400년, 북극권까지 점유하여 조호바에 흔적을 남기는 것이다.

러복은 듁타이를 떠나기 전 자신이 쓴 『선사시대』의 "에스키모(Esquimaux)" 관련 글을 읽어 본다.[7] 1865년 존 러복은 시베리아에서 그린란드까지 사람들이 북극해 주변에 살고 있음을 알고 있었다. 1821-23년의 패리 선장의 항해 등 많은 북극 탐험기를 읽었던 터라 다른 어떤 곳에 사는 "야만인"보다도 에스키모에 대해 호의적이었다. 집이나 도구, 옷, 배, 사냥, 어로, 장례관습을 이야기하면서 재주와 재능이 풍부하다고 하였다.

존 러복은 자신이 인용한 문헌이 비판적일 때는 에스키모를 방어하기도 했다. 날고기를 먹는 습관을 비롯한 여러 "혐오스러운 식사"에 대해 기술할 때는 유럽의 북극 탐험대도 날고기를 먹었으며, 고위도지방에서 건강을 유지하는 데 좋다는 평가를 했다. 이와 비슷하게 에스키모가 "너무도 더럽다"는 내용을 마주할 때는 극도로 추운 환경에서 민물이 부족하여 "청결을 포기하고 부패를 방지하는 것"이라고 했다. 똑같이 에스키모가 "대단한 도둑"이라는 내용을 접하고서도 식량이 극도로 부족한 상태에 있는 사람들에게 그런 유혹이 있기 마련이기에 봐줘야 한다고 했다. 그리곤 에스키모를 "스스로 아주 솔직하며, 친절하고, 관대하며, 검소한" 사람들이라 하였고, "아름답고 똑똑한" 여자들도 있다고 하였다.

러복은 서기전 6400년 듁타이 동굴을 떠나 북쪽으로 가서 언덕을 넘고 강을 건넌다. 나무 아래는 늘 어둡다. 숲의 바닥은 두터운 솔잎으로 덮여 있어 푹신하다. 발걸음마다 동물이 희소하다는 점이 더욱 두드러진다. 가끔 나무 사이의 작은 풀밭이나 버드나무 잡목에서 풀을 뜯는 무스가 보인다. 곰 한 마리가 산딸기를 잔뜩 먹는 모습도 눈에 들어온다. 그러나 그것 말고는 가문비나무 숲은 비어 있는 것 같다. 그저 나무 위와 습지대에 새 몇 마리가 있을 뿐이다. 벌레는 많다. 기회만 되면 살갗을 물고, 뜯고, 찌른다.

골짜기를 따라가면서 하얗고 부드럽게 휘면서 삐져나온 것이 눈에 띈다. 흙을 털어내 보니 매머드 상아가 골짜기에서 흙이 침식되어 노출되어 있다. 커다란 나뭇가지와 편평한 자갈을 삽처럼 사용해 파 들어간다. 더 많은 상아가 머리뼈와 함께 나타난다. 그리곤 곧 털이 수북한 매머드 사체도 드러난다. 몇 시간을 판 뒤 작업을 멈춘다. 막대기나 돌만으로 이 거대한 동물을 발굴할 수는 없다.

시베리아의 동토에서 나오는 동물은 빙하시대 고위도지방의 세계가 어떠했는지를 잘 보여준다. 기록에 따르면 매머드는 시베리아 동북단에 있는 베료조프카(Berezovka)에서 처음 나왔다. 1900년 콜리마(Kolyma) 강변에 사는 부족으로부터 상아를 사들이면서 어떻게 털과 가죽이 그대로 있는 상태에서 상아를 해체했는지 들었다고 한다. 몇 달 동안 보고와 전보가 오간 뒤 페트로그라드의 제국과학원에서 조사단을 파견한다. 오토 허츠(Otto F. Herz)가 이끄는 조사단은 1901년 5월에 떠나 여름이 다 지나서야 매머드 유적에 이른다. 그 즈음 가을 눈과 얼음으로 매머드는 다시 땅속에 얼어붙어 있었다. 그리하여 사체 위에 통나무로 천막 같은 것을 만들어 불을 때 땅을 녹인 다음 파 들어갈 수 있었다.[8]

머리뼈의 상당 부분이 사라지고 다른 부위도 부식되었지만, 베료조프카 매머드의 보존 상태는 놀라웠다. 대부분 가죽과 내장 일부와 혀, 꼬리, 음경까지 그대로 있었다. 심지어 마지막으로 먹은 음식—미나리아재비 같은 꽃식물—이 이빨 사이에 끼어 있기도 했다. 부서진 뼈가 많았고, 피도 커다랗게 응고되어 있었다. 아마도 골짜기에서 떨어진 것 같은 순간적 사건으로 죽은 것으로 보였다.

그 뒤 50년 동안 얼어붙은 매머드뿐만 아니라 말과 들소, 털코뿔소 같은 빙하시대가 끝나기 전 동물에 대한 놀라운 발견이 이어진다. 이 가운데는 소화되지 않은 음식과 사초과 식물과 꽃식물이 위에 그대로 남아 있기도 했다. 과학자에게는 숲이 형성되기 이전 과거의 지형경관이 어떠했는지를 복원하는 중요한 증거이다.

이 분야에서 저명한 동물학자 데일 거스리(Dale Guthrie)는 "매머드 스텝"이란 용어를 만들어 내 북아시아의 빙하시대 경관을 묘사한다.[9] 나무가 전혀 없이 풀과 허브, 덤불로 이루어져 있어 대형동물이 살기에 적합했다고 말한다. 고고식물학자 고든 힐먼(Gordon Hillman)이 서아시아의 과거 스텝 환경을 복원했듯이 북아시아의 스텝은 오늘날 거의 남아 있지 않지만, 빙하시대 세계에서는 아주 중요한 역할을 하였다.

많은 동물의 뼈가 나온 베렐료흐는 "매머드 공동묘지"라 알려지고, 매머드 스텝에서 살던 동물들을 연구하는 중요한 자료가 되었다.[10] 1957년 처음으로 과학 문헌에 보고된 뒤 1970년 소련의 과학원에서 조사단을 파견한다. 베레시차긴(N. K. Vereshchagin)은 물대포를 사용하여 주변 흙을 벗겨 내고 매머드 200마리 정도와 들소, 말, 순록의 뼈를 발굴했다. 뼈 집중 지점에서 조금 떨어진 곳에서 석기 네 점이 동물 뼈와 같이 나오기도 했다. 유리 모차노프는 듁타이 문화에 속하는 석기라고 했고, 프릴렌스크조사단이 1971년에서 1973년까지, 그리고 1981년 다시 베렐료흐 유적을 조사했다.

이 조사에서는 서기전 15,000년 즈음 수많은 석기와 뼈, 상아가 나왔다. 매머드, 들소, 순록 뼈가 같이 확인되었으나 북극토끼와 자고새 뼈가 더 많았다. 그렇다면 빙하시대의 베렐료흐에 살았던 수렵민은 대형동물과 씨름하느니 덫을 놓아 소형동물을 잡기를 더 좋아했던 것 같다. 칼이나 창을 만드는 데 썼던 매머드 상아는 아마도 "매머드 공동묘지"에서 약취한 것으로 보인다. 푸시카리의 사람들도 최후빙하극성기에 집을 만들기 위해 그런 뼈를 이용했던 것과 마찬가지일 것이다. 모차노프는 베렐료흐에도 매머드 뼈로 만든 집이 있었을 것이지만, 수천 년 동안 얼었다 녹으며 훼손되었으리라 보았다. 베레시차긴의 물대포의 영향도 무시할 수 없을 것이다. 물대포 탓에 뼈가 나온 패턴을 전혀 알 수 없게 되었다.

서기전 13,000년이 되자 "매머드 스텝"에 나무가 들어오기 시작한다. 거스리는 그저 높은 온도 때문이 아니라 강수량의 증가가 주요인이라고 생각한다. 원래 매머드 스텝은 건조했지만, 이제 오늘날과 마찬가지로 이슬비가 꾸준히 내리는 환경이 되었다. 비의 양은 사실 그리 많지 않다. 오늘날 알래스카는 평균강수량에서 칼라하리 사막과 비슷하다. 다만, 증발량이 아주 낮아 매머드 스텝의 흙은 곧 습기가 높아져 습지와 강, 호수가 얽힌 환경이 들어선다.

새로운 환경에 자리 잡은 침엽수림도 충분한 양의 물을 가지고 있지만, 얼어붙은 땅에서 영양분을 찾는 데 어려움을 겪는다. 오늘날도 마찬가지다. 성장은 아주 느리다. 거스리에 따르면, 이런 환경에서 가문비나무는 100살이 되도록 한쪽에서 다른 쪽까지 폭이 15cm 정도밖에 되지 않을 수도 있다. 이런 나무는 배고픈 초식동물의 먹이가 되지 않기 위해 잎에 독성을 담는다. 잎이 지고 나서도 부식의 속도가 아주 느려 숲 바닥에선 유기물이 두껍게 쌓인다. 이것이 땅을 보호하면서 영구동토층이 생기고 다시 나무로 영양소가 가는 것을 방해한다. 따라서 성장은 더욱 힘들어지고 나무로서는 동물이 먹을 수 없도록 해야 하는 선택압력이 더 강해진다.

나무는 생존을 위해 뿌리를 넓게 뻗어야 하며 이로써 땅속의 바이오매스는 모두 초식동물로부터 안전하게 유지된다. 매머드 스텝의 풀과 허브, 덤불은 이와는 사뭇 달랐다. 짧은 우기에 적응해 빨리 자란 다음 죽었다. 그렇게 초식동물의 먹이가 될 수 있었고, 심지어 죽은 풀을 동물이 뜯어먹음으로써 햇볕이 흙을 따뜻하게 해 주는 효과도 있었다.

숲과 습지, 호수의 확장으로 동물 무리는 매머드 스텝이 남아 있는 더 북쪽으로 몰렸다. 그러나 거기에서도 적설량이 증가해 눈이 풀과 덤불을 덮고, 해수면 상승으로 해안지대가 물에 잠김으로써 생존의 압박은 심해졌다. 이런 요인이 얽혀 시베리아의 매머드는 결국 절멸에 이른다. 북아메리카의 클로비스 유적과는 달리 사냥 유적이 발견된 바 없기 때문에 분명 둑타이 문화 사람들의 탓은 아니다. 단지 매머드 개체군 하나만이 서기전 9600년 급격한 지구온난화의 시작을 견뎠다고 한다. 바로 시베리아 평원이 바다에 잠긴 뒤 브랑겔(Wrangel) 섬에 갇힌 개체군으로, 지구에 살았던 마지막 매머드였다.[11]

서기전 6400년 러복은 북쪽으로 여행을 계속한다. 나무는 점점 희소해지고 지구온난화에 대한 생각도 전혀 들지 않는다. 바람이 불지 않을 때 모기떼가 눈과 입술, 콧구멍까지 들어오자 차라리 얼음같이 차가운 바람이 불기를 기대한다. 한여름이 찾아와 조개껍데기 안의 진줏빛 같은 파스텔톤 하늘이 펼쳐진다. 해와 달 주변에선 이상스런 무리〔光輪〕와 코로나가 나타난다. 북극의 밤에는 먼 하늘에서 빨갛고 녹색의 휘장이 펼쳐진다.

러복은 넓은 해안 평야에 도착한다. 이끼와 헤더, 버섯으로 얼룩덜룩 수놓은 바닥에서 나무는 별로 없다. 그나마 그것들도 크기가 작고 바람에 심하게 흔들린다. 러복은 단단한 풀밭에 발을 내딛다가도 다시 습지 웅덩이에 빠진다. 발 아래 물기를 머금은 듯 보이는 이끼는 놀랍도록 바삭거린다.[12] 하늘은 회색빛이고 툰드라에는 진눈깨비가 몰아친다. 멀리 눈 덮인 언덕이 희미하게 보인다. 조호바 마을이 있는 곳이다.

무슨 소리가 들려 러복은 걸음을 멈춘다. 아인말라하와 스카트홀름, 코스터 같은 데서 들었던 소리를 떠올린다. 개 짖는 소리다. 돌아보니 썰매가 다가온다. 개 네 마리가 끌고 두꺼운 가죽과 털옷을 입은 남자가 타고 있다. 썰매는 달그락거리며 천천히 툰드라를 미끄러지고 월귤나무(빌베리)가 담긴 바구니와 나무 다발, 매머드 상아를 뒤에 싣고 있다. 러복은 몰래 썰매에 타고 조호바까지 몇 킬로미터를 편하게 간다.

1989년 레닌그라드고고학연구소와 극지연구소는 합동조사에서 조호바 유적을 찾았다. 처음엔 섬의 서남쪽 작은 골짜기 언덕 밑에 그저 일련의 얕게 파인 둥그런 구덩이 주변에 동물 뼈가 흩어져 있고 나무가 떠내려온 것 정도로 생각했다. 피툴코(Vladimir Pitul'ko)의 발굴조사에서 구덩이는 집의 일부였고 나무와 뼈는 동토의 조건에서 훌륭히 보존되어 있음이 드러났다. 이 유적은 북극권에 사람이 살던 가장 이른 증거로 밝혀졌다.[13]

피툴코는 발굴에서 썰매와 개 관련 자료도 확인함으로써,[14] 북극에서 개썰매의 존재를 몇 천 년 앞당겼다. 썰매라는 것은 나무(주로 낙엽송) 조각으로 썰매의 활주부처럼 생긴 것이었다. 1m가 조금 넘는 길이로 밑면에는 닳아서 생긴 줄과 면이 있었다. 썰매의 왼쪽 측면에 붙여 비스듬한 모습으로 사용되었을 것이다. 활주부에 판 구멍도 틀을 지지했을 것이다. 이처럼 상당히 잘 만들어진 썰매였다.

썰매 잔해가 많이 나왔지만, 개가 끌었다는 직접 증거는 없었다. 그러나 개 뼈도 발굴되었다. 북극 여우보다 크고 늑대보다는 작았다. 개 사육의 증거는 동토에서 발굴된 작고 둥그런 퇴적물, 곧 개똥으로도 알 수 있다. 그 안에서 순록 털과 뼈, 발굽 조각도 나왔다. 따로 떨어진 곳에서 나왔기 때문에 개똥은 개가 어디에 묶여 있었는지를 알려 주는 것 같다.

사냥에 개를 이용했을 수도 있다. 피툴코가 발굴한 동물 뼈를 보면 조호바 사람들이 순록과 기러기, 백조, 그리고 가끔은 바다사자를 사냥했지만, 주 식량원은 북극곰이었던 것 같다. 그런데 좀 독특하다. 지금까지 고고학자와 인류학자가 발견한 다른 어떤 유적에서도 북극곰이 보조 식량원 이상의 역할을 하지 않았던 것이다. 북극곰은 아주 강하고 위험한 동물이다. 조호바에서 나온 동물 뼈는 전문적으로 바다 포유동물을 사냥하는 집단이 북극권을 점유했다는 고고학자의 관점과도 어긋난다.

문헌에 알려져 있는 북극 주민들은 모두 북극곰에 대해 높은 존중심을 갖고 있으며, 흔히 신화의 세계에서 중요한 역할도 한다. 캐나다 북극의 이누이트 족은 곰과 사람이 서로 쉽게 모습을 바꿀 수 있었던 시절이 있었다고 믿는다.[15] 이는 북극곰과 사람 사이의 유사성에서 기인하는지도 모른다. 둘 모두 두 발로 설 수 있으며, 뭍과 바다를 이동할 수 있고, 모두 사냥에 재주가 있고 겨울 집을 짓는다(북극곰의 경우 새끼 출산을 목적으로). 그러나 그렇게 존중한다고 해서 사냥을 하지 않는 것은 아니다. 결국 북극곰은 좋은 고기와 함께 따뜻한 가죽, 램프 기름, 도구를 만드는 데 쓰이는 뼈와 발가락, 이빨 등을 주는 것이다.

이누이트 족은 수컷 곰을 사냥하면, 방광과 음경, 비장, 혀를 이글루 안에서 작살이나 다른 사냥에 쓰인 도구에 매단다. 만약 암컷이라면 방광과 비장은 바늘과 칼 같은 여성의 도구에 매달아 곰의 영혼이 편안하기를 바란다. 여성은 어릴 적부터 남자들이 사냥에 나가 있는 동안 배고픈 곰이 집에 들이닥쳐 공격을 당한 이야기를 들으며 곰을 무서워하도록 교육받는다. 이누이트 소년의 첫 곰 사냥은 어른의 지위를 주며, 사냥이 끝나면 곰의 음경뼈로 만들어진 개 채찍자루를 받기도 한다.

레닌그라드고고학연구소의 카스파로프(Aleksey Kasparov)는 피툴코가 조호바에서 밝힌 북극곰 뼈를 상세히 조사한 바 있다. 어떻게 사냥 유적에서 첫 도살이 이루어지고, 하지와 발을 버리는지도 연구하였다. 카스파로프는 사체를 도살하여 고깃덩이와 머리, 그리고 송곳니와 뇌를 분리해 내는 방법을 복원하였다. 뼈의 크기로 보아 조호바 사람들은 주로 암컷을, 아마도 겨울 쉼터를 만들기 위한 장소를 찾고 있을 때 사냥했다고 보았다.

다양한 사냥 도구도 출토되었다. 다만 어떤 것이 구체적으로 북극곰과 순록, 그리고 기러기 사냥에 쓰였는지를 분간하기는 어려웠다. 바늘처럼 생긴 찌르개도 있었는데, 이 가운데는 나무로 만든 화살대에 장착되기도 했다. 화살대의 조각도 나온 바 있다. 큰 뼈로 만든 찌르개도 확인되었는데, 플린트제 돌날을 끼우는 틈을 가지고 있었다. 덧붙여 뼈를 깎아 만든 미늘 달린 찌르개도 나왔으며, 아마도 고기를 잡는 데 썼을 것이다. 상아와 뿔로 만든 곡괭이처럼 생긴 도구도 나왔으며, 플린트와 사암, 옥수, 흑요석 같은 다양한 돌이 이용되었다. 이 가운데는 해변에서 얻을 수 있는 것도 있지만, 흑요석의 경우 아주 먼 곳에서 들여온 것으로 아껴 가면서 이용했다.

조호바 사람들은 더 이상 스투덴호와 듁타이 동굴, 베렐료흐 사람들이 선호했던 방식으로 양면가공 석기를 떼어 내지 않았다. 몸돌을 원추형이나 각주형으로 만들어 아주 작은 돌날을 떼어 내는 "쇄기형몸돌" 기법도 쓰지 않았다. 많은 석기는 돌날이나 뚜르개, 새기개의 용도로 쓰였으며, 큰 돌을 갈아 돌도끼를 만들기도 했다.

조호바에 사람이 살던 시기 시베리아 전역은 이러한 새로운 기술을 수천 년 동안 유지하였다. 다시 말해 듁타이 문화는 지형경관이 나무로 덮이면서 사라졌던 것이다. 러복은 북쪽으로 여행하는 동안 아무런 사람도 만나지 못했지만, 수렵채집민은 분명 서기전 6400년 시베리아 숲에서 살고 있었다. 많은 유적이 발견되었던 것이다.[16] 그러나 대부분 유적에서는 석기가 몇 점 흩어져 있을 뿐 생활양식을 구체적으로 알기는 어려웠다. 그래서 피툴코의 조호바 유적 발굴이 놀랍다. 북극에서 불과 1000km 안쪽에 살고 있던 석기시대의 북극곰 사냥꾼이 남긴 집터와 개, 썰매 등이 나왔던 것이다.

이빨 사이에 긴 월귤나무 씨앗을 빼내는 동안 썰매가 마을에 도착한다. 썰매를 즐기긴 했다. 다만 썰매의 활주부가 『선사시대』에 묘사한 고래 아래턱뼈나 얼어붙은 고기를 가죽에 넣은 것이 아니라 나무로 만들었다는 것을 알고는 실망하기는 했다.

조호바에도 땅거미가 진다. 길게 황혼이 져도 어두워지지 않고 경관을 연한 푸른 빛이나 흐린 보랏빛으로 물들인다. 바람이 들지 않는 구릉 모퉁이, 그리고 버드나무 관목 숲 안의 작은 개울가에 적어도 열두 채가 자리 잡고 있다. 집들은 모두 통나무를 갈라 벽을 만들고 깔때기 모양으로 생긴 지붕은 풀과 이끼로 덮었다. 어린이들은 썰매를 기다리고 있었다. 썰매를 몰던 사람은 개들을 매 놓고 나무 그릇에 받은 물과 뼈를 가져다준다. 썰매에 싣고 온 나무다발은 집 옆에 쌓아 두고 상아는 벽에 세워 둔다. 남자는 물 한 모금을 먹고 나서 월귤나무를 연기가 피어오르는 불가에 앉아 있는 가족과 친구들―모두 남자들이다―에게 나눠 준다.

러복은 집에 들어간다. 무거운 드리개를 밀어젖히고 깔때기 모양의 방안에 발을 내딛는다.[17] 안은 어둡고 따뜻하다. 물고기와 가죽, 고래 기름 냄새가 뒤섞여 매캐하다. 바닥은 벽과 마찬가지로 유목(流木)을 갈라 만들고 헤더 뿌리를 매듭지어 만든 자리를 깔아 놓았다. 가운데에 화덕이 놓이고 돌덩어리가 재를 둘러싸고 있다. 움푹 파인 돌에는 동물 지방과 뼈로 만든 뚜르개, 흑요석 돌날이 담겨 있다. 유물 주변에는 잘린 가죽과 실, 모피, 깃털이 있다. 선반에는 나무 그릇이 놓여 있고, 다양한 도구, 플린트 돌날로 만든 칼, 나무 숟가락, 작살, 옷, 바구니가 걸려 있다.

두 번째로 들어간 집에는 여자와 어린이들이 있다. 좁은 공간에 열두 명 정도가 들어차 있다. 밖에서는 꼭 입어야 하는 두껍고 무거운 옷을 걸치고 있지는 않다. 두 엄마가 아기에게 젖을 먹이고 있고, 잠자는 아기를 돌보는 이도 있다. 반나체로 거의 씻지 않은 몸이 드러난다.[18] 한 엄마는 달아나는 아이를 붙잡는다. 사람들 뒤에 모피가 쌓여 있다. 부드러운 노래가 울려 퍼지고 바람 소리가 들린다. 목소리, 그리고 선사시대 세계를 여행하면서 러복을 따라다녔던 소음, 바로 돌로 돌을 내리쳐 깨는 소리도 들린다.

앞으로 선사시대 여행을 저위도―남아시아와 아프리카―에서 마쳐야 함을 알고 있기 때문에 러복에게 조호바 방문은 동토지대에서의 생활을 엿볼 마지막 기회이다. 크레스웰 크랙스에서 토끼 덫을 놓는 방법을, 아렌스부르크에서 덤불에서 순록을 사냥하는 법, 그리고 베르베리에서 사냥감을 해체하는 법을 배웠지만, 아직도 빙하시대 세계에서 살기 위해 필요한 옷을 만드는 방법을 배우지 못했다. 『선사시대』에서 에스키모에 대해 별다른 내용을 쓰지 못했으며, 이제 스스로 경험하며 배워 볼 참이다.

조호바의 사람들은 순록 가죽으로 만든 옷을 입고, 옷을 만들고 수선하는 데 많은 시간을 들인다.[19] 옷을 만드는 것은 고되고도 손재주가 필요한 일인데, 주로 여성의 작업이다. 러복은 빙하시대의 괴너스도르프에 살던 사냥꾼이 돌에 여성을 묘사해 둔 것을 떠올린다.

먼저 순록 가죽을 깨끗이 손질해야 한다. 해체하고 남은 지방과 힘줄을 모두 제거해야 한다. 그러기 위해서 가죽을 뼈 손잡이가 달린 격지와 밀개로 긁고 문질러야 한다. 가죽을 찢어지지 않도록 능숙하게 처리해야 하는 힘든 작업이다. 가죽을 물에 헹군 다음 남아 있는 모든 지방이 빠져나오도록 오줌에 담가 놓는다. 담가 놓는 동안 여성은 순록 힘줄로 실을 만든다. 이것 또한 물로 씻고 문질러 피와 지방을 제거해야 한다. 그런 다음 바닷물에 담그고, 널고 말린다. 그리고 이것을 갈라 작고 강한 실을 만든다. 이것을 이빨 사이로 끄집어내기를 반복하여 가늘고 부드럽게 만든다. 며칠 뒤 가죽을 오줌에서 꺼내 다시 헹군다. 그런 다음 가죽을 고정시키고 펼치고 문지르고 접은 뒤 다시 문지르고 펼치기를 완전히 부드러워질 때까지 반복한다.

면도칼만큼이나 날카로운 흑요석 돌날로 가죽을 조심히 자른다. 허벅지 길이의 재킷을 만드는 데 앞과 뒤 각 한 장, 후드에 두 장, 어깨에 두 장, 각 팔에 한 장씩 여덟 조각이 필요하다. 바느질한 부분에서 순록의 털이 서로 겹치도록 가죽을 각이 지게, 그리고 옷을 만들었을 때 따뜻하고 움직이기 쉽도록 조심히 자른다. 가장자리에는 뼈 뚜르개를 이용해 구멍을 뚫고 힘줄로 만든 실과 뼈바늘로 단단히 바느질을 한다. 두꺼운 가죽조각은 골무로 쓴다. 19세기의 러복도 에스키모에 대해서 썼듯이, 그런 단순한 도구로도 강하고 좋은 옷을 만들 수 있다. 늑대 모피로 따뜻함과 함께 보기 좋게 목도리를 추가한다. 늑대 모피는 특히 얼음처럼 차가운 공기를 들이마셔 생기는 얼음 조각을 흘러내리게 하는 데 효과적이다. 종아리까지 내려오는 바지를 똑같은 방식으로 만드는 데 외부에 카리부 털이 보이도록 한다. 이와 반대로 레깅스는 털이 안쪽에 들어가게 만든다.

이 밖에도 안에 입는 재킷과 부츠가 중요하다. 러복은 그동안 여행하면서 빙하시대 사냥꾼이 안에 무엇을 입었는지 볼 수 없었다. 조호바 사람들의 경우 새 가죽을 바느질한 옷을 안에 입는다. 안에 입는 옷은 재킷을 만드는 방식과 똑같이 만들며, 다양한 깃털들에 대한 지식도 필요하다. 백조 배의 깃털이나 솜털오리의 것을 쓰기도 한다.

새 가죽을 바느질한 것을 거꾸로 뒤집어 부츠 안에 신는 용도로 쓰기도 한다. 부츠는 순록이나 북극곰의 모피를 이용해 만든다. 발바닥을 걷어 올려 발 옆으로 발목까지 바느질한다. 북극곰의 발바닥이야말로 눈 위에서도 조용하기 때문에 동물을 쫓을 때 유용하다. 러복이 옷을 만드는 과정을 지켜본 것은 행운이다. 사실 조호바 사람들이 어떻게 옷을 입고 있었는지를 알 수 있는 직접 증거는 없다. 북극에서 북극곰과 순록을 사냥하기 위해서는 특히 사냥감을 기다릴 때 아무 것도 하지 않고 서 있거나 앉아 있어야 할 때 추위를 이길 수 있는 옷과 신발이 필요하다. 또한 사냥감이 다가왔을 때 강하고도 정확히 움직일 수 있게 해 주는 의복이 필수적이다.

러복은 툰드라에서 다양한 작업을 하는 사람들을 따라나선다. 2km 떨어진 샘에서 동물의 방광으로 만든 주머니에 마실 물을 받아 와야 한다. 집을 수선하고 도구를 만들고 땔감으로 쓰기 위해 유목을 채집해야 한다. 조호바 사람들은 그런 작업에 나서면서도 늘 동물 뼈나 상아, 사슴 뿔, 또는 다른 어떤 유용한 것이 있는지 주위를 살핀다. 그런 것들은 당장 필요가 없더라도 모두 가져온다. 마을에는 여기저기 그런 것들이 쌓여 있다. 집에는 자연이 준 골동품으로 가득하다.

러복은 남자와 소년들을 따라 사냥에도 나선다. 이제 여름도 막바지이다.[20] 마을 사람들은 봄에 순록떼와 북극해안에 찾아오는 엄청난 새떼를 따라 이곳에 왔다. 북극 생활에서 여름은 갑자기 시작되었지만, 이제 겨울은 조용하고도 천천히 찾아온다. 밤은 점점 길어지다가 해가 뜨지 않을 것이다. 기러기떼도 날아갔고 몇 마리 남은 순록도 북극의 겨울을 피해 남쪽으로 갈 것이다. 조호바 사람들도 동물과 마찬가지로 자연의 리듬을 따른다. 그러나 아직은 때가 아니다. 새로이 눈이 오면서 물에 떠다니는 나무도 널려 있다. 암컷 북극곰이 겨울 잠자리를 찾는다. 북극곰을 사냥할 때가 왔다.

조호바 사람들은 아마 곰의 나이와 어디에서 겨울을 보냈는지, 새끼를 몇 마리

낳았는지, 성질은 어떤지, 곰 한 마리 한 마리에 대해 잘 알고 있었을 것이다. 며칠에 걸친 식량 부족을 겪은 뒤 암컷 한 마리를 사냥감으로 정한다. 사냥은 곰의 생활을 추억하는 것으로 시작한다. 암컷이 얼음 위에서 바다사자를 추적하고 한 움큼 베리를 따먹던 때를 떠올린다. 겨울이 지난 뒤 새끼들을 봄 햇살에 내보내던 장면도 보았다. 사냥꾼은 마을을 떠나 걸어서 언덕을 넘고 북쪽 해안의 얼음 있는 곳에 간다. 물에 있는 곰의 모습이 보인다. 하얀 머리가 검은 물에 미끄러진다. 그런 다음 얼음 위에 몸을 올린다. 몇 발 걷더니 몸을 턴다. 바닷물이 스프레이처럼 흩날린다. 머리를 들고 작고 검은 눈으로 사냥꾼들이 있는 앞쪽을 쳐다본다. 그러나 무슨 냄새나 움직임을 느꼈다 해도 바람에 날아가 버리고 만다. 커다란 흰 곰은 얼음을 따라 아무런 생각 없이 왔다 갔다 한다. 러복은 이토록 아름다운 짐승을 본 적이 없다. 사냥꾼들이 화살을 쏘고 추적을 시작하는데도 러복은 그 자리에 머문다. 그냥 곰이 죽는 모습을 보지 않기로 한다.

도살한 사체를 마을에 가져오고 머리는 개에게 던져 준다. 러복은 이제 무슨 작업이나 축제가 벌어지든지 조호바 사람들을 떠난다. 사람들도 곧 마을을 떠날 것이다. 그리곤 기억할 수 없을 만큼 오래전부터 그래 왔듯이 다음해 봄 이곳을 찾을 것이다. 앞으로도 반도가 바다에 막히고 조호바 섬의 언덕이 북극해의 섬이 될 때까지 계속될 것이다. 1989년 블라디미르 피툴코가 이곳에 들어와 발굴할 때까지 마을의 존재는 잊힌다.

남아시아

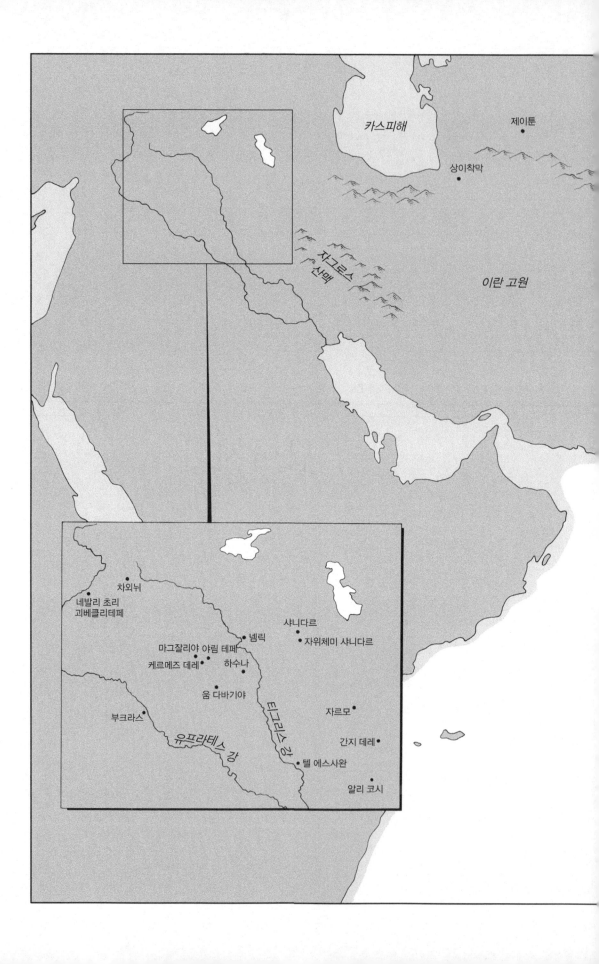

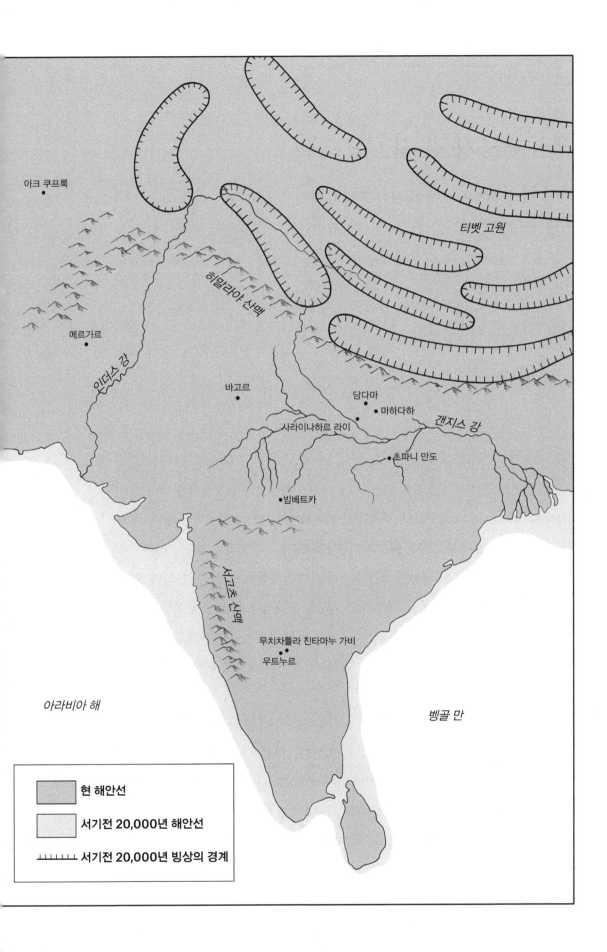

아크 쿠프룩

티벳 고원

히말라야 산맥

메르가르

인더스 강

바고르

담다마
마하다하

사라이나하르 라이

갠지스 강

촌파니 만도

빔베트카

서고츠 산맥

무치차틀라 친타마누 가비
우트누르

아라비아 해

벵골 만

| | 현 해안선 |
| 서기전 20,000년 해안선 |
| ⊥⊥⊥⊥⊥⊥ | 서기전 20,000년 빙상의 경계 |

42

인도를 가로지르는 길

바위그림과 갠지스 평원의 마을들
20,000-8500 BC

존 러복은 인도 중부 쿠르눌 동굴(Kurnool Caves)의 하나인 무치차틀라 친타마누 가비(Muchchatla Chintamanu Gavi) 뒤쪽에서 남아시아의 선사 여행을 시작한다. 동굴 입구를 수놓는 햇살이 눈부시다. 때는 서기전 17,000년.

햇살이 머문 곳에 다가서자 목소리가 들리고, 어른거리듯 형체들이 보인다. 다가가기도 전에 사냥꾼들은 도구 몇 개를 챙겨 숲으로 사라진다. 동굴 안에 무엇이 남아 있나 본다. 아직 따뜻한 재 주변에 돌들, 그리고 기름이 묻어 있는 플린트 격지들과 작은 사슴의 사체에서 머리와 발굽 같은 쓸모없는 부위가 흩어져 있다. 내장도 동굴 밖 피 묻은 땅 주변에 버려 놓았다.

러복은 사냥꾼들이 어디로 떠났는지 궁금하지만, 두터운 안개가 내려앉는 바람에 따라갈 생각을 못하고 동굴 바닥에 혼자 앉는다. 주머니에서 『선사시대』를 꺼내 인도 고고학에 대한 내용을 찾으려 하지만 그저 실론(스리랑카)의 "현대 야만인"―베다(Veddahs) 족― 이야기만이 있을 뿐이다. 나무껍질로 만든 집과 사냥감을 쫓는 법에 대해 짧은 서술만을 남겼다. "이보다 더 미개한 족속을 생각할 수 없을 것"이라는 베일리의 말을 인용하기도 했다. 19세기의 러복은 마치 그 관점에 동의하지 않는 듯 바로 다음 글에서는 베다 족을 친절하고 다정한 사람들이라 묘사하기도 했다.[1] 러복은 책을 읽다 말고 고개를 든다. 안개는 더 두터워졌고, 이제 동굴 안에 머물며 날이 밝기를 기다리기로 한다.

안개 장막 뒤에 숨은 사람들을 얼핏 보아도 우리가 인도의 빙하시대 사람의 삶에 대해 자세한 지식을 가지고 있지 않음을 일깨워 준다. 특히 서기전 20,000년 즈음 최후 빙하극성기 이후의 시기가 그렇다. 그때부터 갑자기 지구온난화가 시작되는 서기전 9600년까지의 석기 산포지는 널리 분포하고 있지만, 방사성탄소연대도 드물고 집과 무덤이 알려져 있지도 않다. 인도 전역에서 플라이스토세 말의 화덕자리라곤 하나만이 알려져 있으며, 도살된 뼈도 몇 개 되지 않는다.

서기전 20,000년 즈음 인도의 지형은 서쪽에 해안 평야가 넓게 자리 잡고 있다는 점만 빼고는 오늘날과 흡사했다. 북쪽 멀리 히말라야 산맥은 빙하에 덮여 있고, 인더스 강과 갠지스 강으로 흘러드는 수계를 따라 넓은 평야가 펼쳐져 있었다. 서북쪽의 타르 사막에서는 극도로 건조하고 강한 바람이 불어 모래가 날리면서 사구가 형성되었다. 이런 조건에서 타조들이 살았지만, 환경이 더욱 혹심해지면서 많은 동물들이 사라졌다. 사막지대 훨씬 너머까지도 지형은 건조했다. 호수 수위는 낮았고, 강은 골짜기 깊은 바닥으로 흘렀다. 흙을 지지하고 있어야 할 나무와 식물도 별로 없었기에 침식 환경은 더욱 혹심했다.

인도 중부를 가로지르며 굽이치는 언덕은 군데군데 습지와 골짜기 숲을 가진 초원지대였다. 데칸 고원으로 향하는 남부의 경사지와 구릉은 숲으로 덮여 오늘날과 별로 다르지 않은 모습이었다. 강안 퇴적층에서는 들소와 사슴, 코뿔소, 멧돼지, 여러 원숭이 종, 뱀과 작은 동물의 뼈가 나오고 있다. 멀리 남쪽 구릉지대는 최후빙하극성기에 대륙과 연결되어 있었을지도 모르는 스리랑카와 마찬가지로 밀림이었다.

유적의 분포를 보면 기후변동이 극심했던 빙하시대의 마지막 10,000년 동안 다양한 환경에서 사람들이 살고 있었음을 알 수 있다. 서북부의 사구에서 야영하기도 하고, 때론 타조알로 장식 염주를 만들고,[2] 흐르는 강의 둔치나 호수 주변에 모여 살 았다. 인도 중부와 남부의 동굴도 쉼터가 되었고, 초원지대와 산림에서도 야영하였다. 도구는 전형적인 플라이스토세 사냥꾼의 것으로서 처트와 벽옥, 규암 돌덩어리를 떼어 내 만든 돌날과 긁개, 찌르개였다.[3] 하지만, 스리랑카에서 플라이스토세 사냥꾼은 최후빙하극성기 이전 이미 좋은 재질의 돌을 가장 효과적으로 이용해 세석기를 만들었다.[4]

수렵민의 생활방식을 정확히 알기는 어렵다. 우리는 증거가 부족한 상황에서 남아시아의 플라이스토세 말 수렵채집민이 나무, 뼈, 나무껍질, 섬유, 가죽, 깃털 등 고고 자료에서 흔적이 남지 않은 재료로 도구와 옷, 집을 만들었다고 생각할 수밖에 없다. 세계의 다른 곳에서와 마찬가지로 고고학 자료는 희소하기 때문에 고고학자로서는 최근 수렵채집민의 자료를 바탕으로 선사시대의 생활에 대해 윤곽을 그려 보고 싶은 욕망이 생긴다. 19세기의 존 러복도 『선사시대』에서 그랬다. 이런 욕망은 수없이 많은 사람들이 최근 시기까지도 수렵과 채집으로 살았던 인도에서 특히 강했다. 그리하여 데칸대학 고고학자 미스라(V. N. Misra)는 강가(갠지스)에 사는 칸자르(Kanjars) 같은 수렵채집민을 바탕으로 모호한 플라이스토세의 장막을 걷으려 한다.[5] 돌날의 크기와 생김새에 천착하기보다는 속이 빈 줄기로 만든 사냥용 그물과 바구니, 동물 가죽으로 만든 북과 도마뱀 가죽 신발 같은 것이 있었으리라 추측하는 것이다. 물론 장막을 걷는다고 과거가 밝혀지지는 않으며, 다만 현재를 과거에 투영시키는 것일 뿐이다.

안드라프라데시(Andhra Pradesh) 주 동고츠 산맥의 석회암지대에 있는 쿠르눌 동굴 조사는 1884년부터 시작되었다. 당시 로버트 푸트(Robert Bruce Foote)는 이른바 "납골당"이라 불리던 곳을 발굴하였다. 푸트는 인도지질조사국과 함께 특히 남부를 조사하면서 플라이스토세까지 올라가는 석기를 발견했다. "구석기시대"와 "신석기시대" 같은 용어를 인도고고학에 도입하였는데,[6] 이 용어가 처음 쓰인 러복의 『선사시대』를 읽었음이 분명하다. 푸트의 연구는 아들이 이어받아 "지옥(Purgatory)"과 "성당(Cathedral)"이라는 이름으로 불린 동굴을 발굴조사한다. 세 동굴에서 퇴적층은

10m 이상의 두께로 쌓여 있었으며, 석기는 한 점밖에 안 나왔지만, 동물 뼈는 많이 수습되었다.[7]

푸트는 많은 뼈에 사람이 손을 댄 흔적이 남아 있다고 보았다. 프랑스 플라이스 토세 동굴에서 라르테와 크리스티가 발견한 것과 유사한 잘 다듬어진 미늘이 달린 작살과 화살촉, 뚜르개, 칼을 찾았다고 했다. 푸트는 이런 도구가 얼마나 오래된 것인 지는 몰랐고, 쿠르눌 동굴에 살던 사람들은 "낮은 단계의 문명"에 있었다고 보았다.

데칸대학의 크리시나 머티(Krishna Murty)는 1970년대 초 동굴을 다시 발굴했 다.[8] 무치차틀라 친타마누 가비(Muchchatla Chintamanu Gavi) 조사에 치중하여 뼈와 석기가 퇴적된 층을 찾는다. 푸트의 시기 이후 진전된 동물상에 대한 이해를 바탕으 로 플라이스토세가 끝나기 전 안드라프라데시에 살았던 동물의 뼈임이 분명해졌다.

머티는 발견된 여러 육식동물과 초식동물, 소형동물의 뼈는 모두 사람이 고기를 들고 동굴에 가져온 것이라 생각했다. 푸트와 마찬가지로 많은 뼈는 도구로 가공되었 다고도 보았다. 그러나 이런 생각에는 의문의 여지가 있다. 머티의 보고서에 그려져 있는 그 어떤 뼈 "유물"도 확실한 형태를 갖추고 있지 않다. 프랑스 플라이스토세의 잘 만들어진 작살이나 조각품과 비교할 만한 것도 전혀 없었다. 푸트의 발굴품은 이 미 사라졌기에 그 주장을 검증할 수도 없다. 식육동물의 이빨도 깨지고 짓밟히고 부 식되어 마치 사람이 가공한 것 같은 흔적이 생기기도 한다. 이로써 서기전 약 17,000 년에서 14,000년 사이로 추정되는 돌날과 석회암 조각으로 만든 화덕, 그리고 불에 탄 뼈 몇 점만이 최후빙하극성기에 가까운 시기 인류활동의 증거로 남는다. 그리하여 무치차틀라 친타마누 가비에서도 후기 구석기시대 인도에서 사람의 삶이 어떠했는 지 별다른 정보를 얻지 못하는 것이다.[9]

서기전 9600년이 되어서야 동굴을 떠날 만큼 충분히 안개가 걷힌다. 이때는 급속한 지구온난화가 불어닥쳐 빙하시대가 끝나고 환경변화의 속도도 배가되었다. 불행히 도 고고학자들은 인도에서 일어났던 변화에 대해 전반적 강수량 증가와 오늘날과 별 로 다르지 않는 식생(적어도 인도에서 광범위한 벌목이 있기 전의 식생)이 갖추어져 있었 다는 정도를 넘어서는 것은 정확히 알지 못한다.[10]

러복은 동물이 다니던 길과 강둑을 따라 북쪽으로 간다. 처음 보는 여러 종류의 나무를 지나친다. 진홍색 열매가 가득 달린 것도 있고, 커다란 줄기와 뿌리가 가지 밑으로 달려 있는 나무도 있다. 털이 많은 미모사와 아카시아도 있다. 숲에는 점박이 사슴도 있고 뾰족한 뿔을 가진 사슴, 멧돼지, 원숭이와 코뿔소가 많이 산다. 모두 홀로세의 따뜻하고 습한 기온에 번성하고 있다. 귀뚜라미와 매미 울음소리가 후덥지근한 공기에 울려 퍼진다. 해가 갈수록 봄에서 여름으로 향하며 공기는 더 뜨거워진다.[11]

현재의 주기적인 인도 몬순 유형은 홀로세가 시작되면서 갖추어졌다. 연초에는 비교적 춥고 건조하게 시작하다가 3월을 지나면서 기온이 높아져 6월에 정점에 이른 다음 늦여름 비가 내린다. 러복은 데칸 고원을 가로지르며 인도 몬순을 경험한다. 며칠 동안 하늘이 폭우를 동반한 구름으로 가득했다. 구름에서 폭우가 쏟아지자 러복은 쉼터를 찾아 동굴에 들어가 그 아래 개울에 급류가 흐르는 것을 본다. 뿌리째 뽑힌 나무도 있고, 엄청난 토사와 바위가 흘러내려 피하지 못한 동물도 쓸려 나간다. 천둥과 번개가 친다.

홀로세 초 몬순 기후에서 많은 사람들은 쉼터를 찾았을 것이다. 서기전 9600년 이후 고고학 유적은 이전 플라이스토세에 비해 풍부해진다. 플라이스토세의 가뭄이 끝나며 인구도 상당히 늘었을 것이다. 사람들은 플라이스토세의 선조들과 마찬가지로 다양한 환경에서 살았으나 이전 사막이었던 관목지대 안의 자연제방과 호수 주변 등 새로운 환경에 머물기도 했다.[12] 그러나 사람의 존재는 여전히 석기들이 흩어져 있는 정도로 짐작할 수 있을 뿐이다. 세계의 다른 많은 지역과 마찬가지로 이 시기 석기는 세석기가 많은데, 아마도 다양한 식생활과 함께 주변에서 구할 수 있는 돌감(석재)에 의존했음을 비추어 준다.[13] 이런 석기가 동물 뼈, 그리고 집이나 무덤과 같이 나온 사례는 아주 드물다.[14] 유럽에서와 마찬가지로 고고학자들은 이런 유물을 남긴 사람들을 중석기시대 수렵채집민이라 부른다.[15]

서기전 9000년 뜨겁고도 칙칙한 날 러복은 서부 빈디야의 산에 오른다. 낮은 정상에서 돌이 탑처럼 쌓여 있는 듯 낮은 봉우리가 나무 위로 솟아 있는 것을 본다. 이 낮은 산은 바로 빔베트카(Bhimbetka)다. 산의 경사면은 두텁고도 가시 돋친 산림으로 덮여 있으며, 그 안에 작은 길이 있다. 멧돼지와 사슴 발자국이 난 길도 있고, 기어서만 갈 수 있는 길도 있다. 가끔 서서 걸을 수 있을 정도로 머리 높이까지 석기를 이용해 나뭇가지를 잘라 놓은 길도 있다.[16]

언덕은 수천 년 동안 바람과 비에 부드러운 사암이 풍화되어 군데군데 움푹 파인 바위그늘 쉼터가 있고 그 사이로 길이 나 있다. 위에서 굴러 떨어져 위태롭게 놓여 있는 바위 아래에도 길이 있다. 과실나무가 있는 곳이나 물웅덩이 주변 진흙밭의 동물과 사람의 발자국이 있는 곳으로 가는 길도 있다.

길을 따라 거닐다 어떤 예술가가 작업하고 있는 쉼터 하나를 만난다. 암벽은 거칠고 몇 미터 너비에 온전히 햇볕을 받고 있다. 최후빙하극성기 프랑스의 동굴벽화와는 아주 다른 모습이다. 사냥 장면이 보이지만, 이것이 신화인지, 아니면 기억에 의한 것인지, 희망을 표현한 것인지 알기 힘들다. 막대기처럼 보이고, 벌거벗은 인물 여덟이 그려져 있고, 두 명은 팔에 술을 달고, 한 명은 두건을 쓰고 있거나 아니면 머리를 땋고 있는 듯하다. 대체로 남자 같고, 몇몇은 분명 남자다. 넓고 큰 엉덩이를 가진 인물도 있다.

그려진 인물은 모두 바쁘다. 세 명은 열을 지어 서 있는데, 맨 앞에선 사람은 활과 화살을 들고 사냥감을 쫓고, 두 번째 사람은 어깨에 작은 동물을 막대기에 걸치고, 세 번째는 여자로 바구니를 들고 있다. 가까이에는 아마도 둥그렇게 춤을 추면서 몸을 굽히고 쭈그리고 비트는 사람들이 있다. 더 많은 인물이 주변에 흩어져 막대기와 주머니를 들고 있고, 땅바닥에 누워 있는 사람도 있다.

화가는 붓을 들고 활을 든 사냥꾼 바로 옆에 사슴 한 마리를 그린다. 능란한 손놀림으로 사슴은 부풀어 오른 몸으로 암벽을 뛰는 듯이, 그 다음 태어나지 않은 새끼를 거느리고 있음을 표현한다. 가까이 다가가니 마른 호박 껍질 세 개에 짙은 붉은 물감과 검고 하얀 색 물감이 놓여 있다. 옆에는 알록달록한 색깔의 돌이 있어 그것을 안료로 갈고, 나무 기름과 섞어 끈적거리는 물감을 만든다. 막대기와 석기도 붓과 함께 바닥에 놓여 있다. 화가는 붉은 물감이 놓인 그릇 깊이 붓을 적신 다음 암벽에 새로운 선을 그린다. 그런데 너무 얇고 흐리고, 붓은 흐느적거린다. 그러자 화가는 막대기를 집어 들어 한쪽 끝을 돌로 내리치고 갈아 딱딱한 섬유질을 만든다. 이것으로 더 두껍게 선을 그리고, 새끼를 밴 사슴보다 두 배 크기의 버팔로를 그린다.

빔베트카는 인도 전역에서 가장 많은 바위그림이 있는 곳이다. 무려 133개 바위그늘 유적에서 그림이 확인되었으며, 적어도 100개 유적에서 벽화가 침식되어 사라졌을 것으로 생각된다. 서부 빈디야에서는 유적 일곱 개 가운데 하나에 독특한 바위기둥이 있으며, 이곳에서 채색된 바위의 흔적이 400개 넘게 알려졌다. 그림이 그려진 시기에 대해서는 세계의 다른 지역 바위그림과 마찬가지로 논란의 여지가 있다. 지역 주민은 사악한 영혼이 한 일이라 여기고 있는데, 이는 아넘랜드의 원주민이 "역동적 인물"을 신화 속의 미미(Mimi) 족이 그린 것이라 생각하는 것과도 유사하다. 빔베트카의 바위그림은 분명 사람들이 기억할 수 있는 과거의 작품은 아니다. 불행히도 유럽의 플라이스토세 동굴벽화의 사례에서와 같이 안료 자체를 연대측정하려는 노력은 이루어지지 못했다. 그러나 상황적 증거에 따르면 많은 벽화는 적어도 서기전 8000년, 홀로세 초에 그려진 것으로 보인다.

가장 설득력 있는 증거는 발굴에서 나왔다. 1970년대 바위그늘 유적 몇 개를 발굴하자 대부분 중석기시대의 석기와 생활 폐기물, 땅에 묻은 인골이 확인되었다. 데칸대학의 미스라가 발굴한 IIIF-23 바위그늘에서는 플라이스토세 말까지 올라가는 규암 석기가 나왔다. 중석기시대의 점유는 세석기와 갈판 같은 유물로 확인된다. 특히 갈판은 홀로세 산림 환경에서 식물성 식량이 중요했음을 비추어 주는 증거이기도 하다. 동굴 안 바닥에 돌을 깔고, 벽을 세웠으며, 대부분 벽에 칠해진 것으로 보이는 붉고 노란 안료 덩어리가 폐기물과 함께 나왔다.[17] 그런 안료는 빔베트카의 몇몇 중석기시대 퇴적층에서도 발견되기 때문에 이때 사람들이 동굴의 그림을 남겼다는 데는 의심의 여지가 별로 없다. 신석기시대 이후 사람들은 이곳에 그리 자주 들어온 것 같지 않다.

두 번째 증거는 그림 자체에서 찾을 수 있다. 데칸대학의 마트팔(Yashodhar Mathpal)은 벽화를 자세하게 묘사하면서 두 가지 주제를 확인하였다.[18] 첫 번째이자 가장 압도적인 것은 사냥과 채집이다. 사슴과 멧돼지 사냥, 벌꿀을 채집하고 춤을 추고 북을 치는 사람들, 뛰고 달리는 여러 동물을 그린 것이다. 동물은 주변 숲에서 흔히 보이는 멧돼지, 사슴, 물소, 원숭이 및 여러 작은 동물이고, 몇몇은 새끼를 밴 상태였다. 두 번째 주제는 말과 코끼리를 타고 있거나 다루고 있는 남자가 흔히 금속 칼과 방패로 무장한 모습이다. 전쟁을 하고 있거나 행진하기도 한다. 이런 그림에는 수렵채집민이나 야생 동물의 생동감 있는 묘사가 없다. 농사나 목축을 보여주는 그림도 없다.

마트팔은 첫 번째 주제는 홀로세 초 이곳에 연중 내내, 또는 일부 기간 거주하던 수렵채집민이 남긴 것이라고 결론을 내린다. 두 번째 주제는 수렵채집민이 남긴 것일지도 모르지만, 비교적 최근 시기 소도시와 도시에 살던 군인을 보았던 사람들이 남겼다고 본다.

마트팔은 작품에 숨은 동기를 찾으려 한다. 빙하시대 유럽에 살던 화가와는 달리 빔베트카에서는 모든 이가 쉽게 볼 수 있는 곳에 그렸다. 사적 예술이 아니라 공공 예술인 셈이다. 동물과 사람도 영적이라기보다 세속적인 모습이다. 마트팔에 따르면 벽화는 선사시대 사람들과 같이 산림 환경에 살고 있던 다양한 동물의 생활을 기록하고, 이곳 사람들의 경제 및 사회생활의 다양한 측면을 제시하고 있다. 빔베트카의 벽화에 대해 어떤 비전(秘傳)의 설명을 추구할 이유는 없을 것이다.[19]

날이 밝을 무렵 러복은 빔베트카 정상에 선다. 자연의 손으로 아름답게 깎인 바위기둥을 올라 북쪽으로 드넓은 평지를 바라본다. 두텁고 활기찬 산림지대가 펼쳐져 있다. 전날 햇살을 받은 듯 붉고 주황색으로 반짝이는 나무들이 솟아 있다. 내려와 이 이색적인 숲을 가로지르며 새장같이 생긴 커다란 무화과나무 아래에서 쉰다. 황금색 찌르레기의 짧고 날카로운 울음소리와 인도파랑새 소리가 곤충과 새들이 혼합된 멜로디 속에서 가끔 불협화음을 낸다.

러복은 북쪽으로 더 가서 갠지스 강 평야 위에 선다. 아주 큰 나무도 있는데, 흑단과 티크같이 단단한 것으로 열매도 많이 열려 있다. 엄청나게 넓은 대나무밭을 지나 평원에서 불쑥 솟은 바위 고개를 넘는다. 인간 활동의 흔적은 도처에서 보인다. 사냥꾼 무리가 밤을 지내며 남긴 화덕자리와 자연의 힘만으로는 그렇게 잘 정돈되어 있을 것 같지 않은 돌들이 강둑에 모여 있다. 아직 식지 않은 사슴 사체도 보이는데,

덫에 걸려 힘들게 빠져나오려 몸부림치다 죽은 듯하다. 조금 전 호랑이가 지나간 자리, 코끼리와 코뿔소의 똥 같은 다른 흔적도 있다.

이제 사람도 보인다. 여자들이 덩이줄기를 캐고 남자들은 사슴이 지나간 길을 찾고 덫을 확인한다. 러복은 카누를 얻어 타고 다음 목적지 근처까지 갠지스 강과 다른 강 여행에 나선다. 그리곤 잘 다져진 길을 걸어 서기전 8500년 수렵채집민 마을에 당도한다.

작은 강변의 자연제방 위에 텐트처럼 생긴 집 열두어 채가 있다. 경사진 지붕은 튼튼한 나무와 잡목을 이용해 만들었고, 집에는 동그랗게 진흙을 돌린 구덩이 안에 재와 타다 남은 뼈가 놓여 있다. 러복은 마을을 둘러보면서 지금까지 전 세계 선사 여행에서 보았던 다른 많은 집들과 닮았다고 생각한다. 집 안 바닥은 정돈이 잘 되어 있지만, 다른 곳엔 땔감과 간석기, 무두질을 위해 못을 박아 놓은 동물 가죽 등 수렵채집 생활의 흔적이 곳곳에 있다. 개 한 마리가 여기저기 냄새를 맡고 있고 까마귀떼가 뼈 무더기에 날아온 것을 빼고는 마을은 버려진 듯하다. 그런데 집 한 채에 들어가 보니 아마도 열여덟에서 스물쯤 되어 보이는 젊은 남자가 고통 속에 바닥에 누워 있다. 팔 하나는 기형이고, 차갑고 건조한 날씨에도 땀을 흘리고 있다. 그저 아랫도리에 샅바 같은 것 하나만을 걸치고 있고 목에 하얀 목걸이만을 하고 있을 뿐이다.

어린아이들이 마을에 뛰어 들어와 까마귀를 쫓으며 숲에서 사람들이 돌아온다고 알린다. 뒤따라온 어른들은 몸집이 크고 강해 보인다. 땔감을 매고 오기도 하며, 숲에서 캔 야채를 담은 바구니를 들고 있기도 하다. 한 남자는 어깨에 사슴을 짊어지고 또 다른 사람은 커다란 뼈를 들고 있다. 아마도 어머니인 듯 보이는 여성이 집으로 돌아오자마자 누워 있는 젊은이에게 가서 부드러운 잎으로 땀을 닦고 동생인 듯 보이는 여자가 마른 장작을 태우는 불가에 다가가도록 돕는다.

러복은 어머니의 슬픔을 지켜보기가 민망하여 밖으로 나온다. 여자들은 씨앗을 갈고 있고, 사슴 가죽은 이미 벗겨 냈다. 집 벽에 화살통을 기대어 놓았다. 화살대에는 아즈라크, 스타카, 조호바, 그리고 선사시대의 다른 많은 곳에서 보았던 것 같은 돌화살촉이 꽂혀 있다. 그러나 이번 것은 특히 작다. 러복은 아주 작은 자갈돌 몸돌에서 떼어 내어 작다고 생각한다. 돌은 분명 이 마을에서 귀하다. 아마 그것이 쓸데없이 버리는 조각이 없는 이유일 것이다. 큰 찌르개는 마을에 들고 들어왔던 코끼리 뼈 같은 것을 이용해 만든다.

소년들을 따라 냇가로 간다. 그물을 확인하고선 걸려든 거북을 밖으로 꺼낸다. 합심하여 마을까지 산 채로 끌고 와 목을 딴다. 황혼이 내릴 무렵 음식을 나누어 먹는다. 사슴 고기는 모든 이가 나누어 먹기 때문에 그저 적은 양만이 돌아올 뿐이다. 러복이 취할 수 있는 것이라곤 깨진 뼈에서 나오는 골수뿐이다. 거북이 고기도 기다려 보지만, 오지 않는다. 사람들은 주로 으깨어 굽고 나무 그릇에 귀리죽과 섞은 거친 식물성 음식만을 먹는다. 꿀을 첨가해 좀 더 먹을 만하게 만들지만, 음식을 씹는 것은 힘든 일이고, 모두가 뼛조각으로 이를 쑤시며 식사를 끝낸다.

오늘날 이 갠지스 강 유역의 이 중석기시대 유적은 담다마(Damdama)라 불린다. 1978년 와리칼란(Warikalan) 마을 근처에서 발견되어 1982년까지 팔(J. N. Pal)을 비롯한 알라하바드대학의 연구자들이 발굴했다.[20] 1970년대 초 발굴된 마하다하(Mahada-ha)와 사라이나하르 라이(Sarai-Nahar Rai)와 함께 잘 보존된 중석기시대 마을 유적이다. 사람과 동물의 뼈가 땅에서 침식되어 나옴으로써 유적은 지역 신화의 일부가 되기도 했다. 담다마와 마하다하는 먼 과거의 전사가 묻힌 곳이라고 생각되고 있다. 그렇지만 담다마라는 말의 기원은 이보다 세속적이어서 땅바닥을 칠 때 들리는 소리라고 한다.

아마도 이는 흙에 덮여 있는 고고학 유존물이 풍부했기 때문일지도 모른다. 담다마 발굴에서는 1.5m에 이르는 인간점유 층이 드러났는데, 이로부터 세석기 등 많은 양의 석기와 간석기, 돌망치, 그리고 식물 유체와 동물 뼈가 나왔다. 집의 벽과 지붕을 떠받치는 기둥이 있던 자리에서 작은 수혈과 기둥구멍도 확인되었다. 바닥은 단단히 다져 놓았고, 화덕자리와 주변에 진흙을 돌린 구덩이도 나왔다. 집은 아마도 갠지스 강 유역의 칸자르에 최근까지 있었던 집처럼 텐트 같은 생김새에 지붕을 올렸거나 아니면 인도 남부의 판다람(Pandaram) 족의 집처럼 나뭇잎과 풀로 만들었을 것이다.

말발굽처럼 생긴 호숫가에 있는 마하다하와 사라이나하르 라이 유적 퇴적층에서도 다른 지역의 홀로세 초 유적과는 달리 유물이 많이 나왔다. 주변 숲에는 사냥감과 식물성 식량이, 그리고 호수에는 물고기와 거북도 많았기 때문에 분명 살기 좋은 곳이었을 것이다. 비록 홀로세의 수렵채집민은 연중 대부분 시간을 바위가 많은 빈디야에서 보내면서 여름철에 식량과 물을 찾아 갠지스 평야에 왔었지만, 이제 이곳에서 정주생활을 했던 것으로 보인다.

발굴된 동물 뼈 분석에서 다양한 종이 알려졌고, 멧돼지와 사슴을 비롯한 동물을 연중 내내 잡았음을 알 수 있다.[21] 더구나 마하다하와 담다마에서는 반디쿠트 뼈가 수습되기도 했다. 반디쿠트는 사람이 남긴 음식쓰레기를 지속적으로 얻지 못하면 살 수 없는 공생 동물이어서 그 뼈가 나왔다는 사실은 서아시아의 나투피안 유적에서 쥐와 참새 뼈가 나온 것과 마찬가지로 이곳에 사람이 연중 내내 거주하였음을 시사하는 증거이다.[22]

세 유적에서 알려진 80개 무덤 ─ 이 가운데 많은 것이 발굴되지 않았다 ─ 으로도 정주를 짐작할 수 있다. 대부분 무덤엔 한 개체가 거의 언제나 누워 있는 자세로 한쪽으로 고개를 돌린 채 묻혀 있었다. 주로 집 가까이에 무덤을 파 집 안에 죽은 자를 안치했다.

인골은 사회생활과 건강, 식생활에 대해 많은 중요한 정보를 준다. 피장자의 성비는 비슷했으나 대체로 남자가 조금 많다. 대부분은 젊은 나이여서 35세를 넘긴 경우도, 어린아이 뼈도 거의 없었다. 담다마 발굴자는 아주 어린아이가 마을 밖에 묻혔을 것이라 추정한다. 전염병에 걸려 죽은 어른 역시 그랬을 것이다. 화덕자리 주변에 묻힌 사람 가운데 그런 병을 의심할 만한 인골은 거의 없었다. 이빨도 많이 닳아 있었는데, 이는 거친 식물성 음식이 중심이었음을 말해 주며, 이빨 사이가 벌어져 있어 이쑤시개를 습관적으로 사용했음도 알 수 있다. 치아 가운데 발육부전도 많았는데, 에나멜에 나 있는 수평의 선은 어린 시절 영양을 제대로 공급받지 못했음을 가리킨다. 그렇다 해도 인골의 대부분은 키가 큰 상태로 영양 결핍이 성장을 방해할 정도는 아니었다고 보인다.[23]

부장품은 희소하다. 돌화살촉과 치레걸이, 염주가 나온 경우도 있지만, 담다마, 사라이나하르 라이, 마하다하에 살던 그 어느 누구도 다른 사람보다 부유했거나 더 많은 물건을 받은 것 같지는 않다. 전반적으로 건강한 사람들이 별다른 사회적 구별

없이 살았던 것으로 보인다. 그러나 러복이 다른 지역에서 보았듯이 이런 정주 수렵채집민에게도 사회적 긴장이 있을 수 있다. 사라이나하르 라이에서 갈비뼈와 엉덩이, 팔뼈에 화살촉이 박혀 있던 인골 세 구가 이런 사정을 말해 주는 것 같다.[24]

러복은 가을과 겨울철을 담다마에서 보낸다. 몬순이 올 때는 홍수가 나고 담다마는 얕은 호수가 넓어진 상태의 섬이 된다. 물이 빠지자 러복은 남쪽으로 100km 떨어진 빈디아에 가서 암석을 채취하는 사람들을 따라나선다. 돌아와 보니 장애를 겪던 젊은 남자는 죽고, 시신을 동굴에 안치하여 이미 피도 말랐다. 화덕자리 옆에 무덤을 파고 시신은 천천히 사라진다. 러복은 장례관습을 이해하지 못한다. 무덤 안에 불을 피워 놓고 시신 위에 재가 쌓일 때까지 그대로 둔다. 그렇게 덮이고 묻혀 1974년 팔이 발굴할 때에서야 노출되어 왼쪽 위팔뼈가 기형인 인골로 알려진다.[25]

봄이 오자 러복은 이곳을 떠나 서쪽으로 여행을 시작한다. 인더스 강 유역을 향하는데, 이곳에서 농경 생활을 볼 것이다. 서기전 8500년 담다마의 사람들은 재배 식물과 사육 동물을 잘 알지 못했다. 야생에서 풍족한 식량을 얻을 수 있어 홀로세의 긴 시간 동안 수렵채집 생활을 이어 갔다. 일본의 우에노하라, 북아메리카의 코스터, 스웨덴의 스카트홀름의 사람들과 비슷한 생활을 하였다. 모두 풍부하고도 다양한 자원으로 둘러싸인 곳에서 적어도 연중 한 시기는 정주했고, 죽은 자를 통해 땅을 소유했음을 보여주기도 했다. 그렇지만 러복으로선 갠지스 유역에 살던 사람들이 일본이나 북아메리카에서 농경 생활로 접어든 뒤에도 훨씬 더 오래 수렵채집 생활을 유지하리라고는 생각할 수 없었다.[26]

힌두쿠시 산맥을 따라서

남아시아와 중앙아시아의 초기 농경, 목화 재배

7500-5000 BC

오늘날 파키스탄 서부 볼란 고개 끝자락의 숲이 우거진 산록에서 어른 다섯, 어린이 넷, 개 세 마리, 그리고 양떼가 나타난다. 서기전 7500년, 러복은 강가에서 쉬면서 이 광경을 지켜본다. 사람들은 편평한 곳을 찾아 가지고 온 주머니와 침낭을 풀고자 한다. 한 여자가 업고 온 아기를 눕힌다. 황혼이 내리고 먼 여행으로 가족도 피곤에 지친 듯하다. 서쪽에서 왔지만, 정확히 어디에서 온 것인지는 알 길이 없다. 그러나 양떼와 주머니에 담긴 보리를 보니 인더스 강 유역의 첫 농경민인 듯하다.[1] 사람도, 동물도 갈증을 풀고, 이곳은 새로운 역사 궤적에 한 장을 남긴다. 앞으로 5000년 안에 하라파와 모헨조다로가 건설되어 인더스 문명의 중심지로 번성할 것이다.

러복은 앉아서 임시 야영지가 농경 마을로 점진적으로 전환되는 과정을 지켜본다. 볼란 고개에서 두 번째 경제적 이주민 가족이 도착한다. 그런 다음 또 다른 가족이 온다. 산림은 베어 내고 해마다 볼란 강의 홍수로 퇴적되는 비옥한 흙에 보리 씨앗을 뿌린다. 둔치에서 진흙을 채취해 집과 저장고를 짓는 데 쓰는 벽돌을 만든다. 아기가 태어나고 늙은이가 죽는다. 수확이 풍성하고 더 많은 땅을 개간하여 곡물을 재배한다.

러복은 서기전 7000년까지 이 과정을 지켜보고는 떠난다. 얼음처럼 차갑고 빠르게 차고 넘치는 물을 헤치며 걸어 20세대 전에 사람들이 처음으로 이곳에 와서 주머니를 내려놓았던 자리를 더 가까이에서 보고자 한다. 이곳은 메르가르(Mehrgarh) 유적으로서 100명이 넘는 주민이 살았던, 남아시아에서 알려진 가장 오래된 농경 마을이다.[2]

오늘날 메르가르의 고고학 잔존물은 발루치스탄의 볼란 강에 가까운 몇 개 유적에 산포하고 있다. 이곳은 파키스탄의 가장 서쪽에 있는 건조한 지형경관으로서 남아시아 전역에서 여름 기온이 가장 높다. 유적은 이전 시기 거주지를 완전히, 또는 부분적으로 폐기하면서 새로운 거주지를 짓는 방식으로 4000여 년 동안 형성되었다. 이 시기 동안 강의 흐름은 계속 바뀌었다. 버려진 집은 거주지 아래에 묻혔는데, 그 후 물이 흘러 퇴적된 흙과 모래가 침식되면서 집터가 드러났다.

바로 이런 물의 흐름이 한 번 빠뀌면서 메르가르의 가장 이른 시기 집터의 흔적인 10미터에 이르는 흙벽돌담이 드러났다. 고고학자들은 1970년대 초 유적을 찾았는데, 이후 프랑스 고고학조사단과 파키스탄의 고고국이 발굴하였다. 장프랑수아 자리주(Jean-François Jarrige)가 주도하여 메르가르와 주변 유적을 30년 정도 조사한 것이다.[3] 최초 주거지의 연대는 불분명하지만, 서기전 7000년이 되면 네모난 저장소가 있고 여러 방이 딸린 사각형 벽돌집이 둔치에 자리 잡은 것으로 보인다. 집들 사이에는 마당이 놓여 있어 작업 공간이 되었고 그 아래에 죽은 자를 묻었다. 간석기와 오랫동안 곡물을 자르는 데서 기인한 독특한 윤기를 지닌 플린트 돌날은 이곳이 농경 마을이었음을 시사한다. 곧 양쯔강 유역에서 처음 확인된 쌀 재배 증거와 비슷한 과정으로 확증이 이루어진다.

메르가르에 살았던 최초의 사람들은 진흙을 겨 ─탈곡으로 말미암은 폐기물─와 섞어 벽돌을 만들었다. 세운 벽은 후일 무너져 내렸지만, 새로운 벽과 홍수 퇴적물 아래에 묻힌 다음 강물에 침식되고 마지막으로 고고학자들이 발굴한 것이다. 벽돌에는 식물이 있던 자리가 남아 있는데, 겨는 거의 완전히 부식된 상태였다. 로마의 국립동양미술박물관의 식물 유체 연구 전문가 로렌초 콘스탄티니(Lorenzo Constantini)

는 자리주와 함께 조사하면서 다양한 재배 밀과 보리—훨씬 많은 양이었다—를 확인했다. 자두 비슷한 대추 씨앗 같은 야생 식물성 식량도 나왔다. 카치 평야는 오늘날보다 건조하지 않았던 것이다.

메르가르 이전 시기 이 지방에서 알려진 유일한 고고학 잔존물은 세석기 산포 유적이다. 유적을 남긴 사람들은 야생 식물을 재배하거나 정주 취락지에 살지 않았던 수렵채집민이다.[4] 그리하여 발루치스탄의 고고학 역사는 마을을 이루고 살면서 야생 곡물을 재배했던 정주 수렵채집민의 서아시아와는 아주 대조를 이룬다. 그래서 우리는 인더스 평원에 농경은 밀과 보리, 염소, 흙벽돌집과 함께 한꺼번에 들어왔다고 생각한다. 서쪽에서 경제적인 이유로 이주민이 들어왔던 것이다. 볼란 고개는 이주민이 도착하였을 것 같은 지점이다. 역사시대 내내 이곳은 교역자와 여행자들의 길이었던 것이다.[5]

서아시아에서 동쪽으로 인더스 평원에 들어온 이주민은 서쪽으로 향하여 유럽으로 들어간 사람들의 이주보다 더 설명하기 어렵다. 바로 비옥한 땅에 닿기 전 거대한 이란 고원을 건너야 하기 때문이다. 그러나 사람들은 그런 여행을 마다하지 않는다. 이미 빙하시대 아메리카대륙과 오스트레일리아, 북극으로 향하는 놀라운 여행을 목도했으니 말이다. 신석기시대 농경민의 이주는 그저 호모 사피엔스의 오랜 전통을 따랐을 뿐이다. 사피엔스는 새로운 땅에 대한 호기심을 주체할 수 없으며, 경제적으로 아주 대담했던 것이다.

서기전 7000년 러복은 메르가르의 건축물에 다가서면서 염소 아닌 다른 동물을 본다. 서아시아와는 다른 긴 뿔과 등에 혹을 가진 들소, 곧 인도혹소(제부)의 송아지다.

마당에서는 죽은 자를 묻는 장례가 시작되어 무덤 주변에 사람들이 모여든다. 젊은 남자의 시신이 무릎을 가슴까지 올려 굽힌 채 낮은 움무덤 안에 안치되어 있다. 붉은 수의를 입고 목에는 바다조개 목걸이가 걸려 있다. 많은 사람들이 조개를 걸치고 있는데, 서아시아의 나투피안 유적에서 그토록 귀하게 여겼으며, 유럽의 빙하시대 유적 괴너스도르프에서도 보았던 길쭉한 모양의 뿔조개도 있다. 사람들의 이가 모두 누런 갈색으로 착색된 것이 눈에 띈다.

나이 어린 염소 다섯 마리를 줄에 끌고 오고, 마치 제사장 같은 사람이 고개를 끄덕인다. 하나하나를 높이 치켜들더니 목을 찌르고 역청으로 밀봉한 바구니에 흐르는 피를 받는다. 염소의 사체들은 죽은 사람의 다리 쪽에 놓는다. 피를 흠뻑 담은 그릇 하나는 무덤 안에 놓는다. 그런 다음 시신을 묻는다.

러복으로선 집이나 마당 안에 있는 무덤은 더 이상 새로울 것이 없다. 메르가르에서 벌어지는 다른 일들도 꽤나 낯익다. 마을을 돌아다니면서 곡물과 염소에 의존한 생활을 했던 서아시아에서와 똑같은 행동과 일상, 소리와 냄새를 느낀다. 예리코와 아인가잘에서와 마찬가지로 여러 나무그릇과 돌그릇이 토기를 대신하고 있다. 그러나 화살촉이나 돌날로 만든 칼, 가죽 무두질에 쓰는 긁개와 밀개 같은 석기는 서기전 7000년 인더스 강 유역에서 살고 있던 수렵채집민의 도구와 비슷한 점이 많다. 두 지역 사람들은 모두 강변에서 구할 수 있는 규암 자갈돌로 도구를 만들고, 그 지역 동물을 사냥하였기에 이것은 그리 놀랍지 않다. 하지만 이곳의 수렵채집민은 이미 이주해 들어온 농경민의 영향을 느끼고 있다. 많은 나이 어린 여성들이 농경민의 아내가 되었던 것이다. 젊은 여성은 농경이 경제적으로 안정적이라고 믿으며 기꺼이 수렵채집 생활을 버리고자 하였다.

갑자기 가까운 집 안에서 고성이 들린다. 들어가 보니 두 남자가 다리를 꼬고 바닥에 앉아 있다. 그중 하나는 메르가르에서 보았던 흰색과 갈색 옷과 달리 검은 모피 망토와 스카프를 걸치고 있다. 밝은 청색 염주 다발을 들고 있는 것으로 보아 교역을 위해 찾아왔음이 분명하다. 또 다른 사람은 가죽 주머니 안에 있는 바다조개를 손으로 쓰다듬는다. 안은 우중충하고 냄새도 난다. 구석에는 진흙으로 만든 부뚜막이 있어 연기가 피어오르고 그 위에 사슴 고기가 매달려 있다. 바구니와 돌그릇, 팽이들, 땅을 파고 뒤집는 도구, 다른 잡동사니가 벽을 채우고 있다. 한 여자가 가죽 다발과 골풀 매트 위에 앉아 흥정을 하면서 아기에게 젖을 먹이고 있다.

몇 시간이 걸려 거래가 이루어진다. 중간에 부뚜막에서 뜨거운 돌을 꺼내 마른 잎과 물을 담은 그릇에 넣어 준비한 허브 차를 대접한다. 해가 지고 밤이 돼서야 양쪽 모두 고개를 끄덕인다. 빵과 사슴고기를 같이 먹고, 나무잔으로 우유를 마신다. 남자와 아내, 아이, 그리고 교역자는 방 하나에서 같이 잔다. 그리고 새벽에 깨어 다시 볼란 고개 너머로 떠난다.

러복이 메르가르에 머문 시간은 예술과 수공품을 눈여겨보기에는 너무 짧았다. 마을의 경제 성장을 지켜볼 여유도 없었다. 예를 들어 집 안에 놓여 있던 진흙으로 빚은 앉아 있는 사람과 동물 조각품을 보지 못했다. 인도혹소가 매여 있는 것을 보았지만, 이 마을의 경제에서 소가 나중에 얼마나 큰 비중을 차지할지 알지 못했다.

자리주를 비롯한 연구자들이 여러 고고학 퇴적층에서 나온 동물 뼈를 분석한 결과 소와 양의 뼈가 시간의 흐름에 따라 작아진 반면 염소와 가젤의 뼈는 변하지 않았음이 드러났다.[6] 이는 지역의 산양과 들소는 점진적으로 사육됨에 반해 가젤은 마을의 지속기간 내내 야생에 머물렀음을 가리킨다. 다만 뼈가 점점 줄어드는 것을 보면 가젤의 수도 감소해 간 것으로 보인다. 야생 동물에 의존하다가 사육 동물, 특히 소에 치중한 것은 마을의 후대 퇴적층에서 발견되는 세석기—따라서 사냥 도구—의 수가 아주 적은 것에서도 확인할 수 있다.

메르가르에는 무덤도 많다. 대부분은 마당에서 발견되었고 담다마 수렵채집민 유적과는 달리 간돌도끼와 잘 만들어진 플린트 돌칼, 돌그릇, 안료로 쓰는 오커 덩어리와 돌을 갈아 만든 염주 등 다양한 부장품이 나왔다. 거북으로 만든 염주도 있고 오늘날 아프가니스탄 북부에서 기원한 라피스 돌로 만든 것도 있다. 메르가르의 바다조개는 무려 500km 남쪽의 아라비아해 해안에서 온 것이다. 발굴된 뼈 가운데는 붉은 것도 있는데, 아마도 붉은 수의를 걸쳤기 때문일 것이다.

마을이 확장되면서 공동묘지도 만들어져 적어도 150개 무덤이 조성되었다. 땅을 파고 들어가 시신을 낮은 진흙벽으로 나뉜 무덤방에 안치하였다. 벽은 주기적으로 무너뜨린 뒤 뼈를 옮기고 새로운 시신을 묻는다. 그런 다음 벽을 다시 세우고 무덤을 덮는다. 이런 무덤의 등장은 분명 가족 유대가 강화된 것을 비추어 줄 것이지만, 그것이 일상생활에 어떤 영향을 미쳤는지는 알기 어렵다.

지금까지 뼈 분석에서 건강과 식생활에 대한 정보는 별로 나오지 않았다.[7] 치아 연구에 따르면 메르가르 사람들의 아주 큰 이빨은 남아시아의 중석기시대 원주민과 닮았다고 한다. 이것은 이 지역 사람들이 농경을 수용한 것이 아니라 메르가르 사람들의 조상이 서쪽에서 들어온 이주 농경민임을 시사한다. 대부분의 신석기시대 농경민의 치아는 좋지 않은 상태였는데, 아마도 거친 식물성 음식을 가는 과정에서 티끌 같은 것을 씹었거나 탄수화물을 많이 섭취하여 부식되었기 때문으로 보인다. 그러나 메르가르 사람들에게 특히 충치가 별로 보이지 않기에 수렵채집민만큼 치아가 건강했다고 볼 수도 있다. 이는 아마도 냇물에 자연적으로 포함되어 있는 불소 성분 탓으로 보인다. 치아가 누렇게 변색되긴 해도 불소가 썩는 것은 막아 주었던 것이다.

서기전 5500년 즈음으로 추정되는 무덤방 가운데 하나는 다리를 뒤로 굽히고 옆으로 누운 성인 남자와 발쪽에서 한두 살 먹은 어린아이 뼈가 나왔다. 어른의 왼쪽 손목 옆에선 팔찌였을 구리 염주 여덟 개가 나왔다. 그런 금속제 염주는 메르가르의 다른 신석기시대 무덤 한 기에서만 확인되기 때문에 죽은 이는 아주 부유하고 중요한 사람이었을 것이다. 현미경 분석에 따르면 염주는 구리 광석을 가열하고 내리쳐 얇은 판으로 만든 다음 가는 선으로 말아서 만든 것이다. 유물은 많이 부식된 상태라 상세한 기술 연구가 어려웠다. 그런데 염주 가운데는 안쪽에 목화 조각이 확인되었기 때문에 부식으로도 얻을 수 있는 정보가 있었으니 다행이기도 하다.[8]

이 놀라운 발견은 프랑스박물관연구복원센터의 물레라(Christophe Moulherat)의 노력 덕분이다. 염주 하나가 반으로 쪼개져 있었고, 식물체가 발견되었는데, 염주를 꿰고 있던 실의 유체가 남아 있었던 것이다. 이는 구리의 부식으로 생긴 금속염이 유기혼합물을 대체하는 과정에서 일어난 것이다. 5mm 정도의 섬유를 정밀한 금박 위에 올려놓고 전자현미경으로 구조를 분석했다. 현미경 관찰을 위해서 섬유질은 레진에 넣고 다이아몬드를 이용해 연마하기도 했다.

현미경 분석으로 섬유질은 의문의 여지 없이 목화로 드러났다. 다 익은 것과 아직 익지 않은 섬유질 다발을 함께 감아 실을 만들었는데, 이 둘은 세포벽의 두께에서 차이가 있다고 한다. 그리하여 이 구리 염주는 세계에서 가장 오래된 목화 이용의 사례를 적어도 3000년이나 끌어 올렸다. 그 다음 오래된 유물도 메르가르 출토품이다. 흙벽돌 방 밖에서 나온 불탄 밀과 보리와 함께 목화 씨앗이 발견되었던 것이다.

물레라는 메르가르에서 나온 목화 섬유가 야생의 것인지 재배된 식물인지는 판정하지 못했다. 그러나 후자일 것이라는 심증은 가졌다. 콘스탄티니도 아마도 저장고라 생각되는 곳에서 목화 씨앗이 밀, 보리와 같이 발견되었기에 그렇게 생각한다. 메르가르 농경민은 섬유를 얻기 위해서뿐 아니라 기름기가 많은 씨앗 때문에 목화를 재배했으리라.

오늘날 목화는 40개 이상의 나라에서 재배되고 있으며 섬유를 얻는 데 아주 중요한 식물이다. 50개가 넘는 종이 있는데, 모두 *Gossypium* 속이다. 이 가운데 4종만이 재배되는데, 각각 서로 다른 과정으로, 서로 다른 지역에서 진화한 것으로 보인다. *G. birsutum*은 가장 널리 재배되는 종으로, 중앙아메리카의 야생종에서 기원하였다고 생각되며, 두 번째 신대륙 재배종은 *G. barbadense*인데 남아메리카 기원으로 알려져 있다. 가장 널리 확산된 아프리카 목화는 *G. berbaceum*으로 남아프리카의 개활 초원과 숲에서 비슷한 식물이 분포하는 것으로 보아 여기에서 기원했다고 생각된다. 네 번째 종 *G. arboreum*은 인도와 아프리카 동부 사이 어느 곳에서 기원했으리라 생각된다.

메르가르 발견이 있기까지 *G. arboreum* 재배는 서기전 2500년을 넘지 않는 인더스 문명의 시기에 이루어진 것으로 보았다. 그러나 이곳의 농경민이 서기전 5500년에 이미 목화를 재배했다고 해도 놀랍지 않다. 메르가르 사람들과 비슷한 경제와 기술을 가졌던 요르단밸리의 농경민은 적어도 서기전 8000년부터는 섬유를 만들었던 것이다. 그 증거는 알려진 어떤 유적보다 멀리 떨어진 나할 헤마르(Nahal Hemar)라는 작은 동굴에서 나왔다. 그러나 이 역시 금과 다이아몬드를 이용해 부식된 구리 염주 안의 목화를 판정한 것에 비하면 평범한 일로도 보인다.

서기전 5500년이면 메르가르에 들어선 건물은 원래 있던 곳에서 200m 떨어진 곳에 자리한다. 소가 가장 많은 동물로서 아마도 고기뿐 아니라 밭을 갈고, 운반에도 쓰이고, 우유를 제공했을 것이다. 또 다른 발달로는 토기 생산을 들 수 있다. 새로이 등장한 토기는 비교적 잘 만들어져 붉은 칠을 한 항아리는 입 부분이 밖으로 벌어져 있다. 토기는 전시하고 방문자에게 과시하는 데 적당하였을 것이고, 우유를 마시는 데 썼을 수도 있다. 돌그릇과 역청을 바른 바구니도 여전히 일상생활에서 쓰였다.

메르가르는 몇 천 년 동안 지속적으로 확장하여 인더스 문명의 기초를 닦았다.

자리주의 발굴에서는 이런 발달의 연쇄가 그대로 드러났다. 서기전 4000년이 되면 일상생활에 거친 재질의 토기가 사용되고 물레를 통해 대량생산된다. 활비비를 이용해 녹색의 벽옥을 장착한 뚜르개로 여러 귀한 돌을 갈아 염주도 만들었다. 서기전 3500년, 진흙으로 잘 만들어진 조각상은 이제 더 자연스런 생김새를 가진 유물로 대체되고 이후 토기와 함께 아주 많이 생산된다. 진흙과 뼈로는 인장을 만들었다. 이는 교역이 갈수록 중요해졌으며, 사적 소유와 내밀함, 부라는 새로운 문화가 등장했음을 시사한다. 교역 덕분에 구리 수공업이 발달했을 것이며, 이는 제련 과정에 쓰인 도가니가 발견된 것으로도 분명히 알 수 있다. 지금까지 비슷한 농경 마을이 이란 동부와 파키스탄 서부 전역에서 알려지고 있다. 이로부터 서아시아에서 농경의 기원과 그 다음 서기전 7500년 인더스 평원에서 비옥한 토지를 찾아 이주한 사람들로 시작된 발전의 과정이 하라파와 모헨조다로의 등장으로 절정에 이르렀던 것이다.[9]

농업 도시가 번성하는 동안 농경은 인도 동쪽으로 퍼졌다. 그러나 서아시아에서는 보리와 밀, 염소가 한 묶음이었지만, 이곳에서는 환경의 제약을 받는다. 건조한 여름과 습도가 높은 겨울의 기후에서 인더스 평원을 넘어서며 인도 몬순 탓에 정반대 기후로 변했다. 그리하여 농경은 동쪽으로 더 확산하지 못하고 남부 유럽에서와 같이 신석기 문화의 일부 요소들이 조금씩 채택되는 양상으로 전개되었다. 남아시아에 살던 수렵채집민도 곧이어 녹두나 우르드(콩의 일종), 조 같은 지역 식물을 재배하기 시작했다.

라자스탄(Rajasthan)의 바고르(Bagor) 유적은 이런 혼합 경제가 성장한 과정을 보여준다.[10] 바고르는 마치 사바나 같은 환경의 사구에 자리 잡아 몬순의 시기 동안 물이 흐르는 코타리 강(Kotari River)을 굽어보고 있다. 유적은 그저 짧은 기간 방문한 야영지였다가 서기전 6000년 즈음에야 연중 이용하는 정착지가 되었다. 바닥은 편암 석판을 깔았는데, 대략 동그랗게 돌을 돌린 것으로 보아 바람막이이거나 허술한 집들이었다. 무덤은 하나가 확인되었는데, 18살 여성이 왼팔을 몸에 올리고 누워 있었다. 유물은 중석기시대의 특징을 가지고 있다. 지역의 맥석영이나 처트로 만든 세석기가 많이 나왔고, 갈린 석기와 갈돌 조각들도 수습되었다. 발굴된 동물 뼈는 주로 들소와 사슴, 도마뱀, 거북이와 물고기의 것이다. 그러나 사육된 양과 염소의 뼈도 있다. 아마도 훨씬 서쪽의 야생 무리에서 떨어져 나온 아직 길들여지지 않은 동물일 수도 있으며, 수렵채집민이 농경 마을에서 약취한 것일 수도 있다. 그렇지 않다면 수렵채집민 스스로가 작은 무리를 거느리기 시작했을 수도 있다.

인도 중부는 농경의 용광로 같은 곳이다. 특히 서기전 5000년 이후 중국 남부에서 재배 벼까지 들어온다. 이것이 적어도 빈디야 산맥의 북쪽 한계 아래를 흐르는 벨란 강 유역에 자리 잡은 초파니 만도(Chopani Mando) 유적에서 나온 벼를 설명하는 가장 그럴듯한 시나리오다.[11] 물론 이곳에서 자체적으로 야생 벼를 재배했을 가능성도 무시할 순 없다.

서기전 3000년까지는 인도 남부로 농경이 확산되지 못했으며, 주로 소를 기르는 형태였을 뿐이다. 데칸 고원의 화강암지대 위에서 많은 신석기 주거유적이 알려져 있지만, 산성토양 탓에 식물 유체와 동물 뼈는 거의 남아 있지 않다. 다만, 가끔 이런 유적 옆에서 재 퇴적층이 확인되고 있으며, 두터운 산림지대 안에서 흔히 발견된다. 재 퇴적층은 아마도 나무 방책 안에서 소똥을 태운 것으로 울타리는 소를 야생동물과 침략자로부터 소를 보호하기 위해 쳐놓은 것이다.

이런 울타리 또는 방책의 증거는 우트누르(Utnur) 유적에서 불에 탄 소똥 퇴적층 안에서 나온 발굽자국으로 확인된다. 울타리는 불에 타고 지어지기를 반복하였다. 오늘날 인도에서는 소를 숲으로 데려가 풀을 뜯기는 계절 이동을 시작하거나 그 끝에 축제로 방책을 태우기도 한다. 불에 태워 열과 연기로 기생충을 죽이고 질병이 확산되는 것을 막는다.[12]

서기전 6500년 여름 러복은 메르가르에서 온 교역자를 따라 아프가니스탄의 산맥들을 가로지르는 여행을 한다. 굴러떨어진 화강암반을 오르고, 강물이 마치 무덤 안처럼 우레와 같은 소리를 내며 바윗덩어리를 집어 삼키고 벽을 따라 흐르는 좁은 골짜기를 지난다.[13] 골짜기는 나무 많은 계곡으로 이어지고 돌무더기가 쌓인 언덕 위로 눈 덮인 봉우리가 언뜻언뜻 보인다. 높은 계곡 옆엔 지구온난화 이전 빙상의 흔적으로 돌덩이들이 쌓여 있다. 교역자는 몇 마을을 찾는다. 마을엔 밝은 연둣빛 곡물이 자라고 염소는 언덕에서 풀을 뜯고 있다. 커다란 동굴 주위에 자리 잡은 마을도, 동굴 안에 나뭇가지로 만든 집도 있다. 작은 타원형의 흙벽돌로 만든 집에는 계곡 바닥에서 많이 자라는 큰 대황(大黃) 잎으로 지붕을 덮었다. 교역자는 각 마을에서 며칠을 보내며 바다조개 몇 개를 색깔이 있는 돌과 바꾸고 우의를 돈독히 한다. 메르가르와 다른 마을에서 일어난 새로운 소식과 이야기를 전하고 음식과 물을 얻으며, 다른 곳으로 간다.

　이제 교역자와 헤어져 아프가니스탄 중부로 향한다. 높은 산맥과 좁은 고개를 지나 정도는 덜하지만 여전히 석회암 산과 바위가 펼쳐져 있는 북쪽의 마을을 찾는다. 그곳에 두 가족이 염소와 개를 기르고 있다. 바닥엔 음식을 준비하거나 도구와 옷을 만들다 버려진 쓰레기가 흩어져 있다. 서기전 6250년. 아직 토기가 쓰인 흔적은 없다. 여전히 나무 그릇과 고리버들 바구니를 쓴다. 가까운 곳의 흙엔 곡물을 재배한다.

　동굴에 사는 사람들은 한가로이 햇볕에 앉아 있다. 허브로 만든 차를 마시며 아름다운 전경을 즐긴다. 러복도 동굴 주위에 자라는 앵초를 보고 감탄하며 장미 향기와 뽕나무와 호두나무 사이를 흐르는 강물 소리를 즐긴다. 여기 중앙아시아의 중심—세계의 중심이라 말하는 사람도 있을지 모른다[14]—에서 딱정벌레만이 염소 똥을 옮기며 일을 한다.

이 동굴은 지역에서는 가리 아스프(Ghar-i-Asp, 말 동굴)라 알려져 있다. 발크(Balkh) 강 하안단구에 놓인 아크 쿠프룩(Aq Kupruk)에 있는데, 아프가니스탄에서 고고학 조사가 이루어진 몇 안 되는 유적 가운데 하나이다.[15] 가까운 가리 마르(Ghar-i-Mar, 뱀 동굴)와 함께 1962년과 1965년 뒤프리(Louis Dupree)가 미국 자연사박물관과 아프가니스탄 국립박물관을 대표해 조사했다. 두 동굴 모두 깊은 퇴적층을 가지고 있었는데, 서기전 20,000년 최후빙하극성기 즈음부터 역사시대에 이르기까지 연속적인 점유의 흔적이 나왔다. 최상층에서는 서기 13세기 이슬람 유리도 출토되었다. 플라이스토세의 주민은 산양과 멧돼지, 사슴을 사냥하며 동굴을 이용하였다. 그 이후 사람들은 사육 염소와 양을 기르고, 나중엔 토기를 사용하였다. 상부 층에선 구리 유물도, 그 뒤에는 철기도 수습되었다. 돌날과 찌르개, 그리고 청동 팔찌와 중국 동전 조각 등 수많은 작은 유물들이 나왔다.

뒤프리는 아크 쿠프룩의 수렵민이 유목민이 되는 때를 무려 서기전 10,000년 즈음으로 본다. 하지만 이는 몇몇 염소 뼈를 야생의 것이 아니라 사육된 것으로 본 의문의 여지가 있는 동정과 함께 역시 문제 있는 방사성탄소연대에 의존한 결론이다.[16] 만약 이것이 옳다면 지금까지 알려진 가장 오래된 염소 사육의 사례가 될 것이지만, 주의하지 않으면 안 된다. 아크 쿠프룩 동굴에 대해서는 그 어떤 결론을 내리기 전에 다시 새로운 연구가 있어야 한다. 그렇지만 서기전 6250년 즈음 아프가니스탄 중부의 고원 곡부 전역에 흩어져 살고 있던 공동체는 염소를 기르고 작은 밀과 보리밭을 가꾸었음이 분명하다.

러복은 아크 쿠프룩을 방문한 뒤 서북쪽으로 길을 떠나 오늘날 이란의 코펫 닥(Kopet Dag) 고산지대 가장자리에 이른다. 급하게 떨어지는 지형은 거대한 선상지로 연결되고 처음엔 급한 경사면이다가 피스타치오로 덮인 산림지대가 연결된다. 험준한 가장자리에 서서 차가운 바람을 맞아 눈을 반쯤 감은 채 동북쪽을 바라본다. 숲 너머로 얕은 산들이 솟아 있고, 붉은빛과 은빛, 초록빛이 멀리까지 퍼져 거의 무한정해 보이는 사막의 노란빛과 섞여 있다.

러복은 가파른 사면을 따라 200km를 가서 제이툰(Jeitun)이라는 농경 마을을 찾아 산을 내려간다.[17] 가파른 계곡을 선택해 조심히 숲으로 내려가 석류나무와 사과, 배가 익어 가는 나무들을 본다.

양귀비로 덮인 산록 사이로 굽이쳐 흐르는 강과 사막의 사구를 가로질러 제이툰으로 들어간다. 흙벽돌로 만든 집 스무 채 정도가 작은 언덕 위에 모여 있고 똥을 연료로 태우는 자욱한 연기에 싸여 있다. 많은 점에서 메르가르와 서아시아의 농경 마을이 생각난다. 다만 제이툰은 크기가 더 작다. 집에는 각각 사각형 방이 하나씩 있고 마당 주변에 별채와 곡물 저장대와 함께 배치되어 있다. 러복은 마을을 돌아다니다가 어떤 마당에서 염소 한 쌍을 도살하고 다른 마당에서는 바구니를 짜고 있는 것을 본다. 껍질과 겨가 잔뜩 쌓인 곳에 간석기도 놓여 있다.

가죽 드리개를 젖히며 집안에 들어간다. 안은 뜨겁고 연기가 자욱하며 냄새가 진동한다. 벽은 붉은색으로 칠했고, 바닥은 그냥 흙과 재를 다졌을 뿐이다. 구석엔 커다란 사각형 화덕이 있어 동물 똥을 태우고 뜨거운 흙 화덕에서 빵을 굽고 있다. 반대쪽 구석엔 가죽 다발과 모피, 매트가 잠자는 곳으로 보이는 돌은 자리 위에 놓여 있다. 세 번째 흙을 돌린 구덩이엔 곡물이 저장되어 있다. 벽에는 뼈 손잡이가 달린 날카로운 돌날로 만든 칼이 걸려 있다. 바구니에는 돌날로 만든 여러 도구가 담겨 있다. 바닥에 놓인 그릇 하나를 집어 들어 자세히 보니 붉은 물결무늬선이 그려진 토기이다.

두꺼운 가죽과 털옷을 입은 여자가 들어온다. 메르가르 사람들처럼 바닷조개 목걸이를 걸치고 머리엔 스카프를 쓰고 있다. 빵을 뒤집자 불 옆에 흙으로 빚은 조각품 두 개가 보인다. 하나는 염소이고 다른 것은 사람이다. 그러나 자세히 보기도 전에 아이들 세 명이 왁자지껄하며 집에 들어온다. 지저분한 손에 빵 조각이 쥐어질 때까지 잠자코 서서 기다린다. 그리곤 다시 달아난다.

다른 집도 들어가 본다. 형태가 거의 똑같다. 대부분은 회반죽으로 바닥을 다졌다. 제이툰 사람들은 주로 마당과 밭에서 일하지만, 다수 주민은 아주 늙었거나 아주 어리다. 강가에서 남자와 여자들이 있는 걸 보고 자세히 관찰하기 위해 다가간다. 흙으로 벽돌을 만들고 있다. 온몸을 진흙으로 뒤집어쓴 어린이도 돕는다. 둔치에서 흙을 파는 사람도, 식물을 흙과 섞고 벽돌 모양으로 만드는 사람도 있다. 벽돌의 크기는 팔꿈치만 하지만, 더 두껍다. 식물은 가까운 밭에서 베어 온 것으로 이미 몇 주 전 밀을 수확한 다음이다.

그날 밤 마당에 앉아 제이툰의 흙벽돌집 위로 둥근 달이 떠오른다. 서기전 6000년. 세계의 다른 곳에선 무슨 일이 일어나고 있는지 궁금하다. 담다마에 살고 있는 사람들과 북극 조호바에서 북극곰을 사냥하는 사람들을 떠올린다. 사람을 실은 카누가 토레스 해협을 미끄러져 흐르고, 스웨덴 남부 스카트홀름에 사람들이 도착하는 광경, 그리고 코스터에서 물오리를 잡고, 마지막으로 차탈회위크에서 황소와 대면하고 살고 있을 사람들도 생각한다. 아메리카와 유럽, 오스트레일리아, 북극지방, 동아시아와 서아시아, 남아시아 모든 곳을 가 보았다. 이제 공백 하나만이 남았을 뿐이다. 사람이 살 만한 곳이지만, 아직 가 보지 못한 곳, 아프리카다.

제이툰은 오늘날 투르크메니스탄의 코펫 닥(Kopet Dag) 아래 산기슭에 있으며 서기전 6000년 곡물 재배와 염소 사육을 말해 주는 여러 고고학 유적 가운데 하나이다. 제이툰과 메르가르, 그리고 서아시아의 농경 마을 사이에 비슷한 점이 있다는 사실은 그리 놀랍지 않다. 모두 이란 고원지대 주변의 비슷한 환경에서 같은 경제체제를 가졌기 때문이다. 그리고 메르가르 마을과 마찬가지로 제이툰 유적 역시 투르크메니스탄의 첫 농경민이 서쪽에서 들어온 이주민인지, 아니면 이전부터 그곳에 살던 수렵채집민이 교역으로 곡물과 동물을 획득했는지, 아니면 밀과 보리가 서기전 6000년 이전 이미 코펫 닥 산맥 아래 산기슭에서 기원했는지는 분명하지 않다.[18]

제이툰과 주변의 유적들의 마운드를 이곳 사람들은 쿠르간(Kurgan)이라 불렀다. 20세기에 접어들면서 첫 번째 발굴이 이루어졌으며 벽돌로 만든 집이 헐리고 무너져 쌓인 것임이 밝혀졌다. 1950년대 소련의 고고학자 마손(V. M. Masson)은 제이툰에서 첫 번째 체계적인 발굴조사를 했다. 이 작은 마운드는 산기슭 너머 드넓은 카라쿰(Kara Kum) 사막의 사구 가운데에 있다. 조사에서는 마운드의 상부에서 작은 사각형의 방 하나로 이뤄진 적어도 서른 채 집과 화덕자리, 저장 유구와 마당이 드러났다. 당시 식물 유체는 수습되지 않았지만, 메르가르 유적에서와 같은 농경의 흔적이 발견되었다. 수확으로 인한 독특한 광택을 지닌 플린트제 돌칼과 벽돌 안에서 보리와 밀이 나온 것이다.

1987년 투르크메니스탄 고고학자 쿠르반사하토프(Kakamurad Kurbansakhatov)는 제이툰 유적 재발굴을 시작하였다. 1989년 마손은 런던 고고학연구소의 해리스(David Harris)를 초청하여 고고학 퇴적층에서 식물 유체를 확인하도록 하고, 제이툰 사람들이 살았던 지형경관을 복원하였다. 해리스는 동료인 힐먼(Gordon Hillman)과 작업하면서 수많은 야생 식물 유체와 함께 밀과 보리 알곡을 확인함으로써 제이툰이 서기전 6000년 즈음엔 농경 마을의 틀을 갖추었음을 밝혔다.[19] 1990년에서 1994년까지도 러시아와 투르크메니스탄의 발굴조사팀에 영국도 참여하였다.

과거 조사는 건축과 석기 유물에 집중되었지만, 새로운 조사는 제이툰의 선사시대 경제와 지역 생태학을 복원하고자 했다. 그러나 해리스 등 연구자들은 상당한 어려움에 직면한다. 식물 유체가 아주 드물었기 때문에 선사시대의 식물상을 복원하기 어려웠고, 꽃가루(화분)도 없었고 수천 년 동안 염소가 풀을 뜯는 바람에 원 식물상도 거의 완전히 사라지고 말았다. 현재의 관개체계 역시 카라수(Kara Su) 강의 흐름을 크게 바꾸어 놓았기에 제이툰 사람들이 언제, 어디에서 얼마나 많은 양의 물을 확보했는지도 알 수 없다. 그럼에도 진전은 있었다.

코펫 닥의 계곡 안에서 여전히 자라고 있는 사과와 자두 같은 나무와 관목은 과거 훨씬 넓은 지역에서 자라고 있었다. 피스타치오가 압도하는 산림지대는 낮은 산록을 덮었다. 이는 보통 피스타치오와 같이 자라는 덩굴식물이 생존하고 있기 때문이다. 서기전 6000년 강수 패턴은 여름 가뭄이 찾아오는 오늘날과 비슷했을 것이기에 밀은 (여름을 넘기기 위해서는) 충분한 지하수가 흐르는 땅에서만 자랐을 것이다. 많은 강수량과 코펫 닥의 빙하에서 녹아내리는 물은 제이툰 농경민으로서는 또 다른 문제였다. 해리스는 이 상황에서 가용할 땅이란 카라수 강 홍수의 직접 영향을 받지 않는 고지대의 사구 사이에 있는 염도가 높은 평지였으리라고 생각한다. 힐먼은 곡물 유체 가운데 바다 부들―강가가 아니라 그런 땅에서만 자랄 수 있으며 밀 주변에 기생하는 잡풀―의 씨앗을 확인한 것으로 해리스의 생각이 입증되었다고 할 수 있다.

아부후레이라와 스타카의 동물 뼈를 연구한 바 있는 레기(Tony Legge)는 유적에서 나온 염소 아래턱뼈를 분석하여 치아 성장의 모든 단계와 마모흔을 확인했다. 이는 연중 내내 염소를 잡았고, 따라서 사람들이 적어도 제이툰에 연중 거주하였음이 밝혀진 것이다. 제이툰 사람들은 염소를 기르면서도 코펫 닥의 산기슭에서 산양, 그리고 멧돼지와 토끼, 여우도 사냥했다. 그러나 가젤이야말로 가장 좋아했던 사냥감이었다. 오늘날 투르크메니스탄을 가로지르는 철도가 건설되기 전 수많은 가젤 무리가 산과 산기슭에서 겨울철 카라쿰 안으로 이동하여 봄에 다시 돌아오는 계절 이동을 했었다. 서기전 6000년에도 그러했다면 제이툰은 이동하는 동물 무리를 잡기에 최적의 장소였던 셈이다.

최근 제이툰 유적 발굴조사에서는 수렵채집민이 야생 곡물을 재배하기 시작한 과정을 보여주는 농경 이전의 흔적을 찾지 못했다. 사실 제이툰 근처에서 야생 밀은 중앙아시아의 이 지점에 있었을 것 같지는 않다. 그리하여 발루치스탄에서와 마찬가지로 완전한 농경민이 카라쿰을 경계로 한 산기슭과 스텝지방에 찾아왔을 것으로 보인다. 그렇게 하기 위해선 서아시아에서 오는 길에 코펫 닥 산맥을 넘어야 했을 것이다.

다시 한 번 러복은 코펫 닥의 가장자리에 서서 스텝과 사막을 향해 동쪽을 바라본다. 제이툰과 산기슭과 그 아래 사구에 자리 잡은 옆 마을에선 연기가 피어오른다. 초록빛이 나는 조그만 밭엔 밀이 자라고 있으며, 그 주변엔 염분이 높은 습지대가 햇볕에 반짝거린다. 러복이 제이툰에 머무는 동안 흙벽돌로 집을 짓고, 밀을 수확하고 탈곡하고, 가젤을 사냥하고, 아몬드와 호두, 피스타치오를 따는 것을 지켜보았다. 여름의 대부분은 언덕에 있는 야영지에서 보내며 풀밭에 염소가 풀을 뜯고 마을엔 몇 사람 남아 있지 않았다. 그러나 이제 제이툰을 떠날 시간이다. 전 세계 여행을 완수하기 위해 아프리카로 갈 참이다.

그러나 먼저 서아시아로 돌아가야 한다. 여행을 시작한 요르단밸리가 아니라 자그로스 산맥의 기슭과 메소포타미아 평원에 간다. 때는 서기전 6000년. 티그리스와 유프라테스 강 사이에 있던 농경 마을들은 이미 상당한 규모의 소도시가 되었다. 당시로선 지구상 가장 많은 사람들이 모여 사는 곳이었다.

44

자그로스 산맥의 독수리

메소포타미아 문명의 뿌리

11,000-9000 BC

인류 역사상 첫 문명은 메소포타미아에서 일어났다. 메소포타미아란 유프라테스 강과 티그리스 강 사이 로마 속주의 이름으로 지금은 이라크에 속한다. 여기서 "문명"이라 함은 기념건축물, 도시 중심지, 광범위한 교역, 산업 생산, 중앙집권, 팽창 등 이전과는 전혀 다른 규모의 인류사회가 전개되었음을 일컫는 말이다. 메소포타미아도시는 서기전 3500년 즈음 문자의 발명과 함께 등장한다. 문명의 발달은 이 책에서 다루는 시간의 범위를 벗어나지만, 그 뿌리는 아주 이른 시기부터 보인다. 서기전 11,000년부터 메소포타미아에서는 놀라운 수렵채집 주거유적, 농경 마을과 소도시가 출현했으며, 교역망이 확장되고 혁신적 기술과 새로운 종교 관념이 나타난다. 서기전 6000년 즈음이 되면 메소포타미아에는 농업공동체가 번성하면서 도시생활이라는 새로운 형태로 나아갔던 것이다.

최초의 도시는 메소포타미아의 남쪽 평원, 오늘날 바그다드 근처에서 등장하지만, 그 토대는 평원과 석회암 산맥, 깊은 골짜기와 언덕, 그리고 오늘날 예벨 신자르(Jebel Sinjar) 같은 북쪽 지방에서 찾아볼 수 있다.[1] 남쪽에는 비옥한 땅이 넓게 펼쳐져 있으며, 메소포타미아의 최초 마을과 소도시는 바로 이 신자르 평원에서 등장한다. 이것은 다시 300km 동쪽 자그로스 산맥 기슭에 서기전 11,000년 있었던 수렵채집민 주거지로부터 발달한 것이다.

러복의 메소포타미아 여행은 바로 이 시점부터 출발한다. 서기전 6000년 제이툰 마을을 떠나 서쪽으로 향하며 이란 고원을 가로지르는데, 시간은 거꾸로 흐른다. 서기전 7500년 오늘날 상이착막(Sang-i-Chakmak)이라 불리는 작은 평야에 새로이 세워진 마을에 도착한다.[2] 자그로스 산맥 서쪽으로 향하여 대자브(Greater Zab) 강 유역에 있는 자위체미 샤니다르(Zawi Chemi Shanidar) 수렵채집민 주거지에 이르렀을 때 시간은 거꾸로 흘러 서기전 11,000년이 되었다.

서쪽으로 500km 떨어져 아부후레이라 수렵채집민 마을이 유프라테스 강 유역에서 번성하였고, 거기서 400km를 더 가면 아인말라하의 사람들이 지중해 산록에서 야생 밀을 수확하고 가젤을 사냥하고 있던 때이다. 메르가르나 제이툰은 아직 없으며, 예리코와 괴베클리테페도 아직 나타나지 않을 때다. 아시아 전역, 아니 전 세계를 수렵채집민이 압도하고 있을 때다.

자위체미 샤니다르는 나뭇가지로 만든 집들, 생활 폐기물, 그리고 사람이 앉아서 먹고 이야기를 나누던 자리, 돌을 동그랗게 돌린 구조물로 이루어진 생활유적이다. 이 야영지는 가파른 계곡 사이, 아름답게 펼쳐진 산봉우리 아래, 수원지 가까운 둔치에 자리 잡고 있다. 독수리떼가 하늘을 맴돌고 있다.

아름다운 경관에도 자위체미 샤니다르의 생활은 다른 지역의 수렵채집민과 별로 달라 보이지 않는다. 계곡 너머에는 서쪽 멀리에서 보았던 참나무와 피스타치오 나무로 이루어진 스텝 산림지대가 있다. 사람들은 아인말라하의 사람들처럼 씨앗을 채집하고, 구근을 찾아 땅을 파고, 이것을 갈판에 갈고 빻는다. 덤불에 숨어 산양을 사냥하고, 덫을 놓아 멧돼지를 잡는다. 러복은 자위체미 샤니다르 사람들을 따라 먼 길을 나선다. 길 하나는 남쪽으로 150km를 뻗어 자그로스 산기슭과 사막을 가로질러 땅에서 역청이 뿜어 나오는 곳으로 이어져 있다. 사람들은 한 자루 가득 등에 짊어지고 야영지로 돌아온다. 또 다른 길은 북쪽으로 길게 산맥으로 이어져 있다. 이 길을

따라 서쪽에서 흑요석을 가지고 와 교역하는 사람들을 만난다.[3]

자위체미 샤니다르에 돌아와 보니 춤을 추기 위한 준비가 분주하다. 황혼이 내릴 즈음 남자와 여자들은 가면을 쓴다. 독수리를 잡아 팔에 커다란 날개를 단 사람도 있다. 다른 사람들은 산양 가죽을 뒤집어쓰고 있다. 불을 피우고 어둠이 찾아오자 공동체 모두가 모여 춤을 지켜본다.

처음엔 그저 화염만이 보인다. 천천히 북을 치고 염소가 풀밭에 자리 잡는다. 어둠 속에 발톱을 세운 독수리가 나타난다. 독수리는 비틀거리며 돌고 염소는 어둠 속에서 새에 쫓긴다. 이제 염소떼가 나타나 조용히 풀을 뜯는다. 다 먹은 뒤엔 불꽃 주변을 뛰어다닌다. 머리를 부딪치고 짝짓기를 하고, 어미는 아이와 함께 활보한다. 다시 북소리가 들린다. 이번엔 더 빠른 속도로 더 크게 친다. 커다란 독수리가 염소떼 주변을 맴돈다. 더 빠른 속도로 북을 치고 새는 더 빨리 날고 염소들은 어찌할 줄 모른다. 발톱과 부리가 덮치려 하자 날개를 넘어 뛰어오르려 한다. 미친 듯이 북을 치고 독수리가 공격한다. 비명소리가 높이 울리고 염소를 죽이고 다른 염소도 덮친다. 그리곤 적막이 찾아온다. 나무가 불에 타는 소리와 땅바닥에 드러누워 힘겨워하는 숨소리만이 들린다.

자위체미 샤니다르는 '샤니다르에 가까운 들'이란 뜻이며, 샤니다르는 작은 쿠르드 마을과 4km 떨어진 동굴을 가리킨다.[4] 사람들이 독수리와 수리, 염소를 흉내 내는 옷과 가면을 썼다는 생각은 유적에서 나온 흥미로운 발견물을 바탕으로 한 것이다. 1950년대 컬럼비아대학 랠프 솔레키(Ralph Solecki)의 발굴에서는 돌 구조물 가까운 곳 빨간 흙에서 많은 동물 뼈가 나왔다. 처음엔 가내 폐기물로 생각했지만, 염소 두개골과 새 뼈만이 묻혔음을 알게 되었다. 새는 커다란 느시, 그리고 독수리와 수리 종류였으며, 거의 전적으로 날개 뼈만이 나왔다. 뼈에는 절단면이 있어 날개를 조심스럽게 잘라 낸 것으로 보이며, 온전한 상태로 폐기되었다.[5]

몇몇 뼈는 수염이 달린 커다란 독수리 종류로 날개 길이가 3m에 이를 정도였고, 흰 꼬리가 달린 흰꼬리수리도 있었다. 어떻게 그런 새를 잡았는지, 적어도 염소 두개골 15개가 나온 퇴적층에 어떻게 그런 큰 새의 날개 뼈가 들어갔는지는 대답하기 쉽지 않다. 물론 독수리는 때로 길들여지기도, 미끼로 잡기도 하지만, 수리의 경우 아마도 어린 새를 둥지에서 빼내와 길러야 했을 것이다.

　발굴된 뼈를 바탕으로 의례를 복원한 것은 다른 지역의 사례를 보더라도 인정할 만하다. 로즈 솔레키는 터키 남부 차탈회위크에서 벽화와 조각품, 동물 두개골, 새 뼈가 출토된 사실을 주목했다. 그 이후 네발리 초리와 괴베클리테페 같은 유적에서는 독수리와 수리 그림이 더 발굴되었으며, 서아시아의 초기 신석기시대(PPNA) 유적에서는 발톱이 흔하게 나온다. 내가 발굴한 와디 파이난 유적에서는 새 뼈가 많이 나왔는데, 독수리와 수리가 대다수다. 그렇기 때문에 비옥한 초승달지대 전역에서 그런 새가 높은 존중을 받았음은 의심의 여지가 없으며, 아마도 심오한 상징 및 종교적 의미를 가졌을 것이다. 로즈 솔레키도 이 점을 생각하며 새의 날개가 자위체미 샤니다르에서 의례적 가무의 의상으로 사용되었을 것이라 여겼던 것이다.

　러복은 연기가 모락모락 피어오르는 재 옆에서 깨어난다. 가면과 의상은 가까이 있는 얕은 구덩이 안에 놓여 있다. 염소 머리뼈와 가죽, 새 날개, 그리고 나무로 깎은 발톱이다. 이것들은 땀과 함께 흘러내린 오커로 빨갛게 되고 이제 뼈 주변의 흙까지 붉게 만든다. 아무도 보이지 않는다. 가까운 집에서 일하는 소리가 들리는 것으로 보아 춤을 추고 지켜보던 사람들은 모두 도토리를 빻거나 언덕으로 사냥을 나갔다. 신성한 세계를 두고 떠난 것은 아니다. 러복은 선사시대에는 신성함과 세속 사이의 구분이 없음을 잘 안다. 그런 구분은 그저 현재의 것일 뿐이다.

　사냥과 식물 채집 여행 동안 서북쪽 4km에 있는 바위틈의 동굴을 봐 두었다. 자위체미 샤니다르 사람들은 여전히 이 동굴을 쉼터로 사용하고 있다. 몇 시간을 걷고 가파른 바위를 올라 동굴 입구에 이른다. 200년이라는 시간이 흐른다. 샤니다르 동굴엔 커다란 방이 있고, 갈린 석기와 바구니, 가죽, 그리고 다양한 도구가 바닥에 놓여 있다. 마치 특수한 공간을 표시하고 그 아래 무엇이 묻혀 있는 듯이 자갈돌이 무더기로 있다. 동굴 안에는 박쥐와 동물 가죽, 나무가 타다 남은 퀴퀴한 냄새가 진동한다.

　입구에 서서 아름다운 경치를 감상하고 신선한 공기를 즐기는 동안 자위체미 샤니다르에서 온 한 무리가 줄을 지어 동굴로 올라오는 광경이 보인다. 사람들이 천천히 다가온다. 맨 앞엔 한 남자가 어린아이를 안고 있다. 사람들은 뼈와 이빨, 돌로 공들여 만든 목걸이를 걸치고 몸에 붉은 칠을 했다.[6] 둘은 다리를 절고 하나는 막대기를 짚고 걷는다. 남자는 어린아이를 바닥에 눕힌다. 아기의 몸은 뼈로 만든 염주로 감싸여 있어 창백한 몸이 거의 보이지 않는다. 러복은 사람들의 얼굴을 들여다보며 질병의 흔적을 읽는다. 끈적이는 물체에 담근 잎을 귀에 대고 있는 사람도, 큰 치통을 느낀 듯 아래턱이 부어오른 사람도 있다.

동굴 바닥에 불을 지핀다. 기도 소리가 들리고 시신 주변에서 이상한 시적인 움직임이 보인다. 아마도 야생 동물과 진눈깨비를 무언으로 표현하는 듯하다. 아이를 안고 온 아버지인 듯한 사람이 구덩이를 파고 이전에 타다 남은 나무를 드러낸다. 염주로 감싼 시신을 재 위에 놓고 묻는다. 아무런 소리도 들리지 않는다. 그리곤 사람들이 떠난다. 아이의 아버지가 가장 늦게까지 자리를 지킨다.

1950년대 샤니다르 동굴에서는 현생인류의 무덤뿐 아니라 50,000년 전 네안데르탈인의 뼈도 발굴되어 유명해졌다.[7] 네안데르탈인의 뼈는 바람에 날려 온 흙과 천장에서 떨어진 돌로 이루어진 퇴적층 깊은 곳에서 나왔지만, 현생인류의 무덤은 지표 바로 아래에서 확인되었다. 스물여섯 개 무덤과 자위체미 샤니다르에서 발굴된 것과 비슷한 유물이 수습되었다. 그런 유사성과 서기전 10,800년이라는 연대로 미루어 동굴과 강가의 야영지에는 똑같은 사람들이 살았다고 생각된다.[8] 많은 무덤에는 비교적 젊은 성인과 어린이가 묻혀 있었다. 한 아이 무덤에서는 염주가 1500개나 나왔는데, 아마도 높은 지위에 있는 가족의 일원이었을 가능성이 있다. 다른 무덤과 멀리 떨어져 있는 무덤도 있었는데, 사각형 무덤 안에 붉은 안료와 갈판과 함께 여성의 뼈가 확인되었다.

아나그노스티스(Agelonakis Anagnostis)는 컬럼비아대학에서 박사학위 논문을 쓰며 사람 뼈를 분석한 바 있다.[9] 많은 성인의 치아에서 발육부전증이 확인되었는데, 어렸을 때 영양결핍을 보여준다고 한다. 이염과 치염의 증거도 흔하며, 사지 뼈가 손상, 또는 부러져 있고, 관절염 같은 퇴행성 질환의 흔적도 잘 나타났다. 결과적으로 전체적으로 아주 건강하지 않은 개체군의 뼈로서, 어린 시절을 넘겼어도 우리가 중년이라고 부르는 나이까지 생존하기는 쉽지 않았을 것이다.

이는 좋은 건강 상태를 보여주었던 요르단밸리의 나투피안 사람들과는 사뭇 다른 결과이다. 주거지의 성격도 서로 대조된다. 정착 마을에 살았던 나투피안 사람들과는 달리 이곳 사람들은 샤니다르 동굴과 대자브 강 유역을 정기적으로 찾았을지는 몰라도 동굴 주변과 둔치에 돌로 만든 상당한 규모의 건축물이 없는 것으로 보아 임시적인, 아마도 계절 주거지에 살았던 것으로 생각된다.[10] 자위체미 샤니다르 사람들은 가까이 있는 동시기의 카림 샤히르(Karim Shahir)와 믈레파트(M'lefaat) 유적에 살던 사람들과 함께 계절적인 주거지에 살았을 것이다.[11] 러복은 비교할 만한 유적을 찾아 샤니다르 동굴을 떠나 예벨 신자르 산맥 기슭까지 동쪽으로 200km를 여행하여 케르메즈 데레(Qermez Dere)라는 수수께끼 같은 마을을 찾는다.

러복은 티그리스 강을 건너 신자르 산으로 향한다. 그러면서 가늘게 자란 관목과 군데군데 풀 더미와 나무가 흩어져 있는 경관을 가로지른다. 가젤이 낮은 관목 위로 뛰어다니고, 토끼가 뒤따르고, 반점이 있는 깃털과 긴 날개를 한 느시(bustards)가 풀 위에서 소리를 낸다. 야생 당나귀가 멀리서 풀을 뜯는 모습도 보인다. 거의 천 년이란 세월이 거꾸로 흐른다. 그동안 영거드라이어스가 찾아오면서 기온은 떨어지고 비는 더 적게 내린다. 그러나 영거드라이어스의 영향은 요르단밸리와 지중해 지역보다는 훨씬 덜했다. 거기에서는 계속되는 가뭄으로 후기 나투피안 사람들이 마을을 버리고 다시 이동생활을 했었다.

낮은 언덕 위에 오르자 평원 전체와 케르메즈 데레가 눈에 들어온다. 평원 가장자리에 얕은 계곡 입구 근처에 집들이 모여 있다. 멀리서 보니 지붕이 아주 낮다. 가까이 가 보니 땅을 파고 지은 움집 네 채 지붕에서 사다리를 타고 들어가게 되어 있다. 늦은 낮. 하루 일과가 끝난 듯이 보이고, 사람들은 흩어져 쉬고 있다. 나무로 만든 잔에 무언가를 마시고 있는 사람도, 잠든 사람도 보인다. 주변엔 수렵채집 생활의 폐기물, 갈린 석기와 뗀석기 조각들, 깨진 뼈 조각, 흙바닥엔 피가 흘렀던 흔적도 있다.[12]

러복은 사람들 틈에서 남쪽으로 넓은 평원이 펼쳐지고 서쪽으로 신자르 산맥에서 낮은 산이 굽이치는 전경을 즐긴다. 들리는 소리라고는 사람들이 나누는 담소와 가까운 개울에서 흐르는 물소리뿐이다. 서기전 10,000년. 서아시아와 유럽에서는 춥고 낮은 기후변동을 가져온 영거드라이어스 기가 정점에 이르렀던 때지만, 케르메즈 데레의 사람들은 잘 먹고 건강하게 산다. 사냥할 동물과 채집할 식물성 식량이 있는 언덕과 평원 사이의 살기 좋은 곳에 자리를 잡았다. 갈판 주변에 쌓인 겨와 줄기, 잎을 보니 가까운 곳에 "야생정원"이 있을 것으로 짐작된다. 야생 곡물과 렌틸에 물을 주고 잡초를 뽑고 벌레가 들지 못하게 한다.

곧 해가 질 것이고 움집 안은 칠흑같이 어두워질 것이기에 러복은 사다리를 타고 벽과 바닥을 석회를 발라 다진 방으로 내려간다. 둥그렇지도 사각형도 아닌 이상하게 생긴 방엔 기둥 네 개가 가운데로 향하여 세워져 있다. 차탈회위크 여행길에 들렀던 네발리 초리를 떠올린다. 그러나 시간적으로는 아직 다른 많은 비옥한 초승달지대의 마을과 같은 유적이 만들어지기 전이다.

케르메즈 데레의 기둥은 가슴 높이 정도이다. 가까이 가 보니 흙으로 만들어 석회를 바른 기둥이다. 네 기둥은 바닥에서 부드럽게 솟아 있어 마치 사람의 어깨와 팔이 잘린 모습을 묘사한 듯하다. 표면엔 장식이 없지만, 반짝인다. 러복은 빙 둘러서 걸어 보며 부드러운 회를 두들겨 보기도 하면서 관능적이기도 한 생김새가 어떤 의미인지 곰곰이 생각해 본다.

섬유를 꼬아 만든 자리와 사치스럽기도 한 동물 모피를 바닥에 깔아 놓았다. 한쪽엔 화덕이 있는데, 구덩이 주위에 석판을 돌렸다. 벽에는 아무 것도 없지만, 석회를 두껍게 바르고 빛이 나고, 군데군데 메워진 것으로 보아 조심스럽게 관리하고 있음이 분명하다. 이곳과 다른 반지하 방에서 어떤 일이 벌어지는지 궁금하다. 지금까지 전 세계 수렵채집민과 초기 농경민 주거지에서 마주했던 더럽고 잡동사니로 채워진 작은 방과 달라 보이지 않는다. 그리하여 모피 두 장을 가져와 사다리 반대쪽의 벽에 기댄 편안한 곳에 자리를 잡는다.

며칠 동안—아니 몇 달, 몇 년, 몇 세기 동안— 사람들이 때론 혼자, 때론 아이와 어른, 늙은이 몇이 이곳을 드나든다. 늘 이곳을 찾는 사람들은 비슷한 모습이다. 서 있고 만지고, 말하는 자세와 패턴으로 보아 부모와 아이, 남편과 아내, 사랑하는 사람들일 것이다. 이곳에 오는 모든 이는 대가족의 일원이라 생각된다. 추울 땐 몇 명이 이곳에 와서 난로에 불을 지피고 바닥에 잠을 자기도 한다. 더울 때는 지붕 아래 그늘에 자리를 잡는다. 이곳은 사람들이 혼자, 또는 같이 와서 조용히 노래하고, 기도를 드리는 곳이다. 때로는 사랑을 나누는 장소이기도 하고, 아기를 품고 사다리를 내려와 젖을 먹이고, 아픈 이가 쉬는 곳이기도 하다. 가끔 가족 연회, 또는 손님을 접대할 때 방이 가득 차기도 한다.[13]

이렇게 여러 용도로 쓰이다가 어느 봄날 두 여성이 사다리를 타고 내려와 자리와 모피를 걷어 낸다. 이것을 밖에 기다리던 사람에게 건넨 다음 바닥을 청소하고, 벽과 기둥을 솔과 가죽 천으로 닦는다. 방을 깔끔히 청소한 뒤에야 다음 일, 곧 고의적 파괴에 들어간다.[14]

먼저 지붕을 들어낸다. 지붕이 떨어져 나가고 통나무가 바닥에 떨어지면서 먼지가 자욱하게 인다. 그런 다음 가족은 나무 삽과 바구니를 써서 흙으로 방을 메운다. 흙은 가내의 폐기물을 치우기 위해 상당한 거리에서 파 온 것이다. 십 분 정도 작업으로 지붕에서 떨어진 나무를 흙으로 덮은 뒤 나이든 남자가 작업을 멈추게 한다. 이 사람은 꾸러미를 풀고 모든 이가 볼 수 있도록 무언가를 들어 올린다. 그리곤 어느 정도 흙에 묻힌 집에 던진다. 처음엔 아마도 케르메즈 데레에서 가까운 곳에선 잘 보기 힘든 들소의 고깃덩어리로 보인다. 그 다음엔 야생 밀 한 줌, 그리곤 잘 만들어진 가죽옷이다. 돌을 갈아 만든 염주 한 꾸러미, 마지막으로는 뼈로 만든 바늘이다.

일은 다시 시작되고 어린이들도 돌과 흙을 던지며 돕는다. 종일 방을 완전히 채울 때까지 작업이 이어지고, 주위의 높이보다 조금 더 높아질 때까지 흙을 쌓는다. 마지막으로 사람들이 뜀박질을 하며 흙을 다진다. 처음엔 크게 웃더니 힘이 빠지고 일에 지친다.

그리곤 며칠 동안 다른 반지하 집들이 비슷한 방식으로 파괴되어 케르메즈 데레에서 남는 것이라곤 갈판과 바구니, 도구들과 폐기물, 화덕자리, 매트 몇 장뿐이다. 군데군데 돌과 쓰레기를 치우고 앉을 자리를 마련하고, 간단하게 나뭇가지로 지은 움막과 바람막이 정도로 바람과 추위를 견딘다.[15] 이렇게 사생활이 사라진 삶은 케르메즈 데레에서 계속된다. 사람들은 식물성 식량을 채집하고 사냥을 나선다. 가죽을 치우고 씨앗을 갈고, 노래하고 춤을 춘다. 그리곤 별이 반짝이는 밤하늘 아래에서 잠을 잔다.

몇 주가 지나면서 돌덩어리를 쌓아 둔 곳 곁에 땔감도 쌓인다. 돌은 석고인데 이 것을 빻아 물에 섞어 석회를 만든다. 가을이 오자 어린 나무를 베고 껍질을 벗긴 다음 쌓아 둔다. 풀도 베어 다발로 묶어 석고와 나무 곁에 둔다. 몇 주가 흐르자 석고와 나 무, 그리고 지붕을 올리는 데 쓰이는 풀도 충분해진다. 이제 새로운 집을 지을 때다.

놀랍게도 한 번도 이용하지 않은 땅이 곁에 있는데도 집은 예전에 있던 자리에 그대로 세운다. 대충 동그라미 하나를 그리고 땅을 파기 시작한다. 몇 달 전 그토록 고되게 쌓고 다졌던 흙을 파낸다. 예전의 석회를 바른 벽이 나오자 그것을 그대로 자 르고 파낸다. 예전의 나무와 지붕도, 그토록 귀하게 여겼던 것도 모두 들어낸다.

새로운 구덩이를 파는 동안 땔감을 때고 석고를 빻는다. 흙으로 기둥 틀을 만들 고 새로 만든 반지하 방 안에 세운다. 그리곤 적갈색 진흙으로 준비한 회를 벽과 바닥 에 바른다. 새로운 나무로 지붕을 올린다. 며칠 안에 집이 완성된다. 이전의 집과 거 의 똑같은 모습이다. 가족은 안에 모여 만족스러워한다. 러복은 이 장면을 보며 왜 그 런 고된 일을 했는지 의아스럽다. 다시 한 번 자신과 선사시대를 살던 사람들 사이의 문화적 장벽을 느낀다.

왜 케르메즈 데레의 사람들은 예전 집을 허물고 메운 뒤 그 자리에 다시 새 집을 지었 을까? 유적을 발굴했던 에딘버러대학의 트레버 왓킨스(Trevor Watkins)는 이 물음을 던진다. 집은 적어도 두 번에 걸쳐 다시 건축되었다. 마을이 버려지기 전 집터를 메웠 을 때 바닥엔 사람 두개골 여섯 개를 매장했다.

왓킨스의 발굴은 1986-87년 유적이 도로 건설과 채석으로 파괴되기 전 이루어 졌다. 케르메즈 데레는 처음엔 낮은 마운드처럼 보였다. 간석기와 뗀석기, 뼈들이 흩 어져 있었지만, 석회와 기둥, 그리고 의도적 매장이 있는 반지하 집은 이전에 보지 못 했던 것이었다.[16]

왓킨스의 발굴이 끝나고 20여 년이 흐른 뒤 클라우스 슈미트(Klaus Schmidt)가 서북쪽으로 300km 떨어져 있으며 몇 백 년 늦은 괴베클리테페를 발굴한다. 케르메 즈 데레와 괴베클리테페의 비슷함은 두드러진다. 두 유적 모두 기둥이 세워져 있는 반지하 구조가 있으면서 그 안에서 생활한 흔적은 없으며, 유구를 의도적으로 묻은 증거가 있다. 괴베클리테페의 유구는 케르메즈 데레 유구보다 훨씬 큰 규모지만, 입지와 함께 거대한 기둥을 가진 장엄함을 가지고 있다는 점에서 두 유적은 분명 네발리 초리로 이어지는 문화적 연결이 있다. 이런 유적과 사회가 나타나고 결국 신석기시대의 세계로 이어졌다는 것에는 미스터리 같은 것이 있다.

러복이 자그로스 산기슭에서 찾은 세 번째, 그리고 마지막 수렵채집민 주거지는 오늘날 넴릭(Nemrik) 유적이다. 바르샤바대학의 코즐로브스키(Stefan Kozlowski)는 이라크국가고대유물유산기구와 "사담의 댐"[17] 건설 전 구제발굴조사를 실시했다. 발굴은 왓킨스의 케르메즈 데레 조사와 같은 해에 이루어졌다. 넴릭에서 가장 이른 연대는 서기전 9600년 이후의 것이지만, 넴릭과 케르메즈 데레의 선사 주거는 시간상 겹친다. 사람들은 유적에서 거의 2000년을 살았으며, 나중에는 수렵채집 생활을 뒤로 하고 농경민이 되었다.

러복은 홀로세 들어 비와 따뜻함이 찾아온 서기전 9400년 케르메즈 데레를 떠난다. 앞으로도 1000년 동안 수렵채집민이 살 것이다. 그런 뒤 사람들은 서기전 8000년까지 신자르 평원에서 들어온 농경민을 만나든지, 스스로 농경민이 되든지 할 것이다. 그러나 러복이 동북쪽으로 길을 떠나는 지금 그런 변화는 일어나지 않는다. 홀로세에 접어들며 물푸레나무와 호두나무, 능수버들, 피스타치오가 군데군데 자라고 있는 스텝을 가로지른다. 멀리 자그로스 산맥 자락에는 참나무 숲으로 덮여 있어 사슴과 멧돼지, 들소가 살고 있다.

넴릭은 평원으로 튀어나온 산자락에 자리 잡고 있다. 유적 양쪽 계곡으로 냇물이 흘러 티그리스 강으로 들어간다. 러복은 이곳에 새벽에 도착한다. 이곳 사람 몇은 벌써 산기슭에 사냥을 나섰고, 아직 둥그런 집 안에서 잠을 자고 있는 사람도 있다. 케르메즈 데레 같은 반지하식이 아니라 벽을 세운 집이다. 여덟 채가 두 군데로 나뉘어 바닥을 깐 마당에 둘러싸여 있다. 마당 석판 위에 간석기와 갈판, 플린트 뗀석기 조각이 흩어져 있는 걸로 보아 작업 공간이다. 화덕자리와 검게 탄 돌그릇을 보니 요리가 있었다. 커다란 냄새 나는 폐기물 구덩이가 있는 것으로 보아 사람들은 음식을 나누어 먹었을 것이다.

러복은 햇볕에 말린 흙벽돌로 만든 집 안을 들여다본다. 예리코와 제이툰에서 본 것과 별반 다르지 않다. 입구엔 두꺼운 가죽이 걸려 있어 이것을 젖히고 어두침침한 안으로 들어간다. 네 기둥이 통나무를 떠받치고 사각형으로 배열되어 공간을 나누고 있다. 지붕엔 격자로 나뭇가지를 얹어 풀을 엮은 뒤 진흙을 발랐다. 벽 옆에 나무와 흙으로 돋아 만든 구조를 만들고, 그 위에 사람들이 가죽을 덮고 잠을 자고 있다. 반대편엔 가내 물품과 잡동사니가 돌판 주변에 놓여 있다. 잠을 자는 곳과 작업 공간 사이에는 벤치 같은 것이 더 높고 좁게 돋아 있다. 바닥의 대부분은 매트와 가죽으로 덮여 있고, 나머지 공간, 특히 구덩이를 부분적으로 덮고 있는 돌판 주변은 발자국에 다져진 땅으로 이루어져 있다. 구덩이를 들여다보니 머리뼈 하나가 쳐다보고 있다.

유적은 보존이 잘 되어 있고, 발굴도 상세하게 이루어져 집의 구조와 디자인에 대해 상세히 알 수 있다. 코즐로브스키는 집1A에서 지붕에서 떨어진 것으로 보이는 불에 탄 흙을 찾았다고 한다. 기둥이 세워져 있던 벽 안에서도 구덩이들이 있었다. 무덤과 유물이 집중된 지점, 그리고 잠자리와 의자 역할을 한 유구도 나왔다.

서기전 9000년 즈음 넴릭에서 사냥과 채집으로 살았던 사람들은 이런 식의 집을 만들었다. 발굴에서는 동물과 새 뼈, 그리고 냇물에서 잡은 가재의 집게발도 나왔다. 식물 유체는 별로 없었지만, 곡물과 배, 렌틸, 살갈퀴의 흔적도 확인되었는데, 모두 야생 식물로 생각된다. 넴릭 마을에서는 긴 점유 기간의 마지막, 곧 서기전 8000년 즈음에서야 재배 식물이 등장한다. 이때가 되면 집은 직사각형을 띠지만, 생활의 다른 양상은 거의 그대로였다.

코즐로브스키의 발굴에서는 이보다 더 잘 만들어진 유물도 나왔고, 그 가운데는 러복이 메소포타미아 여행의 시작을 떠올리게 하는 것도 있다. 러복은 여전히 집 안에 머물면서 벽 주위에 놓인 일련의 흙으로 만든 작은 조각품과 자갈돌을 조각한 것을 흥미롭게 들여다본다. 알아보기 힘든 것도 있다. 멧돼지 머리처럼 보이는 것도, 염소나 사람처럼 만든 것도 있다. 그리곤 이보다 훨씬 더 인상적인 돌 조각품에 눈길을 준다. 손바닥에 올려놓고 무게를 느끼고 부드러운 목과 눈구멍, 날카로운 부리를 손가락으로 만져 본다. 독수리 머리다. 대자브 강 유역의 자위체미 샤니다르에서 독수리를 잡던 때에서 2000년이 흐른 다음 넴릭 마을에서 전시되어 있는 많은 조각품 가운데 하나다.[18]

45

메소포타미아 문명으로 다가가기

소도시와 교역의 발달

8500-6000 BC

러복은 넴릭을 떠나 1000년이라는 시간을 메소포타미아 북부를 여행하면서 농경 마을의 발달을 지켜본다. 서기전 8000년 이후 가족 집단이 자그로스 산기슭을 오른 뒤 새로운 목초지와 농경지를 찾아 이란 고원으로 간다. 이는 남아시아와 중앙아시아에 농경이 퍼지는 첫 걸음으로서 메르가르와 제이툰 마을의 성장으로 이어진다. 그러나 대부분 사람들은 신자르 평원에 머물며 토지를 개간하고 더 많은 집을 짓는다. 이로써 도시 세계의 기초를 놓는다.

러복은 다시 뒤로 돌아 티그리스 강을 건너고, 그 다음 신자르 산의 참나무로 덮인 낮은 언덕 사이를 흐르는 작은 지류를 따라간다. 그림처럼 아름답고 가파른 협곡이 이어진다. 협곡 하나를 지나니 우리가 오늘날 마그잘리야(Maghzaliyah)[1]라 부르는 마을이 보인다—여러 방이 달린 직사각형 집 열 채가 방어벽인 듯한 것에 둘러싸여 있다. 이즈음 사람들이 살지 않을 케르메즈 데레—이곳의 폐기물도 빗물에 씻겨 나가고 흙에 묻힌 지 오래다—에서 불과 12km 떨어진 곳에 있다.

러복은 서기전 8000년 마그잘리야에 도착한다. 마을 주변의 바윗덩어리 사이의 적당한 땅에 자리 잡은 작은 밭에선 막 밀을 수확하고 있던 참이다. 흑요석 돌날을 박아 만든 칼로 밀을 자른 다음 곡물을 흙으로 만든 통에 저장한다. 흑요석은 많은 도구에 쓰이는 주된 재료인데, 자위체미 샤니다르에서처럼 더 이상 먼 거리에서 가져와야 할 필요 없이 북쪽에서 들어온 교역자로부터 얻는다. 흙은 건물을 짓거나 조각품과 부뚜막을 만드는 데 널리 쓰인다. 흙으로 토기도 빚어 만들지만, 불에 굽지는 않는다. 러복은 아마 이것이 기술을 잘 모르기 때문이라 여긴다. 돌로 만든 접시나 그릇, 항아리, 그리고 나무나 바구니로 만든 도구로도 사람들이 필요로 하는 일을 할 수 있는 듯하다.

마그잘리야는 1977년 봄 러시아 고고학자 니콜라이 오토비치(Nikolai Ottovich)가 찾은 유적이다. 가파른 깔때기 모양의 언덕으로 북쪽 가장자리는 도로공사로 잘리고 동쪽은 아브라 강에 침식되었다. 그 부분을 제외하고는 파괴되지 않았다. 발굴에서는 돌로 만든 기초 위에 흙벽을 세운 집이 드러났다. 갈대로 이은 지붕과 포장된 바닥은 모두 회칠을 하고 일부 갈대 자국도 그대로 남아 있었다. 마을의 500년 역사 동안 특정 시점에 여덟에서 열 채 정도가 있었으며, 인구는 100명 즈음이었을 것이다. 그러나 집은 각각 50년 정도 유지되었을 텐데, 있던 자리에 그대로 다시 세워 건축유구로 가득했다. 동물 뼈와 식물 유체를 보면 마그잘리야 마을 사람들은 야생과 순화 동식물을 모두 널리 이용하고 있음을 알 수 있다. 스텝에서 야생 당나귀를 사냥하면서도 양을 기르고 밀밭을 가꿨다.

　　마그잘리야 마을은 존속하는 시간대 대부분 돌판을 깔아 만든 석벽으로 둘러싸여 있었다. 야생 동물과 함께 외부 침략자나 다른 마을 사람들의 공격을 막기 위한 시설로 보인다. 물론 인골에서는 아무런 폭력의 흔적도 나오지 않았다. 어른과 아이들은 돌을 돌려 만든 무덤에 묻혔으며, 한 곳에 모여 있었다. 전사 집단이라기보다 가족 무덤으로 생각된다.[2] 석벽은 방어를 위한 시설이 아니었을 수도 있다. 그저 자연 세계에서 인간 문화의 경계를 표시하는 수단이었을 수도, 외부에 살고 있던 수렵채집민과 농경민을 구분하기 위한 것이었을 수도 있다.

마그잘리야 마을의 기원은 대체로 베이다, 아인가잘, 부크라스 같은 요르단밸리, 그리고 유프라테스 강가의 다른 초기 농경 마을과 작은 소도시와 유사하다. 자위체미 샤니다르, 케르메즈 데레, 넴릭에 살던 수렵채집민-농경민의 후손들은 곡물을 이용하면서 바로 농사를 시작했던 것으로 보인다. 재배 곡물이 차외뉘(Çayönü) 근방 같은 북쪽 지방에서, 혹은 예리코 같은 서쪽 지방에서 기원했는지는 분명하지 않고, 그리 중요하지도 않다. 곡물을 인지하면서 재배는 요르단밸리에서와 마찬가지로 북부 메소포타미아를 가로질러 빠르게 확산되었을 것이다. 그리고 서쪽으로 확산하여 유럽으로, 동쪽으로는 중앙아시아와 남아시아로 들어갔을 것이다.

　마그잘리야는 티그리스 강과 자그로스 산맥 주변에서 발달한 농경 마을 가운데 하나였을 뿐이다. 처음 발견된 유적 가운데 하나가 자르모(Jarmo)인데, 1950년대 미국 고고학자 로버트 브레이드우드(Robert Braidwood)가 발굴한 바 있다.[3] 마그잘리야에서 동남쪽 300km에 있는 자르모에서는 절정에 이르렀을 무렵 집이 30채 정도 있었는데, 대부분이 돌로 만든 기초와 두꺼운 흙벽으로 만들어져 있었다. 일부는 서북쪽으로 600km 떨어져 있는 동시기의 차외뉘 유적의 집과 놀랄 만큼 비슷하다. 자그로스 산기슭을 가로지르며 많은 마을이 발달했다. 자르모 남쪽에서도 두 개 유적이 알려져 있다. 케르만샤(Kermanshah)밸리에서는 간지 다레(Ganj Dareh)가, 오늘날 이란의 데 루란(Deh Luran) 평야에서는 알리 코시(Ali Kosh)가 번성했다. 두 유적에서 모두 아주 이른 시기에 염소를 사육하였다.[4]

　북부 메소포타미아에서는 서기전 6500년 즈음까지 요르단밸리에서와 같이 농경 마을이 늘어나고 급속히 성장했다. 그러나 이후 두 지방은 아주 다른 역사의 길로 들어선다. 아인가잘에서 보았듯이 농경으로 말미암은 환경 악화, 그리고 새로이 찾아온 가뭄으로 사람들 가운데는 넓은 스텝 환경에서 이동 생활이나 작은 마을 생활로 돌아가기도 했다. 소도시는 버려지고, 남겨진 것은 부식되었다. 이런 문화 쇠락이 요르단밸리 전역에서도 일어났지만, 유프라테스 강과 티그리스 강 사이에서는 전혀 상반된 현상이 발달했다. 메소포타미아의 땅과 지형, 기후는 집약 농경에 훨씬 더 유리했다. 요르단밸리에서 보았던 경제적 번영과 쇠락이 아니라 농경 마을은 지속적으로 커지고 수도 늘어났다. 경제 성장이 지속되어 우리가 "문명"이라 부르는 새로운 규모의 인간사회가 발달한 것이다.

신자르 평원 남쪽에 있는 움 다바기야(Umm Dabaghiyah)라는 마을은 이런 경제 성장의 산물이다.[5] 러복은 서기전 7500년 이곳에 온다. 비옥한 평야를 건넌 뒤 재배 곡물이 있다는 흔적을 볼 수 없는 건조한 스텝으로 둘러싸인 움 다바기야의 흙벽돌 집이 보인다. 다른 신석기 마을에서는 상당히 엉망진창으로 새로운 집과 방이 부가되었지만, 이 마을 전체 집들은 한 번에 계획하여 지은 것이다. 다른 마을과 마찬가지로 냄새는 고약했다. 동물 기름 냄새와 살, 내장 썩은 내가 주변에 진동한다.

마을을 둘러보니 생활과 작업, 저장 공간이 구분되어 있다. 밖으로 나 있는 계단을 통해 지붕으로 올라간 다음 사다리를 타고 직사각형 방으로 들어갈 수 있다. 이것은 차탈회위크에서와 비슷하다. 벽에는 그림이 그려져 있는데, 황소는 아니고, 여성 가슴이 잘린 모습을 표현한 것이다. 그림에는 야생 당나귀들이 그물에 걸린 장면도 있다.

이런 그림이 있는 집은 몇 안 되지만, 모두 구조가 같다. 작은 단실로서 바닥과 벽에 회칠을 했다. 엄격한 계획 아래 지어졌다고는 하지만, 경험 없는 사람이 급하게 지은 것도 있어 흙이 부서지거나 지붕이 떨어진 부분을 수리한 것도 많다. 방마다 벽쪽에 화덕이 있고, 화덕 둘레엔 경계석을 돌렸다. 화덕과 외벽에 붙어 있는 큰 흙 부뚜막의 굴뚝이 연결되어 있다. 바닥엔 골풀자리가 깔려 있고, 돌그릇과 고리버들로 만든 바구니와 거친 흙으로 만든 토기가 화덕 주변 여기저기에 흩어져 있다. 전체적으로 집에는 안락함이 없다. 기본 기능만을 위한 공간으로 가족의 집이라기보다는 작업자들의 막사 같은 느낌이다.

창고 두 칸이 마을 중심에 자리 잡고 있다. 창고는 많은 작은 방으로 나뉘어 있는데, 집보다 훨씬 좋은 재료로 정성을 들여 만들었다. 흙벽도 더 두껍고 내부 지지대와 회칠한 기초도 보인다. 대부분 공간이 막혀 있고 문도 없으며, 천장은 가죽과 나뭇가지로 만들었다. 지붕 사이를 걸을 때는 두꺼운 벽이 통로 역할을 한다. 지붕엔 쥐와 날씨 탓에 틈새가 나 있어 그 안으로 창고 내부를 들여다본다. 첫 방에는 접어 놓은 가죽이 쌓여 있고, 두 번째 방에는 소금에 절여 놓은 고기가, 세 번째에는 야생 당나귀 꼬리털이, 그리고 네 번째 방에는 발굽과 가젤 뿔이 놓여 있다. 그밖에도 곡물과 뿌리, 덩이줄기가 담긴 바구니가 놓인 방도 눈에 띈다. 동물로부터 나온 물품을 보관하는 방은 분명 사냥 계절에 채워 놓았을 것이며, 채소와 곡물을 저장한 방의 식량은 점점 줄어들고 있다.

사냥꾼들이 야생 당나귀 한 마리를 잡아 마당에 들어온다. 벽에 그려진 방식대로 잡은 것이다. 무리를 몰아 갑자기 그물을 쳐서 잡는다. 당나귀 가죽을 벗긴다. 가죽을 긁어 기름과 힘줄을 없애고 바닥에 흙을 둘러 만든 공간에 소금물을 넣고 그 위에 가죽을 올린다. 전에 잡았던 동물의 가죽도 이미 물에 적시고 흙벽에 걸쳐 말려 놓았다. 가죽을 벗긴 뒤 플린트 돌날과 현무암 도끼를 이용해 도살하여 살을 바른다. 대부분 관절 부위는 소금으로 문지르고 말린 다음 다시 소금에 절여 저장해 둔다. 나머지 고기는 그날 밤 불에 구워 다른 식물성 음식과 함께 먹는다.

움 다바기야는 다이애나 커크브라이드(Diana Kirkbride)가 1970년대 초 이라크에 있는 영국고고학연구소의 소장이었을 때 찾은 유적이다. 커크브라이드는 요르단 남부에서 베이다 유적을 발굴한 경험을 바탕으로 움 다바기야가 비슷한 농경 마을일 것이라 예상했다. 유적은 작은 마운드였기 때문에 전면 발굴하기로 했다고 한다. 결국 전체를 발굴하진 못했지만, 수많은 건물이 드러났는데, 500년 점유 동안 네 차례에 걸쳐 재건축된 것들도 있었다.

세 차례 발굴조사가 끝나고 커크브라이드는 농경 마을이 아닐 수도 있다는 의심을 한다. 이는 저장고와 회를 둘린 작업 공간, 구조적으로 무의미한 낮은 벽과 같은 유구와 함께 농경활동의 증거가 충분히 나오지 않았기 때문이다. 움 다바기야 유적은 사막과 비슷한 환경에 있어 발굴자는 "석기시대 마을의 입장에서는 아주 매력 없는" 곳이었다고 보았다.[6] 이 지방에서는 충분한 물을 거의 찾을 수 없으며, 가까운 습지도 아래에 석고층이 있어 소금기가 많았을 것이다. 이런 퇴적층에서는 나무가 자라기 힘들어 나무를 자르고 다듬어 땔감과 도구를 만들기도 아주 힘들었을 것이다. 지역에서 구할 수 있는 플린트돌은 불순물이 많이 함유된 거친 재질이기도 하다. 움 다바기야의 주민은 석기시대 생활에서 중요한 많은 자원을 얻을 수 없는 상황이었던 것이다.

딱 하나를 빼고는 말이다. 바로 사냥감이다.

커크브라이드가 유적을 발굴할 때 메소포타미아 북부의 동물상은 이미 상당히 쇠락한 상태로 여우와 토끼, 사막 쥐와 날쥐 따위만이 있었다. 하지만 서기전 7500년 야생 당나귀와 가젤이 평원에서 풀을 뜯고 있었고, 신자르 산기슭에서는 멧돼지와 산양도 잡을 수 있었다. 유적에서 나온 뼈의 대부분은 야생 당나귀였는데, 벽화 조각에는, 발굴자의 생각에 따르면, 그물을 지지하는 갈고리에 당나귀가 포위된 상황을 묘사하고 있다.

커크브라이드는 고고학 증거와 현재의 적막한 환경을 생각하면서 움 다바기야에 대한 생각을 바꾼다. 작은 농경 마을이라기보다는 야생 당나귀와 가젤을 집중 사냥하는 교역소와 같은 역할을 했던, 아직 발견되지 않은, 차탈회위크 같은 상당한 규모의 소도시 주변에 있던 위성 마을 같은 것이라 보았다.[7] 일종의 중간상인의 주거지라는 것이다. 이에 따르면, 사막 같은 환경에서 수렵채집민이 사냥한 동물을 마을에 가져와 흑요석과 곡물, 다른 물품과 교환한다. 움 다바기야 중개인은 고기와 가죽, 털, 뿔을 들고 아직 발견되지 않은 소도시에 가서 교환을 했다는 것이다.

그러나 커크브라이드의 해석은 추가 야외조사로 뒷받침되지 못했다. 1969년에서 1980년 소련고고학조사단 등의 지표조사 결과 소도시는 찾지 못하고, 농경 마을의 흔적만이 흩어져 있었다. 이 가운데 하나가 마그잘리야 유적이다. 유적 가운데는 커크브라이드의 기대대로 소도시로 성장한 것도 있었지만, 그때는 이미 움 다바기야 마을이 쇠락한 뒤였다.

결과적으로 이 책에서 러복의 방문으로 제시한 시나리오는 커크브라이드의 생각과 조금 다르다. 움 다바기야는 사냥꾼들의 계절 주거지로서, 하나 또는 몇 개 농경 마을에서 전문 사냥꾼들이 사냥 계절에 석기와 채소와 곡물을 가지고 들어와 동물을 사냥하고 잡는 곳이었다. 그리곤 사냥철이 끝나면 사냥감과 아마도 야생 당나귀를 길들여 짐을 싣고 왔을 수도 있다.[8] 털과 가죽, 발굽, 고기, 기름을 주고 마을 주민과 방문한 교역자들에게서 곡물과 원석을 교환한다.

어떤 시나리오가 옳든지, 전문성을 지닌 움 다바기야 유적의 성격은 이전 그 어떤 신석기시대 사회보다 더 큰 규모의 사회조직이었음을 알 수 있다. 서기전 7500년 즈음이면 농경 마을이 소도시로 전이되는 과정에서 교역과 교환이 중요한 역할을 했음을 보여준다. 이를 바탕으로 최초의 문명사회에서 도시 중심지가 성장하는 것이다.

소련고고학조사단은 이라크 정부의 초빙으로 지표조사와 발굴을 실시하여 메소포타미아 선사시대 이해에 크게 기여했다.[9] 1969년 조사가 시작되기 전 우리의 지식은 자그로스 산기슭의 자르모와 신자르 평원의 하수나(Hassuna) 유적에 국한되어 있었다. 하수나 유적은 서기전 6000년 즈음의 것으로 1945년 영국 고고학자 로이드(Seton Lloyd)가 발굴하여 복잡한 다실 건물과 잘 만들어진 토기, 그리고 자르모와는 전혀 다른 규모의 농경, 소공업 활동과 교역의 증거를 찾았다.

두 유적은 문화와 경제에서 천양지차이다. 많은 고고학자들은 전혀 연관되어 있지 않고 하수나 사람들이 바깥세상으로부터 확산하여 들어왔으리라는 생각을 하고 있다. 커크브라이드가 1970년에서 1973년 사이 움 다바기야를 찾고 발굴하면서 이 유적은 편년상 자르모와 하수나 사이에 놓인다. 움 다바기야는 창고와 당나귀 사냥 그림 등 자르모와 하수나 두 유적과 유사한 점을 지니고 있다.[10] 신자르 평원에서 소련조사단의 광범위한 지표조사와 발굴로 움 다바기야와 동시기, 그리고 이전과 이후 시기의 유적들이 알려진다. 이런 발견과 왓킨스의 케르메즈 데레 발굴, 코즐로브스키의 넴릭 발굴로 이 지역의 완전한 경제 발달의 연쇄를 그릴 수 있게 되었다. 하수나 소도시는 완성된 형태로 등장한 것도 아니고, 자그로스 산기슭의 자르모와 비슷한 마을에서 성장한 것도 아니었다. 오히려 신자르 평원에서 수렵채집 및 작은 농경 마을에서 발달한 것이다.[11]

메소포타미아 북부에는 여러 마운드 유적이 있었고 소련조사단으로서는 발굴할 유적이 많았다. 영국의 외교관이자 고고학자 오스틴 레이어드(Austen Henry Layard)가 1840년대 메소포타미아를 여행하고 『니네베 유적(Nineveh and its Remains)』이라는 책─이상하게도 1865년 나온 존 러복의 『선사시대』에서는 이 책에 대한 언급을 찾을 수 없다─을 써서 이곳의 고고 유적을 대중에게 알렸던 터였다. 레이어드의 책에는 1843년 어느 저녁 신자르 평원의 가장자리에서 평원을 가로지르며 그림자를 드리우고 있는 마운드를 100개 넘게 셀 수 있었다고 쓰여 있다.[12] 그리고 3년 뒤 마운드 수를 두 배로 수정한다. 이로부터 거의 100년 뒤 로이드가 신자르 평원에서 체계적 고고학 지표조사로 마운드 200개를 찾았는데, "과거 비옥했던 평원에 흩어져 있는 수없이 많은 유적 가운데 일부일 뿐"이라고 말했다.[13]

소련조사단이 발굴한 마운드는 움 다바기야에서 북쪽으로 50km 떨어진 평지에서 불과 2.4m 정도 솟아 있었다. 유적은 텔 소토(Tell Sotto)라 불리며 1971년에서 74년까지 니콜라이 베이더(Nikolai Bader)가 발굴한다. 조사에서는 농경 마을의 성장과 폐기 과정을 드러내는 단실과 다실 집들을 찾아냈는데, 특정 시점에 존재했던 집의 수는 서너 채를 넘지 않았다.[14] 후대 건물의 기초 아래에서는 반지하식 주거지로 볼 만한 커다란 구덩이들이 연이어 드러났다. 때문에 텔 소토의 원래 주거는 케르메즈 데레의 마을과 비슷했으리라 생각된다.

소토 농경민이 만든 첫 건축물은 직사각형으로 단실이면서 통로에서 들어가는 입구가 몇 개 있는 구조였다. 마그잘리야 건물의 벽은 특별한 형태가 없는 흙으로 세웠지만, 소토의 건물은 햇볕에 말린 벽돌로 만들었다. 몇몇 방에는 간석기와 화덕, 동물 뼈, 토기, 부뚜막과 곡물 건조대가 있는 것으로 보아 분명 가내의 작업 공간이었다. 다른 방에서는 곡물을 저장하는 커다란 토기가 바닥에 놓여 있었다. 비슷한 그릇은 다른 용도에도 쓰였다. 죽은 어린이의 작은 시신을 구부려 넣어 두었다.

소토 유적은, 크기는 작지만, 주민이 만들거나 교환하여 얻은 돌로 만든 치레걸이와 염주, 돌도끼, 진흙 조각품 등 유물로 판단하건대 번성했던 마을이었다. 죽은 사람은 바닥 밑의 무덤에 부장품 없이 묻혔다. 하지만 무덤 하나는 분명 아주 부유했던 사람의 것이었다. 무덤에 딸린 작은 유구에서 음식 유체와 대리석과 청금석(靑金石) 등 외부에서 들여온 돌로 만든 목걸이, 관처럼 굽힌 작은 구리조각이 나왔다. 구리 관은 전 세계에서 구리 유물로는 가장 오래된 것 가운데 하나로서, 마그잘리야에서 나온 작은 구리 뚜르개만큼 오래된 것이다. 두 유적에서 나온 구리 유물은 메르가르의 구리 염주보다 1000년이나 빠르다.

소토의 인구는 기껏해야 30에서 40명 정도였지만, 마을은 빠르게 성장했고, 메소포타미아 평원에서 서기전 8000년 이후 새로운 마을의 등장으로 이어졌다.[15] 주민 가운데는 움 다바기야에서 사냥을 위해 겨울을 보내며 보온을 위해 커다란 화덕과 부뚜막을 만들기도 했을 것이다. 소토를 떠나 불과 2km 떨어진 곳에 오늘날 야림 테페 (Yarim Tepe)라 불리는 마을에 들어가는 주민도 있었을 것이다.[16] 이 유적은 소토가 폐기된 이후에도 오랫동안 번성했는데, 열두 개 건물 층에서 아주 잘 만들어진 건축물과 토기가 나왔다. 그렇게 만들어진 6m 높이의 마운드는 1930년대 로이드가 처음 보고했으며, 소련조사단의 일원이었던 메르페르트와 문차에프라는 고고학자가 발굴하였다.

움 다바기야를 떠난 러복의 여행은 40km에 불과했지만, 거의 1000년 동안이나 이어졌다. 그동안 마그잘리야는 완전히 버려지고 소토의 인구는 쇠락했다. 러복은 여행하면서 멀리 신자르 구릉지대에서 수도 없이 많은 협곡이 저녁놀에 보랏빛 그림자를 드리운 것을 보았다.[17] 북쪽으로 갈수록 스텝에는 군데군데 주황색 튤립 ―첫 봄꽃으로 곧 많은 꽃이 평원을 수놓는다―이 자라는 초원으로 변모한다. 풀밭에서 새들이 날아오르고 둥지도 없이 바닥에 낳아 놓은 작은 반점이 찍힌 알들이 눈에 띈다. 러복은 새알을 주워 먹으며 튤립을 보며 쉬어 간다. 그러면서 서아시아 여행 때 오할로 마을 가까이에서, 그리고 아부후레이라 주변의 스텝에서 보았던 꽃들을 떠올린다.

러복은 사뭇 다른 분위기에서 암담함을 느끼며 앉아 있다. 야림 테페(Yarim Tepe)의 흙벽돌이 세워진 미로 같은 작은 통로에 있는 것이다. 시간은 서기전 6400년. 이 소도시 역사의 중간쯤에 해당하는 때이다. 러복은 이곳에 며칠 전에서야 도착했지만, 벌써 떠나고 싶어진다. 이 소도시에는 일상에 열중한 어른들로 넘쳐난다. 어린이들은 모여 뛰어다니고, 개는 쓰레기를 뒤지고, 길 잃은 염소는 집 안팎을 배회한다. 토기를 빚고 석기 만드는 장인도 있고, 바구니를 짜기도 한다. 야림 테페 사람이 떠돌이 교역자와 양털과 흑요석 돌날의 값을 두고 언쟁을 벌인다.

소란스럽고 연기도 자욱하며, 곳곳에 쓰레기 냄새가 진동하여 다른 곳으로 떠나고 싶다. 야림 테페가 아닌 대자연으로 둘러싸인 시베리아 북극의 조호바가 생각난다. 수렵채집민이 아닌 소도시에 사는 농경민은 누구인가? 러복은 아프리카를 빼고 전 세계를 여행한 경험으로 선사시대 세계에서 그 어느 누구도 그럴 수 있다는 것을 잘 알고 있다. 그럼에도 분명 소도시가 급증한 현상을 되새긴다. 바로 몇몇 고고학자들은 이것을 메소포타미아 문명의 성장으로 가는 과정이라 생각한다.

러복은 야림 테페를 둘러보며, 토기가 만들어지고 사용되는 광경을 인상 깊게 지켜본다. 커다란 저장용기와 항아리, 바리, 목단지, 접시 등 토기의 생김새와 크기는 정말 다양하다. 텔 소토에서처럼 흙을 빚어 만든 인물상과 조각품들도 있다. 움 다바기야와 소토의 그릇에 새겨진 복잡한 디자인과는 달리 단순 기하무늬를 그린 토기도 있다. 그러나 토기도 주목했지만, 가장 인상 깊은 것은 바로 구리 작업이다. 반지와 목에 거는 구리 치레걸이만이 보인다. 실제 동석(銅石)을 소도시에서 녹이고 두드려 모양을 만들었는지는 알 수 없다.

야림 테페 마을의 크기는 소토보다 두 배 이상이며 지속적으로 커지고 있다. 밀과 보리 밭이 건물 주변에 있고, 양과 염소 무리를 날마다 가까운 언덕에 데리고 가 풀을 뜯긴다. 이런 농경활동으로 교역과 소도시의 많은 장인을 먹여 살릴 충분한 잉여생산물을 얻는다. 좁은 도랑을 파서 새로운 건물의 기초를 만들고 갈대 매트를 돌리고 흙벽돌을 부분적으로 건축한다. 토기 조각을 주워 새로이 만드는 회칠 바닥의 기초로 벽 사이에 던져 넣는다.

야림 테페의 대부분 건물들은 다실을 가진 직사각형이며, 때론 소도시 안에서도 서로 군집을 이루고 있다. 하지만 상당히 다른 건물도 있다. 몇 미터 지름의 둥그런 건물로 흙벽과 나뭇가지로 반구형(돔) 지붕을 만들었다. 소도시에 몇 채가 있는데, 다른 건물 안이나 마당 구석에 있다. 러복은 부분적으로 잘린 젊은 여성의 시신을 여러 사람이 지붕에서 전달하여 둥그런 건물 바닥에 놓는 것을 본다.[18] 그런 다음 생전에 소유했을 고리버들 바구니와 염주, 잘 만들어진 석기와 토기, 꽃다발, 그리고 어린 양의 시신 등이 들어온다. 러복은 이 장면을 보면서 케르메즈 데레에서 한 남자와 집을 파괴하고 비슷한 물건들을 집어넣은 것이나 메르가르에서 남자를 양과 같이 묻은 사례를 떠올린다. 무덤 안에 여성의 시신과 부장품을 넣은 뒤 지붕을 덮어 죽은 여성과 부모, 조부모만이 남는다. 어린이는 성인이 될 때까지 여기에 끼지 못한다.

메르페르트와 문차에프의 발굴에서는 바닥 아래, 벽 사이, 구석, 조용한 곳과 집의 구멍 등 여러 곳에 어린이들의 뼈를 밀어 넣은 양상이 드러났다. 토기나 동물 뿔과 같이 묻힌 사례도 있다. 그러나 대부분은 의례의 흔적은 없었던 것으로 보인다. 어른의 인골은 발굴된 사례가 거의 없다. 발굴된 것은 대부분 원형 건물 안에서 주검이 훼손된 채 나왔다. 그러나 이런 성인 뼈는 전체를 대표한다고 하기에는 너무 수가 적었으며, 아마도 소도시 밖에서 장례가 치러졌으리라 생각된다. 어린 시절 죽은 이는 고고학자들이 발굴 상자에 넣어 박물관으로 옮길 때까지 집 안에 그대로 묻혀 있었다.

야림 테페의 건축물 형태, 경제, 유물, 사회와 문화는 1940년대 로이드가 텔 하수나에서 발견한 것과 동일하다.[19] 하수나는 대략 서기전 6800년에서 5600년에 번성했는데, 메소포타미아 선사시대의 전환점이었다. 수렵채집 사회와 작은 농경 마을을 뒤로하고 소도시와 교역으로 팽창했던 것이다.

서기전 6000년 즈음부터 메소포타미아 중부와 남부에 마을이 나타나는데, 사람들이 북부의 인구가 많은 소도시에서 수렵채집민이 낮은 인구밀도로 살던 곳으로 확산했을 것이다.[20] 하수나 마을과 마찬가지로 남부의 소도시들도 나름의 토기와 건축양식을 발전시키고 사마라(Samarra) 공동체라 불린다. 이 가운데는 텔 에스사완(Tell es-Sawwan)같이 오늘날 바그다드에서 북쪽으로 110km 티그리스 강을 굽어보는 벼랑 꼭대기에 세워진 놀랄 만한 소도시도 있다.[21]

서기전 5000년이면 상당한 규모의 소도시가 비옥한 초승달지대 전역에 세워진다. 이미 폐기된 지 오래인 요르단밸리의 마을이 있는 서남쪽 끝 지역을 제외하고 말이다. 티그리스 강과 유프라테스 강을 둘러싼 땅에선 하수나와 사마라 문화를 결합하여 새로운 문화적 통일성이 등장한다. 이때는 할라프(Halaf) 기라 불리는데, 1000년정도 지속되고[22] 예리코와 마그잘리야 시기 이후 선사 농경민이 의지했던 똑같은 곡물, 곧 밀과 보리, 콩, 렌틸이 주 식량자원이었다. 그러나 더 중요한 발달이 일어나는데, 바로 관개이다. 사람들이 메소포타미아 남부의 평야를 온전히 이용한 것은 바로이 관개 덕분이었다.

사완에서는 양과 염소가 많았지만, 소 역시 중요했다. 그 중요성은 소 조각품과황소 머리를 모티프로 토기를 장식한 것에서도 잘 드러난다. 사람의 식단에 우유 지방을 첨가함으로써 출산율이 높아졌기에[23] 소를 기른 것이야말로 인구 팽창의 주요 요인이었을 것이다. 할라프 기에는 많은 마을과 소도시가 새로이 등장하며, 기존 소도시도 팽창하여 전성기 야림 테페보다 다섯 배 크기에 이른 것도 많았다.

할라프 소도시들은 독특한 건축 및 채색 토기 양식을 공유하고 있었으며, 주변에도 토기를 공급했다. 채색 여성조각상과 돌로 만든 치레걸이, 인장도 마찬가지다. 인장은 흔히 구멍이 뚫리고 선 무늬가 새겨져 있는데, 바구니와 토기를 확보하는 데 이용되었다. 이는 귀중한 물품의 이동과 저장이 있었음을 말해 준다. 이런 유물과 식량이나 토기, 석기 같은 일상 유물은 소도시 사이에서 널리 교역되었다. 교역이야말로 번성과 기술 혁신, 문화적 통일성의 뿌리였다.

할라프 문화는 메소포타미아 선사시대의 끝을 가리킨다. 이후 우르크가 이어지고, 최초의 문자 흔적도 나오는 것이다. 그리고 1000년이 흐르면 메소포타미아 문명의 도시들이 등장하기 시작한다. 그러나 러복은 이런 도시와 할라프 소도시들을 보지 못한다. 지금은 서기전 6400년 야림 테페가 쇠락하던 때이다.[24]

존 러복은 야림 테페의 왁자지껄한 소도시에 들어와 있다. 이 시기 세계의 선사시대에서 겪었던 일이 무엇인지 곰곰이 생각한다. 조호바뿐만 아니라 나쓰시마의 조개무지, 올레니오스트롭스키 모길니크의 공동묘지, 코스터 마을, 아넘랜드의 맹그로브 늪을 떠올린다. 그리고 메소포타미아 선사시대 이전 남아시아를 가로지르는 흥미로운 여행—최후빙하극성기 친타마누 가비에서 서기전 6000년 제이툰에 이르기까지—도 생각한다. 여행은 높은 곳에서 낮은 곳으로 이어졌다. 서기전 11,000년 고지대 자위체미 샤니다르의 수렵채집 사회에서 시작하여 케르메즈 데레와 넴릭 같은 산기슭에 이차적으로 형성된 마을을 찾은 뒤, 저지대 마그잘리야 마을과 새로이 등장한 소도시에 고기를 공급하는 역할을 하였던 움 다바기야 사냥 전문유적으로 들어갔었다. 마지막으로 야림 테페를 찾아 전문 장인과 끊임없이 들어오는 교역자들을 만났다. 자그로스 산맥에서 가젤을 사냥하고 도토리를 채집했던 사람들과 다실 건축물과 원형 무덤, 토기와 금속 유물, 밀밭과 양떼를 가진 사람들 사이엔 불과 500년 간격이 있을 뿐이다.

왜 메소포타미아가 급속한 경제 성장과 문화 변화의 무대가 되었을까? 기후와 환경 요인이야말로 중요한 변수였다. 야생 곡물과 산양이 자라고 있고, 영거드라이어스도 온난한 편이었고, 서기전 9600년부터 지구온난화가 시작되었으며, 유프라테스 강과 티그리스 강 사이에 비옥한 평야가 있었다. 그리고 이런 요인은 사람들이 일상에서 했던 구체적 행동과 선택이 이어진 결과 의미 있는 역할을 하게 되었다. 자위 체미 샤니다르와 케르메즈 데레, 넴릭의 주민들은 그 기초를 놓았다고 할 수 있으며, 마그잘리야, 텔 소토, 야림 테페에 살던 사람들도 마찬가지이다. 그리고 이 가운데 그 어떤 사람들도 나중에 어떤 일이 일어날지를 의식하지 못했었다.

역사란 사람의 독창성과 완전한 우연, 그리고 환경변화와 인간의 반응이라는 원인과 결과가 실타래처럼 얽힌 것이다.[25] 이것을 이해하기 위해선 지역의 사건들과 함께 그것이 일어난 더 넓은 세계의 맥락을 고려해야 한다. 서기전 9600년 지구온난화와 함께 신석기시대의 세계가 시작될 즈음 역사가 어떤 길로 향하고 있는지를 알았던 사람은 없었다.

아프리카

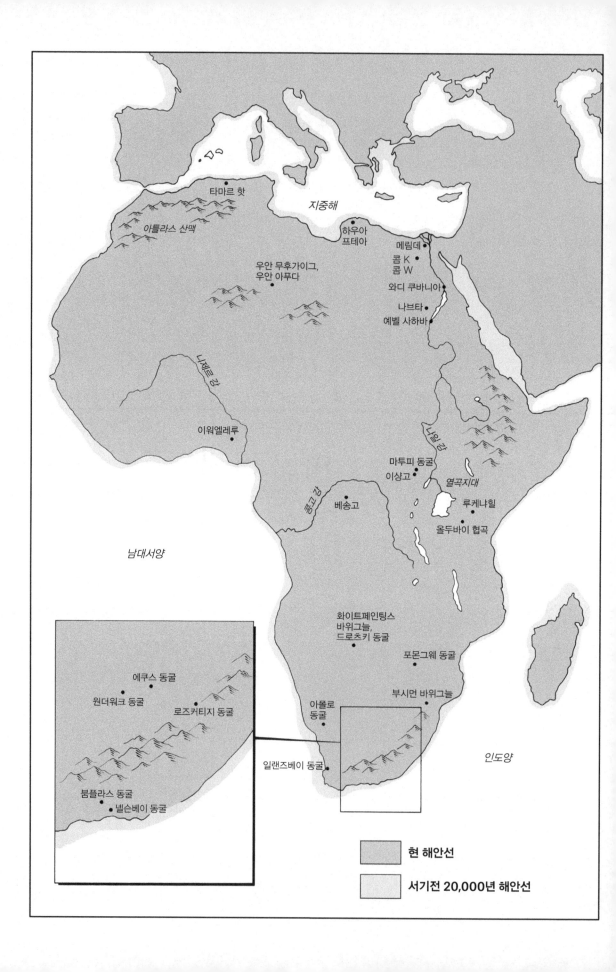

타마르 핫

아틀라스 산맥

지중해

하우아
프테아

메림데
콤 K
콤 W

와디 쿠바니아

나브타
예벨 사하바

우안 무후가이그,
우안 아푸다

니제르 강

나일 강

이워엘레루

마투피 동굴
이상고

열곡지대
루케냐힐

올두바이 협곡

콩고 강

베송고

남대서양

화이트페인팅스
바위그늘,
드로츠키 동굴

포몬그웨 동굴

에쿠스 동굴

원더워크 동굴

로즈커티지 동굴

부시먼 바위그늘

아폴로
동굴

인도양

붐플라스 동굴
넬슨베이 동굴

일랜즈베이 동굴

| | 현 해안선 |
| | 서기전 20,000년 해안선 |

46

나일 강 고기잡이

북아프리카와 나일 강 유역의 수렵채집민

20,000-11,000 BC

어린 여자애가 벌거벗고 모래밭을 아장아장 걷는다. 넘어지고 기고, 불안하게 다시 서자 옆에 앉아 있는 어른들이 박수를 보낸다. 아이의 웃음과 비틀거리는 걸음마에 모두들 즐거워한다. 최후빙하기의 11월. 러복은 나일 강의 지류에 있는 와디 쿠바니아(Wadi Kubbaniya)에 머물고 있는 가족을 지켜본다. 나뭇가지로 엮은 움막과 간석기, 골풀로 만든 자리와 모닥불이 사암 벼랑 아래 모래언덕에 보인다. 그 너머에 사하라 사막이 서쪽으로 뻗어 있다. 사막은 오늘날보다 훨씬 넓고 건조하다. 야영지에는 관목과 갈대, 연못, 그리고 나일 강의 지류가 얽힌 망상하천 사이로 흩어져 있는 나무들이 보인다. 나무가 타고 카밀레 향과 물고기를 굽는 냄새가 난다.

서 있는 어린아이의 머리는 짙은 검은빛이고, 피부는 옅은 초콜릿 갈색이며, 넘어져 입술과 코에 모래가 묻어 있다. 아이는 크게 웃는다. 그리곤 뒤로 돌아 아장아장 엄마에게 가면서 견과류만한 옅은 갈색 배설물을 땅에 떨어뜨린다. 남자가 허리를 굽혀 손가락으로 툭 던지니 모닥불에 떨어진다. 배설물은 불에 지글지글하더니 곧 검은 색으로 변한다. 아주 중요한 고고학 증거가 만들어지고 있다.[1]

러복의 마지막 대륙 여행은 몇백 년 전 북아프리카 해안의 한 동굴에서 시작되었다. 서기전 20,000년 잠에서 깨어난 그는 드넓은 해안 평야를 굽어본다. 초원지대가 되기 전 이곳은 두터운 숲으로 덮여 있었으며, 습지대로 이어져 지중해와 접하는 곳이었다. 사냥 도구들과 가죽, 아직도 따뜻한 모닥불 잔해가 바람막이 역할을 했던 돌벽 뒤에 남아 있다. 동굴 위로 벼랑을 올라 사하라 사막 쪽 남쪽으로 낮지만 험준한 산맥을 굽어보고, 북쪽으로 눈을 돌리니 동굴 아래 나무 사이로 사냥꾼이 나타난다. 사냥꾼들은 크게 휘어 있는 뿔과 어두운 갈색 털을 가진 산양 한 마리를 잡아들고 온다.

러복은 앞으로 몇 달을 동굴 안에서 세 가족과 함께 보낸다. 남자들과 오늘날 바르바리양이라 불리는 산양 사냥을 나서기도 한다. 가끔 초원지대에서 가젤을 잡기도 하고, 나무 사이로 발자국이 보일 때면 들소를 쫓는다. 사냥이 없을 때는 여자들을 따라 가까운 강, 그리고 드물지만 먼 해안까지 나가 조개와 해초를 채집한다.

이런 모든 활동의 잔재가 버려진 도구와 제작과 보수의 흔적과 함께 동굴 안에 남는다. 뼈와 바구니, 조개, 매트, 재, 석기는 모두 후대 인간 점유의 폐기물과 바람에 날려 온 모래, 부식된 인골, 동굴 벽에 둥지를 튼 새와 동물의 잔재에 덮여 있었다. 서기전 20,000년의 삶의 흔적은 이렇게 묻힌 뒤 부식되고 들쥐 같은 동물에 의해 이전과 이후 시기 흔적과 뒤섞인다. 결국 남은 것은 1973년 오늘날 알제리아의 타마르 핫(Tarmar Hat) 동굴에서 이루어진 발굴조사에서 드러난다.[2]

20년이 흘러 케임브리지대학 찰스 맥버니(Charles McBurney)가 더 큰 동굴을 발굴한다.[3] 하우아 프테아(Haua Fteah) 유적은 타마르 핫에서 동쪽으로 2000km 떨어진 리비아 동북쪽 게벨 엘아크다르(Gebel el-Akhdar)—녹색 산이란 뜻—의 기슭에 있다. 맥버니는 1948년 동굴을 처음 찾은 뒤 거대한 입구를 경이롭다고 표현했다. 동굴의 커다란 돔형 천장을 보면 그 아래에 양치기의 야영지가 왜소해 보일 정도다.

서기전 20,000년 타마르 핫에서 동쪽으로 여행한 뒤 해안 평야에서 게벨 엘아크다르의 산기슭과 바위 아래 두드러진 어두운 타원형 입구를 쳐다본다. 산기슭에는 초록 관목이 자라고 남쪽의 사막은 오늘날 리비아보다 훨씬 더 사람이 살기 힘든 환경이다. 그러나 최후빙하극성기 해수면은 낮은 상태이기에 이 커다란 동굴은 아주 넓은 해안 평야를 굽어보는 위치에 있었다. 하우아 프테아 동굴은 선사시대 북아프리카의 수렵채집민에게는 매력적인 장소였으며, 맥버니에게도 좋은 발굴 유적이었다.

하우아 프테아에서 사람들의 삶은 북아프리카 해안의 다른 사람들의 생활과 별반 차이가 없다. 바르바리산양을 사냥하여 고기와 기름과 가죽을 얻는다. 이제 하우아 프테아를 떠나 동쪽으로 여행을 계속하여 나일 강 삼각주에 이른다. 마치 거미줄 같이 얽힌 하천 사이로 석호와 습지, 관목 숲이 드넓게 펼쳐져 있다. 저녁 공기에 연기가 뭉게뭉게 피어오르는 것을 보니 수렵채집민이 삼각주의 작은 섬들에 흩어져 있는 것으로 보인다. 카누 하나를 타고 얕은 하천 여기저기를 둘러보고 노를 저어 상류로 간다.

서기전 20,000년 나일 강은 오늘날의 모습과 사뭇 달랐다. 큰 강 하나가 구불구불 흐르지 않고 많은 작은 하천들이 얽혀 범람원을 천천히 흘렀다.[4] 심지어 물이 전혀 흐르지 않는 곳도 있다. 강은 가파른 협곡과 거대한 사구 사이를 흐르다가 하곡이 서로 만나기도 하고, 다시 갈라지기도 한다. 흐르다가 사라지는 하천도 있고, 실트와 모래층에 막혀 호수를 이루기도 한다.

들소와 사슴영양(하테비스트)이 강가의 풀밭과 관목, 가시 달린 나무에서 먹이를 찾는다. 모래톱에는 악어가 쉬고 있고, 물떼새와 도요새가 얕은 개울을 뒤지고 메추리와 왜가리가 머리 위를 맴돈다. 그러나 자연 환경은 대체로 러복이 선사시대의 다른 지역에서 보았던 것보다 빈곤한 편이다. 더구나 상류로 향하는 뱃길은 좁은 강둑 양쪽 모두에서 갑자기 사막을 만난다.

뱃길을 여행하는 동안 수많은 작은 수렵채집 무리의 야영지를 마주하고 카누 위에서 고기를 잡고 갈대밭에서 새를 잡는 모습을 본다. 삼각주에서 50km 떨어진, 나일 강의 지류 와디 쿠바니아에 있는 야영지 하나를 좀 더 오래 지켜본다. 해마다 이쯤 7월이면 남쪽 멀리 고지대에서 비가 내려 강의 수위는 올라간다. 몇 가족이 모여 계곡의 사암 절벽 아래에 자리한 사구에서 계절을 보내기 위한 캠프를 만든다.[5] 사구 능선 위에서 나뭇가지를 이용한 작은 움막 짓기를 마무리하는 사람들도 있고, 지난해 야영지에 남아 있던 잔해를 치우는 사람들도 보인다. 예전 야영에서 남겨 놓았던 타원형 갈판은 날아와 쌓인 모래에 거의 묻혀 있다. 한 젊은 남자가 모래를 파 석기를 꺼낸다.

캠프를 만드는 사람들은 어두운 피부에 건장하고 가죽으로 만든 좋은 옷을 입고 있다. 한 남자는 다리가 잘려 절고 있고, 또 다른 남자는 팔 근육에 커다란 상처가 있어 제대로 쓰지 못한다.[6] 지도자는 없는 것 같으며, 더 큰 움막이나 더 많은 소유물을 가진 가족도 없다. 타조알 껍데기를 깎아 만든 염주 목걸이를 차고 있는 사람도 몇 있고, 눈두덩과 뺨에 붉은 칠을 한 사람도 있다.[7] 그러나 이는 지위를 나타내기 위함이 아니라 그저 장식일 뿐이다.

왜 사구 위에서 야영을 하는지 곧 알게 된다. 며칠 만에 나일 강의 수위는 정점에 이른다. 엄청난 양의 물이 하곡을 따라 흐르며 사구들 사이의 연못은 그물처럼 연결된다. 캠프에서는 이것이 더 많은 활동의 신호가 된다. 습지에서는 완전히 물에 잠기기 전에 식물을 채집해야 하고, 땔감을 모아야 하며, 단단한 갈대로 나무 건조대를 만들어야 하고, 골풀로 바구니도 짜야 한다. 그러는 동안 어린이들은 연못 주변에서 뛰어다닌다. 러복은 능수버들 아래에 앉아 재미있어 하는 어린이들과 일에 열중하고 있는 어른들을 지켜본다.

다시 한 번 이 선사시대 세계에 세석기가 만들어진다. 몸돌의 한쪽 또는 양쪽에서 얇은 돌날을 떼어 내어 뼈 손잡이에 장착해 칼을 만들고, 갈대로 만든 화살대에 끼우기도 하며, 나무창의 미늘로도 쓴다.[8] 이런 식으로 끼워서 복합도구로 사용하는 것을 많이 보았는데, 다만 여기서는 가장 오래된 세석기의 사례일 뿐이다. 이곳에서 플린트가 쓰이기도 하지만, 강변에선 찾을 수 없기 때문에 아주 귀한 돌이다. 정질의 돌덩어리를 가죽 주머니에 담아 사구까지 가져온 뒤 귀한 돌을 낭비하지 않으려 조심스럽게 떼어 낸다.[9]

계곡의 모래 바람에 지친 러복은 『선사시대』를 펼친다. 1865년 책을 쓸 때 와디 쿠바니아 유적을 몰랐지만, 해마다 나일 강의 범람으로 쌓이는 퇴적층이 고고학에 중요하다는 점은 써 놓았다. 방사성탄소연대측정법이 개발되기 오래전, 퇴적의 속도는 땅속에 묻힌 유물의 연대를 추정하는 이상적인 수단이라 생각되었다. 당시 러복은 호너가 헬리오폴리스의 오벨리스크(당시 서기전 2300년에 만들어졌다고 믿어졌다) 같은 고대 이집트 기념물에 쌓인 퇴적층의 깊이를 이용해 100년마다 3.5인치씩 쌓였다는 계산을 인용하기도 했다. 호녀는 구덩이를 파서 지표에서 39피트 아래에서 토기조각을 찾았는데, 이 계산으로 서기전 13,000년 전의 것이라고 추정했던 것이다. 빅토리아시대 존 러복도 "이런 계산이 아주 의문이 많다"고 썼다.[10] 실제 토기의 연대를 추정한 것은 잘못이며, 나일 강 유역에서 토기는 서기전 5000년 즈음에야 등장한다.[11]

첨벙하는 소리에 물가에서 낮잠을 자던 러복이 깬다. 얕은 물에서 메기가 허우적대는 소리다. 두 마리가 꼬리지느러미로 엉켜 서로 얼굴을 친다―상대를 유혹하는 메기의 방식이다.[12] 해마다 엄청난 수의 메기가 알을 낳기 위해 와디 쿠바니아의 작은 호수에 온다. 어른과 어린이들이 기다리고 지켜보는 동안 물가의 수초와 모래가 반짝이는 알로 뒤덮일 때까지 짝짓기가 이어진다. 메기는 지치고 힘없이 맴돈다. 고기잡이가 시작될 때다.

러복은 세계 선사시대의 여러 곳에서 낚시를 해 보았다. 서기전 10,500년 아마존에서 독을 이용한 낚시도 해 보고, 서기전 6500년 나무(Namu)에서는 작살로 연어를 잡기도 했으며, 서기전 4400년 티브린드 빅에선 달빛 아래 고기를 낚았다. 이 새로운 낚시 경험도 다른 것처럼 아주 생산적이었지만, 이제 그렇게 많은 수고와 재주가 필요하지는 않다. 와디 쿠바니아 사람들은 발목까지 차오르는 물에 들어가 바구니로 물고기를 퍼 둔치까지 던지는 방법을 쓴다. 이때 바구니는 물고기의 가시에 찔리지 않게 막아 주는 역할도 한다. 아이들은 1m가 넘기도 하는 큰 물고기가 둔치에 올라오면 때려잡으려 기다리고 있다.

어둠이 내리자 물고기는 다시 깊은 물로 돌아가고, 러복은 둔치에 앉아 사람들이 물고기 내장을 빼내는 광경을 지켜본다. 그리곤 불 위의 나무 거치대에 올려 훈제하여 보관한다. 그날 밤 "물고기축제"가 벌어지고 사람들은 모닥불 주변에서 뜨거운 돌 위에 빵 같은 것을 구워 먹는다. 달이 떠오르자 노래를 부르고 춤을 추기 시작한다. 최후빙하극성기 나일 강에서 삶은 즐거워 보인다.

다음 날, 그리고 그 다음 날에도 알을 낳기 위해 고기가 모여든다. 하지만 그 즈음 고기잡이와 방망이로 두드리고 손질하는 즐거움은 사라지고 아이들은 다른 데서 논다. 도움도 필요하지 않다. 짧은 부화 시기가 끝나 가면서 고기의 수는 아주 적어졌다. 몇 주가 흐른 뒤 메기가 사라지고 장어가 와서 알을 낳고 작은 치어로 가득하다. 와디 쿠바니아 사람들은 장어를 잡으려 하는데, 아마도 후일을 위해 물고기를 저장해 두고 싶은 욕심일 것이다. 야영지에서 여자와 남자들은 훈제하고 말린 고기를 골풀에 싸 바구니에 담아 보관하여 먹을 것이 부족한 계절의 식량으로 삼는다.

야영지는 큰 홍수에도 안전한 곳이지만, 서쪽 사막에서 늘 불어오는 바람에 노출되어 있다. 모든 것, 그리고 모든 사람이 고운 모래바람을 맞는다. 러복은 바람이 불 때는 사구의 허름한 움막 뒤에 앉아 강가의 능수버들과 아카시아 나무 주변에 모래가 쌓이는 것을 지켜본다. 사람들도 움막 뒤에 앉아 처트 돌덩어리를 깬다.

늦은 여름이 되자 강한 바람도 잦아들고 홍수로 불었던 수위도 낮아진다. 러복은 와디 쿠바니아 사람들의 음식에 관심을 가지고 여자들이 어떤 식물을 채집하여 어떻게 요리하는지를 보고자 한다.[13] 준비를 위해 야영지 바닥에서 버려진 격지 몇 개를 주워 들고 물에 떠내려온 나뭇가지를 손질하여 뒤지개와 비슷한 도구를 만든다.

여자들은 빈 바구니와 아기를 등에 업고 새로이 드러난 습지로 간다. 러복도 식물 채집과 요리 준비에 필요한 경험을 쌓는다. 어떤 때는 첨벙거리며 연못에 들어가 수련 꽃봉오리를 따고, 부들과 파피루스 뿌리를 캐기도 하며, 캐머마일 씨앗을 채집하기도 한다. 무릎 높이까지 올라오는 관목에서도 잎과 씨앗, 뿌리를 캐 식량으로 쓴다.

하지만 식물 채집을 압도하는 식물종이 하나 있다. 불과 몇 cm 높이밖에 안 되는 보랏빛 꽃은 아주 두꺼워 땅 위에 카펫을 깐 듯하다. 오늘날 관개 논밭에 침입하여 증식하는 "세계에서 가장 좋지 않은 풀"이란 오명을 받고 있는 식물이다. 그러나 최후 빙하극성기 와디 쿠바니아 사람들에게 이 식물은 식량으로 가장 높은 가치를 지니고 있다.[14]

여성은 뒤지개를 땅속에 집어넣어 물기가 많은 흙을 걷어 올려 식물을 거둬들인다. 땅속엔 서로 엉켜 부풀어 오른 뿌리가 5cm도 되지 않는다. 검고 단단한 것도 있는데, 파내어 던져 버린다. 옅은 갈색 뿌리는 캐내어 바구니에 담는다. 식물이 서식하는 곳을 옮겨 다니며, 몇 시간을 쉬지 않고 일한다. 덩이줄기의 밀도는 아주 높아서 뽑지 않고 그대로 둔 것도 많다. 이렇게 흙에서 솎아 내면 나중에 더 잘 자랄 것이다.

바구니가 가득 차자 연못가에 앉아 흙먼지를 닦은 뒤 캠프로 돌아간다. 이 울퉁불퉁한 덩이줄기를 빵 같은 먹을거리로 만드는 고된 작업이 뒤따른다. 덩이줄기를 장작불 안 뜨거운 돌에 올려놓는다. 이렇게 몇 분을 바짝 말린 뒤 손으로 문질러 껍질을 벗길 수 있다. 그 다음 바삭바삭한 덩이줄기를 간다. 아직 남아 있는 껍질과 거친 섬유는 갈대로 만든 채를 이용해 걸러 낸다. 이렇게 깨끗한 가루를 가죽 주머니에 담는다.

아직 요리 준비가 된 것은 아니다. 사람들은 가루를 그대로 먹으면 쓰고 복통을 일으킴을 잘 알고 있다. 여성은 빠르게 흐르는 물에 가루 주머니에 물을 적시고 젓기를 반복한다. 이렇게 독소를 제거한다. 여성은 다시 캠프로 돌아와 남아 있는 곤죽 같은 것을 작고 둥그렇게 빚어 뜨거운 돌 위에 올려놓아 요리한다. 모든 것을 이렇게 요리하는 것은 아니다. 나무 그릇에 어느 정도를 보관하여 아이들, 특히 이제 막 젖을 뗀 어린 딸을 먹인다.

간석기를 이용해 씨앗 식물을 가공하는 일은 일상이다. 갈판 하나가 깨진다. 남자 둘이서 사구 뒤에 있는 사암 절벽에 가서 종일 커다란 돌판 몇 장을 떼어 내어 타원형 모양으로 다듬는다. 갈돌로 쓰기 위해 자갈돌도 모은다. 돌판을 깨뜨리고 쪼아 손에 잡기 좋게 만든다. 다만 생김새는 각기 다르다. 이렇게 모양을 만든 것 가운데 나중에 쓰기 위해 하나만을 남긴다. 야영지로 가져온 돌판은 더 다듬어 갈판으로 완성한다.[15]

남자들을 따라 사냥도 떠난다.[16] 주 사냥감은 겨울철 이곳에 오는 기러기와 오리다. 갈대밭에 숨어 활과 화살로 잡는다. 사냥꾼은 어둠이 내릴 때 캠프를 떠나 먼 연못의 갈대밭에 숨어 들소와 영양을 기다려 찌르개를 장착한 창으로 사냥한다. 가젤을 이런 식으로 잡을 순 없다. 가젤은 필요한 물을 식물만으로 얻을 수 있어 범람원의 관목 숲이나 사막의 가장자리에서 사냥할 수밖에 없다. 이렇게 사냥하는 일은 흔하지 않은 일이고, 이틀, 사흘 동안 사냥 여행은 식량을 확보하기보다는 캠프의 여자와 아이들로부터 해방감을 느끼는 목적인 듯하다.

11월이 되자 나일 강은 가장 낮은 수위까지 떨어진다. 연못은 더 이상 서로 연결되어 있지 않고 그저 얕은 물일 뿐이다. 이로써 얕은 못에 갇힌 물고기를 쉽게 잡을 수 있는 기회가 온다. 그래도 나일 강까지 도망을 치는 물고기도 있다. 어느 날 저녁 메기가 연못 하나에서 다른 연못으로, 그리고 땅으로 올라와 기어서 결국 강으로 들어간다. 공기 중 산소에 견딜 수 있는 몇 안 되는 물고기 가운데 하나이다. 며칠이 지나지 않아 못도 완전히 사라진다. 사구 사이 연못이 있던 자리는 마르고, 갈라져 날아오는 갈색 모래가 쌓이고 후일 나일 강이 다시 범람하기를 기다린다.

고고식물학자 고든 힐먼(Gordon Hillman)은 와디 쿠바니아에서 나온 식물 유체를 분석하던 중 유아의 배설물을 확인했다. 아주 작은 조각으로서 밖은 검고 안은 커피 같은 갈색이었다. 아주 고운 진흙 같은 재질을 가진 것은 식물을 갈아 만든 '곤죽'이었다고 한다. 음식 준비, 혹은 토했을 수도 있는 것들이 홍수로 우연히 불가에 쌓인 것인지, 그리고 배설물이 개의 것인지, 사람의 것인지도 판단해야 했다. 힐먼은 장의 내벽에 붙어 있었던 흔적을 토대로 사람의 똥이라 판단했다. 음식이 아주 치밀한 조직을 갖췄다는 것도 육식동물의 것은 아님을 가리킨다. 수렵채집 사회의 민족지에 따르면 어린아이는 필요할 때마다 배변하는 습관이 있어 아이의 배설물은 흔히 모닥불에 던진다고 한다. 배설물에는 모래도 묻어 있는데, 모래밭에서 아이가 기었을 가능성을 엿볼 수 있다.[17]

이 작은 갈색 덩어리가 서기전 20,000년 와디 쿠바니아의 불가에 있다가 힐먼의 현미경 아래까지 오는 데는 나일 강 유역 선사시대 합동조사단의 작업이 큰 역할을 했다. 당시 텍사스 서던메소디스트대학의 프레드 웬더프(Fred Wendorf), 안젤라 클로즈(Angela Close)와 폴란드과학원의 로무알트 실트(Romuald Shild)가 지표조사와 발굴을 하여 북아프리카의 선사시대에 대해 많은 지식이 쌓였다.

조사는 1960년 이집트 정부가 아스완댐 건설을 결정하면서 시작되었다. 연합조사단은 이집트 지질국의 협조를 얻어 댐 건설로 수장될 댐 남쪽에 대해 고고학 조사를 하였다. 1967년 조사단은 아스완 북쪽 나일 강 유역에도 관심을 가져 와디 쿠바니아의 사구 위에서 뗀석기와 갈판을 찾았다. 그러나 아랍-이스라엘 전쟁의 발발과 정치적 혼란 탓에 웬더프 등은 1978년이 되어서야 유적을 발굴할 기회를 얻었다.[18] 그리고 1984년까지 조사하면서 약 50만 년 전까지 올라가는 유물과 함께 최후빙하극성기의 증거를 찾았다.[19]

최후빙하극성기 유적에서 가장 많은 유물이 나왔으며 보존도 잘 되어 있었다. 유적은 주로 사구 위에 있지만, 범람원의 실트 층에서도 유물이 나왔다. 대부분은 수만 점에 이르는 뗀석기로서 대략 2000년 동안 수렵채집민이 이곳을 빈번하게 찾았음을 알 수 있다. 세밀한 발굴과 모래를 체질하여 많은 식물 유체와 물고기 가시와 동물 뼈, 타조알로 만든 염주와, 갈판, 갈돌을 찾았다. 많은 전문가가 참여하여 수년 동안 연구하여 식물과 물고기 종을 동정하고, 사냥과 어로, 채집 활동을 복원했다. 고고학자는 인간행위의 잔적을 세밀히 분석하였고, 메기의 부화 행위와 수렵채집민의 덩이줄기 이용, 나일 강의 홍수 같은 연구에도 주의를 기울였다. 그리하여 최후빙하극성기 유적을 처음 발견한 지 20년 넘게 흐른 1989년 광범위한 연구를 담아 보고서를 출간했다.

와디 쿠바니아의 사구는 서기전 19,000년, 더 이상 해마다 찾는 야영지가 아니었다. 이는 아마도 바람에 날려 쌓인 모래가 계곡의 입구를 막았기 때문일 것이다. 이런 식의 유적 점유와 폐기는 나일 강 전역에서 플라이스토세가 끝날 때까지 이어진다. 조사단은 나일 강 사구와 범람원에서 수많은 석기 산포지를 찾았다. 많은 도구는 와디 쿠바니아에서와 같이 작은 돌날을 잔손질하여 만든 것이다. 그러나 구체적인 제작기법과 세석기의 생김새는 지역과 시기에 따라 다르다. 이처럼 계곡에서 몇 가지 문화전통이 발달했다. 가족과 집단이 나름의 도구 제작 방식을 발전시키고 세대를 거쳐 전수했다는 것이다.[20] 많은 유적에서는 간석기도 나왔으며, 동물 뼈와 식물 유체, 그리고 무덤이 확인되었다. 식생활을 알 수 있는 단서가 나온 곳에서는 모두 와디 쿠바니아와 비슷하게 범람하여 형성되는 연못 환경에 의존하면서 사슴영양을 사냥하고, 수많은 식물 자원을 채집했음을 알 수 있다. 결과적으로 강의 범람에 잘 적응한 경제는 최후빙하극성기가 끝나고도 아간빙기 기후변동이 시작된 서기전 12,500년 즈음까지 이어졌다.

서기전 20,000년 이후 강은 오늘날보다 훨씬 수량이 적었던 탓—아마도 오늘날의 10에서 20% 정도에 불과했다—에 망상하천의 모습을 유지하였다. 오늘날 나일 강은 백나일과 청나일이라는 두 강에서 주된 물줄기가 온다. 백나일은 현재 부룬디(Burundi)에서 형성되어 빅토리아 호로 들어간다. 이 호수는 나일 강의 주요 저수지 역할을 한다. 서기전 20,000년에서 12,500년 사이 호수는 수단 남쪽에서 커다란 사구에 막혀 있어 강의 수량에 전혀 영향을 미치지 못했었다.[21] 청나일 강은 동아프리카 고지대에서 형성되었지만, 서기전 20,000년에서 12,500년까지 우기는 오늘날보다 훨씬 짧았기 때문에 나일 강으로 들어오는 물줄기는 적었다. 고지대에서는 오늘날보다 더 차가운 기온과 초원 환경 탓에 침식의 정도도 높았다. 그리하여 나일 강에는 지금보다 훨씬 더 많은 흙이 떠내려왔을 것이다. 강의 흐름에 흙이 운반되어 범람원의 높이가 올라가 지금보다 무려 30m 높았다고 한다. 백나일 강의 유량이 거의 없었고 동아프리카 고지대의 아주 계절성 높은 강우량에 의존하였기 때문에 강의 연간 유량 증가와 감소의 폭은 오늘날보다 더 컸을 것으로 본다.

하지만 12,700년에서 10,800년 사이 마지막 빙하기의 아간빙기가 찾아오며 모든 것이 변한다. 기온과 강우량이 갑자기 올라가는 것이다. 동아프리카 고지대는 산림으로 덮이고 침식의 정도와 강이 운반하는 퇴적토는 크게 줄어든다. 동시에 유량 역시 크게 증가하는데, 이는 강우량 증가와 함께 백나일 강이 사구를 넘어 흐르게 되었기 때문이다. 이제 강은 범람원에 퇴적토를 쌓지 않고 그 반대, 곧 최후빙하극성기 이후 퇴적된 흙을 침식하며 흐른다. 이는 강가에 살던 사람들에게는 재앙과도 같은 일이었다.

서기전 12,500년 커다란 홍수가 나 이전보다 더 높게 실트층이 쌓이면서 혼란의 시기―이때를 "와일드 나일"이라 부르기도 한다―가 시작된다. 엄청난 넓이의 습지 대와 먹을 수 있는 식물 자원과 영양과 들소가 사는 범람원이 완전히 사라진다. 강은 훨씬 더 좁은 하곡에 단일한 물줄기로 흐른다.

전부는 아니지만 몇몇 강가에 살던 사람들은 분명 남아 있는 야영지, 고기잡이와 사냥터를 두고 싸웠을 것이다. 1960년대 웬더프를 비롯한 고고학자들은 와디 쿠바니아 남쪽 300km 떨어진 곳에서 예벨 사하바(Jebel Sahaba)라 알려진 무덤 유적을 발굴한다. 무덤의 연대는 서기전 13,000년에서 11,000년까지 "와일드 나일" 시기였다. 유적에 묻힌 59구 시신 가운데 24구에 화살촉이 박혀 있고 뼈와 머리에 남아 있는 치명적인 상흔은 폭력적인 죽음을 암시하고 있다. 남자와 여자, 어린이 모두 살해되었다. 인골에 아무런 흔적이 남지 않은 폭력 행위를 고려하면 더 많은 사람들이 잔혹한

죽음을 맞았을 것이다.[22]

이 무덤 유적이 어떤 한 집단이 다른 집단을 몰살시킨 것인지, 아니면 폭력이 만연한 시기 시신이 차곡차곡 묻힌 것인지는 잘 알 수 없다. 그러나 나일 강에 살던 사람들은 그렇게 평화로웠을 수는 없었다. 웬더프는 와디 쿠바니아를 발굴하면서 서기전 21,000년으로 추정되는 무덤 하나를 찾는다. 호리호리하면서도 근육질 몸을 가진 스물에서 스물다섯 정도 나이의 젊은 남자 무덤이었다. 골반뼈에서 돌날로 만든 화살촉 두 점이 나왔기에 화살을 맞아 죽은 것이 분명하다. 오른 팔은 열다섯 살 정도에 부러졌으며(아마도 공격을 방어하다가 생긴), 왼팔에 상처가 아문 자국이 있었다.[23] 와디 쿠바니아의 삶은 러복이 생각한 것보다 그리 목가적이지 않았을지도 모른다. 사람들은 물고기가 알을 낳는 사구와 연못 환경에 접근하기 위해 싸웠을 수 있는 것이다.

서기전 12,000년에서 7000년 사이 고고학 유적은 나일 강 유역에서 아주 희소해진다. 거의 완전한 인구소멸이 이루어진 것처럼 보인다. 이는 아마도 완전히 건조하고 사람이 살 수 없는 환경이었던 서부와 동부 사막 때문에 사망률이 출산율을 앞질렀기 때문일 것이다. 알려진 몇 안 되는 유적으로 보면 잔존 집단이 사슴영양과 들소 사냥에만 의존했음을 알 수 있다. 간석기와 겨울 철새나 물고기의 흔적은 없었기 때문이다. 클로즈는 나일 강 유역의 수백 개 유적을 연구하면서 지구온난화가 나일 강 유역 주민에게 미친 영향을 "엄청난 재앙"이라는 말로 요약한 바 있다.[24]

러복은 최후빙하극성기가 끝나면서 와디 쿠바니아를 떠난다. 카누를 저어 강을 거슬러 올라가 앞으로 닥칠 재앙을 모르는 곳으로 간다. 서기전 12,500년의 홍수와 예벨 사하바의 살육이 있을 때쯤 멀리 아프리카 대륙의 남쪽에 가 있다. 서기전 5000년 나일 강에 돌아왔을 때는 다시 사람들로 가득하여, 다시 한 번 범람원의 식물에 의존한다. 바로 이집트 문명의 토대를 닦은 농경민이다.

루케냐힐에서

동아프리카 경관의 발달과 동물상

20,000 BC 이후

열대지방의 얼음은 참으로 아름답다. 자연의 법칙을 거스르며 사바나 위에 부유하듯이 나타난다. 최후빙하극성기 킬리만자로다. 오늘날 킬리만자로와 마찬가지이다. 러복은 오늘날 케냐 남부의 루케냐힐 정상에 오르며 이렇게 마음을 사로잡을 만큼 아름다울지는 기대하지 않았었다. 이른 아침 하늘은 흔하지 않게 맑았고 산을 덮고 있는 구름 사이로 하얀 정상이 희미하게 보인다.[1]

    킬리만자로엔 키보(Kibo)와 마웬지(Mawenzi)라는 두 봉우리가 있다. 서기전 20,000년 모두 얼음에 덮여 있었고, 얼음은 지금보다도 1000m 아래까지 뻗어 내려와 있었다. 과거 빙하가 있었던 자리엔 얼음이 후퇴하면서 쌓아 놓은 바위와 퇴적물이 남아 있다.[2] 이제 키보만이 얼음에 덮여 있다. 그런데 지금 우리가 겪는 지구온난화가 계속된다면, 앞으로 20년 안에 얼음은 완전히 사라질 것이다.[3]

    그런데 앞으로 벌어질 소멸 때문에 "킬리만자로의 비밀"이 밝혀지고 있다. 바로 서기전 10,000년부터 오늘날까지 열대지방에서의 기후변동 자료가 드러났다. 과학자들은 그린란드와 남극에서와 똑같은 방식으로 얼음코어를 분석하여 기온변화와 강우량에 대한 "대용지표"로서 산소동위원소의 비율 변화를 기록한다. 오하이오주립대학의 톰슨(Lonnie Thompson)이 주도하여 2000년 2월 킬리만자로의 정상에서 얼음코어 6개를 뚫어 2002년 10월 결과를 발표했다.[4]

선사시대를 연구하는 데 의미가 있는 분석 결과로는 서기전 10,000년부터 5000년까지 아프리카의 기후가 오늘날보다 훨씬 습하고 따뜻했음을 들 수 있다. 이는 아프리카의 몬순 기후의 강도가 감소했음을 시사하는 다른 증거와도 일치한다. 연구자들은 서기전 6300년 즈음 수십 년 동안 지속된 가뭄의 증거도 확인했고, 이보다 훨씬 후대—여전히 선사시대—에도 가뭄이 있었음을 알아냈다. 서기전 2000년 즈음의 가뭄은 메소포타미아와 인더스 문명에도 손상을 입혔다. 과거 이런 가뭄의 증거는 의문의 여지가 많았지만, 이제 킬리만자로의 얼음코어 분석으로 열대지방의 기후변동을 더 자세히 알게 되었다. 다만, 불행히도 그 기록은 서기전 20,000년까지는 거슬러 올라가지 못한다.

루케냐힐은 킬리만자로에서 서북쪽으로 200km 정도 떨어져 있다. 젊은 남자 둘이 서 있다. 둘 모두 얼음이 떠다니는 광경에 몸이 얼어붙어 사냥감을 찾아야 한다는 사실을 잊고 있다. 깡마르고 키가 큰 청년은 황갈색 풀 같은 것으로 아랫도리만을 가리고 있다. 한 사람은 흑요석으로 만든 찌르개를 장착한 창을 들고 있다. 주변 평원으로 눈을 돌리면서 같이 온 남자를 넌지시 팔꿈치로 치며 작은 영양떼에 접근한다. 그러다 둘은 돌아서 바위를 기어오르고 가시 돋친 덤불숲을 가로질러 다시 캠프에 돌아간다. 언덕의 커다랗게 튀어나온 바윗덩어리 아래에 자리 잡은 은신처다.

은신처 바닥 중간에는 나뭇가지가 타고 있고 주변엔 수렵채집민 열 명 정도가 있다. 어떤 이는 풀로 만든 자리 위에 앉거나 누워 있다. 어린이들은 목걸이와 허리에 염주만을 걸치고 있을 뿐이고 어른도 별반 다르지 않다. 아직 건강한 중년이지만, 몸은 최후빙하극성기 동아프리카의 혹독한 삶에 황폐해져 늙어 보인다. 박과 화살 주머니가 나무막대기에 걸려 동굴 벽의 틈에 끼워져 있다. 그동안 많은 수렵채집민 동굴을 방문했기에 동굴 안 공기가 쾌쾌하고 연기가 자욱할 것이라 예상한다. 그런데 작은 나무 그릇 안에 나뭇잎을 으스러뜨리자 부드러운 재스민 향이 난다.

젊은 남자가 가져온 소식에 무리는 즐거워한다. 한 남자가 창을 점검하며 찌르개에서 아주 작은 격지를 떼어 내고, 다른 이는 나무창이 바르게 날아가도록 손질한다. 나무 자루를 매달고 돌날을 박은 칼도 허리띠에 찬다. 붉은 물감을 담은 돌 팔레트에 손가락을 묻히고 뺨에 붉은 칠을 한다. 사냥꾼들은 흩어져 루케냐힐의 가장자리와 경사면을 따라 나선다. 동물은 이 덫과도 같은 곳을 지나갈 것이고, 사냥은 성공할 것이라 확신에 차 있다. 사냥꾼은 나무 뒤에 숨어 기다린다. 주변 땅바닥엔 석기 조각이 흩어져 있으며, 풍화된 뼈도 몇 개 있다. 경사면은 분명 그동안 수차례 매복 사냥과 도살에 이용되었던 지점이다.

아무것도 모르는 짐승이 이곳을 지나간다. 사람 냄새를 맡고는 길을 멈추자, 한 사람이 일어나 창을 던지고 동물은 깜짝 놀라 흩어진다. 세 마리가 사냥꾼들이 기다리고 있는 길목으로 달려간다. 두 마리는 잡혔고, 한 마리는 부상을 당한 채 도망친다. 사냥꾼은 동물의 사체를 끌고 온다. 그리곤 해체하여 내장을 떼어 내고 어깨에 짊어진다. 크기가 작아 통째로 짊어질 만하다. 자세히 동물을 보면서도 어떤 종인지 판별하기 힘들다. 사실 누와 영양을, 그리고 톰슨가젤과 딕딕(작은 영양), 오리비영양, 스타인복, 다이커영양을 구분할 수 있다손 치더라도, 여전히 지금 용어로 표현할 수는 없을 것이다.

루케냐힐은 길이가 8km, 너비가 2km 정도의 바위산이다. 커다란 화강암 바위 위에 흙과 관목이 자라고, 케냐의 아티카피티(Athi-Kapiti) 평원에서 200m 정도 솟아 있다. 바위그늘, 튀어나온 바위 아래, 바닥의 빈터에서는 많은 고고학 유적이 알려져, 1970년대 초부터 간간히 발굴이 이루어졌다. 이를 근거로 최후빙하극성기와 그 이후 시기 동아프리카의 삶을 그릴 수 있다.

가장 최근의 연구는 미국 로렌스대학 인류학과 쿠심바(Sibel Arut Kusimba)의 조사를 들 수 있다.[5] 쿠심바는 GvJm62—앞의 네 글자는 케냐의 국가 기준선망을 나타내는 부호—라는 바위그늘을 발굴한다. 이 유적, 그리고 GvJm46, 16, 19, 22 등 다른 네 유적에서 나온 방사성탄소연대는 최후빙하극성기 직후의 시기였다. 다만 쿠심바는 유적 가운데는 절대연대보다 더 오래된 것이 있다고 생각한다.[6]

루케냐힐에서 나온 동물 뼈 조각들은 스토니브룩대학의 커티스 머린(Curtis Mar-ean)이 분석했다. GvJm46 유적에서 가장 많이 나왔지만, 대부분 조각난 상태로 길이가 2cm를 넘는 것은 거의 없었고, 종을 동정하기는 어려웠다. 다만 머린은 치아의 크기와 생김새에 근거하여 사자와 땅돼지, 개코원숭이, 토끼 같은 오늘날까지 여전히 아프리카에 살고 있는 수많은 종을 판별했다. 그러나 다수는 현재 생존하고 있지 않은 동물의 것이었다. 짧고 거친 풀을 뜯는 환경에서 진화한 작은 영양 종류의 치아였다. 남아 있는 치아는 많이 닳아 있는 것으로 보아 거친 풀을 뜯으며 땅에서 아주 많은 모래도 씹었음을 알 수 있다.

이런 작은 영양 종류는 홀로세 유적에서는 나오지 않기 때문에 지구온난화로 지형경관이 바뀌며 절멸했으리라 보인다. 환경변화로 일런드영양, 임팔라, 가젤이 좋아하는 습기 있는 풀이 많아졌다. 머린은 새로운 종의 존재를 발견하고 6년이 지난 1997년『네이처』에 글을 쓰면서 이런 작은 멸종한 영양 종을 명명하기엔 아직 섣부르다고 하였다. 물론 그럴 수도 있지만, 20,000년이란 세월은 기다리기엔 너무 긴 시간이기도 하다.[7]

루케냐힐에서 그런 작은 동물의 뼈가 플라이스토세 유적에서는 보이지만, 홀로세 유적에서는 나타나지 않는다는 사실은 서기전 20,000년에서 12,500년 사이 동아프리카 경관이 오늘날보다 훨씬 건조했음을 말해 준다. 루케냐힐에서 나온 다른 세 동물종의 뼈도 많은 시사점을 준다. 오릭스영양과 그레비얼룩말이 여전히 살고 있었는데, 다만 루케냐힐 주변보다 훨씬 건조한 경관에서만 생존했다. 이와 함께 자이언트버팔로 역시 최후빙하극성기 루케냐힐 주변—아프리카의 다른 여러 지역과 마찬가지로—의 건조하면서도 키 큰 풀이 자라는 환경에 서식했다. 이 세 동물종은 명명되지 않은 작은 영양 종류와 함께 기후변동을 견디지 못하고 서기전 12,500년이 되면 남쪽과 동쪽 아프리카에서 절멸한다. 다만 북쪽지방에서는 이후로도 몇천 년을 더 생존한다. 이런 동물은 모두 루케냐힐 주변이 습한 초원환경으로 변모하면서 사라진다.[8]

러복은 루케냐힐에 도착하기 오래전 이미 최후빙하극성기 동아프리카의 기후가 춥고 건조했음을 알았다. 나일 강 카누 여행을 마친 뒤엔 먼지바람을 맞으며 에티오피아 고지대를 가로질렀다. 오늘날 우리가 보듯이 낮은 경사면에 나무가 자라지 못하는 환경이다. 그리곤 투르카나 호수의 서안을 따라가며 비가 오지 않아 수위가 낮아졌음을 본다. 그럼에도 바다처럼 푸른 물과 주변의 초원은 플라밍고와 펠리컨, 다른 많은 새들의 천국이다. 밤에는 사슴영양과 얼룩말, 영양이 물을 먹으러 찾아오고, 식육동물도 사냥하러 찾아온다. 러복은 호수를 떠나 서쪽으로 800km를 걸어 대륙의 중심부에 들어간다. 건조한 초원지대는 관목이 자라는 사바나가 되었고, 후일 콩고 분지의 열대우림지대로 바뀐다.

중앙아프리카의 호요 산(Mount Hoyo) 석회암괴에는 40개에 이르는 동굴이 있으며, 이 가운데 하나가 마투피(Matupi) 동굴이다.⁹ 동굴 안은 넓고 낮은 벽이 앞부분의 요리공간과 통로로 연결된 어두운 내부를 나누어 놓고 있다. 화덕자리와 간석기, 뒤지개, 창, 활이 어지럽게 흩어져 있고, 쓰레기는 그냥 바닥에 버린 뒤 가끔 옆으로 치우는 것 같다. 사람들은 타조알 껍데기로 만든 치레걸이를 걸고 있고 몸에 붉은 칠을 하고 있다. 사람들은 사바나에서 영양을 추적하여 사냥하고, 서쪽 20km부터 펼쳐지는 숲으로 식량을 구하러 나선다. 사냥꾼들은 호저와 거대한 멧돼지를 잡아 의기양양하게 돌아오고 동굴에 남아 있던 어린이들은 반가움에 뛰어나간다. 때로 여성은 돌을 잘 장식하고 구멍을 뚫어 매단 뒤지개로 덩이줄기를 캔다.

마투피 동굴 사람들은 가까운 호숫가에 어로를 위한 캠프를 차리기도 한다. 유적은 이샹고(Ishango)¹⁰라고 알려져 있다. 러복은 루케냐 여행을 마치고 동아프리카의 건조한 땅으로 돌아가 오늘날 빅토리아 호숫가로 향한다. 호수 수위는 낮아져 있고, 왜가리가 호수 바닥을 훑고 있고, 후일 과학자가 진흙 코어 샘플을 채취해 호수의 역사를 연구한다.

마투피 동굴의 수렵채집민은 동굴 안에 수많은 석기와 세석기, 돌판과 동식물 유체와 함께 뒤지개를 버린다. 서기전 3000년 이 유물들은 모두 새로이 들어온 철기를 사용하는 사람들이 남긴 흔적 아래에 고스란히 묻힌다.

레이던대학의 반노튼(Francis van Noten)은 1974년 이 유적을 발굴했다. 아래층에서는 영양과 혹멧돼지, 타조 같은 사바나 동물의 뼈가 호저, 멧돼지 뼈와 같이 나왔다. 반노튼은 뼈와 수많은 뗀석기 가운데에서 땅을 뒤지는 데 썼던 막대기에 매달았다고 생각되는 장식된 돌 조각을 찾았다. 철기시대 층에서는 두터운 숲에서 사는 호저와 몽구스, 자이언트박쥐 등 상당히 다른 동물의 뼈가 나왔다.

마투피 동굴에서 나온 동물 뼈는 어떻게 중앙아프리카의 열대림이 최후빙하극성기와 그 직후의 시기 동안 변모하였는지 가늠하게 해 준다. 남아메리카와 동남아시아의 열대림은 최후빙하극성기 동안 그대로 존속했지만, 아프리카의 열대림은 크게 줄어들어 넓은 지역이 사바나와 반사막 지대로 변하였다. 이 같은 식생변화는 동굴 안과 호수 퇴적층의 화분분석에서도 확인된다. 분석에 따르면 오늘날 숲으로 덮인 지역이 과거 초원이었다고 한다. 숲의 땅 밑을 파면 과거 사바나 모래가 드러난다.

그럼에도 콩고 분지 중부의 숲은 혹심한 건조기를 견디고 살아남았다. 이렇게 회복력이 좋은 숲은 동식물 종의 피신처가 되고 오늘날까지도 아주 다양한 동식물상을 유지하고 있다. 홀로세가 시작되며 비가 많아지자 식물과 동물 중에는 최후빙하극성기 사바나와 반사막이었던 곳을 다시 점유하기 시작했다. 마투피 동굴 같은 지점은 숲으로 둘러싸이고 이런 환경변화는 퇴적층에서도 나타난다. 홀로세 초의 숲은 오늘날보다 훨씬 큰 지역을 포괄하였다가 서기전 5000년 즈음 강우량이 떨어지면서 수축되었고 이제 사람들이 아프리카의 환경변화를 주도하고 있다.[11]

루케냐힐 덤불숲에서 이름 모를 작은 영양을 본 지도 몇 주가 흘렀다. 러복은 해가 뜨고 한 시간이 되지 않아 사냥감을 찾아 동굴을 떠나는 사냥꾼 셋을 따라나선다. 사냥꾼은 천천히 그리고 조심히 사바나의 나무숲을 가로지른다.[12] 잎과 가지를 야금야금 먹는 동물의 신호와 발자국, 배설물, 잠자리와 덤불에서 나는 소리에 주의를 기울인다. 그러면서도 사냥에 집중하지 못하고 한눈을 팔기도 한다. 바오밥나무의 구멍 주변에서 맴도는 벌을 보면서 한참을 멈춘다. 커다란 규암 자갈돌을 찾아 깨뜨려 날카로운 격지를 만들고 불꽃을 내면서 불을 일으키고 벌을 쫓으니 구멍이 드러난다. 벌꿀과 벌집, 애벌레를 찾는다. 사냥꾼들은 가져갈 수 있는 것보다 훨씬 많은 양을 얻는다. 꿀을 실컷 먹은 뒤 낮잠을 잔다. 물떼새가 평지를 맴돈다. 새들은 곧 북쪽 툰드라로 돌아갈 것이다.

다시 얕은 수원지에서 물을 먹고 목욕을 위해 또 멈춘다. 한 시간을 더 걸어서 사냥꾼들은 우연히 마주친 산딸기류 열매를 따먹는다. 이제 러복은 흰개미떼를 지켜본다. 그러면서 아프리카의 과거가 개미의 배 안에 있었다는 말을 되새긴다.[13] 그런 다음 한낮엔 사냥꾼들을 따라 천천히 굽이굽이 길을 걸어 캠프로 돌아온다.

오늘날 세계에서 몇 안 남아 있는 수렵채집민에 속하는 동아프리카의 하드자(Hadza) 족은 이런 식으로 하루를 보낸다. 나는 루케냐힐의 동굴에서 서기전 20,000년 전 살았던 사냥꾼들의 삶도 별반 다르지 않았으리라 생각한다. 하드자 족은 1960년대부터 연구되기 시작했다. 분명 현대 생활방식의 영향을 받았으나 최후빙하극성기의 생활이 어떠했는지 비추어 볼 수 있는 것도 사실이다.[14]

루케냐힐 주변의 선사시대 경관은 하드자 족이 살고 있는 건조하고, 가시 돋친 덤불과 아카시아 나무, 체체파리떼가 만연한 사바나와 비슷했을 것이다. 비록 북쪽지방의 매머드 스텝과 마찬가지로 최후빙하극성기 동안 아프리카 경관과 똑같은 현대의 환경을 찾을 순 없겠지만 말이다. 이는 현재 아프리카의 드넓은 초원은 기후변동에 따른 인간 활동의 산물이기 때문이다. 정기적으로, 그리고 의도적으로 불을 일으켜 초원을 태운다. 아마 유목민이 이런 행위를 수천 년 동안 했을지도 모른다.

풀밭에 불을 질러 섬유질이 강하여 염소와 소가 먹기 힘든 오래된 식물을 정리하고 새로운 싹의 성장을 도움으로써 더 많은 동물에게 먹이를 준다. 많은 동물이 풀을 뜯음으로써 키가 큰 풀이나 나무, 덤불의 성장은 더 어려워진다. 또한 화재는 사람과 소의 수면을 방해하는 체체파리를 줄이는 역할도 한다. 화재와 방목이 없으면, 덤불과 나무가 자라고 그 아래에서 크고 거친 풀이 무성해진다. 자연화재도 최후빙하극성기에 일어났을 것이지만, 빈번하지 않았을 것이기에 식생에 비슷한 효과를 내지는 못했을 것이다. 서기전 2000년 즈음 동아프리카에 유목민이 등장하기까지 루케냐힐 주변의 경관은 높고 거친 풀밭과 덤불, 그리고 오늘날보다 나무도 많았을 것이다.[15]

이런 미묘하게 다른 지형경관에서도 오늘날과 비슷한 동물과 식물성 식량이 있었을 것이다. 그렇다고 루케냐힐의 사람들이 오늘날 하드자 족과 비슷하게 살았다는 것은 아니다. 다만 서기전 20,000년 즈음에 살았던 사람들은 어떤 사냥감을 추적할지, 어떤 식물을 채집할지에 대해 똑같은 방식으로 선택을 해야 했을 것이다. 머린이

지적했듯이, 매복하여 사냥하는 일은 비가 거의 오지 않아 동물이 물을 찾아 이동하는 특정한 계절에만 가능했을 것이다. 그렇지 않을 때 사냥은 주로 동물 개체를 찾아 추적하든지, 아마도 오늘날 하드자 족과 같이 어둠이 찾아올 때 식육동물의 사냥감을 약취하는 방식으로 이루어졌을 것이다.

러복은 두 방법 모두를 써서 사냥에 참여해 본다. 여자들과 함께 뿌리와 덩이줄기, 구근이나 산딸기 열매, 잎을 채집하는 일보다는 남자들과 사냥을 하며 시간을 보내기를 즐긴다. 루케냐힐 사람들은 필요한 칼로리를 식물성 식량에서 더 많이 얻지만, 고기야말로 모든 이가 원하는 음식이다.[16] 덤불에서나 초원에서 사냥꾼들은 늘 공중을 맴도는 독수리와 하이에나의 소리에 주의를 기울인다. 어떤 경우든 동물 사체를 얻을 수 있는 기회이기 때문이다. 하루는 사자들이 새로 사냥한 얼룩말을 먹고 있는 모습을 대면했다. 소리를 지르고 돌을 던졌지만, 사자는 의연했다. 그러나 화살을 날리자 사냥감을 두고 떠났다.

하루는 밤 사냥을 위해 루케냐힐의 동굴에서 오후 늦게 출발했다. 초원에서 구름과 멀리 있는 산맥 사이에 좁은 고리처럼 드러난 지는 햇살에 거미줄이 반짝인다. 두 시간을 걸어 바윗덩어리가 대략 지름 3m의 둥그런 수원지로 가는 동물의 길목이 자리한 곳에 도착한다. 모래에 많은 발자국이 있는 것으로 보아 일상적으로 이용되는 곳이다.

불을 놓고 숨어서 타는 것을 지켜본다. 가끔씩 불어오는 밤바람에 타다 남은 잉걸에 불이 붙기도 한다. 사냥꾼들은 오는 길에 산딸기류 열매를 먹었으며, 바위에 화살을 세워 두고 앉아서 쉰다. 달이 뜨자 밖에서 쭈그리고 앉아 사냥감을 지켜보려 한다. 끝없이 울어 대는 매미소리에도 숨어 있던 사냥꾼들은 동물이 다가오는 것을 알아차린다. 몇 분이 흐르고 임팔라 세 마리에 화살을 쏜다. 하나는 옆구리에 맞았고, 다른 둘은 화살을 피해 도망친다. 사냥꾼들은 다시 돌아와 잠을 자고 새벽이 되어서야 화살을 맞은 짐승을 찾아 나선다. 흘린 피 흔적과 부러진 가지, 발자국을 몇 시간 동안이나 추적하여 피로 얼룩지고 뭉개진 풀밭을 만난다. 거의 죽어 가는 임팔라는 표범이 가져가고 보이지 않는다. 사냥꾼들은 다시 한 번 빈손으로 루케냐힐에 돌아오고 싶지 않아서 맥석영 돌덩어리 몇 개라도 주워 온다.

사냥이나 식물 채집 여행에서 맥석영 돌덩어리를 찾기는 어렵지 않다. 이 돌은 루케냐힐에서 가장 널리 사용되었다.[17] 처트와 흑요석도 쓰였지만, 쿠심바는 유적에서 출토된 석기군을 연구하면서 실제 이런 석기가 아주 적음을 알게 되었다. 뗀석기 제작에서 처트나 흑요석이 더 훌륭한 암석이지만, 얻기가 어렵다. 루케냐힐에서 가장 가까운 처트 산지는 5km 떨어져 있는 강변이다. 이곳에서는 작은 흑요석 조각도 구할 수 있지만, 쓸 만한 흑요석 덩어리는 서북쪽으로 150km 떨어진 중앙협곡지대, 또는 서쪽으로 65km 떨어져 있는 급경사면에서 얻어 와야 한다. 원산지마다 특수한 화학 조성을 가지고 있기 때문에 흑요석 격지 대부분이 가까운 강변이 아니라 먼 산지에서 구해 온 것임을 알 수 있다.[18]

맥석영과 처트, 흑요석 덩어리는 많은 도구를 만드는 데 쓰였다. 세석기도 흔한 유물 형식이다. 큰 격지의 가장자리를 잔손질해 고고학자들이 긁개라 부르는 도구를 만들고, 밀개를 만들어 한쪽에 자루를 댄 다음 가죽을 손질하는 도구로 사용한다. 끝이 끌 같은 생김새를 가진 도구는 새기개라 불린다. 이런 식으로 루케냐힐 사람들은 서기전 20,000년에서 10,000년 사이 세계의 다른 사람들처럼 다양한 뗀석기를 만들었다. 물론 부채꼴 긁개와 같이 특이한 형태의 석기도 있다.

러복은 이제 루케냐힐에서 서남쪽으로 250km를 가서 물이 흐르지 않는 냇가에 앉아 있다. 시간은 흘러 서기전 19,000년, 아프리카 경관은 아직도 건조하다. 여름비가 내리면 강이 흐른다. 바람에 날려 온 실트층과 재층 사이에 비가 와 홍수에 쓸려 온 흙이 쌓인다. 마지막 비는 한 달 전에 내렸고, 하곡은 불규칙하여 군데군데 못이 있는데, 마실 수 있는 물보다는 하마의 오줌이 더 많은 것 같다. 이것도 곧 사라지고 흙만 남는다.

러복은 올두바이 협곡(Olduvai Gorge)에 머문다. 이곳은 리키 가족이 인류의 기원을 찾는 연구로 유명한 유적이다. 냇물이 운반한 실트와 모래는 바람에 날려 온 화산재와 함께 이곳에서 가장 늦은 시기 퇴적층, 곧 나이시우시우 베드(Naisiusiu Beds)가 된다. 이 지층은 협곡과 가까운 세렝케티 초원에서 형성되어 그 아래 200만 년이나 되는 지질층을 덮고 있다.[19]

러복은 바위 위에 앉아 두 남자가 새벽에 매복하여 세석기를 꽂은 화살로 잡은 영양을 도살하는 장면을 본다. 이른 아침 햇살을 즐기기도, 맥석영 몸돌을 깨뜨려 돌날을 만들기도 한다. 그러다 한 남자가 기름기에 돌 격지가 미끄러져 자신의 허벅지를 찌르자 욕설을 내뱉는다. 피가 나고 손으로 상처를 움켜 보지만 계속 흐른다. 남자가 드러눕자 젊은 여자는 잽싸게 치료 식물을 찾으러 떠난다. 몇 분이 지나 즙이 흐르는 잎을 가지고 나타나 상처에 휘감아 두른다. 즙이 상처에 들어가고 효과가 있어 피가 멈춘다. 남자를 그늘 아래로 데리고 가서 피 묻은 다리와 손을 물로 씻는다.

도살이 끝나자 무리가 떠난다. 상처 입은 남자도 부축하여 걷고 다른 이들이 고기를 운반한다. 러복은 사람들이 떠난 자리를 내려다본다. 격지와 원하지 않은 세석기들, 그리고 내장 부위, 영양의 발과 머리가 흩어져 있고, 영양과 남자가 흘린 피도 얼룩져 있다.

세석기와 격지, 부러진 뼈는 1931년 루이스 리키(Louis Leakey)가 발견하고 부분적으로 발굴했으며, 1969년 아내 메리 리키가 전면 발굴한다. 그늘진 곳은 도살에 흔하게 이용되었기 때문에 다른 유물들도 나왔다. 리키 가족은 도구 수백 점과 많은 동물의 뼈를 찾았는데, 모두 루케냐힐에서 나온 동물 뼈처럼 조각나 있었다. 도살 이후 하이에나가 찾아와 버려진 뼈를 물었으리라 생각된다. 홍수가 나서 석기가 이동했고, 남아 있는 것은 실트층에 덮였다. 나무로 만든 유물이나 바구니, 가죽 주머니 같은 것은 잊히고, 부식되어 사라졌다. 리키 가족이 발굴한 흔적은 서기전 19,000년 몇몇 사람들이 올두바이 강가에 앉아 사냥감을 도살했다는 정도 말고는 별다른 사실을 알려주지 못한다. 다만 사람들은 그곳에 오래 머물지 않았을 것이며, 흑요석은 200km 떨어진 산지에서 구해야 했기에 아주 넓은 지역을 이동했을 것이라 생각된다.

하지만 치료 식물을 이용했는지는 잘 모른다. 나는 그랬을 것이라 생각하는데, 산세비에리아라 불리는 즙이 있는 식물은 협곡에서 자란다. 지역 이름은 올두바이인데, 그것이 협곡의 이름이 되었다. 리처드 리키는 이 식물의 치료 효과에 대해서 말하면서 협곡의 유목민들, 그리고 리키 가족도 야외조사에서 사고가 나면 사용했다고 한다.[20] 즙은 소독제의 역할을 하고, 상처를 묶으면 자연 붕대의 역할을 할 수도 있다.

리처드는 산세비에리아가 현대의 약품보다 효과가 좋다고 생각하며, 이곳에 200만 년 전에 살았던 초기 인류가 이 식물의 특성을 알았는지 궁금해한다. 이에 대해서는 알 수 없는 노릇이지만, 최후빙하극성기 직후 올두바이 협곡에서 사냥을 했던 현생인류는 분명 잘 알고 있었을 것이다.

48

개구리 다리와 타조알

칼라하리 사막의 수렵채집민

12,500 BC

거미줄. 풀이나 갈대 사이에 아무렇지도 않게 매달려 있지만, 메마른 모래 굴을 가로질러서는 두껍게 엮여 있다. 그 옆에 두 여자가 쪼그려 앉아 있다. 러복은 왜 이 사람들이 그토록 기뻐하는지 궁금하다. 그저 성긴 줄기를 찾아 덩이줄기를 얻으려 하거나 더 두껍고 속이 빈 줄기 안에서 먹을 수 있는 유충을 찾는 줄 알았다. 그러나 두 사람은 이것들을 무시하고 덤불을 옆으로 치운 다음 땅 바닥에서 굴을 찾는다. 뒤지개를 구멍에 집어넣어 거미줄을 없앤 다음 땅을 파기 시작하고 거미는 총총히 사라진다. 모래가 습기를 머금은 듯하자 구멍에 손을 집어넣어 식사거리를 끄집어낸다. 그리곤 물기 전에 재빨리 막대기로 내리친다. 황소개구리다.

시간은 서기전 12,500년. 러복은 보츠와나의 칼라하리 사막 서부 게이하바 (Gcwihaba)밸리에 와 있다. 그날 아침 일찍 도착하여 야영지에서부터 두 여자를 따라 길을 나섰다. 마른 하천을 따라서 관목 숲으로 들어간 다음 먹을 것을 찾기 시작했다. 거미줄이 쳐진 구멍 속에는 황소개구리가 잠을 자고 있을 수 있음을 알고 있다. 칼라하리 거미는 황소개구리가 파놓은 굴을 이용하여 거미줄을 친다.

두 여자는 가까운 덤불에서 다른 거미줄이 있는지 찾는다. 짧고 검으며, 곱슬곱슬한 머리를 가지고 광대뼈가 튀어나온 얼굴에, 코코아색 피부를 가지고 있다. 얼굴과 허벅지엔 의도적으로 상처를 낸 평행한 선이 붉게 부풀어 올랐다. 목과 팔에는 하얀 염주 몇 가닥을 빼고는 하얀 망토와 작은 술이 달린 앞치마만을 걸치고 있을 뿐이다.[1]

한낮이 되자 바구니 안에는 황소개구리 여덟 마리가 담긴다. 두 사람은 오늘날 드로츠키(Drotsky's) 동굴 밖에 있는 야영지로 돌아간다.[2] 남아 있는 사람들은 앉아 있거나 밖에서 일하고 있다. 두 남자가 뼈로 자루를 댄 맥석영 밀개로 가죽을 손질하고 있고, 나이 든 여자가 앉아 식물 섬유질을 꼬면서 말을 걸고, 아이들은 막대기를 가지고 논다. 동굴 안에선 나이 많은 남자가 불을 피우고 있다. 두 여자가 돌아오자 모두 하던 일을 멈추고 무얼 가져왔는지 보러 모여든다. 얼마 지나지 않아 황소개구리를 모닥불의 뜨거운 돌 위에 올려놓고 요리를 한다. 작은 개구리는 바싹 구워 나무공이로 갈아 죽을 만들어 먹는다.[3] 큰 것은 찢어 모인 사람들이 나눠 먹는다. 어른들은 대부분 개구리 다리를 집어 들고, 부드러운 뼈는 고기와 함께 으드득 씹어 먹는다. 껍질과 눈만을 조금 먹고는 머리는 재에 던져 버린다.

러복도 개구리 다리 하나를 집어 들고 먹어 보니 맛도 좋고 포만감도 준다. 개구리 다리뼈를 씹으며 선사 여행을 하면서 서기전 12,500년 즈음 세계 어느 곳에서 먹은 음식을 생각해 본다. 아인말라하에서 야생 밀로 만든 빵, 크레스웰 크랙스에서 북극 토끼 고기, 몬테베르데의 볼도 나무 잎으로 만든 차, 쿨피마라 동굴에서 도마뱀과 무화과를 맛보았다. 서기전 19,000년 올두바이 협곡에서 시작한 여행도 생각난다. 하지만 땅은 계속 건조하여 오늘날의 탄자니아, 잠비아, 짐바브웨까지 여행하는 동안 사람들이 별로 살지 않았기에 이곳의 인류역사에 대해 별다른 기억이 없다. 만약 이 넓은 지역에 사람들이 살고 있었다면, 그것은 아마도 해안이었거나 호수 주변의 먹을 것이 많은 초원지대일 것이라 생각한다. 러복도 여행하면서 사람들을 끌어들일 만한 곳을 돌아다녔지만, 보이는 것이라곤 그저 더 좋은 사냥터로 가는 길에 일시적으로 머물렀던 캠프에 불과했다.

오늘날 짐바브웨 서부 마테벨레란드(Matebeleland)의 수많은 바위그늘과 동굴이 있는 구릉지대를 예로 들 수 있다.[4] 러복은 이곳의 많은 동굴을 둘러보며 바닥에 석기가 흩어져 있는 곳도 보았다. 그러나 와디 쿠바니아, 루케냐힐과는 사뭇 다르게 조금만 묻혀 있었다. 이 구릉지대를 완전히 버리지는 않았다. 러복은 사냥꾼 두 명이 동굴 안에서 밤을 지낼 캠프를 꾸리고 있는 것을 보았다. 돔처럼 생긴 지붕이 있고, 강물이 흐르지 않는 작은 계곡을 굽어보고 있다. 러복도 불가에 앉아 사냥감을 찾지 못하고 있는 사냥꾼들과 마찬가지로 배고픔을 느끼고 있다. 다음날 일어나 보니, 사냥꾼들은 그저 재와 석기 몇 점만을 흘리고 떠났다.

구릉지대에 위치한 동굴은 최후빙하극성기가 오기 훨씬 전에는 많은 수렵채집민들이 이용한 보금자리였으며, 홀로세가 시작되고서도 마찬가지이다. 마토포스(Mato-pos) 유적에서는 100,000년까지 올라가는 점유 층이 나왔는데, 작은 돌날이 아니라 커다란 격지로 만든 석기가 만들어지던 때였다. 마토포스 유적에 대해서는 최근 웁살라대학의 워커(Nicholas Walker)가 최후빙하극성기에서 현재에 이르는 시기에 집중하여 조사한 바 있다. 워커는 홀로세 수렵채집민의 점유 증거를 풍부히 담고 있는 몇몇 동굴을 찾았는데, 돔처럼 생긴 포몬그웨(Pomongwe) 동굴에서만 서기전 20,000년에서 10,000년 사이의 점유 흔적이 나왔다. 워커가 찾은 석기는 임시적으로 서기전 13,000년 이전으로 편년할 수 있을 뿐이다.[5]

마토포스에서 인간 점유의 역사는 사하라 남부 아프리카 전역의 역사를 비추어 준다. 고고학 유적의 수가 희소하기 때문에 이 드넓은 지역은 최후빙하극성기와 그 직후 시기 동안 사람들이 살지 않았을 것이라 추정할 수밖에 없다. 사람들이 있었다면, 아주 작은 무리를 이루며 이동성이 높은 생활을 했을 텐데, 가까운 과거 시기 사막에 적응한 칼라하리 부시먼을 사례로 들 수 있다. 늘 이동생활을 하며 흔적은 별로 남기지 않는다. 내 생각으로 대륙의 상당 부분에는 사람들이 살지 않았을 것이다. 춥고 건조한 조건은 분명 유아사망률을 높이고 여성의 출산율을 낮춤으로써 인구감소를 불러왔을 것이다.

드로츠키 동굴에는 사람들이 살고 있다. 동굴이 있는 곳은 상대적으로 플라이스토세, 그리고 이어지는 홀로세에 건조한 환경조건이었던 아프리카 대부분 지역의 추세와는 다른 듯하다. 게이하바벨리는 이와 정반대였다.

모래의 얕게 파인 곳에 우윳빛 공 열 개가 모여 있다. 세 사람으로선 게이하바밸리를 둘러싼 낮은 바위 구릉지대로 떠나는 사냥 여행에서 기대하지 않았던 반가운 발견이다. 그때까지는 별달리 얻은 게 없었다. 토끼 발자국을 따라 구멍을 찾았고 야행성 동물이 잠을 자고 있을 것이라 생각했었다. 사냥꾼들은 적어도 2m는 되어 보이는 반듯한 가지를 찾아 관목 숲으로 갔다. 이 막대기를 굴 안에 집어넣어 동물이 있는지 살펴본다. 한 사람이 막대기를 있는 힘껏 집어넣어 동물이 움직이지 못하게 하자 다른 사람이 땅을 파기 시작한다. 거친 갈색 털을 가진 토끼가 드러나고, 막대기에 막혀 움직이지 못한다. 그러나 바위를 치우고 제대로 한방을 날리려 할 때 막대기가 부러지고 토끼는 도망친다. 토끼가 뛰자 실망과 함께 놀라움도 찾아온다. 먹을 것을 잃었지만, 잽싸게 모래밭을 뛰는 동물에 감탄하지 않을 수 없다.

그날 우연히 타조알을 찾은 것은 커다란 보상이었다. 바닥에 놓인 알을 부드럽고도 확실하게 내리친다. 이로써 그 안에 들어 있는 배아를 죽인다.[6] 사냥꾼은 각자 알 세 개씩을 회수하고, 누군가 남은 하나를 가져간다. 알은 무겁다. 드로츠키 동굴까지 가는 길에 몇 번을 쉰다. 신선한 배설물도 그대로 채집한다. 사냥꾼이 돌아오자 모두가 몰려들어 알을 만지고 바로 요리에 들어간다. 알 두 개는 조심스럽게 반으로 갈라 요리 그릇 네 개가 되고, 내용물은 나무 그릇에 담는다. 배설물로 새로 만든 그릇의 바닥에 두껍게 옷을 입히고 뜨거운 돌 위에 놓는다. 남아 있는 알에는 조심스럽게 구멍을 뚫어 내용물을 쏟아 내고 요리한다. 타조알 오믈렛이다. 달걀보다 더 강하고 거친 느낌이며, 모두가 같이 먹는다.

러복은 며칠 동안 타조알이 어떻게 쓰이는지 본다. 요리 그릇은 불에 태워진 채 불가에서 깨진다. 이렇게 드로츠키 동굴에서 음식과 다른 폐기물이 쌓인다. 며칠마다 화덕을 청소하면서, 재와 불에 탄 뼈, 조개, 숯덩이를 동굴 속 깊이 던진다. 그대로 남아 있던 타조알 가운데 세 개를 빼고는 모두 물에 씻어 아로마향을 입혀 썩은 내를 지운다. 풀로 덮개를 만들어 알껍데기를 물그릇으로 쓰기도 한다. 남은 세 알껍데기로는 염주를 만든다. 나이 든 여자―타조알을 맨 처음 찾은 남자의 어머니―가 알을 깬 다음 세석기를 장착한 도구를 돌려 구멍을 뚫는다.[7] 구멍이 뚫리자 염주를 실에 꿰어 돌에 갈아 부드럽게 만든다. 여자도 그런 염주를 많이 차고 있으며, 딸과 캠프에 있는 손녀에게 준다.

선사시대 세계 전역에서 이미 많은 경험을 했듯이 드로츠키 동굴의 사람들에게 음악과 노래, 춤은 아주 중요하다. 놀이도 그러한데, 여성과 여덟에서 열두 살 사이 어린이들 사이에 가장 흔하다. 러복은 이런 놀이를 보는 것이 즐겁지만, 어떻게 하는 것인지 혼란스럽다.

물론 서기전 12,500년 칼라하리 사막의 드로츠키 동굴 밖에서 어떤 놀이가 있었는지를 알 수는 없다. 그러나 여기에서 불과 몇 km 떨어진 곳에서 1952년 쿵 부시먼이라 알려진 은야이은야이(Nyae Nyae) 족의 연구에서 로나 마셜(Lorna Marshall)은 놀이를 관찰했다. 마셜은 이전에 정규 과정에서 인류학을 공부하지는 않았지만, 은야이은야이 족에 대한 중요한 연구를 남겼다.[8] 어떤 놀이에서는 어린이들이 비가 올 때 계곡에서 알을 낳기 위해 모여드는 황소개구리 흉내를 냈다고 한다.

1952년 마셜이 이 놀이를 보았을 때 아이들은 둥그렇게 서로를 보며 앉은 다음 한 소녀가 엄마로 선택되고 막대기로 다른 사람들의 발목을 툭 치는 것으로 시작한다. 그렇게 막대기에 맞으면 뒤로 거꾸러지면서 자는 척한다. 모두가 누울 때 소녀가 자신의 머리카락 몇 개를 뽑아 원의 가운데에 있는 상상의 모닥불 위에 올려놓는다. 이는 소녀가 요리하는 개구리를 표현한 것이다. 충분히 요리가 되었을 때 다시 막대기로 갖다 대면 아이들이 다시 엄마 주변으로 모여든다. 바삭하게 요리된 개구리를 갈아서 나눠 주기 위해 공이와 절구를 가져오라고 하지만, 모두 거절한다. 놀라는 표정을 지으며, 엄마를 연기하는 소녀는 스스로 나선다. 엄마가 동그라미를 떠나자 아이들은 머리카락―곧 개구리―을 훔쳐 숨는다. 엄마가 돌아와 쏘아보면서 소리도 지르고 아이들을 찾는다. 찾으면 끼익하는 소리를 내며 거꾸러지고 손가락으로 머리에 한 대 맞으며 아파 우는 척한다. 이즈음 질서가 무너지고, 아이들은 모두 좋아서 소리를 지르고 웃으며 여기저기 뛰어다닌다.

드로츠키 동굴 사람들과 마셜이 관찰했던 쿵 부시먼의 생활 사이에 분명 비슷한 점이 있기 때문에 그런 놀이가 서기전 12,500년에도 있었으리라 생각하고픈 유혹을 느낀다. 동굴은 칼라하리 사막을 여행한 최초의 유럽인 가운데 한 사람인 드로츠키

(Martinus Drotsky)의 이름을 붙인 것이다.[9] 이 동굴은 1969년 미국 인류학자 존 옐런 (John Yellen)이 처음 발굴했다. 모래층에서 석기와 함께 타조알 조각이 나왔고, 동물 뼈와 서기전 12,500년으로 측정된 숯이 나왔다. 칼라하리 사막에서 처음으로 발견된 홀로세 이전의 인간 점유의 흔적이었다.[10]

이후 미시건주립대학의 로빈스(Lawrence Robbins)를 비롯한 연구자가 유적을 새로이 발굴한다. 옐런보다 더 깊이 발굴하여 지표 아래 50cm에서 30cm 두께의 숯 과 재로 이루어진 층을 찾는다. 그 안에서 위의 모래층에서보다 더 많은 유물과 뼈가 나왔으며, 서기전 12,800년에서 11,200년 사이에 형성된 것으로 밝혀졌다.[11]

숯과 재 층은 동굴 안에서 이루어진 많은 모닥불의 결과로서 집중 점유되었음을 시사한다. 거기에는 불에 탄 황소개구리 뼈도 많았는데, 주로 강해서 부식되지 않고 남은 머리뼈였다. 다리뼈는 거의 없었기 때문에 로빈스는 음식으로 쓰였다고 생각했 다. 마셜이 1950년대 초 원주민과 생활할 때 보지는 못했지만, 황소개구리를 먹었다 는 말을 들었다고 한다. 1859년 선교사 데이비드 리빙스턴(David Livingstone)은 부 시먼이 거미줄을 보고 황소개구리를 찾는다고 묘사한 바 있다.[12]

은야이은야이 족은 타조알을 귀하게 여겨 물그릇으로 쓰거나 어린 소녀들이 특 히 좋아하는 염주로 만든다. 로빈스의 발굴에서는 많은 타조알 껍질이 숯 층에서 나 왔으며, 아마도 서기전 12,500년에도 그릇이나 염주로 쓰였을 것이다. 어떤 것들은 구멍을 뚫어 염주로 쓰였을 텐데, 다만 퇴적층에서 제작 과정을 보여주는 조각은 나 오지 않았다. 불에 탄 조각도 많았다. 은야이은야이 족은 금속 그릇에 타조알을 요리 하지만, 서기전 12,500년 수렵채집민에게는 불 위에 올려놓을 다른 그릇은 없었다. 그리하여 타조알을 그대로 장작에 올려놓았을 가능성이 크고, 대신 겉에 배설물을 입 혔을 것으로 추정한다. 로빈스 스스로도 드로츠키 동굴에서 북쪽으로 50km 떨어진 오늘날 초딜로(Tsodilo)에서 쿵 족과 함께 머무를 때 달걀을 그런 식으로 요리하는 것을 보았다고 한다.

칼라하리 사막의 토끼와 다른 작은 영양의 뼈도 숯과 재 층에서 나왔다. 이런 동 물은 최근의 쿵 족도 흔하게 사냥하는 것이다. 1960년대 또 다른 쿵 족(주호안시)을 연구한 바 있는 리처드 리(Richard Lee)는 긴 갈고리를 이용하여 해가 떠 있을 때 굴

속에 있는 토끼를 잡는 것을 보았다고 한다.[13]

마셜과 리의 설명을 참고하여 드로츠키 동굴에서 개구리 뼈와 알껍데기를 남겨 놓았던 사람들의 일상생활을 짐작할 수 있다.[14] 그러나 우리는 고고학 증거만으로 칼라하리의 환경사를 복원하여 어떻게 기후변화가 사람들의 생활에 영향을 미쳤는지를 이야기해야 한다. 이 가운데 가장 중요한 증거는 사실 석기나 동물 뼈보다, 그리고 심지어 개구리 머리뼈나 알껍데기보다도 작은 것이다. 그것은 모래 자체이며, 더 구체적으로는 동굴 안에 퇴적된 모래 입자이다. 이것을 바탕으로 칼라하리 사막의 강수량 변화를 가늠할 수 있는 것이다.

로빈스 등은 드로츠키 동굴을 발굴하면서 130cm 깊이의 트렌치에서 지표에서 최하층—서기전 30,000년으로 생각된다—까지 일정한 간격으로 모래 퇴적층 시료를 채취하였다. 이 모래는 대부분 바람에 날려 쌓인 것으로 대략 1000년 동안 4.45cm 깊이였다고 한다. 시료는 대체로 0.08mm 미만의 고운 입자로 이루어져 있지만, 0.2mm가 넘는 거친 입자도 많았는데, 이런 것은 물의 흐름으로 퇴적되는 것이다. 로빈스 등은 아주 건조한 기후조건에서 동굴에 쌓인 모래는 주변 사구에서 바람에 날려 온 것으로 아주 고운 입자로 구성되어 있다고 본다. 이보다 더 습한 조건에서는 사구에서 식생이 자라고 지표를 덮고 있기 때문에 모래가 바람에 날려 쌓일 가능성은 낮다. 그러나 그런 조건에서도 비가 많이 올 때는 거친 입자가 동굴 안에 쌓일 것이다.

이런 증거에 따르면 서기전 20,000년에서 11,500년 사이의 퇴적층에는 거친 모래 입자가 많아 동굴 안 퇴적층의 30,000년 역사 가운데 가장 습했던 때였다. 그리하여 사하라 이남 아프리카와는 정반대로 최후빙하극성기와 그 직후에 칼라하리의 기후는 홀로세보다도 습했다. 지금은 메말라 있는 그치하바밸리의 하곡에서 서기전 12,000년 이전으로 측정되는 자갈과 모래에는 충분한 물이 있어야 살 수 있는 규조류 화석이 나온다. 이 규산체 화석은 규소가 많은 식물에서 나오는 것으로 각 종마다 독특한 형태와 서식지 특징을 잘 보여준다. 그래서 서기전 12,000년 이전 하곡에는 적어도 계절적인, 아니 영구적일 수도 있는 물이 흘렀음을 알 수 있다. 황소개구리와 함께 거북이 화석이 나오는 것으로 보아 동굴 안에서 모닥불을 피우던 때엔 가까운 하천에 물이 흐르고 있었다고 생각되는 것이다.

서기전 20,000년에서 12,500년 사이 충분한 물을 찾을 수 있었다면 동굴에 사는 사람들은 다른 많은 지점보다 삶의 조건이 좋았다고 할 수 있다. 그리하여 사냥꾼들이 그저 짧게 밤이나 낮을 보내는 곳이 아니라 더 오래 머무는 곳이었을 것이다. 기후가 변하여 강우량이 줄어들었을 때 드로츠키 동굴은 오히려 사람이 모여드는 은신처가 되었을 것이다. 아마도 그치하바뱃리는 사람들이 의지할 수 있는 몇 안 되는 수원지였을 것이다. 천 년 정도 사람들은 동굴 안에서 불을 피우고 야영을 하면서 영양과 토끼를 사냥하고, 굴을 파거나 우기에 물웅덩이에서 황소개구리를 잡았다. 그러나 건조한 기후가 계속되고 하천도 메말라 가면서 드로츠키 동굴은 더 이상 매력적 장소가 되지 못했다. 이제 다시 동굴은 칼라하리 사막에서 물을 찾아 지속적으로 이동하는 수렵채집민이 잠시 머무르는 곳이었다. 재와 동물 뼈, 숯으로 이루어진 층은 바람에 날려 쌓인 모래층이 덮고 있다. 1969년 존 엘런이 오늘날 쿵 원주민에게 동굴에 대해서 묻자, 그저 벌꿀을 채집할 때만 이용하는 곳이라고 하였고, 동굴 안에서 야영하지는 않는다고 했다 한다.

러복은 드로츠키 동굴을 떠난 뒤 거의 2000km 떨어져 있는 남아프리카 웨스턴케이프로 간다. 앞에는 베롤렌블레이(Verlorenvlei)라는 얕은 강이 서쪽으로 흘러 20km 조금 못 미친 곳에 있는 대서양으로 흐른다. 한 남자가 무릎까지 차오른 물에 움직이지 않고 작살을 머리 위로 들고 서 있다. 물을 내리치고, 욕설을 내뱉고는 다시 시도한다. 그리곤 포기하고 발자국으로 다져진 길을 따라 하류 쪽으로 얼마 떨어지지 않은 벼랑 아래 동굴로 돌아간다. 오늘날 이 유적은 일랜즈베이(Elands Bay) 동굴이라 부른다. 지구온난화가 세계를 바꾸던 시기 남아프리카에서 어떤 일이 벌어지고 있었는지를 탐험하며 찾을 네 동굴 가운데 첫 번째 것이다.

존 러복 에이브버리 경(Sir John Lubbock, Lord Avebury), 조지 리치먼드(George Richmond, 왕립미술원) 그림, 1867년.

플린트로 만든 긁개와 세석기, 요르단의 와디 엘우웨이니드(Wadi el-Uwaynid) 14 유적, 서기전 20,000년 즈음.

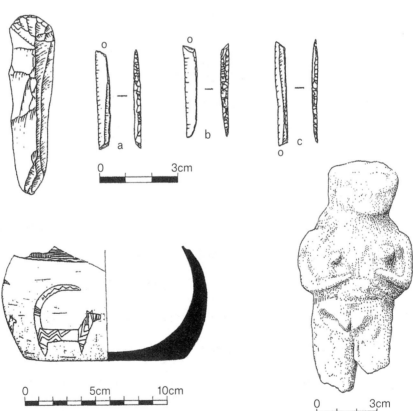

돌그릇, 터키 할란 체미 테페시(Hallan Çemi Tepesi) 유적, 서기전 11,000년 즈음.

여성 조각상, 시리아 무레이벳(Mureybet) 유적, 서기전 9300년 즈음.

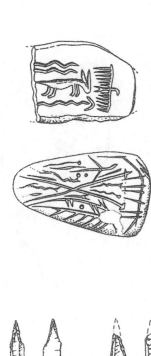

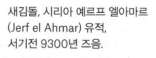

새김돌, 시리아 예르프 엘아마르
(Jerf el Ahmar) 유적,
서기전 9300년 즈음.

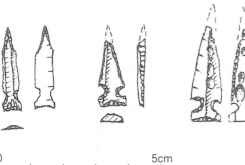

엘키암 화살촉, 이스라엘 네티브
하그두드(Netiv Hagdud) 유적,
서기전 9300년 즈음.

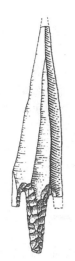

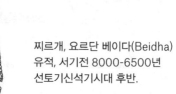

찌르개, 요르단 베이다(Beidha)
유적, 서기전 8000-6500년
선토기신석기시대 후반.

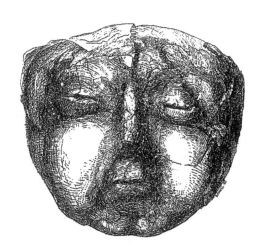

회칠한 두개골,
이스라엘 크파르 하호레시
(Kfar Hahoresh) 유적,
서기전 7000년 즈음.

프레스코 벽화, 터키 차탈회위크(Çatalhöyük) 유적,
서기전 7000년 즈음.

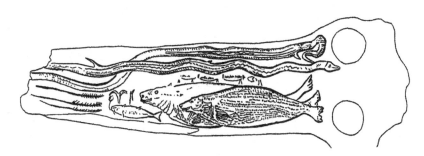

프랑스 몽고디에 막대기(Montgaudier Baton) 그림,
서기전 17,000년 즈음.

새겨진 석판, 네 여성(한 명은 아기를 들고 있다)을 묘사. 독일 괴너스도르프(Gönnersdorf),
서기전 12,500년 즈음.

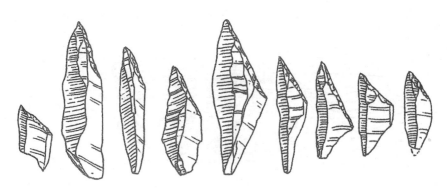

세석기, 영국 스타카(Star Carr) 유적, 서기전 8800년 즈음.

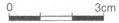

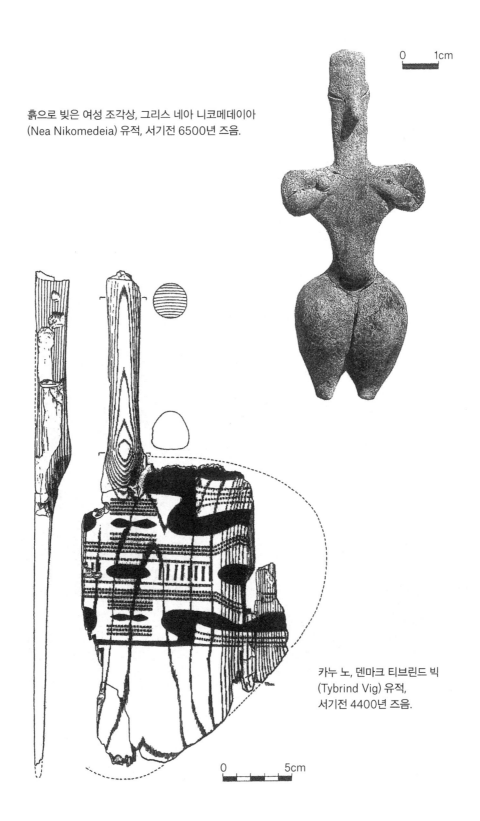

흙으로 빚은 여성 조각상, 그리스 네아 니코메데이아
(Nea Nikomedeia) 유적, 서기전 6500년 즈음.

카누 노, 덴마크 티브린드 빅
(Tybrind Vig) 유적,
서기전 4400년 즈음.

폴섬찌르개, 북아메리카,
서기전 9000년 즈음.

클로비스찌르개,
미국 레너(Lehner) 유적,
서기전 10,500년 즈음.

삼각형찌르개, 아마존 유적의 타파호스
(Tapajós) 강, 서기전 10,000년 즈음일
가능성이 있음.

창끝찌르개, 호너(Horner) 유적,
들소사냥에 쓰임, 서기전 7500년 즈음.

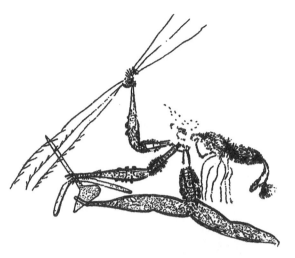

"역동적" 스타일의 남자, 오스트레일리아 아넘랜드의 바위그림으로 서기전 10,000년으로 추정됨. 사냥꾼은 술이 달린 긴 의례용 모자를 쓰고, 미늘 달린 창과 부메랑, 도끼를 들고 있다.

인도 빔베트카(Bhimbetka)의 바위그림, 서기전 8000년 즈음.

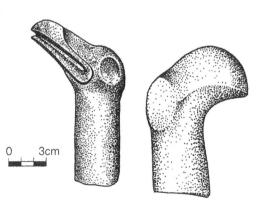

맹금류 머리 조각상, 이라크 넴릭(Nemrik) 유적, 서기전 9000년 즈음.

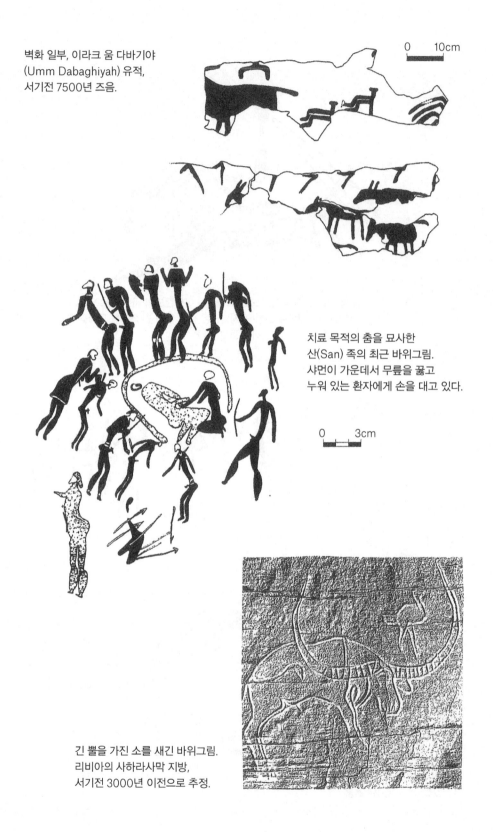

벽화 일부, 이라크 움 다바기야
(Umm Dabaghiyah) 유적,
서기전 7500년 즈음.

0   10cm

치료 목적의 춤을 묘사한
산(San) 족의 최근 바위그림.
샤먼이 가운데서 무릎을 꿇고
누워 있는 환자에게 손을 대고 있다.

0   3cm

긴 뿔을 가진 소를 새긴 바위그림.
리비아의 사하라사막 지방,
서기전 3000년 이전으로 추정.

49

남아프리카 여행

환경과 식생활, 사회생활의 변화

12,500 - 7000 BC

뜨거운 장작불 옆, 고기잡이하던 사람이 동료 둘과 앉아 있다. 러복은 동굴 입구에서 지켜본다. 각자의 창을 세워 두었고, 맥석영 돌덩어리를 넣은 가죽 주머니와 돌망치, 칼, 힘줄로 만든 실도 있다.[1] 풀 다발도 바닥에 있는데, 이것으로 동굴에 있는 이전 시기 야영의 흔적을 가리진 못한다.[2] 전 세계의 비슷한 유적을 찾았던 까닭에 이제 러복은 냄새만으로도 벌어진 일을 짐작한다. 고기도 잡지 못했고, 고기잡이 자체도 동굴 사람들에겐 새로운 활동인 모양이다.[3]

일랜즈베이 동굴은 남쪽의 프랑티 동굴이라 할 수 있다. 과거 내륙이었던 이곳 사람들이 지구온난화로 인해 어떻게 생활방식을 바꿔 해양자원을 이용하게 되었는지 잘 보여주는 고고학 퇴적층이 남아 있다. 유적은 1970년대 존 파킹턴(John Parkington) 등 케이프타운대학의 연구자들이 발굴하였으며, 동물과 물고기, 새 뼈, 그리고 조개류, 타조와 거북알, 다양한 재료로 만들어진 도구와 숯, 재로 이루어진 층을 확인했다. 연대는 서기전 30,000년에서 역사시대까지 이어진다. 30년의 연구 결과 남아프리카

웨스턴케이프 주의 인류역사에 획기적 자료가 나왔다. 러복은 서기전 12,500년 이곳을 찾는다.[4]

최후빙하극성기 동안 일랜즈베이 동굴은 사냥 캠프였다. 이때 바다는 35km 떨어져 있었다. 러복이 이곳을 찾던 서기전 12,500년보다 15km나 멀리 있었다. 해안 평야는 더 넓었지만, 춥고 건조한 환경 탓에 동물 자원은 희소했다. 그럼에도 최후빙하극성기와 서기전 9000년 사이의 퇴적층에서 지금은 절멸한 케이프말(Cape horse)과 자이언트버팔로, 일랜드영양, 스틴복영양, 그리스복영양의 뼈가 나왔다. 그 이후 해안 평야는 해수면 상승으로 바다에 잠기고 그런 동물은 더 이상 나오지 않는다.

일랜즈베이 동굴을 찾은 사람들은 거북을 잡아 식량으로, 그리고 그릇으로 썼다. 서기전 12,500년 퇴적층에서는 "거북 무덤"이라 불릴 정도로 많은 껍질이 나왔다. 이로써 해마다 수렵채집민은 거북과 다른 파충류를 쉽게 잡을 수 있는 여름 동안 동굴을 찾았음을 알 수 있다. 화덕자리에서 나온 숯을 빼면 식물 유체는 확인되지 않았다. 과연 이것이 전적으로 사냥감에만 의존했던 식생활 탓인지, 아니면 식물 유체가 부식되어 사라진 탓인지는 잘 알 수 없다.

최후빙하극성기와 그 직후 남아프리카에서는 개활지에서 대형 동물 사냥에 의존한 생활방식이 광범위했던 것으로 보인다. 동굴 퇴적층에서 나온 꽃가루(화분)에 따르면 당시 경관은 초원으로 이루어져 있었다. 화덕에서 나온 숯도 이를 뒷받침한다. 서던케이프의 붐플라스(Boomplaas) 동굴의 숯 분석에서는 최후빙하극성기 동안 사람들은 나무가 전혀 없는 지형경관에서 땔감을 찾아야 했다고 한다.[5] 오늘날 오렌지프리(Orange Free) 주의 더 내륙 고지대의 로즈커티지(Rose Cottage) 동굴에 살던 사람들은 가까운 계곡 가장자리에서 자라는 관목을 베어 땔감으로 쓸 수 있었으니 사정이 좀 나았다.[6]

사냥감은 고지대와 저지대에서 풀을 뜯던 영양과 일랜드영양, 버팔로, 말이었다. 일랜즈베이 동굴에서 나온 대형동물 뼈는 주로 아래턱이나 하지(下肢)뼈로서, 아마도 육식동물이 사냥한 것을 약취한 것으로 보인다. 최후빙하극성기 가뭄으로 인구는 적었을 것이기에 그 정도만으로도 고기는 충분했을 것이다. 이 시기 고고학 유적은 드물고, 있어도 이동성 높은 작은 집단이 길어야 몇 주 캠프에 머물렀던 흔적일 뿐이다. 그럼에도 개활지에서는 공동 사냥을 했을 수도 있다. 이미 러복이 여러 곳에서 지켜보았 듯이 창으로 무장하고 몰이꾼을 동원하여 덤불로 동물을 쫓는 방식이었을 것이다.

서기전 12,500년 지형경관도, 사람들의 생활방식도 변하기 시작했다. 서기전 16,000년 이후 평균 기온과 강수량은 높아졌다. 이는 부분적으로 여름뿐 아니라 겨울에도 비가 내리기 시작했기 때문이다. 붐플라스 동굴에 새로이 들어온 사람들은 관목과 나무를 잘라 땔감을 얻었다. 그동안 풀을 뜯는 대형동물은 점점 스틴복영양과 남아프리카 작은영양(klipspringer)처럼 더 작고 홀로 덤불숲에서 먹이를 먹는 동물로 대체된다.[7] 비트바테르스란트대학 린 워들리(Lyn Wadley)는 근래의 부시먼 같은 아프리카 수렵채집민에게서 서기전 16,000년 즈음 활과 사냥을 이용한 사냥이 등장하면서 여성이 사냥에서 제외되고 식물을 채집하는 패턴이 나타났다고 보았다.[8]

붐플라스 등 동굴에서 나온 대형동물상에서 드러난 변화는 사람의 생활방식의 변화를 잘 말해 준다. 설치류는 환경변화를 잘 보여주기도 한다. 최후빙하극성기와 그 직후 붐플라스 동굴에서 둥지를 틀고 있던 올빼미는 개활지에 살던 뾰족뒤쥐(shrew)를 잡아먹었는데, 서기전 12,500년 이후엔 산림에 서식하는 쥐와 들쥐를 잡는다.[9] 사구에 사는 뒤쥐(molerat)는 드로츠키 동굴에서 퇴적물의 입자와 같이 특히 강수량 변화에 민감하다. 뒤쥐의 크기는 강우량에 따라 달라져 습도가 높을 때는 크다고 한다. 이는 뒤쥐가 먹는 식물 뿌리가 더 많고 영양가도 높기 때문이다. 반대로 건조할 때는 크기가 작다. 건조지대의 조건에서는 동굴 퇴적층에서 더 이상 보이지 않는다. 일랜즈베이 동굴에서 나온 뒤쥐 뼈의 크기를 측정하면 서기전 12,500년에서 7000년 사이의 것이 그 이전이나 이후 퇴적층에서 나온 것보다 훨씬 크다.[10]

러복이 일랜즈베이 동굴에 앉아 과거 자신이 쓴 『선사시대』를 읽는 동안 해마다 봄이면 사냥꾼들이 왔다가 가곤 한다. 새로운 무리가 올 때마다 지켜본다. 어떤 때는 아무것도 지니지 않은 채 오기도 하고, 뒤쥐를 허리춤에 차거나 도살한 고기를 손에 들고 들어오기도 한다. 대부분 남자들이지만, 가끔 여자와 어린이도 사냥꾼을 따라 며칠에서 몇 주를 머무르다 간다. 러복은 여기를 떠나 어디에서 머무는지 알 길이 없다. 다만 동굴 주변에서는 나지 않는 검은 돌로 만든 석기를 가지고 온다는 사실만을 알 뿐이다. 이 돌은 검은 혼펠스인데 가장 가까운 원산지는 일랜즈베이 동쪽으로 200km 떨어진 곳에 있다.[11]

새로운 무리가 들어와 예전 모닥불자리를 정리하고 동굴에 있던 벌레와 파충류를 치운다. 해마다 되풀이되는 사냥과 고기잡이, 그리고 이야기와 노래, 농담을 하고, 불을 피우고, 도구를 정비한다. 서기전 12,000년 새로운 사람들이 들어올 때에야 러복은 바깥세상이 변모하고 있음을 깨닫는다.[12] 펭귄 한 쌍이 사냥꾼의 어깨에 늘어져 들어온다. 사냥꾼을 따라 여자와 어린이도 삿갓조개와 해조류를 담은 바구니를 들고 들어온다. 사람들은 대서양 해안에서 채집하느라 바닷바람을 맞은 모습이다. 러복이 책을 읽는 동안 조류가 밀려온다. 날마다 일어나는 밀물이 아니라 기후변동으로 찾아온 밀물과 썰물이다. 지구온난화가 시작되어 북쪽에 있던 빙하를 녹인다. 엄청난 물이 바다로 쏟아진다. 해수면이 올라가 대서양 해안은 이제 동굴에서 하루에 걸어갈 수 있는 곳에 있다. 서기전 12,000년이 되면 해안은 기껏 5km 거리에 있으며, 동굴 바닥에는 새로운 종류의 폐기물이 쌓일 것이다.[13]

다음 날 러복은 여자들과 어린이를 따라 해안으로 간다. 홀로세가 시작되며 전세계에서 흔하게 보았던 한 가족의 광경이다. 삿갓조개를 비롯한 조개를 줍는다. 바위 사이 물웅덩이를 살펴보고 돌덩어리를 뒤집어 게도 찾는다. 여자들이 일하고, 어린이들이 노는 와중에 바다에는 바다표범이 통통 뛰며 여기저기 응시하고 있다. 어둠이 내리자 바다표범은 해안에 올라오고, 이제 상황이 바뀌어 사냥꾼이 조심스럽게 다가가 사냥 준비를 한다.

러복이 다시 한 번 해안 수렵채집민의 폐기물이 동굴 바닥에 흩어져 있는 것을 본다. 연체동물의 조개껍데기와 갈매기의 털, 바다표범과 펭귄, 물고기 뼈가 보인다. 다음 해에도, 그 다음 해에도 계속된다. 어린 소년들은 더 이상 여자들을 따라 해안에 나가지 않고 남자들과 사냥에 나선다. 사춘기 소녀들은 이제 임신했거나 아이를 데리고 온다. 돌아오지 않는 사람들도 있다. 늙고 다른 곳에서 죽어서가 아니라 혼인하여 다른 집단에 들어간 사람들이다.[14]

동굴의 성격도 변하기 시작한다. 러복이 처음 이곳에 왔을 때 가내의 작업은 없는 그저 사냥 캠프일 뿐이었다. 그러나 이제 간석기가 바닥에 놓여 있다. 동굴 안에서는 가죽도 무두질하고, 옷과 타조알 껍질로 염주도 만든다. 어린 아기가 동굴 바닥에 묻히는 것도 본다. 파킹턴은 이 동굴을 발굴하여 무덤을 다섯 개 더 찾았다.

동굴에서 머무는 날이 길어지고 더 빈번하게 찾는다. 해마다 두 번, 세 번을 와서 주변에서 얻을 수 있는 자원, 늦은 봄에는 홍합, 여름에는 삿갓조개, 겨울이면 바다표 범을 노린다. 수렵채집민은 늘 구름과 조류를 관찰하여 새들이 어디에서 둥지를 트는 지, 물고기는 언제 알을 낳는지 하는 지식을 쌓는다. 얻을 수 있는 식량의 양과 범위 도 조정한다. 해안에서 홍합이 많이 잡힐 때가 찾아오는 것은 연안의 조류와 해수 온 도의 변화 때문이다. 더 거칠고 맛없는 삿갓조개보다는 홍합을 잡는 데 더 많은 시간 을 들인다.[15] 시간이 흐르고 바다가 동굴 더 가까이까지 다가오면서 일랜즈베이 동굴 을 지나 흐르는 베롤렌블레이 강 연안은 수렵채집에 좋은 환경으로 변모한다. 활을 쏴 펠리컨과 플라밍고를, 그물을 쳐 여러 고기를, 바위틈에서 바다가재를 잡고, 가마 우지와 부비새류, 기러기를 덫으로 잡는다.

이런 새로운 종이 식단에 들어가면서 다른 종은 무시하기도 하고, 더 이상 보이 지도 않는다. 러복이 처음 이곳에 왔을 때 여자와 어린이는 동굴 주변 초원지대에서 오랜 시간 거북을 찾아다녔다. 이제 시간을 모두 해안에서 보낸다. 짠 바닷물에 흙과 식생이 잠겨 거북은 드물어졌다. 작은 영양들도 사냥하였지만, 케이프말은 평원에서 완전히 사라졌다. 이곳은 더욱 건조해지고 수원지도 사라지고, 과거 초원지대였던 곳 은 이제 무릎까지 올라오는 다육식물이 자라고 있다.

서기전 10,000년이면 동굴 바닥에는 조개더미 썩는 냄새로 가득하다. 러복은 이 미 그런 조개더미를 다른 선사시대 세계에서 본 적이 있기 때문에 별로 다시 들여다 보고 싶진 않다. 이제 다시 여행을 떠날 때다. 서기전 7000년 웨스턴케이프에 다시 돌아오기 전까지 내륙의 동굴들을 찾을 것이다. 그리고 다시 돌아올 때 일랜즈베이 동굴에서의 삶이 얼마나 바뀌었는지 볼 것이다.

러복은 경사면을 올라 그레이트카루(Great Karoo) 고원에 들어선다. 동북쪽으로 고 개를 돌려 군데군데 제대로 자라지 못한 관목이 들어선 초원을 굽어본다. 먼지가 날 리고 바짝 마른 황갈색의 단조로운 모습이다. 맑은 공기와 사방으로 구릉과 산맥이 펼쳐져 있다. 여름에 비가 오면 딱딱한 땅 위로 급류가 흘러 갈라진 틈과 계곡에 쏟아진다. 그렇다고 흙에 충분히 물기를 주는 것 같진 않지만, 어쨌든 짧지만 갑작스럽게 아름다운 보랏빛, 흰색, 진홍색, 카나리아 노란색 꽃들이 녹색 풀밭 위에 밝게 피어난다.

러복은 앨랜즈베이 동굴로부터 무려 800km를 여행하고 고원과 구릉과 호수를 가로질러 쿠루만(Kuruman) 구릉지대의 동쪽 가장자리에 있는 원더워크(Wonderwerk) 동굴에 도착한다. 별이 반짝이는 하늘 아래 노래와 박수 소리를 따라간다. 동굴에 들어서자 스물에서 서른 명 정도의 여자들이 불가에 둘러앉아 리듬을 타면서 몸을 흔들고 있다. 비슷한 수의 남자들이 옆에서 춤을 추고 있다. 동굴 벽에 커다란 그림자가 어지러이 흔들거린다. 어두운 동굴 속에서 음악이 울려 퍼진다.

불가에는 돌판 몇 장을 놓았는데, 모두 동물 모습을 새겨 놓았다. 춤을 추는 남자들이 둥그런 원에 들어오기도 하고, 심지어 여자들을 뛰어넘기도 한다. 돌판을 보려고 하고, 그려져 있는 일랜드영양과 말, 버팔로에 주문을 내뱉기도 한다. 화염과 뜨거움, 그리고 산소가 부족한 동굴 안에서 땀을 흘리고 음악과 춤에 취한다. 미친 듯이 춤을 춘다. 몇 남자가 몸을 떨기 시작하고, 흔들리면서 최면상태에서 동굴 안 세속의 세계를 떠난다. 두 남자가 둥그런 원 주변에서 비틀거리다가 떨리는 손을 앉아 있는 사람들 위에 올리고, 손가락으로 머리를 쥐어짜며 힘들어 떠날 것임을 표현한다. 다른 이들도 걷잡을 수 없이 쓰러지고, 한 사람은 코에서 피를 줄줄 흘린다.

끝난다. 박수소리도, 노래와 춤도 갑자기 멈춘다. 샤먼이 바닥 위에서 몸을 비틀거리다 정지한다. 다른 사람들은 그대로 누워 있으며 깊이 숨을 들이 마신다. 아픈 것을 모두 치료했음에 안도한다.

원더워크 동굴은 아주 긴 연구사를 가지고 있다. 첫 발굴은 1940년대에 이루어졌으며, 1970년대 말 예일대학의 앤과 프란시스 새커리(Anne and J. Francis Thackeray) 부부의 새로운 발굴이 이어졌다.[16] 동굴에선 최후빙하극성기보다 훨씬 올라가는 시기의 석기 층이 나왔으며, 서기전 10,000년 이후의 층에서는 얼룩말과 영양(hartebeest, wildebeest) 뼈가 확인되었다. 지금은 멸종한 케이프말도 홀로세 층 가운데 가장 아래에서 나왔다. 석기와 동물 뼈와 함께 그림이 새겨진 돌판도 출토되었는데, 하나를 빼고는 모두 기하학적 이미지를 표현하고 있으며, 대체로 최근 홀로세 시기의 것이다. 하지만 돌판 하나는 서기전 10,000년으로 추정되며, 위에 묘사한 샤먼의 치료를 위한 춤의 시나리오의 토대가 되었다. 길이 8cm도 안 되는 것으로 판정할 수 없는 동물 이미지를 새겨 놓은 것이다. 아마 머리가 없는 말이나 영양을 묘사한 것으로 보인다.[17]

서기전 10,000년, 동굴에 더 많은 예술품이 있었을 것이다. 벽에는 그림이 그려져 있는데, 연대를 알 수 없다. 우리는 남아프리카에 이미 서기전 20,000년이면 예술품이 만들어졌다는 것을 알고 있다. 나미비아의 아폴로 동굴에서 나온 돌판에는 기린 같은 동물, 코뿔소, 그리고 사람 다리를 가지고 있다고 생각되는 들소를 묘사하고 있다. 고고학자들은 이런 유물들이 서기전 20,000년, 혹은 30,000년의 것인지 잘 알지 못한다. 하지만 어떻든지 서기전 10,000년 이전에는 돌판에 동물을 그렸던 것이다.[18]

타조알 껍질에 무엇인가를 새기는 행위가 이미 서기전 12,000년 —아마도 그 이전으로 올라갈 수도 있다— 있었으며, 홀로세에는 바위에 그림을 새기는 일도 널리 이루어졌다.[19] 산(San) 부시먼을 포함해 근래의 남아프리카 원주민의 그림 그리는 행위도 알려져 있다. 고고학자들은 최근 시기의 그림을 집중 연구한 바 있는데, 샤먼, 곧 영적 세계와 교감하거나 그곳으로 여행하는 사람들의 활동을 묘사했다고 한다. 샤먼의 이미지와 반인반수의 형태와 같은 서기전 10,000년 이전 상황의 유사성을 볼 때 선사시대에도 남아프리카 바위그림을 만드는 데 샤먼의 관습이 있었을 가능성이 높다. 그래서 위에서 서기전 10,000년 원더워크 동굴에서 치료 가무행위가 있었을 것이란 시나리오를 제시했다.[20]

무아지경에서의 춤과 꿈, 환상, 샤먼이 19세기와 20세기 남아프리카 바위그림을 이해하는 데 중요한 열쇠임을 처음으로 주장한 사람은 비트바테르스란트대학의 루이스윌리엄스(David Lewis-Williams)다. 루이스윌리엄스는 산 부시먼 관련 기록을 면밀히 검토하고 원주민과 대화하며 샤먼 관습과 미술의 이미지가 놀랄 만큼 유사함을 알게 되었다.[21] 많은 그림은 무아지경에서 몸을 흔드는 춤을 표현하며, 그런 경험을 기록한 것도 있다고 한다. 샤먼의 존재는 코피를 흘리는 인물이나 반인반수 모습— 무아지경의 경험에서 다른 종으로 변모한다—으로 표현되어 있다. 일랜드영양은 샤먼이 반드시 무아지경에 들어가기 위해서 채워야 하는 힘을 지니고 있기 때문에 특히 중요하다. 샤먼이 춤출 때 동굴 벽에 묘사된 일랜드영양을 돌아보았을 것이다. 내가 원더워크 동굴에서 바닥에 놓인 돌판과 함께 묘사했듯이 말이다. 무아지경이 완결되었을 때를 묘사하는 기록도 있다. 샤먼은 모인 사람들에게 영적 세계로 왔음을 말하고, 동굴 벽에 그려진 그림이 똑같은 역할을 했을 것이다.

러복은 원더워크 동굴을 떠나 남아프리카 여행을 계속한다. 다음으로 찾을 곳은 로즈커티지(Rose Cottage) 동굴로 동남쪽으로 450km나 떨어져 있다. 시간은 서기전 8500년. 이곳은 비교적 무성하다. 초원지대와 덤불엔 아프리카 다른 지역보다 더 많은 동물이 산다. 이는 부분적으로 강수량과 기온이 높아진 덕분이기도, 아주 동쪽 지방으로서 그레이트카루보다는 늘 생산적인 지역에 당도한 때문이기도 하다.[22] 러복은 이곳에서 이전보다 훨씬 많은 야영지를 만난다. 사냥꾼들이 사냥감을 쫓고 여자들은 땅속에서 덩이줄기를 캔다.[23]

　　서기전 12,000년 이후 남아프리카에서는 고고학 유적의 수가 크게 늘어난다. 이는 인구가 그만큼 증가했음을 비추어 준다.[24] 서기전 10,000년이 되면 사람들은 이 지방의 다양한 서식지를 점유하기 시작한다. 하지만 유적의 다수는 여전히 지표에 석기와 제작 과정의 폐기물이 산포하고 있는 정도이다.

　　최후빙하극성기 이후 남아프리카의 수렵채집민은 돌덩어리를 흔히 깔때기 모양의 몸돌로 만든 다음 작고 얇은 돌날을 떼어 냈다. 고고학자들은 그런 석기군을 가리켜 "로버그(Robberg)" 유형이라 부른다. 돌날 가운데는 더 잔손질되어 특정한 형태를 갖춘 것은 드물다. 자루에 장착되는 찌르개도 있으나, 사실 석기를 장착한 창이 단단한 나무를 깎은 것보다 얼마나 효과적이었는지 의문이다. 남아프리카에서 이런 돌날 석기만이 쓰인 것은 아니다. 커다란 격지도 만들었고, 이 가운데 많은 것은 다시 잔손질해 긁개와 자귀, 대패 같은 도구를 만들었다. 그런 격지와 도구가 나오는 유적―고고학자들은 "옥허스트(Oakhurst)" 유형이라 부른다―은 남아프리카 내륙의 개활지에서 널리 보인다. 연대측정은 거의 이루어지지 않았지만, 서기전 12,000년에서 7000년 사이로 생각되고 있다.[25] 이때는 뼈 찌르개가 아주 많아지는데, 활과 화살을 이용한 사냥이 크게 증가했음을 알 수 있다.

　존 파킹턴은 로버그 유형과 옥허스트 유형의 도구는 사실 서로 보완적이기 때문에 같은 사람들이 만들었을 것이라 본다. 작은 돌날이 사냥과 고기잡이에 적당한 듯하지만, 격지와 긁개 역시 식물성 식량을 가공하고 가죽을 손질하며, 나무를 다듬는 데 쓸모 있는 도구이다. 따라서 여러 활동에 따라 다양한 도구를 만들고 버렸을 것이다.[26] 지리환경의 차이일지도 모른다. 이용할 수 있는 원석에 따라 도구 형식이 달라질 수 있는 것이다. 내륙에서는 흑색 혼펠스 같은 거친 재질의 암석이 커다란 덩어리로 분포하고 있어 큰 격지를 떼어 내는 데 이용되었다. 규암 덩어리는 케이프의 저지대에 있는데, 더 작고 정교한 돌날을 만드는 데 유용하다.

　하지만 로즈커티지 동굴에서 보이는 오랜 퇴적의 연쇄는 두 유형에 대한 파킹턴의 설명이 잘못임을 보여주는 것 같다. 퇴적층 연쇄에 따르면, 대형 격지와 긁개는 깔때기 몸돌과 작은 돌날보다 더 늦은 시기에 만들어지고 있다. 이 지역 전역에서 한 전통은 다른 전통으로 전면적으로 대체되는 것 같다. 도구 제작기술에서 눈에 띄는 변화는 남아프리카 내륙으로의 확산과도 일치하는 듯하다. 5000년이 흐른 뒤 도구제작은 다시 한 번 돌날 생산으로 변모하는데, 고고학자들은 이를 윌튼(Wilton) 전통이라 부른다.[27]

러복은 덤불 속 길을 따라 낯선 동굴로 향한다. 벼랑에서 엄청난 바위가 떨어져 절벽 안쪽을 막아서 굴처럼 생긴 것이다. 안에서는 이야기하고 웃는 소리가 들린다. 큰 바위가 바깥의 찬바람을 막아 주어 넓고 따뜻한 내부에 피운 모닥불에 적어도 스무 명이 둘러앉아 있다. 천장에서는 자연스럽게 햇볕이 들어온다. 자연 채광으로 동굴 벽에 풀과 잎 다발을 깔아 놓고 땔감을 잔뜩 쌓아 둔 것이 보인다. 바위틈에 막대기를 꽂아 주머니와 옷, 물그릇, 활, 도살한 고기를 걸쳐 놓는다. 어린이를 빼고 모두가 일하고 있는 듯하다.

　남자들이 돌을 깨고 있다. 거친 재질의 검은색 암석을 사용하는데, 바닥에 원하지 않는 생김새의 격지들이 떨어져 있다. 그래도 이 가운데 하나를 골라 놓는다. 동굴 뒤쪽에 앉아 있는 사람들도 있다. 가죽을 다듬고, 기름기를 빼고, 펼치고, 굽히고, 내리치면서 유연하게 만든다. 그런 가죽 다루는 일은 늘 남자들의 몫이었다. 동물을 사냥하고 가죽을 얻어 옷과 벨트, 주머니를 만든다.[28] 화덕 주위에는 여자들과 소녀, 아기들이 자리 잡고 있다. 화덕 두 개 주변에서는 둥글납작한 뿌리를 갈아 곤죽을 만들고, 나머지 하나에선 두 여자가 앉아 타조알 껍질 조각을 갈아 염주로 만들고 있다. 이야기가 끊이지 않는다.

워들리의 발굴에서는 이런 장면을 암시하는 잔재가 확인되었다.[29] 화덕자리 주변에선 숯과 불에 탄 뼈가 몰려 있었고, 입구에 뗀석기가 집중 분포하고, 염주의 재료인 타조알 껍질 조각이 모여 있었다. 또한 어떤 화덕자리는 나무를 가공하고, 안료를 준비하면서 쓴 간석기로 둘러싸여 있었다. 동굴 퇴적층의 화학 성분 분석에 따르면, 식물도 많았지만, 식물 유체는 썩어서 확인되지 않았다.[30]

워들리의 연구는 동굴에 대한 긴 발굴의 역사를 토대로 이루어진 것이다. 동굴은 선사시대 수렵채집민이 좋아하는 장소였으며, 고고학자들도 그러하다.[31] 서기전 10,000년 즈음의 층은 서기전 50,000년까지 거슬러 올라가는 층 위에 퇴적되어 있으며, 그 위에는 수백 년까지 내려오는 퇴적 연쇄가 이어지고 있다. 가장 최근 층에서는 산(San) 부시먼의 조상이 회합장소와 의례 중심지로 사용한 흔적이 나오기도 했다. 동굴 벽에 그려진 그림 가운데 하나엔 치료용 춤이 묘사되었으며, 일랜드영양 무리 사이를 걷는 암사자가 그려져 있기도 하다. 워들리는 후자를 선을 위협하는 악이 존재함을 묘사한 것이라 해석한다. 산 족에게는 유순하고 사교적인 영양이 이상적인 인간행위를 표현하고 있다는 것이다.

서기전 8500년 러복은 동굴에 다시 돌아온다. 까치발을 짚고 화덕자리 사이를 돌아 안으로 들어가 풀 위에 앉는다. 앉아 있는 동안 다른 사람들도 들어온다. 사람들이 밖에서 큰 소리를 친다. 모두가 일어나 사람들을 맞이한다. 어린아이 둘과 어른 셋, 그 가운데 한 사람은 아이를 업고 있으며, 늙은 여성의 가족이 들어온다. 사람들은 서로 인사를 나누며 화덕 주변에서 친구와 친척들 사이에 자리를 잡아 앉는다.

새로 들어온 가족은 로즈커티지 동굴에 그저 이틀 정도만 머무른다. 떠날 때는 선물로 가져온 가죽 옷에 대한 보답으로 젊은 여자들은 새로운 목걸이를 걸치고 남자는 뼈 화살촉을 가지고 간다.[32] 러복은 이곳에 며칠 더 머무르면서 사냥을 따라가기도 하고, 먹을 식물을 채집하는 데 나서기도 한다. 그리곤 어느 날 아침 사람들이 동굴 안에서 잠을 자는 동안 동굴을 떠난다.

근래 원주민의 생활방식에서도 연중 대부분을 떨어져 보내면서도 가족이 해마다 다시 모이고 서로를 찾는 일이 중요하다. 이로써 친구관계를 새로이 하고, 정보를 나누며, 혼인과 다른 통과의례를 행하고, 선물을 교환한다. 특히 선물 교환은 친구관계의 유대를 강하게 함으로써 필요할 때 도움을 청할 수 있게 한다. 거의 모든 것이 선물의 대상일 수 있으며, 가장 가치 있는 것은 돌화살촉과 타조알 껍질로 만든 염주였다.

아이부터 나이 든 사람에 이르기까지 개인은 집단 안이나 다른 집단에서 선물을 주고받는 파트너를 가지고 있다. 일 년에 한 번만 만나는 파트너도 있다. 파트너끼리 서로 일치할 필요는 없으며, 이런 선물 교환망은 수천은 아니더라도 수백 km까지 뻗어 있다.[33]

인류학자 폴리 비스너(Polly Wiessner)는 1970년대 초 칼라하리 사막 원주민들 사이에서 선물 교환을 연구하여 개인 소유물의 2/3 이상은 그런 파트너로부터 받은 선물이라고 하였다. 나머지는 만들거나 산 것으로 상대에게 줄 것이라고 한다.[34]

이런 선물 교환망은 칼라하리 사막에서 생존하는 데 아주 중요하다. 강수량은 예측할 수 없어서 늘 물과 식량 부족에 직면할 위험성이 있다. 사람들은 식량과 물 부족을 겪을 때 다른 곳에 사는 선물 교환 파트너에게 도움을 요청할 수 있으며, 파트너는 식량을 공유할 의무가 있다. 비스너는 1974년 스스로도 그런 경험을 한 바 있다.

원주민 집단 하나가 혹심한 식량 부족을 겪는다. 봄에 바람이 많이 불어 후일 채집해야 할 견과류 열매가 떨어져 버리고, 많은 비가 내려 풀이 아주 높이 자라 덫을 놓기도 대형 동물을 내몰기도 힘들어진다. 8월이 되자 원주민은 선물로 쓸 수공예품을 만들고 방문자로부터 다른 지역의 조건에 대해 묻는다. 9월이 되자 집단은 흩어지기 시작하여 "보고 싶기도 하고 선물 교환을 위해" 친척을 찾는다. 두 주 안에 인구의 반 정도가 떠나 드문드문 다른 집단으로 들어가 남아 있는 사람들에게도 압력을 덜어 준다.

워들리는 서기전 10,000년 로즈커티지 동굴에 살던 사람들도 선물 교환을 했다고 믿는다. 서기전 12,000년부터 뼈로 만든 화살촉과 타조알 껍질 염주처럼 선물로 적당한 것들이 나오기 시작한다. 이런 유물이 많아지는 시점은 사람들이 남아프리카의 내륙 지형을 점유하기 시작한 시기와 일치한다. 선물 교환 파트너라는 안전장치를 가짐으로써 새로운 지형경관에 들어가는 모험을 할 수 있으며, 급작스런 식량 부족이 일어날 수 있는 곳에 살 수도 있는 것이다.[35]

러복은 이제 400km를 여행하여 남아프리카에서 네 번째 동굴을 찾는다. 웨스턴케이프에 돌아가기 전 콩고밸리의 바닥에서 60m 위에 있는 석회암의 험준한 바위틈에 있는 붐플라스(Boomplaas) 동굴에 간다. 러복은 동굴 밖 바위 위에 앉아 계곡 바닥을 가로지르는 아름다운 경치를 보면서 다시 한 번 『선사시대』를 펼친다.

남아프리카 스텔런보쉬대학의 디컨(Hilary Deacon)은 1970년대 초 붐플라스 같은 동굴을 찾기 위해 애썼다. 디컨은 적어도 100,000년 전에서 최근 시기까지를 포괄하는 퇴적층을 가진, 그리고 또한 잘 보존된 화덕이 있어 동물 뼈와 다른 유기물 유체가 남아 있는 유적을 찾고자 했다. 붐플라스는 이 조건에 잘 맞았다. 다만 가장 이른 퇴적층은 '단지' 80,000년 전으로 올라갔을 뿐이어서 디컨은 이 연대 이전으로 올라가는 시기의 퇴적층을 찾아 다른 곳을 발굴하기도 했다.[36]

붐플라스 동굴의 늦은 시기 층에서는 플라이스토세가 끝을 맺고 홀로세가 시작하면서 환경과 인간 생활방식의 변화에 관한 귀중한 정보를 얻을 수 있었다. 발굴에서는 불에 탄 양의 배설물이 최상층에 있었는데, 최근 수백 년 동안 유목민이 동굴을 가축우리처럼 사용한 잔재가 드러났다. 과거 이런 사람들은 호텐토트(Hottentot) 족이라 불렸으며, 러복도 『선사시대』에서 이에 대해 쓴 바 있다.[37]

19세기의 존 러복은 호텐토트 사람들에 대해 콜벤(Kolben)이라는 사람이 쓴 책에 주목하였다. 이 책에는 『선사시대』에 묘사되어 있는 "현세의 야만인"에게 씌워진 그토록 많은 낯익은 비하가 들어 있다. 호텐토트 사람들은 "많은 면에서 세계에서 가장 더러운 사람들"이라든가, 관습 가운데 하나에는 늙은 사람들을 홀로 움막 안에 집어넣고 거기서 아무도 돌보지 않아 배고픔에 죽거나 야생 동물에게 먹게 하며, 원하지 않는 아이는 산 채로 불에 태운다는 기록이 있다. 다른 관습으로 묘사된 것은 여기서 글로 표현하기 부적절할 정도이다.

당시 러복은 이런 주장의 실상에 의문을 품었다. 일전 호텐토트 사람들이 "지구상에서 가장 친절하고, 자유로우며, 서로에게 지극히 자애로운 사람들"이라 기록했던 것과 앞선 주장의 불일치에 주목했다. 이제 존 러복은 전 세계 선사시대의 수많은 "야만인"을 방문하면서 빅토리아시대의 인종주의적 비하가 잘못임을 알고 있다. 러복은 과거 호텐토트의 옷이나 철기 제작, 우유를 저장하는 데 썼던 동물의 방광이나 골풀을 촘촘히 엮어 만든 바구니를 묘사한 것에 더 관심이 있었다.

서기전 8000년이지만, 비슷한 용기(容器)는 이미 붐플라스 동굴에서도 쓰이고 있다. 다만 우유를 담기 위한 것이 아니라 물과 식물을 담고 있을 뿐이다. 사육 동물과 유목민이 이곳에 오려면 적어도 7000년은 더 있어야 한다. 비가 내리기 시작하자 러복은 과거 자신이 썼던 책을 덮고 동굴 안에서 쉼터를 찾는다. 바닥에는 부들골풀로 엮어 만든 자리가 널려 있고, 주변에 화덕자리나 무두질하다 만 가죽, 격지, 바구니, 그릇, 땔감 같은 수렵채집민의 낯익은 잡동사니가 눈에 띈다.[38] 그 아래에는 물에 씻겨 온 실트나 모래, 동굴에서 풍화된 잡석과 매트와 바구니, 주머니 유체가 부식된 것들이 단단히 쌓인 퇴적층이 있다. 이 퇴적층은 다시 홀로세가 시작되기 전 콩고밸리를 덮고 있던 초원에서 일랜드영양과 케이프말, 자이언트버팔로를 사냥했던 사람들이 남긴 폐기물을 포함하고 있다.

그것은 서기전 12,000년 가시 많은 덤불과 나무가 초원을 대체하기 전에 일어났던 일이다. 그리고 서기전 8000년 사냥꾼 무리가 바닥에서 풀을 뜯기보다는 덤불에서 먹이를 먹고 살던 작은 영양을 잡아 붐플라스 동굴에 들어온다. 콩고밸리에서 오늘날까지도 보이는 스틴복영양이다. 이런 동물들이 관목 숲에 흩어져 살게 되면서 풀을 뜯는 동물들은 다른 곳으로 떠났다.[39]

아프리카흰코뿔소와 흰꼬리누(black wildebeest) 같은 종은 다른 초원을 찾아 오늘날까지도 살아 있다. 그러나 케이프말, 자이언트버팔로, 자이언트영양(giant hartebeest), 본드 작은영양(Bond's springbok), 남부 작은영양, 큰혹돼지 같은 여섯 종은 절멸했다. 시카고대학에 재직했던 리처드 클라인(Richard Klein)은 남아프리카 동굴에서 나온 동물 뼈를 30년 넘도록 연구하면서 이런 여섯 종의 절멸을 기후와 식생의

변화만으로 설명하기 어렵다고 본다.[40]

클라인은 절멸한 종은 이미 비슷한 기후변동의 시기를 이겨 냈었다는 점에 주목한다. 더구나 서기전 10,000년까지도 존속했던 종이 있기 때문에 숲의 확산과 절멸 사이에는 적어도 2000년 정도의 공백이 있었던 듯하다. 본드 작은영양은 이보다 더 오래 존속했는데, 다른 동굴에서 나온 자료를 보면 서기전 6500년까지도 사냥되었던 증거가 있다. 그리하여 클라인은 수렵채집민이야말로 동물의 절멸에 궁극적 역할을 하였으리라 생각한다.

그저 해마다 절멸된 종 몇 마리를 사냥한 것만으로도 이미 취약한 상태에 있던 개체군에게는 엄청난 손상을 끼칠 수 있다. 창을 이용한 사냥에서 활과 화살의 사용으로 전이한 것도 큰 요인일 수 있다. 선물 교환망을 바탕으로 인구가 내륙으로 확산한 것도 영향을 미쳤을 것이다. 초원이 줄어들고 숲이 확장되었던 이전의 기후변동기에서도 케이프말과 자이언트버팔로 같은 종은 사람의 남획을 피해 내륙에서 생존할 수 있었을 것이다. 그러나 서기전 12,000년이 되면 그런 피난처는 인구가 내륙으로 확산하면서 사라지고 만다. 이제 좋은 조건이 다시 올 때까지 머물며 기다릴 안전한 장소도 없어진 것이다.

따라서 남아프리카의 상황은 절멸이 아주 광범위하게 벌어졌던 북아메리카의 상황과도 비슷하다고 할 수 있다. 두 지역 모두에서 환경변화만으로는 절멸을 설명하기 힘들다. 사람의 사냥만으로도 부족하다. 그러나 그 둘이 결합되었다면 북아메리카의 매머드와 땅늘보(shasta ground sloth)와 마찬가지로 남아프리카 케이프말과 자이언트버팔로에게는 치명적이었을 것이다.

러복은 이제 붐플라스 동굴에서 서쪽으로 향하여 남아프리카 여행을 시작했던 일랜즈베이로 돌아간다. 여행하는 동안 기후는 다시 변하기 시작한다. 적어도 8000년 동안 강수량은 증가한 뒤에 흐름이 정반대가 되어 여름에만 비가 내리는 조건으로 돌아간다. 이런 환경에서 식생의 성장이 제대로 이루어지지 않고 동물들은 가장자리로 내몰린다.

러복이 서기전 7000년 일랜즈베이 동굴에 도착할 때 해안 평원뿐 아니라 연체동물과 해조류, 게를 잡던 광경을 보았던 바위 해안도 사라지고, 별달리 먹을 것이 없는 모래사장만이 남아 있을 뿐이다. 내륙으로 여행하는 동안 해수면은 계속 올라 오늘날보다 3m나 높아졌다. 동굴은 이제 곶 위에 고립되어 있어 대서양의 강풍과 흔한 안개에 휩싸이고, 이제 가장 가까운 민물 수원지라고 해도 20km 떨어진 곳에 있다.

일랜즈베이 동굴 내부는 버려진 상태다.[41] 바람에 날린 고운 모래가 과거 바닥에 버려졌던 조개와 동물 뼈, 다른 폐기물을 덮고 있다. 배설물이 많은 것으로 보아 이제 동물이 동굴을 이용하는데, 자칼이 퇴적층을 훼손했다. 러복은 춥고 습한 바닥에 앉아서 사람들이 다른 곳으로 떠날 수밖에 없었다고 생각한다. 일랜즈베이 동굴에서 그런 공백을 주목했던 파킹턴도 사람들이 민물을 찾을 수 있는 내륙으로 들어갔으리라 생각했다.

러복은 동굴 안에서 지켜볼 사람도 없고, 어두워 책을 읽을 수도 없어 이즈음 세계의 다른 곳에서 벌어지고 있을 일들을 되새긴다. 예리코에서는 젊은 남자가 아버지의 두개골에 회반죽을 하고, 그리스의 네아 니코메데이아에서는 최초의 농경민이 숲을 베고 있다. 유럽의 다른 쪽 작은 스코틀랜드 섬에서는 수렵채집민이 헤이즐넛을 굽고 있다. 북아메리카의 대평원 호너에선 들소떼가 몰려다니고, 와하카밸리에서는 호박을 채집하고, 안데스산맥의 비쿠냐를 기른다. 다른 한편 오스트레일리아의 아넘랜드의 암벽에는 무지개 뱀과 얌이 그려진다. 동아시아의 펑터우산에서는 야생 벼 씨앗을 뿌리고 일본의 다마 구릉지대에선 멧돼지 함정을 판다. 갠지스 평야의 담다마에선 가까운 강에서 거북을 잡아끌고 간다.

러복은 메르가르와 제이툰에 새로이 정착한 농경민이 흙벽돌집을 짓는 것, 그리고 야림 테페 소도시에서 토기를 만들고 방문 온 교역자와 실랑이 벌이는 일도 생각한다. 그러나 강한 비가 내리기 시작하고 대서양에서 오는 파도가 해안에 부서지며 동굴에도 소금기 있는 물벼락이 흩날리면서 이런 생각도 사라진다.[42] 칠흑같이 어둡다. 이런 폭풍이 치는 날 달이 떠오를 리도 없자 러복은 차가운 동굴 바닥에서 잠을 청한다.

일랜즈베이 동굴은 그로부터 4000년 동안 사람이 찾지 않는다. 이 시기는 웨스턴케이프 전역에 사람이 거의 살지 않았던 때이다. 서기전 2500년이 되어서 해수면이 다시 내려가자 동굴은 해안에서 조개를 잡는 사람들에게 은신처 역할을 한다.

열대지방의 벼락도끼

중부와 서부 아프리카의 수렵채집민, 동아프리카의 환경변화
7000 – 5000 BC

존 러복은 커다란 화강암 바위 아래에서 쏟아지는 비를 피한다. 뒤섞여 있는 바위틈에 작은 동굴이 보인다. 동굴 안에는 세 남자가 불가에 옹송그리며 앉아 있다. 서기전 7000년 서부 나이지리아. 이 동굴은 이워엘레루(Iwo Eleru) 유적인데, 이 지역에 사는 요루바 족 말로는 "잿더미 바위"란 뜻이다. 러복은 벽에 기대어 남자들이 주변 숲에서 채집해 온 새싹을 먹는 것을 지켜본다. 이빨로 식물 껍질을 벗겨 내고, 길고 질긴 섬유질은 바닥에 버린다. 사람들은 동굴 안에 머물며 비가 잦아들 때까지 음식을 먹고 이야기를 나눈다. 그리곤 무슨 말을 하더니 밖으로 나가 숲으로 사라진다.

남아시아 여행을 시작할 때와 마찬가지로 이곳 석기시대 사람들을 지켜보는 일은 짧기만 하다. 서기전 20,000년에서 5000년 사이의 고고학 유적은 별로 없다. 수렵채집민이 남긴 임시 화덕자리나 석기 산포지를 찾기란 어려운 일이다. 항공조사로 빽빽한 열대우림 나무로 덮인 지형에서 과거의 유적을 찾기 어렵고, 지표 아래 있을 흔적은 이미 두터운 식생으로 덮여 있을 것이다. 강 둔치에 있었을 많은 야영지는 물에 침식되었거나 퇴적물에 깊이 덮여 있을 것이다. 이런 상황에서 고고학자들은 그저 농

사를 짓다가, 아니면 도로를 만들고 우물을 파다가 유적이 우연하게 발견되기를 기다리고 있다.

열대우림에서도 바위가 많은 지역에 있는 동굴은 선사시대 인간 점유의 흔적을 찾을 가능성이 가장 높은 곳이다. 그러나 바람에 날리는 먼지도 거의 없고 동굴은 강한 화강암으로 만들어져 있어 바닥을 덮어 점유의 흔적인 퇴적물이 쌓일 기회가 별로 없다. 그런데 이워엘레루는 예외이다.

1960년대 말 당시 이바단대학(Ibadan University)의 쇼(Thurstan Shaw)는 서기전 15,000년 이후의 나이지리아 석기시대 고고학을 연구하고자 했다. 특히 서아시아 열대우림 전역에서 우연하게 발견되곤 하는 수많은 간돌도끼의 연대를 알고 싶어했다. 이 유물을 지역민은 "벼락도끼"라 불렀고, 성직자들은 벼락의 신 같은 공경의 대상으로 여겼다.[1] 실제론 석기시대의 유물이라 생각했던 쇼는 적당한 동굴을 찾아 발굴하기로 했고, 결국 서해안과 열대우림의 북쪽 끝 중간에 있던 이워엘레루를 찾는다.[2]

동굴은 그저 임시 쉼터로 쓰였을 뿐이다. 이곳의 점유는 며칠을 넘지 못했을 것이며, 다음 점유까지의 공백도 길어 아마도 백년 이상의 시간이 걸렸을 것이다. 가장 최근의 점유는 10km 떨어진 마을 농민의 흔적이다. 농민들이 불을 피우고 남긴 재에서 동굴의 이름이 유래했다. 이런 근래의 흔적 아래에서는 토기와 돌도끼 조각은 세석기, 긁개, 그리고 수많은 몸돌과 부스러기가 나왔다. 토기는 서기전 3000년 즈음, 돌도끼는 그보다 1000년 이전의 것이다. 퇴적층은 서기전 10,000년 정도로 추정되는 동굴 바닥층으로 이어진다. 그렇게 뗀석기 기술은 홀로세 전 기간 별 변화가 없다.

돌도끼와 토기의 출현을 제외하고 생활방식의 변화로 볼 수 있는 증거라곤 도구제작에서 처트의 사용 빈도가 늘어난다는 것이다. 처트는 지역에 분포하는 맥석영보다 훨씬 정교하게 떼어 낼 수 있으나 가장 가까운 원산지가 동굴에서 50km 떨어져 있다. 가장 아래층에서는 처트 석기의 비중이 아주 낮지만, 상부층에서는 도구의 30%가 처트로 만들어졌다. 사람들이 사냥과 채집 과정에서 더 먼 곳까지 나갔을 수도, 넓은 교역망이 있었을 수도, 처트 덩어리를 얻기 위해 멀리 이동했었을 수도 있다. 더 많은 증거가 나오기 전까진 어떤 설명이 옳은지 판단하기 어렵다.

이워엘레루에서는 아래층, 그러니까 러복이 이곳에 오기 몇백 년 전으로 추정되는 남자 무덤이 나왔는데, 보존상태가 그리 좋지 않다.[3] 분명한 무덤구덩이도 없었으며 무덤 안에 의도적으로 부장한 유물도 찾을 수 없었다. 발굴자인 쇼는 시신이 단단히 수축된 상태로 간단히 흙을 덮은 정도로 동굴 안에 안치되었으리라 여긴다. 이빨은 잇몸까지 경사진 형태로 닳아 가장자리에 법랑질이 거의 남아 있지 않다.[4] 이는 적도 환경에 사는 수렵채집민에게 흔하게 보이는 치아 상태로서 이빨 사이에 섬유질과 흙이 묻은 식물을 넣고 껍질을 벗겨 부드러운 속살을 먹는 관습에서 기인한다.

최후빙하극성기 동안 이워엘레루는 사바나에 둘러싸여 있었으며, 서아프리카 열대우림은 해안과 주요 강의 둔치 정도에만 국한되어 있었다. 서기전 12,000년 이후 강수량이 늘고, 기온이 올라가면서 숲은 더 넓어진다. 오늘날 서아프리카의 동에서 서까지 우림지대는 토고와 베냉공화국에서 공백이 있는데, 이를 다호메이 공백(Dahomey Gap)이라 부른다. 양쪽에 있는 우림은 동일한 동식물의 서식지로서 두 지역이 원래는 하나로 연결되어 있었음을 보여준다. 홀로세 초 숲이 확장되어 있었음은 오늘날 숲 경계를 넘어서 사바나 흙에 묻혀서 발견되는 우림종의 그루터기에서도 확인할 수 있다.[5]

이워엘레루 퇴적층에서는 동물 뼈나 화분이 나오지 않았기 때문에 오늘날처럼 동굴 주변에 숲이 무성했는지는 알 길이 없다. 동굴에서 나온 세석기와 긁개는 개활림이나 사바나 환경이었던 루케냐힐과 로즈커티지 동굴 등 동아프리카와 남아프리카의 유물과 기본적으로 같다. 발굴자는 서기전 4000년 이후 동굴이 우림으로 둘러싸여 있어 사람들이 새로운 도구를 만들어야 할 필요를 느껴 간돌도끼를 만들었다고 본다. 그럼에도 이곳은 당시까지 개활 사바나 환경이었을 것 같지는 않다. 가나의 보숨트위(Bosumtwi) 호수에서 나온 화분 도표에 따르면, 서기전 10,000년이면 이미 상당한 정도로 숲이 들어서고 있었다고 한다.[6]

러복은 일랜즈베이 동굴에서 이워엘레루로 여행할 때 과거 방문했던 몇 지점을 다시 찾기도 했다. 오늘날 짐바브웨의 마토포스 힐스(Matopos Hills)에 있는 포몬그웨(Po-mongwe) 동굴에 돌아왔다. 서기전 15,000년 이곳에서 두 남자가 밤을 지내는 광경을 본다. 두 번째로 왔을 땐 여성과 어린이들이 주변 덤불숲에 흩어져 베리를 따고 있다. 러복이 잠시 멈추고 지켜보니 사람들이 훨씬 영양가가 높은 애벌레를 잡고 있다. 숲엔 먹을 것이 가득하여 여성과 어린이들은 일하면서 먹기도 하고, 가져온 바구니에도 한 가득이다. 바구니를 동굴에 가져와 안에 있는 것을 저장구덩이에 쏟은 다음 잎으로 덮고 돌로 고정시킨다.

동굴은 러복이 8000년 전에 방문했을 때에 비해 변화를 겪었으며 이제 여러 가족들이 물을 많이 얻을 수 있는 마토포스 힐스에서 정기적으로 사냥하고 채집하며 산다. 땔감과 풀 다발을 동굴 벽에 쌓아 두고 잠자리로 쓰며, 말린꽃과 약초를 걸어 두었다. 입구 가까이엔 잉걸이 흩어져 타고 있고 쌓아 둔 나무더미가 밖에서 불어오는 바람을 막아 준다. 아마도 공동으로 이용하는 모닥불인 것으로 보인다. 동굴벽 주변엔 더 작은 노지도 보인다. 바닥엔 매트가 깔려 있고 가죽 조각과 타조알 껍질, 뼈바늘과 간석기가 흩어져 있는 것으로 보아 그 위에서 수공예 활동이 있었음을 알 수 있다. 여성과 어린이들은 이제 자리를 깔고 앉아 사냥꾼들이 오기를 기다리고 있다. 러복은 동굴 안에 있는 저장구덩이를 들여다본다. 하나에는 뿌리와 베리가 담겨 있고, 다른 것은 비어 있지만, 아마 거북이 껍질을 말리기 위해 마련해 놓았을 것이다.

러복은 포몬그웨 동굴에서부터 다시 서부 칼라하리 사막으로 여행을 떠난다. 드로츠키 동굴엔 아무도 없고 쓰레기가 흩어져 있다. 하지만 5km 북쪽 초딜로(Tsodilo) 힐스에서 몇몇 가족이 채집활동을 하는 것을 본다. 사람들은 거대한 지붕을 가진 바위 아래 동굴에서 메기를 건조대에 말리고 있다. 러복은 서기전 20,000년 와디 쿠바니아의 모습이 떠오른다. 칼라하리 사람들은 가까운 호수에서 해마다 홍수가 일어나면 부화하는 물고기를 잡는다. 다시 한 번 얕은 물에서 손으로 유순한 물고기를 걸어 올리며 며칠을 머문다. 이제 사람들은 뼈로 만든 찌르개로 미늘을 단 작살로 고기를 잡는다.

이 동굴에서 벌어지는 모든 활동이 러복에겐 낯익다. 여자들은 바깥에 모여 앉아 타조알 껍질을 갈아 염주를 만들고 뿌리를 빻는다. 세석기와 긁개를 만들고 사냥도구를 수선하고 가죽을 무두질하며, 영양의 다리뼈로 새로이 뼈찌르개를 깎아 만든다. 적어도 아프리카에서, 새로운 것이라곤 안료를 준비하는 일이다. 하얀 염류피각(鹽

類皮殼)과 붉은 오커를 빻아 고운 가루로 만든 다음 거북이 등껍질에 물과 섞는다. 벽에 사람 모습과 수수께끼 같은 기호를 그려 넣는다. 후일의 화이트페인팅스 바위그늘(White Paintings Rockshelter) 유적이다.

초딜로 힐스를 떠난 러복은 이워엘레루로 마지막 걸음을 옮기며 콩고 분지에서 새로이 확장되어 있는 우림지대를 지난다. 여행 중 대부분의 시간을 이 강 저 강에서 카누를 얻어 타면서 보낸다. 동남아시아와 아마존을 여행하며 자연의 화려함에 압도됐던 터라 열대지방에 돌아와 기쁘다. 아름답고 높은 봉우리 밑에는 급류가 흐르며 거품이 일고, 코뿔새와 호반새, 그리고 오렌지색과 진홍색, 순백색의 꽃들이 숲 바닥을 수놓고 있다.

주변엔 하마와 고릴라로부터 맹그로브 파리와 모기에 이르기까지 야생으로 가득하다. 러복이 보았던 사람들은 모두 강 둔치에 자리 잡은 작은 무리이다. 가까이 가려고 하면 늘 숲으로 들어가거나 카누를 저어 하류로 떠나 버린다. 오늘날 베송고(Besongo) 유적이라 불리는 지점에서 돌날 몇 점과 맥석영으로 만든 격지와 부스러기가 흩어져 있는 것을 빼고는 사람들이 남긴 자취를 찾을 수 없다.

서아프리카의 다른 지역에서와 같이 고고학자들은 콩고 분지에서도 어려운 작업을 하고 있다. 특히 열대림의 중심부에서 사람들이 얼마나 오랫동안 살고 있었는지를 아는 일은 쉽지 않다. 1945년 석기 두 점이 발견되었지만, 콩고 분지에서 처음 공식적으로 석기를 보고한 것은 그로부터 40년 뒤의 일이다.[7] 네덜란드 고고학자 프로이스(Johannes Preuss)는 1982-3년 당시 자이레국립박물관과 함께 체계적인 지표조사를 했다. 콩고 강에서 가까운 트룸바 호(Lake Trumba)의 연안에서 조사하고, 그런 다음 몇몇 지류를 따라가면서 고고학 유적을 찾았다. 편평하여 완전히 식생이 덮고 있는 상태이거나 열려 있더라도 가파른 상태이기에 강안을 따라 조사하는 일은 참으로 어려웠다. 그럼에도 강안을 따라 1000km를 지표조사하면서 유물 산포지 19개를 찾았다. 부시라 강(Busira River)의 베송고는 이 가운데 가장 많은 유물이 수습된 곳이다. 다른 유적에서는 그저 석기 두어 점뿐이었는데, 베송고에서는 94점이나 나왔다.

잔손질 도구는 거의 없으며, 맥석으로 만든 석기의 연대를 추정할 단서라곤 발견된 퇴적층보다 늦을 것이라는 것 정도였다. 프로이스는 대략 서기전 25,000년으로 추산했다.[8] 그러나 석기가 사람들이 콩고 분지에 서기전 20,000년, 또는 15,000년, 10,000년, 5000년에 살았음을 말해 주는지, 아니면 불과 몇백 년밖에 안 된 유물인지는 알 수 없었다. 석기군이 어떤 연대에 해당하는지에 따라 사람들의 생활방식은 크게 달랐을 것이다. 예를 들어 서기전 15,000년 이전이라면 사람들은 지금과 같은 우림이 아니라 사바나 환경에 살았을 것이다. 연대가 어떻든 석기를 남긴 사람들은 분명 먼 거리를 이동하였을 것이다. 가장 가까운 원석 산지는 적어도 200km 떨어진 곳에 있기 때문이다.

미시건주립대학의 로렌스 로빈스를 비롯한 연구자들은 보츠와나 초딜로 힐스의 화이트페인팅스 바위그늘 유적에서 발굴한 유물을 분석하면서 또 다른 문제에 부딪쳤다.[9] 발굴에서는 아주 깊은 퇴적층이 확인되었으며, 사람들이 이곳을 적어도 10만 년 이상 이용했음이 드러났다. 유적은 동굴 벽에 코끼리와 뱀, 말에 탄 사람 등을 묘사한 많은 흰색 그림 탓에 그런 이름이 붙은 것이다. 칼라하리 사막에는 19세기 중반까지도 말이 들어오지 않았기 때문에 말 탄 사람 그림은 100년도 되지 않았을 것이다. 원주민의 기억을 넘어 영적인 존재로까지 소급시키는 오스트레일리아의 아넘랜드나 인도의 빔페트카의 상황과는 달리 지역민도 근래의 부시먼이 그린 것이라고 말한다. 그럼에도 화이트페인팅스 바위그늘에 그려진 것 가운데는 훨씬 오래 전의 것이 있다. 바닥 레벨에 가까이 있는 그림은 흐려져 있고, 아마도 동굴 바닥이 지금보다 훨씬 낮았을 때 그려진 것으로 보인다.

가장 최근 퇴적층 아래에는 메기 뼈와 작은 석기 조각, 타조알 껍질 조각, 간석기와 미늘 뼈찌르개 등이 포함된 모래층이 나왔다. 불행히도 발굴자는 이 층의 연대를 그저 서기전 21,000년에서 3000년 사이라고만 제시할 수 있었을 뿐이다. 문제는 물고기 뼈가 많이 나와서 가까운 곳에 호수와 물웅덩이가 있었음을 알 수 있는데, 그런 흔적이 서기전 19,000년에서 14,000년 사이로 소급된다는 사실이다. 초딜로 힐스는 홀로세 동안에는 지금과 마찬가지로 상당히 건조한 곳이어서 가장 가까이 물고기를 잡을 수 있는 곳은 오카방고(Okavango) 강으로 45km나 떨어져 있다. 그러나 방사성탄소연대로는 서기전 9000년에서 3000년 사이라고 하는데, 이 시기가 사실 석기와

뼈찌르개가 시사하는 연대와도 부합한다.[10]

로빈스의 딜레마는 동굴 안의 부드러운 모래층에서 유물이 이동했을 가능성이 높다는 데 있다. 물고기 뼈와 숯을 설치류가 위아래로 이동시켰을 수 있는 것이다. 이 점은 뼈 작살 조각이 20cm 아래에서 발견된 또 다른 조각과 되맞춤된 것으로 증명되었다. 이 깊이의 모래층이 쌓이려면 4500년 정도가 필요하다고 하지만, 뼈와 숯 조각은 그런 식으로 이동되었을 수 있는 것이다.[11]

마토포스 힐스에 있는 포몬그웨 동굴 안에서 나온 일련의 저장구덩이가 만들어진 시기는 잘 모른다. 구덩이들은 1960년대 크랜 쿠크(Cran Cooke)가 과거 로데시아였던 곳에서 고고학 조사를 벌임으로써 확인되었다. 발굴에서는 출입구 쪽에서 두꺼운 재 층과 돌 기단이 확인되어 바람막이였음을 짐작할 수 있다.[12] 구덩이에는 불에 탄 애벌레 같은 흥미로운 것들이 있었다. 풀이 정렬되어 있는 것도, 거북이 껍질이 나온 구덩이도 있었다. 또한 독이 있는 식물(*Boophone disticha*)의 뿌리가 들어 있었는데, 보관하고 있는 것들에 벌레가 들어오지 못하도록 한 것으로 생각된다. 또 한 구덩이는 화덕으로 이용되었으며, 식물 껍질을 꼬아 만든 줄이 불에 탄 채 나왔는데, 돌판 아래에 있어 보존되어 있었기 때문이다.

웁살라대학의 니콜라스 워커가 1980년대 초 포몬그웨에서 나온 자료를 다시 연구할 때 출간되지 않았던 쿠크의 노트를 보았다. 방사성탄소연대 몇 개도 얻었는데, 서기전 20,000년에서 13,000년 사이였다. 그런데 연대는 층위상 올바른 순서로 얻어진 것이 아니라 위층에서 나온 것이 아래층보다 어린 것으로 되어 있고, 같은 층에서도 서로 다른 연대가 나오고 있으며, 연대는 사실 도구나 유물형식이 시사하는 편년과도 어울리지 않는다. 워커는 저장구덩이는 서기전 4000년 정도일 가능성이 가장 크다고 했지만, 논란의 여지가 있다.[13] 만약 이런 편년이 옳다 해도 애벌레가 러복이 포몬그웨 동굴에 두 번째로 방문했을 때보다 3000년 이전의 것일 가능성도 배제하지 못한다.

러복은 중앙아프리카와 서아프리카의 우림지대를 여행했지만 동아프리카의 호수의 확장과 소멸과 같은 극적인 환경변화는 보지 못했다. 최후빙하극성기에 투르카나와 빅토리아 호수의 연안을 여행할 때는 오늘날보다 수위가 훨씬 낮았다. 작은 호수는 완전히 말랐다. 서기전 7000년이 되면 이와 정반대의 일이 벌어진다. 수천 년 동안 호수는 오늘날보다 더 커졌다. 서기전 12,000년 이후 강우량의 증가와 함께 우림은 오늘날보다 더 확장되어 있었으며, 동아프리카에서 호수분지도 전례 없이 퍼져 있었다.[14]

새로운 연안에는 조개들이 모여 있고, 호소퇴적층이 지금의 수위보다 몇 미터 이상 솟아 있기에 쉽게 눈에 띈다. 투르카나 호의 수위는 지금보다 85m나 높았으며, 지금보다 크기가 두 배 정도였으며 주변의 분지로 흘러 나일 강 하계망에 물을 댔다. 수많은 작은 분지에 물이 들어찼고, 현재 에티오피아 남부의 리프트밸리에 있는 작은 호수들은 서로 연결되어 커다란 호수를 이루어 아와시(Awash) 강으로 흘러들었다.

호수 연안은 고기잡이하는 사람들에게는 매력적인 장소였으며, 실제 세석기와 뼈 미늘 작살이 투르카나 호 주변 유적에서 발견되고 있다. 그런 유적 가운데 하나가 케냐의 로와세라(Lowasera)인데, 미늘 달린 작살의 기부 주변에는 얇은 홈이 파여 있어 과거 줄이 매달려 있던 곳임을 알 수 있다. 물고기 뼈와 함께 악어와 하마 뼈도 발견되었다.[15]

서기전 12,000년 이후 열대 아프리카는 근래 역사에서 가장 습한 시기로서, 오늘날보다 50% 정도 더 많은 비가 내렸던 것으로 보인다.[16] 가장 궁극적인 원인은 몬순 체계가 강수와 함께 북쪽으로 이동함으로써 칼라하리 같은 남쪽 지역은 더 건조해졌기 때문이다.[17] 서기전 3000년 이후 강수량은 다시 한 번 더 감소하고 호수의 수위도 떨어지며 숲은 지금 상태로 축소된다.

북아프리카도 비슷한 강수량의 변화를 겪는다. 일시적이지만 사하라는 우리가 오늘날 보는 환경과는 사뭇 다른 지형경관을 가졌던 것이다. 이제 러복은 전 세계 여행의 끝에서 두 번째 목적지를 향해 발걸음을 옮긴다.

사하라의 양과 소

북아프리카 유목의 발달

9600-5000 BC

때는 서기전 6800년. 러복이 이워엘레루를 떠나 북쪽 오늘날 사하라 사막으로 향한 지 200년이 흘렀을 뿐이다. 걸어서 여행하는 동안 우림은 줄어들고 야영지와 동굴에서 쉬고 있는 많은 수렵채집민 무리를 보았다. 그렇지만 시간을 지체하지 않고 오늘 날 타드라르트 아카쿠스(Tadrart Acacus)라 불리는 사하라 사막 중심부의 단층지대 동쪽으로 향한다. 이곳엔 모래 바다 한가운데 사암과 편암 바위가 동쪽과 서쪽으로 드러나 있다.

러복이 이곳에 왔을 때 아카쿠스 계곡엔 물이 말라 있었지만, 여름에 비가 오면 많은 물이 있었을 것이다. 이곳은 모래밭이 아닌 벼랑과 바위를 얕은 호수와 물웅덩이 주변에서 자라는 버드나무와 아카시아 나무로 이루어진 사바나 덤불이 둘러싸고 있는 환경이다. 깎아지르듯 패인 계곡 주변엔 수많은 동굴과 바위그늘이 있고, 그 밖에서 사람들이 야영하고 있다. 세계를 여행하며 마주쳤던 수많은 수렵채집민 캠프와 같이 바람막이도 있고, 나뭇가지로 지은 움막과 화덕, 간석기, 석기, 그리고 바구니와 가죽을 무두질하다 나온 쓰레기가 널려 있다. 가까운 바위에 나갔던 사냥꾼들이 빈손으로 돌아오는 모습이 보인다. 들풀에서 딴 씨앗을 담은 바구니를 운반하는 여자들이 더 생산적인 듯하다. 처음엔 오할로에서 세계여행을 시작할 때 보았던 생활과 별다른 차이가 없다고 생각했다. 그러나 동굴 두 개를 가 보고는 마음을 바꾸었다. 참으로 많은 차이가 있었다.[1]

동굴 하나는 거대한 바위가 움푹 들어간 것처럼 보일 뿐이었다. 바깥의 바닥에는 사람이 남긴 폐기물이 거의 없이 깨끗했으며, 사람들은 계곡을 따라가며 바위그늘 입구를 하나의 정박지 정도로 이용하는 듯하다. 바위그늘 안 바닥에 깔려 있는 것도 없다. 단단한 돌과 바람에 날린 모래가 군데군데 보일 뿐이다. 서쪽 벽에는 그림이 있다. 물결 같은 선을 따라 사람 모습이 도식적으로 그려져 있다. 인물은 외형선만으로 과장해 표현했고, 머리는 둥글고 평행 띠와 깃털로 장식된 두건을 쓰고 있다. 모두 동쪽을 바라보고 있는데, 몸을 구부리고 팔을 벌려 들어 올리고 마치 기도를 하는 모습을 보이는 이도 있다.[2]

러복은 우안 무후기악(Uan Muhuggiag) 유적을 떠나 불과 몇 km를 걸어 꼭 들어가 보고 싶게 만드는 두 번째 동굴에 이른다. 아주 높고 넓은 아치 모양 입구가 있으며, 수렵채집민 캠프가 둘러싸고 있다. 몇몇이 모여 앉아 러복이 알아들을 수 없는 말로 이야기를 나눈다. 바닥엔 물을 담은 그릇이 놓여 있다. 메소포타미아 야림 테페(Yarim Tepe) 이후로 처음 보는 토기이다. 토기에는 물결무늬 선을 새겨 놓았다.

두 번째 동굴에 들어서자 배설물 냄새로 양이 있음을 알 수 있다. 양 네 마리가 동굴 안쪽에 매여 있다. 사육되는 것이 아니고 흰 털을 가진 야생의 양이다. 같은 양을 아프리카 여행을 시작할 때 타마르 핫과 하우아 프테아에서 본 적이 있다. 발굽에 짓밟혀 단단해진 배설물 위에 서 있으며, 막아 놓은 단단한 나뭇가지들 사이에 있는 것을 조금씩 먹고 있다. 강하고, 눈에 띄는 동물이지만, 울타리를 벗어나기 위해 안간힘을 쓰다가 멍도 들고 다리엔 피가 묻어 있다. 지금까지 아프리카 여행에서 사육되는 동물을 보진 못했다.

악취 나는 동굴을 떠나면서 방금 본 것과 비슷한 둥그런 머리를 가진 동물을 묘사한 그림을 본다. 그림은 흐릿하고 부분적으로 흙에 묻혀 있다. 이 동굴은 지금 우안 아푸다(Uan Afuda)라 불리는데, 과거 가졌을지도 모르는 종교적 의미는 분명 잃어버

렸다. 신과 귀신이 있어야 할 자리엔 필요할 때 실제적인 혜택을 주는 양이 있다.[3]

우안 아푸다는 1993-4년 밀라노대학의 크레마스키(Mauro Cremaschi)와 로마대학의 디레르니아(Savino di Lernia)가 발굴했다. 조사에서는 동굴과 동굴 바깥은 서기전 9500년 야영지로 쓰였음이 드러났다. 이 지방에서는 몇몇 다른 유적도 발굴된 바 있다. 우안 아푸다는 처음에 아카쿠스 지역의 수렵채집민 본거지의 현존 형태와 잘 들어맞는 듯 보였다. 그러나 우안 아푸다에는 수수께끼 같은 것이 발견되었다. 바로 동굴 안에서 서기전 7000년으로 추정되는 단단해진 배설물 층이 무려 40cm 두께로 쌓여 있었다.[4]

배설물 층은 애초 사람들이 동굴에 머물지 않을 때 산양들이 들어와 살았던 흔적으로 보였다. 그러나 디레르니아는 오늘날 아카쿠스 지역에서 야생 동물이 이용하는 동굴 바닥을 살펴본 뒤 배설물 흔적이 다름을 알게 되었다. 우안 아푸다에서 나온 것은 배설물이 단단히 굳은 층으로서 자연적으로 형성된 것은 아닌 듯했다. 발굴에서는 뗀석기와 숯덩이, 도살된 뼈 등 사람의 폐기물도 나왔다. 야생 곡물과 무화과, 독이 있다고 알려진 에치움을 포함한 몇몇 식물 유체가 발견되었다. 이런 식물 종은 그저 스스로 동굴 안에 들어왔을 리 없으며, 어떤 동물도 식량으로 먹지 않는 것이었다.

배설물을 남긴 동물은 크기와 형태에서 바르바리양으로 확인되었다. 자칼, 사슴영양, 고슴도치 같은 다른 동물의 뼈도 소량 발굴되었지만, 바르바리양이 가장 많았다. 그리하여 디레르니아는 서기전 7000년 즈음 이 동물은 동굴 안 울타리에서 살면서 가져다주는 먹이를 먹었을 것이라 결론을 내렸다. 에치움 같은 독 있는 식물은 흥분을 잘 하는 동물을 억제하기 위한 용도로 쓰였을 수 있다. 이는 터키의 농민이 양을 진정시키기 위해 버드나무 잎을 먹이는 것과 같았을 것이다.

우안 아푸다 동굴에서 산양을 기른 것은 사하라 중부에서 비교적 습하고 건조한 조건이 등락을 거듭한 상황에서 이루어졌다. 서기전 12,000년이 되면 아카쿠스 지역 주변에 많은 여름비가 내려 호수와 물웅덩이, 습지가 생긴다. 최후빙하극성기 극도의 건조한 시기가 끝나고 이렇듯 새로운 조건에서 사하라 중부에 동물과 사람이 찾아온다. 생활방식은 바르바리양 사냥을 중심으로 하고, 식물과 덩이줄기 채집으로 보완한다. 우안 아푸다, 우안 무후기악 등 동굴에서 발견된 최초의 그림은 이런 풍요로운 시기에 시작되었다. 러복이 그동안 동굴벽에서 보아 왔던 둥그런 머리를 가진 상에 앞서는 야생 동물의 묘사이다.

디레르니아는 바르바리양을 취하는 방법이 사냥에서 울타리에 가두는 것으로 변화한 이유를 사냥감의 개체수 급감에서 찾는다. 서기전 8000년부터 ─아마도 그보다 조금 전─다시 강우량이 줄어들기 시작하고 물웅덩이도 마르고 식생도 쇠락한다.[5] 수천 년 동안 사냥으로 야생 동물의 수도 심각하게 줄어들었을 것인데, 만약 그렇지 않았다고 하더라도 건조한 조건으로 회귀함으로써 사람의 생활방식에는 큰 변화가 있었을 것이다. 사람들은 이전 주민들이 그랬듯이 이 지역 전체를 버리기보다 더 넓은 범위의 생계자원을 포괄하면서 기존 자원도 새로운 방식으로 이용한다. 간석기도 발견되었는데, 이는 더 고생스럽게 야생 풀 종류를 이용하고 가공하였음을 가리킨다. 토기도 등장하는데, 표면에는 지그재그와 물결무늬가 새겨져 있다. 아마도 토기의 주된 목적은 점점 희귀해지는 물을 더 효과적으로 이용하기 위함이었을 것이다.

하지만 가장 중요한 혁신은 바르바리양을 잡아 가두어 놓는 것이었다. 가뭄이 계속된 시기와 희소한 자원을 극복하기 위해 도살은 필요한 때에만 했을 것이다. 아마도 동물을 공동으로 소유하고, 따라서 울타리에 매어 놓는 일은 수렵채집민의 공유 정신을 훼손하지 않았을 것이다. 다만, 적어도 가치가 높은 자원을 사적 소유할 가능성은 생겼다고 해야겠다.

서아시아에서도 이런 비슷한 과정으로 염소와 양이 사육에 이르게 되었을 수도 있다. 그러나 유전자 연구에 따르면, 바르바리양은 결국 사육종으로 이어지지 않았다. 이는 아마도 서기전 7000년 우안 아푸다에서 다시 한 번 일어난 생활양식의 변화 탓에 야생종에서 사육종으로의 점진적 전이가 중단되었기 때문이다. 이때 새로운 사람들이 동쪽에서 들어오면서 사육 가축을 들여왔던 것이다. 그런데 양이 아니라 소였다.

가축을 기르는 사람들이 들어오기 전, 아카쿠스 수렵채집민은 동굴 벽화에 그려진 둥그런 머리를 가진 상 같은 독특한 미술 양식을 발달시키고 있었다. 1950년대 로마 대학의 파브리치오 모리(Fabrizio Mori)는 이런 미술을 연구해 왔으며, 1998년 대단한 결과물을 낸다.[6] 모리는 다양한 양식의 그림과 조각품을 면밀히 기록하고, 서기전 5000년 이전의 미술을 대형 야생 동물, "둥그런 머리", 그리고 소가 압도하고 있는 "유목"이라는 세 분기로 나눴다. 간석기 위에 남은 안료의 흔적, 바르바리양을 묘사한 것, 둥그런 머리 그림에 소가 없는 점을 들어 미술품은 서기전 9500년에서 7000년 사이에 만들어졌다고 하였다.[7]

모리는 둥그런 머리 상이 일출을 숭배하는 것이며, 물결무늬 선은 계곡에 흐르는 물을 묘사한 것이라고 본다. 동굴 안에는 다른 "둥그런 머리" 그림도 있었으며, 그 가운데 하나는 매장되기 전 시신을 감싼 것처럼 보이는 길쭉한 모양도 있다. 실제 무덤도 동굴 입구 가까운 곳에 있었는데, 한 남자가 마치 스스로를 방어하듯 손으로 얼굴을 가린 채 누워 있었다.[8] 모리는 사람의 폐기물이 별로 없는 우안 무후기악이 아카쿠스에서 바르바리양을 사냥하여 가두어 두었던 사람들에게는 깊은 종교적 의미가 있는 곳이라고 생각한다.

때는 서기전 6700년. 우안 아푸다 근처에서 채집 활동을 하고 있는 무리가 보인다. 사람들은 가까운 사구에 나타난 한 소년을 쳐다보고 있다. 하지만 러복은 그 옆에 있는 소에게 더 관심이 있다. 소는 메소포타미아의 야림 테페에서 보았던 동물과 비슷하여 메르가르에서 사육되는 남아시아 제부가 가지는 혹 같은 것이 없이 등이 편평한 모습이었다.[9] 비록 우안 아푸다와 다른 동굴에 살았던 사람들도 벌써 몇 년 동안이나 소를 키우는 사람들이 서쪽에서 들어오고 있음을 알고 있었지만, 아카쿠스에서 목축 생활을 본 것은 처음이다.

열 살쯤 돼 보이는 소년은 청년 둘과 함께 오고 있다. 몇 분 정도 수렵채집민과 소를 키우는 사람들은 서로를 쳐다보다가 소년과 청년은 발길을 돌려 다시 사구 쪽으로 사라진다. 무리는 모닥불과 동굴로 흩어져 분명 새로이 나타난 사람들을 어떻게 대해야 하는지를 두고 이야기를 나눌 것이다. 러복은 전 세계 여행이 끝나기 전 아프리카 대륙에서 목축의 등장과 관련한 장면을 보고자 한다.

러복은 동쪽으로 향하여 관목이 우거진 산림 경관과 가끔 우기에만 물이 있는 호수가 군데군데 보이는 반사막지대를 가로지른다.[10] 사람들이 떠난 야영지가 눈에 들어온다. 작은 돌을 둘러 불을 피웠고,[11] 도살된 가젤 뼈를 포함해 많은 폐기물이 남겨져 있다. 그 가운데는 돌을 쌓아 둔 무더기에 아직도 소를 묶어 두었던 흔적이 있다.[12]

다음으로 찾은 곳은 사하라 동부의 나브타(Nabta)이다. 이곳은 소를 기르는 사람들의 야영지로서 우안 아푸다에서 2000km 떨어져 있고, 와디 쿠바니아와는 100km도 떨어져 있지 않다. 서기전 6700년 여름날 황혼이 내릴 무렵이다. 무릎까지 올라오는 덤불을 가로지르자 얕은 호숫가에 둥그렇고 길쭉한 움막 열두어 채가 모여 있다. 가시 돋친 울타리 안에 소 몇 마리가 있다. 집 밖에선 남자들과 청년들이 모여 있고, 여자들은 집 주변에서 이야기를 나누고, 곁에선 아이들이 놀고 있다. 불을 피우고 해가 지면서 갑자기 어둠이 내린다. 러복도 피곤에 지쳐 가까운 움막에 들어가 골풀자리 위에 누워 잠에 빠진다.[13]

동이 트기 전, 풀을 뜯기 위해 이끌려 나가는 소의 울음 소리에 러복은 잠에서 깬다.[14] 밤새 쉬었던 곳은 요리를 하는 집이었다. 곁에서 한 여자가 음식을 준비한다. 키가 크고 맵시 있게 차려입었는데, 몸에는 섬세하게 자른 가죽을 드리우고 검은 머리는 스카프로 묶었다. 모래 바닥 안에 토기를 반쯤 묻고 뜨거운 잉걸에서 귀리죽을 끓이고 있는 듯하다. 이 화덕과 매트 몇 장을 제외하고 움막에 있는 것이라곤 쌓아 둔 땔감과 지붕에 매달아 둔 풀뿐이다. 움막 자체는 단순하지만, 튼튼하게 지었다. 바닥에 버들가지를 돌리고, 위에는 동물 가죽으로 돔 천장을 만들어 덮었다. 여자는 죽을 퍼서 마른 박으로 만든 그릇에 담는다. 이것을 남편과 어머니, 아이들이 기다리는 밖으로 가지고 나간다.

러복은 이 목축 야영지에서 하루를 보낸다. 다시 가까운 길쭉한 움막에서 이 아름다운 여성을 마주한다. 이곳엔 얇은 가지와 가죽으로 만든 침대와 잠자리가 있다. 여자는 불가에 앉아 숯에 연기가 피어오르길 기다리며 노래를 흥얼거린다. 강한 아로마향이 나오자 숯을 나무와 가죽으로 만든 통 두 개에 떨어뜨린다. 바구니를 빙그르 돌리더니 다시 화덕에 붓고 아침 우유를 받을 준비를 한다.

곧 해가 뜨고 젊은 남자와 소년이 소를 몰고 돌아온다. 모두 스무 마리인데, 이것을 다시 네 무리로 나누고 각각 야영지에 사는 가족이 소유한다. 송아지를 작은 울타리로 몰아 잠깐이나마 젖을 빨게 하는 일은 소녀의 몫이다. 그리곤 여자들이 다가와 소독한 통에 우유를 받는다. 일이 끝나자 가족은 박을 쪼개 만든 잔을 들고 길쭉한 움막에 둥그렇게 모인다. 남편의 말, 아마도 기도가 있기 전까진 아무도 우유를 마시지 않는다. 그리곤 한 잔씩 떠서 마시기 시작한다.

모두가 먹은 뒤 소년들은 다시 소를 몰고 나가 풀을 뜯긴다. 우기라 풀과 영양가 높은 아카시아 꼬투리가 주변에 많다. 송아지에게 먹이를 주고 여자 아이들이 물가로 데리고 나간다. 이때를 빼고 송아지는 캠프에 머문다. 여자들은 남은 우유를 부엌에 가지고 와 보관하고 집안일을 한다. 모래 바닥에 간간히 물을 뿌려 먼지가 나지 않게 한다. 물과 땔감도 얻어 온다. 매트를 수선할 나무껍질과 뿌리와 함께 우유 바구니를 깨끗이 할 아로마향 나뭇가지도 가져온다. 나이든 어머니도 일을 도우면서 아이들이 화덕에 올라가지 않도록 지켜본다.

호숫가에서는 아이들이 놀고 있다. 도마뱀을 잡고, 돌을 던지고, 소떼를 거느린 남자와 아내 역할을 하며 논다. 모두 열 살이 안 되어 보이는데, 이제 어른 역할을 할 때가 된 듯하다. 조금 더 나이가 많은 소년과 남자 가운데 소를 몰지 않아도 되는 사람들은 가젤을 사냥하고 덫을 확인하러 떠나 한낮 햇살 속의 캠프는 조용하다. 어른들이 그늘 아래에서 작업을 하는 동안 아이들은 쉰다. 나이 많은 남자들은 로프를 만들고 가죽을 다루고, 여자들은 뿌리에 매듭을 지어 매트를 만든다. 늦은 오후 다시 돌아올 소를 맞이하기 위해 우유 통을 닦고 연기를 피운다.

이렇게 날이 저물 즈음 젊은 남자들은 캠프를 떠나 소를 몰고 돌아오는 사람들을 돕는다. 더 어두워지기 전에 소에서 젖을 짜고 가까운 캠프에서 잎을 들고 찾아온 사람들을 맞이한다. 여자들과 아이들은 처음엔 남자들의 얘기를 듣다가 서로 이야기를 나눈다. 사람들은 하나둘씩 잠자리를 찾아간다. 러복은 부엌으로 돌아가 바닥에 누워 잠을 잔다.

정말 (근래 동아프리카에서 소를 기르는 사람들이 그러하듯이) 나브타에서 그렇게 소를 사육하였는지는 논란의 여지가 있다. 유적은 와디 쿠바니아를 조사했던 웬더프와 클로즈, 실트를 비롯한 조사단이 발굴하였다. 조사단은 1974년에서 1977년까지 나브타의 과거 호소퇴적층 주변에서 유적 몇 개를 찾았다. 이 가운데 E-75-6이라 이름 붙인 유적에서 특히 많은 식물 유체와 동물 뼈가 나왔다. 그리곤 1990년에서 92년까지 다시 발굴조사하여 집터와 화덕 등을 확인했다. 우물도 나왔는데, 이로써 사람들은 결국 나브타에 호수가 말랐을 겨울에도 머물렀을 것임을 알 수 있다.

가장 중요한 발견은 소뼈로서, 서기전 9000년 우기에 호숫가에 짧은 기간 야영을 했을 시기의 것이었다.[15] 웬더프를 비롯한 연구자들은 나브타에서 동북쪽으로 50km 떨어진 비르 키세이바(Bir Kiseiba) 같은 다른 사막의 유적에서도 비슷한 연대의 소뼈를 찾은 바 있다.[16] 뼈의 크기와 생김새로 보면 들소일 가능성은 별로 없다. 웬더프 등은 유적 주변의 지형경관은 들소가 생존하기엔 너무 건조했으리라 생각한다. 수습된 동물 뼈에는 가젤과 토끼, 거북, 자칼 등이 있는데, 모두 크기가 작고 사막의 조건에 적응한 동물이었다. 이런 동물과는 달리 소는 날마다 물을 먹어야 하기 때문에 사하라 동부에서 생존하기 위해서는 사람의 도움이 필요했을 것이다.

이런 주장은 북아프리카에서 소 사육이 흔히 서기전 7500년으로 생각되는 서아시아 소 사육보다 더 이른 시기에 시작되었음을 뜻한다. 나브타와 비르 키세이바 발굴 이전에는 소 사육은, 양과 염소 사육보다 1000년 정도 늦은 서기전 7000년 즈음 서아시아에서 소 사육이 북아프리카에 확산되었다―유럽과 마찬가지로―고 생각했던 것이다. 이런 공통된 시각 탓에 웬더프의 주장은 소 사육 전문가들의 비판에 직면했다.[17] 비판가들은 웬더프가 발굴한 작은 소뼈 몇 점의 연대와 동정에 문제가 있다고 하였다. 환경이 그렇게 건조했다면 왜 사막 영양의 뼈가 수습되지 않았는지도 문제였다. 최근에 만들어진 우물도 우연히 고고 유적에서 발견되었다고 한다.

웬더프 등은 이런 비판에 반박하면서 논란을 멈추고자 하였다. 새로운 증거가 갑자기 나온 것은 1996년의 일이다. 오늘날 소에 대한 증거는 웬더프의 주장을 뒷받침하고 있다. 더블린의 트리니티칼리지의 유전학자 브래들리(Daniel Bradley)와 로프터스(Ronan Loftus)는 아프리카와 유럽의 소를 비교하여 언제 공통의 조상에서 나왔는지를 판단하고자 했다.[18] 두 지역 소의 DNA 표본을 대상으로 두 계통이 분지한 돌연변이의 수를 측정하고, 유전자 돌연변이율을 근거로 분지의 연대를 추정할 수 있다는 것이다.

브래들리와 로프터스는 유럽과 아프리카 변종은 적어도 20,000년 동안 나뉘어 진화하였다고 결론을 내렸다. 그렇다면 아프리카에서 소 사육은 서아시아에서 기원한 유럽의 소 사육과는 사뭇 달리 독립적으로 기원한 것이 된다. 아프리카에서 사육은 서기전 9000년 이전에도 일어날 수 있다는 것이다. 나브타와 비르 키세이바에서 나온 뼈에 대한 웬더프의 해석도 오늘날 소 유전학 연구로 뒷받침될 수 있다.

그렇지만 아프리카의 소 사육이 정확히 언제 어디에서 시작되었는지를 알기는 매우 어렵다. 한 가지 가능성은 서기전 9000년 이전 나일 강 주변을 주목하는 것이다.[19] 사람들이 위태로운 동아프리카의 지형경관에 들어갈 수 있었던 것은 소 사육 덕분이었는지도 모른다. 오늘날보다 훨씬 습했을 것이지만, 당시 호수는 겨울엔 말랐을 것이고 가뭄도 흔했다. 불행히도 서기전 12,000년에서 9000년 사이 나일 강 유역에는 고고학 유적이 희소하다. 그러나 서기전 6000년 이전의 어느 유적에서도 사육 동물의 뼈는 나오지 않았으며, 사육은 다른 지역에서 시작되었을 것 같다.

사하라 동부에서 사육이 일어났었는지도 모른다. 그러하다면 사람들은 나일 강 유역에서 서기전 10,000년까지는 사막의 호수 연안에서 수렵과 채집에 의존하는 생활을 위해 이곳으로 들어갔어야 한다.[20] 아직 안 알려졌지만, 상대적으로 많은 비가 왔던 시기에는 들소를 사냥했을 수도 있다. 송아지를 잡아 매어 놓고 가뭄으로 식량 부족의 시기에 대비했을 수도 있다. 아카쿠스의 사람들이 동굴 안에서 산양을 매어 놓았듯이 말이다.[21]

시간이 흐르면서 기후가 더욱 건조해지고 겨울 가뭄이 더 잦아지고 호수 환경도 믿을 수 없게 되면서, 소가 먹이와 물을 사람에게 의지하듯이 사람들도 소에 의존하였을 수 있다. 사람들은 우유와 피를 이용할 수 있으며, 아주 혹심한 조건에서만 소를 잡았을 것이다. 그리고 조건이 더욱 가혹해졌을 때 사람들은 사하라 동부를 버린다. 이런 식으로 가축과 새로운 목축 생활방식은 서기전 9000년까지 사하라 동부에서 점점 진화하여, 거꾸로 나일 강 유역으로 서기전 5000년 즈음 확산하였을 수 있다. 나일 강 유역에서 우유와 고기, 축력은 결국 이집트 문명을 지탱하는 요인이 되었다.

소 사육이 나일 강 유역에서든, 아니면 사하라 동부에서 시작되었든 서기전 6500

년 아카쿠스의 동굴에서는 목축민이 살았다.[22] 기존의 수렵채집민은 다른 곳으로 이주했을 수도, 아니면 새로이 들어온 이주민과 섞였을 수도 있다. 어떠했든 우안 무후기악 등의 유적은 소를 사육했던 사람들이 살았으며, 땅에는 가축 똥으로 덮이고, 동굴 벽에는 둥그런 머리 상이 있던 자리에 새로운 그림을 그린다. 소를 묘사한 그림은 유목민의 가축이 우유와 피, 고기, 가죽을 주는 경제적 자산을 넘어섬을 보여준다. 유목민의 사회생활과 의례, 그리고 생각하는 방식까지도[23] 소와 긴밀하게 얽혀 있다.

서기전 6700년 러복은 여름 내내 나브타에 머물며 호수가 마르고 우물을 파는 더 힘든 겨울도 견딘다. 러복은 아프리카에서 소 사육을 시작한 사람들의 생활에 대해 더 많은 것을 본다. 기장과 콩을 재배하고,[24] 날카로운 석기로 소의 동맥을 찔러 영양가 높은 피를 받기도 한다. 아이들이 사춘기를 넘어서자 의례도 많이 벌어지고 혼인도 있고, 나이 든 사람의 죽음도 본다.[25]

가뭄이 해를 이어 계속되자 나브타 사람들은 이곳을 떠나 나일 강이나 남아 있는 호수를 찾아 나선다. 방문자들도 계속 들어오고, 나브타 사람들도 다른 곳의 친구와 친척을 찾기도 한다. 나브타 인구는 성장하고 새로운 야영지를 만들어 떠나는 가족도 있다. 이런 식으로 점점 동쪽으로 아카쿠스를 향해 간다. 서기전 5800년 즈음 북쪽에서 방문자들이 양과 염소 무리를 데리고 들어오고, 이제 소와 함께 기르기 시작한다.[26] 서기전 4000년 즈음 가뭄이 길어지자 사람들은 나브타 분지를 버린다.[27] 러복은 이미 1000년 전에 이곳을 떠났다. 북쪽으로 길을 잡아 아프리카 여행뿐 아니라 전 세계 여행의 마지막이 될 나일 강 삼각주로 향한다.

나일 강 유역의 농경민들

북아프리카에서 곡물 농경의 등장

5500-4000 BC

구름이 누더기 실처럼 바람에 날린 하늘에 외로운 왜가리 한 마리가 천천히 붉은색과 주황색, 보라색, 연보라색, 연두색으로 변하는 창공을 가로지른다. 존 러복은 서기전 4500년 저지대에 솟아 있는 곳 위에 서서 여름날 나일 강 삼각주의 붉은 갈대밭 뒤로 지는 해를 본다. 먼 습지대에서 희미하게 들려오는 개구리가 우는 소리를 빼고는 고요하다. 자연은 러복이 맞이하는 선사시대의 마지막 몇 시간을 아름답게 수놓고 있다. 러복은 돌아서며 집들이 모여 있는 쪽을 바라보고는 사람들의 문화도 아름다울지 궁금해한다.

마을—오늘날 메림데(Merimde) 유적이라 부른다— 안에는 연기 기둥 하나가 피어오르고 있다. 러복은 다가서며 구워진 고기와 박하, 그리고 뜨거운 돌 위에 구워진 빵 등 다양한 요리 냄새를 맡아 본다. 흙벽돌 사이로 굽어진 복도를 따라 들어가면서 갈대로 엮은 낮은 지붕에 어깨를 스치기도 한다. 중얼거리는 소리, 장작 타는 소리가 들린다. 구석을 돌아서 적어도 백 명은 되는 마을 사람들이 모여 있는 마당에 들어선다. 사람들은 아름다운 옷을 입고 스카프를 두르고, 목걸이와 팔찌를 차고 있다. 음식을 요리하고 있는 불가에 모여 앉았거나 서 있다.

러복은 군중 사이에 선다. 또 다른 여행가가 마당에 들어온다. 나이 많은 이곳 남자, 아마도 아버지와 같이 들어온다. 이 사람이 등장하자마자 큰 소리가 울려 퍼진다. 모두가 돌아보고는 손을 올린다. 오래 기다린 손님과 격식을 차린 인사를 나누고, 일상적인 대화도 오간다. 어린이들은 이 손님에게 뛰어가고 빈터까지 손을 잡고 나와 염소 한 마리를 통째로 굽고 있는 불가에 다가선다. 자리에 앉자 다른 사람들도 따라 앉는다. 박하 차를 대접한다. 이제 이 여행가가 도착했으니 축제가 시작된다. 러복은 이 사람이 누군지, 어디에서 왔는지, 왜 그토록 존중을 받는지 알지 못하고, 구석에 앉아 빵 한 조각을 집어 든다.

러복은 나브타의 목축민 마을을 떠난 뒤 나일 강을 따라 북으로 길을 잡아 서기전 20,000년 카누를 타고 남으로 여행했던 길을 거슬러 간다. 사람들의 삶은 그 이후 별로 달라지지 않았다. 여전히 들소와 사슴영양을 사냥하고, 메기를 잡고, 야생 식물을 채집한다. 몇 가족이 식물을 재배하고, 작은 양과 염소 떼를 기르기도 한다. 그러나 러복은 삼각주가 시작되는 곳에서 50km도 되지 않는 거리에 있는 나일 강 물이 넘쳐 만들어진 커다란 호수에 다다를 때까지 야영지나 마을을 멀리서 지나친다. 호수는 오늘날 파이윰 분지(Fayum Depression)라 불리는 곳 안에 있는데, 나일 강 유역에서 가장 이른 농경 마을이 발견되었다. 유럽과 아시아에서 보았던 농경 마을과는 사뭇 다른 모습이다. 재배 곡물과 사육 동물은 그저 수렵채집민 식생활의 보조 역할만을 할 뿐이다.

러복은 서기전 5000년 파이윰에 도착한 뒤 200년 동안 호수 주변 마을을 돌아본다.[1] 집은 그저 나뭇가지로 만든 움막일 뿐이며 한 곳에서 몇 달을 넘어 살지는 않은 것 같다. 주민은 양과 염소, 때론 소를 키우면서 주변 평지에서 풀을 뜯긴다. 보리와 밀 씨를 호수 주변의 충적 평야의 작은 밭에 뿌린 뒤 그냥 두고 파이윰, 그리고 그 너머까지 사냥이나 물고기를 잡으러 떠난다. 여름비가 내리면 습지와 물웅덩이에서 메기를 잡는다. 겨울이 오면 사람들은 야생 조류에 눈을 돌려 습지에서 사냥하거나 덫을 놓는다.

곡물을 재배하면서도 많은 야생 식물을 채집한다.[2] 나중에 닥칠 어려운 시기를 위해 상당한 양을 저장한다. 사람들은 스무 개나 되는 구덩이 안에 놓인 통에 곡물과 채집한 씨앗들을 저장해 놓는다. 저장구덩이는 사람들이 움막을 짓고 사는 호숫가에서 떨어진 작지만 눈에 띄는 언덕에 자리 잡고 있다. 아마도 언덕 위에 있는 것은 습한 곳과 범람을 피하고자 한 때문일 것이다. 그게 아니라면 나일 강을 따라 오가며 파이윰에 들어오는 많은 방문자들의 눈에 띄지 않는 곳에 저장해 둔 것일 수도 있다.

서기전 4800년 러복은 호숫가에 앉아 전 세계 선사시대 여행을 곰곰이 생각한다. 오할로에서 시작하여 대륙마다 15,000년이라는 인류역사에서 수도 없이 많은 야영지와 동굴, 마을, 소도시를 여행하였다. 이제 나일 강 삼각주에 있는 메림데 마을만이 남았다. 마을은 북쪽으로 100km도 안 되는 곳에 있으며, 긴 여행의 마지막을 장식할 것이다.

파이윰 분지는 북아프리카에서 다른 어떤 지역보다 집중적으로 조사되었다. 오늘날 이곳엔 넓이가 200km²에 이르는 저염분의 작은 호수들이 있다. 서기전 450년 그리스 역사가 헤로도토스가 이곳을 찾으면서 열 배나 컸을 호수를 보고 경탄한 바 있으며, 서기전 5000년에는 20,000km² 넓이의 호수였다.[3] 과거의 호수연안은 19세기에 처음으로 알려졌으며, 1920년대 케이튼-톰슨(Gertrude Caton-Thompson)과 가드너(Elizabeth Gardner)가 지표조사한 바 있다.[4] 조사에서는 콤(Kom) W라는 낮고 긴 마운드도 발견되었다. 조사해 보니 수렵채집과 농경 생활방식이 혼합되어 있는 숯과 동물 뼈, 물고기 뼈, 토기 조각, 석기 등이 쌓여 있었다. 마운드 가장자리 주변에서는 요리를 위한 공간으로 기반암에 구멍을 판 흔적과 아직도 그 안에 물고기를 비롯한 뼈들이 놓인 그릇이 발견된 바 있다. 그런데 건축물의 흔적은 나오지 않았다. 그래서 단순한 움막만이 있었을 것이며, 호숫가에 짧은 기간 방문한 흔적만이 마운드에 쌓였을 것이다.

멀지 않은 곳에 이보다 조금 작은 콤 K 유적이 있다. 1km도 떨어지지 않은 곳인데, 작은 언덕에 구덩이를 파서 만든 저장고 56개가 확인되었다. 이 가운데 9개에서 곡물과 채집된 씨앗이 나왔다. 주변 언덕에서도 저장고 109개를 찾았는데, 이 가운데

하나에서는 서기전 5000년 이전으로 올라가는 불에 탄 곡물이 수습되었다.[5]

저장고는 말리의 켈 타마섹 족 같은 근래의 동아프리카 유목민들이 야생에서 얻은 풀 씨앗을 저장하는 방식과도 비슷하다.[6] 유목민은 궁핍한 시기를 대비하여 저장을 한다. 곡물을 말리고 가죽 주머니나 모래땅에 구멍을 파서 저장한다. 만약 충분한 곡물을 수확한다면, 저장한 것을 바꾸거나 더 채워 넣는다. 그렇게 저장해 두면 적어도 2-3년 먹을 수 있다고 한다.

이후 파이윰 분지에서는 영국과 미국, 이집트 조사단이 고고학 조사를 이어 갔다. 수많은 유적이 발견되었고, 물고기를 말려 놓았던 호숫가의 화덕자리가 집중된 곳도 알려졌다. 그러나 저장고는 더 이상 나오지 않았고, 나뭇가지로 만든 움막을 넘어서는 건축물의 흔적도 찾지 못했다. 농경은 여전히 부수 활동에 머물렀음이 분명하다. 파이윰 주변의 야생 자원이 풍부하였기에 식물 재배와 동물 사육이라는 노동을 할 필요는 없었을 것이다.

흙벽돌 건물과 마당을 가진 가장 이른 농경 마을로는 메림데를 들 수 있다. 유적은 카이로에서 서북쪽으로 45km 떨어진 나일 강 삼각주 가장자리에 있다. 충적평야에 돌출된 사막 위에 놓인 작은 언덕처럼 솟아 있다. 1930년대에 발견되고 발굴된 유적으로서 1978년에서 1988년 사이에 추가 조사되어 서기전 5000년에서 4100년 사이 1000년 동안의 점유 증거가 나왔다.[7] 이곳은 수렵채집민 야영지에서 시작하였고, 초기엔 고기잡이와 사냥, 야생 식물 채집 등 파이윰 호수 주변에서 벌어졌던 생활방식과 유사했다. 곡물 재배와 가축 사육은 식생활을 보완하는 데 머물렀을 뿐인데, 이후 농경 마을로 진화하면서 가죽으로 덮인 움막은 결국 짚을 섞은 흙벽돌로 얹은 돔 지붕의 형태로 바뀌고 창고도 만들어진다. 메림데에서 삶은 이제 곡물 재배와 가축 관리가 중심이 된다.

메림데와 파이윰, 나브타의 양과 염소, 그리고 밀과 보리는 서아시아에서 기원한 것이다. 이런 것들이 나일 강 유역에서 독자적으로 순화되었다는 증거는 없다. 이곳에서 순화는 요르단밸리 등지에서 이미 농경이 확립되고도 상당한 시간이 지나서야 나타난다. 양과 염소, 곡물이 어떻게 서쪽 아프리카로 확산했는지는 불분명하다. 가뭄으로 유목민이 네제브와 시나이 사막을 떠나 나일 강으로 들어왔을 수도 있다. 메림데와 파이윰 발굴에서는 독특하게 홈이 파인 화살촉과 배 모양의 곤봉 머리 같은 서아시아에서 흔한 형식의 도구들이 나왔다.[8] 방적 관련 예술품도 동쪽에서 들어왔다.

아시아 양식의 신석기시대 마을이 나일 강 유역에 등장한 데는 사람들의 이주와 교역의 역할이 있었을 것이다. 유럽에서 농경의 확산과 마찬가지인 것이다. 그러나 염소와 양, 곡물의 확산에 왜 그토록 오랜 시간이 걸렸는지는 잘 알려져 있지 않다. 서기전 5000년이 되면 유럽과 남아시아에는 이미 적어도 2000년 전에 서아시아에서 양과 염소, 곡물이 들어와 농경 소도시가 번성하고 있었다. 오히려 요르단밸리에서 나일 강 삼각주까지보다도 더 멀리 이주민과 교역자가 들어가야 하는 거리였다. 시나이 사막이 장애가 되었을 수도 있지만, 농경이 남아시아로 확산하면서 건너야 했던 이란 고원보다 힘들지는 않았을 것이다.

그러나 북아프리카에 메림데가 등장한 뒤 농경마을은 나일 강 유역에 급속히 확산되었다. 작은 공동체들이 움막과 저장구덩이, 울타리를 짓고 흩어져 살았다. 그로부터 1000년이 더 지나서야 흙벽돌집을 가진 더 큰 규모의 마을이 나타난다. 서기전 3500년이면 운하의 증거도 나온다. 곡물 재배에 핵심이 되는 관개체계가 구축되는 것이다. 그로부터 2000년 뒤 등장하는 이집트 문명은 바로 이 관개체계에 바탕을 두었다.[9]

아프리카 역사에서 곡물 농경과 유목이 끼친 영향은 이 책이 다루는 시간 범위를 벗어난다.[10] 서기전 3500년부터 북아프리카는 오늘날처럼 극심한 건조화가 진행되었다고 말하는 것으로 족할 것이다. 유목 생활은 사하라에서 들어와 점차 남쪽으로 확산되었다.[11] 사람들은 서쪽과 동쪽, 남아프리카의 사바나 경관으로도 이주해 들어갔다. 원주 수렵채집민은 소와 양, 염소를 도둑질하거나 교역을 통해, 아니면 혼인을 하면서 신부값으로 취했을 것이다.

서기전 3000년이 되면 소를 기르는 목축이 서아프리카의 평야와 루케냐힐 주변의 사바나에 확산되었다. 케이프까지 퍼지려면 이로부터도 3000년이 더 걸린다. 남쪽으로의 확산은 수천 년 전 유럽을 가로질러 전파된 농경보다 훨씬 어려운 일이었다. 아프리카의 목축민은 뜨겁고 가뭄이 계속되는 경관, 수많은 포식자, 그리고 이보다 더 힘든 기생충과 전염병을 견뎌야 했다.

마지막으로 아프리카 농경에 대해 짧지만 논평이 필요한 것은 아프리카 원산의 식물 가운데 재배종이 된 것도 있다는 점이다. 이 가운데 많은 식물은 역사시대에 알려진 것인데, 사바나 지역의 수박이나 기장, 수수와 밀림 가장자리의 콜라나무 열매, 기름야자나무, 강두(豇豆) 같은 것이 포함된다. 그러나 그런 식물이 언제 재배되기 시작했는지에 대해서는 알지 못하고 있다. 아프리카 재배 곡물에 대한 권위자인 할런(Jack Harlan)의 설명과도 같이 "아프리카 농업은 다른 곳만큼 오래되었을 수도, 아니면 더 늦은 것일 수도 있다."[12]

축제가 막을 내린 메림데의 마당 위를 달콤한 향이 나는 연기가 뒤덮는다. 불가에선 이미 몇 명이 잠을 자고 있으며, 차를 마시며 조용히 이야기를 나누는 사람들도 있다. 러복은 구석에 앉아 메림데에 들어온 다른 여행자들이 일어나 이별 인사를 나누는 것을 지켜본다. 머리를 숙이고 초대한 사람과 껴안고 입을 맞추고 말을 나눈다. 그런 다음 같이 왔던 나이 든 사람과 함께 마당을 떠난다.

러복도 떠나야 할 때다. 다른 이들의 눈에는 보이지 않지만, 러복도 고마움의 인사를 한다. 그저 메림데 사람들에게뿐 아니라 전 세계 선사시대 여행에서 보았던 모든 이에게 인사를 한다. 그리곤 마당을 떠나 홀로 어둠 속으로 걸어간다.

에필로그: '문명의 축복'

지구온난화가 과거, 현재, 미래의 인류역사에 미치는 영향

존 러복은 서기전 20,000년 각 대륙에 발을 디딘 다음 15,000년을 머무르며 선사시대 삶을 보았다. 나는 러복의 여행을 통해 고고학 유물과 유적의 목록이 아닌 인간의 생활을 이야기했다. 여행이 시작될 때는 빙하와 툰드라, 그리고 사막에서 전 세계가 경제적으로 비슷해 모두가 수렵채집민으로 살았다. 여행이 끝날 즈음 많은 사람들은 농경민이 되었다. 밀과 보리를 재배하기도, 쌀과 타로나 호박을 가꾸기도 했다. 가축을 기르는 사람도, 교역과 수공업을 하는 사람도 있었다. 임시 야영지의 세상은 마을과 소도시의 세상으로 변모하고, 매머드가 살던 지역은 양과 소 같은 가축이 사는 곳으로 변했다. 오늘날 전 세계적인 부의 불평등의 길이 놓였다.

많은 수렵채집민이 생존했지만, 농경의 시작과 함께 서로 다른 운명을 맞기도 했다. 땅과 교역에 목마른 새로운 농경민은 수렵채집민의 생활을 지속적으로 혼란에 빠뜨렸다. 그 뒤를 전쟁 지도자가, 그 다음엔 전 세계 구석구석에서 국민국가가 제국을 만들었다. 최근까지도 이누이트나 칼라하리 사막의 부시먼, 오스트레일리아 사막의 원주민 같이 농경민이 들어갈 수 없는 곳에서 생존한 수렵채집민이 있다. 그러나 이

런 공동체마저도 20세기에 들어서며 사라지고 있는 것이 현실이다.

지구온난화의 시기에 인류 역사가 전환점에 다다른 것은 우연의 일치가 아니다. 전 세계 모든 공동체가 환경변화의 영향에 직면했다. 갑작스럽게 거대한 홍수가 나고 물에 잠겨 해안지대가 사라졌으며, 철마다 이동해 오던 동물 무리가 보이지 않았고, 두텁지만 먹을 것이 별로 없는 숲이 확장했다. 이런 문제와 함께 모든 공동체는 개발하고 발견하고 탐험하고 확산할 새로운 기회를 맞았다.

결과는 대륙마다 달랐다. 서아시아는 야생 식물의 재배 조건을 갖춘 곳이었다. 북아메리카에는 기후변동과 함께 찾아온 사람의 사냥으로 절멸에 처하기 쉬운 동물이 사는 곳이었다. 아프리카에는 먹을 수 있는 야생 식물이 너무 많아 서기전 5000년까지도 재배가 시작되지 못했다. 오스트레일리아도 마찬가지이다. 유럽에는 재배할 야생 곡물이 없었지만, 다른 곳에서 재배된 곡물과 가축이 들어오기 적합한 흙과 기후조건을 갖추고 있었다. 남아메리카에는 비쿠냐가 있었고, 북아프리카에는 들소가, 멕시코에서는 호박과 테오신테(옥수수)가, 양쯔 강 유역엔 야생 벼가 있었다.

각 대륙, 그리고 대륙 내 여러 지역은 크기와 생김새, 위치에 따라 각기 다른 환경사를 겪었다. 유럽과 서아시아에 살던 사람들이 가장 극적인 환경변화를 겪었다. 중앙 오스트레일리아 사막과 아마존 밀림에 살았던 사람들은 변화를 그리 심각하게 느끼지 않았다. 북유럽에 확산된 산림은 사람들이 살기 좋은 환경이었지만, 태즈메이니아에서는 숲의 확장으로 사람들이 살던 곳을 버리기도 했다. 북쪽의 빙하가 녹으면서 북쪽 먼 지역을 제외하고 전 세계의 해안 평지가 사라진다. 이와 반대로 빙하에 눌려 있던 땅은 바다가 차오르는 것보다 더 빨리 융기하기도 했다.

비록 그 어느 지역이든지 어떤 자원을 가지고 있으며, 구체적으로 어떤 환경변화를 겪었느냐에 따라 역사가 달라지겠지만, 그렇다고 이런 외부 조건이 실제 역사에서 일어난 사건을 결정하지는 않는다. 사람들은 언제나 일상에서 선택과 결정을 해야 한다. 결과에 대해서는 별다른 생각과 인식을 하지 않으면서도 말이다. 그 어느 누구도 예리코나 펑터우산 근처에서 야생 씨앗을, 길라나키츠나 쿡 스왑프에서 호박을 가꾸며 지금 세상을 바꾼 농경을 의도하지는 않았다.

인류 역사는 의도뿐 아니라 우연으로도 바뀌며, 역사 변화의 길은 다양하다. 서아시아에서 수렵채집민은 농사를 짓기 전에 마을을 이루며 정주했고, 이것은 일본이나 갠지스 평원에서도 마찬가지였다. 반대로 멕시코와 뉴기니에서는 정주 마을이 등장하기 훨씬 전에 식물 재배가 이뤄지고 재배종이 갖추어졌다. 북아프리카에서는 곡물 이전에 소가 사육되고, 안데스에서도 퀴노아를 재배하기 전에 비쿠냐를 길렀다. 일본과 사하라에서 토기의 등장은 농경의 시작을 앞선다.[1] 그런데 서아시아에서는 이미 농경 마을이 번성한 다음에야 토기가 나타난다.

역사가 그런 길을 걸으리라 누가 예측했겠는가? 서기전 20,000년 유럽 서남부는 빙하시대 예술로 대표되는 문화가 성행했지만, 서기전 8000년이 되면 전혀 그런 특징을 찾을 수 없다. 서기전 7500년 즈음 서아시아에는 천 명이 넘게 사는 소도시가 있었지만, 이로부터 1000년이 지나면 그 폐허 위에 유목민이 들어와 야영지를 만든다. 가장 늦게 사람이 들어가는 아메리카대륙에 오늘날 전 세계에서 가장 강력한 나라가 들어설 줄을 누가 알았겠는가? 아니면 가장 첫 문명이 메소포타미아에서 등장할 줄을 알았겠는가? 아니 누가 오스트레일리아와 뉴기니가 이미 농경이 번성한 뒤에도 여전히 수렵채집민의 세상으로 남을 줄 알았겠는가?

각 대륙의 역사는 이처럼 독특하여 나름의 내러티브와 설명의 논리가 필요하지만, 모든 대륙에 해당하는 역사적 변화의 힘도 있다. 그 첫째가 바로 지구온난화이다. 그리고 둘째로 인구성장이 있다. 빙하시대의 가뭄과 추위가 사라지면서 사람들은 사망률이 낮아지고 환경변화와는 직결되지 않는 사회와 경제의 형태를 필요로 하였다.

세 번째로 들 수 있는 공통의 요인은 바로 우리가 가진 종 정체성이다. 서기전 20,000년 모든 대륙의 사람들은 모두, 비교적 늦은 시기에야 단일한 기원을 가지고 진화한, 호모 사피엔스의 일원이었다. 그렇기에 동일한 생물학적 동인과 그것을 이루는 수단—협력과 경쟁, 공유와 이기심, 선행과 폭력—을 가지고 있었다. 모두 만족할 줄 모르는 호기심과 창의성이라는 독특한 정신을 지니고 있었다. 이전 인류의 조상과 사뭇 다르게 사피엔스는 바로 이런 마음을 바탕으로 새로운 곳에 들어가고 무엇인가를 발명하고, 문제를 풀고, 새로운 종교 신앙과 예술 양식을 만들어 냈다. 그런 마음이 없었다면 지속적 적응의 순환과 환경변화에 대한 재적응—우리 호모 속(屬)이 진화했던 수백만 년 전에 시작되었다—을 넘어서는 그 어떤 인류 역사도 없었을 것이다. 이런 모든 공통 요인들이 각 대륙의 독특한 조건, 역사적 우연성과 사건들의 연속과 결합하여 농민과 소도시, 장인과 교역자들의 세상을 만들어 냈다. 서기전 5000년이 되면 이미 새로이 이루어져야 할 후일의 역사가 별로 남아 있지 않을 정도였다. 근대세계의 모든 토대는 이미 완성되었다. 이로부터 오늘날에 이르기까지 역사는 그저 진행되었을 뿐이다.

존 러복은 이제 영국 남부 내가 살고 일하는 곳에서 가까운 언덕 꼭대기에 앉아 있다.[2] 2003년 여름날, 『선사시대』의 마지막 장을 읽는다. 19세기에 살던 러복은 스스로 원하고 열망하는 것의 노예였던 야만의 삶을 넘어서 아무에게도, 또 아무도 자신에게 의지하지 않는다며 "문명의 축복"을 노래했다.[3] 오늘날 고고학의 발달로 이런 생각은 완전히 잘못임이 드러났다. 선사시대 수렵채집민은 한 세기 전 장자크 루소가 말하는 "고결한 야만인"[4]이 그렇지 않듯이 『선사시대』에 묘사된 것처럼 굶주리거나 도덕적으로 썩어 빠진 야만인이 아니다.

　이후 고고학 연구로 이런 생각이 잘못임이 밝혀지고, 선사시대의 성격이 드러난다. 여기에는 크게 두 이유가 있다.[5] 첫째, 학문이 성립된 이후 발굴구덩이를 파고 유물을 씻었던 전문 고고학자들의 열정이다. 둘째, 고고학은 과학을 이용한다는 점이다. 그래서 부식된 구리 염주 속에서 면화를 확인하고 오늘날 사람들의 유전자로부터 선사시대의 이주 유형을 복원하고, 딱정벌레 날개에서 빙하시대 기온을 추정하며, 특히 방사성탄소연대 측정으로 선사시대 사건들을 편년한다.

　19세기에 활동했던 존 러복도 새로이 등장한 고고학에서 과학의 역할을 높이 평가했지만, 그것은 농업과 산업이 인류에게 가져다준 위대한 "문명의 축복"의 일부라고 생각했다. 러복은 망원경과 현미경에 찬사를 보내며 마음(정신)을 연구하는 데 "새로운 관심"이 싹틀 것이라고 했다. 인쇄술 역시 "셰익스피어와 테니슨의 사상이든, 뉴턴과 다윈의 발견이든, 원하는 사람이면 누구나에게 … 인류가 가진 공통성을 알게 해 준다"고 높이 평가했다. 마취제의 일종인 클로로포름을 인용하며 인간의 고통을 얼마나 감소시켰는지를 얘기하기도 했다.[6]

　이런 주장을 논박할 이유는 없다. 책도 약도 없이 사는 수렵채집민의 삶은 아주 끔찍하다. 그러나 영국 남부의 언덕 꼭대기에 앉아 오늘날 농업으로 황폐해진 경관을 바라보면 19세기를 살았던 러복보다 낙관하지는 못할 것이다. 서기전 12,500년 영국 남부는 빙하시대 툰드라에서 해방되어 순록과 흰올빼미, 북극토끼가 살던 곳이었다. 서기전 8000년 무성한 숲에서 붉은사슴과 곰이 먹이를 찾아 왔다. 1950년만 하더라도 나무와 들, 호수와 작은 길과 목초지로 덮인 풍성한 경관이었다. 그러나 2003년 오늘, 야생동물이나 새들이 살 수 있는 나무나 덤불은 농업으로 사라지고 말았다. 아래로는 자동차가, 위로는 비행기 소리가 들리지 않는 언덕을 찾기 힘들 정도가 되었다.

공기는 오염되어 역사의 순환을 생각하게 한다. 농업과 산업은 지구온난화로 일어난 역사의 산물이다. 그런데 오늘날 그 자체로 새로이 지구온난화를 일으키는 원인이 되고 있다. 이 새로운 지구온난화는 이미 전 세계에 상당한 영향을 미치고 있으며 인류의 미래 역사에 큰 영향을 미칠 것이다. 대규모 벌목으로 숲이 사라지고 화석 연료를 태워 온실가스 농도가 높아지고 지구는 자연 그대로보다 더 뜨거워지고 있다. 최근 몇십 년 동안 모든 대륙에서 빙하가 후퇴하고, 북반구에서 쌓인 눈의 양도 크게 줄어들었으며, 남극의 얼음도 사라질 위기에 처해 있다.[7]

선사시대와 마찬가지로 자연 세계는 변화를 겪고 있다. 많은 식물의 개화기는 빨라지고, 새들은 더 빨리 알을 까고 서식지도 바꾸고 있다. 다시 한 번 곤충이야말로 이런 변화에 첫 반응을 보인다. 영국에서는 진딧물이 더 빨리 날아오고, 북아메리카와 영국에서는 나비가 훨씬 높은 고도와 더 북쪽에서 확인되고 있다.

이렇게 사람이 만들어 놓은 지구온난화는 다음 세기 동안 서기전 9600년에 일어난 극적인 변화보다는 덜 극심할 것이라 예상된다. 영거드라이어스가 끝나며 지구의 온도는 50년 동안 무려 7°C가 상승했다. 한편 앞으로 한 세기 동안 3°C 이하의 상승이 예측되고 있다. 빙하시대가 끝나면서 해수면은 120m 정도 올랐지만, 앞으로 50년 동안 32cm 정도 오를 것이며, 2100년이 되면 88cm 정도 오른다고 한다.[8] 미래의 지구온난화는 서기전 9600년에 겪었던 지구온난화보다는 극심하지 않을지 모른다. 그러나 오늘날 세계는 환경오염과 70억 인구가 필요로 하는 자원 탓에 더 위험하다. 결과적으로 인간 공동체와 자연 생태계에 대한 위험은 선사시대 때보다 훨씬 심각하다. 빙하시대가 끝나며 엄청난 넓이의 저지대가 침수되었을 때도 많은 지역에는 사람이 살지 않았었다. 설사 그런 저지대에 사람이 살고 있었을지라도, 서기전 7000년 이스라엘 해안의 아틀릿얌(Atlit-Yam)과 같이, 인구는 그저 몇백 명 정도였을 뿐이다. 오늘날 방글라데시의 삼각주에는 1억 2000만 명이 살고 있으며, 그 가운데 600만 명이 해발 1m 이하의 저지대에, 그리고 3000만 명은 3m 이하의 저지대에 살고 있다. 해수면 상승은 폭풍우와 함께 찾아와 민물에 염분을 침투시킬 것이다.[9]

지구온난화로 서기전 14,000년 이후 태즈메이니아 곡부, 그리고 서기전 5000년 이후 사하라 사막에 사람이 살 수 없게 되면서 다른 곳을 찾아야 했다. 당시 세계는 그래도 사람이 살지 않는 곳이 많았다. 그러나 이제 새로운 이주민이 가야 할 곳은 어디인가? 침수되는 삼각주에 살던 사람들, 태평양과 인도양의 저지대 섬에 살던 사람들,[10] 그리고 가뭄의 빈도와 정도가 더욱 혹심해지면서 국제 원조를 받지 못할 사하라 이남 아프리카에 살던 사람들은 어떠할까?

긴 빙하시대를 끝낸 지구온난화로 사람들은 풍부한 자원을 가진 몇몇 지점을 두고 경쟁을 벌였다. 서기전 14,000년 나일 강 유역과 서기전 6000년 오스트레일리아 북부, 서기전 5000년 스칸디나비아 남부가 그러했다. 그런 충돌은 오늘날 우리가 알고 있는 것에 비하면 하찮은 것이다. 그러나 오늘날 세계에 새로이 닥친 지구온난화가 미칠 영향은 더 폭력적일 것이 분명하다.

물 부족은 충돌의 주된 원인이 될 것이다. 우리는 오늘날 농사와 일상적 필요에 물 부족을 이미 느끼고 있다. 그런 압박은 세계의 주요 지역에서 예상되는 강우량 감소와 증발량 증가로 더 심해질 것이다. 물 부족 문제는 서아시아 나라들 사이에 땅과 정치, 그리고 심지어 종교를 두고 벌어지는 분쟁을 넘어설 것이며, 그런 전조는 이미 시작되고 있다.[11] 더구나 지구온난화는 세계의 빈부 격차를 더욱 악화시킬 것이다. 선진국에서 농업생산성은 증가할 것이지만, 후진국에서는 그 반대이다. 전 세계에 테러리즘의 공포가 닥칠 것이다.

최후빙하극성기 이후 닥친 지구온난화의 결과 사람이 들어가 살 수 있게 된 대륙은 이제 새로이 닥치는 지구온난화를 일으킨 주된 요인이 되어 세계의 드넓은 다른 곳에 불편을 일으키고 있다. 아메리카는 우리 하늘의 주 오염원이다.

오늘날 영국 남부 시골에서도 많은 차들이 오간다. 뿌옇다. 초기 홀로세에 있었던 산림은 이미 선사시대에 사라졌다. 그러나 이곳의 황폐한 모습은 겨우 지난 50년 동안에 생긴 일이다. 호수에는 진흙이 쌓이고 곧 사라졌으며, 잡목림은 사라지고, 산울타리가 파헤쳐지고, 작은 농장이었던 곳엔 밀을 재배하고 보조금을 받는 공장 같은 사업체가 들어섰다.[12] 오늘날 대초원처럼 보이는 경관은 침식에 시달리고, 지나친 비료와 살충제 사용으로 오염되고 있다.[13] 서양의 다른 많은 농경지와 마찬가지로 우리가 필요로 하는 것보다 훨씬 더 많은 식량을 생산하고 있다.[14] 그런데 우리는 여전히 굶주림으로 신음하는 세상에 살고 있다. 8억 명의 사람들이 굶주리고 있고, 새로이 닥친 지구온난화로 그 수는 늘어날 것이라고 한다. 앞으로 100년 뒤 환경변화로 말미암아 8000만 명이 더 굶주리고 영양실조에 시달릴 것이다.[15] 기근을 끝낼 수 있는 단 하나 방법은 유전공학으로 생산성을 높이고 병충해에 저항성을 높이고 염분이 높은 흙에서도 자랄 수 있도록 하는 것이라 믿는 사람들도 있다.[16]

처음 영거드라이어스라는 가뭄을 맞아 괴베클리테페 주변이나 다른 곳에 모여 살던 서아시아 수렵채집민도 결과적으로 식물의 유전자변형에 간여하였다. 이곳 사람들은 야생 곡물을 재배하면서 무의식적으로 유전자 변화를 일으켰으며, 오늘날의 재배 밀과 보리를 만들어 냈다. 재배 호박과 옥수수, 콩, 벼, 퀴노아, 타로, 감자 등 여러 종의 유전자 역시 사람의 행동으로 변했다. 이런 식물 자원 덕택에 홀로세 초기 인구가 증가하고, 오늘날 식물 번식과 곡물 관리로 엄청난 세계 인구가 먹고 살고 있다. 그러나 앞으로 4반세기 동안 20억 인구를 더 부양해야 한다.[17]

분자의 수준에서 이루어지는 유전공학—다시 말해 한 종의 DNA를 다른 종에 이식시키는 일—은 인간의 필요에 따른 식물 조작의 역사에 들어서는 일이라 생각하는 과학자들도 있다.[18] 유전자변형이 과거 기후변동으로 일어난 식량 위기를 풀었기 때문에 추가적 유전자변형이 오늘날 우리에게도 똑같은 일을 하리라 믿는다.

그럴 수도 있는 일이지만, 고고학은 훨씬 더 중요한 교훈을 준다. 농경이 시작되면서 서기전 9300년 예르프 엘아마르와 서기전 8200년 베이다, 서기전 5000년 콤 K의 건물에서 보았듯이, 새로이 등장한 생산성이 높은 식물로부터 잉여가 발생해 중앙에서 통제하는 양상이 생긴다. 농경이 시작되자마자 식량은 상품, 그리고 분배를 통제하는 사람의 부와 권력의 원천이 되었다. 그리고 생산량이 더 많은 유전자변형 식물이 등장하면서 전 세계 식량 공급의 차별은 더 커졌다. 선사시대의 곡물 저장고를 지켰던 사람들이 마치 그런 식물에 특허권을 가지고 씨앗을 분배하는 생명공학 회사로 환생한 듯하다.[19]

영국 남부, 그리고 현재 세계 많은 지역의 오염된 경관에서 생명공학에 대한 또 다른 문제가 떠오른다. 이미 선사시대를 살펴보면서 분명히 알 수 있었듯이 어느 곳에서든 오늘날보다 훨씬 더 큰 동식물 다양성이 있었다. 서기전 20,000년 오할로 근처의 산림 스텝의 식물상과 서기전 15,000년 북아메리카의 동물상은 선사시대가 지금보다 훨씬 더 풍부하고도 다양한 자연세계였다는 명확한 사례이다. 생물다양성은 기후변동으로 줄어들어 북위도에서는 식물상의 대상(帶狀)분포가 더욱 심해졌고, 이로써 일반성보다는 특정한 자원에 치중하는 경향이 강해졌다. 그러나 농업이 생물다양성에 미친 영향은 이보다 훨씬 심각하다. 이는 서기전 6500년 즈음 아인가잘 주변의 황폐화한 경관이나 오늘날 세계의 집약농경을 하는 곳 어디에서나 볼 수 있는 경관에서도 알 수 있다.

새로운 유전자변형 식물의 재배, 인공적으로 병해충과 질병에 저항하도록 만든 식물이 등장함으로써 생물다양성의 손실이 그동안 겪지 못한 극단적 상황에 이를까? 그런 식물이 야생에 침범하여 여전히 생존하고 있는 야생종들보다 더 많이 퍼질까? 자연세계에 남아 있는, 귀중한 저습지나 염분이 있는 습지 같은 그런 식물의 도피처가, 사람들이 처음으로 유전자변형 식물을 심었던 영국 남부의 산림이 그러했듯이, 농경지가 되고 말 것인가?

대답은 없다. 생물다양성이야말로 우리가 가진 가장 큰 축복일 것이며, 세계적 기근을 끝낼 수단이기도 하다. 질병 저항성이 높은 유전자변형 곡물은 화학약품의 필요를 경감시켜 생물다양성을 보호하는 역할을 할 수도 있다. 물 부족이 전쟁이 빈번한 서아시아를 하나로 만들 수 있을지도 모른다. 지구온난화의 규모와 영향이 과장되어 있을 수도 있다. 정치인들이 오염을 줄이려는 의지와 수단, 그리고 전 세계에 걸쳐 공평하게 자원을 분배하고, 이주민에게 새로운 집을 마련해 주고, 자연세계를 보존하는 방법을 제시할지도 모른다. 정치인들이 이 모든 일을 할 수도 있다. 그러나 아마도 그렇게 하지 못할 것이다.

그렇다면 "문명의 축복"이란 무엇인가? 망원경과 다윈의 생각, 셰익스피어의 시, 의학의 발전이라는 기쁨이 결국은 10,000년 전 시작된 농경에서 비롯된 환경 악화와 사회 갈등, 인간의 고통을 보상해 줄까? 문학과 과학의 발달을 저버리고 석기시대의 수렵채집민에 머물렀다면 나아졌을까? 대답은 우리 손에 있다. 앞으로 백 년 동안 지구온난화의 시기에 우리가 무엇을 할지에 달려 있다. 우리의 미래, 지구의 미래가 우리 손에 있는 것이다. 우리가 확실히 아는 것은 21세기 말이 되면 세계는 오늘날과는 사뭇 다른 모습일 것이라는 사실이다. 아마도 서기전 5000년의 세계가 최후빙하극성기의 세계와 달랐듯이 말이다.

존 러복은 책을 펼치고 『선사시대』의 마지막 문단을 읽는다. 오늘날에도 전적으로 타당한 문구가 씌어 있다.

> 심지어 오늘날에도 우리는 더 발전하기를 희망할 수 있다. 그러나 사심 없는 사람들은 우리의 후손이, 현재 우리가 무엇을 겪든지, 지금 우리가 알지 못하는 많은 것을 이해하고, 우리가 사는 아름다운 세계의 가치를 더 잘 알고, 우리가 마주치는 많은 고통을 피하고, 우리가 개탄하는 많은 유혹에서 벗어날 것이지만, 유혹을 완전히 견뎌 낼 수는 없을 것이라고 생각할 것이다.
>
> ─존 러복, 『선사시대』1865, p. 492.

주

1 역사의 탄생

1) 불행히도 이 책에선 농경과 소도시, 문명, 그리고 마을이나 수렵채집민 같은 용어를 정의할 공간이 없다. "문명"이란 말은 아마도 가장 논란의 여지가 많을 것이다. 여기서는 국가조직, 기념물 건축, 사회 및 노동 분할을 갖춘 사회를 가리킬 것이다. 소도시(town)란 말도 최초의 정주공동체 마을보다 훨씬 큰 취락을 지칭한다. 그리하여 역사시대나 다른 고고학자의 용례보다 규모가 작을 수도 있다.

2) 이 글에서는 BP가 아닌 BC를 쓰기로 했다. BP (Before Present)가 많이 쓰이기도 하지만, 여기서 현재(Present)란 사실 1950년을 가리킨다. 다만 미주에서는 보정된 방사성탄소연대(표준편차 1)를 제시할 것이다. 방사성탄소연대측정의 원리는 2장에서 설명하였다.

3) 우리말 번역본은 2001년 출간되었다(스티브 미슨, 『마음의 역사』(옮긴이).

4) 빙하가 정확히 언제 정점에 이르렀는지를 알기는 쉽지 않다. 여기서는 서기전 20,000년이라 하였지만, 아마도 서기전 22,000년이나 21,000년 즈음이 더 적절할 것이다.

5) 빙하의 성장과 기후변동의 순환은 2절에서 설명하였다.

6) 10만 년 주기의 기후변동에 대해서는 Petit et al. 1999 참조.

7) 나 역시 최근 일어나는 지구온난화가 인간이 원인이 아니라 자연적인 요인의 영향도 있다는 주장을 알고 있다(Parker 1999). 하지만 사람이 현재의 지구온난화에 가장 큰 요인임은 확신할 수 있다. *Climate Change 2001, The Report of the Intergovernmental Panel on Climate Change*를 보라.

8) 온실가스는 지표면에서 나오는 복사열을 흡수함으로써 담요효과를 낸다. 온실가스의 역할과 지구온난화에 미치는 영향에 대해서는 Houghton 1997 참조.

9) 20세기 내내 고고학자들은 흔히 과거 종족(민족) 집단과 직접 연관된다고 생각한 고고학 문화를 확인하는 데 큰 관심을 가졌다. 차일드(예를 들어, Childe 1929, 1958)는 이런 시각을 옹호한 대표적인 연구자로서 되풀이 공반되는 특정 유물 형식(예를 들어, 토기나 칼, 무덤, 건축 등의 양식)을 근거로 선사시대 문화를 정의하고자 했다. 이런 접근(문화사고고학)은 변화를 한 문화가 새로운 문화로 대체되는 것으로 묘사했으며, 새로운 문화는 주로 먼 외부에서 유입되는 것으로 생각했다. 그러나 많은 연구자는 고고학 문화와 인간 집단 사이에 직접 관계를 찾을 수는 없으며, 물질문화의 양상(문화)이라는 것은 나름의 진화적 역학을 가지고 있다고 본다. 데이비드 클라크(David Clarke)가 이런 입장을 대표한다. 문화사고고학의 시각은 1960년대 이후 루이스 빈포드와 렌프루 등 과정고고학자에게 큰 비판을 받았으며, 이것을 다시 이안 호더 등 탈과정고고학자가 비판하였다. 트리거(Trigger 1999, 2006)는 이러한 고고학사의 전개를 논한 바 있다. 과거 물질문화를 바탕으로 "문화"를 확인하는 접근은 과거 인간행위와 사회, 역사를 재구성하는 데 별 도움이 되지 않는다. 다만, 유물제작 전통이 강하게 유지되어 문화적 실체를 느낄 수 있게 해 주는 경우도 없진 않다. 그리하여 이 책에서는 나투피안(Natufian)이나 클로비스(Clovis) 같은 용어를 사용할 것이다. 차일드의 시각에선 어느 정도 정체성을 지닌 사람들의 문화라 볼지도 모른다. 하지만 대부분의 사례에서 나는 특정 집단을 암시하는 문화 개념을 쓰지 않을 것이며, 그런 것이 존재했다고 생각하지도 않는다. 브루스 트리거(2010)가 쓴 고고학사는 우리말로 번역(성춘택 옮김, 사회평론)되어 있다.

10) 존 러복은 고고학이 학문으로 성장하는 데 크게 기여한 빅토리아시대 영국 학자이다. 허친슨(Hutchinson 1914)은 두 권 분량의 평전을 낸 바 있다. 이처럼 러복에 대해서는 트리거가 고고학사에서 다룬 것보다 더 주목하여 서술할 필요가 있다. 제닛 오웬(Janet Owen 1999)은 러복이 수집한 고고학 및 민족지 자료를 정리하고 관련 연구를 출간한 바 있다.

존 러복은 1834년 도시 은행가와 자유주의적인 어머니 아래에서 태어났다. 가족은 켄트의 다운이라는 곳에서 찰스 다윈과 이웃으로 살았다. 아마도 이런 계기로 러복은 과학과 진화이론에 열정을 가지게 되었을 것이다.

러복은 아버지를 이어서 가족 사업으로서 은행가가 되었고 1870년 대표로 선출되기도 했다. 곤충학에서 생물학, 지질학, 고고학, 민족지에 이르기까지 빅토리아시대의 박학한 지식인이었다. 1865년 이 책에서 자주 언급되는 『선사시대』를 내는데, 곧 베스트셀러이자 교과서가 되어 1913년 마지막 7판이 발간되었다. 1870년에 나온 두 번째 책 『문명의 기원(*On the Origin of Civilisation*)』 역시 몇 판을 거듭하였다.

러복은 1860년 옥스퍼드에서 열린 영국학회에서 헉슬리를 지지하는 연설을 한다. 그리고 고고학 증거를 이용하여 다윈의 이론을 뒷받침했으며, 1860년대 두 책과 함께 많은 글을 썼다. 1864년 엘리트 X클럽의 창립 회원으로서 진화이론을 방어하는 활동을 했다. 토마스 헉슬리, 조셉 후커, 존 틴달, 허버트 스펜서도 회원이었다. 러복은 1864-5년 민족학회 회장, 1868년 국제선사고고학회 회장, 1871-3년 왕립인류학회 초대회장, 1865년 린네학회 부회장, 1871년에서 1894년까지 몇 번에 걸쳐 왕립학회 부회장, 1904년 호고가협회 회장 등 영향력 있는 학회를 이끌었다. 그동안 고고학의 발달에 중요한 인물 중 하나인 존 에번스(John Evans)와 긴밀한 관계에 있었다. 또한 전 세계에서 고고학 및 민족지 유물을 수집하고 문화변화에 대해 논한 피트리버스와도 잘 알고 있었다. 1870년 러복은 고고학과 민족지보다는 정치와 자연과학에 더 힘을 쏟기 시작했다. 생물학과 동물학, 지질학에 대해 많은 글을 발표하면서 1882년 『개미, 벌, 말벌』이란 책도 펴냈다.

켄트 주 메이드스톤의 자유당 의원으로서도 뛰어난 정치경력을 쌓았다. 초등 및 중등학교의 과학 교육 증진, 국가 부채와 자유무역, 관련 경제 문제, 고대 유적 보호, 공휴일 증가 및 노동시간 단축에 주된 관심을 가졌다. 1871년 파괴될 운명에 처한 유적을 보호하기 위한 일환으로 에이브버리(Avebury)의 일부 토지를 사들이기도 했다. 1890년 고대유적보호법 제정에 앞장섰다. 1890년 에이브버리 경이란 작위를 받는다. 1871년 은행휴일법을 통과시키기도 한다. 1888년 런던시의회의 의원, 그리고 1890년에서 1892년까지 의장이기도 했다. 첫 번째 아내 엘런 프란시스 호던은 1879년 죽는다. 5년 뒤 피트리버스의 딸 앨리스 레인 폭스와 재혼하였고, 1913년 별세한다.

11) 과거 인물을 인용하며 문화 및 역사 변화를 말하는 일은 인문학에서 논란거리이다. 나는 인간의 활동을 인용하며 고고학 설명을 만들어 내고 장기간의 세계적 발달과 인간의 일상적 경험을 혼합할 필요가 있다는

입장이다(Mithen 1990, 1993b). 이 책을 쓰면서 나는 탈근대적 아젠다에 반응하여 역사적 설명의 성격을 논하고 있는 홉스봄(Hobsbawm 1997)의 "On History from Below"와 에번스(Evans 1997)의 책 *In Defence of History*에 특히 영향을 받았음을 밝힌다.

12) Theroux 2001.

13) Thesiger 1967.

2 서기전 20,000년의 세계

1) 푸시카리는 소퍼(Soffer 1990)가 다루고 있고, 19,010±300 BP라는 방사성탄소연대가 나왔다. 잘 보존된 유적은 아니어서 여기서 제시된 시나리오는 메진(Mezin), 메저리치(Mezerich)라는 더 잘 보존된 유적을 바탕으로 했다(Soffer 1985).

2) 이 책이 출간된 이후 인도네시아에서는 대략 12,000년 전, 그러니까 구석기시대 최말기까지 존속한 호모 플로레시엔시스(*Homo floresiensis*)라는 키 1.1m 정도로 작은 종이 알려졌다. 다만 최근 연대측정에 따르면 50,000년 전 이전이라는 결과도 있기 때문에 정확한 평가는 좀 더 기다려 봐야 할 것 같다(옮긴이).

3) 2002년 발견된 화석에 대해서는 *Nature* (vol. 404, pp. 145-9, 2002년 7월호, pp. 133-4) 참조.

4) 정확히 언제 아프리카를 벗어나 아시아와 유럽에 이르렀는지는 논란의 여지가 많다. 최근 연구에 대한 논평은 Straus & Bar-Yosef (2001)를 보라. 나 자신도 컴퓨터 시뮬레이션으로 아프리카에서 호미니드 확산의 연대와 성격을 제시한 바 있다(Mithen & Reed 2002).

5) 키비시 화석은 약 195,000년 전이며, 역시 에티오피아의 헤르토(Herto)에서도 약 160,000년 전, 그리고 최근 모로코의 제벨 이르후드(Jebel Irhoud)에서는 약 300,000년 전의 호모 사피엔스 화석이 발견되었다. 이처럼 사피엔스는 아프리카에서 기원하여 진화하였는데, 80,000년 전 정도면 장식품과 양면찌르개, 골각기 등 이후 후기 구석기시대의 문화적 특징이 나타난다. 이런 행위적인 특징과 인구 증가, 사회 네트워크 등을 바탕으로 50,000년 전 이후 아프리카를 넘어 광범위하게 확산하는 것이다. 성춘택(2010) "후기구석기혁명" 재고, 『한국고고학보』 77 참조(옮긴이).

6) 미국 사우스타코타 주의 핫스프링스는 유명한 매머드 뼈 유적 중 하나이다. 적어도 100개체가 싱크홀을 만나 죽음에 이르렀으며 뼈도 퇴적층 안에 아주 잘 보

존되어 있다. 보정되지 않은 방사성탄소연대 26,075±975 BP, 21,000±700/640 BP가 나왔다(Haynes 1991: 225). 매머드 대부분은 대략 26,000년 전에 죽음을 맞은 것이다. 매머드는 호수 주변의 식물을 뜯어먹고 물을 마셨을 텐데, 진흙에 미끄러져 죽었을 것으로 보인다. Lister & Bahn 1995에는 생생한 삽화가 제시되어 있다.

7) 장기간의 기후변동에 대한 문헌은 Dawson 1992와 Lowe & Walker 1997 참조. 밀란코비치 이론은 해양코어와 빙하 코어 기록에서 확인된 몇 번의 온난기가 125,000년 전 OIS5e같은 밀란코비치 지구온난화 시기와 일치함으로써 뒷받침되고 있다. 20,000년 전 냉각기도 밀란코비치 사이클의 짧아진 봄과 길어진 겨울 태양복사와 일치하여, 북반구에서 빙하의 성장 조건이 만들어졌음을 알 수 있다. 1999년 보스톡(Vostok) 빙하 코어 자료로도 100,000년과 41,000년 순환주기의 중요성이 확인되었으며, 주요 기후변동 사이클 안에서 21,000년 주기로 등락하는 양상도 중요하다.

밀란코비치 주기만이 아니라 다른 현상도 나타나고 있다. 태양은 뜨거워지다가 식고, 다시 뜨거워지는 현상을 반복하는 듯하다. 이는 과거 15,000년 동안 1500년 주기의 태양열 진동과 일치하는 것 같다(Campbell et al. 1998). 지난 130년 동안 분명 태양열이 증가하여 세계기온에 영향을 미쳤다. 물론 최근 20여 년 동안은 인간에 의한 온난화가 심각하다(Parker 1999).

기후변동이 모두 순환하여 일어나는 것은 아니다. 고전적인 사례로는 유성 충돌을 들 수 있는데, 6500만 년 전 충돌로 엄청난 먼지가 일어 길고도 긴 겨울이 찾아왔던 것이다. 화산폭발도 영향을 미친다. 75,000년 전 토바 화산폭발은 지난 백만 년 동안 일어난 것 가운데 가장 컸으며, 아마도 짧지만 강했던 OIS 4 빙하기를 몰고 왔을 것이다.

8) 지구공전궤도의 변화로 기후변동을 설명하는 데는 두 가지 문제가 있다. 첫째는 계절성에 미치는 영향을 보건대 10만 년 주기는 지구 기후에 큰 영향을 미치지 않았을 것 같다는 점이다. 그럼에도 장기간 주기는 아주 중요하다. 둘째는 궤도의 변화는 점진적으로 일어나지만, 기후변동은 갑자기 한 상태에서 다른 상태로 변모한다는 점이다.

이 두 문제 탓에 계절성에서 작은 변화와 북반구와 남반구의 차이가 극적 기후변동을 일으키는지에 대해 많은 연구가 이루어졌다. 아마도 가장 중요한 메커니즘으로는 해류 흐름의 변화일 것이다(Ruddiman & McIntyre 1981). 빙하기에는 간빙기와는 해류 흐름이 달랐고,

북대서양에 심해가 형성되지 않았던 것으로 보인다. 이로써 서유럽에는 따뜻한 겨울이 오지 않았다. 밀란코비치 주기에 따른 계절성의 조그만 변화에도 해풍에 변화가 올 수 있다. 해류는 그 자체로 변화를 일으키기보다는 심화시키는 요인인 듯하다. 다른 요인도 중요한데, 온실가스, 주로 이산화탄소는 해류의 변화의 결과물이기도 하다. 온실가스는 지구를 더 따뜻하게 하여 빙하기에서 간빙기로 변모하게 만들 수 있다. 빙하의 성장도 증폭 요인이 될 수 있다. 밀란코비치 주기에 따라 빙하가 성장하면 빙하의 존재로 반사되는 태양열이 많아져 기온이 더 떨어진다. 반대로 지구온난화가 시작되어 빙하가 녹으면, 반사율이 감소하여 지구온난화가 더 빨라진다.

9) 해양 퇴적물은 주로 칼슘이 많은 미세유기체, 특히 유공충 화석으로 이루어진다. 퇴적물의 화학성분은 유공충이 살았던 해양 환경을 비추어 준다. 바다의 산소는 주로 ^{18}O과 ^{16}O로 이루어지는데, 기온이 떨어지면 ^{18}O이 많아지고, 올라가면 ^{18}O의 양이 줄어든다. 그리하여 점진적으로 쌓인 퇴적물에는 ^{18}O과 ^{16}O의 상대적 비율이 달라지는데, 이를 이용해 기온 변화를 연구하는 것이다. 퇴적층을 뚫어 코어를 확보하고, 아주 작은 조각으로 나누어 ^{18}O과 ^{16}O의 상대적 비율 변화를 추적하여 기후변동을 파악한다. 지금까지 많은 코어 자료에서 비슷한 변화곡선이 나왔다.

이 가운데 가장 중요한 것으로는 적도 태평양의 V28-238을 들 수 있다(Shackleton & Opdyke 1973). 1500cm에 이르는 퇴적층 코어에서 100만 년 정도의 기후변동 역사가 기록되어 있었는데, 요약하면 다음과 같다. 첫째, 지난 백만 년 동안 적어도 열 번 정도 빙하기와 간빙기 사이클이 있었고, 대체로 10만 년 주기를 가지고 있었다. 둘째, 주기 안에서도 아주 더운 시기와 비교적 추웠던 시기—아간빙기와 아빙기라 부른다—의 짧은 등락이 있었다. 셋째, 빙하기에서 간빙기로의 변화는 흔히 백년이나 천년 단위가 아니라 수십 년 단위로 아주 급격하게 일어났다. 넷째, 현재의 간빙기는 이전 125,000년 전의 그것처럼 특히 따뜻하다. 이 두 간빙기 동안 빙하의 크기는 그 어느 때보다 작아졌다.

이런 기후변동은 숫자로 표현된다. 현재 간빙기는 산소동위원소(OIS) 1이며, 마지막 빙하기는 OIS 2이다. 그리고 간빙기는 OIS 5이며, 이것은 다시 다섯 세부 단계로 나뉘기도 한다. 산소동위원소 단계는 빙하의 성장과도 연관되어 있다. 예를 들어 478,000년에서 423,000년까지 OIS 12는 북아메리카와 유라시아에 빙하가 크게 확장하였던 시기였다.

빙하 코어에도 빙하의 성장과 쇠락의 기록이 잘 드러난다. 페팃 등(Petit et al. 1999)이 제시한 빙하 코어 자료에는 빙하기에서 간빙기로 변모하는 양상이 잘 기록되어 있다. 빙하 코어에는 예컨대 가스방울 같은 자료가 있어 당시 대기의 상태에 대한 정보까지 얻을 수 있다.

10) Lewis-Williams (2002)는 후기 구석기시대 예술을 해석하면서 아마도 약물이 포함된 샤먼의 최면상태에서 그려졌으리라 보기도 했다.

11) 페슈 메를에서 나온 말 그림은 최후빙하극성기 이전으로 편년되고, 24,840±340 BP라는 연대가 나왔다(Bahn & Vertut 1997). Lorblanchet (1984)는 이 그림을 논하면서 복제하기도 하기도 했다.

12) 1949년 윌리어드 리비가 처음으로 방사성탄소연대를 개척한 이래 이 연대측정법의 등장은 고고학을 크게 변모시켰다(Bowman 1990; Renfrew 1973). 오늘날에는 질량가속기를 이용(AMS)하여 더욱 정확하게 측정하고 있다(Hedges 1981). AMS는 ^{14}C를 직접 세며, 아주 작은 양으로도 측정이 가능하다는 특징이 있다. 어쨌든 50년 정도의 오차는 있음을 인지할 필요가 있다.

13) 나이테를 이용한 보정곡선은 Kromer & Becker 1993, Kromer & Spurk 1998을 참조. 11,000년 이전의 나이테 자료는 없기 때문에 구석기시대 탄소연대는 나이테연대법으로 보정할 수 없다. 그러나 현재 다른 여러 방법으로 이 시대의 연대를 보정하는 방법이 알려져 있다. 예를 들어 산호에서 얻은 방사성탄소연대를 우라늄-토륨연대측정법을 이용해 보정하기도 한다. U-Th연대는 마치 나이테를 세는 것과도 같아서 방사성탄소연대를 수정할 수 있다. 이로써 20,000년 전 정도의 연대는 대략 3000년 정도 더 늦게 나오는 것을 알 수 있다. 12,500년 전 즈음은 실제 연대보다 2000년 정도 더 늦게 나온다.

14) 오할로에서 벌어진 행위에 대한 이야기는 Nadel & Hershkovitz 1991과 Nadel & Werker 1991을 바탕으로 했다.

3 불과 꽃

1) 나델과 동료들은 유적에 대해 일련의 저술을 펴냈다. Nadel & Hershkivitz 1991은 생계경제 자료를 처음으로 보고했으며, Nadel et al. 1994는 꼬인 직물, Nadel 1996은 마을 안에서 공간구조를, Nadel 1994는 오할로의 무덤, Nadel & Werker 1999는 나뭇가지로 만든 집을 묘사하고 있다. Nadel et al. 1995는 21,050±330 BP에서 17,500±200 BP 사이의 26개 AMS연대를 제시하였는데, 아마도 19,400 BP 즈음에 사람이 살았음을 말해 준다. Belitzky & Nadel 2002는 유적이 홍수에 잠긴 것을 환경 및 지각운동에서 이유를 찾고 있다.

2) 무어 등(Moore et al. 2001)에 따르면 레반트지방의 해안평야는 라타키아에서 카멜산 남쪽으로 5km, 그리고 팔레스타인 해안을 따라 15km를 뻗어 있었다.

3) 화분분석으로 과거 환경을 복원하는 방법에 대해서는 Lowe & Walker 1997 참조.

4) 적어도 이는 이론상 그렇다는 말이며, 실제로는 복잡한 요인들이 있다. 여러 종은 서로 다른 양의 화분을 생산하는데, 버드나무에서는 "과도하게" 많은 화분이 나온다고 하며, 쑥―기후가 따뜻해지면서 툰드라에 들어간 첫 식물 가운데 하나―에서는 아주 조금만 나온다고 한다. 그래서 버드나무 화분이 많다고 해서, 정말 버드나무가 많았다는 뜻은 아니며, 쑥의 경우도 마찬가지이다. 오리나무 같은 화분은 식물 가까이에 퇴적되지만, 소나무는 바람을 타고 아주 멀리까지 날아간다. 따라서 화분분석을 위해서는 깊은 식물학 지식과 함께 지역의 환경요인에 대해 잘 알고 있어야 한다. 다행히도 화분분석은 이미 100년이 넘는 역사가 있으며, 현재 가장 세련된 선사시대 환경 복원 방법이라고 할 수 있다.

5) 훌라 코어의 화분 자료는 Baruch & Bottema 1991에 제시되어 있다. 시리아 서북부의 가브(Ghab) 코어는 중요하지만, 훌라 코어와 대조되는 양상으로 최후빙하극성기와 영거드라이어스 기 동안 산림의 확장을 가리키고 있다. 힐먼(Hillman 1996)은 국지적 변동을 나타낼 수도 있고, 가브 코어에서 나온 방사성탄소연대가 잘못일 수 있다고 하였다. 힐먼은 자그로스 산맥 북쪽에서 나온 제리바르(Zeribar) 코어에 대해서도 설명하고 있다.

6) 마지막 빙하기 스텝 환경의 이미지(Hillman 2000, fig. 12.2)는 1983년 4월 시리아 중부 스텝에서 찍은 사진을 통해 짐작할 수 있다.

7) Hillman 2000은 스텝 환경을 복원하고, 식물성 식량, 그리고 이것을 어떻게 이용했는지 자세한 설명을 하고 있다. Hillman 1996, Hillman et al. 1989에도 요약되어 있다. 그리하여 힐먼의 연구는 선사시대 수렵채집 생활과 농경의 기원에 대해 고고학 발굴만큼 중요하다고 할 수 있다.

8) Zohary & Hopf 2000는 신석기시대 곡물의 야생선조, 그리고 재배종과의 차이에 대해 논한다.

9) *The Seven Pillars of Wisdom* (Lawrence 1935).

10) Lubbock 1865, p. 67.

11) 고고학자들은 이런 유물을 복잡한 형식명으로 부른다(Garrard et al. 1987).

12) 많은 제작 기법과 형태를 보여주는 세석기가 발굴되었다. 그렇다고 서로 다른 사냥이나 식물 채집 도구였던 것은 아닌 듯하다. 아마도 지역 전통이 달라서 세대를 거쳐 나름의 관습을 전수했을 것이다. 전통은 가족과 집단을 넘어 확산되어 고고학 자료로 남는다. 상이한 전통이 있다는 것은 다시 최후빙하극성기와 그 뒤 수천 년 동안 적은 인구가 분산되어 있었음을 가리키기도 한다. 고링모리스(Nigel Goring-Morris 1995) 같은 고고학자는 세석기 제작기법과 형태의 차이가 상이한 문화, 곧 종족 집단을 가리킨다고 생각하기도 한다. 가장 널리 확산된 것은 케바란이라 부르는데, 이 시기 수렵채집민들이 사용한 도구 집합을 뜻한다. 고링모리스는 세석기 형식에 따라 네 시기를 구분한다. 그러나 나로서는 선사시대 사람들이 그런 문화로 나누어져 있었다는 주장을 받아들일 수 없다. 그럴지라도 세석기가 그런 정체성을 표현하는 데 효과적 수단은 아니었을 것이다.

13) 유적은 우와니드(Uwaynid) 14와 18이라 불리며, 둘 다 과거 물 주변의 연속적인 물질문화의 양상일 것으로 보인다(Garrard et al. 1987). 14에서는 18,400±250 BP, 18,900±250 BP, 18에서는 19,800±350 BP, 19,500±250 BP라는 연대가 나왔다(Garrard et al. 1988).

14) 개러드가 연구한 유적은 후기 구석기시대에서 신석기시대 후기까지 분포한다. 1930년대에 지표조사에서 발견된 것도 있으며, 아즈라크 분지 서남쪽 55km에 있는 와디 엘질랏(Wadi el-Jilat)은 특히 인상적이다. 유적은 18,200m² 넓이에 세 단계로 구분할 수 있는데, 가장 이른 단계는 와디 엘우웨이니드와 동시기로 보인다(Garrard et al. 1986, 1988).

15) 개러드 등(Garrard et al. 1986)은 몇 개 유적에서 나온 거북 껍질이 그릇처럼 쓰였다고 본다.

16) 아래 환경복원은 Hillman 1996을 따랐다.

17) "기하학적 케바란"을 뜻하는데, 마지막 빙하기 뗀석기 유물군에 통일성이 보인다. 다시 한 번 고링모리스(Goring-Morris 1995)는 세석기 제작기법과 형태에 따라 두 문화를 나눈다.

18) Kaufman 1986.

4 나투피안

1) 유적은 1955-56년 장 페로가 찾아 1959-61년 발굴조사하였다. 1971-2년 레셰발리에(Monique Lechevallier), 1973-76년 발라(François Valla)가 추가 발굴하였다.

2) Bar-Yosef 1998a, Villa 1995는 나투피안 문화에 대해 논하고 있다. Bar-Yosef and Valla 1991에도 좋은 글들이 실려 있어 많은 참고를 하였다.

3) Bar-Yosef & Belfer-Cohen 1989는 정주 나투피안 마을의 성격을 이야기하며 나투피안을 농경으로 가는 과정에서 돌이킬 수 없는 전환점이라고 하였다. 하지만 나는 이 생각에 반드시 동의하는 것은 아니다.

4) Boyd 1995 참조.

5) 나투피안, 특히 나투피안 전기에는 예술품이 많은데, 도구와 특정한 기능이 없는 유물에도 장식과 무늬를 새긴다. 나투피안 예술에 대해선 Bar-Yosef & Belfer-Cohen 1998 참조. 벨퍼코헨(Belfer-Cohen 1991)은 하요님 동굴 출토 예술품을, 노이(Noy 1991)는 나할 오렌(Nahal Oren) 출토품을 다루고 있으며, 최근 발굴된 엘와드(El-Wad) 유물도 소개하고 있다(Weinstein-Eviron & Belfer-Cohen 1993). 유제류 뼈를 깎아 만든 돌칼의 자루도 케바라 동굴과 엘와드에서 나왔다(Bar-Yosef & Belfer-Cohen 1998, fig. 5).

6) 아인말라하 무덤, 그리고 일반적으로 나투피안 시기의 무덤에 대해서는 논란의 여지가 많다. 라이트(Wright 1978)는 무덤이 나투피안 사회의 사회 계층화를 비추어 주고 있다고 하였지만, 벨퍼코헨 등의 학자(Belfer-Cohen 1995; Byrd & Monahan 1995)들은 자료를 더 주의 깊게 고려하고 나투피안 전기와 후기의 무덤을 비교하여 그런 주장에 반대한다.

7) 곡식을 찧는 데 쓰는 움푹 파인 돌. 확돌, 확독이라고도 한다(옮긴이).

8) 나투피안 전기에는 개 사육의 증거도 있다. 본문에서 아인말라하에서 나이 든 여성과 개들을 묘사한 것은 무덤 자료를 바탕으로 한 것이다(Davis & Valla 1978). 클러튼브록(Clutton-Brock 1995)은 개 사육에 대한 자료를 논한 바 있다. 이 책이 출간된 이후 후기 구석기시대 개 화석 발견도 여러 유적에서 보고되고 있다(옮긴이).

9) Bar-Yosef & Belfer-Cohen 1998, fig. 4.

10) Bar-Yosef 1989.

11) Lubbock 1865, p. 183.

12) Lubbock 1865, p. 484.

13) Bar-Yosef 1991, Belfer-Cohen 1988. 12,360± 160 BP (13,123-12,155 cal BC, 보정한 연대), 12,010±180 BP (12,974-11,615 cal BC)라는 방사성탄소연대로 나투피안 전기 유적임을 알 수 있다.

14) 나투피안 사람들에 대한 생물학 자료는 Belfer-Cohen 1991 참조.

15) 하요님에서 나온 석회석과 뼈로 만든 유물은 바르요셉과 벨퍼코헨(Bar-Yosef & Belfer-Cohen 1999)이 논한 바 있다. 케바라 동굴에서 나온 뼈 유물과 비슷한 새김무늬 패턴이 있다.

16) 현재는 하버드대학 인간진화생물학 교수이다(옮긴이).

17) 서술은 Lieberman 1993을 바탕으로 재구성했다. 공동 가젤사냥이 지닌 사회 및 경제적 함의에 대해서는 Campana & Crabtree 1990 참조.

18) 나투피안 정주에 대한 비판은 Edwards 1989 참조.

19) 이동하는 수렵채집민도 시간과 노동, 자원을 투자하여 집을 짓고 연중 일부 기간만 사용할 수도 있다. 연구에서는 이처럼 인간 점유에 의존하는 "야생" 동물을 통해 정주의 증거를 찾는다. 그러나 이런 접근에도 비판이 있다(Tangri & Wyncoll 1989).

20) 최근 연구에 따르면 늑대의 순화는 약 30,000년 전 후기 구석기시대로까지 거슬러 올라간다고 한다(옮긴이).

21) Tchernov & Valla 1997 논의 참조.

22) Byrd 1989, Byrd & Colledge 1991.

23) Hastorf 1998.

24) Hastorf 1998.

25) Bar-Yosef & Belfer-Cohen 1999, p. 409.

26) 힐먼(Hillman 2000)은 갈판과 갈돌로 야생 밀을 껍질을 벗기는 것은, 바짝 말리지 않는 한, 껍질이 거칠고 강해서 불가능하다고 하였다.

27) 나투피안 식물 재배에 대해선 Unger-Hamilton 1991 참조.

28) Hillman-Davies 1990.

29) 이 부분 서술은 Unger-Hamilton 1991을 참고했다.

30) 이 부분 서술은 Anderson 1991을 참고했다.

5 아부후레이라

1) 아부후레이라라는 아사드 호가 만들어지는 댐 건설 이전에 구제발굴의 일환으로 조사되었다. 이 책의 서술은 후구석기시대(Epi-Paleolithic) 주거유적(Abu Hureyra 1)에 대한 것으로, 그 위의 더 큰 신석기시대 마을은 무너져 언덕(tell)을 이루고 있다. 발굴 요약본(Moore 1991)과 최종 보고서(Moore 2000)를 근거로 서술하였다(Moore 1979). 유적에서는 26개 방사성탄소연대(AMS)가 있는데, 11,500 BP에서 10,000 BP 사이에 들어간다.

2) 무어(Moore 2000)는 두 방식으로 아부후레이라 집을 복원한 바 있다. 하나는 집들이 각각 둥그런 돔 모양의 지붕을 가진 것으로, 다른 하나는 베두인 텐트처럼 움집 위에 지붕이 서로 연결된 구조이다. 무어에 따르면 기둥구멍의 배치를 보건대 두 번째 것이 더 가능성이 높다고 한다.

3) 나투피안 사람들이 사냥한 두 종류 가젤 가운데 하나는 더 큰 무리를 이루어 해마다 이동한다. 해마다 초여름 가젤떼가 오늘날의 요르단 동부와 사우디아라비아 사막에서 북쪽으로 이동하여 유프라테스 강까지 왔다고 한다. 이 가운데는 시리아 북부로 들어가 여름 먹이를 찾았을 것이며, 늘 사냥꾼들이 기다리고 있었을 것이다. 아부후레이라 가젤 사냥에 대해서는 Legge & Rowley-Conwy 1987 참조. 페르시아 가젤 학명은 *Gazella subgutturosa*이다.

4) 힐먼의 중요한 연구 결과는 Hillman 1996, 2000에 요약되어 있다. 고고학 자료로 남지 않았을 식물을 고려하여, 아부후레이라에서는 250종이 넘는 식물이 이용되었을 것으로 추정한다.

5) Legge & Rowley-Conwy 1987은 연구 결과와 해석을 논하고 있다. 아부후레이라에서 이루어진 사냥에 대해서는 Moore et al. 2000도 참조.

6) 불행히도 아부후레이라 1에서 인골은 나오지 않았다. 나투피안 전기 사람들의 고병리학 연구에 대해서는 Belfer-Cohen et al. 1991, 치아 증거와 영양 상태에 대해서는 Smith 1991 참조.

7) Valla 1998.

8) Lubbock 1865, pp. 296-9. 최근 기후변동에 대해서는 Dawson 1992 참조.

6 천년의 가뭄

1) 네게브 사막의 후기 나투피안에 대해서는 Goring-Morris 1989, 1999 참조. 로시 진(Rosh Zin) 발굴은 Henry 1976 참조.

2) Noy et al. 1973 참조.

3) Cauvin 1977, 2000 참조.

4) Cope 1991도 나투피안 가젤 사냥을 논하고 있다.

5) 하요님 동굴에서는 나투피안 층 아래 후기 구석기시대까지 올라가는 층이 있으며, 16,240±640 BP, 15,700±230 BP까지 올라가며 케바란 기와 관련되어 있다. 그 아래에는 중기 구석기시대 점유층이 두껍게 쌓여 있다.

6) 치아 자료에 근거한 나투피안 건강에 대해서는 Smith 1991 참조.

7) 나투피안 사람들의 신체적 차이는 Belfer-Cohen et al. 1991 참조.

8) 홀라 코어 해석에 대해서는 Baruch & Bottema 1991, Hillman 1996 참조.

9) 할란 체미는 Rosenberg & Davis 1992, Rosenberg & Redding 2000 참조. 방사성탄소연대는 11,700±640 BP (12,344-11,184 cal BC)에서 9700±300 BP (9490-8625 cal BC)까지 분포되어 있다. 건물의 대다수는 대략 10,400 BP 즈음에 있었다고 생각된다.

10) 나투피안 기의 장례에 대해서는 Byrd & Monahan 1995 참조.

11) Anderson 1991.

12) Goring-Morris 1991 참조.

13) 예를 들어 유대 고원의 하툴라(Hatula, Ronen & Lechevallier 1991)는 연대는 없지만 유물군의 양상이나 정주생활 흔적이 없어 후기 나투피안으로 생각된다. 토끼와 긴털족제비, 오소리, 오록스, 여우, 멧돼지, 얼룩말의 뼈가 나왔다. 신석기시대 초에는 작은 동물의 중요성이 커진다. Salibiya I에서도 성장기에 있는 가젤의 뼈가 많이 나왔는데(Crabtree et al. 1991), 남획으로 이어진 것으로 보인다. 유적 근처 퇴적층에서는 11,530±1550 BP라는 탄소연대가 나왔으며, 달 모양 세석기 유물로 후기 나투피안 기 유적임을 알 수 있다.

14) 플라이스토세의 낮은 이산화탄소 농도와 곡물 수확에 대해서는 Sage 1995 참조.

15) Hillman 2000, Hillman et al. 2001은 아부후레이라에서 나온 호밀에 대해 논의하고 있다. 이 곡물의 연대는 11,140±100 BP (11,372-11,323 cal BC),

10,930±120 BP (11,183-10,928 cal BC), 10,610±100 BP (10,925-10,417 cal BC)로 측정되었다.

16) Heun et al. 1997은 야생 및 재배 외알밀에 대한 계통진화 분석을 하면서 터키 남부의 카라자다으 구릉지대를 재배 장소로 추정하였다.

7 예리코 건설

1) 케넌(Kenyon 1957)이 자신의 연구에 대해 쓴 유명한 *Digging Up Jericho*는 여전히 이전의 조사를 요약해서 담고 있는 고전이다. 예리코의 선토기신석기시대(PPNA) 주거지 방사성탄소연대는 Bar-Yosef & Gopher 1997에 요약되어 있다. 유적 서쪽 발굴구덩이에서 나온 15개 연대는 10,300±500 (10,856-9351 cal BC)에서 9230±220 (8796-8205 cal BC)까지, 북쪽 지점에서는 9582±89 (9160-8800 cal BC)에서 9200±70 (8521-8292 cal BC)까지 분포한다.

2) Kenyon 1957, p. 25.

3) Kenyon 1957, p. 70.

4) 케넌의 전기는 Champion 1998 참조.

5) 예리코 건축물과 층위에 대해서는 Kenyon & Holland 1981 참조. 토기 등 출토유물은 Kenyon & Holland 1982, 1983 참조.

6) Kenyon 1957, p. 68.

7) 바르요셉(Bar-Yosef 1996)은 예리코의 돌벽이 홍수와 산사태를 막기 위한 시설이라 본다.

8) 차일드의 논의에 대해서는 Childe 1925, 1928 참조.

9) 비록 케넌은 뉴기니의 세픽 강 유역의 두개골 의례에 대해 언급하였지만, 이를 유추하여 이런 의식이 선토기신석기시대에 있었을 것이란 주장을 하진 않았다. 세픽 강 유역에서는 흔히 가면으로 표현되는 조상이 혈연의 형성과 역사에 중요한 역할을 하였다고 생각된다. 케넌의 말처럼 선토기신석기시대 두개골은 마을을 만들었던 선조였을지도 모른다. 세픽 강 유역에서 치장되고 쪼그러진 두개골은 흔히 적들의 것이다. 백스터 라일리(Riley 1923)는 이런 두개골을 어떻게 만들었는지 논하고 있다. 오세아니아에서 보이는 두개골 사냥(Hutton 1922, 1928; Von Furer-Haimendorf 1938)을 토대로 선토기신석기시대의 모습을 유추할 수도 있다.

10) 엘키암 찌르개는 작은 돌날의 기부에 홈조정을 한 대칭적인 유물이다. 엘키암 유적에서 처음으로 발굴

된 유물이다(Echegaray 1963). 20여 년 동안 이 찌르개는 선토기신석기시대(PPNA) 형식으로 정의된 단 하나의 유물이었지만, 더 많은 자료가 알려지면서 살리비야(Salibiya) 찌르개 같은 다른 형식도 정의되었다(Nadel et al. 1991). 세 점 모두 기부가 좁고 삼각형이다. 다른 플린트 유물도 독특한 PPNA 형식으로 보인다(Bar-Yosef et al. 1987).

11) 찌르개에 남은 미세흔 연구에서 분명히 드러난다. 많은 유물에서 찌르개로서 충격이 아닌 둥그런 운동의 흔적이 있는데, 구멍뚫기가 있었음을 알 수 있다(Smith의 레딩대학 박사학위 논문; Goodale & Smith 2001).

8 괴베클리테페

1) 네티브 하그두드에 대해서는 Bar-Yosef & Gopher 1997 참조. 방사성탄소연대 열 개가 제시되었는데, 9400±180 BP (9115-8340 cal BC)에서 9970±150 BP (9746-8922 cal BC) 사이이며, 대부분 9700 BP 즈음이다. 유적에서는 예리코보다 더 많은 식물 유체가 나왔다. 상당량의 보리가 나왔는데(Kislev 1989; Kislev et al. 1986) 재배된 것이 아니라 생물학적으로 야생종이다. 하지만 수확 및 식량가공 도구도 많이 나왔기 때문에 상당한 정도로 재배가 이루어졌음을 알 수 있다. 방사성탄소연대는 9700-9000 cal BC 사이이다. 선토기신석기시대 다른 유적으로는 살리비야 9(Salibiya IX)를 들 수 있다(Enoch-Shiloh & Bar-Yosef 1997). 게세르(Gesher) 유적에서는 방사성탄소연대 네 개가 나왔는데, 보정하여 9700-8800 cal BC 사이에 속한다.

2) Edwards 2000 참조. 탄소연대는 9100-8550 cal BC.

3) Kuijt & Mahasneh 1998. 탄소연대는 보정하여 9600-8750 cal BC 정도이다. 보고서에는 2000년 발굴된 흙벽돌 건물과 기둥은 실려 있지 않다.

4) Mithen et al. 2000 참조. 연대로는 10,220±60 BP (10,326-9748 cal BC)와 9180±60 BP (8451-8290 cal BC)가 있다.

5) 요르단밸리의 전반적인 PPNA 논의는 Kuijt 1995, Bar-Yosef & Gopher 1997 참조. 중요한 나투피안 후기 주거유적으로는 이라크의 에드덥(Ed-Dubb)을 들 수 있으며, 연대로는 11,528-11,222 cal BC와 11,197-10,393 cal BC가 있다.

6) 텔 아스와드(Tell Aswad)도 중요한 유적이지만, 지면 관계상 논의하지 못했다. 기층은 9283-8835 cal BC에서 8776-8338 cal BC 사이이다. 사람들은 이곳에서 수천 년 동안 살면서 결국 언덕(tell)을 만들어 유적으로 남았던 것이다. 가장 이른 층에서 나온 재배 밀을 포함한 식물 유체는 대체로 9000-8500 BC로 추정된다.

7) 무레이벳 발굴은 Cauvin 1977 참조. 이곳의 가장 이른 신석기시대 층은 10,000에서 9600 BP까지 속한다(van Zeist & Bakker-Heeres 1986).

8) 신석기시대 종교에 대한 주장은 Cauvin 2000 참조. 이데올로기 변화가 경제 변화보다 빠르다는 주장도 실려 있다.

9) 예르프 엘아마르 유적에 대해서는 Stordeur et al. 1996, 1997 참조. 절대연대로는 9690±90 BP (9249-8840 cal BC)와 9790±80 BP (9345-9167 cal BC)가 있다.

10) 할란 체미 테페시 건물은 Rosenberg 1999 참조.

11) Stordeur et al. 1996, p. 2.

12) 괴베클리테페는 Hauptmann 1999, Schmidt 2001 참조. 기념물 건축이기 때문에 정확한 연대가 중요하지만, 쉽지 않다. 화덕이나 구덩이 같은 퇴적물이 없기 때문이다. 방사성탄소연대 두 개는 PPNA시기임을 말해주며, 구조물에 충진된 퇴적물에서 나온 숯을 측정한 것이다. 그러나 이 충진층은 재퇴적되었을 수 있어 벽과 기둥과 관련은 불확실하다. 그럼에도 슈미트는 구조물과 기둥이 PPNA기라는 증거가 있다고 한다. 둥그런 구조물이 묻힌 뒤 많은 PPNB의 사각형 건물이 만들어진다고 한다.

13) 1990년대 슈미트가 발굴한 예술품과 유물, 그리고 해석에 대해서는 Schmidt 1994, 1996, 1998, 1999 참조.

14) Heun et al. 1997에는 야생 및 재배 외알밀에 대한 계통진화적 연구를 바탕으로 터키 남부 카라카다으 구릉지대를 유력한 재배지로 추정하였다.

15) Ghuwayr I은 Simmons & Najjar 1996, 1998에서 논의하고 있다.

9 까마귀의 계곡

1) 나는 PPNA와 대조를 위해 PPNB의 마을에 대해 소도시(town)라는 용어를 쓰겠지만, 그렇다고 해서 마을과 사회 및 경제적으로 다르다는 것은 아니다.

2) Kirkbride 1966, 1968, Byrd 1994를 주로 참고할 수 있다. 17개 방사성탄소연대가 있는데, 9128±103 BP (8521=8242 cal BC)에서 8546±1700 BP (7729-7482 cal BC) 사이이다.

3) Kirkbride 1968, Champion 1998.

4) Byrd 1994, 2000, Banning & Byrd 1987, Byrd & Banning 1988.

5) 카윗(Kuijt 2000)은 선토기신석기시대(PPNB) 동안 주로 매장 유적에서 나온 사회 분화에 대한 제한된 증거를 고찰한 바 있다. 이에 따르면 공동체에서 특정한 개인과 집단은 살아서는 두개골 변형으로, 죽어서도 두개골 은닉과 회칠로 다른 대우를 받았다고 한다. PPNB기 비슷한 집 모양과 장례는 공동체의 평등주의를 반영하고 있지만, 가구 간 불평등이 나타나고 있는 것으로 보인다. 또한 연장자가 위세품과 혼인 후 거주율, 혼인 비용 등을 결정하였을 것이라고도 한다.

6) 서아시아의 초기 마을에서 벌어진 요리와 식사에 대해서는 Wright 2000 참조. 베이다 같은 PPNB 소도시에서는 음식 준비가 공개적으로 마당에서 이루어졌고, 식사는 집 안에서 하였을 것이라고 한다.

7) 동굴 유적 발굴은 Bar-Yosef & Alon 1988 참조. 퇴적층이 교란되어 정확한 연대를 알기 힘들다. 화덕에서 나온 숯보다 유기물 도구를 측정한 것이 조금 이르다. 8600±120 BP (7797-7523 cal BC), 8500±220 BP (7913-7199 cal BC), 8690±70 BP (7794-7599 cal BC) 참조.

8) 나할 헤마르 동굴에서 나온 유기물은 Bar-Yosef & Schick 1989에 기록되어 있다.

9) 예리코(Kenyon 1957), 아인가잘(Rollefson & Simmons 1987) 출토 유물 참조.

10) 커크브라이드는 통로건물이라는 용어도 사용한다. 비슷한 구조물이 다른 PPNB 주거지에서도 나왔다.

11) 베이다에는 장방형건물 아래에 원형건물이 있지만, 요르단밸리의 PPNB 유적에서는 이 두 형식의 집터 사이에 점진적 전이를 보여주는 자료는 없다. 하지만 그런 건축물 변화는 무레이벳(Cauvin 1977, 2000), 예르프 엘아마르(Stordeur et al. 1996, 1997)에서도 보이고 있어 PPNB시기에 일어났다고 생각된다.

12) PPNA와 PPNB 사이 건축물의 변화는 극적이다. 가장 중요한 변화는 작고 원형이며 독립된 건물에서 장방형 이층 건물로의 변화인데, 세계의 다른 복합사회의 발달에서도 보이는 현상이다. 플래너리(Flannery 1972)는 이 변화를 해석하면서 민족지 유추를 근거로

전자는 부계 일부다처 확대가족으로, 장방형 건물은 개별 가족이 거주하였다고 보았다. 사이들(Saidel 1993)은 이 주장을 비판하고, 다시 논박이 이어졌다(Flannery 1993; Byrd 2000). 사이들에 따르면, 변화란 사회구조라기보다는 건물 안에서 이루어진 다양한 활동에서 기인한다고 하였다. 플래너리(Flannery 2002)는 건축물 변화 이슈를 다시 다루면서 위험부담(불확실성) 관리의 주체가 집단 전체에서 한 가족으로 변화하였음을 강조한다.

13) 버드(Byrd 2000)와 고링모리스(Goring-Morris 2000)는 모두 PPNB 소도시 사이에 긴장이 있었음을 강조하면서 복잡한 사회관계를 규율하는 데 사회 위계와 의례 이데올로기의 등장이 필요했으리라 본다.

14) 서남아시아에서 염소 사육과 관련해서는 Legge 1996, Uerpmann 1996 참조. 이에 대해서는 많은 논란거리가 있는데, 그중 하나는 야생종과 사육종을 구분하는 형태적 기준이다. 생태적인 환경조건에서도 동물의 형태와 크기가 달라지기 때문에 주의해야 한다. 유전자 연구도 이루어지고 있다(Kahila Bar-Gal et al. 2002a, 2002b). 이에 따르면 형태적 기준만으로는 종 동정과 사육종 판별에 부정확하다고 한다.

15) Hole 1996, Legge 1996.

16) 간즈 다르흐 유적의 연대에 대해서는 논란이 있다. 홀(Hole 1996)은 최하층을 12,200년 전이라 보고하면서도 10,000년에서 9400년 전이 더 적절할 것이라 보았다. 레그(Legge 1996)는 방사성탄소연대로 9000년에서 8450 BP를 선호하는 듯하다. 헤지 등(Hedges et al. 1991)이 제시한 연대는 9010±110 BP (8292-7967 cal BC)와 8690±110 BP (7940-7593 cal BC)이다.

17) 헤시(Hesse 1984)는 사육되면서 크기가 줄었다고 했지만, 제더(Zeder & Hesse 2000)는 이에 반대하면서 사망률의 문제를 중요시 여겼다. 염소 사육은 대체로 서기전 8000년이라고 한다.

18) Hole 1996, Zeder 1999.

19) 베이다를 비롯한 모든 PPNB 소도시의 폐기에 대해서는 논란이 있다. 환경 악화가 중요하지만, 밭을 만들고 땔감을 얻기 위해 나무를 벤 것이 어떤 효과가 있었는지는 불분명하다. Rollefson & Köhler-Rollefson 1989, Simmons 2000 참조.

20) 1986-9년 바스타 발굴은 Nissen 1990 참조.

10 귀신들의 마을

1) 바르요셉과 메도우(Bar-Yosef & Meadow 1995)는 선토기신석기시대(PPNB) 농경민과 수렵채집민 사이에 교환이 있었을 가능성을 논한다.

2) 아부 살렘은 네게브 고원 중심에 있다(Gopher & Goring-Morris 1998). 시나이 동부에 있는 에인 카디스(Ein Qadis I)도 중요한 PPNB 유적이다(Gopher et al. 1995).

3) PPNB기에는 잘 만들어진 새로운 형식의 화살촉과 찌르개가 많다(Gebel & Kozlowski 1994). 사냥감의 변화는 무덤(Goring-Morris 2000)과 아인가잘 같은 유적에서 나온 동물조각상에서 드러난다(Schmandt-Besserat 1997).

4) 아인가잘에서는 야생 동물이 45종이 나왔으며(Rollefson & Simmons 1987), 이는 주민이 먹은 고기의 50% 정도에 해당한다고 한다. 이 야생 동물은 모두 아인가잘 주민이 사냥하였을 것이라고 한다.

5) 리스(Reese 1991)와 바르요셉(D. E. Bar-Yosef 1991)은 레반트지방의 후구석기시대(Epi-Paleolithic)에서 신석기시대에 이른 동안 조개의 이동에 대해 논한다. 바르요셉은 뿔조개 이동은 PPNA기에 처음 보이는데, 문화적 선호인지, 아니면 지중해 동부와 홍해 해안의 환경변화 탓인지는 불확실하다.

6) 예리코에 대한 서술은 Kenyon 1957 참조. PPNB기의 예리코 연대로는 9140±200 BP (8687-7972 cal BC), 7800±160 BP (6981-6461 cal BC)가 있다. 방사성탄소연대에 대한 논의는 Waterbolk 1987 참조.

7) PPNB기 건축물의 양상은 유적별로 다양하다. 베이다에는 독특하게 통로 건물이 있다. Byrd & Banning 1988 참조.

8) 묻히고 오랜 시간이 지난 뒤 살과 유기물이 부식된 뒤 두개골을 꺼냈을 수 있지만, 매장 이전에 머리를 잘랐을 가능성은 여전히 남아 있다. 회칠 기법에 대한 논의는 Goren et al. 2001, Griffin et al. 1998 참조.

9) 고렌 등(Goren et al. 2001)에 따르면 회칠 두개골에도, 물론 공통의 기술을 토대로 했지만, 유적 간 차이가 있다고 한다. 이들에 따르면 필요한 기술은 장인이 한 유적에서 다른 유적으로 돌아다니기보다는 일반 지식의 소통 형태로 전파되었으리라고 한다.

10) Bar-Yosef & Schick 1989.

11) Goring-Morris et al. 1994, 1995. 연대는 9200-8500 BP 정도이다.

12) 아인가잘의 대부분 유물이 속하는 PPNB기 중엽은 7250-6500 BC, PPNB기 후엽은 6500-6000 BC, PPNC기는 6000-5500 BC 즈음이다(Rollefson & Simmons 1987; Rollefson 1989).

13) Banning & Byrd 1987.

14) 아인가잘에서 나온 동물조각상 가운데 흥미로운 것은 들소 두 마리가 목과 배, 가슴, 눈에 세석기로 만든 사냥도구에 찔린 모습이다(Schmandt-Besserat 1997).

15) 이런 흙판이 아주 이른 단계의 문자 발달에도 중요했으리라는 주장도 있다(Schmandt-Besserat 1992). 하지만 기능은 여전히 불분명하다.

16) Rollefson 1983, Tubb & Grissom 1995.

17) 아인가잘 조각상을 다른 유적 출토품과 비교한 연구도 있다(Schmandt-Besserat 1998). 슈스터(Schuster 1995)는 아인가잘 조각상이 귀신이라 본다.

18) Rollefson 1998.

19) Rollefson 1989, 1993. 롤프슨에 따르면 PPNC기 주민은 토기를 사용했다고 한다.

20) 배닝 등(Banning et al. 1994)은 고고학자들이 PPNB기 직후 신석기시대 인구규모를 과소평가하고 있다고 주장한다. 취락유형의 변화는 후대 신석기 유적에서 무너져 내린 퇴적층에 쌓여 있어 제대로 알려지지 않았다는 것이다.

21) 이전 장에서 지적하였듯이 환경 악화가 PPNB기 소도시 폐기의 주원인으로 보인다. 그러나 이것이 기후변동으로 일어났는지, 숲의 나무를 베어 냈기 때문인지는 불분명하다.

22) 환경 악화와 농경 및 유목 탓에 분절된 농경 및 유목 집단으로 경제가 재구성되었으리라 보기도 한다(Rollefson & Köhler-Rollefson 1993). 고링모리스(Goring-Morris 1993)는 네게브와 시나이 지역에서 유목 경제의 출현을 논한다.

11 차탈회위크의 천당과 지옥

1) 부크라스에 대해서는 Matthews 2000을 참고했다. 여기에는 6400-5900 BC의 방사성탄소연대도 제시되어 있다.

2) 네발리 초리에 대한 논의는 주로 Hauptmann 1999를 참고했다. I/II층의 연대는 9212±76 BP (8526-8294 cal BC) 등이 있으며, 구덩이 277에서는 9882±224 BP (9956-8919 cal BC)라는 연대도 나왔다.

3) 차외뉘, 할란 체미 테페시, 네발리 초리의 의례건물 비교는 Özdoğan & Özdoğan 1998 참조.

4) 낮은 마운드에서 첫 발굴은 1962년 부분적으로 시카고대학의 로버트 브레이드우드 지도 아래 이루어졌다. 1991년이 되면 16차 발굴까지 이루어지고 이스탄불, 칼스루에, 로마대학도 참여한다. 1985년 차외뉘 발굴에서는 유적의 역사 관련 많은 증거를 수집하였다(Özdoğan 1999). 브레이드우드는 선사고고학 개척자로서 고고학자, 식물학자, 동물학자, 지질학자로 이루어진 조사단을 꾸렸다. 차외뉘, 자르모 같은 많은 유적을 조사하였으며, 2003년 1월 15일 95세로 세상을 떠났다. 66년 동안 동반자였던 아내 린다는 불과 18시간 전에 숨졌다고 한다.

5) 아나톨리 중부의 흑요석 작업장에 대해서는 Balkan-Atli et al. 1999 참조.

6) Esin & Harmankaya 1999. 아시클리회위크는 커다란 언덕(tell) 유적으로서 발굴에서는 위에서부터 장방형 벽돌구조물이 여러 층이 중첩되어 있음이 드러났다.

7) 차탈회위크는 1960년대 제임스 멜라트가 발굴하였다(Mellaart 1967). 호더는 현대의 과학기법과 함께 스스로 "수정주의" 방법론이라 말하는 방법으로 새로운 발굴을 하고 있다(Hodder 1996, 2006, 2012, 2014). 알려진 건물 아래에는 폐기물 연쇄와 양/염소 울타리도 확인되었으며, 8155±50 BP (7300-7070 cal BC)와 7935±50 (7030-6960 cal BC)라는 연대도 나왔다. 이 책이 출간되고 나서 나온 호더의 저술도 참고할 수 있다 (*The Leopard's Tale: Revealing the Mysteries of Catalhoyuk* [2006], ; *Entangled: An Archaeology of the Relationships between Humans and Things* [2012], *Religion at Work in a Neolithic Society: Vital Matters* [2014, 편]=옮긴이).

8) 이 방에 대한 서술은 Hodder 1999b를 참조했다.

9) 이 조각상은 Mellaart 1967: 184에 여신상으로 기록되어 있다. 유물은 멜라트가 차탈회위크의 성소라고 하였던 곳에 있는 곡물저장고 안에 있었다. 멜라트는 여신이야말로 차탈회위크 사람들의 신화적 세계의 중심이라고 보았다. "여신이 삶의 원천으로서, 농경, 그리고 사육되는 동물의 순화와 영양, 증식, 풍부, 다산 같은 생각과 결부되어 있다"고 하며, 모든 삶의 상징이라고 본다 (Mellaart 1967: 202; Mellaart et al. 1989: 23).

10) 차탈회위크에는 놀라운 그림과 조각품이 많으며, 여기에서 언급된 것은 소수일 뿐이다(Mellaart 1967).

11) 호더는 탈과정주의고고학의 주창자가 되었고, 1980년대 고고학 이론의 발달에 중요한 인물이다(Hodder 1985, 1990, 1991, 1999c). 2000년 이후 스탠포드대학에 재직하고 있다.

12) 미세층위 연구는 Matthews et al. 1996, 1997 참조.

13) 차외뉘, 할란 체미 테페시, 네발리 초리 같은 터키 동부의 신석기시대 취락에는 가내 영역과 의례용 건물이 뚜렷이 구분되어 있지만, 차탈회위크 같은 터키 중부 유적에서는 의례와 가내 활동이 혼재되어 있다 (Özdoğan & Özdoğan 1998).

14) Asouti & Fairbairn 2001, Martin et al. 2001.

15) 1999년 캘리포니아고고학회에서 한 인터뷰에서 앞으로 차탈회위크 프로젝트를 25년 정도 더 하고 싶다고 했다.

12 키프로스에서 보낸 사흘

1) 키프로스의 고고학 유적의 이름에는 접두사가 붙어 있지만, 여기에서는 뺐다. 원래 이름은 Akrotiri-Aetokremnos, Kissonerga-Mylouthkia, Parekklisha-Shillourokambos, Kalvasos-Tenta 등이다.

2) 동굴에 대한 더 많은 기술은 Simmons 1999 참조.

3) 31개 방사성탄소연대가 나왔는데, 3700±60 BP (2196-1980 cal BC)에서 12,150±500 BP (13,256-11,579 cal BC) 사이에 있는데, 뼈를 측정한 연대는 신뢰할 수 없지만 9703 BC라고 한다(Manning 1991).

4) 키프로스의 고생태학에 대한 연구는 별로 없으며, 주로 Simmons 1999를 참고했다.

5) 하마와 코끼리가 언제 키프로스에 들어왔는지는 불분명하다(Sondaar 1977, 1986).

6) 땔감으로 쓰인 나무의 종류에 대한 자료는 없다. 오래된 떠다니는 나무를 썼을 수도 있다.

7) Bunimovitz & Barkai 1996, Strasser 1996, Simmons 1996, Reese 1996, Vigne 1996.

8) 새 뼈도 많이 나왔는데, 자연적으로 퇴적된 것도 있을 것이다. 가장 많은 종은 느시이며, 시몬스에 따르면 사냥되었을 것이며, 비교적 쉽게 사냥할 수 있다고 한다 (Simmons 1999).

9) 시몬스는 Olsen 1999를 Simmons 1999에 실으며, 편집자 주에 비판을 썼다.

10) 하마 뼈에는 탄소연대에 쓰이는 콜라겐이 없었다. 그리하여 연대는 인회석을 측정하여 얻은 것인데, 신뢰도가 떨어진다. 나이 어린 나무에서 나온 숯으로 오염

되었을 수도 있다.

11) 불행히도 피그미 코끼리와 하마가 키프로스에서 멸종한 연대를 잘 모른다. 사람이 멸종에 끼쳤을 영향에 대해서는 Sondaar 1987 참조.

12) Peltenburg et al. 2000.

13) Paul Croft와 개인 대화. 섬에는 냇물도 많아서 우물을 만드는 일이 반드시 필요하지는 않았다고 한다.

14) 그저 상상일 뿐이다. 이 시기 배에 대한 자료는 없다.

15) Guilaine et al. 1998, Peltenburg et al. 2001.

16) 텐타 발굴은 Todd 1987, 1998 참조.

17) Pentelburg et al. 2001.

18) Todd 1998.

19) Le Brun 1994, 1997.

13 고위도지방의 개척자들

1) 고프스 동굴은 소머셋의 멘딥힐스(Mendip Hills) 서안 석회암대를 깊이 파고 들어가며 형성된 체다 고지(Cheddar Gorge) 아래에 있다. 제이코비의 발굴은 Currant et al. 1989에 서술되어 있다. 사람 뼈와 유물에서 얻은 탄소연대는 12,300±160 BP (13,178-12,132 cal BC)와 12,800±170 BP (13,797-12,444 cal BC) 사이에 분포한다. 체다 고지와 크레스웰 크랙스의 동굴은 영국의 마지막 빙하기의 중요한 유적이다. 체다찌르개와 크레스웰찌르개 같은 유물도 이곳 이름을 딴 것이다. 영국의 마지막 빙하기에 대한 개괄로는 Jacobi 1991 참조.

2) Cook 1991. 이전 발굴에서도 사람 뼈가 나왔지만, 발굴 과정에서 오염되었으며, 방부제를 사용하기도 했다. 오늘날 그런 처리는 상상하기 어렵다.

3) 고프스 동굴에서 나온 말과 붉은사슴 등 동물 뼈는 Parkin et al. 1986 참조. 뼈에 남아 있는 석기로 자른 자국(cut marks)은 힘줄과 인대 제거뿐 아니라 가죽을 벗기고, 해체하여 살을 발라낼 때도 생긴다. 육식동물도 동굴의 뒷부분을 이용하였는데, 거기에서는 동물 이빨 자국이 많은 뼈가 나왔다. 아마도 사람이 살았던 입구에서 뼈를 가지고 들어온 것으로 보인다. 붉은사슴을 보면 동굴을 겨울철에 이용했음을 알 수 있다.

4) 최후빙하극성기 프랑스 서남부에서는 여러 유적에서 순록 뼈가 압도적이라고 한다(Delpech 1983; Bahn 1984). 이에 대해서는 다음 논문 참조. D. K. Grayson & F. Delpech, 2002, Specialized early Up-

per Paleolithic hunters in southwestern France?, *Journal of Archaeological Science* 29: 1439-49(옮긴이).

5) Lubbock의 서술(1865: 243-6)을 보면 1863년 라르테와 크리스티와 같이 갔는지 모호한 점이 있다. 도르도뉴를 방문한 것을 서술하면서 "우리"라는 표현을 쓰고 있다.

6) Marshack 1972, Mithen 1990.

7) Lubbock 1865, p. 255.

8) 영국에서 딱정벌레 유체를 이용한 지난 22,000년 동안의 계절성 연구에 대해서는 Atkinson et al. 1987 참조.

9) Cordy 1991.

10) 벨기에 나무르 지역에 있는 샬르 유적은 1860년대 에두아르 뒤퐁(Edouard Dupont)이 발굴하였다. 후일 샤를(Charles 1993)이 재발굴하여 동물 뼈를 찾았고, 코르디(Cordy 1991)도 작은 동물을 서술하고 있다.

11) Lubbock 1865, p. 295.

12) 식생사 복원 수단으로 화분분석은 20세기 초에서야 폰 포스트(Von Post)와 고드윈(Godwin)의 연구로 개발되었다. 나는 1865년 러복이 식물은 독특한 화분을 생산한다는 사실을 알았을 것이라 본다.

13) Lubbock 1865, p. 316.

14) 후일 작위를 받았으며, 옥스퍼드대학 지질학 교수가 되었다.

15) Lubbock 1865, p. 295.

16) 석기로 자른 자국이 있는 토끼 뼈가 크레스웰 크랙스에서 나온 바 있지만, 토끼를 어떻게 잡았는지는 알 길이 없다. 여기에 제시된 시나리오는 에스키모의 방법이다(Birket-Smith 1959; Graburn 1969).

17) 도거랜드의 경관 복원, 북해의 환경변화에 대해서는 Coles 1998 참조.

18) Campbell 1977.

19) Charles & Jacobi 1994.

20) 로빈후드 동굴 방사성탄소연대는 주로 12,290±120 BP (13,138-12,139 cal BC)에서 12,600±170 BP (13,546-12,360 cal BC)까지 분포한다(Charles & Jacobi 1994).

21) 벨기에 트루 드블레로(Trou de Blaireaux)라는 작은 동굴에서도 이런 딜레마가 있다(Housley et al. 1997). 하부 층에서 석기는 드물지만, 동물 뼈가 많았고, 연대측정에 따라 16,000년 전으로 추정된다. 그러나 측정된 동물 뼈는 늑대도 잡아먹는 종류이기도 하다. 그래

서 늑대가 이용하던 동굴에 후일 사람이 들어와서 남긴 폐기물이 섞였을 수 있다.

22) Lubbock 1865, pp. 244-7. 진정 석기로 자른 자국인지는 불분명하다.

23) Lubbock 1865, p. 183.

24) Lubbock 1865, p. 260.

25) Lubbock 1865, pp. 184-5.

26) AMS 방법은 실제 ^{14}C 원소의 수를 센다. 탄소 1mg만 있어도, 뼈는 0.5g만으로도 측정할 수 있다 (Grove 1992).

27) Housley et al. 1997, Charles 1996 참조.

28) 뼈나 뿔로 만든 도구도 연대측정할 수 있다 (Housley et al. 1997). 만약 오래전에 방부 처리를 했다면 시료가 오염되어 연대측정에 문제가 있다.

14 순록 사냥꾼

1) 아렌스부르크벨리에 대한 서술은 Bokelmann 1991, Bratlund 1991을 참고했다. 북유럽 마지막 빙하기 사냥 전략에 대해서는 Bratlund 1996 참조.

2) 순록은 유럽에서 250,000년 전 네안데르탈의 주된 사냥감이기도 했다. 그러나 서기전 30,000년 이전 현생 인류가 들어오면서 순록 사냥의 정도는 더욱 커져 대량 도살로 이어졌다. 중기와 후기 구석기시대 순록 사냥에 대해서는 논쟁이 있다(예를 들어, Chase 1989; Mellars 1989; Mithen 1990).

3) 러복의 책에도 라르테의 분기가 설명되어 있으며, 편년상 중첩되어 있다고 하였다(Lubbock 1865: 243-5).

4) 파리 분지의 마지막 빙하기 유적에 대해서는 Audouze 1987 참조. 베르베리에서는 10,640±180 BP (10,974-10,390 cal BC)라는 연대가 나왔으나, 기술과 동물상으로 보건대 인간 점유는 12,000년 전 무렵으로 생각된다.

5) 순록 도살 시나리오는 빈포드(Binford 1978)의 누나미우트 족 연구를 인용하였다. Audouze & Enloe 1991에 따르면 빈포드의 모델이 베르베리에 잘 적용될 수 있다고 한다.

6) 펭스방에 대해서는 Leroi-Gourhan & Brézillon 1972, Enloe et al. 1994 참조. 탄소연대는 11,870±130 BP (12,141-11,582 cal BC)에서 12,600±200 BP까지 분포한다(Housley et al. 1997).

7) Enloe et al. 1994, Audouze & Enloe 1991.

8) 에티올의 석기기술에 대한 논의는 Pigeot 1987을 참고했다. 탄소연대는 대개 12,800±220 BP (13,811-12,435 cal BC)에서 13,000±300 BP까지 분포한다.

9) 석기제작자는 먼저 돌덩어리의 형태를 다듬어 대칭적이고 얇게 만든 다음 편평한 윗면을 때림면으로 사용한다. 이렇게 준비된 몸돌은 길쭉한 부분에 능조정 흔적을 가지고 있다. 이 모서리에 첫 번째 격지를 떼어 내어 향후 돌날이 떨어질 면을 만든다. 에티올에서는 좋은 재질의 돌덩이가 많아서 15cm 길이 돌날을 떼어 낼 수 있는 몸돌도 버렸다. 빙하시대 다른 유적에서는 이런 몸돌을 귀하게 여겼을 것이다(Pigeot 1987).

10) 제작자가 몸돌에서 의도적으로 떼어 낸 돌 조각은 격지라 부른다. 돌날이란 얇고 긴 격지로서, 날카롭고 긴 날을 가지고 있다. 정교하게 몸돌을 가공하여 타면을 준비하고, 주위를 돌아가며 크기와 생김새가 일정한 돌날을 "대량 생산"한다. 이 같은 돌날 생산은 후기 구석기시대 석기기술을 대표한다(옮긴이).

11) 피지오(Pigeot 1990)는 되맞춤 및 공간 분석도 실시했다. 덴바크 트롤스가브(Trollesgave) 유적에서도 비슷한 몸돌 연구가 이루어진 바 있다(Fischer 1990).

12) 서술은 주로 Straus & Otte 1998을 참고했다.

13) 지은이는 직접 채석하는 것으로 보았지만, 이동하는 수렵채집민은 주변 집단과 교류하여 좋은 재질의 원석을 얻기도 한다. 나아가 고위도지방의 수렵민은 생계를 위한 조달 이동의 거리가 상당한 것으로 알려져 있다. 이 정도 거리까지도 원정을 나가기도 하고, 여의치 않으면 본거지를 옮기기도 한다(켈리[성춘택 역] 2014)(옮긴이).

14) Otte & Straus 1997.

15) 혼인망을 말한다. 버드셀(Birdsell 1958)은 수렵채집민의 인구구조에 대해 중요한 글을 썼으며, 봅스트(Wobst 1974, 1976)는 영향력 있는 수학 모델을 개발한 바 있다. 500이란 수는 특정 인구집단이 서로 혼인하여 아이를 낳고 기르며 존속할 수 있는 규모를 말한다.

16) 후기 구석기시대 순록떼의 등락에 대해서는 Mithen 1990 참조.

17) 독일 서부 마지막 빙하기 유적에 대한 개괄로는 Weniger 1989 참조.

18) Bosinski & Fischer 1974. 탄소연대는 12,790±120 BP (13,760-12,458 cal BC)와 10,540±210 BP (10,927-10,342 cal BC) 사이에 분포한다(Housley et al. 1997).

19) 약물을 복용하여 점판암 판을 만들었다는 증거는

없다. 이런 식의 재구성에 대해서는 Lewis-Williams & Dowson 1988 참조. 북아메리카 바위그림에 대해서도 비슷한 글이 있다(Whitley 1992).

20) 괴너스도르프의 매머드 뼈 그림에 대해서는 Bosinski 1984 참조.

21) Lubbock 1865, p. 460.

22) Lubbock 1865, p. 363.

23) Lubbock 1865, p. 437.

24) 괴너스도르프의 여인 이미지에 대해서는 Bosinski 1991 참조.

25) 아렌스부르크 찌르개의 사용이 유럽에서 영거드라이어스 기 동안 순록 사냥의 효율성을 높였을 것이며, 네게브 사막에서는 하라프 찌르개가 비슷한 시기에 가젤 사냥에 쓰였다.

15 스타카

1) Clark 1954의 서문 참조.

2) 지나치게 과장할 위험도 있다. 클라크의 스타카 발굴은 자신이 과거 개척했던 형식학 접근이 아니라 선사시대 경제 연구에서 중요한 조사였다.

3) Lubbock 1865, p. 2.

4) Lubbock 1865, p. 2.

5) Lubbock 1865, p. 2.

6) 러복은 덴마크의 크리스티안 톰센(1788-1865)이 개척한 석기-청동기-철기시대라는 삼시대 체계를 이용하고 있다. Trigger 1989, 2006(우리말로 번역된 트리거 2010 참조, 옮긴이).

7) Lubbock 1865, pp. 191-7.

8) Clark 1932.

9) 톰센, 보르소에, 스틴스트럽 등 19세기 조사의 의의에 대해서는 Klindt-Jensen 1975 참조.

10) 클라크는 1949-51년 세 차례에 걸친 조사를 중요한 글로 출간하며(Clark 1954), 이후 20년 동안 해석을 이어간다(Clark 1972). 클라크 발굴에서 나온 유물에 대한 탄소연대는 9060±220 BP (8552-7599 cal BC)와 9670±100 BP (9243-8836 cal BC)이다(Mellars & Dark 1998). 멜러스 등의 발굴에서는 이른 시기 유물도 확인되었다(9700±160 BP, 9500±120 BP, Dark 2000).

11) 스타카에 대한 새로운 해석과 연구 방법은 고고학에서 이론적 경향과 고고 과학의 변화도 잘 비추어 준다. 클라크의 연구 이후 Jacobi 1978, Pitts 1979, Anderson et al. 1981, Dumont 1988, Legge & Rowley-Conwy 1988, Mellars & Dark 1998 등의 연구가 이루어졌다.

12) Legge & Rowley-Conwy 1988.

13) Mellars & Dark 1998. 다크의 연구는 환경과 함께 인간과 식생의 상호작용, 그리고 유적형성과정에 대해 논하고 있어 중요하다.

14) 유럽의 플라이스토세 말에서 홀로세에 이르는 식생사에 대해서는 Huntley & Webb 1988 참조.

15) 중석기시대 유럽의 사냥 방법에 대해서는 Mithen 1994 참조. Bonsall 1989, Vermeersch & Van Peer 1990도 참조. Zvelebil 1986a는 중석기시대 후기 농경으로의 전환을 다루고 있다.

16) 중석기시대 세석기의 기능에 대해서는 논란의 여지가 있다. 전통적으로는 미늘이나 화살로 생각되지만 클라크(Clarke 1976)는 이에 대해 반대하면서 식물 가공 등에 쓰였을 가능성을 제기하였다. 식물 유체와 같이 공반되는 석기도 있으며(Woodman 1985; Mithen et al. 2000), 미세흔 분석으로는 다양한 용법이 있었음을 알 수 있다(예를 들어, Finlayson 1990; Finlayson & Mithen 1997). 그럼에도 세석기 다수는 사냥도구의 일부였을 것이다(Zvelebil 1986b; Mithen 1990).

17) 장착된 세석기에 대해서는 Clark 1975 참조. Noe-Nygaard 1973, Aaris-Sørensen 1984 역시 참조.

18) 유럽에서 세석기는 후기 구석기 최말기와 중석기시대의 기술을 대표하지만, 세석기와 복합도구는 동북아시아의 자료가 가장 이른 것 같다. 이미 35,000-40,000년 전 정도에는 알타이 지방에서 잔돌날이 등장하며, 우리나라에서도 철원 장흥리나 장흥 신북 등 여러 유적에서 보정된 방사성탄소연대로 30,000년 전에는 세석기가 나오고 있다(옮긴이).

19) Ageröd V에서 나온 바구니 유물에는 잔가지 48개가 여전히 소나무 뿌리에 얽어매여 있었다(Larsson 1983). 하지만 고기잡이를 위한 것인지, 다른 기능이 있었는지는 불확실하다.

20) 그물 조각과 부표, 그물추는 덴마크 티브린드 빅(Tybrind Vig)에서 나온 바 있다. Andersen 1995 참조. Fischer 1995, Burov 1998 역시 참조.

21) 라인나무를 깎아 만든 배와 개암나무 노는 덴마크 티브린드 빅에서 나왔다(Andersen 1985).

22) 고기잡이에 쓴 나무구조물의 사례는 덴마크 할스코프(Halsskov)에서 나왔다(Pedersen 1995; Burov

644

1998).

23) Larsson 1983.

24) 클라크(Clarke 1976)는 중석기시대 유럽에서 식물의 중요성을 논하고 있으며, 즈벨레빌(Zvelebil 1994)은 현존 증거를 종합하고 있다.

25) 프랑티 동굴에서 나온 식물 유체는 Hansen & Renfrew 1978 참조.

26) Mithen et al. 2000. 연대는 대체로 서기전 7000년에서 5800년 사이이다.

16 마지막 동굴벽화

1) 스페인의 라스모네다스(Las Monedas)의 검은 말 그림에 대한 AMS연대는 11,950±120 BP (12,317-11,671 cal BC)이며, 프랑스의 르포르텔(Le Portel)의 말 그림은 11,600±150 BP (11,861-11,491 cal BC)이다.

2) 플라이스토세 말 프랑스 서남부에서 고기잡이의 정도는 논란의 여지가 있다. 순록 뼈는 많지만, 물고기 뼈가 별로 나오지 않는데, 이는 아마도 20세기 전반 발굴 방법 탓일 수도 있다 조킴(Jochim 1983)은 동굴벽화를 그리던 사람들은 마치 북아메리카 서북부 사람들처럼 물고기 자원에 크게 의존하였다고 하였다. 하지만 사람 뼈에 대한 화학 분석에 따르면 수생자원에 의존한 것은 12,000년 전 플라이스토세가 끝나갈 무렵의 일이었다(Hayden et al. 1987).

3) 그림을 직접 연대측정한 것으로는 24,840±340 BP (Bahn & Vertut 1997)가 있지만, 바닥의 숯에서는 11,380±390 BP, 다른 그림에서는 11,200±800 BP라는 연대가 나왔다. 이런 연대 차이를 어떻게 해석해야 하는지 여러 의견이 있다.

4) Bahn 1984, pp. 250-60, Bahn & Vertut 1997.

5) Bahn & Vertut 1997.

6) Bahn 1984.

7) 플라이스토세가 끝나 갈 무렵 막달레니안 시기의 작고 편평하며 구멍이 뚫린 작살이 만들어진다. 톰슨(Thompson 1954)은 이 새로운 아질리안 작살에 대해 논하고 있다.

8) Couraud 1985, Bahn & Couraud 1984.

9) 칸타브리안 스페인의 플라이스토세 말기 유적에 대해서는 Straus 1986 참조. 이에 따르면 해안과 고지대에 일련의 본거지와 특정 행위장소가 자리하였다고 한다.

10) 내 생각으로는 알타미라 동굴에는 아질리안 기

유물이 없는 것 같지만, 원 보고서 내용을 확인할 수 없다. Bentrán 1999, Straus 1992 참조.

11) 라 리에라 동굴 발굴은 Straus & Clark 1996 참조. 여기에는 19세기 칸타브리안 스페인의 조사도 개괄되어 있다.

12) 라 리에라에는 29개 층이 있는데, 방사성탄소연대는 20,860±410 BP(1층)에서 6500±200 BP(29층)사이에 분포한다(Straus & Clark 1986).

13) 선사시대 인구규모를 추정하는 일은 쉽지 않다. 스트로스와 클라크는 빙하시대 동안 상당한 생계경제의 변화가 있었으며, 사냥의 집중과 자원 다양화는 인구 증가가 주된 원인이었다고 본다(Straus & Clark 1986; Straus 1980).

14) 대체로 직사각형 모양을 띠는 동굴벽화는 그런 잔가지 울타리를 표현하였을 것이라는 의견도 있다(Straus 1992).

15) 스페인 북부 플라이스토세-홀로세 전이에 대해서는 Straus 1992 참조.

16) 알타리마 안료에 대한 AMS연대를 보면 16,480±210 BP에서 13,570±190 BP에 이르기까지 오랜 기간 동안 벽화가 그려졌음을 알 수 있다(Bahn & Vertut 1997).

17) Bahn & Vertut 1997.

18) 이런 식의 "적응주의적" 해석에 대해서는 Pfeiffer 1982, Jochim 1983, Rice & Patterson 1985, Mithen 1988, 1989, 1991 참조.

19) 구석기시대의 예술을 정보 전달의 일환으로 보는 관점은 갬블(Gamble 1991)의 사회 맥락 연구의 토대이다.

20) 수렵채집민은 예술을 통해 사냥감과 환경에 대한 정보를 얻었을 것이라는 주장에 근거한다(Mithen 1988).

21) 물론 구석기시대 수렵채집민이 나누었던 이야기에 대해서는 알 수 없다. 이누이트 족 연구를 바탕으로 생존전략에 대한 정보였으리라는 주장은 Minc 1986 참조.

17 연안의 대재앙

1) 북유럽 해수면 변동의 규모는 발트 해 서쪽의 4.0m/100년에서 독일의 북해안 2.3m/100년 정도에 이른다(Christensen et al. 1997).

2) 도슨(Dawson 1992)은 홀로세 초 해수면 변동의

복잡한 양상을 정리하고 있다. 약 8000년 전 로렌타이드 빙하가 녹으면서 카타스트로피 같은 홍수가 일어나 전 세계 해수면이 0.2에서 0.4m 올랐다고 한다.

3) 도거랜드의 마지막 빙하기와 홀로세 초의 지형변화에 대해서는 Coles 1998 참조.

4) 클라크(Clark 1936)는 중석기시대 문화의 중심지는 이미 바다에 가라앉아 있을 것이라고 하였다(Coles 1998: 47).

5) 미늘 달린 찌르개는 스타카 문헌에 기록되어 있다(Clark 1954). 20세기 초에 발견된 중석기시대 작살에 대해서는 Godwin & Godwin 1933 참조.

6) 11,740±150 BP (12,077-11,527 cal BC)라는 연대가 있다(Housley 1991). 콜스에 따르면 남쪽에 본거지가 있는 수렵민이 때로 식량이나 모피를 얻기 위해 북쪽으로 올라와 철새를 잡기도 했다(Coles 1998).

7) Fischer 1997.

8) Van Andel & Lionos 1984.

9) Jacobsen & Farrand 1987.

10) Wordsworth 1985.

11) Dawson et al. 1990.

12) 시나리오는 Ryan et al. 1997에서 참고했다.

13) Lubbok 1865, p. 177.

14) 찰스 라이엘(Charles Lyell, 1797-1875)은 책에서 과거의 지질학적 변화는 지금과 똑같은 방식으로 일어났다는 동일과정설(uniformitarianism)을 주장하였다. 점진적이고도 지속적인 변화를 강조하였으며, 찰스 다윈의 진화이론에도 영향을 미쳤다. 라이엘의 생각으로 절멸 동물과 사람의 유물이 포함된 퇴적층도 아주 오래되었을 것이란 생각이 확산되었다.

15) Prestwich 1893.

16) 해수면 변동의 이해의 역사에 대해서는 Pirazzoli 1991 참조.

17) 서술은 Björck 1995를 참고했다.

18 유럽 동남부의 두 마을

1) 레펜스키비르에 대한 서술은 Srejović 1972, Radovanović 1996을 참고했다. 방사성탄소연대는 대체로 7360±100 BP (6376-6083 cal BC)에서 6900±100 BP (5885-5666 cal BC)까지 분포한다.

2) 발마 마르기네다는 플라이스토세가 끝날 무렵부터 긴 층위 연쇄를 가지고 있다(Geddes et al. 1989).

중석기시대 말의 층에서는 8590±420 BP, 8390±150 BP (7582-7186 cal BC)라는 연대가 있다.

3) 록 델 믹디아의 식물 유체는 Holden et al. 1995 참조. 도토리가 있다는 흔적은 없지만, 중요한 식량자원은 보존되지 못했을 것이다. 방사성탄소연대는 8200 cal BC에서 6000 cal BC 사이이다.

4) 남부 유럽에 대한 상상 여행은 Nicholas Crane 1996을 참고했다.

5) Baring-Gould 1905.

6) Alciati et al. 1993.

7) Miracle et al. 2000.

8) 레펜스키비르 I의 2기 54호 집터를 말한다(Radovanović 1996: 109). Garašanin & Radovanović 2001도 참조.

9) 이 부분은 블라삭(Vlasac) 유적의 보고를 따랐다. 연구(Meiklejohn & Zvelebil 1991)에 따르면 신성구루병이 44%의 어린이 인골에서, 구루병은 남자 인골 15%, 여자 인골 25%에서 확인되었다고 한다. 치아의 70%에서는 에나멜 발육부진이 보였다고도 하는데, 나는 레펜스키비르에서도 마찬가지였으리라 생각한다.

10) 레펜스키비르 40호 집터에서 나온 무덤과 아래턱뼈를 근거로 하였다(Srejović 1972: 119).

11) Radovanović 1997.

12) Srejović 1972, Radovanović 1996 참조.

13) Radovanović 1996. 휘틀(Whittle 1996)은 레펜스키비르가 성스러운 공간이었을 수 있으며, 최초의 농경민과 접촉하기 이전 정주 수렵채집 취락이 있었다는 데 회의적이다.

14) Srejović 1989.

15) 신석기시대 그리스에 대해서는 Perlès 2001 참조.

16) 네아 니코메데이아 생활방식 복원은 Rodden 1962, 1965를 참고했다. 6220±150 BP (5319-4959 cal BC)라는 연대가 있다.

17) 페를레스(Perlès 2001)는 그리스의 농민이 어디에서 들어왔는지를 고찰하고 있다. 그리스에 들어온 농경민은 "고향"에서의 문화적 유대를 급속히 잃어버렸다고 하는데, 중부 유럽의 LBK 농민과는 다른 양상이다.

18) Broodbank & Strasser 1991 참조. 휘틀(Whittle 1996)은 이탈리아 남부의 복잡한 상황을 개괄하고 있다.

19) 이 부분에서 나는 유럽 동남부의 농경문화는 지역 중석기시대 문화에서 성장하였다는 생각을 거부했다. 하지만 Dennell 1983, Halstead 1996, Perlès 2001 등

은 연속성을 강조하고 있다.

20) 그리스의 신석기시대 초 편년은 잘 알려져 있지 않다. 방사성탄소연대는 8130 BP에서 7250 BP (7500-6500 BC) 정도에 분포한다.

21) Perlès 1990. Shackleton 1988.

22) Van Andel & Runnels 1995, Barker 1985.

23) Rodden 1965.

24) Halstead 1996.

25) 농경민(농사)이 물결처럼 퍼졌다는 "진전의 물결(wave of advance)" 모델은 Ammerman & Cavalli-Sforza 1979, 1984에 개괄되어 있다. 모델은 지속적인 인구성장을 주된 요인으로 삼는다. Van Andel & Runnels 1995도 시공간상 불연속적인 비슷한 후속 모델을 제시하였다. 이에 따르면 비옥한 평야를 가로지르는 급속한 확산을 뒤이어 상대적으로 정체기가 뒤따른다고 한다.

26) 휘틀(Whittle 1996)은 다뉴브 협곡에서 일어난 주요 문화변화를 "원주민의 저항"이라 기술하며 농경 공동체의 확산 때문으로 본다.

27) 17절의 해수면 상승과 해안의 재앙을 참조.

28) Lillie 1998. 마리에프카의 탄소연대는 대략 7000 cal BC에서 6300 cal BC까지, 데리에프카 I의 연대는 6200 cal BC에서 4800 cal BC까지 분포한다.

19 죽은 자들의 섬

1) 올레니오스트롭스키 모길니크, 곧 사슴섬 무덤 유적은 오네가 호에 있다. 사람 뼈에서 열한 개 AMS연대가 있는데, 여덟 개가 7280±80 BP (6218-6032 cal BC)에서 7750±110 BP (6689-6444 cal BC)에 들어간다(Price & Jacobs 1990; Jacobs 1995). 나머지는 더 늦은 연대로 나왔는데, 시료가 오염된 것으로 보인다.

2) 이 부분 서술은 Jacobs 1995를 참고했다. 스탈린 시대 고고학사에 대해서는 Trigger 1989(트리거 2010) 참조.

3) Gurina 1956.

4) Jacobs 1995: fig.6에 제시된 그림을 참조(Gurina 1956).

5) O'Shea & Zvelebil 1984 참조.

6) 오늘날이라면, 이런 가설은 사람 뼈에서 DNA를 추출하여 검증할 수도 있다. 유사한 연구는 Hedges & Sykes 1992, Renfrew & Boyle 2000 참조.

7) Jacobs 1995.

8) 비버에 의한 지형변화, 그리고 중석기시대와 신석기시대에 벌어졌을 환경변화에 대해서는 Coles & Orme 1983 참조.

9) 이 여행에 대해서는 Ransome 1927의 이야기를 참고했다.

10) Zvelebil 1981, Zvelevil et al. 1998의 논문들은 발트지방의 중석기시대 유적을 다루고 있다. 핀란드의 중석기시대 생업경제에 대해서는 Matiskainen 1990 참조.

11) 스카트홀름에 대한 서술은 Larsson 1984 참조. 방사성탄소연대는 6240±95 BP (5304-5060 cal BC)에서 5930±125 BP (4959-4618 cal BC) 사이이다.

12) 스카트홀름 환경과 생계경제에 대해선 Larsson 1988 참조.

13) Rowley-Conwy 1998.

14) 스카트홀름에는 주거지나 옷의 흔적이 없었다. 그저 무덤에서 다양성을 바탕으로 재구성한 것이다.

15) 공동묘지 영역 안에 개 무덤이 서로 군집을 이루고 군데군데 있었다고 한다(Larsson 1984).

16) 스카트홀름과 올레니오스트롭스키 모길니크 묘지를 비교한 연구로는 O'Shea & Zvelebil 1984 참조. Clark & Neeley 1987 역시 참조.

17) 현재로서는 알 수 없는 복잡한 상징부호가 있어 샤먼 같은 이의 존재를 생각하게 한다. 앉아서, 아니면 누워서 묻힐지, 아니면 나무관에 묻힐지를 결정하는 데는 아마도 그 사람이 어떤 사람이었는지, 사회에서 했던 역할과 관련하여 엄격한 규율이 있었는지도 모른다.

18) Larsson 1989, 1990.

19) 뉴얼 등(Newell et al. 1979)은 유럽 중석기시대 인골 자료를 집성하고 있다. 베니케(Bennike 1985)는 덴마크 중석기시대 인골의 상흔을 분석하였는데, 44% 표본에서 그런 흔적이 있었으며, 신석기시대에는 인골의 10%에서만 관찰된다고 한다. 아마도 작은 규모의 사회에서 폭력이 만연했음을 가리켜 주는 것 같다. 술팅(Schulting 1998)은 스웨덴과 프랑스 자료를 종합하여 20% 정도의 표본에서 상흔이 보인다고 하였는데, 이 역시 아주 높은 수치이다.

20) 야노마모 족의 폭력과 전쟁에 대해서는 Chagnon 1988, 1997 참조.

21) Chagnon 1997, p. 187.

22) 오프넷의 두개골 그물은 대략 7500 BP 정도로 생각되며, 중석기시대 대량살육의 증거로 해석되곤 한다 (Fryaer 1997).

23) 인구와 자원의 불균형에 대한 논의는 Price 1985 참조.

24) Zvelebil 2000은 중석기시대 수렵민이 농경민과 접촉하면서 다음 여섯 가지 고통을 겪었다고 보았다. (1) 위세품의 순환과 사회 경쟁의 증가로 인한 내부 사회 균열, (2) 농경민이 수렵채집 영역을 일시적으로 이용함으로써 중석기시대 수렵채집 전략에 생기는 균열, (3) 농경민이 사냥터를 직접적으로 빼앗는 것, (4) 농경민에게 숲에서 생산되는 것을 제공함으로써 생태 변화를 야기하고, 야생 자원을 과도하게 남획하는 것, (5) 혼인으로 농경 공동체에게 여자를 잃는 일, (6) 새로운 질병의 확산.

20 경계에서

1) 브래들리(Bradley 1997)는 중석기시대 수렵채집민과 신석기시대 농경민 사이의 이데올로기 차이를 논하며, 이 때문에 수렵민이 농경을 채택하기 어려웠을 수 있다고 말한다. 이에 따르면 순화라는 것은 "마음의 상태"라고 한다.

2) 그럴지라도 흙이 자연스럽게 굳고 불에 타서 단단해질 수도 있다. 그릇이 아니라 장난감을 만들 수도 있고, 실제 26,000년 전 체코의 돌니베스토니체(Dolní Věstonice)에서는 토제품의 작은 여인상이 나오기도 했으며, 돌니베스토니체 비너스로 잘 알려져 있다. 이처럼 처음 토기가 등장할 때는 사람의 의도가 분명하지 않았을 수 있다. 한국에서도 간석기는 이미 후기 구석기시대 유적에서도 드물지 않게 나온다. 최근 자료에 따르면, 동아시아에서 토기의 등장은 20,000년 전까지도 올라간다 (옮긴이).

3) 선대문토기문화(LBK)에 대한 논의는 Whittle 1996, Price et al. 1995, Coudart 1991 참조. 마지막 문헌은 특히 LBK의 사회구조와 문화적 통일성에 대해 흥미로운 내용을 남기고 있다. 프라이스 등(Price et al. 2001)은 LBK 이주에 대해 논하고 있는데, 사람 뼈를 화학 분석하여 이주의 빈도를 알아내는 시도를 담고 있다.

4) 유럽에서 농경 신석기 문화로의 전이와 이주민의 확산, 또는 기존 수렵채집민의 변화에 대해서는 긴 논쟁이 있다. 즈벨레빌(Zvelebil 2000)은 농경으로의 전이에 대한 논의를 잘 개괄하고 있으며, 중석기시대 수렵채집민 사회의 내부 역학과 경계지대에 살던 농경민과의 사회적 관계를 강조하고 있다. 즈벨레빌은 LBK가 헝가리 평원 주변에 살던 중석기시대 수렵채집민 공동체가 만들어 낸 것이라고 주장한다.

5) 유적, 그리고 "죽은 집" 관련 정보는 리처드 브래들리에게서 얻었다(Bradley 1998).

6) LBK 무덤에 대해서는 Van de Velde 1997 참조.

7) 뵈게바켄(Bøgebakken) 묘지 유적의 8호 무덤에 대한 논의는 Albrethsen & Brinch Petersen 1976 참조. 유적에서는 6290±75 BP (5360-5081 cal BC), 5810± 105 BP (4779-4540 cal BC) 등의 연대가 나왔다.

8) 사미 족 이데올로기에 대해서는 Ahlbäck 1987 참조. 즈벨레빌(Zvelebil 1997)은 시베리아 서부의 샤먼 관습을 토대로 중석기시대 고고학 자료를 유추하고 있다.

9) 육상식물과 해양식물은 광합성 작용이 달라서 ^{12}C과 ^{13}C의 비율이 다를 수 있다. 해양식물에서 전자의 비율이 낮다. 이 비율은 먹이사슬에 지속적으로 유지된다. 이를 바탕으로 프라이스(Price 1989)는 사람 뼈를 분석하여 식생활 정보를 추정하는 방법을 개발하고 있다. 트로버(Trauber 1981)에 따르면, 덴마크의 중석기시대와 신석기시대 식생활은 극적으로 달랐다고 한다. 슐팅(Schulting 1998)은 중석기시대 식생활은 해양자원에 의존했지만, 신석기시대에는 그런 식량자원이 거의 보이지 않는다고 하였다.

10) 중석기시대 인골을 화학 분석하기 전까지 많은 고고학자들은 이렇게 생각했었다.

11) 중석기시대 후기 사람들의 건강에 대해서는 Meiklejohn & Zvelebil 1991 참조.

12) 티브린드 빅에 대한 서술은 Andersen 1985 참조. 유적은 1978년 물에 잠긴 채 발굴되었다. 고기잡이 도구를 비롯한 많은 유물이 나왔으며, 무덤 하나도 있었다. 방사성탄소연대는 5700 cal BC에서 4000 cal BC 사이에 분포한다.

13) 티브린드 빅에서는 카누 두 개와 노가 발굴되었다(Andersen 1987).

14) Andersen & Johansen 1986 참조. 방사성탄소 연대는 많이 있는데, 대체로 5000 cal BC에서 3770 cal BC 사이에 분포한다. 잉고프(Enghoff 1986)는 에르테뵐에서 있었던 어로에 대해 자세히 연구한 바 있는데, 물고기 뼈 대부분은 사실 민물고기였다고 한다. 그런데 유틀란트 동해안에 있는 노르스민데(Norsminde) 패총에서는 민물고기 뼈가 전혀 나오지 않았다. 이 유적의 사람들은 넙치 잡이에 중점을 두었는데, 이처럼 지점에 따라 양상은 다양하다(Enghoff 1989).

15) 아게르순트 유적은 Andersen 1978 참조. 탄소연

648

대는 대체로 4400 cal BC에서 4100 cal BC 사이이다.

16) 에르테뵐이라는 정주 취락에서 있었으리라 생각되는 수렵채집 활동에 대해서는 Rowley-Conwy 1983 참조.

17) Rowley-Conwy 1984a.

18) 언급된 간돌도끼는 자루 쪽에 구멍이 있는 것으로 덴마크의 중석기시대 맥락에서 나오는 유물이다(Fischer 1982). 덴마크 중석기시대 사람들은 농경민의 유물을 본떠 T자 모양의 뿔도끼와 뼈로 만든 빗, 가락지를 썼다고 한다(Zvelebil 1998).

19) 링크로스터 발굴에 대한 이야기는 Andersen 1994 참조. 탄소연대는 대체로 4700 cal BC에서 3500 cal BC까지 분포한다(Rasmussen 1994). Rowley-Conwy 1994, Enghoff 1994 역시 참조.

20) Rowley-Conwy와 개인 대화.

21) 페테르센(Vang Petersen 1984)은 영역 및 사회적 경계와 관련된 유물 분포에 대해 논하고 있다. 뼈로 만든 빗과 붉은사슴 뿔로 만든 T자형 도끼는 핀(Fyn) 동쪽에서는 보이지 않으며, 독특한 형태의 돌도끼와 휘어 있는 작살은 유틀란트에는 없다. 질란트에서는 플린트제 도끼에도 세 가지 형식이 있어 서로 다른 지역에서 나온다. 동남쪽에서는 벌어진 날을 가진 도끼가, 동북쪽에서는 거의 대칭적인 도끼가 나온다. 베르하르트(Verhart 1990)는 뼈와 뿔 도구의 분포를 바탕으로 북유럽 전체의 사회적 영역을 확인하고자 하였다.

22) 피셔(Fischer 1982)가 처음으로 신석기 농경민과 중석기 수렵채집민 사이의 교환 관련 증거를 제시하였다. 즈벨레빌(Zvelebil 1998)은 이와 관련한 훌륭한 비평을 하고 있다. 즈벨레빌은 민족지에 기록된 수렵민-농민 접촉에서 여자들이 빈번하게 농경 사회에 시집을 감을 강조한다. 뉴기니 민족지 자료와 위세품 교환을 토대로 네덜란드에서 비슷한 상호작용을 연구한 사례도 있다(Verhart & Wansleeben 1997).

23) 에스벡에 대한 짧은 논의는 Whittle 1996에서 얻을 수 있다. 휘틀에 따르면 취락을 방어하기에는 환호가 너무 얕다고 보았다.

21 중석기시대의 유산

1) 도거랜드의 침수에 대한 논의는 Coles 1998 참조.

2) 테비엑 유적 발굴은 Péquart et al. 1937, 회딕(Hoëdic) 발굴은 Péquart & Péquart 1954 참조. 슐팅(Schulting 1996)도 두 유적에 대해 논의하고 있으며, 탄소연대는 5710 cal BC에서 4400 cal BC 즈음에 분포한다.

3) 테비엑의 무덤 H와 K에서 인골을 보면 분명 이전에 매장한 인골을 옆으로 밀치고 새로운 시신을 매장하였다. 무덤 K에서는 모두 6구가 확인되었는데, 첫 번째 인골은 원래 자리에 있기도 했다(Péquart et al. 1937).

4) 페카르 등(Péquart et al. 1937)은 테비엑의 돌을 돌린 화덕을 가내, 축제, 의례라는 세 가지로 나누었다. 축제와 의례 화덕은 장례와도 직결되어 있는 듯하다. 축제 화덕은 큰 무덤 옆에 있고, 의례 화덕은 흔히 무덤 위의 석판에 있는 것이다(Schulting 1996). 이런 축제의 중요성에 대해서는 토머스와 틸리(Thomas & Tilley 1993)가 논한 바 있다. 하지만 슐팅(Schulting 1996)은 축제가 그렇게 중요하지는 않았으며, 더 큰 사회적 회합을 반영하기보다는 그저 가내 폐기물이 더 흔한 양상이라고 주장하였다.

5) 루스웨이트(Lewthwaite 1986)는 사람들이 코르시카에 서기전 10,000년 이전에 들어왔으며, 사슴의 멸종을 일으켰으리라는 생각을 거부한다. 사람이 들어온 것은 서기전 7000년 이후이다. 유적 자료를 보면 소형 동물과 해안 식량자원을 대규모로 획득하였음을 알 수 있지만, 중간 크기의 동물은 전혀 없었다.

6) 토기는 잘 만들어지지 못하여 조각으로만 남아 있다(Whittle 1996).

7) 아레네 칸디데 발굴은 Maggi 1997에 보고되어 있다. 보고서에는 Rowley-Conwy 2000의 동물 뼈 분석도 있다.

8) 포르투갈 사도밸리의 중석기시대 공동체에 대해서는 Morais Arnaud 1989 참조. Gonzalez Morales & Arnaud 1990 역시 참조.

9) 그루타 도 칼데이랑(Gruta do Caldeirão) 발굴은 Zilhão 1992 참조.

10) 포르투갈 중석기시대 패총 및 초기 신석기시대에서 나온 인골 분석은 Lubell et al. 1989 참조. 이에 따르면 모두 건강한 것으로 보이며, 중석기 사람들이 영양과 건강의 이유에서 농경을 동경했으리라는 생각과는 어울리지 않는다.

11) 흔히 현생인류, 곧 호모 사피엔스의 등장은 200,000년 전이라고 하며, 최근에는 300,000년 전까지도 올라간다고 한다(옮긴이).

12) 인류진화에서 DNA연구는 갈수록 정교해지고 있다. 최근 알타이지방의 데니소바 동굴에서 나온 손가락

뼈와 이빨을 DNA 분석한 결과 네안데르탈이나 현생인류와는 다른 집단이면서 서로 어느 정도 교배하였다는 결과를 얻었다. 네안데르탈인과는 공통의 조상을 가졌으며, 놀랍게도 현재의 멜라네시아와 호주 원주민의 DNA 3-5% 정도가 데니소바인에서 기인하였다고 한다(옮긴이).

13) 인간 유전자 분석의 잠재력과 기법, 문제에 대해서는 Renfrew & Boyle 2000 참조.

14) 카발리스포르차는 유럽인의 유전자 연구를 1970년대에 시작하였다. 본래 단백질을 유전자 대용지표로 삼았다가 유전자 빈도를 직접 관찰하여 핵DNA에서 39개 유전자에 근거한 고전적 연구를 출간하였다(Lewin 1997; Sykes 2000; Cavalli-Sforza et al. 1994). 특히 주성분분석을 사용하여 변이를 해석하였다.

15) 렌프루는 1987년『고고학과 언어』라는 책을 펴낸다. 인도유럽인의 기원은 고든 차일드 이래 관심사였다. 렌프루 이전에는 많은 사람들이 인도유럽인은 서기전 3000년기 러시아 스텝지방에서 기원하여 침략을 통해 유럽으로 확산하였다고 생각했다. 렌프루는 이런 관점이 고고학 자료와 불일치함을 보여주었던 것이다.

16) 레윈(Lewin 1997)은 렌프루의 연구와 카발리스포르차의 생각이 잘 들어맞을 수 있다고 하였다.

17) 렌프루가『고고학과 언어』라는 책을 펴냈을 때 *Antiquity* 저널에서는 특집호를 싣는다(Zvelebil & Zvelebil 1988; Sherrat & Sherrat 1988; Ehret 1988). 모두 렌프루가 고고학과 언어를 관련시키는 시도를 지지하면서도, 인도유럽어의 기원에 대한 결론에는 반대했다. 즈벨레빌은 이전에 비인도유럽가 더욱 넓게 확산되어 있었다고 했고, 셰랏은 언어와 종족성, 물질문화 사이를 단순한 관계로 보면 안 된다고 하면서 언어 진화는 훨씬 더 점진적이었을 것이라 주장했다.

18) Richards et al. 1996. Sykes 1999, 2000, 2001에도 요약되어 있다.

19) 사이크스(Sykes 1999)는 후기 구석기시대 초까지 올라가는 계통이 현대인의 유전자장에 10% 정도, 그리고 후기 구석기 말(서기전 20,000-10,000) 인구가 70% 정도 기여했다고 추정한다. 서기전 15,000년 무렵 유럽 서남부에서 동북부로 큰 이주 물결이 있었다는 연구도 있다(Torroni et al. 1998).

20) Cavalli-Sforza & Minch 1997, Richards et al. 1997.

21) Y염색체를 이용하여 인구사를 복원하려는 시도도 있다(Sykes 2000). 사이크스(Sykes 1999)에 따르면, mtDNA를 이용한 증거는 어느 정도 편향될 수도 있

다고 한다.

22) 사이크스(Sykes 1999)는 자신의 연구와 카발리스포르차의 결론은 대체로 일치한다고 강조한다. Renfrew (2000)도 둘 사이에는 일치성이 있다고 한다.

23) 발트지방의 중석기-신석기 전이에 대해서는 Zvelebil et al. 1998 참조.

24) 스칸디나비아의 가장 이른 신석기 문화는 Funnell Beaker 문화(TRB)라 불린다. 긴 마운드가 LBK의 긴 직사각형 집과 유사하다는 생각은 차일드에게까지 올라가는데, 이안 호더(hodder 1984), 최근에 브래들리(Bradley 1998)도 비슷한 논의를 한 바 있다. 하지만 LBK 농민이 처음으로 긴 무덤을 만든 사람들이었을 것이다(Scarre 1992).

25) 대서양 연안 유럽의 중석기시대 말과 신석기시대 초에 대해서는 Zvelebil & Rowley-Conwy 1986 참조.

26) 유럽 서북부와 대서양 연안의 신석기시대 및 거석무덤의 기원에 대해서는 Sherratt 1995, Scarre 1992 참조. 토머스와 틸리(Thomas & Tilley 1993)의 주장대로, 축제와 무덤이 결합된 양상은 신석기시대 초부터 분명하며, 테비엑에서 보이는 중석기시대 전통에서 기원했을 수도 있다.

22 스코틀랜드 헤브리디스 제도

1) 1992년까지도 스코틀랜드에서 방사성탄소연대로 가장 이른 유적은 킨록(Kinloch)과 파이페 네스(Fife Ness)로서, 각각 8590±95 BP (7742-7540 cal BC), 8510±65 BP (7592-7523 cal BC) 등이었다. 1992년 이후 이보다 더 이른 유적들이 알려졌다. 다이어(Daer)에서는 9075±80 BP (8446-8206 cal BC), 에딘버러의 크래먼드(Cramond)에서는 9250±60 BP라는 연대가 나왔다.

2) 이곳에서 수습한 유물과 찌르개 도면은 Mithen, Finlayson, Mathews & Woodman 2000 참조.

3) 화살촉은 Morrison & Bonsall 1989 참조. Mithen 2000b, Edwards & Mithen 1995 역시 참조.

4) Mithen 2000.

5) Edwards 2000.

6) Dawson & Dawson 2000b.

7) Dawson & Dawson 2000a.

8) 쿨러리락 발굴과 유물 분석은 Mithen & Finlay 2000b 참조. 방사성탄소연대는 하나가 나왔는데,

7530±80 BP (6530-6210 cal BC)이다. 나는 이탄층 아래 중석기시대 유적이 남아 있으리라 생각한다.

9) 번팅 등(Bunting et al. 2000)은 곰 호(Lake Gorm) 근처의 이탄층에서 나온 시료를 화분분석한 내용을 다루고 있다. 쿨러리락 이탄층 자체로는 공백을 가지고 있기에 한계가 있다.

10) 글린 모(Gleann Mor) 발굴과 유물에 대해서는 Mithen & Finlayson 2000 참조. 탄소연대로는 7100±125 BP (6154-5810 cal BC)가 있다.

11) Mithen et al. 2000 참조.

12) 세석기는 전통적으로 찌르개나 화살의 미늘로 쓰인다고 생각되었다. 클라크(Clarke 1976)는 식물가공 도구로도 쓰일 수 있음을 지적하였다. 미세혼 분석으로는 다양한 작업에 쓰였음을 알 수 있다.

13) Mithen et al. 2000a, b. 7250±145 BP (6242-5923 cal BC), 7400±55 BP (6379-6118 cal BC).

14) 1960년대와 70년대 존 머서와 수전 시라이트는 쥐라 섬에서 많은 중석기시대 유적을 조사하였다. 가장 중요한 것은 글렌배트릭(Glenbatrick)이다(Mercer 1974). 쥐라의 유적들에서는 모두 뗀석기가 밀도 있게 산포되어 있었다(Mithen 2000b).

15) 콜론세이 섬에서 이루어진 고고학 조사에 대해서는 Mithen 2000c 참조.

16) Mithen & Finlay 2000a 참조.

17) 여러 전문가가 뗀석기와 거친 돌, 개암, 다른 식물 유체, 토양 등 스터스네이그에서 나온 자료를 연구한 바 있다. 이 중석기 유구의 탄소연대는 7290 cal BC에서 5840 cal BC 정도였다. Mithen et al. 2001.

18) 개암을 굽는 일은 중석기시대에 일반적인 활동이었을 것이다. 구우면 저장과 먹기가 더 쉬워진다고 한다. Mithen & Finlay 2000a, Score & Mithen 2000.

19) 화분은 콜론세이 섬의 록촐라(Loch Cholla)에서 나온 자료이다(Edwards 2000). 나무 화분 감소가 정말로 사람 활동의 탓인지, 아니면 단지 기후조건의 변화 탓인지는 잘 알려져 있지 않다.

20) 오론세이 패총 발굴은 주로 멜러스(Mellars 1987)가 했다.

21) Mellars & Wikinson 1980. 멜러스(Mellars 1987)는 정주 모델을 선호한다.

22) 마이든(Mithen 2000e)은 방사성탄소연대를 요약하고 있다. 아일레이 섬에서 인간 점유의 공백은 고환경 증거에서도 분명히 드러난다.

23) 패총에서 사람 뼈에 대한 탄소동위원소 분석은 Richards & Mellars 1998에 보고되어 있다. 오론세이 섬에 영구 정착했을 가능성도 있다(Mithen 2000e).

24) 오크니 섬의 신석기시대 돌집은 Richards 1990에 개괄되어 있다. 나는 스코틀랜드에서 중석기-신석기시대 전이를 논한 바 있다(Mithen 2000b).

25) 볼세이는 주로 신석기시대 유적이다. 탄소연대는 3600 cal BC에서 1700 cal BC까지 분포한다. 신석기시대 토기도 많이 나온다.

26) 슐팅(Schulting 1999)은 스코틀랜드 서부의 중석기시대와 신석기시대 인골에서 탄소동위원소의 빈도를 비교하여 식생활에 큰 차이가 있었음을 밝혔다.

23 아메리카의 첫 주민을 찾아서

1) 폴섬에 대한 이야기는 Figgins 1927과 Meltzer 1993a를 참고. 멜처(Meltzer 2000)는 다시 폴섬 유적에 대한 관심이 높아지고 있음을 소개하고 있다.

2) Adovasio 1993, p. 200.

3) Bonnichsen & Gentry Steele 1994.

4) 최초의 아메리카 주민에 대해서 쓴 Meltzer 1993a는 아름다운 글이다.

5) 러복의 책 7장은 "북아메리카 고고학"이다. 19세기 러복은 아메리카대륙에 들어가 본 적은 없지만, 당시 스미스소니언연구소에서 나온 간행물을 참고했다. 대부분 성과 신전, 마운드 등을 다루었으며, 석기와 금속기에 대해서도 쓰고 있다. 장의 마지막에는 선사시대 인디언이 독자적으로 농경을 하였다고 썼다.

6) 폴섬문화에 대한 최근 연대는 Fiedel 1999 참조.

7) Cassells 1983. 헤인스(Haynes 1991)는 덴트 유적에서 매머드 뼈와 클로비스찌르개가 공반된 것을 후퇴적과정으로도 이루어질 수 있다고 하였다.

8) 워니카(Warnica 1966)는 블랙워터 드로 발굴에 대해 쓰고 있다. 손더스(Saunders 1992)는 매머드 사냥과 관련하여 자료를 해석하고 있다.

9) 층위 맥락과 방사성탄소연대의 측면에서 폴섬과 클로비스의 편년은 Taylor et al. 1996 참조.

10) 호리 등(Haury et al. 1953)은 나코 매머드 뼈와 클로비스찌르개 유물을 다루고 있다.

11) 호리 등(Haury et al. 1959)은 레너 랜치(Lehner Ranch) 발굴을 이야기한다. 유적에서 매머드 뼈는 1952년 처음 에드워드 레너가 찾았다. 1955년 여름비에 더 많은 뼈가 노출되자 애리조나주립박물관의 에밀 호

리―이미 나코 유적을 조사한 바 있다―는 발굴을 시작하였다. 8마리 매머드 뼈 주변에서 찌르개 13점이 나왔다. 다음해 계속된 발굴에서는 아홉 번째 매머드의 아래턱과 말, 테이퍼 뼈도 나왔다. 일리노이주립박물관의 제프리 손더스(Saunders 1977)는 매머드 뼈를 조사한 후 매머드 한 가족이 몰살되었다고 해석했다. 이에 대해서는 반론이 있다(Haynes 1991). 1974-5년 호리와 밴스 헤인스는 새와 토끼, 곰, 낙타 같은 여러 동물의 뼈를 찾았다. 이로써 레너 랜치는 수렵채집민이 해마다 찾는 본거지였을 가능성이 높아지고 있다.

12) 서기전 11,500년이라는 연대는 1970년대에는 생각하기 어려웠을 것이다. 최근 클로비스 문화의 연대는 Fiedel 1999 참조.

13) 마틴의 주장은 27절에서 더 상세히 살펴본다. Martin 1984, 1999, Mosimann & Martin 1975.

14) 모하비 사막은 캘리포니아 동남부의 콜로라도강 북쪽에 있다. 석기는 1948년 캘리코 힐스의 자갈에서 수습되었다. 동아프리카 초기 인류 유적 발굴로 유명한 루이스 리키가 주목했다(Leakey et al. 1968, 1970). 1963년 5월 리키는 디 심슨(Dee Simpson)과 방문하여 과거 호수와 강이 있던 증거에 깊은 인상을 받아 이곳이 초기 아메리카인이 살기 적당한 곳이라고 했다. 그런 다음 "디, 여기를 파 봐"라고 말하며, 커다란 자갈돌 몇 개를 쌓아 지점을 표시했다고 한다.

실제 발굴이 이루어지고, 아주 거칠게 깨진 "유물"이 나왔다. 리키는 "원시적인" 유물은 수만, 아니 수십만 년 전에 만든 것이라 말했다. 그런데 밴스 헤인스(Haynes 1973)처럼 유물이라는 데 동의하지 않는 사람도 생겼다. 헤인스는 몇 차례 이곳을 찾아 발굴된 것을 보고는 유물이 아니라 과거 강이 빠르게 흐르며 자갈이 깨졌을 것이라고 했다.

후일 메리 리키(Mary Leakey 1984: 142-4)는 남편 루이스가 지나치게 캘리코에 열정을 보여 비판적 접근을 못하고 학문적 존경을 잃을 정도였다고 회고했다. 메리 리키에 따르면 캘리코 발굴은 루이스 리키의 학문 경력에서 흠집이었으며, 그들이 갈라서는 계기가 되었다고 한다.

15) 블루피쉬 동굴에 대한 서술은 Cinq-Mars 1979, Adovasio 1993, Ackerman 1996 참조.

16) 느나나(Nenana)와 터나나(Tanana)밸리에서는 드라이크릭(Dry Creek, 11,238-11,020 cal BC), 브로큰매머드(Broken Mammoth, 12,112-11,524 cal BC), 스완포인트(Swan Point, 11,868-11,521 cal BC), 아

울리지(Owl Ridge, 11,521-11,191 cal BC), 워커로드(Walker Road, 11,389-10,968 cal BC)처럼 수렵채집민을 연상하는 이름을 가진 유적이 많다. 이런 유적에서는 이른 연대가 나오지만, 시료가 분명히 인간 활동과 공반되었는지에 대해서 확신하기 어려운 측면이 있다. 그러나 서기전 11,500년이면 사람들은 들소와 엘크를 자작나무, 소나무, 가문비나무 숲에서 사냥하고, 고기와 물새를 잡고, 수달과 여우도 잡았다. 이러한 이른 알래스카 수렵채집민 자료는 느나나 문화라 불리며, 홈조정찌르개는 없지만 클로비스와 비슷한 점도 있다. 그 이후 작은 돌날을 중심으로 하는 새로운 기술이 등장하였는데, 블루피쉬 동굴에서와 같이 드날리 문화라 불린다. 다만, 이 문화는 북아메리카에 확산되지 못했다. 베링지아 서부와 동부의 유적 요약에 대해서는 West 1996 참조.

17) 피델(Fiedel 1999)은 Jackson & Duk-Rodkin 1996, Mandryk 1996을 인용하며, 빙하 없는 통로가 열린 시기를 서기전 12,700년으로 본다. 최근 논의는 Mandryk et al. 2001 참조.

18) 메도크로프트에 대한 서술은 Adovasio et al. 1978, 1990 참조. 고환경 복원은 Adovasio et al. 1985 참조. 50개 넘는 방사성탄소연대가 제시되어 있지만, 문제는 19,600-13,000 BP 즈음인 하부층이다. 이른 연대는 나무껍질 같은 것을 시료로 한 것인데, 바구니였다는 의견도 있다.

19) Adovasio 1993, p. 205.

20) 1999년 발간된 미세분석에서는 숯이 지하수에 오염되었다는 증거를 찾진 못했다(Goldberg & Arpin 1999).

21) 해안을 따라 들어왔을 가능성은 1960년대 차드(Chard)가 처음 제안했다. 다만, 처음으로 정식 가설을 제시한 것은 플래드마크(Fladmark 1979)이다.

22) 해안루트 시나리오에 대한 개괄은 Gruhn 1994 참조. 고환경 자료 연구도 해안루트의 가능성을 더 높여 주고 있으며, 11,500 BP 이전 빙하 없는 통로가 존재했는지 의문이 있다. 이 연대는 사실 아메리카대륙 첫 주민이라 하기에는 너무 늦다.

23) 다음 장에서 아메리카 원주민의 언어적 다양성이 큼을 논할 것이다.

24) 해안루트의 문제는 기술적 모순이 있을 수 있다는 점이다. 만약 최초의 아메리카인이 배를 만들어 해안을 타고 이주했다면, 페드라 푸라다에서 나온 것처럼 왜 그토록 거친 석기만을 남겼을 것인가.

25) 페드라 푸라다에 대한 서술은 Guidon & De-

librias 1986, Guidon 1989, Bahn 1991, Meltzer at al. 1994, Guidon et al. 1996을 참고했다.

26) Bahn 1991.

27) 멜처 등(Meltzer et al. 1994)에 따르면, 이 돌 조각과 깨진 자갈돌은 자연적으로 깨진 것으로 동굴 퇴적층에 들어가 석기로 잘못 판정되었다고 한다. 기돈은 침식된 자갈층에서 기원했음을 인정하면서도, 자연적으로 깨졌다는 주장을 거부하였다. 만약 깨진 돌이 실제 유물이라면, 페드라 푸라다 사람들이 왜 그렇게 거칠고 조잡한 도구를 만들었을지 하는 의문이 생긴다. 아메리카대륙에 처음 들어온 사람들이 호모 사피엔스였음은 의심의 여지가 없다. 그 즈음 사피엔스는 이미 정교한 도구를 만들 수 있었는데, 페드라 푸라다에서는 그런 기술이 전혀 보이지 않는다.

28) 멜처 등(Meltzer et al. 1994)은 유적의 다른 여러 양상에 대해서도 의문을 제기한다. 둥그런 돌 유구라는 것은 기실 물 흐름이 소용돌이치면서 형성될 수도 있다는 것이다.

29) Meltzer et al. 1994.

30) Guidon et al. 1996.

24 현재의 증거로 보는 첫 아메리카인

1) Turner 1994. 터너의 연구는 Meltzer 1993a에 잘 정리되어 있다.

2) Ruhlen 1994.

3) Greenberg 1987.

4) Greenberg et al. 1986.

5) Goddard & Campbell 1994.

6) Nettle 1999.

7) 네틀(Nettle)에 따르면, 언어 감소가 시작되기 전에 유럽인과 접촉이 이루어졌다고 한다. 접촉으로 원주민 언어는 크게 감소하였는데, 특히 동해안이 심했다. 앨런 브라이언(Alan Bryan)이 아메리카대륙의 점유의 초기 증거로 사용하였던 서해안에 더 많은 언어가 있다는 사실은 멜처에 따르면 그저 원주민이 유럽인을 만나 겪었던 질병 같은 재앙을 덜 겪고, 집중적인 언어 현지조사가 시작된 19세기 말까지 존속하였기 때문이다(Meltzer 1993b).

8) 아메리카대륙 첫 주민 연구에서 mtDNA 연구의 장점에 대해서는 Wallace 1995 참조.

9) Torroni 2000. 하플로그룹(haplogroup)이라 불린다.

10) Horai et al. 1993.

11) Torroni et al. 1994.

12) Bonatto & Salzano 1997. 스톤과 스톤킹(Stone & Stoneking 1998)도 선사시대 무덤에서 추출한 DNA 연구로 비슷한 결론을 내리면서, 23,000-37,000년 전에 단일한 이주라고 하였다.

13) 역사유전학과 언어학은 같은 문제가 있다. Renfrew 2000 참조.

14) 인류의 진화 같은 것이 아니라 더 가까운 인류역사를 논할 때 문제는 더 커진다. 돌연변이 속도에 조금이라도 차이가 있다면 인간점유의 역사는 몇 천 년이 바뀔 수 있어 12,000년 전이 15,000년, 20,000, 30,000년 전이 될 수도 있다. 몇 천 년은 현생인류의 기원이나 침팬지와 인간이 언제 분지했는지 같은 스케일에서는 별로 중요하지 않을지 모른다. 아직 돌연변이율의 정확도는 우리의 기대에 미치지 못하고 있다.

15) Chatters 2000.

16) Steele & Powell 1994.

17) Chatters 2000. 케너윅맨의 발뼈를 연대측정한 결과 8410±60 BP (7574-7377 cal BC)라는 결과를 얻었다.

25 친치우아피 강독에서

1) 이 장은 몬테베르데에 대한 논의를 담고 있는데, 주로 Dillehay 1989, 1997, 그리고 Dillehay 1984, 1987을 참고했다. 딜러헤이(Dillehay 1987: 12)도 처음 유적을 조사할 때 혼란스러웠다고 한다.

2) 몬테베르데에는 인골이 나오지 않아서 사람의 모습은 그저 상상이거나 10,000 BP 이전 자료에 근거한 것일 뿐이다(Steele & Powell 1994; Chatters 2000).

3) 멜처(Meltzer 1997)는 미국고고학사에 대한 깊은 지식을 바탕으로 몬테베르데의 조사(Dillehay 1989, 1997)가 미국고고학의 이정표가 될 것이라고 논한 바 있다.

4) MV-II에서 얻은 열한 개 방사성탄소연대는 12,780 ±240 BP (13,802-13,188 cal BC)에서 11,990±200 BP (12,365-11,578 cal BC) 사이에 속한다. 딜러헤이는 12,570 BP라는 연대를 선호하는데, 이를 보정하면 12,500 BC 정도가 된다.

5) MV-I은 33,370±530 BP라는 연대가 있다. 보정

하면 36,000 BC 즈음이 된다.

6) 몬테베르데의 마스토돈 뼈가 사냥의 결과인지 약취로 얻은 것인지는 알 수 없다. 이 부분의 서술은 민족지 유추에 바탕을 두고 상상한 것이다. Dillehay 1992 참조.

7) Lubbock 1865, pp. 234-5. 원문은 A. C. Koch의 *The Transactions of the Academy of Science of St Louis*, 1857, p. 61.

8) Adovasio & Pedler 1997.

9) Meltzer 1993b, pp. 159-60.

26 새로운 경관의 탐험가들

1) 북아메리카 동물상의 성격과 진화에 대한 서술은 Sutcliffe 1986을 참고했다.

2) 로스앤젤레스의 란초 라브레이는 36,000년 전에서 10,000년 전 사이의 플라이스토세 화석이 나오는 중요한 지점이다. 플라이스토세 말 동안 타르가 스며들어 동물들이 빠졌던 것이다. 1875년 처음 알려진 이후 포유동물에서 새, 곤충에 이르기까지 100톤 이상의 화석이 발굴되었다. Stock 1992, Sutcliffe 1986 참조.

3) 미국 서남부의 낮은 습도와 일정한 기온 탓에 똥은 곰팡이나 박테리아, 곤충의 침입을 받아 부식되지 않았다. 그랜드캐니언에서 발견된 램파트(Rampart) 동굴에는 똥 화석이 가장 잘 보존되어 있다(Martin et al. 1961; Hansen 1978).

4) Martin et al. 1985.

5) 북아메리카와 다른 지역의 절멸 대형동물에 대한 논의는 Martin & Klein 1984 참조.

6) 대형동물이라는 용어는 무게 40kg 이상인 동물을 말한다(Martin 1984). 북아메리카에서 대형동물의 절멸에 대해서는 Stuart 1991, Mead & Meltzer 1985, Grayson 1989, 1993 참조.

7) 마틴과 클라인(Martin & Klein 1984)은 전 세계 대형동물의 멸종에 대해 다루고 있다. 그런데 왜 아프리카에서는 멸종에 이른 종이 그토록 적었는지는 아직 잘 모르고 있다. 한 가지 가능성은 아프리카에서 사람이 진화하였기 때문에 대형동물도 사람의 남획을 피하는 행동과 이동 행태 등을 진화시켰을 수 있다는 것이다. 가장 혹독한 절멸은 바로 가장 늦게 사람이 들어간 대륙에서 벌어졌다. 아메리카와 오스트레일리아의 동물로서는 사람이라는 포식자를 맞아 전혀 피하거나 방어할 수단을

갖추지 못하였다고 볼 수 있다. 34장과 49장 참조.

8) 북아메리카의 환경변화에 대한 서술은 주로 Pielou 1991 참조.

9) Pielou 1991.

10) 북아메리카에서 영거드라이어스 기의 영향은 아직 불분명한 점이 있다. 내 생각으론 컸으리라 보지만, 이 분야 전문가인 멜처는 영거드라이어스가 자연환경 및 인류문화에 미친 영향을 과장해서는 안 된다고 주의를 주기도 했다.

11) Anderson & Gillam 2000에 그런 구체적인 루트가 제시되어 있다.

12) 아메리카대륙에서 이처럼 빠르게 확산한 것은 사람들이 높은 이동성과 출산율을 가졌음을 방증한다. 수러벌(Surovell 2000)은 수렵채집민이 어린아이를 안고 이동해야 하므로 출산율이 낮은 것이 일반적이지만, 초기 아메리카인은 높은 출산율과 이동성이 가능했을 것이라고 말한다. 멜처(n.d.a)도 이런 인구적 이슈에 대해 논한다.

13) 멜처(Meltzer n.d.b)는 사람이 아메리카에 들어오면서 지형을 알아가는 과정을 논하고 있다.

14) 빙하가 녹아 생긴 호수에 대한 논의는 Dawson 1992를 참고했다.

15) 브로커 등(Broecker et al. 1989)은 로렌타이드 빙상에서 녹은 물의 흐름이 바뀐 것은 영거드라이어스 때문이라고 주장한다. 13,000년 전까지 대략 10℃의 따뜻한 물이 북쪽으로 흘렀다가 북위 60도 정도에서 유량이 줄어들었다가 추워지면서 2℃ 정도의 물이 다시 남쪽으로 흘렀다고 하였다. 영거드라이어스 기는 아가시즈 호에서 북대서양으로 물이 흐르는 동안 지속되었다.

16) 베컨(Bechan) 동굴에 대한 간략한 설명과 콜롬비안매머드의 생활과 먹이에 대해서는 Lister & Bahn 1995 참조.

17) 딜러헤이(Dillehay 1991)는 질병생태학과 아메리카대륙의 인간 점유에 대해 논한다.

18) Meltzer 1993a.

19) 클로비스 전통의 기원은 논쟁거리이다(Stanford 1991). 특히 클로비스 사람들이 아메리카대륙 첫 주민이라고 생각할 때 문제가 된다. 양면으로 잘 다듬고, 홈조정한 찌르개는 베링지아에는 없다. 괴벨 등(Goebel et al. 1991)은 알래스카의 느나나유형이 클로비스의 선조라고 주장한다. 홈조정찌르개는 없을지라도 비슷한 석기기술이며 클로비스 유물군에서 보이는 도구형식을 갖추고 있다는 것이다. 그렇다면, 클로비스기술은 북아메

리카에 있었던 두 번째 이주의 물결이 될 것이다. 그런데 이 생각은 편년 자료와 부합하지 않으며, 클로비스찌르개는 동부의 산림지대에서 가장 밀도 있게 나오고 있다. 1997년 이후 데니즈 스탠퍼드와 브루스 브래들리는 클로비스가 유럽에서 기원했다는 가설을 제시하고 있다. 유럽 서남부의 솔뤼트레안찌르개는 양면으로 다듬어졌지만, 홈조정은 없다. 이에 따르면 솔뤼트레안 후손들이 5000년 동안 빙하 위에서 대서양을 횡단한 것이 된다. 스트로스(Straus 2000)는 이런 생각의 허점을 지적하면서, 무책임하게 아메리카 원주민이 이 땅에 처음 발을 내디딘 사람들의 후손이 아니라고 주장하는 일이라고 비판했다. 나도 동의한다.

20) Storck 1991.

21) Dunbar 1991.

22) Frison 1991.

23) 브라이언(Bryan 1991)은 홈조정찌르개 전통을 전체적으로 개괄하고 있다.

27 재판정에 선 클로비스 사냥꾼들

1) Meltzer & Mead 1985.

2) Grayson 1989.

3) 이런 부정확성은 모든 방사성탄소연대가 그 자체로 오차를 지니고 있음에 기인한다.

4) 마틴의 주장은 사실 더 나아간 것이어서 전 세계 대형동물의 멸종은 사람 때문이라 본다(Martin 1984). 북아메라카 매머드와 관련한 최근 논의는 Martin 1999 참조.

5) 손더스(Saunders 1977)는 연대분포에 근거를 두고 전체 무리가 레너 랜치에서 죽었다고 보았다. 하지만 사람이 석기로 자른 자국은 없었으며, 매머드가 한꺼번에 죽었다는 강한 증거도 찾기 어려웠다. 이런 해석은 멜처와 헤인스가 비판한 바 있다(Haynes 1991).

6) 클로비스 유적에는 동물 뼈와 식물 유체가 남아 있는 경우가 별로 없다. 대형동물 사냥에 치중했으리라는 생각은 몇 개 유적에서 매머드 뼈와 유물이 공반한 자료에 근거한 것으로 보인다. 그래서 다른 유적에서 나온 클로비스찌르개도 대형동물을 사냥하는 데 쓰였으리라 생각되어 왔다. 유적의 분포 역시 대형동물 사냥 지점에 편향되어 있을 수도 있다. 많은 유적이 강안의 깊은 퇴적층에 묻혔을 것이며, 이런 곳에서는 식물 채집 활동이 활발했을 것이다. 예를 들어 텍사스 동북부 트리니

티 강가에 있는 오브리(Aubrey)에서는 식물 유체가 나왔지만, 8m 정도 퇴적층에 묻혀 있었다. 멜처(Meltzer 1993c)는 고고학 자료의 편향성을 지적한 바 있다. 딘코즈(Dincauze 1993)도 아메리카 동부 산림지대에서, 탠커슬리(Tankersley 1998)는 동북부에서 클로비스 경제를 논한다.

7) 펜실베이니아의 쇼니미니스닉(Shawnee-Minisnik)도 충적토에 깊이 묻힌 유적이다. 물고기 뼈와 함께 다양한 식물 유체가 나왔는데, 온대림에서 수렵채집 생활을 말해 주고 있다(Dincauze 1993). 데버트(Debert)에서 나온 유물에 남아 있는 혈흔은 카리부의 것이라고 한다(Tankersley 1998). 러복 호 유적에서도 소형동물과 함께 매머드, 말, 낙타 같은 대형동물 사냥의 증거가 나왔다(Johnson 1991).

8) 플로리다 서남부 리틀 솔트 스프링은 과거 민물 호수였으나 지금은 싱크홀이다. 1959년 발굴에서는 대형 육상 거북이와 뾰족한 나무막대기가 거북이 껍데기 위와 아래 사이에서 발견되었다. 불에 탄 뼈를 보면 사냥하여 구워 먹었음을 알 수 있다(Dunbar 1991). 킴스윅은 미시시피 강과 미주리 강, 일리노이 강이 합류하는 곳에 있는데, 석기가 암소와 새끼 마스토돈, 멧돼지, 흰꼬리사슴, 땅늘보, 그리고 여러 작은 동물 뼈와 함께 나왔다(Tankersley 1998).

9) Meltzer 1993c.

10) 헤인스(Haynes 1987, 1991)의 연구는 현재의 자료로도 중요한 고고학 연구가 이루어질 수 있다는 고전적 사례이다. 헤인스는 서남부의 클로비스 사냥꾼들은 이미 가뭄에 목말라 하는 동물을 사냥했을 뿐이라고 했다. 헤인스는 아프리카에서 수년 동안 코끼리가 자연사한 지점을 연구한 바 있다. 1980년대는 코끼리에게는 불행한 시기여서 가뭄으로 많은 동물이 굶주려 죽었다. 헤인스는 많은 코끼리가 물웅덩이에 모여 죽고 다른 약취 포식자들도 다가오지 않았음을 주목했다. 이렇게 흙에 묻히면 뼈는 서로 붙어 있는 채로 그대로 남는다. 그리하여 이런 동물 유체는 사냥이나 도살된 뼈의 모습과는 다르다. 사냥하고, 도살되는 경우 뼈를 완전히 분리하여 골수까지 제거한다고 한다. 유물도 거의 남아 있지 않는데, 이는 귀중한 금속 칼이 주로 도살에 쓰이기 때문이다. 불을 땐 흔적만이 사람의 존재를 말해 주기도 한다.

헤인스는 이런 지식을 바탕으로 클로비스 매머드 유적을 고찰하면서 놀라운 패턴을 찾는다. 한편으로 매머드 유체는 자연사한 코끼리 유적과 아주 비슷하였다. 물웅덩이에 있었으며, 뼈는 서로 붙어 있었고, 자른 자국과

깨뜨린 흔적은 없었다. 더구나 몇몇 유적에서 매머드 뼈는 주로 젊은 개체이거나 암컷이었는데, 이런 집단은 아프리카 코끼리의 경우 취약했다. 이처럼 클로비스 유적은 코끼리 사냥 및 도살 행위 흔적과는 상당히 다르다. 그럴지라도 유물, 특히 클로비스찌르개가 나왔다면 사람의 활동을 분명히 말해 주는 것은 사실이다.

11) 아메리카 남부와 서부 전역에서 클로비스 고고학 유적의 분포를 보면 수원지가 가장 우선순위에 있었음을 알 수 있다. 던바(Dunbar 1991)는 플로리다의 클로비스 유적은 주로 저지대와 싱크홀에 있음을 지적한다. 이런 곳은 건조한 영거드라이어스 기 동안 오아시스 역할을 했을 것이다. 그럼에도, 클로비스 사람들은 이후 시기 폴섬 사람들보다 지표수가 많았던 때 살았다. 멜처는 가뭄이 실제로 있었는지 의문을 제기한다(Holliday 2000). 아메리카 서남부에는 최후빙하극성기 동안 한랭습윤했기에 많은 호수가 있었다(Li et al. 1996). 영거드라이어스 기에도 마찬가지였을 수 있다. 세계의 다른 지역에선 가뭄이 있었을 수 있지만, 미국 서남부에서는 강수량이 증가했다. 클로비스 가뭄을 주장하는 이는 밴스헤인스(Haynes 1991)이다.

12) 가장 분명한 무덤으로는 애팔레치아 산맥의 동굴들을 들 수 있지만, 클로비스 사람들은 전혀 사용하지 않은 듯하다. 클로비스와 홀로세 초 동굴 유적의 부재에 대해서는 Walthall 1998 참조.

13) 물고기와 마못, 말, 낙타, 새 뼈가 네바다의 피쉬본 동굴의 무덤에서 나왔으며, 10,900±300 BP, 11,250±260 BP 연대가 알려져 있다(Willig 1991).

14) Lahren & Bonnichsen 1974.

15) 안직 유적에는 뼈로 만든 창 앞부분이 나왔는데, 거기에 찌르개를 장착한다. 동물에 명중했을 때 부러져 나가는 부분이다(Lahren & Bonnichsen 1974).

16) 미국 전역에서 클로비스 은닉처 유적이 많이 알려져 있다(Stanford 1991). 몬태나 주의 사이먼(Simon)이라는 은닉처에서는 대형 찌르개들이 붉은 안료에 덮여 있었다. 워싱턴 주 중부 리치로버츠(Ritchie-Roberts)라는 은닉처 유적에서는 아주 잘 만들어진 홈조정찌르개 14점이 나왔는데, 길이 10cm에서 놀랍게도 23cm에 이른다. 그렇게 크다면 효과적으로 사용되었을지 의문이며, 아마도 도구제작 기술을 과시하는 유물이었을 것이다. 콜로라도 주의 드레이크(Drake) 은닉처에서도 새로이 만들어지거나 재가공된 찌르개 13점과 상아 조각이 나왔다.

17) 타손(Taçon 1991)은 오스트레일리아 아넘랜드 서부에서 석기의 상징적인 양상에 대해 논한 바 있다. 오스트레일리아 원주민 사회에서 돌도끼와 화살촉은 남자에 속하고 건장한 속성을 지니는 것으로 생각된다(Taçon 1991). 북부 퀸즈랜드의 요란트 족에서 여성과 어린 남자는 돌도끼를 나이 든 남자에게 빌리는데, 이런 식으로 그 남자의 사회적 지위가 강화된다. 원주민 사회에서 돌살촉은 음경의 메타포로 생각되기도 하는데, 생김새와 단단함뿐만 아니라 둘 모두 살을 찌르는 데 쓰이기 때문이라고 한다.

18) MacPhee & Marx 1999.

19) 가장 큰 문제는 다른 동식물이나 발굴자에 의한 오염이다.

20) 플라이스토세 말 절멸에 대해 계절성과 식생 변화 등 환경에 근거한 설명은 Lundelius & Graham 1999, Guthrie 1984 참조.

21) 어떤 동물은 생태공동체를 통합하는 역할을 하는데, 이런 동물이 사라지면 공동체도 무너진다. 생태학자 오웬스미스(Owen-Smith 1987)는 매머드가 이 역할을 하였다고 보았다. 이런 동물은 다른 동물이 존속하는 조건을 유지시키는 데 중요한 역할을 하는데, 오늘날 코끼리를 사례로 들 수 있다. 동물은 나무를 무너뜨리고 뿌리를 뽑아 서식지를 관리하는데, 이런 식으로 수많은 식물이 번성하도록 하며, 풀과 잎을 뜯는 동물도 생존하게 한다고 한다. 코끼리가 사라지면, 지형경관은 단순한 덤불이나 산림으로 바뀌어 몇 종만이 살 수 있다. 아마도 이런 과정이 선사시대 빙하시대가 끝날 무렵 북아메리카에도 벌어졌을 것이다. 계절성의 증가가 이런 순환의 결과를 더 악화시키고, 생물다양성은 크게 훼손되었을 것이다.

22) Pielou 1991.

23) 플라이스토세에 살았던 큰 비버(옮긴이).

24) 우리는 오늘날의 경험을 바탕으로 빙하시대 절멸에 이른 서식지 파괴를 이야기할 수도 있다. 지난 500년 동안 90개 포유동물이 사라졌으며, 대다수는 사냥이나 질병이 아니라 서식지 파괴 탓이었다. 그럼에도 빙하시대가 끝나갈 무렵 동물들의 상황은 반대였다. 설치류와 뾰족뒤쥐, 박쥐가 압도하고 있었으며, 그 가운데 75% 이상은 작은 섬에 살고 있었다. 대륙에서 벌어진 대형동물의 멸종만큼 놀라운 것은 없었던 것이다.

25) Vartanyan et al. 1993. 리스터(Lister 1993)는 이 발견의 의미에 대해 논평하고 있다.

26) 1990년대 초 이 조사가 있었을 때 가뭄의 증거는 비판을 받았다(Meltzer 개인 대화; Holliday 2000).

27) 이런 방법은 주로 생태학자들이 동물군의 증감을 연구할 때 쓴다. 1980년대 초 나는 케임브리지 생태학자 앨번(Steve Albon)과 클러튼브록(Tim Clutton-Brock)의 프로그램에 글을 쓴 적이 있었다. 그동안 코끼리 생태학자 린지(Keith Lindsey)에게 가뭄이 코끼리의 생식률에 어떤 영향을 미치는지에 대해 설명을 들었다. 코끼리는 임신기간만 24개월이며, 성장하는 데 걸리는 시간도 9년에서 13년이나 된다. 물이 부족한 시기에 새끼가 한 살까지 살 확률은 50% 정도라고 한다. 이런 압박은 가뭄이 2년 이상 계속될 때 더 악화된다. 이런 자료를 토대로 나는 코끼리의 개체군역학에 대한 컴퓨터 모델을 개발한 바 있다.

28) Mithen 1993, 1996.

29) 멜처는 나(스티븐 마이든)에게 대형동물의 멸종이 사람 때문이었다는 생각은 문제가 많음을 주지시킨 바 있다. 옮긴이도 워싱턴대학 유학시절 폴 마틴(Paul Martin)의 학문적 적수라 할 도널드 그레이슨(Donald Grayson)으로부터 이런 생각이 얼마나 편향되고 잘못된 것인지에 대해 들었다. 그레이슨(Grayson 1993)의 논저 참조(옮긴이).

28 순결한 숲

1) 유적에서는 10,420±100 BP (10,828-10,162 cal BC), 10,280± BP (10,623-9751 cal BC)라는 연대가 나왔다. 과나코, 여우, 말, 낙타과, 새, 설치류 뼈와 석기가 나왔다(Dillehay et al. 1992).

2) Lubbock 1865, pp. 189-91.

3) Lubbock 1865, pp. 432-5.

4) Lubbock 1865, p. 440.

5) Bird 1938.

6) 남아메리카의 피쉬테일찌르개에 대해서는 Politis 1991 참조.

7) 땅늘보는 밀로돈(mylodon, *Mylodon darwinii*)이라고도 불린다. 이런 종이 파타고니아에서 어떻게 생존했는지는 불분명하다. 브루스 챗윈(Bruce Chatwin 1977)이 칠레 남부에서 밀로돈 동굴을 여행하며 남긴 기록으로 유명해졌다. 그러나 이 기록에는 의문의 여지가 많다. 보레로(Borrero 1996)는 플라이스토세 말 밀로돈이 사냥이 아니라 약취되었다고 주장한다.

8) 펠스 동굴에서 얻은 방사성탄소연대는 11,000±170 BP (11,222-10,914 cal BC), 10,080±160 BP (9987-9310 cal BC)가 있다(Politis 1991).

9) 그의 팔리아이크(Palli-Aike) 연대는 1000년 정도 더 늦다. 이 동굴에서는 인골도 나왔는데, 이 사람들이 피쉬테일찌르개를 만들었을 것이다(Dillehay et al. 1992).

10) 나는 아마존에 가 본 적이 없다. 아마존 환경과 원주민에 대한 서술은 여행기를 참조했다.

11) 적어도 이 넓은 지역에서 나온 세 개의 화분 연쇄로는 그렇다. Colinvaux et al. 2000.

12) 유적에서는 56개 방사성탄소연대가 나왔는데, 대부분 10,000±60 BP (9677-9310 cal BC)에서 11,145±135 BP (11,394-11,022 cal BC) 사이다(Roosevelt et al. 1996). 이른 연대에 대해서는 논란이 있다.

13) 아마존에서 물고기는 늘 미식으로 여겨진다(Gordon 1997).

14) 남아메리카 초기 토기에 대한 개괄은 Roosevelt 1995 참조.

15) 아마존에서 홀로세 선사시대에 대한 요약은 Roosevelt 1994, 1999 참조.

16) Roosevelt et al. 1996.

17) 이 가능성은 딘코즈(Dina Dincauze)가 제기하였으며, Gibbons 1996에 인용되어 있다.

29 아기예수와 목자들

1) 사람은 2500m 이상 올라가면 저산소증에 시달린다. 구토와 피로, 과호흡증후군과 정신혼란, 어지럼이 보통 24시간에서 48시간 지속된다. 고지대에 사는 사람들은 생리적으로 적응하였다(Aldenderfer 1998).

2) 푸나에 대한 서술은 Rick 1980, 1988 참조.

3) 1969, 1970, 1973년 파차마차이 동굴을 발굴한 고고학자들도 있다. 릭(Rick 1980)은 비교적 좁은 면적을 발굴하였다. 탄소연대는 너무 오차가 커서 의미가 별로 없다.

4) Smith 1995.

5) Browman 1989.

6) 안데스 중부의 식물 재배에 대해서는 Smith 1995 참조.

7) 피어설(Pearsall 1980)은 파차마차이 동굴에서 나온 식물 유체에 대해 세밀히 논하고 있다.

8) 페루 해안의 케브라다 타카우아이라는 12,500년 전 유적에서는 가마우지와 다른 물새, 멸치 같은 물고기

가 이용되었다(Keefer et al. 1998). 이런 식량 자원이 홀로세 초에 이용되었을 것임은 의심의 여지가 없다.

9) 케브라다 하구아이에 대한 서술은 Sandweiss et al. 1998 참조. 플라이스토세 말의 연대가 나왔으며, 홀로세 초의 연대도 있다. 플라이스토세 말 층에서는 흑요석이 나왔는데, 130km 떨어진 고지대가 원산지라고 한다.

10) Keefer et al. 1998.

11) Keefer et al. 1998. 방사성탄소연대는 7000 cal BC에서 1000 cal BC 사이에 분포한다.

12) 엘니뇨에 대한 서술은 Houghton 1997 참조.

13) 1997-8년 엘니뇨의 영향은 1999년 세계재앙보고(World Disasters Report) 참조.

30 와하카밸리

1) 플래너리(Flannery 1986)는 길라나키츠의 환경과 발굴, 농경의 기원 등에 대해 다루고 있다. 플래너리의 발굴과 해석에 대해서는 모두 이 글을 참고했다. 마커스와 플래너리(Marcus and Flannery 1996)는 와하카 계곡의 지형경관과 농경과 도시사회의 발달에 대해 잘 요약하고 있다.

2) Lubbock 1865, p. 233.

3) 이 부분 서술은 주로 Smith 1995를 참조했으며, 이 글에는 중앙아메리카의 농경의 기원에 대해 간결히 논하고 있다.

4) 리처드 맥니시는 주로 중앙아메리카와 남아메리카의 야외에서 모두 5683일을 보냈다. 매사추세츠의 피바디고고학재단을 끝으로 은퇴했다. 열심히 일하고, 열심히 술을 마시고, 거칠게 운전하는 야외고고학자의 전형이었으며, 결국 2001년 1월 벨리즈에서 운전 도중 사고를 당해 82세로 숨을 거뒀다. 맥니시는 고고학에 늘 열정을 가졌는데, 병원에 실려 가는 길에서도 고고학에 흥미를 가진 기사를 만나 이야기를 나누었음이 분명하다.

5) 길라나키츠에서 나온 옥수수는 테오신테의 재배가 시작되었음을 보여준다. 연대는 5410±40 BP(43340-4220 cal BC)와 5420±60 BP(4355-4065 cal BC)가 있다(Piperno & Flannery 2001). 벤츠(Benz 2001)와 스미스(Smith 2001)는 이 연대를 바탕으로 고고학과 생물학을 넘나들며 신대륙에서 농경의 기원에 대해 더 일반적인 논의를 하고 있다.

6) 마쓰오카 등(Matsuoka et al. 2002)은 현재의 옥수수 변종들을 계통진화적으로 연구하여 단일한 재배

사건이 있었고, 그 뒤 종별로 다양해졌다는 주장을 제시한다.

7) Smith 1997. 길라나키츠에서 나온, 재배되었을 것으로 보이는 쿠쿠르비타 씨앗과 꽃자루(peduncle)에서 얻은 6980±50 BP (5970-5790 cal BC)와 8990±60 BP (8207-7970 cal BC) 사이의 9개 탄소연대를 제시한다.

8) 이 가설에 대해서는 Flannery 1986, Marcus & Flannery 1996, Hayden 1990 참조.

9) 수렵채집민 결정 과정에 대한 연구로는 Mithen 1990 참조.

10) 플래너리는 우리가 아는 한 이때(서기전 8000년)는 호박씨만을 먹었음을 강조한다.

11) 게오시(Gheo-Shih) 유적은 1967년 프랭크 홀이 조사하고, Flannery & Marcus 1983에 서술되어 있다. 연대측정한 숯은 없었으며, 형식학적 근거로 서기전 5000년에서 4000년으로 편년되고 있다. 가장 일반적인 찌르개는 페더날스(Pedernales) 형식으로 알려져 있으며, 길라나키츠 최상층에서도 나온다. 동물 뼈나 식물 유체는 잘 보존되어 있지 않았다. 유적의 한 곳은 깨끗했는데, 회합이나 춤을 위한 공간으로 생각되기도 한다. 플래너리는 2000개 유적을 찾았는데, 아직 찾지 못한 많은 주거유적은 별로 없을 것이라 생각한다. 플래너리는 헤이든의 주장이 이 지방의 지형과 고고학을 잘 이해하지 못했기 때문이라고 생각한다.

12) 켄트 플래너리는 나에게 현재 북아메리카 서북부 해안의 원주민 사회에서 벌어지는 경쟁축제를 서기전 8000년 와하카밸리에 적용하기는 부적절하다고 말했다. 와하카계곡에는 농경이 시작되고 6000년이나 흐른 서기전 1150년까지는 사회서열과 경쟁의 증거가 없다. 축제의 가장 이른 증거는 서기전 850-700년 개와 관련된 것이다. Marcus & Flannery 1996 참조.

31 코스터 유적

1) 플루트(flute)란 찌르개의 밑(기부) 쪽에서 격지를 떼어 내어 얇게 만든 홈조정을 일컫는다. 클로비스와 폴섬 등 북아메리카의 구석기시대 최말기(고인디언시대) 찌르개의 특징이다(옮긴이).

2) 미국 서남부의 홀로세 초 환경과 고고학에 대해서는 Cordell 1985 참조.

3) 고고학에서 북아메리카 선사시대는 고인디언(Paleoindian)시대, 아케익(Archaic)시대, 우드랜드

(Woodland)시대, 미시시피안(Mississippian)시대로 이어진다(옮긴이).

4) Geib 2000. 탄소연대의 다수는 7500 BP 즈음이다.

5) Mock & Bartlein 1995.

6) 그레이트베이슨의 플라이스토세 말에서 홀로세 초 환경과 고고학에 대한 상세한 개괄은 Beck & Jones 1997 참조.

7) 폴라인 호(Pauline Lake) 유적에서 알려진 단 하나 유구는 지름 4m 정도 타원형으로 돌을 깨끗이 치운 상태에서 가운데 화덕자리가 나와 집터로 생각되는 것이 있다(Beck & Jones 1997).

8) 호겁(Hogup) 동굴은 긴 시간 동안 주기적으로 이용되었다(Beck & Jones 1997).

9) 프리슨(Frison 1978)은 빅혼(Bighorn) 분지에 대해서 서술하면서 호너(Horner) 유적 형성 시나리오를 제시한다. 고지대에서 들소 사냥에 대해서는 Frison 1978과 Bamforth 1988 참조.

10) 고온(altithermal)이라는 용어는 1948년 안테브(Antev)가 고안한 것으로 홀로세 동안의 상당한 기후변동에 대해 많은 지식이 쌓인 지금에서는 어색한 용어이기도 하다. 이것이 단일한 지역 사건이었는지, 아니면 수많은 작은 등락이 합쳐진 것인지는 아직 불분명하다. 멜처(Meltzer 1999)는 대평원에서 고온에 대한 인간의 반응에 대해 논한다.

11) 남부 평원에서는 AD 1250-1450년 잠시나마 농경을 했던 시기가 있었다.

12) 코스터 프로젝트는 스트루에버(Stuart Struever)와 브라운(James Brown)이 주도하여 1979년까지 이어졌다. 요약본이 나왔지만, 최종 보고서는 아직 출간되지 않았다. Struever & Holton 1979, Brown & Vierra 1983 참조.

13) 코스터에서 첫 인간의 점유는 8730±90 BP (7940-7605 cal BC) 정도이다.

14) 코스터는 미국 중서부지방의 아케익시대의 가장 잘 알려진 유적이지만, 다양한 생활방식을 보여주는 여러 유적이 있다. 동굴 유적과 패총도 있다. Phillips & Brown 1983.

15) 코스터의 8기에 해당하는 탄소연대는 7670±110 BP (6639-6421 cal BC)에서 6860±80 BP (5836-5664 cal BC) 사이이다(Brown & Vierra 1983).

16) 7a기의 연대는 5825±80 BP (4775-5552 cal BC)인데, 6기의 끝은 4880±250 BP (3960-3485 cal BC)이다.

17) 코스터에서 나온 인골은 Buikstra 1981 참조. 25개체분은 6기와 7기의 것인데, 대부분 조각나 있고 재퇴적된 것이다. 바익스트라에 따르면 외상이나 퇴행성 질환의 흔적이 많다. 바익스트라는 질병이나 상처 탓에 일상생활을 하지 못하는 개인은 건강한 개인이 묻히는 곳이 아닌 다른 곳에 묻혔으리라 본다. 다만 바익스트라의 결론은 조그만 표본을 바탕으로 하였기에 주의를 요한다. 나는 수렵채집민이나 원경민 가운데 장애인을 별도의 영역에 묻는 공동체는 보지 못했다.

18) 미국 동부에서 옥수수 농사의 발달은 Smith 1995 참조.

32 연어잡이와 역사의 선물

1) 여기에서 말하는 "교역자의 주거지"는 상상일 뿐이다. 시카고는 1803년 포트디어본(Fort Dearbon) 가까이에서 세워져 1837년 시가 되고 철도 건설로 팽창하였다. 이곳에 아케익시대 자료가 있는지는 모르지만, 환경을 보면 후빙기 수렵채집민이 살기에 적당할 것 같다.

2) 서북부 해안 수렵채집민에 대한 서술은 Ames & Maschner 1999를 참고했다.

3) 캐넌(Cannon 2000)은 브리티시컬럼비아 중부 해안에서 해수면 변동과 인간 주거와의 관계를 연구했다. 패총의 연대와 해수면의 상승 사이에는 강한 상관관계가 있다고 한다. 해수면은 10,000에서 8000 BP 사이에 점점 내려간다.

4) Lubbock 1865, pp. 412-25.

5) 칼슨(Carlson 1996)은 1969-70년 나무(Namu) 유적의 가장 이른 시기 층 발굴, 그리고 1994년 조사를 소개하고 있다. 캐넌(Cannon 1996)은 유적에서 나온 동물과 물고기 뼈를 서술하면서 경제에 대해 추론도 하고 있다. 나무의 하층에서 나온 탄소연대는 9720±140 BP (9282-8811 cal BC)이다(Cannon 2000).

6) 근래의 데니(Dene) 족 이야기이며(Driver et al. 1996), 나무 유적에 적용한 것은 그저 상상일 뿐이다.

7) 물론, 6000년 전 나무 유적에 살던 사람들은 근래의 서북부 해안 인디언과 비슷한 이데올로기를 가졌으리라는 상상일 뿐이다. 까마귀가 상징적 의미를 가졌다는 증거는 브리티시컬럼비아의 찰리레이크(Charlie Lake) 동굴에서 나온 12,000년 전의 증거까지 올라간다(Driver et al. 1996). 까마귀 뼈가 의례에 사용된 듯한 맥락에서 나온 것이다. 다만, 드라이버는 새가 자연사했

을 수도 있다고 생각한다.

33 잃어버린 세계를 찾아서

1) 오스트레일리아에 대한 서술은 이곳 선사시대를 훌륭히 종합한 Flood 1995와 Mulvaney & Kamminga 1999를 주로 참고하였다.

2) 오스트레일리아에서 가장 이른 연대는 카카두 (Kakadu)의 바위그늘에서 나온 50,000-60,000년 전이라는 TL 연대와 멍고 호(Lake Mungo)에서 나왔다는 60,000년 전이라는 연대다(Throne et al. 1999). 그런데 이 연대는 모두 신뢰성에 의문의 여지가 있고, 인간행위와 관련되었는지도 논란이 있다. 이런 이슈에 대해서는 O'Connell & Allen 1998, Mulvaney & Kamminga 1999 참조.

3) Flood 1995, p. 121. 리스 존스는 오스트레일리아 선사시대, 그리고 수렵채집민 연구에 큰 기여를 하고 2001년 10월 별세했다.

4) 고고학 조사는 부분적으로, 1972년 이곳이 세계문화유산지구로 지정되었음에도, 고든 강에 댐을 건설하면서 이루어졌다. 댐 건설로 하곡과 많은 석회암 동굴이 침수되기 때문이었다. 1982년 여름 항의시위가 있었고 1400명이 체포되었다. 고고학 유적들이 발견되면서 당시 새로이 정권을 잡은 노동당 정부는 보존 조치를 취하고 댐 건설을 유보했다. 세계문화유산지구를 동쪽으로 더 확대하기 위한 고고학 조사가 추진되고 있다(Jones 1990).

5) Jones 1987, p. 30.

6) 쿠티키나 동굴 발굴은 Kiernan et al. 1983 참조. 존스(Jones 1981, 1987)는 태즈메이니아의 플라이스토세 수렵민 유적 발굴에 대해 쓰고 있다. 최상층에서 14,840±930 BP라는 연대를 얻었다.

7) Allen 1996. 코스그로브(Cosgrove 1999)는 간결하게 개괄하며, 단순한 플라이스토세 수렵채집민에서 복잡한 홀로세 수렵채집민으로의 발달을 말해 주는 증거는 없음을 강조한다.

8) 와가타 동굴 벽화는 Jones et al. 1988 참조. 과학 분석으로 피를 안료로 썼음을 확인했다. 10,730±810 BP, 9240±820 BP라는 연대가 나왔다.

9) 존스의 비교는 Flood 1995, p. 125 참조. 예술에 대해 상당히 관대한 비교를 하고 있지만, 존스는 동물을 사냥하고, 동굴에 살면서 그림을 그린 생활방식을 언급

한 것이다. 존스가 강조했듯이 18,000년 전 그토록 비슷했던 두 지방은 지금은 사뭇 다르다.

10) 오커널(James O'Connell)은 존스의 비교를 비판한 바 있다. 프랑스 서남부의 벽화는 태즈메이니아보다 훨씬 풍부하여 인구밀도가 더 높았으리라 보인다. 프랑스의 순록과 태즈메이니아의 왈라비라는 주요 생계자원 역시 행동 패턴이 달랐으며, 사냥행위에도 많은 차이가 있었을 것이다.

11) 이 부분 서술은 왈라비 사냥을 논한 Cosgrove & Allen 2001 참조. 계절성에 대한 제한적인 증거, 겨울 사냥, 봄과 초여름 주거는 주로 아주 어린 왈라비 자료가 나오지 않는다는 사실에 근거한 것이다. 현대 왈라비 생식 패턴을 보면 늦은 여름과 가을에 새끼를 낳는다.

12) Lubbock 1865, p. 354에서 *Cook's Third Voyage*를 인용하고 있다.

13) Lubbock 1865, p. 465. *Tasmanian Journal of Natural Science* vol. 1, p. 249의 Dove를 인용한다.

14) 유리질 유물에 남아 있는 왈라비 혈흔을 확인했다고 한다(Flood 1995).

15) 케이브베이 동굴은 1973년 보우들러(Bowdler 1984)가 발굴했다. 플러드(Flood 1995)는 22,750±420 BP, 그리고 18,550 BP라는 연대가 나온 뼈로 만든 찌르개, 15,000년 전으로 추정되는 화덕을 인용하고 있다.

16) 킹 섬의 고고학 조사에 대해서는 Sim & Throne 1990, Sim 1990 참조.

17) 아주 작은 왈라비이다. 주머니고양이는 육식동물이며 고양이라고 불린다. 몇 개 종이 있다.

18) 태즈메이니아 서남부의 환경변화와 주거변화에 대해서는 Porch & Allen 1995 참조.

19) 코스그로브(Cosgrove 1995)는 태즈메이니아 동남부와 서남부가 사뭇 다른 문화지역인데, 이는 부분적으로 다윈 유리석의 분포 탓이라고 주장한다.

34 코우 스왐프의 조각상

1) 손의 발견에 대한 서술은 Mulvaney & Kamminga 1999 참조.

2) 코우 스왐프 편년은 아직 불안정하다. 파도(Pardoe 1995)에 따르면 10,070±250 BP (10,910-8720 cal BC), 9300±220 BP (9092-8268 cal BC), 8700±220 BP (8199-7550 cal BC)라는 연대만을 신뢰할 수 있다고 한다. 이보다 이른 연대는 의문이 있다는 것이

다. 그러나 Flood 1995, Mulvaney & Kamminga 1999 등 다른 연구자들은 13,000 BP 정도의 연대를 받아들인다. 파도 역시 주변 무덤에서 나온 14,300±1000 BP, 11,440±160 BP 같은 연대를 인정한다.

3) 블랙은 오스트레일리아 동남부에서 1929년부터 1950년 사이에 무덤 발굴을 하였다(Sunderland & Ray 1959). 정확히 어디인지는 불분명하다.

4) 플라이스토세 뼈 자료에 대한 손의 서술과 해석에 대해서는 Thorne & Macumber 1972, Thorne 1971, 1977 참조. Flood 1995, Mulvaney & Kamminga 1999에도 요약되어 있다.

5) 현생인류의 기원 문제는 1980, 1990년대 고인류학의 주된 논쟁점이었다. 손은 사실 다지역진화 시나리오를 선호하였다(Frayer et al. 1993). Stringer & McKie 1996 참조.

6) 오스트레일리아 호모 사피엔스의 조상이 에렉투스일 것이라는 손의 주장은 근거가 없다(Lahr 1994).

7) 브로스웰(Brothwell)은 처음으로 *Nature*에 두개골 변형 가능성을 제기했다(1972, 1975). 브라운(Brown 1981)은 더 세밀한 비교연구를 제시한다.

8) Pardoe 1988, 1995.

9) Radcliffe-Brown 1918, p. 231.

10) 코우 스왐프 표본은 원주민 공동체에 돌아갔으며, 어떻게 되었는지 불확실하다고 한다(Mulvaney & Kamminga 1999, pp. 158, 162).

11) Lubbock 1865, pp. 414-16.

12) 플러드(Flood 1995, 12장)은 오스트레일리아 대형동물의 절멸을 개괄한다. 태즈메이니아 늑대는 여전히 생존해 있을지도 모른다. 태즈메이니아 데빌도 멸종된 지 몇 백 년밖에 안 됐다.

13) 90kg이라는 수치는 Flood 1995에서 온 것이다. 오커널에 따르면 이 정도 크기는 예외적인 것이라고 한다. 1970년대 알랴와라(Alyawarra) 원주민공동체에서 사냥을 연구할 때 100번 넘게 캥거루 사냥을 목격했는데, 가장 큰 것은 기껏 60kg이었다고 한다.

14) T. Flannery 1990, 1994 참조. 이와 대조로 허튼(Horton 1984, 1986)은 기후변동 설명을 주장한다. 웹(Webb 1995)은 플래너리(T. Flannery)의 남획가설을 따르면서도 간접적인 것이었다고 본다. 오스트레일리아의 생태계는 사람이 들어오기 전에 이미 취약한 상태였으며, 사람이 들어와 불균형을 일으켰다는 것이다.

15) 커디스프링스 발굴은 Dodson et al. 1993, Field & Dodson 1999 참조. 필드와 도슨은 대형동물 절멸을 논하면서 기후변동이 주원인이었다고 본다. 유적은 세 시기로 구분하는데, 사람이 들어오기 전과 35,000-28,000년 전 대형동물 뼈가 유물과 같이 나오는 시기, 대형동물 이후 시기로 유물만이 나오는 시기이다. 플러드(Flood 1995)는 유물에 남은 털과 혈흔을 인용하고 있다. 커디스프링스 유적은 원주민공동체가 고고학 조사에 참여한 사례이기도 하다(Field et al. 2000).

16) 코스그로브와 앨런(Cosgrove & Allen 2001)은 태즈메이니아의 절멸에 대해 논하고 있으며, 로버츠 등(Roberts et al. 2001)도 이 이슈에 대해 개괄한다.

17) Pardoe 1995.

35 사막을 가로지르며

1) 오스트레일리아의 아카시아속 나무(옮긴이).

2) 기버(gibber)란 원주민 말로 돌이란 뜻이다(Spencer & Gillen 1912: 40).

3) Spencer & Gillen 1912, p. 43.

4) 아룬타(아렌테) 족에 대한 최근 서술은 Morton 1999 참조.

5) Spencer & Gillen 1912, pp. 6-7.

6) 사막에 대한 서술은 Edwards & O'Connell 1995 참조.

7) 쿨피마라는 솔리(Thorley 1998)가 서술한 바 있다. 세 층이 있는데, 아래층은 29,510±230 BP, 가운데층은 대략 12,790±150 BP (13,774-12,446 cal BC), 윗층은 2500±60 BP (785-521 cal BC) 정도로 알려져 있다.

8) 푸리차라 바위그늘 유적과 발굴은 Smith 1987, 1989 참조. Flood 1995, pp. 102-3 역시 참조. 스미스는 숯에서 얻은 12개 탄소연대와 6개 TL 연대를 제시한다. 퇴적층 하부에서는 열형광측정(TL)으로 30,000년 전 즈음, 그 위에서는 방사성탄소연대 21,950±270 BP가 있다.

9) 푸리차라와 쿨피마라는 중앙 오스트레일리아의 플라이스토세 유적이다. 이에 반해 사막 안에 있는 서북부에서는 58개 유적에서 탄소연대가 197개나 발표되어 있다(Veth 1995). 그런데 어느 연대도 19,000 BC에서 9800 BC에 이르는 공백에 들어가는 것이 없다. 이때 환경조건은 혹심하였다. 베스에 따르면 최후빙하극성기 동안 사막엔 사람이 살지 않았고, 가뭄이 출산율과 사망률에 영향을 미쳐 인구도 줄었거나 그래도 살 만한 다른

곳, 아마도 해안(지금은 침수된 곳)으로 이주했으리라 생각된다. 베스(Veth 1989, 1995)는 건조지대를 피난처, 통로, 장벽으로 나누고, 앞의 둘은 30,000년 이후 간혹 거주하였으나, 강수량과 식량 자원도 희소한 곳이라고 하였다. 베스에 따르면, 5000년 전에서야 기술 발달과 사회망의 확장 및 장거리 교역으로 사람이 들어올 수 있었다고 한다. 그런데 에드워즈와 오커넬(Edwards & O'Connell 1995)은 이런 시각을 비판한다.

10) 굴드(Gould 1980)는 건조지대 적응에 대해 광범위한 연구를 하면서, 고고학자들이 현존 민족지 연구를 효과적으로 이용할 수 있다고 하였다.

11) 광범위한 식량 자원을 이용하는 것을 광범위 식단(broad-spectrum diet)이라 부른다. 에드워즈와 오커넬(Edwards & O'Connell 1995)은 광범위 식단의 출현이 모든 대륙에서 플라이스토세가 끝나면서 시작되었다고 주장한다. 물론 어떤 곳에서는 농경 출현의 선조건이 이루어지기도 하였으며, 오스트레일리아에서는 5-6000년 전에서야 이루어진 것 같다. 오커넬과 혹스(O'Connell & Hawkes 1981)는 중앙 사막의 원주민인 알랴와라의 식물자원 사용에 대한 자료를 준다.

12) 원주민 사회의 친족체계는 몇 백 년 되지 않은 최근에 발달한 것일 수도 있다. 그런데 루런다스(Lourandas 1997)는 홀로세 중기야말로 오스트레일리아의 원주민 사회생활에 근본적인 변화가 이루어진 시기라고 한다.

13) 5000년 이전으로 올라가는 간석기는 없다고 한다(Edwards & O'Connell 1995).

14) Fullagar & Field 1997.

15) Lubbock 1865, pp. 346-54.

36 싸우는 사람과 무지개 뱀

1) 그림에 대한 서술은 Taçon & Chippindale 1994를 참고했다. 오스트레일리아 원주민 예술에 대한 개괄과 해석은 Layton 1992 참조. 그림에는 남자가 화려한 옷을 입고 머리띠를 두르고 있다.

2) 동굴 벽화의 연대에 대한 서술은 주로 Chippindale & Taçon 1998 참조.

3) Chippindale et al. 2000.

4) 이 퇴적층의 연대는 잘 측정되었지만, 과거 생활양식에 대해선 별다른 정보를 알 수 없다. 석기는 그저 맥석영 조각이나 화성암으로 만든 도끼, 갈돌과 갈판뿐이다. 동물 뼈와 식물 유체가 없어 무엇을 먹었는지, 인골

이 나오지 않아 어떠한 모습이었는지 알 수 없다. 더구나 퇴적 속도도 아주 느려 천 년에 1cm도 되지 않게 퇴적되었다고 한다(Taçon & Brockwell 1995).

5) 타손과 브락웰(Taçon & Brockwell 1995)은 바위그늘의 고고학 증거와 아넘랜드 벽화를 종합한 바 있다.

6) Lubbock 1867, pp. 347-8.

7) 아넘랜드에서 해수면 상승의 영향은 Taçon & Brockwell 1995 참조.

8) 아넘랜드에서 가장 오래된 패총의 연대는 6240±100 BP (5315-5058 cal BC) 정도이다. 맹그로브 진흙 땅 3m 아래에 묻혀 있다(Allen 1989). 그렇게 보면 많은 패총이 땅속에 묻혀 있을 것이며, 바위그늘과 동굴에만 거주했다는 것은 편향된 고고학 자료 탓일 것이다. 원주민의 조개 채집에 대한 논의는 Meehan 1982 참조.

9) 플라이스토세에서 홀로세에 이르는 동안 오스트레일리아 석기기술의 변화가 거의 없었다는 것은 놀랍다. 다만, 서기전 6500년이면 새로운 기술이 나타나 대륙 전역에 확산된다.

10) 그림과 아넘랜드 예술의 발달에 대해서는 Taçon & Chippindale 1994, Taçon & Brockwell 1995를 참고했다.

11) Warner 1937.

12) Lloyd Warner 1937, p. 157.

13) Warner 1937, p. 147.

14) Taçon & Chippindale 1994.

15) Taçon et al. 1996.

16) Flood 1995, p. 215.

17) Flood 1995, pp. 140-1.

18) Flood 1995, p. 174.

19) Flood 1995, p. 213.

20) 계절에 따른 원주민 생활양식의 변화에 대한 논의는 Thomson 1939를 참고했다. Lourandas 1997, pp. 44-5에도 간략하게 묘사되어 있다.

37 고지대의 돼지와 정원

1) 선사시대 섬의 다양성과 해협의 지형, 자원에 대한 논의는 Harris 1977, Barham & Harris 1983, 1985 참조.

2) 토레스 해협 연구사는 Barham & Harris 1983 참조.

3) 해리스(Harris 1977, 1979)는 토레스 해협 남쪽과

북쪽에서 유럽인과 접촉 이전의 생계전략이 어떻게 달 랐는지 상세히 기술하고 있다.

4) 거북은 또 다른 중요한 종이다. 해든(Haddon 1901-35)은 작살을 이용한 사냥기술에 대해 쓰고 있다.

5) Harris 1995, p. 848.

6) Harris 1977.

7) White 1971, pp. 182-4. 해리스(Harris 1995)도 이런 관점을 대체로 지지하면서도, 뉴기니에서 하듯이 뿌리나 나무를 기르는 농사는 서남아시아의 곡물을 재배하는 농경보다 확산하기 어려움을 지적한다.

8) 나는 이 용어를 마셜 살린스가 처음 *Les Temps Modernes*, no. 268 (pp. 641-80)에서 썼다고 생각한다. 그리고 나서 더 유명한 책인 *Stone Age Economics* (Sahlins 1974)에서 사용하였다.

9) Barham & Harris 1985. Gorecki 1989에서도 5000 BP 이전에 숲의 나무를 베고 습지를 관리했다는 증거가 소개되어 있다.

10) 1912년 월러스턴(A. F. R. Wollaston)이 출간 한 *Pygmies and Papuans, The Stone Age Today in New Guinea.*

11) Tree 1996, p. 116.

12) 뉴기니의 야생 여행에 대해서는 주로 Wollaston 1912 참조.

13) Lewis 1975, pp. 46-62.

14) 고지대 환경변화의 역사에 대해서는 Hope et al. 1983 참조.

15) 코시페 발굴은 White et al. 1970 참조.

16) 육상과 수상 동물 뼈가 많이 나온 놈베 바위그늘 유적에 대해서는 Mountain 1993 참조.

17) Bellwood 1996.

18) 유럽인과 접촉 이전의 뉴기니 고지대에 대한 서술, 그리고 원주민 사회의 선교사에 대해서는 Golson 1982 참조.

19) 쿡 스왐프의 최근 역사와 카엘카 족에 대해서는 Gorecki 1985 참조.

20) 지난 500년 뉴기니 고지대 농경에서 이용하는 전통적인 도구에 대해서는 Golson & Steensberg 1985 참조.

21) 골슨의 발굴은 여러 문헌에 소개되어 있다(Golson 1977, 1982, 1989; Golson & Hughes 1976). 그런데 고고학 유구와 층위, 탄소연대 시료의 맥락 등은 찾을 수 없다. 골슨은 쿡 스왐프의 첫 주거가 9000 BP 정도에 이루어졌다고 하였다.

22) 골슨(Golson 1982)은 습지대의 조건이, 아마도 사람의 활동 탓에, 악화되었다고 하였다. 습지대 관리를 위한 작업은 시간이 흐르면서 배수에 문제를 일으켰다고 한다.

23) 고지대 전역에서 나온 화분 증거에 따르면 9000 BP 이전에 숲의 나무를 베었다고 한다(Haberle 1994). 하지만 숲이 확실히 줄어든 것은 5000 BP에서의 일이다. 그 이전 나무를 벤 것이 식물 재배를 위한 것인지, 아니면 야생 식물을 관리하고 동물이 싹을 먹도록 유인하기 위한 것인지는 불분명하다(Bayliss-Smith 1996).

24) 쿡 스왐프의 9000 BP에서 6000 BP 사이 층에서 *Australimusa bananas* 규산체가 확인되었다(Wilson 1985).

25) 골슨(Golson 1977, 1982)에 따르면, 고구마는 뉴기니 사회에 "혁명적" 영향을 미쳤다. 타로보다 더 높은 고지대, 구름이 끼는 2700m에서도 재배할 수 있다는 것이 중요하다. 고구마는 그냥 둬도 잘 자라며, 타로와 사탕수수, 바나나, 얌 같은 다른 식물과는 다르다. 돼지의 사료로 더 좋다.

26) 골슨(Golson 1977)은 쿡에서 9000 BP 즈음에는 타로가 있었다고 하며, Yen (1995)도 이에 동의한다. 하지만 베일리스-스미스(Bayliss-Smith 1996)는 타로는 지금 같은 형태로는 4500 BP 이전에는 재배되지 않았다고 확신한다.

27) Jones & Meehan 1989, Matthews 1991은 야생 타로에 대해 논한다.

28) Yen 1995.

29) 쿡 스왐프에서 6000 BP 즈음 재배된 식물에 대해서는 논란이 있다(Bayliss-Smith 1996).

30) 레즈 그루브(Les Groube 1989, Groube et al. 1986)는 강안 퇴적층에서 많은 돌도끼류 석기를 찾았다. 40,000년 전으로 연대측정된 화산재층 아래에서 나왔다고 한다. 많은 유물은 깨지고 손상되어 나무껍질을 벗기거나 가지를 다듬고, 뿌리를 잘라 내고, 작은 나무를 베는 등 거친 작업에 쓰였다고 한다. 고의로 불도 놓았는데, 30,000년 전으로 생각되는 퇴적층에서 숯이 많이 나온다고 한다(Hope et al. 1983).

31) 벨우드(Bellwood 1996)는 홀로세 동안 환경 압력이 있었음을 말한다. 가뭄과 서리가 오래 지속되어 사람들이 습지대를 식물재배에 이용했을 것이라고 한다.

32) 골슨(Golson 1982)은 6000년 전 즈음 습지대 배수에 대해 제한적인 증거만이 있다고 한다. 대부분 고고학자들은 저지대에서 식물 재배가 시작되고 고지대

로 확산되었다고 본다. 골슨과 휴스(Golson & Hughes 1976: 301)는 "한 가지 확실한 것은 쿡에서 보는 농경은 뉴기니 고지대에서 기원하지 않았으며, 그것은 분명 더 이른 시기 저지대에서 벌어진 일이라는 것이다"고 하였다. 그러나 벨우드(Bellwood 1996), 해벌리(Haberle 1994)는 뉴기니 농경이 저지대에서 시작하였다는 데 의문을 품는다.

33) 징과 플랫(Jing & Flad 2002)은 서기전 6000년 중국에서 돼지가 사육된 증거를 제시한다.

34) 10,000 BP 즈음 돼지의 존재를 말하기도 하지만 (Golson & Hughes 1976), 분명 6000 BP에는 돼지가 있었다고 한다(Golson 1982). 그러나 이보다 늦은 시기를 선호하는 사람들도 있다(Bayliss-Smith 1996; Harris 1995; Hedges et al. 1995).

35) 야생돼지는 여전히 뉴기니 저지대의 중요한 동물이지만, 1525m 높이를 넘어서는 보이지 않는다(Golson 1982). 그 이상의 높이에서는 모두 사육종이다. 그루브 (Groube 1989)는 어떻게 돼지가 경쟁을 촉발시켰는지에 대해 다루고 있다.

36) Gosden 1995.

38 순다랜드

1) 1971년 *National Geographic*에는 중요한 글이 실렸는데, 여기에서 매클리시(MacLeish 1972: 248)는 타사다이 족을 "아마도 현존하는 가장 단순하며, … 자연에 가장 가깝고, 온화하며 다정한 족속이다. 이 친구들에게서 사람의 새로운 가치를 본다. 우리의 예전 조상도 타사다이 족과 같았다면, 과거 내가 생각했던 것보다 훨씬 좋은 혈통에서 내려왔다고 할 것이다"고 썼다.

2) 타사다이 족 논란에 대해서는 Berreman 1999 참조.

3) 석기와 함께 숯, 식물 유체, 바다 조개도 나왔으나 행위를 복원하거나 장기간 변화를 재구성하기에는 너무 적었다. 타이의 반카오(Ban Kao) 동굴의 5000-1215 BC 층에서는 식용 또는 치료용으로 썼을 법한 28개 식물 표본이 나왔다(Pyramarn 1989).

4) 호아빈 문화의 고전적인 유물은 한 면이나 양면에서 떼어 낸 자갈돌석기이다. 동남아시아의 석기 군에는 시공간에 따른 변이도 있지만, 대부분 원석(돌감)의 차이에서 기인하는 것이다. Anderson 1990 참조.

5) 나는 아쉽게도 우림지대에서 새벽을 맞아 본 적은

없다. 알프레드 월러스(Alfred Russel Wallace 1869)의 기록과 O'Hanlon 1985를 참고했다.

6) 해리슨(Harrison 1957, 1959a, 1959b, 1965)은 자신의 조사를 보고하고 있지만, 종합보고서는 아니고, 구획도나 층위도도 제시하지 않고 있다. Bellwood 1997도 참조.

7) 해리슨(Harrison 1959c)은 39,600±1000 BP에서 2025±60 BP에 이르는 탄소연대들을 제시한다.

8) 포프(Pope 1989)는 대나무 사용을 극찬하면서 동남아시아에서 석기기술의 빈곤을 대나무에서 찾는다. 나는 과연 선사시대 수렵채집민이 대나무를 그토록 사용했을지 회의적이다.

9) 동남아시아의 환경변화에 대한 서술은 Anderson 1990, Bellwood 1997 참조.

10) 벨우드(Bellwood 1997: 168-9)는 두께가 5m에 이르고 화덕과 붉은 안료와 돼지, 물고기 뼈를 부장한 무덤이 나오는 패총을 묘사하고 있다.

11) 구아 시레 발굴은 Datan 1993 참조.

12) 랑 롱그리엔 발굴은 Anderson 1990 참조.

13) 랑 롱그리엔 7층에서 나온 숯의 연대는 43,000 BP 이상이었다(Anderson 1990). 가장 아래층은 37,000±1780 BP 정도이며, 가장 위층은 7580±70 BP (6497-6370 cal BC)이다.

14) 슈콩데(Shoocongdej 2000)는 랑 캄난 발굴을 말하면서 27,100±500 BP에서 7990±100 BP 사이의 탄소연대 6개를 제시한다. 시료는 달팽이였는데, 달팽이는 석회암에서 오래된 탄소를 섭취할 수 있기에 연대의 정확도에 문제가 있을 수 있다(Pyramarn 1989).

15) 우림지대에서 수렵과 채집만으로는 살아갈 수 없다는 주장은 Bailey et al. 1989, Headland 1987 참조.

16) 쌀농사의 첫 흔적은 구아 시레 동굴에서 나온 껍질이다(Bellwood 1997).

17) Endicott & Bellwood 1991. Endicott 1999. Bailey et al. 1989.

18) 브로시우스(Brosius 1991, 1999)는 페난 족의 수렵채집을 논하면서 Headland 1987을 비판한다.

19) Bellwood 1997.

20) Bellwood 1997, p. 158.

21) 종교행위에 대한 사상은 주로 페난 족과 바텍 족에 대한 논의를 참고했다(Brosius 1999; Endicott 1999).

22) 이 부분은 Berreman 1999 참조.

23) 이는 발란간(Balangan)이라는 타사다이 사람이

1988년 텔레비전 다큐멘터리에서 했던 말이다(Berre-man 1999).

24) 그러나 최근까지도 아마존 열대림 안에 외부 세계와 접촉한 적이 없는 원주민이 살고 있다는 보고가 있다. 비행기에서 보이는 모습은 외부와 접촉이 없었던 듯하다(옮긴이).

25) 벨우드(Bellwood 1997)는 바텍 족이 호아빈 사람들의 직접 후손일 것이라고 본다. 하지만 페난 족은 서기전 4000년 보르네오에 들어간 농민의 후손일 가능성이 더 높다. 이 사람들 가운데 일부는 고지대에서 다시 수렵채집 생활로 돌아갔을 것이다.

39 양쯔강 남안에서

1) 스테고돈(Stegodon)은 아프리카에서 남아시아에 걸쳐 있던 마스토돈 속의 동물이다. 마이오세의 형태는 오늘날 코끼리의 조상이었으리라 생각된다. 플라이스토세에도 몇 개 종이 살아남아 인도네시아에는 아주 작은 종이 되었다(Lister & Bahn 1995). 중국의 플라이스토세 환경에 대해서는 Chen & Olsen 1990을 참고했다.

2) 바이엔자오 동물은 1979년과 1982년 발굴되었고, 석기가 1576점, 뼈도구는 2점, 22종의 동물 뼈가 수습되었다. 석기는 서회암, 처트, 사암, 맥석영으로 만들었다. 뼈도구는 마연되어 있다. 전형적으로 아일루로포다-스테고돈(Ailuropoda-Stegodon) 동물상이어서 곰과 맥, 사슴, 하마, 돼지, 스테고돈, 호랑이, 하이에나가 포함되어 있다. 연대는 11,740±200 BP (12,103-11,510 cal BC), 12,220±200 BP 사이에 들어간다(Chen & Olsen 1990).

3) 산샤(三峽)댐 건설이 몰고 올 환경 및 사회적 파괴에 대해서는 www.irn.org 참조.

4) 이창 협곡 여행은 비숍의 여행기(Bishop 1899)를 참고했다.

5) 중국에서 환경변화의 증거는 호소퇴적층에서 얻은 화분과 동물 퇴적층의 동물 뼈, 해수면과 호수, 강의 수위 상승과 하강과 관련한 지형학 증거 등이다. Lu 1999 참조.

6) 이것을 영거드라이어스와 연결시키는 것은 조심스럽다. 루(Lu 1999)는 중국에서 이 한랭기가 서기전 10,800년 시작된 증거를 제시하면서 영거드라이어스라는 용어를 쓴다. 이런 환경변화가 인류문화에 어떤 영향을 미쳤는지는 잘 알려져 있지 않다. 플라이스토세 말의

석기가 나오는 유적은 꽤 있지만, 방사성탄소연대가 있는 것은 드물다. 동물 뼈나 유구 등도 거의 나오지 않는다. 이 시기 뗀석기의 발달은 잔돌날과 세석기 기술로 대표된다. Wu & Olsen 1985 참조.

7) 페이안펑(Pei 1990)은 1988년 펑터우산 발굴을 말하고 있다. 루(Lu 1999)는 주로 토기에 박힌 곡물 흔적으로 측정한 방사성탄소연대 24개를 제시하는데, 9875±180 BP (9746-8958 cal BC)에서 6252±100 BP (5318-5061 cal BC) 사이에 있으며, 대부분 8000 BP에서 7500 BP 사이이다.

8) *Oryza sativa*에는 두 변종이 있어 긴 것을 *O. sativa indica*라 하고, 짧은 것을 *O. sativa japonica*라 한다. 인디카는 남중국에 압도적이며, 자포니카는 더 추운 겨울을 견딜 수 있어 북쪽에 많다. Smith 1995, Ahn 1992 참조.

9) 고든(Gordon 1999)은 벼농사에 바탕을 둔 중국 문명의 성장을 간결하게 요약하고 있다.

10) 여러 벼 변종과 분류의 복잡성에 대한 개괄은 Ahn 1992 참조. 야생종과 재배종이 서로 수정하여 유전적 구분이 모호해지는 것이 문제가 되기도 한다(Smith 1995).

11) 벼 야생종과 재배종 사이의 형태 및 생리적 차이에 대한 상세한 기술은 Ahn 1992 참조.

12) 남아시아, 동남아시아, 동아시아에서 벼 재배의 증거는 Glover & Higham 1996, Higham & Lu 1998 참조. 동남아시아에서 가장 이른 벼 재배 연대로 인정되는 것은 대체로 5000 BP 즈음이다. 스미스(Smith 1995)는 벼 재배에 대한 고고학 연구사를 간략히 요약하고 있다.

13) Smith 1995.

14) 맥니시와 옌원밍은 장시성 벼 재배 기원연구 프로젝트를 주도하였다(Zhijun 1998).

15) Pearsall et al. 1995.

16) 하지만, 야생 벼와 재배 벼를 구분하기 위해서는 표본이 충분히 많아야 하며, 개별 자료로는 확실히 동정하기에 부적절하다. 피어설 등(Pearsall et al. 1995: 95)은 이런 자료를 확보한 뒤 베이지안 통계를 사용할 경우 더 분명한 판단을 할 수 있다고 말한다. 이런 방법이 댜오퉁환 동굴에서 규산체 분석에 쓰였으리라 추정한다.

17) 댜오퉁환 동굴에 대한 서술은 Zhijun 1998 참조.

18) 양쯔강의 홍수에 대해서는 Bishop 1899 참조.

19) 펑터우산의 집터는 잘 보존되어 있지 않았으나, 기둥구멍과 움집이 확인되었다(Pei 1990).

20) 펑터우산에서는 100개체가 넘는 토기가 나왔으며(Pei 1990) 많은 형태와 장식을 가지고 있다. 감아올리는 방법(서리기)이 가장 흔한 제작 방법이었다.

21) 평지 위에 솟은 10,000m² 넓이에 높이가 3-4m에 이르는 커다란 마운드이다(Smith 1995).

22) 비슷한 연대의 토기도 다른 곳에서 발견된다. 특히 후난성 위찬옌(玉蟾岩) 동굴에서 그러하다. 위찬옌 동굴에서 나온 토기는 현재 서기전 16,000년 정도까지 올라가는 것으로 알려져 있으며, 셴런둥(仙人洞)에서는 무려 20,000년 전까지 올라가는 토기 조각이 확인되었다(옮긴이 추가).

23) 토기의 기원과 벼농사의 관계에 대해서는 Higham & Lu 1998, Lu 1999 참조. 최근 알려진 구석기시대 최말기의 동아시아 토기는 모두 수렵채집 사회의 맥락에서 만들어지고 쓰인 것이다(옮긴이 추가).

24) 이 시나리오는 Van Liere 1980을 바탕으로 한 것으로 동남아시아의 역사시대에 벌어졌던 홍수농법을 말한다.

25) 동남아시아 메콩강 삼각주에서 홍수농법이 이용되었다고 한다(Van Liere 1980).

26) 페이안핑은 가까운 바시당 유적에서 나무 삽이나 따비 같은 유물을 찾았기에 펑터우산에서도 그런 도구가 쓰였으리라 생각한다(Pei n.d.).

27) 고든(Gordon 1999)은 힐먼과 데이비스(Hill-man & Davies 1990)의 밀 실험분석은 중국에서 쌀의 진화에도 적용될 수 있다고 하였다.

28) 바시당 발굴에 대한 개요는 Pei (n.d.) 참조. 반수혈식 주거지와 여러 형태의 무덤이 나왔다. 마을은 도랑(환호)을 파서 둘렀는데, 아마도 홍수에 대한 방비를 목적으로 한 듯하다. 페이안핑은 점을 치는 데 썼던 나무와 대나무 판도 찾았다고 주장한다. 7000-8000년 전이라 생각하는데, 방사성탄소연대는 제시하지 않고 있으며, 벼농사 이전의 주거는 15,000 BP까지 올라간다고 한다.

29) 바시당에서 나온 쌀에 대해서는 Pei 1998 참조.

30) 허무두는 7000 BP 즈음 양쯔강 삼각주와 항저우만의 여러 마을 가운데 하나였다. 만의 북쪽에서는 남쪽과는 다른 형식의 토기와 유물이 나오는데, 어떤 형태의 문화적 경계가 있었음을 보여준다. 다만, 식물재배와 수렵채집이 혼합된 경제는 비슷하지만 말이다(Smith 1995). 쌀과 함께 납가새(water caltrop), 가시연꽃 같은 식물 유체도 나왔는데, 재배되었다고 한다. 허무두는 1970년대에 발굴되었는데, 4미터에 이르는 퇴적층에서 적어도 1000년 동안 주거가 있었다고 한다(Smith

1995). 루(Lu 1999)는 유적을 소개하며 5975±100 BP (4990-4720 cal BC), 6310±170 BP (5470-5062 cal BC)라는 연대를 제시하고 있다.

31) 물소 사육에 대해서는 알려진 것이 거의 없으나 허무두에 존재했던 것은 분명하다(Smith 1995). 페이안핑은 펑터우산에서도 사육된 버팔로 두개골이 나왔다고 주장한다. 바시당 발굴에 관한 신문기사에서도 사육된 물소와 돼지가 발견되었다고 한다(Zhongguo 1998).

32) 동아시아와 일본에서 해수면 상승에 대한 상세한 편년은 아직 잘 알려져 있지 않다(Aikens & Higuchi 1982; Imamura 1996). 이 문제는 일본열도 주변의 지각운동과도 얽혀 있다.

40 조몬시대 일본

1) 이 장을 쓰는 데는 2001-2년 레딩대학에 방문학자로 왔던 오카야마대학의 나오코 마쓰모토의 도움을 받았다.

2) 우에노하라 유적은 Minaminihon 1997을 참조. 많은 사진이 실려 있다. Izumi & Nishida 1999에도 유적의 그림이 있어 이 책의 서술에 참고했다.

3) 가장 이른 쌀 알갱이는 혼슈 북부 조몬 후기 유적에서 서기전 1000년에서 800년 사이에 나오지만, 규산체는 서남부 일본에서 오카야마(6000 BP) 같은 조몬 전기와 중기 유적에서도 보인다(Crawford & Chen 1998).

4) 쓰카다(Tsukada 1986)는 주로 화분분석으로 지난 20,000년 동안 일본에서 식생변화를 고찰한 바 있다. 일본의 70%는 여전히 산림이며, 이는 대체로 홀로세 초에도 비슷했을 것이다.

5) 이런 구조는 움집의 가운데 기둥구멍이 하나를 가진 대부분의 조몬 유적과는 대조된다고 한다(Matsumo-to 개인 대화; Imamura 1996).

6) 조몬 토기 표면에는 엄청나게 다양한 디자인이 있다. 조몬 토기 디자인과 양식에 대해서는 Imamura 1996 참조.

7) Imamura 1996의 서술과는 달리 트리거(Trigger 1989)는 모스의 학생 가운데 전문 고고학자가 된 사람은 없다고 하였다. 트리거(1989, 2010)는 일본고고학사를 짧지만 흥미롭게 개괄하고 있다.

8) 이마무라(Imamura 1996)는 일본고고학사를 요약하면서 조몬 토기 양식과 편년도 다루고 있다.

9) 조몬 생계에 대해서는 모두 유기물이 나온 중기

에 치중되어 있는데, Imamura 1996, Watanabe 1986, Rowley-Conwy 1984b 참조.

10) 후쿠이 동굴에 대해서는 에이켄스와 히구치(Aikens & higuchi 1982)의 논의 참조. 토기 조각이 나온 최상층의 방사성탄소연대는 12,400±350 BP, 12,700±500 BP이다. 가장 이른 시기 층에서는 큼직한 격지와 돌날이 나오며, 늦은 층에서는 잔돌날과 함께 토기 조각이 출토된다.

11) 조몬 토기 연구사에 대해서는 Imamura 1996 참조.

12) 규슈 서북부에 있는 센푸쿠지(泉福寺) 동굴에서도 이른 토기가 나왔다. 후쿠이에서 나온 것보다도 빠를 수 있다. 왜냐하면 융기선문(덧무늬)으로 장식한 토기가 후쿠이 동굴에서 나온 것과 같은 토기가 나온 층 아래에서 출토되었기 때문이다. 불행히도 신뢰할 만한 방사성탄소연대는 없다. 시코쿠 서부 가미쿠로이와(上黑岩) 바위그늘에서도 이른 토기가 나왔는데, 12,165 BP라고 한다. 에이켄스와 히구치(Aikens & Higuchi 1982)는 이런 유적들을 간결하게 요약하고 있다.

13) 의도적으로 날을 갈아 만든 석기가 30,000 BP 즈음의 일본 구석기시대 유적에서 나오고 있다. 구석기시대에 대해서는 Aikens & Higuchi 1982, Barnes & Reynolds 1984 참조. 일본의 첫 구석기시대의 연대에 대해서는 논란이 있다.

14) Matsumoto(개인 대화).

15) 에이켄스(Aikens 1995)는 산림과 토기의 확산이 직결되어 있다고 주장한다.

16) Matsumoto(개인 대화).

17) 헤이든(Hayden 1995)은 다른 기술과 함께 토기도 위세품의 맥락에서 등장하였다고 본다.

18) Matsumoto(개인 대화).

19) 조몬 토기의 변화에 대해서는 Aikens 1995, Imamura 1996 참조.

20) 두꺼운 흙으로 만든 귀걸이는 7500 BP 정도로 추정되는 우에노하라에서 알려져 있다. 이 유물들은 토기와 토제품과 같이 나왔으나, 일상 폐기물은 전혀 없었다. 따라서 유적은 아마도 일상생활이 아니라 의례적인 의미를 가졌을지도 모른다.

21) 내가 아는 한 우에노하라의 구덩이가 도토리 저장공이라는 증거는 없다. 그러나 이런 형태의 저장공은 이미 널리 사용되고 있었다. 11,300±130 BP (11,492-11,192 cal BC)로 추정되는 저장공이 가고시마의 히가시-구로쓰치다에서 나왔는데(Miyaji 1999), 일본 참나무의 도토리가 담겨 있었다. 중기 조몬 유적에서도 그런 저장공이 알려져 있다. 저장공에 부순 돌과 갈대를 집어넣는다는 서술은 Miyaji 1999를 참고했다. 도토리에는 쓴맛을 내는 타닌과 사포닌 성분이 많다. 북아메리카 인디언도 도토리를 재에 담그거나 몇 달 동안 땅속에 묻어 쓴맛을 없앤다.

22) 사쿠라지마에는 오늘날에도 여전히 연기와 재가 피어오른다. 산봉우리는 가고시마만의 바다에서 1000m가 넘게 솟아 있다. 2000년에는 적어도 132차례 폭발이 있었는데, 10월 7일 마지막 폭발에서는 화산재가 5km 정도 솟았다고 한다. 가고시마에는 화산재 조각이 떨어져 내려 자동차 35대의 유리가 파손되었다. 사쿠라지마 화산의 최근 양상에 대해서는 www.nmnh.si.edu/gvp/volcano/regiono8/kyushu/sakura 참조.

23) 이 폭발은 6300 BP 즈음에 일어났다고 한다(Matsumoto 개인 대화).

24) 키카이 화산의 흔적은 바다에 가라앉아 섬으로 이어진 19km에 이르는 칼데라로 알 수 있다. 1934년과 35년 분화하여 작은 섬들이 만들어졌다. 화산활동은 지금도 계속되고 있다.

25) 마쓰이(Matsui 1999)는 일본의 중요한 저습지 유적의 맥락에서 아와주 유적을 개괄하고 있다.

26) 이마무라(Imamura 1996)는 기리카오카 유적 조사를 서술하면서, 다마 구릉지대에서 함정의 역할도 설명한다.

27) 해수면 상승, 그리고 이것이 일본의 해안 유적을 어떻게 형성시켰는지 하는 문제에 대해서는 다루지 않았다. 연구에 따르면 해수면 등락이 복잡하게 이루어졌다고 한다. 해안 환경변화와 수렵채집에 대해서는 Imamura 1996에 서술되어 있다.

28) 조개잡이와 요리에 대한 서술은 오스트레일리아 안바라 족의 행위를 그린 Meehan 1982를 참고했다.

29) 나쓰시마 패총은 Aikens & Higuchi 1982, Imamura 1996 참조. 토기 조각이 나온 패총 아래의 숯은 9450±400 BP (9310-8227 cal BC) 즈음으로 연대측정되었다.

30) 가모 유적은 Aikens & Higuchi 1982 참조. 통나무로 만든 배와 노 여섯 점이 발굴되었다. 배는 5100 BP 정도로 추정된다고 한다.

31) 고이케(Koike 1986)는 무라타 강 유역의 패총을 상세히 연구하여 계절성과 동물 종의 나이를 연구하기도 했다. 와타나베(Watanabe 1986)는 민족지 자료를 이용하여 조몬 유적을 해석하기도 했다. 나쓰시마에

는 무덤은 나오지 않았지만, 많은 초창기와 전기 조몬 유적에서 확인된 바 있다. 무덤은 다양하여 부위별로(특히 두개골) 이차장을 하기도 하고, 조개로 만든 목걸이를 걸친 일차장도 있다(Matsumoto 개인 대화).

32) 조몬시대 식물재배(만약 있었다고 한다면)는 일본고고학에서도 논쟁거리이다(Imamura 1996). 호박과 콩, 들깨 종류, 오디 같은 것이 가능한 후보이다(Akazawa 1986).

33) 재배와 마찬가지로 조몬 경제에서 언어가 차지했던 역할도 논란거리이다. 언어 뼈가 나오지 않는 것이 보존이 되지 않은 탓인지, 아니면 언어잡이가 없어서인지도 논란거리이다(Akazawa 1986; Imamura 1996).

34) 상당한 규모의 쌀농사는 야요이시대 초기에 시작되었을 것이다. 이마무라(Imamura 1996)는 이것이 이주민에 의한 것인지, 아니면 조몬 원주민이 농경을 채택한 것인지에 대한 긴 논란을 소개하고 있다. 나는 전자의 가능성을 따랐지만, 아마도 이주민과 원주민 사이에 복잡하게 얽혀 있었을 것이다. 유럽 농경의 발달에서도 분명히 드러나듯이 말이다.

35) 아이누에 대한 소개는 Svensson 1999 참조. 아이누 환경과 경제와 고고학적 해석에 대해서는 Watanabe 1973 참조.

41 북극의 여름

1) 러시아 극동지방의 식생사 복원은 Kuzmin 1996, 시베리아 식생사는 Ukraintseva et al. 1996, Guthrie 1990 참조.

2) 듁타이 동굴 발굴은 Mochanov & Fedoseeva 1996a 참조. 모차노프는 석기와 동물 뼈가 나온 플라이스토세 층 세 개를 구분하여 모두 16,000 BP에서 12,000 BP 사이라고 하였다. 최상층에서는 740±40 BP라는 연대가 나왔으나 플라이스토세 층에서는 여섯 개 연대가 14,000±100 BP에서 12,100±120 BP에 분포한다.

3) 모차노프와 페도시바(Mochanov & Fedoseeva 1996a, b)는 프릴렌스크 고고학조사를 비롯하여 시베리아의 고고학 연구사를 간략히 요약하고 있다.

4) 듁타이 동굴에서 나온 동물상에 대한 적절한 화석형성학 연구가 이루어졌는지 잘 모르겠다. 그런 연구 없이 어떤 동물을 사람이 사냥했고, 어떤 것이 육식동물이 가져온 것인지 잘 알 수 없다. 이 책의 다른 부분에서 논

했듯이, 화석형성학 연구 결과 사람의 활동은 흔히 대형동물 사냥으로 생각되던 것도 작은 동물을 잡는 정도로 격하되곤 한다.

5) 듁타이 사람들이 사용한 양면석기는 클로비스 사람들이 사용한 강력한 찌르개의 선조일 가능성은 거의 없다. 그저 이 두 유물형식은 뾰족한 찌르개를 만들다가 비슷해진 것으로 보인다. 마찬가지로 최후빙하극성기 프랑스의 페슈 메를 같은 유럽 서남부의 솔뤼트레안기 사람들도 양면찌르개를 만들었다. 26절에서 설명한 바와 같이 클로비스찌르개는 북아메리카에서 진화했을 것이다.

6) 스투덴호-2 유적은 Goebel et al. 2000에 서술되어 있다. 방사성탄소연대도 많이 나왔는데, 17,000 BP 이전도 4개가 있고, 가장 이른 것은 18,830±300 BP, 17,885±120 BP이다.

7) Lubbock 1865, pp. 392-412.

8) 거스리(Guthrie 1990)는 시베리아와 알래스카의 동토에서 나온 동물상을 학사적으로 개괄하고 있다. 고생태학과 절멸과 관련하여 중요한 연구는 Vereshchagin & Baryshnikov 1982, 1984와 Ukraintseva et al. 1996이 있다. 거스리는 36,000년 전 알래스카 북부에서 죽은 어린 들소 "블루 베이비"에 대해 중요한 연구를 한 바 있다. 이 짐승의 몸은 푸른색 남철석으로 덮여 있어 그런 이름을 얻었다.

9) 이 부분 서술은 Guthrie 1990의 매머드 스텝 논지를 따랐다. 1960년대 처음으로 제안한 개념으로 풍부한 먹을거리와 채식동물이 있는 환경을 말한다. 하지만 Ritchie & Cwynar 1982, Colinvaux 1986 등 이에 반대하는 사람들도 많다. 거스리가 생각하는 것보다 훨씬 더 혹심한 환경으로 간빙기에 대형동물만이 살 수 있었다는 것이다. 거스리(Guthrie 1990)는 이런 비판에 반박한다.

10) 베렐레흐는 수많은 매머드가 자연사한 지점으로 알려져 있으며, 12,930±80 BP, 13,420±200 BP, 12,240±160 BP (13,150-11,907 cal BC) 같은 연대가 나왔다. 모차노프가 1971-73년 발굴하였다(Mochanov & Fedoseeva 1996c).

11) 27절에 브랑겔 매머드에 대한 이야기를 담았다. Vartanyan et al. 1993에 서술되어 있다.

12) 툰드라를 걷는 모습은 Thubron 2000을 참고했다.

13) 조호바 섬 유적에 대한 서술은 Pitul'ko 1993, 2001, Pitul'ko & Kasparov 1996 참조. 22개 방사성

탄소연대가 있는데, 대다수는 유목을 측정한 것으로, 8930±180 BP (8286-7802 cal BC)와 7450±170 BP (6476-6030 cal BC) 사이에 속한다. 북극곰 서술은 Lopez 1986을 참고했다.

14) Pitul'ko & Kasparov 1996. 이에 따르면 조호바에서 개썰매는 북유럽과 러시아에서 8000 BP에서 6000 BP 사이에 발견되는 더 단순한 썰매와는 사뭇 다른 형태라고 한다.

15) 사람과 북극곰의 관계에 대한 서술은 D'Anglure 1990 참조. 이에 따르면 이누이트 남자들은 여성의 행위를 이데올로기적으로 통제하고자 북극곰 신화를 이용한다고 한다.

16) 동북아시아 플라이스토세 최말기에서 홀로세 초 유적과 문화변화에 대해선 Pitul'ko 2001 참조.

17) 조호바 보고서에는 집 안이 어떠했는지에 대한 정보는 담겨 있지 않다. 이 부분 서술은 Weyer 1932, Birket-Smith 1959의 기록을 따랐다.

18) 20세기 전반 버킷스미스(Birket-Smith 1936: 127)는 에스키모의 눈으로 만든 집에 대해 쓰면서 "이 작은 방 안의 공기는 고래기름 등불로 데워지고 사람들은 그 안에서 거의 옷을 입지 않거나 깨끗한 상태인데, 이런 것이 그리 매력적이지 않았음은 두말할 나위가 없다"고 하였다.

19) 옷과 제작기법에 대한 서술은 1475년으로 연대 추정되는 킬라키츠크(Qilakitsoq)에서 나온 이누이트 미라를 근거로 한 것이다(Hansen et al. 1991). 미라 옷은 주로 바다사자 가죽으로 만들었고, 조호바 사람들은 북극곰과 순록 사냥꾼이었던 것으로 보이기에 나는 순록 가죽으로 만든 옷이라 서술하였다. 조호바에서는 흑요석 돌날과 뼈뚜르개, 뼈바늘과 백조와 오리 뼈도 출토되었다.

20) 조호바에서 나온 계절성 증거는 주로 순록의 아래턱뼈에서 치아를 근거로 한 것이다(Pitul'ko & Kasparov 1996). 대부분 자료는 초여름에 사냥이 있었음을 가리키며, 몇 점은 이곳에 시월까지 살았음을 보여주기도 한다. 피툴코와 카스파로프는 이런 증거를 바탕으로 봄에 순록이 북쪽으로 이동할 때 사냥하는 근래의 기록과 일치한다고 본다.

42 인도를 가로지르는 길

1) Lubbock 1865, pp. 343-5. 러복이 인용한 문헌은 Bailey, *Transactions of the Ethnological Society*, vol. II, p. 278.

2) 사니 등(Sahni et al. 1990)은 인도의 플라이스토세 말 타조 자료를 개괄하고 있으며, 쿠마르 등(Kumar et al. 1990)은 플라이스토세 말의 타조알 껍데기로 만든 염주 같은 장식물을 소개한다.

3) 인도의 후기 구석기시대 고고학에 대한 개괄은 Kennedy 2000, Chakrabarti 1999, Misra 1989a, Datta 2000 참조. 마지막 문헌에는 후기 구석기시대 연대가 나열되어 있는데, 20,000 BC 이후는 다섯 개밖에 안 된다.

4) 스리랑카에서 세석기기술은 34,000 BC로 올라가며 역사시대까지 이어진다. 케네디(Kennedy 2000)는 스리랑카의 고환경 및 고고학 증거를 개괄한다.

5) 칸자르 족 및 인도고고학에서 민족지 유추의 역할에 대해서는 Nagar & Misra 1990 참조.

6) Fuller(개인 대화). 인도 신석기시대 연구에서 푸트(Foote)의 기여에 대해서는 Korisettar et al. 2000 참조.

7) 푸트(Foote 1884)는 쿠르눌 동굴의 조사를 기록하고 있다. 짧은 요약으로는 Murty 1974 참조.

8) 머티(Murty 1974)는 무치차틀라 친타마누 가비(Muchchatla Chintamanu Gavi)에 대해 상세히 논하면서 17,390±10%라는 TL연대를 제시한다.

9) 푸트에서 머티의 발굴로 바뀐 것을 보면 1940년대 고고학의 주도권이 영국에서 인도 고고학자로 옮아 갔음을 알 수 있다. 가장 영향력 있는 인물은 산칼리아(Hasmukh Dhirajlal Sankalia, 1908-89)인데(Misra 1989b), 데칸대학을 남아시아 고고학의 주된 기관으로 이끌면서 두 세대 인도 고고학자들을 길러 냈다. 1963년 *Prehistory and Protohistory of India and Pakistan*이라는 기념비적 연구서를 펴냈다. 푸트와 버킷 같은 20세기 전반 고고학자들은 후기 구석기시대, 중석기시대, 신석기시대 같은 용어를, 그저 유럽에서 발견되었으면 그렇게 불렸을 것이라 생각하여 썼다. 그러나 유럽에서는 정질의 암석이 쓰였지만, 인도에서는 다양한 돌감이 사용되어 독특한 석기가 만들어졌다. 예컨대 유럽 중석기시대의 특징인 세석기기술은 남아시아에서 20,000 BC 이전에 시작되었다. 스리랑카의 유적뿐 아니라 마하라시트라의 파트네(Patne) 같은 유적에서는 세석기가 23,050±200 BP 층에서 나온다(Chakrabarti 1999). 이는 유럽보다는 아프리카와 서아시아와 더 비슷한 패턴이며, 세석기기술은 심지어 역사시대 수렵채집민까지 이어진다. 케네디(Kennedy 2000)와 모리슨(Morrison

1999)도 중석기시대라는 용어보다는 후기 구석기시대를 선호한다.

10) 홀로세 초의 기후변동은 Allchin & Allchin 1982, Misra 1989a, Kennedy 2000 참조. 홀로세 기후변동은 잘 알려져 있지 않지만(Chakrabarti 1999: 98), 대체로 홀로세 전반은 후반보다 상당히 습윤했다고 생각된다. 빙하 코어 증거에 따르면 육상 증거에서보다 더 많은 등락이 나타나고 있다.

11) 근래의 숲 파괴 이전의 인도 숲에 대한 서술로는 Webber 1902 참조.

12) 인도의 중석기 자료에 대한 개괄로는 Misra 1989a, Chakrabarti 1999, Kennedy 2000 참조. 전형적인 중석기 동굴 유적으로는 반가사리(Vangasari) 동굴에서 수많은 세석기와 간석기가 나온 것을 들 수 있지만(Prakash 1998), 유기물이 나오지 않아 정확한 연대를 모른다. 프라카시는 해안에 중석기시대 유적이 많고 구릉지대에 신석기시대 이후의 유적이 없음을 논하고 있다.

13) 플라이스토세 말에서 홀로세 초까지 사용된 돌감(석재)의 변화를 고찰한 훌륭한 석기기술 연구가 있다. 예를 들어 다타(Datta 1991)는 벵골 서부에서 후기 구석기와 중석기 기술을 비교하면서 처트와 석영을 더 많이 이용하는 방향으로 기술변화가 이루어졌다고 하였다. 칸나(Khanna 1993)는 바고르(Bagor) 유적의 벽옥(chalcedony)이라는 외래의 돌감이 어떻게 이용되었는지를 고찰한다. 바삭(Basak 1997) 역시 벵골 서부 타라페니(Tarafeni)밸리의 많은 유물군을 비교하여 돌감과 석기기술을 연구한 바 있다. 그러나 이런 연구에서도 상세한 편년이 이루어지지 못하고 있다.

14) 케네디(Kennedy 2000)는 중석기시대 무덤과 인골 자료를 개괄한다. 갠지스 평원 유적을 제외하고 중요한 유적은 레카히아 키 파하리(Lekhahia Ki Pahari)인데, 8370±75 BP(7538-7334 cal BC)라는 연대가 알려져 있다. 이 바위그늘(동굴) 유적은 1960년대 중반 발굴되었는데, 바닥에 돌을 깔고 벽에 그림을 그렸으며, 21개 인골이 나왔다. 가장 이른 유구는 기반암을 파고 들어간 무덤으로 인골 두 구와 동물의 아래턱뼈가 묻혀 있었다.

15) 인도고고학에서 유럽 용어의 사용에 대해서는 주 9 참조.

16) 빔베트카 유적에 대한 서술은 Mathpal 1984 참조.

17) 미스라의 IIIF-23 발굴은 Mathpal 1984, Kenne-dy 2000 참조. Wakanker 1973 역시 참조.

18) Mathpal 1984.

19) Mathpal 1984, p. 202.

20) 담다마(Damdama) 유적 발굴은 Varma et al. 1985 참조. 갠지스 평원의 중석기시대 유적에 대해서는 Sharma 1973, Pal 1994 참조. 케네디(Kennedy 2000)는 8640±65 BP (7735-7585 cal BC), 8865±65 BP (8202-7850 cal BC)라는 뼈 시료로 측정한 연대도 제시한다.

21) 토머스 등(Thomas et al. 1995)과 차토파디아야(Chattopadhyaya 1999)는 담다마의 동물 뼈를 개괄한다. 토머스 등은 동물상의 증감이 순환되는 자원 관리가 있었다고 주장한다. 그러나 나는 이것이 자원관리가 아니라 환경변화를 비추어 준다고 생각한다.

22) Chattopadhyaya 1999 참조.

23) 담다마, 마하다하, 사라이나하르 라이에서 나온 인골 자료에 대한 정리는 Kennedy 2000 참조.

24) Sharma 1973. 다른 유적에서도 화살촉으로 보이는 유물이 나왔으나 의도적으로 부장된 것인지, 우연히 들어간 것인지는 불분명하다.

25) Varma et al. 1985, p. 56, Pal 1992 역시 참조.

26) 우리는 사람들이 갠지스 평원을 플라이스토세가 끝나기 전부터 이용했음을 알고 있지만, 편년은 불확실하다(Kennedy 2000 참조). 담다마의 정주 공동체는 9000 BC에는 등장했으며, 처음에는 아마도 계절적 야영지로 출발하다가 점점 정주 마을이 되었을 것이다. 마하다하와 사라이나하르 라이는 그 직후에 등장하였을 것으로 보인다. 마을은 6000년, 심지어 7000년을, 인도 전역에 농경이 확산되었을 때까지도 지속한 것으로 보인다.

43 힌두쿠시 산맥을 따라서

1) 볼란 고개 남쪽 발루치스탄지역은 인더스 평야로 둘러싸여 있다. 다만 이곳에서 물은 직접적으로 인더스강으로 흐르지는 않는다.

2) 메르가르 유적에 대한 서술은 주로 Jarrige & Meadow 1980, Chakrabarti 1999, Possehl 1999, Kennedy 2000 참조. 나의 유적에 대한 질문에 그렉 포셀과 도리안 풀러가 답변해 주었다.

3) 자리주 등의 발굴은 Jarrige et al. 1995 참조.

4) 포셀(Possehl 1999)은 발루치스탄 남부에서 세석기가 많이 나온 유적을 소개하고 있지만, 조사된 유적은

그리 많지 않고, 발굴된 것은 더 적다.

5) 볼란 고개는 남아시아로 들어가는 중요한 길목으로 고대와 중세에 많은 교역자가 이용했다. 알렉산드로스는 다른 길—키버 고개(Kyber Pass)—로 들어왔지만, 돌아갈 때는 볼란 고개를 넘었다.

6) 메르가르에서 출토된 동물 뼈는 메도가 분석했고 Jarrige & Meadow 1980, Meadow 1996에 소개되어 있다. 가장 이른 층에서 나온 염소 뼈는 사육된 것으로 동정되었는데, 이 소도시의 역사 동안 크기가 줄어드는 경향을 보인다.

7) 메르가르의 고인류학 정보는 모두 Kennedy 2000에 요약되어 있다.

8) 메르가르에서 나온 구리염주 안의 목화실에 대해서는 Margaritta Tengberg가 2001년 11월 런던의 고고학연구소에서 열린 세미나에서 발표하였다. 이후 목화 재배에 대한 기술적 사항을 논의한 글이 나왔다(Moulherat et al. 2002).

9) 메르가르 유적 발견 이전 인더스 문명의 기원에 대해서는 거의 알려진 것이 없었다. 휠러(Mortimer Wheeler)는 서아시아의 소도시들이 번성한 뒤 낙후된 지역으로 전파되어 등장하였다고 말했다(Jarrige & Meadow 1980).

10) 바고르 I 유적은 Misra 1973 참조.

11) 초파니 만도(Chopani Mando) 발굴은 Sharma et al. 1980, Chakrabarti 1999 참조. 도리안 풀러도 내게 이 유적에 대한 정보를 주었다.

12) 남아시아의 신석기시대는 Korisettar et al. 2000 참조. Allchin 1963, Alchin & Allchin 1982 역시 참조.

13) 여기서 담은 이미지는 Newby 1954를 참고한 것이다. 러복의 아프니카니스탄 중부 여행은 Thesiger 2000을 참고했다.

14) 콜린 서브런(Thubron 1994)은 중앙아시아를 세계의 심장이라 말한다.

15) 아크 쿠프룩 유적 발굴은 Dupree 1972 참조.

16) 뒤프리(Dupree 1972)는 시료에 대한 논평 없이 다음 연대를 제시하고 있다. 호스 동굴의 후기 구석기시대 석기와 산양과 사슴 뼈는 16,615±215 BP, 사육 양과 염소, 그리고 토기 없는 신석기시대는 10,210±235 BP (10,385-9394 cal BC), 토기가 나온 신석기시대는 4500±60 BP (3342-3099 cal BC). 스네이크 동굴의 토기 없는 신석기시대와 사육 염소와 양은 8650±100 BP (7909-7586 cal BC).

17) 제이툰 유적은 Masson & Sarianidi 1972, Harris et al. 1993, Harris et al. 1996 참조.

18) 해리스와 고스든(Harris & Gosden 1996)은 서아시와 중앙아시아 농경의 기원을 개괄한다. 투르크메니스탄에서 농경 이전의 취락은 Masson & Sarianidi 1972 참조.

19) 해리스 등(Harris et al. 1996)은 7000±70 BP (5980-5801 cal BC)와 7270±90 BP (6118-6028 cal BC) 사이의 AMS 연대를 제시하고 있다. 마슨은 유적을 세 시기로 나눌 수 있다고 하지만, 방사성탄소연대로는 알 수 없다.

44 자그로스 산맥의 독수리

1) 포스트게이트(Postgate 1992)는 메소포타니아의 경관에 대해 짧지만 생생한 묘사를 하고 있다.

2) 상이착막에 대한 짧지만 제이툰과 비슷한 언급은 Harris & Gosden 1996 참조.

3) 흑요석과 역청이 자위체미 샤니다르와 샤니다르 동굴의 동시기 층에서 알려진 바 있지만, 이것이 직접 획득한 것인지, 아니면 교역이나 교환의 산물인지는 알기 힘들다.

4) 자위체미 샤니다르는 Solecki 1981에 서술되어 있다. 솔레키와 루빈(Solecki & Rubin 1958)은 10,870±300 BP (11,236-10,399 cal BC)라는 연대를 제시한다. 유적에 대한 훌륭한 요약은 매튜스(Matthews 2000)가 종합한 메소포타미아의 초기 선사시대에서 찾을 수 있다.

5) 이 점은 Solecki 1977에 자세히 언급되어 있다. 17개 확인된 새 가운데 4개가 수염독수리, 1개가 흰목대머리수리, 7개가 흰꼬리바다독수리, 4개가 작은독수리, 1개가 느시였다. 107개 새 뼈 가운데는 96개가 날개, 2개가 다리, 9개가 목뼈였다. 날개를 잘랐다는 것은 퇴적층에서 나온 잘린 뼈에서 드러난다. 동물 뼈가 염소인지, 양인지는 문헌(R. L. Solecki 1977; R. S. Solecki 1963; Matthews 2000)에 따라 불일치한 점이 있다. 매튜스는 사육 관련 논쟁을 정리하고 있는데, 아마도 사육되지는 않은 것으로 보인다.

6) 솔레키(R. L. Solecki 1981)는 자위체미 샤니다르에서 나온 다양한 염주와 간석기를 강조한다. 비슷한 사례가 샤니다르 동굴에서도 나왔다.

7) 솔레키(R. S. Solecki 1963)는 샤니다르 조사를 개괄하고 있다. 샤니다르 동굴에서 나온 네안데르탈 뼈에 대한 해석은 Trinkaus 1983 참조.

8) 솔레키와 루빈(Solecki & Rubin 1958)은 무덤에서 나온 숯을 연대측정하여 10,600±300 BP (11,011-10,026 cal BC)라는 값을 제시한다.

9) Anagnostis 1989. 신석기시대 유적인 간지 다레(Ganj Dareh)에서 나온 뼈 연구와 함께 이루어졌다. 두 곳 모두에서 비슷한 병리학적 증거가 나왔는데, 일반으로 수렵채집민이 아니라 초기 농경민과 일치한다.

10) 우리는 현재 자위체미 샤니다르가 일부만이 발굴된 상태이고 앞으로 더 많은 주거 흔적이 나올 수 있기 때문에 매우 신중해야 한다. 이곳 사람들이 정주하면서 자원 고갈에 시달려 건강하지 못했다고 생각하는 사람도 있다.

11) 카림 샤히르는 자르모가 있는 편평한 구릉 정상 가까이 있는 주거유적이다(Matthews 2000). 움푹 파인 구덩이 두 개는 집터일 수도 있다. 불에 맞아 깨진 돌이 나온 요리시설도 있고, 3m 깊이의 구덩이 옆은 밝은 붉은색 오커가 칠해져 있었다. 그렇게 보면 의례용일 수도 있겠다. 많은 양의 뗀석기와 염주, 치레걸이와 함께 간석기도 나왔다. 사람들은 양과 염소, 멧돼지, 들소, 사슴, 가젤을 사냥한 것으로 보인다(Howe 1983). 플레파트는 낮은 마운드에 10개의 원형 또는 타원형 집이 있는데, 메소포타미아에서 가장 이른 흙벽돌로 지은 집 가운데 하나다. 수혈식(반지하식) 주거지도 있으며, 가운데 개방된 공간 주위에 간석기와 화덕이 돌려져 있다. 이 시기 다른 유적과 마찬가지로 동물 뼈로 판단하면 양과 염소, 들소, 돼지, 여우와 늑대 등 다양한 동물을 사냥한 것으로 보인다(Dittemore 1983). 네 개 방사성탄소연대는 9890±140 BP (9686-9215 cal BC)에서 9660±250 BP (9348-8628 cal BC) 사이에 속한다(Watkins 1998).

12) 케르메즈 데레에 대한 서술은 Watkins 1990, Watkins et al. 1989 참조. 방사성탄소연대 가운데 5개는 10,145±90 BP (10,115-9411 cal BC)와 9580±95 BP (9160-8799 cal BC) 사이에 속하며, 이보다 이른 것도 있다. 다만 시료가 나온 맥락에 대한 정보는 알려져 있지 않다.

13) 일상생활과 관련한 장비나 폐기물이 없다는 것 말고는 집의 쓰임새를 짐작할 수 있는 언급은 없다(Watkins 1990, Watkins et al. 1989). 축제, 아이 돌보기, 휴식과 섹스를 위한 장소였다는 것은 상상일 뿐이다.

14) 방에 대한 서술은 왓킨스(Watkins 1990, Watkins et al. 1989)에 묘사된 것을 바탕으로 한 상상일 뿐이다.

15) 이 유구에 대한 고고학 증거는 없으며, 어떤 계절에 파괴와 재건축이 이루어졌는지도 모른다.

16) 왓킨스(Watkins 1990)는 케르메즈 데레 유적에는 일상생활의 폐기물이 없다는 점을 근거로 이곳 생활을 논한다. 요르단밸리의 나투피안 및 신석기시대 주거지에는 일생 폐기물이 있는 반면, 케르메즈 데레는 깨끗했다. 일상생활이 배제되었거나 공터에서 이루어져 흔적이 남아 있지 않을 수도 있다. 왓킨스는 집이 가정이 되었는데, 과거 일상생활을 하던 은신처가 가족의 사회 및 사적 생활이 되었다고 생각한다. 그리하여 이곳을 "가족의 중심지이자 적절한 상징적 가치를 표현하는 지점"으로 해석하기도 한다(Watkins 1990: 337).

17) 넴릭에 대해서는 Kozlowski 1989, Kozlowski & Kempisty 1990을 참고했다. 코즐로브스키(Kozlowski 1994)는 방사성탄소연대를 들어 10,150 BP에서 8500 BP로 편년하고, 세 시기로 나눈다.

18) 넴릭에서는 여러 시기에 걸쳐 예술품이 나왔다. 돌조각상에는 여자를 표현한 것, 남근과 뱀을 표현한 것도 있으며, 분명하게 독수리와 느시를 포함한 새 머리를 조각한 것도 17개나 된다.

45 메소포타미아 문명으로 다가가기

1) 마그잘리야에 대한 서술은 발굴보고를 영문으로 번역한 것(Bader 1993a)과 *Sumer*라는 잡지에 1984년 실린 영문을 참고했다. 베이더(Bader 1993b)는 메소포타미아 북부의 초기 농경 유적에 대해 개괄하고 있으며, 매튜스(Matthews 2000)도 요약과 종합을 다루고 있다.

2) 위에 인용된 문헌에는 고병리학적 보고가 없다. 그러므로 화살과 도끼에 맞은 상처는 폭력으로 죽은 사람의 무덤이 아닌 가족 집단에서도 발견될 가능성이 있다.

3) 매튜스(Matthews 2000)는 자르모에 대해 간결하게 정리하고 있다. 발굴 보고와 분석법, 해석에 대해서는 Braidwood et al. 1983 참조.

4) 알리 코시와 간지 다레 유적은 모두 서기전 8500년에서 8000년 사이지만, 연대측정이 제대로 이루어지지 못했다. 알리 코시에 대해서는 Hole et al. 1969 참조, 간지 다레에 대해서는 Hesse 1984 참조. Legge 1996, Hole 1996, Smith 1995에서도 다루고 있다.

5) 움 다바기야(Umm Dabaghiyah)에 대한 서술은 Kirkbride 1974, 1982 참조.

6) Kirkbride 1982, p. 13.

7) 커크브라이드(Kirkbride 1974)는 움 다바기야가 교역의 거점이었을 것이라 본다.

8) 매튜스(Matthews 2000)는 길들인 동물이 운반에 사용되었을 가능성을 제기한다.

9) 소련조사단의 조사에 대해서는 Yoffee & Clark 1993 참조. 이 책은 러시아어와 영문 저널에 실린 여러 문헌도 소개하고, 요약과 비평을 담고 있다. Oates 1994 역시 참조.

10) 일본조사단도 1960년대 말과 1970년대 초 하수나 유적을 조사하여 선사시대 주거 증거를 찾은 바 있다. 이 시기에 해당하는 방사성탄소연대로는, 내가 아는 한, 보정되지 않은 5850±80 BC밖에 없다. 마지막 발굴은 Fukai & Matsutani 1981 참조.

11) 이런 상황은 이미 예견된 일이다(Oates 1973).

12) Layard 1854, vol.1, p. 315.

13) Lloyd 1938, p. 123.

14) 텔 소토(Tell Sotto)에 대한 서술은 주로 Bader 1993c(러시아어로 1975년 출간), 1993b 참조.

15) 또 다른 유적으로는 Kültepe (Bader 1993d)를 들 수 있다.

16) 야림 테페는 여섯 개 마운드가 모여 있는 곳으로, 하수나, 할라프, 우바이드 기를 포괄하고 있다. Merpert & Munchaev 1993 참조. 하수나 유적들에 대한 요약으로는 Matthews 2000 참조.

17) Layard 1853, p. 246.

18) 야림 테페의 원형건물 319호에서 발견된 것에 대한 시나리오이다(Merpert & Munchaev 1993).

19) 로이드의 하수나 발굴은 Lloyd & Safar 1945 참조. 로이드는 처음으로 신자르 평원을 지표조사하면서 야림 테페 마운드 발굴의 잠재성을 주목했었다.

20) 매튜스(Matthews 2000)는 남부 메소포타미아에서 서기전 6000년 이전의 유적을 제시하지 않는다. 초기 선사시대 유적은 강안 퇴적층 깊이 묻혀 있을 수 있다.

21) Matthews 2000.

22) 할라프 기의 유적과 경제, 사회에 대해서는 Matthews 2000 참조.

23) 매튜스(Matthews 2000)는 모유수유 이후의 우유가 생리와 배란을 앞당길 수 있다고 하였다.

24) 메소포타미아의 선사 및 원사시대의 전개에 대해서는 Postgate 1992 참조.

25) 매튜스(Matthews 2000)는 메소포타미아 선사시대를 종합하면서 문명의 성장을 예견하는 듯하지만, 그렇다고 정해진 계획이나 목적을 찾을 수 없다고 강조한다. 선사시대에 일어난 일은 여러 단기간의 독특한 행동과 반응들이 복잡하고도 예측할 수 없게 얽힌 것이어서 역사적 맥락에 따라 이해해야 한다고 주장한다(Matthews 2000: 113).

46 나일 강 고기잡이

1) 와디 쿠바니아에 대한 서술은 주로 Wendorf et al. 1980, 1989a, 1989b 참조.

2) 타마르 핫 발굴은 Saxon et al. 1974 참조. 5개 방사성탄소연대는 20,600±500 BP에서 16,100±360 BP까지 분포한다. 색슨 등(Saxon et al. 1974)은 출토된 양이 성과 나이 분석을 근거로 관리된 것이라 했지만, 이 동정에 대해서는 문제제기가 있었다(Close & Wendorf 1990). 퇴적층에서 나온 바닷조개에 대한 산소동위소 분석에 따르면 겨울에 점유했다고 한다.

3) 하우아 프테아(Haua Fteah) 발굴은 McBurney 1967 참조. 동굴 퇴적층의 편년은 별로 주목을 받지 못했지만, 클로즈와 웬더프(Close & Wendorf 1990)는 최후빙하극성기로 생각한다. 동굴에서 나온 동물상은 힉스(Higgs)가 논하고 있는데(McBurney 1967), 동굴 점유 시간대 내내 일관되어 바르바리양이 가장 많으며, 말과 들소, 가젤도 상당하다. 이런 동물의 시간에 따른 변화는 주로 기후변동이나 지형경관의 변화로 설명할 수 있다.

4) 웬더프와 동료들의 주장으로, Close 1996, Wendorf & Schild 1989에 요약되어 있다. 이집트 남부 나일 강의 상황에 대해서는 잘 알려져 있지 않은데, 아주 다를 수 있다(Close 개인 대화).

5) 와디 쿠바니아 E-78-3 발굴에 대한 서술은 Wendorf et al. 1980 참조. 탄소연대는 17,930±380 BP에서 16,960±210 BP까지 분포한다.

6) 불행히도 이 시기 와디 쿠바니아에는 인골이 남아 있지 않다. 그러나 시기가 조금 이른 무덤이 나왔는데, 한 남자가 상처를 입고 묻혀 있었다(Wendorf et al. 1996). 누비아의 예벨 사하바(Jebel Sahaba) 무덤 유적은 13,000-11,000 BP 나일 강 유역에서 상당한 폭력이 있었음을 가리킨다(Wendorf 1968). 결과적으로 와디 쿠바니아 사람들도 사회적 긴장과 개인 간 폭력이 높았던 시기에 살았을 것이다.

7) 타조알 껍질로 만든 염주와 붉은 오커를 바른 간석기는 Wendorf et al. 1980 참조.

8) 클로즈(개인 대화)는 이 시기 북아프리카에서는 뼈

자루, 그리고 어떤 종류의 자루 증거도 없다고 지적한다.

9) 웬더프와 실트(Wendorf & Schild 1989a)는 플린트가 150km 떨어진 와디 쿠바니아 북쪽에서 왔다고 본다. 주로 르발루아기법을 가지고 있으며, 떼어 낸 격지도 별로 없다. 플린트는 잔손질도구로 쓰였을 것이다.

10) Lubbock 1865, pp. 320-3.

11) 하지만, 토기는 사하라 사막에서 9000 BP면 나타난다.

12) 와디 쿠바니아 고기잡이에 대한 서술은 Gautier & Van Neer 1989 참조. Wendorf & Schild 1989, Close & Wendorf 1990 역시 참조.

13) 이 부분 서술은 Hillman 1989, Hillman et al. 1989 참조. 와디 쿠바니아의 식물 유체에 대한 상세한 서술과 분석, 해석을 담았다.

14) 힐먼 등(Hillman et al. 1989)은 실험을 통해 1m²에서 무려 3.3kg에 이르는 21,200개 뿌리가 나오는 세계에서 최악의 잡초라고 말한다.

15) 웬더프 등(Wendorf et al. 1989b)은 간석기 제작과 관련된 몇 개 채석장이나 제작장을 제시하고 있다.

16) 와디 쿠바니아에서 나온 동물 뼈, 그리고 사냥행위 복원은 Gautier & Van Neer 1989 참조. 나일 강 유역에서 가장 잘 보존된 동물 뼈가 나온 플라이스토세 말 유적은 21,000-19,500 BP로 추정되는 E71K12로서 파쿠리안(Fakhurian) 문화라 불린다. 1962년 발견되었지만, 1995년이 되어서야 전면 발굴되었다. 웅덩이 주변에서 하트비스트 큰 영양과 들소를 사냥하는 비슷한 모습을 추측할 수 있다(Wendorf et al. 1997).

17) 힐먼(Hillman 1989; Hillman et al. 1989)은 똥을 동정하는 방법을 개괄하면서 수렵채집 야영지에서 나온 배변을 논한다. 나이가 조금 많은 아이의 약간 더 거친 분변도 나왔다.

18) 아랍-이스라엘 전쟁은 연합조사단의 활동을 가로막은 여러 사건 가운데 하나였다. 웬더프 등(Wendorf et al. 1997)은 1991년 이집트정부가 통과시킨 법률로 사구가 허물어지고 흙이 파헤쳐져 발굴되지 않은 많은 유적이 파괴되었다고 기록한다. 그리하여 동물 뼈가 많이 나오는 E71R12 같은 유적을 시급히 발굴해야 할 필요성을 제기하였다.

19) 웬더프와 실트(Wendorf & Schild 1989)는 와디 쿠바니아에서 이루어진 고고학 발굴성과를 요약하고 있다. 가장 이른 시기 자료는 아슐리안 후기의 것이며, 이어서 중기 구석기시대, 플라이스토세 말의 파쿠리안 자료, 그리고 최후빙하극성기의 쿠바니얀(Kubbaniyan) 유물이 나온다고 한다.

20) 동시대 서아시아와 마찬가지로 석기기술의 변이에 따라 몇 개의 "문화"가 설정된다(Wendorf & Schild 1989; Colse 1996). 경제적 토대는 비슷하기에 석기기술의 변이는 기능보다는 제작자의 양식적 선택과 관련된 것으로 보인다. 와디 쿠바니아에서도 평야에서 발견되는 유적에서 나오는 사냥 중심의 도구와 물고기와 식물성 자원을 가공하는 도구가 비슷하다. 다른 유물군은 돌날이 중심이지만, 세빌리안(Sebilian)은 조금 달라서 커다란 사암과 규암 덩어리에서 흔히 르발루아나 원반형몸돌 기법으로 큰 격지를 떼어 낸다.

21) 나일 강에 대한 이 부분 서술은 Wendorf & Schild 1989, Close 1996 참조.

22) 예벨 사하바의 무덤은 Wendorf 1968, Wendorf & Schild 1989 참조.

23) Wendorf et al. 1986.

24) Close 1996, p. 54.

47 루케냐힐에서

1) 킬리만자로의 모습과 이 장에 묘사된 동아프리카의 야생과 경관은 피터 매시슨(Peter Matthiessen 2000)의 *African Trilogy*에서 참고했다.

2) 화분과 호소퇴적층, 빙퇴석에 바탕을 둔 동아프리카의 환경 복원은 Hamilton 1982, Brooks & Robertshaw 1990 참조.

3) 2000년에 남아 있던 얼음의 40%가 10년 만에 사라졌으며, 2040년이면 대부분이 녹을 것이라고 한다(옮긴이).

4) 킬리만자로 코어 분석 결과는 Thompson et al. 2002 참조. 이에 대한 논평은 Gasse 2002 참조.

5) 내가 아는 한 루케냐힐 발굴의 역사를 종합한 단일한 문헌은 없다. 이 부분 서설, 그리고 층위와 유적형성, 발굴법 등은 Gramly & Rightmire 1973, Gramly 1976, Miller 1979, Kusimba 2001 참조. 루케냐힐 석기(Kusimba 1999; Barut 1994)와 동물 뼈(Marean 1992, 1997)에 대한 글 역시 유적의 위치와 발굴에 대한 언급을 담고 있다.

6) 쿠심바(Kusimba 1999; Barut 1994)는 루케냐힐에서 나온 방사성탄소연대를 표로 제시한다. 모두 뼈를 측정한 것인데, GvJm46이 20,780±1050 BP, GvJm19가 13,705±430 BP이다. 모두 표준편자가 400년이 넘

고, 콜라겐이 아니라 더 부정확한 인회석(apatite)으로 측정한 것이라는 데 문제가 있다. 쿠심바는 올두바이 협곡의 나이시우시우 베드(Naisiusiu Beds)가 인회석으로 17,550±1000 BP라는 연대가 나왔는데, 후일 다른 방법으로 적어도 42,000 BP 정도임이 밝혀졌음을 알고 있다. 결과적으로 루케냐힐에서도 탄소연대보다 실제 연대는 20,000년 정도 이를 수 있다고 본다. 머린(Marean 1997)은 석기 형식학에 근거하여 유적의 몇 개 지점은 최후빙하극성기의 것이라고 했다. 발굴보고와 석기에 따르면 많은 지점은 복수의 점유기가 있으며, 연대측정 자료에 대한 맥락적 정보 없이는 연대와 석기 및 뼈 자료를 종합하기는 쉽지 않다. 그리하여 이 부분 서술에서는 그냥 루케냐힐 유적을 서기전 20,000년 정도로 추정했다. 서기전 40,000년이나 서기전 13,000년이라 해도 사실 최후빙하극성기의 생활방식과 비슷했을 것이다.

7) 머린의 루케냐힐 동물 뼈에 대한 분석은 Marean 1992, 1997 참조. 지금은 절멸된 종에 대한 언급은 Marean & Gifford-Gonzalez 1991 참조.

8) 머린(Marean 1992)의 서술과도 같이, 루케냐힐에서 나온 건조한 초원에 적응한 동물종의 존재와 마찬가지로 임팔라나 톰슨가젤, 일런드영양처럼 습윤하고 더 짧은 목초지를 좋아하는 종이 드물다는 것도 중요하다. 고고학 발굴 자료에 의존하여 과거 동물상의 서식지를 추정하는 것도 사냥꾼이 선호했던 동물일 것이기에 문제가 있을 수 있음을 지적하고 있다. 놀랍게도 뼈에는 식육동물의 이빨 자국은 없었다고 한다.

9) 마투피 동굴에 대한 서술은 Van Noten 1977, 1982 참조.

10) 이상고는 셈리키 강이 루탄지게 호에서 벗어나는 지점에 있는 야외유적이다. 브로크루(Heinzelin de Braucourt 1961)가 발굴한 유적에는 최후빙하극성기 이전에서 철기시대에 이르는 복수의 점유층이 있다. 가장 이른 층에서는 풍부한 동물과 물고기 뼈, 그리고 미늘이 두 줄로 달린 뼈작살이 나왔다. 피터스(Peters 1989)는 유적을 다시 발굴해 동물 뼈를 다시 분석했다. 요약은 Brooks & Robertshaw 1990 참조.

11) 아프리카의 숲의 확장에 대한 화분 및 퇴적물 증거의 요약은 Maley 1993, Grove 1993, Moeyersons & Roche 1982, Brooks & Robertshaw 1990 참조.

12) 하루 사냥에 대한 시나리오는 Bunn et al. 1988에 나와 있는 하드자 족의 하루에 대한 묘사를 참조했다.

13) "아프리카의 과거는 흰개미 뱃속에 있다. 흰개미는 과거 열대문명의 모든 흔적을 먹어 치웠고, 지금 자

리 잡고 있는 것까지도 먹어 치울 것이다"(Matthiessen 2000: 90).

14) 하드자 족에 대한 요약은 Woodburn 1968 참조. 사냥과 해체 행위에 대해서는 Bunn et al. 1988, O'Connell et al. 1988 참조. 이런 연구에는 어떻게 현재의 사냥, 약취, 도살 행위가 동물 뼈에 남는지 하는 정보가 있어 이를 바탕으로 플라이오-플라이스토세 동아프리카 동물 뼈를 해석할 수 있다. 식물 채집과 아이 양육에 대한 연구도 이루어져(예를 들어, Hawkes et al. 1997), 사람의 생활사와 사회구조에 대한 유용한 정보를 얻을 수 있다.

15) 동아프리카 초원지대에서 화재의 영향, 그리고 서기전 20,000년 루케냐힐 주변에서 벌어졌을 화재에 대해서는 Marean 1992, 1997 참조.

16) 현대 하드자 족의 사례가 그러하다(Woodburn 1968).

17) 이 부분 서술은 Kusimba 1999, 2001 참조.

18) 메릭과 브라운(Merrick & Brown 1984)은 X-레이회절분석으로 케냐와 탄자니아의 흑요석 산지를 서술하면서 35개 암석학적으로 다른 산지가 있었을 것이라 본다. 루케냐힐의 흑요석 가운데 먼 거리에서 온 것은 없었으며, 모두 지역 산지에서 나온 것이다. 쿠심바(Kusimba 1999)는 짧게나마 루케냐힐 흑요석에 대한 추가적인 화학분석을 제시하고 있다.

19) 나이시우시우 베드 고고학은 Leakey et al. 1972에 서술되어 있다. 뼈가 집중되어 있는 층에서 나온 타조 알껍데기를 측정하여 17,000±1000 BP라는 연대를 제시한다. 그러나 쿠심바(Kusimba 1999)는 화산재를 ^{40}Ar/^{39}Ar연대측정하여 나온 42,000±1000 BP라는 연대를 더 신뢰하고 있다.

20) 산세비에리아에 대한 서술은 Leakey & Lewin 1979, p. 48 참조.

48 개구리 다리와 타조알

1) 이 부분은 마셜(Marshall 1976)이 쓴 1950년대 초 은야이은야이(Nyae Nyae) 족 여성에 대한 서술에 바탕을 둔 것이다. 1950년대와 비슷하게 얼굴과 허벅지에 상처를 냈다는 것은 그저 상상일 뿐이다. 근래의 쿵 족에서는 피부를 집어 주름진 부위를 칼로 도려낸 뒤 흐르는 피를 숯과 기름으로 문지른다. 그렇게 하면 상처 부위는 평생 어두운 빛을 띤다(Marshall 1976: 34-5).

2) 드로츠키 동굴의 고환경 및 고고학 연구에 대한 서술은 Robbins et al. 1996 참조(옮긴이).

3) 마셜(Marshall 1976: 358)은 이런 식으로 황소개구리를 먹었으리라 추정하지만, 직접 증거는 없다.

4) 워커(Walker 1995)의 플라이스토세 말-홀로세 고고학에 대한 상세한 연구 참조.

5) 포몬그웨 동굴 발굴은 Walker 1985 참조.

6) 마셜(Marshall 1976)은 이런 식으로 타조알 속 배아를 죽인다고 한다. 이 서술과 Lee 1979를 참고하여 드로츠키 동굴에서 일어났을 법한 일을 상상하여 썼다.

7) 드로츠키 동굴에서는 세석기가 나오지 않았지만, 로빈스 등(Robbins et al. 1996)은 잔돌날을 떼어 낸 흔적을 제시한다. 이는 옐런 등(Yellen et al. 1987)이 시굴 결과를 토대로 드로츠키 동굴을 비세석기전통이라 보았던 시각과 상반된다.

8) 마셜(Marshall 1976)은 두 장에 걸쳐 은야이은야이 사람들의 놀이와 음악에 대해 설명한다. 아이들은 깨어 있는 동안 늘 놀이를 하며, 어른들은 많은 시간 동안 노래를 한다고 한다.

9) 드로츠기는 보츠와나 간지(Ghanzi) 지역의 농민으로 1934년 쿵 부시먼을 따라 동굴에 갔다고 한다(Robbins 개인 대화).

10) 발굴에서 나온 숯의 연대는 12,200±150 BP (13,111-11,896 cal BC) 이다(Robbins et al. 1996).

11) 로빈스 등(Robbins et al. 1996)은 지표 아래 20-30cm 모래층에서 나온 숯을 측정하여 5470±90 BP (4448-4169 cal BC) 연대를 얻었다. 상부 숯층은 11,240±60 BP (11,439-11,096 cal BC), 아래 숯층은 12,450±80 BP (13,294-12,210 cal BC)라고 한다.

12) 리빙스턴의 서술은 Robbins et al. 1996, pp. 15-16 참조.

13) 리(Lee 1979: 139-141)는 원주민이 사용하는 덫은 아주 구체적인 작업에 쓰이는 흔하지 않는 도구라고 한다. 이로써 토끼 사냥은 50% 정도의 성공률을 보이는데, 다른 동물 사냥의 20-25% 정도 성공률과 비교된다.

14) 우리는 물론 현재 원주민의 생활을 바탕으로 서기전 12,500년 칼라하리 사막 수렵채집민의 생활을 유추하는 일에는 주의해야 한다. 직접 역사적으로 연결되어 있다는 증거도 없다. 근래 아프리카 수렵채집민의 조상에 대해서는 인류학자들 사이에 상당한 논란이 있다. 수렵채집민 가운데는 유목이나 농경 생활을 하다가 사회 및 경제적 압박과 환경변화로 생활방식을 바꾼 사례도 있다. 이런 문제는 Clark & Brandt 1984, Schrire

1984 참조.

49 남아프리카 여행

1) 전형적으로 쿵 부시먼의 사냥 주머니에 들어가는 것들이라고 한다(Lee 1979).

2) 일랜즈베이 동굴의 후기 홀로세 층에서는 연안 풀의 일종인 거머리말 뭉치가 나왔으나, 플라이스토세 말 층에서는 그런 식물 유체가 나오지 않았다(Parkington 1980).

3) 일랜즈베이 동굴의 고기잡이 역사에 대해서는 Poggenpoel 1987 참조. 포겐폴의 일랜즈베이 동굴, 그리고 가까이 있는 거북이 동굴(Tortoise Cave)에 대한 연구는 시간의 흐름에 따라 종이 변모하여 결국 도미(steenbras)와 하얀 청돔(white stumpnose)이 압도함을 잘 보여준다. 이는 해수면 상승과 고기잡이 기술 때문이라고 한다. 서기전 12,500년에는 겨우 숭어 한 종류만을 잡았다고 한다. 바닷물고기이지만, 강으로 올라오는 종인데, 서기전 12,000년 일랜즈베이 동굴은 해안에서 20km 정도 떨어져 있었다.

4) 파킹턴(Parkington)은 1980년부터 일랜즈베이 동굴 발굴에 대해 많은 문헌을 발표해 왔다. 1980년에는 층위와 생계 자료를 요약했고, 1984년에는 남아프리카 후기 구석기시대의 관점에서 일랜즈베이 동굴 조사를 개괄했다. 1986, 1988년 글은 경관의 맥락을, 1987년 글은 이전 자신의 해석을 돌아보고 있다. 파킹턴 등(Parkington et al. 1988)은 웨스턴케이프의 홀로세 주거에 대해 논한다. 물고기 뼈는 Poggenpoel 1987, 숯은 Cartwright & Parkington 1997, 조개는 Buchanan 1988, 미세 포유류는 Matthews 1999 참조.

5) 남아프리카의 기후 및 식생 변화에 대한 일반적 개괄은 J. Deacon 1987, 1990, Mitchell 1990, Mitchell et al. 1996 참조. 붐플라스 동굴 주변의 숯과 식생에 대한 연구는 H. J. Deacon et al. 1984 참조.

6) 로즈커티지 동굴 숯은 Wadley et al. 1992에 보고되어 있다.

7) 클라인(Klein 1978)은 붐플라스 동굴에서 동물상의 변화를 환경변화와 관련지어 연구하였다. 로즈커티지 동물상은 Plug & Engela 1992 참조.

8) 워들리(Wadley 1987, 1989, 1993)는 활과 화살 사냥의 사회적 영향을 새로운 젠더 관계의 정립이란 맥락에서 논한다. 이로써 아내와 고기가 사유화했을 것이

라 본다.

9) 디컨(H. J. Deacon 1995)은 붐플라스 동굴에서 나온 설치류 유체에 대한 정보를 준다.

10) 클라인(Klein 1991)은 남아프리카의 현재와 선사시대 환경에서 뒤쥐의 크기와 강우량의 관계에 대해 논한다. 플라이스토세 말 환경과 관련한 고환경 정보는 본문에 서술한 대형동물상에서도 얻을 수 있다. 특히 에쿠우스 동굴(Equus Cave)에서 나온 뼈가 중요하다 (Klein et al. 1991).

11) Parkington 1984.

12) 일랜즈베이 동굴의 편년은 그리 잘 알려져 있지 않다. 플라이스토세 말과 홀로세 초 층에서는 많은 방사성탄소연대가 나왔다. 21개가 12,450±280 BP (13,356-12,167 cal BC)에서 8000±95 BP (7060-6710 cal BC) 사이에 들어간다(Mitchell et al. 1996). 그러나 개별 연대가 구체적으로 어떤 층과 연결되어 있는지를 알기는 쉽지 않다. 파킹턴(Parkington 1980)에 따르면, 13,000년 전 해안평야의 축소를 반영하여 대형동물상이 변화하기 시작하며, 11,000-12,000년 전 해양 포유동물이 처음 나타난다. 10,000년 전이 되면 해양 동물이 압도하게 되고, 파킹턴에 따르면 8000년에서 9000년 전에는 점유의 스케줄이 달라져 초봄과 늦겨울에 동굴을 찾는다고 한다.

13) 반앤덜(Van Andel 1989)은 플라이스토세 말 해수면 변동과 해안평야 이용을 논하며, 포겐폴(Poggen-poel 1987)은 일랜즈베이 동굴과 해안 사이 거리의 변화에 대해 도해하고 있다.

14) 남아프리카에서 플라이스토세와 홀로세 초의 무덤은 희소하여 제한된 정보만이 있을 뿐이다. 워들리(Wadley 1997)는 현존하는 정보를 잘 요약하고 있다.

15) 해류의 변화와 홍합의 이용에 대해서는 Parkington 1986 참조. 최후빙하극성기와 그 직후 시기의 풍향이 변화한 결과 10,000 BP 이전 홍합 개체군은 바다의 용승 효과 탓에 살지 못했다고 한다. 10,000 BP 이후 환경은 다시 변화하여 해안 바위에 서식하면서 선호하는 조개류가 되었다. 연중 일랜즈베이 동굴을 찾는 시기가 변했다는 시각으로 삿갓조개류에서 홍합으로의 변화에 대해 대안설명을 찾기도 한다.

16) 원더워크 동굴 발굴에 대해서는 Thackeray et al. 1981, Wadley 1993 참조.

17) 새겨진 돌판에 대해서는 Thackeray et al. 1981 참조. 10,200±90 BP (10,333-9650 cal BC)라는 연대가 제시되어 있다.

18) 아폴로 동굴의 돌판은 Wendt 1976 참조. 27,000 BP라고 한다. 하지만 워들리(Wadley 1993)는 19,000 BP에 가까운 연대도 가능하다고 말한다. 루이스윌리엄스(Lewis-Willams 1984)는 고양이같이 생긴 것이 사람의 다리를 가졌으며, 따라서 자신이 샤먼의 관습이라고 생각하는 사람과 동물 형상을 연결시킨 이미지와 상통한다고 본다.

19) 미첼(Mitchell 1997)은 알려진 남아프리카 바위그림의 연대를 요약하고 있다. 본문에 인용한 것 말고도 스틴복폰테인(Steenbokfontein)에서 나온 그림이 그려진 돌판은 36,000 BP로 생각되고 있다. 미첼은 여러 연구에 따르면 새김돌은 홀로세 내내 만들어졌으며, 쪼고 긁어서 새긴 것이 지난 2700년 동안 제작되었다고 하였다. 워들리(Wadley 1993)는 붐플라스 동굴을 비롯하여 남아프리카의 알껍데기에 새겨진 그림을 논하고 있다. 이 가운데 가장 이른 것은 14,200 BP인데, 멜콧붐 (Melkhoutboom) 유적의 경우 15,400 BP로 추정된다고 한다.

20) 이 부분 시나리오는 Lewis-Williams 1987, Wadley 1987 참조.

21) 루이스윌리엄스(Lewis-Williams 1981, 1982, 1987)는 남아프리카 바위그림을 샤먼과 연결지어 해석한다. 1980년대 중반부터 비슷한 해석이 전 세계 선사시대 바위그림에 적용되어 왔다(Chippindale & Taçon 1998). 하지만 직접적인 역사 유추의 증거는 결여되어 있다.

22) 클라인(Klein 1980)은 현대의 남아프리카 생태계를 논하며, 이를 토대로 선사시대의 식생과 동물상에 대해 추론한다.

23) 플라이스토세 말과 홀로세 초 식물성 자원의 역할에 대한 증거는 거의 없다. 디컨(H. J. Deacon 1976, 1993)은 홀로세의 시작을 알린 환경변화로 대형동물 사냥에서 덫을 놓아 작은 동물을 사냥하고 식물성 자원을 이용하는 양상으로 변모하였으리라 주장한다. 그러나 증거는 나오지 않고 있으며, 파킹턴(Parkington 1984)은 땅속의 식물성 자원에 대한 집중적 이용은 홀로세 말에서야 시작되었을 것이라 추정한다. 그리하여 부시먼 족의 경제체제는 실상 그리 오랜 시간의 깊이가 있지 않다고 본다.

24) 워들리(Wadley 1993)는 플라이스토세 말의 유적 수를 계기적으로 계량화하여 13,000 BP 이후 상당한 인구증가가 있었음을 보여준다. 미첼 등(Mitchell et al. 1996)도 10,000 BP에서 9000 BP에 급격한 인구증가가

있었다고 본다. 그런데 고고학에서 유적의 수만으로 선사시대의 인구증가를 추정하는 일은 아주 어렵다. 예컨대 인구는 같을지라도 주거유형의 변화로도 유적의 수가 늘어날 수 있다. 남아프리카의 많은 석기 산포 유적은 연대측정이 되어 있지 않기도 하다.

25) 나는 여기서 남아프리카의 복잡한 문화변화를 단순화시키고 있다. 나는 옥허스트(Oakhurst)라는 말을 워들리(Wadley 2000)와 비슷하게 옥허스트, 알바니(Albany), 쿠루만(Kuruman) 등 지역 석기공작을 포괄하는 용어로 쓰고 있다. 모두 잔돌날이 없는 석기공작이다. 로버그에서 옥허스트 유물군으로의 변화는 지역적으로 다양하여, 로즈커티지 동굴에서는 특히 늦게 일어났다(Wadley & Vogel 1991). 파킹턴(Parkington 1984)은 남아프리카 플라이스토세 말에서 홀로세 석기공작이 변화하는 양상을 요약하고 있으며, Wadley 1993도 마찬가지이다.

26) 파킹턴(Parkington 1984)은 야외의 비세석기 유적과 동굴의 세석기 유적은 동시기일지도 모른다고 하였으나, 워들리(Wadley 1993)는 이에 반대한다. 파킹턴은 로버그와 옥허스트 유물군에는 자연적으로 등손질된 칼 등 비슷한 형태의 도구가 있으며, 옥허스트 유물군에는 작은 돌날이 포함되기도 함을 주목한다. 이 두 유형을 구분하는 것은 그리 단순하지 않을 수 있다.

27) 윌튼 유물군에서 작은 돌날의 상당수는 잔손질되어 작은 도구가 된다. 뼈 사용에서 돌화살촉으로 변모하는 양상도 나타난다(Wadley 1993).

28) 최근의 쿵 부시먼의 사례에 근거한 것이다(Lee 1979, Wadley 1987).

29) 워들리(Wadley 2000)는 로즈커티지 동굴의 홀로세 초 층에서 나온 유물에 대해 상세히 서술하고 있다. 옥허스트 유형의 유물은 9250±70 BP (8595-8320 cal BC), 8160±70 BP (7303-7064 cal BC)로 연대측정되었다.

30) 탄소동위원소 연구에 따르면 외부 식물이 주로 C4 광합성을 하는 데 반해 동굴의 식물은 C3 광합성을 하는데, 이는 산사면의 초원 환경을 비추어 준다고 한다. C3 값은 동굴 안에 들어온 잎과 땔감, 먹을 수 있는 식물이 반영되어 있는 것으로 해석된다.

31) 워들리(Wadley 1991)는 로즈커티지 동굴 조사를 개괄해 준다.

32) 우즈먼과 워들리(Ouzman & Wadley 1997)는 홀로세 고고학과 로즈커티지 동굴의 벽화를 서술하고 있다. 공간 구조는 옥허스트와 로버그의 층과 비슷하며,

중기 구석기시대 층과는 대조된다.

33) 워들리(Wadley 1987)는 남자들의 선물 대부분은 유기물로 만들어져 고고 자료로 남을 가능성이 낮다고 한다.

34) 리(Lee 1979)와 마셜(Marshall 1976)은 혹사로(hxaro)라고 불리는 쿵 부시먼의 선물 교환체계의 중요성을 논한다. 워들리(Wadley 1987)는 남아프리카 선사시대 연구에서 이런 체계의 의의와 간결한 요약을 담고 있다.

35) 가능한 선물 교환 네트워크에 대한 논의는 Wadley 1987, 1993 참조. 남아프리카 플라이스토세 말에서 홀로세 초까지 생활방식에 대해서도 다루고 있다.

36) 디컨(H. J. Deacon 1995)은 붐플라스와 무려 125,000년 전까지 퇴적층을 담고 있는 클라시스리버마우스 조사와 층위, 환경변화, 경제, 유적 등을 요약하고 있다. 워들리(Wadley 1993)는 붐플라스의 플라이스토세 층에서 여섯 개 방사성탄소연대를 인용하고 있는데, 21,220±195 BP에서 12,060±105 BP (12,982-11,871 cal BC)까지 분포한다. 미첼(Mitchell 1997)은 9100±135 BP (8545-8023 cal BC)와 6400±75 BP (5470-5317 cal BC)라는 홀로세의 연대도 제시한다.

37) Lubbock 1865, pp. 338-43. Kolben의 책은 *History of the Cape of Good Hope.*

38) 디컨(H. J. Deacon 1995)은 남아프리카 선사시대 동안 의복 양식의 변화는 긁개 기술의 변화에서 유추할 수 있다고 본다. 윌튼 석기공작에는 작은 볼록날긁개가 있는데, 얇은 영양 가죽과 이것으로 만든 옷을 다루는 데 적당해 보인다고 한다. 붐플라스 동굴의 홀로세 초 알바니 유물군에서 보이는 긁개는 이와는 다른 가죽 작업이 있었음을 시사한다고 한다.

39) 클라인(Klein 1978)은 붐플라스 동굴에서 나온 대형동물 뼈를 요약하고 있다.

40) 이 부분 서술은 클라인(Klein 1984a, 1984b)의 글을 참고했다. 미첼 등(Mitchell et al. 1996)은 홀로세가 시작되며 일어난 환경변화가 이전 간빙기보다 더 혹심하지 않았다는 분명한 증거가 없다는 데에 문제를 제기한다. 이들은 절멸한 종이 환경에 특화한 것들이라면서 절멸을 환경변화로 설명하고자 한다.

41) 파킹턴 등(Parkington et al. 1988)은 이 폐기 시점을 7800 BP에서 3500 BP 사이로 추정하면서, 중기 홀로세의 건조한 조건과 높은 해수면을 요인으로 든다. 미첼(Mitchell 1987)은 웨스턴케이프에서 5130±50 BP (3980-3804 cal BC) 같은 이 시기 관련 연대를 제시하

면서 웨스턴케이프가 파킹턴의 생각만큼 그렇게 건조하지 않았을 가능성이 있다고 하였다.

42) 파킹턴(Parkington 1984)은 동굴 안 석고 퇴적층을 바닷물이 동굴 안에 흩뿌려지면서 소금기가 누적된 결과라고 본다.

50 열대지방의 벼락도끼

1) 쇼(Shaw 1969: 365)의 벼락도끼 이야기는 다시 새겨볼 만하다. "서부 나이지리아에서 벼락도끼는 벼락의 신(Sango)과 관련되어 있다. 집에 벼락이 칠 때마다 벼락 신이 불려 들어와 주변을 돌아보며 벼락도끼를 찾는다. 옷 안에 숨겨서 벼락도끼를 가지고 들어온 다음 마지막으로 한 곳을 가리켜 그곳을 파서 벼락도끼를 찾으라고 말한다. 그들이 땅을 파고, 예상대로 벼락도끼를 찾는다. 그것은 아마도 벼락의 신 제단으로 되돌아갈 것이다.

2) 쇼(Shaw 1969)는 이워엘레루 발굴에 대해 쓰고 있다.

3) 브로스웰과 쇼(Brothwell & Shaw 1971)는 인골에 대해 서술하고 있다. 인골 가까이에서 나온 숯을 측정하여 9250±200 BP(아마 보정되지 않았을 것이다)라는 연대도 제시한다.

4) Shaw 1969, p. 371.

5) 말리(Maley 1993)는 플라이스토세 말에서 홀로세 초까지 적도지방의 식생사 증거를 개괄한다.

6) 말리(Maley 1993)는 보숨트위(Bosumtwi) 호에서 채취한 화분 코어에 대해 논평하면서 숲이 다시 형성된 시기를 13,000-12,000 BP라고 보았다.

7) 콩고 분지에서 나온 유물에 대한 논의는 Fiedler & Preuss 1985 참조.

8) 중요한 연대로는 24,860±290 BP (Fiedler & Preuss 1985).

9) 로빈스 등(Robbins et al. 2000)은 화이트페인팅스 바위그늘 발굴에 대해 상세히 설명한다. 본문에 서술한 홀로세 초 층뿐 아니라 이 동굴은 구비전승으로도 기억되고 있다는 점이 흥미롭다.

10) 이 층에 대한 연대측정은 문제가 복잡하다(Robbins et al. 2000). 미늘 달린 뼈찌르개와 세석기는 모두 중기 홀로세로 생각된다.

11) 화이트페인팅스 바위그늘의 모래 퇴적 속도는 Robbins et al. 1996 참조.

12) 쿠크(Cooke)의 포몬그웨 동굴 발굴에 대해서는 Walker 1985 참조.

13) 워커(Walker 1985)가 제시한 방사성탄소연대는 나로서는 잘 이해할 수 없다.

14) 동아프리카의 호수면 수위의 역사에 대해서는 Grove 1993, Hamilton 1982 참조.

15) 로와세라(Lowasera)는 Phillipson 1977에 기록되어 있다.

16) 그로브(Grove 1993)는 두 가지 방법으로 과거 강우량의 변화에 대한 추정을 하고 있다. 2002년 10월 킬리만자로의 얼음 코어에서 나온 자료에는 기온과 강우량 변화가 나타나 있다.

17) Hamilton 1982 참조. 제4기 동안 아프리카에서 일어난 대기 순환은 아직 분명하게 이해되지 못하고 있다.

51 사하라의 양과 소

1) 바리치(Barich 1987, 1992)는 타드라트 아카쿠스의 홀로세 고고학을 요약하고 있으며, 이 부분 서술에 참고했다.

2) 이 부분 서술은 Mori 1998, pp. 152-3 참조.

3) 우안 아푸다 발굴은 Mori 1998, di Lernia 2001 참조.

4) 우안 아푸다 유물과 해석은 di Lernia 2001 참조.

5) 사하라 사막의 홀로세 환경은 비교적 습윤한 시기와 건조한 시기 사이에 많은 변동이 있었다. 각각의 시기를 정확히 측정하는 것은 어려운 일이며, 여러 연구자는 건조기를 상이하게 설정하고 있다(Hassan 1997, Wendorf & Schild 1994). 이는 부분적으로 홀로세 초의 방사성탄소연대를 보정하기가 쉽지 않은 문제, 그리고 빙하 코어 자료에서 분명히 드러나는 기후변동의 정도를 국지적으로 확인하는 문제에서 기인한다.

6) Mori 1998. *The Great Civilisations of the Ancient Sahara*.

7) 모리(Mori 1998)는 그림과 관련된 유물을 포함한 많은 연대측정값을 상세히 제시하고 있다.

8) 방어 자세라는 것은 모리(Mori 1998: 64)의 해석이다. 이 무덤은 7550±120 BP (6470-6241 cal BC)에서 7823±95 BP (6891-6502 cal BC) 사이의 층에서 나왔다. 모리는 아카쿠스에서는 매장이 아주 많았다고 말한다.

9) 오늘날 아프리카 소의 다수는 등에 혹이 달린 제

다 소이며, 홀로세 중기나 후기 이곳에 들어온 것이다(Blench & MacDonald 2000).

10) 홀로세 초 사하라 사막의 식생사에 대해서는 Ritchie & Haynes 1987 참조.

11) 신석기시대로 생각되는 원형 구조물이 사하라 전역에서 발견되며 귀중한 고생태학 정보를 준다고 한다(Gabriel 1987).

12) Pachur 1991.

13) 과거 나브타(Nabta) 호 주변의 고고학 유적에 대해서는 웬더프와 실트(Wendorf & Schild 1980, Wendorf et al. 1985)가 상세히 설명하고 있다. 이 부분 서술은 E-75-6 유적에 근거한 것이며, 8000 BP를 중심으로 22개 방사성탄소연대가 알려져 있다.

14) 나브타에서 머문 하루 시나리오는 Dahl 1979에서 주로 참고했다. 구덩이를 파서 요리와 집을 지었다는 것은 Wendorf & Schild 1980, Schild et al. 1996 참조.

15) 사육되었다는 소와 연관된 가장 이른 방사성탄소연대는 8840±90 BP (8201-7816 cal BC)이다(Wendorf & Schild 1980). 그런데 고티에(Gautier 1984)는 비르 키세이바(Bir Kiseiba)에서 나온 소뼈가 9500 BP까지 올라간다고 한다. 고티에(Gautier 1987)는 북아프리카 전역의 사육 소에 대한 자료를 종합하고 있다.

16) 비르 키세이바의 소뼈 발굴에 대해서는 Wendorf et al. 1984 참조.

17) 이 연대는 서아시아에서 사육 소의 출현을 생각하게 하지만, 사실 정확히 알기 어렵다. 가능한 연대는 MacDonald 2000에 정리되어 있다.

18) 소 사육과 관련한 논쟁에서 중요한 연대는 Clutton-Brock 1989, Smith 1986, 1992, Muzzolini 1989 참조. 논쟁은 MacDonald 2000 참조.

19) 소 DNA 연구는 Bradley et al. 1996 참조.

20) 이는 웬더프와 실트(Wendorf & Schild 1994), 클로즈와 웬더프(Close & Wendorf 1992)의 가설로서 사육의 첫 단계는 이미 플라이스토세 말에 이루어졌을 수 있다고 본다. 카단(Qadan)의 무덤 유적에서 이미 14,500 BP 즈음 소 두개골이 무덤 표시로 쓰이며, 과거 수컷과 암컷의 크기의 차이라 생각되었던 것은 더 큰 야생 소와 사육되기 시작한 작은 소의 차이일 수 있다고 본다.

21) 사하라 동쪽을 양과 소의 사육지로 본 시나리오는 Marshall & Hildebrand 2002에서도 아프리카에서 식량생산의 시작을 논하면서 따르고 있다. 습윤과 건조 시기의 변동을 소 사육의 중요한 요인으로 본다.

22) 고티에(Gautier 1987)는 아카쿠스의 소 유목 관

련 연대로 티엔토르하(T-n-Torha North) 동굴에서 나온 7440±220 BP를 제시한다. 이 동굴에선 우안 무후기악과 유사한 퇴적층 연쇄가 알려졌다(Barich 1987). 우안 무후기악의 가장 아래 사육 소 층에서는 7438±1200 BP라는 연대가 나왔다(Wendorf & Schild 1994).

23) Galaty 1989.

24) E-75-6에서 나온 식물 유체는 Wasylikowa et al. 1993, Wendorf et al. 1992에 서술되어 있다. 수수는 형태적으로는 야생이지만, 씨앗에서 추출한 지방산 분석에 따르면 재배된 형태와 비슷하다고 한다. 그래서 수수는 아프리카에서 이른 시기에 재배되었을 것이라 본다. 그러나 최근 작물에 대한 DNA 분석으로는 그렇지 않을 것이라고 한다(Roley-Conwy et al. 1997).

25) 나브타에서 소에서 피를 받았다는 증거는 없다. 우유에 대한 직접 증거도 없다. 그러나 피를 받는 것은 최근 유목민 사회에서 일반적인 일이다(Cagnolo 1933). 마찬가지로 현재 유목민 사회에서 일반적인 라이프 스테이지에 따른 의례의 증거도 찾을 수는 없다. 비슷한 증거라곤 나브타에서 6000 BP 즈음의 거석 유적이다. 이것을 "종교 현상, 그리고 지도자가 출현하여 작은 규모의 공동 건축물 축조를 조직했을 것"이라 해석하기도 한다(Wendorf et al. 1996: 132).

26) 웬더프와 실드(Wendorf & Schild 1994: 121)는 나브타에서 양과 염소의 출현을 7000 BP 즈음이라 본다.

27) 이 부분은 5500 BP 즈음에 벌어졌을 일이라 가정한 것이다. 웬더프와 실드(Wendorf & Schild 1994)는 유적의 세 시기에 걸쳐 물질문화에 상당한 차이가 있다고 하였다.

52 나일 강 유역의 농경민들

1) 이 부분 파이윰의 신석기시대에 대한 서술은 Hassan 1986, 1988, Wenke et al. 1988, Wetterstrom 1993을 참고했다. 흔히 5200-4500 BC의 전기와 4000 BC 이후의 후기로 나누는데, 합쳐서 파이윰 A라고도 불린다. 파이윰 B는 8000-7000 BC의 유적들을 말한다.

2) 할란(Harlan 1989)은 사하라와 그 이남에서 야생 풀 씨앗을 이용하는 양상을 잘 정리하고 있다.

3) 파이윰 분지에 대한 연구사는 Hassan 1986 참조.

4) Hassan 1985에는 5145±155 cal BC라는 연대가 인용되어 있다.

5) 이런 비교는 Wetterstrom 1993에서 이루어졌다.

6) 웬더프와 실트(Wendorf & Schild 1976), 그리고 하산(Hassan 1986)은 호수 수위의 변동과 관련한 지질학 연구를 개괄하고 있으며, 웬더프와 실트는 고고학 지표조사에서 발견된 많은 유적을 개괄한다. 긴터와 코즐로브스키(Ginter & Kozlowski 1983)는 몇 개 유적을 발굴했으며, 웬키 등(Wenke et al. 1988)은 호수 서남안에서 이루어진 야외조사를 요약하고 있다. 브루어(Brewer 1989)는 파이윰에서 나온 중요한 동물 뼈 연구를 통해 사람들이 이곳에서 연중 내내 거주했으리라 본다.

7) 메림데 유적 조사에 대해서는 Wetterstrom 1993 참조.

8) 하산(Hassan 1988)은 파이윰/메림데와 서아시아의 고고학 유물 사이에 유사성이 있음을 지적한다. 이와 대조로 웬키 등(Wenke et al. 1988)은 나일 강 유역 유적에서 보이는 기술은 기본적으로 대형석기의 특징을 갖고 있어 시나이와 네게브 지역과는 사뭇 다르다고 본다.

9) 나일 강 유역의 선왕조시기 농경의 발달에 대해서는 Hassan 1988 참조. 할란드(Haaland 1995)는 나일 강 중류에서 정주와 농경의 발달을 개괄한다.

10) 아프리카에서 식량 생산의 기원과 확산에 대하여는 Marshall & Hildebrand 2002 참조.

11) 클러튼브록(Clutton-Brock 2000)은 아프리카에서 유목생활이 남쪽으로 확산하는 과정을 연구하는 데 많은 어려움도 있다고 지적한다.

12) 할란(Harlan 1992: 69)은 아프리카의 농경 재지 기원설에 대한 입장을 개괄한다.

에필로그: '문명의 축복'

1) 최근 남중국에서는 19,000년 전으로 올라가는 토기 자료가 나온 바 있는데, 동북아시아 전체적으로 후기 구석기시대 최말기 수렵채집민의 맥락에서 토기가 사용되는 듯하다(옮긴이).

2) 나는 그저 집이 있는 영국 버크셔(Berkshire)를 염두에 두고 썼다.

3) Lubbock 1865, p. 484.

4) 문명의 오염을 입지 않은 인간 본연의 온순함을 간직한 인간을 가리키는 말로 17세기부터 쓰였다고 하는데, 정작 루소의 글에서는 찾을 수 없다고 한다(옮긴이).

5) 나는 이 문장에서 "진정한"이라는 말이 논란의 여지가 있다고 본다. 이 문제를 더 살펴보고 싶은 사람은

Evans 1997에서 개괄하고 있는 탈근대 역사에 대한 비판을 참고하길 바란다.

6) Lubbock 1865, pp. 487-8.

7) 맥카시 등(McCarthy et al. 2001)은 지난 50년 동안 빙하가 녹는 것에서 나비와 새의 분포의 변화에 이르기까지 지구온난화에 직접 영향을 받은 광범위한 환경 및 생태 변화를 개괄하고 있다. 예컨대 흰뺨기러기는 더 먼 북쪽으로 날아가 노르웨이의 농경지까지 들어가고 있으며, 더 따뜻한 기후 탓에 남극 펭귄의 수는 줄어들고 서식지를 바꿨다.

8) 예측 수치는 2001년 기후변동국제패널의 보고서(McCarthy et al. 2001: 27, 표 TS-1)에서 인용한 것이다. 더 구체적으로 앞으로 기온 상승은 0.8에서 2.6°C 정도이며, 해수면 상승은 0.05/0.32m에서 2100년이면 최대 0.88m에 이른다고 한다.

9) 인구와 삼각주의 농경지와 관련한 수치는 Houghton 1997에서 참고한 것이다. 이 책이 나오기 5년 전이기에 과소평가된 값일 것이다.

10) 맥카시 등(McCarthy et al. 2001)은 작은 섬나라에서 해수면 상승의 영향을 평가하고 있다. 예컨대 해수면이 80cm 오르면 마셜군도와 키리바시의 66%, 90cm가 오르면 몰디브의 수도 말레가 85% 정도 물에 잠길 수 있다고 한다.

11) 호튼(Houghton 1997)은 지구온난화가 물 공급에 가져올 영향을 요약했고, McCarthy et al. 2001에서도 길게 고찰한 바 있다. 터키의 아타튀르크댐은 시리아에 지대한 영향을 미친다.

12) 물론 영국 남부 등지에서는 일반적인 일이다. 어떻게 버크셔 서쪽 20km²의 시골이 변모하고 있는지는 Bowers & Cheshire 1983(2장) 참조.

13) 내 의견만이 아니고, 정부에서 지원한 보고서에 실린 내용이다(Environmental Agency 2000).

14) 식량 생산과 공급의 위기에 대해 상세히 다룬 글은 많다. 가장 많은 정보를 얻은 책으로는 *The Paradox of Plenty, Hunger in a Bountiful World* (Boucher 1999)를 든다.

15) 이 수치는 McCarthy et al. 2001, p. 938에서 인용한 것이다.

16) Borlaug 2000. 노먼 볼록은 미국사람으로 후진국을 위해 쌀과 밀의 종자를 개량하는 연구를 하였다. 1970년 "녹색혁명"을 기려 노벨상을 받았으며, 존 러복이 당대에 그러했듯이, 생물공학이라는 새로운 과학에 찬사를 보내고 있다.

17) 볼록(Borlaug 2000)은 25년 안에 세계인구가 85억 명이 될 것이라 추산한다. 맥카시 등(McCarthy et al. 2001)은 2050년에 84-113억, 2100년에는 71-151억이란 수를 제시한다.

18) Borlaug 2000, p. 489. 이 의견에 강하게 반대하며, 유전자변형 생물이 이전의 그 어떤 것과도 질적으로 다르다고 믿는 사람이 있을 수 있다. 우리가 아는 한, 맨 처음 재배하고 농경을 했던 사람들은 결코 식물의 번식에 개입하지는 않았다. 그저 (무의식적으로) 자신들에게 유리한 변이를 선호했을 뿐이다. 더구나 생명공학은 흔히 서로 아주 다른 생명체 사이에 유전자를 교류시킨다. 그리하여 하나 또는 적은 수의 유전자를 선택하여 다른 생명체에 옮기기도 한다. 식물 번식에서 이것은 불가능하며, 알려지지 않은 수천 개의 전체 염색체가 관련되는 것이다.

19) 볼록(Borlaug 2000)이 문제의 심각성을 잘 모르고 있음을 말하고자 하는 것은 아니다. 사실 스스로도 수많은 생명공학의 작업이 사적 영역에서 이루어지고 있기 때문에 반드시 지적재산권의 문제를 이야기해야 하며 정부의 적절한 보호조치에 따라야 한다고 하였다.

참고문헌

Aaris-Sørensen, K. 1984. *Uroksen fra Prejlerup. Et arkoeozoologisk fund*. Copenhagen: Zoological Museum (guidebook).

Ackerman, R.E. 1996. Bluefish Caves. In *American Beginnings* (ed. F. West), pp. 511-13. Chicago: University of Chicago Press.

Adhikary, A.K. The Birhor. In *The Cambridge Encyclopedia of Hunters and Gatherers* (eds. R.B. Lee & R. Daly), pp. 248-51. Cambridge: Cambridge University Press.

Adovasio, J.M. 1993. The ones that will not go away, a biased view of pre-Clovis populations in the New World. In *From Kostenki to Clovis* (eds. O. Soffer & N.D. Praslov), pp. 199-218. New York: Plenum Press.

Adovasio, J.M. & Pedler, D.R. 1997. Monte Verde and the antiquity of humankind in the Americas. *Antiquity* 71, 573-80.

Adovasio, J.M., Carlisle, R.C., Cushman, K.A., Donahue, J., Guilday, J.E., Johnson, W.C., Lord, K., Parmalee, P.W., Stuckenrath, R. & Wiegman, P.W. 1985. Palaeoenvironmental reconstruction at Meadowcroft Rockshelter, Washington County, Pennsylvania. In *Environments and Extinctions: Man in Late Glacial North America* (eds. J.I. Mead & D.J. Meltzer), pp. 73-110. Orono, ME: Centre for the Study of Early Man.

Adovasio, J.M., Donahue, J. & Stuckenrath, R. 1990. The Meadowcroft Rockshelter radiocarbon chronology 1975-1990. *American Antiquity* 55, 348-54.

Adovasio, J.M., Gunn, J.D., Donahue, J. & Stuckenrath, R. 1978. Meadowcroft Rockshelter, 1977: An overview. *American Antiquity* 43, 632-51.

Ahlbäck, T. (ed.) 1987. *Saami Religion*. Uppsala.

Ahn, S.M. 1992. *Origin and differentiation of domesticated rice in Asia — a review of archaeological and botanical evidence*. Unpublished Ph.D. dissertation, Institute of Archaeology, University College London.

Aikens, C.M. 1995. First in the world: The Jomon pottery of early Japan. In *The Emergence of Pottery: Technology and Innovation in Ancient Societies* (eds. W.K. Barnett & J.W. Hoopes), pp. 11-21. Washington: Smithsonian Institution Press.

Aikens, C.M. & Higuchi, T. 1982. *Prehistory of Japan*. New York: Academic Press.

Akazawa, T. 1986. Regional variation in procurement systems of Jomon hunter-gatherers. In *Prehistoric Hunter-Gatherers in Japan: New Research Methods* (eds. T. Akazawa & C.M. Aikens), pp. 73-89. Tokyo: University of Tokyo Press.

Albrethsen, S.E. & Brinch Petersen, E. 1976. Excavation of a Mesolithic cemetery at Vedbæk, Denmark. *Acta Archaeologica* 47, 1-28.

Alciati, G., Cattani, L., Fontana, F., Gerhardinger, E., Guerreschi, A., Milliken, S., Mozzi, P. & Rowley-Conwy, P. 1993. Mondeval de Sora: A high altitude Mesolithic campsite in the Italian Dolomites. *Preistoria Alpina* 28, 351-66.

Aldenderfer, M. 1998. *Montane Foragers. Asana and the South-Central Andean Archaic*. Iowa City: University of Iowa Press.

Allchin, B. & Allchin, F.R. 1982. *The Rise of Civilization in India and Pakistan*. Cambridge: Cambridge University Press.

Allchin, F.R. 1963. *Neolithic Cattle Keepers of South India*. Cambridge: Cambridge University Press.

Allen, H. 1989. Late Pleistocene and Holocene settlement patterns and environment, Kakadu, Northern Territory, Australia. *Indo-Pacific Prehistory Association Bulletin* 9, 92-117.

Allen, J. (ed.) 1996. *Report of the Southern Forests Archaeological Project*, Vol. 1. Bundoora: School of Archaeology, La Trobe University.

Alley, R.B., Mayewski, P.A., Sowers, T., Stuiver, M., Taylor, K.C. & Clark, P.U. 1997. Holocene climatic instability: A prominent widespread event at 8,200 years ago. *Geology* 25, 483-6.

Ames, K.M. & Maschner, H.D.G. 1999. *Peoples of the Northwest Coast: Their Archaeology and Prehistory*. London: Thames & Hudson.

Ammerman, A.J. & Cavalli-Sforza, L.L. 1979. The wave of advance model for the spread of agriculture in Europe. In *Transformations: Mathematical Approaches to Culture Change* (eds. C. Renfrew & K.L. Cooke), pp. 275-94. New York: Academic Press.

Ammerman, A.J. & Cavalli-Sforza, L.L. 1984. *The Neolithic Transition and the Genetics of Population in Europe*. Princeton NJ: Princeton University Press.

Anagnostis, A. 1989. *The Palaeopathological Evidence, Indicators of Stress of the Shanidar Proto-Neolithic and the Ganj Dareh Early Neolithic Human Skeletal Collections.* Unpublished Ph.D. thesis, Columbia University, NY.

Andersen, S.H. 1978. Aggersund. En Ertebølleboplads ved Limfjorden. *Kuml* 1978, 7-56.

Andersen, S.H. 1985. Tybrind Vig. A preliminary report on a submerged Ertebølle settlement on the west coast of Fyn. *Journal of Danish Archaeology* 4, 52-69.

Andersen, S.H. 1987. Mesolithic dug-outs and paddles from Tybrind Vig, Denmark. *Acta Archaeologica* 57, 87-106.

Andersen, S.H. 1994. Ringkloster: Ertebølle trappers and wild boar hunters in eastern Jutland. *Journal of Danish Archaeology* 12, 13-59.

Andersen, S.H. 1995. Coastal adaptation and marine exploitation in Late Mesolithic Denmark – with special emphasis on the Limfjord region. In *Man & Sea in the Mesolithic* (ed. A. Fischer), pp. 41-66. Oxford: Oxbow Monograph, No. 53.

Andersen, S.H. & Johansen, E. 1986. Ertebølle revisited. *Journal of Danish Archaeology* 5, 31-61.

Anderson, D.D. 1990. *Lang Rongrien Rockshelter: A Pleistocene-Early Holocene Archaeological Site from Krabi, Southwestern Thailand.* Philadelphia: The University Museum, University of Pennsylvania.

Anderson, D.G. & Gillam, J.C. 2000. Paleoindian colonization of the Americas: Implications from an examination of physiography, demography and artifact distribution. *American Antiquity* 65, 43-66.

Anderson, P. 1991. Harvesting of wild cereals during the Natufian as seen from the experimental cultivation and harvest of wild einkorn wheat and microwear analysis of stone tools. In *The Natufian Culture in the Levant* (eds. O. Bar-Yosef & F.R. Valla), pp. 521-6. Ann Arbor, MI: International Monographs in Prehistory.

Andresen, J.M., Byrd, B.F., Elson, M.D., McGuire, R.H., Mendoza, R.G., Staski, E. & White, J.P. 1981. The deer hunters: Star Carr reconsidered. *World Archaeology* 13, 31-46.

Andrews, M.V., Beck, R.B., Birks, H.J.B., Gilbertson, D.D. & Switsur, V.R. 1987. The past and present vegetation of Oronsay and Colonsay. In *Excavations on Oronsay* (ed. P. Mellars), pp. 52-77. Edinburgh: Edinburgh University Press.

Asouti, E. & Fairbairn, A. 2001. Subsistence economy in Central Anatolia during the Neolithic: The archaeobotanical evidence. In *The Neolithic of Central Anatolia* (eds. F. Gerard & L. Thissen), pp. 181-92. Istanbul: Yayinlari.

Atkinson, T.C., Briffa, K.R., & Coope, G.R. 1987. Seasonal temperatures in Britain during the past 22,000 years, reconstructed using beetle remains. *Nature* 325, 587-92.

Audouze, F. 1987. The Paris Basin in Magdalenian times. In *The Pleistocene Old World* (ed. O. Soffer), pp. 183-200. New York: Plenum Press.

Audouze, F. & Enloe, J. 1991. Subsistence strategies and economy in the Magdalenian of the Paris Basin, France. In *The Late Glacial in North-West Europe: Human Adaptation and Environmental Change at the End of the Pleistocene* (eds. N. Barton, A.J. Roberts & D.A. Roe), pp. 63-71. London: Council for British Archaeology, Research Report No. 77.

Bader, N.O. 1993a. Tell Maghzaliyah: An early Neolithic site in northern Iraq. In *Early Stages in the Evolution of Mesopotamian Civilization. Soviet Excavations in Northern Iraq* (eds. N. Yoffee & J.J. Clarke), pp. 7-40. Tucson: University of Arizona Press.

Bader, N.O. 1993b. Summary of the Earliest Agriculturalists of Northern Mesopotamia (1989). In *Early Stages in the Evolution of Mesopotamian Civilization. Soviet Excavations in Northern Iraq* (eds. N. Yoffee & J.J. Clarke), pp. 63-71. Tucson: University of Arizona Press.

Bader, N.O. 1993c. The early agricultural settlement of Tell Sotto. In *Early Stages in the Evolution of Mesopotamian Civilization. Soviet Excavations in Northern Iraq* (eds. N. Yoffee & J.J. Clarke), pp. 41-54. Tucson: University of Arizona Press.

Bader, N.O. 1993d. Results of the excavations at the early agricultural site of Kültepe in northern Iraq. In *Early Stages in the Evolution of Mesopotamian Civilization. Soviet Excavations in Northern Iraq* (eds. N. Yoffee & J.J. Clarke), pp. 55-61. Tucson: University of Arizona Press.

Bahn, P. 1984. *Pyrenean Prehistory.* Warminster: Aris & Phillips.

Bahn, P. 1991. Dating the first Americans. *New Scientist* 131, 26-8.

Bahn, P. & Couraud, C. 1984. Azilian pebbles: An unsolved mystery. *Endeavour* 8, 156-8.

Bahn, P. & Vertut, J. 1997. *Journey Through the Ice Age.* London: Weidenfeld & Nicolson.

Bailey, R., Head, G., Jerike, M., Owen, B., Rechtman, R. & Zechenter, E. 1989. Hunting and gathering in the tropical rainforest: Is it possible? *American Anthropologist* 91, 59-82.

Baird, D., Garrard, A., Martin, L. & Wright, K. 1992. Prehistoric environment and settlement in the Azraq basin: An interim report on the 1989 excavation season. *Levant* XXIV, 1-31.

Balkan-Atli, Binder, D., Cauvin, M.C. 1999. Obsidian: Sources, workshops and trade in Central Anatolia. In *Neolithic in Turkey. The Cradle of Civilization, New Discoveries* (eds. M. Özdoğan & N. Başgelen), pp. 133-46. Istanbul: Arkeoloji ve Sanat Yayinlari.

Bamforth, D.R. 1988. *Ecology and Human Organization on the Great Plains.* New York: Plenum Press.

Banning, E.B. & Byrd, B.F. 1987. Houses and changing residential unit: Domestic architecture at PPNB 'Ain Ghazal. *Proceedings of the Prehistoric Society* 53, 309-25.

Banning, E.B., Rahimi, D., & Siggers, J. 1994. The late Neolithic of the southern Levant: Hiatus, settlement shift or observer bias? The perspective from Wadi Ziqlab. *Paléorient* 20, 151-64.

Bard, E., Hamelin, B., & Fairbanks, R.G. 1990. U-Th ages obtained by mass spectrometry in corals from Barbados: Sea level during the past 130,000 years. *Nature* 346, 456-8.

Barham, A.J. & Harris, D.R. 1983. Prehistory and palaeoecology of Torres Strait. In *Quaternary Coastlines and Marine Archaeology: Towards a Prehistory of Land Bridges and Continental Shelves* (eds. P.M. Masters & N.C. Fleming), pp. 529-57. London: Academic Press.

Barham, A.J. & Harris, D.R. 1985. Relict field systems in the Torres Strait region. In *Prehistoric Agriculture in the Tropics* (ed. I.S. Farrington), pp. 247-83. Oxford: British Archaeological Reports, International Series, 232.

Barich, B.E. 1987. *Archaeology and Environment in the Libyan Sahara. The Excavations in the Tadrat Acacus,* 1978-83. Oxford: British Archaeological Reports, International Series 368.

Barich, B.E. 1992. Holocene communities of western and central Sahara: A reappraisal. In *New Lights on the Northeast African Past* (eds. F. Klees & R. Kuper), pp. 185-204. Africa Praehistorica 5. Köln: Heinrich-Barth Institut.

Baring-Gould, S. 1905. *A Book of the Riviera.* London: Methuen.

Barker, G. 1985. *Prehistoric Farming in Europe.* Cambridge: Cambridge University Press.

Barnes, G. & Reynolds, T. 1984. The Palaeolithic of Japan: A Review. *Proceedings of the Prehistoric Society* 50, 49-62.

Baruch, U. & Bottema, S. 1991. Palynological evidence for climatic changes in the Levant ca. 17,000-9,000 BP. In *The Natufian Culture in the Levant* (eds. O. Bar-Yosef & F. Valla), pp. 11-20. Ann Arbor, MI: International Monographs in Prehistory.

Barut, S. 1994. Middle and Later Stone Age lithic technology and land use in East African savannas. *African Archaeological Review* 12, 43-70.

Bar-Yosef, D.E. 1989. Late Palaeolithic and Neolithic marine shells in the southern Levant as cultural markers. In *Shell Bead Conference* (ed. C.F. Hayes), pp. 167-74. Rochester, NY: Rochester Museum and Science Centre.

Bar-Yosef, D.E. 1991. Changes in the selection of marine shells from the Natufian to the Neolithic. In *The Natufian Culture in the Levant* (eds. O. Bar-Yosef & F. Valla), pp. 629-36. Ann Arbor, MI: International Monographs in Prehistory.

Bar-Yosef, O. 1991. The archaeology of the Natufian layer at Hayonim Cave. In *The Natufian Culture in the Levant* (eds. O. Bar-Yosef & F. Valla), pp. 81-93. Ann Arbor, MI: International Monographs in Prehistory.

Bar-Yosef, O. 1996. The walls of Jericho: An alternative explanation. *Current Anthropology* 27, 157-62.

Bar-Yosef, O. 1998a. The Natufian culture in the Levant, theshold to the origins of agriculture. *Evolutionary Anthropology* 6, 159-77.

Bar-Yosef, O. 1998b. Jordan prehistory: A view from the west. In *The Prehistoric Archaeology of Jordan* (ed. D.O. Henry), pp. 162-74. Oxford: British Archaeological Reports, International Series, 705.

Bar-Yosef, O. & Alon, D. 1988. Excavations in Nahal Hemar cave. *'Atiqot* 18, 1-30.

Bar-Yosef, O. & Belfer-Cohen, A. 1989. The origins of sedentism and farming communities in the Levant. *Journal of World Prehistory* 3, 477-98.

Bar-Yosef, O. & Belfer-Cohen, A. 1998. Natufian imagery in perspective. *Rivista di Scienze Preistoriche* XLIL, 247-63.

Bar-Yosef, O. & Belfer-Cohen, A. 1999. Encoding information: Unique Natufian objects from Hayonim Cave, western Galilee, Israel. *Antiquity* 73, 402-10.

Bar-Yosef, O. & Gopher, A. 1997. Discussion. In *An Early Neolithic Village in the Jordan Valley. Part I: The Archaeology of Netiv Hagdud* (eds. O. Bar-Yosef & A. Gopher), pp. 247-66. Cambridge, MA: Peabody Museum of Archaeology and Ethnology, Harvard University.

Bar-Yosef, O. & Gopher, A. (eds.) 1997. *An Early Neolithic Village in the Jordan Valley. Part I. The Archaeology of Netiv Hagdud*. Cambridge, MA: Peabody Museum of Archaeology and Ethnology, Harvard University.

Bar-Yosef, O., Gopher, A. & Nadel, D. 1987. The 'Hagdud Truncation' – a new tool type from the Sultanian industry at Netiv Hagdud, Jordan Valley. *Mitekufat Haeven* 20, 151-7.

Bar-Yosef, O. & Meadow, R.H. 1995. The origins of agriculture in the Near East. In *Last Hunters-First Farmers: New Perspectives on the Transition to Agriculture* (eds. T.D. Price & A.B. Gebauer), pp. 39-94. Santa Fe, NM: School of American Research Press.

Bar-Yosef, O. & Schick, T. 1989. Early Neolithic organic remains from Nahal Hemar Cave. *National Geographic Research* 5, 176-90.

Bar-Yosef, O. & Valla, F.R. (eds.) 1991. *The Natufian Culture in the Levant*. Ann Arbor, MI: International Monographs in Prehistory.

Basak, B. 1997. Microlithic sites in the Tarafeni Valley, Midnapur District, West Bengal: A discussion. *Man and Environment* XXII, 12-28.

Baxter Riley, E. 1923. Dorro head hunters. *Man* 23, 33-5.

Bayliss-Smith, T. 1996. People-plant interactions in the New Guinea highlands: Agricultural heartland or horticultural backwater? In *The Origin and Spread of Agriculture and Pastoralism in Eurasia* (ed. D.R. Harris), pp. 499-523. London: University College London Press.

Beck, C. & Jones, G.T. 1997. The terminal Pleistocene/Early Holocene archaeology of the Great Basin. *Journal of World Prehistory* 11, 161-236.

Belfer-Cohen A. 1988. The Natufian graveyard in Hayonim Cave. *Paléorient* 14, 297-308.

Belfer-Cohen, A. 1991. Art items from layer B, Hayonim Cave: A case study of art in a Natufian context. In *The Natufian Culture in the Levant* (eds. O. Bar-Yosef & F.R. Valla), pp. 569-88. Ann Arbor, MI: International Monographs in Prehistory.

Belfer-Cohen, A. 1995. Rethinking social stratification in the Natufian culture: The evidence from burials. In *The Archaeology of Death in the Ancient Near East* (eds. S. Campbell & A. Green), pp. 9-16. Oxford: Oxbow Books, Monograph No. 51.

Belfer-Cohen, A., Schepartz, A. & Arensburg, B. 1991. New biological data for the Natufian populations in Israel. In *The Natufian Culture in the Levant* (eds. O. Bar-Yosef & F. Valla), pp. 411-

24. Ann Arbor, MI: International Monographs in Prehistory.

Belitzky, S. & Nadel, D. 2002. The Ohalo II Prehistoric camp (19.5 Ky): New evidence for environmental and tectonic changes at the Sea of Galilee. *Geoarchaeology* 17, 453-64.

Bellwood, P. 1996. The origin and spread of agriculture in the Indo-Pacific region: gradualism and diffusion or revolution and colonisation. In *The Origin and Spread of Agriculture and Pastoralism in Eurasia* (ed. D.R. Harris), pp. 465-98. London: University College London Press.

Bellwood, P. 1997. *Prehistory of the Indo-Malaysian Archipelago*. Rev. ed. Honolulu: University of Hawaii Press.

Beltrán, A. 1999. *The Cave of Altamira*. New York: Harry N. Abrams Inc.

Bender, B. 1978. Gatherer-hunter to farmer: A social perspective. *World Archaeology* 10, 204-22.

Bennike, P. 1995. *Palaeopathology of Danish Skeletons*. Copenhagen: Akademisk Forlag.

Benze, B.F. 2001. Archaeological evidence of teosinte domestication from Guilá Naquitz, Oaxaca. *Proceedings of the National Academy of Sciences* 98, 2104-6.

Berreman, G. 1999. The Tasaday controversy. In *The Cambridge Encyclopedia of Hunters and Gatherers* (eds. R.B. Lee & R. Daly), pp. 457-64. Cambridge: Cambridge University Press.

Betts, A. 1989. The Pre-Pottery Neolithic B in eastern Jordan. *Paléorient* 15, 147-53.

Betts, A. 1998. The Black Desert survey. Prehistoric sites and subsistence strategies in eastern Jordan. In *Prehistory of Jordan. The State of Research in 1986* (eds. A. Garrard & H. Gebel), pp. 369-91. Oxford: British Archaeological Reports, International Series 396.

Binford, L. 1968. Post-Pleistocene adaptations. In *New Perspectives in Archaeology* (eds. S. Binford & L. Binford), pp. 313-42. Chicago: Aldine.

Binford, L. 1978. *Nunamiut Ethnoarchaeology*. New York: Academic Press.

Bird, J.B. 1938. Antiquity and migrations of the early inhabitants of Patagonia. *Geographical Review* 28, 250-75.

Bird-David, N. 1999. The Nayaka of the Wynaad, South India. In *The Cambridge Encyclopedia of Hunters and Gatherers* (eds. R.B. Lee & R. Daly), pp. 257-60. Cambridge: Cambridge University Press.

Birdsell, J.B. 1958. On population structure in generalized hunting and collecting populations. *Evolution* 12, 189-205.

Birket-Smith, K. 1959. *The Eskimos*. 2nd edn. London: Methuen & Co. Ltd.

Bishop, J.F. 1899. *The Yangtze River and Beyond*. London: John Murray.

Björck, S. 1995. Late Weichselian to Early Holocene development of the Baltic sea – with implications for coastal settlement in the southern Baltic region. In *Man & Sea in the Mesolithic* (ed. A. Fischer), pp. 23-34. Oxford: Oxbow Monograph 53.

Blench, R.M. & K.C. MacDonald, (eds) 2000. *The Origins and Development of African Livestock. Archaeology, Genetics, Linguistics and Ethnography*. London: University College London Press.

Bokelmann, K. 1991. Some new thoughts on old data on humans and reindeer in the Ahrensburgian Tunnel Valley in Schleswig-Holstein, Germany. In *The Late Glacial in North-West Europe: Human Adaptation and Environmental Change, at the End of the Pleistocene* (eds. N. Barton, A.J. Roberts & D.A. Roe), pp. 72-81 London: Council for British Archaeology, Research Report No. 77.

Bonatto, S.L. & Salzano, F.M. 1997. Diversity and age of the four major haplogroups, and their implications for the peopling of the New World. *American Journal of Human Genetics* 61, 1413-23.

Bonnichsen, R. & Gentry Steele, D. 1984. Introducing First American Research. In *Method and Theory for Investigating the Peopling of the Americas* (eds. R. Bonnichsen and D. Gentry Steele), pp. 1-6. Corvallis, OR: Centre for the Study of the First Americans.

Bonsall, C. (ed.) 1989. *The Mesolithic in Europe*. Edinburgh: Edinburgh University Press.

Borlaug, N. 2000. Ending world hunger. The promise of biotechnology and the threat of anti-science zealotry. *Plant Physiology* 124, 487-90.

Borrero, L.A. 1996. The Pleistocene-Holocene transition in southern South America. In *Humans at the End of the Ice Age* (eds. L.G. Straus, B.V. Eriksen, J.M. Erlandson & D.R. Yesner), pp. 339-54. New York: Plenum Press.

Bosinski, G. 1984. The mammoth engravings of the Magdalenian site of Gönnersdorf (Rhineland, Germany). In *La Contribution de la Zoologie et de l'Ethologie a l'Interprétation de l'Art des Peuples Chasseurs Préhistorique* (eds. H.-G. Bandi et al.), pp. 295-322. Fribourg: Editions Universitaires.

Bosinski, G. 1991. The representation of female figures in the Rhineland Magdalenian. *Proceedings of the Prehistoric Society* 57, 51–64.

Bosinski, G. & Fischer, G. 1974. *Die Menschendarstellungen von Gönnersdorf der Ausgrabung von 1968*. Steiner: Wiesbaden.

Boucher, D.H. 1999. *The Paradox of Plenty: Hunger in a Bountiful World*. Oakland, CA: Food First Books.

Bowdler, S. 1984. Hunter Hill, Hunter Island. *Terra Australis* 8, Canberra: Prehistory Department, Australian National University.

Bowers, J.K. & Chesire, P. 1983. *Agriculture, The Countryside and Land Use*. London: Methuen.

Bowman, S. 1990. *Radiocarbon Dating*. London: British Museum Publications.

Boyd, B. 1995. Houses and hearths, pits and burials: Natufian mortuary practices at Mallaha (Eyan), Upper Jordan Valley. In *The Archaeology of Death in the Ancient Near East* (eds. S. Campbell & A. Green), pp. 17-23. Oxford: Oxbow Books, Monograph No. 51.

Bradley, D.G., MacHugh, D.E., Cunningham, P., Loftus, R.T. 1996. Mitochrondial diversity and the origins of African and European cattle. *Proceedings of the National Academy of Sciences USA* 93, 5131-5.

Bradley, R. 1997. Domestication as state of mind. *Analecta Praehistorica Leidensa* 29, 13-17.

Bradley, R. 1998. *The Significance of Monuments*. London: Routledge.

Braidwood, L., Braidwood, R., Howe, B., Reed, C. & Watson, P.J. (eds.) 1983. *Prehistoric Archaeology along the Zagros Flanks*. Chicago: The University of Chicago Oriental Institute Publication, Vol. 105.

Brantingham, P.J., Olsen, J.W. & Schaller, G.B. 2001. Lithic assemblages from the Chang Tang region, Northern Tibet. *Antiquity* 75, 319-27.

Bratlund, B. 1991. A study of hunting lesions containing flint fragments on reindeer bones at Stellmoor, Schleswig-Holstein, Germany. In *The Late Glacial in North-West Europe: Human Adaptation and Environmental Change at the End of the Pleistocene* (eds. N. Barton, A.J. Roberts & D.A. Roe), pp. 193-207. London: Council for British Archaeology, Research Report No. 77.

Bratlund, B. 1996. Hunting strategies in the late glacial of northern Europe: A survey of the faunal evidence. *Journal of World Prehistory* 10, 1-48.

Breuil, H. 1952. *Four Hundred Centuries of Cave Art*. Centre d'Etudes et de Documentation Préhistoriques: Montignac.

Brewer, D.J. 1989. *Fishermen, Hunters and Herders. Zooarchaeology in the Fayum, Egypt (ca. 8200-5000 bp)*. Oxford: British Archaeological

Reports, International Series 478.

Brey, H. & Muller, C. 1992. *Cyprus, Insight Guide.* London: APA Publications (HK) Ltd.

Brinch Petersen. E. 1990. Nye grave fra jæger-stenaldren, Strøby Egede og Vedbæk. *Nationalmuseets Arbejdsmark* 1990, 19-33.

Broecker, W.S. & Denton, G.H. 1990. What drives glacial cycles? *Scientific American*, Jan. 1990, 43-50.

Broecker, W.S., Kennett, J.P., Flower, B.P., Teller, J.T., Trumboe, S., Bonani, G. & Wolfli, W. 1989. Routing of meltwater from the Laurentide ice sheet during the Younger Dryas cold episode. *Nature* 341, 318-21.

Broodbank, C. & Strasser, T.F. 1991. Migrant farmers and the Neolithic colonization of Crete. *Antiquity* 65, 233-45.

Brooks, A.S. & Robertshaw, P. 1990. The glacial maximum in tropical Africa: 22,000-12,000 BP. In *The World at 18,000 BP, Vol. Two, Low Latitudes* (eds. C. Gamble & O. Soffer), pp. 121-69. London: Unwin Hyman.

Brosius, J.P. 1986. River, forest and mountain: The Penan Gang landscape. *Sarawak Museum Journal* 36, 173-84.

Brosius, J.P. 1991. Foraging in tropical rainforests: The case of the Penan of Sarawak, east Malaysia (Borneo). *Human Ecology* 19, 123-50.

Brosius, J.P. 1999. The Western Penan of Borneo. In *The Cambridge Encyclopedia of Hunters and Gatherers* (ed. R.B. Lee & R. Daly), pp. 312-16. Cambridge: Cambridge University Press.

Brothwell, D. 1975. Possible evidence of a cultural practice affecting head growth in some Late Pleistocene East Asian and Australasian populations. *Journal of Archaeological Science* 2, 75-77.

Brothwell, D. & Shaw, T. 1971. A late Upper Pleistocene proto-West African Negro from Nigeria. *Man* (N.S.) 6, 221-7.

Browman, D.L. 1989. Origins and development of Andean pastoralism: an overview of the past 6000 years. In *The Walking Larder* (ed. J. Clutton-Brock), pp. 256-68. London: Unwin Hyman.

Brown, J.A. & Vierra, R.K. 1983. What happened in the Middle Archaic? Introduction to an ecological approach to Koster Site archaeology. In *Archaic Hunters and Gatherers in the American Midwest* (eds. J.L. Phillips & J.A. Brown), pp. 165-96. New York: Academic Press.

Brown. M.D., Hosseini, S.H., Torroni, A., Bandelt, H.-S., Allen, J.C., Schurr, T.G., Scozzari, R., Cruciani, F. & Wallace, D.C. 1998. MtDNA haplogroup X: an ancient link between Europe/West Asia and North America? *American Journal of Human Genetics* 63, 1852-61.

Brown, P. 1981. Artificial cranial deformation: a component in the variation in Pleistocene Australian Aboriginal crania. *Archaeology in Oceania* 16, 156-67.

Bryan, A.L. 1991. The fluted-point tradition in the Americas – one of several adaptations to Late Pleistocene American environments. In *Clovis: Origins and Adaptations* (eds. R. Bonnichsen & K.L. Turnmire), pp. 15-34. Corvallis, OR: Centre for the Study of the First Americans.

Buchanan, W.F. 1988. *Shellfish in Prehistoric Diet, Elands Bay, S.W. Cape Coast, South Africa.* Oxford: British Archaeological Reports, International Series 455.

Buikstra, J.E. 1981. Mortuary practices, palaeodemography and paleopathology: a case study from the Koster site (Illinois). In *The Archaeology of Death* (eds. R. Chapman, I. Kinnes & K. Randsborg), pp. 123-32. Cambridge: Cambridge University Press.

Bunimovitz, S. & Barkai, R. 1996. Ancient bones and modern myths: Ninth millennium BC hippopotamus hunters at Akrotiri Aetokremnos, Cyprus. *Journal of Mediterranean Archaeology* 9, 85-96.

Bunn, H.T., Bartram, L.E., & Kroll, E.M. 1988. Variability in bone assemblage formation from Hadza hunting, scavenging, and carcass processing. *Journal of Anthropological Archaeology* 7, 412-57.

Bunting, M.J., Davies, A., Edwards, K. & Keith-Lucas, M. 2000. A palaeoecological investigation of the vegetational and environmental history of the Loch Gorm area, Northwest Islay. In *Hunter-Gatherer Landscape Archaeology, The Southern Hebrides Mesolithic Project 1988-98*, Vol. 1. (ed. S. Mithen), pp. 137-48. Cambridge: McDonald Institute for Archaeological Research.

Burov, G.M. 1998. The use of vegetable materials in the Mesolithic of Northeast Europe. In *Harvesting the Sea, Farming the Forest* (eds. M. Zvelebil, R. Dennell & L. Domańska), pp. 53-64. Sheffield: Sheffield Academic Press.

Byrd, B.F. 1989. *The Natufian Encampment at Beidha: Late Pleistocene Adaptations in the Southern Levant.* Aarhus: Denmark, Jutland Archaeological Society Publications, Vol. 23.

Byrd, B.F. 1994. Public and private, domestic and corporate: The emergence of the southwest Asian village. *American Antiquity* 59, 639-66.

Byrd, B.F. 2000. Households in transition: Neolithic social organization within southwest Asia. In

Life in Neolithic Farming Communities. Social Organization, Identity and Differentiation (ed, I. Kuijt), pp. 63-102. New York: Kluwer/Plenum Publications.

Byrd, B.F. & Banning, E.B. 1988. Southern Levantine pier houses: Intersite architectural patterning during the Pre-Pottery Neolithic B. *Paléorient* 14, 65-72.

Byrd, B.F. & Colledge, S.M. 1991. Early Natufian occupation along the edge of the southern Jordanian steppe. In *The Natufian Culture in the Levant* (eds. O. Bar-Yosef & F. Valla), pp. 265-76. Ann Arbor, MI: International Monographs in Prehistory.

Byrd, B.F. & Monahan, C.M. 1995. Death, mortuary ritual and Natufian social structure. *Journal of Anthropological Archaeology* 14, 251-87.

Cagnolo, I.M.C. 1933. *The Akikuyu, Their Customs, Traditions and Folklore.* Nyeri: Catholic Mission of the Consolata Fathers.

Campana, D.V. & Crabtree, P.J. 1990. Communual hunting in the Natufian of the southern Levant: The social and economic implications. *Journal of Mediterranean Archaeology* 3, 223-43.

Campbell, I.D., Campbell, C. Apps, M.J., Rutter, N.W., Bush, A.B.G. 1998. Late Holocene ~ 1500-year climatic periodicities and their implications. *Geology* 26, 471-3.

Campbell, J.B. 1977. *The Upper Palaeolithic of Britain. A Study of Man and Nature, during the Late Ice Age.* Oxford: Clarendon Press.

Cannon, A. 1996. The Early Namu archaeofauna. In *Early Human Occupation in British Columbia* (eds. R.L. Carlson & L.D. Bona), pp. 103-10. Vancouver: University of British Columbia Press.

Cannon, A. 2000. Settlement and sea-levels on the central coast of British Columbia: evidence from shell midden cores. *American Antiquity* 65, 67-77.

Caratini, C. & Tissot, C. 1988. Palaeogeographic evolution of the Mahakom Delta in Kalimanatan, Indonesia. *Review of Palaeobotany and Palynology* 55, 217-28.

Carlson, R.L. 1996. Early Namu. In *Early Human Occupation in British Columbia* (eds. R.L. Carlson & L.D. Bona), pp. 83-102. Vancouver: University of British Columbia Press.

Cartwright, C. & Parkington, J.E. 1997. The wood charcoal assemblages from Elands Bay Cave, southwestern Cape: Principles, procedures and preliminary interpretation. *South African Archaeological Bulletin* 52, 59-72.

Cassells, E.S. 1983. *The Archaeology of Colorado.* Boulder, CO: Johnson Publishing.

Caton-Thompson, G. & Gardner, E.W. 1934. *The Desert Fayum.* London: The Royal Anthropological Institute of Great Britain and Ireland.

Cauvin, J. 1977. Les fouilles de Mureybet (1971-1974) et leur significance pour les origines de la sedentarisation au Proche-Orient. *Annual of the American Schools of Oriental Research* 44, 19-48.

Cauvin, J. 2000. *The Birth of the Gods and the Origins of Agriculture.* Cambridge: Cambridge University Press.

Cavalli-Sforza, L.L., Menozzi, P., & Piazza, A. 1994. *History and Geography of Human Genes.* Princeton, NY: Princeton University Press.

Cavalli-Sforza, L.L. & Minch, E. 1997. Paleolithic and Neolithic lineages in the European mitochondrial gene pool. *American Journal of Human Genetics* 19, 233-57.

Cessford, C. 2001. A new dating sequence for Çatalhöyük. *Antiquity* 75, 717-25.

Chagnon, N. 1988. Life histories, blood revenge and warfare in a tribal population. *Science* 239, 985-92.

Chagnon, N. 1997. *Yanomamö.* Oxford: Harcourt Brace (5th edn).

Chakrabarti, D. 1999. *India, An Archaeological History.* Oxford: Oxford University Press.

Champion, S. 1998. Women in British Archaeology, visible and invisible. In *Excavating Women. A History of Women in European Archaeology* (eds. M. Diaz-Andreu & M.L.S. Sørenson), pp. 175-97. London: Routledge.

Chapman, J. 1989. Demographic trends in neothermal south-east Europe. In *The Mesolithic in Europe* (ed. C. Bonsall), pp. 500-15. Edinburgh: John Donald.

Charles, R. 1993. Evidence for faunal exploitation during the Belgian lateglacial: recent research on the Dupont collection from the Trou de Chaleux. In *Exploitation des Animaux Sauvages à Travers le Temps*, pp. 103-14. Juan-les-Pins: XIIIe Recontres Internationales d'Archéologie et d'Histoire d'Antibes IVe Colloque international de l'Homme et l'Animal, Société de Recherche Inter-disciplinaire Éditions APDCA.

Charles, R. 1996. Back in the north: The radiocarbon evidence for the human recolonisation of the north-west Ardennes after the last glacial maximum. *Proceedings of the Prehistoric Society* 62, 1-19.

Charles, R. & Jacobi, R.M. 1994. The lateglacial fauna from the Robin Hood Cave, Creswell Crags: A re-assessment. *Oxford Journal of Archaeology*

13, 1-32.

Chase, P. 1989. How different was Middle Palaeolithic subsistence? A zooarchaeological approach to the Middle Upper Palaeolithic transition. In *The Human Revolution* (eds. P. Mellars & C. Stringer), pp. 321-37. Edinburgh: Edinburgh University Press.

Chatters, J.C. 2000. The recovery and first analysis of an early Holocene human skeleton from Kennewick, Washington. *American Antiquity* 65, 291-316.

Chattopadhyaya, U. 1999. Settlement pattern and the spatial organization of subsistence and mortuary practices in the Mesolithic Ganges Valley, North-Central India. *World Archaeology* 27, 461-76.

Chatwin, B. 1977. *In Patagonia*. London: Jonathan Cape.

Chen, C. & Olsen, J.W. 1990. China at the last glacial maximum. In *The World at 18,000 BP, Vol. 1: High Latitudes* (eds. O. Soffer & C. Gamble), pp. 276-95. London: Unwin Hyman.

Childe, V.G. 1925. *The Dawn of European Civilisation*. London: Kegan Paul.

Childe, V.G. 1928. *The Most Ancient Near East. The Oriental Prelude to European Prehistory*. London: Kegan Paul.

Childe, V.G. 1929. *The Danube in Prehistory*. Oxford: Clarendon Press.

Childe, V.G. 1958. *The Prehistory of European Society*. London: Penguin.

Chippindale, C., Smith, B. & Taçon, P. 2000. Visions of dynamic power: Archaic rock-paintings, altered states of consciousness and 'clever men' in Western Arnhem Land (NT), Australia. *Cambridge Archaeological Journal* 10, 63-101.

Chippindale, C. & Taçon, P. 1998. The many ways of dating Arnhem Land rock art, north Australia. In *The Archaeology of Rock Art* (eds. C. Chippendale & P. Taçon), pp. 90-111. Cambridge: Cambridge University Press.

Chippindale, C. & Taçon, P. (eds) 1998. *The Archaeology of Rock Art*. Cambridge: Cambridge University Press.

Christensen, C., Fischer, A., & Mathiassen, D.R. 1997. The great sea rise in the Storebælt. In *The Danish Storebælt since the Ice Age* (eds. L. Pedersen, A. Fischer & B. Aaby), pp. 45-54. Copenhagen: A/S Storebælt Fixed Link.

Cinq-Mars, J. 1979. Bluefish Cave I: A Late Pleistocene Eastern Beringian cave deposit in the northern Yukon. *Canadian Journal of Archaeology* 3, 1-33.

Clark, G.A. & Neeley, M. 1987. Social differentiation in European Mesolithic burial data. In *Mesolithic North West Europe: Recent Trends* (eds. P. Rowley-Conwy, M. Zvelebil & P. Blankholm), pp. 121-27. Sheffield: Department of Archaeology & Prehistory.

Clark, J.D. & Brandt, S.A. (eds.) 1984. *From Hunters to Farmers: Causes and Consequences of Food Production in Africa*. Berkeley: University of Los Angeles Press.

Clark, J.G.D. 1932. *The Mesolithic Age in Britain*. Cambridge: Cambridge University Press.

Clark, J.G.D. 1936. *The Mesolithic Settlement of Northern Europe*. Cambridge: Cambridge University Press.

Clark, J.G.D. 1954. *Excavations at Star Carr*. Cambridge: Cambridge University Press.

Clark, J.G.D. 1972. *Star Carr: A Case Study in Bioarchaeology*. Addison-Wesley module in Anthropology 10.

Clark, J.G.D. 1975. *The Earlier Stone Age Settlement of Scandinavia*. Cambridge: Cambridge University Press.

Clarke, D. 1976. Mesolithic Europe: The Economic Basis. In *Problems in Economic and Social Archaeology* (eds. G. de G. Sieveking, I.H. Longworth & K.E. Wilson), pp. 449-81. London: Duckworth.

Close, A.E. 1996. Plus ça change: The Pleistocene-Holocene transition in Northeast Africa. In *Humans at the End of the Ice Age* (eds. L.G. Straus, B.V. Eriksen, J.M. Erlandson & D.R. Yesner), pp. 43-60. New York: Plenum Press.

Close, A.E. & Wendorf, F. 1990. North Africa at 18,000 BP. In *The World at 18,000 BP, Vol. Two, Low Latitudes* (eds. C. Gamble & O. Soffer), pp. 41-57. London: Unwin Hyman.

Close, A.E. & Wendorf, F. 1992. The beginnings of food production in the Eastern Sahara. In *Transitions to Agriculture in Prehistory* (eds. A. Gebauer & T.D. Price) pp. 63-72. Madison, WI: Prehistory Press.

Clutton-Brock, J. 1987. *A Natural History of domesticated Animals*. Cambridge: Cambridge University Press & British Museum.

Clutton-Brock, J. 1989. Cattle in ancient North Africa. In *The Walking Larder: Patterns of Domestication, Pastoralism and Predation* (ed. J. Clutton-Brock), pp. 200-6. London: Unwin Hyman.

Clutton-Brock, J. 1995. Origins of the dog: Domestication and early history. In *The Domestic Dog: Its Evolution, Behaviour and Interactions with People* (ed. J. Serpell), pp. 7-20. Cambridge:

Cambridge University Press.

Clutton-Brock, J. 2000. Cattle, sheep, and goats south of the Sahara: An archaeozoological perspective. In *The Origins and Development of African Livestock* (eds. R.M. Blench & K.C. MacDonald), pp. 30-8. London: University College London.

Cohen, M. 1977. *The Food Crisis in Prehistory*. New Haven, CT: Yale University Press.

Coles, B. 1998. Doggerland: A speculative survey. *Proceedings of the Prehistoric Society* 64, 45-81.

Coles, J.M. & Orme, B.J. 1983. *Homo sapiens or Castor fibre? Antiquity* LVII, 95-101.

Colinvaux, P.A. 1986. Plain thinking on Bering land bridge vegetation and mammoth populations. *Quarterly Review of Archaeology* 7, 8-9.

Colinvaux, P.A., De Oliveira, P.E. & Bush, M.B. (2000). Amazonian and neotropical plant communities on glacial time-scales: The failure of the aridity and refuge hypotheses. *Quaternary Science Reviews* 19, 141-69.

Cook, J. 1991. Preliminary report on marked human bones from the 1986-1987 excavations at Gough's Cave, Somerset, England. In *The Late Glacial in North-West Europe: Human Adaptation and Environmental Change at the End of the Pleistocene* (eds. N. Barton, A.J. Roberts & D.A. Roe), pp. 160-8. London: Council for British Archaeology, Research Report No. 77.

Cope, C. 1991. Gazelle hunting strategies in the Natufian. In *The Natufian Culture in the Levant* (eds. O. Bar-Yosef & F. Valla), pp. 341-58. Ann Arbor, MI: International Monographs in Prehistory.

Cordell, L. 1985. *Prehistory of the Southwest*. New York: Academic Press.

Cordy, J.-M. 1991. Palaeoecology of the late glacial and early postglacial of Belgium and neighbouring areas. In *The Late Glacial in North-West Europe. Human Adaptation and Environmental Change at the End of the Pleistocene* (eds. N. Barton, A.J. Roberts & D.A. Roe), pp. 40-7. London: Council for British Archaeology, Research Report No. 77.

Cosgrove, R. 1995. Late Pleistocene behavioural variation and time trends: the case from Tasmania. *Archaeology in Oceania* 30, 83-104.

Cosgrove, R. 1999. Forty-two degrees south: The archaeology of Late Pleistocene Tasmania. *Journal of World Prehistory* 13, 357-402.

Cosgrove, R. & Allen, J. 2001. Prey choice and hunting strategies in the Late Pleistocene: Evidence from Southwest Tasmania. In *Histories of Old*

Ages: Essays in Honour of Rhys Jones (eds. A. Anderson, S. O'Connor & I. Lilley), pp. 397-429. Canberra: Coombs Academic Publishing, Australian National University.

Coudart, A. 1991. Social structure and relationships in prehistoric small-scale sedentary societies: The Bandkeramik groups in Neolithic Europe. In *Between Bands and States* (ed. S.A. Gregg), pp. 395-420. Carbondale: Centre for Archaeological Investigations, Southern Illinois University Occasional Paper No. 9.

Couraud, C. 1985. L'Art Azilien. Origine – Survivance. XXe Supplément à Gallia Préhistoire. Paris: CNRS.

Crabtree, P.J., Campana, D.V., Belfer-Cohen, A. & Bar-Yosef, D.E. 1991. First results of the excavations at Salibiya I, Lower Jordan Valley. In *The Natufian Culture in the Levant* (eds. O. Bar-Yosef & F. Valla), pp. 161-72. Ann Arbor, MI: International Monographs in Prehistory.

Crane, N. 1996. *Clear Waters Rising*. London: Penguin.

Crawford. G.W. & Chen S. 1998. The origins of rice agriculture: Recent progress in East Asia. *Antiquity* 72, 858-66.

Currant, A.P., Jacobi, R.M. & Stringer, C.B. 1989. Excavations of Gough's Cave, Somerset, 1986-87. *Antiquity* 63, 131-6.

Dahl, G. 1979. *Suffering Grass. Subsistence and Society of Waso Borano*. Stockholm: Department of Social Anthropology, University of Stockholm.

D'Anglure, B.S. 1990. Nanook, super-male: The polar bear in the imaginary space and social time of the Inuit of the Canadian Arctic. In *Signifying Animals: Human Meaning in the Natural World* (ed. R. Willis), pp. 178-95. London: Unwin Hyman.

Daniel, G. & Renfrew, C. 1988. *The Idea of Prehistory*. Edinburgh: Edinburgh University Press.

Dansgaard, W., White, J.W.C., Johnsen, S.J. (1989). The abrupt termination of the Younger Dryas climatic event. *Nature* 33, 532-4.

Dark, P. 2000. Revised 'absolute' dating of the early Mesolithic site of Star Carr, North Yorkshire, in light of changes in the Early Holocene tree-ring chronology. *Antiquity* 74, 304-7.

Datan, I. 1993. Archaeological Excavations at Gua Sireh (serian) and Lubang Angin (Gunung Mulu National Park). *Sarawak Museum Journal*, Special Monograph No. 6.

Datta, A. 1991. Blade and blade tool assemblages of the Upper Palaeolithic and Mesolithic periods – A case study from the mid-Kasai Valley in the

Jhargram sub-division of Midnapur district, West Bengal. *Man and Environment* XVI, 23-31.

Datta, A. 2000. The context and definition of Upper Palaeolithic industries in Panchpir, Orissa, India. *Proceedings of the Prehistoric Society* 66, 47-59.

Davis, S.J.M. & Valla, F.R. 1978. Evidence for the domestication of the dog 12,000 years ago in the Natufian of Israel. *Nature* 276, 608-10.

Dawson, A.G. 1992. *Ice Age Earth*. London: Routledge.

Dawson A.G. & Dawson, S. 2000a. Late Quaternary glaciomarine sedimentation in the Rinns of Islay, Scottish Inner Hebrides and the geological origin of flint nodules. In *Hunter-Gatherer Landscape Archaeology, The Southern Hebrides Mesolithic Project 1988-98, Vol. 1* (ed. S. Mithen), pp. 91-7. Cambridge: McDonald Institute for Archaeological Research.

Dawson, S. & Dawson, A.G. 2000b. Late Pleistocene and Holocene relative sea-level changes in Gruinart, Isle of Islay. In *Hunter-Gatherer Landscape Archaeology, The Southern Hebrides Mesolithic Project 1988-98 Vol. 1* (ed. S. Mithen), pp. 99-113. Cambridge: McDonald Institute for Archaeological Research.

Dawson, A.G., Smith, D.E. & Long, D. 1990. Evidence for a Tsunami from a Mesolithic site in Inverness, Scotland. *Journal of Archaeological Science* 17, 509-12.

Dawson, W.H. 1925. *South Africa. People, Places and Problems*. London: Longmans, Green & Co.

Deacon, H.J. 1976. *Where Hunters Gathered. A Study of Holocene Stone Age People in the Eastern Cape*. South African Archaeological Society Monograph Series 1. Cape Town: Claremont.

Deacon, H.J. 1979. Excavations at Boomplaas Cave – A sequence through the Upper Pleistocene and Holocene in South Africa. *World Archaeology* 10, 241-57.

Deacon, H.J. 1993. Planting an idea: An archaeology of Stone Age gatherers in South Africa. *South African Archaeological Bulletin* 48, 86-93.

Deacon, H.J. 1995. Two Late Pleistocene-Holocene archaeological depositories from the Southern Cape, South Africa. *South African Archaeological Bulletin* 50, 121-31.

Deacon, H.J., Deacon. J., Scholtz, A., Thackeray, J.F., Brink, J.S. & Vogel, J.C. 1984. Correlation of palaeoenvironmental data from the Late Pleistocene and Holocene deposits at Boomplaas Cave, Southern Cape. In *Late Cainozoic Palaeoclimates of the Southern Hemisphere* (ed. J. Vogel), pp. 339-51. Rotterdam: Balkema.

Deacon. J. 1987. Holocene and Pleistocene palaeoclimates in the Western Cape. In *Papers in the Prehistory of the Western Cape, South Africa* (eds. J.E. Parkington & M. Hall), pp. 24-32. Oxford: British Archaeological Reports, International Series 332.

Deacon, J. 1990. Changes in the archaeological record in South Africa at 18,000 BP. In *The World at 18,000 B.P., Vol.: Two Low Latitudes* (eds. C. Gamble & O. Soffer), pp. 170-88. London: Unwin Hyman.

Delpech, F. 1983. *Les Faunas du Paléolithique Supérieur dans le Sud Ouest de la France*. Paris: CNRS.

Dennell, R. 1983. *European Economic Prehistory*. London: Academic Press.

Diamond, J. 1997. *Guns, Germs & Steel*. London: Chatto & Windus.

Dikov, N.N. 1996. The Ushki sites, Kamchatka peninsula. In *American Beginnings* (ed. F. West), pp. 244-50. Chicago: University of Chicago Press.

di Lernia, S. 2001. Dismantling dung: Delayed use of food resources among Early Holocene of the Libyan Sahara. *Journal of Anthropological Archaeology* 20, 408-41.

Dillehay, T.D. 1984. A late ice age settlement in southern Chile. *Scientific American* 251, 106-17.

Dillehay, T.D. 1987. By the banks of the Chinchihuapi. *Natural History* 4/87, 8-12.

Dillehay T.D. 1989. *Monte Verde. A Late Pleistocene Settlement in Chile. 1: Palaeoenvironmental and Site Context*. Washington, DC: Smithsonian Institution Press.

Dillehay, T.D. 1991. Disease ecology and initial human migration. In *The First Americans: Search and Research* (eds. T.D. Dillehay & D.J. Meltzer), pp. 231-64. Boca Raton: CRC Press.

Dillehay, T.D. 1992. Humans and proboscideans at Monte Verde, Chile: Analytical problems and explanatory scenarios. In *Proboscidean and Palaeoindian Interactions* (eds. J.W. Fox, C.B. Smith & K.T. Wilkins), pp. 191-210. Waco, TX: Baylor University Press.

Dillehay, T.D. 1997. *Monte Verde. A Late Pleistocene Settlement in Chile. 2: The Archaeological Context*. Washington, DC: Smithsonian Institution Press.

Dillehay, T.D., Calderon, G.A., Politis, G., Beltrao, M.C. 1992. Earliest hunters and gatherers of South America. *Journal of World Prehistory* 6, 145-204.

Dincauze, D.F. 1993. Fluted points in the eastern forests. In *From Kostenki to Clovis* (eds. O. Soffer

& N.D. Praslov), pp. 279-92. New York: Plenum Press.

Dittemore, M. 1983. The soundings at M'lefaat. In *Prehistoric Archaeology along the Zagros Flanks* (eds. L.S. Braidwood, R.J. Braidwood, B. Howe, C.A. Reed & P.J. Watson), pp. 671-92. Chicago: Chicago University Press.

Dodson, J.R., Fullagar, R.K.L., Furby, J.H., Jones, R. & Prosser, I. 1993. Humans and megafauna in a Late Pleistocene environment from Cuddie Springs, northwestern New South Wales. *Archaeology in Oceania* 28, 94-9.

Driver, J.C., Handly, M., Fladmark, K.R., Nelson, D.E., Sullivan, G.M. & Preston, R. 1996. Stratigraphy, radiocarbon dating and culture history of Charlie Lake Cave, British Columbia. *Arctic* 49, 265-77.

Dumont, J.P. 1988. The Tasaday, which and whose? Toward the political economy of an ethnographic sign. *Cultural Anthropology* 3, 261-75.

Dumont, J.V. 1988. *A Microwear Analysis of Selected Artefact Types from the Mesolithic Sites of Star Carr and Mount Sandel.* Oxford: British Archaeological Reports, British Series 187.

Dunbar, J.S. 1991. Resource orientation of Clovis and Suwannee age paleoindian sites in Florida. In *Clovis: Origins and Adaptations* (eds. R. Bonnichsen & K.L. Turnmire), pp. 185-214. Corvallis, OR: Centre for the Study of the First Americans.

Dupree, L. (ed.) 1972. *Prehistoric Research in Afghanistan (1959-1965).* Philadelphia: Transactions of the American Philosophical Society 62.

Echegaray, G.J. 1963. Nouvelles fouilles à El-Khiam. *Revue Biblique* 70, 94-119.

Edwards, D. & O'Connell, J.F. 1995. Broad spectrum diets in arid Australia. *Antiquity* 69, 769-83.

Edwards, K.J. 2000. Vegetation history of the Southern Inner Hebrides during the Mesolithic period. In *Hunter-Gatherer Landscape Archaeology, The Southern Hebrides Mesolithic Project 1988-98, Vol. 1* (ed. S. Mithen), pp. 115-27. Cambridge: McDonald Institute for Archaeological Research.

Edwards, K.J. & Mithen, S.J. 1995. The colonization of the Hebridean islands of western Scotland: Evidence from the palynological and archaeological records. *World Archaeology* 26, 348-61.

Edwards, P.C. 1989. Problems of recognizing earliest sedentism: The Natufian example. *Journal of Mediterranean Archaeology* 2, 5-48.

Edwards, P.C. 1991. Wadi Hammeh 27: An Early Natufian site at Pella. In The *Natufian Culture in the Levant* (eds. O. Bar-Yosef & F. Valla), pp. 123-48. Ann Arbor, MI: International Monographs in Prehistory.

Edwards, P.C. 2000. Archaeology and environment of the Dead Sea plain: Excavations at the PPNA site of ZAD 2. *ACOR Newsletter* 12.2, 7-9.

Edwards, P.C., Bourke, S.J., Colledge, S.M., Head, J. & Macumber, P.G. 1988. Late Pleistocene prehistory in the Wadi al-Hammeh, Jordan Valley. In *The Prehistory of Jordan* (eds. A.N. Garrard & H.G. Gebel), pp. 525-65. British Archaeological Reports, International Series 396.

Edwards, P.C., Meadows, J., Metzger, M.C. & Sayei, G. 2002. Results from the first season at Zahrat adh-Dhra' 2: A new Pre-Pottery Neolithic A site on the Dead Sea plain in Jordan. *Neo-lithics* 1:02, 11-16.

Ehret, C. 1988. Language change and the material correlates of language and ethnic shift. *Antiquity* 62, 564-74.

Endicott, K. 1999. The Batek of peninsular Malaysia. In *The Cambridge Encyclopedia of Hunters and Gatherers* (ed. R.B. Lee & R. Daly), pp. 298-302. Cambridge: Cambridge University Press.

Endicott, K. & Bellwood, P. 1991. The possibility of independent foraging in the rainforest of peninsular Malaysia. *Human Ecology* 19, 151-85.

Enghoff, I. 1986. Freshwater fishing from a sea-coast settlement – The Ertebølle locus classicus revisited. *Journal of Danish Archaeology* 5, 62-76.

Enghoff, I. 1989. Fishing from the stone age settlement of Norsminde. *Journal of Danish Archaeology* 8, 41-50.

Enghoff, I. 1994. Freshwater fishing at Ringkloster, with a supplement of marine fish. *Journal of Danish Archaeology* 12, 99-106.

Enloe, J.G., David, F. & Hare, T.S. 1994. Patterns of faunal processing at section 27 of Pincevent: The use of spatial analysis and ethnoarchaeological data in the interpretation of archaeological site structure. *Journal of Anthropological Archaeology* 13, 105-24.

Enoch-Shiloh, D. & Bar-Yosef, O. 1997. Salibiya IX. In *An Early Neolithic Village in the Jordan Valley. Part 1: The Archaeology of Netiv Hagdud* (eds. O. Bar-Yosef & A. Gopher), pp. 13-40. Cambridge, MA: Peabody Museum of Archaeology and Ethnology, Harvard University.

Environment Agency (2000). *The State of the Environment of England and Wales: The Land.* London: The Stationery Office Ltd.

Esin, U. & Harmankaya, S. 1999. Aşıklı. In *Neolithic in Turkey. The Cradle of Civilization, New Discoveries* (eds. M. Özdoğan & N. Başgelen), pp. 115-32. Istanbul: Arkeoloji ve Sanat Yayinlari.

Evans, R.J. 1997. *In Defence of History*. London: Granta.

Fairweather, A.D. & Ralston, I.B. 1993. The Neolithic timber hall at Balbridie, Grampian region, Scotland: The building, the date and plant macrofossils. *Antiquity* 67, 313-23.

Fermor, P.L. 1986. *Between the Woods and the Water*. London: John Murray.

Fiedel, S.J. 1999. Older than we thought: Implications of corrected dates for Palaeoindians. *American Antiquity* 64, 95-115.

Fiedler, L. & Preuss, J. 1985. Stone tools from the Inner Zaïre Basin (Région de l'equateur, Zaïre). *The African Archaeological Review* 3, 179-87.

Field, J. & Dodson, J. 1999. Late Pleistocene megafauna and archaeology from Cuddie Springs, South-eastern Australia. *Proceedings of the Prehistoric Society* 65, 275-301.

Field, J. et al. (10 authors) 2000. 'Coming back'. Aborigines and archaeologists at Cuddie Springs. *Journal of Public Archaeology* 1, 35-48.

Figgins, J.D. 1927. The antiquity of Man in America. *Natural History* 27, 229-39.

Finlayson, B. 1990. The function of microliths: Evidence from Smittons and Starr, SW Scotland. *Mesolithic Miscellany* 11, 2-6.

Finlayson, B. & Mithen, S.J. 1997. The microwear and morphology of microliths from Gleann Mor, Islay, Scotland. In *Projectile Technology* (ed. H. Knecht), pp. 107-29. New York: Plenum Press.

Finlayson, B. & Mithen, S.J. 2000. The morphology and microwear of microliths from Bolsay Farm and Gleann Mor: A comparative study. In *Hunter-Gatherer Landscape Archaeology, The Southern Hebrides Mesolithic Project 1988-98, Vol 2* (ed. S. Mithen), pp. 589-93. Cambridge: McDonald Institute for Archaeological Research.

Fischer, A. 1982. Trade in Danubian shaft-hole axes and the introduction of Neolithic economy in Denmark. *Journal of Danish Archaeology* 1, 7-12.

Fischer, A. 1990. On being a pupil of a flintknapper 11,000 years ago. A preliminary analysis of settlement organization and flint technology based on conjoined flint artefacts from the Trollesgave site. In *The Big Puzzle: International Symposium on Refitting Stone Artefacts* (eds. E. Cziesla, S. Eickhoff, N. Arts & D. Winter), pp. 447-64. Bonn: Holos.

Fischer, A. (ed.) 1995. *Man & Sea in the Mesolithic*. Oxford: Oxbow Monograph, No. 53.

Fischer, A. 1997. Drowned forests from the stone age. In *The Danish Storebælt Since the Ice Age*

(eds. L. Pedersen, A. Fischer & B. Aaby), pp. 29-36. Copenhagen: A/S Storebælt Fixed Link.

Fladmark, K.R. 1979. Routes: Alternate migration corridors for Early Man in North America. *American Antiquity* 44, 55-69.

Flannery, K. 1972, The origin of the village as a settlement type in Mesoamerica and the Near East: A comparative study. In *Man, Settlement and Urbanization* (eds. P. Ucko, R. Tringham & G. Dimbleby), pp. 23-53. London: Duckworth.

Flannery, K. 1973. The origins of agriculture. *Annual Review of Anthropology* 2, 271-310.

Flannery, K. 1986. *Guilá Naquitz*. New York: Academic Press.

Flannery, K. 1993. Comments on Saidel's 'round house or square?'. *Journal of Mediterranean Archaeology* 6, 109-17.

Flannery, K. 2002. The origins of the village revisited: From nuclear to extended households. *American Antiquity* 67, 417-33.

Flannery, K. & Marcus, J. 1983. *The Cloud People: Divergent Evolution of the Zapotec and Mixtec Civilisations*. New York: Academic Press.

Flannery, T. 1990. Pleistocene faunal loss: implications of the aftershock for Australia's past and future. *Archaeology in Oceania* 25, 45-67.

Flannery, T. 1994. *The Future Eaters*. Port Melbourne: Reed.

Flood, J. 1995. *Archaeology of the Dreamtime*, rev. edn. Sydney: HarperCollins.

Foote, R.B. 1884. Rough notes on Billa Surgam and other caves in the Kurnool district. *Records of the Geological Survey of India* 17, 27-34.

Frayer, D.W. 1997. Ofnet: Evidence for a Mesolithic massacre. In *Troubled Times: Violence and Warfare in the Past* (eds. D.L. Martin & D.W. Frayer), pp. 181-216. Amsterdam: Gordon & Breach.

Frayer, D.W., Wolpoff, M.H., Thorne, A.G., Smith, F.H. & Pope, G.G. 1993. Theories of modern human origins: The paleontological test. *American Antiquity* 95, 14-50.

Frison, G.C. 1978. *Prehistoric Hunters on the High Plains*. New York: Academic Press.

Frison, G.C. 1991. The Goshen paleoindian complex: New data for paleoindian research. In *Clovis. Origins and Adaptations* (eds. R. Bonnichsen & K.L. Turnmire), pp. 133-52. Corvallis, OR: Centre for the Study of the First Americans.

Fukai, S. & Matsutani, T. 1981. *Telul eth-Thalathat. The Excavations of Tell II. The Fifth Season (1976), Vol. IV*. Tokyo.

Fullagar, R. & Field, J. 1997. Pleistocene seed-grinding implements from the Australian arid zone.

Antiquity 71, 300-7.

Gabriel, B. 1987. Palaeoecological evidence from Neolithic fireplaces in the Sahara. *African Archaeological Review* 5, 93-103.

Galaty, J.G. 1989. Cattle and cognition: Aspects of Maasai practical reasoning. In *The Walking Larder: Patterns of Domestication, Pastoralism and Predation* (ed. J. Clutton-Brock), pp. 215-30. London: Unwin Hyman.

Galili, E., Weinstein-Evron, M., Hershkovitz, I., Gopher, A., Kislev, M., Lernau, O, Kolska-Horwitz, L. & Lernau, H. 1993. Atlit-Yam: A prehistoric site on the sea floor off the Israeli coast. *Journal of Field Archaeology* 20, 133-57.

Gamble, C. 1991. The social context for European Palaeolithic art. *Proceedings of the Prehistoric Society* 57, 3-15.

Gamble, C. & Soffer, O. (eds.) 1990. *The World at 18,000 BP. Vol. Two: Low Latitudes*. London: Unwin Hyman.

Garašanin, M. & Radovanović, I. 2001. A pot in house 54 at Lepenski Vir I. *Antiquity* 75, 118-25.

Garfinkel, Y. 1996. Critical observations on the so-called Khiamian flint industry In *Neolithic Chipped Stone Industries of the Fertile Crescent and their Contemporaries in Adjacent Regions* (eds. H.G. Gebel & S. Kozlowski), pp. 15-21. Berlin: Ex Oriente.

Garfinkel, Y. & Nadel, N. 1989. The Sultanian flint assemblage from Gesher and its implications for recognizing early Neolithic entities in the Levant. *Paléorient* 15, 139-51.

Garrard, A., Baird, D., Colledge, S., Martin. L. & Wright, K. 1994. Prehistoric environment and settlement in the Azraq basin: An interim report on the 1987 and 1988 excavation season. *Levant* XXVI, 73-109.

Garrard, A., Betts, A., Byrd, B. & Hunt, C. 1985. Prehistoric environment and settlement in the Azraq basin: An interim report on the 1984 excavation season. *Levant* XIX, 5-25.

Garrard, A., Byrd, B. & Betts, A. 1987 Prehistoric environment and settlement in the Azraq basin: An interim report on the 1985 excavation season. *Levant* XVIII, 5-24.

Garrard, A., Colledge, S, Hunt, C. & Montague, R. 1988. Environment and subsistence during the late Pleistocene and Early Holocene in the Azraq basin. *Paléorient* 14, 40-49.

Garrod, D.A.E. 1932. A new Mesolithic industry: The Natufian of Palestine. *Journal of the Royal Anthropological Institute* 62, 257-70.

Garrod, D.A.E. & Bate, D.M.A. 1937. *The Stone Age of Mount Carmel*. Oxford: Clarendon Press.

Gasse, F. 2002. Kilimanjaro's secrets revealed. *Science* 298, 548-9.

Gautier, A. 1984. Archaeozoology of Bir Kiseiba region, Eastern Sahara. In *Cattle Keepers of the Eastern Sahara: The Neolithic of Bir Kiseiba* (eds. F. Wendorf, R. Schild & A.E. Close), pp. 49-72. Dallas: Southern Methodist University Press.

Gautier, A. 1987. Prehistoric men and cattle in North Africa: A dearth of data and surfeit of models. In *Prehistory of Arid North Africa: Essays in Honor of Fred Wendorf* (ed. A. Close), pp. 163-187. Dallas, Texas: SMU Press.

Gautier, A. & Van Neer, W. 1989. Animal remains from the Late Palaeolithic sequence at Wadi Kubbaniya. In *The Prehistory of Wadi Kubbaniya, Vol. 2. Stratigraphy, Paleoeconomy, and Environment* (eds. F. Wendorf, R. Schild & A.E. Close), pp. 119-63. Dallas: Southern Methodist University Press.

Gebel, H.G. & Kozlowski, S. 1994. *Neolithic Chipped Stone Industries of the Fertile Crescent and their Contemporaries in Adjacent Regions*. Berlin: Ex Oriente.

Geddes, D., Guilaine, J., Coularou, J., Le Gall, O. & Martzluff, M. 1989. Postglacial environments, settlement and subsistence in the Pyrenees: The Balma Margineda, Andorra. In *The Mesolithic in Europe* (ed. C. Bonsall), pp. 561-71. Edinburgh: John Donald.

Geib, P. 2000. Sandal types and Archaic prehistory on the Colorado Plateau. *American Antiquity* 65, 509-24.

Gibbons, A. 1996. First Americans: Not mammoth hunters, but forest dwellers. *Science* 272, 346-7.

Gimbutas, M. 1974. *The Goddesses and Gods of Old Europe*. London: Thames & Hudson.

Ginter, B. & Kozlowski, J.K. 1983. Investigations on Neolithic settlement. In *Qasr el-Sagha 1980* (ed. J. Kozlowski), pp. 37-74. Warszaw: Panstwowe Wydawnicto Naukowe.

Glover, I.C. & Higham, C.F.W. 1996. New evidence for early rice cultivation in south, southeast and east Asia. In *The Origins and Spread of Agriculture and Pastoralism in Eurasia* (ed. D. Harris), pp. 413-41. London: University College London Press.

Goddard, I. & Campbell, L. 1994. The history and classification of American Indian languages: What are the implications for the peopling of the Americas? In *Method and Theory for Investigating the Peopling of the Americas* (eds. R. Bonnichsen & D. Gentry Steele), pp. 189-207.

Corvallis, OR: Centre for the Study of the First Americans.

Godwin, H. & Godwin, M.E. 1933. British Maglemose harpoon sites. *Antiquity* 7, 36-48.

Goebel, T., Powers, R. & Biglow, N. 1991. The Nenana complex of Alaska and Clovis origins. In *Clovis: Origins and Adaptations* (eds. R. Bonnichsen & K.L. Turnmire), pp. 49-80. Corvallis, OR: Centre for the Study of the First Americans.

Goebel, T., Waters, M.R., Buvit, I., Konstantinov, M.V. & Konstantinov, A.V. 2000. Studenoe-2 and the origins of microblade technologies in the Transbaikal, Siberia. *Antiquity* 74, 567-75.

Goldberg, P. & Arpin, T.L. 1999. Micromorphological analysis of sediments from Meadowcroft Rockshelter, Pennsylvania: Implications for radiocarbon dating. *Journal of Field Archaeology* 26, 325-43.

Golson, J. 1977. No room at the top: Agricultural intensification in the New Guinea highlands. In *Sunda and Sahul: Prehistoric Studies in Southeast Asia, Melanesia and Australia* (eds. J. Allen, J. Golson & R. Jones), pp. 601-38. London: Academic Press.

Golson, J. 1982. The Ipomoean revolution revisited: society and the sweet potato in the upper Wahgi valley. In *Inequality in New Guinea Highland Societies* (ed. A. Strathern), pp. 109-36. Cambridge: Cambridge University Press.

Golson, J. 1989. The origin and development of New Guinea Agriculture. In *Foraging and Farming. The Evolution of Plant Exploitation* (eds. D.R. Harris & G.C. Hillman), pp. 678-87. London: Unwin Hyman.

Golson, J. & Hughes, P.J. 1976. The appearance of plant and animal domestication in New Guinea. *Journal de la Société des Océanistes* 36, 294-303.

Golson, J. & Steensberg, A. 1985. The tools of agricultural intensification in the New Guinea highlands. In *Prehistoric Intensive Agriculture in the Tropics* (ed. I.S. Farrington), pp. 347-84. Oxford: British Archaeological Reports, International Series 232.

Gonzalez Morales, M.R. & Morais Arnaud, J.E. 1990. Recent research on the Mesolithic in the Iberian peninsula: Problems and prospects. In *Contributions to the Mesolithic in Europe* (eds. P.M. Vermeersch & P. Van Peer), pp. 451-61. Leuven: Leuven University Press.

Goodale, N. & Smith, S. 2001. Pre-Pottery Neolithic A projectile points at Dhra', Jordan: Preliminary thoughts on form, function and site interpretation. *Neo-lithics* 2:01, 1-5.

Gopher, A. & Goring-Morris, N. 1998. Abu Salem: A Pre-Pottery Neolithic B camp in the Central Negev desert highland, Israel. *Bulletin of the American Schools of Oriental Research* 312, 1-18.

Gopher, A., Goring-Morris, N. & Rosen, S.A. 1995. 'Ein Qadis I: A Pre-Pottery Neolithic B occupation in eastern Sinai. *'Atiqot* XXVII, 15-33.

Gordon. B.C. 1999. Preliminary report on the study of the rise of Chinese civilization based on paddy rice agriculture. www.carleton.ca/~bgordon/rice/papers

Gordon, N. 1997. *Tarantulas and Marmosets, An Amazon Diary*. London: Metro.

Gorecki, P. 1985. The conquest of a new 'wet' and 'dry' territory: Its mechanism and its archaeological consequence. In *Prehistoric Intensive Agriculture in the Tropics* (ed. I.S. Farrington), pp. 321-45. Oxford: British Archaeological Reports, International Series 232.

Gorecki, P. 1989. Prehistory of the Jimi Valley. In *A Crack in the Spine: Prehistory and Ecology of the Jimi-Yuat Valley, Papua New Guinea* (eds. P. Gorecki & D. Gillieson), pp. 130-87. Townsville: Division of Anthropology & Archaeology, School of Behavioural Science, James Cook University of North Queensland.

Goren, Y., Goring-Morris, N. & Segal, I. 2001. The technology of skull modelling in the Pre-Pottery Neolithic B (PPNB): Regional variability, the relation of technology and iconography and their archaeological implications. *Journal of Archaeological Science* 28, 671-90.

Goring-Morris, N. 1987. *At the Edge: Terminal Pleistocene Hunter-Gatherers in the Negev and Sinai*. Oxford: British Archaeological Reports, International Series 361.

Goring-Morris, N. 1989. The Natufian of the Negev and the Rosh Horesha-Saflulim site complex. *Mitekufat Haeven* 22, 48-60.

Goring-Morris, N. 1991. The Harifian of the southern Levant. In *The Natufian Culture in the Levant* (eds. O. Bar-Yosef & F. Valla), pp. 173-216. Ann Arbor, MI: International Monographs in Prehistory.

Goring-Morris, N. 1993. From foraging to herding in the Negev and Sinai: The early to late Neolithic transition. *Paléorient* 19, 65-89.

Goring-Morris, N. 1995. Complex hunter/gatherers at the end of the Palaeolithic (20,000-10,000 BP). In *The Archaeology of Society in the Holy Land* (ed. T. Levy), pp. 141-68. New York: Facts on File.

Goring-Morris, N. 1999. Saflulim: A Late Natufian

base camp in the Central Negev higlands, Israel. *Palestine Exploration Quarterly* 131, 36-64.

Goring-Morris, N. 2000. The quick and the dead: The social context of aceramic Neolithic mortuary practices as seen from Kfar Hahoresh. In *Life in Neolithic Farming Communities. Social Organization, Identity and Differentiation* (ed, I. Kuijt), pp. 103-36. New York: Kluwer/Plenum Publications.

Goring-Morris, N., Goren, Y., Horwitz, L.K., Hershkovitz, I., Lieberman, R., Sarel, J. & Bar-Yosef, D. 1994. The 1992 season of excavations at the Pre-Pottery Neolithic B settlement of Kfar Hahoresh. *Journal of the Israel Prehistoric Society* 26, 74-121.

Goring-Morris, N., Goren, Y., Horwitz, L.K., Bar-Yosef, D. & Hershkovitz, I. 1995. Investigations at an early Neolithic settlement in the Lower Galilee: Results of the 1991 season at Kefar Ha-Horesh. *Antiqot* XXVII, 37-62.

Gosden, C. 1995. Arboriculture and agriculture in coastal New Guinea. *Antiquity* 69, 807-17.

Gove, H.E. 1992. The history of AMS, its advantages over decay counting: applications and prospects. In *Radiocarbon after Four Decades: An Inter-disciplinary Perspective* (eds. R.E. Taylor, A. Long & R.S. Kra), pp. 214-229. Berlin and New York: Springer Verlag.

Gould, R. 1980. *Living Archaeology*. Cambridge: Cambridge University Press.

Graburn, N.H. 1969. *Eskimos without Igloos, Social and Economic Developments in Sugluk*. Boston: Little, Brown & Co.

Gramly, R.M. 1976. Upper Pleistocene archaeological occurrences at site GvJm/22, Lukenya Hill, Kenya. *Man* 11, 319-44.

Gramly, R.M. & Rightmire, G.P. 1973. A fragmentary cranium and dated Later Stone Age assemblage from Lukenya Hill, Kenya. Man 8, 571-9.

Grayson, D.K. 1989. The chronology of North American Late Pleistocene extinctions. *Journal of Archaeological Science* 16, 153-65.

Greenberg, J.H. 1987. *Language in the Americas*. Stanford, CA: Stanford University Press.

Greenberg, J.H., Turner, C.H. II., Zegura, S.L. 1986. The settlement of the Americas: A comparison of the linguistic, dental and genetic evidence. *Current Anthropology* 27, 477-97.

Griffin, P.S., Grissom, C.A. & Rollefsom, G.O. 1998. Three late eights millennium plastered faces from 'Ain Ghazal, Jordan. *Paléorient* 24, 59-70.

Grøn, O. & Skaarup, J. 1991. Møllegabet II – A submerged Mesolithic site and a 'boat burial' from

Ærø. *Journal of Danish Archaeology* 10, 38-50.

Groube, L. 1989. The taming of the rainforests: A model for late Pleistocene exploitation in New Guinea. In *Foraging and Farming. The Evolution of Plant Exploitation* (eds. D.R. Harris & G.C. Hillman), pp. 292-317. London: Unwin Hyman.

Groube, L., Chappell, J., Muke, J. & Price, D. 1986. A 40,000-year-old human occupation site at Huon peninsula, Papua New Guinea. *Nature* 324, 453-5.

Grove, A.T. 1993. Africa's Climate in the Holocene. In *The Archaeology of Africa, Food, Metals and Towns* (eds. T. Shaw, P. Sinclair, B. Andah & A. Okpoko) pp. 32-42. London: Routledge.

Grühn, R. 1994. The Pacific coastal route of initial entry: An overview. In *Method and Theory for Investigating the Peopling of the Americas* (eds. R. Bonnichsen & D. Gentry Steele), pp. 249-56. Corvallis, OR: Centre for the Study of the First Americans.

Guidon, N. 1989. On stratigraphy and chronology at Pedra Furada. *Current Anthropology* 30, 641-2.

Guidon, N. & Delibrias, G. 1986. Carbon-14 dates point to man in the Americas 32,000 years ago. *Nature* 321, 69-71.

Guidon, N., Pessis, A.-M., Parenti, F., Fontugue, M. & Guérin, C. 1996. Pedra Furada in Brazil and its 'presumed' evidence: limitations and potential of the available data. *Antiquity* 70, 416-21.

Guilaine, J., Briois, F., Coularou, J., Devèze, P., Philibert, S., Vigne, J.-D., & Carrère, I. 1998. La site Néolithique précéramique de Shillourokambos (Parekklisha, Chypre). *Bulletin de Correspondance Hellénique* 122, 603-10.

Gurina, I.I. 1956. *Oleneostrovski' Mogilnik*. Materialy I issledovaniya po arheologi' SSSR, No. 47. Akademiya nauk, Moscow.

Guthrie, R.D. 1984. Mosaics, allelochemics and nutrients, an ecological theory of Late Pleistocene megafaunal extinction. In *Quaternary Extinctions* (eds. P.S. Martin & R.G. Klein), pp. 259-98. Tucson: University of Arizona Press.

Guthrie, R.D. 1990. *Frozen Fauna of the Mammoth Steppe. The Story of Blue Babe*. Chicago: University of Chicago Press.

Haaland, R. 1995. Sedentism, cultivation, and plant domestication in the Holocene Middle Nile region. *Journal of Field Archaeology* 22, 157-74.

Haberle, S.G. 1994. Anthropogenic indicators in pollen diagrams: Problems and prospects for late Quaternary palynology in New Guinea. In *Tropical Palynology. Applications and New De-*

velopments (ed. J. Hather), pp. 172-201. London: Routledge.

Haddon, A.C. 1901-35. *Report of the Cambridge Anthropological Expedition to the Torres Straits.* Cambridge: Cambridge University Press.

Halstead, P. 1996. The development of agriculture and pastoralism in Greece: When, how, who and what? In *The Origins and Spread of Agriculture and Pastoralism in Eurasia* (ed. D. Harris), pp. 296-309. London: University College London Press.

Hamilton, A.C. 1982. *Environmental History of East Africa. A Study of the Quaternary.* London: Academic Press.

Hansen, J. & Renfrew, J.M. 1978. Palaeolithic-Neolithic seed remains at Franchthi Cave, Greece. *Nature* 271, 349-52.

Hansen, J.P.H., Meldgaard, J. & Nordqvist, J. 1991. *The Greenland Mummies.* Washington DC: Smithsonian Institution Press.

Hansen, R.M. 1978. Shasta ground sloth food habits, Rampart Cave, Arizona. *Palaeobiology* 4, 302-19.

Harlan, J. 1989. Wild grass seeds as food sources in the Sahara and Sub-Sahara. *Sahara* 2, 69-74.

Harlan, J. 1992. Indigenous African agriculture. In *The Origins of Agriculture, An International Perspective* (eds. C. Wesley Cowan & P.J. Watson), pp 59-70. Washington DC: Smithsonian Institution Press.

Harris, D.R. 1977. Subsistence strategies across the Torres Strait. In *Sunda and Sahul: Prehistoric Studies in Southeast Asia, Melanesia and Australia* (eds. J. Allen, J. Golson & R. Jones), pp. 421-63. London: Academic Press.

Harris, D.R. 1979. Foragers and farmers in the Western Torres Strait islands: An historical analysis of economic, demographic, and spatial differentiation. In *Social and Ecological Systems* (eds. P.C. Burnham & R.F. Ellen), pp. 76-109. New York: Academic Press.

Harris, D.R. 1989. An evolutionary continuum of people-plant interaction. In *Foraging and Farming: The Evolution of Plant Exploitation* (eds. D.R. Harris & G.C. Hillman), pp. 11-26. London: Unwin Hyman.

Harris, D.R. 1995. Early agriculture in New Guinea and the Torres Strait divide. *Antiquity* 69, 848-54.

Harris, D.R. 1996. Domesticatory relationships of people, plants and animals. In *Redefining Nature: Ecology, Culture and Domestication* (eds. R. Ellen & K. Fukui), pp. 437-63. Oxford: Berg.

Harris, D.R. & Gosden, C. 1996. The beginnings of agriculture in western Central Asia. In *The Ori-gins and Spread of Agriculture and Pastoralism in Eurasia* (ed. D.R. Harris), pp. 370-99. London: University College London Press.

Harris, D.R., Gosden, C. & Charles, M.P. 1996. Jeitun: Recent excavations at an early Neolithic site in Southern Turkmenistan. *Proceedings of the Prehistoric Society* 62, 423-42.

Harris, D.R., Masson, V.M., Berezkin, Y.E., Charles, M.P., Gosden, C., Hillman, G.C., Kasparov, A.K., Korobkova, G.F., Kurbansakhatov, K., Legge, A.J. & Limbrey, S. 1993. Investigating early agriculture in Central Asia: New research at Jeitun, Turkmenistan. *Antiquity* 67, 324-38.

Harrison, T. 1957. The Great Cave of Niah: A preliminary report on Borneo prehistory. *Man* 57, 161-6.

Harrison, T. 1959a. New archaeological and ethnographical results from Niah Caves, Sarawak. *Man* 59, 1-8.

Harrison, T. 1959b. The caves of Niah: A history of prehistory. *Sarawak Museum Journal* 7, 549-94.

Harrison, T. 1959c. Radiocarbon C-14 datings from Niah: A note. *Sarawak Museum Journal* 9, 136-8.

Harrison, T. 1965. 50,000 years of stone age culture in Borneo. *Smithsonian Institution Annual Report* 1964, 521-30.

Hassan, F.A. 1985. Radiocarbon chronology of Neolithic and predynastic sites in Upper Egypt and the delta. *African Archaeological Review* 3, 95-116.

Hassan, F.A. 1986. Holocene lakes and prehistoric settlements of the western Faiyum, Egypt. *Journal of Archaeological Science* 13, 483-501.

Hassan, F.A. 1988. The Predynastic of Egypt. *Journal of World Prehistory* 2, 135-50.

Hassan, F.A. 1997. Holocene palaeoclimates of Africa. *African Archaeological Review* 14, 213-229.

Hassan, F.A. 2000. Climate and cattle in North Africa: A first approximation. In *The Origins and Development of African Livestock* (eds. R.M. Blench & K.C. MacDonald), pp. 61-85. London: University College London Press.

Hastorf, C.A. 1998. The cultural life of early domestic plants. *Antiquity* 72, 773-82.

Hauptmann, H. 1999. The Urfa region. In *Neolithic in Turkey: The Cradle of Civilization, New Discoveries* (eds. M. Özdoğan & N. Başgelen), pp. 65-86. Istanbul: Arkeoloji ve Sanat Yayinlari.

Haury, E.M., Antevs, E. & Lance, J.F. 1953. Artefacts with mammoth remains, Naco, AZ: Parts I-III. *American Antiquity* 19, 1-24.

Haury, E.M., Sayles, E.B. & Wasley W.W. 1959. The Lehner mammoth site, Southeastern Arizona.

American Antiquity 25, 2-30.

Hawkes, K., O'Connell, J.F. & Blurton Jones, N.G. 1997. Hadza women's time allocation, offspring provisioning, and the evolution of long post-menopausal life spans. *Current Anthropology* 38, 551-74

Hayden, B. 1990. Nimrods, piscators, pluckers and planters: The emergence of food production. *Journal of Anthropological Archaeology* 9, 31-69.

Hayden, B. 1995. The emergence of prestige technologies and pottery. In *The Emergence of Pottery. Technology and Innovation in Ancient Societies* (eds. W.K. Barnett & J.W. Hoopes), pp. 257-65. Washington DC: Smithsonian Institution Press.

Hayden, B., Chisholm, B. & Schwarz, H.P. 1987. Fishing and foraging: Marine resources in the Upper Palaeolithic of France. In *The Pleistocene Old World* (ed. O. Soffer), pp. 279-91. New York: Plenum Press.

Haynes, C.V. 1973. The Calico site: Artifacts or geofacts? *Science* 181, 305-10.

Haynes, C.V. 1991. Geoarchaeological and palaeo-hydrological evidence for a Clovis-age drought in North America and its bearing on extinction. *Quaternary Research* 35, 438-50.

Haynes, G. 1987. Proboscidean die-offs and die-outs: Age profiles in fossil collections. *Journal of Archaeological Science* 14, 659-68.

Haynes, G. 1991. *Mammoths, Mastodonts and Elephants: Biology, Behaviour and the Fossil Record.* Cambridge: Cambridge University Press.

Haynes, G. 1992. The Waco mammoths: Possible clues to herd size, demography and reproductive health. In *Proboscidean and Palaeoindian Interactions* (eds. J.W. Fox, C.B. Smith & K.T. Wilkins), pp. 111-23. Waco, TX: Baylor University Press.

Headland, T.N. 1987. The wild yam question: How well could independent hunter-gatherers live in a tropical rainforest environment? *Human Ecology* 15, 463-91.

Hedges, R.E.M. 1981. Radiocarbon dating with an accelerator: Review and preview. *Archaeometry* 23, 3-18.

Hedges, R.E.M., Housley, R.A., Bronk, C.R. & Van Klinken, G.J. 1990. Radiocarbon dates from the Oxford AMS system: Archaeometry datelist 11. *Archaeometry* 32, 211-27.

Hedges, R.E.M., Housley, R.A., Bronk, C.R. Van Klinken, G.J. 1995. Radiocarbon dates from the Oxford AMS system: Archaeometry datelist 20. *Archaeometry* 37, 195-214.

Hedges, R.E.M. & Sykes, B.C. 1992. Biomolecular archaeology: Past, present and future. *Proceedings of the British Academy* 77, 267-84.

Heinzelin de Braucourt, J. de. 1961. Ishango. *Scientific American* 206, 105-16.

Henry, D.O. 1976. Rosh Zin: A Natufian settlement near Ein Avdat. In *Prehistory and Palaeoenvironments in the Central Negev* (ed. A.E. Marks), pp. 317-47. Dallas: Southern Methodist University Press.

Henry, D.O. 1989. *From Foraging to Agriculture. The Levant at the End of the Ice Age.* Philadelphia: University of Pennsylvania Press.

Henry, D.O., Leroi-Gourhan, A. & Davis, S. 1981. The excavation of Hayonim terrace: An examination of terminal Pleistocene climatic and adaptive changes. *Journal of Archaeological Science* 8, 33-58.

Hershkovitz, I., Zohar, I., Segal, I., Speirs, M.S., Meirav, O., Sherter, U., Feldman, H., & Goring-Morris, N. 1995. Remedy for an 8500 year-old plastered human skull from Kfar Hahoresh, Israel. *Journal of Archaeological Science* 22, 779-88.

Hesse, B. 1984. These are our goats: The origins of herding in west central Iran. In *Animals and Archaeology 3: Early Herders and their Flocks* (eds. J. Clutton-Brock & C. Grigson), pp. 243-64. Oxford: British Archaeological Reports, International Series 202.

Heun, M., Schafer-Pregl, R., Klawan, D., Castagna, R., Accerbi, M., Borghi, B. & Salamini, F. 1997. Site of einkorn wheat domestication identified by DNA fingerprinting. *Science* 278, 1312-14.

Higham, C. & Lu, T.L.-D. 1998. The origins and dispersal of rice cultivation. *Antiquity* 72, 867-77.

Hillman, G.C. 1989. Late Palaeolithic plant foods from Wadi Kubbaniya in Upper Egypt: Dietary diversity, infant weaning, and seasonality in a riverine environment. In *Foraging and Farming: The Evolution of Plant Exploitation* (eds. D.R. Harris & G.C. Hillman), pp. 207-39. London: Unwin Hyman.

Hillman, G.C. 1996. Late Pleistocene changes in wild plant-foods available to hunter-gatherers of the northern Fertile Crescent: Possible preludes to cereal cultivation. In *The Origins and Spread of Agriculture and Pastoralism in Eurasia* (ed. D. Harris), pp. 159-203. London: University College London Press.

Hillman, G.C. 2000. The plant food economy of Abu Hureyra 1 and 2. In *Village on the Euphrates* (by A.M.T. Moore, G.C. Hillman & A.J. Legge), pp. 327-99. Oxford: Oxford University Press.

Hillman, G.C., Colledge, S.M., Harris, D.R. 1989. Plant food economy during the Epi-Palaeolithic period at Tell Abu Hureyra, Syria: Dietary diversity, seasonality, and modes of exploitation. In *Foraging and Farming. The Evolution of Plant Exploitation* (eds. D.R. Harris & G.C. Hillman), pp. 240-68. London: Unwin Hyman.

Hillman, G.C. & Davies, M.S. 1990. Measured domestication rates in wild wheats and barley under primitive cultivation, and their archaeological implications. *Journal of World Prehistory* 4, 157-222.

Hillman, G.C. Hedges, R. Moore, A., Colledge, S. & Pettitt, P. 2001. New evidence of lateglacial cereal cultivation at Abu Hureyra on the Euphrates. *The Holocene* 11, 383-93.

Hillman, G.C., Madeyska, E. & Hather, J. 1989. Wild plant foods and diet at Late Palaeolithic Wadi Kubbaniya: The evidence from charred remains. In *The Prehistory of Wadi Kubbaniya, Vol. 2: Stratigraphy, Paleoeconomy, and Environment* (eds. F. Wendorf, R. Schild & A.E. Close), pp. 162-242. Dallas: Southern Methodist University Press.

Hobsbawm, E. 1997. *On History*. London: Weidenfeld & Nicolson.

Hodder, I. 1982. *The Present Past. An Introduction to Anthropology for Archaeologists*. London: Batsford.

Hodder, I. 1984. Burials, houses, women and men in the European Neolithic. In *Ideology, Power and Prehistory* (eds. D. Miller & C. Tilley), pp. 51-68. Cambridge: Cambridge University Press.

Hodder, I. 1985. *Symbols in Action*. Cambridge: Cambridge University Press.

Hodder, I. 1990. *The Domestication of Europe*. Oxford: Blackwell.

Hodder, I. 1991. *Reading the Past*. 2nd edn. Cambridge: Cambridge University Press.

Hodder, I. (ed.) 1996. *On the Surface: Çatalhöyük 1993-95*. Cambridge: McDonald Institute for Archaeological Research.

Hodder, I. 1997. 'Always momentary, fluid and flexible': Towards a reflexive excavation methodology. *Antiquity* 71, 691-700.

Hodder, I. 1999a. Symbolism at Çatalhöyük. In *World Prehistory. Studies in Memory of Grahame Clark* (eds. J. Coles, R. Bewley & P. Mellars), pp. 171-99. London: *Proceedings of the British Academy* 99.

Hodder, I. 1999b. Renewed work at Çatalhöyük. In *Neolithic in Turkey: The Cradle of Civilization, New Discoveries* (eds. M. Özdoğan & N. Başgel-

en), pp. 153-64. Istanbul: Arkeoloji ve Sanat Yayinlari.

Hodder, I. 1999c. *The Archaeological Process. An Introduction*. Oxford: Blackwell.

Hodder, I. (ed.) 2000. *Towards a Reflexive Method in Archaeology: The Example at Çatalhöyük*. Cambridge: McDonald Institute for Archaeological Research.

Hodder, I. (ed) 2001. *Archaeological Theory Today*. Cambridge: Polity Press.

Holden, T.G., Hather, J.G., & Watson, J.P.N. 1995. Mesolithic plant exploitation at the Roc del Migdia, Catalonia. *Journal of Archaeological Science* 22, 769-78.

Hole, F. 1996. The context of caprine domestication in the Zagros region. In *The Origins and Spread of Agriculture and Pastoralism in Eurasia* (ed. D. Harris), pp. 263-81. London: University College London Press.

Hole, F., Flannery, K. & Neely, J. (eds.) 1969. *Prehistory and Human Ecology of the Deh Luran Plain*. Memoir 1 of the Museum of Anthropology, University of Michigan. Ann Arbor, MI: University of Michigan Press.

Holliday, V. 2000. Folsom drought and episodic drying on the southern high plains from 10,900-10,200 14C yr B.P. *Quaternary Research* 53, 1-12.

Hoopes, J. & Barnett, W. 1995. *The Emergence of Pottery*. Washington DC: Smithsonian Institution Press.

Hope, G.S. & Golson, J. 1995. Late Quaternary change in the mountains of New Guinea. *Antiquity* 69, 818-30.

Hope, G.S., Golson, J. & Allen, J. 1983. Palaeoecology and prehistory in New Guinea. *Journal of Human Evolution* 12, 37-60.

Horai, S., Kondo, R., Nakagawa-Hattori, Y., Hayashi, S., Sonoda, S. & Tajima, K. 1993. Peopling of the Americas, founded by four major lineages of mitochondrial DNA. *Journal of Molecular Biology and Evolution* 10, 23-47.

Horton, D.R. 1984. Red kangaroos: Last of the megafauna. In *Quaternary Extinctions. A Prehistoric Revolution* (eds. P.S. Martin & R.G. Klein), pp. 639-79. Tucson: University of Arizona Press.

Horton, D.R. 1986. Seasons of repose: Environment and culture in the late Pleistocene of Australia. In *Pleistocene Perspectives* (ed. A. Aspimon), pp. 1-14. London: Allen & Unwin. Houghton, J. 1997. *Global Warming. The Complete Briefing*. Cambridge: Cambridge University Press.

Housley, R.A. 1991. AMS dates from the Late Glacial and early Postglacial in north-west Europe: A review. In *The Late Glacial in North-West Europe: Human Adaptation and Environmental Change at the End of the Pleistocene* (eds. N. Barton, A.J. Roberts & D.A Roe), pp. 25-39. London: Council for British Archaeology, Research Report No. 77.

Housley, R.A., Gamble, C.S., Street, M. & Pettitt, P. 1997. Radiocarbon evidence for the lateglacial re-colonisation of northern Europe. *Proceedings of the Prehistoric Society* 63, 25-54.

Howe, B. 1983. Karim Shahir. In *Prehistoric Archaeology along the Zagros Flanks* (eds. L.S. Braidwood, R.J. Braidwood, B. Howe, C.A. Reed & P.J. Watson), pp. 23-154. Chicago: Chicago University Press.

Hsiao-Tung, F. 1939. *Peasant Life in China. A Field Study of Country Life in the Yangtze Valley*. London: George Routledge & Sons, Ltd.

Huntley, B. & Webb, T. 1988. *Vegetation History*. Dordrecht: Kluwer.

Hutchinson, H.G. 1914. *Life of Sir John Lubbock, Lord Avebury*. London: Macmillan.

Hutton, J.H. 1922. Divided and decorated heads as trophies. *Man* 22, 113-14.

Hutton, J.H. 1928. The significance of head-hunting in Assam. *Journal of the Royal Anthropological Institute of Great Britain and Ireland* 58, 399-408.

Imamura, K. 1996. *Prehistoric Japan. New Perspectives on Insular East Asia*. Honolulu: University of Hawaii Press.

Izumi, T. & Nishida, Y. 1999. *Jomon Sekai no Ichimannen* (The Thousand Years of the Jomon World). Tokyo: Shueisha.

Jackson, L.E., Jr, & Duk-Rodkin, A. 1996. Quaternary geology of the ice-free corridor: Glacial controls on the peopling of the New World. In *Prehistoric Mongoloid Dispersals* (eds. T. Akazawa & E.J.E. Szathmáry), pp. 214-27. Oxford: Oxford University Press.

Jacobi, R. 1978. Northern England in the eighth millennium BC: an essay. In *The Early Postglacial Settlement of Northern Europe: An Ecological Perspective* (ed. P. Mellars), pp. 295-332. London: Duckworth.

Jacobi, R. 1991. The Creswellian, Creswell and Cheddar. In *The Late Glacial in North-West Europe. Human Adaptation and Environmental Change at the End of the Pleistocene* (edited by N. Barton, A.J. Roberts & D.A. Roe), pp. 128-40. London: Council for British Archaeology, Research Report No. 77.

Jacobs, K. 1995. Returning to Oleni' ostrov: Social, economic and skeletal dimensions of a boreal forest Mesolithic cemetery. *Journal of Anthropological Archaeology* 14, 359-403.

Jacobsen, T.W. & Farrand, W.R. 1987. *Excavations at Franchthi Cave, Greece. Fascicle 1: Francthi Cave and Paralia. Maps, Plans and Sections*. Bloomington: Indiana University Press.

Jarrige, C., Jarrige, J.-F., Meadow, R.H. & Quivron, G. 1995. Mehrgarh. *Field Reports 1974-1985, from Neolithic Times to the Indus Civilization*. Karachi: Department of Culture and Tourism of Sindh Pakistan, Department of Archaeology and Museums, French Ministry of Foreign Affairs.

Jarrige, J.-F. & Meadow, R.H. 1980. The antecedents of civilization in the Indus Valley. *Scientific American* 243, 102-10.

Jenkinson, R.D.S. 1984. *Creswell Crags. Late Pleistocene Sites in the East Midlands*. Oxford: British Archaeological Reports, British Series 122.

Jenkinson, R.D.S. & Gilbertson, D.D. 1984. *In the Shadow of Extinction. A Quaternary Archaeology and Palaeoecology of the Lake, Fissures and Smaller Caves at Creswell Crags SSSI*. Sheffield: Department of Prehistory and Archaeology, University of Sheffield.

Jespen, G.L. 1953. Ancient buffalo hunters of northwestern Wyoming. *Southwestern Lore* 19, 19-25.

Jing, Y. & Flad, R.K. 2002. Pig domestication in China. *Antiquity* 76, 724-32.

Jochim, M. 1983. Palaeolithic cave art in ecological perspective. In *Hunter-Gatherer Economy in Prehistory* (ed. G. Bailey), p. 212-19. Cambridge: Cambridge University Press.

Johanson, D. & Edgar B. 1996. *From Lucy to Language*. London: Weidenfeld & Nicolson.

Johanson, E. 1991. Late Pleistocene cultural occupation on the southern plains. In *Clovis: Origins and Adaptations* (eds. R. Bonnichsen & K.L. Turnmire), pp. 215-36. Corvallis, OR: Centre for the Study of the First Americans.

Jones, R. 1981. The extreme climatic place? *Hemisphere* 26, 54-9.

Jones, R. 1987. Ice-age hunters of the Tasmanian wilderness. *Australian Geographic* 8, 26-45.

Jones, R. 1990. From Kakadu to Kutikina: The southern continent at 18,000 years ago. In *The World at 18,000 BP, Vol. Two, Low Latitudes* (eds. C. Gamble & O. Soffer), pp. 264-95. London: Unwin Hyman.

Jones, R., Cosgrove, R., Allen, J., Cane, S., Kieran, K., Webb, S., Loy, T., West, D. & Stadler, E. 1988. An archaeological reconnaissance of karst caves within the southern forest region of Tasmania. *Australian Archaeology* 26, 1-23.

Jones R. & Meehan, B. 1989. Plant foods of the Gidjingali: Ethnographic and archaeological perspectives from northern Australia on tuber and seed exploitation. In *Foraging and Farming. The Evolution of Plant Exploitation* (eds. D.R. Harris & G.C. Hillman), pp. 120-34. London: Unwin Hyman.

Kahila Bar-Gal, G., Khalaily, H., Mader, O., Ducos, P. & Horwitz, L.K. 2002. Ancient DNA evidence for the transition from wild to domestic status in Neolithic goats: A case study from the site of Abu Gosh, Israel. *Ancient Biomolecules* 4, 9-17.

Kahila Bar-Gal, G., Smith, P., Tchernov, E., Greenblatt, C., Ducos, P., Gardeisen, A. and Horwitz, L.K. 2002. Genetic evidence for the origin of the agrimi goat (*Capra aegagrus cretica*). *Journal of the Zoological Society of London* 256, 269-377.

Kaufman, D. 1986. A reconsideration of adaptive change in the Levantine Epipalaeolithic. In *The End of the Palaeolithic in the Old World* (ed. L.G. Straus), pp. 117-28. Oxford: British Archaeological Reports, International Series 284.

Keefer, D.K. et al. 1998. Early maritime economy and El Niño events at Quebrada Tacahuay, Peru. *Science* 281, 1833-5.

Kendrick, D.M. 1995. *Jomon of Japan: The World's Oldest Pottery*. London: Kegan Paul International.

Kennedy, K.A.R. 2000. *God-Apes and Fossil Men, Paleoanthropology of South Asia*. Ann Arbor, MI: University of Michigan Press.

Kenyon, K. 1957. *Digging Up Jericho*. London: Ernest Benn Ltd.

Kenyon, K. & Holland, T. 1981. *Excavations at Jericho, Vol. III: The Architecture and Stratigraphy of the Tell*. London: British School of Archaeology in Jerusalem.

Kenyon, K. & Holland, T. 1982. *Excavations at Jericho, Vol. IV. The Pottery Type Series and Other Finds*. London: British School of Archaeology in Jerusalem.

Kenyon, K. & Holland, T. 1983. *Excavations at Jericho, Vol. V: The Pottery Phases of the Tell and Other Finds*. London: British School of Archaeology in Jerusalem.

Khanna, G.S. 1993. Patterns of mobility in the Mesolithic of Rajasthan. *Man and Environment* XVIII, 49-55.

Kiernan, K., Jones, R. & Ranson, D. 1983. New evidence from Fraser Cave for glacial man in southwest Tasmania. *Nature* 301, 28-32.

Kingsley, M. 1987. *Travels in West Africa*. London: J.M. Dent.

Kirkbride, D. 1966. Five seasons at the Prepottery Neolithic village of Beidha in Jordan. *Palestine Exploration Quarterly* 98, 5-61.

Kikbride, D. 1968. Beidha: Early Neolithic village life south of the Dead Sea. *Antiquity* XLII, 263-74.

Kirkbride, D. 1972. Umm Dabaghiyah 1971: A preliminary report. *Iraq* 34, 3-15.

Kirkbride, D. 1973a. Umm Dabaghiyah 1972: A second report. *Iraq* 35, 1-7.

Kirkbride, D. 1973b. Umm Dabaghiyah 1973: A third report. *Iraq* 35, 205-9.

Kirkbride, D. 1974. Umm Dabaghiyah: A trading outpost? *Iraq* 36, 85-92.

Kirkbride, D. 1975. Umm Dabaghiyah 1974: A fourth report. *Iraq* 37, 3-10.

Kirkbride, D. 1982. Umm Dabaghiyah. In *Fifty Years of Mesopotamian Discovery* (ed. J. Curtis), pp. 11-21. London: British School in Iraq.

Kislev, M.E. 1989. Pre-domesticated cereals in the Pre-Pottery Neolithic A period. In *People and Culture Change* (ed. I. Hershkovitz), pp. 147-52. Oxford: British Archaeological Reports, International Series 508.

Kislev, M.E., Bar-Yosef, O. & Gopher, A. 1986. Early domestication and wild barley from the Netiv Hagdud region in the Jordan Valley. *Israel Journal of Botany* 35, 197-201.

Klein, R.G. 1978. A preliminary report on the larger mammals from the Boomplaas stone age cave site, Cango Valley, Oudtshoorn District, South Africa. *South African Archaeological Bulletin* 33, 66-75.

Klein, R.G. 1980. Environmental and ecological implications of large mammals from Upper Pleistocene and Holocene sites in southern Africa. *Annals of the South African Museum* 81, 223-83.

Klein, R.G. 1984a. The large mammals of Southern Africa: Late Pleistocene to recent. In *Southern African Prehistory and Palaeoenvironments* (ed. R. Klein), pp. 107-46. Rotterdam: Balkema.

Klein, R.G. 1984b. Mammalian extinctions and stone age people in Africa. In *Quaternary Extinctions. A Prehistoric Revolution* (eds. P.S. Martin & R.G. Klein), pp. 553-70. Tucson: University of Arizona Press.

Klein, R.G. 1991. Size variation in the Cape dune molerat (*Bathyergus suillus*) and Late Quaternary climatic change in the southwestern Cape province, South Africa. *Quaternary Research* 36, 243-56.

R.G., Cruz-Uribe, K., & Beaumont, P.B. 1991. Environmental, ecological, and palaeoanthropological implications of Late Pleistocene mammalian fauna from Equus Cave, northern Cape Province,

South Africa. *Quaternary Research* 36, 94-119.

Klindt-Jensen, O. 1975. *A History of Scandinavian Archaeology*. London: Thames & Hudson.

Koike, H. 1986. Prehistoric hunting pressure and palaeobiomass: An environmental reconstruction and archaeozoological analysis of a Jomon shell-mound area. In *Prehistoric Hunter-Gatherers in Japan. New Research Methods* (eds. T. Akazawa & C.M. Aikens), pp. 27-53. Tokyo: University of Tokyo Press.

Korisettar, R., Venkatasubbaiah, P.C. & Fuller, D.Q. 2000. Brahmagiri and beyond: The archaeology of the Southern Neolithic. In *Indian Archaeology in Retrospect, Vol. 1.* (eds. S. Settar & R. Korisettar), pp. 151-237. New Delhi: Manohar.

Kozlowski, S.K. 1989. Nemrik 9, a PPN site in northern Iraq. *Paléorient* 15, 25-31.

Kozlowski, S.K. 1994. Radiocarbon dates from aceramic Iraq. In *Late Quaternary chronology and paleoclimates of the Eastern Mediterranean* (ed. O. Bar-Yosef & R.S. Kra), pp. 255-64. Tucson and Cambridge, MA: The University of Arizona and Peabody Museum of Archaeology and Ethnology, Harvard University.

Kozlowski, S.K. & Kempisty, A. 1990. Architecture of the pre-pottery neolithic settlement in Nemrik, Iraq. *World Archaeology* 21, 348-62.

Kromer, B., Becker, B. 1993. German oak and pine 14C calibration, 7200-9439 BC. *Radiocarbon* 35, 125-35.

Kromer, B. & Spurk, M. 1998. Revision and tentative extension of the tree-ring based 14C calibration 9200-11,955 cal BP. *Radiocarbon* 40, 1117-25.

Kuijt, I. 1994. Pre-Pottery Neolithic A settlement variability: Evidence for sociopolitical developments in the southern Levant. *Journal of Mediterranean Archaeology* 7, 165-92.

Kuijt, I. 1996. Negotiating equality through ritual: A consideration of Late Natufian and Pre-Pottery Neolithic A period mortuary practices. *Journal of Anthropological Archaeology* 15, 313-36.

Kuijt, I. 2000. Keeping the peace: Ritual, skull caching and community integration in the Levantine Neolithic. In *Life in Neolithic Farming Communities. Social Organization, Identity and Differentiation* (ed. I. Kuijt), pp. 137-62. New York: Kluwer/ Plenum Publications.

Kuijt, I., Mabry, J. & Palumbo, G. 1991. Early Neolithic use of upland areas of Wadi El-Yabis: Preliminary evidence from the excavations of 'Iraq Ed-Dubb, Jordan. *Paléorient* 17, 99-108.

Kuijt, I. & Mahasneh, H. 1998. Dhra': An early Neolithic village in the southern Jordan Valley. *Journal of Field Archaeology* 25, 153-61.

Kumar, G., Sahni, A., Pancholi, R.K. & Narvare, G. 1990. Archaeological discoveries and a study of Late Pleistocene ostrich egg shells and egg shell objects in India. *Man and Environment* XV, 29-40.

Kusimba, S.B. 1999. Hunter-gatherer land use patterns in Late Stone Age East Africa. *Journal of Anthropological Archaeology* 18, 165-200.

Kusimba, S.B. 2001. The early Later Stone Age in East Africa: Excavations and lithic assemblages from Lukenya Hill. *African Archaeological Review* 18, 77-120.

Kutzbach, J.E., Guetter, P.J., Behling, P.J. & Selin, R. 1993. Simulated climatic changes: Results of the COHMAP climate-model experiments. In *Global Climates Since the Last Glacial Maximum* (eds. H.E. Wright, Jr, J.E. Kutzbach, T. Webb III, W.F. Rudimann, F.A. Street-Perrott & P.J. Bartlein), pp 24-93. Minneapolis. University of Minnesota Press.

Kuzmin, Y.V. 1996. Palaeoecology of the Palaeolithic of the Russian Far East. In *American Beginnings: The Prehistory and Palaeoecology of Beringia* (ed. F.H. West), pp. 136-46. Chicago: University of Chicago Press.

Lahr, M. 1994. The multiregional model of modern human origins. *Journal of Human Evolution* 26, 23-56.

Lahr, M. & Foley, R.A. 1994. Multiple dispersals and modern human origins. *Evolutionary Anthropology* 3, 48-60.

Lahren, L. & Bonnichsen, R. 1974. Bone foreshafts from a Clovis burial in southwestern Montana. *Science* 186, 147-50.

Larsson. L. 1983. *Ageröd V. An Atlantic Bog Site in Central Scania*. Acta Archaeologica Lundensia Series In 8 no. 12.

Larsson, L. 1984. The Skateholm project. A late Mesolithic settlement and cemetery complex at a southern Swedish bay. *Meddelanden från Lunds Universitetets Historiska Museum*, 5-3. New Series 58.

Larsson, L. (ed.) 1988. *The Skateholm Project: I. Man and Environment*. Stockholm: Almqvist & Wiksell.

Larsson, L. 1989. Big dog and poor man: Mortuary practices in Mesolithic societies in southern Sweden. In *Approaches to Swedish Prehistory* (eds. T.B Larsson & H. Lundmark), pp. 211-23. Oxford: British Archaeological Reports, International Series 500.

Larsson, L. 1990. Dogs in traction – symbols in action. In *Contributions to the Mesolithic in Europe* (eds. P.M. Vermeersch & P. van Peer), pp. 153-60. Leuven: Leuven University Press.

Larsson, L. & Bartholin, T.S. 1978. A longbow found at the Mesolithic bog site Ageröd V in Central Scania. *Meddelanden från Lunds Universitets Historiska Museum*, 1977-78.

Layard, A.H. 1853. *Discoveries in the Ruins of Nineveh and Babylon*. London: John Murray.

Layard, A.H. 1854. *Nineveh and its Remains*. 6th edn. London: John Murray.

Layton, R. 1992. *Australian Rock Art. A New Synthesis*. Cambridge: Cambridge University Press.

Le Brun, A. 1994. *Fouilles Récentes à Khirokitia (Chypre), 1988-1991*. Paris: Editions Recherche sur les Civilisations.

Le Brun, A. 1997. *Khirokitia, A Neolithic Site*. Nicosia: Bank of Cultural Foundation.

Leakey, L.S.B., Simpson, R.d.E. & Clements, T. 1968. Archaeological excavations in the Calico Mountains, California: Preliminary report. *Science* 160, 1022-3.

Leakey, L.S.B., Simpson, R.d.E. & Clements, T. 1970. Man in America: The Calico Mountains excavations. *Britannica Yearbook of Science and the Future*, 65-79.

Leakey, M.D. 1984. *Disclosing the Past: An Autobiography*. London: Weidenfeld & Nicolson.

Leakey, M.D., Hay, R.L., Thurber, D.L., Protsch, R., & Berger, R. 1972. Stratigraphy, archaeology and age of the Ndutu and Naisiusiu Beds, Olduvai Gorge, Tanzania. *World Archaeology* 3, 328-41.

Leakey, R. & Lewin, R. 1979. *The People of the Lake*. London: Penguin.

Leakey, R. & Lewin, R. 1996. *The Sixth Extinction, Biodiversity and its Survival*. London: Phoenix.

Lee, R.B. 1979. *The !Kung San: Men, Women, and Work in a Foraging Society*. Cambridge: Cambridge University Press.

Legge, A.J. 1996. The beginning of caprine domestication in Southwest Asia. In *The Origins and Spread of Agriculture and Pastoralism in Eurasia* (ed. D. Harris), pp. 238-62. London: University College London Press.

Legge, A.J. & Rowley-Conwy, P.A. 1987. Gazelle killing in stone age Syria. *Scientific American* 255, 88-95.

Legge, A.J. & Rowley-Conwy, P.A. 1988. *Star Carr Revisited. A Re-analysis of the Large Mammals*. London: Birkbeck College.

Leroi-Gourhan, A. & Brézillon, M. 1972. *Fouilles de Pincevent: Essai d'Analyse Ethnographique d'un Habitat Magdalénien*. Paris: Gallia Préhistoire, supplément 7.

Lewin, R. 1997. Ancestral echoes. *New Scientist* 2089, 32-37.

Lewis, G. 1975. *Knowledge of Illness in a Sepik Society: A Study of Gnau, New Guinea*. New Jersey: Humanities Press Inc.

Lewis-Williams, J.D. 1981. *Believing and Seeing. Symbolic Meanings in Southern San Rock Paintings*. Cambridge: Cambridge University Press.

Lewis-Williams, J.D. 1982. The economic and social context of southern San rock art. *Current Anthropology* 23, 429-49.

Lewis-Williams, J.D. 1984. Ideological continuities in prehistoric southern Africa: The evidence of rock art. In *Past and Present in Hunter-Gatherer Studies* (ed. C. Schrire), pp. 225-52. New York: Academic Press.

Lewis-Williams, J.D. 1987. A dream of eland: An unexplored component of San shamanism and rock art. *World Archaeology* 19, 165-76.

Lewis-Williams, J.D. 2002. *The Mind in the Cave*. London: Thames & Hudson.

Lewis-Williams, J.D. & Dowson, T.A. 1988. The signs of all times: entoptic phenomena in Upper Palaeolithic art. *Current Anthropology* 29, 201-45.

Lewthwaite, J. 1986. The transition to food production: A Mediterranean perspective. In *Hunters in Transitions* (ed. M. Zvelebil), pp. 53-66. Cambridge: Cambridge University Press.

Li, J., Lowenstein, T.K., Brown, C.B., Ku, T.-L. & Luo, S. 1996. A 100 KA record of water tables and paleoclimates from salt cores, Death Valley, California. *Palaeogeography, Palaeoclimatology, Palaeoecology* 123, 179-203.

Lieberman, D.E. 1993. The rise and fall of seasonal mobility among hunter-gatherers: The case of the Southern Levant. *Current Anthropology* 34, 599-631.

Liere, van W.J. 1980. Traditional water management in the lower Mekong Basin. *World Archaeology* 11, 265-80.

Lillie, M.C. 1998. The Mesolithic-Neolithic transition in Ukraine: New radiocarbon determinations for the cemeteries of the Dnieper Rapids region. *Antiquity* 72, 184-8.

Lister, A.M. 1993. Mammoths in miniature. *Nature* 362, 288-9.

Lister, A.M. & Bahn, P. 1995. *Mammoths*. London: Boxtree Press.

Lloyd, S. 1938. Some ancient sites in the Sinjar district. *Iraq* 5, 123-42.

Lloyd, S. & Safar, F. 1945. Tell Hassuna. Excavations by the Iraq Government Directorate General of

Antiquities in 1943 and 1944. *Journal of Near Eastern Studies* 4, 255-89.

Lopez, B. 1986. *Arctic Dreams. Imagination and Desire in a Northern Landscape.* New York: Charles Scribner's Sons.

Lorblanchet, M. 1984. Grotte de Pech Merle. In *L'Art des Cavernes: Atlas Grottes Ornées Paléolithique Francaise*, pp. 467-4. Paris: Imprimerie Nationale.

Lourandas, H. 1997. *Continent of Hunter-Gatherers. New Perspectives in Australian Prehistory.* Cambridge: Cambridge University Press.

Lovelock, J, 1979. *Gaia: A New Look at Life in Earth.* Oxford: Oxford University Press.

Lowe, J.J. & Walker, M.J.C. 1997. *Reconstructing Quaternary Environments.* 2nd edn. Harlow: Prentice-Hall.

Loy, T., Spiggs, M. & Wickler, S. 1992. Direct evidence for human use of plants 28,000 years ago: Starch residues on stone artefacts from the northern Solomon islands. *Antiquity* 66, 898-912.

Lu, T. Li Dan, 1999. *The Transition from Foraging to Farming and the Origin of Agriculture in China.* Oxford: British Archaeological Reports, International Series 774.

Lubbock, John. 1865. *Pre-historic Times, as Illustrated by Ancient Remains, and the Manners and Customs of Modern Savages.* London: Williams & Norgate.

Lubell, D., Jackes, M. & Meiklejohn, C. 1989. Archaeology and human biology of the Mesolithic-Neolithic transition in South Portugal. In *The Mesolithic in Europe* (ed. C. Bonsall), pp. 632-40. Edinburgh: John Donald.

Lukacs, J.R. & Pal, J.N. 1992. Dental anthropology of Mesolithic hunter-gatherers: A preliminary report on the Mahadaha and Sarai Nahar Rai dentition. *Man and Environment* XVII, 45-55.

Lundelius, E.L., Jr, & Graham, R. 1999. The weather changed: Shifting climate dissolved ancient animal alliances. *Discovering Archaeology*, Sept./Oct. 1999, 48-53.

MacDonald, K.C. 2000. The origins of African livestock: Indigenous or imported? In *The Origins and Development of African Livestock* (eds. R.M. Blench & K.C. MacDonald), pp. 2-17. London: University College London Press.

MacLeish, K. 1972. The Tasadays: Stone age cavemen of Mindanao. *National Geographic* 142, 219-49.

MacPhee, R.D.E. & Marx, P.A. 1999. Mammoths and microbes: Hyperdisease attacked the New World. *Discovering Archaeology*, Sept. /Oct. 1999, 54-9.

Maggi, R. 1997. *Arene Candide. Functional and Environmental Assessment of the Holocene Sequence.* Rome: Ministero per i Beni Culturali e Ambientali (Memorie dell' Instituto Italiano di Paleontologia Umana V).

Maley, J. 1993. The climatic and vegetational history of the equatorial regions of Africa during the Upper Quaternary. In *The Archaeology of Africa, Food, Metals and Towns* (eds. T. Shaw, P. Sinclair, B. Andah & A. Okpoko), pp. 43-52. London: Routledge.

Mandryk, C.A.S. 1996. Late glacial vegetation and environment on the eastern foothills of the Rocky Mountains, Alberta, Canada. *Journal of Paleolimnology* 16, 37-57.

Mandryk, C.A.S., Josenhans, H., Fedje, D.W. & Mathews, R.W. 2001. Late Quaternary palaeoenvironments in Northwestern North America: Implications for inland versus coastal migration routes. *Quaternary Science Reviews* 20, 301-14.

Manning, S. 1991. Approximate calendar date for the first human settlement on Cyprus. *Antiquity* 65, 870-8.

Marcus, J. & Flannery, K. 1996. *Zapotec Civilization: How Urban Society Evolved in Mexico's Oaxaca Valley.* London: Thames & Hudson.

Marean, C. 1992. Implications of Late Quaternary mammalian fauna from Lukenya Hill (South-Central Kenya) for palaeoenvironmental change and faunal extinctions. *Quaternary Research* 37, 239-55.

Marean, C. 1997. Hunter-gatherer foraging strategies in tropical grasslands: Model building and testing in the East African Middle and Later Stone Age. *Journal of Anthropological Archaeology* 16, 189-225.

Marean, C. & Gifford-Gonzalez, D. 1991. Late Quaternary extinct ungulates of East Africa and palaeoenvironmental implications. *Nature* 350, 418-20.

Marks, A.E. & Larson, P.A. 1977. Test excavations at the Natufian site of Rosh Horesha. In *Prehistory and Palaeoenvironments in the Central Negev, Israel II* (ed. A.E. Marks), pp.181-232. Dallas: Southern Methodist University Press.

Marshack, A. 1972. *The Roots of Civilization.* London: Weidenfeld & Nicolson.

Marshall, F. & Hildebrand, E. 2002. Cattle before crops: The beginnings of food production in Africa. *Journal of World Prehistory* 16, 99-143.

Marshall, G. 2000a. The distribution of beach pebble flint in Western Scotland with reference to raw material use during the Mesolithic. In *Hunt-*

er-Gatherer Landscape Archaeology, The South-ern Hebrides Mesolithic Project 1988-98 Vol. 1 (ed. S. Mithen), pp. 75-7. Cambridge: McDonald Institute for Archaeological Research.

Marshall, G. 2000b. The distribution and character of flint beach pebbles on Islay as a source for Mesolithic chipped stone artefact production. In Hunter-Gatherer Landscape Archaeology, The Southern Hebrides Mesolithic Project 1988-98 Vol. 1 (ed. S. Mithen), pp. 79-90. Cambridge: Mc-Donald Institute for Archaeological Research.

Marshall, L. 1976. The !Kung of Nyae Nyae. Cam-bridge, MA: Harvard University Press.

Martin, L., Russell, N. & Carruthers, D. 2001. Animal remains from the Central Anatolian Neolithic. In The Neolithic of Central Anatolia (eds. F. Gerard & L. Thissen), pp. 193-206. Istanbul: Yayinlari.

Martin, P.S. 1984. Prehistoric overkill: The global model. In Quaternary Extinctions (eds. P.S. Mar-tin & R.G. Klein), pp. 354-403. Tucson: University of Arizona Press.

Martin, P.S. 1999. The time of the hunters. Discover-ing Archaeology, Sept./Oct. 1999, 41-7.

Martin, P.S. & Klein, R.G. (eds.) 1984. Quaternary Extinctions. A Prehistoric Revolution. Tucson: Arizona University Press.

Martin, P.S., Sabels, B.E. & Shulter, R., Jr, 1961. Ram-part Cave coprolite and ecology of the shasta ground sloth. American Journal of Science 259, 102-27.

Martin, P.S., Thompson, R.S. & Long, A. 1985. Shasta ground sloth extinction: A test of the Blitzkrieg model. In Environments and Extinctions. Man in Late Glacial North America (eds. J.I. Mead & D.J. Meltzer), pp. 5-14. Orono, ME: Centre for the Study of Early Man.

Masson, V.M. & Sarianidi, V.I. 1972. Central Asia, Turkmenia Before the Achaemenids. London: Thames & Hudson.

Mathpal, Y. 1984. Prehistoric Rock Paintings of Bhimbetka. New Delhi: Abhinar Publications.

Matiskainen, H. 1990. Mesolithic subsistence in Finland. In Contributions to the Mesolithic in Europe (eds. P.M. Vermeersch & P. van Peer), pp. 211-14. Leuven: Leuven University Press.

Matsui, A. 1999. Wetland archaeology in Japan: Key sites and features in the research history. In Bog Bodies, Sacred Sites and Wetland Archaeology (eds. B. Coles, J. Coles & M.S. Jørgensen), pp. 147-56. University of Exeter, Dept. of Archaeolo-gy: WARP, Occasional Paper 12.

Matsuoka, Y., Vigouroux, Y., Goodman, M.M., San-chez, J., Buckler, E. & Doebley, J. 2002. A single domestication for maize shown by multilocus microsatellite genotyping. Proceedings of the Na-tional Academy of Sciences 99, 6080-4.

Matthews, P. 1991. A possible tropical wildtype taro: Colocasia esculenta var. aquatilis. In Indo-Pa-cific Prehistory, 1990, Vol. 2, (ed. P. Bellwood), pp. 69-81. Bulletin of the Indo-Pacific Prehistory Association 11.

Matthews, R. 2000. The Early Prehistory of Mesopo-tamia 500,000 to 4,500 BC. Subartu V. Turn-hout: Brepols publishers.

Matthews, T. 1999. Taphonomy and the micromam-mals from Elands Bay Cave. South African Ar-chaeological Bulletin 54, 133-40.

Matthews, W., French, C.A.I., Lawrence, T. & Cutler, D. 1996. Multiple surfaces: The micromorpholo-gy. In On the Surface: Çatalhöyük 1993-95 (ed. I. Hodder), pp. 79-100. Cambridge: McDonald Inst. for Archaeological Research.

Matthews, W., French, C.A.I., Lawrence, T., Cutler, D.F. & Jones, M.K. 1997. Microstratigraphic traces of site formation processes and human activities. World Archaeology 29, 281-308.

Matthiessen, P. 2000. An African Trilogy. London: The Harvill Press.

Mattison, C. 1992. Frogs and Toads of the World. London: Blandford.

McBurney, C.B.M. 1967. The Haua Fteah (Cyrenaï-ca) and the Stone Age of the South-East Mediter-ranean. Cambridge: Cambridge University Press.

McCarthy, J.J., Canziani, O.F., Leary, N.A., Dokken, D.J. & White, K.S. 2001. Climate Change 2001: Impacts, Adaptation, and Vulnerability. Cam-bridge: Cambridge University Press.

Mead, J.I. & Meltzer, D.J (eds.) 1985. Environments and Extinctions. Man in Late Glacial North America. Orono, ME: Centre for the Study of the Early Man.

Meadow, R.H. 1996. The origins and spread of ag-riculture and pastoralism in northwestern South Asia. In The Origins and Spread of Agriculture and Pastoralism in Eurasia (ed. D.R. Harris), pp. 390-412. London: University College London Press.

Meehan, B. 1982. From Shell Bed to Shell Midden. Canberra: Institute of Aboriginal Studies.

Meiklejohn, C. & Zvelebil, M. 1991. Health status of European populations at the agricultural transition and the implications for the adoption of farming. In Health in Past Societies (eds. H. Bush & M. Zvelebil), pp. 129-43. Oxford: British Archaeological Reports, International Series 567.

Mellaart, J. 1967. Çatal Höyük. A Neolithic Town in

Turkey in Anatolia. London: Thames & Hudson.

Mellaart, J., Hirsch, U. & Balpinar, B. 1989. *The Goddess from Anatolia*. Milan: Eskenazi.

Mellars, P. 1987. *Excavations on Oronsay*. Edinburgh: University Press.

Mellars, P. 1989. Major issues in the emergence of modern humans. *Current Anthropology* 30, 349-85.

Mellars, P. 1996. *The Neanderthal Legacy*. Princeton, NJ: Princeton University Press.

Mellars, P. & Dark, P. 1998. *Star Carr in Context*. Cambridge: McDonald Institute of Archaeological Research.

Mellars, P. & Wilkinson, M.R. 1980. Fish otoliths as evidence of seasonality in prehistoric shell middens: The evidence from Oronsay (Inner Hebrides). *Proceedings of the Prehistoric Society* 46, 19-44.

Meltzer, D.J. 1989. Why we don't know when the first people came to North America. *American Antiquity* 54, 471-90.

Meltzer, D.J. 1993a. *Search for the First Americans*. Washington, DC: Smithsonian Institution Press.

Meltzer, D.J. 1993b. Pleistocene peopling of the Americas. *Evolutionary Anthropology* 117, 15-69.

Meltzer, D.J. 1993c. Is there a Clovis adaptation? In *From Kostenki to Clovis* (eds. O. Soffer & N.D. Praslov), pp. 293-307. New York: Plenum Press.

Meltzer, D.J. 1994. The discovery of deep time: A history of views on the peopling of the Americas. In *Method and Theory for Investigating the Peopling of the Americas* (eds. R. Bonnichsen & D. Gentry Steele), pp. 7-26. Corvallis, OR: Centre for the Study of the First Americans.

Meltzer, D.J. 1997. Monte Verde and the Pleistocene peopling of the Americas. *Science* 276, 754-5.

Meltzer, D.J. 1999. Human responses to Middle Holocene (Altithermal) climates on the North American Great Plains. *Quaternary Research* 52, 404-16.

Meltzer, D.J. 2000. Renewed investigations at the Folsom Palaeoindian type site. *Antiquity* 74, 35-6.

Meltzer, D.J. n.d.a. Modelling the initial colonization of the Americas: issues of scale, demography and landscape learning. In *Pioneers of the Land. The Initial Human Colonization of the Americas* (eds. G.A. Clark & C. Michael Barton). Tucson: University of Arizona Press.

Meltzer. D.J. n.d.b. What do you do when no one's been there before? Thoughts on the exploration and colonization of new lands. In *The First Americans. The Pleistocene Colonization of the New World* (ed. N. Jablonski), *Memoirs of the California Academy of Sciences*, 27, 25-56.

Meltzer, D.J., Adovasio, J.M. & Dillehay, T.D. 1994. On a Pleistocene occupation at Pedra Furada, Brazil. *Antiquity* 68, 695-714.

Meltzer, D.J. & Mead, J.I. 1985. Dating Late Pleistocene extinctions: Theoretical issues, analytical bias and substantive results. In *Environments and Extinctions. Man in Late Glacial North America* (eds. J.I. Mead & D.J. Meltzer), pp. 145-74. Orono, ME: Centre for the Study of Early Man.

Mercer, J. 1974. Glenbatrick Waterhole, a microlithic site on the Isle of Jura. *Proceedings of the Society of Antiquaries of Scotland* 105, 9-32.

Mercer, J. 1980. Lussa Wood I: The late glacial and early postglacial occupation of Jura. *Proceedings of the Society of Antiquaries of Scotland* 110, 1-31.

Merpert, N.Y. & Munchaev, R.M. 1993. Yarim Tepe I. In *Early Stages in the Evolution of Mesopotamian Civilization. Soviet Excavations in Northern Iraq* (eds. N. Yoffee & J.J. Clarke), pp. 73-114. Tucson: University of Arizona Press.

Merrick, H.V. & Brown, F.H. 1984. Obsidian sources and patterns of source utilization in Kenya and northern Tanzania: Some initial findings. *African Archaeological Review* 2, 129-52.

Mestel, R. 1997. Noah's Flood. *New Scientist* 1156, 24-7.

Miller, S. 1979. Lukenya Hill, GvJm46, excavation report. *Nyame Akuma* 14, 31-4.

Miller, S. et al. 1999. Pleistocene extinction of *Genyomis newtoni*: human impact on Australian megafauna. *Science* 205-8.

Minaminihon, S. 1997. *Hakkutsu!! Ueborara Iseki* (The Excavation of Uenohara Site). Kagoshima: Minaminhon Shinbunsha.

Minc, L.D. 1986. Scarcity and survival: The role of oral tradition in mediating subsistence crisis. *Journal of Anthroplogical Archaeology* 5, 39-113.

Miracle, P., Galanidou, N. & Forenbaher, S. 2000. Pioneers in the hills: Early Mesolithic foragers at Šebrn Abri (Istria Croatia). *European Journal of Archaeology* 3, 293-329.

Misra, V.N. 1973. Bagor: A late Mesolithic settlement in north-west India. *World Archaeology* 5, 92-100.

Misra, V.N. 1989a. Stone age India: An ecological perspective. *Man and Environment* XIV, 17-33.

Misra, V.N. 1989b. Hasmukh Dhirajlal Sankalia (1908-1989): Scholar and Man. *Man and Environment* XIV, 1-20.

Mitchell, P. 1990. A palaeoecological model for archaeological site distribution in southern Africa during the Upper Pleniglacial and Late Glacial. In *The World at 18,000 B.P., Vol. Two: Low Latitudes* (eds. C. Gamble & O. Soffer), pp. 189-205. London: Unwin Hyman.

Mitchell, P. 1997. Holocene later stone age hunter-gatherers south of the Limpopo River, ca. 10,000-2000 B.P. *Journal of World Prehistory* 11, 359-424.

Mitchell, P.J., Yates, R. & Parkington, J.E. 1996. At the transition. The Archaeology of the Pleistocene-Holocene boundary in Southern Africa. In *Humans at the End of the Ice Age, The Archaeology of the Pleistocene-Holocene Transition* (eds. L.G. Straus, B.V. Eriksen, J.M. Erlandson & D.R. Yesner), pp. 15-41. New York: Plenum Press.

Mithen, S.J. 1988. Looking and learning: Upper Palaeolithic art and information gathering. *World Archaeology* 19, 297-327.

Mithen, S.J. 1989. To hunt or to paint? Animals and art in the Upper Palaeolithic. *Man* (N.S.) 23, 671-95

Mithen, S.J. 1990. *Thoughtful Foragers. A Study of Prehistoric Decision Making.* Cambridge: Cambridge University Press.

Mithen, S.J. 1991. Ecological interpretations of Palaeolithic art. *Proceedings of the Prehistoric Society* 57, 103-14.

Mithen, S.J. 1993a. Simulating mammoth hunting and extinction: Implications for the Late Pleistocene of the Central Russian Plain. In *Hunting and Animal Exploitation in the Later Palaeolithic and Mesolithic of Eurasia* (eds. G.L. Petersen, H. Bricker & P. Mellars), pp. 163-78. Tucson: Archaeological Papers of the American Anthropological Association.

Mithen, S.J. 1993b. Individuals, groups and the Palaeolithic record: A reply to Clark. *Proceedings of the Prehistoric Society* 59, 393-8.

Mithen, S.J. 1994. The Mesolithic Age. In *The Oxford Illustrated Prehistory of Europe* (ed. B. Cunliffe), pp. 79-135. Oxford: Oxford University Press.

Mithen, S.J. 1996b. Simulating mammoth hunting and extinctions: Implications for North America. In *Time, Process and Structured Transformation in Archaeology* (eds. S. van der Leeuw & J. McGlade), pp. 176-215. London: Routledge.

Mithen, S.J. 1998. *The Prehistory of the Mind. A Search for the Origins of Art, Science and Religion.* New edn. London: Orion.

Mithen, S.J. 1999. Hunter-Gatherers of the Mesolithic. In *The Archaeology of Britain* (ed. J. Hunter & I. Ralston), pp. 35-57. London: Routledge.

Mithen, S.J. (ed.) 2000a. *Hunter-Gatherer Landscape Archaeology, The Southern Hebrides Mesolithic Project 1988-98* (2 vols). Cambridge: McDonald Institute for Archaeological Research.

Mithen, S.J. 2000b. The Scottish Mesolithic: problems, prospects and the rationale for the Southern Hebrides Mesolithic Project. In *Hunter-Gatherer Landscape Archaeology, The Southern Hebrides Mesolithic Project 1988-98, Vol. 1* (ed. S. Mithen), pp. 9-37. Cambridge: McDonald Institute for Archaeological Research.

Mithen, S.J. 2000c. The Colonsay Survey. In *Hunter-Gatherer Landscape Archaeology, The Southern Hebrides Mesolithic Project 1988-9, Vol. 2* (ed. S. Mithen), pp. 349-58. Cambridge: McDonald Institute for Archaeological Research.

Mithen, S.J. 2000d. The Mesolithic in the Southern Hebrides: Issues of colonization, settlement and the transitions to the Neolithic and farming. In *Hunter-Gatherer Landscape Archaeology, The Southern Hebrides Mesolithic Project, 1988-98, Vol. 2* (ed. S. Mithen), pp. 597-626. Cambridge: McDonald Institute for Archaeological Research.

Mithen, S.J. 2000e. Mesolithic sedentism on Oronsay: Chronological evidence from adjacent islands in the southern Hebrides. *Antiquity* 74, 298-304.

Mithen, S.J. & Finlay, N. (& twelve contributors) 2000a. Staosnaig, Colonsay: excavations 1989-1995. In *Hunter-Gatherer Landscape Archaeology, The Southern Hebrides Mesolithic Project, 1988-98, Vol. 2* (ed. S. Mithen), pp. 359-441. Cambridge: McDonald Institute for Archaeological Research.

Mithen, S.J. & Finlay, N. (& two contributors) 2000b. Coulererach, Islay: test-pit survey and trial excavation. In *Hunter-Gatherer Landscape Archaeology, The Southern Hebrides Mesolithic Projet, 1988-98, Vol. 1* (ed. S. Mithen), pp. 217-29. Cambridge: McDonald Institute for Archaeological Research.

Mithen, S.J., Finlay, N., Carruthers, W., Carter, S. & Ashmore, P. 2001. Plant use in the Mesolithic: Evidence from Staosnaig, Isle of Colonsay. *Journal of Archaeological Science* 28, 223-34.

Mithen, S.J. & Finlayson, B. (& four contributors) 2000. Gleann Mor, Islay: Test-pit survey and trial excavation. In *Hunter-Gatherer Landscape Archaeology, The Southern Hebrides Mesolithic Project, 1988-98, Vol. 2* (ed. S. Mithen), pp. 187-205. Cambridge: McDonald Institute for Archaeological Research.

Mithen, S.J., Finlayson, B., Pirie, A., Carruthers, D. & Kennedy, A. 2000. New evidence for economic and technological diversity-in the Pre-Pottery Neolithic A: Wadi Faynan 16. *Current Anthropology* 41, 655-63.

Mithen, S.J., Finlayson, B., Mathews, M. & Woodman, P.E. 2000. The Islay Survey. In *Hunter-Gatherer Landscape Archaeology, The Southern Hebrides Mesolithic Project, 1988-98, Vol. 2* (ed. S. Mithen), pp. 153-86. Cambridge: McDonald Institute for Archaeological Research.

Mithen, S.J., Lake, M. & Finlay, N. (& six contributors) 2000a. Bolsay Farm, Islay: test-pit survey and trial excavation. In *Hunter-Gatherer Landscape Archaeology, The Southern Hebrides Mesolithic Project, 1988-89, Vol. 1* (ed. S, Mithen), pp. 259-89. Cambridge: McDonald Institute for Archaeological Research.

Mithen, S.J., Lake, M. & Finlay, N. (& six contributors) 2000b. Bolsay Farm, Islay: area excavation. In *Hunter-Gatherer Landscape Archaeology, The Southern Hebrides Mesolithic Project, 1988-98, vol. 1* (ed. S. Mithen), pp. 291-328. Cambridge: McDonald Institute for Archaeological Research.

Mithen, S.J., Marshall, G., Dopel, B. & Lake, M. 2000. The experimental knapping of flint beach pebbles. In *Hunter-Gatherer Landscape Archaeology, The Southern Hebrides Mesolithic Project, 1988-98, Vol. 2* (ed. S. Mithen), pp. 529-40. Cambridge: McDonald Institute for Archaeological Research.

Mithen, S.J. & Reed, M. 2002. Stepping Out: A computer simulation of hominid dispersal. *Journal of Human Evolution* 43, 433-62.

Mithen, S.J., Woodman, P.E., Finlay, N. & Finlayson, B. 2000. Aoradh, Islay: test-pit survey and trial excavation. In *Hunter-Gatherer Landscape Archaeology, The Southern Hebrides Mesolithic Project, 1988-98, Vol. 1* (ed. S. Mithen), pp. 231-9. Cambridge: McDonald Institute for Archaeological Research.

Miyaji, A. 1999. Storage pits and the development of plant food management in Japan during the Jomon period. In *Bog Bodies, Sacred Sites and Wetland Archaeology* (eds. B. Coles, J. Coles & M.S. Jørgensen), pp. 165-70. University of Exeter, Dept. of Archaeology: WARP, Occasional Paper 12.

Mochanov, Y.A. & Fedoseeva, S.A. 1996a. Dyuktai Cave. In *American Beginnings: The Prehistory and Palaeoecology of Beringia* (ed. F.H. West), pp. 164-74. Chicago: University of Chicago Press.

Mochanov, Y.A. & Fedoseeva, S.A. 1996b. Introduc-tion (to Aldansk: Adlan River Valley, Sakha Republic). In *American Beginnings. The Prehistory and Palaeoecology of Beringia* (ed. F.H. West), pp. 157-63. Chicago: University of Chicago Press.

Mochanov, Y.A. & Fedoseeva, S.A. 1996c. Berelekh, Allakhovsk region. In *American Beginnings. The Prehistory and Palaeoecology of Beringia* (ed. F.H. West), pp. 218-21. Chicago: University of Chicago Press.

Mock, C.J. & Bartlein, P.J. 1995. Spatial variability of Late Quaternary palaeoclimates in the western United States. *Quaternary Research* 44, 425-33.

Moore, A.M.T. 1979. A pre-Neolithic farmers' village on the Euphrates. *Scientific American* 241, 50-8.

Moore, A.M.T. 1991. Abu Hureyra I and the antecedents of agriculture on the Euphrates. In *The Natufian Culture in the Levant* (eds. O. Bar-Yosef & F. Valla), pp. 277-94. Ann Arbor, MI: International Monographs in Prehistory.

Moore, A.M.T. 2000. The excavation of Abu Hureyra 1. In *Village on the Euphrates* (by A.M.T. Moore, G.C. Hillman & A.J. Legge), pp. 105-31. Oxford: Oxford University Press.

Moore, A.M.T., Hillman, G. & Legge, A.J. 2000. *Village on the Euphrates*. Oxford: Oxford University Press.

Morais Arnaud, J.E. 1989. The Mesolithic communities of the Sado Valley, Portugal, in their ecological setting. In *The Mesolithic in Europe* (ed. C. Bonsall), pp. 614-31. Edinburgh: John Donald.

Mori, F. 1998. *The Great Civilisations of the Ancient Sahara*. Rome: L'Erma, di Bretschneider.

Morley, R. & Fenley, J. 1987. Late Cainozoic vegetation and environmental change in the Malay archipelago. In *Biogeographical Evolution of the Malay Archipelago* (ed. T.C. Whitmore). Oxford: Clarendon Press.

Morris, B. 1999. The Hill Pandaram of Kerala. In *The Cambridge Encyclopedia of Hunters and Gatherers* (eds. R.B. Lee & R. Daly), pp. 265-8. Cambridge: Cambridge University Press.

Morrison, A. & Bonsall, C. 1989. The early postglacial settlement of Scotland, a review. In *The Mesolithic in Europe* (ed. C. Bonsall), pp. 134-42. Edinburgh: John Donald.

Morrison, K. 1999. Archaeology of South Asian hunters and gatherers. In *The Cambridge Encyclopedia of Hunters and Gatherers* (eds. R.B. Lee & R. Daly), pp. 238-42. Cambridge: Cambridge University Press.

Morton, J. 1999. The Arrernte of Central Australia. In *The Cambridge Encyclopedia of Hunter-Gatherers* (eds. R.B. Lee & R. Daly), pp. 329-34. Cambridge: Cambridge University Press.

Mosimann, J.E. & Martin, P.S. 1975. Simulating overkill by Palaeoindians. *American Scientist* 63, 304-13.

Moulherat, C., Tengberg, A., Haquet, J-F. & Mille, B. 2002. First evidence of cotton at Neolithic Mehrgarh, Pakistan: Analysis of mineralised fibres from a copper bead. *Journal of Archaeological Science* 29, 1393-1401.

Mountain, M.-J. 1993. Bones, hunting and predation in the Pleistocene of northern Sahul. In *Sahul in Review* (eds. M.A. Smith, M. Spriggs & B. Frankhauser), pp. 123-30. Canberra: Department of Prehistory, Occasional Papers in Prehistory 24.

Moeyersons, J. & Roche, E. 1982. Past and present environments. In *The Archaeology of Central Africa* (ed. F. van Noten), pp. 15-26. Graf: Akademische Drück und Verlagsanstalt.

Moyle, P.B. & Cech, J.J., Jr, 1996. *Fishes: An Introduction to Icthyology.* 3rd edn. London: Prentice-Hall International Ltd.

Mulvaney, J. & Kamminga, J. 1999. *Prehistory of Australia.* Washington, DC: Smithsonian Institution Press.

Murty, M.L.K. 1974. A Late Pleistocene cave site in Southern India. *Proceedings of the American Philosophical Society* 118, 196-230.

Muzzolini, A. 1989. Les débuts de la domestication des animaux en Afrique: Faits et problèmes. *Ethnozootechnie* 42, 7-22.

Nadel, D. 1990. The Khiamian as a case of Sultanian intersite variability. *Journal of the Israel Prehistoric Society* 23, 86-99.

Nadel, D. 1994. Levantine Upper Palaeolithic – Early Epi-palaeolithic burial customs: Ohalo II as a case study. *Paléorient* 20, 113-21.

Nadel, D. 1996. The organisation of space in a fisher-hunter-gatherers' camp at Ohalo II, Israel. In *Nature et Culture* (ed. M. Otte), pp. 373-88. Liège: University of Liège E.R.A.U.L. 69.

Nadel, D., Bar-Yosef, O., Gopher, A. 1991. Early Neolithic arrowhead types in the southern Levant: A typological suggestion. *Paléorient* 17, 109-19.

Nadel, D., Carmi, I., & Segal, D. 1995. Radiocarbon dating of Ohalo II: Archaeological and methodological implications. *Journal of Archaeological Science* 22, 811-22.

Nadel, D., Danin, A., Werker, E., Schick, T., Kislev, M.E. & Stewart, K. 1994. 19,000 years-old twisted fibres from Ohalo II. *Current Anthropology* 35, 451-8.

Nadel, D. & Hershkovitz, I. 1991. New subsistence data and human remains from the earliest Levantine Epipalaeolithic. *Current Anthropology* 32, 631-5.

Nadel, D. & Werker, E. 1999. The oldest ever brush hut plant remains from Ohalo II, Jordan Valley, Israel (19,000 BP). *Antiquity* 73, 755-64.

Nagar, M. & Misra, V.N. 1990. The Kanjars – A hunting-gathering community of the Ganga Valley, Uttar Pradesh. *Man and Environment* XV, 71-88.

National Geographic 1971. First glimpse of a stone age tribe. *National Geographic* 140, 882.

Nettle, D. 1999. *Linguistic Diversity.* Oxford: Oxford University Press.

Newby, E. 1954. *A Short Walk in the Hindu Kush.* London: Secker & Warburg.

Newell, R.R., Constandse-Westermann, T.S. & Meiklejohn, C. 1979. The skeletal remains of Mesolithic man in western Europe: An evaluative catalogue. *Journal of Human Evolution* 81, 1-228.

Nichols, J. 1990. Linguistic diversity and the first settlement of the New World. *Language* 66, 475-521.

Nissen, H. 1990. Basta: Excavations of 1986-89. *The Near East in Antiquity* 4, 75-85.

Noe-Nygaard, N. 1973. The Vig bull: New information on the final hunt. *Bulletin of the Geological Society of Denmark* 22, 244-8.

Noe-Nygaard, N. 1974. Mesolithic hunting in Denmark illustrated by bone injuries caused by human weapons. *Journal of Archaeological Science* 1, 217-48.

Noy, T. 1989. Gilgal I: A Pre-pottery Neolithic site. *Paléorient* 15, 11-18.

Noy, T. 1991. Art and decoration of the Natufian at Nahal Oren. In *The Natufian Culture in the Levant* (eds. O. Bar-Yosef & F.R. Valla), pp. 557-68. Ann Arbor, MI: International Monographs in Prehistory.

Noy, T., Legge, A.J. & Higgs, E.S. 1973. Recent excavations at Nahal Oren, Israel. *Proceedings of the Prehistoric Society* 39, 75-99.

Noy, T., Schuldrenrein, J. & Tchernov, E. 1980. Gilgal, a Pre-pottery Neolithic A site in the Lower Jordan Valley. *Israel Exploration Journal* 30, 63-82.

Oates, J. 1973. The background and development of early farming communities in Mesopotamia and the Zagros. *Proceedings of the Prehistoric Society* 39, 147-81.

Oates, J. 1994. 'An extraordinarily ungrateful conceit': A western publication of important Soviet field studies. *Antiquity* 68, 882-5.

O'Connell, J.F. & Allen, J. 1998. When did humans first arrive in greater Australia and why is it important to know? *Evolutionary Anthropology* 6, 132-46.

O'Connell, J.F. & Hawkes, K. 1981. Alyawara plant use and optimal foraging theory. In *Hunter-Gatherer Foraging Strategies: Ethnographic and Archaeological Analysis* (eds. B. Winterhalder & E.A. Smith), pp. 99-125. Chicago: University of Chicago Press.

O'Connell, J.F., Hawkes, K. & Blurton-Jones, N. 1988. Hadza hunting, butchering, and bone transport and their archaeological implications. *Journal of Anthropological Research* 44, 113-61.

O'Hanlon, R. 1985. *Into the Heart of Borneo*. London: Penguin.

Olsen, S. 1999. Investigation of the Phanourios bones for evidence of cultural modification. In *Faunal Extinction in and Island Society* (ed. A. Simmons), pp. 230-7. New York: Plenum Press.

Ortea, J. 1986. The Malacology of La Riera Cave. In *La Riera Cave-Stone Age Hunter-Gatherer Adaptations in Northern Spain* (eds. L.G. Straus & G.A. Clark), pp. 289-98. Arizona State University. Anthropological research papers, No. 36.

O'Shea, J.M. & Zvelebil, M. 1984. Oleneostrovski Mogilnik: Reconstructing the social and economic organization of prehistoric foragers in northern Russia. *Journal of Anthropological Archaeology* 3, 1-140.

Otte, M. & Straus, L.G. 1997. *La Grotte du Bois Laiterie*. Liège: Études et Recherches Archéologiques de l'Université de l'Université de Liège, No. 80.

Ouzman, S. & Wadley, L. 1997. A history in paint and stone from Rose Cottage Cave, South Africa. *Antiquity* 71, 386-404.

Owen, J. 1999. The collections of Sir John Lubbock, the first Lord Avebury (1834-1913). *Journal of Material Culture* 4, 282-302.

Owen-Smith, N. 1987. Pleistocene extinctions: The pivotal role of mega-herbivores. *Palaeobiology* 13, 351-62.

Özdoğan, A. 1999. Çayönü. In *Neolithic in Turkey. The Cradle of Civilization, New Discoveries* (eds. M. Özdoğan & N. Başgelen), pp. 35-64. Istanbul: Arkeoloji ve Sanat Yayinlari.

Özdoğan, M. & Başgelen, N. (eds) 1999. *Neolithic in Turkey: The Cradle of Civilization, New Discoveries*. Istanbul: Arkeoloji ve Sanat Yayinlari.

Özdoğan, M. & Özdoğan, A. 1998. Buildings of cult and the cult of buildings. In *Light on Top of the Black Hill* (eds. G. Arsebuk et al.), pp. 581-93. Istanbul: Ege Yayinlari.

Pachur, H.-J. 1991. Tethering stones as palaeoenvironmental indicators. *Sahara* 4, 13-32.

Pal, J.N. 1992. Mesolithic human burials in the Ganga Plain, North India. *Man and Environment* XVII, 35-44.

Pal, J.N. 1994. Mesolithic settlements in the Ganga Plain. *Man and Environment* XIX, 91-101.

Pardoe, C. 1988. The cemetery as symbol: the distribution of Aboriginal burial grounds in southeastern Australia. *Archaeology in Oceania* 23, 1-16.

Pardoe, C. 1995. Riverine, biological and cultural evolution in southeastern Australia. *Antiquity* 69, 696-713.

Parker, E.N. 1999. Sunny side of global warming. *Nature* 399, 416-17.

Parkin, R.A., Rowley-Conwy, P. & Serjeantson, D. 1986. Late Palaeolithic exploitation of horse and red deer at Gough's Cave, Cheddar, Somerset. *Proceedings of the University of Bristol Speleological Society* 17, 311-30.

Parkington, J.E. 1980. The Elands Bay cave sequence: Cultural stratigraphy and subsistence strategies. *Proceedings of the 8th Pan-African Congress of Prehistory and Quaternary Studies*, Nairobi, pp. 315-20.

Parkington, J.E. 1984. Changing views of the Later Stone Age of South Africa. *Advances in World Archaeology* 3, 89-142.

Parkington, J.E. 1986. Landscape and subsistence changes since the last glacial maximum along the Western Cape coast. In *The End of the Palaeolithic in the Old World* (ed. L.G. Straus), pp. 201-27. Oxford: British Archaeological Reports, International Series 284.

Parkington, J.E. 1987. Changing views of prehistoric settlement in the Western Cape. In *Papers in the Prehistory of the Western Cape, South Africa* (eds. J.E. Parkington & M. Hall), pp. 4-20. Oxford: British Archaeological Reports, International Series 332.

Parkington, J.E. 1988. The Pleistocene/Holocene transition in the Western Cape, South Africa: Observations from Verlorenvlei. In *Prehistoric Cultures and Environments in the Late Quaternary of Africa* (eds. J. Bower & D. Lubell), pp. 349-63. Oxford: British Archaeological Reports, International Series 405.

Parkington, J.E. 1989. Interpreting paintings without a commentary. *Antiquity* 63, 13-26.

Parkington, J.E. 1990. A view from the south: Southern Africa before, during and after the Last Glacial Maximum. In *The World at 18,000 B.P., Vol. Two: Low Latitudes* (eds. C. Gamble & O.

Soffer), pp. 214-28. London: Unwin Hyman.

Parkington, J.E. 1991. Approaches to dietary reconstruction in the Western Cape: Are you what you have eaten? *Journal of Archaeological Science* 18, 331-42.

Parkington, J.E., Poggenpoel, C.A., Buchanan, W.F., Robey, T.S., Manhire, A.H. & Sealy, J.C. 1988. Holocene coastal settlement patterns in the Western Cape. In *The Archaeology of Prehistoric Coastlines* (eds. G.N. Bailey & J.E. Parkington), pp. 22-41. Cambridge: Cambridge University Press.

Pearsall, D.M 1980. Pachamachay ethnobotanical report: Plant utilization at a hunting base camp. In *Prehistoric Hunters of the High Andes* (ed. J. Rick), pp. 191-231. New York: Academic Press.

Pearsall, D.M., Piperno, D.R., Dinan, M.V., Umlauf, M., Zhao, Z. & Benfer R.A., Jr, 1995. Distinguishing rice (*Oryza sativa poaceae*) from wild *Oryza* species through phytolith analysis: results of preliminary research. *Economic Botany* 49, 183-96.

Pedersen, L. 1995. 7000 years of fishing. In *Man & Sea in the Mesolithic* (ed. A. Fischer), pp. 75-86. Oxford: Oxbow Monograph, No. 53.

Pei, A. 1990. Brief excavation report of an early Neolithic site at Pengtoushan in Lixian County, Hunan. Wenwu (Cultural Relics) 8, 17-29 (available in English translation at www.carleton.ca/~bgordon/rice/papers).

Pei, A. 1998. Notes on new advancements and revelations in the agricultural archaeology of early rice cultivation in the Dongting Lake region. *Antiquity* 72, 878-85.

Pei, A. n.d. New progress in rice agriculture and the origin of civilization: summary of results on the excavation of three major sites on the Liyang plain in Hunan, China (English translation at www.carleton.ca/~bgordon/rice/papers).

Peltenburg, E., Colledge, S., Croft, P., Jackson, A., McCartney, C. & Murray, M-A. 2000. Agro-pastoralist colonization of Cyprus in the 10th millennium BP: Initial assessments. *Antiquity* 74, 844-53.

Peltenburg, E., Colledge, S., Croft, P., Jackson, A., McCartney, C. & Murray, M-A. 2001. Neolithic dispersals from the Levantine corridor: A Mediterranean perspective. *Levant* 33, 35-64.

Penck, A. & Brückner, E. 1909. *Die Alpen im Eiszitalter*. Leipzig: Tachnitz.

Péquart, M. & Péquart S-J. 1954. *Hoëdic, Deuxième Station-Nécropole du Mésolithique Côtier Armoricain*. Anvers: De Sikkel.

Péquart, M., Péquart S-J., Boule, M. & Vallois, H. 1937. *Téviec, Station-Nécropole du Mésolithique u Morbihan*. Paris: Archives de L'Institut de Palé-

ontologie Humaine XVIII.

Perlès, C. 1990. *Excavations at Franchthi Cave, Greece. Fascicle 5. Les Industries Lithiques Taillées de Francthi 2. Les Industries de Mésolithiques et du Néolithique Initial*. Bloomington: Indiana University Press.

Perlès, C. 2001. *The Early Neolithic in Greece. The First Farming Communities in Europe*. Cambridge: Cambridge University Press.

Peters, J. 1989. Late Pleistocene hunter-gatherers at Ishango (eastern Zaire): The faunal evidence. *Revue de Paléobiologie* 8, 1.

Petit, J.R. et al. (eighteen additional authors). 1999. Climate and atmospheric history of the past 420,000 years from the Vostok ice core, Antarctica. *Nature* 399, 429-35.

Pfeiffer, J. 1982. *The Creative Explosion: An Enquiry into the Origins of Art and Religion*. New York: Harper & Row.

Phillips, J.L. & Brown, J.A. (eds.) 1983. *Archaic Hunters and Gatherers in the American Midwest*. New York: Academic Press.

Phillipson, D.W. 1977. Lowasera. *Azania* 12, 53-82.

Phillipson, D.W. 1985. *African Archaeology*. Cambridge: Cambridge University Press.

Pielou, E.C. 1991. *After the Ice Age, The Return of Life to Glaciated North America*. Chicago: University Chicago Press.

Piette, E. 1889. L'époque de transition intermédiaire entre l'age du renne et l'époque de la pierre polie. Paris: *Comptes rendus du 10e Congress Internationale d'Anthropologie et de l'Archaeologie Préhistorique*, pp. 203-13.

Pigeot, N. 1987. *Magdaléniens d'Etiolles. Économie de Débitage et Organisation Sociale*. Paris: CNRS.

Pigeot, N. 1990. Technical and social actors: Flint knapping specialists and apprentices at Magdalenian Etiolles. *Archaeological Review from Cambridge* 9, 126-41.

Piperno, D.R. & Flannery, K.V. 2001. The earliest archaeological maize (*Zea mays L.*) from highland Mexico: New accelerator mass spectometry dates and their implications. *Proceedings of the National Academy of Sciences* 98, 2101-3.

Piperno, D.R. & Pearsall, D.M. 1998. *The Origins of Agriculture in Lowland Neotropics*. San Diego: Academic Press.

Pirazzoli, P.A. 1991. *World Atlas of Holocene Sea Level Change*. Amsterdam: Elsevier.

Pitts, M. 1979. Hides and antlers: A new look at the gatherer-hunter site at Star Carr, North Yorkshire, England. *World Archaeology* 11, 32-42.

Pitul'ko, V. 1993. An early Holocene site in the Siberian high Arctic. *Arctic Anthropology* 30, 13-21.

Pitul'ko, V. 2001. Terminal Pleistocene-Early Holocene occupation in northeast Asia and the Zhokhov assemblage. *Quaternary Science Review* 20, 267-75.

Pitul'ko, V. & Kasparov, A. 1996. Ancient Arctic hunters: Material culture and survival strategy. *Arctic Anthropology* 33, 1-36.

Plug, I. & Engela, R. 1992. The macrofaunal remains from recent excavations at Rose Cottage Cave, Orange Free State. *South African Archaeological Bulletin* 47, 16-25.

Poggenpoel, C.A. 1987. The implications of fish bone assemblages from Elands Bay Cave, Tortoise Cave and Diepkloof for changes in the Holocene history of Verlorenvlei. In *Papers in the Prehistory of the Western Cape, South Africa* (eds. J.E. Parkington & M. Hall), pp. 212-36. Oxford: British Archaeological Reports, International Series 332.

Politis, G. 1991. Fishtail projectile points in the southern cone of South America: An overview. In *Clovis: Origins and Adaptations* (eds. R. Bonnichsen & K.L. Turnmire), pp. 287-301. Corvallis, OR: Centre for the Study of the First Americans.

Pope, G. 1989. Bamboo and human evolution. *Natural History* 10, 49-56.

Porch, N. & Allen, J. 1995. Tasmania: archaeological and palaeoecological perspectives. *Antiquity* 69, 714-32.

Posseh, G. 1999. *Indus Age: The Beginnings*. Philadelphia: University of Pennsylvania Press. Postgate, N. 1992. *Early Mesopotamia: Society and Economy at the Dawn of History*. London: Routledge.

Prakash, P.V. 1998. Vangasari: A Mesolithic cave in the Eastern Ghats, Andhra Pradesh. *Man and Environment* XXIII, 1-16.

Prestwich, J. 1893. On the evidence of a submergence of Western Europe and of the Mediterranean coasts at the close of the glacial or so-called post-glacial period and immediately preceding the Neolithic or recent period. *Philosophical Transactions of the Royal Society*, Series A, 184, 903-84.

Price, T.D. 1985. Affluent foragers of Southern Scandinavia. In *Prehistoric Hunter-Gatherers, the Emergence of Cultural Complexity* (eds. T.D. Price & S.A. Brown), pp. 341-60. New York: Academic Press.

Price, T.D. 1989. The reconstruction of Mesolithic diet. In *The Mesolithic in Europe* (ed. C. Bonsall), pp. 48-59. Edinburgh: John Donald.

Price, T.D., Bentley, R.A., Luning, J., Gronenborn, D. & Wahl, J. 2001. Prehistoric human migration in the Linearbandkeramik of Central Europe. *Antiquity* 75, 593-603.

Price, T.D., Gebauer, A.B., & Keeley, L.H. 1995. Spread of farming into Europe north of the Alps. *In Last Hunters, First Farmers. New Perspectives on the Prehistoric Transition to Agriculture* (eds. T.D. Price & A.B. Gebauer), pp. 95-126. Sante Fe, NM: School of American Research.

Price, T.D. & Jacobs, K. 1990. Oleni' ostrov: First radiocarbon dates from a major Mesolithic cemetery in Karelia, USSR. *Antiquity* 64, 849-53.

Pyramarn, K. 1989. New evidence on plant exploitation and environment during the Hoabinhian (Late Stone Age) from Ban Kao Caves, Thailand. In *Foraging and Farming: The Evolution of Plant Exploitation* (eds. D.R. Harris & G.C. Hillman), pp. 283-91. London: Unwin Hyman.

Radcliffe-Brown, A.R. 1918. Notes on the social organisation of Australian Tribes. *Journal of the Royal Anthropological Institute* 48, 222-53.

Radovanović, I. 1996. *The Iron Gates Mesolithic*. Ann Arbor, MI: International Monographs in Prehistory, Archaeological Series, No. 11.

Radovanović, I. 1997. The Lepenski Vir culture: A contribution to interpretation of its ideological aspects. In *Antidoron Dragoslavo Srejović Completis LXV Annis ad Amicus, Collegis, Discipulis Oblatum*, pp. 87-93. Centre for Archaeological Research, Faculty of Philosophy, Belgrade.

Radovanović, I. 2000. Houses and burials at Lepenski Vir. *European Journal of Archaeology* 3, 330-49.

Ransome, A. 1927. *'Racundra's' First Cruise*. London: Jonathan Cape.

Rappaport, R. 1967. *Pigs for the Ancestors: Ritual in the Ecology of a New Guinea People*. New Haven, CT: Yale University Press.

Rasmussen, K.L. 1994. Radiocarbon datings at Ringkloster. *Journal of Danish Archaeology* 12, 61-3.

Reese, D. 1991. Marine shells in the Levant: Upper Palaeolithic, Epipalaeolithic and Neolithic. In *The Natufian Culture in the Levant* (eds. O. Bar-Yosef & F. Valla), pp. 613-28. Ann Arbor, MI: International Monographs in Prehistory. Reese, D.S. 1996. Cypriot hippo hunters no myth. *Journal of Mediterranean Archaeology* 9, 107-12.

Renfrew, C. 1973. *Before Civilization*. London: Jonathan Cape.

Renfrew, C. 1987. *Archaeology, and Language: The*

Puzzle of Indo-European Origins. London: Jonathan Cape.

Renfrew, C. 1991. Before Babel: Speculations on the origins of linguistic diversity. *Cambridge Archaeological Journal* 1, 3-23.

Renfrew, C. 1998. Applications of DNA in archaeology: A review of the DNA studies in the Ancient Biomolecules Initiative. *Ancient Biomolecules* 2, 107-16.

Renfrew, C. (ed.) 2000. *America Past and Present: Genes and Languages in the Americas and Beyond*. Cambridge: McDonald Institute for Archaeological Research.

Renfrew, C. 2000. Archaeogenetics: Towards a population history of Europe. In *Archaeogenetics. DNA and the Population Prehistory of Europe* (eds. C. Renfrew & K. Boyle), pp. 3-11. Cambridge: McDonald Institute for Archaeological Research.

Renfrew, C. & Boyle, K. (eds.) 2000. *Archaeogenetics: DNA and the population prehistory of Europe*. Cambridge: McDonald Institute for Archaeological Research.

Rice, P.C. & Patterson, A.L. 1985. Cave art and bones: Exploring the inter-relationships. *American Anthropologist* 87, 94-100.

Richards, C. 1990. The late Neolithic settlement complex at Barnhouse Farm, Stennes. In *The Prehistory of Orkney* (ed. A.C. Renfrew), 2nd edn., pp. 305-16. Edinburgh: Edinburgh University Press.

Richards, M. & Mellars, P.A. 1998. Stable isotopes and the seasonality of the Oronsay middens. *Antiquity* 72, 178-84.

Richards, M.R., Côrte-Real, H., Forster, P., Macaulay, V., Wilkinson-Herbots, H., Demaine, A., Papiha, S., Hedges, R., Bandelt, H.-J. & Sykes, B.C. 1996. Palaeolithic and Neolithic lineages in the European mitochondrial gene pool. *American Journal of Human Genetics* 59, 185-203.

Richards, M.R., Macaulay, V., Sykes, B., Pettitt, P., Hedges, R., Forster, P. & Bandelt, H.-J. 1997. Reply to Cavalli-Sforza and Minch. *American Journal of Human Genetics* 61, 251-4.

Rick, J.W. 1980. *Prehistoric Hunters of the High Andes*. New York: Academic Press.

Rick, J.W. 1988. The character and context of highland preceramic society. In *Peruvian Prehistory* (ed. R.W. Keatinge), pp. 3-40. Cambridge: Cambridge University Press.

Ritchie, J.C. & Cwynar, L.C. 1982. The late Quaternary vegetation of the northern Yukon. In *Paleoecology of Beringia* (ed. D.M. Hopkins et al.),

pp. 113-26. New York: Academic Press.

Ritchie, J.C. & Haynes, C.V. 1987. Holocene vegetation zonation in the eastern Sahara. *Nature* 330, 645-7.

Rival, L. 1999. The Huaorani. In *The Cambridge Encyclopedia of Hunters and Gatherers* (eds. R.B. Lee & R. Daly), pp. 101-4. Cambridge: Cambridge University Press.

Robbins, L.H., Murphy, M.L., Stevens, N.J., Brook, G.A., Ivester, A.H., Haberyan, K.A., Klein, R.G., Milo, R., Stewart, K.M., Matthiesen, D.G., Winkler, A.J. 1996. Palaeoenvironment and archaeology of Drotsky's Cave: Western Kalahari Desert, Botswana. *Journal of Archaeological Science* 23, 7-22.

Robbins, L.H., Murphy, M.L., Brook, G.A., Ivester, A.H., Campbell, A.C., Klein, R.G., Milo, R., Stewart, K.M., Downey, W.S., & Stevens, N.J. 2000. Archaeology, palaeoenvironment, and chronology of the Tsodilo Hills White Paintings Rock Shelter, Northwest Kalahari Desert, Botswana. *Journal of Archaeological Science* 27, 1085-13.

Roberts, R.L. (and ten authors) 2001. New ages for the last Australian mega-fauna: Continent wide extinctions about 46,000 years ago. *Science* 292, 1888-92.

Rodden, R. 1962. Excavations at the early Neolithic site of Nea Nikomedeia, Greek Macedonia. *Proceedings of the Prehistoric Society* 28, 267-88.

Rodden, R. 1965. An early Neolithic village in Greece. *Scientific American* 212/4, 82-92.

Rollefson, G.O. 1983. Ritual and ceremony at Neolithic 'Ain Ghazal. *Paléorient* 9, 29-38.

Rollefson, G.O. 1989. The aceramic neolithic of the southern Levant: The view from 'Ain Ghazal. *Paléorient* 15, 135-40.

Rollesfon, G.O. 1993. The origins of the Yarmoukian at 'Ain Ghazal. *Paléorient* 19, 91-100.

Rollefson, G.O. 1998. 'Ain Ghazal (Jordan): Ritual and ceremony III. *Paléorient* 24, 43-58.

Rollefson, G.O. 2000. Ritual and social structure at Neolithic 'Ain Ghazal. In *Life in Neolithic Farming Communities: Social Organization, Identity and Differentiation* (ed. I. Kuijt), pp. 163-90. New York: Kluwer/Plenum Publications.

Rollefson, G.O. & Köhler-Rollefson, I. 1989. The collapse of early Neolithic settlements in the southern Levant. In *People and Culture Change: Proceedings of the Second Symposium on Upper Palaeolithic, Mesolithic and Neolithic Populations of Europe and the Mediterranean Basin* (ed. I. Hershkovitz), pp. 59-72. Oxford: British Archaeological Reports, International Series 508.

Rollefson, G.O. & Köhler-Rollefson, I. 1993. PPNC

adaptations in the first half of the 6th millennium B.C. *Paléorient* 19, 33-42.

Rollefson, G.O. & Simmons, A.H. 1987. The life and death of 'Ain Ghazal. *Archaeology* Nov./Dec. 1987, 38-45.

Ronen, A. & Lechevallier, M. 1991. The Natufian at Hatula. In *The Natufian Culture in the Levant* (eds. O. Bar-Yosef & F. Valla), pp. 149-60. Ann Arbor, MI: International Monographs in Prehistory.

Roosevelt, A.C. 1994. *Amazonian Indians from Prehistory to the Present: Anthropological Perspectives*. Tucson: University of Arizona Press.

Roosevelt, A.C. 1995. Early pottery in the Amazon. In *The Emergence of Pottery, Technology and Innovation in Ancient Societies* (eds. W.K. Barnett & J.W. Hoopes), pp. 115-31. Washington, DC: Smithsonisan Institution Press.

Roosevelt, A.C. 1999. Archaeology of South American Hunters and Gatherers. In *The Cambridge Encyclopedia of Hunters and Gatherers* (eds. R.B. Lee & R. Daly), pp. 86-91. Cambridge: Cambridge University Press.

Roosevelt, A.C. et al. 1996. Palaeoindian cave dwellers in the Amazon: The peopling of the Americas. *Science* 272, 373-84.

Rosenberg, M. 1999. Hallan Çemi. In *Neolithic Turkey* (eds. M. Özdoğan & N Başgelen pp. 25-33. Istanbul: Arkeoloji ve Sanat Yayinlari.

Rosenberg, M. & Davis, M. 1992. Hallan Çemi Tepesi: Some preliminary observations concerning material culture. *Anatolica* 18, 1-18.

Rosenberg, M. & Redding, R.W. 2000. Hallan Çemi and early village organization in eastern Anatolia. In *Life in Neolithic Farming Communities* (ed. I. Kuijt), pp. 39-61. New York: Kluwer Academic/Plenum Publishers.

Rowley-Conwy, P.A. 1983. Sedentary hunters: The Ertebølle example. In *Hunter-Gatherer Economy in Prehistory* (ed. G. Bailey), pp. 111-26. Cambridge: Cambridge University Press.

Rowley-Conwy, P.A. 1984a. The laziness of the short distance hunter: The origins of agriculture in Western Denmark. *Journal of Anthropological Archaeology* 3, 300-24.

Rowley-Conwy, P.A. 1984b. Postglacial foraging and early farming economies in Japan and Korea: A west European perspective. *World Archaeology* 16, 28-41.

Rowley-Conwy, P.A. 1994. Meat, furs and skins: Mesolithic animal bones from Ringkloster, a seasonal hunting camp in Jutland. *Journal of Danish Archaeology* 12, 87-98.

Rowley-Conwy, P.A. 1998. Cemeteries, seasonality and complexity in the Ertebølle of southern Scandinavia. In *Harvesting the Sea, Farming the Forest* (eds. M. Zvelebil, R. Dennell & L. Domańska), pp. 193-202. Sheffield: Sheffield Academic Press.

Rowley-Conwy, P.A. 2000. Milking caprines, hunting pigs: The Neolithic economy of Arene Candide in its west Mediterranean context. In *Animal Bones, Human Societies* (ed. P. Rowley-Conwy), pp. 124-32. Oxford: Oxbow Books.

Rowley-Conwy, P.A., Deakin, W.J. & Shaw, C.H. 1997. Ancient DNA from archaeological sorghum (*Sorghum bicolor*) from Qasr Ibrim, Nubia. *Sahara* 9, 23-30.

Ruddiman, W.F. & McIntyre, A. 1981. Oceanic mechanisms for amplication of the 23,000-year ice volume cycle. *Science* 212, 617-27.

Ruhlen, M. 1994. Linguistic evidence for the peopling of the Americas. In *Method and Theory for Investigating the Peopling of the Americas* (eds. R. Bonnichsen & D. Gentry Steele), pp. 177-88. Corvallis, OR: Centre for the Study of the First Americans.

Ryan, W.B.F. et al. (ten authors) 1997. An abrupt drowning of the Black Sea shelf. *Marine Geology* 138, 119-26.

Sage, R.F. 1995. Was low atmospheric CO2 during the Pleistocene a limiting factor for the origin of agriculture? *Global Change Biology* 1, 93-106.

Sahlins, M. *Stone Age Economics*. 1974. London: Tavistock.

Sahni, A., Kumar, G., Bajpaj, S. & Srinivasan 1990. A review of late Pleistocene ostriches (*Struthio sp.*) in India. *Man and Environment* XV, 41-52.

Saidel, B.A. 1993. Round house or square? Architectural form and socio-economic organization in the PPNB. *Journal of Mediterranean Archaeology* 6, 65-108.

Sandweiss, D.H. et al. 1998. Quebrada Jaguay: Early South American maritime adaptations. *Science* 281, 1830-2.

Saunders, J.J. 1977. Lehner Ranch revisited. In *Palaeoindian Lifeways* (ed. E. Johnson), pp. 48-64. Lubbock: West Texas Museum Association.

Saunders, J.J. 1992. Blackwater Draw: mammoths and mammoth hunters in the terminal Pleistocene. In *Proboscidean and Paleoindian Interactions* (eds. J.W. Fox, C.B. Smith & K.T. Wilkins), pp. 123-47. Waco, TX: Baylor University Press.

Saxon, E.C., Close, A.E., Cluzel, C., Morse, V. & Shackleton, N.J. 1974. Results of recent investigations at Tamar Hat. *Libya* 22, 49-91.

Scarre, C. 1992. The early Neolithic of western France and Megalithic origins in Atlantic Europe. *Oxford Journal of Archaeology* 11, 121-54.

Schild, R., Królik, H., Wendorf, F. & Close, A.E. 1996. Architecture of Early Neolithic huts at Nabta Playa. In *Interregional Contacts in the Later Prehistory of Northeastern Africa* (eds. L. Krzyzaniak, K. Kroeper & M. Kobusiewicz), pp. 101-14. Poznan: Poznan Archaeological Museum.

Schilling, H. 1997. The Korsør Nor site. The permanent dwelling place of a hunting and fishing people in life and death. In *The Danish Storebælt since the Ice Age* (eds. L. Pedersen, A. Fischer & B. Aaby), pp. 93-8. Copenhagen: A/S Storebælt Fixed Link.

Schmandt-Besserat, D. 1992. *Before Writing* (2 vols.) Austin: University of Texas Press.

Schmandt-Besserat, D. 1997. Animal symbols at 'Ain Ghazal. *Expedition* 39, 48-58.

Schmandt-Besserat, D. 1998. 'Ain Ghazal 'monumental' figures. *Bulletin of the American Schools of Oriental Research* 310, 1-17.

Schmidt, K. 1994. Investigations in the Upper Mesopotamian Early Neolithic: Göbekli Tepe and Gücütepe. *Neo-lithics* 2/95, 9-10.

Schmidt, K. 1996. The Urfa-Project 1996. *Neo-lithics* 2/96, 2-3.

Schmidt, K. 1998. Beyond daily bread: Evidence of Early Neolithic ritual from Göbekli Tepe. *Neo-lithics* 2/98, 1-5.

Schmidt, K. 1999. Boars, ducks and foxes - the Urfa-Project 99. Neo-lithics 3/99, 12-15 Schmidt, K. 2001. Göbekli Tepe, Southeastern Turkey. A preliminary report on the 1995-1999 excavations. *Paléorient* 26, 45-54.

Schrire, C. (ed.) 1984. *Past and Present in Hunter-Gatherer Studies.* New York: Academic Press.

Schulting, R. 1996. Antlers, bone pins and flint blades: The Mesolithic cemeteries of Téviec and Höedic, Brittany, *Antiquity* 70, 335-50.

Schulting, R. 1998. *Slighting the Sea: The Mesolithic-Neolithic Transition in Northwest Europe.* Unpublished Ph.D. thesis, University of Reading.

Schulting, R. 1999. Slighting the sea: Stable isotope evidence for the transition to farming in Northwestern Europe. *Documenta Praehistorica* XXV, 203-18.

Schuster, A.H.M. 1995. Ghosts of 'Ain Ghazal. *Archaeology* 49, 65-6.

Score, D. & Mithen, S.J. 2000. The experimental roasting of hazelnuts. In *Hunter-Gatherer Landscape Archaeology, The Southern Hebrides Mesolithic Project, 1988-98, Vol. 2* (ed. S. Mithen), pp. 507-21. Cambridge: McDonald Institute for Archaeological Research.

Sealy, J.C. & van der Merwe, N.J. 1988. Social, spatial and chronological patterning in marine food use as determined by $d_{13}C$ measurements of Holocene human skeletons from the south-western Cape, South Africa. *World Archaeology* 20, 87-102.

Sealy, J.C. & van der Merwe, N.J. 1992. On 'Approaches to dietary reconstruction in the Western Cape: Are you what you have eaten?' - A reply to Parkington. *Journal of Archaeological Science* 19, 459-66.

Searcy, A. 1909. *In Australian Tropics.* London: Keegan Paul, Trench, Trübner & Co.

Shackleton, J. 1988. *Excavations at Franchthi Cave, Greece. Fascicle 4. Marine Molluscan Remains from Franchthi Cave.* Bloomington: Indiana University Press.

Shackleton, N.J. 1987. Oxygen isotopes, ice volumes and sea level. *Quaternary Science Reviews* 6, 183-90.

Shackleton, N.J. & Opdyke, N.D. 1973. Oxygen isotope and palaeomagnetic stratigraphy of equatorial Pacific core V28-238: oxygen isotope temperatures and ice volume on a 105 and 106 year scale. *Quaternary Research* 3, 39-55.

Sharma, G.R. 1973. Mesolithic lake cultures in the Ganga Valley, India. *Proceedings of the Prehistoric Society* 39, 129-46.

Sharma, G.R. et al. 1980. *Beginnings of Agriculture (Epi-Palaeolithic to Neolithic). Excavations at Chopani-Mando, Mahadaha and Mahagara.* Allahabad.

Shaw, T. 1969. The Late Stone Age in the Nigerian forest. *Actes 1e Colloque International d'Archéologie Africaine,* Fort Lamy, pp. 364-73.

Shaw, T. 1978. *Nigeria, Its Archaeology and Early History.* London: Thames & Hudson.

Sherratt, A. 1995. Instruments of conversion? The role of megaliths in the Mesolithic/Neolithic transition in north-west Europe. *Oxford Journal of Archaeology* 14, 245-61.

Sherratt, A. & Sherrat, S. 1988. The archaeology of Indo-European: An alternate view. *Antiquity* 62, 584-95.

Shoocongdej, R. 2000, Forager mobility organization in seasonal tropical environments of western Thailand. *World Archaeology* 32, 14-40.

Sillen, A. & Lee-Thorp, J.A. 1991. Dietary change in the Late Natufian. In *The Natufian Culture in the Levant* (eds. O. Bar-Yosef & F. Valla), pp. 399-410. Ann Arbor, MI: International Monographs in

Prehistory.

Sim, R. 1990. Prehistoric sites on King Island in the Bass Straits: Results of an archaeological survey. *Australian Archaeology* 31, 34-43.

Sim, R. & Thorne, A. 1990. Pleistocene human remains from King Island, Southeastern Australia. *Australian Archaeology* 31, 44-51.

Simmons, A.L. 1996. Whose myth? Archaeological data, interpretations, and implications for the human association with extinct Pleistocene fauna at Akrotiri Aetokremnos, Cyprus. *Journal of Mediterranean Archaeology* 9, 97-105.

Simmons, A.L. 1999. *Faunal Extinctions in an Island Society. Hippo Hunters of the Akrotiri Peninsula, Cyprus.* New York: Plenum.

Simmons, A. 2000. Villages on the edge. Regional settlement change and the end of the Levantine Pre-Pottery Neolithic. In *Life in Neolithic Farming Communities: Social Organization, Identity and Differentiation* (ed. I. Kuijt), pp. 211-30. New York: Kluwer/Plenum Publications.

Simmons, A. & Najjar, M. 1996. Current investigations at Ghwair I, a Neolithic settlement in southern Jordan. *Neo-Lithics* 2, 6-7.

Simmons, A. & Najjar, M. 1998, Al-Ghuwayr I. A pre-pottery Neolithic village in Wadi Faynan, Southern Jordan: A preliminary report on the 1996 and 1997/98 seasons. *Annual Report of the Department of Antiquities of Jordan* 42, 91-101.

Smith, A.B. 1986. Review article: Cattle domestication in North Africa. *African Archaeological Review* 4, 197-203.

Smith, A.B. 1992. *Pastoralism in Africa. Origins, Development and Ecology.* Athens: Ohio University Press.

Smith, B.D. 1995. *The Emergence of Agriculture.* New York: Scientific American Library.

Smith, B.D. 1997. The initial domestication of *Cucurbita pepo* in the Americas 10,000 years ago. *Science* 276, 932-4.

Smith, B.D. 2001. Documenting plant domestication: The consilience of biological and archaeological approaches. *Proceedings of the National Academy of Sciences* 98, 1324-6.

Smith, M.A. 1987. Pleistocene occupation in arid Australia. *Nature* 328, 710-11.

Smith, M.A. 1989. The case for a resident human population in the Central Australian Ranges during full glacial aridity. *Archaeology in Oceania* 24, 93-105.

Smith, P. 1991. Dental evidence for nutritional status in the Natufians. In *The Natufian Culture in the Levant* (eds. O. Bar-Yosef & F.R. Valla), pp. 425-

33. Ann Arbor, MI: International Monographs in Prehistory.

Soffer, O. 1985. *The Upper Palaeolithic of the Central Russian Plain.* Orlando: Academic Press.

Soffer, O. 1990. The Russian plain at the last glacial maximum. In *The World at 18,000 BP. Vol. One: High Latitudes* (eds. O. Soffer & C. Gamble), pp. 228-52. London: Unwin Hyman.

Soffer, O. & Gamble, C. (eds.) 1990. *The World at 18,000 BP. Vol. One: High Latitudes.* London: Unwin Hyman.

Solecki, R.S. 1963. Prehistory in Shanidar Valley, Northern Iraq. *Science* 139, 179-93.

Solecki, R.L. 1977. Predatory bird rituals at Zawi Chemi Shanidar. *Sumer* 33, 42-7.

Solecki, R.L. 1981. *An Early Village Site at Zawi Chemi Shanidar.* Malibu: Undena Publications.

Solecki, R.S. & Rubin, M. 1958. Dating of Zawi Chemi Shanidar, Northern Iraq. *Science* 127, 1446.

Sondaar, P. 1977. Insularity and its effects on mammal evolution. In *Major Patterns in Vertebrate Evolution* (eds. M. Hecht, P. Goody & B. Hecht), pp. 671-707. New York: Plenum Press.

Sondaar, P. 1986. The island sweepstakes. *Natural History* 95, 50-7.

Sondaar, P. 1987. Pleistocene Man and extinctions of island endemics. *Mémoire Société Géologique de France* (N.S.) 150, 159-65.

Spencer, W.B. & Gillen, F.J. 1912. *Across Australia.* London: Macmillan.

Sponsel, L.E. 1990., Ultraprimitive pacifists. The Tasaday as a symbol of peace. *Anthroplogy Today* 6, 3-5.

Srejović, D. 1972. *Lepenski Vir.* London: Thames & Hudson.

Srejović, D. 1989. The Mesolithic of Serbia and Montenegro. In *The Mesolithic in Europe* (ed. C. Bonsall), pp. 481-91. Edinburgh: John Donald.

Stanford, D. 1991. Clovis origins and adaptations: An introductory perspective. In *Clovis: Origins and Adaptations* (eds. R. Bonnichsen & K.L. Turnmire), pp. 1-14. Corvallis, OR: Centre for the Study of the First Americans.

Steele, D.G. & Powell, J.P. 1994. Paleobiological evidence of the peopling of the Americas: A morphometric view. In *Method and Theory for Investigating the Peopling of the Americas* (eds. R. Bonnichsen & D. Gentry Steele), pp. 141-63. Corvallis, OR: Centre for the Study of the First Americans.

Stegeborn, W. The Wanniyala-aetto (Veddahs) of Sri Lanka. In *The Cambridge Encyclopedia of Hunt-*

ers and Gatherers (eds. R.B. Lee & R. Daly), pp. 269-73. Cambridge: Cambridge University Press.

Stekelis, M. & Yizraeli, T. 1963. Excavations at Nahal Oren (preliminary report). *Israel Exploration Journal* 13, 1-12.

Stock, C. 1992. *Rancho La Brea. A Record of Pleistocene Life in Calfornia*. 7th edn. Los Angeles: Natural History Museum of Los Angeles.

Stone, A.C. & Stoneking, M. 1998. MtDNA analysis of a prehistoric Oneota population: Implications for the peopling of the New World. *American Journal of Human Genetics* 62, 1153-70.

Storck, P.L. 1991. Imperialists without a state: The cultural dynamics of early paleoindian colonization as seen from the Great Lakes region. In *Clovis: Origins and Adaptations* (eds. R. Bonnichsen & K.L. Turnmire), pp. 153-62. Corvallis, OR: Centre for the Study of the First Americans.

Stordeur, D., Helmer, D. & Willcox, G. 1997. Jerf el-Ahmar, un nouveau site de l'horizon PPNA sur le moyen Euphrate Syrien. *Bulletin de la Société Préhistorique Française* 94, 282-5.

Stordeur, D., Jammous, B., Helmer, D. & Willcox, G. 1996. Jerf el-Ahmar: A new Mureybetian site (PPNA) on the Middle Euphrates. *Neo-lithics* 2/96, 1-2.

Strasser, T. 1996. Archaeological myths and the overkill hypothesis in Cypriot prehistory. *Journal of Mediterranean Archaeology* 9, 113-16.

Strathern, A. 1971. *The Rope of Moka*. Cambridge: Cambridge University Press.

Straus, L.G. 1986. Late Würm adaptive systems in Cantabrian Spain. *Journal of Anthropological Archaeology* 5, 330-68.

Straus, L.G. 1992. *Iberia Before the Iberians. The Stone Age Prehistory of Cantabrian Spain*. Albuquerque: University of New Mexico Press.

Straus, L.G. 2000. Solutrean settlement of North America? A review of reality. *American Antiquity* 65, 219-26.

Straus, L.G. & Bar-Yosef, O. (eds.) 2001. Out of Africa in the Pleistocene. *Quaternary International* 75.

Straus, L.G. & Clark, G.A. 1986. *La Riera Cave: Stone Age Hunter-Gatherer Adaptations in Northern Spain*. Arizona State University, Anthropological Research Papers No. 36.

Straus, L.G., Clark, G., Altuna, J. & Ortea, J. 1980. Ice age subsistence in northern Spain. *Scientific American* 242, 142-52.

Straus, L.G. & Otte, M. 1998. Bois Laiterie cave and the Magdalenian of Belgium. *Antiquity* 72, 253-68.

Stringer, C. & McKie, R. 1996. *African Exodus*. London: Jonathan Cape.

Struever, S. & Holton, F.A. 1979. *Koster: Americans in Search of their Prehistoric Past*. New York: Anchor Press.

Stuart, A.J. 1986. Who (or what) killed the giant armadillo? *New Scientist* 17, 29-32.

Stuart, A.J. 1991. Mammalian extinctions in the Late Pleistocene of Northern Eurasia and North America. *Biological Reviews* 66, 453-62.

Sugden, H. & Edwards, K. 2000. The early Holocene vegetational history of Loch a'Bhogaidh, Southern Rinns, Islay, with special reference to hazel (*Corylus avellana L.*). In *Hunter-Gatherer Landscape Archaeology, The Southern Hebrides Mesolithic Project, 1988-98, Vol. 1* (ed. S. Mithen), pp. 129-48. Cambridge: McDonald Institute for Archaeological Research.

Sunderland, S. & Ray, L.J. 1959. A note on the Murray Black collection of Australian Aboriginal skeletons. *Royal Society of Victoria Proceedings* 71, 45-8.

Surovell, T.A. 2000. Early Paleoindian women, children, mobility, and fertility. *American Antiquity* 65, 493-508.

Sutcliffe, A.J. 1986. *On the Track of Ice Age Mammals*. London: British Museum.

Svensson, T.G. 1999. The Ainu. In *The Cambridge Encyclopedia of Hunter-Gatherers* (eds. R.B. Lee & R. Daly), pp. 132-6. Cambridge: Cambridge University Press.

Sykes, B. 1999. The molecular genetics of European ancestry. *Philosophical Transactions of the Royal Society of London* B. 354, 131-9.

Sykes, B. 2000. Human diversity in Europe and beyond: From blood groups to genes. In *Archaeogenetics: DNA and the Population Prehistory of Europe* (eds. C. Renfrew & K. Boyle), pp. 23-8. Cambridge: McDonald Institute for Archaeological Research.

Sykes, B. 2001. *The Seven Daughters of Eve*. London: Transworld Publishers.

Szathmary, E.J.E. 1993. Genetics of aboriginal North Americans. *Evolutionary Anthropology* 2, 202-20.

Taçon, P. 1991. The power of stone: symbolic aspects of stone use and tool development in western Arnhem Land, Australia. *Antiquity* 65, 192-207.

Taçon, P. & Brockwell, S. 1995. Arnhem Land prehistory in landscape, stone and paint. *Antiquity* 69, 676-95.

Taçon, P. & Chippindale, C. 1994. Australia's ancient warriors: Changing depictions of fighting in the rock art of Arnhem Land, N.T. *Cambridge Archaeological Journal* 4, 211-48.

Taçon, P., Wilson, M. & Chippindale, C. 1996. Birth of the Rainbow Serpent in Arnhem Land rock art and oral history. *Archaeology in Oceania* 31, 103-24.

Tangri, D. & Wyncoll, G. 1989. Of mice and men: Is the presence of commensal animals in archaeological sites a positive correlation of sedentism? *Paléorient* 15, 85-94.

Tankersley, K.B. 1998. Variation in the early paleoindian economies of Late Pleistocene eastern North America. *American Antiquity* 63, 7-20.

Tauber, H. 1981. 13c evidence of dietary habits of prehistoric man in Denmark. *Nature* 292, 332-3.

Taylor, R.E., Haynes, C.V. & Stuiver, M. 1996. Clovis and Folsom age estimates: stratigraphic context and radiocarbon calibration. *American Antiquity* 70, 515-25.

Tchernov, E. 1991. Biological evidence for human sedentism in southwest Asia during the Natufian. In *The Natufian Culture in the Levant* (eds. O. Bar-Yosef & F. Valla), pp. 315-40. Ann Arbor, MI: International Monographs in Prehistory.

Tchernov, E. & Valla, F.R. 1997. Two new dogs, and other Natufian dogs, from the southern Levant. *Journal of Archaeological Science* 24, 65-95.

Thackeray, A.I., Thackeray, J.F., Beaumont, P.B. & Vogel, J.C. 1981. Dated rock engravings from Wonderwerk Cave, South Africa. *Science* 214, 64-7.

Thesiger, W. 2000. *Among the Mountains, Travels through Asia*. London: Flamingo.

Thomas, J. & Tilley, C. 1993. The axe and the torso: Symbolic structures in the Neolithic of Brittany. In *Interpretative Archaeology* (ed. C. Tilley), pp. 225-324. Oxford: Berg.

Thomas, P.K., Joglekar, P.P., Mishra, V.D., Pandey, J.N. & Pal, J.N. 1995. A preliminary report of the faunal remains from Damdama. *Man and Environment* XX, 29-36.

Thompson, L.G. et al. (eleven authors). 2002. Kilimanjaro ice core records: Evidence of Holocene climate change in tropical Africa. *Science* 298, 589-93.

Thompson, M.W. 1954. Azilian harpoons. *Proceedings of the Prehistoric Society* XX, 193-211.

Thomson, D.F. 1939. The seasonal factor in human culture. *Proceedings of the Prehistoric Society* 5, 209-21.

Thorley, P. 1998. Pleistocene settlement in the Australian arid zone: Occupation of an inland riverine landscape in the central Australian ranges. *Antiquity* 72, 34-45.

Thorne, A.G. 1971. Mungo and Kow Swamp: Morphological variation in Pleistocene Australians. *Mankind* 8, 85-9.

Thorne, A.G. 1977. Separation or reconciliation? Biological clues to the development of Australian society. In *Sunda and Sahul* (eds. J. Allen, J. Golson & R. Jones), pp. 187-204. London: Academic Press.

Thorne, A.G., Grun, R., Mortimer, G., Spooner, N.A., Simpson, J.J., McCulloch, M., Taylor, L. & Curnoe, D. 1999. Australia's oldest human remains: Age of Lake Mungo 3 skeleton. *Journal of Human Evolution* 36, 591-612.

Thorne, A.G. & Macumber, P.G. 1972. Discoveries of Late Pleistocene man at Kow Swamp, Australia. *Nature* 238, 316-19.

Thubron, C. 1994. *The Lost Heart of Asia*. London: Penguin.

Thubron, C. 2000. *In Siberia*. London: Penguin.

Todd, I.A., 1987. *Vasilikos Valley Project 6: Excavations at Kalavasos-Tenta, Vol. I*. SIMA 71:6. Åström: Göteborg.

Todd, I.A. 1998. *Kalavasos-Tenta*. Nicosia: The Bank of Cyprus Cultural Foundation.

Torroni, A. 2000. Mitochondrial DNA and the origin of Native Americans. In *America Past, America Present* (ed. C. Renfrew), pp. 77-87. Cambridge: McDonald Institute for Archaeological Research.

Torroni, A., Bandelt, H.-J., D'Urbano, L., Lahermo, P., Moral, P., Sellito, D., Rengo, C., Forster, P., Savontaus, M.L., Bonné-Tamir, B. & Scozzari, R. 1998. MtDNA analysis reveals a major Palaeolithic population expansion from southwestern to northeastern Europe. *American Journal of Human Genetics* 62, 1137-52.

Torroni, A., Neel, J.V., Barrantes, R., Schurr, T.G. & Wallace, D.C. 1994. A Mitochondrial DNA 'clock' for the Amerinds and its implications for timing their entry into North America. *Proceedings of the National Academy of Sciences* 91, 1158-62.

Tree, I. 1996. *Islands in the Clouds: Travels in the Highlands of New Guinea*. London: Lonely Planet Publications.

Trigger, B. 1989. *A History of Archaeological Thought*. Cambridge: Cambridge University Press.

Trinkaus, E. 1983. *The Shanidar Neanderthals*. New York: Academic Press.

Tsukada, M. 1986. Vegetation in prehistoric Japan: The last 20,000 years. In *Windows on the Japanese Past: Studies in Archaeology and Prehistory* (ed. R.J. Pearson), pp. 11-56. Ann Arbor: Centre for Japanese Studies, University of Michigan.

Tubb, K. & Grissom. C. 1995. 'Ain Ghazal: A comparative study of the 1983 and 1985 statuary caches. In *Studies in the History and Archaeology of Jordan V* (eds. K. 'Amr, F. Zayadine & M. Zaghloul), pp. 437-47. Amman: Jordan Press Foundation.

Turner, C.G. II. 1994. Relating Eurasian and Native American populations through dental morphology. In *Method and Theory for Investigating the Peopling of the Americas* (eds. R. Bonnichsen & D. Gentry Steele), pp. 131-40. Corvallis, OR: Centre for the Study of the First Americans.

Ukraintseva, V.V., Agenbroad, L.D. & Mead, J. 1996. A palaeoenvironmental reconstruction of the 'Mammoth Epoch' of Siberia. In *American Beginnings: The Prehistory and Palaeoecology of Beringia* (ed. F.H. West), pp. 129-35 Chicago: University of Chicago Press.

Uerpmann, H.-P. 1996. Animal domestication – accident or intention? In *The Origins and Spread of Agriculture and Pastoralism in Eurasia* (ed. D. Harris), pp. 227-37. London: University College London Press.

Unger-Hamilton, R. 1991. Natufian plant husbandry in the southern Levant and comparison with that of the Neolithic periods: The lithic perspective. In *The Natufian Culture in the Levant* (eds. O. Bar-Yosef & F.R. Valla), pp. 483-520. Ann Arbor, MI: International Monographs in Prehistory.

Valla, F.R. 1991. Les Natoufiens de Mallaha et l'espace. In *The Natufian Culture in the Levant* (eds. O. Bar-Yosef & F.R. Valla), pp. 111-22. Ann Arbor, MI: International Monographs in Prehistory. Valla, F.R. 1995. The first settled societies – Natufian (12,500-10,200 BP). In *The Archaeology of Society in the Holy Land* (ed. T. Levy), pp. 169-87. New York: Facts on File.

Valla, F.R. 1998. Natufian seasonality: A guess. In *Seasonality and Sedentism: Archaeological Perspectives from Old and New World Sites* (eds. T.R. Rocek & O. Bar-Yosef), pp. 93-108. Cambridge, MA: Harvard University, Peabody Museum of Archaeology and Ethnology.

Valla, F.R., Bar-Yosef, O., Smith, P., Tchernov, E. & Desse, J. 1986. Un nouveau sondage sur la terrace d'El-Ouad, Israël (1980-81). *Paléorient* 12, 21-38.

Valla, FR., Le Mort, F. & Plisson, H. 1991. Les fouilles en cours sur la terrasse d'Hayonim. In *The Natufian Culture in the Levant* (eds. O. Bar-Yosef & F.R. Valla), pp. 93-110. Ann Arbor, MI: International Monographs in Prehistory.

Valla, F.R. et al (eight additional authors) 1999. Le Natufien final et les nouvelles fouilles à Mallaha (Eynan), Israel 1996-1997. *Journal of the Israel Prehistoric Society* 28, 105-76.

van Andel, T.H. 1989. Late Pleistocene sea levels and the human exploitation of the shore and shelf of southern South Africa. *Journal of Field Archaeology* 16, 133-53.

van Andel, T.H. & Lionos, N. 1984. High resolution seismic reflection profiles for the reconstruction of post-glacial transgressive shorelines: An example from Greece. *Quaternary Research* 22, 31-45.

van Andel, T.H. & Runnels, C.N. 1995. The earliest farmers in Europe. *Antiquity* 69, 481-500.

van Noten, F. 1977. Excavations at Matupi Cave. *Antiquity* 51, 35-40.

van Noten, F. 1982. *The Archaeology of Central Africa*. Graf: Akademische Drück-und Verlagsanstalt.

van Zeist, W. & Bakker-Heeres, J.A.H. 1985. Archaeobotanical studies in the Levant: Neolithic sites in the Damascus Basin, Aswad, Ghoraife, Ramad. *Praehistoria* 24, 165-256.

van Zeist, W. & Bakker-Heeres, J.A.H. 1986. Archaeobotanical studies in the Levant III. Late Paleolithic Mureybet. *Palaeohistoria* 26, 171-99.

Vang Petersen, P. 1984. Chronological and regional variation in the late Mesolithic of eastern Denmark. *Journal of Danish Archaeology* 3, 7-18.

Varma, R.K., Misra, V.D., Pandey, J.N. & Pal, J.N. 1985. A preliminary report on the excavations at Damdama. *Man and Environment* IX, 45-65.

Vartanyan, S.L., Garutt, V.E. & Sher, A.V. 1993. Holocene mammoths from Wrangel Island in the Siberian Arctic. *Nature* 362, 337-40.

Velde, P. van de 1997. Much ado about nothing: Bandkeramik funerary ritual. *Analetica Prahistorica Leidensia* 29, 83-90.

Vereshchagin, N.K. & Baryshnikov, G.F. 1982. Paleoecology of the mammoth fauna in the Eurasian Arctic. In *Paleoecology of Beringia* (ed. D.M. Hopkins et al.), pp. 267-80. New York: Academic Press.

Vereshchagin, N.K. & Baryshnikov, G.F. 1984. Quaternary mammalian extinctions in northern Eurasia. In *Quaternary Extinctions: A Prehistoric Revolution* (eds. P.S. Martin & R.G. Klein), pp. 483-516. Tucson: University of Arizona Press.

Verhart, L.B.M. 1990. Stone age bone and antler points as indicators for 'social territories' in the European Mesolithic. In *Contributions to the Mesolithic in Europe* (eds. P.M. Vermeersch & P. Van Peer), pp. 139-51. Leuven: Leuven University

Press.

Verhart, L.B.M. & Wansleeben, M. 1997. Waste and prestige; The Mesolithic-Neolithic transition in the Netherlands from a social perspective. *Analecta Praehistorica Leidensia* 29, 65-73.

Vermeersch, P.M. & Van Peer, P. (eds.) 1990. *Contributions to the Mesolithic in Europe.* Leuven: Leuven University Press.

Veth, P. 1989. Islands in the interior: A model for the colonistion of Australia's arid zone. *Archaeology in Oceania* 24, 81-92.

Veth, P. 1995. Aridity and settlement in Northwestern Australia. *Antiquity* 69, 733-46.

Vigne, J.-D. 1996. Did man provoke extinctions of endemic large mammals on the Mediterranean islands? The view from Corsica. *Journal of Mediterranean Archaeology* 9, 117-20.

Voigt, M.M. 2000. Çatalhöyük in context: Ritual at early Neolithic sites in central and eastern Turkey. In *Life in Neolithic Farming Communities. Social Organization, Identity and Differentiation* (ed. I. Kuijt), pp. 253-93. New York: Kluwer/Plenum Publications.

von Furer-Haimendorf, C. 1938. The head-hunting ceremonies of the Konyak Nagas of Assam. *Man* 38, 25.

Wadley, L. 1987. *Later Stone Age Hunters and Gatherers of the Southern Transvaal.* Oxford: British Archaeological Reports, International Series 380.

Wadley, L. 1989. Legacies from the Late Stone Age. *South African Archaeological Society Goodwin Series* 6, 42-53.

Wadley, L. 1991. Rose Cottage Cave: Background and a preliminary report on the recent excavations. *South African Archaeological Bulletin* 46, 125-30.

Wadley, L. 1993. The Pleistocene Late Stone Age south of the Limpopo River. *Journal of World Prehistory* 7, 243-96.

Wadley, L. 1997. Where have all the dead men gone? In *Our Gendered Past, Archaeological Studies of Gender in Southern Africa* (ed. L. Wadley), pp. 107-33. Witwaterstand: University of Witwaterstand Press.

Wadley, L. 2000. The early Holocene layers of Rose Cottage Cave, eastern Orange Free State: Technology, spatial patterns and environment. *South African Archaeological Bulletin* 55, 18-31.

Wadley, L. 2001. What is cultural modernity? A general view and a South African perspective from Rose Cottage Cave. *Cambridge Archaeological Journal* 11, 201-21.

Wadley, L., Esterhuysen, A. & Jeannerat, C. 1992.

Vegetation changes in the eastern Orange Free State: The Holocene and later Pleistocene evidence from charcoal studies at Rose Cottage Cave. *South African Journal of Science* 88, 558-63.

Wadley, L. & Vogel, J.C. 1991. New dates from Rose Cottage Cave, Ladybrand, eastern Orange Free State. *South African Journal of Science* 87, 605-7.

Wakankar, V.S. 1973. Bhimetka excavation. *Journal of Indian History*, Trivandrum, 23-32.

Walker, N.J. 1985. Late Pleistocene and Holocene Hunter-Gatherers of the Matopos: An Archaeological Study of Change and Continuity in Zimbabwe. *Studies in African Archaeology 10*, Uppsala University.

Wallace, A.R. 1869. *The Malay Archipelago: The Land of the Orang-Utan and the Bird of Paradise. A Narrative of Travel, with Studies of Men and Nature.* 2 vols. London: Macmillan & Co. Ltd.

Wallace, A.R. 1889. *Travels on the Amazon and Rio Negro.* London: Ward, Lock & Co.

Wallace, D.C. 1995. Mitochondrial DNA variation in human evolution, degenerative disease and ageing. *American Journal of Human Genetics* 57, 201-23.

Walthall, J.A. 1998. Rockshelters and hunter-gatherer adaptation to the Pleistocene/Holocene transition. *American Antiquity* 63, 223-38.

Wang, J. 1983. *Taro - A review of Colocasia esculenta and its potentials.* Honolulu: University of Hawaii Press.

Warner, W.L. 1937. *A Black Civilization: A Social Study of an Australian Tribe.* London: Harper & Row.

Warnica, J.M. 1966. New discoveries at the Clovis site. *American Antiquity* 31, 345-57.

Wasylikowa, K., Harlan, J.R., Evans, J., Wendorf, F., Schild, R., Close, A.E., Krolik, H. & Housley, R.A. 1993. Examination of botanical remains from Early Neolithic houses at Nabta Playa, Western Desert, with special reference to sorghum grains. In *The Archaeology of Africa, Food, Metals and Towns* (eds. T. Shaw, P. Sinclair, B. Andah & A. Okpoko), pp. 154-64. London: Routledge.

Watanabe, H. 1973. *The Ainu Ecosystem: Environment and Group Structure.* Seattle: University of Washington Press.

Watanabe, H. 1986. Community habitation and food gathering in prehistoric Japan: An ethnographic interpretation of the archaeological evidence. In *Windows on the Japanese Past: Studies in Archaeology and Prehistory* (ed. R.J. Pearson), pp.

229-54. Ann Arbor: Centre for Japanese Studies, University of Michigan.

Waterbolk, H.T. 1987. Working with radiocarbon dates in southwestern Asia. In *Chronologies in the Near East* (eds. O. Aurenche, J. Evin, & F. Hours), pp. 39-59. Oxford: British Archaeological Reports, International Series.

Watkins, T. 1990. The origins of the house and home? *World Archaeology* 21, 336-47.

Watkins, T. 1992. The beginnings of the Neolithic: Searching for meaning in material culture change. *Paléorient* 18, 63-75.

Watkins, T. 1998. Centres and peripheries: The beginnings of sedentary communities in N. Mesopotamia. *Subartu* IV, 1-11.

Watkins, T., Baird, D. & Betts, A. 1989. Qermez Dere and the early Aceramic Neolithic of Northern Iraq. *Paléorient* 15, 19-24.

Webb, E. 1998. Megamarsupial extinction: the carrying capacity argument. *Antiquity* 72, 46-55.

Webber, T.W. 1902. *The Forests of Upper India and their Inhabitants*. London: Edward Arnold.

Weinstein, J.M. 1984. Radiocarbon dating in the southern Levant. *Radiocarbon* 26, 297-366.

Weinstein-Evron, M. & Belfer-Cohen, A. 1993. Natufian figurines from the new excavations of the El-Wad cave, Mt Carmel, Israel. *Rock Art Research* 10, 102-6.

Wendorf, F. 1968. Site 117: A Nubian final Palaeolithic graveyard near Jebel Sahaba Sudan. In *Prehistory of Nubia* (ed. F. Wendorf), pp. 945-95. Dallas: Fort Burgwin Research Centre and Southern Methodist Press.

Wendorf, F., Close, A.E., & Schild, R. 1985. Prehistoric settlements in the Nubian Desert. *American Scientist* 73, 132-41.

Wendorf, F., Close, A.E., Schild, R., Wasylikowa, K., Housley, R.A., Harlan, J.R. & Krolik, H. 1992. Saharan exploitation of plants 8,000 years BP. *Nature* 359, 721-4.

Wendorf, F. & Schild, R. 1976. *Prehistory of the Nile Valley*. New York: Academic Press.

Wendorf, F. & Schild, R. 1980. *Prehistory of the Eastern Sahara*. New York: Academic Press.

Wendorf, F. & Schild, R. 1989. Summary and synthesis. In *The Prehistory of Wadi Kubbaniya, Vol. 3: Late Paleolithic Archaeology* (eds. F. Wendorf, R. Schild & A.E. Close), pp. 768-824. Dallas: Southern Methodist University Press.

Wendorf, F. & Schild, R. 1994. Are the Early Holocene cattle in the Eastern Sahara domestic or wild? *Evolutionary Anthropology* 13, 118-27.

Wendorf, F., Schild, R., Baker, P., Gautier, A., Longu,

L. & Mohamed, A. 1997. *A Late Palaeolithic Kill-Butchery Camp in Upper Egypt*. Dallas: Southern Methodist University Press.

Wendorf, F., Schild, R. & Close, A.E. (eds.) 1980. *Loaves and Fishes: The Prehistory of Wadi Kubbaniya*. Dallas: Department of Anthropology, Institute for the Study of Earth and Man, Southern Methodist University Press.

Wendorf, F., Schild, R. & Close, A.E. (eds.) 1984. *Cattle Keepers of the Eastern Sahara: The Neolithic of Bir Kiseiba*. Dallas: Southern Methodist University Press.

Wendorf, F., Schild, R. & Close, A.E. (eds.) 1986. *The Prehistory of Wadi Kubbaniya, Vol. 1: The Wadi Kubbaniya Skeleton: A Late Palaeolithic Burial from Southern Egypt*. Dallas: Southern Methodist University Press.

Wendorf, F., Schild, R. & Close, A.E. (eds.) 1989a. *The Prehistory of Wadi Kubbaniya, vol. 2: Stratigraphy, Paleoeconomy and Environment*. Dallas: Southern Methodist University Press.

Wendorf, F., Schild, R. & Close, A.E. (eds.) 1989b. *The Prehistory of Wadi Kubbaniya, vol. 3: Late Paleolithic Archaeology*. Dallas: Southern Methodist University Press.

Wendorf, F., Schild, R. & Zedeno, N. 1996. A Late Neolithic megalithic complex in the Eastern Sahara: A preliminary report. In *Interregional Contacts in the Later Prehistory of Northeastern Africa* (eds. L. Krzyaniak, K. Kroeper & M. Kobusiewicz), pp. 125-32. Poznan: Poznan Archaeological Museum.

Wendt, W.E. 1976. 'Art Mobilier' from Apollo 11 Cave, South West Africa: Africa's oldest dated works of art. *South African Archaeological Bulletin* 31, 5-11.

Weniger, G.-R. 1989. The Magdalenian in Western Central Europe: Settlement patterns and regionality. *Journal of World Prehistory* 3, 323-72.

Wenke, R.J., Long, J.E. & Buck, P.E. 1988. Epipalaeolithic and Neolithic subsistence and settlement in the Fayyum oasis of Egypt. *Journal of Field Archaeology* 15, 29-51.

West, F. (ed.) 1996. *American Beginnings: The Prehistory and Palaeoecology of Beringia*. Chicago: University of Chicago Press.

Wetterstrom, W. 1993. Foraging and farming in Egypt: The transition from hunting and gathering to horticulture in the Nile Valley. In *The Archaeology of Africa, Food, Metals and Towns* (eds. T. Shaw, P. Sinclair, B. Andah & A. Okpoko), pp. 165-226. London: Routledge.

Weyer, E.M. 1932. *The Eskimos: Their Environment*

and Folkways. New Haven, CT: Yale University Press.

White, J.P. 1971. New Guinea and Australian prehistory: the 'Neolithic Problem'. In *Aboriginal Man and Environment in Australia* (eds. D.J. Mulvaney & J. Golson), pp 182-95. Canberra: Australian National University Press.

White, J.P., Crook, K.A.W. & Ruxton, B.P. 1970. Kosipe: A Late Pleistocene site in the Papuan higlands. *Proceedings of the Prehistoric Society* 36, 152-70.

Whitley, D.S. 1992. Shamanism and rock art in far western north America. *Cambridge Archaeological Journal* 2, 89-113.

Whitley, D.S. 1998. Finding rain in the desert: Landscape, gender and far western North American rock art. In *The Archaeology of Rock Art* (eds. C. Chippendale & P. Taçon), pp. 11-29. Cambridge: Cambridge Archaeological Press.

Whittaker, J. 1994. *Flint Knapping, Making and Understanding Stone Tools*. Austin: University of Texas Press.

Whittle, A. 1996. *Europe in the Neolithic: The Creation of New Worlds*. Cambridge: Cambridge University Press.

Wickham-Jones, C. 1990. *Rhum: Mesolithic and Later Sites at Kinloch, Excavations 1984-1986*. Edinburgh: Society of Antiquaries, Monograph Series No. 7.

Wickham-Jones, C. 1994. *Scotland's First Settlers*. London: Batsford.

Wickham-Jones, C. & Dalland, M. 1998. A small Mesolithic site at Craigford golf course, Fife Ness, Fife. *Internet Archaeology 5* (http://intarch. ac.uk/journal/issue 5).

Wiessner, P. 1982. Risk, reciprocity and social influences on !Kung San economics. In *Politics and History in Band Societies* (eds. E. Leacock & R. Lee), pp. 61-84. Cambridge: Cambridge University Press.

Willig, J.A. 1991. Clovis technology and adaptation in far western North America: Regional patterning and environmental context. In *Clovis: Origins and Adaptations* (eds. R. Bonnichsen & K.L. Turnmire), pp. 91-118. Corvallis, OR: Centre for the Study of the First Americans.

Wilson, S.M. 1985. Phytolith evidence from Kuk, an early agricultural site in Papua New Guinea. *Archaeology in Oceania* 20, 90-97.

Wobst, H.M. 1974. Boundary conditions for palaeolithic social systems: A simulation approach. *American Antiquity* 39, 147-78.

Wobst, H.M. 1976. Locational relationships in Palae-olithic society. *Journal of Human Evolution* 5, 49-58.

Wobst, H.M. 1978. The archaeo-ethnology of hunter-gatherers or the tyranny of the ethnographic record in archaeology. *American Antiquity* 43, 303-9.

Wollaston, A.F.R. 1912. *Pygmies & Papuans, The Dutch Stone Age To-Day in Dutch New Guinea*. London: Smith, Elder & Co.

Woodburn, J.C. 1968. An introduction to Hadza Ecology. In *Man the Hunter* (eds. R.B. Lee & I. DeVore), pp. 49-55. Chicago: Aldine.

Woodman, P.C. 1985. *Excavations at Mount Sandel 1973-77*. Belfast: HMSO.

Wordsworth, J. 1985. The excavation of a Mesolithic horizon at 13-24 Castle Street, Inverness. *Proceedings of the Antiquaries of Scotland* 115, 89-103.

World Disasters Report 1999. Geneva: International Federation of Red Cross and Red Crescent Societies.

Wright, GA. 1978. Social differentiation in the Early Natufian. In *Social Archaeology, Beyond Subsistence and Dating* (eds. C. Redman et al.), pp. 201-33. London: Academic Press.

Wright, K.I. 2000. The social origins of cooking and dining in early villages of Western Asia. *Proceedings of the Prehistoric Society* 66, 89-121.

Wu, R. & Olsen, J.W. 1985. *Palaeoanthropology and Palaeolithic Archaeology in the People's Republic of China*. New York: Academic Press.

Yakar, R. & Hershkovitz, I. 1988. The modelled skulls from the Nahal Hemar Cave. *'Atiqot* 18, 59-63.

Yellen, J.E., Brooks, A.S., Stuckenrath, T. & Welbourne, R. 1987. A terminal Pleistocene assemblage from Drotsky's Cave, western Ngamiland, Botswana. *Botswana Notes and Records* 19, 1-6.

Yen, D.E. 1995. The development of Sahul agriculture with Australia as bystander. *Antiquity* 69, 831-47.

Yoffe, N. & Clark, J.J. (eds.) 1993. *Early Stages in the Evolution of Mesopotamian Civilisation: Soviet Excavations in Northern Iraq*. Tucson: University of Arizona Press.

Zeder, M. 1999. Animal domestication in the Zagros: A review of past and current research. *Paléorient* 25, 11-25.

Zeder, M. & Hesse. B. 2000. The initial domestication of goats (*Capra hircus*) in the Zagros mountains 10,000 years ago. *Science* 287, 2254-7.

Zhijun, Z. 1998. The middle Yangtze region in China is one place where rice was domesticated:

phytolith evidence from the Diaotonghuan Cave, northern Jiangxi. *Antiquity* 72, 885-97.

Zhongguo, L. 1998. Another discovery in Neolithic research of early civilization near Dongting Lake. www.carleton.ca/~bgordon/rice/papers

Zilhão, J. 1992. *Gruta do Caldeirao. O Neolítico Antigo*. Trabalhos de Arqueologia 6. Lisboa: Instituto Português do Património Arquitectónico e Arqueológico.

Zilhão, J. 1993. The spread of agro-pastoral economies across Mediterranean Europe. *Journal of Mediterranean Archaeology* 6, 5-63.

Zohary, D. 1989. Domestication of the southwest Asian Neolithic crop assemblage of cereals, pulses and flax: The evidence from the living plants. In *Foraging and Farming: The Evolution of Plant Exploitation* (eds. D.R. Harris & G.C. Hillman), pp. 358-73. London: Unwin Hyman.

Zohary, D. & Hopf, M. 2000. *Domestication of Plants in the Old World* 3rd edn. Oxford: Oxford University Press.

Zvelebil, M. 1981. *From Forager to Farmer in the Boreal Zone*. Oxford: British Archaeological Reports, International Series 115.

Zvelebil, M. (ed.) 1986a. *Hunters in Transition*. Cambridge: Cambridge University Press.

Zvelebil, M. 1986b. Postglacial foraging in the forests of Europe. *Scientific American*, May, pp. 86-93.

Zvelebil, M. 1994. Plant use in the Mesolithic and its role in the transition to farming. *Proceedings of the Prehistoric Society* 60, 35-74.

Zvelebil, M. 1997. Hunter-gatherer ritual landscapes: Spatial organisation, social structure and ideology among hunter-gatherers of northern Europe and western Siberia. *Analetica Praehistorica Leidensia* 29, 33-50.

Zvelebil, M. 1998. Agricultural frontiers, Neolithic origins and the transition to farming in the Baltic basin. In *Harvesting the Sea, Farming the Forest* (eds. M. Zvelebil, R. Dennell, & L. Domanska), pp. 9-28. Sheffield: Sheffield Academic Press.

Zvelebil, M. 2000. The social context of the agricultural transition in Europe. In *Archaeogenetics: DNA and the Population Prehistory of Europe* (eds. C. Renfrew & K. Boyle), pp. 57-79. Cambridge: McDonald Institute for Archaeological Research.

Zvelebil, M., Dennell, R. & Domańska, L. (eds.). 1998. *Harvesting the Sea, Farming the Forest*. Sheffield: Sheffield Academic Press.

Zvelebil, M. & Rowley-Conwy, P.A. 1986. Foragers and Farmers in Atlantic Europe. In *Hunters in Transition* (ed. M. Zvelebil), pp. 67-94. Cambridge: Cambridge University Press.

Zvelebil, M. & Zvelebil, K.V. 1988. Agricultural transition and Indo-European dispersals. *Antiquity* 62, 574-83.

찾아보기

ㄱ

가이브(Philip Geib) 358
간돌도끼 506
갈릴리 호 45, 48
갈판 49, 52, 54~56, 62, 68, 71, 102, 115
개러드(Andy Garrard) 50, 51, 58, 62, 87
거스리(Dale Guthrie) 320, 478
경쟁 축제 356
고고학 176
고링모리스(Nigel Goring-Morris) 118
고인디언(Paleo-Indian) 357
고프스 동굴(Gough's Cave) 150, 151
골슨(Jack Golson) 430, 431
괴너스도르프(Gönnersdorf) 172~174, 177, 186, 221, 484, 504
괴베클리테페(Göbekli Tepe) 95, 98, 99, 101, 126, 131, 142, 518, 525, 526
구리나 225
구아 시레 438
굴드 409
그레이슨(Donald Grayson) 299, 314
그레이트베이슨 359, 362, 369
그루타 도 칼데이랑(Gruta do Caldeirão) 251
그린버그(Joseph Greenberg) 286~288
글린모(Glean Mor) 262
글립토돈 304, 312
기돈(Nième Guidon) 282, 284, 331
길라나키츠(Guilá Naquitz) 344, 345, 348, 350~355, 431, 432, 623
길런(Frank Gillen) 403~407
길레인(Jean Guilaine) 141

ㄴ

나무(Namu) 372
나브타(Nabta) 611

나쓰시마(夏島) 469
나이테연대 36
나코(Naco) 276
나투피안(Natufian) 54, 57~63, 65, 70, 71, 75, 76, 81, 83, 91, 109, 154, 170, 175, 338, 415, 449
나할오렌 75
나할 헤마르(Nahal Hemar) 107, 108, 117, 120, 121, 508
남획(overkill) 276
네발리 초리 126~128, 142, 448
네베 다비드(Neve David) 71
네아 니코메데이아(Nea Nikomedeia) 218~223, 239, 243, 249, 597
네안데르탈인 100, 275, 521
네틀(Daniel Nettle) 289
네티브 하그두드(Netiv Hagdud) 92, 109, 141
넴릭 526, 540, 541
놈베(Nombe) 427
니아 동굴 438
니컬스(Johanna Nichols) 288, 289

ㄷ

다윈 328, 329
다크(Petra Dark) 180, 185
담다마(Damdama) 499, 501, 506, 513
댜오통환(吊桶环) 452
데이비스(Stuart Davies) 64
도거랜드(Doggerland) 159, 203, 205, 206, 208
돌도끼 236, 244, 249
동굴벽화 22, 186, 188, 190, 193, 194
듁타이(Dyuktai) 474, 475, 478, 482
드날리(Denali) 278, 287
드로츠키(Drotsky's) 동굴 568, 569, 571, 574
디레르니아(Savino di Lernia) 608
디컨(Hilary Deacon) 594

딘코즈 299

딜러헤이(Tom Dillehay) 283, 294, 296, 297, 299, 300

땅늘보 304, 305, 315, 316, 320, 321, 323, 324, 328

ㄹ

라도바노비치(Ivana Radovanović) 216

라르손(Lars Larsson) 229~232

라르테(Edouard Lartet) 152, 164, 493

라 리에라(La Riera) 190~192, 213, 221

라브도니카스(Vladislav Iosifovich Ravdonikas) 225,
    226, 445

라스코 26, 176

라이엘(Charles Lyell) 207

란초 라브레이(Rancho La Brea) 304, 308

랑 롱그리엔(Lang Rongrien) 439, 440

래드클리프브라운(Alfred Radcliffe-Brown) 399

램파트(Rampart) 304, 305

러복 25, 38, 42, 44, 48, 49, 51, 54, 55, 59, 63, 67, 72,
    74, 152, 177, 529

러스트(Alfred Rust) 164

레그(Tony Legge) 70, 180, 515

레너 315

레너랜치(Lehner Ranch) 276, 277, 317, 325, 357

레이어드(Austen Henry Layard) 535

레펜스키비르(Lepenski Vir) 213~217, 219, 221

렌프루 253, 254, 286

로렌스 603

로빈스(Lawrence Robbins) 572, 573, 604

로빈후드 동굴 159

로이드(Seton Lloyd) 535, 537, 539

로즈 솔레키 520

로즈커티지(Rose Cottage) 동굴 584, 590, 592

롤리콘위(Peter Rowley-Conwy) 70, 180, 230, 243,
    250, 252, 253, 255

롤프슨(Gary Rollefson) 120, 122

루스벨트(Anna Roosevelt) 332, 334

루스웨이트 252, 255

루이스윌리엄스 589

루케냐 힐 557~559, 561~564

르루아구랑(André Leroi-Gourhan) 167

리(Richard Lee) 572, 573

리버민(Daniel Lieberman) 60, 170

리빙스턴(David Livingstone) 572

리키(Louis Leakey) 565

리키(Mary Leakey) 565

릭(John Rick) 337, 338

링크로스터 244

ㅁ

마그잘리야(Maghzaliyah) 529, 531

마셜(Lorna Marshall) 571, 573

마손(V. M. Masson) 514

마스 다질(Mas d'Azil) 187, 189, 193

마스토돈 298, 308, 310, 313, 315, 317, 320, 321, 323,
    324

마토포스 569

마투피(Matupi) 560

마트팔(Yashodhar Mathpal) 496, 497

마틴(Paul Martin) 276, 305, 314~316, 325

매머드 32, 35, 152, 160, 173, 177, 187, 275~277,
    280, 303, 304, 306, 310, 311, 313, 315~317,
    321~326, 343, 477~479, 596

맥니시(Richard MacNeish) 347, 348

맥버니(Charles McBurney) 546

머리 스프링스 317, 325, 357

머린(Curtis Marean) 559, 562

머티(Krishna Murty) 493

먼진(Murngin) 417

메도크로프트 279~283, 299

메르가르(Mehrgarh) 503~508, 512~514, 518, 529,
    597

메림데(Merimde) 616, 619, 621

멜라트(James Mellaart) 131

멜러스(Paul Mellars) 265, 266

멜처(David Meltzer) 274, 283, 284, 299, 300

모리(Fabrizio Mori) 610

모뿔조개 49, 50, 56, 58, 59, 68, 71

모스(Edward S. Morse) 461

모스(Marcel Mauss) 71

모신(母神) 94, 95

모차노프(Yuri Mochanov) 474, 475

몬테베르데(Monte Verde) 294, 297~301, 304, 316, 327, 330, 334, 343, 351, 361, 449, 568

몬테알반(Monte Alban) 344

몽환시대(Dreamtime) 379, 408, 410, 419

무레이벳(Mureybet) 75, 94, 103

무어(Andrew Moore) 69, 70

무지개 뱀(Rainbow Serpent) 419, 421

물레라(Christophe Moulherat) 507

물채질 69

미스라(V. N. Misra) 492, 496

미토콘드리아DNA(mtDNA) 254, 290

밀란코비치 32

밀루트키아 139, 141, 145

ㅂ

바르요셉(Ofer Bar-Yosef) 54, 57, 89, 107, 117

바시당(八十垱) 457

바위그림 496

바커(Graeme Barker) 436

바텍(Batek) 441, 446

발라(François Valla) 56

발레아레스 제도 205

방사성탄소연대 36, 45, 160, 250, 276, 278~280, 297, 299, 304, 314, 330, 348, 603

방사성탄소연대측정 35

버드(Junius Bird) 330

베드백(Vedbaek) 239

베렐료흐 478, 482

베료조프카 477

베르베리(Ververie) 165, 166, 484

베링지아 276, 277, 279, 307, 312, 322

베이다(Beidha) 61, 105~107, 109, 110, 112, 116, 125, 628

벨우드(Peter Bellwood) 443

벨퍼코헨(Anna Belfer-Cohen) 63, 71

보닉슨(Robson Bonnichsen) 274

보르드(François Bordes) 152

보르소에(Jens Worsaae) 178

보신스키(Gerhard Bosinski) 173

보정 36

복합 수렵채집사회 370

볼라윈(Ballawinne) 동굴 381

뵈게바켄(Bøgebakken) 240

뵐링 34, 154~156, 164

부아 레테리(Bois Laiterie) 170

북아메리카매장유적보호환수법(NAGPRA) 292

붐플라스(Boomplaas) 594, 596

브라이언 헤이든(Brian Hayden) 349

브라틀룬트(Bodil Bratlund) 165

브랑겔(Wrangel) 322, 323

브레이드우드(Robert Braidwood) 531

블랙(Murray Black) 397

블랙워터 드로(Blackwater Draw) 275

블루피쉬 동굴(Bluefish Caves) 277, 298, 299

비너스 조각상 174

비스너(Polly Wiessner) 593

비옥한 초승달지대 51

비쿠냐 624

빔베트카 494, 496, 497

ㅅ

사르데냐 205, 249

사토 히로유키(左藤宏之) 462

사헬란트로푸스 차덴시스 30

살린스(Marshall Sahlins) 425

삼각주 213

상이착막 518

샌드위스(Daniel Sandweiss) 341

샌들 쉘터(Sandal Shelter) 358

생마르(Jaques Cinq-Mars) 278, 287

생태적소 289

샤니다르 521

샬뢰(Chaleux) 170

서던메소디스트대학(Southern Methodist University) 274

서루 26

선대문토기문화(Linearbandkeramik, LBK) 237, 238, 245, 246, 249

『선사시대』 25, 26, 48, 57, 72, 152, 157, 160, 174, 177, 207, 274, 298, 329, 346, 371, 386, 400, 410, 415, 461, 476, 484, 490, 492, 535, 548, 594, 625, 630

선토기신석기시대 90, 92, 100, 103, 105, 109, 123, 126, 141

세시저(Wilfred Thesiger) 26

손(Alan Thorne) 397

쇼(Thurstan Shaw) 599

슈미트(Klaus Schmidt) 96, 126, 525

스기하라 소스케(杉原莊介) 470

스레요비치(Dragoslav Srejović) 216

스미스(Bruce Smith) 338, 339, 348

스미스(Mike Smith) 407

스미스소니언연구소 288, 305, 338

스밀로돈 304, 305, 313, 315, 320, 321

스카라 브레이(Skara Brae) 267

스카트홀름(Skateholm) 229~232, 239, 240, 501, 513

스타카(Star Carr) 176, 204, 223, 515

스텔무어(Stellmoor) 164, 165, 171, 177, 330

스토르되(Danielle Stordeur) 95

스트로스(Lawrence Straus) 190, 191

스틴스트럽 178

스펜서(Baldwin Spencer) 403~407

신석기혁명 90

실트(Romuald Shild) 552, 613

ㅇ

아게르순트(Aggersund) 243

아라웨 족 398

아레네 칸디데(Arene Candide) 250

아렌스부르크 330, 483

아렌테(Arrente) 404

아르마딜로 312

아메린드(Amerind) 어족 287, 288, 290

아부후레이라(Abu Hureyra) 65~68, 70, 75, 82, 83, 94, 128, 175, 212, 361, 448, 515, 537

아시클리회위크(Aşklı Höyük) 128

아에토그렘노스 135, 137, 138, 140, 145

아와즈(粟津) 467

아인가잘('Ain Ghazal) 115, 118, 120, 125, 128, 129, 505

아인말라하('Ain Mallaha) 54, 56~60, 63, 67, 68, 75, 80, 81, 212, 296, 330, 350, 415, 431, 464, 518, 568

아즈라크(Azraq) 51, 52, 54, 56, 61, 168, 169

아질리안(Azilian) 문화 188

아케익(Archaic)시대 357, 358, 373

아틀릿얌(Atlit-Yam) 118, 627

안더마흐(Andermach) 172

안데르센(Søren Andersen) 242, 245

안직(Anzick) 318

알타미라 153, 193

애더베시오(James Adovasio) 279, 280, 282, 283, 299

애벗(Charles Abbott) 274, 275

앨랜즈베이 동굴 588

야랄데(Yaralde) 399

야림 테페(Yarim Tepe) 537~539, 607

야마노우치 스가오(山內淸男) 462

야생 정원 66, 68, 69, 71, 76, 134, 138, 184, 352, 431, 432, 523

엉거드라이어스 186

엉거해밀턴(Romana Unger-Hamilton) 65

에르테뵐(Ertebølle) 242, 243, 251

에스벡(Esbeck) 246

에이켄스(Melvin Aikens) 463

에티올(Etiolles) 165, 169, 172

엔로(James Enloe) 167, 169

엘와드 58

영거드라이어스 34, 69, 72, 77, 81, 82, 83, 84, 97, 99, 138, 154, 156, 164, 175, 177, 180, 181, 306, 309, 317, 324, 330, 415, 522, 523, 626

예르프 엘아마르(Jerf el Ahmar) 95, 97, 98, 101, 103, 141, 142, 448, 628

예리코(Jericho) 26, 65, 85, 87, 88, 90, 94, 99, 101, 109, 117, 121, 125, 128, 129, 505, 527, 623

예벨 사하바(Jebel Sahaba) 554

엘런(John Yellen) 572, 574

오다이야마모토(大平山元) 463

오두즈(Françoise Audouze) 165

오모리(大森) 462

오모 키비시(Omo Kibish) 31

오셰이(John O'Shea) 226, 227

오토비치(Nikolai Ottovich) 530

오프넷(Ofnet) 234

오할로 38, 42, 43, 45~48, 50, 52, 54, 56, 537, 629

올두바이 협곡(Olduvai Gorge) 564, 568

올레니오스트롭스키 모길니크(Oleneostrovski Mogil-
nik) 224~226, 231, 248, 445, 540

올멕 345

올슨(Sandi Olsen) 138

와가타(Wargata) 동굴 381

와디 가랍(Wadi Gharab) 112

와디 엘우웨이니드(Wadi el-Uwaynid) 50~52

와디 쿠바니아(Wadi Kubbaniya) 545, 549, 553~555

와디 파이난 100

와하카밸리 349, 352, 354, 356

왓킨스(Trevor Watkins) 525

외딕(Hoëdic) 248, 256

우르크 540

우안 무후기악(Uan Muhuggiag) 607

우안 아푸다 607, 608, 610

우에노하라(上野原) 460~462, 465, 466, 501

움 다바기야(Umm Dabaghiyah) 532~535, 537

위들리 593

워커(Nicholas Walker) 569

원시 277

월리스(Alfred Russel Wallace) 335

웬더프(Fred Wendorf) 552, 554, 612, 613

유프라테스 강 67, 75

은야이은야이(Nyae Nyae) 족 571, 572

이누이트 족 481, 622

이마무라 게이지(今村啓爾) 468

이워엘레루(Iwo Eleru) 598~600

일랜즈베이(Elands Bay) 582~587, 597

잉카문명 336

ㅈ

자르모 531

자리주(Jean-François Jarrige) 503, 506

자위체미 샤니다르 518~520, 528, 530, 541

세석기 50, 56, 57, 68, 91, 182, 183, 267

장 페로 56

전진의 물결 253, 254

정주생활 60, 65, 70

제이콥슨(Thomas W. Jacobsen) 184

제이툰(Jeitun) 512, 514~516, 518, 527, 529, 597

제퍼슨 286

제프리 클라크 191

조개더미 242

조몬(繩文) 461, 462, 464, 466, 469

조앙 질랑(Joãn Zilhão) 250

조하리(Daniel Zohary) 47, 99

조호바 473, 480~486, 513

존 러복 80, 461

존스(Rhys Jones) 380, 382, 386

주호안시(Ju/'hoansi) 61

중석기시대 177, 182~184, 189, 204, 209, 223, 229,
230, 233~236, 238, 243, 244, 248, 257, 267,
357, 366, 496, 499

즈벨레빌(Marek Zvelebil) 226, 227, 238, 255

ㅊ

차외뉘(Çayönü) 126, 127, 531

차일드(Gordon Childe) 90, 250

차탈회위크 128, 130~134, 140, 144, 219, 513, 520,
523, 534

채터스(James Chatters) 292

최후빙하극성기(LGM) 23, 33, 37, 43, 45, 50, 77, 110,
155, 162, 187, 190, 192, 277, 278, 301, 305,
312, 321, 331, 359, 378, 379, 384, 405, 423,
433, 440, 478, 491~493, 553, 555, 559, 561,
562, 569, 573, 584, 604, 608, 627, 630

치펀데일(Christopher Chippindale) 413, 414

ㅋ

카라자다으(Karacadağ) 83, 98

가발리스포르차(Luca Cavalli-Sforza) 253~255

카웰카 족 428

카탈루냐 213

칼라하리 567, 573, 603, 605, 622

칼슨(Roy Carlson) 372

캘리코 힐스(Calico Hills) 277

커디스프링스 410

커크브라이드(Diana Kirkbride) 105, 106, 109, 533~535

케너윅맨(Kennewick Man) 292, 293

케년(Kathleen Kenyon) 86, 87, 89, 90

케르메즈 데레 523~526, 529, 535, 536, 538, 540, 541

케바란(Kebaran) 50, 61, 76, 82

케브라다 하구아이 341~343

케이브베이(Cave Bay) 384

켄트 플래너리(Kent Flannery) 345

코뱅(Jaques Cauvin) 94

코스터(Koster) 363~367, 464, 501

코우 스왐프(Kow Swamp) 395, 397~400, 406

코즐로브스키 526, 535

콘스탄티니(Lorenzo Constantini) 503

콜롬비안매머드 311

콤 K 628

쿠로(Claude Couraud) 188, 189

쿠르간(Kurgan) 514

쿠르눌 동굴(Kurnool Caves) 490, 492

쿠불크릭(Coobool Creek) 397, 398, 400

쿠심바(Sibel Arut Kusimba) 558

쿠크(Cran Cooke) 604

쿠티키나 동굴(Kutikina Cave) 380~383, 386

쿡 선장(Captain Cook) 383

쿡 스왐프 429~433, 623

쿨러리락(Coulererach) 261

쿨피마라 407, 409, 410, 568

퀴노아 338, 340, 624

퀴리 레쇼다르드(Cuiry-les-Chaudardes) 238

크레스웰 크랙스(Creswell Crags) 158~160, 217, 221, 259, 296, 470, 483, 568

크파르 하호레시(Kfar HaHoresh) 118

클라인(Richard Klein) 595, 596

클라크(Geoffrey Clark) 190

클라크(Sir Grahame Clark) 177, 204, 223

클로비스(Clovis) 275~277, 279, 282, 287, 296, 297, 299, 300, 314~318, 323, 325, 326, 328, 343, 357, 369, 373, 479

클로비스찌르개 275, 276, 280, 297, 312, 317, 326, 333

클로즈(Angela Close) 552, 612

키더(A. V. Kidder) 273

ㅌ

타사다이 족 434, 445

타손(Paul Taçon) 414, 419

타조알 570, 572

타카후아이 342, 343

탈립(脫粒) 65

터너(Christy G. Turner II) 285, 286

테비엑 248, 256

테우아칸 밸리 348, 349, 353, 354

텐타(Tenta) 141, 145

텔 소토(Tell Sotto) 536

텔 아스와드(Tell Aswad) 65

텔 에스사완(Tell es-Sawwan) 539

토기 236

톰슨(Lonnie Thompson) 557

티브린드 빅(Tybrind Vig) 241

티에라 델 푸에고 328~330, 341

ㅍ

파나울라우카(Panaulauca) 동굴 339

파도(Colin Pardoe) 399

파이윰 619

파차마차이(Pachamachay) 동굴 337, 340

파킹턴 591

펑터우산(彭頭山) 450, 454~456, 461, 623

페난(Penan) 족 442, 446

페드라 푸라다(Pedra Furada) 282~284, 299, 331, 332

페드라 핀타다(Pedra Pintada) 332~335, 441

페로(Jean Perrot) 55

페슈 메를(Pech Merle) 34, 35, 37, 130, 152, 187, 193, 257

페이안핑(裴安平) 450, 455~457

펠스 동굴(Fell's Cave) 330

펭스방(Pincevent) 165, 169

포몬그웨(Pomongwe) 569, 600, 601

포틀래치 356

폴섬(Folsom) 272~275, 299, 300, 357

폴섬찌르개 275

푸나 초원 336, 338

푸리차라(Puritjarra) 407, 409

푸시카리(Pushkari) 28, 30, 32, 35, 37

푸트(Robert Bruce Foote) 492, 493

프랑티(Franchthi) 동굴 184, 205, 218, 219, 235, 583

프레스트위치(Joseph Prestwich) 207

플라이스토세(Pleistocene) 33, 34, 331, 334

플래너리(Kent Flannery) 109, 348, 349, 355, 432

플래드마크(Knut Fladmark) 280

플러드(Josephine Flood) 419, 421

피긴스(Jesse Figgins) 273, 275, 357

피쉬테일찌르개 330, 341

피어설(Deborah Pearsall) 340, 452

피에트(Edouard Piette) 188

피오르 241

피지오(Nicole Pigeot) 165

피툴코(Vladimir Pitul'ko) 480, 481, 486

ㅎ

하구아이 415

하드자(Hadza) 족 562, 563

하수나 535, 539

하요님 동굴(Hayonim Cave) 57, 58, 60, 74~76, 170

할라프(Halaf) 539, 540

할란체미 테페시(Hallan Çemi Tepesi) 78, 126, 127

핫스프링스(Hot Springs) 32

해든(A. C. Haddon) 423

해리스(David Harris) 424, 514

해리슨(Tom Harrison) 436

해스토프(Christine Hastorf) 62

허들리츠카(Aleš Hrdlička) 273

허무두(河姆渡) 455, 458

헤이든 354, 355, 464

헤인스(Gary Haynes) 317

헤인스(Vance Haynes) 299, 325

헨리(Donald Henry) 59

현생인류 22, 30, 31

호겁(Hogup) 동굴 359

호너(Horner) 360

호더(Ian Hodder) 131, 132

호모 네안데르탈렌시스 31

호모 에렉투스 31

호모 에르가스터 31

호모 하빌리스 31

호모 하이델베르겐시스 31

호박 172

호아빈(Hoabinhian) 435, 441

호텐토트(Hottentot) 족 594

홀(Frank Hole) 111

홀로세(Holocene) 23, 33, 34, 85, 178

홈즈(William Henry Homes) 274, 275

화분분석 45, 154

화이트 425

화이트페인팅스 602, 603

후쿠이(福井) 462

홀라 코어 84

홀라 호(Lake Hula) 74, 77, 80

흑요석 68, 99, 101, 102, 120, 128, 371, 484

히로키티아 141, 143, 145

힐먼(Gordon Hillman) 46, 69, 70, 82, 478, 514, 552